Kanada Osten
USA Nordosten

In diesem Buch benutzte Abkürzungen

AAA/CAA	American/Canadian Automobile Association
CDW	Collision Damage Waver (»Vollkasko«)
HI	Hostelling International - Dachorganisation amerikanischer internationaler Jugendherbergen
ID	Identification (Personalpapier/Führerschein)
NP/PN	National Park/Parc National
NHS	National Historic Site
PP	Provincial Park
RV	Recreational Vehicle (Campmobil)
SP	State Park

Kurzformen bei Straßen/Adressen

Bypass	Umgehung (Baustellen/Sperrungen)
mi	Meilen
#	Zeichen für Nummer statt Nr./No.
I-84	für Interstate Freeway #84
Ave	Avenue
Blvd	Boulevard
Dr	Drive
Fwy	Freeway
Pkwy	Parkway
Pl	Plaza
Rd	Road
Sq	Square
St	Street

Weitere Kurzformen und unterwegs auf Reisen/ in diesem Buch häufig auftauchende Begriffe finden sich auf der Rückseite der separaten Karte »Kurzlexikon Kanadisch/Amerikanisch-Deutsch«

Internetadressen

Dieses Buch enthält über tausend Internet-adressen, die mit Sorgfalt erhoben und für diese Auflage wieder überprüft wurden, dennoch sind Fehler nie ganz zu vermeiden. Bereits kleinste Irrtümer bei der Schreibweise laufen hier bekanntlich ins Leere. Manche Adresse ändert sich auch im Zeitablauf.
Mit Hilfe einer Suchmaschine wie z.B. www.google.de ist die korrekte Adresse aber in solchen Fällen meist schnell ermittelt.

In der Klappe links:
Übersicht über die in diesem Buch beschriebenen Routen

REISE KNOW-HOW im Internet

Mehr zu unseren Büchern zu
Nordamerika, Mallorca, Teneriffa u.a,
Newsletterabonnierung, aktuelle und Sonderthemen,
Fahrzeugvermittlung USA/Canada, Buchshop,
viele Links zu nützlichen Internetseiten u.v.a.m.
finden Sie auf unserer Verlagshomepage:

Aktuelle Reisetipps und Neuigkeiten
zu fast allen Reisezielen der Erde,
Ergänzungen nach Redaktionsschluss
Büchershop und Sonderangebote:

www.reise-know-how.de

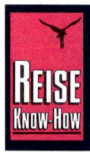

Dr. Hans-R. Grundmann GmbH
Verlagsgruppe REISE KNOW-HOW

Eyke Berghahn
Hans-R. Grundmann
Petrima Thomas

Kanada Osten
USA Nordosten

Reisen zwischen
Atlantik und Großen Seen

Canada oder Kanada?

Die kanadische Schreibweise ist »Canada«, die
deutsche »Kanada«. In diesem Buch wird durchgehend »Canada« als Eigenname des Landes
verwendet, im Text als Adjektiv gemäß
deutscher Rechtschreibung jedoch »kanadisch«.

Der Titel dieses Buches, früher konsequenterweise
auch mit »C« geschrieben, wurde auf die deutsche
Schreibweise umgestellt, weil in allen deutschsprachigen Verzeichnissen, Katalogen und Internet-
Bibliotheken »Kanada« üblich ist und das vormals
unter dem Buchstaben »C« eingeordnete Buch
daher oft nicht gefunden wurde.

Eyke Berghahn, Hans-R. Grundmann, Petrima Thomas

Kanada Osten/USA Nordosten
Reisen zwischen Atlantik und Großen Seen

9. komplett neu bearbeitete Auflage 2013
(mit Beileger »New York City«
und Straßenkarte der Region)

ist erschienen im

Reise Know-How Verlag

© Dr. Hans-R. Grundmann GmbH
  Am Hamjebusch 29
  26655 Westerstede

ISBN: 978-3-89662-276-1

Gestaltung:
Umschlag: Carsten Blind/Hans-R. Grundmann
Satz: Hans-R. Grundmann
Layout: Hans-R. Grundmann, Carsten C. Blind/Asperg
Fotos: siehe Nachweis auf Seite 744
Karten: map solutions/Karlsruhe

Druck:
Zertani GmbH & Co. Die Druckerei KG, Bremen

Dieses Buch ist in jeder Buchhandlung
in Deutschland, Österreich und der Schweiz erhältlich.
Die Bezugsadressen für den Buchhandel sind

• Prolit Gmbh, 35463 Fernwald
• AVA Buch 2000, CH-8910 Affoltern
• Mohr & Morawa GmbH, A-1230 Wien
• Barsortimenter

Wer im lokalen Buchhandel Reise Know-How-Bücher nicht findet,
kann diesen und andere Titel der Reihe auch im Buchshop des
Verlages im Internet bestellen: www.reisebuch.de

Zur Konzeption dieses Reiseführers

Dieses Buch wendet sich in erster Linie an Leser, die Kanadas Osten und/oder den Nordosten der USA **auf eigene Faust** entdecken und erleben möchten.

Neben Informationen zu beiden Ländern werden zunächst **Überlegungen** angestellt, die noch **vor der konkreten Planung** gemacht werden sollten. Denn damit die Reise wunschgemäß verläuft, müssen eigene Ansprüche und tatsächlich umsetzbare Reiseplanung so weit wie möglich übereinstimmen.

Alle in diesem Zusammenhang bedenkenswerten Aspekte werden im einführenden Kapitel des Allgemeinen Teils behandelt. Auf diesen ersten 40 Seiten des Buches geht es vor allem um die Frage, was diese hochinteressante, historisch und geographisch zusammenhängende Region Nordamerikas dem Reisenden aus Europa – **grenzübergreifend** – zu bieten hat.

Sind Jahreszeit, Zeitraum und Art des Reisens (mit **Pkw** und **Hotel/Motel** oder **Zelt**, **Wohnmobil**, eventuell sogar mit Bus oder Eisenbahn) bestimmt, findet der Leser in den Kapiteln 2 und 3 alle wichtigen Informationen zur optimalen Durchführung seines nun konkreten Vorhabens und dazu zahlreiche Tipps und Hinweise zur Vermeidung unnötiger Ausgaben, von Zeitverlust und Ärger.

Ein Extrakapitel erörtert die Möglichkeit, sich bei längerfristigen Reiseplänen eventuell ein Fahrzeug mit Rückkaufgarantie zuzulegen oder es zu leasen.

Der **Reiseteil** bietet für beide Länder ein **dichtes Netz von Rundfahrten und Strecken**, die sich **im Baukastensystem** ohne weiteres auch anders als hier beschrieben zusammensetzen lassen (⇨ Karte in der vorderen Umschlagklappe und Routenvorschläge ab Seite 728). Zusätzlich erleichtert wird die Routenplanung dadurch, dass Sehenswürdigkeiten, Streckenabschnitte und Übernachtungsmöglichkeiten (Hotels, Motels, *Bed & Breakfast*-Häuser, *Country Inns* und Campingplätze) nicht nur kurz erläutert, sondern – soweit möglich – auch wertend beschrieben sind. Die Details zu Konzeption und Aufbau des Reiseteils stehen auf den Seiten 194 und 195.

Nicht unmittelbar die Reisepraxis betreffende **Daten und Wissenswertes zu diesem Teil Nordamerikas**, zu seinen beiden Ländern und den Menschen finden sich in den Einleitungen zu Städten, Staaten, Provinzen und Regionen und vor allem in den zahlreichen Essays und Erläuterungen in den gelb abgesetzten Kästen. Weit über 1000 Hinweise im laufenden Text und ein spezieller »Infoanhang« (Seiten 735-746) liefern zusätzlich zu touristischen **Internetportalen** jede Menge aktuell geprüfter **Webadressen** zu den verschiedensten Aspekten einer Reise durch die hier betrachtete Region.

Griffmarken, die Streckenübersichten im Umschlag vorne und ein umfangreiches Stichwortverzeichnis unterstützen das rasche Auffinden von Textteilen. Die **Karten im Buch** und die separate **Straßenkarte** sind aufeinander und den Inhalt abgestimmt. Diese Auflage wurde wiederum komplett überarbeitet.

Eine gute Reise wünschen Ihnen

Eyke Berghahn, Hans-R. Grundmann, Petrima Thomas

Steckbriefe der US-Staaten und kanadischen Provinzen

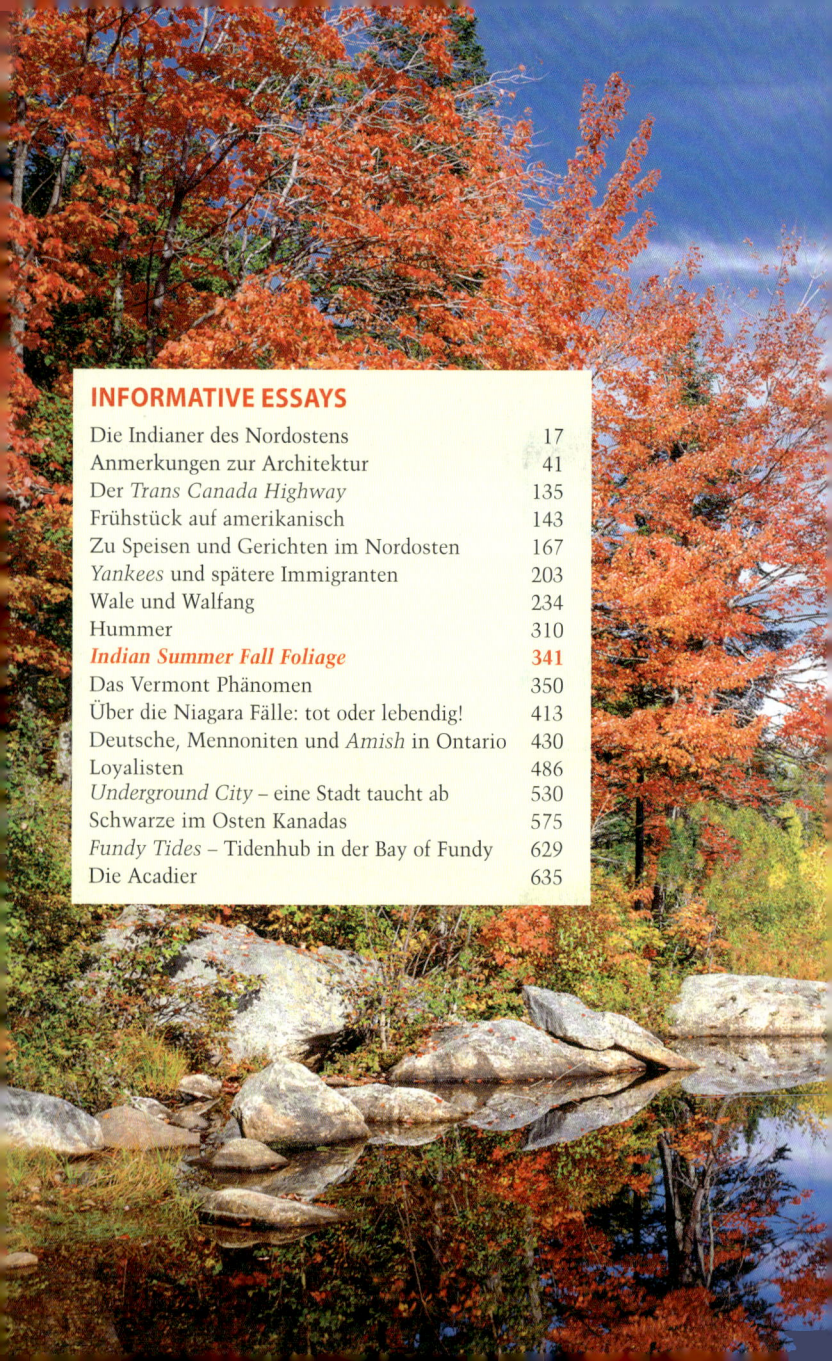

INFORMATIVE ESSAYS

PLANUNG, VORBEREITUNG und ORGANISATION

einer Reise durch

CANADAS OSTEN und den NORDOSTEN der USA

1.   VORINFORMATION UND REISEPLANUNG

1.1   Reiseziel Amerikas Nordosten

1.1.1   Canadas Osten und der Nordosten der USA als zusammenhängende Reiseregion

Gebiet

Dieser Reiseführer macht nicht an der Grenze zwischen den USA und Canada halt. Er beschreibt die sechs Neuengland-Staaten – **Connecticut, Rhode Island, Massachusetts, Maine, New Hampshire** und **Vermont** –, große Teile des Staates **New York**, die atlantischen Provinzen Canadas – **Nova Scotia, New Brunswick**, **Prince Edward Island** und **Newfoundland** – und alle touristisch interessanten Gebiete in **Québec** und **Ontario**.

Die so umrissene **Region** zwischen Atlantik und den Großen Seen bildet aus drei Gründen eine **Einheit**:

Geschichte

• Der Nordosten ist die **Wiege beider Natione**Nordamerikas. Dort siedelten die europäischen Einwanderer zuerst, und lange Zeit fand ausschließlich dort die zunächst eng verflochtene amerikanische wie kanadische Geschichtsschreibung statt.

• Erst mit der amerikanischen Unabhängigkeit 1776 und endgültig 1867 mit der Gründung des *Dominion of Canada* – als Zusammenschluss der verbliebenen britischen Kolonien in Nordamerika – wurden klare Grenzen gezogen. So unterschiedlich sich die USA und Canada seither in mancher Beziehung auch entwickelten, ihre Gemeinsamkeiten sind unübersehbar.

Landschaft

• Die landschaftlichen und geologischen **Ähnlichkeiten** beider Länder sind groß, Topographie und Vegetationszonen entsprechen sich: Die zerklüftete Küste von **Nova Scotia** unterscheidet sich kaum von Maines Gestaden. Vom St. Lorenz-Strom besitzen beide Staaten ihren Teil, ebenso wie von den Großen Seen. Auch die **Niagarafälle** sind teils kanadisch, teils amerikanisch.

Tourismus

• Auf vielen populären **Reiserouten** durch den Osten Canadas bzw. den Nordosten der USA ist man vom jeweils anderen Land oft nur wenige Meilen entfernt, so dass ein Sprung über die Grenze naheliegt. **Rundfahrten** mit gleichem Ausgangs- und Endpunkt, die einfacher und kostengünstiger zu bewerkstelligen sind als Einwegrouten, lassen sich durch die Einbeziehung von Zielen in beiden Ländern besonders reizvoll gestalten. Erleichtert wird das durch – auch nach dem 11. September 2001 – im Allgemeinen immer noch problemlose Grenzformalitäten.

Michigan

Da der US-Staat **Michigan** zwischen dem gleichnamigen und den damit sowie untereinander verbundenen Seen Superior, Huron und Erie im Norden und Osten an Ontario grenzt, sind schöne Rundreiserouten auch unter Einbeziehung dieses Staates – eventuell einschließlich **Chicago** – möglich.

1.1.2   **Geographie und Natur des Nordostens**

Fläche und Bevölkerung

Größen-
verhältnisse

In Nordamerika leben weit weniger Menschen als im Europa der erweiterten EU (ca. 350 Mio. versus 503 Mio., Stand 2012) – aber auf fünf mal so großer Fläche (fast 20 Mio. km² versus 4,3 Mio km²). Dabei sind allein die Provinzen Québec und Ontario mit 2,7 Mio. km² fast so groß wie die EU vor der Osterweiterung (ca. 3,15 Mio km²), aber nur im äußersten Süden erschlossen.

Ohne Neufundland/Labrador beschreibt dieses Buch ein Gebiet von 1,1 Mio. km²; das entspricht zwei 1000 km x 550 km großen Rechtecken (jedes etwas größer als Spanien), die sich von der Achse New York–Ottawa (= 550 km Luftlinie) einerseits nach Westen (bis Chicago), andererseits nach Nordosten (Halifax/Kap Gaspé) erstrecken. Dieses Gebiet nennen wir »**zwischen Atlantik und den Großen Seen**«. Eine solche Fläche würde sich – ausgehend von der 550 km langen Achse Würzburg–Triest (entspricht also New York–Ottawa) – von den Pyrenäen bis an die Ostgrenze von Polen erstrecken.

Bevölkerung   Allein in **Ontario** und **Québec** wohnen ca. 21,4 Mio. der 35 Mio.
Kanadier; 38% von ihnen leben in Ontario und davon 90% in
Südontario zwischen den Seen Huron, Ontario und Erie. Von der
CANADA   Bevölkerung Québecs leben etwa 80% entlang des St. Lorenz-
Stroms und in südlichen Gebieten in der Nähe der US-Grenze.
Die maritimen Provinzen mit rund 2,3 Mio. Einwohnern insge-
samt besitzen nur eine Handvoll Städte nennenswerter Größe.

Daten der Provinzen in Canadas Osten

Provinz	Hauptstadt	Einwohner	Bevölkerung	Fläche (km²)
Canada gesamt	**Ottawa**	**897.000***	**35 Mio.**	**9.985.000**
New Brunswick	Fredericton	56.000	751.000	72.900
Newfoundland	St. John's	106.000	515.000	405.000
(davon Labrador	–	–	30.000	295.000)
Nova Scotia	Halifax***	290.000	922.000	55.000
Ontario	Toronto	2.6 Mio.**	13,4 Mio.	1.079.000
Prince Edward Isl.	Charlottetown	35.000	140.000	5.660
Québec	Québec City	517.000	8 Mio.	1.668.000

*Großraum mit Gatineau 1,24 Mio.,**Großraum Toronto 5,6 Mio., *** Großraum 390.000

USA   Von mittlerweile 315 Mio. US-Amerikanern leben etwa 14,5 Mio.
in den **Neuengland-Staaten**. Dort wie auch in den Staaten **New
York** und **Michigan** konzentriert sich die Besiedelung stark auf
die Küsten und entlang einiger Flusstäler. Das Hinterland in New
York State (Adirondack Mountains), Vermont, New Hampshire
und Maine ist nur dünn bevölkert, und in Norden von Maine
herrscht menschenleere Wildnis.

Daten der US-Staaten im Nordosten

Staat/Provinz	Hauptstadt	Einwohner	Bevölkerung	Fläche (km²)
USA	**Washington**	**618.000**	**315 Mio.**	**7.740 Mio.****
Connecticut	Hartford	125.000	3,6 Mio.	14.400
Maine	Augusta	19.100	1,3 Mio.	91.600
Massachussetts	Boston	625.000*)	6,6 Mio.	27.300
Michigan	Lansing	114.000	9,9 Mio.	250.000
New Hampshire	Concord	43.000	1,3 Mio.	24.000
New York	Albany	98.000	19,5 Mio.	141.000
Rhode Island	Providence	178.000	1,05 Mio.	3.140
Vermont	Montpelier	8.000	0,63Mio.	24.900

*) Großraum Boston 4,5 Mio, **Fläche USA ohne Alaska und Hawaii

Die Indianer des Nordostens

Das vorherrschende Klischeebild vom Indianer ist nach wie vor das des nomadisierenden, büffeljagenden und kriegsbemalten Halbnackten – des Prärie-Indianers also aus den Zeiten der Kämpfe mit der US-Armee Mitte bis Ende des 19. Jahrhunderts. Weder in Filmen noch in der in Europa verbreiteten Literatur spielen die seßhaften Stämme des Ostens mit ihrer entwickelten Dorfstruktur und weitreichenden Handelsverbindungen eine Rolle.

Mit Ausnahme der **Irokesen**, die beim Kampf der europäischen Großmächte England und Frankreich um die Neue Welt eine gewisse Rolle spielten (⇨ *James F. Coopers* Jugendbuch »Der letzte Mohikaner«), blieben die Indianer des Nordostens hierzulande daher eher unbekannt. Hauptursache dafür dürfte ihre weitgehende Ausrottung durch ihnen bis dato unbekannte Krankheiten und brutale Kriege während der ersten Jahrzehnte der europäischen Einwanderung sein. Heute leben nur etwa 1,5% der US-Indianer in Neuengland gegenüber 66% in den großen Reservaten des Westens.

Die Indianer des Nordostens gehören zu den **Woodland Indians**. Die **Woodland Hunters** – *Oijbwa, Algonquin* und *Mi'kmaq* – bevölkerten einst die Waldgebiete nördlich der Großen Seen bis zum Atlantik. Sie lebten im Sommer in festen Dörfern und trieben etwas Ackerbau und gingen im Winter in kleinen Gruppen auf Jagd. Zwar gab es auch in vorkolumbischer Zeit bereits kriegerische Auseinandersetzungen zwischen einzelnen Stämmen, aber erst der »Weiße Mann« erschütterte ernsthaft das friedliche Miteinander.

Die **Puritaner** gerieten schon bald in Konflikte mit den Indianern. Schnell hatten die Engländer vergessen, dass sie ohne indianische Hilfe wohl kaum die ersten Winter überstanden hätten. Missionarischer Eifer, kulturelles Unverständnis und die schnell wachsende Zahl der Siedler führten zu bewaffneter Konfrontation und gegenseitigen Massakern. Der ***King Philip's War*** von 1675/76 entstand aus dem letzten verzweifelten Versuch der Indianer, die Siedler zu vertreiben. Dabei vernichteten die neuenglischen Truppen die *Wampanoags, Nipmucks* und *Narragansetts* fast vollständig. Ihren Sieg über die »Ungläubigen« empfanden die Puritaner als gerechtes Zeichen Gottes.

Im heutigen Kanada unterhielten die **Franzosen** überwiegend freundliche Handelsbeziehungen zu den *Mi'kmaq* und anderen Stämmen. Ihre Kenntnis der Wasserwege machte sie zu wichtigen Partnern im Pelzhandel. Daher und nicht zuletzt wegen der relativ wenigen französischen Siedler kam es in den von Frankreich beanspruchten Gebieten kaum zu originären Konflikten zwischen Weißen und Indianern. Weil aber die Franzosen bei Stammesfehden zwischen *Huronen* und *Algonquin* einerseits und *Irokesen* andererseits gegen letztere Partei ergriffen, wurden auch sie in Kämpfe verwickelt.

Huronen wie *Irokesen* gelten als **Woodland Farmers** und waren im heute südöstlichen Ontario und New York State ansässig. Sie lebten in palisadenbefestigten Dörfern und betrieben – die Bezeichnung sagt es – vorwiegend Landwirtschaft. Die Irokesenstämme südlich des **Lake Ontario** verbanden sich vermutlich schon im 12. Jahrhundert zu den **Five Nations** (*Seneca, Cajuga, Onondaga, Oneida, Mohawk*) und wurden weder von den Engländern noch von den Franzosen jemals unterworfen. Sie kämpften im **French** and **Indian War** mit den Engländern und beendeten den Krieg 1763 auf der Seite der Sieger.

Im amerikanischen Revolutionskrieg standen die Irokesen wieder auf Seiten der diesmal unterliegenden Briten und verloren damit ihr Land auf dem Territorium der USA. Mit ihrem Führer, dem *Mohawk Chief* *Joseph Brant*, zogen sie in das jetzige **Ontario.** Bis heute ist die **Grand River Reserve** bei **Brantfort** (westlich Hamilton) das größte Siedlungsgebiet der *Irokesen.*

Irokesenschlacht 1609 am Lake Champlain

Die sich mit fortschreitender Besiedelung Nordamerikas immer weiter nach Westen verlagernden Kämpfe und Vertreibungen der jeweils besiegten Stämme sind bekannt. Die Überlebenden wurden in Reservate verbracht, die auf meist wertlosem Grund und Boden abgesteckt worden waren. Wo sich das Land der Indianer nachträglich doch als landwirtschaftlich oder anderweitig verwertbar erwies, kam es im Laufe der Jahre unter dem Deckmantel diskriminierender Regelungen wie dem **Dawes Act** von 1887 zu »legalen« Reduzierungen der Reservate. Als 1934 der *Dawes Act* zurückgezogen wurde, verfügte die indianische Bevölkerung nur noch über ein Drittel der ihr 1887 überschriebenen Flächen. Nicht viel besser erging es den Indianerstämmen in Canada.

Im Osten sieht man – anders als im Westen Amerikas – nur wenig von den Indianern und ihrer Kultur. Wegen der frühen Vertreibung bzw. Dezimierung gibt es nur kleine Reservate. Und doch macht sich auch dort ein wiedererstarktes Selbstbewusstsein bemerkbar. In den letzten Jahrzehnten kam es zu einer Reihe von Gesetzen, die der indianischen Selbstverwaltung schrittweise mehr Raum gab und Landrückgaben ermöglichte. Die *Pequot*-Indianer etwa erstritten sich vor dem obersten Bundesgericht der USA einen Teil ihres früheren Landes und erstellten darauf ein Spielkasino (***Foxwood***/Connecticut, ➪ Seite 221). Die wirtschaftliche Entwicklung in den Reservaten basiert aber nicht nur auf den Kasinoerträgen. Die ***First Nations*** betreiben Hotels und Skilifte, Fischverarbeitungsanlagen und Manufakturen für Gebrauchsgegenstände wie Schneeschuhe, Schlitten und Lederprodukte.

Im östlichen **Canada** sind die Indianer präsenter als in Neuengland oder New York State. Die ***Assembly of First Nations***, die Vertretung aller anerkannten Indianerstämme, spielt bei politischen Entscheidungen eine wachsende Rolle. Schilder mit der Beschriftung »*First Nation*« kennzeichnen deutlich die von Indianern bewohnten Ortschaften. Die Siedlungen in moderner Billigbauart sind zwar nicht attraktiv, Alkohol und Arbeitslosigkeit verbreitet, aber Bildungschancen und Gesundheitsfürsorge haben sich dort erheblich verbessert. Kulturelle Zentren bieten Besuchern Einblick in traditionelle und moderne indianische Kunst.

Die meisten der 85.000 heute in der Provinz **Québec** lebenden Indianer waren traditionell mehr den Engländern als den Franzosen zugetan. In den Reservaten wird daher neben der Stammessprache überwiegend Englisch gesprochen. Daraus erklärt sich u.a. die vehemente Ablehnung der Québecer Regierung und die Militanz von Auseinandersetzungen:

Die ***Mohawks*** in Oka bei Montréal etwa gingen vor einiger Zeit gewaltsam gegen die Erweiterung eines Golfplatzes auf für sie heiligem Gelände vor, und ***Cree Indians*** und ***Inuit*** kämpfen seit Jahren gegen das Vordringen der Elektrizitätsgesellschaft *Hydro-Québec*, die im hohen Norden neue Stauseen für Wasserkraftwerke baut und weitere plant.

Eine Sonderstellung besitzt ***Wendake***, ein Huronendorf bei Québec-City. Als die mit den Franzosen verbündeten Huronen von den Irokesen geschlagen worden waren (➪ Saint Marie-among-the-Hurons, Seite 454), flohen die Überlebenden nach Québec Stadt. Heute leben dort ca. 1.000 ihrer Nachkommen vom Tourismus (➪ Seite 554).

Tecumesh – War Chief of the Mohawks

Geologie des Nordostens
unter touristischen Gesichtspunkten

Charakter

Im Nordosten beidseitig der Grenzen dominieren waldreiches Hügelland und Mittelgebirge, unterbrochen von Küstenebenen und breiten Flusstälern. *Canadian Shield*, **Appalachian Mountains**, einige große Flüsse wie der **St. Lawrence** und der **Hudson River**, die **Great Lakes** und die **Atlantikküste** sind die bestimmenden Strukturen.

Canadian Shield

Der *Canadian Shield*, ein felsiger »Schild« aus Granit- und Gneis, ist die größte zusammenhängende geologische Formation des nordamerikanischen Kontinents. Sie bedeckt fast die Hälfte der Fläche Canadas, 67 % von Ontario und 84 % von Québec. Der Fels ist nur von einer dünnen Erdschicht bedeckt, die sich für eine Landwirtschaft nicht eignet, dafür aber reich ist an Mineralien. Die oft rosafarbenen, durch Erosion stumpf und glatt gewordenen freien oder in Spalten nur spärlich bewachsenen Granitflächen bilden besonders im Zusammenspiel mit den Seen Ontarios eine eigene attraktive Landschaftsform. Dort findet man von Sandstränden unterbrochene Ufer und unzählige vorgelagerte Inseln und Inselchen vor allem an der Georgian Bay des Lake Huron, an den **Muskoka** und den **Kawartha Lakes** und im *Algonquin Park*.

Zwei zum *Canadian Shield* gehörende **Bergmassive** sind

- die **Laurentides** bzw. die **Laurentian Highlands**. Dieser Höhenzug verläuft nördlich des Ottawa- und nordwestlich des St. Lawrence River. Zwischen Montréal und Québec City bilden die Laurentides einen »Wall« von 500-800 m Höhe, wirken aber wegen ihrer steil abfallenden, bewaldeten Hänge viel höher. Die zahlreichen Seen in den langen Tälern bieten – wie breite Flüsse – unendliche Strecken ursprünglicher Kanureviere.

- die **Adirondack Mountains**, ein Mittelgebirge mit Höhen bis zu 1629 m voller Seen und Flüsse im Norden von **New York State** gleich unterhalb der Grenze. Deren immense Laub- und Nadelwaldbestände sowie Eisenvorkommen wurden schon früh wirtschaftlich genutzt. Wegen ihrer Nähe zu den dicht besiedelten Tälern des Hudson River und den Ballungszentren um New York City wurden die Adirondacks bald ein Freizeitrevier. Der größte Teil steht heute als öffentlicher **Park** unter der Verwaltung des *New York State Department of Environment.*

Appalachen

Eine den gesamten Osten der USA beherrschende Gebirgsformation sind die in Nord-Süd-Richtung mehr oder weniger parallel zur Atlantikküste verlaufenden **Appalachian Mountains**. Mit fast 4.000 km sind sie einer des längsten Gebirgszüge der Welt. Beginnend im tiefen Süden der USA (Alabama) reichen sie bis hinauf in den äußersten Nordwesten Neufundlands (*Long Range*) und bestimmen weitgehend die geologische Struktur der Neuengland-Staaten, des östlichen Québec einschließlich der Gaspé-Halbinsel und der maritimen Provinzen:

Die **Green Mountains** in Vermont, die **White Mountains** in New Hampshire und die **Berkshires** in Massachusetts/Connecticut gehören als Teilformation ebenso zum Appalachenmassiv wie die **Catskills** unweit New York City westlich des Hudson River. Die höchsten Erhebungen der Appalachen in Neuengland sind der **Mount Washington** mit 1916 m (New Hampshire) und der **Mount Katahadin** mit 1729 m (Maine).

Costal Plains

Zur Küste hin werden die Berge flacher und laufen an der zerklüfteten Küste von Maine und in Nova Scotia mit zahllosen Inseln und Buchten aus. Zwischen **New York City** und **New Hampshire** erreichen sie den Atlantik nicht. Dort bestimmen überwiegend flache Küsten der *Coastal Plains* und lange **Strände** das Bild.

Große Seen und Saint Lawrence River

Die Seenkette **Great Lakes – Lake Ontario, Erie, Huron, Michigan** und **Superior –** bildeten sich erst am Ende der letzten Eiszeit vor 10.000 Jahren. Das Wasser fließt in östliche Richtung über den Lorenzstrom in den Atlantik. Das spektakulärste Gefälle sind die Niagarafälle, zu deren Umgehung man schon im frühen 18. Jahrhundert, Kanäle und Schleusen anlegte. Seit 1959 ist der *St. Lawrence Seaway* bis Chicago am Lake Michigan und Thunderbay am Westende des Lake Superior für ozeangängige Schiffe nutzbar, ⇨ Abbildung Seite 428.

Forcierte Wasserentnahme und Klimawandel lassen den Spiegel dieses weltgrößten Süßwasser-Systems jährlich um bis zu 1 m sinken, was an flach auslaufenden Uferzonen die Wasserlinie schon erheblich hat zurücktreten lassen.

Landschaftliche Gliederung

Grenzbereich

Die Großen Seen bilden mit dem Saint Lawrence River die natürliche **Grenze** zwischen den USA und der kanadischen Provinz Ontario. Im Tal des St. Lorenz Stroms und in den Uferzonen rund um die östlichen Seen finden sich die fruchtbarsten Gebiete Ontarios, Québecs und von New York State. Daher ist dort zwar die Bevölkerungsdichte hoch, aber landschaftlich reizvoll sind diese Gebiete nicht. Wo jedoch der Fels des landwirtschaftlich unergiebigen *Canadian Shield* die Ufer erreicht – z.B. an der Georgian Bay des Lake Huron, am Lake Superior und in der *1000-Islands*-Region des St. Lorenz – leben weniger Menschen; dort sind die Großen Seen und der Strom besonders attraktiv.

Niagara Escarpment

Mitten durch das Flachland im südlichen Ontario läuft das 900 km lange und bis zu 600 m hohe **Niagara Escarpment**, eine ungewöhnliche geologische Kalkstein-Formation, die vor 450 Mio. Jahren die Steilküste eines flachen tropischen Meeres bildete. Pflanzen und Skelette der Seelebewesen sanken ab und wurden in Steinschichten gepreßt. Diese als Fossilien erhaltene Flora und Fauna ist derart aufschlussreich, dass die UNESCO das *Niagara Escarpment* 1990 zu einer **World Biosphere Reserve** erklärte.

Bei Kitchener und an der Georgian Bay im Bereich Collingwood/Craigleith sorgen die Hügel des *Escarpment* für die Skigebiete (!) Ontarios und bilden auf der Ostseite der **Bruce Peninsula** zwischen Georgian Bay und dem offenen Lake Huron eine wunderschöne Felsküste. Unter Wasser – die vorgelagerte Flowerpot Island ist sichtbar Spitze dieses Höhenzuges – setzt sich das *Escarpment* bis Manitoulin Island fort.

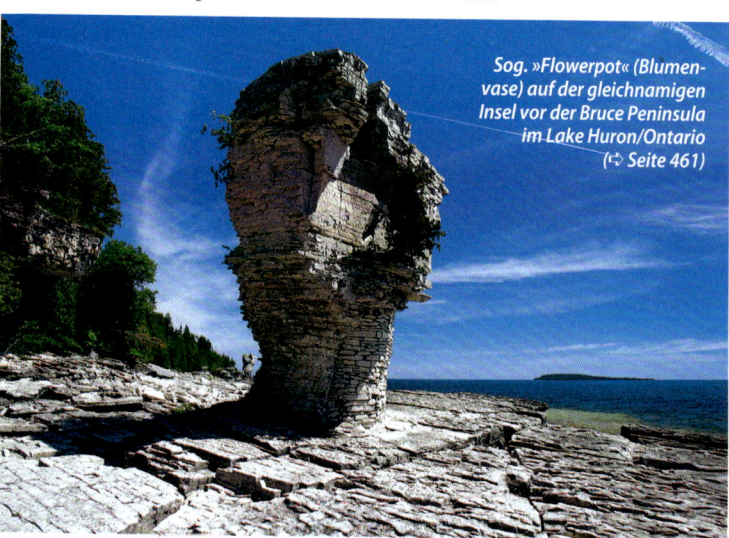

Sog. »Flowerpot« (Blumen-vase) auf der gleichnamigen Insel vor der Bruce Peninsula im Lake Huron/Ontario (↳ Seite 461)

_____ **Vegetation und Fauna**

Nördliche   Weite Teile des amerikanischen Nordostens bzw. des Ostens von
Zonen   Canada sind dicht bewaldet. Die dünne Bodenschicht und das
                  rauhe Klima im Norden Ontarios, Québecs und in Newfound-
                  land sind dafür verantwortlich, dass fast nur Nadelbäume die
                  Winter überstehen. Im vorigen Jahrhundert war die *White Pine*
                  (Kiefer) die vorherrschende Baumart. Nachdem die Bestände durch
                  extensive Nutzung – z.B. für den Schiffbau – stark reduziert wur-
                  den, überwiegen heute **Balsam Fir**, **White** und **Black Spruce**
                  (Tannen und Fichten).

Black Spruce   *Eastern White Pine*   *Red Spruce*
                  Red Pine   *Balsam Fir*

Gemäßigte   In den wärmeren Gebieten Ontarios, Québecs (vor allem am St.
Zonen   Lawrence River) wie auch in Neuengland beherrschen ausge-
                  dehnte **Laubwälder** das Bild, soweit sie nicht der landwirtschaft-
                  lichen Nutzung des Bodens weichen mussten. Je weiter man
                  nach Norden kommt, umso stärker sind sie mit Nadelbäumen
                  durchmischt. In den Zonen mit vergleichsweise langen frost-
                  freien Perioden – Südontario, New York State und Connecticut –
                  werden **Obst- und Gemüsesorten** angebaut, wie wir sie auch in
                  Mitteleuropa finden.

                  Im gesamten Nordosten, besonders aber in den Mittelgebirgen
                  Neuenglands sorgt die Vielfalt der Baumarten für die bekannte
                  herbstliche Farbenpracht; ➯ dazu speziell das Essay zum **Indian
                  Summer** auf Seite 341.

Acadian   In den atlantischen Provinzen Canadas und im nördlichen Maine
Forest   findet man eine Mischung aus Laub- und Nadelwald, die dort
                  Acadian Forest genannt wird. Dieser Wald ist nicht so dicht wie
                  die Laub- und Nadelwälder anderswo, da die salzhaltige Luft das
                  Wachstum der Bäume hemmt. Eine Vielzahl von Moosen, Farnen
                  und Beeren ist dort heimisch.

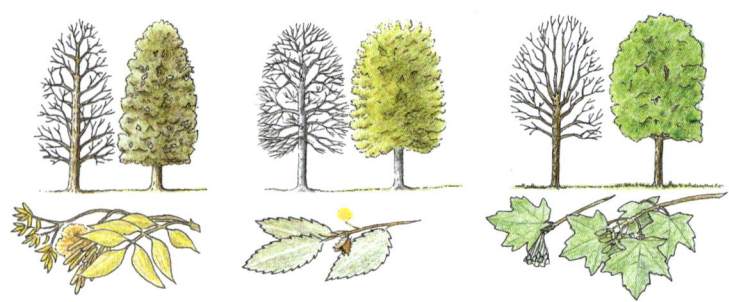

White Ash (Esche)   *American Beech (Buche)*   *Sugar Maple (Zuckerahorn)*

Wild

Der Nordosten ist zwar Heimat vieler Tierarten – Rotwild, Füchse, Eichhörnchen, Biber, Luchse, Ottern, Marder, Wiesel, Stachelschweine u.a.m. – aber aus unserer Sicht besonders exotische Tiere sind kaum darunter. Im unberührten Norden und im dünn besiedelten Neufundland gibt es immerhin noch große Herden von **Caribous**, einer Rentierart, und in den Hochlagen mancher Region **Schwarzbären**. Nur auf längeren Wanderungen abseits der Zivilisation kann man ihnen begegnen. Aber auch in abgelegenen Parks wird gewarnt (⇨ Essay Seite 27), denn die Tiere wittern in Mülltonnen und Picknickresten bequemes *Fast Food*, die ihnen das mühsame Beutemachen erspart. **Elchen** (amerikanisch: *Moose*, nicht *Elk* – das heißt Hirsch) jedoch begegnet man z.B. im **Algonquin Park**, auf Cape Breton Island und vor allem auf Neufundland durchaus. Im *Algonquin* leben sogar **Wölfe**, die man indessen nur nachts aus der Ferne heulen hört (⇨ Seite 477).

Waschbären/ Racoons

Eine rechte Plage können – wie überall in Amerika – **Waschbären** sein. Diese dachsgroßen braunen *Racoons* mit ihrem schwarz-gestreiftem Schweif sind völlig ungefährlich und sehen possierlich aus, fallen aber ohne irgendeine Scheu über liegengelassene oder schlecht verstaute Nahrungsmittel her.

Vögel

Am interessantesten sind im gesamten Nordosten die **Vögel**. Entlang der Migrationsrouten der Zugvögel am St. Lorenz-Strom und an der Atlantikküste gibt es zahlreiche Schutzgebiete, die für den **Bird Watcher** zugänglich sind, wie etwa die *Tantramar Marshes* in New Brunswick, die Ile Bonaventure vor Percé auf der Gaspé Peninsula, der *Parc Conservation de Bic* am St. Lawrence oder Cape St. Mary auf Neufundland.

Gannets und Puffins

Eine besondere Vogelart sind die **Gannets**. Diese weißen Vögel mit hellgelbem Kopf und hellgrauem langen Schnabel haben eine Flügelspanne von bis zu 2 m. Sie brüten u.a. auf der Gaspé-Halbinsel, in Neufundland und in Nova Scotia. Den Winter verbringen sie – wie die betuchteren menschlichen Bewohner dieser Landstriche – in Florida bzw. am Golf von Mexiko. Den schönen,

ziemlich exotisch wirken-
den **Puffin** findet man auf
Inseln in Maine und im Atlantischen Canada. Er hat
ein knalliges schwarz-oran-
genes Make-up um die Au-
gen und einen großen blau-
gelb-roten Hakenschnabel.

Puffin

**Murres,
Heron,
Canada
Goose,
Loon**

Ebenfalls eine echte Besonderheit sind die schwarz-
weißen **Murres** in Neu-
fundland, die auch gejagt
werden, um die Speisekarte zu bereichern.

Überall an Seen und Sümpfen ist der majestätische **Blue Heron**
(Reiher) zu finden, ganz speziell aber im **Kouchibouguac Park** in
New Brunswick. Verbreitet ist die **Canada Goose**, zu erkennen
an ihrem schwarzen Hals und Kopf mit abgesetzten weißen Wan-
gen und einem weißen Kropf. Ihr Gefieder ist grau-bräun-
lich, Schwanz und Füße sind schwarz. Ihr Fleisch gilt
als ausgesprochene Delikatesse.

Die ausgeprägt farbige **Common Loon**, eine
Entenart, ist neben der *Canada Goose* so
etwas wie das Symbol kanadischer Natur und Einsamkeit. Ihr klagender
Ruf gehört zur Lagerfeuerroman-
tik am stillen See, ⇨ Seite 471.
Andere Wildvögel wie Fischadler,
Habicht und Falke sind seltener
geworden, wurden aber – z.B. im
Acadia National Park – wieder
ausgesetzt.

*Canada
Goose/
Kanada
Gans*

Seefische

Vor der Küsten des Nordostens werden vor allem **Kabeljau**, **He-
ring**, **Marlin** und **Thunfisch** gefangen Die *Great Banks* südöstlich
von Neufundland waren über Jahrhunderte einer der reichsten
Fischgründe der Welt. Denn die flachen Schelf-Gewässer am
Rande der kontinentalen Abbruchkante bieten ideale Kinderstu-
ben für eine Vielzahl von Fischarten; dort vermischen sich der
kalte Labrador- und der warme Golfstrom. Wegen der – durch
Überfischen verursachten – Dezimierung der Bestände wurde die
Kabeljau-Fischerei vor Neufundland 1992 von der kanadischen
Regierung verboten (⇨ Seite 665).

Wale

Seit der internationalen Ächtung des Walfangs sind die Wale –
wie auch die Seehunde (*Seals*) – an der Atlantikküste und im Unterlauf des Saint Lawrence River endgültig zu einer der großen
Touristenattraktionen geworden. Man sieht **Finback**, **Humpback**, **Sperm**, **Blue** und **Killer Whales** und – nur im St. Lorenz – den
kleinen weißen **Beluga**.

Süßwasser-fische

Auch der beliebte atlantische **Lachs** (*Salmon*) darf kommerziell nicht mehr gefangen werden. Aber Angler haben immer noch eine Chance, Lachse in den Flüssen an den Haken zu bekommen. Die Gewässer im gesamten Nordosten sind voller Fische vieler Arten. **Forellen** gibt es massenhaft; sie werden außerdem von Zuchtanstalten (*Fish Hatcheries*) Jahr für Jahr zu Millionen ausgesetzt, damit die nordamerikanische Angelleidenschaft den Beständen nicht allzusehr zusetzt.

Hummer und Muscheln

Die Atlantikküste ist reich an Krustentieren, und der **Hummer** (*Lobster*) von Cape Cod über Nova Scotia bis Prince Edward Island ist ein top-kulinarisches Motiv der Tourismuswerbung (⇨ Seite 310). Besonders an der neuenglischen Küste und in Nova Scotia findet man delikate **Muscheln** (*Clams*). *Clam Digging* (Muschelsuche) ist ein an allen Küstenstrichen nicht nur bei Urlaubern verbreitetes Hobby.

Typische Hummer-Kochbottiche – Lobster Pots – in Maine

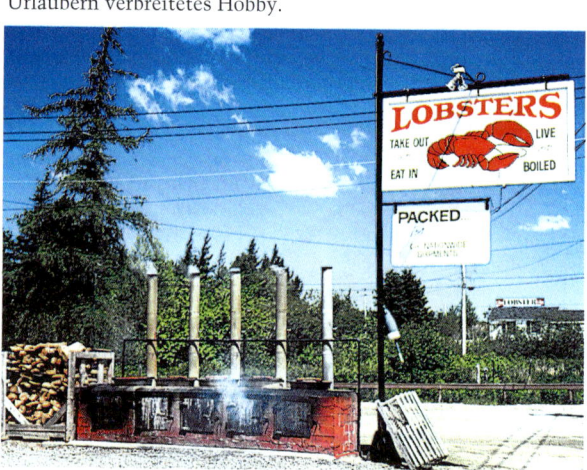

Bären auch im Osten Nordamerikas

Einst bevölkerten Bären den gesamten nordamerikanischen Kontinent. Heute leben sie fast nur noch in den riesigen Wäldern im Norden und in Höhenlagen der Rocky Mountains, der Sierra Nevada Kaliforniens und des Kaskadengebirges im Nordwesten der USA. Den gefürchteten *Grizzly* trifft man im hier beschriebenen Gebiet nicht. Einen **Schwarzbären** zu Gesicht zu bekommen, ist aber immerhin möglich, etwa in den White Mountains, im Hinterland von Maine, in New Brunswick oder in der Gaspésie, in den Adirondacks, auch im *Algonquin Park* oder in den Laurentides.

Das ausgewachsene Schwarzbär-Männchen hat bei einem Gewicht von bis zu 180 kg eine Schulterhöhe von knapp 1 m. Auf der Suche nach Futter (Insekten, Knospen, Nüsse, Beeren und Honig) können Schwarzbären durchaus Bäume senkrecht hochklettern. Sie töten und fressen aber auch kleine Nage-tiere oder Kitzen. Müll- und Abfallbehälter locken sie besonders an. Obwohl generell friedlich und scheu, können sie unter Umständen auch gefährlich werden.

»*You are in Bear Country*« warnen Hinweisschilder in **Provincial, State** und **National Parks** und Merkblätter in den **Visitor Centers auch im Osten Nordamerikas** in entsprechenden Gebieten. Auf den *Campgrounds* besitzt dann jeder Stellplatz eine verriegelbare Box für Lebensmittel. Im Kofferraum des Autos oder am Seil zwischen zwei Bäumen (min. 4 m über dem Boden, 2 m vom Stamm) sind Lebensmittel ebenfalls sicher. Für schlafende Menschen im Zelt interessieren sich Bären normalerweise nicht, es sei denn, sie witterten Essbares.

Sollte Meister Petz dennoch auftauchen, vertreiben ihn im allgemeinen Lärm (Topfschlagen) oder eine Taschenlampe.

Vor Wanderern hat sich ein Bär meist längst aus dem Staub gemacht, bevor der Mensch ihn entdeckt. Nur wenn das Tier überrascht wird, könnte es angreifen. Deswegen sollte man auf Wildniswandrungen bei Gegenwind und an unübersichtlichen Stellen laut reden oder pfeifen. Bemerkt er den Menschen trotzdem nicht als erster, heißt es, Ruhe bewahren: Nicht umdrehen und wegrennen, sondern sich bei Fixierung des Bären langsam zurückziehen.

Eine für *Back Country*-Wanderer interessante Lektüre ist das Buch von *Bill Bryson*: »Picknick mit Bären« (€15), in dem der Autor das Ablaufen des ganzen *Appalachian Trail* beschreibt.

Bärenwarnung auf einem Campingplatz in Ontario

1.1.3   National, State und Provincial Parks

Die Nationalparkidee

Biber als Symbol für kanadische Nationalparks

Die Schaffung der Nationalparks basiert auf dem Gedanken, außergewöhnliche Landschaften, Naturwunder und bedeutsame historische Stätten vor Zerstörung und kommerzieller Ausbeutung zu bewahren, aber den (kontrollierten) Zugang zu ermöglichen. Die Geschichte der Nationalparks ist lang. Als erste wurden 1872 in den USA der **Yellowstone National Park**, 1887 in Canada der **Banff Park** gegründet. Die Nationalparkidee wird seither in beiden Ländern vom **National Park Service** in vorbildlicher und weltweit nachgeahmter Weise in die Praxis umgesetzt. Seit 2009 wurde leider eine Reihe von Parks aus Budgetgründen geschlossen; in anderen wurden die Öffnungszeiten verkürzt.

Aber nicht nur Landschaft und Natur, auch viele historische Stätten sind ins Nationalparksystem einbezogen. Ihre differenzierte Bezeichnung ist **in den USA** schon fast verwirrend. Da gibt es **National Monuments**, **Historic** und **Military Sites**, **Historical Parks**, **Memorials** und **Battlefields**, während **in Canada** alle Nicht-Landschaftsparks mit einem Begriff, dem **National Historic Park**, benannt sind.

Historische Parks

Derartige Stätten sind oft Persönlichkeiten – überwiegend Politikern und Militärs – gewidmet, oder sie dienen dem Erhalt architektonischer, industrieller oder historischer Besonderheiten. Der Nordosten ist damit reich gesegnet. Allein **in Canadas Osten** gibt es **53 Historic Parks** gegenüber 14 Parks im alten, »klassischen« Sinn. Als europäischer Besucher ist man erstaunt, wie intensiv auch relativ kleine, nicht sonderlich sensationelle nationale Einrichtungen dieser Art gepflegt, und wie stark sie von Besuchern aller Bevölkerungsschichten frequentiert werden.

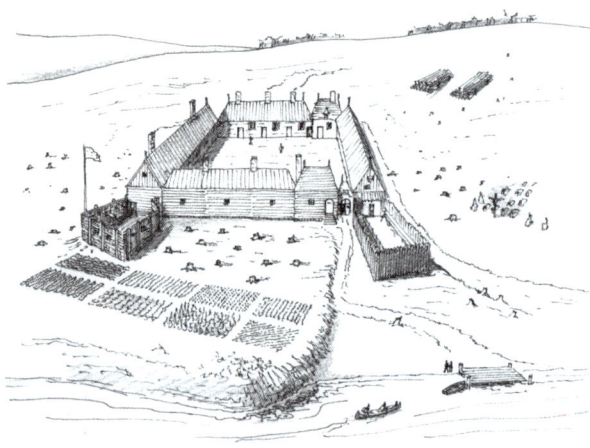

Fort Royal National Historic Site/ Bay of Fundy in Nova Scotia

**National-
parks in
Canadas
Osten**

Die Nationalparks im Nordosten sind bei uns im allgemeinen weit weniger bekannt als die des amerikanischen bzw. kanadischen Westens. Dabei haben wir vor allem die **14 Nationalparks** im Osten Canadas zwischen Lake Superior und Neufundland – z.B. *Georgian Bay Islands* und *Bruce Peninsula* in Ontario, *Mauricie* und *Forillon* in Québec, *Kouchibouguac* und *Fundy* in New Brunswick, *Kejimkujik* und *Cape Breton Highlands* in Nova Scotia und *Gros Morne* auf Neufundland – durchaus einiges zu bieten. Doch sind sie – auf den ersten Blick – nicht so exotisch-grandios wie z.B. der Grand- oder Bryce Canyon.

*Felsküste mit
Bass Head
Lighthouse
im Acadia
National
Park/Maine*

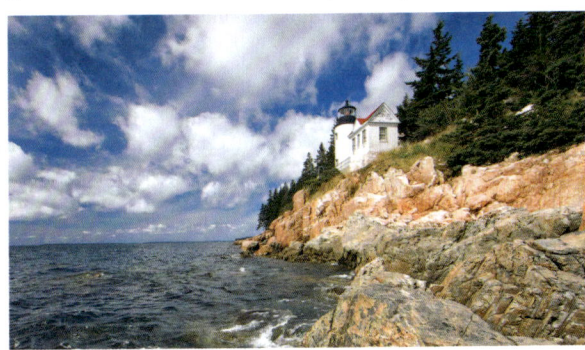

**Nordosten
der USA**

Mit dem überaus populären *Acadia National Park* in Maine liegt nur einer von heute insgesamt 50 US-amerikanischen Nationalparks im Nordosten. Daneben findet man aber noch *National Sea*- bzw. *Lakeshores*, nämlich *Cape Cod* in Massachusetts, *Fire Island* vor Long Island im Staat New York und *Pictured Rocks* und *Sleeping Bear Dunes* in Michigan.

**Maritime
Parks**

Nicht nur auf Land – auch unter Wasser werden natürliche Lebensräume in den *National Marine Parks Fathom Five* vor Ontarios *Bruce Peninsula* und *Saguenay* am St. Lawrence-Unterlauf in Québec geschützt.

**National
Forests**

Landschaftliche Attraktivität und unberührte Natur findet man nicht nur in Einrichtungen des *National Park Service*. Die **Nationalforste** stehen ihnen in beiden Ländern oft in nichts nach. Ihr Eintritt ist frei, und die meisten Straßen durch Nationalforste – speziell in den Neu-England Staaten Maine, New Hampshire und Vermont – sind meistens eine angenehm zu fahrende Route. Zudem haben sie oft sehr schön gelegene **Campingplätze**, ➪ Seite 153.

**State und
Provincial
Parks**

Ungewöhnliche geologische Formationen, historisch interessante Orte und sehenswerte Landschaften gibt es außer auf Grundbesitz der nationalen Regierungen auch auf Land der einzelnen US-Staaten und kanadischen Provinzen. Wie der Bund verfügen diese ebenfalls über eine Parkverwaltung, die für regional unterhaltene *Parks*, *Historic Sites* und *Monuments*, *Beaches* und *Recreational*

Areas zuständig ist. Mancher *Park* etc. steht den nationalen Pendants kaum nach, z.B. der **Algonquin Park** in Ontario (↔ Seite 464ff), der größte Provinzpark Canadas und zugleich einer der bekanntesten, der oft fälschlich für einen Nationalpark gehalten wird. In Quebec werden die *Provincial Parks* als **Parcs National de Quebec** bezeichnet und die vom Staat Kanada verwalteten als **Parc National du Canada** (↔ Seite 516)

Picknick und Camping

Obwohl der Parkgedanke in den verschiedenen Staaten und Provinzen eine unterschiedliche Auslegung erfährt, signalisieren *State* wie *Provincial Parks* immer das Vorhandensein einer gepflegten öffentlichen Anlage, mindestens mit **Picknickplatz** und in sehr vielen Fällen großzügig angelegten *Campgrounds* (↔ Seite 153). Oft sind Badestrände, Bootsanleger und Angelgelegenheit vorhanden wie beispielsweise im **Adirondack Park** in New York State.

Andere Parks und Schutzzonen

Außerdem gibt es noch zahlose **Wildlife-** und **Bird Sanctuaries**, (Wild- und Vogelschutzgebiete), in Québec **Reserves Fauniques** und **Parcs de Conservation** genannt (↔ auch Seite 516), die aber oft für Besucher kaum zugänglich sind, sieht man ab von Aussichtsplattformen oder *Boardwalks* (Holzplankenwege).

Ranger

In allen Einrichtungen der *National-*, *Provincial-* bzw. *State Parks* und *Historic Sites* sind uniformierte **Park Ranger** für Parkprogramme und Besucherbetreuung zuständig. Die *Ranger* haben auch Polizeifunktion auf den Parkstraßen, achten auf die Befolgung der Parkregeln (z.T. Alkoholverbot, Unterlassen von Lärmbelästigung usw.) und überwachen die Campingplätze. Viele sind ortskundige Experten für Natur/Geschichte und leiten Wanderungen/Veranstaltungen für die Parkbesucher.

Visitor Centers (kanadisch: Centres)

In den oft aufwendig gestalteten **Visitor Centers** wird man in Ausstellungen, Vorträgen und Film-/Dia-Programmen über alles Wissenswerte informiert und mit Karten/Unterlagen versorgt. In vielen Parks gibt es *Interpretive Walks*, geführte Spazier-/Rundgänge durch Natur oder historische Stätten, und *Campfire Programs*, meist Film- oder Diashows (englisch bzw. französisch).

Eintritt

Nationalparks, *State-* und *Provincial Parks* kosten Eintritt. In der Regel gilt ein Pauschalpreis pro Fahrzeug (Pkw/Minivan/Campmobil) mit Insassen. Anders ist es bei – z.B. historischen – Stätten, die man nicht durch Einfahrt per Auto besucht. Dort gilt Eintritt pro Person, **ermäßigt für Senioren** (Canada ab 65, USA ab 62). In Kanada gelten Ermäßigungen für <u>alle</u> Personen über 65, in den USA profitieren oft nur US-Residenten von *Discount*.

Eintritt National- parks in Canada

Ein **Tagespass** kostet **$7-$10**, für Kinder (6-16 Jahre) und Senioren (ab 65 Jahre) $3-$8. Für einen **Jahrespass** (für 12 Monate ab Kaufdatum) für alle 27 *National Parks* und 78 *National Historic Sites* (*The Discovery Package*) bezahlt man **$68**, für Senioren/Kinder $58/$34. Gruppen (bis zu 7 Personen) in einem Auto fahren preiswert mit dem **Family Discovery Pass** für **$136**. Darin enthalten sind sogar Versandkosten ins Ausland (dauert nach Europa bis zu

14 Tage); alle Details unter www.pc.gc.ca/eng/kiosk/index/dp.aspx. Ob sich der Kauf des Jahrespasses lohnt, ist ein Rechenexempel – für die meisten Urlauber im Ossten eher nicht.

Eintritt Nationalparks USA

Fast alle Einrichtungen des **Nationalparksystems der USA** erheben zwischen $3 und $25 Eintritt/Wagenladung. Radfahrer, Wanderer oder Busreisende zahlen $1-$10/Person. Da im Nordosten nur der *Acadia National Park* ($10-$20/Fahrzeug je nach Saison) liegt – sieht man ab von den *National Lake-* und *Seashores* in Massachusetts, Michigan und Long Island (eintrittsfrei) und einigen *National Historic Sites* –, lohnt sich in den USA der Erwerb einer Jahreskarte (*America the Beautiful Pass* für **$80** pro Fahrzeug mit bis zu 4 Insassen über 16 Jahren; http://store.usgs.gov/pass) nur bei reger Nutzung sog. *Fee Areas*, neben den Nationalparks, -monumenten und geschichtsträchtigen Orten z.B. Parkplätzen an Wanderwegen in National Forests. Sinnvoll ist der Erwerb aber für alle, die binnen eines Jahres nach Passerwerb noch andere Teile der USA bereisen werden. Eine **Besonderheit des Passes** ist, dass man mit ihm auch bei Nutzung anderer bundeseigener Areale keine Gebühren zahlt, z.B. auf einem Parkplatz im *National Forest*, derAusgangspunkt eines Wanderweges und als sog. *Fee Area* ausgewiesen ist.

State und Provincial Parks

In regionalen Parks schwankt die **Höhe des Eintritts** in der Regel zwischen $3 und $10 *per party* (also die besagte Wagenladung), je nach **Staat/Provinz** und Bedeutung etc. der jeweiligen Anlage. Gelegentlich gilt der einmal entrichtete Eintritt für mehrere aufeinander folgende Tage. Manchmal ist der **Eintritt frei**, wenn dem Besuch ein besonderer pädagogischer oder patriotischer Wert beigemessen wird. In der Vor- oder Nachsaison, wenn ein Teil der Einrichtungen deaktiviert ist, entfällt der Eintritt auch mal ganz.

Bei den *State* und *Provincial Parks* gibt es preiswerte **Jahreskarten,** die sich aber nur für Leute lohnen, die länger innerhalb eines Staates/einer Provinz bleiben und dort mehrere Parks besuchen.

Parksaison

Die Öffnungsperioden der Parks sind außerhalb der Hochsaison – Anfang Juni bis *Labour Day* (meist 1. Montag im September) – stark abhängig von der geographischen Lage. So schließen etwa in New Brunswick alle Provinzparks nach *Labour Day* komplett, während die *State Parks* in Neuengland bis zur Laubfärbung Anfang/Mitte Oktober meist geöffnet bleiben. Manche Parks halten zumindest Teilbereiche ihrer Anlage und Einrichtungen ganzjährig offen. **Aktuelle Übersichten** mit vielen Details der *State-/Provincial* und *National Parks* gibt es in den Büros der **Visitor/Tourist Information** in den Staaten bzw. Provinzen. Im **Internet** findet man diese Angaben auch unter den Adressen auf Seite 156f.

1.1.4   Naturerlebnis, Abenteuer und Sport

Die vorstehenden Abschnitte zu Vegetation und Fauna sowie den unterschiedlichen, zahlreich vorhandenen öffentlichen Parks unterstreichen, dass Reisen in Canadas Osten und im Nordosten der USA – führen sie nicht ausschließlich in die großen Cities – immer auch **Naturerlebnis** bedeuten. Neben dem in diesem Teil des Kontinents ebenfalls wichtigen historisch-kulturellen Reisemotiv ist die Vielfalt der Möglichkeiten für *Outdoor*-Aktivitäten ein weiterer guter Reisegrund.

Wandern/
Hiking

Die vorherrschende Mittelgebirgs-Landschaft voller Seen und Flüsse eignet sich ausgezeichnet für Wanderungen. Speziell in Nationalparks und -forsten und in den meisten *State* und *Provincial Parks* sind **Wanderungen** sehr beliebt. ***Hiking Trails*** gibt es jede Menge: vom komfortablen, gut ausgeschilderten Lehrpfad bis zum kaum gekennzeichneten Wildnispfad über Stock und Stein. Die Ausgangspunkte (*Trail Heads*) sind gut gekennzeichnet.

Sofern man in kostenpflichtigen Parks nicht ohnehin eine genaue Karte erhält, informieren dort Tafeln oder Handzettel in einem Kästchen über Verlauf, Dauer und Schwierigkeitsgrad der Wanderungen. In größeren Landschaftsparks existieren neben in ein paar Stunden, maximal einem Tag zu schaffenden Strecken immer auch *Trails* für **Mehrtagestrips** mit kostenfreien Campingplätzen am Wege (*Walk-in/Wilderness Campgrounds*). Aus dem *Hiking* wird dann ein **Backpacking**, da man für derartige Unternehmungen nicht ohne Rucksack, den *Backpack*, auskommt.

Gasthöfe und Jausenstationen, wo sich der Wanderer zwischendurch an Schinkenbrett, Handkäs und Schoppenwein laben kann, sind in Amerika leider unbekannt. Bestenfalls gibt es in unregelmäßigen Abständen offene Hütten mit Feuerstelle.

Wander-
erlaubnis/
Backcountry
Permit

Für Übernacht-Wanderungen in Parks und *National Forests* benötigt man in der Regel ein **Wilderness** oder **Backcountry-Permit**. Diese Erlaubnisscheine werden in den Büros der Parks und von Nationalforsten mit *Long-Distance Hiking Trails* meist kostenlos ausgestellt. Meist wird aus ökologischen Gründen nur eine begrenzte Zahl von Wanderern pro Tag zugelassen.

Längere
Wanderungen

Besonders geeignete Gebiete für längere Wanderungen sind der **Algonquin Park**/Ontario, die großen **Reserves Fauniques** in Québec, der **Baxter State Park** in Maine, die **Adirondacks** in New York State, die **Green Mountains** in Vermont und besonders die **White Mountains** in New Hampshire.

Long
Distance
Trails

Vollblut-*Backpacker* erwandern den bekanntesten *Long Distance Trail* im **US-Osten**, den **Appalachian Trail** über 3000 mi von Georgia über Maines *Baxter State Park* nach Canada (New Brunswick/Quebec) bis zur Gaspé-Halbinsel (*Forillon NP*) und weiter über Prince Edward Island, Nova Scotia und die Westküste Neufundlands über den **Gros Morne NP** nach *Crow Head* am nördlichsten Zipfel. Enthusiasten halten mit dem Tempo des

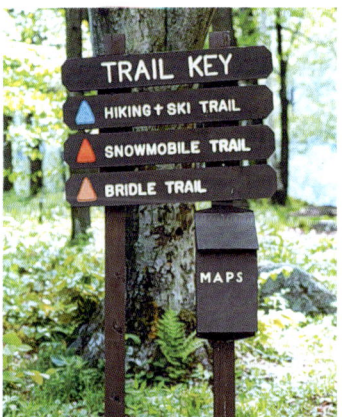

*Startpunkt für Wanderungen (**Trailhead**)
in einem National Forest.
Karten liegen oft gratis oder für geringe
Gebühren wie hier im Kasten*

voranschreitenden Frühlings (30 km/Tag)
mit. Besonders beliebte Abschnitte liegen
in den *White* und *Green Mountains*, wo
der *Appalachian Trail* sich 100 mi mit
dem *Long Trail* (262 mi) deckt (www.sia-
iat.com, www.canadatrails.ca, www.appa
lachiantrail.org).
In **Canada** gibt es mit dem überaus reizvollen **Bruce Trail** einen 885 km langen
Fernwanderweg, der dem *Niagara Escarpment* (➪ Seiten 22 und 424) von Queenston bei Niagara Falls bis nach Tobermory
an der Spitze der Bruce Peninsula folgt.

**Radfahren/
Biking**

Radfahren ist in Nordamerika in den 1980er-Jahren wieder zu Ehren gekommen. Keine mittlere Stadt, in der es heute nicht Fahr-
radverleihstationen gibt (*Rent-A-Bike/Bike Rental* in den *Yellow
Pages* der Telefonbücher). Auch in manchen *National, State* und
Provincial Parks kann man **Fahrräder mieten**. Parks und Städte
lasssen sich oft besser per Fahrrad als mit Mietwagen erkunden.

In den überwiegend im Flachland liegenden Großstädten gibt es
heute Radwege, wenn auch nicht flächendeckend, ferner an reizvollen Strecken und in Parks (*Lakeshore Drive*/Chicago, *Harborfront*/Boston, Rideau River/Ottawa, im *Vieux Port*/Montreal entlang des St. Lawrence River und *Lachine Canal* in Montreal).
Auch in Wohnvierteln wird Radfahren immer populärer, und so
findet man unterwegs viele Bikevermieter.

Auf wenig frequentierten, im Nordosten zahlreich existierenden
kleinen **Back Roads**, die vor allem in Neuengland immer wieder
durch hübsche kleine Orte mit *Bed & Breakfast*-Pensionen führen, kann man herrliche Radtouren machen. **Mountain Biking** ist
z.B. in den **Adirondacks**, in den **Green** und **White Mountains** und
im **Acadia National Park** beliebt (*Rent-A-Bike* vor Ort). Die Möglichkeiten in Canadas Osten sind begrenzter. In Frage kommen
vor allem die **Laurentides** bei Montréal bzw. Québec City.

**Hochseil- und
Kletterparks**

Hochseil- und Kletterparks haben sich in bevölkerungsnahen
Waldgebieten Nordamerikas in den letzten Jahren – ähnlich wie
bei uns – unter unterschiedlichsten Bezeichnungen rasant ausgebreitet: *Zipline Canopy Tours, Aerial Treetop Adventures, High
Ropes Adventures, Extreme Aerial Adventures, Treetop Trek-
king* u.a.m. In Bereich dieses Buches allein gibt es in allen Staaten und Provinzen über hundert solcher Parks. *Ziplines* zwischen
Hochhäusern großer Städte sind bereits in Planung. Alle Standorte mit Details und Kosten unter www.ziplinerider.com.

Kanutrips

Die Indianer nutzten mit ihren Kanus die Wassersysteme des Nordostens als Straßen durch sonst undurchdringliche Waldgebiete. Heute ist der Kanusport in einschlägigen Regionen perfekt organisiert. Vor allem in kanadischen *National* und *Provincial Parks* gibt es unübersehbare Kanuvermieter/*Outfitter*, die Boote plus kompletter Ausrüstung für (Mehr-) Tagestrips verleihen. Dank erheblicher Konkurrenz sind selbst in der Hochsaison meist ausreichend Kanus vorhanden. Viele Vermieter bringen die Ausrüstung zu einer vereinbarten Zeit auch an den gewünschten Startpunkt. In den – oft kostenlosen – Karten sind Rundtouren, Tragstrecken (*Portages*) und Zeltplätze en routeverzeichnet.

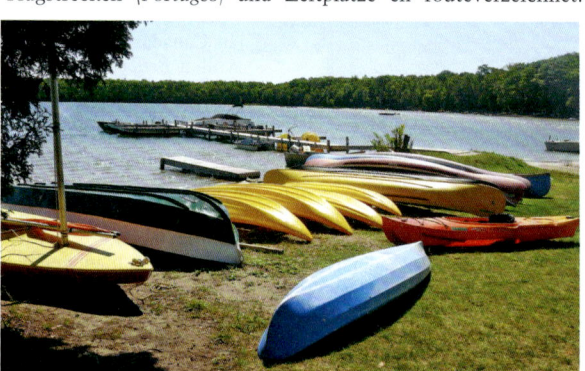

Kanu-und Kajakverleih beim Cedar Grove Resort in Ontario (in der Nähe des Algonquin Park)

Folgende Gebiete eignen sich besonders gut für ausgiebige Kanutrips: ***Algonquin Park*** (der im Sommer sehr voll wird, was zur Limitierung der *Tour Permits* führt, ➪ Seite 476), ***French River, Killarney Provincial Park, Kawartha Lakes*** (alle Ontario), ***Mauricie National Park***/Québec, ***Sacco River***/New Hampshire, ***Baxter State Park*** und ***Allagash Waterway*** (beide Maine) und ***Adirondack Park***/New York State.

Kanu für Anfänger

Wer diesen Sport testen möchte, kann Kanus unterwegs an Seen und Flüssen in beiden Ländern stunden- und tageweise mieten.

Auf vielen Gewässern – manchmal auch in den Parks – sind leider auch **Motorboote** zugelassen. Da das den Kanuspaß empfindlich stört, sollte man sich über diesen Punkt vergewissern.

Whitewater Rafting

Wildwasserfahrten im Schlauchboot sind im Osten des Kontinents meist nicht so spektakulär wie im Westen (Ausnahmen: **Kennebec** und **Penobscot River**, beide in Maine).

Hausboote

Prima ausgerüstete Hausboote (inklusive Wasserrutsche, Beiboot und Angelruten) stehen auf den verzweigten **Kawartha Lakes** bzw. dem ***Trent-Severn-Waterway*** in Ontario zur Verfügung. Ein weiteres schönes Hausboot-Revier ist der ***Rideau Canal*** zwischen Ottawa und Kingston, eine über Kanäle verbundene Seenplatte; ➪ Reiseteil, Seiten 480 und 499.

**Boots-
ausflüge**

Bei soviel Wasser allerorten werden auf Flüssen, Seen und an der Atlantikküste jede Menge Bootsausflüge angeboten. Das reicht von 2-Stunden-Seeufertrips über **Sunset Cruises** mit *Candlelight Dinner* bis zu mehrtägigen **Hochsee-Segeltörns** auf alten oder nachgebauten Schonern. Ganze **Windjammerflotten** warten in Maine (Bar Harbor, Camden, Boothbay Harbor) auf Kunden. Besonders beliebt für solche Trips ist die zerklüftete **Penobscot Bay** mit ihren vielen Inselchen.

Attraktiv sind Fahrten auf alten Dampfschiffen. So etwas gibt's u.a. an der **Georgian Bay**, auf den **Muskoka Lakes**, in der **Thousand Islands** Region des St. Lawrence River und auf dem **Lake Winnipesaukee** in New Hampshire. Im Reiseteil wird an entsprechender Stelle darauf hingewiesen.

In allen großen Städten kann man auch an **Sightseeing Tours** per Boot teilnehmen. Vom Wasser aus sind vor allem die **Skylines** von Toronto, Chicago und New York eindrucksvoll.

**Inseltrips/
Fähren**

Einige den Küsten vorgelagerte **Inseln** wie Nantucket und Martha's Vineyard (beide Massachusetts), Monhegan Island/Maine, Grand Manan/New Brunswick u.a. eignen sich gut für Tages- oder sogar mehrtägige Ausflüge. Die **Fährverbindungen** sind zumindest in den Sommermonaten gut und mit oder ohne Auto durchweg preiswerter als bei uns vergleichbare Routen.

**Fähren-
übersicht
⇨ Seiten
356, 462,
658 + 662**

Fährstrecken als besondere Form eines Schiffsausflugs gibt es massenhaft. Am reizvollsten sind der kurze Trip über den St.-Lorenz-Strom von St. Simeon nach Rivière du Loup, über den Lake Champlain zwischen New York State und Vermont und von Tobermory auf der Bruce Peninsula nach Manitoulin Island über die Georgian Bay des Lake Huron. Echte **Seefahrten** bieten die Hochseefähren zwischen Nova Scotia (Cape Breton Island) und Newfoundland.

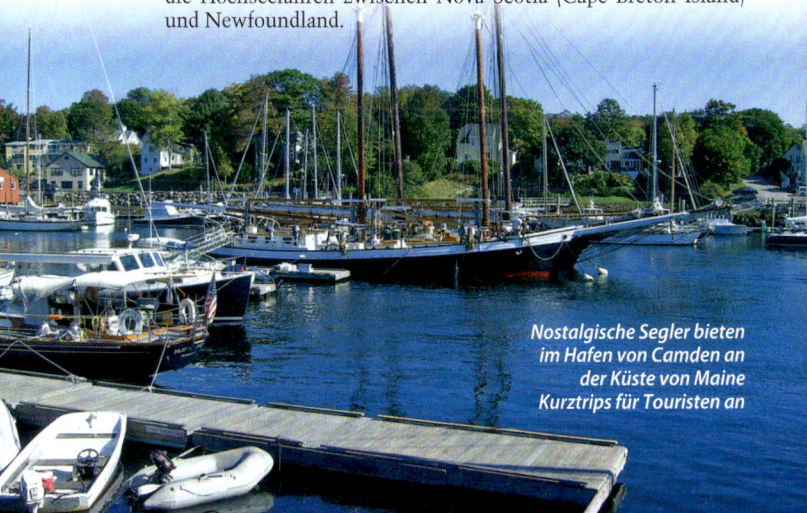

*Nostalgische Segler bieten
im Hafen von Camden an
der Küste von Maine
Kurztrips für Touristen an*

Whale Watching

Eine große touristische Rolle spielen an der Atlantikküste und im Golf von St. Lawrence bis zur Mündung des Saguenay River bei Tadoussac **Whale Watching Tours**. Die besten Trips zur Walbeobachtung starten ab **Provincetown**/Cape Cod, **Bar Harbour**/Maine, **Tadoussac** am St. Lorenz und **Twillingate**/Neufundland.

Whale Watching Boat am Anleger in Provincetown/ Cape Cod

Vogelbeobachtung

Auch **Bird Watching** wird als Bootsausflug angeboten. Reizvoll sind insbesondere Trips zur **Puffin**-Beobachtung ab Bar Harbour und **Gannets** ab Perce/Québec.

Segeln

Die ganze hier behandelte Region ist ein **Seglerparadies**. Wem es nicht genügt nur mitzusegeln, kann Boote jeder Größe und Preisklasse leihen. Neben beliebten Revieren am **Atlantik** (u.a. Newport/Rhode Island, Hyannis/Massachussetts, Bar Harbour und Camden/Maine) sind der **Lake Champlain**, die **Georgian Bay** des Lake Huron und der östliche **Lake Ontario** mit dem **St. Lawrence River** hervorragende Gebiete für Segeltörns.

Angeln

Angeln ist in Nordamerika Volkssport. Ein *Smalltalk* beginnt mit: »Wie geht's, woher stammst Du?«, oder: »Was hast Du heute gefischt?« Wer sein Anglerglück testen will, muss indessen strenge Regeln beachten:

Fishing License oder Permit

Zunächst benötigt man einen Angelschein: **Fishing License.** Die erhält man bis ins kleinste Dorf im örtlichen *Hardware Store* oder im **Bait and Tackle Shop**, der zur Angelerlaubnis auch gleich die Ausrüstung mitliefern kann. Es gibt nur Tages- oder Saisonkarten und die Kosten für wenige Tage entsprechen gewöhnlich bereits der Saisongebühr. Die *License* für eine ganze Saison lohnt sich aber nur, wenn man länger innerhalb eines Staates/einer Provinz bleibt. **Ein *Permit* auf nationaler Basis gibt es nicht**. Bei Weiterreise muss der Angler im nächsten Staat/der nächsten Provinz eine neue Lizenz erwerben. Ohne *License* lässt man sich mit der Angel in der Hand besser nicht erwischen.

Fishing Trips

An großen Seen und an der Atlantikküste gibt es – meistens ziemlich teure – **Fishing Trips/ Charters**. Auf den Booten ist dann alles vorhanden, was Petrijünger für den Erfolg brauchen. Solche Angelfahrten reichen von kurzen Vor- und Nachmittagstouren bis zu Trips mit Wasserflugzeugen in die Wildnis. Der Vorteil solcher Ausflüge ist die Begleitung durch lokale Profis, die sich mit den besten Standorten und – noch wichtiger – den überall strengen Fangrestriktionen auskennen.

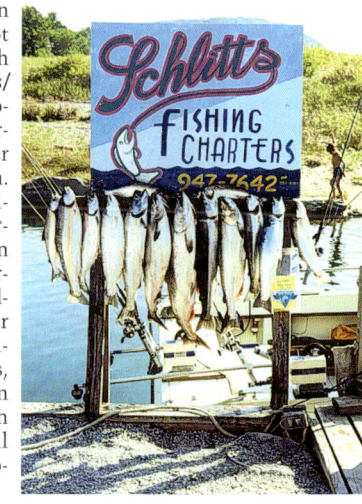

Jagen

Für Ausländer (*Out-of-State-Person*) unterliegt in beiden Ländern Nordamerikas die Jagd besonderen Regelungen und hohen Gebühren. Aber wer zahlen, ein Gewehr halten und abdrücken kann, ist in den **USA** dabei. Eine Jagdprüfung mit Jagdschein wie bei uns gibt es nicht. In Canada dürfen Ausländer nur in Begleitung sogenannter **Outfitters** auf die Jagd gehen. Diese autorisierten Jagdführer bitten kräftig zur Kasse.

Strände und Badespaß

An Stränden herrscht weder am Atlantik noch im Inland an den Großen Seen und zahllosen Gewässern Mangel: kilometerlange rosa oder weiße Sandstrände mit oder ohne Dünen, verschwiegene felsige Buchten mit sandigen Einsprengseln und Kieselstränden – alle Varianten sind vorhanden.

Der einzige Strand in ganz Canada, an dem Autos zugelassen sind: Sauble Beach am Lake Huron, ca. 150 km nordwestlich von Toronto; für $15 (!) ist man dabei.

*Angelegte
Schwimm-
westen
sind auf
allen Booten
vom Kanu
bis zur
Motoryacht
überall **streng
kontrollierte
Pflicht***

Atlantik

Wegen der niedrigen Wassertemperaturen ist an ein **Baden im Atlantik** oft gar nicht oder nur für Abgehärtete zu denken, ganz besonders in Maine und Nova Scotia. Die Regel »je nördlicher,
umso kälter das Wasser« gilt aber nur bedingt. Unerwartet warme
Strömungen sorgen zum Beispiel an der Ostküste von New
Brunswick und vor Prince Edward Island für Wassertemperaturen
von 20°C und mehr. An den Stränden von Cape Cod und Long Island herrscht häufig hohe Brandung, die kein Baden erlaubt.

Seen

Bis auf den Lake Superior erreichen die **Binnengewässer** im Juli
und August Badetemperatur. Der nächste See oder ein klarer
Fluss zur Abkühlung an heißen Sommertagen ist selten weit.

**Tauchen/
Windsurfen**

Wer tauchen oder surfen möchte, kommt kaum ohne Neopren-
Anzug aus. **Scuba Diving** findet speziell an den Great Lakes viele
Anhänger, beliebt ist u.a. das Tauchen nach alten Schiffwracks,
etwa im *Fathom Five Marine Park*/Ontario und vor der *Pictured
Rock Seashore*/Michigan. **Windsurfing** wird allerorten betrieben
und *Surfboard*-Verleiher finden sich an allen windigen Ecken.

Tennis

Tennisspieler sollten ihre Schläger nicht vergessen. Selbst in
ziemlich kleinen Orten findet man in ganz Nordamerika öffentliche, meist in Parkanlagen integrierte **Tennisplätze,** wo man gratis oder gegen geringe Gebühren spielen darf. Stark frequentiert
sind solche Plätze meist nur in Feriengebieten und ab spätem
Nachmittag bis zur Dunkelheit. Ansonsten gibt es keine Wartezeiten für ein Match zwischendurch. In Hotels, in Studenten-
wohnheimen und auf privaten, z.T. auch in *State* bzw. *Provincial
Park* **Campgrounds** gehören *Tenniscourts* häufig zur Anlage.

Golf

Golf ist im Gegensatz zu Europa ein Nationalsport (fast) ohne
Klassenschranken. Öffentliche Golfplätze bieten eine gute Gelegenheit, es einmal zu probieren. Die Clubs sind ohne den hierzulande bekannten Exklusivitätsanspruch und lassen Besucher gegen eine Gebühr meist ohne weiteres spielen. Durchweg kann
man Golfschläger leihen.

Öffentliche Verkehrsmittel in Großstädten

Die unten genannten Großstädte lassen sich relativ bis sehr gut mit öffentlichen Verkehrsmitteln erkunden. Der Mietwagen kann derweil auf dem Motel-/Hotelparkplatz bleiben, wo er weder Kosten noch Frustration bei der Parkplatzsuche verursacht. Von Orientierungsproblemen nicht zu reden. Idealerweise nimmt man in diesen Städten Quartier in der Nähe von Haltestellen (Bus, Tram, U-Bahn). Im Reiseteil werden in dieser Hinsicht besonders geeignete Unterkünfte explizit empfohlen.

1

1.1.5 _____ Kultur, Kunst und Geschichte

_____ **Die großen Cities**

Boston, Montréal, Québec City

Die für amerikanische Verhältnisse nicht weit auseinanderliegenden großen Städte im Nordosten faszinieren u.a. durch ihre Unterschiedlichkeit. Sie alle besitzen ihre spezifischen, historisch gewachsenen Eigenheiten. Das gilt besonders für **Boston** (1630), **Montréal** (1642) und **Québec City** (1603) mit gut erhaltenen bzw. restaurierten _Old Towns_.

New York, Toronto

Obwohl **New York** auch eine der frühen Gründungen ist (1613), gewann die Stadt erst später Bedeutung. Seine Attraktionen sind der zentrale Stadtteil **Manhattan** mit grandioser _Skyline_, ein unübertroffenes Kulturangebot und das Flair der US-City am Atlantik. Das viel jüngere **Toronto** (1834) ist – neben Vancouver – mit seinem energiegeladenen Völkergemisch Canadas modernste und größte City, kultureller Brennpunkt und Wirtschaftszentrum.

Chicago, Detroit

Die Hochhauskulisse **Chicagos** fasziniert wie die von New York, doch die Stadt entwickelt einen ganz anderen, weitgehend durch Lage und Entwicklung bedingten eigenen Charme. Die Autometropole **Detroit** – mit ca. 1 Mio. Einwohnern im Citybereich und 4,5 Mio. im Großraum – liegt seit Jahren darnieder. Ein _Highlight_ ist und bleibt das **_Henry Ford Museum_**.

Ottawa, Buffalo

Auf dem Sprung zur Metropole und wegen ihrer Hauptstadtfunktion und brillanter Museen bedeutend ist **Ottawa**. Trotz größerer Ausdehnung und Einwohnerzahl kann **Buffalo** am Lake Erie nur im Zusammenhang mit den Niagara Falls und als Standort einer herausragenden Kunstgalerie Interesse beanspruchen.

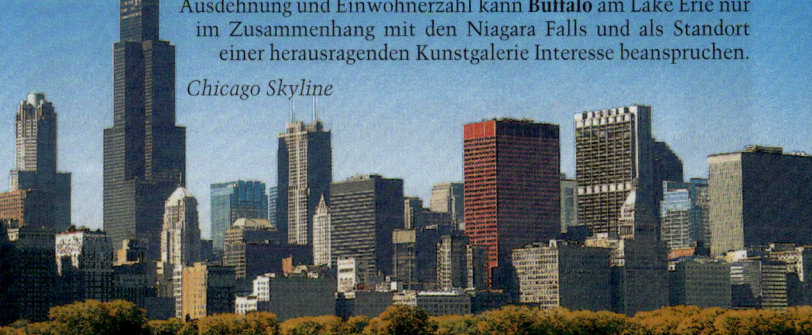

Chicago Skyline

Stadt-rundfahrten

In den großen *Cities* ist es oft hilfreich, zunächst eine Stadtrundfahrt zu buchen; das erleichtert die spätere Orientierung. Tourbusse allerdings, die drei oder mehr Stunden benötigen und alles »abklappern«, sind dafür nicht die beste Wahl, ideal dagegen die in vielen Städten eingesetzten **Tourist Trolleys** oder auch offene **Doppeldecker.** Sie bedienen fahrplanmäßig und zügig eine gut durchdachte Rundstrecke, oft im *hop-on-hop-off*-System: Mit dem einmal gelösten Ticket darf man am gleichen Tag oder gar binnen 24 Stunden beliebig oft aus- und wieder zusteigen. Empfehlenswert ist dabei eine erste Runde ohne Unterbrechung, um Prioritäten für die zweite Runde im *hop-off-hop-on*-Verfahren festzulegen. In einigen Städten, sogar mitten in Manhattan, gibt es **Pferdekutschfahrten**. Die nostalgischen Vehikel wirken im brausenden Cityverkehr indessen ziemlich deplaziert. Nur in Québec City passen sie zum mittelalterlichen Stadtkern.

City Parks

Erholung von Museumsbesuchen, Besichtigungen und Shopping bieten in allen Großstädten ausgedehnte Grünanlagen. Gleich in drei Nordost-Metropolen war *Frederic Law Olmstead*, der Star unter Amerikas Gartenarchitekten, am Werk; er entwarf den **Central Park** in New York, die **Emerald Necklace**, eine Reihe miteinander verbundener Parks in Boston, und den Park auf dem **Mont Royal** in Montréal. Amerikanische *City Parks* sind nicht nur zum Spazierengehen da, sondern Freiräume, in denen die Städter ihren Bewegungsdrang austoben können. Folglich verfügen die meisten Parks bis hinunter ins kleinste Dorf über alle Voraussetzungen zur Ausübung populärer Sportarten. Meistens ohne Gebühr können die Besucher Tennis, Basket- und Volleyball spielen, die immer vorhandenen Picknicktische und Grillroste nutzen, die Kinder auf Spielplätze schicken. Schilder mit der Aufschrift »Rasen betreten verboten« kennt man in Amerika nicht. Eine besonders interessante Mischung von moderner Kunst und klassischem Park ist der **Millenium Park** in Chicago.

Amphibienfahrzeuge als Gag für Stadtrundfahrten einschließlich kurzer See- oder Flusstour z.B. wie hier in Boston

Anmerkungen zur Architektur

Geschichte

Die Architektur der Regierungs- und Verwaltungsgebäude, von Museen, Banken und herrschaftlichen Wohnhäusern in der Neuen Welt folgte zunächst europäischen Vorbildern. Der *Georgian Style* und später der *Federal Style* – beide hatten ihre Blütezeit bis etwa 1825 – waren an den strengen klaren Linien der Renaissance orientiert. Das 19. Jahrhundert stand im Zeichen der *Revivals*, des »Wiederaufgreifens« alter Stile: *Greek*- und *Roman Revival* mit Kuppeln und Säulen, *Gothic Revival* mit den bizarren Türmchen und Spitzbögen mittelalterlicher Kirchen. Diese Epoche fand mit dem *Romanesque* bzw. *Picturesque Style* noch eine romantische Steigerung. Anfang des 20. Jahrhunderts besann man sich mit den Bauten für die Weltausstellung in Chicago wieder auf die strengeren klassischen Formen: *Beaux Arts*, gefolgt in den 1930er-Jahren von der in Amerika besonders ausgeprägten *Art Deco*-Stilrichtung.

Der starke **französische Einfluss** im östlichen **Canada** wird deutlich an den zahlreichen mächtigen, *Notre-Dame de Paris* nachempfundenen Kirchen und Kathedralen. Auch Paläste à la Frankreich mussten her, und so ließ etwa die *Canadian Pacific Railway Company* schlossähnliche Hotelbauten errichten. Das **Hotel Chateau Frontenac** in Québec City und das **Chateau Laurier** in Ottawa sind sehenswerte Beispiele dieses Stils (↪ Fotos auf den Seiten 547, 561 und 507).

Hochhäuser

Technisch möglich gemacht durch die Entwicklung von Stahlskelett-Bauten und die Erfindung des (*Otis-*)Fahrstuhls, traten »Wolkenkratzer« seit der Jahrhundertwende 1900 von Chicago aus ihren Siegeszug um die Welt an. Die *Skylines* von Manhattan, Chicago und anderer *Big Cities* gehören heute zum Bild Amerikas wie der *Grand Canyon* und die *Cowboys*.

In Amerikas Osten lassen sich in jeder Großstadt Stilbeispiele aus nunmehr hundert Jahren Hochhausgeschichte bewundern. Da gibt es die noch am *Gothic Style* orientierten überdimensionalen »Burgen« mit vielen Schnörkeln und Verzierungen (*Chicago Tribune Building*), mächtige **Art-Deco**-Riesen (*Rockefeller Center* in Manhattan), nüchterne schwarze Glastürme eines Mies van der Rohe (**Bauhaus Style**) und die strengen geometrischen Glas-Stahl-Beton-Konstruktionen im **International Style**, der lange als Inbegriff moderner Hochhausarchitektur galt.

In den 1970er-Jahren wandten sich viele Architekten vom *International Style* ab, weil sie ihn als unpersönlich und langweilig empfanden. Sie setzten ihrer Phantasie keine Grenzen, benutzten unterschiedliche Materialien und waren in der Formgebung innovativer und spielerischer. Zusammengefaßt wurde diese neue Richtung unter dem etwas schwammigen Begriff **Postmoderne**.

Gemeinsam ist vielen Firmen/Büro-Hochhäusern, gleich welchem Zweck sie dienen, dass den Besucher großzügige, **lichtdurchflutete Lobbies** mit oft attraktiven *Shopping*-Zonen und parkartig gestalteten Freiräumen empfangen, um die sich Snackbars und Restaurants gruppieren.

Die Wohnhaus-Architektur

In den angelsächsisch geprägten Regionen des Nordostens sind die meisten **Wohnhäuser** traditionell **aus Holz**, einem in Amerika im Überfluss vorhandenen und daher dort immer noch preiswerten Rohstoff. Die zunächst schlichten Häuser (*Saltboxes*) der ersten Siedler verkleideten ihre Nachfahren gern mit *Shingles*, hölzernen Schindeln, oder *Clapboard* genannten, wie bei Jalousien überlappend aufgenagelten Holzplanken. In Neuengland wie auch in den maritimen Provinzen Canadas ist diese Bauweise bis heute auch für Kirchen, Verwaltungsgebäude und große Hotels üblich. Meistens werden *Shingles* und *Clapboards* **weiß**, im hohen Nordosten auch farbig gestrichen. Klassische Zedernholz-Verkleidungen ohne Anstrich bleichen zu einem hellen Grau aus, eine speziell auf Cape Cod und Nantucket in Massachusetts bevorzugte Farbe. Viele ältere Häuser sind um die Fenster, Türen und Giebel herum reich **verziert**, besonders zu bewundern auf der Insel Martha's Vineyard. Man bezeichnet sie als **Gingerbread Houses**, Häuser im Lebkuchenstil oder **Carpenter Gothic** (Zimmermann-Gotik).

Die zu Geld gekommen Kaufleute Neuenglands ließen sich schon bald ihre Villen aus rotem Backstein (*Brickstone*) im sog. **Georgian**- oder **Federal Style** bauen. Ganze Straßenzüge voller klassisch ebenmäßiger Gebäude sind in alten Handelsstädten wie Salem, Boston, New Bedford und Providence erhalten oder wurden liebevoll rekonstruiert. Auch für Verwaltungsgebäude und Banken war roter Backstein das bevorzugte Material Ende des 19. Jahrhunderts. Typisch für den Nordosten um jene Zeit sind auch **Victorian Villas**. Ob aus Holz – oft bunt bemalt – oder Stein, nie fehlen Erker, Türmchen, Terrassen (*Porches)* und Details fremder Stilepochen. Ganz besonders abenteuerlich in der Verwendung unterschiedlicher Stile und Materialien sind die **Queen Anne Houses**, charakteristisch ihre runden Türme. Eine bunte Mischung all dieser Wohnhausstile findet man in **Fredericton**/New Brunswick.

Im französisch besiedelten **Québec** wurde von Anfang an mehr mit **Stein** gebaut. Entlang des St. Lorenz-Stroms, in Québec City und auf der Île d'Orleans gibt es viele Beispiele von Häusern, die man nach normannischen Vorbildern aus grauen, großen Felsquadern errichtet hat.

Heute, im Zeitalter des Billigbaus und hoher Handwerker- (hier: Maler-) Löhne tragen viele Häuser eine dünne **Shingle- oder Clapboardfassade aus Plastik**, die nicht mehr gestrichen werden muss. Die Fassaden aus »Stein« in Québec sind oft genug Imitate aus PVC.

Waterfront   Manche am Wasser gelegene Stadt hat in den letzten Jahren verlassene und heruntergekommene Kaianlagen umfunktioniert. Aus ehemaligen Lagerhäusern wurden Veranstaltungs- und Ausstellungshallen; viele beherbergen *Shops* und Restaurants. Drumherum gibt's grüne Parks und schicke Marinas.

Aus einer aufgemöbelten **Waterfront** wurde hier und dort sogar ein ansehnlicher touristischer Komplex, etwa in **Chicago, Boston, Montréal, Toronto, Buffalo, Halifax und New York**, besonders aber in **New York City** (*South Street Seaport*).

Auch in kleineren Städten wie Salem in Massachusetts, Portland in Maine, Saint John in New Brunswick, Charlottetown auf Prince Edward Island, Burlington in Vermont, Kingston in Ontario oder Baddeck auf Cape Breton Island wurde das Konzept erfolgreich angewandt.

Abends in der City

Nach der Bürozeit (= *Happy Hour:* 17-20 Uhr, Drinks in vielen Kneipen 50%) lässt sich die Frage »Wohin am Abend?« gut diskutieren. Über das Angebot an kulturellen Veranstaltungen und das pulsierende Nachtleben Manhattans braucht man kaum ein Wort zu verlieren. Aber auch in Boston, Chicago, Montréal, Ottawa, Québec und Toronto ist kulturell eine Menge los und die Kneipenszene gut bestückt. In den meisten Mittelstädten jedoch bleibt das Angebot weit hinter dem zurück, was man in Europa in vergleichbar großen Orten erwarten darf. **Veranstaltungskalender** und Szene-Hinweise gibt's gratis in allen Büros der jeweiligen städtischen *Tourist Information*.

Die typisch amerikanischen **Clapboard Häuser** *– so genannt wegen der sich überlappenden Holzbretter der Fassade – erfordern ständiges Nachstreichen*

Museen

Situation

Museen finden sich oft noch in erstaunlich kleinen Ortschaften; hinzu kommen die Ausstellungen in den Besucherzentren der *National* und *State* oder *Provincial Parks* zu den jeweiligen historischen oder naturkundlichen Phänomenen. Man wird unterwegs feststellen, dass in beiden Ländern der Pflege des geschichtlichen, kulturellen und natürlichen Erbes erhebliche Mühe und Aufmerksamkeit gelten. Über eine besonders große Zahl erstklassiger Museen verschiedenster Art verfügen New York, Boston, Chicago, Toronto, Ottawa und Montréal. Auch Detroit und Buffalo bietet in dieser Beziehung einiges. Nicht zu vergessen sind die beachtlichen Kunsttempel vieler Universitäten und Colleges (*Harvard, Yale, Williamstown, Dartmouth*, ➪ auch Seite 48).

Um die Leute ins Museum zu locken, hat man sich vielenorts allerhand einfallen lassen, sowohl bei der Thematik als auch bei der Art der Präsentation. Dass dies beim Publikum ankommt, zeigt die trotz hoher Eintrittsgelder oft große Besucherzahl.

Im folgenden werden alle wichtigen in Nordamerika existierenden **Museumstypen** kurz charakterisiert. Die Details findet der Leser in den Reisekapiteln.

Kunstmuseen

Es ist kaum zu glauben, was sich in Amerika im Laufe der Jahrhunderte an Schätzen aus aller Welt angesammelt hat. Vor allem die Kunst der Alten Welt von Ägypten und Rom über das Mittelalter bis zum Europa um 1900 ist quantitativ und qualitativ bestens vertreten. Natürlich sind auch die Werke kanadischer und amerikanischer Künstler in den Galerien beider Länder zu sehen.

*Royal
Ontario
Museum,
Toronto*

Das enorme *Museum of Modern Art (MOMA)* und das *Guggenheim Museum* in Manhattan sind jedem ein Begriff, weniger aber das beachtliche *Dia Beacon* nördlich von New York City am Hudson River. Auch die *Art Gallery* in Toronto (größte *Henry Moore*-Sammlung der Welt), die *National Gallery of Canada* in Ottawa (große Abteilung kanadischer Kunst), das *Museum of Fine Arts* in Boston, das riesige *Art Institute* in Chicago und die *Albright Knox Art Gallery* in Buffalo gehören zur Extraklasse nordamerikanischer Kunstmuseen.

Stiftungen Kleinodien bilden private Sammlungen, die nach dem Tod vermögender Stifter zu öffentlichen Museen umgewandelt wurden. Beste Beispiele dieser Art sind das extravagante *Isabella Stewart Gardner Museum* in Boston und die *McMichael Gallery* in Kleinburg bei Toronto.

Kunst im Freien/ Skulpturen Zur Auflockerung der City-Landschaft setzt man auch in Amerika die schönen Künste ein. Sei es durch die Gestaltung von Vorplätzen, Hallen und Miniparks zwischen Hochhäusern, durch das Aufstellen eigens angefertigter Kunstwerke oder beides.

Chicago ist stolz auf die Plastiken weltberühmter Künstler wie *Picasso, Debuffet, Miró* und *Chagall* in den Häuserschluchten des *Loop* im alten Zentrum der Stadt. Bemerkenswerte Skulpturen stehen auch in der *McGill College Street* in **Montréal**.

Historische Museen/ Indianer Alle Bundes- und Provinz-Hauptstädte besitzen ein *Museum of History,* das die Geschichte der Region von den Anfängen der weißen Besiedelung bis heute beleuchtet. Häufig wird auch den Indianern (jetzt als *First Nation* bezeichnet) und Eskimos *(Inuit)* angemessen Raum gewidmet, wie im ausgezeichneten *Canadian Museum of Civilization in Gatineau* (bei Ottawa).

Naturkunde- museen Auch die Museen für *Natural History* beschäftigen sich neben den geologischen Gegebenheiten, dem Klima und der Flora und Fauna mit den Lebensbedingungen und der Kultur der indigenen Völker, z.B. das *Field Museum of Natural History* in Chicago, das *Peabody Museum of Archeology and Ethnology* in Cambridge/ Massachusetts und das *Museum of Natural History* in Halifax (Nova Scotia).

Foxwood Der *Pequot*-Stamm in Foxwood/Connecticut unterhält (neben dem Kasino) ein aufwendiges Museum zu seiner Geschichte und Kultur (⇨ Seite 221).

First Nations Auch kleinere Einrichtungen wie das *Abbé Museum* im Acadia NP und *Cultural Centers* auf vielen indianischen Territorien stellen altes und neues Kunsthandwerk aus, so z.B. auf *Manitoulin Island*/Ontario. Lohnenswert auch das *Musée Premiérs Nations* in Wendake bei Quebec City – untergebracht in einem modernen *Longhouse,* ⇨ Seite 554.

Anti-Kriegs- museum In Ottawa befindet sich das eindrucksvolle, dem Thema Krieg und Frieden gewidmete *War Museum,* das eher ein Anti-Kriegs-Museum ist.

Science Center	Wie kreativ und spannend Museen sein können, wird besonders in den **Science Centers** deutlich. In diesem Museumstyp werden Phänomene aus Wissenschaft und Technik über Experimente nähergebracht, an denen man selbst teilnimmt bzw. sie auslöst. Sehr gut sind das **Ontario Science Centre** in Toronto und *Science North* in Sudbury, ferner das **Boston Museum of Science**.
Industrie-museen	Die Aufarbeitung der **industriellen Vergangenheit** (wissenschaftlich und soziologisch) wird an vielen Orten geleistet; umfassend im *Ford Museum* in Detroit, hervorragend in Lowell/Massachussetts, einer der ersten Industriestädte des Kontinents, sowie in Shawinigan/Quebec, wo die Bedeutung der Elektrifizierung – mit einigen Show-Effekten – gezeigt wird. Akademischer ist das *MIT Museum* in Cambridge/Massachussetts.
Children's Museum	Dem Prinzip »Mitmachen« und »Mitdenken« (*hands-on/ minds-on*) folgen auch die hier und dort zu findenden Museen für Kinder. Kinder werden spielerisch in viele Bereiche der Umwelt eingeführt, sei es kulturell, sozial oder technisch, z.B. in Boston oder Chicago. Man staunt, was da alles zu erfahren ist.
Maritime Museum	Überall, wo Schiffahrt eine Rolle spielte und spielt – an den Großen Seen, am St. Lorenz-Strom und Kanälen und natürlich an der Atlantikküste – gibt es maritime Museen, die sich mit unterschiedlichsten Aspekten der Seefahrt, des Seehandels (*Peabody Museum* in Salem), des Bootsbaus (Bath/Maine), des Fisch- und Hummerfangs (in Lunenburg/Nova Scotia) usw. befassen. Oft gehören nostalgische Schiffe zum Bestand.

Im Freilichtmuseum **Mystic Seaport**/ Connecticut sind Seefahrt und -handel und die damit verbundenen Gewerbe besonders authentisch und lebendig dargestellt (Seite 218); dort liegt eine Reihe besonders schöner alter Schiffe am Kai.

An der Atlantikküste räumen viele maritim orientierte Museen dem **Walfang** breiten Raum ein. Die **Whaling Museums** in New Bedford und Nantucket (Massa.) sind die besten ihrer Art.

Viele Küstenorte haben ein **Aquarium**. Besonders lohnend sind die großen Komplexe in Chicago und Boston. Kleinere Aquarien findet man z.B. im **Acadia Nat'l Park** in Maine, im **Mystic Seaport**/Connecticut und in **Niagara Falls**/NY State.

Zoologische Gärten	Wie die Museen wurden in Amerika auch die Zoos in vielen Fällen nach neuen Konzepten gestaltet. Ganz ausgezeichnet sind der Zoo in **Toronto**, **New York (Bronx)** und der *Biodôme* in **Montréal**, eine Mischung aus Zoo und Botanischem Garten.
Spezial-museen	Fast jede Stadt, jeder Landstrich hat – vor allem in den USA – eine Besonderheit aufzuweisen. Wer sich z.B. für Geschichte und Herstellung des **Maple Syrup** interessiert, erfährt darüber alles in Pittsford/Vermont. Einige Kilometer weiter in Proctor ist **Marmor** das Thema. Und wer schon immer über die sozio-kulturelle Bedeutung von Schulen aufgeklärt werden wollte, ist richtig im **Bata Shoe Museum** in Toronto.

Über die **Mennonites** und **Amish People** erfährt man in St. Jacobs/ Ontario alles, über die **Acadians** in Bonaventure/Québec. Einige Museen sind spezialisiert auf echt Amerikanisches, seien es alte Autos, Eisenbahnwaggons, Fahnen und Waffen aus dem amerikanischen Bürgerkrieg oder Kunstwerke aus Glas (z.B. **Heritage Plantation**, Sandwich/Massach., **Bennington Museum**/Vermont). Spitze in dieser Hinsicht ist das **Shelburne Museum**/Vermont.

Living Museum

Im Osten Canadas und in Neuengland gibt es eine ganze Reihe »Lebender Museen«, deren – gewöhnlich nicht so aufwendige – Variante bei uns als **Museumsdorf** bezeichnet wird.

In wiederaufgebauten und/oder liebevoll restaurierten authentischen **Dörfern** oder in **Militär-** und **Handelsforts** aus dem 19. Jahrhundert wird während der Touristensaison die Rolle der früheren Bewohner von Ortsansässigen und Studenten übernommen und in zeitgenössischer Kleidung lebensecht nachgespielt. Oft beschränkt man sich nicht nur aufs »Schauspiel«, sondern fertigt tatsächlich Fässer, Boote, Lederkleidung und manches mehr auf alte Art. Einige dieser Komplexe werden ganz normal bewohnt und alternativ bewirtschaftet. Musik- und Kriegsspektakel, bei denen manchenorts nicht nur paradiert, sondern »gemetzelt und geschossen« wird, gehören in vielen Anlagen zum Programm.

Die besten lebenden Museen

Die besten lebenden Museen sind die **Plimoth Plantation**/Massachusetts, die ein Dorf der ersten Siedler zeigt, das **Old Sturbridge Village**/Mass, das **Upper Canada Village** bei Morrisburg/Ontario und **Kings Landing Historical Settlement** bei Fredericton/ New Brunswick. Die letzteren thematisieren das dörfliche Leben englischer Kolonisten bzw. der Amerikaner im 19. Jahrhundert. Die **Fortress Louisbourg** auf Cape Breton/Nova Scotia ist eine eindrucksvolle Festung und Kleinstadt aus dem 18. Jahrhundert. Das Fort **Colonial Michilimackinac** mit Dorf bei Mackinaw City in Michigan und die Missionsstation **St. Marie among the Hurons** (1639) an der Georgian Bay in Ontario sind ebenfalls sehenswert.

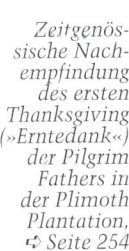

Zeitgenössische Nachempfindung des ersten Thanksgiving (»Erntedank«) der Pilgrim Fathers in der Plimoth Plantation, ⇨ Seite 254

Rock and Roll Hall of Fame und Museum, Cleveland
↪ *Seite 726*

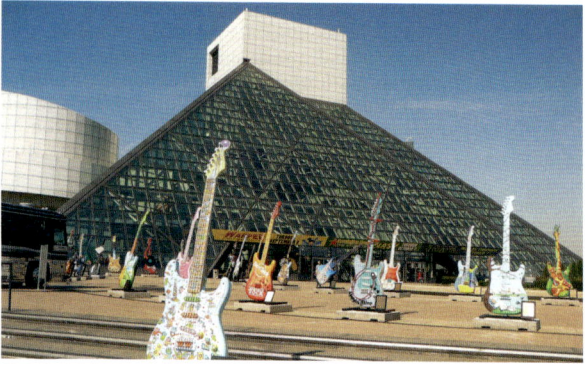

Halls of Fame

Sportmuseen heißen im Amerika **Hall of Fame**, wörtlich: »Halle der Berühmtheit«. Solche Sporttempel erfreuen sich bei Fans großer Beliebtheit. Da sind z.B. die **Tennis Hall of Fame** in Newport/Rhode Island, die **Hockey Hall of Fame**/Toronto, **Horse Racing Hall of Fame**/Saratoga Springs und die **Baseball Hall of Fame**/Cooperstown, letztere beiden in *Upstate* New York. Es muss aber nicht immer Sport sein. Ganz hervorragend ist z.B. die **Rock'n Roll Hall of Fame** in Cleveland.

Universitäten

Auf den Campus-Komplexen der berühmten **Ivy League Universities** in Neuengland finden sich oft gleich mehrere museumsartige Sammlungen. Ein Besuch lohnt sich oft allein schon wegen ihrer bemerkenswerten Lage und Anlage. Die älteren, teils Oxford- und Cambridge-Vorbildern nachempfundenen Gebäude inmitten grüner Parks sind tatsächlich in vielen Fällen mit Efeu (*Ivy*) bewachsen. Einige beherbergen große Kunstsammlungen, gespendet von vermögenden *Alumni* (ehemaligen Studenten).

Harvard und **Yale** haben im amerikanischen Osten die größten Sammlungen, aber auch kleinere nicht minder feine Universitäten, z. B. **Dartmouth** in Hanover/New Hampshire und **Williamstown**/Massachusetts bieten mit ihren Kunstsammlungen einiges. Mehrere wissenschaftliche **Museen** und **Bibliotheken** sind ebenfalls sehenswert. In den meisten der teuren Eliteanstalten gibt es **Führungen** durch den Universitätskomplex.

Festivals

Kennzeichnung

Stadt und Land im Nordosten sind im kurzen Sommer Schauplatz zahlreicher **Festivals** vom einfachen Stadtfest mit lokalem Hintergrund – je nach Blüte-, Reife- und Erntezeit, *Strawberry-, Appleblossom-, Pumpkin-* oder Sonstwas-Festivals – bis zu anspruchsvollen Konzert-, Theater-, Ballett- und Opern-Veranstaltungsreihen mit oft renommierten Künstlern. Auch in Europa bekannt sind die Sommerkonzerte und *Shakespeare*-Aufführungen im **Central Park** von Manhattan.

Musik/ Klassik

Die **Bostoner Philharmoniker** spielen zuweilen im *Charles River Park* ihrer Stadt auf. Ihre Auftritte im kleinen **Tanglewood** in der Westecke von Massachusetts zählen zu den Höhepunkten der Sommersaison. Das *Philadelphia Orchestra* sorgt für klassische Musik in Saratoga Springs/New York State im August, und an gleicher Stelle gastiert vorher im Juli das *New York City Ballett.*

Oper/ Tanz

Das Opernfestival in der **Glimmerglass Opera** bei Cooperstown lockt Jahr für Jahr enorme Zuschauermengen in den kleinen Ort am Otsega Lake in *Upstate* New York. Weit über die Grenzen von Massachusetts hinaus bekannt ist auch das *Jacobs Pillow Dance Festival* von Mitte Juni bis Ende August bei **West Becket** mit den besten modernen und klassischen Tanzgruppen der Welt.

Theater

Gute **Theaterfestivals** gibt es u.a. in Williamstown und Stockbridge/ Massachusetts. In **Niagara-on-the-Lake/Ontario** läuft mit Riesenerfolg das *George B. Shaw Festival* auf drei Bühnen von April bis Oktober.

Film

Filmfestivals sind in Montreal und vor allem Toronto eine große Sache und können der **Berlinale** das Wasser reichen.

Ethnische Festivals

Und damit nicht genug: **Ethnische Festivals** mit Musik, Tanz und Völlerei – weithin bekannt sind *Caribana* in Toronto und **The Taste** in Chicago – finden in allen Großstädten regelmäßig statt. Das nach dem Münchner Original größte **Oktoberfest** der Welt ist eine deutsch-kanadische Angelegenheit in Waterloo-Kitchener in Ontario. Auf diese und weitere ähnliche Veranstaltungen wird im Reiseteil an entsprechender Stelle eingegangen.

Teilnahme

Wer nicht eigens zu bestimmten Veranstaltungen anreist, wird meist nur zufällig zu Festival-Zeitpunkten in den jeweiligen Orten sein. Zur genauen Orientierung sind die *Calendar of Events*, die Veranstaltungskalender der Provinzen und US-Staaten hilfreich. Meist gibt es sie separat, manchmal sind sie in allgemeine Tourismusbroschüren integriert, üblicherweise sind sie gratis. Alle *Visitor/Tourist Information Offices* verfügen darüber.

Reservierung

Festivals, zu denen man **Eintrittskarten** für Einzelveranstaltungen benötigt, sind sehr oft lange im voraus ausgebucht. Bei spezifischem Interesse sollte man sich um Tickets zeitig kümmern, ↷ © für Reservierungen für die wichtigsten Festivals im Reiseteil dieses Buches und vor Ort im regionalen *Calendar of Events*.

1.1.6   Amusementparks und Zuschauerspaß

Amusement Parks

Der Nordosten mit kalten Wintern und einer relativ kurzen Saison ist nicht die ideale Gegend für Vergnügungsparks à la *Disneyland*. Dennoch findet man im Umfeld der *Big Cities* einige der typisch amerikanischen *Amusementparks*, wiewohl weniger aufwendig als im Süden der USA. Auch in der Umgebung mittelgroßer Städte und in der Nähe touristischer Zentren gibt es – kleinere – Parks fürs *high tech*-Vergnügen. Speziell in **Niagara Falls** sorgt beidseitig der Grenze eine dichte Kommerz-Infrastruktur für Kurzweil, wenn der Programmpunkt »Fälle besichtigen« abgehakt ist.

Der traditionelle amerikanische *Amusementpark* ist im Prinzip nichts anderes als ein **fest installierter Jahrmarkt** in einer meistens parkähnlichen Anlage mit Karussells, Achterbahnen, Riesenrädern und allen möglichen Fahrgeschäften. Show-Bühnen, Restaurants, Souvenir-Shops und allerhand Unterhaltung ergänzen die Hauptattraktionen.

Theme Parks

Die altmodischeren Parks – obwohl noch vorhanden (**Upper Clements Park** in Nova Scotia) – machen mehr und mehr den **Theme Parks** Platz. Wie der Name schon sagt, sind diese Parks unter ein Thema gestellt, verzichten deshalb aber nicht auf die traditionellen Elemente. Die Karussellpferde werden in **Santa`s Village** (in Jefferson/New Hampshire) eben durch Rentiere ersetzt und die Kinder dort auch im Sommer von Weihnachtsmännern in den Sattel gehoben. Die gewählten Themen haben dabei meist nichts mit der sie umgebenden Natur oder Gegend zu tun; so ist z.B. **Six Guns City**, eine *Western Town* in den White Mountains/Massachusetts mit Ballereien und Verfolgungsjagden genaugenommen völlig fehl am Platz; Cowboys gab's dort nie.

Im geografischen Bereich dieses Buches liegen auch noch einige größere *Theme Parks* wie **Canadas Wonderland** bei Toronto und **Six Flags Great America** bei Chicago. **Coney Island's Luna Park** in New York wurde 2012 von Hurrikan *Sandy* arg gebeutelt.

Shopping Malls

Selbst Einkaufszentren haben in Amerika manchmal Vergnügungsparkcharakter. Das Wort **Mall** kennzeichnet das überdachte **Shopping Center**, in der alle Bewohner – zumindest in Kleinstädten und auf dem Lande – einkaufen. Dort geht es inzwischen eher trist zu. Ende der 1970er-Jahre faszinierte noch Torontos *Eaton Center* mit schierer Größe und seiner an der mailändischen *Galleria* angelehnten Architektur. Aber seitdem sind die Zeiten vorbei, in denen Europäer über *Malls* staunten. In den Metropolen des Ostens gibt es zwar neue, herausragende *Shopping Center*, aber Europa hat längst mächtig aufgeholt.

Outlet Malls

Eine Variante normaler Einkaufszentren sind die **Outlet Malls** mit **Factory Stores**. Es handelt sich dabei um Läden, die (angeblich) Ware direkt ab Hersteller anbieten. Die Preisabschläge für Markenartikel aller Art, in erster Linie jedoch Textilien und Schuhe sind manchmal erstaunlich. Im Nordosten der USA sind die *Outlets* oft in schönen alten Häusernzeilen untergebracht, wie z.B. in Manchester/Vermont, Kittery und Freeport/Maine. Aber auch funkelnde, moderne, überdachte Glitzermeilen gibt es, wie die riesige **Vaughan Mills Outlet Mall** an der Autobahn #400 bei Richmond Hill nördlich von Toronto. Wer sich dafür interessiert, findet Einzelheiten unter: www.vaughanmills.com.

IMAX/ Omnimax Theatre

Häufig in Verbindung mit Planetarien und Museen gibt es die *IMAX* oder *Omnimax* Theater, die dem Publikum das Gefühl vermitteln, sich inmitten des Geschehens zu befinden. Auf der riesigen Leinwand werden keine Spielfilme, sondern dramatisch gefilmte Landschaften, Weltraumszenen, Naturereignisse und damit verbundene Abenteuer gezeigt.

Multimedia Shows

Eine besonders attraktive Verpackung für touristisch-historische Information bieten *Multimedia Shows*. Die Zuschauer sitzen dabei auf beweglichen Sesseln, die von der Technik ereigniskonform von Zeit zu Zeit in Vibration versetzt werden, wenn zig Projektoren Geschichtsszenen wieder aufleben lassen und sich gleichzeitig Kulissen beleben, Kanonen ausfahren, Nebel hochsteigt und überhaupt ein Mordsspektakel abläuft. Mehr auf Vermittlung historischer Zusammenhänge und spannend sind die Shows **Québec Experience** in Québec City und **Here's Chicago**.

Kasinos

In den letzten Jahren sind selbst im puritanischen Nordosten der USA und in Canada neue **Spielkasinos** entstanden; teilweise in Indianer-Reservaten, ➪ Essay auf Seite 17. Vor allem **Mohegan Sun/Foxwood** in Connecticut (➪ Seite 221) kann sich mit den »Vorbildern« in Las Vegas und Reno durchaus messen. Aber auch die staatlichen Kasinos in Montreal, Quebec City und Gatineau (Ottawa) erfreuen sich großer Beliebtheit.

Rollercoaster im Amusementpark »Canadas Wonderland«, der für seine wüsten Achterbahnen berühmt ist. ➪ links und Seite 451

1.2 Die unabhängige Amerikareise

1.2.1 Individuell oder pauschal reisen?

Pauschal-angebote

Das Angebot an Pauschalreisen ist für den amerikanischen Nordosten und Canadas Osten eher begrenzt, vergleicht man es mit den vielen Möglichkeiten im Westteil beider Länder.

Busreise

Das **Gros der Programme** bezieht sich auf **Rundreisen im Bus** mit Hotelübernachtung, wobei die Mehrheit Touren durch den gesamten Osten und entlang der USA-Ostküste bis hinauf nach Maine betrifft. Es gibt aber auch reine Neuengland-bzw. Ontario/Québec-Rundfahrten und solche, die mit einem Sprung über die Grenze verbunden sind. Die meisten davon führen in erster Linie in die Großstädte und zu populären *Highlights* wie Niagara Falls, in die *Acadia* und *Algonquin Park* und vielleicht noch über den *1.000 Islands Parkway* am St. Lorenz.

Die Natur und schöne Ziele abseits der typischen Touristen-Rennstrecken kommen dabei leicht zu kurz, sieht man ab von besonderen Routen und Zwischenstopps während der Herbstlaubfärbung im *Indian Summer.*

Soweit aus den Prospekten ersichtlich, werden auf vielen derartigen Touren **erhebliche Strecken** zurückgelegt. Außer an Besichtigungstagen, die überwiegend für Stadt- und Parkaufenthalte vorgesehen sind, ist dann die Zahl der täglichen Fahr- und Sitzstunden im Bus höher, als manchem lieb sein dürfte. Der meist ziemlich dichte Zeitplan erlaubt dabei auch nur selten Besseres als das »Abhaken« von **Standardsehenswürdigkeiten** und führt schwerlich zu einem so intensiven Reiseerlebnis, wie es individuell möglich wäre. Nicht zuletzt wegen der mit Busreisen üblicherweise verbundenen höheren Hotelkategorie und der Reiseleiterbegleitung sind diese auch **ziemlich kostspielig.**

Pkw-Rundreise

Zu den Pauschalprogrammen gehören auch **Pkw-Rundreisen** mit reservierten Unterkünften auf einer vorgegebenen Route. Sie sind im Tagesablauf variabler als Busreisen; einmal unterwegs gibt es aber für Änderungswünsche nicht viel Spielraum.

Individuelle Reisen

Daher sollte man überlegen, ob nicht eine individuelle weitgehend flexible Reise den persönlichen Vorstellungen viel eher entspräche als ein fertig gestricktes Programm. Dafür benötigt man nicht einmal besondere **Englischkenntnisse**, denn die touristische Infrastruktur Canadas und der USA macht das unabhängige Reisen einfacher als in Europa.

Vorzüge der Individual-reise

Ohne bereits hier detailliert auf Kosten einzugehen, sei angemerkt, dass eine Busreise für zwei Personen im allgemeinen teurer kommt als dieselbe unabhängig durchgeführte Reise mit einem Miet-Pkw bei Übernachtung in gleichwertigen Hotels, die man dann allerdings – nach eigener und auch mal spontaner Wahl – selbst reservieren muss. Ein nicht hoch genug zu bewertender

Vorteil der Individualreise ist, dass Route, Reisezeiten und Zwischenaufenthalte im Rahmen der Möglichkeiten des gewählten Transportmittels frei bestimmt und jederzeit nach Inspiration, Lust und Laune geändert und klimatischen Gegebenheiten angepasst werden können.

1.2.2 — Die Wahl des richtigen Transportmittels

Präferenz Auto

Auch wenn im Nordosten ein – zumindest teilweise – gutes Bahn- und Busnetz existiert (↪ Seite 105), ist mit öffentlichen Verkehrsmitteln von den Möglichkeiten der Reisegestaltung, die in diesem Buch beschrieben werden, nur ein Bruchteil und dann oft nur kosten- und zeitaufwendiger zu realisieren.

Übernachtung

Viele Sehenswürdigkeiten und vor allem Naturschönheiten liegen abseits der Städte und lassen sich ohne Auto gar nicht oder nur schwer erreichen. Ohne Auto-Mobilität wird die Lösung der **Übernachtungsfrage** oft mühsam und leicht teurer als kalkuliert, gleich, ob man Hotel, Motel, Jugendherberge oder einen Campingplatz sucht.

Kurz: Für eine individuelle Nordamerikareise gibt es zum Mietfahrzeug keine besser geeignete Alternative.

Camping

Für die Amerika-/Canada-Reise sollte **Camping auch in Betracht ziehen**, wer sonst damit wenig im Sinn hat. Denn Camping in Amerika und im dicht bevölkerten Westeuropa sind nicht miteinander vergleichbar. Die meist großzügig angelegten Campingplätze bieten in aller Regel viel mehr Platz als bei uns, und viele liegen herrlich am See, am Strand oder an einem glasklaren Fluss. Lagerfeuer-Romantik und unvergessliche *Outdoor*-Erlebnisse sind garantiert, egal ob man sich fürs Zelt oder ein komfortableres Campmobil entscheidet. Alles weitere zum Thema **Camping** und Campmobile ↪ Seiten 151ff.

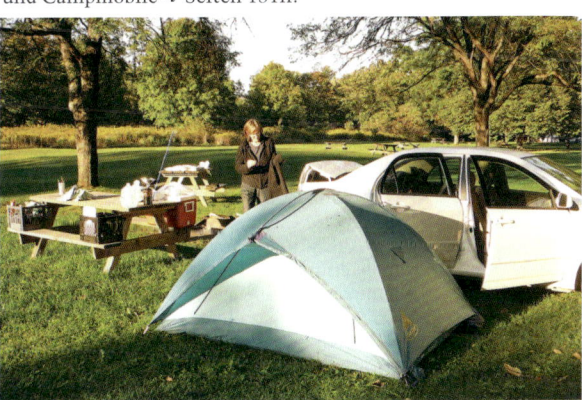

Ein Tisch mit Sitzbänken gehört noch zu jedem Stellplatz. Man sieht hier deutlich, wie großzügig Campingplätze angelegt sein können: Das nächste Zelt steht 10 m weiter

Pkw- oder Campermiete?

Mietauto und Zelt

Die Kombination Mietauto und Zelt bietet ab zwei Personen mit Abstand die **billigste Form des Reisens**. Bei ungünstiger Witterung und in Städten kann man in ein Motel/Hotel ausweichen und dennoch im Schnitt die Übernachtungskosten gering halten. Wer keine Lust hat, eine ganze Campingausrüstung mit über den Atlantik zu schleppen (**zudem gilt in der Economy Class: nur ein Gepäckstück mit max. 23 kg frei pro Person; zusätzlicher Koffer ab €50 pro Strecke,** ➪ **Seite 82**), kann die nötigen Utensilien überall in den USA und Canada preiswert erstehen (Kaufhaus-Ketten *K-Mart, Target, Walmart, Canadian Tire* u.a.). Zelt und Schlafsack im Kofferraum eröffnen auch bei Präferenz fürs feste Dach über dem Kopf zusätzliche Möglichkeiten, falls 'mal alle Motels und Hotels ausgebucht sein sollten.

Campinguten-silien sind vor allem in den USA billig: Schlafsack vom K-Mart $20; Gas-kocher $16; Luft-matraze $17, 12V-Luft-pumpe $12; Zelt $59 oder mitbringen

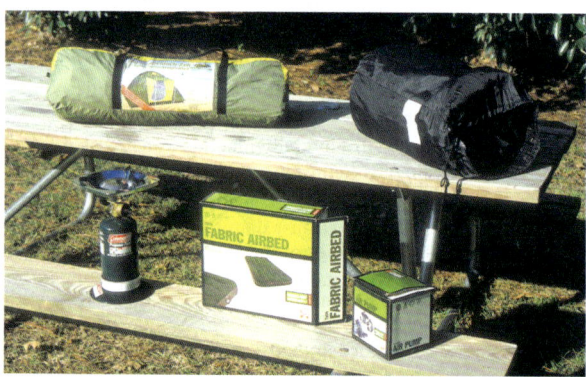

Campmobil

Ein Wohnmobil ist die komfortablere, wenn auch nicht ganz billige Lösung. Anders als im dünn besiedelten Westen der USA und Canada wird man in Neuengland und Ost-Canada auf vielen kleinen Straßen, in Ortsdurchfahrten und während Stadtbesichtigungen mit großen Wohnmobilen nicht ganz glücklich sein. Sie erfordern im dichten Verkehr viel Konzentration und verursachen schon mal Parkprobleme. **Ideal** gerade in diesem Teil Nordamerikas sind daher kleinere **Van Camper**, die aber mit einer Ausnahme (➪ Seite 92) nur noch in Canada verfügbar sind.

Vorzüge Campmobil

In welchem Campertyp auch immer, man sitzt trocken und warm. Der für Camper typische Komfort (➪ Seite 92f.) bedarf hier keiner Aufzählung im einzelnen. Die **Handhabung** von Campmobilen erfordert auf normalen Straßen keine besonderen Übung, nur eine gewisse Eingewöhnungszeit, soweit man sich mit einem Modell begnügt, das nicht wesentlich über **21 Fuß** (6,40 m) Länge aufweist. Für zwei Personen bietet diese Größe ausreichend Platz, eine sinnvolle Innenaufteilung vorausgesetzt, ggf. auch für drei Personen oder Eltern mit zwei Kindern unter Teenageralter.

Vorteile Camper

Neben der eingebauten Bequemlichkeit ist ein **entscheidender Vorteil** des Campers gegenüber anderen Reisealternativen der Entfall des täglichen Kofferpackens und immer wieder neuen Verstauens der Siebensachen; gegenüber dem Zelt auch noch des Auf- und Abbaus. Da die Campingplätze mehrheitlich mit Strom, Wasser- und Abwasseranschluss optimal für die sogenannten **Recreational Vehicles** (**RV**s) hergerichtet sind und im Vergleich zu Europa oft nur moderate Gebühren erheben, ist es kein Wunder, wenn USA-/Canada-Ferien im Campmobil sich großer Beliebtheit erfreuen. Und zwar trotz der von Mai bis September im allgemeinen happigen Miettarife, die zu Urlaubskosten deutlich über denen einer Reise mit Pkw und Hotelübernachtung führen können (⇨ Aufstellungen Seiten 69 und 102f.).

Nachteile

Nun besitzen aber Camper auch spezifische Nachteile. Obwohl oben und in Veranstalterprospekten die Handhabung der Fahrzeuge durchaus zu Recht als einfach dargestellt wird, sind die erheblichen Ausmaße der großen Modelle ab 22 Fuß nicht unproblematisch. Abgesehen davon, dass man – mit Ausnahme von 19 Fuß kurzen Modellen – mit Campmobilen im Stadtverkehr keine große Freude hat, wird es bei den größeren *RV*s nicht nur dort, sondern – wie gesagt – auch beim Rangieren auf Campingplätzen, beim Parken vorm Supermarkt, auf kleinen, oft besonders reizvollen Straßen usw. schon mal ein bisschen eng.

Camper-bedienung

Ein Reisemobil – das muss man sich ebenfalls klarmachen – ist nicht in jeder Beziehung bequem. Damit alles funktioniert, sind Schläuche und Kabel zu entrollen, festzumachen und wieder einzupacken. Frischwasser- und Abwassertanks wollen kontrolliert, aufgefüllt und abgelassen werden, denn sonst ist unterwegs oder auf minder gut versorgten Campingplätzen der eingebaute und schließlich mitbezahlte Komfort nicht zu genießen. Auch die Gas- und Stromversorgung an Bord benötigt trotz aller eingebauter Automatik zumindest Kontrolle.

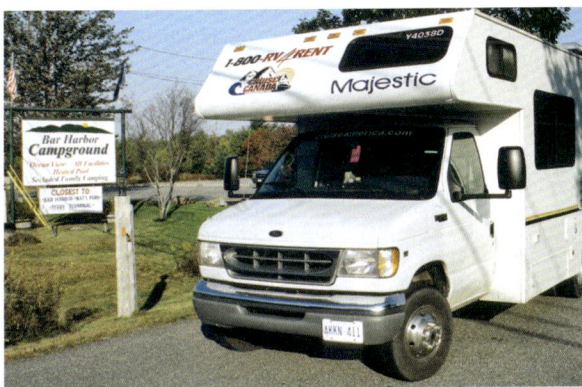

Typischer 25-Fuß-Camper in den USA

Mietauto und Hotel/ Motel

Bei ausschließlicher **Übernachtung in Hotelzimmern** ist eine **Pkw-Rundreise** für zwei Personen in vielen Fällen billiger als eine Reise per Campmobil, es sei denn, man steigt überwiegend in teuren Unterkünften ab (⇨ Seite 139). Generell – d.h. mit Ausnahmen wie absolute Hochsaison, Wochenende, besonderes Ereignis etc. – ist es nicht schwierig, ein Zimmer zu finden, aber natürlich immer ein bisschen mit Suche, Auswahl und Entscheidung verbunden. Die mitunter tägliche Notwendigkeit einer derartigen Disposition ist der Preis für die größerer Flexibilität und – speziell in Neuengland – auch die Chance, **Quartiere mit ganz individueller Note** zu finden.

Alte Inns

An vielen hier beschriebenen Strecken passiert man attraktive *Bed & Breakfast Inns*, alte *Country Inns* (Landgasthöfe), **nostalgisch-traditionelle Hotels** am Meer und andere schon früher von der Oberschicht für die Sommerfrische bevorzugte Plätze. Sie liegen oft in oder bei kleinen **Ortschaften mit Flair** und ermöglichen den in Nordamerika sonst nicht selbstverständlichen Bummel durch Geschäftszonen und Kneipen in Fußgängerdistanz.

In Canada stehen Nostalgiehotels vor allem in Québec entlang des St.-Lorenz-Stroms, wobei dort oft nur Halbpension (meistens qualitativ gut) zu buchen ist. In Ontario stößt man seltener auf diese Art altmodischer »Gemütlichkeit«, am ehesten noch in Seengebieten wie den *Muskokas*, ⇨ Seite 472.

Über weite Strecken wird man in Canada aber wie im Staat New York (Ausnahme: *Hudson Valley*) in einem der üblichen *Motels* oder *Motor Inns* am Wege landen.

Situation am Abend im H/Motel

Nicht wenige Ortschaften sind am Abend wie ausgestorben; Kneipen und Restaurants finden sich dort nur am »Strip«, den Ausfallstraßen, zwischen Tankstellen und Autohändlern. Das Zimmer-TV liefert dann das Abendprogramm, sofern man nicht in einem besseren Hotel mit hausinternem *Entertainment*-Programm unterkommt.

Bed & Breakfast Inn in Vermont

Selbstversorgung erwägen

Nicht unterschätzen sollte man die Vorzüge der Selbstversorgung: Wer dreimal täglich irgendwo einkehrt, sei es auch in einem einfachen Café oder *Fast-Food-*Restaurant, gibt viel Geld für oft mieses Essen aus. Auch Getränke (Kaffee/Tee und *Soft Drinks*, von Alkohol gar nicht zu reden) schlagen schwer zu Buch.

Eine kleine Picknickausrüstung (die Zelter ohnehin dabei haben) reicht, um sich aus dem in den überall vorhandenen Supermärkten Eingekauften an den schönsten Plätzen in freier Natur ein leckereres Mal zu bereiten – zu einem Bruchteil des Preises, selbst mit einer Flasche Wein.

1

Bessere Hotels
Wer ohnehin Hotels ab obere Mittelklasse bucht und auch die Kosten für das eine oder andere Nostalgie- und/oder Luxusquartier nicht scheut, reist in den USA und besonders im Nordosten Canadas, **preiswerter als** bei gleichem Verhalten **in Europa**. Bei richtiger Routenwahl und der **Kombination »Pkw und überdurchschnittliche Unterkunft«** lässt sich im Osten beider Länder Nordamerikas eine herrliche Zeit verleben.

Kontakte
Kontakte zu anderen Reisenden ergeben sich in Motels und Hotels kaum (zumindest bei fehlenden Service-Einrichtungen, bis zur Mittelklasse üblich), so dass der einzelne Gast relativ isoliert bleibt. Junge Leute und alle, die in **Hostels oder Universitätsunterkünften** (⇨ Seiten 149f) absteigen mögen, aber auch *Bed & Breakfast*-Gäste haben es da leichter (⇨ Seite 148).

Flugzeug und Mietwagen
Wer im Osten weiter auseinanderliegende Ziele – ggf. in relativ kurzer Zeit – besuchen möchte, sollte erwägen, mehrere Cities nacheinander anzufliegen und dann von dort die Umgebung zu erkunden. In Frage kämen z.B. Ziele wie **Halifax, Toronto, Chicago** und **New York** mit Aufenthalten in Nova Scotia, Ontario, Michigan und NY-City bzw. Umgebung. Man vermeidet damit teure Einwegmieten und lange Autofahrten. Weitere Beispiele lassen sich beliebig konstruieren. Da die Automiete in Nordamerika preiswert ist, muss man bei nicht allzu weit voneinander entfernten Zielen kalkulieren, ob nicht eine **Pkw-Rundreise billiger** käme und die gesparten Transferzeiten nicht letztlich einen Gutteil zusätzlicher Fahrzeiten im Auto wieder wettmachen.

Öffentliche Verkehrsmittel

Bus

Situation
Für Alleinreisende kann der Bustransport preiswerter sein als ein Mietwagen. Ein vergleichsweise dichtes Netz von Überland- und Regionallinien führt in Canada sogar in fast jedes Dorf, nicht aber zu Zielen außerhalb von Ortschaften wie z.B. *Provincial Parks*. Letzteres gilt ebenso für die USA; ansonsten sieht es mit Verbindungsdichte und -frequenz nicht gut aus. Busreisende müssen (in beiden Ländern) neben langen Fahrzeiten, Umsteigen und Warterei auf Anschlussverbindungen oft auch Übernachtungen in Motels oder Hotels in der Nähe der Station in Kauf nehmen, die oft nicht eben zur ersten Wahl gehören und dennoch teuer sind.

Greyhound-
Standardbus,
heute sogar
oft mit Wifi.
Die noch bis
2012 ange-
botenen Netz-
tickets gibt es
nicht mehr;
Details ➪
Seite 105

Bus versus
Mietwagen
als Rechen-
exempel

Kostenbewusste Einzelreisende über 25 Jahre sollten ggf. auch bei
Präferenz für öffentliche Verkehrsmittel überlegen, ob sie mit einem kleinen Pkw und Zelt bzw. Billigunterkunft nicht doch besser bedient wären (➪ Seite 69 obere Aufstellung). **Sogar für junge**
Leute unter 25, die bei einigen Vermietern kein Fahrzeug erhalten, bei anderen horrende »Jugendaufschläge« zahlen müssten,
gilt das dank des *»Under-25-Special«* von *Alamo* (➪ Seite 87), die
noch erträglich über den »normalen« Mietkosten liegen, letztlich
auch. **Ab zwei Personen** ist ein Mietwagen immer das – zumindest ökonomisch – günstigste Transportmittel.

Fazit

Sich per Bus **durch den Nordosten Nordamerikas** zu bewegen, ist
letztlich **nur eine gute Lösung für eingeschworene Busfahrer** .

Eisenbahn

Situation

Alle größeren Städte im Nordosten sind bis hinauf nach Halifax/
Nova Scotia mit der Eisenbahn zu erreichen – *Amtrak* in den
USA, *ViaRail* in Canada, ➪ Seite 106. Das Netz ist indessen dünn
und besteht aus wenigen Schienensträngen, die mit geringer Frequenz bedient werden. *National-, State* oder *Provincial Parks* liegen kaum en route oder sind keine Haltepunkte. Zu ihnen gelangt
man nur per Bus (so verfügbar), Mietwagen, Taxi oder Fahrrad.

Bahn-
strecken

USA

Wer ganz bewusst mit der Eisenbahn reisen möchte und gern in
Stadthotels absteigt, findet im Nordosten durchaus reizvolle Routen. Speziell folgende Züge fahren durch attraktive Landschaften
und passieren (und stoppen) auch in Kleinstädten:

- *»Adirondack«* von NYC nach Montreal am Hudson Valley ent-
  lang und westlich des Lake Champlain – im Herbst grandios
- Die Strecke *NYC-Boston* läuft weitgehend parallel zur Küste
  und hat herrliche Abschnitte
- *»Ethan Allen Express«* von NYC nach Rutland/Vermont hält
  in Saratoga Springs und fährt auch durchs *Hudson Valley.*
- *»The Vermonter«* von NYC nach St. Albans/Vermont verbin-
  det touristisch attraktive Orte wie Brattleboro, Montpellier,
  Stowe und Burlington (mit Busanschluss nach Montreal).
- *»Maple Leaf«* fährt von NYC nach Niagara Falls/Toronto.
- Der *»Downeastern«* von Boston nach Portland bringt die Fahr-
  gäste an die südliche Küste von Maine.

Rundfahrten durch Neu-England/New York State und – ggf. damit kombiniert – durch Onario und Québec sind möglich, ebenso wie Abstecher über New Brunswick nach Nova Scotia.

Canada Die kanadische *ViaRail* – grenzüberschreitend mit *Amtrak* kooperierend – bietet Strecken am Lake Ontario und am Saint Lawrence River entlang (mit Abstecher nach Ottawa) bis hinauf zur Gaspé-Halbinsel sowie durch das hügelige Waldland von New Brunswick und Nova Scotia bis Halifax.

Von Toronto aus kann man sowohl nach Nordwesten (Sudbury/Sault Ste. Marie) als auch nach Südwesten (Windsor/Detroit/Chicago) fahren, ebenso zu den *Niagara Falls* und von dort weiter in Richtung New York/New England.

Fazit Ohne spezifische Vorliebe fürs Bahnfahren sind die **Eisenbahnen aber keine echte Transportalternative** für Urlaubsreisen in Nordamerika, aber erwägenswert zur Verbindung von Teilzielen, ähnlich wie oben fürs Flugzeug beschrieben.

Das dünne »Netz« der Schienen von ViaRail und Amtrak (Bereich Canada Osten/USA Nordosten nur auf und oberhalb bzw. rechts der Linie New York–Buffalo–Chicago)

Auto-Transport

Das *Auto Drive-Away*, der Transport fremder Fahrzeugen von A nach B, für die sich auch Tourist als Gelegenheitsfahrer bewerben können und bei »Anstellung« lediglich die Benzinkosten tragen, kommt nur für wenige USA-/Canada-Reisende eher in Ergänzung anderer Transportmittel in Frage. Details und Voraussetzungen unter www.autodriveaway.com/driversform.aspx.

1.2.3   Amerikareise mit Kindern

Sollte man mit Kindern, womöglich mit ganz kleinen, eine Reise nach bzw. durch (Teile von) Nordamerika unternehmen? Die Autoren haben selbst nur positive Erfahrungen gemacht.

Flugtarife für Kinder

Zunächst zum Flug: Wer **Kleinkinder** im Alter von unter zwei Jahren mitnimmt, zahlt ohne Anspruch auf einen Sitzplatz je nach Airline 10%-15% des vollen Tarifs oder einen geringen Fixbetrag (bis €100). Empfehlenswert ist dieser Kleinkindtarif in Anbetracht der Flugdauer zu den meisten Zielen nur bei sehr kleinen Kindern, da die Eltern mit ihrem Sprössling auf dem Schoß bis zu neun Stunden Flug »an einem Stück« (Toronto/Chicago) durchhalten müssen. Mit Glück erwischt man zwar eine weniger stark besetzte Maschine und hat einen freien Platz neben sich. Aber darauf kann man sich nicht verlassen, am wenigsten zwischen Mai und September und nicht auf Wochenendflügen.

Wollen Eltern vermeiden, total entnervt anzukommen, bleibt nichts übrig, als den Kindertarif »2-11« mit Sitzplatzanspruch auch fürs Baby zu bezahlen. Dafür bezahlt man für **Kinder zwischen 2 und 11 Jahren** 67%-75% des vollen Tarifs.

Kindersitz

Im Auto müssen auch in den USA und Kanada Kleinkinder einen eigenen Kindersitz haben. Leihen ist unnötig teuer, Kauf einer Billigvariante drüben möglich, aber man kann gut den vorhandenen Sitz mitnehmen, ➪ Seite 104. Am besten als **Handgepäck ins Flugzeug**. Da sitzen die Kleinen sicher; Befestigung mit Sitzgurt.

Der Flug

Mit **Kleinkindern** sollte man darauf achten, dass die Maschine vom deutschen/europäischen Drehkreuz non-stop über den Atlantik zum Ziel fliegt. Das ist bei Zielen im Nordosten meistens ohnehin der Fall, es gibt aber auch preiswerte Varianten, die ein Umsteigen in Washington oder Philadelphia bedingen. Abgesehen davon, dass das mit kleinen Kindern auf fremden Großflughäfen schon an sich kein Spaß ist, besteht vor allem im Sommer immer die Gefahr von Verspätungen. Die lassen sich zu Beginn der Reise eher wegstecken als unterwegs nach bereits 7 Stunden Flug.

Reisekosten

Sieht man ab von den Kosten fürs **Flugticket** und **Eintrittsgelder** für (leider von Jahr zu Jahr teurer werdende) *Amusementparks* etc. erhöhen Kinder die Amerika-Reisekosten nicht proportional, sofern die Familie per Auto unterwegs ist. Denn der **Leihwagen** bzw. **-camper** kostet einen festen Tagessatz unabhängig von der Belegung. Viele **Hotelzimmer** verfügen über zwei Doppelbetten, wobei der Übernachtungspreis nur geringfügig mit der Anzahl der Personen im Zimmer steigt (➪ Seite 141). In vielen Fällen braucht für Kinder (bis zum Jugendlichenalter, variiert im Einzelfall) im Zimmer der Eltern kein Aufschlag gezahlt zu werden.

Auch auf **Campingkosten** haben zusätzliche Personen im Wagen nur einen unwesentlichen (Privatplätze) bis gar keinen Einfluss (staatliche Plätze). Das Eintrittsgeld in *National*, *Provincial* und *State Parks* erhöht sich bei mehr Personen im Fahrzeug nicht.

Unterwegs   Dass die Attraktion eines Großteils der Sehenswürdigkeiten und möglichen Aktivitäten in Nordamerika (siehe die vorhergehenden Abschnitte 1.1.4 bis 1.1.6) auch für Kinder enorm ist, bedarf keiner besonderen Erläuterung. Auf jeder Reiseroute gibt es auch für die Kinder genug zu sehen und zu erleben, dazu sowieso die überall gleichen, bei den meisten Kindern ziemlich beliebten **Fast Food Restaurants**, Supermärkte und **Shopping Malls**.

Camping   Sofern gecampt wird, was bei einer Reise mit Kindern stärker zu erwägen wäre, bieten amerikanische Campingplätze von Anlage, Einrichtungen und Gelände her mehr als ihre europäischen Pendants. Viele *Campgrounds* verfügen über Kinderspielplätze, ein Teil der staatlichen Campinganlagen sind für sich schon Abenteuerspielplätze (➪ Seite 153).

Spielplätze   Möglichkeiten zum Austoben finden sich im übrigen nicht nur auf Campingplätzen. Selbst im kleinsten Ort gibt es noch **Stadtparks**, die sich zum Ballspielen etc. eignen. Oft verfügen sie auch über einen **Playground**. Praktisch an langen Fahrtagen sind die kompakten Kinderspielplätze der *Fast Food*-Kettenlokale wie **Burger King**, **McDonald's** u.a. An ihnen führt mit Kindern bis zu 10 Jahren kaum ein Weg vorbei, zumal wenn sie an Autobahnen und Ausfallstraßen auch noch 5 mi im voraus mit dem *Children's Playground* werben. Ob man nun die jeweilige *Fast Food*-Palette besonders schätzt oder nicht, bei *McDonald's & Co.* lassen sich die ohnehin anliegende Zwischenmahlzeit, «Pinkelpause» und die Notwendigkeit, den Bewegungsdrang der Kinder zu kanalisieren, sinnvoll verbinden.

Krankheit   Krankwerden kann in Nordamerika Probleme machen, denn die Arztsuche ist schwieriger als bei uns. Das gilt nicht für dringende Not- und Krankenhausfälle. Aber in Arztpraxen ist ohne Empfehlung ein Termin nicht leicht zu kriegen. Ggf. helfen aber Zeltplatzbesitzer/Ranger bzw. das Hotelpersonal weiter. Sind Kinder an sich gesund, birgt eine Amerikareise keine unkalkulierbaren Risiken, zumal mit Reiseapotheke bzw. Erste-Hilfe-Kasten und – nicht zu vergessen – einer Auslandsreise-Krankenversicherung, die die ausgelegten Behandlungskosten erstattet.

In den USA und Canada gibt's tolle öffentliche Kinderspielplätze in vielen Parks, hier in Woodstock in New York State

1.3   Die konkrete Planung der eigenen Reise

Bevor man Reiseziele, -routen und -termine festlegt, sollte man die voraussichtlichen klimatischen Bedingungen kennen und wissen, wann Kanadier und Amerikaner Ferien haben, d.h. selbst im Land unterwegs sind.

Dimensionen Wichtig ist, dass man sich nicht zuviel vornimmt. Das hier beschriebene Gebiet ist nur ein kleiner Bereich des Kontinents, dennoch kommen schnell erstaunlich viele Kilometer zusammen. Auf einer »kleinen« **Rundreise** (z.B.: New York City – Vermont – Montreal – Ottawa – Kingston – Algonquin Park – Georgian Bay – Toronto – Niagara Falls – New York) kommt man mit ein paar Abstechern locker auf 4.000 km; ➪ Seite 14 und Routen in der vorderen Umschlagklappe.

Fahrleistung Im Pkw oder Camper sind 200 mi (320 km) pro Tag das Maximum dessen, was man sich im Schnitt zumuten sollte. Das sind bei einer 3-Wochen-Reise mit, sagen wir, 18 Unterwegstagen über 5.500 km; weniger wäre besser. Optimal ist eine **Planung,** die für 20 Tage rein rechnerisch (Kartendistanzen) 2.500 mi/4.000 km möglichst nicht überschreitet. Daraus werden leicht 20% mehr (➪ Seite 66), mit denen man als zügig Reisender noch gut leben kann. Es bleibt dann auch noch Spielraum, etwa für ungeplantes Verweilen an besonders schönen Orten, Teilnahme an erst unterwegs entdeckten Aktivitäten oder Veranstaltungen.

Fähren Bedingt durch die zahlreichen Seen, Flüsse und (Halb-)Inseln im Reisegebiet gibt es viele (Auto-)Fähren, die die Routenplanung erschweren, aber auch Abkürzungen und Abstecher erleichtern. Es macht Sinn, schon bei der Reiseplanung die Fährverbindungen zu berücksichtigen und sich damit vertraut zu machen, ➪ Kästen für die wichtigsten Fähren und die komplett zusammengestellte **Linksammlung** für aktuelle Zeiten und Tarife auf Seite 740.

Naturgemäß entsprechen die in diesem Buch angegebenen Fährzeiten immer nur dem Stand bei Redaktionsschluss dieser Auflage. Darauf sollte man sich daher nicht verlassen, sondern die aktuellen Daten noch einmal zeitnah prüfen.

Bus und Zug Bus- und Bahnreisen sollten nicht länger als 3-4 Stunden pro Tag dauern, da viel Zeit für die An- und Abfahrt zur Station etc. verloren gehen kann.

1.3.1   Klima und Reisezeiten

Klima und Geographie Der Blick auf den Globus wirkt beruhigend: Montréal liegt auf der Höhe von Mailand, Manhattan gar auf dem Breitengrad von Neapel, das südliche Nova Scotia entspricht Südfrankreich, und selbst Labrador liegt nicht nördlicher als Großbritannien. Der Schein trügt indessen, denn bis auf die Sommermonate ist der Nordosten Nordamerikas kalt. Schneestürme in New York und Temperaturen von -30° Celsius in Montréal sind im Winter keine ganz große Seltenheit.

Neuengland wirbt denn auch mit ausgeprägten **Bilderbuch-Jahreszeiten**: Skilaufen in Pulverschnee, Verliebte unter blühenden Obstbäumen, Kinder am hellen Strand vor herrlicher Brandung und knallbuntes Herbstlaub im *Indian Summer*, der sich ohne weiteres im T-Shirt genießen lässt. All das unter einem strahlend blauen Himmel, versteht sich, ⇨ Foto unten.

In der Realität kann all das zutreffen, muss es aber nicht:

Wechselhafte Wetterlagen

Stabile Wetterlagen mit extremen Unterschieden zwischen Sommer und Winter – wie sie die *Great Plains* oder auch **Michigan** kennzeichnen – sind in Neuengland und Canadas Osten eher die Ausnahme. **Das wechselhafte Wetter** ist in allen hier beschriebenen Regionen **Gesprächsstoff**. Oft genug schmilzt die weiße Pracht in Skigebieten über Nacht, und Schneekanonen müssen nachhelfen. An den Stränden von *Cape Cod*, Maine oder Prince Edward Island darf die Badehose selbst im Hochsommer schon mal ein- und die Regenjacke ausgepackt werden – wie bei uns.

Wetterfronten

Anders als unsere Alpen sind die Gebirge im nordöstlichen Amerika sind nicht hoch und verlaufen zudem in Süd-Nord-Richtung, und versperren daher weder kalten Nordwestfronten noch tropischen Luftmassen aus dem Golf von Mexiko den Weg.

Beide Einflüsse dominieren wechselseitig das Klima im südöstlichen Canada und Neuengland. In der gesamten Region sind daher **viele Sommertage** wegen der südlichen Warmluft **heiß** und zugleich auch schweißtreibend **feucht**.

Ebenso sind **kühle, regnerische Tage** keine Seltenheit. Generell gilt, dass dank langer Perioden mit herrlichem Wetter (bis 30° C) das Wasser vieler Seen im Juli/August Badetemperatur erreicht. Laue Sommernächte kommen dagegen so oft nicht vor. Ein Pullover für den Abend ist daher nie verkehrt.

Fall Foliage/Laubfärbung im Indian Summer

Atlantische Einflüsse

Da der Wind auch auf dem amerikanischen Kontinent meistens von West nach Ost weht, hat der Atlantik in den maritimen Provinzen nicht den gleichen starken Einfluss wie im Golfstrom-verwöhnten Europa. Dennoch wirken die **Wassermassen** wie eine große **Klimaanlage**. In den maritimen Provinzen Nova Scotia und Prince Edward Island wird es nie so kalt wie im Inland von Ontario oder Québec, und natürlich auch nie so warm. Außerdem sorgt der kalte Atlantik für Nebelbildung, auch und gerade im Sommer. Die Wassersysteme des St. Lorenz-Unterlaufs und der Großen Seen mildern ebenfalls die größte Sommerhitze wie auch extreme Winterkälte.

Weitere **Details** zu den klimatischen Besonderheiten der verschiedenen Teilregionen finden sich **in den Reisekapiteln**.

Hauptsaison

Der **Sommer** ist klimatisch die **beste Reisezeit** für den Nordosten – mit der Einschränkung, dass die vergleichsweise kurze Hauptsaison – offiziell von *Memorial Day* (letzter Montag im May) bis *Labour Day* (erster Montag im September), faktisch Ende Juni bis Ende August – auch die Hauptreisezeit der Amerikaner und Kanadier ist. Außerdem gibt es in Neuengland eine **zweite Hauptsaison** während des **Indian Summer** etwa von Ende September bis Mitte Oktober (je nach Region und Höhenlage).

An den Küsten

Wegen der hohen Bevölkerungsdichte zwischen Washington und Boston sind die Küsten Neuenglands in diesen Monaten besonders stark besucht, **Quartiere** und **Campingplätze** am Meer und an populären Seen früh ausgebucht. In den meisten Gebieten im Binnenland hält sich der Betrieb aber nach unseren Maßstäben sowohl in Canada als auch in den USA in durchaus noch erträglichen Grenzen. Ausweichmöglichkeiten bieten selbst in der jeweiligen Hauptsaison *Motels* und *Motor Inns* an Durchgangsstraßen, wenn die Suche nicht zu spät am Abend beginnt, bzw. weniger optimal gelegene Campingplätze.

Morgenidylle an einem Steg der Hummerfischer
auf Deer Isle in Maine, ⇨ *Seite 317 unten*

Zwischen-saison

Juni und September sind klimatisch wechselhafter, aber beide Monate können schon/noch sehr sommerlich sein. Probleme, unterzukommen, gibt es dann höchstens an Wochenenden (Ausnahme *Indian Summer*, ⇨ oben).

Vor- und Nachsaison

Das **Frühjahr** ist selbst für *Outdoor*-Enthusiasten **keine gute Reisezeit**. Bis in den Mai hinein kann es viel regnen und sehr kalt sein. Das Grün kommt erst im Mai richtig durch. Im vielgepriesenen Herbst sind gerade bei klarem Wetter die Nächte schon sehr kalt. Eine Reise im **Indian Summer** mit Spazierfahrten und Wanderungen durch die bunten Wälder ist (speziell wegen der frühen Dunkelheit) am schönsten als **Indoor Trip** in gemütlichen **Country Inns** mit Kamin und guter Küche, dann aber leider sehr teurer.

Aber auch **Camper** werden den Herbst auf Plätzen von *State* und *Provincial Parks* oder in *National Forests* genießen, soweit sie noch geöffnet sind (viele schließen bereits Mitte Oktober, in Canada oft schon nach Labour Day bzw. dem 1. Septembermontag).

Absolut beste Reisezeit für den Nordosten sind die Wochen von Ende August bis Ende September.

1.3.2   Karten, Literatur und Information

Straßenatlas

Für eine erste vorbereitende Planung der Reise genügen die Karten dieses Buchs, insbesondere die separate Straßenkarte. Bei mehr Informationsbedarf, auch was Nebenstrecken betrifft, ist der Jahr für Jahr neu aufgelegte **Rand McNally Road Atlas** USA/**Canada/Mexico** eine gute Ergänzung. Es gibt ihn bei uns in geographischen Buchhandlungen und in **Globetrott-Shops** für etwa **€20**. Als **Hallwag USA-Atlas** war er bis 2010 auch mit deutschsprachigen Erläuterungen zu haben; im Internet gibt's den noch gebraucht. In den USA und Canada kostet der *Rand McNally* $15-$20, als **Sonderauflage** in US-Kaufhäusern bisweilen nur $5-$6.

Kartenkauf vor der Reise?

Sich bereits hier für teures Geld detailliertere Karten anzuschaffen, lohnt kaum, da fast alle Staaten der USA und die kanadischen Provinzen Straßenkarten gratis ausgeben. Auf Anfrage werden sie oft sogar zugeschickt, ⇨ Adressen Seite 735.

AAA/CAA Automobil Clubs
www.aaa.com
www.caa.com

Teilweise ausführlicher als die **Official Highway Maps** der Einzelstaaten sind die Karten der amerikanischen und kanadischen Automobilclubs **AAA** bzw. **CAA**. Sie werden auch Mitgliedern europäischer Clubs **kostenlos** überlassen (**Mitgliedsausweis** dafür mitnehmen, ⇨ umseitig). Darüber hinaus verteilen AAA und CAA gratis nach Staaten/Provinzen untergliederte **Tourbooks**, Reiseführer mit Betonung kommerzieller Attraktionen. Sie sind unterwegs als zusätzliche Informationsquelle nützlich.

Tourbooks

Die *Tourbooks* enthalten außerdem ein **Motel- und Hotelverzeichnis** für Häuser ab unterer Mittelklasse. Für den Preisbereich über US$90 sind die Verzeichnisse für **Neuengland** und **New York State, Ontario** und **Michigan** fast komplett. Für **Québec** und die **maritimen Provinzen** bieten sie nur eine Auswahl.

Campbooks

Mit identischer regionaler Systematik gibt es außerdem Campingführer, sog. *Campbooks*. Sie enthalten zwar bei weitem nicht alle Campingplätze, leisten aber in Ergänzung zu den Campingtipps in diesem Buch ausreichende Dienste.

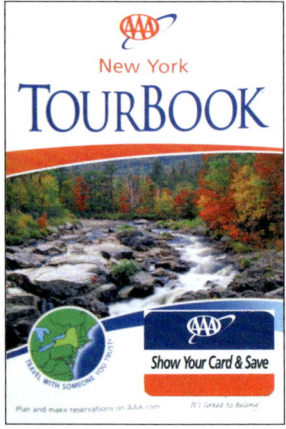

Büros AAA/CAA

Büros des AAA/CAA gibt es in allen größeren Orten, in Großstädten mehrere davon. Jeder Polizist und Taxifahrer kennt sie. Im Internet findet man sie rasch per **google-Suche**, Eingabe z.B. »aaa Boston«, »caa Québec«. Größere Filialen unterhalten sogar *Bookshops*, in dem Reiseführer und Produkte rund ums Reisen preiswerter als üblich zu haben sind.

Clubkarte/ Discounts

Gegen Vorlage des heimischen Mitgliedsausweises) erhält man alle gewünschten Unterlagen. Darüberhinaus sichert die Vorlage der Mitgliedskarte in ganz Nordamerika weitgehende Gleichbehandlung des Touristen mit amerikanischen AAA-Mitgliedern bei der Erlangung von *Discounts* und Sondertarifen in Motels, Parks etc. Details dazu unter www.aaa.com bzw. www.caa.ca.

ADAC

Beim ADAC gibt's auch Gratismaterial für die Canada-/USA-Reise im Postversand sowie einen **Routenplaner** unter www.adac.de. Der früher mögliche Bezug der AAA-*Tour*- und *Campbooks* (↔ oben) gegen Gebühr wurde 2012 eingestellt.

Distanzen

In den meisten Straßenkarten gibt es **Entfernungstabellen** und oft Grafiken mit Meilen- und Fahrzeitangaben zwischen den wichtigsten Städten. Die dort angegebenen Werte beziehen sich immer auf die jeweils kürzesten Verbindungen und hohe Durchschnittsgeschwindigkeiten. Zur Distanzberechnung und Zeitkalkulation einer Route macht ein **Zuschlag von mindestens 20%** auf die aus Karten ermittelte Gesamtentfernung und -zeit Sinn. Die Mehrkilometer für Umwege, Stadtverkehr, Abstecher, Anfahrten und Verfahren usw. übertreffen diesen Prozentsatz leicht.

Book Shops

Darüber hinaus gibt es in Buchhandlungen (*Book Stores/Shops)* ein breit gefächertes Angebot an Reise- und Sachbüchern zu allen erdenklichen touristischen und regionalen Themen von der Geologie, Flora und Fauna über Bike- und Kanurouten bis zu lokalen Joggingpfaden. Wer eine Reise durch Neuengland plant und nicht zu sehr auf den Dollar schaut, sollte – als Ergänzung zu den Empfehlungen dieses Buches – einen der Spezialführer zu *Country*- und *Bed & Breakfast Inns* kaufen, die viele Kleinode auch etwas abseits der hier beschriebenen Routen enthalten. Eine Fundgrube für Spezialliteratur ist auch mancher *Museum Shop*.

Visitor Center/ Travel Information

Erreicht man einen neuen US-Bundesstaat bzw. eine neue kanadische Provinz, sind an Hauptstraßen die **Welcome, Visitor, Tourist** oder **Travel Information Center** (in Canada: **Centre**), in kleinen Orten auch **Chamber of Commerce**, nicht zu verfehlen.

Man erhält dort neben der jeweiligen **Straßenkarte** jede Information. In **Canada** gibt es **gratis** immer ein **Unterkunftsverzeichnis**, den **Accomodation Guide** mit *up-to-date* Tarifen und Telefonnummern und Internetadressen (fast) aller *Hotels/Motels*, gekoppelt (oder separat) mit **Campingverzeichnis** (**Camping Guide**). Pfiffige stecken sich auch den gratis verteilten **Room Saver** oder **Traveller**, eine Broschüre voller Coupons für Rabatte in H/Motels.

In **Ontario** druckt jedes noch so kleine *County* (Landkreis) gut aufgemachte Regionalhefte, die alle Sehenswürdigkeiten, Unterkünfte und Campingplätze auflisten. Bei der Einfahrt nach Ontario sollte man explizit nach diesen hilfreichen Unterlagen fragen.

Das Material der regionalen Tourismusindustrie liegt überwiegend zur Selbstbedienung aus. *Visitor, Travel* oder *Tourist Information Center* gibt es noch im kleinsten Ort.

Visitor Center existieren auch in den **National** und *State* bzw. *Provincial Parks*, ➪ Seite 39. Hier und dort verfügen sie sogar über deutschsprachige Broschüren.

Internet

Eine unerschöpfliche Informationsquelle ist das **Internet**. Die **Tourist Information Offices** der Staaten bzw. Provinzen sind alle dort vertreten ebenso Orte und touristische Ziele; viele wichtige Adressen sind ab Seite xxx zusammengestellt. Eine **Übersicht** zu allen US-Staaten und Städte liefert www.reiseinfo-usa.de, zu allen kanadischen Provinzen und Städten http://de.canada.travel.

Manches Besucherzentrum besitzt museale Komponenten; hier das eindrucksvolle Visitor Centre der Region French River in Ontario, ➪ Seite 469

1.3.3   Was kostet die Reise?

Wechselkurs

Um einen Eindruck von den ungefähren Kosten einer individuellen Amerikareise zu vermitteln, sind **auf der folgenden Seite** typische Beispiele zusammengestellt. Dabei wurde als Wechselkurs **€0,80 pro US$ (€1= ca. US$1,25) und ebenso pro CAD** (in diesem Buch aus praktischen Gründen oft mit c$ bezeichnet) zugrundegelegt. Denn beide Währungen werden seit einiger Zeit mehr oder weniger gleich bewertet, schwanken also gegeneinander um den Austauschwert 1:1. Das im Schnitt höhere Preisniveau Canadas wird im Gegensatz zu früheren Jahren daher nicht mehr durch einen niedriger bewerteten CAD ausgeglichen. Konkret: **Reisen in Canada ist 2012 deutlich teurer als in den USA**. In der Aufstellung rechts wurde das nicht explizit berücksichtigt. **Wer nur in Canada unterwegs sein möchte, sollte bei den Unterwegskosten (Benzin, Übernachtung, Versorgung etc.) gute 20% addieren.**

Tagessatz bei Selbstversorgung

Bei Selbstversorgung ist ein **Tagessatz von $40 für Alleinreisende** die Untergrenze, worin kleine Eintrittsgelder sowie **gelegentliche** *Fast Food* eingeschlossen sind, nicht aber Alkoholika, Kneipen- und Restaurantbesuche; auch keine Transportkosten. **2 Personen** kommen bei scharfer Kalkulation mit **ca. $60 pro Tag** aus.

Unterkunft

Die Unterkunftskosten können zwischen **$0 beim Zelten in der Wildnis** oder auf **Gratiscampgrounds** und **$250 im Cityhotel** variieren (für 1 oder 2 Personen kaum Differenzen):

(1) Beim **Campen** reichen **$25-$35 oder weniger** im Schnitt pro Auto mit Zelt/im Camper, sofern die Platzwahl kostenorientiert erfolgt. Ohnedem und im Fall höherer Komfortansprüche muss man eher $35-$45 kalkulieren, ➪ Seite 151.

(2) **Außerhalb der Saison in den preiswertesten Motels** etc. oder auch in der Hochsaison bei konsequenter Übernachtung in Billigquartieren (Jugendherberge, YMCA, internationale *Hostels*, gelegentlich einfaches Motel) lässt sich ein **Durchschnittspreis für 2 Personen** um die **$60** realisieren. **Eine Person** sollte **$50** einplanen, falls sie/er nicht immer in *Hostels* unterkommt.

(3) Bei Reisen in der **Hauptsaison** und **Motel-/Hotelübernachtung** sollte man ohne Nutzung von absoluten Billigquartieren im Durchschnitt lieber nicht unter **$100, besser $120 pro Nacht** kalkulieren – **DZ ohne (!) Frühstück** –, denn der US-Nordosten ist ziemlich teuer und Canada wegen des Wechselkurses mittlerweile ebenso. Je nach Route und Zielen kann es im Einzelfall noch teurer oder auch billiger werden (etwa in Canadas maritimen Provinzen). **Im Schnitt weit über $120** gibt leicht aus, wer zur gehobenen Mittelklasse neigt. **Bis Mitte Juni und ab September** (nach *Labor Day*) sollten aber ohne extreme Zugeständnisse an die Qualität der Unterbringung auch **$85 im Schnitt ausreichen** (nicht jedoch in der Zeit der Laubfärbung des *Indian Summer*, dann kostet selbst ein an sich moderat preisiges *Days Inn* an Wochenenden schon mal $150/Nacht).

Für alle Übernachtungsalternativen (1-3) zeigt die Tabelle in etwa zu erwartenden **Gesamtkosten** einer Reise (ab Canada oder USA). Zu den **Autokosten** und den dabei geltenden Annahmen sei auf die entsprechenden Abschnitte im Kapitel 2 verwiesen, u.a. **Seite 102**. Auch die **Flugkosten** inkl. Gebühren können natürlich abweichen.

Reisekostenbeispiele* (Wechselkurs: €1 = US$/CAD 1,25; $1 = €0,80)

In etwa zu erwartende **Gesamtkosten eines 3-Wochen-Urlaubs** im Osten Canadas und/oder Osten der USA **für zwei Personen in Euro** während der **Hauptsaison** unter den beschriebenen Voraussetzungen und Annahmen

	Miete SUV/ Billigunter künfte	Mietwagen Eco/Compact und Zelt
Flug Europa–USA/Canada je €900 (inkl. Gebühren)	1.800	1.800
Drei Wochen **SUV Miete** inkl. Benzin **Canada**, ⇨ Seite 102	1.661	
3 Wochen **kleiner Mietwagen** inkl. Benzin **USA/Boston**, ⇨ Seite 102[3]		1.158
20 x Übernachtungskosten im Bett[2] im Zelt 18 Tage Campgebühr[1] +2 (in beiden Fällen inkl. 2 Tage Cityhotel)	1.280	680
Verpflegung + Nebenkost: 21x$60/Tag[4]	1.008*	1.008
Mindestreisekosten gesamt **in €uro:**	5.749	4.646
	Mietwagen SUV, M/Hotel Mittelklasse	Camper- miete Van (USA C-19)
Flug Europa–USA/Canada je €900 (inkl. Gebühren)	1.800	1.800
3 Wochen Miete **SUV USA/Boston**, bzw. 18 Tage **Camper** Toronto (Boston) inkl. Benzin (⇨ Seite 102)	1.391	3.925 (3.125 USA)
Übernachtungskosten, M/Hotel: im Camper 18 Tage Campgebühr + 2 Nächte Hotel), alles ⇨ Seite 103	2.048	896
Verpflegung etc. ca. $100/Tag im Motel, $60/Tag bei Campermiete	1.680	1.008
Mindestreisekosten gesamt **in €uro:**	6.919	7.629 (6.829 USA)

1) Camping $25/Nacht x 18 plus $400 für 2 Nächte im Cityhotel bei Ankunft)
2) $60 pro Nacht plus $400 für 2 Nächte im Cityhotel nach Ankunft.
3) Zahlen USA anders als Seite 102, denn Automiete nur €740 für kleinstes Fahrzeug, minus 20% weniger Spritdurst als SUV, daher ca. minus €100 gegenüber Seite 102
4) siehe 2. Absatz links; unberücksichtigt sind Kaufkraftunterschiede USA : Kanada.
*) Die **Zahlen geben nur einen**, wenn auch im Vergleich realistischen **Anhaltspunkt**. Die effektiven Reisekosten werden – abhängig von der persönlichen Reisegestaltung und Flugkosten ggf. sogar stark – abweichen. Die Kosten für Besuche **guter Restaurants, für Alkoholika und Mitbringsel fehlen ganz in der Rechnung.**

2.   REISEVORBEREITUNG UND -ORGANISATION

2.1   Formalitäten

2.1.1   Einreise in die USA

Einreise ohne Visum

Voraussetzung einer Einreise in die USA ohne Visum für Westeuropäer ist, dass der Aufenthalt in den USA
- besuchsweise erfolgt und nicht länger als **max 90 Tage** dauert
- ein **Ticket mit Rückflugdatum** innerhalb der Frist vorliegt.

ESTA

Seit 2009 besteht die amerikanische Behörde »*Homeland Security*« zusätzlich auf einem Vorabcheck auch aller bis zu 90 Tagen in die USA Einreisenden, ⇨ Kasten ESTA. Ist der mit positivem Ergebnis erfolgt, braucht man für die Reise nur noch den maschinenlesbaren weinroten **Pass und** – vorsichtshalber – auch noch den **o.k.-Ausdruck von ESTA** einzustecken.

Biometrische Daten im Pass

Seit Oktober 2005 müssen <u>alle</u> ab diesem Datum ausgestellten **Pässe** (auch für Kinder) **zusätzlich biometrische Daten enthalten**. Früher ausgestellte Pässe gelten noch bis Ablauf ohne Biometrie.

Landweg/ Rückflug

Die visafreie Einreise gilt auch für die **Einreise auf dem Landweg** von Mexiko und Canada aus, kostet aber beim Grenzübertritt eine Gebühr in Höhe von $7. Auch dabei muss das Rückflugticket zur Hand sein, das dem *Immigration Officer* zeigt, dass die Absicht besteht, nicht nur die USA, sondern **Nordamerika** (inkl. Mexico!) innerhalb der vorgegebenen 90 Tage wieder zu verlassen.

Kontroll-Prozedur

Obwohl also jeder USA-Tourist noch vor Besteigen des Flugzeugs überprüft wird, erfolgt eine weitere Kontrolle am Immigrations-Schalter im Ankunftsairport. Dabei werden biometrische Daten erfasst (Abdrücke aller 10 Finger und Foto; dauert maximal 30 sec), um später sicherzustellen, dass der/die Ausreisende wirklich der-/dieselbe wie bei Einreise ist, bzw. die Person, die im Pass steht.

ESTA - Einreisegenehmigung in die USA

Anfang 2009 wurde das Einreiseverfahren ergänzt durch **ESTA**, ein elektronisches System der Registrierung und Genehmigung. Ohne vorherige Anmeldung bei ESTA ist keine Einreise in die USA mehr möglich. Damit das rechtzeitig vor Abreise klappt, muss die Registrierung mindestens 72 Stunden vorher erfolgen. Die Genehmigung gilt für zwei Jahre und ggf. mehrere Einreisen. Auch kurzfristige Reiseentscheidungen sind damit möglich, sofern man sich bei ESTA schon mal hat registrieren lassen. Unter der Internetadresse http://germany.usembassy. gov/visa/vwp/esta finden sich alle Einzelheiten und ein Link zum Antragsvordruck unter https://esta.cbp.dhs.gov auch in deutscher Sprache. **Seit September 2010 kostet die Registrierung unter ESTA US$14,00**, zahlbar per Kreditkarte. Wer noch eine gültige ältere ESTA-Einreisegenehmigung besitzt, kann diese ohne weitere Kosten bis zu deren Ablauf benutzen.

Von der ersten grünen Antragsseite (zunächst nur den Block links beachten) geht's in der deutschsprachigen Version ganz unten einfach »weiter«. Ein Klick darauf und auf jeweile »ja« auf Folgeseiten führt zum eigentlichen Formular.

Mit Versand des Formulars erhält der/die Antragsteller/in einen Zugangscode, unter der er/sie nach spätestens 72 Stunden nachschauen kann, ob er/sie autorisiert wurde, in die USA einzureisen. Dafür ist wieder https://esta.cbp.dhs.gov aufzurufen. Man gelangt auf die identische Seite wie im Fall des Antrags, muss nun aber im grünen Formular unten den zugeteilten Code und noch einmal Geburtsdatum und Passnummer eintragen. Unter »Aktualisieren« erfährt man dann, ob alles geklappt hat. Wenn ja, steckt man mit allen abgelieferten Daten im Computer der *US-Homeland Security* als zugelassener Einreiser. Das kann so auch die Fluggesellschaft beim Einchecken aufrufen und ablesen, natürlich ebenso und vor allem die Immigrationsbeamten bei Ankunft in den USA.

Hinweis: Auf der Botschaftsseite wird explizit gewarnt vor unautorisierten Seiten, die den Eindruck erwecken, offizielle Seiten der US-Regierung zu sein, aber erst nach Kartenzahlung von z.B. $59 für eine überflüssige Informationsschrift den Antrag weiterleiten. Selbst der Hinweis auf nicht autorisierte ESTA-Portale fehlt dort nicht, dient sogar ganz raffiniert der Vertrauensbildung.

Ein **Passlesegerät** gibt Auskunft über vorherige Einreisen und dabei eventuell gespeicherte negative Kontakte mit der US-Obrigkeit. Ohnedem erhält der Ankömmling in der Regel den Einreisestempel für volle 90 Tage. Oft erkundigt sich der/die *Immigration Officer* auch nach Reiseabsichten des Touristen, seiner Berufstätigkeit, finanziellen Ausstattung für die Reise u.a.m.

Wartezeiten Die Kontrolle am *Airport* dauert dank meist zahlreicher Schalter heute nicht länger als bereits vor 9/11, als man bei Andrang wegen gleichzeitiger Landung von fünf Jumbos auch schon mal 60 min warten musste. Sie ist im Ablauf nicht problematisch. Manche Schauergeschichten dazu kennzeichnen eher Einzelfälle.

Visumerfordernis Bei Reiseplänen, die 90 Tage übersteigen und dann penibel erläutert werden müssen, benötigt man ein Visum. **Auch für USA-Reisen unter 90 Tagen Dauer benötigen ein Visum bei uns lebende Bürger aller Staaten, die nicht von der Visapflicht ausgenommen wurden** (Ausnahmen weltweit: EU, Australien & Neuseeland).

Funktion des Visums Beim Visum (am. *Visa*), handelt es sich um eine »Unbedenklichkeitsbescheinigung«, die dem Antragsteller nach persönlichem Interview vom zuständigen Konsulat in den Pass geklebt wird.

Antrag auf Erteilung Das Besuchervisum wird gegen eine **Gebühr** ($160 Ende 2012; wird von Zeit zu Zeit angepasst) von den US-Generalkonsulaten in **Berlin**, **München** oder **Frankfurt** erteilt. Welches Konsulat zuständig ist, ergibt sich aus dem Wohnort des Antragstellers.

Alle weiteren Informationen zum Visaantrag und das Visantragsformular DS-160 zum Ausfüllen/Ausdruck gibt's unter der Internetadresse http://www.usvisa-germany.com/germany/index.jsp. Um aber überhaupt am Prozess der Visaantragstellung teilzunehmen, muss man im Internet eine **PIN-Nummer** erwerben: **€10,00**, Zahlung per Kreditkarte.

Telefonauskunft dazu unter ℂ **0900 1 85005** (€1,24/min); Anruf nur möglich Mo-Fr 7-20 Uhr.

2.1.2   Einreise nach Canada

Reisepass und Aufenthalts- dauer

Zur direkten Ein- und Rückreise benötigt man lediglich den noch mindestens bis Ende der Reise, besser aber sechs Monate gültigen Pass (teilweise Airlineerfordernis). Touristen aus Übersee mit **Rückflugticket**, ausreichend Bargeld bzw. Reiseschecks und/oder Kreditkarten erhalten problemlos den Sichtvermerk für einen **Aufenthalt bis zu maximal 6 Monaten**. Oft stellen die *Immigration Officer* keine detaillierten Fragen und geben sich mit einer Kurzauskunft zu Zweck und Dauer der Reise zufrieden.

Einreise nach Canada über die USA

Auch bei Anreise über die USA mit Mietwagen (**Achtung**: auch wenn dort eventuell nur das Flugzeug gewechselt wird, gelten die Einreisebestimmungen für die USA, ↻ vorstehend) und der Aufenthaltsgenehmigung der US-Behörden im Pass, erhält man den kanadischen Einreisestempel für maximal 180 Tage. Die einmal erteilte Aufenthaltsdauer für die USA bleibt für die eventuelle Wiedereinreise weiter gültig, beginnt also nicht etwa neu mit wiederum 90 Tagen (Hinweis für Langzeitreisende).

2.1.3   Grenzübertritt/Aufenthaltsverlängerung

Aus den Ausführungen geht indirekt hervor, dass eine Grenzüberquerung in beiden Richtungen ohne weiteres möglich ist.

Ausreise in die USA und Wieder- einreise nach Canada

Bei Einreise von Canada in die USA auf dem Landweg entfällt die Pflicht der Vorlage eines Rück- oder Weiterflugtickets sowie der elektronischen Einreiseerlaubnis ESTA (Stand 13.11.2012, ↻ www. auswaertiges-amt.de/DE/Laenderinformationen/00SiHi/UsaVereinigteStaatenSicherheit.html). Allerdings wird **an der US-Grenze eine Gebühr in Höhe von $7** erhoben.

Die einmal erteilte kanadische Aufenthaltsgenehmigung verliert bei Ausreise in die USA im Prinzip ihre Gültigkeit. Wer aber innerhalb des bereits im Pass eingetragenen Zeitraums nach Canada zurückkehrt, erhält keinen neuen Einreisestempel und darf nicht länger im Land bleiben als ursprünglich vorgesehen, so zumindest die praktische Handhabung.

Aufenthalts- verlängerung

Eine **Verlängerung** des Aufenthaltes **in den USA** über die maximal 90 Tage hinaus ist **ohne Visum so gut wie unmöglich**, wenn man nicht gerade transportunfähig im Hospital liegt. Eine Verlängerung **mit Visum** dagegen machte in der Vergangenheit selten Probleme (offizielle Auskunft war: »unmöglich«), dürfte aber heute schwieriger sein. Es kommt auf den Einzelfall an.

Im Prinzip ist Voraussetzung einer Verlängerung durch ein **Immigration Office** (nur in Städten mit internationalen Flughäfen) neben dem Visum eine Erläuterung der »guten« Absichten (so etwa Fortsetzung einer Langzeitreise) und »Vorzeigen« der dafür benötigten Geldmittel zeitig vor Auslauf der Aufenthaltserlaubnis.

In **Canada**, wo man kein Visum kennt, ist eine Verlängerung des Aufenthaltes über 180 Tage hinaus nicht vorgesehen.

2.1.4   Zum Grenzübertritt mit dem Auto

Mit Auto von den USA nach Canada

In Abhängigkeit von Flugtarifen, Reiseplänen und Präferenzen sind US-Städte ggf. bedenkenswerte Ausgangspunkte auch für Reisen durch Canada. Der Grenzübertritt ins Nachbarland ist – wie gesagt – auch mit Fahrzeug problemlos. **Wagenpapiere** oder **Führerschein** werden normalerweise nicht einmal kontrolliert.

Ein Nachweis über die in Canada (im Gegensatz zu den USA) in allen Provinzen vorgeschriebene **Haftpflichtversicherung** ist erst bei Unfällen zu erbringen. Wer im **Mietwagen** nach Canada fährt, sollte die Verleihfirma auf die **Versicherung** und die Form ihres Nachweises ansprechen. Im Normalfall ist der Mietvertrag gleichzeitig der Versicherungsnachweis – zumindest gilt das für die großen Verleiher. Im **Fall einer Fahrzeugmiete vor Ort** bei einer kleineren, unbekannten Firma muss diesem Punkt größere Aufmerksamkeit geschenkt werden. Lokal operierende Mietwagenfirmen untersagen ggf. den Grenzübertritt, soweit bekannt aber nicht die international operierenden Pkw- und Campervermieter.

Mit deren Fahrzeugen darf man also nicht nur von grenznahen Ankunftsflughäfen sondern üblicherweise ab allen US-Stationen nach und durch Canada fahren. **Einwegmieten über die Grenzen sind dagegen mit wenigen Ausnahmen ausgeschlossen** (im geografischen Rahmen dieses Buches gibt es diese Option u.a. zwischen Detroit und Toronto sowie Boston und Montreal gegen ziemlich hohe Gebühr). Es kann generell nicht schaden, etwaige grenzüberschreitende Reisepläne vor Vertragsabschluss anzusprechen und sich bestätigen zu lassen, dass dem nichts entgegensteht.

Von Canada in die USA

Für den Start in Canada (Miettarife sind dort höher) gilt weitgehend dasselbe, wie für die USA: Normalerweise ist der Grenzübertritt auch so herum zulässig, sollte aber vor Reiseantritt besser explizit geklärt sein! Da kanadische Deckungssummen in der Haftpflichtversicherung weit über den Minimalerfordernissen der US-Staaten liegen, ergibt sich auch daraus kein Problem.

Privat geliehenes Fahrzeug

Bei Verkehrskontrollen fragt die amerikanische/kanadische Polizei bisweilen nach einem **Besitznachweis** für den Wagen, sollte dieser nicht offiziell gemietet sein und damit ein Mietvertrag vorgelegt werden können. Als Beleg dient die *Registration* (Kraftfahrzeugschein). Falls das Auto von Bekannten geliehen ist, sollte man sich vor Fahrten ins jeweils benachbarte Ausland eine **notariell beglaubigte Erlaubnis des Eigentümers** für die Benutzung und Einreise in die USA bzw. nach Canada geben lassen. Die Beglaubigung nimmt gegen geringe Gebühr und jeder *Notary Public* vor, den man drüben »an jeder Ecke«, u.a. in Bankfilialen findet. Und außerdem muss – mit oder ohne Grenzübertritt – zweifelsfrei geklärt sein, ob die Versicherung auch für den ausländischen Freund der Familie eintritt, wenn es kracht. Im Gegensatz zu Europa ist das mitnichten klar. Speziell in den USA sind nicht die Fahrzeuge versichert, sondern Personen bzw. en bloc die Familie.

2.2   Versicherungen

**Kranken-
versicherung**

Eine Amerika-Reise ohne spezifischen Krankenversicherungsschutz anzutreten, wäre in Anbetracht der dort extremen Behandlungskosten leichtsinnig. Nur einige private Krankenversicherer bieten ihren Versicherten weltweiten Vollschutz. Wer nicht mit der Erstattung von in Übersee angefallenen Kosten rechnen kann, dem ist dringend der Abschluss einer zusätzlichen kurzfristigen **Auslandsreise-Krankenversicherung** anzuraten.

Die Veranstalter von Auslandsreisen legen ihren Buchungsunterlagen in der Regel **Überweisungsformulare** für den unkomplizierten Abschluss einer Reisekranken- und anderer Versicherungen bei. Man kann sie auch ganz unabhängig von einer bestimmten Buchung in jedem Reisebüro abschließen oder sich direkt an die Agentur einer privaten **Krankenversicherungsgesellschaft** wenden; die meisten bieten auch kurzfristige Auslandsverträge an. **Kreditkartenunternehmen** und **Automobilclubs** offerieren ihren Mitgliedern Vorzugstarife beim Auslandsversicherungsschutz. Im Jahresbeitrag für eine Reihe von **Kreditkarten** ist eine Krankenversicherung für Auslandsreisen bereits enthalten (aber eventuell nur in Kraft, sofern der Flug mit der Karte bezahlt wurde).

**Tarif- und
Leistungs-
vergleich**

Grundsätzlich lohnt sich vor Abschluss ein Vergleich nicht nur der erstaunlich unterschiedlichen Tarife, sondern auch der mit dem Vertrag verbundenen Leistungen. Einige Unternehmen verzichten auf jegliche Eigenbeteiligung des Versicherten, bei anderen müssen kleinere Ausgaben selbst getragen werden. Auf keinen Fall sollte man Verträge mit Höchstsumme akzeptieren.

**Versicherter
Zeitraum**

Ein **wichtiger Punkt** bei Auslandsreise-Krankenversicherungsverträgen ist der **maximal versicherte Zeitraum** bei ununterbrochener Abwesenheit. Insbesondere über bestimmte Mitgliedschaften »automatisch« Versicherte sind **oft nur bis zu sechs Wochen** je Reise geschützt. Das gilt überwiegend auch bei in Kreditkarten »enthaltenen« Krankenversicherungen. Bei längeren Reisen muss ein gesonderter Vertrag über die **gesamte Reisezeit** abgeschlossen werden.

Kosten

Recht **preisgünstig** sind Verträge bis zu 2 Monaten Gültigkeit. Für kurze Fristen ist auch die Auswahl groß. Das Spektrum der Angebote beginnt bei ganzen €10 für 8 Wochen. Günstige Tarife bietet u.a. die HUK-Coburg, www.huk24.de.

**Behandlung
und
Zahlung**

Im Krankheitsfall wird in Nordamerika oft **vor** der Behandlung der **Nachweis der Zahlungsfähigkeit** verlangt. Eine *Credit Card* ist dabei hilfreich. Ohne ausreichende Mittel und/oder Kreditkarte muss man sich bei teuren Behandlungen ggf. per Fax oder Telefon an seine Auslandskrankenversicherung wenden und um Vorschuss bzw. Kostenübernahme bitten. Vorsorglich eine **Kopie des Vertrages** und die Telefon- und Faxnummer der Versicherung mitzuführen, kann deshalb nicht schaden.

Erstattung	Falls man Arzt- oder Rezeptgebühren vorstreckt, sind für die spätere Erstattung in der Heimat **detaillierte Aufstellungen** mit Datum, Namen des behandelnden Arztes, Behandlungsbericht etc. notwendig. Je vollständiger die Unterlagen, um so reibungsloser und schneller erfolgt daheim die Überweisung des ausgelegten Betrages.
Weitere Reiseversicherungen	Inwieweit man über die Krankenversicherung hinaus weiteren Versicherungsschutz benötigt, hängt von den bereits in der Heimat bestehenden Versicherungen und dem individuellen Risikoempfinden ab. Vor einem Abschluss von **Reiseunfall-** oder **Reisehaftpflichtversicherungen** sollte man prüfen, ob nicht vorhandene Versicherungsverträge ausreichen.
Gepäckversicherung	Über den Nutzen der vergleichsweise teuren **Reisegepäckversicherung** sind die Meinungen geteilt. Bei sorgfältiger Lektüre des »Kleingedruckten« erkennt man, dass die Fälle des Haftungsausschlusses zahlreich sind. **Camping** etwa gilt versicherungstechnisch als besonders riskant. Und **Wertsachen** sind im allgemeinen nur sehr begrenzt gedeckt.
Reise-Rücktrittskosten Versicherung	Eine **Reise-Rücktrittskosten-Versicherung** ist bisweilen im Reisepreis schon enthalten. Sie kann, sollte das nicht der Fall sein, aber auch separat abgeschlossen werden. Die Prämien sind relativ niedrig (Elvia, Europäische u.a.), aber ebenfalls recht unterschiedlich. Man sollte darauf zumindest bei langfristiger Vorbuchung nicht verzichten. Allerdings gilt das nicht für solche Flüge, bei denen die Stornogebühren bis kurz vor Reiseantritt tragbar sind. Mit einer einfachen Rücktrittskostenversicherung deckt man dann ggf. nur das Risiko des Ausfalls während der letzten Tage vor Abreise ab. Nur eine erweiterte Versicherung bietet Kostenersatz auch für den Fall einer Unmöglichkeit, den (oft nicht umbuchbaren) Rückflug wahrnehmen zu können – etwa wegen Unfall oder Krankheit.

2.3   Die Finanzen

2.3.1   Kreditkarten

Situation in den USA und Canada	Wer noch keine Kreditkarte besitzt, sollte sich anlässlich der Reise nach Amerika eine zuzulegen. Im täglichen Zahlungsverkehr spielt sie in Nordamerika eine weitaus stärkere Rolle als bei uns, obwohl die Barzahlung durchaus nicht so weitgehend verdrängt hat, wie gelegentlich berichtet wird. **Ohne Plastikgeld** setzt man sich in Amerika leicht dem Verdacht aus, nicht kreditwürdig zu sein. Es gibt viele Gelegenheiten, bei denen Barzahlung mit Stirnrunzeln quittiert, wenn nicht gar abgelehnt wird. Ohne Angabe einer Kreditkartennummer, deren Gültigkeit und Deckung sofort online überprüft wird, ist z.B. eine verbindliche Reservierung von Hotelzimmern (für Ankunft nach 18 Uhr), Fähren, Veranstaltungstickets etc. nicht möglich.

Generell gilt: **Kreditkarten sind für eine Nordamerikareise außerordentlich hilfreich, in vielen Situationen unabdingbar**. Ihr Vorhandensein sichert darüberhinaus die Zahlungsfähigkeit im – wenn auch hoffentlich nicht eintretenden – Notfall.

Vorteile In ganz Nordamerika kann mit den international bekannten Kreditkarten ein Großteil der laufenden Ausgaben bargeldlos bestritten werden. Eine übliche Frage in Läden und Tankstellen ist denn auch *Cash or charge?*, »Bargeld oder Kreditkarte?«

Prepaid Kreditkarten

Für alle, die keine Kreditkarte haben oder keine erhalten (etwa Jugendliche), sind *Prepaid* **Kreditkarten** ein mögliche Option. Sie müssen vor der Nutzung mit einem Guthaben aufgeladen werden. Die Jahresgebühren variieren mit dem Anbieter und den jeweiligen Zusatzleistungen. Inhaber der ADAC Clubmobil Karte genießen sogar 1% Tankrabatt weltweit. Übersicht der gängigsten *Prepaid Cards* unter www.cardscout.de/prepaid-kreditkarte-ohne-schufa. Man kann sie online erwerben.

Aber Achtung: Die Karten eignen sich nur für den unmittelbaren Zahlungsverkehr. Verbindliche Buchungen im Internet, etwa von Hotels und Flügen, sind mit ihnen nicht möglich.

Kosten Der heute für viele »normale« Kreditkarten ohne Vergoldung und Sonderleistungen geforderte **Jahresbeitrag** ist so niedrig, dass er sich – unabhängig vom Einsatz unterwegs – schon durch die damit eingekaufte Sicherheit rentiert, selbst wenn man die Karte den Rest des Jahres kaum benötigt. Darüberhinaus bieten selbst »einfache« Karten oft geldwerte Zusatzleistungen (vor allem Versicherungen, ⇨ vorstehenden Abschnitt), welche allein die Kosten wieder aufwiegen können.

Doch zunächst zu einigen wichtigen Details:

Unterschiede Grundsätzlich verwertbar sind die weltweit verbreiteten Kreditkarten *American Express, Diners Club, Mastercard* und *VISA*. Es gibt jedoch Unterschiede bei der Einsatzfähigkeit.

VISA und Master-/ Eurocard Unter diesem Aspekt geht nichts über die weltweit verbreiteten *Mastercard* und *VISA Card*. Jahresgebühren und Konditionen hängen von der Vertragsgesellschaft ab. Im Falle von *VISA* oder *Mastercard* ist daher **Karte nicht gleich Karte**. Zur Frage, welche Karte man sich zulegen sollte, sind die **Kreditkartenvergleiche** der Stiftung Warentest und bekannter Wirtschafts-Magazine aufschlussreich (Capital, Impulse, Focus u.a.). Die individuell ideale Karte ermittelt man leicht unter www.cardscout.de.

Diners/ American Express Die *Diners Club Card* wird in Nordamerika erheblich seltener akzeptiert als die anderen Karten. Die *AE-Card* erfreut sich breiterer Akzeptanz, aber nicht vergleichbar MC und VISA. Mit AE-Karte kommt man am besten durch bei überdurchschnittlichen

Ansprüchen und vor allem Ausgaben in höherpreisigen Hotels, »besseren« Restaurants, bei Autovermietern und Airlines.

Wechselkurs Ggf. ein Vorteil der Zahlung per Karte kann die erst **nachträgliche Belastung** sein und die Zugrundelegung eines Wechselkurses (meist Devisenbriefkurs plus 1%-1,5%), der manchmal unter dem Abrechnungskurs der Banken für Reiseschecks und immer deutlich unter dem Verkaufskurs für Bardollars liegt.

Bargeld gegen Kreditkarte Mit allen Kreditkarten lässt sich zu unterschiedlichen Konditionen auch Bargeld beschaffen. Mit **Euro-** und **VISA-Card** kann der Inhaber bei allen angeschlossenen Banken – die man noch bis ins letzte Dorf findet – Bargeld erhalten, vorausgesetzt, er weist sich durch seinen Reisepass aus. Ist die Geheimzahl bekannt, kann er sich auch bei zahlreichen **Bargeldautomaten** (*ATMs*) bedienen.

Das *Cashing* kostet indessen hohe Gebühren (3%-4% der Summe), sofern kein Guthaben bei der Kartenorganisation gehalten wird, ↪auch unter »Bargeld per EC-Geldkarte«. **Barentnahmen** werden im Gegensatz zu allgemeinen Ausgaben **umgehend** dem heimischen Konto belastet. Die häufige Entnahme kleiner Beträge ist nicht ratsam, da überwiegend (unabhängig von der Summe) eine Minimum- oder fixe Basisgebühr anfällt.

Grenzen Die Bargeldbeschaffung per Karte unterliegt unterschiedlichen **Höchstgrenzen** in Bezug auf Höchstbetrag und Frequenz der möglichen Abhebungen. Wer unterwegs stark auf Kreditkartenzahlung und Bargeldbeschaffung per Karte setzen möchte, sollte sich über die für seine Karten geltenden Bedingungen genau informieren, um Überraschungen zu vermeiden.

»Edelkarten« Weniger schiefgehen kann mit den **Edelausführungen** der *Credit Cards*, die meist einen höheren finanziellen Spielraum bieten.

Verlust Bei Verlust kann man für alle in Deutschland ausgestellte Karten die Sammelnummer ☎ **011-0049-116 116** anrufen.

Cash-Automat mitten in einem staatlichen Schnapsladen, der nur gegen bar verkaufen darf (gesehen in New Brunswick)

2.3.2   Bargeld/Cash

Cash erforderlich

Bargeld ist in Nordamerika trotz Kreditkarten durchaus noch nicht aus der Mode gekommen. Wegen der Provisionsabzüge bei Kartengeschäften gibt es in manchmal sogar Barzahlungsrabatt. In nur noch ganz wenigen **Supermärkten** in den **USA** kann man mit Kreditkarten nichts werden. In **Canada** nehmen auch die Supermärkte schon seit eh und je Plastik an. Überwiegend bar zahlt man indessen in **Fast Food Restaurants**. Insgesamt spielt Bargeld eine geringere Rolle als in Europa.

Wieviel?

Es macht Sinn, **Bargeld zunächst nur für die ersten Ausgaben** bereitzuhalten. Denn die Wechselkurse für Reisechecks, die bei Einlösung keine weiteren Kosten mehr verursachen, bzw. der Kreditkartenausgaben sind günstiger als der sog. **Sortenkurse**, mit denen Banken beim Verkauf von Banknoten kalkulieren.

Bargeld per EC-Geldkarte

Schon seit Jahren kann man **flächendeckend** auch aus **nordamerikanischen Bargeldautomaten** (**ATM** = *Automatic Teller Machines*; »*Teller*« ist das englische Wort für Bankschalter) mit einer **EC-Geldkarte** Dollars ziehen, sofern diese das **Maestro-Logo** zeigt und man die Geheimzahl parat hat. Die Kosten sind niedriger als bei Bargeldbeschaffung per Kreditkarte.

ATM

Ein kleines Problem der ATM ist das immer wieder etwas andere Menü der Benutzerführung in englischer Sprache. Unklarheiten, ob nun »*yes*« oder »*no*« zu pressen ist, tauchen da schon mal auf. Häufig wird abgefragt: »*Debit*« or »*Credit*«? Grundsätzlich heißt dann die Antwort »*Credit*« auch bei der Geldkarte und der Abhebung vom eigenen Konto.

Tipp

Besorgen Sie sich Bargeld aus dem Automaten – speziell beim ersten Versuch in den USA – lieber während der Öffnungszeit der Bank. Wenn etwas schiefgeht, lässt sich das dann klären. Bloß nicht den ersten Versuch am Samstag-Nachmittag machen!

Umtausch in Canada/USA

Euros und andere europäische Währungen lassen sich fast ausschließlich in Großstädten und auch dort nur in ganz bestimmten Banken und an internationalen Flughäfen umtauschen, und zwar zu extrem ungünstigen Kursen.

Münzen

Münzen sind in Canada und den USA nicht nur vom Aussehen her ähnlich und in der Größe so gut wie identisch, sie tragen auch dieselben Bezeichnungen:

1 Cent:	*Penny*
5 Cents:	*Nickel*
10 Cents:	*Dime*
25 Cents:	*Quarter*

can$2-Münze aus Nickel und Messing (Twonie)

In **Canada** sind darüber hinaus **$1- und $2-Münzen** im Umlauf (**Loonie** und **Twonie**).

Die in den **USA** auch kursierenden **50-Cent-** und **$1-Münzen** bekommt man dagegen äußerst selten zu Gesicht.

Achtung: Problem mit neuen EC-Karten seit 2011!

Seit 2011 gibt es ein Problem bei Bardollars aus Automaten mit EC-Karte. Einige deutsche Institute geben Karten mit einem sog. EMV-Chip aus, die zwar im europäischen Ausland funktionieren, aber nicht weltweit, sofern sie nicht zusätzlich einen Magnetstreifen besitzen, der von der Bank frei geschaltet werden muss. Wer eine neue Karte mit Magnetstreifen hat und in den USA auf bewährte Art Bargeld am ATM ziehen möchte, sollte vor der Reise unbedingt seine Bank kontaktieren und sich vergewissern, inwieweit er/sie mit der Karte Zugriff auf US- und kanadische Automaten hat. Mit einer Karte ohne Magnetstreifen kann am nordamerikanischen ATM kein Bargeld ziehen.

Münzen, vor allem *Quarters*, benötigt man in Telefonzellen, an Getränkeautomaten, im Waschsalon und in den öffentlichen Verkehrsmitteln der meisten Großstädte. Bei Bedarf besorgt man sich in Banken Rollen zu je 40 *Quarters* ($10).

Banknoten Da alle **US$-Scheine** unabhängig von ihrem Wert dieselbe Größe und Farbe aufweisen (Zahlseite grauschwarz, neuerdings mit einem leicht rosa Farbton unterlegt, Rückseite grün – sie lauten auf $1, $2, $5, $10, $20, $50, $100, $500 und $1.000), kann es leicht zu Verwechslungen und Täuschungen kommen. Beim Herausgeben ist deshalb etwas mehr Aufmerksamkeit angebracht.

Ein Dollar wird umgangssprachlich oft *Buck* genannt, aber auch *Greenback* wegen der grünen Rückseite.

Kanadische Geldscheine unterscheiden sich ebenfalls nicht in der Größe, lassen sich aber dank der unterschiedlichen Farbgebung, variabler Motive und Grafik erheblich besser auseinanderhalten.

2.3.3   Reisechecks/Travelers Cheques

Reisechecks Die große Zeit der Reisechecks als verbreitetes Zahlungsmittel ist heute vorbei. Sie eignen sich vor allem für Reisende ohne Kreditkarte als sicheres Finanzmittel und können für andere als Notfallreserve sinnvoll sein. ***Travelers Cheques*** (die amerikanische Schreibweise) werden in einer abnehmenden Zahl von Geschäften noch wie Bargeld akzeptiert. Bei Einreichung von Reisechecks bei Banken ist der Reisepass vorzulegen und es fallen Gebühren an. Einige Banken verweigern das Reisecheck-*Cashing* ganz.

US$-Schecks sind auch in Canada einsetzbar, verursachen aber durch den Tausch in CAD einen gewissen Wechselkursverlust.

Stückelung Bei Reisechecks sind **$50-Stückelungen** und kleinere höheren Nennwerten vorzuziehen, sofern man sie auch als Zahlungsmittel und nicht nur zum Umtausch in Bares nutzen möchte. Nur wer viele Schecks kauft, sollte auch die $100-Stückelung wählen.

Verlustfall Falls Reisechecks verlorengehen oder gestohlen werden, kann man für sie relativ leicht Ersatz bekommen. Die Vorgehensweise für diesen Fall erhält man beim Kauf.

2.3.4   Finanzielle Disposition für die Reise

Sinnvol ist eine **Mischung der Zahlungsmittel**, wobei es darauf ankommt, wie die Reise gestaltet werden soll. Wer das Fahrzeug für die Reise bereits hier gebucht und weitgehend bezahlt hat und überwiegend im Hotel übernachtet und bessere Restaurants besucht (d.h., per Kreditkarte zahlt), sollte sinnvollerweise zunächst nur ca. 10%-20% der kalkulierten Ausgaben in bar und den Rest per Karte abdecken. Bei Campingreisen, auf denen mehr Ausgaben in bar anfallen, darf der Bardollarbestand auch höher liegen. Dank der überall mit **Geldkarte** zu nutzenden Geldautomaten ist es im übrigen billiger und komfortabler, **auf Reiseschecks zu verzichten**. Umseitig steht, wann sie Sinn machen.

Ein guter **Vorrat an $1-Noten** sollte nie fehlen. Die braucht man manchmal schon für die Gepäckkarre am *Airport*, für Trinkgelder und weitere kleine Ausgaben vom Moment an, wo man nordamerikanischen Boden betritt.

Nach wie vor ist die Queen of England kanadisches Staatsoberhaupt. Ihr Konterfei ziert daher auch Banknoten

2.3.5   Geldbeschaffung im Notfall

Geld ist weg!

Was tun, wenn Kreditkarten und Dollars abhandengekommen sind und ein Ersatz nicht möglich ist oder zu lange dauert?

Mit Anruf in der Heimat bestehen folgende Möglichkeiten:

Den raschesten Geldtransfer bieten von Deutschland aus **Reisebank** und **Post** in Kooperation mit *Western Union*, einer Unternehmung, die in fast allen Städten Nordamerikas ab mittlerer Größe ein Büro unterhält. **Filialen der Reisebank** befinden sich in Bahnhöfen deutscher Großstädte und in Flughäfen. Nach Einzahlung bei Reisebank oder Post kann man die Summe nach nur 30 min in einem *Western Union Office* drüben in Empfang nehmen. Die Gebühren dafür sind indessen ziemlich happig.

Auskunft in Deutschland unter
✆ 01805/225822 bzw. unter www.reisebank.de

Western Union in Nordamerika:
✆ 1-800-Call-Cash; www.westernunion.com

Zur Auslandsvertretung

Wenn alle Stricke reißen, bleibt nur der Gang zum nächsten **Konsulat**, dessen Adresse man durch Anruf bei der Botschaft in Washington oder Ottawa erfährt, ➪ Seite 179.

2.4   Der Flug nach Nordamerika

Situation
Nordamerika-Flüge kann man im Prinzip in jedem **Reisebüro** buchen. Direktbuchungen im **Internet** sind ebenfalls ohne weiteres möglich, aber oft mühsam und selten preiswerter zu arrangieren als durch eine auf USA/Canada-Flüge spezialisierte Agentur.

Übersicht
Hier geht es um Flüge **nach Toronto, Montreal** und **Halifax** sowie um USA-Flüge **nach New York** und **Boston** sowie **nach Chicago** und **Washington DC** ab Deutschland und den Nachbarländern.

Condor
Condor ist die einzige verbliebene Nicht-Liniengesellschaft, mit der man – im Sommer – direkt in den kanadischen Osten (**Halifax**) und in den Nordosten der USA (**Baltimore/Washington DC**) fliegen kann.

Eine »stille« **Problematik** aller Sonderflieger liegt bei der Rückreise. Vor Reiseantritt kann man den Flug gegen Zahlung der entsprechenden Gebühren ggf. noch umbuchen, sofern Platz ist, oder zurücktreten. Einmal am Ziel, lässt sich am Rückflugtermin oft nur schlecht rütteln, weil geringe Flugfrequenzen und ausgebuchte Maschinen kurzfristige notwendig werdende Verschiebungen erschweren bzw. unmöglich achen.

Air Berlin
Air Berlin hat sich mit dem Eintritt in den *Airline*-Verbund *One World* vom einstigen Ferienflieger im Prinzip zu einer Linienfluggesellschaft gewandelt. Ab Düsseldorf und Berlin wird eine Reihe von Zielen in Nordamerika mit eigenen Maschinen non-stop bedient, darunter auch **New York** und **Chicago**. Ab dort übernimmt der Partner *American Airlines* ggf. den Weitertransport zu anderen Destinationen in beiden Ländern Nordamerikas.

Komfort klassen Air Berlin & Condor
Beide Unternehmen bieten eine **Business** (*Air Berlin*) bzw. **Comfort Class** (*Condor*) zu – gemessen an den etablierten Linienfluggesellschaften – relativ moderaten, wenn auch absolut durchaus hohen Tarifen. Die bequemeren Sitze und der bessere Service kosten bei ihnen je nach Flugziel und Termin ab ca. €700 (*Condor*) bis über €1.300 (*Air Berlin*) one-way.

Kostenmäßig sehr im Rahmen hält sich dagegen die **Premium Economy** von *Condor* mit 15 cm mehr Sitzabstand, besserem Service für einen Aufpreis ab €100 je Strecke.

Linienflüge
Eine ganze Reihe etablierter Linienfluggesellschaften fliegt das ganze Jahr über täglich ab Deutschland oder den großen Airports der Nachbarländer non-stop nach New York, Boston, Detroit, Chicago, Toronto und Montreal.

Zubringer in Deutschland
Während Flüge mit den in der *Star Alliance* kooperierenden Gesellschaften *Lufthansa* und *United Airlines/US Air* fast immer den Zubringerflug nach Frankfurt, ggf. auch München/Stuttgart/Berlin einschließen, gilt dies in der Regel nicht für andere Flüge ab Deutschland. Bei ihnen ist für Zubringerflüge zum Startairport ein Zuschlag in unterschiedlicher Höhe fällig, manchmal jedoch ein Bundesbahnticket dorthin im Preis enthalten.

Gepäckfreigrenzen und -kontrolle bei Flügen über den Atlantik

ür alle Transatlantikflüge in der *Economy Class* gilt: **1 Gepäckstück** nicht über 23 kg und 158 cm (Länge+Breite+Tiefe) wird frei befördert. **Übergepäck** (über 23 kg bis 32 kg und/oder über 158 cm) und/oder zusätzliche **Gepäckstücke werden teuer.** Bei *Air Berlin* fallen dafür noch relativ moderate €50 je Flugstrecke an, bei *Condor* €20 je Kilo zusätzlich je Strecke, bei der *Lufthansa* seit Juni 2012 für Übergepäck über 23 kg bis 32 kg und über 158 cm pauschal €100, für ein zweites Gepäckstück bis 23 kg/158 cm €75. *American Airlines* z.B. begnügt sich aber noch mit $60 pro Zusatzstück unter 23 kg/158 cm und ebenso für Übergewicht bis max. 32 kg pro Gepäckstück. Darüber hinaus gelten allerhand Zusatzdetails, die mit den Gesellschaften variieren, ⇨ Internetportale der *Airlines*. Wer nicht aufpasst, zahlt für Extragepäck und Gewicht- oder Maßüberschreitungen schnell erheblich drauf. Es sei denn, man bucht *Comfort*, *Business* oder *First Class.* Dann gelten höhere Freigrenzen..

Handgepäck darf die Größe 55x40x20 cm (z.B. *Air Berlin*), 55x40x23 (*Lufthansa*) oder 56x35x23 cm (andere) nicht überschreiten, **Gewichtslimit 6-8 kg** je nach *Airline*, meist, aber nicht immer **plus Laptop**. Auch was das angeht, sollte man sich vorab genau bei der gebuchten Fluggesellschaft informieren.

Im Handgepäck darf sich kein **Behälter mit Flüssigkeiten, wachs- und gelartigen Stoffen** über 100 ml befinden (offiziell 90 ml, aber 100 ml werden akzeptiert). Alle Behälter mit dieser Beschaffenheit müssen in einer verschlossenen transparenten Plastiktüte stecken, deren Volumen max. einem Liter entspricht.

Gepäckstücke werden im Transatlantikverkehr in großen Stichproben geöffnet und durchsucht. Verschlossenes Gepäck »knackt« man einfach. Also entweder alles von vornherein unverschlossen lassen oder – besser – *Travel Safe Locks* verwenden, Zahlenschlösser in unterschiedlichsten Ausführungen und gesicherte Gepäckgurte, die von der amerikanischen Checkinstanz TSA (und angeblich nur von dieser) geöffnet werden können. Erhältlich sind sie in Ausrüstungs-, Sport- und Gepäckshops ab ca. €10/Stück (USA ab ca. $7). Es gibt auch Koffer und Reisetaschen mit eingebauten *TSA Locks*.

Mehr Information über die *TSA*-Schlossvarianten findet man im Internet z. B. beim Hersteller *Eagle Creek*: www.eaglecreek.com/accessories/security_id.

Flüge übers Ausland	Die günstigsten Flugangebote beziehen sich auf Flüge mit den Fluglinien einiger Nachbarländer, u.a. *KLM*, *Air France* und *British Airways* bzw. deren Partner in den diversen *Airline*-Allianzen. **Zubringerflüge** nach Amsterdam, Paris oder London sind dann im Ticketpreis eingeschlossen. Von dort geht es non-stop weiter zur kanadischen oder US-Destination. Ob man zunächst von Dresden nach Frankfurt oder Amsterdam, London oder Paris fliegt, ist zeitlich kein sehr großer Unterschied und bei höheren Tarifdifferenzen ggf. erwägenswert.
BA World Traveler Plus Class	Ein Aspekt, für den sich für manchen vielleicht der Flug über London Heathrow lohnt, ist die **World Traveler Plus Class** von *British Airways*. Diese *Premium Economy*-Klasse bietet gegenüber der normalen *Economy Class* in einer separaten Kabine einen

höheren Komfort (15 cm mehr Abstand zwischen den Reihen, andere Sitze) und bessere Entertainment-Komponenten. Die Zuschläge dafür betragen zwischen ca. €100 bis €300 pro Strecke je nach Abflugtag und -zeit.

Icelandair

Ab **Frankfurt, Hamburg** und **München** fliegt **Icelandair** zu relativ günstigen Tarifen über **Reykjavik** u.a. nach **Boston**, **New York/John F. Kenndy**, **Washington DC**, **Toronto und Halifax**. Viel preiswerter als bei der großen Konkurrenz ist ihre *Business Class*, die *Saga Class*. Außerdem hat *Icelandair* eine Klasse »**Economy Comfort**« mit größerem Sitzabstand ähnlich *Traveler Plus* von *British Airways*, die ab €180/Strecke zusätzlich kostet.

Kindertarife

Für Kinder zwischen **2 und 11 Jahren** wird von ab Deutschland fliegenden Gesellschaften überwiegend 67%-75% des Vollzahlertarifs berechnet. **Kleinkinder unter 2 Jahren** kosten ohne Sitzplatzanspruch zwischen €25 und 10%-15% des Ticketpreises der Eltern. Bei den langen Flügen an die Westküste der USA fragt sich, ob nicht besser für die ganz Kleinen ein Kinderticket mit Sitzplatzanspruch gelöst werden sollte, ↪ auch Seite 60.

Flugticket, Gebühren und Zuschläge

Zu den reinen Ticketkosten kommen **bis über €200 Flughafen- und Sicherheitsgebühren und Kerosinzuschläge** (**one-way**!). Auch **Flüge am Wochenende** sind oft mit Zuschlägen belegt. Üblicherweise werden heute von allen Anbietern von vornherein die **Gesamtkosten** eines Flugtickets genannt, reine Ticketkosten und die Extrakosten aber unterscheidbar ausgewiesen. Dabei erstaunen die oft erheblichen Gebührenunterschiede zwischen den *Airlines* bei identischen Flugzielen zur gleichen Zeit.

Tarifvergleich/ Konditionen

Beim Tarifvergleich ist es nicht ganz unwichtig, die »Nebenbedingungen« zu beachten. Das beginnt bei den **Umbuchungs- und Stornokosten** bei Datenänderung und eventuellem Rücktritt. Auch errechnen sich versteckte Kostenunterschiede für alle, die nicht in der Nähe der Großflughäfen wohnen, aus den Anreisekonditionen und ggf. Abflugzeiten (Übernachtung notwendig?) sowie

Unabhängig von der Airline gilt auf allen Flügen und Sitzen »No Smoking«!

den Parkgebühren am Flughafen. Die Tarife etwa der **Lufthansa**, die sich auf jeden deutschen *Airport* beziehen, sind für manchen Kunden letztlich preiswerter und auch bequemer als ein nominal günstigeres Konkurrenzangebot, das nur ab Frankfurt oder München gilt und ab Bremen oder Leipzig deutlich teurer kommt.

Flugbuchung im Internet?

Zahlreiche **Internetportale** bieten heute eine scheinbar komplette Information zu Flügen weltweit und mehr und das passende Buchungstool gleich mit, z.B.

www.airline-direct.de	www.ebookers.de
www.expedia.de	www.flug.de
www.flugticket.de	www.mcflight.de
www.skyways.de	www.opodo.de
www.ticketman.de	www.travel-overland.de

Die Portale www.billiger-reisen.de, www.info-reisepreisvergleich.de und www.swoodoo.com vergleichen die Angebote dieser und weiterer Agenturen und listen sie nach Tarifen geordnet. Man sollte meinen, es sei damit ein Leichtes, für den eigenen Flugwunsch das passende und zugleich preisgünstigste Angebot herauszufiltern. Tatsächlich aber ist bei Ziel Toronto, Montreal, Detroit oder Chicago, sogar New York und Boston ein Teil der vorgeschlagenen Verbindungen ab einem heimatnahen Flughafen außerhalb jeder Diskussion mit Flug- plus Wartezeiten auf Airports in Europa und in den USA teilweise weit über 20 Stunden bei zweifachem Umsteigen, ohne dass damit besondere, manchmal gar keine Ersparnisse verbunden wären. Die beiden großen Cities in Canadas Osten und im Nordosten der USA einschließlich Chicago sind ab mittleren deutschen Flughäfen mit einmaligem Umsteigen im nächsten deutschen bzw. europäischen Drehkreuz in 11-13 Stunden erreichbar. Die reinen Transatlantikflugzeiten liegen für dieses Gebiet bei ca. 8-10 Stunden (zurück schneller als hin). Für richtig gute Ergebnisse werden daher Suche und Buchung in Eigeninitiative im Internet leicht zum zeitaufwendigen Unterfangen. Wobei die Mühe nicht immer mit Erfolg belohnt wird.

In den meisten Fällen lässt sich die Flugbuchung bequemer und sicherer durch eine auf die USA spezialisierte Reiseagentur erledigen, ohne dass dies teurer kommt; oft ist das Gegenteil der Fall. Wer kein passendes Reisebüro kennt oder um die Ecke hat, nimmt zunächst mal im Internet Kontakt auf, z.B. mit www.flywest.de, www.usareisen.com oder www.trans-amerika-reisen.de.

Schweizer sind z.B. bei www.globetrotter.ch gut aufgehoben.

Die Details klärt man dann im direkten Kontakt telefonisch.

Und es ist auch keine schlechte Idee – so lehrt die Erfahrung – bei den passenden Airlines die gewünschten Flugdaten direkt einzugeben, ➪ Liste Seite 60. Da kommen gelegentlich günstigere Verbindungen zum Vorschein als in den Tarif- und Angebotsrechnern im Internet ausgewiesen werden. Und zwar, ohne dass sich dadurch die Ticketkosten nennenswert höher stellen.

Gute aktuelle Informationsquellen für die Flugbuchung mit vielen Hinweisen und Links sind die Portale www.reise-preise.de und www.fliegen-sparen.de.

Buchung

In der Hochsaison zwischen Mitte Juni und Ende August sind die Plätze zu Billigtarifen langfristig ausgebucht. Ein vorgegebener Termin lässt sich zu einem günstigen Tarif daher nur bei frühzeitiger Buchung sicherstellen. Außerhalb der Hochsaison gibt es aber selbst zu Sondertarifen oft noch kurzfristig freie Plätze.

Vielflieger-Programme

Alle großen Fluglinien bieten heute ihren Kunden Vielfliegerprogramme wie *Frequent Flyer*, *Miles & More* (Lufthansa) etc. Man kann sich dafür bereits vor dem ersten Flug eintragen lassen. Anruf genügt, die Unterlagen kommen ins Haus. Nach Anmeldung wird ein **Bonus-Konto** eingerichtet, auf dem die Meilen gebucht werden. Beim Einchecken weist man einfach seinen kreditkartenähnlichen Ausweis vor. Wer ihn (noch) nicht zur Hand hat, kann mit dem bei ihm verbliebenen Abschnitt des *Boarding Pass* Meilen auch nachmelden.

Oft werden schon bei Ausstellung 5.000 Meilen gutgeschrieben, für **Transatlantikflüge** zusätzliche **Prämien**. Infos bei der Lufthansa im Internet unter der Schaltfläche *Miles&More*.

Information

Die Telefonnummern der wichtigsten **Airlines im USA-Luftverkehr** in Deutschland finden sich in folgender Liste, ebenso deren **Internetadressen**, über die man ggf. auch **Sondertarife** findet:

Airline	Telefon	Internetadresse
Air Berlin	01805/737800	www.airberlin.com
Air Canada	069/27115111	www.aircanada.ca
Air France	01805/830830	www.airfrance.com
American	01803/242324	www.aa.com
Austrian Air	01803/000520	www.austrian.com
British	01805/266522	www.britishairways.com
Condor	01805/7677570	www.condor.de
Continental	01803/212610	www.united.com!!!
Delta	01803/337880	de.delta.com
Icelandair	069/2999780	www.icelandair.de
KLM	01805/214201	www.klm.com
Lufthansa	01803/8384267	www.lufthansa.com
SWISS	01803/000337	www.swiss.com
SAS	01803/234023	www.scandinavian.net
United	01803/212610	www.united.com
USAir	01803/000609	www.usairways.com
Virgin Atlantic	0044/8702909090	www.virgin-atlantic.com

Rückfragen bei Flügen

Für Fragen im Zusammenhang mit der eigenen Buchung oder zur Rückversicherung von Abflugzeiten (auch im Internet oder über Handy-Apps) nutzt man die gebührenfreien Telefonnummern der Fluggesellschaften. Die wichtigsten ***toll-free numbers*** sind:

Air Berlin	1-866-266-5588
Air France	1-800-237-2747
Air Canada	1-888-567-4160 (in Canada)
	1-800-268-0024 (USA)
American	1-800-433-7300
Austrian Air	1-888-817-4444
British	1-800-247-9297
Condor	1-800-524-6975
Continental	1-800-525-0280
Delta	1-800-221-1212
Icelandair	1-800-223-5500
KLM	1-800-225-2525
Lufthansa	1-800-645-3880
SWISS	1-877-359-7947
United	1-800-864-8331
USAir	1-800-428-4322
Virgin Atlantic	1-800-862-8621

Sollte eine dieser Nummern nicht mehr stimmen:
Toll-free numbers sind von jedem US-Telefon aus zu erfragen:
✆ **1-800-555-1212** oder im Internet unter http://inter800.com

Im neuen Superjumbo Airbus A-380 der Lufthansa

2.5   Vorbuchung des Transportmittels

Die wichtigsten Gesichtspunkte zur Frage, welches Transportmittel sich für die eigenen Reisepläne am besten eignet, wurden bereits in Abschnitt 1.2.2 ausführlich erörtert. **Hier geht es nun um die technisch-organisatorischen Details derjenigen Alternativen, die bereits vor der Reise gebucht werden können bzw. sollten**. Auf die Automiete und anderer Transportmöglichkeiten erst nach Ankunft in den USA bezieht sich Kapitel 3.3 ab Seite 122.

2.5.1   Die Pkw-Miete

Voaraussetzungen, Kosten, Konditionen

Mindestalter Voraussetzung jeder Wagenmiete ist in ganz Nordamerika neben – natürlich – dem Führerschein*) fast ausnahmslos, dass der/die Fahrer das **21. Lebensjahr** vollendet hat/haben. Für jeden **Fahrer unter 25 Jahren** wird in aller Regel ein **Zuschlag** von mindestens $20/Tag bis $60/Tag (plus Steuern) berechnet. Die Gebühr hängt ab vom Vermieter und vom Anmietort.

Sondertarif »Under 25« Immerhin aber gibt es von der Firma **Alamo** bei Vorausbuchung ein Sonderpaket »Under 25« für 21- bis 24-jährige Mieter. Unter 25-jährige Mieter zahlen dabei – bei Entfall des Tageszuschlags – so um die €100 pro Woche mehr als Mieter ab 25 Jahren für **Super Inklusiv Plus** (das etwas billigere Standardpaket gibt's also nicht für junge Leute, ➪ Seite 89 unten). **Wichtig**: Dieser Tarif ist nicht erhältlich bei Vor-Ort-Buchung.

Miete ab 19 Für 19+20-jährige Mieter hat die Firma **Adventure Travel** (www.usareisen.com) Angebote für Kanada.

Verleihfirmen und Buchung Bei hiesigen Reiseveranstaltern, Automobilclubs, zahlreichen Internetagenturen und Mietwagenvermittlern kann man für beide Länder Nordamerikas alle gängigen Fahrzeuge buchen. So z.B. bei **Holiday Autos**, **Sunny Cars, CarDelMar** (in Reisebüros, aber auch im Internet unter www.holidayautos.de, www.sunnycars.de bzw. www.cardelmar.de), **Mietwagenmarkt** und **billiger-mietwagen** (nur im Internet: www.mietwagenmarkt.de bzw. www.billiger-mietwagen.de) wie auch direkt bei den Verleihfirmen.

Überwiegend wird dabei mit international bekannten **Rental Car Companies** wie Avis, Hertz, Alamo/National etc., aber auch mit bei uns weniger bekannten Firmen wie Enterprise, Dollar, Thrifty zusammen gearbeitet (teilweise »Töchter« der Marktführer).

*) In ganz Nordamerika genügt der nationale Führerschein. Es macht aber Sinn, zusätzlich einen **Internationalen Führerschein** dabei zu haben. Denn Regierungsabkommen und die Vorstellungen eines Sheriffs auf dem Land sind zweierlei. Bei Kontrollen oder Unfall leuchtet dem die **International Driver's License** eher ein als ein deutschsprachiges Dokument. Da Form und Größe der neueren Führerscheine im Scheckkartenformat dem amerikanischen/kanadischen Pendant entsprechen und selbsterklärend sind, gibt es damit kaum noch Probleme.

Tipp SUV

Ideal für Zelturlauber sind die SUVs (*Sport Utility Vehicle*: Bezeichnung für Großraumjeeps mit/ohne 4WD). Sie bieten viel Platz, hohe Sitzposition und ideale Be- und Entladung hinten. Zur Not (unbequem) kann man in ihnen schlafen. Die Miete liegt für kleinere Modelle – etwa bei *Alamo* und *National* zur Zeit »*Ford Escape*« – im Bereich für Pkw der Mittelklasse..

Bei *Alamo/National* darf man sich an einigen großen Stationen manchmal das Wunschfahrzeug aus dem Bestand aussuchen (sog. *Choice Line*). Mitunter interessiert sich dann niemand dafür, ob der Kunde sich einen *Full Size SUV* (etwa den *Jeep Cherokee*) greift, der an sich teurer gewesen wäre.

Wer im Auto übernachten möchte, sollte mindestens einen Midsize SUV buchen

In Deutschland unterhalten folgende US-Vermieter eigene Büros:

Alamo/	www.alamo.de
National	www.national.de
Avis	www.avis.de
Budget	www.budget.de
Dollar	www.dollar.de
Enterprise	www.enterprise.de
Hertz	www.hertz.de
Thrifty	www.thrifty.de

Pkw-Kategorien

Pkw und Vans können ausschließlich nach **Größenklassen** von *Economy/Subcompact* (Ford Fiesta-Klasse) über *Compact* (wie Ford Focus) bis *Fullsize/Premium* (wie Ford *Lincoln*) und nach **Gattungskriterien** wie **Convertible** (Cabriolet), **SUV** oder **Minivan** gebucht werden. **Bestimmte Fahrzeugmarken und -typen lassen sich nicht reservieren.** Einige Vermieter führen überwiegend die Autos bestimmter Hersteller (z.B. Avis: *General Motors*, Hertz: *Ford*), aber in fast allen Flotten finden sich auch koreanische und japanische Marken, selten indessen deutsche. **Dieselfahrzeuge** gehören ebenfalls nicht zu den Flotten der Großvermieter.

Ausstattung	Amerikanische Autos sind häufig komfortabler als europäische Wagen vergleichbarer Größe. Mietwagen besitzen immer **Automatikgetriebe**, *Air Condition* und **Radio mit CD-Player**, neuerdings teilweise auch Satellitenradio. Ihr **Verbrauch** ist höher als bei ähnlichen Typen in Europa, hält sich aber heute wegen moderner Motoren und der Tempobeschränkungen (⇨ Seite 101) auch bei größeren Fahrzeugen in erträglichen Grenzen.
Größe	Bei der Wahl der Größe sollte man sich nicht zu sehr vom Preis leiten lassen; die Unterschiede sind bei den Pkw von Größenklasse zu Größenklasse oft kaum der Rede wert (€30-€60/Woche).
	Ein etwas geräumigerer Wagen bietet den Vorteil eines größeren Kofferraums. Bei 2 Personen ist ein **SUV** ideal. Ab 3 Personen sollte man – speziell auf längeren Reisen – an einen **Minivan** denken.
Vans für Behinderte	**Minivans** gibt es bei *Avis* in einigen Großstädten auch in behindertengerechter Ausführung
Tarifinhalt	Bei **Vorausbuchung** sind mit der Zahlung normalerweise die **Basiskosten** des Mietwagens, **Haftpflicht- und Vollkaskoversicherung** und die Umsatzsteuern abgedeckt. In Katalogen und Internetportalen werden die Details recht übersichtlich gelistet.
Unlimitierte Meilen/ Kilometer	Bei Pkw-Mieten ist **in ganz Nordamerika** grundsätzlich *Unlimited Mileage* in den Tarifen enthalten. Es gibt indessen in Canada einige wenige Anmietstationen (z.B. St. John's auf Newfoundland), wo Vermieter die Tageskilometer limitieren bzw. Mehrkilometer berechnen. Die Preisunterschiede zwischen verschiedenen Anmietregionen innerhalb der USA bzw. in Canada sind nicht nennenswert, lediglich im Staat New York (vor allem am Airport JFK) und am. Newark Airport/New Jersey) gelten erheblich höhere Miettarife als etwa in Boston, Detroit oder Chicago.
Mieten in Canada oder in den USA	Die Tarife für eine **Pkw-Miete sind in Canada** generell ein bisschen höher als in den USA. Bei 10-15% mehr lohnt sich für Kanadareisende die Miete in grenznahen Städten der USA – etwa in Detroit statt in Toronto bei ungefähr gleichen Flugkosten zu beiden Zielen – dennoch nur für ganz scharfe Rechner. Indessen gilt das nicht **in den Hochsaisonmonaten Juli/August, dann zahlt man in Canada bis über 50% mehr als in den USA**. Kurz, wer im Sommer ein Auto in Kanada mieten möchte, sollte erwägen, nach Boston oder Detroit zu fliegen und in 3 Wochen €600-€800 sparen.
Leistungs- pakete	Fast alle Tarife sind seit Jahren in sog. **Leistungspakete** unterteilt, deren Bezeichnungen vom Anbieter abhängen, aber durchweg fast identische Inhalte kennzeichnen: »A« und »B«, »Spar Plus« und «Inklusiv Plus«, »Silber« und »Platin« o. ä. Das erweiterte, nicht wesentlich teurere Paket beinhaltet neben den genannten Punkten Zusatzversicherung, Gebührenentfall für zusätzliche Fahrer und einen vollen Tank »gratis«. Bei kurzer Mietdauer (eine Woche) lohnen sich oft die Mehrkosten des teureren Pakets schon allein durch die bezahlte Tankfüllung. Bei längerer Miete ist sie eher interessant bei Eintragung mehrerer Fahrer.

Bevor man den Vermieter endgültig wählt und »A« oder »B« bucht, sollte man sich über die Tarifinhalte im Klaren sein, um keine Überraschungen zu erleben. Es ist nützlich, Folgendes zu wissen:

Vollkasko

Die **Vollkaskoversicherung** ohne Selbstbeteiligung ist als Tarifbestandteil Standard; sie gilt aber nur bei Nutzung befestigter Straßen. Wer per SUV durch eine unbefestigte Nebenstrecke im Wald und/oder Gebirge prescht, darf dabei entstandene Schäden selbst tragen. Unklar ist die Angelegenheit, wenn Schäden auf – ja meist »privaten« – Parkplätzen, etwa von Supermärkten oder Hotels, oder Campplätzen anfallen. Also Vorsicht unterwegs!

Tankregelung

Fast alle günstigen Tarife basieren auf dem vor Ort extra zu bezahlenden vollen Tank – oft zu übertriebenen Kosten. Rückgabe dann leer. Ab er wer riskiert schon die Tankuhrnadel am Anschlag mit der Gefahr, 3 mi vorm Abflugairport liegenzubleiben? Meist schenkt man so dem Vermieter Gallonen teuer bezahlten Sprits. Gelegentlich wird der Restinhalt auch notiert und ein Schätzwert dafür gutgeschrieben. Fahrzeuge, die ohne Berechnung mit vollem Tank übernommen und voll zurückgegeben werden müssen, sind die Ausnahme. In der Regel ist dann der Tarif auch höher.

Zusatzkosten

Über den Basistarif hinaus entstehen ggf. weitere Kosten. **Direkt beim Vermieter** zahlen muss man **Aufschläge** für junge und/oder zusätzliche Fahrer, **Überführungsgebühren** bei Einwegmieten und **Zusatzversicherungen** wie **Miete eines Navi-Gerätes**.

Steuern/Taxes

Die lokalen **Steuern** sind bei den hier gebuchten Fahrzeugen im allgemeinen bereits im Tarif enthalten. Bei Zusatzkosten, die vor Ort entrichtet werden, kommen immer *Taxes* hinzu:

Steuern USA

In den **USA** beträgt die *Sales Tax* der Einzelstaaten **6%-8,75%** plus lokaler Zusatzprozentsätze und oft auch noch Sonderaufschlägen bei Wagenmiete/-rückgabe am *Airport*.

Steuern Canada

In **Canada** gilt überall einheitlich die *Goods & Services Tax (GST)* von **5%**, eine **Mehrwertsteuer**, **plus 7-10% *Provincial Sales Tax (PST)***; ⇨ im Detail Seiten 189f.

Einwegmiete

Alle Tarife gelten zunächst unter der Voraussetzung, dass das Fahrzeug am Ausgangsort zurückgegeben wird. Auch am Airport übernommene Autos können bisweilen nicht ohne Zusatzkosten in einer City-Filiale derselben Stadt wieder abgegeben werden und umgekehrt. Während es in den **USA** bei vielen Firmen eine ganze Reihe **Ausnahmen** von dieser Regel gibt (z.B. Rückgabe ohne Mehrkosten innerhalb eines Staates oder im Großraum Washington DC/New York City/Boston bei Übernahme/Abgabe an einer Flughafenstation), sind sie in **Canada** dünn gesät.

Grenzüberschreitende Einwegmiete

Eine Einwegmiete, soweit möglich (**in Canada** und **von Canada in die USA** nur zwischen bestimmten Städten), unterliegt verschiedenen **Restriktionen**: Nicht alle Fahrzeugkategorien sind dafür zugelassen. ***One-way* muss daher ausdrücklich bestätigt werden**. Durchweg wird für die Einwegmiete eine Pauschale berechnet, die mit der Entfernung und dem Vermieter variiert.

Die Deckungssumme der Haftpflichtversicherung

Übliche Deckung

Die Frage der Haftpflichtdeckung ist für US-Mietwagen ein wichtiger Punkt. Es gibt in den USA (sofern vor Ort gebucht wird) tatsächlich Miettarife, die nur eine – wiewohl gesetzeskonforme – Minimaldeckung beinhalten. Sie kann bei lächerlichen pauschal $50.000 liegen (gilt nicht für Canada).

Aufstockung der Deckung

Derartig geringe Deckungssummen resultieren aus der in den USA personenbezogenen Haftpflichtversicherung: Amerikanische Automieter bringen ihre persönliche (meist bessere) Versicherung mit. Sie gilt unabhängig vom Fahrzeug. Der ausländische Tourist hat keine solche Versicherung, kann sich aber eine Aufstockung beim Vermieter kaufen. Sie heißt *Liability Insurance Supplement* oder *Additional Liability Insurance* (LIS/ ALI) und kostet ab ca. $10/ Tag (plus *tax*) für eine Erhöhung auf $1 Mio.

Die deutschen Reiseveranstalter und internationalen Vermieter kennen die aus der Unterversicherung bzw. den Zusatzkosten für ALI/LIS resultierende Problematik und liefern ihren Mietkunden eine durchweg bereits im Basistarif bereits enthaltene **Zusatzversicherung über mindestens $1 Mio.** Besser sind Pauschalen von €1,7 Mio (z.B. *Hertz*) oder sogar €2 Mio (z.B. *Avis*).

Aufstockung der Haftpflichtdeckung und ggf. Vollkasko via Kreditkarte

Inhaber einiger **Goldkarten** genießen teilweise eine **Kfz-Reise-Haftpflicht-Versicherung** (= Aufstockung, z. B. ADAC Goldcard).

Bei der **Netbank** gibt es sogar eine **Platinkarte**, die sowohl Haftpflichtaufstockung als auch Mietwagen-Vollkasko beinhaltet. Mit der **Lufthansa Goldkarte** ist zwar keine Haftpflichtaufstockung, aber eine Vollkaskoversicherung für Mietwagen verbunden, was das Anmieten von Fahrzeugen vor Ort verbilligt.

Voraussetzung solcher Deckungen per Kreditkarte ist natürlich immer die Zahlung der Mietkosten mit Karte. Wer die Karte einsetzen möchte und Wert auf die Zusatzhaftpflicht legt, sollte »seine« **Kreditkarten-Bedingungen** daraufhin überprüfen.

Fazit

Vorbuchen oder Eigeninitiative vor Ort?

Vergleicht man die Möglichkeiten der Automiete vor Ort mit Angeboten in hiesigen Katalogen/Internetportalen, ist man mit Vorausbuchung besser beraten, soweit die Mietzeit ab einer Woche beträgt. Zwar gibt es drüben, speziell in großen Cities, durchaus Sondertarife und Discounter (↻ Seite 123), aber dazu muss man sich auskennen und vor Ort Zeit investieren. Nicht übersehen werden darf dabei, dass zu niedrigen Basistarifen meist hohe Versicherungsprämien kommen. Dass zum Zeitpunkt der Ankunft der Wagen vollgetankt und versichert bereitsteht und die Anmietung keinen Stress verursacht, ist so oder so ein Vorteil.

Die Empfehlung ist unabhängig von der Saison. Ein knappes Angebot wie im Fall der Campmobile zu bestimmten Zeiten gibt es nicht. In beiden Ländern stehen zu jedem beliebigen Zeitpunkt Massen an Miet-Pkw zur Verfügung.

2.5.2   Die Campmobilmiete

Grundsätzliches

Fahren   Camper, gleich welcher Größe, dürfen alle mit **Pkw-Führerschein** bewegt werden. Niemand fragt, ob der soeben eingetroffene Tourist jemals vorher hinterm Steuer eines vergleichbaren 9 m-Ungetüms saß. Tatsächlich ist das Fahren im Campmobil (auf gut ausgebauten Straßen!) selbst in großen Fahrzeugen einfacher, als es zunächst den Anschein hat. Man gewöhnt sich schnell an die Größe, die nicht so tolle Straßenlage und leichtgängige Lenkung.

Altersgrenze   Im Gegensatz zum Pkw gibt es im allgemeinen keinen Aufschlag für Fahrer zwischen 21 und 25 Jahren. Einige Firmen setzen aber die Altersgrenze bei 24-25 Jahren an. Mieter bzw. Fahrer unter 21 Jahren werden, soweit den Autoren bekannt, heute von keinem der Campmobilvermieter mehr akzeptiert.

Campertypen

RVs   In Nordamerika gelten Camper vom kleinsten Modell bis zum Riesen-*Motorhome* als *Recreational Vehicles* – **Kürzel *RV*** (sprich: »Arwí«). *RVs* verfügen in der Regel über großvolumige 8/10-Zylinder-Motoren, automatische Getriebe, Servolenkung und -bremsen sowie eine motorabhängige und zusätzliche netzbetriebene (110 V) Klimaanlage. Damit verbunden ist ein ausgeprägter Benzindurst, der zwar bei den auch in Nordamerika gestiegenen Spritpreisen (um €0,50-€0,75/Liter für bleifreies Normal im hier angesprochenen Gebiet, ⇨ Seite 137) die Urlaubskasse nicht so strapaziert wie bei uns, aber dennoch insgesamt ganz schön ins Geld gehen kann. **Dieselmotoren** in Campmobilen gibt es zur Zeit nur in Canada (Vans) zu hohen Tarifen.

Kategorien   Schaut man in die Kataloge/Websites der Reiseveranstalter oder direkt in die Internetseiten der amerikanischen/kanadischen Vermieter, findet man 3 grundsätzlich unterschiedliche Typen:

• *Van Camper* (*Motorhome Class B*)
• *Motorhomes Class C* und *Class A*
• *Pick-up-* bzw. *Truck-Camper* (in Canada, nicht mehr USA)

Hier ein paar grundsätzliche Hinweise zu diesen Typen:

Van Camper (auch Van Conversion; in USA: Motorhome Class B)

Van Camper   Der *Van Camper* entspricht in seinen Ausmaßen etwa den auch bei uns bekannten Kompaktcampmobilen mit Stehhöhe im Innenraum. Bei 1,90 m bis 2 m Breite gibt es ihn als Mietfahrzeug in Längen 17-21 Fuß (5,75-6,40 m) und diversen Ausstattungsvarianten auf Fahrgestellen amerikanischer Hersteller. Relativ preiswert sind die älteren *Van Camper* von *Transatlantic* (www. transatlantic-rv.com) und *Adventures-on-Wheels* (www.wheels9. com), aber beide versicherungstechnisch nicht optimal.

*19-Fuß-
Roadtrek
Vancamper,
der »Merce-
des« in seiner
Klasse (für
2 Personen).
Leider nur in
Canada und
kostspielig.*

Van Camper

Größere *Vans* haben – wie auch fast alle *Motorhomes* – ein nomi-
nelles »Doppelbett« über der Fahrerkabine. Den Abstand zwischen
Matraze und Dach werden dort aber viele erwachsene Schläfer als
zu gering empfinden. Die zweite (häufig schmalere) Schlafgele-
genheit besteht entweder aus einem langen Klappsofa oder aus
der abends umzubauenden Sitzecke. Gasherd, Spüle und Kühlschrank (ab 19 Fuß in Haushaltsgröße) fehlen nie. Eine tragbare
Chemietoilette gehört auch zum einfachsten *Van*; die meisten
besitzen aber eine Spültoilette, ab 19 Fuß in einigen Fällen sogar
Mini-Duschbad mit Warmwasserversorgung. Ein 17-Fuß-*Van*
mit 6 Zylindern begnügt sich schon mal mit 15 l/100 km, größere
Fahrzeuge (19-21 Fuß) schlucken leicht über 20 l/100 km.

Leider sind im Osten der USA die alternativen Fahrzeuge der Firmen *Juicy* und *Escape* nicht verfügbar: www.juicyrentals.com
bzw. www.usareisen.com.

Beurteilung

Van Camper sind für **2 Personen (ggf. + 1 Kind)** im dichter besiedelten und verkehrsreicheren Osten wegen ihrer Wendigkeit und
geringeren Ausmaße – auf der Straße – eine bessere Lösung als
größere Fahrzeuge. Einmal auf dem Campingplatz geht es drinnen
– besonders bei mehr als 2 Personen – natürlich etwas beengt zu.
Bei gutem Wetter im Sommer, wenn sich das Leben überwiegend
draußen abspielen kann, macht das aber nichts.

Motorhome Class C

**Kenn-
zeichnung**

Die **technische Basis** eines *Compact RV* (19 Fuß) und von *Class
C-Motorhomes* (23-28/38 Fuß) ist ein *Light Truck* amerikanischer
Hersteller mit Stahlträgern unterschiedlicher Länge und – bis auf
den *Compact RV* – Zwillingsreifen, auf den die verschiedenen,
meist 2,60 breiten »Campingkästen« montiert werden. Sie zeichnen sich heute bei allen Modellen durch einen weit über die Fahrerkabine hinausragenden **Dachüberhang** aus. In ihm verbirgt
sich ein breites Bett. Das ist nicht nur zum Schlafen ganz gemütlich, sondern auch als Stauraum tagsüber praktisch (die kleine
Kletterpartie nach oben bereitet halbwegs gelenkigen Mietern
keine Schwierigkeiten).

Mögliche Innen-aufteilung eines Motor-home der Größe 23 Fuß

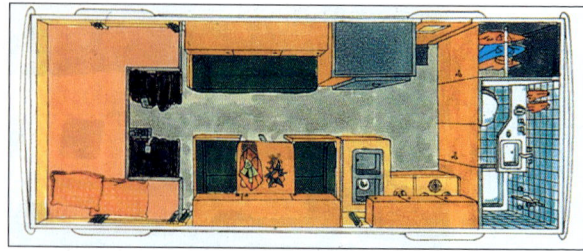

Nachteilig ist die durch diese Bauweise **eingeschränkte Sicht nach oben** (im Stadtverkehr wegen gelegentlich höherhängender Ampeln und im Gebirge wegen des Ausblicks).

Einrichtung

Ab 23-Fuß-Fahrzeugen gilt: Gasherd, Mikrowelle, Spüle und Kühlschrank haben Haushaltsgröße. Schränke und Schubladen ebenso. Dusche und Toilette sind groß genug, um sich nicht »verbiegen« zu müssen. Sie wachsen mit der Länge des Fahrzeugs, das von vorne bis hinten immer gute Stehhöhe hat. Ein Doppelbett füllt das Achterschiff zusätzlich zur immer auch zum Bett umzubauenden Sitzecke. Bequeme Sessel ergänzen die Inneneinrichtung. Erkauft wird dieser Komfort mit einem hohem Gewicht, das der Straßenlage nicht gut tut, und langen Überständen des Aufbaus über die hintere Achse, die bei RVs ab 25 Fuß abenteuerlich wirken; ↻ Videos der Vermieter im Internet.

Anschlüsse

Das *Motorhome* ist nur dann so richtig komfortabel, wenn es auf dem Campingplatz voll angeschlossen werden kann (*full hook-up*): Wassserschlauch, armdickes flexibles Abwasserrohr und ein mindestens 7 m langes fingerdickes, fest mit dem RV verbundenes Gummikabel 110 V liegen bereit, eventuell auch noch die Antennenleitung für den TV-Kabelanschluss, wenn es nicht sowieso eine Satellitenschüssel gibt. Und sollte mal in der Wildnis kein Strom da sein, wird der Generator angeschmissen, was aber extra kostet. Mit den Wasser- und Abwassertanks kommt man zur Not 2-3 Tage auch ohne Anschluss hin.

Slide-out

Bereits für die C-Klasse ab 23 Fuß gibt es **Slide-out**-Versionen, die den Sitzbereich auf komfortable »Wohnzimmergröße« (ca. 3x3 m) ausdehnen, wenn der Campingplatz erreicht ist. Aber das *Slide out* ist schwer und kostet noch mehr Benzin als das Gefährt sowieso schon braucht. Für Mieter, die viel fahren, ist daher *Slide-out* kein Vorteil, nur für den Vermieter, der auf dem US-Markt gebrauchte Camper mit *Slide-out* besser verkaufen kann.

Compact RV 19 Fuß

Der **19-Fuß-RV von *Cruise America*** (Foto rechts) vereinigt Vorzüge der *Vans* mit denen der Wohnmobile. In ihm sind die Einbauten nicht ganz so wuchtig wie im Standard-*Motorhome* und auch das hintere Bett entfällt. Dafür gibt's einen Sessel extra. Das Fahrzeug wurde eigens für ausländische Mieter konzipiert und ist saisonabhängig auch schon mal teurer als ein Großcamper 25 Fuß.

Motorhome Class A

Kenn-
zeichnung

Ab 30 Fuß Länge wird aus dem typischen *Motorhome* ein **Riesen-
Campingbus**, den man *Class A* nennt, ⇨ Foto Seite 121. Die Über-
hänge verschwinden zugunsten eines integrierten Cockpits über
die volle Breite von ca. 2,50 m mit viel besserer Rundumsicht als
in den »kleinen« Modellen. An die Stelle eines Alkovenbetts tritt
ein Doppelbett, das nachts über den Vordersitzen abgesenkt werden kann. Das Schlafzimmer hinten ist vom Wohnbereich separiert, die Nasszelle wird darin zum echten Badezimmer.

Pick-up oder Truck Camper

Kenn-
zeichnung

Pick-up oder *Truck Camper* sind **Kleinlastwagen**, auf deren Lade-
fläche ein **Campingaufsatz** montiert ist. Sie sind in den letzten
Jahren aus dem Programm großer US-amerikanischer Vermieter
genauso wie die *Van Camper* weitgehend verschwunden. Offenbar rechnen sich die *Motorhomes* unter dem Strich besser.

Canada/USA

Immerhin sind aber kompakte Campmobile (*Van Conversion* bzw.
Van Camper wie auch **Truck Camper** verschiedenster Typen **bei
kanadischen Vermietern** immer noch zu haben, teilweise sogar
mit **Dieselmotor**, z.B. beim großen Vermieter **Fraserway** mit Stationen in Toronto und Halifax.

Ausstattung

Die zur Vermietung stehenden *Truck Camper* reichen von beengt
bis hochkomfortabel mit **Slide-out** (⇨ links) im Wohnbereich. Die
größeren Modelle besitzen die übliche **Wohnmobil-Ausstattung**
mit sämtlichen Schikanen und einem riesigen Alkoven über dem
Fahrerhaus, zu dem **kein Durchgang** besteht (Eingang im Heck
oder im hinteren Überhang seitlich). Ein Nachteil ist weiterhin
die geringe Übersicht aus dem Innenraum heraus, denn der Blick
durch die Windschutzscheibe auf Park- und Campingplatz entfällt; die Fenster sind in der Regel klein und liegen hoch.

*Kompaktes
Motorhome
C-19 von
Cruise
America/
Canada*

Pick-up Camper mit Aufsatz, wie er sich ähnlich auch im Osten Canadas mieten lässt

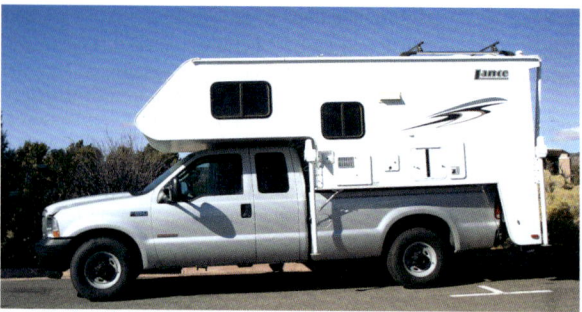

Die **Fahrerposition** ist eher ungünstig, die Sicht auch von dort rundum ziemlich eingeschränkt. Üblich ist eine 4-türige Fahrer-Doppelkabine mit Platz für 2 Erwachsene und 2 Kinder.

Bewertung

Straßenlage und **Windempfindlichkeit** sind eher schlechter als bei anderen *RVs*. Der eigentliche **Vorteil** des *Pick-up* liegt in der möglichen Trennung von Fahrzeug und Aufsatz, die bei Mietfahrzeugen wegen fehlender dazu nötiger Ausrüstung entfällt, und der größeren **Robustheit auf schlechten Straßen** (obwohl nie 4WD). Davon hat der touristische Mieter in den meisten Fällen wenig, wird ihm doch die Nutzung unbefestigter Straßen überwiegend untersagt. Immerhin bieten *Truck Camper* **viel Platz fürs Geld** und sparen ggf. mit Dieselmotor Spritkosten.

Welchen Camper?

Größenwahl Motorhome

Bei der Entscheidung für die individuell richtige Größe darf man seine Urlaubsabsichten nicht aus dem Auge verlieren. Je größer das *Motorhome*, umso weniger eignet es sich für Abstecher auf engen Straßen zu mitunter besonders reizvollen Zielen oder Campingplätzen und in verkehrshektischen Bereichen. Wer mit einem *Van* nicht auskommt, sollte deshalb die Miete des 19-Fuß Compact RV erwägen. Es sei denn, ruhiges Reisen mit längeren Verweilperioden und/oder ein höherer Komfort- und Platzbedarf (mehr als 2 Personen) stehen im Vordergrund.

Benzin-kosten

Ein weiteres Kriterium für die Entscheidung könnten auch die Benzinkosten sein. Der **Preis für Benzin** schwankt stark. Ende 2012 kostete die Gallone Normalbenzin im **Nordosten der USA** im Mittel etwa **$3,80**, also $1,00/Liter bzw. um **€0,80** pro Liter (angenommener Wechselkurs: €1,00 = $1,25), in **Canada** ca. **$1,25/Liter**, also **€1,00/Liter**. Eine kleine Ungenauigkeit an dieser Stelle beeinflusst die Gesamtrechnung kaum. Bei Campmobilen sollte man – außer bei den *Vans* und Compact RVs (da um 16 Liter/100 km) – nicht unter 22 Liter/100 km rechnen bzw. mehr bei großen Fahrzeugen ab 25 Fuß. Die Spritkosten stellen sich bei 22 l/100km auch schon auf fast €18,00. Eine Reise über 3000 km (50:50 USA: Canada) kommt dann allein fürs Benzin auf ca. €600.

Welche Firma?	Man könnte auch fragen, welcher Vermieter **das beste Preis-/Leistungsverhältnis** und guten Service bietet:

Jedoch ist ein objektiv haltbares Urteil dazu kaum möglich, ein wesentlicher Aspekt aber, dass die Fahrzeuge in einem Zustand sein sollten, der technischen Ärger während der Reise möglichst vermeidet. Man kann davon ausgehen, dass die von deutschen Veranstaltern vermittelten Fahrzeuge der großen kanadischen Wohnmobilverleiher im allgemeinen technisch einwandfrei sind und selten Ärger machen. Es gibt zwar bei Insidern bekannte Qualitätsunterschiede, die sich aber nicht generalisieren lassen, d.h. nicht auf den einzelnen Buchungsfall zutreffen müssen. Die kleinen Tarifdifferenzen reflektieren in etwa die qualitative Einschätzung des jeweiligen Vermieters durch die Veranstalter.

Kosten und Konditionen

Tagestarife	Camper sind in den USA außer in der absoluten Nebensaison (etwa Mitte Oktober bis Mitte April) ein recht **teures Vergnügen**. Zu (täglich schwankenden!) Basis-Tagestarifen kommen Übergabegebühren/Endreinigungskosten, Pauschalen für die Ausstattung des Wagens mit Campingutensilien und Bettwäsche, Zusatzversicherungen, Zuschläge für Wochenend- und Vormittagübernahme u.a.m.
Meilen und Meilenpakete	Die **Standardtarife** beziehen sich auf 0 mi, 60 mi oder 100 mi pro Tag. Mehrmeilen kosten bis $0,40 pro Meile plus *tax*. Statt einer Meilenabrechnung können zusätzliche Pauschalmeilen/Tag (+40, +100 etc.) oder 500-mi-Pakete gekauft werden.

Auch **unbegrenzte Meilen** sind zum Pauschaltarif oder als Tageszuschlag auf den Grundtarif erhältlich. Die Details wechseln von Firma zu Firma und in schöner Regelmäßigkeit von Jahr zu Jahr.

Typisch für die C-Klasse ist der weit über die Fahrerkabine gezogene Alkoven, was in der Stadt den Blick auf viele Ampeln erschwert

Meilenpakete und Pauschalen für unbegrenzte Meilen sind indessen vor Ort nicht verfügbar. Sie müssen hier vorgebucht werden. Das bedingt eine gute Vorausplanung der Route inkl. Meilenschätzung, damit man sich nicht für die falsche, sprich zu teure Variante entscheidet. Denn für nicht verbrauchte, aber gebuchte Meilenpakete gibt es keinen Ersatz, ebensowenig für unlimitierte Meilenkosten, wenn man am Ende mit der Abrechnung der Meilen besser gefahren wäre.

Internet-/ Frühbuchung

Frühbucher erhalten bei allen Vermietern unterschiedliche, z.T. sehr hohe Rabatte über sog. Flextarife, zusätzlich oft auch bei Internetbuchung, was zusammen die Kosten spürbar senken kann.

Specials

Alle Vermieter offerieren in Abhängigkeit von der Buchungslage und von im voraus bekannten Ungleichgewichten bei der Buchungssituation für verschiedene Standort sog. *Specials*. Teilweise sind sie schon bei unseren Veranstaltern zu finden, teilweise aber auch nur auf den Internetportalen der Vermieter. Es macht für zeitlich und geographisch flexible Mieter Sinn, danach zu suchen.

Saisonale Abgrenzungen

USA

Obwohl **in den USA** der Zeitraum Ende Mai (*Memorial Day*) bis Anfang September (*Labor Day*) als **Hauptsaison** gilt, sind im Juni und September die Miettarife meist noch bzw. wieder geringer. Für April/Mai und Oktober liegen die Raten deutlich unter den Juni- bzw. Septemberkosten.

Canada

In Canada gilt bei der Campervermietung vielfach eine **Kernzeit der Hauptsaison** von Anfang Juli bis Ende August. Ab Ende August, im September und im Mai/ Juni gelten weit günstigere Vor- bzw. Nachsaison-Tarife.

Winter?

Nach Mitte Oktober bis einschließlich April ist Campingurlaub im hier beschriebenen Teil Nordamerikas nichts für klimatische Mimosen. Zudem sind **viele gerade der schönsten Campingplätze in Canada und im Norden der USA im Winterhalbjahr (teilweise Ende September bis Mitte Mai) geschlossen**.

Preis- vergleich

Es ist heute nicht mehr nötig, zum Preisvergleich mühsam Tarife und Nebenkosten zu addieren, denn Reiseveranstalter nehmen dem potenziellen Kunden die Mühe der Endpreisermittlung ab. Auf einer Reihe von Internetportalen führt die Eingabe der Daten und Anklicken aller gewünschten »Extras« (Zusatzversicherung, Meilenpakete etc) rasch zum Ergebnis.

Anbieter von Campmobilen

Das Camperangebot **für die USA** ist bei den großen Nordamerika-Reiseveranstaltern weitgehend auf 3-4 Vermieter beschränkt. **Für Canada** findet man neben dem (auch in den USA) größten Vermieter *Cruise Canada* mehrere mittelgroße Verleihfirmen und – bei Spezialveranstaltern – auch noch regionale Vermieter, zugleich eine bessere Fahrzeugauswahl.

Spezial- veranstalter

Damit ist ein **wesentlicher Punkt** angesprochen: Wen das Angebot der Großveranstalter nicht befriedigt, sollte sich nach Spezialveranstaltern (etwa *SK Touristik*/Senden (www.sktouristik.de),

Tägliche Routine der Camperfahrer an der Dump Station (⇨ Seite 152): Schmutzwasser ablassen, Frischwasser auffüllen (hier mit Hilfe eines flexiblen Arms auf dem Mast)

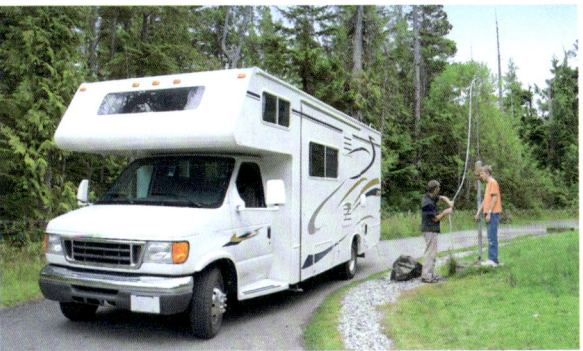

2

Fasten your Seatbelts in Münster-Altheim (www.kanadareisen.de), *Trans Canada Touristik* in Bad Bevensen (www.trans-canada-touristik.de) oder *Adventure Travel* in Dienheim (www.usareisen.com) umsehen, die oft haben, was man bei den Großen nicht findet.

Ein weiterer positiver Aspekt der Buchung bei Nordamerika-Experten ist deren **Beratungskompetenz** und direkter Draht zum Vermieter. Oft läuft dann die Auskunft über freie Termine rascher, und Sonderwünsche können leichter geklärt werden.

Konditionen **Einige Details der Bedingungen bedürfen aber einer Erläuterung**:

One-way
- **Unterschiedliche Ankunfts- und Abflug-Airports** erlauben unter Umständen attraktivere Reiserouten als die Rückkehr zum Ausgangspunkt (z.B. ab Halifax nach Toronto), eine One-way-Miete ist jedoch immer mit hohen Einweg-Zuschlägen belegt.

USA/Canada
- Fahrten **von den USA nach/durch Canada** bilden ebensowenig ein Problem wie Abstecher **mit in Canada gemieteten Campern in die USA**. Sicherheitshalber sollte man die Absicht, auch das Nachbarland besuchen zu wollen, bereits bei Buchung ankündigen und klären, dass dem nichts entgegensteht; ⇨ Seite 89f.

Haftpflichtdeckungssumme
- Die **Haftpflichtdeckungssumme** ist auch bei Campmobilen ein überaus wichtiger Punkt. Manche *Rental Campers* in den USA sind nur mit der minimalen Summe versichert (ab $50.000 pauschal). Wie bei der Pkw-Miete erläutert, schützen deutsche Veranstalter deshalb ihre Camper-Kunden automatisch mit einer **Aufstockung der Haftpflicht** auf eine Deckungssumme von $1 Mio bis €2 Mio. Wenn keine solche Zusatzdeckung existiert, kann der Mieter ggf. durch Zahlung mit der »richtigen« Kreditkarte für eine bessere Absicherung sorgen, ⇨ Seite 91.

- Wenig Sorgen dieser Art brauchen sich die Kunden kanadischer Firmen zu machen. Bei den großen Campervermietern sind sie in der Regel mit mehreren Millionen Dollar Deckungssumme gegen Haftpflichtschäden abgesichert.

CDW

- Die **Abkürzung CDW** steht für *Collision Damage Waiver* (manchmal auch **LDW**, L für *Loss*) und suggeriert Freistellung von Kosten im Schadenfall. Faktisch ist sie immer in den Campertarifen enthalten, beinhaltet aber hohe Eigenbeteiligung bei Schäden am Fahrzeug (unabhängig davon, wer der schuldige Verursacher sein mag, zahlt der Mieter zunächst immer). Bei bestimmten Schäden (z.B. bei vom Dach abrasierter Klimaanlage und bei Unterbodenschaden) und Schäden, die auf nicht öffentlichen Straßen eintreten (z. B. Zufahrt zum Campingplatz), haftet der Mieter selbst mit CDW ggf. unbegrenzt.

VIP

- Die **Zusatzversicherung** mit der seltsamen Bezeichnung **VIP** (*Vacation Interruption Policy*) ergänzt CDW/LDW. Sie kostet vor Ort bis zu $20/Tag (plus Steuern), ist aber heute ebenfalls in den meisten bei uns angebotenen Tarifen enthalten (worauf man achten sollte!). Sie reduziert von CDW nicht abgedeckte Schäden und in anderen Fällen die Selbstbeteiligung. Letztere kann durch eine Sonderversicherung (€4/Tag) über den Veranstalter (nicht vor Ort) weiter reduziert bis ganz eliminiert werden. Im Fall grober Fahrlässigkeit, wie immer das definiert sein mag, haftet der Mieter meist auch mit VIP.

Klein-gedrucktes

- Die Detailregelungen bezüglich der Versicherungen etc. stehen »kleingedruckt« in den Unterlagen, die der Mieter bei Übernahme des Fahrzeugs meist ungelesen unterschreibt. Wer es vorab genau wissen will, sich vor allem für die in dieser Hinsicht beachtlichen Unterschiede zwischen den Vermietern interessiert, findet die jeweiligen AGBs im Internet.

Kaution

- Die **Höhe der Kaution** bei Übernahme des Campers ist unterschiedlich ($500-$1.000). Sie fällt immer an, kann normalerweise aber nicht bar geleistet werden. Üblich ist die Blankounterschrift auf einem Kreditkartenformular. Oder aber die Summe wird auf einem Formular eingetragen bzw. ausgedruckt und vom Mieter unterschrieben. Ggf. bucht man sie tatsächlich ab unter Verrechnung bei Rückgabe bzw. Erstattung, wenn keine $-Kosten anfielen.

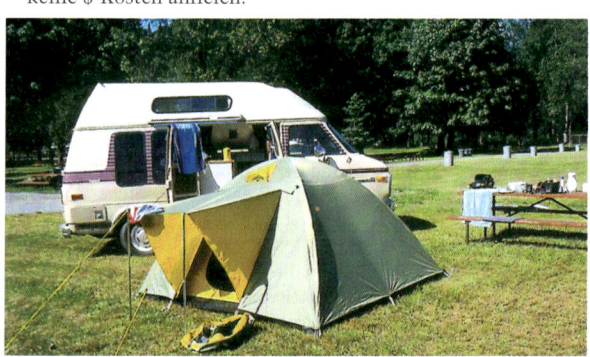

Eine gute Kombination für Familien mit (nicht mehr ganz kleinen) Kindern und für mehrere Freunde:

Van Camper oder Minivan und Zelt(e)

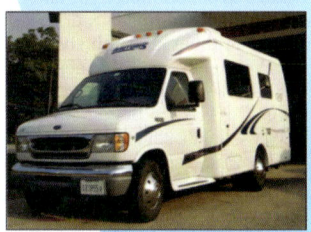

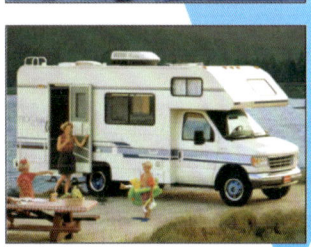

2.5.3   Ein Kostenvergleich:
Camper versus Pkw/Zelt und Pkw/Motel

In Anbetracht der hohen Kosten, insbesondere in der **Hochsaison**, wird manch einer trotz Campmobilpriorität vielleicht die Alternativen Miet-Pkw mit Zelt und/oder Motel/Hotel in Betracht ziehen. Tatsächlich ergeben sich im Vergleich interessante, für eine Entscheidung hilfreiche Kostendifferenzen:

Hochsaison: Camper & Pkw/Zelt

(Miete in Canada)

Ausgangspunkt einer **Vergleichsrechnung sei ein 3-Wochen-Urlaub im Juli/August 2013 ab Toronto*)**. Dabei mögen 18 Tage Campermiete anfallen und 3 Wochenmieten für einen SUV. Hier sei ein aus dem Internet (www.trans-canada-touristik.de) im November 2012 entnommener **Frühbucher-Inklusivpreis** (*Camping Kit, Preparation Fee*, VIP-Versicherung) für einen **DeLuxe Camper Van 21 Fuß** von €3080 inkl. unbegrezter Meilen zugrundegelegt. Der Camper brauche 20 l/100 km bei einem Literpreis von ca. €0,90/l (Mischpreis USA/Canada bei ca. $4/Gallone à 3,8 Liter in den USA = €0,80/l, in Toronto ca. $1,25 = €1,00/Liter).

Ein **Midsize SUV** (*Ford Escape*) kostet inkl. Vollkasko, lokalen Steuern und Haftpflichtaufstockung auf €2 Mio (ohne »Gratistankfüllung« und Zusatzfahrer) z.B. bei **Alamo/National** über die Adresse oben für die hier anliegenden 18/19 Tage bis zu 21 Tagen **€1.143**. Angenommener Verbrauch: 12 l auf 100 km.

Beide Wagen fahren insgesamt 3.000 mi (4.800 km)

Camperkosten in €uro

18 Tage Miete etc. (↪ Text)	3.080
Benzinkosten ca.	584
Höhere Campinggebühren als Zelt ca. (angenommene +$20 bzw. €16/Nacht)	288
Gesamtkosten Camper	**3.925**

Pkw-/SUV-Kosten in €uro

3 Wochen Miete	1.143
Benzinkosten ca.	518
Gesamtkosten Pkw	**1.661**

Hohe Differenz auch bei Miete in den USA (Boston)

Die Differenz beträgt über €**2.200**. Würde man beide Fahrzeuge **in Boston** mieten (hier Camper C-19 von *Cruise America*), könnte man ca. €800 sparen (auch wieder Frühbucher); gleichzeitig wäre dort der SUV ca. €270 preiswerter. Die Differenz zwischen den Alternativen beträgt dann immer noch über €**1.700**. In beiden Fällen könnte man dafür leicht die mitgebrachte Campingausrüstung ergänzen oder ganz neu kaufen, bei schlechtem Wetter im Motel übernachten und noch einiges übrigbehalten.

---

*) Toronto wurde gewählt, weil in Canada die hier favorisierten Van Camper zu Verfügung stehen, in denen man in Ballungsgebieten und auf engen Straßen wendiger unterwegs ist als mit großen Campmobilen.

Nebensaison	Der **Abstand** zwischen beiden Alternativen vermindert sich zwar **im Juni** und **September** und erst recht früher bzw. später im Jahr, aber auch dann fällt er kaum unter €**1.000**.
Camper & Pkw/Motel	Aufschlussreich ist auch der Vergleich zwischen **Camper** und **Pkw/Motel**. Dabei müssen die oben nicht berücksichtigten gesamten **Übernachtungskosten für die Campervariante** mitgerechnet werden (sie sind etwas höher als beim **Zeltcamping**, spielen aber fürs Vergleichsergebnis links keine wesentliche Rolle). Unterstellt man nun im Schnitt Motelkosten von $120 pro Nacht (Sommertarife! ➪ Seite 146), hohe $40 Campinggebühren und eine erste und letzte Nacht im Stadthotel für je $200, dann ergibt sich bei einem unterstellten Kurswert von $1,00 = €0,80:

Camperkosten in €uro

Fahrzeugkosten	3.925
Campingkosten (18 Nächte) ca.	576
Hotelkosten (2 Nächte)	320
Kosten inkl. Übernachtung	**4.821**

Pkw/SUV plus Motelkosten in €uro

Fahrzeugkosten	1.661
Übernachtungen (18+2 Nächte)	2048
Kosten inkl. Übernachtung	**3.709**

Interpretation	Den hier um ca. €**1.100** geringeren Kosten im Pkw stehen höhere Kosten für Mahlzeiten gegenüber, da bei der Kombination Pkw/Motel die Selbstverpflegung schwerer fällt. Die hier errechneten €**1.100** schrumpfen damit noch. Obwohl man im Schnitt auch billiger als zu $120 unterkommen kann, darf nicht vergessen werden, dass speziell in diesem Teil Nordamerikas die Saison die Preise erheblich treibt. Oft sind preiswerte Motels ausgebucht, und für $120 gibt's dann mal gerade die untere Mittelklasse. Wer auf gute Unterkünfte Wert legt, kann in der Saison spielend im Schnitt weit über $120/Nacht ausgeben, ohne gleich im Luxus zu schwelgen.
Nebensaison	In der Nebensaison liegen zwar die Motel-/Hotelpreise teilweise weit unter ihrem Höchsttarif, aber auch die Campertarife fallen erheblich, nur die Campinggebühren bleiben weitgehend konstant. Der Abstand zwischen beiden Alternativen wird dadurch – bei Unterstellung gleicher Hotelwahl – nicht besonders verändert. Immerhin man hat in der Nebensaison keine Probleme, gut unterzukommen und keinen »Suchstress«.
Fazit	Eine Reise für 2 Personen kostet im Miet-Campmobil in diesem Teil Nordamerikas insgesamt sehr leicht mehr als die Alternative Miet-Pkw mit Hotelübernachtung, sofern man mit der H/Motel-Mittelklasse auskommt, ist also – rein ökonomisch gesehen – teuer, erst recht, wenn keine Frühbuchung gelingt. Eine andere Frage ist die der Bewertung der spezifischen Vorteile des Campers samt Naturnähe gegenüber dem täglichen Kofferpacken und der Suche von geeigneten »Eateries«.

2.5.4   Utensilien zum Mitnehmen für Fahrzeugmieter

Auch wenn auf der Transatlantikroute die goldenen Zeiten mit bis zu 64 kg Freigepäck vorbei und in der Economy Class für das 2. Gepäckstück bis zu €75 pro Flugstrecke zu zahlen sind (⇨ Seite 82), sollte man für eine Reise im Mietfahrzeug den einen oder anderen der folgenden Gegenstände vielleicht mitnehmen. Manches lässt sich auch drüben besorgen, ist aber nicht immer billig:

- **Auto-Verbandskasten** (auch generell als Erste Hilfe unterwegs gut geeignet). In amerikanischen Mietfahrzeugen befinden sich mangels gesetzlicher Vorschrift keine oder nur dürftig ausgestattete Verbandskästen. In *Drugstores* und Kaufhäusern erhältliche *First Aid Boxes* für $10-$20 sind für ernstere Fälle ziemlich ungeeignet.

- (auch) bei Miete nagelneuer Fahrzeuge: **Basiswerkzeug** (selten gibt's in Mietfahrzeugen mehr als einen Wagenheber, und selbst den nicht immer, ⇨ Seite 121) und **Basismaterial**, i.e. kleines Schraubendreherset, Flachzange, Isolierband. **Besser in den USA kaufen**: Maulschlüsselset, Sicherungen und Arbeitshandschuhe (im Supermarkt).

- **Taschenlampe** oder Kabellampe für die Autosteckdose

- **Automobilklub-Mitgliedskarte** für Straßendienst und Gratismaterial von den amerikanischen Klubs, auch in Hotels, ggf. *Campgrounds* gilt: »**Show your Card and Save**«, ⇨ Seite 66.

- **Musik-CDs**, sofern man einen Mietwagen oder -camper gebucht hat, der nicht mehr als maximal 6-7 Jahre auf dem Buckel hat. Solche Fahrzeuge sind durchweg mit **CD-Player-Radio** ausgerüstet (ggf. fragen!).

- Ein **Laptop** ermöglicht nicht nur die Nutzung von *Hotspots* mit **Wifi** (*Wirelees Fidelity* = WLAN) für E-Mails und Internetabfragen, wie -reservierungen, sondern dient auch zum Speichern, Sortieren und Bearbeiten der digitalen Reisefotos bereits unterwegs. Nebenbei hat man seinen DVD-Player dabei zur abendlichen Zerstreuung, wenn das mit Werbung vollgestopfte amerikanische Fernsehprogramm wieder nur nervt.

- wer im Auto »*on the road*« ist, kann die Batterien seiner Elektronikgeräte unterwegs über die Steckdose des Zigaretten-Anzünders aufladen, wenn er sich einen Umformer (Trafo) 12 V > 220/110 V daheim besorgt bzw. drüben einen *power inverter* und Eurostecker-Adapter dabei hat, ⇨ Seite 113: *Radio Shack*. Pfiffige Zelter verbinden diesen Trafo abends auf dem Campingplatz per Kabel mit einer Glühbirne; als blendfreier Lampenschirm dient zur Not ein Stück Alufolie.

- Eltern sollten den eigenen bei uns Crash getesteten **Autokindersitz** mitnehmen; der ist besser als der drüben teuer dazuzumietende Sitz der Auto- und Campverleiher. Für Kleinkinder ist der gewohnte Sitz hervorragend geeignet im Flugsessel.

Für Campingreisende:

- eigene **Bestecke** etc., denn was als *Camping Kit* geboten wird, weckt selten große Begeisterung.

- liebgewordenen **Kleinkram** für die Küche, z.B. Knoblauchpresse, Schnapsgläser, Salatbesteck etc.

- **eigener Schlafsack und Bettwäsche**. Die im Camper vorhandenen Decken (üblicherweise im *Kit* enthalten) können oft nicht befriedigen. Da mit Ausnahme der Firma *Moturis/Camping World* die Camper-Verleiher lediglich Laken (jeweils zwei pro Schläfer) liefern, sind eigene Bettbezüge für viele sicher eine gute Idee.

Sonnencreme vergessen? Macht nichts, ein Automat steht hinterm Strand bereit. Aber besser noch wäre, das Zeug mitzubringen; es ist jenseits des Atlantik unverhältnismäßig teuer

- das **Zelt** aus der Heimat, wenn »richtig« gecampt werden soll und das herabgesetzte Gewichtslimit dabei keine Probleme verursacht. Die preisgünstigeren US-Kaufhausqualitäten taugen oft nicht viel. Andererseits kann man – sollte durch die Zeltmitnahme Übergepäck entstehen – für die Zusatzkosten leicht ein Zelt plus einfache Schlafsäcke kaufen.

2.5.5 Linienbusse in den USA und Canada

Greyhound Busreisen in Nordamerika ist eng mit dem Namen **Greyhound** (Windhund) verbunden. Die Firma besitzt in weiten Teilen beider Länder das **Busmonopol** für Langstrecken und Städteverbindungen (sogar mit *Wifi* samt Steckdose 110 Volt im Bus).

Im Nordosten der USA bzw. in Canadas Osten ist *Greyhound* samt kooperierender Linien aber nicht so stark wie anderswo. Das liegt an den geringeren Entfernungen zwischen den großen Städten und an dort stärkeren unabhängigen Regionallinien.

Kein Netzticket mehr Den legendären **Greyhound Ameripass** und seinen Nachfolger, den **Discovery Pass**, mit dem man *stand-by* in jeden Bus steigen konnte, sofern Platz war, hat man **2012 ersatzlos gestrichen**. Wer heute für eine Reise in die USA/Kanada den Bus benutzen will, muss Tickets für die geplanten Teilstrecken kaufen, kurz- oder langfristig mit Sitzplatzreservierung. Dabei lassen sich *Discounts* bei Frühbuchung und Angebote »mitnehmen«, speziell im Internet, aber insgesamt wird das schnell teuer: www.greyhound.com.

Nachteile des Bustransports

Die Frage »Bus als Transportmittel?« wurde schon auf Seite 57 angesprochen. Autofahrer können sich besser selbst versorgen und **preiswertere Quartiere** oder **Zeltplätze** finden, die weitab der Busstation liegen; Buspassagiere sind auf **Cafeterias** und *Fast Food* angewiesen und müssen häufig mit übereuerten und/oder schäbigen **Unterkünften im Umfeld der *Terminals*** vorlieb nehmen. Im Schnitt lassen sich im Auto die Übernachtungskosten der Busbenutzer ohne weiteres deutlich unterbieten oder bei besserem Standard zumindest egalisieren.

Info Busreisen

Wer sich noch für für Reisen in Linienbussen durch die USA und Canada nach dem Entfall der *Greyhound*-Pässe interessiert und Infos samt Hinweisen zu den Fahrplänen und Verbindungen benötigt, sollte die Internetseite www.drvoyageur.com besuchen. Dort wird man auch fündig, was günstige Übernachtungen en route betrifft u.v.a.m.

2.5.5   Eisenbahnfahren im Nordosten Nordamerikas

Eingangs wurden ebenfalls Bahnreisen im Nordosten der USA und – mehr noch – in Canadas Osten als nicht optimal beurteilt, ➪ Seite 58. Andererseits kommt's auf persönliche Präferenzen an.

Railpässe

Etwas für Eisenbahnfans sind die Railpässe der Bahngesellschaften *AMTRAK* (USA) und *VIARail* (Canada). Sie gelten aber nur für Teile des **AMTRAK-Netzes (25.000 mi)** und des **VIA-Rail-Netzes (13.700 km)**, wovon allein 7.000 km auf die Transkontinentalverbindung Halifax-Montreal-Toronto-Vancouver entfallen.

Kosten AMTRAK/USA

Der Preis für einen *Amtrak Rail Pass* für die gesamten USA beträgt **$439/$669** für **15/30 Tage**, wobei nur 8 bzw. 12 Streckenabschnitte damit gefahren werden dürfen. Die früher verfügbaren preiswerteren Pässe für Teilbereiche des Netzes, u.a. auch für den Nordosten, gibt es seit kurzem nicht mehr. Über www.amtrak. com kann man die *Amtrak*-Pässe online buchen.

Kosten ViaRail/ Canada

Der *CANRAIL PASS* **für das gesamte Netz** kostet in der Hauptsaison (01.06.-15.10.) ab **CAD 1008**, in der Nebensaison bzw. den Rest des Jahres ab **CAD 630**. Junge Leute unter 24 Jahren und Senioren ab 60 Jahre erhalten 10% Ermäßigung. Trotz der nominell 21-tägigen Gültigkeit darf der Pass nur an 7 Tagen/Teilstrecken für Fahrten genutzt werden. Damit der Reiseplan funktioniert, müssen alle Teilstrecken vor Reiseantritt reserviert werden. Umbuchungen sind kostenpflichtig. Bei Nichtantritt einer reservierten Strecke gibt es nur einen geringen Ersatzbetrag.

Corridor Pass

Wer nur im Osten Canadas unterwegs sein möchte, dem genügt vielleicht ein *Corridor Pass* **für 7 Trips** im Zug innerhalb von 10 Tagen zwischen Niagara Falls/Toronto und Québec City für **CAD330** saisonunabhängig. Alle Details unter www.viarail.ca.

Alle großen Städte des kanadischen Ostens (Toronto, Ottawa, Kingston, Montréal, Québec City, Saint John, Halifax) und sogar

Percé am äußersten Zipfel der Gaspé-Halbinsel lassen sich mit *VIARail* erreichen, aber – wie auf Seite 57 erwähnt und ersichtlich – zahlreiche reizvolle Ziele abseits der Schienen eben nicht.

Bewertung der Pässe

Im Verhältnis zu den Kosten für Einzeltickets ergeben sich mit Railpässen erhebliche **Ersparnisse**. Mit ihnen erwirbt man aber nur das Anrecht auf einen Sitz in Großraumwagen. Für **Liegewagen** auf längeren Trips sind Zuschläge fällig. Wer nur im Osten unterwegs ist, kommt bei den dortigen Entfernungen ohnedem aus. Langstrecken sind z.B.:

- New York City–Montréal: 10 Stunden
- New York City–Toronto: 12 Stunden

Sehr hilfreich für weitergehende Informationen, auch über das jeweilige Streckennetz, ist das nebenstehend für den Bustransport bereits empfohlene Portal www.drvoyageur.com (nur Englisch).

Reservierung

Wie für Flugreisen sind zeitige Reservierungen in beiden Ländern angebracht. Für späte oder gar spontane Entschlüsse bleibt wenig Raum. Denn einfach zum Bahnhof gehen und in den Zug springen, wie es bei uns möglich ist, funktioniert im allgemeinen nicht.

Erwerb Rail Pässe bei uns

Außer bei Amtrak oder ViaRail direkt im Internet, können die Pässe inkl. Beratung auch erworben werden bei:

- **CRD Int'l North America Travel House** Stadthausbrücke 1-3, 20355 Hamburg, ✆ 040/300616-0, www.crd.de/bahn/amtrak. php (Adresse auch für Viarail)

Wichtig zu wissen ist, dass es sich bei den *Pässen* noch nicht um **die Fahrausweise** handelt; die muss sich der Inhaber für die Teilstrecken gegen Vorlage von *Rail Pass* und Reservierungsnachweis einzeln ausstellen lassen.

Typische amerikanische Diesellok vor einem Amtrak-Zug. Moderne High Speed-Züge, die unseren ICEs nahekommen, gibt's nicht.

2.6   Vorbuchung von Hotels

Mietwagen und reservierte Unterkunft

Beim Abwägen der Vor- und Nachteilen verschiedener Transport-alternativen war bereits von Rundreisen die Rede, die sich auf die **Kombination Mietwagen und vorausgebuchte Hotels** beziehen. Kritisch beurteilt wurde dabei die unumgängliche Vorweg-Fest-legung der Tagesetappen, die die mit dem Auto an sich verbun-dene Flexibilität wieder zunichte macht. Indirekt entsteht durch derartige Kombiangebote sogar der Eindruck, es gäbe unterwegs Schwierigkeiten, ohne Reservierung überhaupt unterzukommen.

Kapazitäten und Preise

Das aber ist in Nordamerika meist nicht der Fall. Im Umfeld vie-ler Städte und Touristenattraktionen gibt es **außerhalb der jewei-ligen absoluten Hochsaison und von Wochenenden** eher **Überka-pazitäten** mit erfreulichen Auswirkungen auf die Effektivpreise; sie liegen dann häufig unter den in Hotelverzeichnissen (z.B. *AAA-Tourbooks*) und Reisekatalogen und ggf. auch im Internet früher veröffentlichten Tarifen.

Vorbuchen?

Für die großen City- und Airporthotels gibt es vergleichsweise günstige Übernachtungstarife heimischer Reiseveranstalter auch bei Einzelbuchung (d.h. unabhängig von als Paket gebuchten Miet-wagen+Hotel-Reisen), die bei Eigeninitiative vor Ort oder auch im Internet teilweise schwer zu realisieren sind.

Außerhalb der Großstädte indessen ist die Chance groß, bei spon-taner Buchung ohne Qualitätsverlust preiswerter zu übernachten als bei Vorbuchung. Außerdem finden sich häufig durchaus nicht schlechte Alternativen, die in keinem Reisekatalog stehen.

Buchungen sind vor allem in folgenden Fällen bereits vor Reise-beginn zu empfehlen:

Luxushotel »Equinox« in Manchester Center in Vermont (➪ Seite 363)

1. **Für die erste(n) Nacht/Nächte** in der Ankunftscity. Besonders Campmobil-Mieter müssen meistens eine Übernachtung zwischen Transatlantikflug und Übernahme vorsehen.

2. für ganz bestimmte **beliebte Hotels** wie z.B. das *Chateau Frontenac* in Québec City und in *Park Lodges*, in denen man im Sommer nur bei Voranmeldung unterkommt.

3. bei **saisonalen Sonderfällen** wie etwa dem *Indian Summer* in Kerngebieten von Vermont und New Hampshire oder im **Juli/August** entlang der Ferienküsten Neuenglands, auf Long Island, in Massachsetts (**Cape Cod**) und in Maine.

4. zu Zeiten, in denen bekannte **Veranstaltungen/Festivals** stattfinden wie *Tanglewood* in Massachusetts (Seite 371, **Niagara-on-the-Lake** in Ontario (Seite 424), **Saratoga Springs** in NY-State im August zur Zeit der Pferderennen und **Cooperstown**/NY-State im ganzen Juli/August während des *Opera Festival*.

Mit Einschränkungen gilt dies auch noch für

5. **Wochenendübernachtungen** in oder in der Umgebung von Touristenattraktionen und beliebten Parks, speziell, wenn sie mit nationalen Feiertagen zusammenfallen.

6. für die **letzte Nacht vor dem Abflug** ggf. in Airportnähe.

City Hotels

Zu 1.: Es gibt einige Städte, wo diese Reservierung unabdingbar ist, möchte man nicht Gefahr laufen, überhaupt nicht oder nur zu Höchstpreisen unterzukommen. Im Nordosten der USA gilt dies für alle hier relevanten Cities (**New York, Boston, Chicago**, weniger für Detroit) und in Canada für **Montréal, Toronto, Québec** und **Halifax**. Um nach einem Transatlantikflug Stress zu vermeiden, spricht ohnehin viel für die Vorbuchung der ersten Nacht.

Populäre Hotels

Zu 2.: Populäre und persönlich favorisierte Häuser kann nicht früh genug buchen, wer Wert darauf legt, nur dort und nicht in einem Ausweichquartier zu übernachten. Im Reiseteil sind zahlreiche besonders reizvolle Hotels genannt.

Sollte das jeweilige Haus bei keinem Veranstalter zu finden sein, kann man selbst anrufen bzw. via Internet anfragen. Sofern die Übernachtung nicht innerhalb der ersten Woche der Reise erfolgen soll, reicht meist auch noch die Reservierung ein paar Tage vor Ankunft mit dem Vorteil, drüben die kostenfreie 1-800-Nummer nutzen zu können, das geht oft rascher als Internetbuchung.

Saison

Zu 3.: Auch in der Hochsaison gibt es häufig noch Zimmer, wenn man nicht erst um 20 Uhr mit der Suche beginnt. Allerdings existieren einige Zielgebiete, in denen zur Kernzeit der Sommersaison, speziell an Wochenenden, kein Bett mehr findet, wer nicht zumindest ein paar Tage im voraus reserviert, außer *Cape Cod* z.B. rund um den *Algonquin Park*, an der *Wasaga Beach*/Ontario, auf der *Gaspé Peninsula* bei Percé und Gaspé, in Bar Harbor am *Acadia National Park*.

Die Kernzeit des **Indian Summer** variiert mit Breitengrad und Höhenlage. Aber man kann davon ausgehen, dass **ab Mitte September bis Anfang Oktober** alle Orte in **Neuengland** im Einzugsbereich der Berge gut gebucht, an Wochenenden proppenvoll sind.

Veranstaltungen **Zu 4.**: Außerdem gibt es lokale Veranstaltungen, die der Tourist meist erst mitbekommt, wenn er schon vor Ort ist, und die sämtliche Quartiere der Umgebung füllen. So die *Graduation Ceremonies* der Universitäten (Examensfeiern, zu denen die Familien der Studenten anreisen, meist im Mai), Messen aller Art etc.

Wochenende **Zu 5.**: Für normale Wochenenden (Freitag-/Samstag- ggf. auch noch Sonntagnacht) gilt, dass manche Airport- und City-Hotels halbleer stehen und deshalb mit reduzierten Tarifen werben, es sei denn, die **Stadt an sich ist eine Touristenattraktion** (wie New York, Boston, Québec City).

Feiertage An langen Wochenenden sorgen in erster Linie das *Memorial Day* und *Labor Day Weekend* (letztes/erstes Wochenende im Mai/September) und ggf. noch das Wochenende um den **Nationalfeiertag des 4. Juli** herum in den USA und **Victoria Day**, **Canada Day** (vorletzter Montag im Mai bzw. 1. Juli) und auch der **Labour Day** (wie USA) dafür, dass halb Amerika auf Achse ist. Man tut gut daran, das bei der eigenen Planung zu bedenken und sich an diesen Wochenenden besser abseits beliebter Ziele zu halten.

Parks In den **populäreren Landschaftsparks** wird es **in der Saison an den Wochenenden** nicht nur in parkeigenen Unterkünften, sondern auch schon mal **im Umfeld voll**. Dennoch genügt meist ein Anruf ein paar Tage, maximal eine Woche vorher; Telefonnummern und Internetadressen der wichtigsten Motelketten stehen auf Seite 150, im einzelnen an passender Stelle im Reiseteil. Wenn aber nach Ankunft in Toronto am Donnerstag gleich darauf am Freitag/Samstag der **Algonquin Park** auf dem Programm steht, sollte man vorgesorgt haben.

Hotel Fire Island Pines auf der gleichnamigen Insel vor Long Island in New York City-Nähe. Solche Hotels gehören selten zu den Häusern der großen Ketten, sondern werden individuell geführt

Vor Abflug

Zu (6): Es beruhigt, wenn die **letzte Nacht in Amerika** von vornherein gebucht ist. Selten aber starten Flüge nach Europa am Vormittag. Nur dann wäre eines der oft besonders teuren Hotels in Airportnähe die sinnvollste Lösung. Autofahrer können sich ebensogut ein preiswertes Hotel in der weiteren Umgebung des Flughafens/der Verleihstation ggf. bereits am Anfang der Reise selbst suchen – etwa in der Nähe einer **Shopping Mall** für letzte Einkäufe (↻ z.B. New York/Newark Seite 378) – oder einen geeigneten Campingplatz zum Aufräumen des Mietcampers vor der Rückgabe.

Liegt der Rückflugtermin auf Samstag/Sonntag, übernachtet man andererseits gerade in Airportnähe oft preiswert (etwa in Chicago, Detroit, Toronto) – bei Buchung vor Ort sogar in der Hochsaison.

Hotel-/ Motelketten

Zur Kenntnis der Verteilung (Standorte) und offizieller Vor-Ort-Tarife, aber auch vieler Häuser im Einzelnen macht es Sinn, sich bereits vor der Reise schon mal auf den Internet Portalen der zahlreichen Hotel- und Motelketten Nordamerikas umzusehen.

Alle weiteren Informationen zu Preisen, Buchung und Reservierung etc. von Hotels und Motels während der Reise liefert Kapitel 3.5 im Unterwegs-Teil (ab Seite 139).

2.7   Was sonst noch wichtig ist

Vor jeder Reise fragt sich, was unbedingt eingepackt werden muss, was ggf. noch zu Hause beschafft werden sollte und was vielleicht günstiger im Ferienland zu erstehen wäre. Nur auf Fahrzeugmieter und Zelt-Urlauber bezogen waren bereits die Hinweise im Abschnitt 2.5.4. Hier geht es um Punkte, die jeden USA-Canada-Reisenden betreffen. Zunächst zum Thema

2.7.1   Foto und Video

Digital fotografieren bzw. filmen

Speicherchips für Digitalkameras sind bei einem Kurs um €0,80 für den Dollar ungefähr preisgleich mit Deutschland. Man findet sie u.a. in den Fotoabteilungen der Kaufhäuser wie *Walmart*, *K-Mart*, *Target* und in den überall vorhandenen Läden der Elektronik-Kette **Radio Shack** (www.radioshack.com), in Canada auch bei **Canadian Tire**. Wer digital fotografiert, sollte dennoch besser ausreichend Chips für die Reise mitnehmen oder einen externen Speicher bzw. den Laptop, um darauf zur Sicherung das »Tagespensum« abzuladen und ggf. auch den Chip wieder frei zu haben. Das erspart das Suchen während der Reise. Denn im Zweifel ist gerade das gewünschte Format nicht aufzutreiben.

Filme

Diafilme sind drüben immer schwerer zu finden (insbesondere bei anderen als Standardempfindlichkeiten), seitdem fast nur noch digital fotografiert wird. Sie sind obendrein teurer als bei uns. Wer noch Dias macht, sollte daher ausreichend Filmmaterial mitnehmen. Negativfilme sind im Gegensatz zu Diafilmen billiger geworden.

Ob man nun im Zelt, Camper oder im H/Motel übernachtet, picknicken unterwegs ist immer angesagt. Alles dafür Notwendige lässt sich in Kaufhäusern wie »Wal-mart« oder »Canadian Tire« billiger beschaffen als bei uns: vom Einflammen-kocher (ab $15) über die Coolbox (etwa ab $20) bis zu aller-hand Klein-kram. Unten die Plastik-kisten zum Aufbewahren von Geschirr und Lebens-mitteln kosten nur ein paar Dollar

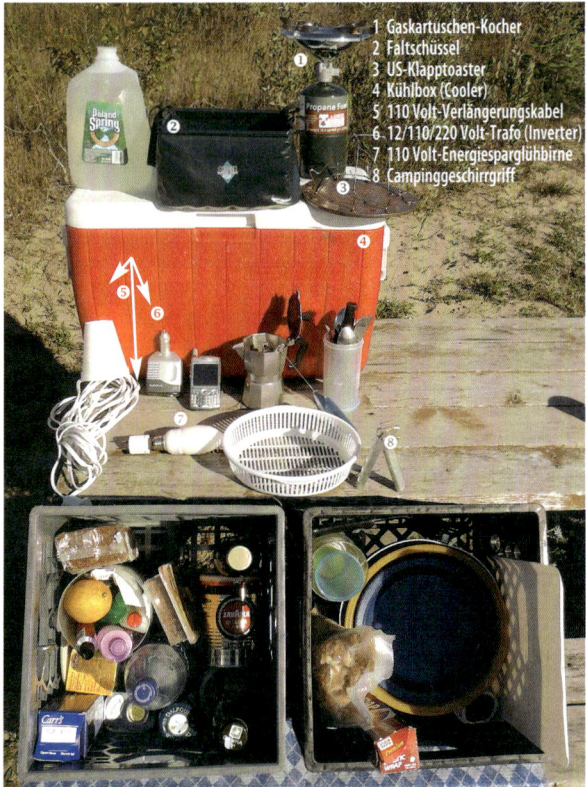

1 Gaskartuschen-Kocher
2 Faltschüssel
3 US-Klapptoaster
4 Kühlbox (Cooler)
5 110 Volt-Verlängerungskabel
6 12/110/220 Volt-Trafo (Inverter)
7 110 Volt-Energiesparglühbirne
8 Campinggeschirrgriff

**Kamera-/
Objektiv-
kauf?**

Kameras (konventionell und digital) und Objektive sind zwar preiswert zu haben, aber nicht notwendigerweise billiger als in Fotoläden oder Elektronikmärkten bei uns. In den **Großstädten** und in manchen *Shopping Malls* gibt es überquellende **Shops**, die alle gängigen Marken führen und preiswerten Einkauf signalisieren. Aber man darf sich nicht täuschen lassen: echte Schnäppchen bedingen, dass man sich gut auskennt. Wer sich für die Preisunterschiede interessiert, sollte sich bei www.radioshack.com einloggen oder mal bei www.ebay.com nachsehen, welche Preise dort so in etwa gelten bzw. erzielt werden.

DVDs

Achtung beim Kauf von DVDs! In vielen Nationalparks z.B. gibt es ausgezeichnete **Dokumentarfilme** zu Flora, Fauna und den spezifischen Phänomenen des Parks. Aber auf der DVD muss der *Regional* oder *Country Code* 2 stehen. Mit *Country Code* 1 laufen die Scheiben auf einem Standardplayer bei uns nicht.

2.7.2   Was muss mit, was nicht?

In den Reisekoffer gehört eigentlich nichts, was man nicht auch für den gewohnten Urlaub in Europa mitnehmen würde – klimabezogen und aktivitätsabhängig. Wer hat: Ein *Smartphone* mit Navi-Software ist in Ballungsgebieten sehr hilfreich.

USA und Canada haben den Vorteil, dass sich vieles, was ggf. vergessen wird, nachbeschaffen lässt. **Bei einem Kursniveau Ende 2012 für den US$ wie CAD um €0,80 außerdem in den USA zu Preisen, die für viele Produkte niedriger als bei uns liegen. Canada ist alles in allem auf dieser Wechselkursbasis deutlich teurer.**

Bekleidung

Bekleidung einschließlich Kindersachen ist preiswert, vor allem, soweit es sich um markenlose Ware in Kaufhäusern handelt. In den *Factory Stores* der **Outlet Malls** bezahlt man aber auch für Markenware vielfach deutlich weniger als bei uns.

Namentlich Markenwäsche und -Jeans sind erstaunlich billig: *Wrangler* und *Lee* gibt`s ab US$20, *Levis* ab ca. US$30. **Sportartikel** – Textilien, Schuhe und Ausstattung aller Art – gehören ebenfalls meist zu den sehr vorteilhaften Käufen.

Steckdosen-Adapter

Föhn und Rasierapparat lassen sich nur benutzen, wenn sie auf **110/125 V** umschaltbar sind. Aber auch dann benötigt man einen Adapter für das amerikanische Steckdosensystem. Der ist hierzulande problemlos in *Travel Shops*, in größeren Elektroläden und auch in Kaufhäusern erhältlich. Die Suche danach in den USA bzw. in Canada bereitet mehr Mühe und höhere Kosten.

Drogerie-Artikel

Nach wie vor ziemlich **teuer** sind erstaunlicherweise **Toilettenartikel** wie Seife, Zahnpasta, Haarshampoo, Sprays, Nivea- und Sonnenschutzcreme u.ä., sofern man von – eher seltenen – Eigenmarken der Kaufhäuser und Supermarktketten absieht. Man tut gut daran, sich den Reisebedarf samt Zahnbürsten und Rasierer aus der Heimat mitzubringen. Kaltwaschmittel gibt`s gar nicht.

Medika-mente

Seine Reiseapotheke kann man in Amerika in *Drugstores* und Supermärkten **per Selbstbedienung** mit rezeptfreien Medikamenten zu ähnlichen, teilweise niedrigeren Preisen als bei uns komplettieren, ➪ Seite 178 (Apotheken). Wer rezeptpflichtige Medikamente benötigt, sollte dafür besser nicht auf amerikanische/kanadische Ärzte angewiesen sein, sondern einen für die Reisezeit ausreichenden Vorrat dabei haben. Außer in Notfällen ist es für durchreisende Touristen mühsam, kurzfristig einen Termin zu bekommen, ➪ Seiten 61 und 178.

Mückenspray

Da in Canada und in den USA immer irgendwelche Viecher beißen und stechen, wenn es nicht noch/schon zu kalt oder am offenen Meer ist, könnte man auf die Idee kommen, ein Mückenspray einzupacken. Unsere Essenzen wirken indessen nicht besonders gegen amerikanische Moskitos und andere Quälgeister. Anti-Insektenmittel zum Sprayen oder Einreiben kauft man also besser drüben. Das Zeug ist garantiert wirksam, wenn auch weder billig noch sonderlich haut- und umweltverträglich.

UNTERWEGS
in CANADAS OSTEN
und im
NORDOSTEN DER USA

3.   UNTERWEGS IN NORDAMERIKA

3.1   Glückliche Ankunft

Zeit-umstellung

Auf der Reise nach Westen gewinnt man je nach Ziel und Jahreszeit im Nordosten Nordamerikas zwischen vier und sechs Stunden mit der Folge, gemäß Ortszeit nur zwei bis drei Stunden nach Abflug auf amerikanischem Boden zu stehen (**Zeitzonen** ↷ Seite 191) und kann schon am Nachmittag des Ankunftstages erste Eindrücke sammeln. Die Zeitumstellung gelingt problemlos, wenn man der aufkommenden Müdigkeit nicht zu rasch nachgibt, sonst sitzt man nachts (ca. 8-12 Uhr in Europa) hellwach im Bett. Nach dem Rückflug gen Osten (gegen die Erdumdrehung) und »Verlust« der Stunden ist das schwieriger. Die Überwindung des sog. *Jet Lag* dauert bei den meisten mehrere Tage.

Formulare/Sicherheits-check

Vor dem Einlass ins Reiseland USA stehen jedoch zunächst die Einreisekontrolle (*Immigration*) und der Zoll (*Customs*), seit dem 11. September 2001 besonders misstrauische Instanzen. Für beide gibt es bereits beim Einchecken, spätestens im Flugzeug Formulare, die sorgfältig in **Druckschrift und Großbuchstaben** ausgefüllt werden müssen. Im Oktober 2011 entfiel für ESTA-Einreiser (↷ Seite 70) der sog. *Departure Record*, an den sich mancher noch erinnern dürfte. **Visa-Inhaber** müssen den *Departure Record* aber immer noch ausfüllen.

Beim **Ausfüllen** sind folgende Punkte besonders zu beachten:

Immigration USA

• Die Zeilen für »**Adresse in den USA**« dürfen keineswegs leer bleiben, obwohl die meisten Touristen keine feste Anschrift in den USA haben, da sie ja irgendwo unterwegs sind. Ersatzweise tut es dann die Adresse der ersten gebuchten Unterkunft, sofern keine solche von Freunden oder Bekannten zur Hand ist.

Zoll-vorschriften

• Bei **Mitbringseln** gibt es zwar eine **offizielle Wertbegrenzung von $100**, und mehr als eine Flasche hochprozentiger Alkoholika wird nicht toleriert, aber das scharfe Auge des Gesetzes schaut vor allem auf die **schriftliche Zollerklärung**: Dort darf um nichts in der Welt ein »Yes« angekreuzt sein bei der Frage »Ich habe Früchte, Gemüse, Fleischwaren u. a. m. dabei und war kürzlich auf einem Bauernhof«.

Ankunft USA

Grundsätzlich erfolgen Einreise/Passkontrolle und Zollfreigabe dort, wo man erstmals amerikanischen Boden betritt. Zwischenlandung oder Flugzeugwechsel vor dem endgültigen Ziel haben immer die Erledigung aller Formalitäten zur Folge. Immerhin läuft die Ankunft am eigentlichen Ziel danach stressfrei.

Biometrie und Passkontrolle

Bei der Passkontrolle werden zunächst einmal elektronisch die **Abdrücke aller 10 Finger** erfasst und ein **Foto** gemacht (dauert zusammen maximal 30 sec); dann folgt die Frage nach Zweck und Dauer der Reise: Ersteres ist *Travel* oder *Visiting Friends/Relatives* (bloß keine weiteren Erklärungen!). Die meisten Reisenden erhalten die maximalen 90, Visainhaber bis 180 Tage.

United Terminal des O'Hare International Airport von Chicago (ORD)

Kein Departure Record mehr für »ESTA-Touristen«

Früher wurde der untere Abschnitt des ausgefüllten Formulars in den Pass gelegt und bei der Ausreise wieder entnommen. Nur Reisenden, die mit Visa – also nicht über ESTA-Genehmigung – einreisen, heftet oder legt der *Immigration Officer* nach wie wie vor den *Departure Record* in den Pass.

Immigration Canada

Die **Einreise nach Canada** läuft im allgemeinen entspannt ab. Es muss zwar ein Formular für die *Immigration* ausgefüllt werden, aber das verbleibt nicht im Pass. Der Tourist erhält üblicherweise einen 6-Monats-Stempel, meist ohne intensiv Befragung.

Zoll

Der Zoll macht in beiden Ländern beim grünen Schildchen (*nothing to declare*) nur **Stichproben** und stempelt (in den USA) das Zollpapier, das man am Ausgang abgibt. Ohnedem bleibt die Tür in den Kontinent der unbegrenzten Möglichkeiten verschlossen.

Gepäck-wagen

Die durchweg reichlich vorhandenen Gepäckwagen (*baggage cart*) sind bei der Ankunft in der Regel gratis. Dafür kosten sie umso mehr im Abflugterminal. Erst nach Einschieben mehrerer Dollar-scheine (bis zu $5) oder der Kreditkarte gibt die dort meist in eine Schiene eingebaute Sperre einen Wagen frei.

Umsteigen/ Weiterflug

Bei Fortsetzung der Reise über einen **inneramerikanischen/-kana-dischen Anschlussflug** muss nicht selten das Gebäude gewechselt werden. Zwischen den manchmal weit auseinanderliegenden

Terminals der verschiedenen Gesellschaften oder zwischen dem *International* und *Domestic Terminal* verkehren regelmäßig *Airline Connection*-Busse oder Schnellbahnen wie etwa in den Airports New York *Kennedy+Newark*, Chicago *O`Hare* oder Toronto.

Hotel-/ Mietwagen Pick-up Service

Hat man die **Hotelbuchung** in Airportnähe bereits in der Tasche, genügt ein Anruf, um den **Abholservice** (*Pick-up* oder *Courtesy Bus*, ➪ unten) zu aktivieren, so der nicht ohnehin routinemäßig seine Runden dreht. Ggf. wichtig zu wissen ist, vor welchem *Terminal* genau man steht (*International Arrivals, United Airlines* etc.), damit der Fahrer entsprechend instruiert werden kann. **Hotel- und Mietwagenzubringer** stoppen durchweg im identischen Abschnitt (in Großflughäfen farbig markiert). Der Transport zu den *Rental-Car*-Stationen (sofern nicht direkt mit den Terminals verbunden) bzw. Parkplätzen außerhalb des Airportgeländes muss zu normalen Tageszeiten meist nicht angefordert werden. Die Busse (*Shuttle*) von *Avis, Hertz, Alamo/National* etc. verkehren in kurzen Abständen und stoppen auf Handzeichen.

Zu weiter entfernten **City-Hotels** ist der Transport per Flughafen-Bus oder Taxi in der Regel selbst zu veranlassen.

Buchung eines Hotels bei Ankunft

Ohne Buchung sind die in allen Ankunftshallen vorhandenen **Hotel-/Motel-Werbetafeln** hilfreich. Über ein Gratis-Telefon erreicht man die angeschlossenen Häuser direkt. Nach einer Reservierung und Angabe des *Terminals* dauert es selten länger als 15 min, bis der Hotelbus vorfährt. Dabei sind Englischkenntnisse wichtig. Vom Hotel- und Mietwagenpersonal darf man keine Fremdsprachenkenntnis erwarten. Und den gerade allergünstigsten Preis erzielt man bei dieser Art der Buchung auch nicht.

In vielen Airports gibt's eine do-it-yourself Hotelreservierung mit telefonischer Hotline direkt zu den Häusern im Umfeld

3.2 Übernahme des vorgebuchten Mietfahrzeugs

Wurde der **Mietwagen** vorab gebucht, geht es oft erst einen oder mehr Tage nach Ankunft zur Vermietstation; das ist bei Städten wie New York, Chicago, Toronto zwecks autoloser Stadtbesichtigung oft sinnvoll. Der Wagen kann auch gleich bei Ankunft am Flughafen übernommen werden. Die **Camper-Verleiher** holen ihre Kunden auch ab, aber nur in bestimmten Hotels; bei höherem Buchungsaufkommen deutschsprachiger Touristen verfügen sie gelegentlich über Personal mit Deutschkenntnissen.

Pkw, SUV und Minivan

Prozedur

Die Übernahme eines Pkw geht normalerweise rasch über die Bühne: *Voucher* des Veranstalters, Pass und Führerschein vorlegen (**aber Achtung, gerne werden den Kunden noch zusätzliche, unnötige und teure Versicherungen aufgeschwatzt oder ein Plate Pass*) offeriert**). Unterschrift und Hinterlassung der Kaution (Kreditkartenerfordernis), Schlüssel steckt schon, der Tank ist meist voll, fertig. **Niemand wird auf die Idee kommen, irgendetwas zu erklären**. Leuchtet ein Bedienungsdetail nicht ein, muss man schon ausdrücklich fragen. Alle **Warntöne** verstummen in der Regel, wenn die Türen geschlossen und Gurte angelegt sind.

Schlüssel

Der Mieter erhält üblicherweise nur **einen Schlüsselsatz**. Früher konnte man sich leicht selbst Zusatzschlüssel im nächstbesten *Hardware Store* anfertigen lassen. Bei den neueren Schlüsseln mit Zentralverriegelungselektronik etc. geht das nicht mehr.

Tankfüllung

An sich übernimmt man Mietwagen mit vollem Tank und gibt ihn auch mit vollem Tank zurück. Wer das nicht schafft oder vergisst, zahlt drauf, denn der Vermieter kalkuliert dann die Menge nach Tankuhr und errechnet die Kosten mit einem exorbitanten Liter- bzw. Gallonenpreis. Das tut er in vielen Fällen auch schon von vornherein, d.h., er belastet den Mieter sogleich mit der gesamten Tankfüllung (bei Rückgabe dann ggf. Gutschrift nach Tankuhr), es sei denn, die erste Füllung wurde über »Super Inklusiv« o.ä. (➪ Seite 89) bereits vorausbezahlt.

Rückgabe

Die Rückgabe am *Airport* ist unkompliziert: die **Rental Car Return** Schilder leiten narrensicher zu den Parkplätzen der Verleihfirmen. Dort tippt das »Empfangspersonal« gleich am Auto die Daten in einen Kleincomputer und druckt eine Quittung aus. Die Prozedur dauert keine 3 min. Nachts ersetzt ggf. ein *Express-Return*-Briefkasten für die Dokumente und Schlüssel die Computererfassung. Die Quittung kommt per Post ins Haus. Von der Station geht's per *Shuttle*-Bus oder *Airport*-Bahn zum Abflug-*Terminal*.

---

*) Im US-Nordosten: Ein kleines Gerät am Innenspiegel sorgt dann dafür, dass man auf der Spur **E-Z-Pass** von gebührenpflichtigen *Toll Roads* freie Fahrt durch die Zahlschranke hat (statt Zeitverlust in Warteschlangen und Münzfummelei). Die Gebühr wird von der Kreditkarte abgebucht. Hinzu kommt immer eine Grundgebühr an den Vermieter für die Tage, an denen der Pass eingesetzt wurde (bis $10/Woche).

_____ **Camper**

Wohnmobil

Beim Camper sieht alles anders aus. Zunächst weitgehend identisch ist das Formale. Die Kaution bzw. Blanko-Kreditkartenunterschrift deckt hier nicht nur Risiken ab, sondern bezieht sich auf die **Extrakosten** wie Zusatzversicherungen (↔ Seite 100), Zusatzmeilen, Kindersitze, Generatorbenutzung, Steuern und ggf. Schäden – Abrechnung nach Rückgabe.

Inspektion

Nach Klärung des Papierkriegs erfolgt eine Inspektion des Fahrzeugs verbunden mit einer **Einweisung.** Besonders bei Andrang sind die Erläuterungen aber häufig nicht optimal und vollständig.

Die nebenstehenden Hinweise beruhen auf den eigenen nicht immer besten Erfahrungen der Autoren mit RV-Vermietern

Am ersten Tag ist es deshalb ratsam, erst einmal einzukaufen und fürs Einrichten und endgültige Verstauen nicht viel weiter als bis zum nächsten Campingplatz zu fahren. Dort kann man sich Zeit für ein **gründliches Durchchecken des Fahrzeugs** und seiner Technik nehmen Vor allem Bremsen, Reifen und Lenkung sollte man bei dieser ersten kurzen Fahrt rabiat prüfen. Sofortige Reklamation ist wesentlich unaufwendiger als eine Reparaturpause (oder Dauerärger) und der damit verbundene Stress unterwegs. Sollte sich überdies herausstellen (auf dem Platz des Vermieters wird man das selten merken), dass etwa der Kühlschrank nicht richtig funktioniert, der Wasserschlauch fehlt oder Bedienungsdetails unklar sind, ist die Noch-Nähe zum Vermieter mit der Chance zur Rückfahrt ebenfalls ganz vorteilhaft.

Schlüssel

Wie beim Pkw gibt es im allgemeinen **nur einen Satz Schlüssel,** siehe dazu die Hinweise auf Seite 119.

Checkliste

Vor jeder morgendlichen Abfahrt muss allerhand verstaut, verzurrt und festgemacht sein, auch außen 'rum darf nichts mehr hängen oder ungewollt offenstehen. Besonders ohne bisherige Campererfahrung des Reiseteams sollte man sich eine kleine Checkliste machen, die man morgens abspult.

Wartung

Mieter von **Campfahrzeugen** sind nur bei längerfristigen Verträgen verpflichtet, **Ölwechsel** durchführen zu lassen; das Intervall beträgt üblicherweise 5.000 mi. Die Kosten dafür müssen zur späteren Verrechnung ausgelegt werden. Da es in Nordamerika jede Menge Stationen für den schnellen **Ölwechsel zum Inklusivpreis** einschließlich eines Checks anderer wichtiger Liquide gibt (Getriebe, Bremsflüssigkeit, Servolenkung etc.), macht das wenig Probleme, ↔ auch Seite 137. (Die **Pkw-Verleiher** verlangen bei Langzeitmiete zwischendurch das Anfahren einer Station).

Reparaturen

Reparaturen dürfen – wenn sie minimale Kosten (meist $50-$100) übersteigen – **immer erst nach Rücksprache mit der Verleihfirma** ausgeführt werden. Dazu gehört auch der Ersatz von unterwegs verschlissenen Reifen. Die größeren Vermieter haben Verträge mit landesweit operierenden Reifenfirmen wie z.B. *Goodyear, General Tire, Canadian Tire* oder *Firestone,* die auch gängige Routinereparaturen durchführen. Deren Ableger sind auch noch in sehr kleinen Ortschaften zu finden.

Pannen

Spätestens bei der ersten Panne wird man feststellen, dass es **kaum Bordwerkzeug** gibt. Dahinter steckt Methode: Der Kunde soll gar nicht erst auf die Idee kommen, selbst herumzufummeln. Sogar Wagenheber und Radschlüssel fehlen schon mal. Er möge bei einer Panne halt den **Straßendienst** anrufen, wurde einem der Autoren in einem solchen Fall bedeutet – in manchen Situationen leichter gesagt als getan.

Rückgabe des Campers

Vor der Abreise steht die Rückgabe des Campers, bei den meisten Vermietern am Vormittag. Möchte man hohe **Endreinigungskosten vermeiden,** muss der Camper besenrein und mit entleerten Abwasser-/Toilettentanks zurückgegeben werden, oft auch mit gefülltem Frischwassertank und – falls man ihn so übernommen hat – vollem Benzintank. Die Vermieter akzeptieren im allgemeinen äußerlich normal verschmutzte Fahrzeuge. Es wird indessen erwartet, dass der Kunde groben Dreck (an einer der zahlreichen Waschanlagen mit Druckreinigern) vor der Rückgabe selbst entfernt. Andernfalls wird er (wieder) zur Kasse gebeten.

Ist nichts beschädigt, gibt es keine Probleme. Formalitäten, Inspektion des Wagens und Abrechnung von Mehrmeilen, Steuern etc. sind rasch erledigt.

Flughafen-Transfer

Der Vermieter sorgt im allgemeinen für den Transport zum Hotel bzw. zum Airport. Bei Planung von **Rückgabe und Abflug am selben Tag** sollte auf reichlich Zeit geachtet werden: besser nicht unter 4 Stunden zwischen frühestmöglicher Ankunft in der Station und Abflug. Denn gelegentlich entstehen Wartezeiten, etwa auf weitere Kunden, die im selben Bus zu anderen Zielen transportiert werden müssen. Entspannter verläuft auf jeden Fall die Rückgabe einen oder mehrere Tage vor Abflug.

3

Camping am Strand des Lac Saint-Jean in Québec, ➪ Seite 568

3.3   Regelung des Transports vor Ort

**Eigen-
initiative**

Steht am Ankunftsort kein vorgebuchtes Fahrzeug bereit, und
stecken weder Rundreiseticket einer *Airline* noch *Greyhound-*
oder *Amtrak/Canrail*-Netzpass in der Tasche, muss Eigeninitiative dafür sorgen, dass es weitergeht.

3.3.1 _____ Pkw- und Camper-Miete

_____ **Pkw, SUV und Minivan**

**Voraus-
setzungen**

Sich ein Auto zu mieten, ist in ganz Nordamerika ein alltägliches
und unkompliziertes Geschäft, sofern der Kunde die nötigen Voraussetzungen erfüllt. Zu beachten ist, dass

- die großen **Pkw-Verleihfirmen** vor Ort **an Fahrer unter 21 Jahren** nicht vermieten. Bisweilen wird ein Mindestalter von 23
oder sogar 25 Jahren gefordert bzw. bei Unterschreitung ein
Aufschlag ab $20/Tag erhoben. Nur in *Big Cities* gibt es hier
und dort lokale Unternehmen, die sich den Service für Kunden
ab 18/19 Jahren mit Höchsttarifen honorieren lassen. Damit
verbunden ist oft die Auflage, das Stadtgebiet bzw. einen engen
Radius um die Stadt herum nicht zu verlassen. Die **Deckungssumme** der Haftpflichtversicherung ist dabei oft unzureichend.
- im Auto-Verleihgeschäft ohne **Kreditkarte** so gut wie nichts
läuft. Selbst der Vorbucher, der ja bereits in der Heimat alles
bezahlt hat, muss meist noch ein Blanko-Kreditkartenformular
abzeichnen. Bei Buchung eines Mietwagens vor Ort sind Firmen noch weniger bereit, anstelle der *Credit Card* Bares als
Kaution zu akzeptieren. Folgerichtig sind auch verbindliche
**telefonische Reservierungen ohne Angabe einer Kreditkarten-
nummer nicht möglich**.
- durchweg alle europäischen Führerscheine (einschließlich der
letzten noch vorhandenen grauen »Lappen«) anerkannt werden. Aber es schadet nicht, einen Internationalen Führerschein
mitzuführen. Der Reisepass ist zusätzlich vorzulegen.

Typen

Über die in den USA und Canada als Leihwagen zur Verfügung
stehenden Wagentypen und -kategorien kann man sich in Reisekatalogen und im Internet ausführlich informieren. Man erhält
auch bei den internationalen Vermietern direkt Unterlagen. Das
Angebot anderer Firmen unterscheidet sich bei Typen und Kos-
tenkategorien davon im allgemeinen nicht wesentlich.

**Tarife
am Airport**

Wer nicht aufs Geld schaut, bucht seinen Mietwagen ohne Reser-
vierungsmühe am Ankunftsflughafen. Fahrzeuge sind fast immer
vorhanden, **die kleineren, etwas preisgünstigeren Fahrzeuge**, mit
deren Tarifen in den Zeitschriften der *Airlines* gerne geworben
wird, aber **oft ausgebucht**. Dagegen hilft nur zeitige Reservierung;
Telefonnummern und Webadressen stehen auf Seite 126.

Gelegentlich erhält der Kunde auch schon mal ein größeres Fahrzeug zum Tarif des eigentlichen Wunschfahrzeugs.

Billig-
vermieter

Für eine **kostengünstigere Automiete** sollte man besser einen Bogen um die Schalter im *Airport* machen und das nächste Telefon suchen. Immer besitzen auch einige Billigvermieter (ohne Flughafenschalter) eine Station im Umfeld. Die lokale Telefonnummer findet sich rasch: Die gelben Seiten des örtlichen Telefonbuchs enthalten immer Anzeigen des Gewerbes unter *Automotive,* Unterrubrik *Rental/Rent-A-Car* oder direkt unter *Car Rental*. Nicht selten befindet sich ein Gratistelefon für **Off Airport-**Vermieter gleich neben der *Hotel Information,* ⇨ Seite 118.

Versicherung

In diesem Zusammenhang sei noch einmal auf die Problematik der Haftpflichtdeckungssumme hingewiesen, ⇨ Seite 91, die nur für Inhaber bestimmter Goldkarten ohne Zusatzkosten und Kopfzerbrechen ohne weiteres gelöst werden kann.

Abholbus der kooperierenden Vermieter Alamo und National. Bei diesen kann man sich bisweilen das am meisten zusagende Fahrzeug der gebuchten Kategorie aus dem Bestand aussuchen

3

Ist alles telefonisch vorgeklärt, schickt die Verleihfirma in der Regel einen Wagen, um den Kunden abzuholen.

Preis-
vergleich

Hat man es nicht so eilig, lässt sich mit größerer Ruhe **vom Hotel aus** vielleicht ein noch besserer Tarif finden. In einigen US-Regionen lohnt ein Blick auf die Website für »Schrottautos« (www.rent-a-wreck.com>locations). Wer seinen **Laptop** dabei und im Hotel einen Internetanschluss oder Wifi hat oder in ein **Internet Café** geht, findet die besten Angebote immer im Netz. Eine der besten Adressen in den USA mit übersichtlicher Darstellung der Möglichkeiten vor Ort ist www.orbitz.com.

Unter-
schiede

Die **Konditionenunterschiede für gleichartige Fahrzeuge** sind bemerkenswert. Der Vorteil der großen Firmen besteht im wesentlichen darin, dass die Wagen im Schnitt neuer und gepflegter sind und bei Problemen unterwegs die nächste Filiale der Firma nicht so weit entfernt sein wird.

Sprach-kenntnisse wichtig

Eine **wichtige Voraussetzung** des beschriebenen Vorgehens ist die Fähigkeit, auch am Telefon sprachlich einigermaßen klarzukommen, und außerdem eine gewisse Übersicht über die Tarife. Nur dann kann man sogleich entscheiden und entweder um Abholung bitten oder dankend ablehnen.

Reservierung per Telefon und Internet

Ist man bereits in Nordamerika unterwegs, sichert die Reservierung einige Tage vor der geplanten Miete in der Regel die gewünschte Wagenklasse und gelegentlich auch einen besseren Preis als direkt vor Ort (Kreditkartennummer erforderlich, siehe oben). Die **gebührenfreien Telefonnummern** und **Internetadressen** der wichtigsten Vermieter lauten wie folgt:

Firma	Toll-free ℂ	Internetadresse
Alamo	1-877-222-9075	www.alamo.com
Avis	1-800-331-1212	www.avis.com
Budget	1-800-527-0700	www.budget.com
Dollar	1-800-800-3665	www.dollar.com
Enterprise*	1-800-261-7331	www.enterprise.com
Hertz	1-800-654-3131	www.hertz.com
National	1-877-222-9058	www.nationalcar.com
Payless*	1-800-729-5377	www.paylesscar.com
Thrifty*	1-800-847-4389	www.thrifty.com

Die mit einem Sternchen versehenen Firmen bieten in der Regel geringere Tarife als die internationalen Marktführer.

Sollte eine 800-Nummer nicht mehr zutreffen, erfährt man die neue *toll-free-number* unter ℂ **1-800-555-1212.**

Reservierung unterwegs via ADAC

Auch bereits unterwegs in Nordamerika können ADAC-Mitglieder online über www.adac.de zu günstigen Tarifen und Konditionen (inkl. Haftpflichtaufstockung und Vollkasko), wie sie bei uns angeboten werden, ein Fahrzeug buchen.

Problemlose persönliche Abwicklung ist auch über Telefon möglich, z.B. über den ADAC Hamburg, ℂ 040-767387-20, Frau Sina Paulsen; Email: sina.paulsen@hsa.adac.de.

Gebraucht-wagenmiete

Noch günstiger als bei »normalen« *Discountern* leiht man Gebrauchtwagen von Firmen, die sich **Rent-A-Wreck**, **R***ent-A-Used-Car*, **Ugly Duckling**, **Rent-A-Junk** oder ähnlich nennen. Die Preise für die durchaus nicht an »Wracks« erinnernden Autos liegen um $5-$8 pro Tag unter der Billigkonkurrenz, schließen aber oft nur bis 100 freie Meilen ein. Ein festgelegter Aktionsradius um den Sitz der Firma darf häufig nicht überschritten werden, oder die Fahrt ist auf wenige Bundesstaaten begrenzt. Solche Wagen eignen sich eher für den Kurzfrist-City-Aufenthalt und kleine Abstecher in die Umgebung

Unter der Nummer ℂ **1-877-877+0700** erfährt man die Adressen der Stationen von *Rent-A-Wreck*; Website: www.rentawreck.com.

Campmobile

Saison-situation

Einen Camper während der Sommersaison vor Ort in den USA bzw. Canada ohne Vorausreservierung zu finden, ist ein schwieriges, im Juli/August fast unmögliches Unterfangen. Vor *Memorial Day* im Mai und nach dem *Labor Day* im September dagegen sind die Aussichten erheblich besser. Von Mitte Oktober bis Mitte Mai freuen sich im Nordosten die meisten Verleihfirmen über jeden Kunden, soweit sie ihre Camper nicht für den Winter in Richtung Florida verbracht haben.

Kosten

Wer also in der **Vor- und Nachsaison** die Mühe auf sich nimmt, einen Camper drüben zu buchen, wird kaum Probleme haben. Die Wahrscheinlichkeit aber, damit günstiger zu fahren als bei Buchung in der Heimat, ist beim momentanen Kurs von ca. €0,80 für den US\$/CAD nicht sehr hoch Außerdem ist zu bedenken, dass **in Nordamerika angebotene Camper im Basistarif keine aufgestockte Haftpflicht** beinhalten. Wer so vorgeht, sollte eine Kreditkarte haben, die dieses Manko kompensiert.

Die **Voraussetzungen** für eine Campermiete sind weitgehend identisch mit denen der Pkw-Miete, siehe vorstehende Seiten.

Camper mieten, wo?

Adressen und Telefonnummern von Verleihfirmen findet man in den Gelben Telefonbüchern bzw. im Internet unter Rubriken wie *Automotive/RV-Rental* oder *Recreational Vehicles*, außerdem in Kleinanzeigen (*Classified Ads*) in der Tageszeitung. Da es bei der Campermiete mit dem Anruf und dem Internetkontakt nicht getan ist, sondern immer die Begutachtung der Fahrzeuge erfolgen muss, benötigt man bis zur Klärung einen Leihwagen.

Versicherung

Ebenso wie bei der Vorbuchung sollte man sich Klarheit verschaffen über die **Haftung des Mieters** bei Schadensfällen und die Höhe der Zuzahlung/Tag zur Vermeidung bzw. Minderung der Risiken. Eine automatische Aufstockung der Haftpflichtdeckung durch Zahlung mit einer entsprechenden Kreditkarte (↻ Seite 91) – die *Netbank Platin Card* beinhaltet sogar eine Vollkasko-Deckung – ist dabei zu empfehlen.

Erst drüben mieten?

Die Frage »**Lohnt es sich, erst drüben zu mieten?**« kann wegen der Komplexität der Angelegenheit selbst für die *Off-Season* nicht eindeutig beantwortet werden. Denn erstens gibt es bei vielen Veranstaltern auch für die Vor- und Nachsaison sehr günstige Angebote, und zweitens spielen zu viele qualitative Aspekte eine Rolle. So können Suche und Auswahl stressig und nicht gerade der Ideale Einstieg in die USA- bzw. Canadareise sein Ein wenig ermunternder Gedanke ist auch, dass bei Mängeln des Fahrzeugs und eventuellen Schäden eine daraus resultierende Auseinandersetzung im fremden Land geführt werden muss.

Empfehlung

Campermiete auf eigene Faust vor Ort sollten nur Leute erwägen, die über gute Englischkenntnisse, eine gewisse individuelle Reiseroutine im Ausland verfügen und lange unterwegs sein wollen.

Kauf von Fahrzeugen mit Rückkaufgarantie bzw. Leasing

Was tun, wenn man per Auto oder Camper zwar gerne für einige Monate Nordamerika entdecken möchte, aber die Mietkosten für den langen Zeitraum zu hoch erscheinen und andererseits der mit einem denkbaren Autokauf verbundene Umstand (erhebliche bürokratische und versicherungstechnische Hürden für Ausländer ohne Wohnsitz in Kanada bzw. USA) und das Problem des Wiederverkaufs am Ende der Reise abschrecken?

Die Lösung dafür bieten z.B. Firmen wie *Adventures on Wheels* bei New York, ✆ 1-800-943-3579, www.wheels9.com. *AoW* hat/beschafft Gebrauchtfahrzeuge in allen Preislagen (Pkw/Kombis ab ca. $3.000, Camper ab $6.500) und garantiert die Rücknahme (Zulassung auf den Käufer nur bei Vorliegen eines US-Führerscheins) oder macht einen Leasingvertrag.

Kontakt zu weiteren Fahrzeuganbietern hat auch die deutsche Firma *Adventure Travel* (www.usareisen.com – Leasing und Kauf mit Rückkauf unter den Schaltflächen Fahrzeuge >Fahrzeug-Leasing).

Für den Kauf mit Rückkauf und langfristige Leasingverträge sind im Osten von **Canada** keine darauf spezialisierten Firmen bekannt, im Westen lediglich die Firma *Wildwest Campers* in Vancouver (www.wildwestcampers.ch).

Das Verkauf-/Rückkauf-Geschäft in den USA funktioniert wie folgt:

1. Der Kunde kontaktiert den Anbieter und erläutert seine Vorstellungen. Sind passende Fahrzeuge vorhanden, erhält er die Daten, Preis und Nebenkosten. Sagt ihm ein Wagen zu, reserviert er ihn durch eine Anzahlung.

2. Bei Ankunft des Kunden steht der Wagen im günstigsten Fall »abmarschfertig« bereit, d.h. technisch einwandfrei, frisch gewartet und zugelassen. Konnte die Zulassung ohne Anwesenheit des Kunden noch nicht erfolgen, wird das Auto jetzt angemeldet.

3. Nach Ende der Reise nimmt die Firma das Fahrzeug zurück und zahlt die vereinbarte Rückkaufsumme aus – sofern der Wagen sich im vertraglich vorgesehenen Zustand befindet (eine übliche »Fußangel«, die leicht Verdruss bereiten kann). Die Abschreibung ist mal meilen-, mal zeit- und saisonabhängig oder eine Mischform daraus. Der Käufer hat unter Umständen auch das Recht, den Wagen in Eigenregie selbst zu verkaufen.

Die Kosten des Ankauf-/Rückkaufgeschäfts sind alles in allem **nicht ganz niedrig**, da zunächst hohe Fixkosten der Beschaffung, Grundinspektion, Fahrzeugvorbereitung sowie Zulassung und – Kauf plus die *sales tax* anfallen. Erst ab minimal 10 Wochen (je nach Fahrzeugtyp, Saison und Alter des Käufers), oft aber erheblich später kommt es zu einem Kostenvorteil gegenüber der Miete für ein gleichartiges Fahrzeug. Wobei Miet-Pkw immer neu sind, Mietcamper höchstens 2-3 Jahre alt. Kaufangebote beziehen sich dagegen überwiegend auf ältere Fahrzeuge. Je neuer und teurer ein Fahrzeug ist, umso höher fällt natürlich der Wertverlust aus mit der Folge, dass sich Vorteile gegenüber einer Miete nur bei sehr langen Reisen ergeben. Im Einzelfall muss genau gerechnet und auch überlegt werden, welchen Wert man beim Alternativenvergleich der deutlich höheren Problem- und Risikofreiheit eines Mietwagens beimisst.

Leider gibt es auf diesem Markt recht **p r o b l e m a t i s c h e Geschäftspraktiken**. Misstrauisch werden sollte man aber bei Angeboten für Fahrzeuge ohne klare Baujahr- und Meilenangabe. Meilenstände unter 100.000 bei Fahrzeugen, die ggf. zehn und mehr Jahre alt sind, geben ebenfalls zu denken.

VW-Camper aus den 1960er-Jahren auf einem privaten Automarkt

Abgesehen davon, dass man sich auf derartig alte Wagen – die ja noch o.k. sein können – nur nach persönlicher Inspektion einlassen sollte. Die Alarmglocken läuten auch bei sehr großzügigen Garantiezusagen für Altfahrzeuge. Die damit verbundenen Risiken sind naturgemäß hoch und müssen, damit sich das Geschäft noch rechnet, anderweitig wieder hereingeholt werden. Etwa durch einen von vornherein überhöhten Verkaufspreis oder durch für den Käufer nachteilige Vertragsklauseln.

Eine **Achillesferse** dieses Geschäfts liegt bei der **Deckungssumme der Haftpflichtversicherung**. Wenn überhaupt eine Aufstockung (⇨ Seite 108) möglich ist, dann wird sie teuer. Das gilt speziell bei Käufern bzw. Leasingnehmern unter 25 Jahren. Es ist möglich, dass für sie lediglich die im Bundesstaat der Zulassung gesetzliche Minimaldeckung abgeschlossen werden kann. Schon ein kleiner Unfall verursacht ggf. Kosten in Dimensionen weit über der Deckung.

Generell gilt: Das eigene, vom »Rückkaufhändler« beschaffte Auto rechnet sich unter Berücksichtigung aller Neben- und selbst zu tragenden Reparaturkosten, Reifenersatz etc. kaum unter **Reisezeiten von 3-4 Monaten**.

Die Alternative sind **Leasingverträge** mit höherem »Eigentümerrisiko« als reine Mietverträge beim typischen Autovermieter. Sie sind billiger (bzw. sollten billiger sein) als eine längere Miete und unterliegen nicht den möglichen (Rück-) Verkaufsproblemen am Reiseende wie im Fall des gekauften Autos.

3.3.2   Bus und Bahn

Ohne **Bus-** oder **Railpass,** ➭ Seiten 105f, sind Eisenbahn- und Busfahrten per **Einzelticket** auch in Nordamerika ein relativ teurer Spaß, nur wer sich im Internet »schlau« macht und aufpasst, reist zumindest im Bus auf Strecken mit hoher Frequenz zu relativ günstigen Tarifen:

Sondertickets Greyhound

• Der komfortable *Greyhound NeOn-Bus* (Wifi, 220/110 Volt) verbindet große Städte, insbesondere in **New York State** untereinander und mit **Toronto** sowie **Montreal** (z.B. NYC-Toronto bis zu 9 Mal täglich in 10-12 Stunden für $57 bei Frühbuchung, $69 bei Internetbuchung bis $82 je nach nach Konditionen, bis Buffalo/Niagara Falls ab $49).

• *»Web only fares«* gewähren Rabatte (z.B. NYC–Boston mit Abfahrten bis zu 22 Mal täglich in 4,5 Stunden für $22).

Busnetz Neuengland

Alle Verbindungen zwischen **New York** und **Boston** samt Haltepunkten am Wege – nicht nur *Greyhound/Bolt Lines* – finden sich unter der Internetadresse www.newenglandtravelplanner.com/transport/bus/bos_nyc_bus.html. Von dort kann man weiter klicken zu allen Linien und Verbindungen in **ganz Neuengland**.

Busnetz Ost Canada

Auch in Canada ist *Greyhound* in einigen Gebieten Marktführer (www.greyhound.ca), verkehrt aber im Osten nicht über Montreal hinaus. In **Ontario** bedient *Greyhound* nur Hauptstrecken und weitere in Kooperation mit Regionallinien. Wer v**on Toronto in Richtung Norden** will, findet mit *Ontario Northland* die richtige Buslinie (www.ontarionorthland.ca). Am Lake Ontario entlang von Toronto über Niagara Falls bis New York und auch auf inneren Routen im Osten Ontarios ist *Coach Canada* unterwegs (www.coachcanada.com).

In **Québec** geht's spätestens ab **Montreal** z.B. mit dem *Orleans Express* täglich weiter über Québec City bis nach Percé an der Ostspitze der Halbinsel Gaspé (www.orleansexpress.com). Wer auf dem Nordufer des St. Lorenz bleiben will, kann sich von *Intercar* über Tadoussac hinaus bis Baie Commeau kutschieren lassen, ab Montreal in ca. 11 Stunden, ab Québec City in rund 7,5 Stunden (www.intercar.qc.ca/qb.php).

Eine Grobabdeckung der **maritimen Provinzen** per Bus inklusive Prince Edward Island lässt sich mit *Maritime Bu*s realisieren (www.maritimebus.com, früher *Acadian Bus*). An der Ostküste von **Nova Scotia** verbindet *Trius Tours* Halifax mit Yarmouth (www.peisland.com/triustours/line.htm).

Nahverkehr/ Regionalbusse

Der öffentliche Nahverkehr Nordamerikas hat generell keinen guten Ruf. Das trifft aber nicht auf alle Teilregionen und Cities zu. Im Bereich der dichter besiedelten Räume im Nordosten (Neuengland und NY-State), in Südontario und im Süden Québecs sind die **regionalen Busnetze relativ gut ausgebaut**. In manchen Großstädten (Toronto, Boston, Chicago, New York) steht die Qualität des Kurzstreckentransports dem in europäischen Metropolen kaum nach und ist **zudem oft preiswerter als bei uns**. Hohe City-Parkgebühren spart, wer sich im *Park&Ride*-H/Motel einquartiert und die Stadt per Bahn/Bus erkundet.

In dünnbesiedelten Staaten und Provinzen und in den mittelgroßen Städten ist die Versorgung mit öffentlichen Verkehrsmitteln insgesamt eher dürftig.

Regionale Eisenbahnen

USA

Neben den großen Netzen von **Amtrak** und **ViaRail** (➪ Seite xxx) gibt es in Nordamerika noch eine ganze Menge regionaler Gesellschaften, deren Züge mit den Railpässen nicht benutzt werden können. Im Nordosten der USA interessant sind z.B. der **Cape Codder** (nur Mitte Juni bis Anfang September) von New York nach Hyannis und die **Long Island Railroad** von NY-City/*Penn Station* nach Montauk. Für **Oldtimer Fans** ist die **Mt. Washington Cog Railway** in New Hampshire ein absoluter Leckerbissen, ➪ Seite 337.

Regionale Eisenbahnen

Canada

In **Québec** wird zwei Mal wöchentlich ein **Panoramawaggon** an den Güterzug von Sept-Îles (am Unterlauf des St.-Lawrence-River) nach **Labrador City**/Wabush in den hohen Norden gehängt, ➪ Seite 662. In die nördliche Wildnis Ontarios, nach Cochrane, fährt der **Ontario Northland** und von dort der nostalgische **Polar Bear Express** in das abgelegene Moosonee an der James Bay der Hudson Bay. Als besonders reizvoll gilt die Streckenführung der (heute nur noch) reinen Touristenbahn **Algoma Central Railway** ab Sault Ste Marie (westliches Ontario, ➪ Seite 466).

3.3.3   Fliegen in Nordamerika

Kosten

Inneramerikanische/-kanadische Flüge sind selten besonders preiswert. Vielmehr gehen sie gerade bei kurzen Strecken ziemlich ins Geld, handelt es sich nicht gerade um vielfrequentierte *Shuttles* wie Boston-New York oder Toronto-Montréal. Kostspielig sind auch Anschlussflüge zu entlegenen Orten, die nur von einer einzigen Gesellschaft bedient werden. **Generell gilt**: Kauft man Tickets drüben einzeln und kurzfristig, kann das teuer werden. Wer im voraus weiß, dass er inneramerikanische Flüge nutzen will und dies gleich zusammen mit dem Transatlantikticket arrangiert, fliegt in vielen Fällen, wiewohl nicht unbedingt, preiswerter als bei späterer separater Buchung vor Ort.

Buchung

Der bequeme Weg zum Ticket ist das nächste Flugreisebüro. Wer seine Automobilklubkarte dabei hat, kann sich an die **Reisebüros des AAA** wenden, ➪ Seite 66, die es in allen größeren Städten gibt.

Es kann aber oft günstiger sein, selbt im **Internet** aktiv zu werden. Laptop-, Smartphone- oder iPad-Nutzer können unterwegs über *Wifi* von Hotels, *Campgrounds* und anderen *Hot Spots* leicht *online* gehen. In vielen Fällen ist man mit Buchungsportalen am besten bedient, so z.B. www.orbitz.com.

Internetportale und *toll-free* © der Airlines ➪ Seiten 85+86.

3.4   Auf Amerikas und Canadas Straßen

3.4.1   Verkehrsregeln

Situation

Autofahren ist in Amerika einfacher und im allgemeinen weit weniger stressig als in Europa. **Außerhalb der Ballungsgebiete** sind geringe Verkehrsdichte, mehrheitlich beachtete Geschwindigkeitsgrenzen, Getriebeautomatik der meisten Fahrzeuge und größere Gelassenheit der Amerikaner und Kanadier am Steuer einige Gründe dafür. **Es wird** in beiden Ländern **rechts gefahren**, und die wenigen andersartigen **Verkehrszeichen** erklären sich durch ihre Symbolik weitgehend von selbst. Ein Umdenken ist also nicht erforderlich:

Aber die folgende kurze **Liste wichtiger abweichender Regeln** sollte man sich einschärfen:

Vorfahrt

• **Stoppzeichen** mit dem Schild *4-way* für alle Fahrtrichtungen an Kreuzungen bedeuten »wer zuerst kommt, fährt zuerst«. Das Anhaltegebot wird strikt befolgt. Die Regel ist genauer als »rechts vor links« und besonders in Wohngebieten Standard. Dabei überqueren mehrere sich der Kreuzung nähernde Wagen diese nach kurzem Halt in der **Reihenfolge der Ankunft**. Das gilt auch bei aufgestautem Verkehr (Ankunft **am weißen Balken** auf der Fahrbahn zählt); die Überquerung läuft dann ringsum einer nach dem anderen. Bei Unklarheit darüber wird das Problem in der Regel durch Fahrerhandzeichen gelöst.

Ampeln

• Zeigt eine Ampel **rot**, darf unter Beachtung der Vorfahrt des Querverkehrs rechts abgebogen werden, es sei denn, eine Schrifttafel untersagt dies ausdrücklich (*No Turn on Red*); in **New York City und in Québec** ist dies allerdings generell verboten. Im Fall einer gesonderten Abbiegerspur **muss** sogar bei Rot abgebogen werden, solange dies der Querverkehr zulässt. Die **Lichterfolge** an der Ampel ist **Grün-Gelb-Rot-Grün**; die Rot/Gelb-Phase vor dem Grün entfällt also.

Schulbus

• Die gelben Schulbusse dürfen weder überholt noch vom **Gegenverkehr** (!) passiert werden, wenn sie anhalten und Kinder ein-/aussteigen lassen. Ein seitlich ausgeklapptes Stoppschild und Blinkleuchten an den Bussen signalisieren das Anhalten. Nichtbeachtung gilt als schweres Delikt.

Strenge Verkehrsregeln für Schulbusse und -zonen schützen den Schulweg vorbildlich

Überholen und Spurhalten

• Auf mehrspurigen Straßen wird in Amerika legal rechts überholt. Theoretisch ist dies zwar nur erlaubt, wenn dafür nicht die Spur gewechselt wird, aber in der Praxis sind **Überholmanöver auf der rechten Seite** üblich. Daran muss man sich gewöhnen und den rechten Fahrbahnen auf *Freeways* mehr Aufmerksamkeit schenken als bei uns. Eines der obersten Gebote auf mehrspurigen Straßen ist nicht zuletzt aus diesem Grund **stures Spurhalten**. Auf voll besetzten Straßen kann ein Spurwechsel deshalb etwas schwierig sein.

Geschwindigkeitsgrenzen

• Schon 1995 fiel **in den USA** die bundesweite Höchstgeschwindigkeitsgrenze auf Autobahnen (65 mph=104 km/h). Es ist seither den Bundesstaaten überlassen, sie festzulegen. Die meisten **Oststaaten blieben bei der alten Regelung**, lediglich im Westen des Landes und in einigen Präriestaaten gelten neue Höchstgrenzen von 70 mph oder 75mph. **Auf allen anderen Straßen gilt seit eh ein generelles Limit von 55 mph, innerörtlich von 30 mph**, wenn nicht ausdrücklich anderes vorgeschrieben ist.

• In **Canada** darf nur auf wenigen Autobahnen 100 km/h überschritten werden. Auf Landstraßen gilt allgemein 80 km/h, manchmal 90 km/h, innerorts 50 km/h.

Die **Überwachung** erfolgt durch in Polizeiwagen installierte Radargeräte. Wer am Sheriff zu schnell »vorbeibrettert«, hat ihn bald im Rückspiegel und wird sogleich zur Kasse gebeten.

Bußgeld für Geschwindigkeitsüberschreitung in Canada: Bei 120 km/h statt 100 km/h: c$100, bei 140 statt 100 km/h: c$295.

Polizeikontakt

Um einen Autofahrer zu stoppen, überholt die amerikanische bzw. kanadische Polizei nicht etwa, sondern bleibt hinter ihm und betätigt kurz Sirene und rote Rundumleuchte, das unmissverständliche Zeichen zum »Rechtsranfahren«.

Nach dem Anhalten wartet man im Wagen, alles andere könnte falsch gedeutet werden. Es ist auch nicht ratsam, unbedachte Bewegungen zu machen, etwa in der Absicht, seine Papiere aus dem Handschuhfach zu holen. Am besten bleiben die Hände auf dem Lenkrad.

Ein solches Verhalten ist üblich, um der Polizei – die in Amerika mit überraschendem Schusswaffengebrauch rechnen muss – eine defensive Position zu signalisieren. Polizisten verhalten sich in Kontrollsituationen meist sachlich-korrekt; nach dem ersten »Abtasten« und kooperativer Haltung des Gestoppten auch bei Übertretungen im allgemeinen eher freundlich.

Die Eröffnung eines ernsthaften Disputs mit einem *Sheriff* ist in Anbetracht seiner (für uns) erstaunlichen Machtbefugnis nicht sehr ratsam. Die respektvollen Anreden lauten *Officer* oder *Sir*. In Nationalparks besitzen die *Ranger* einen ähnlichen Status wie sonst die Polizei.

**Parken und
Parkverstöße**

Parkvorschriften sind in den USA und Canada strenger als bei uns und tunlichst zu beachten. Die Polizei ist ständig unterwegs, verteilt *Tickets* an Parksünder oder lässt rigoros abschleppen (Gebühr ab $150). Auch wer auf Parkplätzen ohne Parkuhr die auf Hinweis-Schildern vermerkten Zeiten überschreitet, ist vor einem *Ticket* nicht sicher. Polizeikontrolleure verbinden mit einem Kreidestrich den untersten Punkt des Autoreifens mit dem Straßenasphalt. Ist bei der nächsten Kontrolle nach Ablauf der maximalen Parkzeit der Strich zwischen Reifen und Straße immer noch durchgängig, wurde der Wagen nicht bewegt. Folglich gibt's ein *Ticket.*

Entlang **gelber Kantsteinmarkierungen** ist Parken verboten; ebenso dürfen Hydranten – die Dinger stehen in Nordamerika alle Naselang – nicht zugeparkt werden: ca. 5 m nach rechts und links müssen freibleiben.

Oft sind **Parkvorschriften** auf Tafeln erläutert, deren genaues Studium angeraten ist. Die Ausnahmen vom Parkverbot bzw. von der Parkerlaubnis werden darauf minutiös erklärt (für Straßenreinigung, Markttage und Anwohner-Vorrechte).

Zahlung

Wer ein *Ticket* erhält, muss entweder im vorgefundenen Umschlag **Dollars bar** verschicken oder bei einer Bank per *Money Order* die Bußgeldsumme einzahlen. Versäumt er das, landet die Aufforderung zur Zahlung bald zu Hause auf dem Tisch, denn der Autovermieter muss die Adresse herausrücken. Nach dreimaliger erfolgloser Zahlungsaufforderung gibt der Polizeicomputer auf. Aber nur bei Bagatellbeträgen, sonst holt man sich das Geld beim Verleiher, und der wiederum kennt die Kreditkartennummer seines sündigen Kunden.

So kann es laufen, muss es aber nicht. Die Handhabung der Verfolgung kleiner Verstöße durch ausländische Touristen ist uneinheitlich und – so der Eindruck – eher zurückhaltend.

*Interstate
Hinweisschild
in den USA*   *Ontario-Autobahn
Queen Elizabeth Way
und Provinzstraße #55*   *County-(Kreis-)
und State Roads
in den USA*

Alkohol
am Steuer
Alkohol am Steuer wird auch und gerade in Amerika nicht toleriert. Es gilt überall die **Null-Promille-Grenze**. Es darf sich nicht einmal eine geöffnete Flasche mit einem alkoholischen Getränk auch nur im Innenraum des Fahrzeugs befinden – theoretisch auch nicht die bereits entkorkte, aber nicht geleerte Weinflasche vom Vorabend im Kühlschrank des Campers. Selbst trinkende Beifahrer rund um einen stocknüchternen Fahrer zählen bereits zum Tatbestand »Alkohol im Verkehr«.

Drogen
am Steuer
Gegenüber **Drogen** (nicht nur) am Steuer gilt ebenso die *Zero Tolerance-Politik*. Wer in dieser Beziehung auffällt, wird registriert und nach Bestrafung und Heimreise nicht ein weiteres Mal ins Land gelassen – in beiden Staaten.

3.4.2   Straßensystem

Zum Verständnis der amerikanischen/kanadischen **Klassifizierung von Straßen** erscheinen folgende Hinweise nützlich:

Highways/
Freeways
Eine durchgehende Autostraße, welcher Qualität auch immer, ist grundsätzlich eine *Highway*. Ein begrifflicher Unterschied zum englischen Wort *Road* existiert nicht. Lediglich die **Interstate Highway**, das amerikanische Pendant zur europäischen Autobahn, würde man kaum als *Road* bezeichnen. Für *Interstate*-Autobahnen und alle sonstigen autobahnartig ausgebauten Straßen existiert der Begriff **Freeway** *(free* im Sinne von freie Fahrt/ keine Kreuzungen). *Freeways* sind teilweise gebührenpflichtig und heißen dann **Turnpike**, **Thruway** oder generalisierend **Toll Road** *(Toll* = Gebühr).

Exits/
Carpool Lanes/
Thru Lanes
Etwas überraschend am *Freeway*-System sind **Auf- und Ausfahrten auf der linken Seite**. In Ballungsgebieten finden sich auf den Autobahnen manchmal gleich zwei (oft miteinander verbundene) Besonderheiten: **Carpool**-**Fahrspuren**, die während der *Rush Hour* nur Wagen mit zwei oder mehr Insassen befahren dürfen und **Express**- bzw. **ThruLanes**, die bis zu einem – vorher angekündigten – Punkt keine Ausfahrt (*Exit*) mehr besitzen.

Interstate-
Autobahnen
Wie der Name sagt, sind *Interstates* die großen Verbindungsstraßen zwischen den Staaten und faktisch die verkehrstechnischen Lebensadern der USA. Auf Ferienreisen wird man sie im allgemeinen nur abschnittsweise befahren; vor allem zur Überwindung größerer Distanzen und als City-Zubringer. Für die touristische Routenplanung sollten die *Interstates* – trotz durchaus vorhandener landschaftlich reizvoller Teilstücke – eher gemieden werden, soweit Alternativen bestehen.

Systematik
Zur Orientierung im *Interstate*-System ist die **Nummerierung in Verbindung mit der Himmelsrichtung** in beiden Ländern wichtiger als die Angabe von Ortsnamen, die sich mitunter erst nach langer Suche oder auch schon mal gar nicht auf der Karte finden lassen. Das System ist gegliedert wie folgt:

3

Die *Interstate Highways* mit **geraden Ziffern** laufen in Ost-West-und mit **ungeraden Ziffern** in Nord-Süd-Richtung.

Dreistellige Ziffern mit gerader Anfangszahl bezeichnen Stadtumgehungs-*Freeways,* dreistellige Ziffern mit ungerader Anfangszahl in die Zentren führende Stichautobahnen.

Andere Straßen Auch alle anderen Straßen sind durchnummeriert. Ganz ähnlich wie bei uns gibt es *National Roads/Highways* (wie Bundesstraßen), regionale *State* bzw. *Provincial Roads* (Landesstraßen) und *County Roads* (Kreis-/Gemeindestraßen), sowie weitere Untergruppierungen, z.B. *Forest Roads* (Forststraßen).

Viele Straßen, auch *Interstate Freeways,* oder Straßenkombinationen tragen aus historischen und touristischen Gründen neben der Nummer einen hübschen Beinamen, ↪ z.B. Seite 577 unten.

Die beliebten Tischbänke stehen nicht nur in Parks und auf Picknickplätzen, sondern überall, wo Fast Food open-air anliegt.

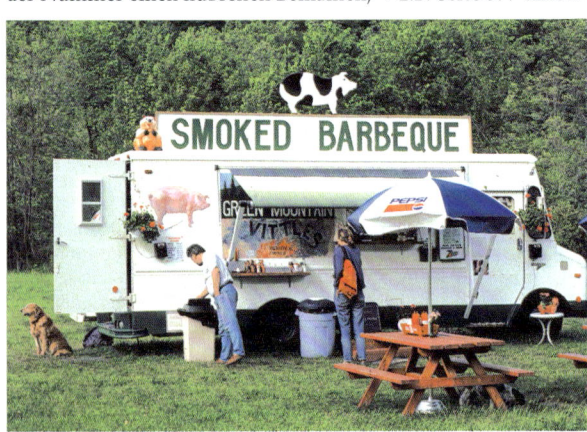

Picnic Areas/
Parkpläte an
Interstates An *Interstates* und Hauptstraßen gibt es zahlreiche **Rastplätze** (*Picnic/Rest Areas*). Die meisten sind ähnlich wie Campingplätze **mit Picknicktischen und Grillrosten** ausgestattet. Nachts darf dort in den meisten Staaten und Provinzen aber (im Sinne einer Übernachtung) nicht geparkt werden. Im Nordosten weicht lediglich der kleine Staat **Rhode Island** von dieser Regel ab; auf seiner einzigen *Rest Area* an der I-95 dürfen sich Autofahrer über Nacht (im Fahrzeug) aufs Ohr legen.

Neben-
straßen/
By-ways Das Netz asphaltierter Straßen befindet sich im allgemeinen **in guter Verfassung.** Man kann davon ausgehen, dass sich auch noch kleinste, in den Karten als befestigt ausgewiesene Nebenstrecken ohne Vorbehalte befahren lassen.

Gravel Roads Für uns ungewohnt sind **Schotterstraßen** (*Gravel Roads* oder *Unpaved Roads*). Schotter ist der bevorzugte Belag für wenig benutzte Nebenstrecken in dünn besiedelten Regionen. Viele **Campingplätze** in *National-, State-* und *Provincial Parks* sind nur

nur über Schotterstraßen zugänglich. Schotter tritt auch schon mal ganz unerwartet auf, nämlich **an Baustellen**. Dort geht es mangels alternativer Strecken bisweilen meilenweit auf notdürftig planierten Pisten über Stock und Stein. Bei zurückhaltender Fahrweise besteht auf *Gravel* **kein** sonderlich erhöhtes **Reifenpannen-, aber Schleuderrisiko** – besonders für Campmobile.

Dirt Roads

Der niedrigsten Stufe in der Straßenqualität entspricht die *Dirt Road*, auch – etwas feiner – *Unimproved Road* genannt. »Dreckstraßen« sind bessere Feldwege, die sich bei Trockenheit häufig angenehmer befahren lassen als *Gravel Roads*, jedoch bei Regen schnell verschlammen. Im hier beschriebenen Bereich sind *Dirt Roads* selten. Sie kommen im Hinterland von Maine und Brunswick, im Inneren der *Gaspésie* und in den *Laurentides* vor.

Der Trans Canada Highway

In Canada kam eine erste durchgehende Ost-West-Verbindung erst 1885 mit der Fertigstellung der *Canadian Pacific Railroad* zustande. Die **Schiene** blieb **über Jahrzehnte der einzige transkontinentale Verkehrsweg**. Der Ausbau eines Straßennetzes begann praktisch nicht vor Mitte der 1920er-Jahre und beschränkte sich zunächst auf die dichter besiedelten Gebiete. Während es schon seit 1942 möglich war, über den ***Canada-Alaska Highway*** auf einer durchgehenden Straße bis in den hohen Norden zu gelangen, konnte man bis in die 1960er-Jahre hinein Canada nicht per Auto durchqueren. Die Barrieren des Lake Superior und der Rocky Mountains verhinderten eine Verbindung zwischen den Straßensystemen im kanadischen Osten und Westen mit dem der Prärieprovinzen. Der Autoverkehr zwischen diesen drei Regionen war nur über die USA möglich. Ein Blick auf die Karte zeigt, dass dabei – je nach Start- und Zielpunkt – aber nicht einmal notwendigerweise größere Umwege anfielen.

Der Beschluss zur Schaffung einer Transkontinentalstraße erfolgte auch als Demonstration der Einheit Canadas und der wirtschaftlichen Unabhängigkeit des Landes (von den USA). Eine komplette Neukonstruktion war nicht erforderlich. Bereits existierende Straßen mussten »nur« nach Westen bzw. Osten verlängert und miteinander verbunden werden – vor allem zwischen Sault St. Marie und Winnipeg und im Bereich der Rocky Mountains. **Ab 1962** konnten dann erstmalig Autos **von St. John's auf Newfoundland bis nach Victoria auf Vancouver Island** quer durch Canada fahren. Aber **erst 1965** war endlich der letzte Kilometer asphaltiert und die Strecke damit ganzjährig witterungsunabhängig befahrbar.

Die aneinander anschließenden Teilstrecken wurden in ihrer Gesamtheit zum ***Trans Canada Highway***. Ausschlaggebend für die Einbeziehung einer Straße in den TCH-Verlauf waren

Ausbau und Zustand ebenso wie wirtschaftliche und politische Überlegungen. Touristische Aspekte bestimmten nur ganz am Rande den Verlauf, der deshalb auch durchaus nicht überall der denkbar reizvollsten Route durch Canada entspricht. Aber ohne Frage gibt es außerordentlich attraktive Abschnitte, etwa oberhalb des Lake Superior im Westen Ontarios und in British Columbia.

Im Laufe der Jahre wurden dem TCH – speziell in **Ontario** – Alternativrouten, die ebenfalls die Bezeichnung TCH tragen, hinzudefiniert, um in abgelegenen Gebieten den Tourismus zu fördern. So teilt sich westlich von Ottawa der TCH in **zwei Arme**: Einer läuft direkt in Richtung Sault Sainte Marie, der andere Arm schlägt einen südlichen Bogen bis in die Nähe von Toronto.

Ab North Bay führt eine **TCH-Nebenroute** durch die Einsamkeit des Nordens. Von Thunder Bay bis Kenora existiert eine weitere »ausgewiesene« Alternativstrecke, die *Voyager Route*. Nur zwischen Manitoba und Ontario gibt es auf dem Festland neben dem TCH keine weitere die Provinzgrenzen überschreitende Straße.

Die Gesamtlänge des TCH hängt von der gewählten Route ab. Die kürzeste Verbindung ist **7.700 km lang** und schließt zwei Fährabschnitte ein (Newfoundland–Nova Scotia und Vancouver/Horseshoe Bay–Nanaimo). Schon kleinste Abweichungen davon bringen die Gesamtstrecke rasch auf über 8.000 km.

Im **Rahmen dieses Buches** spielt der *Trans Canada Highway* keine eigenständige Rolle, etwa als Schwerpunktstrecke. Dort wo der TCH bzw. Teilabschnitte dieser Straße die sinnvollste oder eine besonders reizvolle Route ergeben, ist der *Trans Canada Highway* in die beschriebenen Strecken integriert. Wo aber die Straße weniger bietet – so z.B. auf ihrem Verlauf durch Québec und im Osten Ontarios –, bleibt sie bei der Routenführung dieses Buches weitgehend unbeachtet.

Mile »0« auf Vancouver Island; das Pendant steht in St. John's/NFL

3.4.3   Tanken, Wartung, Pannenhilfe

Benzin

Die Benzinpreise lagen **Ende 2012** im **Nordosten der USA** um $3,40-4,00 für die Gallone (3,8 l) unverbleites Normalbenzin (*Regular Gas*; bleifrei = *unleaded)*; in **Canadas Osten** kostete der Liter im Dezember 2012 c$1,10-c$1,40; die höchsten Preise gelten in den *Maritimes* und auf Newfoundland. Wobei die Angaben sich auf **Self-serve Stations** beziehen, **Full Serve** ist teurer.

Cash or Credit Card

Die Mehrheit der Preisschilder in den **USA** bezieht sich heute auf *Cash or Credit Card – Same Price.* Die günstigsten Benzinpreise bieten **Mini-Marts** mit einigen Tanksäulen vor der Tür. Dafür gibt`s selten Wassereimer und Schwamm fürs Scheibenwaschen, Druckluft für die Reifen schon gar nicht. Es sei denn in einem Automaten für einen *Quarter* extra.

> **Aktuelle Benzinpreise** erfährt man im Internet unter www.**boston** gasprices.com usw., wobei das Beispiel Boston einfach ausgetauscht werden kann durch »Toronto«, »Quebec« »Maine« etc.

Discount-Tankstellen (nur USA) überraschen den Kunden gelegentlich damit, dass sie keine Kreditkarte akzeptieren. Darum sollte der erste Blick des mit Karte zahlenden Kunden bei Einfahrt in die *Gas Station* immer den Master Card/VISA-Symbolen gelten. Findet der suchende Blick sie nicht, besser fragen, ob Kreditkarten angenommen werden!

Es überwiegen heute die **Kreditkarten-Tanksäulen**, die den Gang zur Kasse überflüssig machen. Nach Einschieben der Karte und elektronischer Prüfung wird der Benzinfluss freigegeben und am Ende auf Knopfdruck ein Beleg ausgeworfen. Wenn alles gut geht.

Denn in Ballungsgebieten fragt der Computer häufig nach der Postleitzahl der Rechnungsadresse; bisweilen klappt's mit einem beliebigen amerikanischen *Zip Code* (z.B. 90210). Auf nicht-amerikanischen Karten findet der korrekt ins System zugreifende Rechner die aber nicht und verlangt: »*See Cashier*«! Dann hilft nur Barzahlung oder Kreditkarte am Tresen hinterlassen.

Die Zahlen unter der Sortenwahl stehen für die amerikanischen Oktanwerte (87 = normal). Diesel gilt als umweltfreundlich und ist daher grün gekennzeichnet.

Erst zahlen, dann tanken

Ebenfalls in Ballungsgebieten kann an *Self serve*-Stationen ohne Kreditkartenzapfsäule häufig nur nach **Vorauszahlung** getankt werden. Praktisch hinterlegt der Kunde eine Dollarnote und erhält die Freigabe des Zapfhahns. Ist der Betrag verbraucht, stoppt der Benzinfluss. Überschießende Zahlungen werden abgerechnet. Alternativ hinterlegt man vor dem Tanken die **Kreditkarte** an der Kasse in der Hoffnung, dass sie nicht verwechselt wird.

Reifen-druck	Viele Tankstellen haben keinen kostenlosen Druckluftservice. Wenn überhaupt, hängt irgendwo ein Schlauch, dessen Münzkompressor gegen einen *Quarter* ein paar Minuten anspringt. So gut wie nie gibt es die uns vertrauten Druck-Manometer. Statt dessen drückt eine Skala aus dem Handstück des Schlauches. Fehlt selbst das, hilft der Tankwart aus oder man kauft einen Prüfer in Kugelschreiberformat im *Mini Mart.* **(1 atü entspricht ca. 0,07 psi; z.B. 2,1 atü = 30 psi)**
Ölwechsel	Bei gemieteten Pkw der großen Vermieter sind **Wartung und Ölwechsel** in Eigenregie des Kunden nicht vorgesehen. Im Fall einer Langzeitmiete gibt es hintereinandergeschaltete kurzfristigere Verträge (4-6 Wochen), an denen man Filialen der Firmen anfahren muss. Die eigenständige Wartung (Ölwechsel) wird vom Kunden nur bei Campern und sehr langer Mietzeit und hoher Fahrleistung erwartet. Dafür kann jede **Tankstelle** in Anspruch genommen werden. Sofort und ohne Anmeldung arbeiten spezielle **Service-Stationen**, die neben dem Öl- und Filterwechsel auch noch weitere Checkpunkte abprüfen und erledigen (Bremsflüssigkeit, Getriebeöl etc. auffüllen). Die Preise dafür liegen aus unserer Sicht sehr niedrig ($25-$45 inklusive Öl und Filter; in Canada mehr). Sie werden von den Vermietern bei Rückgabe verrechnet.
Panne/Unfall	Alle **Auto- und Campervermieter** geben ihren Kunden eine Telefonnummer mit auf den Weg, die bei Pannen oder Unfall angerufen werden muss. Bei den großen Firmen ist das Telefon in der Regel Tag und Nacht besetzt.
AAA Straßen-dienst	Ebenfalls helfen können *AAA* oder *CAA*. Einsatzwagen patrouillieren auf Autobahnen und vielbefahrenen Strecken. Im Fall einer Panne wählt man **in den USA** ✆ **1-800-336-4357** (4357= *HELP*) und erfährt dort die lokale Emergency Number. **In Canada** wählt man für *Roadside Assistance*: ✆ **1-800-CAA-HELP**.

In Zusammenarbeit von AAA und ADAC existiert ein kostenfreier zentraler Notruf in deutscher Sprache für Urlauber in ganz Nordamerika: ✆ **1-888-222-1373**.

Nur ein kleiner Schritt bis zur Kofferaumklappe:
Typisches Mittelklasse-Motel in Neu-England(ab $90+tax)

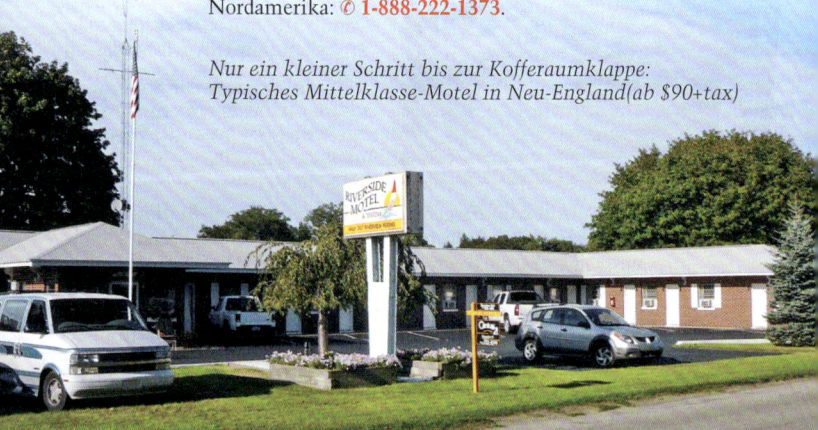

3.5 Hotels, Motels und andere Unterkünfte
3.5.1 Hotels und Motels

Situation Touristen wird die Suche nach einer geeigneten Unterkunft in ganz Nordamerika leicht gemacht. Hotels und Motels konzentrieren sich **unübersehbar** an den Ausfallstraßen von Städten und Ortschaften (»*Hotel Strip*«), an typischen Ferienrouten, in Flughafennähe und manchen Stadtbereichen.

Vor allem die *Motels* und *Motor Inns* zeigen durchweg mit

Vacancy/**No Vacancy** oder **Welcome**/**Sorry** oder **Yes**/**No**

oft in Leuchtschrift an, ob noch freie Zimmer vorhanden sind oder alles belegt ist.

Suche Während man in Europa im Sommer besser schon zur Mittagszeit mit der Quartiersuche beginnt, genügt es in Amerika, **ab spätem Nachmittag** Ausschau zu halten (Ausnahmen: populäre Regionen, Veranstaltungstage, Wochenendziele). Wer dennoch sicher gehen möchte, ruft vorher, spätestens am Morgen des Übernachtungstages das M/Hotel (⇨ Seite 108) bzw. die Kette seiner Wahl an bzw. reserviert im Internet, ⇨ Seite 146.

Abgrenzung der Begriffe Die Begriffe *Hotel*, *Motel* und *Motor Inn* werden in den USA und Canada ohne klare Abgrenzung verwendet. Für die Qualitätseinstufung spielen sie eine nachrangige Rolle:

Motels Im **Motel** kann der Wagen meist zimmernah geparkt werden, was das Ein-und Auspacken erleichtert. Motels verfügen über ebenerdige, höchstens doppelstöckige (immer von außen unkontrolliert zugängliche!) Zimmertrakte und eine Rezeption, aber über **keine eigene Gastronomie**.

Der Gästeservice beschränkt sich auf Cola- und Snacktüten-Automaten und Eiswürfelmaschinen. Bei Buchung erhält der Gastgegen **Vorauszahlung** bzw. **Kreditkartenunterschrift** den Zimmerschlüssel bzw. eine **Plastikkarte**. Der Schlüssel wird am nächsten Morgen in der Tür steckengelassen, sofern kein **Schlüsselpfand** auszulösen ist. Die Karte funktioniert ohnehin nur für gebuchte Nächte bis zur *check-out*-Zeit des Folgetages.

Cabins/ Cottages Auf dem Lande besteht manches Motel aus einer Ansammlung von *Cabins* oder *Cottages*, zimmergroßen Holzhäuschen, bisweilen auch in Blockhaus-Bauweise. Sie können aber auch komplett ausgestattete kleine Ferienhäuser sein, z.B. auf *Guest Ranches* oder *Lodges* in der Wildnis, wo man seine Urlaubswochen verbringt.

Motor Inns *Motor Inns* unterscheiden sich in vielen Fällen durch nichts außer ihrer Bezeichnung vom Motel, sind aber vom Standard her im Schnitt höher angesiedelt. In besseren *Inns* erfolgt der Zutritt zu den Zimmern über die Rezeption oder nur Gästen zugängliche Eingänge und Korridore, nicht über außenliegende Türen. Das ist zwar unpraktischer, kommt aber dem Sicherheitsbedürfnis vieler

Parkway Cottage Resort in der Nähe des Algonquin Park/Ontario mit typischen Blockhäuschen am See

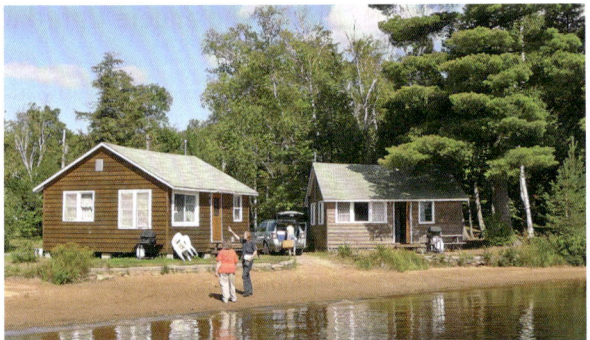

Reisenden entgegen. Parkraum steht immer reichlich zur Verfügung. *Motor Inns* der gehobenen Kategorie (über $120/Zimmer) verfügen durchweg über Restaurant und Bar.

Hotels

Eine allgemein zutreffende Kennzeichnung wie im Fall der *Inns* und Motels lässt sich für die **Hotels** nicht formulieren. Zwischen Absteigen in Randbezirken der Stadtzentren und den oft nur wenige Blocks entfernten Luxusherbergen aus Glas und Marmor liegen Welten. **Gemeinsames Merkmal** fast aller Hotels ist die zum Haus gehörende **Gastronomie** und der Verkauf/Ausschank von **Alkoholika** (nie in Motels, mal so, mal so in *Motor Inns*). Bei Stadthotels fehlt oft Parkraum. Gehören bewachte Parkgaragen/-plätze zum Haus (ab obere Mittelklasse), werden dafür auch den eigenen Gästen – oft happige – Gebühren abverlangt.

Sowohl in Neuengland und New York State als auch in den kanadischen Provinzen gibt es zahlreiche äußerst attraktive **Nostalgie-Hotels**, die ausnahmslos in der oberen Mittelklasse bis Luxusklasse angesiedelt sind. Diese historischen bis zu 200 Jahre alten Häuser besitzen in vielen Fällen einen besonderen Charme, der den meist hohen Übernachtungspreis halbwegs verschmerzen lässt. Manches derartige Hotel bietet lediglich *Bed & Breakfast* (➪ unten). Ebenfalls in beiden Ländern findet sich es eine große Anzahl von (überwiegend altmodischen) *B&B-Pensionen*. Sie sind oft nicht billiger als ihre Hotel-Pendants.

Lodges

Vor allem in landschaftlich reizvollen Gebieten und Nationalparks nennen sich Hotels gern *Lodges* und signalisieren damit, dass neben dem Hotelkomfort **Aktivitäten** wie Reiten, Fischen, Kanufahren, Golf etc. geboten werden oder im Umfeld möglich sind. Selten kann man *Lodges* nur für eine Nacht buchen; *Weekend* oder zwei Nächte sind das Minimum.

Resorts

Das gilt auch für *Resorts* oder *Resort Hotels*. Der Begriff ist nicht ganz eindeutig. Gewöhnlich sind *Resorts* ausgedehnte Anlagen und auf Familien- und/oder Sporturlaub zugeschnitten mit allen nur erdenklichen Freizeitangeboten.

Die **Innenausstattung** amerikanischer Hotel- und Motelzimmer zeichnet sich durch **weitgehende Uniformität** aus:

Komfort und Ausstattung

Je nach Größe des Raums ein Bett*) oder auch zwei davon, ein Schränkchen mit Fernseheraufsatz, ggf. eine Schreibplatte, in der Ecke Sessel/Stühle plus Tischchen. Dazu mehr und mehr auch **Kühlschrank** und **Mikrowelle**. Für die meisten ist *Wireless LAN* (*»Wifi«* für *Wireless fidelity*) Standard und oft gratis; zusätzlich zur Kasse bitten dafür eher teure Hotels der Oberklasse.

Ein eigenes Bad und Farbfernseher gehören noch zum preiswertesten Raum, in sommerheißen Gebieten überall und in besseren Hotels immer eine **Klimaanlage**. Unterschiede im Preis drücken sich weniger im grundsätzlich vorhandenen Mobiliar und der Zimmergröße als durch Qualität/Gediegenheit der Ausstattung und Grad der Abnutzung aus. Neuere Häuser der Mittelklasse bieten für $90 bis $150 einen Raumkomfort, der dem in weitaus teureren Hotels oft kaum nachsteht.

Unabhängig vom Standard schläft man in allen Quartieren **zwischen zwei Laken unter einer Wolldecke**, deren Zustand in billigen Unterkünften schon mal zu wünschen übrig lässt.

Kosten

Die Preise für die Übernachtung unterliegen erheblichen regionalen und saisonalen Schwankungen**). Sieht man von den Cities und Brennpunkten des Tourismus zur Saison ab, kommt man generell – bei in etwa vergleichbarem Standard – im Nordosten Nordamerikas **zu ähnlichen Tarifen** unter wie in Mitteleuropa.

Es gibt nur noch wenige einfache Motels, die bei einer Belegung mit 2 Personen auch in der Hochsaison nur $70-$80 pro Nacht und Zimmer fordern – vor allem an Wochentagen auf dem Land und in kleinen Ortschaften. **Die Mehrheit der Unterkünfte in der durchaus akzeptablen unteren Mittelklasse (außerhalb der Großstädte und Tourismuszentren) liegt im Tarifbereich $90-$130**. *Motels* und *Motor Inns* dieser Kategorie, die ohne Sonderfaktoren wie z.B. Großstadt, Nationalparknähe, Wochenende, Sportveranstaltung etc. deutlich mehr als US$ bzw.c$100 fürs normale DZ berechnen, befinden sich aber eher in der Minderheit.

---

*) *Double*: 1,35x1,90 m, *Queensize*: 1,50x2 m, *Kingsize*: 1,95x2 m; Einzelbetten kleiner als *Double* gibt es so gut wie gar nicht.

) In der kurzen Sommersaison (Juli und August) kommen zu den ohnehin schon teureren Wochenend-Tarifen noch Zuschläge. Das kann auch außerhalb der Hochsaison im Fall besonderer Ereignisse (Uni-Examenssaison, Kongresse, Festspiele) passieren. Im **Internet findet man oft keine saisonalen Preisspannen, sondern Zimmerpreise erst nach Dateneingabe für eine bzw. mehrere Nächte in naher Zukunft. Selbst vor Ort tut man sich vor allem in den Kettenhäusern recht schwer mit Tarifinformationen. Dennoch beschränken sich die Angaben zu Übernachtungstarifen in diesem Buch nicht auf abgestufte $-Symbole, sondern nennen sie im Reiseteil – soweit möglich – reale Tarife überwiegend für preisgünstige, nicht an den Hotel *Strips* gelegene Motels oder kleinere *Inns*. Der Tagestarif kann davon erheblich abweichen.

Saisonpreise/ Wochenende	Bei schlechter Auslastung und in der *Off-Season* sinken die Preise. **Guter Komfort** ist dann nicht selten schon **um $70-$90** zu haben. Ohne große Ansprüche übernachtet man im Herbst/Frühling (nicht im *Indian Summer*) für Preise ab $60. Jedoch nicht **Fr-Sa**, wo fast überall die Tarife weit über den Tagen So-Do liegen.
Einzel/Doppel	Gern wird in der Werbung der günstigste Preis herausgestellt, nämlich für Einzelbelegung. Dann steht ein kleines **sgl** für *single occupancy* hinter der Zahl. Tatsächlich gibt es keine echten Einzelzimmer; immer steht ein Bett der Größe *Double* oder *Queensize* (➪ Fußnote Seite 141) im Raum, der auch für *double occupancy* genutzt wird. Der Preis liegt dann nur wenig über dem fürs Einzel oder ist sogar identisch. In *Twin Bedrooms* (mit zwei *Queen*- oder *Kingsize*-Betten) können meist bis zu vier Personen übernachten, ohne dass dafür generell ein Aufgeld verlangt wird.
Steuern	**Alle Preisangaben sind netto**; hinzu kommen immer die Umsatzsteuern (*Sales Tax*; in Canada außerdem die *GST* bzw. *HST*, ➪ Seite 189), die im Hotelgewerbe häufig höher liegen als sonst.
Kaffee und »Frühstück«	Ein »richtiges« Frühstück ist grundsätzlich nicht im Zimmerpreis enthalten, aber es wird vielfach geworben mit *free coffee* und *free continental breakfast*. Der **Gratiskaffee** bezieht sich dann auf eine Kaffeemaschine oder Pumpkanne in der Rezeption oder ein kleines Heißwassergerät im Zimmer plus einige Tütchen Pulverkaffee. **Kontinentales Frühstück** umfasst oft nichts weiter als Kaffee oder Teebeutel und ein Tablett mit *Donuts* und *Muffins*, bestenfalls noch Waffeln mit Ahornsirup zur Selbstbedienung bei der Rezeption oder in einem schmucklosen Raum.
	Ketten der Mittelklasse wie **Hampton**, **Best Western**, **La Quinta** u.a. bieten ortsabhängig ein zwar reichhaltigeres, aber selten wirklich gutes Frühstück. Wo Letzteres dennoch der Fall ist (in besseren Hotels), muss das auch entsprechend bezahlt werden. Im Übernachtungstarif enthalten ist das sehr selten.
	Motelgäste, die Wert auf ein preisgünstiges Frühstück legen, begeben sich zu **McDonalds** und ähnlichen *Fast Food Places* oder in die Filialen von Restaurantketten wie **Denny`s** u.a.
Pay-TV	**Gratisfilme** am laufenden Band (fast) ohne werbliche Unterbrechung gibt es auf den Kanälen des **Cable-TV (HBO)**, das manche Motels abonniert haben. Bessere Häuser bieten als Hausprogramm eine Auswahl neuester Produktionen und abends Softpornos. Nach Einschalten oder nach ein paar Freiminuten wird in solchen Fällen eine **hohe Gebühr** fällig.
Hotel- verzeichnisse	Wie bereits eingangs erläutert, enthalten die *Tourbooks* der **Automobilklubs AAA/CAA** für die **USA** und **Ontario** ziemlich umfassende, wenn auch nicht komplette Unterkunftsverzeichnisse mit jeweils aktuellen Preisen und Daten für Hotels und Motels ab unterer Mittelklasse mit vielen **Discount-Angeboten für Mitglieder**. Für **Québec** und die **Maritimes** ist das Verzeichnis von AAA/ CAA unvollständiger.

Frühstück auf amerikanisch

Hungrig und verführt von Neonreklame wie *Breakfast all Day* oder *Breakfast Special $4,95* lässt man sich gerne auf das preiswerte Angebot fürs US-Frühstück ein. Speisekarte und freundliche Bedienung lassen nur Gutes erwarten. Klar und übersichtlich ist da schließlich aufgelistet: *1-Egg, 2-Egg, 3-Egg-Breakfast*, gesondert herausgestellt das *Special* und dazu – vielleicht auch als Alternative – *Pancakes*.

Okay, das *2-Egg-Breakfast* als Sonderangebot für $5,95, Tee/Kaffee inklusive plus *tax*. Den Finger auf die Karte, dann ist alles klar, oder nicht? Denn schon kommt die erste Frage: *How would you like your eggs?* Man denkt an Spiegeleier ..., wie hieß das doch gleich auf Englisch? Der unsichere Blick führt zur Hilfeleistung: *Sunny side up?* (Spiegeleier), *scrambled?* (Rührei), *over?* (beidseitig gebraten), *over easy?*, *over hard?*, *over medium?* Also die »Sonnenseite nach oben«, ein schön bildhafter Ausdruck, nix mit *over*!

Aber weiter: *With bacon, ham or sausages?* S*ausages* ist eigentlich nicht schlecht, aber da gibt's oft gar keine Würste, sondern einen gewürzten Fleischklops aus Wurstmasse. Also *ham* (gekochter Schinken, aber heiß) oder *bacon* – der Speck sollte gut durchgebraten sein, was aber nicht als *order* vorgesehen ist. *Bacon* kommt, wie es kommt.

Hash browns or fries? Die Bedienung lächelt immer noch. *French fries*, hat der Tourist bereits gelernt, sind *Pommes Frites*. Warum also nicht *hash browns*, eine Mischung aus Rösties und Kartoffelpuffer?

Aber damit ist noch nicht Schluss: *How would you like your toast?* Toast ist Toast bei einer Brotkonsistenz, die der von *Marshmellows* ähnelt, gleich, ob *white, wheat, whole wheat, black* oder *dutch bread* gebräunt werden. Was man jetzt auch sagt, geschmacklich kommt sowieso Pappiges. Also am besten gleich den ersten Vorschlag bestätigen.

Oder *Pancakes* ordern? Die sind weich und *fluffy* – nicht so wie Pfannkuchen bei uns – und werden immer mit *Maple Syrup* serviert (➪ Seite 359). In Kombination mit dem ersten Gang aus *eggs, bacon* und *hash browns* bilden sie eine ziemliche Kalorienbombe. Dann doch lieber *toast* und zwar mit *marmelade or jam?* Die Bedienung wird's schon richten, hat aber meist noch eine kleine Frage auf dem Herzen: *What kind of juice would you like? Orange, Tomato, Grapefruit?* Soviele Entscheidungen in rascher Folge, und das schon vorm Frühstück! Schlimm genug für den noch schläfrigen Sprachversierten und ein Martyrium bei nur geringen Englischkenntnissen.

Zum Glück ist die letzte Frage ganz einfach: *Tea or coffee?* Heißwasser und einen Teebeutel oder Kaffee eben. Dabei entfällt jede weitere Differenzierung. Kaffee ist in Amerika eben Kaffee, der mal danach schmeckt und oft auch gar nicht.

Einmal eingeweiht, weiß man ein *Egg Breakfast* zu schätzen, obwohl *boiled eggs* unbekannt sind. Dafür entfällt die Frage, ob 4, 5 oder 6 min Kochzeit. Wer kräftig zulangt, spart ohne weiteres das Mittagessen.

In **Canada** gibt es für sämtliche Provinzen bei der jeweiligen *Tourist Information* einen *up-to-date* **Accommodation Guide** (gratis; in Ontario in die *Travel Planner* integriert), der fast alle H/Motels auflistet – gelegentlich sogar mit Jugendherbergen und Campingplätzen. Er bietet neben Beschreibungen und Preisen auch die Telefon-/Faxnummern und Websites, so vorhanden.

Quartiere nach Kategorien

In Buchläden vor Ort findet man **Spezialführer für besondere Unterkunftsarten**: Schön gelegene Landgasthäuser (**Country Inns**), historische Hotels in Neuengland (**Historical New England Inns**), Hotels und Motels unter $60 etc. Unter diesen Begriffen findet man solche Quartiere auch leicht im Internet.

Senioren

Für Senioren gibt es oft Nachlässe, wobei man auch schon mal ab 55 Jahren so definiert wird. In den meisten Hotels beginnt der discountberechtigende Seniorenstatus aber mit 63, ✦ Seite 186.

Discounts für jedermann

In einigen Touristen-Büros und **Welcome Centers** (immer an den *Interstate Freeways* bei Provinz- bzw. Bundesstaatsgrenzen, und allemal einen Stopp wert!) liegen oft sog. **Traveler** oder **Exit Guides** voller **Discount-Coupons** für Hotels und Motels aus. Vielfach gibt es sie auch bei *McDonald's* und in anderen *Fast Food Restaurants*. Sie beziehen sich überwiegend auf Häuser der Ketten entlang der *Freeways* und rund um touristische Attraktionen. Man kann diese Tarife heute auch im **Internet** aufrufen und bei Nutzungsinteresse unter www.hotelcoupons.com ausdrucken.

Mit diesen Heften versuchen Motels freie Kapazitäten preisgünstig zu füllen. Ein Anspruch auf Einlösung der *Coupons* besteht nicht, es kommt auf die aktuelle Situation an. Die Erfahrung lehrt, dass man bei Anrufen bzw. Nachfrage in der Rezeption nicht zu spät am Tage gute Chancen hat, zu den Coupontarifen unterzukommen (nicht an Wochenenden und zur Hochsaison).

Wer einen Coupon-Sonderpreis nutzen möchte, kann bereits von unterwegs im Haus der Wahl anrufen und nach dem Tagestarif fragen: *What's your best rate today*? ... *AAA rate today*? Bisweilen liegt der auch ohne Discount schon mal unter dem Couponangebot. Ist das nicht der Fall, kommt der Gutschein ins Spiel.

Nebenbei: Die Coupon-Hefte sind dank ihrer Übersichtskarten gut geeignet zur Identifizierung der Lage von Motelballungen.

So sieht ein Couponheft aus (Cover und Beispielseite in etwa DinA4-Format), das gratis verteilt wird. Zur Einlösung werden die Coupons mit der Schere aus dem Heft getrennt.

3.5.2 Unterwegsreservierung von Hotels und Motels

Situation
Voraussetzung einer sinnvollen Reservierung sind Informationen über Qualität, Preis und andere Merkmale, darüber also, welche Unterkunft den eigenen Vorstellungen entspricht. Eine Vielzahl von **Hotel-/Motelketten** aller Kategorien, deren Häuser weitgehend identisch sind oder zumindest einen ähnlichen Standard aufweisen, macht die Lösung des Problems leicht. Wer sich an die Ketten hält, kommt – zumindest in **USA** – ohne Hotelverzeichnis aus. Dort dominieren die Ketten das Unterkunftsgewerbe. In **Canada** ist die Zahl unabhängiger Hotel- und Motelbetreiber größer.

1-800/866/
877/888
= alle toll-free
Dank der gebührenfreien *(toll-free)* **1-800/888/877/866-Nummern** fallen für Reservierungen über diese Nummern keine Telefonkosten an. Über *toll-free number*s verfügen alle **Hotelketten** (⇨ folgende Seite), aber auch viele **unabhängige Häuser**.

Internet:
Gute Portale für Übersicht und Reservierung sind für jede Art von Unterkunft
www.hotels.com
www.orbitz.com
Wer seinen **Laptop** dabei hat und damit z.B. in Hotels das Internet nutzen kann oder unterwegs Zugang zu einem Computer hat, kann bei direkter Anwahl der Kettenmotels durchaus noch kurzfristig ein Zimmer für die nächste Nacht reservieren. Der Vorteil der Internetbuchung liegt nicht zuletzt in der detaillierten Information samt Fotos der in Frage kommenden Häuser. Totale »Fehlgriffe« lassen sich damit einigermaßen sicher vermeiden. Zu den Websites der Ketten ⇨ auch Seite 146.

Buchung per
Navi oder
Smartphone

Apps
Es geht natürlich auch ganz ohne Laptop. Wer sein Navi dabei bzw. gemietet hat, kann auch damit Unterkünfte finden und reservieren. **Apps für alle Unterkünfte** nach **US-Staaten** und **-Städten** sind sowohl im *iTunes App Store* als auch im *Android Market* zu kaufen. Für einzelne oder miteinander verbundene Ketten lassen sie sich kostenfrei herunterladen: www.allstays.com.

Für Canada findet man unter www.allstays.com/canada-hotels.htm zwar eine Gesamtübersicht und Zugriff auf alle denkbaren Unterkünfte, jedoch (noch) keine umfassenden Apps.

Standard
Die Ketten sind hier nach **Ober-, Mittel-** und **Untere Preisklasse** aufgeteilt (⇨ folgende Seite), wobei die Grenzen insbesondere zwischen Unter- und Mittelklasse fließend verlaufen.

Preise
Die **Preisgestaltung variiert stark**; die angegebenen Intervalle in Klammern geben nur einen Anhaltspunkt, der sich auf ganz Nordamerika bezieht; im Nordosten gilt eher der obere Preis. Die Mittelklasse bietet bei mangelnder Auslastung auch schon mal Nettopreise unter $80, liegt aber mehrheitlich im Bereich $90-$120 je nach lokalen und saisonalen Gegebenheiten. An Brennpunkten des Tourismus, in Innenstädten und Airportnähe wird die $100-Obergrenze oft deutlich überschritten. Auch ein sog. *Budgetmotel* kann in einigen Städten und/oder zur Hochsaison über US$90 kosten. Andererseits sind Tarife (etwas) unter $70 in der *Off-season* keine Ausnahme. In vielen Fällen noch unter oder nur wenig über $60 kosten die Zimmer der *Motel-6*-Kette.

Liste der 800er Nummern und Websites
bekannter Hotelketten im Nordosten der USA und Canada

Obere Preisklasse ($150-$250 und mehr)	toll-free ℓ		Internet: www....
Fairmont Hotels&Resorts	1-800-257-7544	Can	fairmont.com
Delta	1-888-890-3222	Can	deltahotels.com
Doubletree/Hilton *1)	1-800 560-7753		doubletree.hilton.com
Hyatt (alle Brands) *2)	1-888-591-1234		hyatt.com
Renaissance/Marriott *3)	1-888-236-2427		marriott.com/renaissance-hotel/travel.mi
Radisson/Carlson)	1-800-395-7046		radisson.com
Starwood Hotels (Sheraton/Westin) *4)	1-800-325-3535		starwoodhotels.com

Mittlere Preisklasse ($80-$160)			
Best Western	1-800-780-7234		bestwestern.com
Budget Inn	1-800-780-5733		budgetinn.com
Choice Hotels *5)	1-877-424-6423		choicehotels.com
Country Inn & Suites/Carlson	1-800-596-2375		countryinns.com
Holiday Inn *6)	1-800-465-4329		ichotelsgroup.com
Keddy's Inn	1-800-565-7829	Can	über tripadvisor.com
Rodd Hotels & Resorts	1-800-565-7633	Can	roddhotelsandresorts.com
Sandman Inn	1-800-726-3626		sandmanhotels.com
Wandlyn Inn	1-800-695-8284	Can	wandlyninns.com
Wyndham *7)	1-877-999-3223		wyndhamworldwide.com

Untere Preisklasse ($60-$90)			
Budget Host	1-800-283- 4678		budgethost.com
Motel 6	1-800-466-8356		motel6.com
Red Roof	1-800-733-7663		redroof.com

Wer ein bestimmtes Hotel einer Kette reservieren möchte, kann auch über die im Reiseteil angegebenen individuellen 800er-Nummern (nicht alle Häuser haben eine) direkt das gewünschte Quartier anrufen. (Can: nur in Canada)

---

*) weist darauf hin, dass unter der identischen zentralen Telefonnummer und Website die Häuser weiterer Ketten zu buchen sind, die ihrerseits durchaus noch ein eigenes Portal haben können, z.B. www.rodewayinn.com im Konzern www.choicehotels.com:

*1) Doubletree/Hilton & Embassy Suites, Hampton Inn, Waldorf Astoria, Conrad)

*2) Hyatt und alle Brands/Ableger wie Hyatt Regency u.a.m.

*3) Renaissance/Marriott & Marriott Courtyard, Residence & Fairfield Inn, Ritz Carlton u.a.

*4) Choice Hotels mit Comfort Inn, Comfort Suites, Quality Inn, Sleep Inn, Clarion, Cambria Suites, Main Stay Suites, Suburban, Econolodge, Rodeway Inn

*5) Starwood Hotels mit Meridien, Westin, Sheraton, Four-Points, St. Regis, Aloft

*6) Holiday Inn & Express, Intercontinental, Crown Plaza, Indigo, Staybridge Suites

*7) Wyndham Hotels und Days Inn, Howard Johnson, Ramada Inn, Super 8, TraveLodge, Knights Inn, Baymont Inn & Suites

Standorte   Soweit nicht anders angegeben, findet man Häuser der Ketten in beiden Ländern Nordamerikas bei sehr unterschiedlicher Verteilung und Dichte. Die **Ober- und Luxusklasse** konzentriert sich dabei eher auf die **großen Städte** und deren Einzugsbereich. Auf einige Namen der Mittelklasse (*Ramada, Travelodge, Days Inn, Best Western, Holiday Inn Express, Quality Inn*) stößt man dagegen allerorten. Auch einige der preiswerteren Kettenmotels sind weit verbreitet mit regionalen Schwerpunkten. **Spezifisch kanadische Ketten** sind **Country Inn&Suites**, **Sandman**, **Keddy's** (nur in den Maritimes, überwiegend Nova Scotia), **Delta, Fairmont Hotels & Resorts** (Luxusklasse) und **Wandlyn**.

Unabhängige   Neben den aufgeführten Ketten gibt es jede Menge **unabhängiger Motels und Hotels**, von denen viele ebenfalls eine gebührenfreie Telefonnummer besitzen. Hinweis: Die **Discount Guides** enthalten kaum unabhängige Motels. Man muss sie selber suchen.

Trinkgeld   Bei allen Dienstleistungen im Hotel wird ein *tip* erwartet (↻ auch Seite 180). Überlässt man es z.B. einem *Attendant*, den Wagen auf dem Hotelparkplatz abzustellen (**Valet Parking**, üblich ab oberer Mittelklasse), erwartet dieser nicht unter $3. Der **Bellhop** (Hotelpage) erhält fürs Koffertragen $1-$1,50 pro Gepäckstück, der **Doorman** (Türsteher) $2 fürs Taxiholen und die **Room Maid** (Zimmermädchen) $2-$3 täglich, die im Zimmer hinterlassen werden sollten (am besten gleich am ersten Tag).

Unterwegs Motels und Hotels telefonisch reservieren

Damit eine **Zimmerreservierung am Telefon** reibungslos funktioniert, benötigt man nicht nur **gute Sprachkenntnisse**, sondern sollte auch die üblichen Schritte der Abwicklung kennen:

- Bei einem **Direktanruf** im Hotel/Motel sind zunächst die Art des gewünschten Zimmers (*Single/Double Bedroom, Non-Smoker, 1 or 2 Beds etc.*) und die Daten zu nennen. Bei Anruf einer Kette nennt man **Stadt** und **Staat** bzw. **Provinz**. Sind Zimmer frei, wird ein Preis genannt, dem man zustimmt, oder man »handelt«. Die Frage etwa, ob da nicht ein günstigerer AAA- bzw. CAA-Tarif existiert, führt ggf. schon zu einer Reduzierung. Nach Einigung erhält man eine Reservierungsnummer (**Reservation Code/Number**) – ggf. fragen!

- Nächster Punkt ist die **Ankunftszeit**. Wer nicht vor 18 Uhr (6 pm, bisweilen früher) eintrifft, muss das Zimmer mit der Kreditkarte »garantieren«, also auch bei Nichteintreffen zahlen.

- Fragen sollte man auch nach der genauen **Adresse** und der **Anfahrt** zum gebuchten Hotel/Motel, die manchmal kompliziert ist.

Ist ein Quartier **ausgebucht**, hat man eine zweite Chance auf Unterkommen am selben Tag **kurz nach 12 Uhr**! Denn abreisende Gäste müssen oft erst bis *Noon* ihre Zimmer räumen. Oft werden dann noch unerwartet Zimmer frei.

Sagt man selber eine vorherige Kreditkarten-Buchung ab, ist es sinnvoll, sich dafür einen **Cancellation Code** geben zu lassen. Wird das Konto versehentlich belastet, hat man sonst keine Chance, die ja erfolgte Absage zu untermauern.

3

3.5.3   Bed & Breakfast

Situation

Eine Übernachtungsmöglichkeit, die sich in Canada schon in den 1970er-, in den USA aber erst in den 1980er-Jahren durchgesetzt hat, ist *Bed & Breakfast* in **B&B Inns** und Privathäusern. In ländlichen Regionen wird man **B&B-Schilder** relativ oft entdecken, obwohl nicht alle *B&B*-Häuser ihre Funktion öffentlich machen – speziell nicht in größeren Städten. Hilfreich vor Ort ist bei Interesse an *B&B* ein **Bed & Breakfast Guide**. In allen größeren *Bookstores* gibt es regionale *B&B*-Führer und Bücher, die besonders schön gelegene und/oder historische Anwesen beschreiben. Hier und dort sind **Listen mit allen Bed & Breakfast Places** einer Region oder Stadt in den Büros der *Visitor/Tourist Information* erhältlich. **B&B-Internetadressen** stehen in diesem Buch bei den örtlichen/regionalen Unterkunftsempfehlungen. Eine gute Übersicht findet sich unter www.allstays.com/BandB/bandb.htm.

Kosten

Man wird schnell feststellen, dass **B & Bs keine preiswerte Alternative zu H/Motels** sind. Das Preisniveau liegt auf oder über den Kosten von Hotels der mittleren bis gehobenen Mittelklasse, meist $100-$250 für 2 Personen im DZ, wobei aber ein üppiges Frühstück in angenehmerem Ambiente mitgeliefert wird.

Reiz des B&B

Reizvoll an *B & B-Places* kann der über gelegentlichen »Familienanschluss« erleichterte – einige Englischkenntnisse vorausgesetzt – Kontakt zu Land und Leuten sein. Eine **reizvolle, wiewohl nicht ganz billige Bed & Breakfast-Variante** sind schön gelegene und/oder architektonisch/historisch besondere Anwesen. Vor allem in **Neuengland**, im *Hudson Valley* von NY-State und in einigen Bereichen Ontarios (Niagara-on-the-Lake, Kingston, am *Loyalist und 1000 Islands Parkway*) findet man relativ viele Häuser dieser Art. Der Übergang zum hochwertigen *Country Inn*, einem Hotel, ist dabei fließend.

Auch in einigen Großstädten wie **Montréal, Québec City** und **Boston** hat sich *B&B* zu einer beliebten Alternative zum uniformen und hochpreisigen Hotelzimmer entwickelt.

Bed & Breakfast Inn und Restaurant, eine häufig anzutreffende Kombination in Neuengland und den maritimen Provinzen

3.5.4   Quartiere für junge Leute

Jugend-
herbergen/
Hostelling
International
(HI-Hostels)

Das Jugendherbergswesen ist in Nordamerika im Vergleich zu Europa zwar unterentwickelt, aber manche der Herbergen befindet sich in günstiger Lage im Brennpunkt der Cities und in besonders schöner Umgebung in oder in der Nähe von *National-, State* und *Provincial Parks*. Die Kosten in Häusern der **American bzw. Canadian Youth Hostel Federation** (**HI-Hostels**) variieren: im US-Nordosten bzw. in Canadas Osten zwischen $25 und $45 pro Nacht und Bett. Damit sind sie meistens, aber durchaus nicht immer besonders preiswert, vergleicht man mit den jeweiligen Tarifen der lokalen Motels. Immer mehr Herbergen bieten auch EZ/DZ an, teilweise sogar mit eigenem Bad, ab $70 bis $120.

Reservierung

Zu den *HI-Hostels* findet man alle Informationen im Internet unter www.hiusa.org für die USA und unter www.hostels.ca für Canada. Dort kann auch zentral reserviert werden.

Die einzelnen *Hostels* sind natürlich auch **telefonisch** erreichbar. Für alle in diesem Buch genannten Häuser finden sich die Telefonnummern im Reiseteil. Alle weiteren Details im Internet oder im **Hostel Handbook** (nächste Seite), ebenso zu weiteren nicht dem HI-Verband angehörigen Häusern.

Hostels müssen insbesondere in den Cities und in der Nähe touristisch bedeutsamer Ziele (Nationalparks/Küstenorte) **Wochen im voraus reserviert werden**.

YM/WCA

Der Christliche Verein Junger Männer/Frauen – in Nordamerika **YMCA** bzw. **YWCA** – hat mit Ausnahme von New York City und Boston nur noch wenige Wohnmöglichkeiten für Touristen. Über www.hostelworld.com erfährt man am einfachsten, wo es beim YM/WCA noch touristische Wohnmöglichkeiten gibt. Nie billig: das Doppelzimmer um $90, dennoch im voraus reservieren:

YWCA, 1015 18th Street NW, Washington DC 20036; © (001) 202-467-0801; www.ywca.org

Kontakt in Canada:
YMCA, 42 Charles Street East,
Toronto/Ontario M4Y 1T4, Canada;
© (416) 967-9622, www.ymca.ca oder www.ywca.ca

Alternative
Hostels

Eine **Alternative** zu den *Hostels* von *Hostelling International*, den traditionellen Jugendherbergen also, bieten zahlreiche unabhängige Unterkünfte, ebenfalls **Hostels**, aber **unter freier Trägerschaft**. Auch im US-Nordosten und in kanadischen Städten des Ostens befindet sich eine ganze Reihe davon. Sie verfügen durchweg über Mehrbettzimmer ab $25 bis $36 pro Bett und oft private Zimmer (DZ ab ca. $75). Bei ihnen geht es tendenziell legerer zu, manchmal aber auch schlampiger als in den *Hostels* der Herbergsorganisation. Wie mittlerweile nun auch den *HI-Hostels* ist der **freie Internetzugang Wifi** üblicherweise inklusive.

3

Im Internet findet man solche *Hostels* mit allen Details fast ausnahmslos unter den Reservierungsportalen

www.hostels.com, www.hostelsclub.com, www.hostelworld.com

Hostel Verzeichnis

Das **Hostel Handbook** für die USA und Canada, ein auf dünnem Papier in privater Initiative gedrucktes leichtes Büchlein für den Rucksack ist unterwegs außerordentlich hilfreich. Denn man hat ja nicht jederzeit PC-Zugang.

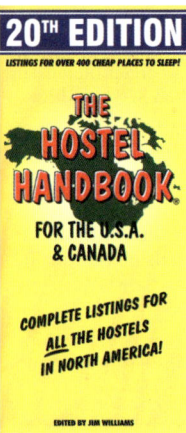

Jede Ausgabe listet rund 400 *Hostels* aller Träger und Billighotels. Das Büchlein gibt es exklusiv für Leser der Nordamerika-Reiseführer von Reise-Know-How direkt beim Verlag. Inklusive Versand kostet das *Hostel Handbook* – die jeweils neueste hier verfügbare Auflage – **€5,00** gegen **Voreinsendung** in Briefmarken an den

Reise-Know-How Verlagsservice
Am Hamjebusch 29
D-26655 Westerstede

www.reisebuch.de/
usa/info/unterkunft/hostel_handbook.html

Smartphonenutzer finden Apps für HI-Hostels wie auch für die Unabhängigen im *iTunes App Store* und im *Android Market*.

Neuauflagen etwa ab März/
April jeden Jahres verfügbar

Studentenwohnheime

Eine Übernachtungsalternative sind in den Sommermonaten (Mai bis einschließlich August) die dann teilweise leerstehenden Studentenwohnheime, die **University Residences** oder **College Dormitories**. Fast jede Mittelstadt in den USA und Canada verfügt über zumindest ein *College.*

Die Bedingungen fürs Unterkommen variieren sehr. Während in manchen Fällen Einzelübernachtungen kaum weniger oder sogar mehr als in billigen Motels kosten, liegen woanders die Preise auch schon mal unter $25 pro Nacht. Es handelt sich meist um 2-4-Bett-Zimmer, die man aber auch allein oder als Paar mieten kann; sie haben indessen meist kein eigenes Bad.

Oft verstehen sich die Preise inklusive Frühstück, manchmal gibt es Gemeinschaftsküchen. Sie lohnen vor allem bei längeren Aufenthalten in Städten (Wochen-Monats-Rabatt; prima sind z.B. die Unterkünfte der *Toronto University* im Zentrum). Das DZ kann zwar über $70 kosten, aber dafür darf man das Internet, die Sportanlagen und preiswerte Cafeterias nutzen.

Alternative Unterkünfte zwischen Zelt und Motel/Hostel sind **KOA-Cabins**, Blockhütten auf Campingplätzen, ⇨ Seite 155

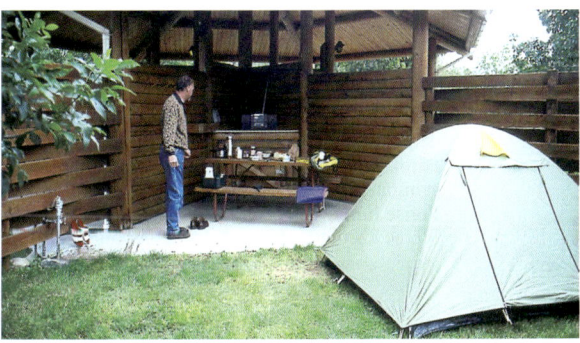

Optimal abgeteiltes Areal fürs Zelt mit überdachtem Tisch, Strom und eigenem Wasserhahn auf einem KOA-Platz

3.6 Camping: The Great Outdoors

An Meeresküsten und Seen, in den Bergen und riesigen Wäldern genießen Amerikaner wie Kanadier ihre **Great Outdoors**, Camping und Freizeitaktivitäten draußen in der Natur. In Europa gibt es nichts Vergleichbares.

3.6.1 Amerika hat es besser

Ausstattung der Plätze

Die USA und Canada bieten dem Camper alles, was sein Herz begehrt, sei es Komfortcamping im Wohnmobil oder Campieren unter einfachen Bedingungen. Die meisten **Campgrounds** sind großzügig angelegt. Ein **Stellplatz** *(Site)* fürs Campmobil oder Zelt umfasst ein eigenes **Areal mit Picknicktisch, Feuerstelle und Grillrost**. Auf staatlichen Plätzen, ⏵ Seite 153, geraten die Nachbarn durch Büsche und Distanz mitunter sogar aus dem Blickfeld.

Camping-führer

Bevor man auf Tour geht, ist die Beschaffung eines Campingführers sinnvoll, selbst wenn einem der Campervermieter schon **KOA-Atlas** (⏵ Seite 155) und Regionalbroschüren privater *Campground*-Betreiber bereitgelegt haben sollte. Die handlichen, auch an Mitglieder europäischer Automobilklubs gratis ausgegebenen **Camp-books** des **AAA/CAA** sind recht brauchbar und zusammen mit den Hinweisen in diesem Buch für eine Urlaubsreise ausreichend.

Canada

Kostenfreie **Campingplatz-Verzeichnisse** gibt es in Canada in den Besucherinformationen. In **Ontario** sind *Campingplätze* in regionalen *Travel Planners* integriert.

Camp Apps

Im *iTunes App Store* oder den **Android Market** gibt's **Apps** für alle **US-Staaten** und **kanadischen Provinzen**. Neben dem Rundumschlag »*All Campgrounds*« kann man selektiv auch Apps nur für Zeltcamper kaufen oder Info-Apps für Camper wie »*All Dump Stations*« oder »*Outdoor Stores*« mit Camping Zubehör u.a.m. Hinter den Kurzinformationen der Appliste steht jeweils das ganze Paket mit alle Detailinformationen einschließlich Anfahrtkarten zur Verfügung: www.allstays.com.

3

Kosten

Auf **staatlichen Plätzen** gilt eine **pauschale Einheitsgebühr** (*fee*) **pro Stellplatz** unabhängig von der Personenzahl (bis zu **4-9 Personen und oft 2 Fahrzeugen**). Die Gebühren werden oft im *Self-Registering*-Verfahren erhoben. Das heißt, die Camper stecken nach Eintragung einiger Daten Bardollars in einen bereitliegenden Umschlag und werfen ihn in eine *Deposit Box* (»Tresor«, ⇨ Foto). Auf **privaten Plätzen** überwiegt die Berechnung einer Basisgebühr für 2 Personen plus Aufschlag für jeden zusätzlichen Gast. **Preise für einen Stellplatz/Nacht** in den USA/Canada: Staatliche Plätze $20-$40, private bis $50, bei hohem Komfort auch mehr.

*Self Service Campground-Registrierung und -Zahlung. Der Umschlag mit dem Geld kommt in die **Deposit Box** (ganz rechts Fee=Gebühr; Area=Gebiet).*

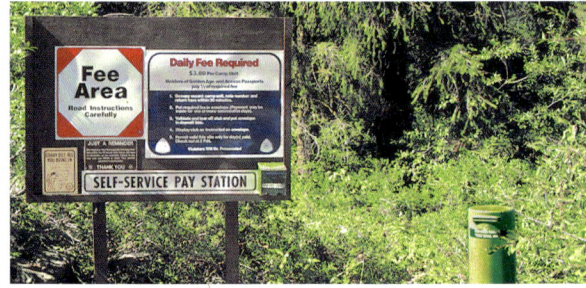

Billig oder sogar gratis campen

Wer besonders preiswertes Camping sucht, findet eine Liste unter www.freecampgrounds.com. Es gibt auch eine **App für sog. Boondocking**, also für Parkplätze, *Truckstops* etc., auf denen Campmobile ohne Campgebühren über Nacht stehen dürfen.

Strom, Wasser, Abfluss

Besitzer von Campfahrzeugen können ihren eingebauten Komfort nur dann richtig nutzen, wenn der Campplatz entsprechend eingerichtet ist. Die meisten kommerziell betriebenen Plätze und auch viele *State* bzw. *Provincial Parks* (⇨ nebenstehend) verfügen über **Hook-ups**: Steckdosen, Wasserhahn und Abfluss an den Stellplätzen. Oft gibt es auch **Sites,** die nur *Electricity* und *Water* bieten. Sind alle Anschlüsse vorhanden, spricht man von einem – natürlich teurerem – **Full Hook-up**.

Dumping und Drinking Water

Mit weitsichtiger Disposition kommen RV-Fahrer aber ganz gut ohnedem aus. Denn auf manchen Rastplätzen und *Campgrounds* ohne *Hook-up*-Einrichtung sowie in *National-* und *State/Provincial Parks* befinden sich sog. **Dump-/Dumping-** oder **Sewage-Stations**, wo – häufig gegen Gebühr – Schmutzwasser abgelassen und Trinkwasser aufgefüllt werden kann. Auch **Tankstellen** und **Tourist Information Center** bieten vereinzelt diesen Service.

Elektrizität

110 Volt braucht man im Camper zum Betreiben der Dachklimaanlage, für die Mikrowelle, den Fernseher (!) und Fön. Außerdem zum **Aufladen von Akkus.** Fürs Licht genügt die Kapazität der immer vorhandenen 2. Batterie, sofern keine längeren als 2-3-tägige Standzeiten anliegen. **Wohnmobile** bieten daher ihren Komfort ohne zeitgleiche äußere Versorgung.

3.6.2   Alles über Campingplätze

Die gute Wahl der Übernachtungsplätze macht bereits den halben Erfolg einer Campingreise aus. Gängige Campingführer listen aber im wesentlichen Ausstattungsmerkmale und geben selten brauchbare Hinweise auf Qualitäten wie landschaftliche Einbettung, Größe der Stellplätze usw. Aufschlussreich ist dafür die Betreiberorganisation. Denn **staatliche** *Campgrounds* und **kommerziell geführte Plätze** unterscheiden sich erheblich.

Staatliche Plätze – Public Campgrounds

Vorweg

Für staatliche Campingplätze (in *State* oder *National Forests* und *County Parks*) erhält man in den Büros der *Tourist Information* Material manchmal nur bei gezielter Nachfrage.

National Park Camping

Die Campingplätze in Nationalparks, -monumenten und weiteren Einrichtungen unter Verwaltung der amerikanischen/kanadischen **National Park Service** (⇨ Seite 28) liegen meist in reizvoller Umgebung und zeichnen sich durch großzügige Aufteilung aus. Die Mehrheit verfügt neben den üblichen Ausstattungsmerkmalen (⇨ oben) nur über einfache sanitäre Einrichtungen; gelegentlich sind Plumpsklos und ein paar Wasserhähne der einzige Luxus. Nur Großanlagen bieten mehr Komfort, der dann auch etwas mehr kostet. Die Kosten betragen ab $22/Nacht und Stellplatz. Oft gratis sind **Walk-in-Campgrounds** abseits der Straßen.

National/ State Forest Camping

In den unendlichen Wäldern Nordamerikas hat der *National Forest Service* **(NF/SF)** beider Länder unzählige Campingplätze der sanitären Einfachstkategorie (Plumps-/Chemietoilette) angelegt. Unter ihnen befinden sich **traumhafte Anlagen** in unberührter Natur. In **Neuengland** gibt es große *National Forests* mit *Campgrounds* **nur in New Hampshire** und **Vermont**. Im **Osten Canadas** liegen nationale Forste abseits der Touristenrouten.

Lage und Gebühren

NF-Plätze sind nur sporadisch in Campingführern verzeichnet, z.T. aber in den *AAA Campbooks*. Markierungen in den Karten der Staaten bzw. Provinzen und im *Rand Mc Nally Road Atlas* zeigen oft deren ungefähre Lage. Genaue und komplette Karten erhält man in den regionalen Büros des *Forest Service*. Die Übernachtungskosten betragen zwischen $12 und $25 und sind fast immer per *Self-Registering* zu zahlen.

State und Provincial Parks

Alle US-Bundesstaaten und kanadischen Provinzen unterhalten *State* bzw. **Provincial Parks**, in denen ihre Bürger die *Outdoors* genießen und/oder das historische Erbe kennenlernen können. In Québec heißen die Provinzparks *Parc National*, »echte« Nationalparks *Parc National du Canada*, ⇨ Seite 510. Zu vielen *State/ Provincial Parks* gehören Campingplätze; oft stand das Campingmotiv bei deren Einrichtung sogar im Vordergrund. Die **Campgrounds** sind von Staat zu Staat und Provinz zu Provinz recht unterschiedlich: Manche verfügen über einen hohen sanitären

Dazu informative Websites ⇨ Seite 737

Internet &
Reservierung
Seite 156

Komfort mit Hook-ups an den Stellplätzen, andere sind eher den *NF-Campgrounds* vergleichbar. So oder so, Lage und Anlage der *State* und *Provincial Park/Parc National Campround*-Areale sorgen durchweg für **erfreuliche Campingbedingungen**.

Die **Übernachtungskosten** variieren mit dem Komfort; sie betragen **$20-$40** pro Nacht, **mehrheitlich $25-$35**, Top-Plätze mit viel Komfort manchmal mehr. Touristen aus anderen Staaten/Provinzen zahlen vielfach einen Aufpreis. Die meisten **State** und **Provincial Parks** sind in Campingführern verzeichnet und **auf fast allen Karten** deutlich markiert. In einigen Neuengland-Staaten gibt es neben *State Park Campgrounds* auch solche in **State Forests**. Sie entsprechen denen in *National Forests*.

Cities &
Counties

Manche **Städte** und **Landkreise beider Länder** unterhalten in Eigenregie Parks mit Campingplätzen unterschiedlicher Qualität und Austattung. Motive sind Naherholung für die Bürger der Stadt bzw. der Region und Förderung des Fremdenverkehrs. Die Kosten sind dort meist gering

Feuerholz-Verkauf bündelweise für viel Geld, auf und in der Nähe von Campingplätzen ein häufiges Bild. Selber bei Walddurchfahrten sammeln (vor Ankunft am Platz) kostet nichts und ist keinesfalls verboten.

Achtung: Viele, insbesondere staatliche Campingplätze sind nur ab Ende Mai/Anfang Juni bis Mitte September (vor allem Canadas maritime Provinzen)/ Mitte Oktober geöffnet.

Kommerziell betriebene Plätze

Ausstattung/
Kosten

Über die kommerziell betriebenen Campingplätze lassen sich **allgemeingültige Aussagen** nur sehr grob machen. Alle bezüglich Komfort und Lage denkbaren Kategorien sind vorhanden. Es überwiegen Plätze mit **Hook-up**s und deutlich knapperem Zuschnitt des jeweils zugeteilten Areals als auf staatlichen *Campgrounds*. Die **Preisgestaltung** orientiert sich an der Ausstattung und der Nähe zu touristischen Routen und Zielen. Die **preisliche Untergrenze** für einfache und/oder abgelegene Privatplätze liegt bei etwa **$20**. Im Umfeld von Attraktionen (Nationalparks, Badeorte) und im Einzugsbereich von Großstädten wird es teurer. Für **bis zu $50 und mehr** erhält der Camper dort sein betoniertes Plätzchen, einwandfreie Sanitäranlagen, Münz-Waschmaschinen, Pool etc.

Lage

Nur wenige rein kommerziell geführte *Campgrounds* können es in puncto landschaftliche Lage und Anlage mit staatlichen Plätzen aufnehmen. Zur Sicherstellung hoher Auslastung befinden sich Privatplätze eher in **verkehrstechnisch günstiger Position**, d.h., oft in der Nähe stark frequentierter Straßen und *Interstate*-Autobahnen. Ist der Lärmpegel auf solchen Plätzen selbst im Camper noch hoch, überschreitet er im Zelt das erträgliche Maß.

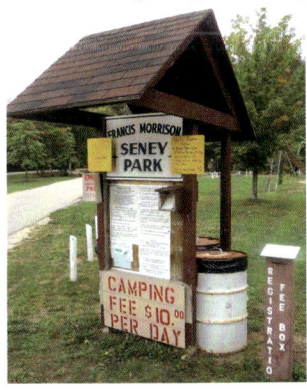

Die Kunden der Privaten sind auch deshalb überwiegend Campmobilfahrer, für die es in erster Linie auf den Vollanschluss ankommt.

Nichts los, dann wird's schon mal billiger. Entrance Station einer kommerziellen Anlage

Qualität privater Plätze

Geht man bei der Auswahl der Plätze nach den Ausstattungskriterien der Campingführer und vor allem nach der darin reichlich enthaltenen vollmundigen Werbung, wird man sich oft wundern über die Diskrepanz zur Realität. Vor allem der **sanitäre Zustand** ist die Achillesferse manchen Platzes.

Camping-Ketten

Ähnlich wie in der Hotel- und Restaurantbranche existieren Campingplatz-Ketten (**KOA** und **Good Sam**; beide in Canada und in den USA). Während die Betreiber von *Good Sam* Plätzen nur als loser Verbund kooperieren und die Einhaltung gewisser Ausstattungsmerkmale garantieren, sind die über **400 *K**ampgrounds of **A**merica* eine Franchise-Kette. Sie bieten einen schon äußerlich nahezu identischen Standard und verfügen alle über *toll-free* Telefonnummern für die Reservierung.

KOA

KOA lockt die Kunden der Campmobilvermieter gerne mit einer *Value Card* (gratis), die einen 10%-igen Rabatt auf die Übernachtungskosten, und ab der 4. Nacht auf bestimmten Plätzen sogar 25% garantiert, den viele gerne mitnehmen. Wer mehr wissen möchte, findet KOA auch im Internet: www.koakampgrounds.com.

Aber selbst mit *Value Card*-Discount bleibt KOA noch in der preislichen Oberklasse **ab $30** und häufig genug erheblich mehr. Dafür darf man bei KOA ziemlich sicher sein, dass **Toiletten- und Duschanlagen** sauber und intakt sind.

Reservierung von Campingplätzen

Kommerzielle Plätze

Fast alle kommerziell betriebenen Campingplätze lassen sich telefonisch oder auch per **Internet** reservieren; **KOA-Plätze** z.B. kann man auch über www.reserveamerica.com buchen. Die Telefonnummern/Webadressen finden sich in den Campingführern und für die meisten der empfohlenen Plätze auch im Reiseteil dieses Buches. Wie bei den Hotels werden Reservierungen aber nur dann für eine Ankunft nach 18 Uhr zuverlässig festgehalten, wenn der Anrufer eine **Kreditkartennummer** nennt. Auch bei Nichterscheinen wird diese dann belastet.

Staatliche Plätze

Für staatliche Plätze gilt zunächst die Regel *first-come-first-served*, d.h., jeder offensichtlich unbesetzte und nicht als reserviert gekennzeichnete Stellplatz in Nationalparks etc. kann als frei betrachtet und belegt werden. Mit Ausnahme mancher NF-Plätze und einer Minderheit von *State/Provincial Parks* sind auch die staatlichen Plätze zu reservieren. Die **Reservierung erfolgt heute mit wenigen Ausnahmen zentral** über *toll-free*-Telefon und zunehmend online. In vielen Fällen sind saftige **Reservierugs-** und **Stornogebühren** fällig, die Reservierungen nur bei Aufenthalten von mehrereren Tagen sinnvoll erscheinen lassen (z.B. Ontario und New York State).

Alle Details sind **online** verfügbar; **vor Ort** findet man Adressen, Telefonnummern etc. in den in jedem(r) Staat (Provinz) gratis erhältlichen Broschüren über das jeweilige Parksystem. Es gibt sie in den Touristeninformationen und *State/Provincial Parks* selbst.

Zentrale Reservierung State und Provincial Parks

Folgende **Reservierungsregelungen** sind **2013** in Kraft:

USA	Zentrales Telefon	Info- & Reservierungsportal
Connecticut	✆ 1-877-668-2267	www.reserveamerica.com
Maine	✆ 1-800-332-1501	www.maine.gov/doc/parks/ programs/index.html
Massachussetts	✆ 1-877-422-6762	www.reserveamerica.com
Michigan	✆ 1-800-447-2757	www.midnrreservations.com
New Hampshire	✆ 1-877-647-2757	www.reserveamerica.com
New York State	✆ 1-800-456-2267	www.reserveamerica.com
Rhode Island	✆ 1-877-742-2675	www.reserveamerica.com
Vermont	✆ 1-888-409-7579	www.vtstateparks.com/ htm/reservations.htm

CANADA

Ontario	✆ 1-888-668-7275 (generell *Provincial Parks*) www.ontarioparks.com	
	✆ 1-800-437-2233 (St. Lawrence River Parks) www.stlawrenceparks.com/ index.cfm/en/camping	
Québec	✆ 1-800-665-6527 www.sepaq.com (↪ Seite 517)	

Newfoundland	✆ 1-877-214-2267 www.nlcamping.ca
Nova Scotia	✆ 1-888-544-3434 http://parks.gov.ns.ca/ misc/make_a_reservation.asp
New Brunswick	kein zentrales ✆, unter www.tourismnew brunswick.ca sind die Einzelparks gelistet.
Prince Edward	kein zentrales ✆, unter www.tourism.pei.com sind die Einzelparks mit Tel.-Nr. gelistet.

✆-Prozedur Für alle Reservierungen auf staatlichen Plätzen sind **Zusatzgebühren fällig, inkl. Tax mindestens $10**. Bevor man zum Hörer greift, sollte man sich mit Zettel, Stift und Kreditkarte bewaffnen, denn im *Call Center* will man viel wissen: den gewünschten Campingplatz, alle persönlichen Daten, die des Autos (Nummernschild, Art, Marke, Länge), Ankunfts- und Abfahrtsdatum, wie viele Personen und Zelte, **Kreditkartennummer** und **Verfallsdatum** *(expiration)*. Die Reservierung reicht üblicherweise bis zu einer Ankunft vor 21 Uhr. Erst danach verfallen Reservierungen. Storno kostet ebenfalls, wer aber nicht storniert, ist Camping- und Servicegebühren los (besonders hohe Gebühren berechnet reserve america.com und die Ontario-Reservierung www.ontarioparks. com). Genaugenommen lohnen sich Reservierungen über solche Portale daher nur bei 100% festem Reiseplan und mindestens zwei Übernachtungen hintereinander in ein und demselben Park.

Internet Die **Internetportale** zeigen für jeden *Campground* genaue Lagekarten und vielfach sogar die Position einzelner Stellplätze innerhalb des Geländes. In solchen Fällen kann daher nicht nur ein beliebiger Platz reserviert, sondern ggf. eine spezifische Auswahl getroffen werden. Von zu Hause aus ist das bequemer als Anrufe ab Nordamerika, zumal Name, Adresse etc. nicht unbedingt bei jedem Aufruf von neuem registriert werden müssen.

National Forest Die Mehrheit der NF-Plätze werden in Reihenfolge der Ankunft belegt. Aber schon seit Jahren lassen sich **die populärsten Campgrounds des NFS** vor allem in **New Hampshire** und **Maine**, aber auch in einigen Fällen für **Vermont** und **Michigan** reservieren: ✆ **1-877-444-6777** und www.reserveamerica.com.

State Forest *State Forests* haben verschiedene Büros in den zuständigen Staaten. Sie sind sehr selten ausgebucht und preiswert. Nach den Büros sollte man in den *Info-Centers* fragen.

National Parks USA *Die zentrale* Campingplatzreservierung für stark frequentierte Nationalparks der **USA** vergibt im Nordosten die Plätze im *Acadia National Park* in Maine und einige wenige NF-Plätze: ✆ **1-888-444-6777**; www.recreation.gov

Reservierungen können ab dem jeweils 5. eines Monats bis maximal 5 Monate im voraus getätigt werden. Reservierung: $9, *Cancellations* (Stornierung) $10.

National Parks Canada Auch die Campingplätze in kanadischen Nationalparks können zentral reserviert werden: ✆ **1-877-737-3783** und www.pccamping.ca

Abschließende Hinweise zum Camping

Vorteile und Nachteile unterschiedlicher Plätze

Die staatlichen Plätze sind den meisten privaten Anlagen unabhängig von Kostenüberlegungen vorzuziehen, sofern der Vollanschluss nicht im Vordergrund der Bedürfnisse steht. Das Campen auf ihnen ist in aller Regel einfach erfreulicher. Andererseits ist festzuhalten, dass es gerade in diesem Teil Amerikas an Meeresküsten und Seeufern auch sehr viele großzügig angelegte Anlagen in Privathand gibt, die der staatlichen Konkurrenz wenig nachstehen. Sie bieten oft (noch) mehr für **Familien mit Kindern**.

Duschen

Wie bereits erwähnt, finden **Campmobilfahrer** genügend Möglichkeiten, die Ver- und Entsorgung ihres Fahrzeugs auch **ohne Hook-up** am Stellplatz zu erledigen. Der Nachteil eventuell nicht vorhandener Duschen auf lanschaftlich wunderbaren Campingplätzen lässt sich gewiss verschmerzen. Hat man selbst keine Dusche an Bord, kann man gegen Gebühr unterwegs die Duschen von Privatplätzen oder *Truck Stops* nutzen.

Ein **optimaler Kompromiss** sind die *State bzw. Provincial Parks*. Sie sind meist gut angelegt, verfügen in der Regel über ordentliche, oft bessere sanitäre Anlagen als mancher Privatplatz und kosten – sogar mit *Hook-up*, so vorhanden – weniger.

Campen in Cities/ auf Rastplätzen (Rest Areas)

In einigen Großstädten gibt es keine, sehr teure und/oder nur weit vor den Toren der Stadt gelegene Campingplätze. Von der vielleicht aufkommenden Idee, **in städtischen Parks** oder auf deren Parkplätzen stadtnah und gratis zu übernachten, muss dringend abgeraten werden, denn die Gefährdung durch **Kriminalität** ist im Zweifel erheblich. Eben deshalb gehören die Parks auch zu regelmäßig von der Polizei kontrollierten Zonen.

Das **Übernachten in Campmobilen auf innerstädtischen Plätzen und Straßen ist in den USA und in Canada ausnahmslos untersagt.** Dasselbe gilt im Nordosten der USA und in Canada auch für **Rastplätze an Autobahnen**. In einigen US-Staaten ist es erlaubt – u.a. auch in **Rhode Island**, aber in diesem Ministaat existiert nur **eine einzige** *Rest Area*.

Camping ohne Campground

Wer die Augen offenhält, kann in einsamen Regionen und in *National Forests* durchaus legal auch **ohne** *Campground* mal ein Plätzchen für die Nacht finden (erlaubtes *dispersed camping*). **Abseits offizieller Campingplätze** muss man dabei aber Vorsicht und Umsicht walten lassen. Obgleich das Risiko gering erscheint, außerhalb von Ballungsgebieten Opfer eines Verbrechens zu werden, sollte der gewählte Platz nie von irgendwoher einsehbar und möglichst niemandem bei der erfolgreiche Platzsuche aufgefallen sein. Das Fahrzeug muss so stehen, dass man möglichst ohne Rangieren davonfahren kann.

Privatbesitz

Wichtig ist die Respektierung von *Private Property*; es hat in Amerika einen hohen Stellenwert. Camping auf einem scheinbar verlassenen Privatgrundstück sollte man nicht riskieren.

3.7   Essen und Trinken

3.7.1   Selbstverpflegung

Lebensmittel und Getränke

Supermärkte

Die Selbstversorgung bereitet in USA und Canada keine Probleme. **Supermärkte** (*Food Market/Mart*) enormer Ausmaße findet man bis ins kleinste Nest. Sie stehen häufig im Verbund mit anderen Läden und einem *Non Food*-Kaufhaus (*Department Store* wie **Wal-** oder **K'Mart** in den USA bzw. **Canadian Tire** in Canada) integriert in kleine und große **Shopping Plazas**. In kleineren Orten liegen sie fast immer an den Durchgangsstraßen. Man erkennt sie dann an den Lettern großer Ketten (**Price Chopper, Super Stop & Shop, Big Value, Shaw's Osco** und **Glen's, Meyer's, Tom's, Always** in Michigan. Ferner in Ontario und Québec: **Foodland, IGA, Loblaws, Sobey's.** Das Warenangebot korreliert mit der Finanzkraft der Anwohner. Wer auf Qualität und Biowaren wert legt, klickt zu Hause schon mal auf www.wholefoods market.com. Die Kette **Trader Joe's** (eine Alditochter) ist ebenfalls auf Bio und *Gourmet Food* spezialisiert, www.traderjoes.com.

Öffnungs-zeiten

Gesetzlich geregelte **Ladenschlusszeiten gibt es in beiden Ländern nicht**. In **Canada** schließen die Läden zwar früher als im Nachbarland, aber **Supermärkte** sind auch dort **werktags meist bis 21 Uhr geöffnet**, samstags und immer häufiger auch **sonntags bis 18 Uhr**. Manche Supermärkte in den **USA** bleiben **bis Mitternacht** geöffnet, bisweilen auch rund um die Uhr.

Ein noch neuer Trend sind seit der Finanzkrise 2008/2009 solche No-service Lebensmittel-märkte mit Preisen weit unter denen der verbreiteten Ketten (bislang nur vereinzelt)

Mini-Märkte

Außer in Supermärkten gibt es Lebensmittel, aber kaum Obst, Gemüse und Frischfleisch in teilweise rund um die Uhr (nur USA) betriebenen **Mini-Marts,** auch **Convenient Store** genannt (z.B. *Circle K Stores, K-Food Stores, 7 to 11 Store*s u.a.). Sie sind mehrheitlich mit Tankstellen kombiniert und fungieren außerdem mit *Cold Drinks, Coffee, Ice Cream, Popcorn, Hot Dogs* und allerhand weiteren Snacks als **Versorgungsstationen für Autofahrer**.

*Lose Ware
heißt
»Bulk Food«;
hier in
Torontos
Chinatown*

**General
Store**

Weitab des modernen *American Way of Life* stößt man immer noch auf ländliche **General Stores**, die klassischen Gemischtwarenläden, die von der Milch bis zum Angelhaken so ziemlich alles führen, was die Kunden im Einzugsbereich nachfragen könnten. In manchen Gegenden wurde dieser Ladentyp sogar zu neuem Leben erweckt, oft unter Erhaltung nostalgischer Einrichtung.

Preisniveau

Im regulären **Lebensmittelsupermarkt** verbinden sich größte Auswahl und (für uns) akzeptable Preise. Nahrungsmittel sind in den **USA** beim Kursniveau Ende 2012 um ca. $1,25 je Euro insgesamt etwas, in **Canada** deutlich teurer als bei uns. Nur wenige Produkte sind nennenswert billiger, viele dafür ganz erheblich teurer. Wie erwähnt, kauft man am billigsten in den Lebensmittelabteilungen von **Wal Mart** (**Always**), **K-Mart** und **Target** und anderen ein, die ein ähnliches Sortiment bieten wie die reinen Supermarktketten.

**Salat-/
Brattheken**

An der **Brattheke** werden halbe Hähnchen, Lasagne, *Spare Ribs* usw. fürs häusliche *Fast Food* bereitgehalten. Grau- oder Vollkornbrot gibt's -wenn überhaupt- nur in der Deli-Ecke.

Québec

In Québec ist der französische Einfluss unverkennbar und macht das Einkaufen im Supermarkt selbst für Gourmets zum Vergnügen: Fleisch- und Fisch-Pasteten, Baguette, Croissants, vielerlei Käsesorten und manches mehr liegen bereit.

**Nettopreise/
lbs-kg**

Die Nettopreisauszeichnung in den **USA,** bezogen auf die englische Maßeinheit *lb* (= *pound*; ein Pfund entspricht etwa 450 g), lässt Preise leicht niedriger erscheinen, als sie in Wirklichkeit sind. Um den Endpreis für ein Kilo zu erhalten, müssen der *lb*-Preis verdoppelt, 10% aufgeschlagen und ggf. weitere 5%-8% für die Umsatzsteuer (*sales tax*) addiert werden. In **Canada** ist zwar lange das Dezimalsystem eingeführt, aber eigenartigerweise wird Obst und Gemüse oft noch mit lb-Preisen ausgezeichnet. **In einigen Staaten/Provinzen sind Lebensmittel umsatzsteuerbefreit.**

Fleisch/ Steak	Fleisch kauft man im Supermarkt. Schlachterläden gibt es außer in größeren Städten nicht. Für den Grillrost eignen sich vor allem *Sirloin, New York* und *Porterhouse Steaks. Tenderloin* (Filetsteak) und *Rib-eye* sind noch besser, aber extrem teuer – ebenso wie die *T-Bone Steaks.* Billiger aber zäh: *Brisket, Chuck-* und *Round-steak.* **So grillt man Steaks**: Das nicht mehr kühle Fleisch würzen und über die **weiße** *Charcoal*-Glut legen. Nur einmal wenden und vor dem Schneiden (quer zur Faser) ca. 2 min. ruhen lassen.
Fisch und Meeresfrüchte	Regional unterschiedlich gibt es den tollsten Frischfisch wie **Lachs, Forelle, Thunfisch**, *Red Snapper*, **Halibut**, **Oktopus** etc. Im Bereich der Küsten ist das Angebot groß und fangfrisch. Auch an **Schalentieren** herrscht kein Mangel. Vor allem **der 2012 wegen enormer Bestände preiswerter gewordene Hummer** sorgt im Nordosten für Tafelfreuden. Neben der Fischabteilung im Supermarkt wird man an der Küste für Meeresfrüchte am Hafen fündig; separate Fischläden findet man nur in den Metropolen.
Wurst	Wurstwaren, meist vakuumverpackt, schmecken nicht so recht; auch Markennamen wie *Mayer* und *Schneider* enttäuschen. Wurst darf im übrigen **mit pflanzlichen Zusatzstoffen** vermischt sein und muss nur zu einem geringen Teil aus Fleisch bestehen. Die Liste der Zusätze ist bei allen Produkten lang. Lose Ware und viele Salate findet man an der Fleisch- oder *Deli*(*katessen*)-Theke.
Milch und Käse	**Milch** gibt es von *Non Fat* (ohne Fett) über 1%-2% *Low Fat* bis zu 3,5%iger *Homo Milk* (Vollmilch). Sie ist immer mit Vitamin A und D angereichert. *Delis* führen (teure) importierte und ausgefallene einheimische Käsesorten wie *Strawberry* (rosa!) oder *Chocolate Cheese*. Der amerikanische/kanadische *Cheddar Cheese* schmeckt gut, speziell die Sorten *sharp* und *extra sharp*.
Obst und Gemüse	Das Angebot an Obst und Gemüse variiert mit der Region und Saison. Normalerweise ist die Auswahl sehr reichhaltig. Preiswertes »*Produce*« (Sammelbegriff für alle Arten) gibt's in der jeweiligen Erntesaison an Straßenverkaufsständen z.B. in den Obstanbaugebieten der Finger Lakes Region (*New York State*), Vermont und in Südontario. Ein Schild »*You Pick*« oder »*U Pick*« am Straßenrand fordert dazu auf, vom Feld selbst zu ernten.

Preiswert einkaufen mit Kundenkarte

Mit Kundenkarten können auch Touristen ihre Ausgaben im Supermarkt substanziell reduzieren und die oft beachtlichen Preisermäßigungen ebenso wie Einheimische nutzen. Denn zahlreiche Sonderangebote gelten nur für »gute« Kunden, die als solche durch Kundenkarten definiert sind. Die erhält jeder. Man geht nur vor dem Einkauf bei *Albersons*, *Safeway* und anderen Ketten zum *Service Desk* und lässt sich mit irgendeiner Adresse registrieren.

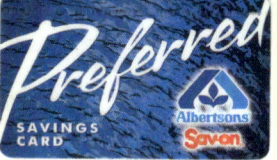

Cereals/ Müsli

Zu den Umsatzrennern in den Supermärkten zählen die sog. ***Cereals***, also *Cornflakes, Rice Crispies* usw. In Amerika gibt es unendlich viele – meist zu süße – Varianten. Qualitativ sehr hochwertig sind die müsliähnlichen *Cereals* der kanadischen Marke **Quaker**, die sich neben den Produkten des Monopolisten *Kelloggs* in den Regalen behauptet. Lose Ware (*Bulk Food*) schaufelt man sich selbst in Tüten.

Tiefkühlkost

Gut gefüllt sind Tiefkühltruhen und -schränke. Wer im Wohnmobil über Backherd und Mikrowelle (letzteres mehr und mehr auch im Motelzimmer!) verfügt, kann sich zur Not preiswert mit tiefgefrorenen **Fertigmahlzeiten** verpflegen.

Kuchen

Kuchen und Kekse (*Cake* bzw. **Cookies**) erfreuen sich großer Beliebtheit, aber für den mitteleuropäischen Geschmack findet sich im Supermarkt nicht viel Genießbares. Vor allem liegt das am hohen Süßegrad und dem ausgeprägten Einsatz von Zimt und Chemie. Akzeptabel schmecken **Donuts**, speziell, wenn sie frisch aus der **Bakery** kommen.

Bakeries/ Bagel

In kleinen Orten und besonderen Vierteln der Städte gibt es wieder ***unabhängige Bakeries*** neu, nachdem sie zuvor fast völlig von Supermarkt-Bäckereien verdrängt worden waren. Sie werden oft von jungen Leuten betrieben, die mit viel Liebe Kuchen (probierenswert der typisch amerikanische *Carrot Cake*), »richtiges« Brot, *Bagel* u.a.m. produzieren.

Bagel sind an sich eine jüdische Spezialität, aber überall zu haben. Sie sehen aus wie *Donuts*, bestehen jedoch aus einer Sauerteigart. Es gibt Knoblauch-, Käse-, Zwiebel- und viele weitere Bagelarten mit »Geschmack«. Man isst sie entweder, wie sie sind, oder belegt sie – aufgeschnitten – mit Frischkäse. *Bakeries* dieser Art verfügen meist über ein paar Tische und Stühle, wo man die Produkte des Hauses bei einer Tasse Kaffe gleich verzehren kann. Fürs Frühstück sind sie eine akzeptable Alternative zum Sortiment der *Fast Food Restaurants*.

Im Gegensatz zu den USA findet man im maritimen Canada und in Québec häufiger vom Supermarkt unabhängige Bäcker oder auch Schlachter.

Kaffee

Der grob gemahlene und anders geröstete, zudem oft nur dünn aufgegossene US-Kaffee wird bei Freunden der braunen Bohne aus Europa gern als »Plörre« abgetan. Amerikaner trinken zudem mehr Pulverkaffee. Hier und dort gibt's *Melitta*-**Kaffee**, der fast so schmeckt wie bei uns, ⇨ Kasten, und im Supermarkt tatsächlich **Kaffeebeutel** fürs schnelle Aufbrühen.

Tee

Die **Teeauswahl** ist – außer in wenigen Fachgeschäften – dürftig und besteht vor allem aus Teebeuteln einiger großer Hersteller.

Tipp

Wer seine Kaffee- oder spezielle Teesorte auch im Urlaub nicht missen möchte, bringt seinen Bedarf von zu Hause mit und spart.

Coffee Bars und Kaffee

Die nordamerikanische *Cup of Coffee* spaltet die Besucher aus Europa in zwei Lager. Die einen empfinden den Kaffee als unakzeptabel, die anderen trinken ihn – ganz wie die Amerikaner – gleich literweise. Ketten wie *Starbucks*, *Coffee Connection* oder neuerdings **McCafé in den McDonalds-Filialen** sind meist keine Stehcafés, sondern gemütliche Treffpunkte.

Neben vielen aromatisierten Kaffeesorten gibt es *Espresso*, *Cappuccino* oder einen *Caffè Latte* zum *Croissant* bzw. *Muffin*. Aber selbst der beste Edelkaffee kommt oft genug nur im Plastik- oder Pappbecher.

Auswahl einer Coffee Bar in Saint John/New Brunswick

3

Alkoholfreie Getränke

Bei nichtalkoholischen Getränken muss man in Anbetracht der vielen farben- und chemieprächtigen Sprudel- und Brausearten erst herausfinden, was genießbar ist. Selbst *Sprite, Fanta, Coca-* und *Pepsi Cola* schmecken anders als gewohnt. **Die Amerikaner lieben es süßer**. Der natürliche Fruchtgehalt von Fruchtsäften ist bei den preiswerten Sorten extrem niedrig. 100%ige Fruchtsäfte sind erstaunlich teuer, es sei denn, man kauft sie als tiefgefrorenes Konzentrat. Mit Kohlensäure versetztes **Mineralwasser** gibt es als relativ teures *Soda Water*; verbreiteter ist stilles Wasser.

Leitungswasser

Das Leitungswasser in den USA ist zum Trinken häufig ungeeignet (Schwimm-badqualität wegen hoher Chlorbeigaben zur Keimabtötung). Das gilt ganz besonders im Einzugsbereich der *Big Cities*, aber auch in mancher Kleinstadt und auf vielen Campingplätzen. Das Wasser taugt deshalb auch selten für den Kaffee- oder Teegenuss. Viele Amerikaner kaufen deshalb **Drinking Water** im Supermarkt in 1- bis 2-Gallonen-Behältern ($0,80-$2) oder füllen dort eine Spezialkaraffe auf und kochen selbst Kartoffeln und Spaghetti nur damit.

Märkte

Farmers Market

Märkte sind zwar nicht in jeder Kleinstadt üblich, aber buntes Markttreiben, frische Nahrungsmittel und Stände mit kleinen Snacks gibt es durchaus. Ein **Farmers Market** kann eine große Markthalle sein, oder eine Handvoll Buden, wo verkauft wird, was in der Umgebung gerade reif ist. Größere **Wochenmärkte** findet man eher in mittelgroßen Städten, z.B. in Saint John und Fredericton/New Brunswick oder in Kingston/Ontario. Manchmal besitzen derartige Märkte ein besonderes **Flair**, wie der von Mennoniten und deutschstämmigen Immigranten betriebene *Farmers Market* in St. Jacobs bei Kitchener/Ontario oder der **Kensington Market** in Toronto. Auf den meisten Märkten werden leckere Snacks angeboten.

Fish Market

Die gesamte Atlantikküste und der Golf von St. Lorenz bieten eine reichliche Auswahl an Fisch und Meeresfrüchten. In den Häfen gibt es oft kleine **Fischmärkte,** wo der frische Fang verkauft wird, sofortige Zubereitung und Verzehr inbegriffen. Nicht nur **Lobster** (um $15 für den Einpfünder-Hummer), auch **Clams** (Muscheln), **Fish Chowders** (Fischsuppen) und köstliche **Fish & Chips** (Kabeljau oder Heilbutt mit *French Fries*) sind dort oft zu haben.

Raw Bar

Als feiner gelten die **Raw Bars** der Fischrestaurants: Auf Barhockern am Tresen schlürft man Austern oder Muscheln; dort fehlen auch alkoholische Getränke nicht.

Faneuill Hall Marketplace mitten in Boston

Alkoholika

Alkohol-verkauf USA

Alkoholika werden **in den USA in Supermärkten** und *Liquor Stores* verkauft. In manchen Staaten gibt es **Hochprozentiges** nur im *Liquor Store*. Die meisten untersagen den Alkoholverkauf nach einer bestimmten Zeit am Abend und/oder an Sonn- und Feiertagen. Ebenfalls **untersagt ist die Abgabe** von Alkohol an **Personen unter 21**. Auf die Einhaltung dieser Vorschriften wird streng geachtet. Das **Preisniveau lag Ende 2012** bei einem Wechselkurs um $1,25-$1,30 für den Euro über dem in Deutschland gewohnten.

Canada

In kanadischen Supermärkten gibt es mit der Ausnahme Québec (fast) **keine alkoholischen Getränke**. Lediglich *Light Beer* und im Alkoholgehalt reduzierte (!) Weinsorten sind dort erhältlich. Für »richtiges« Bier, Wein und Whisky muss man *Liquor Stores* aufsuchen, teure, gut sortierte **Monopolläden**, die in kleinsten Orten zu finden sind. Für sie gelten feste Öffnungszeiten. Nur in größeren Städten verkaufen *Wine Shops* auch zu anderen Zeiten.

Die **Öffnungszeiten** von *Liquor Stores* variieren lokal. In Kleinstädten und Dörfern sind sie **nach 18 Uhr geschlossen**, an **Sonntagen ohnehin**. Wegen der hohen Besteuerung sind alle **Alkoholika extrem teuer** und kosten leicht doppelt soviel wie bei uns. Es gilt ein **Mindestalter von 21 Jahren** für Alkoholkauf und -verzehr.

Konsum-gesetze

Besitz und Konsum von Alkoholika unterliegen erheblichen Beschränkungen. **Alkoholika dürfen nur auf privaten Grundstücken** (dazu gehören der Stellplatz auf dem *Campground* und das *Open-air*-Lokal an der Straße) **und in geschlossenen Räumen** konsumiert werden. **Öffentlicher Alkoholgenuss** gilt in ganz Nordamerika als mit Strafe belegter Regelverstoß (*Prohibited by Law*). **Verbotsschilder** wie *No Alcoholic Beverages on Beach, in the Park* etc. erinnern nachdrücklich an diese Gesetzgebung.

Bier

Nordamerikanische Biere sind vorwiegend leichte Sorten (*Lager*), wobei kanadische Marken wie *Molson* und *Labatts* mehr Würze aufweisen als die meisten US-Biere.

Unter den teureren Marken (USA: ab $1,50/Flasche) befinden sich jedoch ausgesprochen gute Biere (z.B. *Samuel Adams*). Bei den ebenfalls teuren Importbieren besitzen *Heineken* und deutsches *Beck's Bier* hohe Marktanteile. Trotz der Originalverpackung schmecken die Importe wegen einer gesetzlich verordneten Sterilisation indessen nicht wie im Ursprungsland.

Micro Breweries

In beiden Ländern wird seit den 1980er-Jahren die einst schon totgesagte Tradition kleiner Brauereien (*Micro Breweries*) wiederbelebt. Vor allem in **Vermont** und **Québec,** aber auch in **Ontario** erzeugt man in den Kleinbetrieben qualitativ gutes Bier.

Pfand

Bier gibt es in den **USA** nur in **Einwegflaschen oder Dosen**, die mit einer Abgabe belegt sind (durchweg 10 Cents). Kinder und Obdachlose sammeln gerne die *Aluminum Cans* in Plastiksäcken. In vielen *State* und *National Parks* findet man gesonderte Abfall-Container für Getränkedosen.

3

Bestens sortierter Alkoholshop in New Hampshire, das dank niedrigerer Steuern für die Bürger der Nachbarstaaten beliebtes Einkaufsziel ist. Nicht nur wegen »Booze« (Wein, Bier und Schnaps), denn fast alles ist deshalb dort billiger

In **Canada** ist die Einwegverpackung für Bier seit langem abgeschafft. Man zahlt ein relativ hohes **Pfand** auf Dosen wie Flaschen. Dennoch kümmert das nicht alle Käufer.

Wein

Die Weinregale der *Liquor Stores* sind in **Canada** nach Herkunftsländern geordnet, in den **USA** zumindest nach *Domestic* (aus dem eigenen Land) und *Imported Wines*.

Wein USA

Speziell **kalifornische Weine** können es mit europäischen Produkten ohne weiteres aufnehmen, soweit es sich um bessere, relativ teure Sorten handelt – ab ca. $10 die Flasche. Das gilt auch für die Weine aus der **Finger Lakes**-Region in New York State.

Deutsche Weine sind wenig verbreitet. Nach Auskunft der Weinhändler liegt dies an den Etikettangaben. Was soll ein Amerikaner auch mit einem »Sonnenbichler Goldstädel« anfangen? Weine wie *Liebfraumilch* oder *Blue Nun*, oft jahrgangslose Abfüllungen unbestimmter Herkunft, sind zwar allgemein bekannt und erhältlich, aber – zumindest im Nordosten – im Grunde *out*. **Dry**, worunter *Chablis* oder *Chardonnay* verstanden wird, ist **in**.

Sekttrinker werden mit spanischem **Freixenet** gut und noch halbwegs preiswert bedient.

Wein in Canada

Auch in den *Liquor Stores* Canadas ist das Weinangebot groß. Neben Weinsorten aus aller Herren Länder gibt es **kanadische Weine**. Sie stammen vorwiegend aus den Weinanbaugebieten Südontarios und Britisch Kolumbiens (*Okanagan Valley*). Die geschmacklich akzeptablen Sorten sind indessen reichlich teuer. Importe aus Westeuropa schießen aber preislich den Vogel ab, ohne dass es sich dabei um erste Qualitäten handelt; das Gegenteil ist oft der Fall.

Tip

Chilenische und **spanische Weine** sind bezahlbar und auch qualitativ empfehlenswert (↻ u.a. BYOB, Seite 175).

Zu Speisen und Gerichten im Nordosten

Gerichte, Nahrungsmittel oder Essenstraditionen, die rein nordamerikanisch sind, gibt es praktisch nicht (↪ auch Neufundland, Seite 669).

Der Büffel – einst Hauptnahrungsmittel der Indianer in den *Great Plains* – wird neuerdings manchenorts in kleinerem Wuchs gezüchtet und vermarktet. Doch noch ist **Büffelfleisch** selten auf den Speisekarten der Restaurants zu finden. Eine indianische Spezialität der maritimen Provinzen ist eine **Fiddlehead Green** genannte Gemüseart. Das Farnkraut bildet im Frühjahr vor allem in feuchteren Gebieten – *fronds* (Sprossen) aus, die aussehen wie die Schnecken einer Violine. Diese Sprossen werden geschält, dann gekocht oder gedünstet. Von den Indianern in Neuengland stammt das traditionelle **Clam Bake**: Die Indianer gruben ein Loch in den Sand des Strandes und entfachten ein Holzfeuer. Die Glut wurde mit Seetang oder Seegras (*seaweed/rockweed*) bedeckt und darüber der Fang (im wesentlichen **Muscheln** und **Hummer**), aber auch Gemüse, Mais und Kartoffeln, übereinandergeschichtet, immer wieder durch eine Lage Seegras getrennt. Im kokelnden Gras garen die Meeresfrüchte und das Gemüse sehr langsam und werden dabei besonders zart. *Clam Bakes* erfreuen sich im Sommer heute wieder am Strand oder im Garten als **All Day Picnic** großer Beliebtheit, manchmal auch als kommerzielle Veranstaltung. Im 19. Jahrhundert galten *Clam Bakes* sogar als gesellschaftliches Ereignis.

Die **frühen Siedler** plagten andere Sorgen als die Verfeinerung des Speisezettels. Ihre Kost bestand meist aus kräftig-dicken **Bohnensuppen** (**Boston Baked Beans**, in Québec **Pie Soup**) mit gepökeltem Fleisch, Zwiebeln, viel Melasse oder Ahornsyrup.

Die **Franzosen** achteten von Anfang an auch in der Neuen Welt auf gutes Essen (↪ Port Royal/NS, Seite 596). Fleisch, Wild, Geflügel und Fische wurden nicht einfach übers offene Feuer gehalten, sondern man nahm sich Zeit für die Zubereitung: **Pasteten** wie **Tourtières**, **Cipailles**, **Six Pailles** oder **Râpure**, ein Kartoffelauflauf mit Hühnerfleisch, sind bis heute in Franko-Canada verbreitet.

Seafood wird auch **Surf** genannt, Fleischgerichte heißen **Turf**. Viele Restaurants werben mit beidem: **We serve surf and turf**.

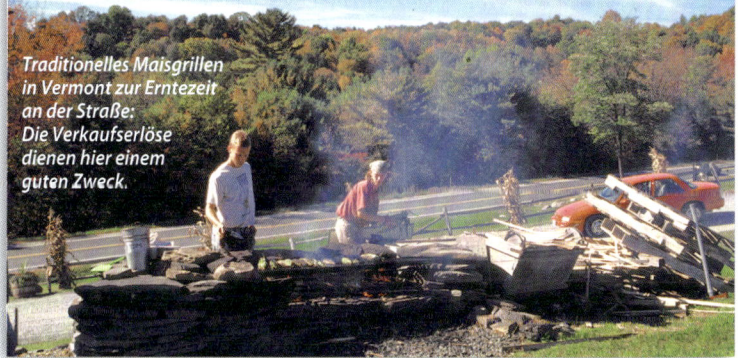

Traditionelles Maisgrillen in Vermont zur Erntezeit an der Straße: Die Verkaufserlöse dienen hier einem guten Zweck.

3

Schalentiere heißen **Shellfish**. Beliebtestes Schalentier im Nordosten ist zweifelsohne der **Hummer**. Man wirft die *Lobster* lebend in kochendes Wasser und genießt das Fleisch ohne weitere Zubereitung, ➪ Seite 306. Aber man nimmt gern ausgelassene Butter oder Mayonnaise dazu.

Clams (Muscheln) gibt es mit unterschiedlichster Bezeichnung. **Softshell Clams** besitzen Schalen, die leicht zu knacken sind. Sie werden gewöhnlich in Seewasser gedünstet (deswegen auch **Steamers** genannt) und nach Entfernung der Haut in warme Butter getunkt. **Hardshell Clams** wie **Little Necks** oder **Cherry Stones** haben harte, porzellanähnliche Schalen. Man serviert sie wie Austern: roh **on the half shell** mit Zitrone. **Quahogs** (sprich Kohogs) sind größer. Sie werden in Streifen geschnitten und paniert als **fried clams** verkauft. Auch für *Clam Chowder* nimmt man sie. **Chowder** (**Clam-** oder **Fish Chowder**) sind weiße, angedickte Suppen auf der Basis von Kartoffeln, Milch und Mais – mitunter lecker, aber auch mal eher fade. **Mussels** (Miesmuscheln) und **Scallops** (Jakobsmuscheln) werden **baked**, **fried** und **steamed** serviert (gebacken, gebraten, gedünstet).

Bei den gängigen Fischarten wie **Kabeljau, Heilbutt** oder **Seezunge** sollte man auf *deep fried* oder *battered* verzichten, weil das Frittieren den feinen Fischgeschmack erschlägt. **Sautééd** – in Butter und Zitrone – schmecken vor allem die kleinen **Scrods** (Kabeljau-Filets) vorzüglich.

3.7.2   Fast Food

Wer auf Amerikas Straßen unterwegs ist, kommt an – zumindest gelegentlicher – **Fast Food**-Ernährung kaum vorbei. Das »schnelle Essen« ist zum Glück besser und vielfältiger als sein Ruf, so gibt es z.B. *Falafel* (in allen größeren Städten), asiatische Imbisse und (insbesondere in Canada) polnische Würstchen mit Sauerkraut und Gurken.

Übersicht   Selbst im letzten Winkel der USA und auch in Canada – insbesondere in Ontario ziemlich flächendeckend – findet man die Filialen der großen **Fast Food**-Ketten. Wo sich ein *McDonald`s* niedergelassen hat, sind *Hardee`s, Wendy`s* und der *Burger King* mit ihren Hamburger-Variationen nicht weit. Und nach Hähnchenteilen von *Kentucky Fried Chicken – KFC,* den *Donuts* von *Tim Horton* und den Eisspezialitäten der *Dairy Queen* muss man auch selten lange suchen. Um die Gunst des eiligen Kunden konkurrieren außerdem jede Menge lokale Snackbars, Cafeterias und *Coffee Shop*s.

Allen gemeinsam ist das moderate Preisniveau und der weitgehend identische Geschmack aller gängigen Gerichte. Ausnahmslos erfolgt **kein Alkoholausschank**. Eine weitere Gemeinsamkeit besteht in der tischdeckenlosen, nüchternen **Plastikeinrichtung**. **Selbstbedienung** überwiegt bei weitem.

Frühstück   Unabhängig von ihrer Spezialisierung für den Rest des Tages gibt es in vielen *Fast Food Restaurants* morgens von 6-10 oder 11 Uhr

Breakfast. Das amerikanische Standardfrühstück besteht aus zwei Eiern (*Scrambled* = Rührei; *Fried*, **sunny side up** = Spiegelei), gebratenem Speck oder Bratwürstchen und *Hash Browns* (gebratene Reibekartoffeln). Dazu werden Toast und Marmelade serviert oder Waffeln mit **Ahornsyrup**, sowie Kaffee oder Tee nach Belieben; ⇨ Glosse Seite 143.

Zu den wichtigsten in ganz Nordamerika verbreiteten Ketten ist folgendes anzumerken:

Hamburger-Lokale

- Der Marktführer *McDonald's* serviert bekanntlich *Hamburger* in verschiedenen Ausführungen. *Burger King* und *Hardee's*, die #2 und #3 unter den Hamburger-Ketten, unterscheiden sich nur dem Namen nach von *McDonald's*. Sortiment, Geschmack und Preise stimmen fast überein. **Hauseigene Spielplätze** werben bei dieser Konkurrenz um die Gunst der Kunden, zumindest von Eltern. Denn Kinder lieben die Anlagen der Hamburger-Ketten mit Kunstrasen, Kletternetzen und Rutschen.

Wendy's

- *Wendy's* lockt die Kunden heute weniger mit dem Basisprodukt *Hamburger* als mit einer *Salad Bar*, die in manchen Filialen um/durch *Mexican Food* und *Pasta* erweitert/ersetzt ist.

Hot Dogs

Winies, Wiener, überwiegend aus Schweinefleisch, gab es schon vor 130 Jahren in den Staaten. *Red Hots!* war der Lockruf New Yorker Straßenverkäufer um die Jahrhundertwende für heiße Frankfurter Würstchen aus Rindfleisch. dass dann aus der Kreuzung von kleinerem Schwein und größerem Rind auf einmal ein »heißer Hund«, der populäre *Hot Dog* wurde, geht auf den Karikaturisten *T.A. Dorgan* zurück, der den fleischigen Essstengel zu einem gestreckten Dackel zwischen zwei Brötchenhälften (*Bun*) verulkte. Prompt wurde auf der Würstchenesser-Hochburg **Coney Island** die neue Bezeichnung *Hot Dog* untersagt, weil alle Welt verwurstetes Köterfleisch in der dünnen Pelle vermutete. Das war 1914. Der nationale Schaden hielt sich aber in Grenzen: *Hot Dogs* blieben Amerikas beliebteste *Fast Food*, bis der *Hamburger* gut zwei Jahrzehnte später seinen Siegeszug antrat, ⇨ übernächste Seite.

Donuts und Bagel

»Wo kommt das Loch im *Donut* her?«. Diese (ursprünglich holländischen) Kringel missglückten einem Bäckerlehrling ehedem in der Pfanne und waren meist außen schneller gar als innen; so kreierte er das bis heute unverkennbare Reifen-Design, Die Bezeichnunge *Donut* (auch *Doghnut*) leitet sich von seinen Zutaten ab, denn neben dem Teig (*dough*) enthielt er früher auch Nüsse (*nuts*).

Der *Bagel*, auch mit einem Loch in der Mitte, soll mit österreichischen Juden in die USA gekommen sein. Der Name leitet sich von einer Variante des yiddischen Wortes »beugel« (Bügel = Steigbügel) ab. Er besteht aus einem sehr festen Sauerteig, der erst einige Minuten in kochendes Wasser geworfen und dann gebacken wird, in den USA/Canada vom Frühstück nicht wegzudenken. Am liebsten isst man ihn mit Philadelphia oder einer Scheibe Räucherlachs.

Kentucky Fried Chicken

- Um die Ehre, die größte amerikanische Kette zu sein, wetteiferte *McDonald's* lange mit **KFC**, *Kentucky Fried Chicken*, deren Filialen überbackene Hähnchenteile verkaufen. Obwohl ein **Chicken-Meal** weder billig ist noch sonderliche Gaumenfreuden verspricht, erfreuen sich die *KFC*-Spezialitäten einer erstaunlichen Beliebtheit.

Dairy Queen

- Auch die **Dairy Queen**-Filialen sind zahlreich. Ursprünglich spezialisiert auf **Milch-Mixgetränke**, Eis und Yoghurt, serviert man auch **Hamburger**. Es gibt sowohl die schmuddelige Dorf-Cafeteria wie den pieksauberen, modern gestylten Plastikschuppen. Immer schmecken die **Eisvarianten**.

Donuts

- Nicht nur Süßes und Kaffee servieren Ketten wie *Dunkin' Donuts*, *Donut Hut* und *Tim Hortons*, hauptsächlich jedoch **Donuts** und **Muffins.** Sie alle sind auch jederzeit für ein Frühstück gut. *Tim Hortons* ist vor allem in Canada gut vertreten, in den USA leider weniger zu finden.

Mexican Food

- **Tacos, Burritos** und **Tostados** findet man heute selbst im Nordosten der USA und – vereinzelt – im Osten Canadas. Ob nun in der Filiale einer der großen Ketten wie *Taco Bell* oder beim »Dorfmexikaner«, kaum irgendwo sonst lässt sich für so wenig Geld der Magen füllen.

Sonderpreise

Alle Ketten werben nahezu kontinuierlich mit Sonderpreisen für bestimmte Gerichte oder **Kombinationen von Items**, z.B.: **Large Coke** & **Cheeseburger** & **French Fries** (Pommes Frites) für $2,99. Wer auf derartige Angebote achtet und es darauf anlegt, kann mitunter billiger essen als bei Selbstverpflegung.

Drive-in

Der besonders eilige Gast verlässt zum *Fast Food*-Imbiss sein Auto nicht, sondern fährt am **Drive-in-Counter** vor. Dort geht es bei Andrang oft erheblich schneller als im Lokal selbst.

Bei Tim Hortons (in Canada und in einigen US-Bundesstaaten) gibt es den ganzen Tag den empfehlenswerten **Tim Horton Deal***: Suppe+Sandwich+Donut+Kaffee, wobei dort letzterer tatsächlich nach Kaffee schmeckt, ab c$5,99.*

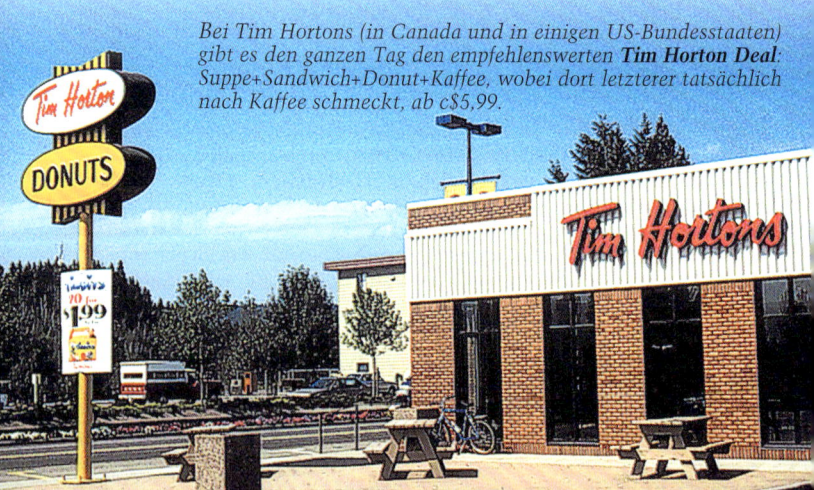

**Alkohol
und
Fast Food**

Obwohl sich die Trinksitten gelockert haben – vor allem in Canada, wo noch bis in die 1960er-Jahre Trinken und Essen als getrennte Vorgänge galten – darf dort, wo gegessen wird, nicht unbedingt auch Alkoholisches getrunken werden. **Den *Hot Dog* oder *Hamburger* »in der Öffentlichkeit« mit einem Bier hinunterzuspülen, ist jedenfalls ziemlich undenkbar.**

Das gilt generell für *Fast Food Restaurants, Delis, Coffee Shops* und *Bakeries*. Sogar **Hummer**, an einem Imbiss direkt am Kai verzehrt, darf man in Neuengland und in den maritimen Provinzen Canadas – öffentlich – nur im *Softdrink* schwimmen lassen. Wenige Ausnahmen bestätigen die Regel.

*Fast Food
nicht nur
in Ketten-
Restaurants:
Der legendäre
Blue Benn
Diner in
Bennington/
Vermont*

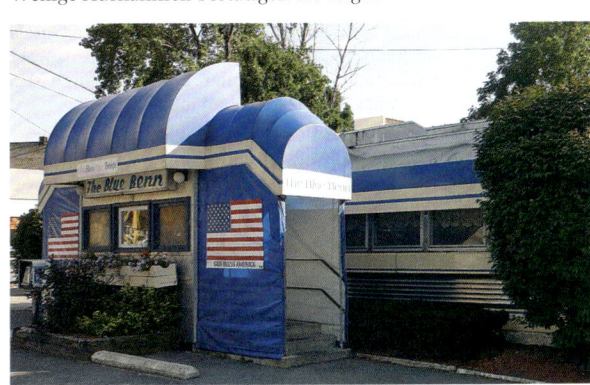

Hamburger

Durchgedrehtes Fleisch roh zu essen erfand man im Baltikum. Von dort (den Tartaren) kam es als »Tartar« nach Hamburg, wo es vorsichtshalber gebraten wurde – glauben die Amis und nannten die flache Bulette *Hamburger*.

Andere Ursprungs-Theorien sind genauso wenig gesichert: Erfindung aus dem Ort Hamburg in NY-State? Pökelfleisch-Nahrung der US-Immigranten unter Deck? Nur mit »Ham« (Schinken) hat er nichts zu tun. Wie auch immer, der *Hamburger* wurde zum eiligen US-Kompaktmenü: zwischen zwei sesambesträuselten Schaumgummiteilen ruht das Hauptgericht – garniert mit Salat und Zutaten aus Tuben und Konserven. Diese Veredelung vollzog sich schrittweise. Das Brötchen kam im Ersten, das Salatblatt im Zweiten Weltkrieg dazu. Beides vom *Hot Dog* abgeguckt, den der *Hamburger* bald von Platz 1 der *Fast-Food*-Liste verdrängte. Die Burger-Familie wuchs enorm und bekam Kollegen: **Wimpeye**, den *Comic*-Kollegen von *Popeye*, der sich nicht mit Spinat, sondern mit *Hamburgers* stärkt. Die Herkunft des *Wimpey Burger* ist damit geklärt.

Die billionenfache Vermassung als *Fast Food* geht jedoch auf *McDonalds* Werbestrategie zurück: *Dad* und *Mom* essen eben da, wo die *Kids* sie hinquengeln. Seit kurzem selbst dort, wo die Story einst begann, im Baltikum.

3.7.3 — Family Restaurants

Obwohl *Fast Food Places* auch als *Family Restaurants* gelten, bezieht sich der Begriff eher auf ein **Zwischending** zwischen *Fast Food* und *Full Service Restaurant* mit Alkohollizenz. Ein »Familienrestaurant« ist gekennzeichnet durch Preise, die sich auch **Familien mit Kindern** leisten können, eine große Auswahl **amerikanischer *Items*** und häufig, wiewohl nicht immer, die Abwesenheit von Alkoholika.

Denny's

Das **Family Restaurant** schlechthin ist **Denny's**. Dessen Filialen gibt es überall. Viele *Denny's* sind Tag und Nacht geöffnet und servieren alles vom Frühstück bis zum Nachtisch jederzeit. Bei *Denny's* gibt es eine Theke für den eiligen Gast und die beliebten Tischabteile (wie in alten Eisenbahn-Speisewagen). Es wird normal bedient, aber schneller. Eine Plazierung (↷ Seite 174) erfolgt nicht oder wird leger gehandhabt.

Bewertung

Generell gilt: Bei *Denny's* wird man satt fürs Geld, und meist schmeckt es sogar. Eine mengen- und preisreduzierte Speisenfolge wird *Seniors* **ab 55** geboten. **Empfehlenswert** für unterwegs, wenn *Fast Food* nicht mehr läuft, aber »richtige« Restaurants zeitlich und finanziell zu aufwendig erscheinen.

Ponderosa/ Sizzler/ Steak n'Seafood

Die Steakhäuser **Ponderosa** (rustikal) und **Sizzler** (bürgerlich) und die (sehr gute!) Kette **Steak n'Seafood** gehören zu den gehobenen *Family Restaurants*. In den meisten *Ponderosa*-Steakhäusern wird »*all you can eat*« praktiziert, nur die Steaks kann man sich nur einmal holen. Aber auch an der *Salad Bar* gibt es warme Speisen; dort sind dem Hungrigen (für weniger Geld) keine Grenzen gesetzt. Für Kinder gelten Sonderpreise, dafür können sie sich sogar an der Desserttheke unbegrenzt nachholen.

In allen drei Häusern wird eine **Mischung aus Selbstbedienung und Service praktiziert**. **Steaks**, **Seafood**, heiße Beilagen und Getränke werden gebracht. Dafür ist ein **Tip** für die Bedienung fällig.

Seafood Imbiss

Pizza Hut   Flächendeckend in beiden Ländern vertreten bietet die *Pizza Hut Pizza* und *Pasta* in großer Vielfalt zu angemessenen Preisen (gelegentlich sogar Bier und Wein!). An der Qualität gibt es nicht viel auszusetzen, aber man muss sich erst an die ungewohnten **Pizza-Größenkategorien** und das raffinierte Zuzahl-System für die Garnierung (**Toppings**) herantasten, soll die Pizza nicht unerwartet teuer werden. Zur Mittagszeit bietet *Pizza Hut* sehr günstige **Lunch-Specials** und meistens auch besonders preiswerte **Pasta-Gerichte für Kinder** an.

Zahlweise   Im Gegensatz zu den Fast Food-Lokalen, in denen nahezu ausschließlich bar bezahlt werden muss, akzeptieren *Family Restaurants* durchweg auch **Kreditkartenzahlung.**

3.7.4   Speiserestaurants

_____   **Situation**

Küchen   Natürlich existieren in Amerika nicht nur *Fast Food Places* und *Family Restaurants,* sondern auch zahlreiche Speiserestaurants, die in den Vielvölker-Staaten USA und Canada **Spezialitäten aus aller Herren Länder** anbieten.

In den großen Cities ist die Auswahl unter verschiedenartigsten ethnischen Küchen oft enorm, während sich in Kleinstädten und auf dem Lande das gastronomische Angebot nicht selten auf die typischen Hamburger- (auch im Restaurant!) und Steakgerichte beschränkt. An den Küsten gibt es *Seafood Restaurants,* ⇨ Bild links, auch noch in ziemlich kleinen Orten.

Bistros   Wo eine entsprechende Kundschaft vorhanden ist – also in den Cities, auf dem Lande nur in Neuengland und auf Long Island sowie in den Naherholungsgebieten von Toronto und Montréal –, hat sich eine leichte internationale Küche durchgesetzt mit kreativen Varianten aller Küchen dieser Welt. Unter derselben Voraussetzung konnten sich auch Lokale im **Bistro-Stil** verbreiten.

Wo findet man Restaurants?   Mit Ausnahme von Fußgängerzonen in touristisch geprägten Städtchen, Altstadtbereichen und bestimmten Großstadtvierteln ist ein geeignetes Restaurant nicht so einfach beim – in Amerika ohnehin selten angezeigten – abendlichen Ortsbummel zu entdecken. **Full Service-Restaurants** (mit Alkohollizenz) findet man ebenso wie die *Fast Food*-Konkurrenz an den Hauptverkehrsstraßen zwischen Einkaufszentren und Tankstellen. Die in Informationsbüros vorrätigen **Werbebroschüren** enthalten immer Hinweise zur lokalen Gastronomie und übertreiben gerne mit schönen Fotos und Texten Ambiente und Qualität der Speisen.

Terrassen   Im Nordosten gibt es mehr Möglichkeiten, bei gutem Wetter draußen zu essen als in den meisten anderen Regionen Nordamerikas. So findet man etwa in Boston, Québec City, Montréal, Toronto und New York City viele Terrassenlokale.

3

Auch in den kleinen und großen Seebädern an der Atlantikküste (Long Island, Cape Cod, Maine – weniger in Canada) fehlt es nicht an Restaurants mit **Outer Decks**.

Preisniveau

Gemessen an dem, was hinsichtlich Ausstattung, Ambiente der Lokale und Küchenqualität im allgemeinen geboten wird, sind amerikanische Speiserestaurants beim heute geltenden Dollarkurs **kein billiges Vergnügen**. Gutes Essen bei ebensolchem Service in angenehmer Umgebung muss immer teuer bezahlt werden. Aber mittags und abends gelten häufig unterschiedliche Karten: Als *Lunch serviert* sind dann alle Gerichte – oft deutlich – billiger als dasselbe zum *Dinner*.

Alkohol

Alkohol und Restaurants sind in Nordamerika ein Kapitel für sich. Wein- und Biertrinker achten bei der Wahl des Restaurants darauf, ob es *licensed* oder *unlicensed* ist, ⇨ Seite 179.

Beachtliche Seafood-Karte des schlichten Restaurants »Five Islands Lobster Company« mit Outer Deck direkt am Wasser auf Georgetown Isand/Maine (ca. 50 mi nordöstlich von Portland)

Im Restaurant

Essenszeiten

Frühstücks-Restaurants öffnen – auch in Städten – schon ab 5.30 oder 6.00 Uhr. *Lunch* zieht sich gewöhnlich von 11 bis 14 Uhr hin. Für Europäer etwas befremdlich sind die Zeiten fürs *Dinner*. Nicht selten kann man das Abendmenu schon ab 16 Uhr genießen – oft zu einem Vorzugspreis als »*Early Bird Special*«. Übliche Zeiten sind 18-21.30. Selbst in Großstädten mit Theatern, Kinos etc. muss man sich oft umsehen, wo man nach Ende der Veranstaltung noch etwas »Richtiges« zu essen bekommt.

Plazierung

In ganz Amerika werden Restaurantgäste «platziert«. Auch wenn viele freie Tische vorhanden sind, wartet man, bis sich ein **Waiter/Host** oder eine **Waitress/Hostess** seiner und der zugehörenden **Party** annimmt und einen Tisch zuweist.

Einzelne freie Plätze an sonst bereits besetzten Tischen werden nicht vergeben. Ist im Moment kein Tisch frei bzw. noch nicht abgeräumt, werden die **Namen** der ankommenden Gäste **notiert** und der Reihe nach aufgerufen.

»*Meyer, party of four!*« soll heißen, für die »Gruppe« **Meyer mit 4 Personen** steht nun ein Tisch bereit. Bis das der Fall ist, dürfen sich Meyers die Zeit mit einem *Drink* an der Bar vertreiben, falls vorhanden. Wenn nicht, warten sie ggf. draußen. **Warteschlangen** vor Restaurants sind in Amerika kein ungewöhnliches Bild.

Die Karte Endlich am Tisch, bringt die Bedienung das *Menu* (sprich »Männ- juh«), die Speisekarte. Meist stellt sie/er sich mit einem kurzen Satz vor wie »*Hey, my name is Joan/Jim, I am serving on you tonight, how are you doing?* Auch ein wenig *Small Talk* ist sel- ten Ausdruck umwerfender Freundlichkeit, sondern gehört – mit Blick auf den *Tip* – zum Ritual.

Vorspeisen heißen **Appetizers** oder **Starters**, Hauptgerichte *En- trees*. Die Beilagen zum *Entree* sind *Side Dishes*. Getränke stehen unter der Rubrik (*Alcoholic*) *Beverages*. Nur feine Restaurants führen eine *Wine List* mit einer größeren Auswahl von Flaschen- weinen. Das **Glas of Wine** (*red, white* ohne weitere Details) ist Glücksache und teuer, $7-$10 sind der Schnitt. Man muss aber nichts zum Trinken bestellen, denn das Glas **Eiswasser**, ganz nor- males Leitungswasser, gibt's sowieso und wird ungefragt serviert.

Alkohol- konsum Nur in **Restaurants mit Lizenz** kann man alkoholische Getränke ordern. Manches ethnische Restaurant – speziell in Canada – ver- fügt über keine Alkohollizenz. Dann ist oft erlaubt, seine eigene Flasche mitzubringen. Ein Schild *B.Y.O.B* oder **A.V.V.** (*Bring Your Own Bottle* bzw. *Aportez Votre Vin*) – weist darauf hin. Seit der Wirtschaftskrise 2008/9 sieht man die BYOB- oder AVV- Aufforderung immer öfter. Die Kellner öffnen gern die Flasche und erwarten dafür ein angemessenes Trinkgeld.

Salattheke Vor allem **Steak Restaurants** verfügen über eine **Salad Bar**, an der unbegrenzt nachgefasst werden darf. Sehr häufig sogar, ohne ein Hauptgericht zu bestellen, obwohl das nicht immer ausdrücklich auf der Karte steht. Das kostet nur ein paar Dollar und ersetzt leicht eine ganze Mahlzeit.

Nachtisch Nach dem Hauptgericht fragt man den Gast, ob er noch *Sweets* oder **Dessert** wünscht. Zur Vermeidung übersüßter Farbüberra- schungen sollte man den Nachtisch mit Ausnahme von Eis und Früchten nur nach »Inspektion«, nie nur nach Karte bestellen.

Kaffee Kaffee nach dem Essen ist meist so dünn wie der Frühstückskaf- fee; Espresso oder Mokka sind nur feineren Lokalen vorbehalten. Ein gern angebotener (teurer) *Irish Coffee* enttäuscht leicht. Die rechte Mischung aus starkem Kaffee, einem angemessenen Quantum Whisky und richtiger Schlagsahne gelingt selten.

Ende der Veranstaltung **Essengehen** in Nordamerika **ist keine abendfüllende Veranstal- tung.** Selbst nach einem üppigen Menü mit Vor-, Haupt- und Nachspeise hat es die Bedienung oft eilig, dem Gast nach dem letzten Bissen zu signalisieren, dass das Vergnügen nun beendet sei, indem nach einem knappen *»anythings else?«* die Rechnung präsentiert wird.

Es ist unüblich, nach dem Essen am Tisch sitzen zu bleiben und noch Getränke zu konsumieren; dazu geht man an die Bar oder in die *Lounge*, so vorhanden, bzw. in ein anderes Lokal.

Rechnung   Der ***Cheque*** weist neben den Nettopreisen des *Menu* zusätzlich die Umsatzsteuer aus (5%-12%, in Canada plus *GST/HST*, ⇨ Seite 189f.). Da der ***Service*** selten im Preis enthalten ist und das Personal nur ein kleines Fixum erhält, wird ein – für europäische Verhältnisse – **üppiges Trinkgeld** erwartet. Minimum sind **15%**, bei guter, freundlicher Bedienung auch 18%; Einheimische geben dann häufig runde 20%. Ein *Tip* von $**10** bei einer **Gesamtrechnung von $60** gilt in Restaurants der mittleren bis gehobenen Kategorie also nicht nur als normal, sondern wird erwartet. Zu den Preisen der Karte muss man mit *Tax* also mindestens 20% addieren, um nicht als total knauserig zu gelten. Eher sind plus 25% (USA) bis 30% (Canada) zu kalkuieren, um die **Gesamtkosten** zu erfassen. In viel von störrischen Ausländern frequentierten Gegenden setzen manche Restaurants das Trinkgeld gleich mit auf die Rechnung und kalkulieren dabei gerne 18%-20%. Also heißt es aufpassen, sonst zahlt man den den Tip doppelt.

Zahlung   Gezahlt wird selbst in besseren Restaurants oft an einer Kasse am Ausgang. In diesem Fall hinterlässt man den ***Tip*** im allgemeinen bar am Tisch. Bei persönlicher Rechnungsbegleichung per Kreditkarte kann man das Trinkgeld auch auf dem Beleg vermerken.

Rauchen

In beiden Ländern gelten fürs Rauchen in der Öffentlichkeit heute immer **strenger werdende Restriktionen**. **Bahnhöfe, Flughäfen**, *Shopping Malls*, **Museen** und *Amusement Parks* sind strikte *Non-Smoking*-**Zonen**, öffentliche Gebäude sowieso. Die weitaus meisten **Hotelzimmer** sind für Nichtraucher reserviert, in denen auf keinen Fall geraucht werden darf, auch wenn alle *Smokers' Rooms* ausgebucht sind.

Restaurants sind grundsätzlich rauchfreie Zonen. Wenn überhaupt, dürfen Raucher nur an deren Bartresen qualmen – und selbst dort sind Aschenbecher nicht selbstverständlich. Wer die streng blickende Bedienung explizit nach derart obszönen Gegenständen fragt und sich damit öffentlich zu seiner Nikotinsucht bekennt, benötigt schon Mut.

Da inzwischen wir und immer mehr Europäer (auch in vormals rauchfreudigen Nationen wie Spanien, Italien oder Irland) sich mit ähnlich harten Verboten abfinden und lernen mussten, sich gesetzeskonform zu verhalten, ist das Rauchverbot in den USA bzw. in Canada kein Thema mehr. Nur die **Preise der Glimmstengel** sorgen noch für Empörung (in **New York bis $12** für die 20er-Packung, in den **Neuenglandstaaten $6-$8** und in **Ostkanada $8-$10** je nach Provinz). Raucher decken sich besser vor der Abreise im *Duty Free Shop* ein oder bringen Zigaretten aus der Heimat mit.

Kneipe in Neuengland

3.7.5 — Kneipen, Bars und Pubs

USA

Das Angebot an *Bars, Pubs* und *Saloons* ist im **Osten der USA** zwar nicht so groß wie im Westen, aber doch immerhin auch in kleinen Orten vorhanden. Hotels besitzen üblicherweise eine **Bar** oder – etwas feiner – eine *Cocktail Lounge*. Deren Atmosphäre entspricht weitgehend dem Bild, das uns Fernsehserien und Filme liefern. Eine amerikanische Besonderheit sind *Sports Bars*, Bierkneipen, in denen überall an den Wänden Fernseher hängen, die kontinuierlich Sportereignisse zeigen, in erster Linie *American Football*, *Baseball*, *Basketball* und *Eishockey*. Billardtische gehören auch dazu.

Canada

In Canada sind **Pubs** und **Bars** rarer, aber in Groß- und Mittelstädten zahlreich genug, um sich mal ein Bier oder einen Drink zu genehmigen. In besseren Hotels gibt es **hauseigene Bars** auch auf dem Lande, wo es ansonsten düster aussieht mit der Kneipenszene. **Sonntags** und zu später Stunde steht man selbst in relativ großen Städten leicht vor verschlossener Tür.

Getränke

In amerikanischen Kneipen wird überwiegend **Bier** getrunken. Hochprozentiges ist im reinen Zustand – außer *Whisky* und *Rye* (kanadischer Whisky) mit viel Eis *on the rocks* (Achtung, dasschmeckt dann wie das Eiswasser oft nach Chlor) – so gut wie unbekannt. Es wird überwiegend zum Mixen benutzt. Beim Bier stehen meist mehrere Sorten Flaschenbier und Zapfbier (*draft beer*) zur Auswahl. Zapfen ist in Amerika mangels Schaumbildung keine besondere Kunst. Das eiskalte Nass fließt flott ins Glas. In manchen Kneipen gibt es *Pitcher*, große offene Krüge, aus denen sich Freundesrunden nach Bedarf selbst nachschenken.

Preise

Alkoholische Getränke sind in der Gastronomie beider Staaten ein sehr teurer Spaß. Ein Bier (0,3 l) unter $5 gibt es kaum noch, in Canada muss ab $6 und mehr hingelegt werden. Das gilt auch für Zapfbier in Plastikbechern.

Gaststätte

Die bei uns bekannte Kombination aus Kneipe und Restaurant, die gemütliche **Gaststätte**, in der sich angenehm ein Abend verbringen lässt, ist **in Nordamerika so gut wie nicht existent**.

3

3.8   Alles Weitere von A–Z

Apotheken

Reine Apotheken (*Pharmacies*), wiewohl hier und dort vorhanden, findet man relativ selten. Meistens ist bestimmten *Drugstores* (auch Supermärkten und Kaufhäusern) eine »Apothekenabteilung« zugeordnet, wo es die nicht verschreibungspflichtigen Medikamente in Selbstbedienung gibt. Rezeptpflichtige Medikamente werden an einer Sondertheke für **Prescriptions** in neutralen Tütchen mit Einnahmeanweisung, aber in der Regel **ohne Beipackzettel** ausgegeben.

Ärzte und Zahnärzte (⇨ Gesundheit; ⇨ Notfälle)

Trotz einer insgesamt hohen Dichte bei der ärztlichen und zahnärztlichen Versorgung ist es in beiden Ländern für Touristen nicht immer einfach, einen Arzt (**Physician**) oder Zahnarzt (**Dentist**) zu finden bzw. einen Termin zu erhalten. Im Prinzip benötigt man eine persönliche Beziehung. Das kann auch jemand vom Hotelpersonal sein oder der Campingplatzbetreiber.

Eine gewisse Ausnahme bilden **Walk-in Clinics** (Ambulatorien), auf »Laufkundschaft« eingestellte Gemeinschaftspraxen, die man in Städten ab mittlerer Größe mehr und mehr findet. Mit **akuten Beschwerden** und **Verletzungen** kann man sich direkt zum **Emergency Room** (Notaufnahme) des nächstgelegenen Hospitals begeben. Bei Problemen hilft auch die lokale **Visitor Information** (*Chamber of Commerce*) eventuell weiter. In *National* und *State Parks* sind die **Ranger** Ansprechpartner und in aller Regel hilfsbereit, ansonsten die lokale Polizei.

Wichtig ist vorab meist die Klärung der Zahlungsfähigkeit. Bei kleineren Notfällen reicht im Allgemeinen die Kreditkarte als Pfand. Bei Krankenhaus-Aufenthalten muss man Kontakt zur Krankenkasse bzw. Reisekrankenversicherung aufnehmen, die dann mit dem Krankenhaus den Bezahlmodus vereinbart. Wie bereits weiter oben erläutert, sollte für diesen Eventualfall einer notwendigen Behandlung unbedingt vorgesorgt worden sein.

Die in Canada und den USA einheitliche Telefonnummer für Notfälle aller Art *(Emergencies)* ist 911

Beim **ADAC** können Mitglieder unter der Münchner **Telefonnummer 089/767677 deutschsprachige Ärzte weltweit** abfragen.

Banken

Eine Bankfiliale findet sich noch im kleinsten Ort. Die meisten akzeptieren anstandslos die gängigen **Reiseschecks**. Gelegentlich gibt es eine **Summenbegrenzung** bei der Entgegennahme. Häufig muss der Pass vorgelegt werden. Das gilt ausnahmslos immer für die Auszahlung von Bardollars gegen Kreditkarte (**Cashing**).

Die Mehrheit der Banken honoriert **Mastercard** (**Eurocard**) und **VISA**. Banken öffnen die Schalter üblicherweise Mo-Fr (manchmal auch Sa) um 9 Uhr und schließen bei durchgehender Geschäftszeit bisweilen bereits um 14 Uhr, selten später als 16 Uhr.

Botschaften und Konsulate

Embassies and Consulates

Die diplomatischen Vertretungen helfen nur, wenn echte **Not am Mann** ist, in erster Linie bei Verlust der Finanzen und/oder der Papiere. Das gilt nicht für Reiseschecks und Kreditkarten. Ist aber der **Pass weg**, lässt sich der Gang zur Landesvertretung nicht vermeiden. Fotokopien der wichtigsten Dokumente sollte man dabei haben (oder zuvor eingescannt und verschickt an die eigene Email-Adresse). Finanzielle Aufwendungen holt sich der Staat später zurück. Hier die Adressen für deutschsprachige Bürger:

In den USA

Deutschland: Für das beschriebene Reisegebiet ist nicht die Botschaft in Washington DC (4645 Reservoir Road NW, DC 20007, ℂ 202-298-4000), sondern es sind ausschließlich die **Generalkonsulate** in New York, Boston oder Chicago zuständig:

- **New York City** für Connecticut/Fairfield County*), New Jersey und New York State: 871 United Nations Plaza, New York NY 10017, ℂ (212) 610-9700, www.new-york.diplo.de

- **Boston** für Connecticut (außer Fairfield County*), Maine, Massachusetts, New Hampshire, Rhode Island, Vermont; 3 Copley Place, Suite 500, Boston , ℂ (617) 369-4900, www.boston.diplo.de

- **Chicago** für Illinois, Indiana, Michigan; 676 N Michigan Ave, Chicago IL 60611, ℂ 312-202-0480, www.chicago.diplo.de

Schweiz:	2900 Cathedral Ave NW, Washington DC 20007 ℂ (202) 745-7900; www.eda.admin.ch/washington
Österreich:	3524 International Court NW, Washington DC 20008, ℂ (202) 895-6700; www.austria.org

In Canada

Deutschland:	1 Waverley Street, Ottawa, ON K2P 0T8 ℂ (613) 232-1101, www.ottawa.diplo.de
Schweiz:	5 Marlborough Ave, Ottawa, ON K1N 8E6 ℂ (613) 235-1837; www.eda.admin.ch/canada
Österreich:	445 Wilbrod Street, Ottawa, ON K1N 6M7 ℂ (613) 789-1444; www.austro.org

Datum

In Amerika ist die Schreibweise des Datums **Monat/Tag/Jahr.** Der **25. Juni 2013** schreibt sich demzufolge **06/25/13**.

---

*) **Fairfield County:** Bereich Fairfield, Danbury, Stamford und Bridgeport im Südwesten von Connecticut

Elektrischer Strom

Nordamerika verfügt über ein Wechselstromnetz mit einer Spannung von 110-125 Volt, Frequenz 60 Hertz. Apparaten, die sich auf 110/125 V umschalten lassen, schadet der Wechsel von 50 auf 60 Hertz nicht; Rasierapparate laufen rascher. Viele Geräte (z.B. Ladegeräte für Kamera-/Handyakkus) stellen sich automatisch auf 110 V ein. Zur Adapterbeschaffung ✄ Seite 113.

Feiertage

Generelles

An den Nationalen Feiertagen, die auf Montag gelegt sind, bleiben landesweit die Banken, Postämter und öffentliche Verwaltungen geschlossen. Ganz Amerika ist dann auf den Straßen und **Hotelpreise steigen aufs Doppelte bis Dreifache**. Zur Reisezeit sind dies in den USA der **Memorial Day**, **Independece Day** und **Labor Day**, in Canada **Victoria Day** (außer in den atlantischen Provinzen), **Canada Day** und ebenfalls **Labor Day**. Auch am **Provincial Day** der einzelnen Provinzen kann es eng werden. Andere Feiertage werden zwar offiziell begangen: der Bürger soll sich an ein Ereignis/eine Person erinnern, hat aber nicht frei. Andere sind auf bestimmte Regionen beschränkt.

Canada

In Canada gelten überwiegend identische Daten, wenn auch z.T. unter abweichender Bezeichnung. **Es entfallen** *M.L.King, President's, Memorial, Independence* und *Columbus Day*.

Geschäftszeiten an Feiertagen

Viele **Geschäfte** bleiben zwar auch an Feiertagen geöffnet, aber mit reduzierten Öffnungszeiten. **Nebenstehend oben genannten kanadischen Feiertage weichen von der folgenden US-Listung ab**:

Feiertagsbezeichnung	Datum	Bemerkungen
*New Years Day**	1. Januar	Neujahrstag wie bei uns
Martin Luther King Day	3. Montag im Januar	Gedenktag an den ermordeten Prediger
President's Day	22. Februar	Washington's Geburtstag, Feiertag zu Ehren aller ehemaligen Präsidenten
Good Friday (nur in 16 Staaten)	Freitag	Karfreitag vor Ostern
*Memorial Day**	Letzter Montag im Mai	Tag zur Ehrung aller Gefallenen (läutet den Sommer ein)
*Independence Day**	4. Juli	Unabhängigkeitstag, wichtigster Feiertag der USA, Umzüge und Paraden und Feuerwerk
*Labor Day**	1. Montag im September	Tag der Arbeit, wie bei uns der 1. Mai. Ende der Feriensaison.

*) Nur die mit einem Sternchen markierten Feiertage sind nicht nur Feiertag, sondern sind auch ein generell arbeitsfreier Tag.

	*Columbus Day**	12. Oktober	Entdeckung Amerikas
	Veteran's Day	11. November	Tag der Kriegsveteranen
	*Thanksgiving**	4. Do im Nov.	Erntedankfest
	*Christmas Day**	25. Dezember	Nur **ein** Weihnachtstag

Abweichungen Canada

Easter Monday (nur Quebec)	Ostermontag
*Victoria Day**	Vorletzter Montag im Mai
*Canada Day**	1. Juli
Provincial Day	Erster Montag im August
Thanksgiving	2. Montag im Oktober
Remembrance Day	11. November
*Boxing Day**	26. Dezember

Fernsehen

Private Stationen

Das amerikanisch/kanadische Fernsehen wird von einer Handvoll großer kommerzieller Gesellschaften dominiert. Daneben gibt es zahlreiche Lokal-/Regionalsstationen, die Programmteile der national operierenden Sender übernehmen. Gegen die seichten, in oft sehr kurzen Abständen von Werbung unterbrochenen Programme ist das Angebot unserer öffentlich-rechtlichen Sender fast eine intellektuelle Wohltat, und auch unsere Kommerzsender schneiden im Vergleich gar nicht schlecht ab. Die locker gemachten amerikanischen Nachrichten vermitteln noch intensiver als bei uns überwiegend Momentaufnahmen aktueller Geschehnisse. Sie sind außerdem überwiegend auf *National News* beschränkt. International berichtenswert ist nur, was die Politik und Interessen der USA bzw. Canadas zumindest indirekt tangiert. Über einzelne Länder Europas sieht man wenig.

Gesundheit unterwegs

Situation
Jeder weiß, dass in keinem der beiden Länder Nordamerikas unkalkulierbare Gefahren oder problematische Hygienebedingungen warten. Vielmehr sind die USA und Canada überwiegend extrem sauber, sieht man von Problemzonen in Ballungsgebieten der USA ab. Einige mögliche, uns weitgehend unbekannte **unliebsame Überraschungen** hält aber der **Aufenthalt in freier Natur** u.U. bereit:

Beaver Fever
Wanderer und Kanuten müssen wissen, dass das Wasser der Seen und Flüsse – trotz meist augenscheinlicher Trinkqualität – immer behandelt werden sollte. Das Problem heißt ***Giardia Lamblia*** oder ***Beaver Fever***. Es handelt sich um eine Krankheit, die von Parasiten übertragen wird, die durch menschliche und tierische Ausscheidungen in die Gewässer geraten und fürs Auge unsichtbar sind. Die Symptome der Krankheit sind Magen- und Darmkrämpfe, Durchfall und Übelkeit. Den Erregern kommt man bei durch mindestens zehnminütiges Abkochen oder durch chemische Keulen auf Chlor-/Jodbasis wie *Puritabs*, *Steritabs* oder *Portable Aqua*. Es gibt sie in *Outdoor Shops*, in *Camping* und *Sports Departments* von Kaufhäusern und bei den *Outfitters* (Kanuverleihern).

3

Borreliose/Lyme Tick Desease
In allen Waldgebieten des Nordostens können Zecken (*Ticks*) mit **Borreliose** infiziert sein. Da die Borreliose als von Zecken übertragene Krankheit erst 1975 in Lyme/Connecticut entdeckt wurde (die Symptome waren auch vorher bekannt, aber nicht dieser Ursache zugeordnet), heißt sie in Nordamerika *Lyme Tick Desease*. Bisse durch infizierte Zecken führen meistens zu Hautirritationen und Jucken um die betroffenen Stellen. Man braucht nicht gleich vor Ort zum Arzt zu gehen, sollte sich aber innerhalb weniger Wochen bzw. nach der Reise untersuchen lassen. Borreliose ist im Anfangsstadium relativ leicht zu behandeln, zunächst unentdeckt kann sie jedoch schwerwiegende Spätfolgen zeitigen wie Arthritis, kardiologische Probleme und Meningitis.

West Nile Virus (WNV)
Aus Afrika/Nahost kommend wurde es 1999 auch in NY-City entdeckt und hat sich zwischen Ontario und Florida ausgebreitet. Überträger sind Mosquitos, die sich an Vögeln infizierten. Keine Übertragung von Mensch zu Mensch. Symptome: Fieber, Nacken-, Glieder- und Kopfschmerz, Muskelschwäche, Verwirrung. In seltenen Fällen auch Encephalitis (Hirnentzündung). Selbsttest: Das Knie muss mühelos an die Nase. Schutz: Mückenschutzmittel (*Repellent*), helle Kleidung und Vitamin B2 schon 2 Wochen vor der Reise.

Giftiges Efeu/Poison Ivy
Poison Ivy wächst meist als 60-90 cm hoher Busch, kann sich aber auch ebenerdig ausbreiten oder wie Efeu an Bäumen hochranken. Die Pflanze trägt weiße beerenartige Früchte. Ihre kleinen Stengel enden jeweils in **drei** 10-15 cm ovalen Blättern – *Leaflets three, let it be!* Die Berührung mit der unscheinbar wirkenden Pflanze, die in **Südontario** und **Québec** ziemlich verbreitet ist, kann bis zu 10 Tage lang recht unangenehm sein. Zunächst reagiert die Haut auf das toxische Öl der Pflanze mit schmerzhaftem Jucken und Rötungen, bis nach ein paar Stunden oder Tagen wässrige Bläschen auftreten. **Achtung:** *Poison Ivy*-Öl hält sich an der Kleidung und kann zu erneuten Reaktionen führen, wenn man diese nicht gründlich reinigt. Je früher man alle betroffenen Hautpartien mit Wasser und Seife behandelt, desto besser. Nur in schweren Fällen tritt auch noch Fieber auf. Eine heilende Antihistamine-Salbe *(Seldane, Hismanal* oder *Chlortriplon)* oder ein Puder (*Burosol powder*) ist in **Drugstores** erhältlich.

Mücken/Moskitos
Wenn man von den amerikanischen *Outdoors* spricht, dann darf ein kleines Problem, das die touristische Werbung gerne auslässt, nicht verschwiegen werden. Vor allem in Canada, aber auch in den Nordoststaaten der USA kann die **Insektenplage** ein arges Kreuz sein. So es nicht die Mücken oder Wespen sind, dann die **Black Flies, Horse Flies** oder sog. **No-See-Ems**, fast unsichtbare Kleinfliegen. Irgend etwas sticht oder beißt von Mai bis Ende August immer. Nicht umsonst sind Häuser, Wohnmobile und Zelte der Amerikaner und Kanadier mit feinmaschigen Netzen verbarrikadiert. Auf Wanderungen, im Kanu, am Lagerfeuer und in weniger insektensicheren Fahrzeugen oder Zelten hilft nur eine Behandlung mit **Insect Repellent** und hochgeschlossene Kleidung. Essenzen aus europäischer Produktion helfen weniger. Amerikanische Mittel wie *Johnson's* **Off, Muskol** oder **Deep Woods** helfen jedoch gut. Insektensprays und -lotions wie Antimückenspiralen gibt's auch noch im kleinsten Laden. Am preiswertesten, wenn auch nie billig, kauft man alles in **Discount Drugstores**.

Sonnenintensität
Viele der in diesem Buch beschriebenen Regionen liegen auf so südlichen Breiten wie Südfrankreich und Norditalien. Auch wenn es oft nicht so scheint: die **Sonnenintensität** ist dort identisch wie in Südeuropa. Vorsicht kann daher nicht schaden – das **Ozonloch** ist auch über Nordamerika vorhanden.

Kabel TV

Insgesamt besitzen **anspruchsvollere Sendungen Seltenheitswert**. Für alle, die der Werbebotschaften überdrüssig sind, kommt **werbefreies Kabelfernsehen gebührenpflichtig** ins Haus. Filme am laufenden Band ohne Unterbrechungen durch Werbespots gibt es auf *Movie Channels*. Viele Hotels und Motels werben damit.

Internet

Wie bereits mehrfach erwähnt, ist der Zugang zum Internet in beiden Ländern allerorten möglich. Die meisten *Motels* und viele **Campingplätze**, z.T. auch staatliche, werben mit *free Wifi* (*wireless fidelity*=WLAN). Einen kostenlosen Zugang gewähren neben vielen Cafés und Restaurants einschließlich *McDonald's* und *Starbucks* auch öffentliche Büchereien (*Libraries*) und *Visitor Centers*. Aber es gibt ebenso viele gebührenpflichtige *Hotspots*, etwa auf Flughäfen oder in teureren Hotels. Da kostet der 24-Std.-Zugang schon mal bis zu $10. Listen u.a. unter www.hotspotlocations.de, dann Eingabe des Ortes.

Maße & Gewichte

In **Canada** gilt das **Dezimalsystem**. Die Einführung metrischer Maß- und Gewichtseinheiten ist zwar auch in den **USA** seit Jahren gesetzlich beschlossen, man findet aber bis heute nur in Nationalparks so exotische Angaben wie Kilometer, Liter und °Celsius. In den USA gelten nach wie vor die englischen Maße und Gewichte, mit denen sich gut das Kopfrechnen üben lässt:

1 inch		2,54 cm
1 foot	12 inches	0,30 cm
1 yard	3 feet	91,44 cm
1 mile	1760 yards	1,61 km
1 acre	4840 square yards	0,40 ha
1 square mile	640 acres	2,59 km^2
1 fluid ounce		29,57 ml
1 pint	16 fluid ounces	0,47 l
1 quart	2 pints	0,95 l
1 gallon	4 quarts	3,79 l
1 barrel (Öl)	42 gallons	158,97 l
1 ounce		28,35 g
1 pound (lb)	16 ounces	453,59 g
1 ton	2000 pounds	907,19 kg
1 psi	pound per square inch	0,07 atü

3

Notfälle – Notfall-✆ für deutsche Urlauber: 1-888-222-1373

(Notrufnummer des ADAC)

• Krankheit/Unfall (⇨ auch unter Stichwort »Ärzte«)

Anruf

In dringenden Notfällen, gleich ob man in erster Linie einen Arzt, den Unfallwagen oder die Polizei benötigt, ruft man die **Nummer 911** an. Sollte die *Emergency Number* ausgefallen sein, wählt man die »**Amtsleitung**« **0**.

Vor jedem Notfall-Anruf sollte man sich über den eigenen **Standort** vergewissern und für Rückrufe die Nummer des Apparates, von dem aus man telefoniert, parat haben. In Nordamerika besitzen auch Münzfernsprecher eine Nummer und können angerufen werden.

• Pass-/Geldverlust

Pass/ Kreditkarten

Bei Verlust des Passes helfen die nächstgelegenen diplomatischen Vertretungen (⇨ Seite 179). Die Notfallzentralen der Kreditkartenunternehmen haben in Deutschland eine Sammelnummer: ✆ 0049-116116 (Kreditkarten-Nummer bereithalten)

Reiseschecks

Falls Reiseschecks verlorengehen oder gestohlen werden, ruft man die ausgebende Institution (*Toll Free Number*) an und erhält dann vom Aufenthaltsort abhängige Direktiven für die Ausstellung von Ersatzschecks. Voraussetzung für den Ersatz ist das Vorhandensein des Kaufnachweises und eine Liste der bereits ausgegebenen Schecks.

Hilfe

Sind alle Unterlagen und Kreditkarten weg, hilft *Western Union* (Büros in vielen Städten Canadas und USA) in Kooperation mit der **Reisebank** (Filialen in den Bahnhöfen der wichtigsten deutschen Großstädte und an einigen Grenzübergängen). Wer sich **von zu Hause Geld schicken lässt**, kann wenige Minuten nach Einzahlung in einer Reisebank-Filiale oder der Deutschen Postbank (Tel. 0180-3030330), in einem *Western Union Office* über den Betrag verfügen. Weiteres dazu unter ✆ 01805/225822, www.reisebank.de. Für Amerika findet man Infos unter ✆ 1-800-CALL-CASH oder dem Portal www.westernunion.com.

Polizei

Das Bild der amerikanischen Polizei entspricht auch in der Realität durchweg dem aus **Fernsehserien** bekannten Bild. Tatsächlich baumelt der Colt am Halfter, und außerhalb der Großstadt steht auf deren Autos immer noch *Sheriff*. Der amrikanische wie kanadische Arm des Gesetzes greift in der Ausübung seiner Pflichten im Bedarfsfall hart durch; in Anbetracht des im Zweifel bewaffneten Gesetzesbrechers vielleicht verständlich. Mit Polizisten, sofern man etwas angestellt hat bzw. in Verdacht gerät, ist nicht gut Kirschen essen. Verhalten bei **Verkehrskontrollen** und **Gestopptwerden** wurde bereits auf Seite 135 erläutert.

Post

Laufzeiten/Postämter

Die amerikanische/kanadische Post funktioniert zuverlässig, aber nicht unbedingt besonders schnell. Brief- und Postkartengebühren bewegen sich etwas unterhalb des deutschen Niveaus. **Post nach Übersee** geht (mit der Ausnahme von Paketen) automatisch per Luftpost, wenn die dafür vorgesehen *Air Mail Stamps* benutzt werden. Briefe/Postkarten nach Europa (**USA: $1,05, Canada: c$1,80**, beide bis 30 g) benötigen **rund eine Woche**. Postämter befinden sich noch im kleinsten Nest und sind dank der zu den Schalterstunden (Zeiten etwa wie bei uns) meist aufgezogenen Nationalflagge selten schwer zu finden.

Briefmarken gibt es oft auch in **Automaten** in Supermärkten, Drug Stores und Einkaufszentren. Dort jedoch mit einem Aufschlag, d.h., ein Nennwert von z.B. $1,00 muss mit $1,25 oder mehr bezahlt werden.

Paket

Wer dem Kaufrausch verfällt und Probleme mit seinem Flugreise-Gepäck erwartet, findet in den **USA** mit **Postsäcken** eine billige und bequeme Versandmöglichkeit. Größere Postämter vergeben sie kostenlos, man muss sie nur vor dem Schalter vollpacken (max. 20 kg). Die Kosten für einen Sack sind deutlich geringer als für Pakete gleichen Gewichts. So ein Sack überquert den Atlantik in ca. 3-6 Wochen. **Canada** bietet diesen Service nicht an.

Postlagernd

Wer in Nordamerika Post empfangen möchte und im voraus keine festen Anlaufpunkte kennt, kann als *American Express*-Reisescheck- oder Kreditkarteninhaber die zahlreichen **AE-Vertretungen** als Adressen nutzen. Ganz gut funktioniert auch das postlagernde System (**General Delivery**), vorausgesetzt, es herrscht Klarheit über das aufbewahrende Postamt. Jedes von ihnen lässt sich durch eine Postleitzahl (*Zip-Code*) eindeutig identifizieren. Alle **US-Zip Codes** findet man im Internet unter http://zip4.usps.com/zip4/citytown.jsp, die Zip-Codes für Canada unter www.canadapost. ca/tools/pcl/bin/advanced-e.asp.

Radio

Radiostationen sind meist **Lokalsender** mit geringen Reichweiten. In dünn besiedelten Regionen ist das Radio daher 10 Autominuten außerhalb größerer Ortschaften ziemlich tot (es sei denn, man hat ein Satellitenradio im Wagen, zu erkennen durch die Taste **XM**). Zumindest gilt das für **FM** (=UKW). Auf **AM** (Mittelwelle) findet man zur Not immer noch einen *Country & Western*-Sender und/oder Stationen mit religiösen Botschaften. Eine **faszinierende Angelegenheit** sind in den USA landesweit ausgestrahlte politische *Talk Shows*, die vor allem von ultrakonservativen Organisationen gesponsert werden. In die mit aktuellen Tagesereignissen verknüpften Tiraden gegen alles, was nach sozial oder liberal »riecht«, diskutieren Hörer telefonisch mit.

Senioren

Der Begriff des *Senior* für alle älteren Mitbürger ist eine amerikanische Erfindung, die sich auch bei uns mit und ohne Zustimmung der Betroffenen durchgesetzt hat. Wichtig ist, dass es in Amerika für alles und jedes **Seniorenermäßigung** gibt, auf die Eintrittspreise in Museen und Nationalparks, beim Camping, in *Family Restaurants* und in manchen Hotels in der *Off-Season*. In den **USA** gilt häufig schon als Senior, wer **55 Jahre** alt ist, spätestens erreicht man diesen Vorzugsstatus dort mit 62 Jahren. In **Canada** geht es frühestens mit 60 los, meistens ist man dort aber erst mit 65 Jahren *Senior.* Für alle ab 55 lohnt es sich auf jeden Fall, nach dem *Senior Discount* zu fragen. Manchmal ist er nicht ausdrücklich ausgewiesen. Besonders in den USA gelten einige Discounts nur für Residenten, z.B. für Nationalparks und Camping. An den Kassen der Museen usw. wird darauf hingewiesen, ob (in seltenen Fällen) nur Residenten angesprochen sind.

Telefon (mit eigenem Handy in Nordamerika ➪ Seite 188 unten)

System

Nordamerika inklusive Mexiko verfügt über ein einheitliches Telefonsystem. Jeder Bundesstaat besitzt eine dreistellige Vorwahl, den *Area Code*, einige dicht besiedelte Staaten mehrere davon. Dieser ersten Vorwahl folgt eine **zweite, ebenfalls dreistellige Ziffer**, die sich auf das Dorf, einen Landkreis oder einen Stadtteil bezieht. Die **Apparatnummer ist vierstellig**. Bei Gesprächen über den regionalen *Area Code* hinaus (**long distance call**) muss eine »**1**« vorweggewählt werden. Das ist auch der Fall bei den gebührenfreien 800-/866-/877-/888-Nummern (**toll free**). Bereits Anrufe beim Nachbarn, der eine abweichende zweite Vorwahl besitzt, sind Ferngespräche. Statt des Ortsgesprächstaktes gilt für die Gebühren dann der Minutentakt.

International

Über die Vorwahl 011 öffnet man den Zugang zum internationalen Netz (gilt nicht für Kanada; dort reicht die Vorwahl 1). Mit

49 für Deutschland   **41** für die Schweiz   **43** für Österreich

und um die Null reduzierte Ortsvorwahl sind Verbindungen in die Heimat (vom privaten ℅ aus) leicht hergestellt.

Münztelefone

In amerikanischen Münzfernsprechern (**Pay Phones**) ist die direkte Durchwahl, national wie international, nicht möglich, es sei denn via Telefonkarte, ➪ rechts. **Ferngespräche** einschließlich solcher im Nahbereich lassen sich bei **Münzeinwurf nur mit Hilfe eines *Operator***, häufig einer Computerstimme führen, die standardisierte Anweisungen gibt.

Telefonieren mit Münzeinwurf

Wer keine Telefonkarte zur Hand hat, muss für Ferngespräche in *Pay Phones* **jede Menge Kleingeld** bereithalten. Barzahlung in Telefonzellen kostet deutlich mehr als Telefonate von privaten Anschlüssen aus bzw. per *Phone Card*, zumal immer mindestens 3 min (!) zu bezahlen sind. Für Anrufe nach Europa benötigt man **rollenweise** *Quarters*. Denn Telefonate nach Übersee gegen bar kosten ab $5 für 3 min. Mit dem *Operator* gibt es dabei selbst bei guten Englischkenntnissen schon mal Verständigungsprobleme.

Phone oder Calling Cards

Derartige **Komplikationen** sind aber genaugenommen **Schnee von gestern** dank überall (Supermärkte, Tankstellen, Hotels, *Mini Marts* etc.) zu kaufender **Phone Cards**. Bei den verschiedenen **in den Nordamerika angebotenen Karten** sind dabei die **Minutenpreise** verblüffend unterschiedlich, wenn auch in den letzten Jahren kontinuierlich gesunken, wobei

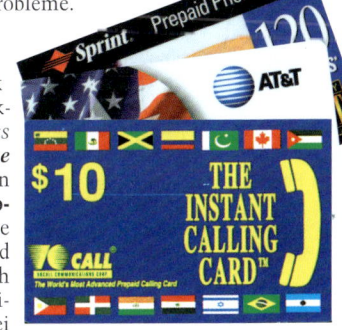

2012 Gebühren ab $0,015/min für Ferngespräche in den USA und $0,035/min für Gespräche nach Europa möglich waren (Karten von www.cyberscans.com). Die $5-$20-Karten von Supermärkten/ Warenhäusern liegen mit ihren Minutentarifen höher.

Relativ preisgünstigere Minutentarife bieten **Phone Card**s, die man z.B. in Automaten in *Truck Stops* kaufen kann. Damit kostete **2012** die Minute innerhalb Nordamerikas ab $0,03, das Gespräch nach Westeuropa ab $0,08/min. Allerdings sind **bei Einsatz am** *Pay Phone* **oft fixe Zusatzgebühren** pro Gespräch fällig.

Im **Internet** kann man sich dazu intensiv und hochaktuell vorinformieren und gleich die persönlich am meisten zusagende *Phone Card* heraussuchen. Einzelheiten und eine große Kartenauswahl findet man z.B. im ausgezeichneten Portal www.cyberscans.com unter *Prepaid Phone-Card*.

Funktion

Die *Calling Cards* funktionieren in Apparaten ohne Einsteckschlitz (das ist die Mehrheit, sieht man ab von **Ontario und Québec**, wo faktisch keine *Pay Phones* ohne Kartenaufnahme mehr existieren, ⇨ Foto links) wie folgt: 1-800-Nummer für die gewunschte Sprachansage wählen (selten deutsch) und dann nach Anweisung die Codenummer der Karte eintasten, die Nummer wählen und fertig. Noch verfügbare Minuten werden angesagt.

Der **Haken dieser Karten** liegt in ihrer Unterschiedlichkeit; nicht nur variieren die Minutentarife, sondern auch fixe Verbindungskosten bis $0,50 pro Gespräch. Ein paar vergebliche Anrufe zu Anrufbeantwortern, und zack ist die Karte leer.

Telefonieren mit Kreditkarte	Auch möglich ist ein Anruf bei der Telefongesellschaft **AT&T**: ☎ **1-800-CALL ATT**, dann die Ziffer »1« für Kreditkartengespräche eingeben, dann die übliche Wahl – für Deutschland z.B. 011 49 – Vorwahl ohne Null und Apparatnummer, dann Kartennummer und Verfallsdatum eintippen. Dort, wo Karten eingeschoben werden können, also z.B. in *Airports* oder *Shopping Malls*, lässt sich direkt ohne die Zahlentipperei per Kreditkarte telefonieren. Die **Gebühren** für einen *Credit Card Call* sind aber mehrfach **höher als bei Nutzung einer preisgünstigen *Phone* bzw. *Calling Card*.**
Tipp	**Am preiswertesten** telefoniert in die Heimat, wer sich einmal für $5 oder $10 eine ***Telephone/Calling Card*** kauft und sie nur nutzt für die Mitteilung der jeweiligen Apparatnummer (auch an allen ***Pay Phones*** vorhanden). Nach dem Aufhängen ruft der Gesprächspartner aus Europa über call-by-call-Vorwahl zurück und zahlt oft nicht einmal 0,03 Euro/min.
Im Hotel	Aufschläge für Telefonate aus Hotels/Motels sind zwar allgemein niedriger als in Europa, dennoch oft happig genug. Bisweilen werben aber auch Motels mit Netto-Telefongebühren. **Ferngespräche** lassen sich im übrigen **vom Hotelzimmer aus** bequemer führen als von einem *Pay Phone* in Wind und Wetter. Das gilt auch für Anrufe zum **Nulltarif** bei einer **800-Nummer**, etwa zur Reservierung eines Mietwagens oder Hotelzimmers für die nächsten Nächte oder in die Heimat per *Calling Card*.
	Für **gebührenfreie** und **Kartengespräche** vom Zimmertelefon aus berechnen Hotels und Motels manchmal nichts, meist aber einen Fixbetrag von $0,50-$1 pro Anruf.
Toll-free Numbers	Bei den **gebührenfreien 1-800/866/877/888-Nummern** gehen die Kosten ganz zu Lasten des Angerufenen. Diese Rufnummern sind auch vom Ausland aus zu erreichen mit der Vorwahl 001 anstatt der »1«. Aber dann gelten die normalen Gesprächstarife.
1-900	Das Gegenteil der 800-Nummern sind 900-Nummern, für die im Minutentakt eine Honorierung für den Angerufenen fällig wird.
Mit Handy in Nordamerika dbzw. von dort aus telefonieren	Handy-Besitzer ohne Tri- bzw. Quad Band können in Nordamerika nicht angerufen werden bzw. telefonieren. Das betrifft nur noch relativ wenige alte Handys. Wer aber einfach sein neueres Tri- oder Quad-Handy bzw. Smartphone mitnimmt und drauflos telefoniert, wird am Ende mit einer schönen Rechnung erfreut.
	Handy-Komfort zu akzeptablen Gebühren (wenn auch nicht ganz so günstig wie manche *Telepone Card*) verspricht dagegen die ***Cellion Sim Card*** (nur USA) die man für die Dauer der Reise ins eigene (nicht SIM-Lock gesperrte!) Handy einsetzt. Faktisch hat man damit eine amerikanische Nummer, mit der man ganz normal wie ein Inländer telefonieren kann. Das System ist einfach zu handhaben. Alle Details unter www.cellion.de.
No-contract phones	Eine andere Möglichkeit sind **Billig-Handys** (sog. ***pay-as-you-go*** oder ***no-contract phones*** ab ca. $30), die man z.B. bei ***Walmart***, *K-Mart* oder ***Best Buy*** findet. Mit dem Kauf verbunden sind meist

die ersten 200-300 min. Für Auslandsgespr[ä]
schalten lassen, und die Freiminuten reduz[ie]
lich. Zusätzliche Minuten können ab $20 [...]

Skype Wer sein **Notebook** dabei hat oder die e[...]
Smartphone, kann unterwegs das **free Wifi** [...]
kostenlos (video-)telefonieren. Auch wenn [...]
über keinen *Skype-Account* verfügt, sind die Gebühren für
Anrufe ins europäische Festnetz nicht hoch ($0,22/min). Hierfür
benötigt man aber ein *Skype*-Guthaben. Nähere Informationen
und die **App** unter www.skype.com.

Mehr zur Nutzung von **Wifi** findet sich unter der Überschrift
»Internet« auf Seite 183.

Temperaturen

In den USA gilt °Fahrenheit. Die Formel für die Umrechnung von
Celsius in Fahrenheit und umgekehrt lautet:

$°F = 32° + 1,8 \times °C$ bzw. $°C = (°F – 32°) : 1,8$

Näherungsformel: $°F = 30° + 2 \times °C$ bzw. $°C = (°F – 30°) : 2$

Celsius	–15°	–10°	-5°	0°	5°	10°	15°	20°	25°	30°	35°	40°
Fahrenheit	5°	14	23°	32°	41°	50°	59°	68°	77°	86°	95°	104°

Trinkwasser

Ein Problem in vielen Städten, aber auch auf Campingplätzen
weitab großer Siedlungen ist die Wasserqualität. Das amerikanische Leitungswasser wird im allgemeinen stärker als bei uns mit
allerhand Chemie behandelt, um auch noch den letzten gefahr-
vollen Keim abzutöten. Man riecht und schmeckt es. Für Kaffee
und Tee, oft auch zum Kochen empfiehlt sich daher, das Leitungswasser zu meiden und **Drinking Water** aus dem Supermarkt zu
benutzen. Es wird überall in 1- und 2-Gallonen-Behältern ab ca.
$0,80/*Gallon* verkauft, ➪ auch Seite 164.

Umsatzsteuern

Sales Tax In fast allen US-Staaten und kanadischen Provinzen wird auf
Güter und Dienstleistungen eine Umsatzsteuer unterschiedlicher Höhe erhoben. Sie schwankt **zwischen 5% und 12%** und
wird immer auf die Nettopreise aufgeschlagen. Wie bei uns gibt
es gespaltene Sätze in Abhängigkeit von der Art des Umsatzes.

Mitunter entfällt die Steuer beim Kauf von Lebensmitteln. Außer
State und **Provincial Sales Taxes** fallen oft zusätzliche lokale
Steuern auf den Umsatz an; für Touristen relevant sind solche
Steuern bei Automiete und Hotel-/Motelübernachtungen.

In **Canada** kommt zu den Provinz- und Lokalsteuern noch eine
landesweit einheitliche **Goods & Services Tax** (**GST**) in Höhe von
6% hinzu, die wie unsere Mehrwertsteuer funktioniert.

Nachdem zunächst bei jedem Kauf zwei Steuerarten auf den Nettopreis aufgeschlagen werden mussten, führten bereits vor Jahren die Provinzen Newfoundland mit Labrador (13%), Nova Scotia (15%) und New Brunswick (13%) die »*harmonized sales tax*« (*HST*) ein. Sie ist eine **kombinierte Umsatzsteuer**, die Provinzsteuer (*PST*) und die heute 5%ige nationale Mehrwertsteuer (*GST*) in einem %-Satz zusammenfasst. 2010 schloss sich auch Ontario dem Vorgehen an (13%). Lediglich Québec und Prince Edward Island berechnen in Ostkanada noch beide Sätze separat, die sich zusammen auf 14,975% bzw. 15,5% belaufen.

Nettopreise

In der Regel sind **alle Preise ohne Steuer** ausgezeichnet. Die jeweiligen Umsatzsteuern werden erst beim Bezahlen addiert.

Erstattung

Hinweis für frühere Canada-Reisende: Die bis 2007 geltende Regelung einer Erstattung der Umsatzsteuer für von Touristen gekaufte Waren und Dienstleistungen wurde abgeschafft.

Waschmaschinen und -salons

Laundromat

Wenn die Reisezeit zwei Wochen überschreitet, lässt sich gelegentliches **Wäschewaschen** kaum vermeiden. Münzwaschautomaten gibt es in vielen Motels, auf fast allen privaten Campingplätzen und bisweilen auch auf stark frequentierten staatlichen *Campgrounds*. In Dörfern und Städten sind die *Coin-Laundries* oder *Laundromats* (Münz-Waschsalons) kaum zu übersehen. In den üblicherweise installierten Maschinen bewegt sich statt der Trommel eine Art Propeller hin und her und quirlt die Wäsche durcheinander. Es gibt auch – meist teurere auch nicht bessere – Trommelwaschmaschinen. Die Einstellung »*hot*« heißt nicht etwa Kochwäsche, sondern besagt, dass mit der Temperatur des zulaufenden Heißwassers gewaschen wird (keine Nachheizung). Nach etwa 20 min ist der Vorgang beendet und das Ergebnis selten toll. Bei höheren Ansprüchen an die Sauberkeit fügen Amerikaner dem Waschmittel (*Detergent*) Bleiche (*Bleach*) hinzu.

Zeit

am/pm

In Amerika steht »**am**« (*ante meridiem*, vormittags) oder »**pm**« (*post meridiem*, nachmittags) hinter einer Zeitangabe:

> 9 Uhr   9 am
> 21 Uhr   9 pm

Besonders zu beachten ist:

> **12.00 Uhr   12:00 pm oder *noon***
> **12.20 Uhr   12:20 pm**
> **24.00 Uhr   12:00 am oder *midnight***
> **0.20 Uhr   12:20 am**

In **Fahr-/Flugplänen** werden »am-Zeiten« häufig in Normalschrift, »**pm-Zeiten**« **in Fettschrift** gekennzeichnet.

Zeitungen und Zeitschriften

**Zeitungen/
Nachrichten**

USA Today ist die einzige landesweit verbreitete Zeitung. Sie besitzt ein akzeptables Niveau. Bei Interesse dafür, was in den USA vorgeht, lohnt sich ihr Kauf (überwiegend in Automaten an der Straße für $1). Wie der Name sagt, konzentriert sich *USA Today* stark auf nationale Neuigkeiten.

Sehr gute Zeitungen mit internationalem Teil wie die **New York Times**, **Washington Post, Chicago Tribune** und **Boston Globe** sind außerhalb ihres regionalen Vertriebs nicht leicht zu bekommen (Flughäfen, Hotels und weitere Großstädte). **Globe and Mail** ist die überregionale kanadische Tageszeitung und in allen großen Städten vertreten.

Lokale Zeitungen befassen sich fast ausschließlich mit regionalen Themen und sind darüber hinaus reine Werbeträger. Schon der Nachbarstaat bzw. -provinz ist für sie weit entfernt.

Zeitschriften

Bei den Zeitschriften existieren ein breites Sortiment für alle denkbaren Spezialbereiche und jede Menge Blätter der mehr oder minder seichten Unterhaltung. Darüber hinaus gehen nur die bekannten **Newsweek** (ab 2013 nur noch in digitaler Form, nicht mehr gedruckt), **Time** und eine Reihe von Wirtschaftsmagazinen, in Canada das Magazin **McLeans**. Insgesamt ist das Zeitungs- wie Zeitschriftenangebot mit der europäischen Vielfalt und unserem Standard im Bereich Kultur und Politik nicht vergleichbar.

**Deutsche
Presse**

Internationale Publikationen gibt es nur in einer Handvoll spezialisierter **News Shops** der großen Cities (Gelbes Telefonbuch unter *News*). Für viel Geld ergattert man dort schon mal einen »**Spiegel**«, den »**Stern**«, **»Die Welt**« und eine »**Bild Zeitung**«*GST*uell. Sieht man von wenigen Ausnahmen ab, führen die **International News Stands** in den Flughäfen meist nur britische und spanischsprachige Zeitungen/Zeitschriften.

Zeitzonen

Der größte Teil des in diesem Buch beschriebenen Gebietes liegt in einer sehr breiten Zeitzone, die vom Atlantik bis an den Lake Michigan reicht: Die **Eastern Time Zone** hat gegenüber der mitteleuropäischen Zeit MEZ einen Rückstand von **6 Stunden**.

Da in Nordamerika wie bei uns eine Sommerzeit eingeführt wird, die sich aber datenmäßig nicht ganz mit der europäischen Umstellung deckt, kommt es während kurzer Wochen im Frühjahr und Herbst zu **5 Stunden Differenz.**

5 Stunden beträgt auch die normale Zeitdifferenz zwischen MEZ und **Atlantic Time**, die **in den maritimen Provinzen** Nova Scotia, New Brunswick und Prince Edward Island gilt.

Newfoundland besitzt eine ungewöhnliche eigene Zeitzone, die eine halbe Stunde Differenz zu den *Maritimes* ausmacht, also **4,5 Stunden Differenz** zu MEZ besitzt.

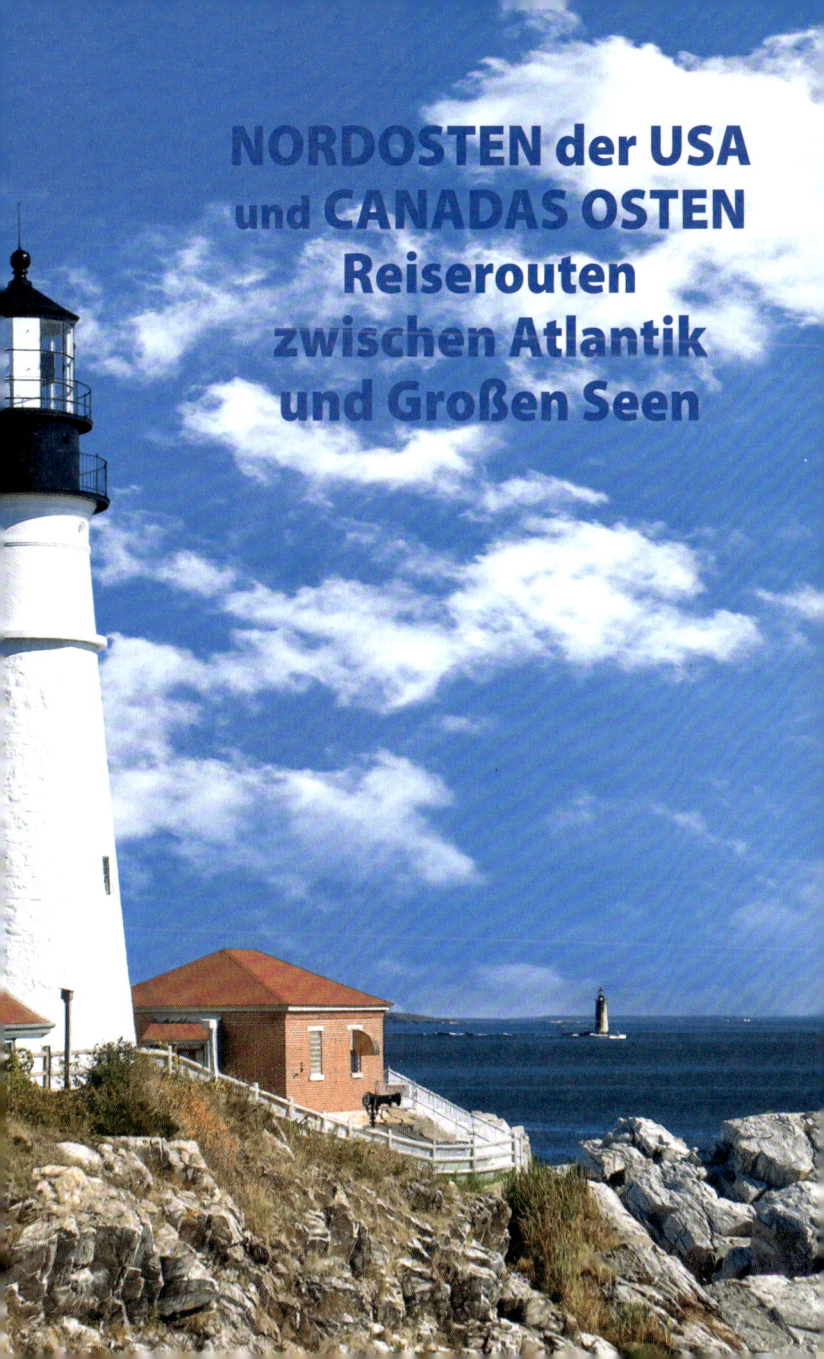

NORDOSTEN der USA
und CANADAS OSTEN
Reiserouten
zwischen Atlantik
und Großen Seen

Wichtiger Hinweis: Der Reiseteil enthält Hunderte von **Internetadressen** für alle wesentlichen Ziele. Nicht immer explizit genannt sind die Internetzugänge von *State Parks* (USA) und *Provincial Parks* (Canada), da die jeweilige »Basis« immer gleich ist. Sie finden sich kompakt im Kapitel 8.2 auf Seite 735.

1.   ZUR KONZEPTION DES REISETEILS

Welche Reiseroute?

Wer eine individuelle Reise in die USA und/oder nach Canada plant, steht vor der Frage der optimalen Routenplanung. Selbst in einem geographisch scheinbar kleineren Bereich gibt es für Rundfahrten wie auch für *One-way*-Routen zahlreiche Möglichkeiten. Das zeigt auch ein Blick auf die Routenübersicht in der vorderen Umschlagsklappe. Der Umstand, dass viele denkbare und schöne **Reiserouten** im Nordosten **grenzübergreifend** sind, führte zur Zusammenfassung des kanadischen Ostens und der US-Neuengland Staaten sowie New York State und Michigan in nur einem Buch.

Systematik

Die Beschreibung der Teilrouten erfolgt nichtsdestoweniger staaten- bzw. provinzweise. Wo Routen durch beide Länder einander nahekommen, wird auf die mögliche Verbindungen eingegangen. Teilweise – etwa in Niagara Falls, Sault Ste. Marie (Michigan/Ontario) und Yarmouth (Nova Scotia/Maine via Fährverbindung) – gehen die Routen ineinander über bzw. schließen aneinander an.

USA-Routen

Die USA-Kapitel beginnen mit einer **Rundreise ab New York oder Boston** durch **Neuengland**, auf der alle wichtigen Sehenswürdigkeiten, Städte, Parks und Landschaften beschrieben werden. Eine Fahrt durchs **Hudson Valley** und über Albany durch den **Adirondack Park** nach **Niagara Falls** schließt sich an.

Die Niagarafälle bilden die wichtigste touristische Nahtstelle zwischen Ontario und den USA, weshalb die Beschreibung der kanadischen Provinzen dort beginnt.

Canada

In **Ontario** geht es – nach einem großen **Niagara/Toronto**-Kapitel – auf zwei Rundkursen durch den zentralen Südwesten und Osten der Provinz. Beide lassen sich auch gut zu einer einzigen Rundreise zusammenfassen. Von Ottawa führt die Route **am St. Lorenz** entlang, von **Montréal** über **Québec-City** und Abstecher zum Oberlauf des Flusses, wo man per Fähre über den Strom setzen kann, um die Fahrt auf der **Gaspé-Halbinsel** und/oder in Richtung maritime Provinzen fortzusetzen. Diese sog. *Maritimes* werden über eine Rundfahrt durch **Nova Scotia** mit Erweiterungen durch **Prince Edward Island und New Brunswick** und Anschluss an die Routen durch Maine/USA und Québec behandelt.

Newfoundland

Das Kapitel 6 beschäftigt sich in Kurzform mit der abgelegenen und landschaftlich wie klimatisch rauhen Insel und Provinz **Newfoundland** für alle, die nach einem Ziel suchen, das ganz abseits der üblichen touristischen Pfade liegt.

Michigan

Eine bedenkenswerte **Erweiterung der Routen** durch Ontario führt nach und durch **Michigan**, das Land der Badeseen, Strände und Dünen, außerdem nach **Chicago** und **Detroit**.

Hinweise

Weitere **Details zu den Routenverläufen** einschließlich klimatischer Bedingungen zu den verschiedenen Jahreszeiten und einer allgemeinen Bewertung der verschiedenen Regionen finden sich in einer Übersicht eingangs der einzelnen Kapitel.

Routen-übersicht

Die **Karte in der vorderen Umschlagklappe** zeigt alle Teilstrecken in vereinfachter Form. Zusätzlich einbezogene Ziele und Abstecher ergeben sich aus dem Text. Darin wird auch auf **Erweiterungsmöglichkeiten** hingewiesen, ebenso auf **Verknüpfungspunkte** und -strecken mit den anderen Routen.

Karten

Die Karten wurden **in Abstimmung mit dem zugehörigen Text** angefertigt. Sie sind geographisch so korrekt wie möglich und enthalten alle wichtigen im Text angesprochenen Straßen, Orte, *National, State* und *Provincial Parks* und Gewässer, erheben aber keinen Anspruch auf Vollständigkeit. Die **Straßenkarten** sind in erster Linie gedacht zur Orientierung bei der Lektüre dieses Buches. Darüber hinaus leisten sie in **Ergänzung zur separaten Gesamtübersicht** auch gute Dienste bei der Reiseplanung. Die rot markierten Straßen entsprechen weitgehend den beschriebenen Routen und möglichen Alternativen. Die **Stadt- und Nationalparkpläne** vermitteln einen Eindruck von der Situation vor Ort, ersetzen aber keine genaue lokale Karte.

Piktogramme

Empfehlungen der Autoren:

- Die **Übernachtungsempfehlungen** beziehen sich auf außergewöhnliche Unterkünfte und solche mit gutem Preis-Leistungsverhältnis. Das nebenstehende Piktogramm findet sich auch am Textrand, wenn die Unterkunftssituation nur mit allgemeinen Hinweisen beschrieben wird. Ab Seite 141 ist erläutert, was von **Hotel-/Motelketten** zu halten ist.

- Günstige Quartiere mit Gratis-Parkplatz und City-Anbindung per Bahn oder Bus.

- Die **Campingsymbole** weisen in der Mehrheit auf Campingplätze hin, welche die Autoren selbst kennen und positiv bewerten. Die Empfehlung besagt, dass ein Platz die Gebühren unbedingt wert ist oder – im Fall besonders niedriger Kosten – zumindest als akzeptabel eingestuft werden kann. Die weitaus meisten Plätze eignen sich für Campmobile und Zelte.

- Das Piktogramm der Wanderer findet sich in erster Linie bei empfehlenswerten **Tageswanderungen/Spaziergängen** von kurzer bis mehrstündiger Dauer, nur in Ausnahmefällen bei Ganztags- oder noch längeren Unternehmungen.

- Das obere Piktogramm kennzeichnet hier die Aussicht auf einen guten Snack oder *Fast Food* samt ggf. den Drink dazu, *GST* das untere auf ein »ordentliches« Restaurant im üblichen Sinn. Da **Essen und Trinken auf Reisen** in Amerika das geringste Problem darstellen, wenn man einmal die Gegebenheiten kennt (↪ Seiten 167ff.), verweisen die Piktogramme nicht nur auf einzelne »*Eateries*«, sondern häufig auch auf generelle Standorte.

NEUENGLANDSTAATEN
und
NEW YORK STATE

2.   DURCH NEUENGLAND UND NEW YORK STATE

2.1   Zu den Routen

Die in den folgenden Kapiteln beschriebene Route führt von **New York City** über **Long Island** und die **Küsten von Connecticut, Rhode Island** und **Massachusetts** nach **Boston**. Dabei werden die Ferienorte und Strände auf der Halbinsel *Cape Cod* und den Inseln *Nantucket* und *Marthas Vineyard* ebenso behandelt wie die historischen Stätten rund um Boston.

In **Maine** geht es weiter am Wasser entlang bis hinauf zum *Acadia National Park*, dem nordöstlichsten Punkt dieser Route. Wer von dort aus seine Reise nach **Kanada** fortsetzen möchte, findet die Anschlussroute in den Kapiteln **Maritimes** bzw. **Québec** (➪ ab Seiten 570 und 514, auch RHK-Titel »Maritime Provinzen«).

Die Neuengland-Route führt von Maine durch die zentralen Touristenregionen von **New Hampshire**, das *Cottage Country* und die *White Mountains* (➪ Seiten 332f), und dann weiter nach **Vermont** (➪ Seite 343).

Das schmale Vermont durchquert man im Norden, um **Burlington** am *Lake Champlain* zu erreichen. Von dort ist es nur noch ein kleiner Sprung bis nach **Montréal**. Wer sich in Vermont mehr Zeit lässt, findet eine besonders reizvolle **Nord-Süd-Route** (#7) am Westhang der *Green Mountains* und durch die *Berkshires* im westlichen Massachusetts. Dort stößt man auf die **Interstate #90**, die in östliche Richtung nach Boston (*Massachusetts Turnpike*), oder in westliche Richtung über **Albany** zu den **Niagarafällen** und weiter bis zur Westküste läuft. Ab Albany erreicht man **New York City** rasch auf der **Interstate #87** – beschrieben ist hier die Alternativstrecke durch das *Hudson Valley* und die *Catskills* (➪ Seiten 380 und 385).

2.2   Die sechs Staaten Neuenglands

2.2.1   Reiseziel Neuengland

Kenn-zeichnung

Der Begriff »Neu-England« kennzeichnet weder geographisch noch politisch ein in sich geschlossenes Gebiet. Was die sechs Neuengland-Staaten – **Connecticut, Massachusetts, Rhode Island, Maine, New Hampshire** und **Vermont**, die zusammen kleiner als Großbritannien sind – in erster Linie verbindet, ist das Bewusstsein ihrer Bewohner, dem ehemaligen Mutterland *England* in Kultur und Tradition näher zu sein als das übrige Amerika. Gleichzeitig ist das einmalige historische Verdienst Neuenglands fest in den Lehrplänen der Schulen und in den Herzen der Menschen verankert: Die Auflehnung gegen die Kolonialmacht und die Entstehung der ersten Demokratie modernen Zuschnitts nahm hier im Nordosten der heutigen USA ihren Lauf.

Neuengland Staaten

**Natur
und Kultur**

Meer, Strände und rauhe Küsten, Berge und Wälder mit klaren
Flüssen und Seen, weiß leuchtende Dörfer und alte Seefahrer-
städte sowie nicht zuletzt die Metropole Boston prägen das Bild
der Neuengland-Staaten. Elite-Universitäten, zahlreiche Museen
und bemerkenswerte Beispiele alter und moderner Architektur
sorgen ebenso wie die ungezählten Musik- und Theaterfestivals
für ein hohes kulturelles Niveau. In diesem Rahmen passen die
zahlreichen hervorragenden Restaurants und nostalgisch attraktiven *Country-Inns*. Weniger als sonstwo in den USA stehen hier
das Schnellste und Höchste im Mittelpunkt; es geht eher um das
Älteste und Stilvollste. Um das neuenglische »Gesamtkunst-
werk« aus Natur, lebendig gehaltener Geschichte, pulsierender
Gegenwart und gehobenem Lebensstil genießen zu können,
benötigt man Zeit und Muße.

Einige immer wiederkehrende **Motive** sind typisch für diesen
Landstrich und allesamt für sich **Touristenattraktionen**:

- farbenprächtige **Bergwälder im Herbstlaub**, aus denen spitze
  weiße Kirchtürme hervorragen.
- bunt beflaggte **Hummerfallen** vor zerklüfteter Felsküste mit
  windschiefen Kiefern und knallrote **Hummer** im kochenden
  Sud riesiger *Lobster Pots*
- prunkvolle Imitationen europäischer **Schlösser** und modernste
  Luxusvillen an den Gestaden des Atlantiks
- prächtige **Schiffe** aus alter und neuer Zeit in vielen Häfen und
  mit geblähten Segeln in Buchten oder vor den Küsten
- **Menschen in historischen Kostümen** in originalem oder restau-
  riertem Museums-Ambiente des 17. und 18. Jahrhunderts
- grandiose **Universitätsgelände** mit Efeu bewachsenen Gemäu-
  ern wie *Harvard* in Cambridge/Massachusetts und *Brown* in
  Providence/ Rhode Island mit Studenten aus aller Welt
- ein enormes Angebot von **Kunst-, Geschichts-, Wissenschafts-
  und Spezialmuseen**.
- viele **Wassersportmöglichkeiten** (Kanu, Kajak, Segeln, Surfen).
- gut angelegte **Bike Routen** durch die meist hügelige Landschaft.

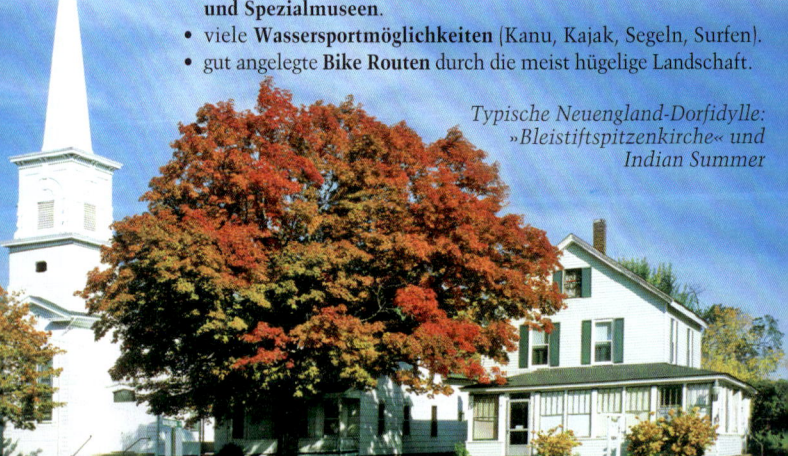

*Typische Neuengland-Dorfidylle:
»Bleistiftspitzenkirche« und
Indian Summer*

Klima

Jahreszeiten
Der auf Postkarten und in der Tourismuswerbung meist stahlblaue Himmel suggeriert paradiesische Zustände. So heißt es in einer Broschüre: »Ein Land für alle Jahreszeiten!« Tatsächlich aber ist bis Ende April und ab Oktober das Klima in Neuengland fürs Reisen ungünstig. Erst im Mai sprießen die Blätter – leider gemeinsam mit den *Black Flies*, die vielerorts in Massen schwirren. Von **Mai bis Mitte Juni** erlebt man einen **Frühsommer** norddeutscher Prägung. Es kann – speziell in Küstennähe – auch noch mal recht frisch und regnerisch sein. Früher oder später im Juni wird es wärmer als bei uns, und dazu oft schwül. Das gilt vor allem in der südlichen Region zwischen New York und New Hampshire. Je weiter man nach Norden hinauffährt, desto moderater werden die Temperaturen.

Im **Juli und August** können *Cape Cods* Strände und die Massachusetts vorgelagerten Inseln *Nantucket* und *Martha's Vineyard* den Urlauberandrang trotz des kühlen Atlantikwassers kaum bewältigen. An den vielen glasklaren Seen im Inland ist aber auch dann nur an Wochenenden viel Betrieb.

Aber selbst im warmen Hochsommer kann ein Tief aus Nordwesten noch kühle, regenreiche Tage bringen.

Beste Reisezeit
Zum Besuch eignet sich am besten die Zeit **Ende August bis Ende September**, wenn der amerikanische Ferienverkehr insbesondere nach *Labor Day* – bis auf die Wochenenden – stark nachlässt. Für einige Gegenden Neuenglands ist danach der kurze **Herbst** die eindeutige **Hauptsaison,** wenn der berühmte *Indian Summer* das Laub in allen Farben leuchten lässt (➪ Seite 341).

Weitgehend unabhängig vom Wetter und von der Jahreszeit kann man Reisen planen, wenn der **Besuch historisch-kultureller Sehenswürdigkeiten** im Südosten von Connecticut, Massachusetts und Rhode Island im Vordergrund steht.

Goodspeed Opera House mitten in der Landschaft bei Haddam/Connecticut (➪ Seite 216)

2.2.3   Geschichte

Die Anfänge

Die puritanischen *Pilgrimfathers* waren 1620 aus Europa gekommen, um in Amerika ohne Repressionen leben zu können. Sie ließen jedoch selbst nicht die kleinste Abweichung von ihren eigenen Glaubensregeln zu. Zweifler wurden ausgestoßen. Dies führte zwangsläufig zur Gründung immer neuer Siedlungen. Neben den Immigranten aus religiösen Gründen kamen Abenteurer und wagemutige Kaufleute in die Neue Welt, und gegen Ende des 17. Jahrhunderts lebten bereits über 100.000 Weiße im Gebiet des heutigen Neuengland. Bei dieser »Bevölkerungsexplosion« blieben Zusammenstöße mit den dort beheimateten *Algonquin*-Indianern, die den Ankömmlingen zunächst durchaus freundlich begegnet waren, nicht aus (➪ Seite 17). Die unbekümmerte Inbesitznahme von Indianerland rechtfertigten die Siedler mit ihrem christlichen Missionsauftrag. In mehreren blutigen Kriegen – besonders grausam war der **King Philip's War** (1675/76) – wurde der Wille der Indianer gebrochen und das Volk der *Narragansetts*, ein *Algonquin*-Stamm, praktisch ausgelöscht. Geblieben sind nur die indianischen Namen für Flüsse, Seen und Ortschaften.

Das 18. Jahrhundert

Die rastlos schaffenden Neusiedler drangen immer tiefer ins Land, doch gab es keine nennenswerten Bodenschätze, und die steinigen Böden des Hinterlandes ließen sich nur schwer bewirtschaften. So blieb das Meer Hauptquelle für Einkommen und Wohlstand: Ein Vermögen brachte insbesondere der **Triangle Trade** (➪ Seite 259), der Handel mit Rum, Melasse und Sklaven. Er wurde von angesehenen, dem puritanischen Erbe verhafteten Familien betrieben, deren Doppelmoral ihnen zwar den Sklavenhandel erlaubte, nicht aber die Sklavenhaltung. In den Häusern der **Brahmins** (so nannte sich der Geldadel nach dem Vorbild der indischen Kastengesellschaft) arbeiteten dennoch viele Schwarze als **perpetual servants** (lebenslange Dienstboten), eine delikate Umschreibung für faktische Sklaven.

In der im 18. Jahrhundert weltgrößten Walfangflotte schufteten zudem auch Seeleute aus aller Herren Länder, vor allem Portugiesen, zu oft minimaler Heuer für neuenglische Reeder. Die hochherrschaftlichen Häuser in den alten Hafenstädten zeugen bis heute von den schönen Gewinnen. Als die britische Krone daran teilhaben wollte und **1765 neue Steuergesetze** erließ, protestierten die Bürger Neuenglands, speziell der Oberschicht. Bis zum Freiheitskampf und der Proklamation der Unabhängigkeit war es dann nicht mehr weit.

Industrielle Revolution

Nach dem endgültigen Sieg über die Kolonialherren (1783, ➪ Seite 259) erlitt der Seehandel schwere Einbußen. Aber die selbstbewussten **Yankees** hatten schon umgedacht und für Amerika die industrielle Revolution konzipiert (➪ Seite 285). Für Webstühle gab es Wasserkraft in Hülle und Fülle, und bald klapperten Wasserräder an den Ufern der Flüsse.

Yankees und spätere Immigranten

Der Ursprung des Wortes *Yankee* als Synonym für Amerikaner ist umstritten. Eine Theorie behauptet, dafür sei der holländische *Jan Kees* verantwortlich, ein alter europäische Name für die käseproduzierenden Holländer. Eine andere Theorie sagt, das Wort *English* – von einem Indianer ausgesprochen – habe wie *Yankee* geklungen.

Im heutigen Staat New York lebende Holländer nannten die nördlich von ihnen siedelnden Engländer schon um 1650 so. Im amerikanischen Unabhängigkeitskrieg bezeichneten britische Soldaten alle Siedler englischen Ursprungs als *Yankees*, was herablassend gemeint war.

Aus dem amerikanischen Süden kam eine Veränderung der Bedeutung. Die Farmer dort hielten ihre Nordstaaten-Nachbarn für gerissen, berechnend und deswegen für erfolgreich. Das gefiel den *Yankees*, und so bezeichneten sie sich selbst als *Yankees*. Nach der Schlacht von Lexington wurde gar der **Yankee Doodle** zum offiziellen Marschlied der Armee. Dank *Mark Twains »A Connecticut Yankee at King Arthur's Court«* ging der Begriff *Yankee* – durchaus im positiven Sinn – ab 1889 in die Literatur ein. So kam es, dass im Ersten Weltkrieg die amerikanischen Soldaten in Europa zu *Yankees* wurden. Der bekannte Slogan »*Yankee go home*« wendete den Begriff wieder ins Negative und wird – neben *Gringo* (»green go!«, *was sich auf die Uniformfarbe bezog*) – vor allem in Südamerika gegen die Vormachtstellung der USA benutzt.

Der echte, alteingesessene Neuengländer jedenfalls ist stolz auf die **Yankee Ingenuity**, den Erfindergeist, die politische und soziale Klugheit, aber auch den Humor seiner Landsleute und ihrer Vorfahren.

Hauptsächlich zwei große Immigrantengruppen, definitiv keine *Yankees*, haben die »echten« Neuengländer, die man heute auch gerne als **WASPs** (*White Anglo-Saxon Protestants*) bezeichnet, erheblich »unterwandert«: Die zunächst verhassten katholischen **Iren** – seit Mitte des 19. Jahrhunderts waren sie zu Hunderttausenden eingewandert – kämpften sich mit hemdsärmliger Burschikosität in politische und wirtschaftliche Schlüsselpositionen. Ein weiterer Schlag gegen die *WASPs* gelang den **Italienern**, die sich keineswegs darauf beschränkten, Pizza-Bäcker zu bleiben.

Obwohl sie z.B. in New Hampshire rund ein Viertel der Bevölkerung ausmachen, wird eine wichtige Immigrantengruppe oft übersehen: die **Franko-Kanadier** aus Québec. Sie kamen im 19. Jahrhundert als Holzfäller und Textilarbeiter und betrachten sich noch heute als ethnische Minderheit. Sie leben vielfach in abgeschlossenen Gemeinden und bewahren ihre Identität hauptsächlich über die französische Sprache. Im Gegensatz zu Iren und Italienern strebten sie nic höhere gesellschaftliche Positionen an. **Afro-Amerikaner** flohen bereits nach der frühen Abschaffung der Sklaverei in Massachusetts 1793 (↪ Seite 273 und 540) zahlreich in die liberaleren Norden. Ein weiterer Schub kam um 1900 in die Industriestädte des Nordens und wurde dort nicht nur freundlich aufgenommen. Außer in Boston sind in Neuengland die Afro-Amerikaner eine kleine Minderheit.

Die Textilindustrie brachte noch mehr Wohlstand für die alteingesessenen ohnehin schon reichen Familien und Arbeit für die
Heere von Immigranten aus Italien, Polen und anderen osteuropäischen Ländern.

Die Neuzeit Anfang des 20. Jahrhunderts kam die Krise: Viele Fabriken wurden wegen der billigeren Arbeitskräfte in die Südstaaten verla-
gert, und die Depression der 1930er-Jahre tat ein übriges. Der
Unternehmergeist der **Yankees** ließ sich jedoch nicht unterkrie-
gen. Heute besitzt Neuengland sein eigenes *Silicon Valley* und
High Tech-Industrie in und um Boston und im südlichen New
Hampshire. Einst verdreckte Flüsse und Seen sind wieder sauber,
große Teile der Landschaft als *National* und *State Forests* und
State Parks vor weiterer Ausbeutung geschützt. So wurde der
Tourismus zum großen Wirtschaftszweig (↷ Seiten 198f).

2.2.4   Kennzeichnung der Einzelstaaten

Trotz des gemeinsamen Ursprungs betonen die Neuengland-
Staaten gern ihre **kulturelle Eigenständigkeit**. Ohne Details vor-
zugreifen, lassen sie sich vorab grob charakterisieren.

Connecticut *Ouinnehtukqut* (*Long Tidal River*) nannten die Indianer diesen
mächtigen Fluss und gaben so dem Land seinen Namen. Neu-
englands Industrialisierung begann an seinen Ufern und
machte ihn zum Abwasserkanal. Inzwischen wieder saniert,
haben sich Paddler und nostalgische Ausflugsboote den Fluss
zurückerobert. Connecticuts touristische Attraktionen, seine
piekfeinen Städtchen, seine Strände und grünen Hügel locken
heute gestresste New Yorker. Auch wenn Connecticut in weiten
Teilen wieder ländlich (*rural*) ist, regiert weiterhin das *big
money* – diesmal dank sauberer *High Tech*-Industrie.

**Rhode
Island** Um Rhode Island, den kleinsten US-Bundesstaat, zu durchqueren, benötigt man keine halbe Tankfüllung. Das Meer und ein
starker Freiheitsdrang prägten den **Ocean State.** *Roger Williams*,
von den Puritanern der *Massachusetts Bay Company* in die Wildnis getrieben, gründete dort einst seine Kolonie auf der Grundlage von Freiheit und Toleranz. Auch viele Juden und Quäker
kamen. Mit den Indianern schloss *Williams* für seine Zeit ungewohnt faire Verträge.

Für Touristen besteht Rhode Island heute hauptsächlich aus
Newport. »Französische« Schlösser zeugen dort vom Reichtum
Amerikas ab 1850. Newports zweite Attraktion sind die Yacht-
häfen und die **Segelregatten**.

**Massa-
chusetts** Die **Wiege des modernen Amerika** steht in Massachussetts, denn
mit der Landung der *Mayflower* (1620) und der *Boston Tea Party*
(1773) nahmen die weiße Besiedlung und der Unabhängigkeitskampf von dort ihren Anfang.

Massachusetts beeindruckt mit adretten historischen Städtchen,
Musik- und Theaterfestivals auf höchstem Niveau, gutem Essen,

endlosen weißen Sandstränden und grünem Hügelland. **Boston**, die Hauptstadt des Staates und einzige *Big City* Neuenglands, verfügt über Elite-Universitäten und hochrangige Museen – sei es für moderne amerikanische Kunst oder Sammlungen aus aller Welt.

New Hampshire

Der *Granite State* New Hampshire verdankt seine Charakterisierung den *White Mountains*: harter Fels, enge Schluchten und *Mount Washington*, Neuenglands höchster Berg (1917 m) Solche Naturschönheiten locken viele – aber auch die hier weitgehend unbekannte *Sales Tax* (Umsatzsteuer). Nur wer außer Haus nächtigt und ins Restaurant geht, muss 8% *Sales Tax* zahlen. Auch Einkommensteuer für Privatpersonen kennt man in New Hampshire nicht. New Hampshire gilt daher als **Einkaufsparadies** des Nordostens mit grenznahen Shoppingmeilen, wo man bis 20% weniger als den üblichen Preis zahlt. Beliebt sind riesige **Liquor Outlets**, wo es auch Alkohol überaus günstig gibt.

Maine

Dieser größte und jüngste Neuengland-Staat wurde erst 1820 von Massachusetts abgetrennt. Seit über 100 Jahren ist er Ziel von Sommerfrischlern und zieht heute alljährlich Millionen Amerikaner und Kanadier an seine Strände, felsigen Küsten und auf die vorgelagerten Inseln. Maine steht für Aktivurlaub; ob Biking oder Rafting, ob Kanu oder Kajak, ob Segeln oder Wandern.

Maine ist **Lobsterland**: Hochgetürmte Hummerfallen und brodelnde Riesenpötte, in denen die frischgefangenen Tiere gekocht

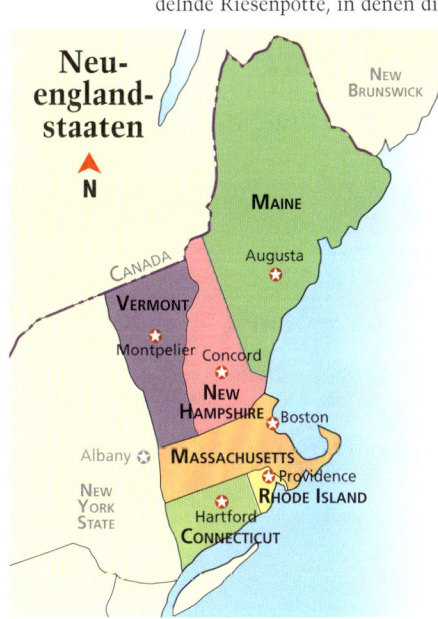

und an Holztischen und Bänken gleich verzehrt werden, bilden eine markante Maine-Szenerie – fast immer mit Blick auf einen Bootssteg und schaukelnde Segelboote.

Das andere Maine, das der endlosen Wälder und Seen, wird über seinem Küstenimage oft vergessen. Maine besitzt im weiten Hinterland im Norden noch viel echte Wildnis.

Vermont

Land der grünen Hügel nannte *Samuel de Champlain* das Gebiet des heutigen Vermont, des einzigen Neuengland-Staates ohne Zugang zum Meer. Einst stritten sich Frankreich, New Hampshire und der Staat New York darum. Der Volksheld **Ethan Allan**, dessen Name bis heute in Vermont allgegenwärtig ist, kämpfte mit seinen *Green Mountain Boys* 1770 gleichzeitig um die Unabhängigkeit des Staates von New York und die der englischen Kolonien vom Mutterland. Er rief 1777 die unabhängige Republik Vermont aus. Einen Stern auf der US-Flagge erhielt Vermont erst 1791 – als 14. Staat der Union.

Außer Bergen, Wäldern, Wiesen und großen dunkelroten Holzscheunen sind es altmodische **General Stores** und die **Covered Bridges**, die Vermont einen besonderen Charme verleihen.

New York State

Obwohl **New York State** nicht zu den Staaten Neuenglands gehört, sind New York City, Long Island und zumindest der Ostteil von *Upstate* New York geographisch und aus touristischer Sicht eng mit ihnen verbunden. Die im folgenden beschriebene Neuengland-Rundreise führt – bei Anreise oder Rückflug nach/ab New York City via JFK- oder Newark-Airport – zwangsläufig auch durch Teile des Staates New York.

In diesem Zusammenhang sind **Long Island**, das **Hudson Valley** und die **Adirondacks** besonders hervorzuheben. Aber auch im landwirtschaftlich geprägtem Nordosten gibt es lohnenswerte Ziele, wie das Gebiet um die Finger Lakes und natürlich die **Niagara Fälle**. Die Industriegeschichte des Staates wird im Bereich zwischen Syracuse und Buffalo lebendig.

Neuengland Covered Bridge im Herbst

2.3 Von New York City über Long Island nach Boston

2.3.1 Long Island www.longislandtourism.com

Das **125 mi lange Long Island** gehört historisch und politisch nicht zu Neuengland, sondern zum Staat New York.

Wer von New York aus die Reise in Richtung der Küsten Neuenglands beginnt, sollte über Long Island nach Norden fahren, um einen Eindruck von den grandiosen Möglichkeiten der New Yorker zur Naherholung vor den Toren ihrer Stadt zu bekommen. (Alternative zur Long-Island-Route ➪ Seite 215.)

Kennzeichnung

Schon Ende des 19. Jahrhunderts errichteten betuchte New Yorker ihre **Sommerhäuser** auf Long Island. Dabei bevorzugten sie die buchtenreiche, ruhigere Nordküste, während heute die dem offenen Atlantik zugekehrte Seite mit ihren vorgelagerten Sand- und Dünenbarrieren Trumpf ist. Wer auf sich hält, nimmt sogar den langen Weg zu den weit im Osten auf der Südgabel liegenden *Hamptons* in Kauf. Dort bleiben die »Reichen und Schönen« aus *Manhattans* Park Ave oder der *Upper East Side* unter sich und in beruhigender Distanz zu den Massen an citynäheren Stränden (➪ New York City Extra, Seite 60).

Verkehrssituation und Anfahrt

Zu Long Islands langen Stränden und Edelorten gelangt man auf scheinbar endloser *Freeway-Fahrt* (I-495) durch die Stadtteile **Brooklyn** und **Queens** sowie ausufernde Vorstädte weiter östlich.

Für einen **Kurztrip** nach Long Island ist daher die Bahn ideal. Die **Long Island Rail Road** (*LIRR*; www.mta.info/lirr) unterhält ein verzweigtes Netz über die ersten ca. 45 mi, um dann mit zwei Strängen am Ende der Südgabel (*South Fork*) **Montauk** und auf der Nordgabel (*North Fork*) **Greenport** zu erreichen. Genaue **Fahrpläne** gibt es in der **NYC Penn Station**. **Tipp**: bis Islip-Mac Arthur Airport/Ronkakoma fahren und dort ein Auto mieten.

Bequem, aber teuer ist der **Hampton-Jitney-Bus** bis Montauk ($30, *Round Trip* $53); mehrere Stationen in Manhattan, ✆ 1-800-936-0440; www.hamptonjitney.com.

In der nachmittäglichen **Rush Hour** und an **Wochenenden** sind die Ausfallstrecken sehr voll. Erst nach 40-50 mi nimmt der Verkehr ab. Am besten startet man an einem Werktag vormittags. Und zwar vorzugsweise via **Queens Midtown Tunnel** und die **Interstate #495**, dem **Long Island Expressway**.

Süd- oder Nordkuste?

Zur Route

Viele der nördlich der I-495, bzw. der #25A an Buchten gelegenen kleinen Städtchen (z. B. Manhasset, Cold Spring Harbour, Stony Brook, Port Jefferson) sind mit ihren *Waterfronts*, Restaurants und Einkaufsmöglichkeiten sehr reizvoll. Den Glanz vergangener Zeiten strahlen die schlossähnlichen Sommerresidenzen aus, in denen heute oft kleine feine Museen untergebracht sind, deren

Gärten der Öffentlichkeit zugänglich gemacht wurden. Besonders empfehlenswert ist das **Westbury House and Gardens** in Old Westbury (71 Old Westbury Road, Eintritt $10/$5, Führungen, ✆ (516) 333-0048, www.oldwestburygardens.org).

Fähren

2 Fährrouten verbinden Long Island mit der Connecticut-Küste: eine von **Port Jefferson nach Bridgeport**, eine weitere von **Orient Point nach New London** (➪ Seite 214); www.longislandferry.com.

Hotelkosten Long Island

Long Island ist teuer; vor allem im Sommer und an Wochenenden, selbst in der Vor-/Nachsaison. Wer jedoch wochentags (Mo-Do) in der Vor-/Nachsaison ohne Voranmeldung ein Hotel sucht, kann durchaus günstigere Preise realisieren als die unten genannten. Einfachere Hotels kosten So-Do ab $160 fürs DZ (mit Gemeinschaftsbad), Fr+Sa nur im Doppelpack ab $395.

Zugangs-restrik-tionen

Zudem sind in der Hauptsaison die Zugangsbeschränkungen für Strände, die nicht zum *National Park*- oder *State Park*-Netz gehören, immens (➪ Kasten **Long Island-Beach**-Regeln).

Im folgenden sind die bekanntesten Orte der Südroute beschrieben. Die NYC am nächsten gelegenen Strände mit *Boardwalks*, viel Fun und Sport werden im Heft *NYC-Extra* genannt.

Fire Island

Parks

Der Südküste von Long Island sind mehrere Dünen-Nehrungen vorgelagert. Insbesondere die Strände von **Fire Island** sind selbst bei knapper Zeit immer einen Umweg wert. Am westlichen Ende der 32 mi langen **Fire Island National Seashore** befindet sich der **Robert Moses State Park** (von der I-495 nach Süden auf den *Sagtikos Parkway*, dann *Robert Moses Pkwy*). Hier gibt es zwar große Parkplätze ($9), aber keinen lärmenden Strandbetrieb mehr; nur Dünen, Strand und Wasser, wo auch an Wochenenden jeder sein Plätzchen findet (www.nps.gov/fiis).

National Seashore

Ein Spaziergang führt zum Leuchtturm (*Visitor Center*); wer noch ein wenig weiter läuft, erreicht Kismet, die erste der 17 Siedlungen im Bereich der *Fire Island National Seashore*.

Bis auf West- (*Robert Moses SP*) und Ostende (*Smith Point*) ist die *National Seashore* nur per **Personenfähre** zu erreichen. Aber auch ein Tagesbesuch der autolosen Insel lohnt, denn neben Dünen und Marschen beeindruckt eine abwechslungsreiche Vegetation. Die Holzhaus-Siedlungen fügen sich gut in das Landschaftsbild ein, liegen sie doch versteckt in Kiefernwäldern.

*Unendlicher Strand und
Sommerhäuser auf Fire Island*

**Orte auf
Fire Island**

Da *Fire Island* erst 1964 zum Landschaftsschutzgebiet erklärt wurde, blieben die bereits existierenden Ortschaften bestehen, dürfen sich jedoch nicht weiter ausbreiten. Im Zentrum der meisten Orte befinden sich einige Läden, Kneipen und/oder vielleicht ein kleines Hotel. Die Häuser sind über ***Boardwalks*** (Holzplankenwege, sog. *Highways!*) verbunden. Nicht einmal das Fahrradfahren blieb dort erlaubt; aber zum Strand ist es ohnehin nie weit.

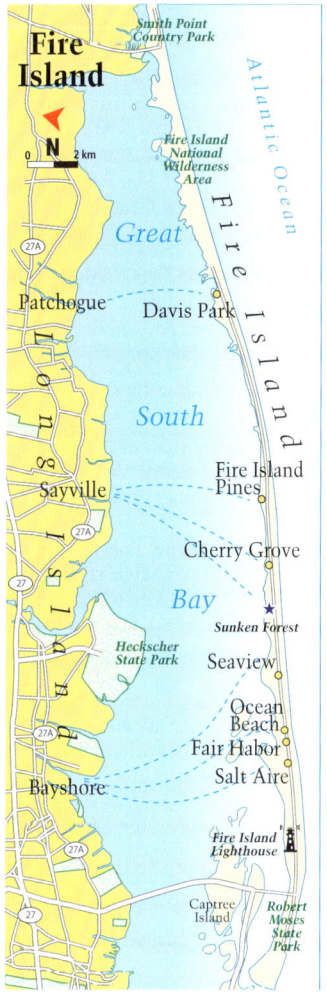

Fähren ⇨ Kapitel 8.4, Seite 740

Bayshore: www.fireislandferries.com;
Patchogue: www.davisparkferry.com

Die drei ***Fire Island-Fährhäfen*** (Bayshore, Sayville, Patchogue) erreicht man über die #27; der o.a. Zug von NYC (*LIRR*) hält an allen Stationen. Kleinbusse verbinden Bahnhof und Häfen (Vorsaison unregelmäßig). Ggf. hilft eine kurze Taxifahrt. Parken Mo-Do $8, Fr-So $15/Tag. Die Überfahrt ins Paradies dauert 30-45 min, Round Trip $17/$12 (Rückfahrt von einem anderen Hafen als bei Ankunft ist erlaubt).

• Optimaler Fährhafen ist **Bayshore** (☏ 631-665-3600) mit den meisten Zielen und Verbindungen (im Sommer ca. 30-min-Takt). Größter Inselort ist **Ocean Beach** mit kleinen Pensionen, Kneipen und Läden.

• Vom mittleren Hafen **Sayville** (☏ 631-589-0810) verkehren im Sommer die Boote ungefähr im 2-Stundentakt nach **Fire Island Pine** (mit bestechender moderner Holzhaus-Architektur) und **Cherry Grove**, *Gay Comunities* mit Szenekneipen und ausschweifendem Nachtleben. Von **Cherry Grove** führt ein schöner **Spaziergang** (30 min) nach **Sailor's Haven** mit einem Badestrand an der Buchtseite, Marina und Anleger. Im ***Sunken Forest*** ist die Vegetation noch im Urzustand. Auch von dort ist die Rückfahrt nach Sayville (weniger Abfahrtzeiten) möglich.

• Von **Patchogue** (☏ 631-475-1665) fahren die Schiffe nach **Davis Park** und **Watch Hill**, am westlichen Rand der 7 mi langen ***Otis Pike Wilderness Area***, die nur in kleinen Bereichen öffentlich zugänglich ist. Ein schöner **Spaziergang** führt von Watch Hill (mit Marina, Restaurant und Zeltcamping) zurück zum Anleger Davis Park.

Smith Point County Park

Das östliche Ende der **Wilderness Area** und der **Smith Point County Park** sind wieder mit dem Auto zu erreichen (von der #27 und #27A über den *William Floyd Parkway/#46*). Hier liegt das *Fire Island Wilderness Visitor Center*. Der riesige **Campingplatz** für RVs beim *County Park* ist nach so viel Natur ernüchternd.

Unterkünfte

Fast alle Unterkünfte liegen geschützt an der *Bayside*. Zum Strand am Atlantik ist es ein Katzensprung. Preiswerter sind jeweils So-Do; am Wochenende mindestens 2 Nächte; geöffnet Mai bis September/Oktober; Luxus darf man nicht erwarten.

Ocean Beach www.oceanbeach.com

• *Palms Hotel*, modernes Haus, einige Zimmer mit Gemeinschaftsbad ab $195, mit Bad für drei Personen $350, 4 Personen $465; ✆ (631) 583-8870; www.palmhotelfireisland.com
• *Clegg's Hotel*, einfaches Holzhaus, ✆ (631) 583-5399; DZ ab $160 (So-Do), Fr+Sa $395 für 2 Nächte; www.cleggshotel.com

---

Ocean Bay Park

• *Fire Island Hotel&Resort;* Pool, ✆ (631) 583-8000; Mo-Do DZ wochentags ab $235; www.fireislandhotel.com
• *Seashore Condo Motel;* helle Zimmer mit Bad, große Sonnendecks; Vor/Nach-Saison $125 (mind. 2 Nächte), im Sommer $219; ✆ (631) 583-5860; www.seashorecondomotel.com

---

Cherry Grove

• *Dune Point*, in den Dünen gelegen mit direktem Zugang zum *Atlantic Beach*; Zimmer, Studios, Apartments: Vor/Nach-Saison $129-$259 (mind. 2 Nächte), im Sommer ab $249; ✆ (631) 597-6162; www.dunepoint.com
• *Grove Hotel*, laute Feste, Gay-/Hetero-Szene, Pool, Mai/Sept. wochentags ruhig; ab $75; Preise und Aktivitäten steigen mit der Saison bis $500, ✆ (631) 597-6600; www.GroveHotel.com
• *Belvedere,* nur Männer; schneeweißes Schlösschen mit Innenhof, ✆ (631) 597-6448, $60-$500; www.belvederefireisland.com

---

Sayville

• **Tipp**: Tagesbesucher von Fire Island sind sehr gut aufgehoben im *Lands End Motel &Marina* am Anleger in Sayville, ✆ (631) 589-2040, ab $120, über www.landsendweddings.com

Camping

Der *Heckscher State Park* zwischen Bayshore und West Sayville, eine **Picknick-Anlage** mit mäßigen Stränden an der *Great South Bay*, besitzt einen weniger frequentierten Campingplatz, ✆ (631) 581-2100, von dem man die Fähren bequem erreicht.

Zur Route

Wer sich für die Fähre von Port Jefferson nach Bridgeport entscheidet (↪ Seite 214), nimmt ab Patchogue die Straße #83, dann #112. 15 mi östlich der Fähre (#25A, Sound Ave) kann man im *Wildwood State Park* am Wasser campen; www.reserveamerica.com.

Die Hamptons www.hamptons.com

**Kenn-
zeichnung**

Von der *Fire Island National Seashore* geht es am besten auf der #27 zu den als **Hamptons** bekannten Sommerresidenzen der Reichen und Schönen: **West-, South-, Bridge- und East Hampton, sowie Hampton Bays**.

Sie alle verfügen über *High-Class-Shopping,* Edelrestaurants mit astronomischen Preisen und Luxusvillen an den Stränden. Wer als Nicht-Resident dort auch mal (sonnen-) baden möchte, hat einige Hindernisse zu überwinden (↔ Kasten unten).

Geographie

Den Auftakt macht das exklusive **Westhampton Beach** (von der #27 bei Eastport auf die *County Road* #55, in Eastham den *Montauk Highway* (*County Road* #80) nehmen, der näher an der Küste durch die Hamptons führt. Östlich von Westhampton an der Kreuzung *County Road* #31/Oak Street links Richtung Westhampton Beach). Nach einem Bummel sollte man die *Dune Road* auf der Nehrung nach Osten fahren. Im Bereich des Nobelortes **Quogue** stehen nicht nur klassische, sondern auch hochmoderne Luxusvillen. Bei **Tiana Beach** dürfen sogar Nicht-Residenten in den Atlantik springen (Parken $20!).

Strandzugang und Parken in den Hamptons

An Neuenglands Küsten und vor allem auf Long Island einfach ans Meer und das Auto in irgendeine Parklücke fahren: *Don't even think of it!* Allein der Gedanke grenzt an ein Verkehrsdelikt, denn der Strandbesuch ist strikt reglementiert und teuer (das gilt auch für alle staatlichen Einrichtungen und Parks, egal ob *National-*, *State-* oder *County Park*. **Faustregel**: je beliebter das Ziel, desto tiefer muss man in die Tasche greifen – *Cooper Beach* auf Long Island z.B. kostet mittlerweile satte $40 fürs Parken inkl. Eintritt. Zwar gilt dies meist nur für die Hochsaison, aber Achtung: sie variiert von Ort zu Ort. In den *State Parks* liegen die Kosten bei gemäßigten $6-$12; an anderen Orten meist zwischen $25 und $35. Nach dem *Labour Day* Anfang September sind die meisten Strände dann kostenfrei.

Parken an den Straßen vorm Parkplatz ist verboten oder nur Anwohnern erlaubt. Schilder wie »**Residents only**« oder »**Permit Holders only**« blockieren zuweilen komplette Parkplätze. Akribische Kontrollen sind die Regel.

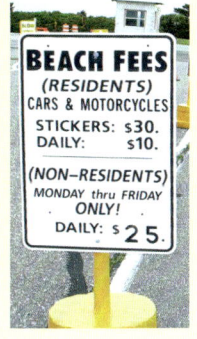

Wer länger am Ort bleibt, fragt am besten im Hotel nach einem **Tourist Permit** oder kauft es bei der lokalen *Chamber of Commerce* (meist Sa/So geschlossen). Da man sich auf der Durchreise kaum »eben schnell« ein *permit* besorgen kann, sind in diesem Buch nur beliebte Strände mit Tickethäuschen am Parkplatz genannt. Besonders kompliziert wird die Sache an sonnigen Wochenenden – übrigens sogar auf *County*-Campingplätzen, auf denen nur Residenten mit *Green Key Card* (Long Island) ein Reservierungsrecht haben.

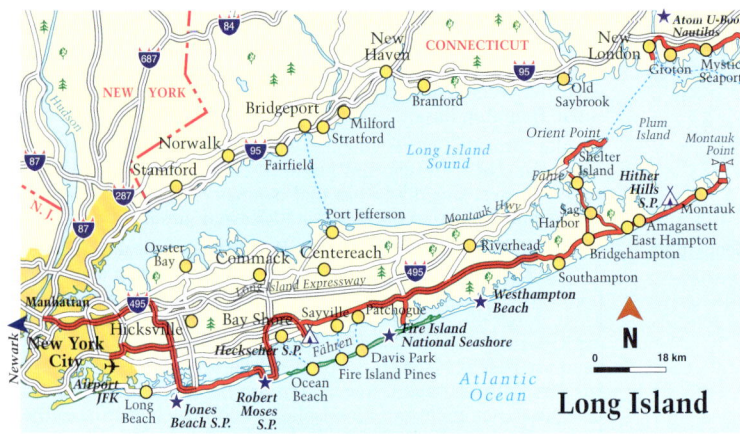

Long Island

Über die *Ponqougue Bridge* (*County Road* #32) erreicht man das am Inlet gelegene, gemütliche **Hampton Bays** mit einigen einfacheren **Motels** an den Marinas. Weitere befinden sich am *Montauk Highway* (*County Road* #80) in Richtung Southhampton.

Unterkünfte

- *Colonial Shores Cottages*, 83 West Tiana Road, Hampton Bays, ✆ (631) 728-0011, www.colonialshoresny.com
- *Drake Motor Inn*, 16 Penny Lane, Hampton Bays; am Wasser, ruhig, ✆ (631) 728-1592, wochentags $125-$250, Wochenende 2 Nächte $365-$630, www.thedrakeinn.com
- **Tipp**: *Ocean View Terrace,* 285 East Montauk Hwy, Hampton Bays; Pool, schöne Zimmer und Suiten; Vor/Nach-Saison So-Do $110, Fr+Sa $180, Sommer $175-$275; ✆ (631) 728-4036; www.oceanviewterrace.com

Southhampton

Das Städtchen **Southampton** kombiniert »Manhattan Lifestyle« mit Dorfatmosphäre. Auch Kunst wird geboten: Im *Parrish Art Museum* gilt es, unter anderem die Werke des einflussreichen amerikanischen Landschaftsmalers *William Merritt Chase* zu entdecken; www.parrishart.org. Wer dann wieder Sehnsucht nach dem Meer hat, fährt über die **First Neck Lane** von Southhampton auf die Nehrung und westlich auf die Meadow Lane (aber kaum Strandzugang).

Cooper's Beach

Die Höhe der Parkgebühren zeigt die Exklusivität dieses Strandabschnitts: *Cooper's Beach* kostet $40 (↻ Kasten *Strandzugang*). Eine einzige Stichstraße (Road D) hat keine Parkbeschränkung, aber nur 20 Stellplätze. Östlich von Southampton geht der *Montauk Highway* in die #27 über, die nah am Meer über East Hampton nach Montauk führt. Bei **Amagansett** kann man noch einmal in den Atlantik springen (Atlantic Ave, wochentags für Touristen zugänglich, $20).

Camping

Der *Cedar Point County Park* liegt traumhaft an der Gardiner Bay und hat 190 meist schattige Stellplätze; diverse Strände und **Wanderwege**. In der Hochsaison ist dort schwer unterzukommen, weil Residenten Vorrechte haben.

Im *Hither Hills State Park* (zwischen Amagansett und Montauk am *Old Montauk Hwy*, der parallel zur #27 an der Küste entlang läuft) kann man direkt am Wasser campen; offene Plätze, oft windig; $56, Wochenende $64; Strandzugang kosten für Nicht-Camper $10 Parkgebühr; www.nysparks.com/parks/122.

Zum *Hither Hill SP* gehören die **Hither Woods** und **Lee Koppelman Nature Reserve** mit 30 mi Wander- und Radwegen.

Montauk

www.eastend
community.com

Die Infrastruktur in **Montauk** ist (mehr als anderswo an der Südküste) auf Touristen eingestellt: Hotels direkt in den Dünen, zahlreiche *State* (*Montauk Downs* mit Golfplatz) und *County Parks* mit Wanderwegen, sowie ein attraktiver Fischer- und Yachthafen. Die lokale *Chamber of Commerce* betreibt auch die *Tourist Info*, www.montaukchamber.com.

Strände

Am leichtesten zugänglich ist die *Kirk Beach* mitten im Zentrum etwas westlich der Plaza beim Supermarkt **IGA** (das $8-*Permit* löst man am Parkplatz). Wer nur kurz in die Fluten taucht, nutzt die Parkuhren (max 120 min). Für alle anderen Strände, auch die ruhigeren an der Bay (z.B. die schöne *Gin Beach*) braucht man ein *Permit* (↻ auch den Kasten Seite 211).

Essen und Trinken

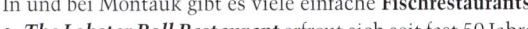

In und bei Montauk gibt es viele einfache **Fischrestaurants**:

- *The Lobster Roll Restaurant* erfreut sich seit fast 50 Jahren großer Beliebtheit; an der #27 westlich von Amagansett; ℂ (631) 267-3740; www.lobsterroll.com

- Ein **Tipp** ist *Duryea's Lobster Deck*, 65 Tuthill Road; einfache Tischbänke am Wasser, prima *Chowder*. Anfahrt über Edgemere Street (#49) bis Bahnstation, dann links ; ℂ (631) 668-2410

- Feiner ist das **Surfside Inn**, direkt am Strand mit schöner Terrasse, 685 Old Montauk Highway; ℂ (631) 668-5958

- Im Zentrum liegt **Nick's**, ein Renner mit *Beach Bar*, Restaurant und *Night Club*; South Emerson/Edison; ℂ (631) 668-4800

- Am *Montauk Harbor* (Zufahrt über West Lake Drive/#77 oder Edgemere/Flamingo Ave) liegt **Gosman's Dock Restaurant** mit *Fish Market*; am schönsten an der Hafenausfahrt, mit Terrasse und *Clam Bar*; ℂ (631) 668-5330, www.gosmans.com.

Unterkünfte

- **Tipp**: *White Sands Motel*, 28 Shore Road, westlich von Amagansett, ruhig, nichts als Dünen und Meer, ℂ (631) 267-3350; Hochsaison $175; www.whitesands-resort.com

- *The Montauk Soundview*, 6 Soundview Drive am Hafen; schmaler Strand, Pool, kleine ältere Anlage, sympathisch, auch Cottages mit bis zu 4 Zimmern; ℂ (631) 668-5500; $120-$229, mit Küche $140-$254; www.montauksoundview.com

- **Snug Harbor Motel**, 3 Star Island Road, direkt am Yachthafen, großzügige Anlage mit Pool; ℰ (631) 668-2860, Vor/Nach-Saison $70-$90, Sommer $135-$170; www.montauksnugharbor.com.

Weitere, meist teurere Quartiere liegen am *Old Montauk Highway* in Richtung *Hither Hill State Park*.

Sag Harbour   Sag Harbor, ein alter **Walfangort** (kleines Museum) an der gleichnamigen Bucht (Straße #114), hat einen hübschen *Historic District*; www.sagharborchamber.com.

Zur Fähre nach Orient Point

Fähren   Zwei kleine **Autofähren** verbinden den unteren mit dem oberen
Straße #114   Ausläufer von Long Island – die **South Fork** mit der **North Fork**. Sie verkehren im Sommer alle 10-20 min von früh morgens bis spät abends. Von **Sag Harbor** setzt man zunächst nach **Shelter Island** über ($12 für Auto inkl. Passagiere; www.southferry.com) und dann von Shelter Island nach **Greenport** ($10 für Auto inkl. Fahrer, weitere Person $2; www.northferry.com). Auf der #25 gehts dann weiter nach Orient Point.

Westlich von Greenport liegt das **Sunset Motel**, 62005 Rd #48; direkt am Strand; Studio $135, mit Küche $150, ℰ (631) 477-1776; www.sunsetgreenport.com.

Orient   Im **Orient Point SP** ($10, kein Camping) kann man wunderbar
Point SP   baden, picknicken und spazierengehen.

Fähren   • In **Orient Point** legt die **Fähre nach New London/Connecticut**
von Long   ab – in den Sommermonaten stündlich. Reservierung ist rat-
Island   sam. Auf Long Island ℰ (631) 323-2525, in Connecticut ℰ (860)
nach   443-5281 oder unter www.longislandferry.com. **Tarife**: $52 für
Connecticut Auto und Fahrer, zusätzliche Person $15, Kinder unter 12 kos-
ten $6; Dauer der Überfahrt 80 min. Auch ein schneller *Sea Jet*
(nur Personen) fährt nach New London: 8, 10, 18, 20 Uhr; 40
min, $20/Person, Kind/$9,50. Vormittags fährt ab New London
ein Bus zum Kasino nach *Foxwood* (↪ Seiten 221f).

- **Port Jefferson-Bridgeport Autofähre** (Dauer 75 Min) 11x täglich
(Hochsaison 16x), letzte Fähre jeweils 21.30 Uhr, PKW plus
Fahrer $51, Person $15; ℰ (203) 335-2040 und 1-(888) 443-3779
(auf Long Island: 631-473-0286); www.bpjferry.com

Fähre von Long Island
nach Connecticut

Steckbrief Connecticut/CT (www.ctvisit.com)

3.600.000 Einwohner, 14.360 km², südlichster Neuengland-Staat. Hauptstadt ist **Hartford** mit 125.000 Einwohnern, Großraum ca. 1,2 Mio. Connecticut gehört zu den am dichtesten besiedelten Bundesstaaten. Seine Bürger freuen sich mit fast $70.000/Jahr übers höchste Pro-Kopf-Einkommen der USA.

55% der Fläche Connecticuts sind bewaldet. Östlich des Connecticut River ist die Landschaft überwiegend flach, westlich des Flusses hügelig (*Appalachen* bis 725 m). Industrien sind Schiffbau (U-Boote), Waffen, Munition, *High-Tech* (Computer, Raketenteile). Eine abnehmende Rolle spielt die Landwirtschaft.

Wichtigste touristische Ziele sind: *Yale University, Litchfield Hills, Mystic Seaport* und die Spielkasino-Resorts *Mohegan* & *Foxwood*.

2.3.2   Südöstliches Connecticut

Von New York nach New Haven

Wer von New York in Richtung Neuengland-Staaten reist und auf den Umweg über Long Island verzichtet, sollte nicht die I-95, sondern die parallel verlaufenden Lkw-freien **Parkways** *Hutchinson River* und *Merritt* (#15) nach Norden wählen und erst bei *Exit* 54 (Milford) auf die I-95 wechseln.

New Haven

Yale

Über *Exit* 47 der I-95 und die #34 West geht es ins **Zentrum von New Haven** (Church Street); www.newhaven.com. Die **Elite-Universität *Yale*** sollte man nicht auslassen. Gratis-Führungen ab der 149 Elm Street, Mo-Fr 10.30 & 14 Uhr, So 13.30 Uhr.

Von diversen Universitätsmuseen seien in erster Linie empfohlen: das **Peabody Museum of Natural History** (Whitney Ave, 4 Blocks östlich des *New Haven Green*; Mo-Sa 10-17, So ab 12 Uhr, $9/$5), die **Yale University Art Gallery** (*Picasso, Monet, Manet, Homer*) und das **Yale Center for British Art**; beide in der Chapel Street beim *Old Campus*; Di-Sa 10-17, So 13-18 Uhr, die *Art Gallery* am Do auch bis 20 Uhr, Sept.-Juni; Eintritt frei.

Amistad

New Haven ist der Heimathafen der **Amistad** – ein Nachbau des historischen Seglers. Das Schiff ist aber oft auf großer Fahrt oder liegt am Kai von **Mystic Seaport** (➪ Seite 218), wo es im März 2000 vom Stapel lief. Die *Amistad* gilt als eine Art Monument für den transatlantischen Sklavenhandel. Das Original wurde auf hoher See von Sklaven gekapert, die man später freisprach. Mancher hat vielleicht den eindrucksvollen gleichnamigen Film gesehen. Der dafür entstandene Nachbau dient heute als Begegnungsstätte für Jugendliche aller Rassen; **Liegeplatz** ist die **Long Wharf** (I-95, *Exit* 46). Ein Denkmal am Rathaus erweist dem Anführer der Revolte *Senghe Pie* (*Cinque*) die Ehre.

Mark Twain

40 mi nördlich von New Haven (I-91) lebte einst **Mark Twain** in einer stilvollen viktorianischen Villa. Dort schrieb er »Huckleberry Finn« und »Tom Sawyer«. Ein **Museum** ist Leben und Werk

dieses humorbegabten Genies gewidmet. Anfahrt: bei Hartford auf die I-84 Ost wechseln, dann *Exit* 46 und zur 351 Farmington Ave; Führungen Mai-Dezember täglich 9.30-17.30 Uhr, So ab 12 Uhr, Eintritt $16/$10; nur Museum $10.

Harriet Beecher- Stowe

Das Haus von *Harriet Beecher-Stowe*, Autorin von »**Onkel Toms Hütte**«, liegt quasi nebenan (77 Forest Street); Juni-August 9.30-16.30 Uhr, So 12-16 Uhr, Mo geschlossen, Eintritt $9/6.

Am Connecticut River

Abstecher

Der folgende Abstecher an den Connecticut River zeigt den einst für die industrielle Entwicklung Neuenglands bedeutenden Fluss heute von seiner beschaulichen Seite. In Essex informiert das gut gemachte **Connecticut River Museum** (Straße #9, *Exit* 3; Steamboat Dock, im Sommer täglich 10-17 Uhr, Eintritt $8/$5) über die schlechten und guten »alten Zeiten« (↪ Seite 202).

Gillette Castle und Goodspeed Opernhaus

In Essex startet auch der **Steam Train** & **Riverboat Ride**. Im Sommer geht's 3x täglich auf eine Kombitour mit alter Dampflok und Boot (ca. 2,5 Std, $26/$17). Attraktionen unterwegs sind das **Gillette Castle** (1914) und das viktorianische **Goodspeed Opera House** (↪ Foto Seite 201); ✆ 1-800-377-3987, www.goodspeed.org.

Beides, Opernhaus und Burg kann man auch per Auto besichtigen: von Essex auf die #154 nach Norden, rechts auf die #82 und über die Brücke; die Oper befindet sich in der Main Street. Von dort zum *Gillette Castle* auf die #82 nach Süden (auf der gleichen Seite des Flusses), dann rechts in die River Road. Zurück zur I-95: #82 Süd, dann #156. Das **Gillette Castle** ist eine skurrile Burg aus Naturstein (↪ Foto) inmitten des **Gillette State Park** (kein Camping, aber Picknickplatz und toller Blick).

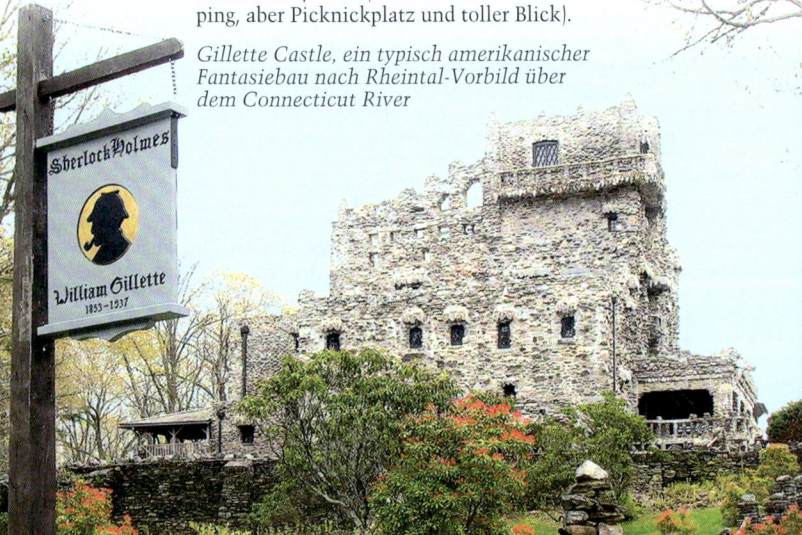

Gillette Castle, ein typisch amerikanischer Fantasiebau nach Rheintal-Vorbild über dem Connecticut River

Old Lyme

Ob mit oder ohne Abstecher, die nächste Station ist das Künstlerdorf **Old Lyme** direkt an der I-95. Dort haben US-Impressionisten im *Florence Griswold Museum* (einer Villa von 1807) als Dank für mietfreies Wohnen Türen und Wände bemalt. In der *Krieble Gallery of American Art* gibt es wechselnde Ausstellungen – meist zum Thema »Impressionismus«. Geöffnet Di-Sa 10-17 Uhr, So ab 13 Uhr, Eintritt $9/$7; www.flogris.org.

Straße #156

Wer hinter Old Lyme die I-95 vermeiden möchte, sollte bis New London der hübschen kleinen Straße #156 folgen.

Im *Rocky Neck State Park* bei South Lyme (*Exit* 70, dann #156 oder *Exit* 72 und dann 4 Mile River Road) kann man gut campen (*Rocky Neck Campground*, 244 West Main Street, 160 Stellplätze, Mai-Ende September, $30, ℭ (860) 739-1339).

New London

New London Historic Waterfront

In New London trifft sich die »Festlandroute« mit der Route via Long Island (↻ Seite 215). New Londons *Historic Waterfront*, auch kurz *The District* genannt, lohnt einen Bummel. In den imposanten Gebäuden aus Connecticuts Blütezeit sind Restaurants, Galerien, Boutiquen und Musikkneipen untergebracht. Entlang des *Waterfront Park* mit vielen Schiffen spürt man die maritime Tradition: eine gelungene Wiederbelebung. Südlich des Stadtzentrums, im *Ocean Beach Park* an der Mündung des Thames River, lockt der Stadtstrand mit *Boardwalk*, allerlei Kommerz und Wassersport (Anfahrt auf der #213/Ocean Ave).

Atom-U-Boot

Östlich der Brücke über die Thames liegt in Groton das *Historic Ship Nautilus und Submarine Force Museum* (*Exit* 86 der I-95, ausgeschildert). Dort kann man draußen am Fluss das erste atomgetriebene U-Boot der Welt besichtigen, die *USS Nautilus* (1954), das Prunkstück des Museums. Anfang Mai-Ende Okt. täglich 9-17 Uhr, Di geschlossen, sonst Mi-Mo 9-16 Uhr, Eintritt frei; www. ussnautilus.org.

Außer der Nautilus gibt's im Museum originelle »U-Boote« wie dieses zu sehen

Oceanology

Folgt man ab der Nautilus strikt der Uferstraße einige Kilometer Richtung Meer, erreicht man am *Avery Point* das *Project Oceanology* der University of Connecticut (1084 Shennecosset Road). Auf unterschiedlichen Booten kann man an meeres- und fischereikundlichen Touren teilnehmen: Juli-August Mo, Mi, Fr 10-12.30 Uhr; Di, Do 13-15.30, Sa 10-12.30 und So 13-15.30 Uhr; $25/$20; Anmeldung notwendig: www.oceanology.org.

Mystic und sein Seaport　www.mysticseaport

Nach Mystic

Auf der I-95 Ost, *Exit* 90 gelangt man zum **Mystic Seaport**, einem der größten Seefahrtsmuseen Nordamerikas.

Mystic, eine alte Walfängerstadt 6 mi flussaufwärts am gleichnamigen Fluss, war Mitte des 19. Jahrhunderts ein blühendes Schiffbau- und Handelszentrum. Nirgendwo wird die maritime Vergangenheit Neuenenglands heute lebendiger vorgeführt.

Living Museum

Das **Freilichtmuseum** *Mystic Seaport* ist ein weitläufiges Gelände mit Hafenanlagen, Häusern der Kaufleute, Banken und einer Reihe von Handwerksbetrieben. 60 historische Gebäude und noch mehr Boote und größere Schiffe warten dort auf Besucher. Hauptattraktion ist die **Charles W. Morgan**, ein 1841 gebautes hölzernes Walfangschiff – das letzte seiner Art. 2014 sollen die laufenden Restaurierungsarbeiten abgeschlossen sein und das Schiff sogar wieder in See stechen können.

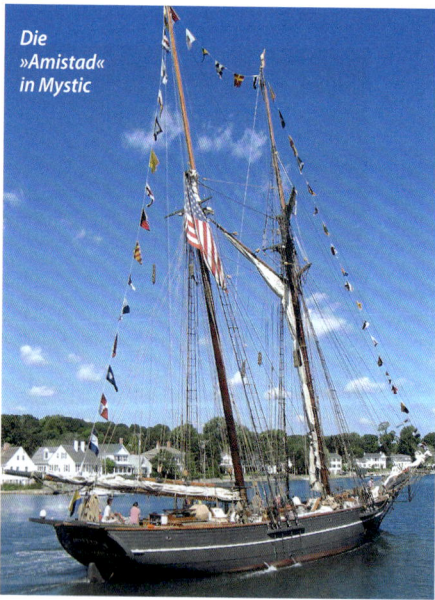

Die »Amistad« in Mystic

Schiffe

Auf der kleinen museumseigenen **Werft** werden Segelschiffe repariert und neue auf Kiel gelegt. Im Hafen dümpelt die *Josef Conrad*, ein Trainingsboot von 1882, das heute als Quartier für Segelkursteilnehmer dient. Der Schoner **L.A. Dunton** ist das dritte große Schiff in *Mystic Seaport*. Mit dem alten Passagierdampfer **Sabino** kann man Fahrten auf dem Mystic River buchen.

Amistad

Das berühmte Sklavenschiff **Amistad** wurde in Mystic nachgebaut, es läuft im Sommer weltweit Häfen an und informiert über die **Voyage to Freedom** (Reise in die Freiheit). Mit etwas Glück sieht man sie dann und wann in Mystic, ↷ das nebenstehende Foto.

Fischerei   Die sehr interessante Multimedia-Ausstellung »*Voyages: Stories of America and the Sea*« legt viel Gewicht auf die Fischerei – insbesondere Walfang und Kabeljau (englisch: *Cod*). Zudem zeigt sie die menschliche Seite (Immigration) und die wirtschaftliche bzw. strategische Bedeutung des Meeres für die Entwicklung Amerikas. Mit vielen wechselnden Ausstellungen zur maritimen amerikanischen Historie wird das Museum seiner Bezeichnung *The Museum of America and the Sea* mehr als gerecht. Im *Lobster Shack* erfährt man alles über Hummer, im *Oyster Shack* über Geschichte und Technik der Austernfischerei. Im Planetarium wird Seenavigation nach Sternenstand demonstriert.

Programm   Auch **Action** fehlt nicht: Wenn auf den Schiffen plötzlich der Teufel los ist, kann das nur eine Meuterei sein. Um wieviel Uhr gemeutert wird, wann Kurse fürs Shanty-Singen, Knoten-und Seilern oder Navigieren beginnen, verrät ein Flugblatt an der Kasse. **Geöffnet**: April-Oktober 9-17 Uhr, sonst 9-16 Uhr. Eintritt $24/$15; die Tickets sind 2 Tage gültig.

Mystic Town   Im hübschen Städtchen **Mystic** (www.mystic.org) lassen sich *Windjammer Cruises* oder *Sunset Trips* auf alten Segelschiffen buchen. Anleger und Ticket-Büro findet man in der **Main Street** am Westufer des Flusses gleich hinter der Zugbrücke.

Aquarium   Im großen *Mystic Aquarium* & *Institute of Exploration* direkt am *Exit* 90 der I-95 gibt es allerhand zu sehen: Pinguin-Pavillon, *Seal Island (Robben)*, ferner (zum Anfassen!) Belugas und Rochen, sowie Seelöwen und ein **Korallenriff mit Haien** und kunterbunten Riff-Fischen. Die immer wieder erneuerten Ausstellungen machen das Aquarium zu einem der besten des Kontinents. April-Oktober täglich 9-17 Uhr, sonst 10-16 Uhr; $29/$21.

Olde Mistick Village (nicht zu verwechseln mit Old Mystic!) ist ein nachgebautes neuenglisches Dorf voller Restaurants und Souvenirshops gleich neben dem Aquarium (Straße # 27).

Unterkunft   Im Bereich Mystic/Groton gibt es zahlreiche Häuser der großen Motel-/Hotelketten. Bei **Mystic** ballen sie sich nördlich und südlich von *Exit* 90 der I-95 an der Straße #27: *Comfort Inn, Days Inn, Hampton Inn, Ramada* und *Econolodge, Howard Johnson und Holiday Inn Express.* In der Hauptsaison sind sie teuer (ab $130, meist deutlich mehr) und oft ausgebucht; in der Woche und in der Vor-/Nachsaison deutlich günstiger (ab ca. $70; ➪ auch Seite 144). In **Groton** findet man die Motels entlang der #184 (I-95 *Exit* 86).

- Preiswert ist das *Windsor Motel*, ✆ (860) 445-7474, ab $65

- Individueller kommt man im kleinen Zentrum von Mystic im klassischen *The Whaler's Inn* unter; 20 East Maine Street, ab $130; ✆ (860) 536-1506; www.whalersinnmystic.com

- Teuer, aber schön gelegen ist das *Steamboat Inn*, direkt am Fluss bei der Zugbrücke (Steamboat Wharf); $160-$280; ✆ (860) 536-9528; www.steamboatinnmystic.com

- Abseits des Mystic-Trubels liegt das ***Seabreeze Inn*** (*Americas Best Value Inn*) östlich von Mystic im hübschen **Stonington**, $56-150; 812 Stonington Road (#1 in Richtung Rhode Island), © (860) 535-2843; www.seabreezeinn.us

Restaurants

In **Noank** (westlich von Mystic) und **Stonington** kann man in einfachen und urigen Restaurants – immer direkt am Wasser – fantastischen Hummer (*Lobster*) essen. In **Noank** sind zu empfehlen: das ***Abbot's Lobster in the Rough*** (www.abbotts-lobster.com) und ***Costello's Clam Shack*** (www.costellosclamshack.com). In Stonington das ***Skipper's Dock Restaurant*** (www.skippersdock.com) und ***Noah's Restaurant*** (etwas feiner, www.noahsfinefood.com); teilweise gilt hier: *Bring your own bottle*, ↪ Seite 175.

Spielkasinos

Kasinos Foxwoods und Mohegan Sun

Nördlich bzw. nordöstlich von New London warten riesige von Indianerstämmen betriebene Kasinos auf Spielwütige:

- ***Mohegan Sun***; von der I-95 nimmt man die I-395 (*Connecticut Turnpike*) nach Norden, dann via *Exit* 79A auf die #2A *East* bis *Exit* 2 (Mohegan Sun Blvd) oder ab New London die #32 bis zur #2A; www.mohegansun.com)

- Nach ***Foxwoods*** gelangt man am besten via I-95, *Exit* 92, dann die #2 West nach Norden (Norwich Westerley Road; ca. 30 min ab Mystic; www.foxwoods.com.

Wer sich **beide Komplexe** anschauen möchte: Von *Foxwood* nach *Mohegan* gehts auf der #2 nach Nordwesten, dann links in die #2A (etwas komplizierte Straßenführung, daher aufpassen) und nach Überquerung des River Thames gleich die erste Ausfahrt nehmen (*Exit* 2): weiter auf dem Mohegan Sun Boulevard.

Charakteristik

Beide ***Kasinos*** ragen Fata Morganen gleich aus der lieblich hügeligen Landschaft auf. Sie bieten ihren Besuchern nach Las Vegas-Vorbild nicht nur Glücksspiel, sondern luxuriöse Unterkunft,

Das Foxwoods Casino Resort

Empfang im
Mohegan Sun

Klein-Las Vegas in Connecticut
www.foxwoods.com; www.mohegansun.com

Seit 1988 ein US-Gesetz Glückspiele (**High Stake Gambling)** in Reservaten er-
laubt, haben viele Indianerstämme die Spielsucht der Amis zu ihrer Haupteinnahmequelle gemacht: 224 der 562 *First Nations* betreiben Kasinos. Dem *Mashantucket-Pequot*-Stamm (900 Mitglieder) gehört das weltgrößte Kasino. Mit den *Mohegans* (1700 Mitglieder) gleich nebenan sind sie die wichtigsten Arbeitgeber Connecticuts. Mehr als 8000 Angestellte sorgen fürs Funktionieren der 5 Riesenhotels (6400 Betten) mit allem Drum und Dran.

Die Anwohner wehrten sich zunächst gegen ein Las Vegas vor ihrer Nase. Aber aller Protest half nicht, auch Bauauflagen gelten nicht für das *Indian Territory*.

Die Indianer nutzten die Chance zu finanzieller Unabhängigkeit. Die Erfolgsstory, der Mix aus Glücksspiel und *Family Fun*, war nicht mehr aufzuhalten.

Hunderte Mio. Dollar im Jahr werden neben der Pauschale von $28.000 (*Mohegans*) für jedes Stammesmitglied in Bildung, Gesundheit und Wohnprojekte gesteckt. Damit nicht genug. Das aufwendige Museum der Pequots gibt Millionen aus für Erforschung und Bewahrung der Indianerkultur. Daneben investiert man weiter in Hotels, Shows und Golfplätze.

Pequots und *Mohegans* sehen im neuen Reichtum die späte Wiedergutmachung für früheres Leid. Sie waren 1637 von den Engländern fast ausgelöscht worden. 1856 lebten nur noch 50 *Pequots* in den angestammten Gebieten. Erst Mitte der 1970er Jahre hatte sich der Stamm reorganisiert. Er konnte seine Landansprüche gerichtlich durchsetzen und – zwischen 1983 und 1991 – das Reservat von 85 ha (nicht einmal 1 km²) auf rund 7 km² vergrößern.

Da *First-Nation*-Stämme (nach einem alten Gesetz) als Organisationen keine Steuern zahlen, geben sie 25% des Umsatzes an Connecticut. Bereits 2005 belief sich die Summe auf über $200 Mio. Und die Einnahmen wachsen weiter.

Wellness, Restaurants, Kinderprogramm, Shows, Kabarett und Sportveranstaltungen in Arenen, die bis zu 10.000 Zuschauer fassen. **Foxwoods Resort & Casino** besteht aus einem postmodernen Gebäude und einem Glasturm (*MGM Grand*), die außen wie innen kaum Bezug zu ihren indianischen Eigentümern erkennen lassen.

Im **Mohegan Sun** dagegen – beeindruckend die verschachtelten Glastürme – wurde das Interieur indianisch akzentuiert: stilisierte Glasbäume, Birkenrindefassaden, *Cristall Mountain*, Wasserfälle und massive Bronzeskulpturen aus dem Leben der *Mohegans*.

Kasinos

Während an endlosen Spielautomaten (in beiden Kasinos zusammen 13.600!) die Münzen klimpern, geht es an den Tischen (Roulette, Kartenspiele, Keno) oder bei den landesweiten Hunde- und Pferdewetten um hohe Einsätze .

Museum

Die *Pequots* haben große Summen in das **Mashantucket Pequot Museum and Research Center** gesteckt. Kultur und Geschichte des Stammes werden in realistischen Dioramen (samt Gerüchen und Geräuschen) nachgestellt. 3D-Computer zeigen die Caribou-Jagd, und die letzte Eiszeit (vor 11.000 Jahren) wird simuliert. Ein lohnender Besuch auch für Kinder. Mi-Sa 10-17 Uhr, letzter Einlass 16 Uhr, $15/$10. Wegbeschreibung: Kurz vor den Kasinotürmen links in die #214, dann rechts in den **Peqout Trail**.

Unterkunft

Die Kasino-Hotels (6400 Betten) kosten je nach Wochentag und Saison $67-$480 (frühzeitig reservieren!); **Foxwoods** ℂ 1-800-369-96637, **Mohegan** ℂ 1-888-777-7922, oder im Internet (➪ oben).

Weiterfahrt

Von Mystic nach Newport, dem touristischen Magneten des kleinsten US-Bundesstaates, sollte man die Schnellstraße #1 der I-95 vorziehen. Ab *Foxwood* erreicht man sie bei Westerly. In Rhode Island ist die #1A eine wassernahe Alternative.

Im Museum der Mashantucket Pequot

Steckbrief Rhode Island/RI   www.visitrhodeisland.com

1,05 Mio Einwohner, 4000 km², damit kleinster Staat der USA. Hauptstadt ist **Providence** mit 178.000 Einwohnern. Großraum 1,6 Mio – damit mehr Einwohner als RI. Grund: der Einzugsbereich ragt weit nach Massachusetts hinein.

Dank der *Narragansett Bay* tiefe Einschnitte ins flache Küstenland, zahlreiche Buchten, Strände und Inseln. Die größte Insel ist die für den Staat namensgebende *Rhode Island.* Das Hinterland ist leicht hügelig. Maschinenbau, Elektro- und Textilindustrie, Forschungseinrichtungen sowie der Tourismus sind die wichtigsten Erwerbszweige; wenig Landwirtschaft. Wichtigste touristische Ziele: die ganze *Narragansett Bay* und mittendrin das berühmte Newport.

2.3.3   Rhode Island

Route bis Newport

In Rhode Island heißt die **#1** *Old Post Road* oder **Ocean Scenic Highway**, von der sich Abstecher lohnen: Über die **#1A** gelangt man nach **Watch Hill**, einem hübschen Sommerfrische-Ort mit herrlichen Stränden. Weiter östlich warten die langen, in der Saison stark besuchten vorgelagerten Strände *Misquamicut* und *Charleston Beach* mit zahlreichen Quartieren. Zwischen beiden liegt **Quonochontaug**; nur eine Art Feldweg führt dort an naturbelassene Strände. Im kleinen **Galilee** gibt es im Hafen frischen Fisch. Über **Narragansett** gelangt man am Westufer des Rhode Island Sound (#1A) zur mächtigen **Jamestown Bridge** und damit zur Zufahrt nach Newport.

Unterkünfte

Im Bereich von **Misquamicut Beach** liegen einige Motels unmittelbar am Strand; relativ preiswert ist das

- **Sea Shell**, 19 Winnapaug Road, strandnah; ✆ (401) 348-8337, Hauptsaison ab $125, sonst ab $70; www.seashellmotel.com.
- Das **Breezeway Resort** hat Suites mit Whirlpool, Pool, Strandzugang; 70 Winnapaug Road; ✆ 1-800-462-8872; Hauptsaison ab $250, sonst ab $150; www.breezewayresort.com.

Die **Campingplätze** an der **Charlestown Beach** nehmen nur *self-contained* RVs (also mit WC), der östliche nur 4WD.

Im großen **Burlingame State Park** (westlich Charlestown, an der #1 ausgeschildert) und im **Fisherman's Memorial State Park** (östlich von Galilee) kommen alle anderen Camper/Zelter unter.

Block Island

Bis zu 10x am Tag pendelt die **Autofähre** ab Galilee (Dauer 1 Std) nach Block Island. 10 km Strände, viele Dünen und Teiche, und auch teure Unterkünfte: www.blockislandchamber.com.

Newport   www.GoNewport.com

Kennzeichnung

Newport (ca. 30.000 Einwohner) ist bekannt als **Tummelplatz der Superreichen** zur Zeit des ausgehenden 19. Jahrhunderts und als wiederholter Austragungsort einer der bekanntesten **Segelregatten** der Welt, des **America's Cup**. Viele Szenen aus dem Film **High Society** mit *Grace Kelly, Bing Crosby, Frank Sinatra* und

Louis Armstrong fangen die Atmosphäre zur Zeit des berühmten Jazz Festivals in den 1950er-Jahren ein.

Newport ist an Wochenenden und im Sommer generell überlaufen. Aber immer noch bewohnen »die Reichen« einige der riesigen Paläste, die hier bescheiden *Cottages* genannt werden. Sie haben ihre privaten Strände und natürlich ihre exquisiten Yacht-, Tennis-, Polo- und Golf-Clubs.

Anfahrt

Von den Stränden im Süden Rhode Islands erreicht man Newport über zwei enorme Brücken (#138), wovon die erste gern mit San Franciscos *Golden Gate Bridge* verglichen wird. Von Jamestown geht es dann über die noch längere **Newport Bridge** ($4 *Toll*) fast bis ins Zentrum.

Visitor Info

Es empfiehlt sich, zunächst die **Visitors Information** im **Gateway Center** (gleich südlich der Brückenrampe, ausgeschildert, 23 America's Cup Ave; täglich 9-17 Uhr) aufzusuchen. Dort gibt es jede Menge Informationsmaterial und Unterkunftslisten (auch für die Nachbarorte Jamestown und Middletown). Gratis bereitgestellte Tablets erlauben Besuchern, sich in Eigeninitiative im Internet zu informieren: www.GoNewport.com.

Von hier starten die **Viking Tours** zu Trolley-Rundfahrten (1,5 bis 4 Std, $25-$52) und die **Harbor Tours** (60 min). Per Tagesticket ($6) kann man mit der gelben Linie (**RIPTA-Trolley**) die *Mansions*

erkunden (*hop-on/hop-off*). Sein Auto wird man auf dem *Visitor*-Parkplatz für $2/Tag los. Nur für den **Ocean Drive** braucht man evtl. (s)ein Auto. Schöner ist es mit dem Fahrrad (Verleih im Info center, $7/Std, $35/Tag oder in der 480 Thames Street: $25/Tag, dort auch Mopeds für $99/Tag); www.mansionrentalsri.com.

Attraktionen   *Highlights* sind in Newport die gut restaurierte **Altstadt** (*Colonial Newport*), eine lebendige **Waterfront** mit vielen Angeboten für Bootsexkursionen und Segelcharter, die Schlösser (**Mansions**) und der **Cliff Walk** sowie der **Ocean Drive.**

Geschichte   *Colonial Newport* befindet sich nur wenige Blocks entfernt vom *Gateway Center* und lässt sich gut zu Fuß durchstreifen. Schon 1638 kam eine Gruppe von Siedlern, die sich nicht den strikten Regeln der Massachusetts-Bay-Puritaner unterordnen wollten, in das Gebiet der *Narragansett Bay.* Nach der Gründung 1639 (⟳ Seite 202) entwickelte sich Newport rasch zu einer wichtigen Hafen- und Werftenstadt. Der sog. Dreieckshandel (⟳ Seite 259) sorgte bereits im 18. Jahrhundert in Newport für Wohlstand.

Altstadt   In der **Washington Street** stehen besonders viele Wohnhäuser aus dem späten 17. und frühen 18. Jahrhundert, u.a. das klassisch-berühmte **Hunter House** von 1748, ebenso die **Marlborough Street** mit dem *Quaker Meeting House* (1699) und der **White House Tavern** (1670), die immer noch in Betrieb ist. Erwähnt sei ferner das *Colony House* (1739) am **Washington Square**, nicht weit davon der **Brick Marketplace** (1762 – heute ein kleines Einkaufszentrum), mit dem informativen **Museum of Newport History** (täglich 10-17 Uhr, $4/$2), ferner die **Touro** Synagoge (1763) und die **Trinity Church** (1729), Queen Anne's Square.

Der **Newport Historical Society** ist es zu verdanken, dass ganze Straßenzüge der kolonialen Epoche erhalten blieben und sogar um typische Gebäude ergänzt wurden. Die *Society* veranstaltet **Newport Walking Tours** (ab *Museum of Newport History*: $12/$5).

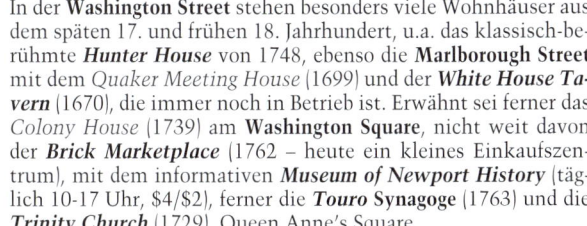

Waterfront   Von dort ist es nicht weit zur **Waterfront**. Den Touristenrummel um die **Bowen's** und **Bannister's Wharf** und den Shopping-Bereich in der Spring Street lässt hinter sich, wer die Thames Street südlich des Memorial Blvd hinuntergeht. In den alten Holzhäusern sind viele Shops und Restaurants untergebracht. »Fischerhafenatmosphäre« findet man kaum noch. **Segel- und Motoryachten** gibt's stunden- und tageweise.

Das **Forty 1 North Marina Resort** (351 Thames Street) hat minimalistisch gestaltete Restaurants und Bars wie **Christie's** oder **The Grill** und das sehr teure **Boutique-Hotel Forty 1 North**.

Ebenfalls an der Thames Street (449) befindet sich die **International Yacht Restoration School**. Hier kann man Lehrlingen zuschauen, die Motor- und alte Segelboote restaurieren, und nostalgische Schiffe besichtigen; www.iyrs.org. Die **Schule** kooperiert mit dem *Museum of Yachting* (⟳ Seite 228). Im **Visitor Center** erfährt man u.a. alles über die Ausbildung zum Bootsbauer.

Cottages oder Mansions

An **Bellevue Ave** und **Ocean Drive** findet man Newports größte Attraktion: Dort liegen die europäischen Schlössern vergleichbaren **Mansions** der *Vanderbilts, Astors* und anderer reicher Eisenbahn-, Kohle- und Stahl-Magnaten aus der Zeit des unbeschränkten Kapitalismus Ende des 19. Jahrhunderts. Nach Einführung der Einkommenssteuer (1913) und der Depression der 1930er Jahre wurden den Eigentümern die Anwesen zu kostspielig. Seit 1945 bemüht sich die **Preservation Society** um ihre Erhaltung und machte sie der Öffentlichkeit zugänglich.

Zusätzlich gehört der *Society* das erwähnte **Hunter House** und **Green Animals**, ein Garten nördlich von Newport in Portsmouth mit zu Tierformen zurechtgestutzten Bäumen.

Besuchertarife/Zeiten

Alle Schlösser (insgesamt sind es zehn) kann man einzeln besichtigen; das berühmte **Breakers** kostet $19,50/$5,50, die anderen jeweils $14,50/$5,50. Tickets gibts in allen Gebäuden und Parkplätze jeweils vor Ort. Im Sommer (April/Mai bis September/Oktober) sind alle *Mansions* täglich 10-18 Uhr geöffnet (*Kingscote, Belcourt* nur 10-17 Uhr); www.newportmansions.org.

Tipp: Für selbstgewählte 5 Häuser (zu empfehlen: *Breakers, Elms, Marble House, Rosecliff und Chateau-sur-Mer*) gibt es ein **$31,50-Kombi-Ticket** (Jugend $10). Für $24,50/$6,50 kann man das *Breakers* und eines der anderen besuchen (ohne *Hunter House,* wie auch beim Kombi-Ticket).

The Breakers

Der Palast **The Breakers** (1895, Bauherr *Cornelius Vanderbilt*) ist das meistbesuchte *Mansion.* Was die Konkurrenz innerhalb der Familie *Vanderbilt* vollbrachte, kann man im **Marble House** (1892,

Stress in Newport

Wohlhabende Plantageneigner flohen schon vor über 200 Jahren aus den Südstaaten zum Entspannen an Rhode Islands kühle Küsten. Newports Geld-Aristokratie um 1900 dagegen fand keine Muße; sie stand – wie im Geschäftsleben – auch im Urlaub unter Konkurrenzdruck. Von Sozialneid geplagt, verglichen sie Häuser, Ballsäle, Marmor und Möbel. Wichtig war auch: »Stehe ich auf *Mrs. William Astor's* Einladungsliste?« und »Wessen Feste waren die rauschendsten, wessen Menüfolge am exklusivsten?« *The Gilded Age,* das vergoldete Zeitalter, nannten Zeitkritiker diese Epoche – in Abgrenzung zum *Golden Age,* der goldenen Blütezeit von Handel und Kultur um 1750.

Den gesellschaftlichen Stress der Neureichen sieht man den *Mansions* an. Es wurde soviel Unterschiedliches und Teures herangeschafft, dass der Blick für einzelne, schöne Teile verlorengeht. Der Renaissance-Palast *The Breakers* ist unbestrittener Sieger der Baukonkurrenz – ein ganzer Salon, in Frankreich entworfen und konstruiert, wurde dort auseinandergenommen, um ihn dann nach Newport zu verschiffen. In Jahrzehnten, in denen Einfachheit und Funktionalität im Vordergrund standen, wurden die *Cottages* durchweg als Geschmacksverirrung belächelt. Seit die postmoderne Architektur wieder alle möglichen Stile zusammengebracht hat, sieht man das nicht mehr so verbissen.

2

The Breakers, ein Schloss wie aus der Renaissance in den USA

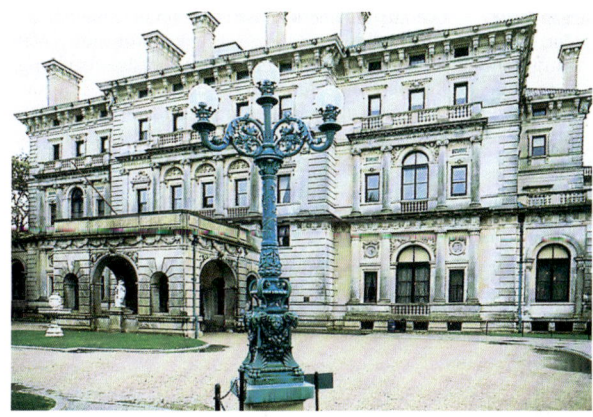

Bauherr *William Vanderbilt*, Bruder des *Cornelius*) bestaunen. Auch **Rosecliff,** in dem Filmszenen des ***Großen Gatsby*** (*Mia Farrow* & *Robert Redford)* gedreht wurden, und das ***Chateau-sur-Mer*** sind beliebt (alle an der Bellevue Ave).

Shows

Für vier Mansions *(Breakers, Marble, Elms, Rosecliff)* gibt es eine prima Audio Tour, in der Freunde, Familienangehörige und Bedienstete zu Wort kommen und so einen lebendigen Eindruck von einer untergegangenen Epoche vermitteln. Bei der Führung ***Behind the Scenes*** im *Elms* erfährt man alles über den damaligen Arbeitstag der 40 Angestellten.

Im ***Chinese Tea House*** *(Marble House)* luncht man mit Blick aufs Meer. Auf der Terrasse des *Carriage House (The Elms)* mit Blick in den Garten.

Kingscote

Nicht alle Sommerhäuser sehen aus wie Schlösser; ein Blick ins Innenleben lohnt dennoch, z.B. ins ***Kingscote*** von 1839, das einem reichen Plantagenbesitzer aus den Südstaaten gehörte.

Kennedy Villa

Die ***Hammersmith Farm*** am *Ocean Drive* – weit abseits der anderen Häuser ist weder für die Öffentlichkeit zugänglich noch vom *Ocean Drive* zu sehen. Das Anwesen wurde berühmt, weil dort *Jacqueline Bouvier* und *John F. Kennedy* heirateten.

Cliff Walk

Schön ist ein Spaziergang auf dem ***Cliff Walk*** (Beginn am Memorial Blvd/*Easton Beach* und Ende am *Bailey's Beach*). Der Weg läuft über ca. 6 km zwischen felsigem Ufer und den parkartigen Gärten der herrschaftlichen Anwesen, gewährt jedoch kaum einen freien Blick auf die *Mansions*. Im nördlichen Bereich präsentiert er sich als leichter Spaziergang, der weiter südlich (*Rough Point*) teilweise zu einer Kletterpartie wird. Über mehrere Straßen (Narragansett Ave, Webster Ave, Sheppards Ave, Ruggles Ave, Marine Ave, Ledge Road) und auch über den Garten des *Breakers* kann man die Bellevue Ave wieder erreichen.

Ocean Drive & Fort Adams

Die küstennahe Rundstrecke um die äußerste Südspitze der New-port-Halbinsel (*Ocean Drive*) gehört zum »Newport-Pflichtpro-gramm«; man passiert weitere riesige Anwesen, Hotels und den **Breton Point State Park** (nur Picknick). Ein Abstecher hinter der *Hammersmith Farm* führt zum **Fort Adams State Park**. Die Fes-tungsanlage bewachte einst die Einfahrt zum *Newport Harbor*.

Museum

Das **Museum of Yachting** im Park ergänzt die Arbeit des IYRS (↪ Seite 225) mit Ausstellungen zu Technik und Handwerk (Res-taurationsprojekte) und zur Segelsportgeschichte. Mai-Oktober Do-So 10-17 Uhr, $5. Die *Picnic Area* des Parkes liegt reizvoll auf einer kleinen Anhöhe; www.moy.org.

Rhode Island

Water Shuttle Von der **Oldport Marine** (nahe Touristeninfo) fährt stündlich der *Newport Harbor Shuttle* sieben Stationen an, darunter auch die *International Yacht Restoration School*, *Fort Adams/Museum* und *Goat Island/Marina Cafe*. Die ganze Runde dauert 60 min und kostet $10. Derselbe Preis gilt für den ganzen Tag *hop-on/hop-off*. Tarif für nur eine Station Mitfahrt $6/$3.

Musik-Festivals Ende Juli/Anfang August findet jedes Jahr das große **Newport Folk Festival** mit vielen bekannten Musikern statt; www.new portfolkfest.net. Beim **Newport Music Festival** im Juli verbinden sich in den *Mansions* Ohren- und Augenschmaus bei Kammer Konzerten; www.newportmusic.org.

Für Jazz-Liebhaber ist das absolute Highlight: das **Newport Jazz Festival** Anfang August; www.newportjazzfest.net.

Tennis Hall of Fame & Museum Nicht nur für Tennisfans interessant ist das **Newport Casino** (Memorial Blvd/Bellevue Ave). Um 1880 war das *Casino* einer der elegantesten *Country Clubs* des Landes. Dort wurden von 1881 bis 1915 die amerikanischen Tennis-Meisterschaften ausgetragen. Angeschlossen ist die **Int'l Tennis Hall of Fame**, weltgrößtes Tennis-Museum; täglich 9.30-17 Uhr (geführte Touren); $11, mit Audio-Guide $15; www.tennisfame.com.

Unterkunft Die Preise schwanken erheblich zwischen Vor- und Nachsaison. Oft ist alles ausgebucht. Vor Ort hilft das *Visitor Center*.

- Bei **B&B Newport Ltd**. kann man sich über freie Unterkünfte informieren und reservieren; insgesamt Zugriff auf 350 Übernachtungsmöglichkeiten, Zimmer ab $85, ℂ (401) 846-1828 und ℂ 1-800-800-8765; www.bbnewport.com.
- Etwas für gut gefüllte Brieftaschen sind die phantastisch am Ocean Drive gelegenen Resorts, z.B. **Oceancliff**, ℂ (401) 849-6683.

Preiswerter ($60-$110) sind die **Motels** an den Straßen #114, #138 und #138A nach Norden, in **Middletown** und **Portsmouth**, z.B.

- **Harbor Base Pineapple Inn**, 372 Coddington Hwy, der West-Abzweig am südlichen Beginn der #114 (W Main St, die Broadway-Verlängerung); ℂ (401) 847-2600; ab $80, www.pineapple-inn.com
- **Motel 6**, 249 JT Connell Hwy, Verlängerung des Coddington Hwy (Zufahrt wie beim *Pineapple Inn*)
- **Newport Beach Hotel & Suites**, altes renoviertes Hotel am Memorial Blvd (östliches Ende der *Easton's Beach*); Hauptsaison $99-$600, sonst $69-$299; ℂ 1-800-655-1778; www.innatnb.com
- **Tipp**: **Sea Whale House & Cottages**, 150 Aquidneck Ave (Verlängerung Memorial Blvd/#138), im Garten Bayblick, www.sea whale.com, ℂ (401) 846-7071; HS ab $120, sonst ab $80
- Auch gut: das ruhige **Knights Inn**, 240 Aquidneck Ave (#138A Nord), ℂ (401) 324-6200, HS $139-$218, sonst ab $60

Camping   Guter Campplatz: **County Park Melville Ponds** (181 Bradford Ave, über die #114 5 mi Richtung Portsmouth, aufs Schild »*Melville Marina*« achten!). Beste Stellplätze #350-#361; ℂ (401) 840-8281.

Providence

Gründung
Gegründet 1636 von **Roger Williams**, der wegen seines religiösen Nonkonformismus die *Massachusetts Bay Company* verlassen musste, wurde Rhode Island, speziell Providence, bald Zentrum für alle, die strengen Puritaner-Regimenten entfliehen wollten.

Kenn-zeichnung
Seit einem **Facelifting** Ende der 1990er Jahre hat Providence wieder vieles, was Neuengland ausmacht: eine vitale *Downtown* mit Gebäuden aller Stile und Epochen, zentrale Grünanlagen am Fluss, das **Kolonialviertel** mit *Clapboard*-Wohnhäusern und prächtigen Backsteinbauten aus dem 18. Jahrhundert, quirliges Leben um die renommierte **Brown University** herum und ein sich wandelndes **Little Italy**, das sich nicht mehr rühmt, mehr *Mafiosi* hervorgebracht zu haben, als jede andere Italo-Gemeinde der USA.

Info/Parken
In *Downtown* parkt man am besten in der *Mall Convention Center/Providence Place* (Zufahrt: I-95, *Exit* 22C). Von der *Mall* gelangt man durch eine Glasbrücke über das **Westin Hotelfoyer** zur **Visitor Information** im *Convention Center* (1 Sabin Street, Mo-Sa 9-17 Uhr, © 1-800-233-1636; www.goprovidence.com.

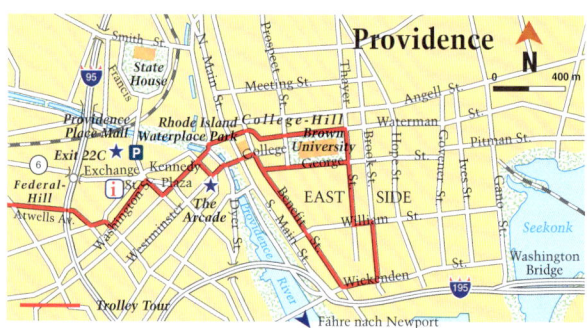

Downtown
Nur ein paar Schritte weiter erreicht man bei der **Kennedy Plaza** (mit *City Hall*) und der *Westminster Mall* den Kern von *Downtown*. Dort befindet sich auch **The Arcade**, die erste überdachte *US-Shopping Mall* (1828, *Greek Revival Style*). Seit 2008 war sie wegen grundlegender Renovierungsarbeiten geschlossen. Die Wiedereröffnung soll 2013 erfolgen; www.arcadeprovidence.com.

Die Stadt wird überragt von der Kuppel des **State House** mit der **Independent Man** Statue von **Roger Williams**. Der weiße Marmordom liegt etwas abseits *Downtown* an der Francis Street.

Transport
Der *RIPTA-Trolley-Bus* (grüne Linie, Station vorm *Visitor Center*, $2/Tagespass $6; www.ripta.com) verbindet die sehenswerten Bereiche der Stadt, den **Federal Hill** im Westen und das Kolonialviertel (Uni, Uferpark) gleich östlich des Providence River.

Riverwalk
Die Universität erreicht man über den Uferpark **Waterplace Park** vom *Visitor Center*, aber auch gut zu Fuß über eine der Brücken.

Cafés und der **River Walk** entlang des Flusses sind beliebte punkte. An Sommer-Wochenenden schaffen Fackeln im ein romantisches Ambiente, durch das Gondeln gleiten.

Altstadt

An der **Mile of History** (Benefit Street) stehen viele Gebäude au der Blütezeit der Stadt vor dem Unabhängigkeitskrieg, u.a. das Haus der Familie *Brown*, einer reichen Kaufmanns- und Gelehrtenfamilie, die – der Name lässt es vermuten – auch maßgeblich an der Gründung der **Brown University** beteiligt war.

Kunst-museum

An der Ecke Benefit/College St liegt die berühmte **Rhode Island School of Design** mit dem **Museum of Art**, einem der besten kleinen Museen Neuenglands. Es zeigt ägyptische, griechische, römische und ostasiatische Kunst; dazu europäische Werke des 19. und 20. Jahrhunderts (u.a. *Manet, Monet, Rodin, Cézanne, Picasso* und viele Amerikaner). Sept-Juni Di-So 10-17, Do 10-21 Uhr, So 14-17 Uhr; Eintritt $10/$3 bis 18 Jahre. Das Museum ist im August geschlossen; www.risdmuseum.org.

College Hill

Über die College Street gelangt man zum Campus der **Brown University**; www.brown.edu. Ein Spaziergang zeigt, wie großzügig US-Elite-Unis angelegt sind. Die Thayer kreuzt die College Street am östlichen Ende des *Brown Campus*; sie ist die zentrale Achse des Studentenlebens mit Kino, Bistros und (Buch-) Läden.

East Side

Auf dem Rückweg lohnt ein Abstecher in die Wickenden Street mit kleinen Holzhäusern mit vielen Restaurants und Café.

Federal Hill
Little Italy

Auf der anderen Seite von *Downtown* liegt westlich der I-95 an der Atwells Ave auf dem **Federal Hill** der Stadtteil **Little Italy** (*Trolley*, grüne Linie). Man betritt ihn durch einen **Bogen** behängt mit Ananas, ein neuenglisches Symbol für Gastfreundschaft.

Auch wenn die Farben grün-weiß-rot noch dominieren, werden große *Pasta*-Portionen mehr und mehr abgelöst von asiatischen Küchen, und italienische Schlachter, Bäcker und *Alimentaris* von Boutiquen und Galerien. Auch die Bevölkerung wird gemischter (Afro-Amerikaner, Latinos). Das einst altmodisch-gemütliche *Little Italy* präsentiert sich heute als moderner Ausgehstrip.

Museum

Wer sich für alte Küchengeräte und **Diner** interessiert, fährt mit seinem Auto zum **Culinary Arts Museum** auf dem Campus der *Johnson & Wales University*. Zufahrt: I-95, *Exit* 18, dann die Allens Av. (= #1A) ca. 4 mi nach Süden zur 315 Harborside Boulevard; Di-Sa 10-17 Uhr, $7; www.culinary.org.

Unterkunft

- Stilvoll kommt man im **Christopher Dodge House** unter; 11 West Park Street (I-95, *Exit* 22C), $109-$189, © (401) 351-6111, www.providence-hotel.com

- Mitten in Downtown wohnt man im **Biltmore Hotel** wie um 1930; 11 Dorrance Street (bei **The Arcade**); ab $139, © (401) 421-0700, © 1-800-294-7709; www.providencebiltmore.com,

- Preiswerter sind **östlich Providence in Seekonk** (I-195, *Exit* #1), z.B. **Motel 6, Ramada** oder **Comfort Inn** (ca. $65-$185).

...husetts/MA (www.massvacation.com)

...7.500 km², **Hauptstadt Boston** mit 600.000 Einwohnern
...nd ca. 4,5 Mio. im Großraum.

...gelig mit Seen und Flüssen. Im Westen sind die **Berk-**
...m hoch; die **Atlantikküste** ist durch lange Sandstrände
...... der Fläche sind bewaldet.

Der Staat ist **hochindustrialisiert**: die klassische Metall-,Textil-,und Druckin-
dustrie ist abgelöst worden durch *Hightech*-Firmen im Finanz-, Bildungs- und
Gesundheitswesen und Kulturbetrieb. Die Landwirtschaft spielt eine abneh-
mend wichtige Rolle: Milch, Geflügel, Gemüse, Obst (*Cranberries!*), Fischerei.

Wichtigste **touristische Ziele** sind Boston, die *Harvard-University* in Cambridge, Salem, die *Plimoth Plantation*, *Old Sturbridge Village*, die *Berkshires*,
die Strände von Cape Cod sowie die Inseln Martha's Vineyard und Nantucket.
Ferner die vielen hervorragenden Museen und kulturellen Veranstaltungen,
vor allem in den *Berkshires* und im Großbereich Boston.

2.3.4 Durch den Süden von Massachusetts

Route

Die Stadtgrenzen von Providence bilden im Nordosten von
Rhode Island zugleich die Grenze zu Massachusetts. Nach Boston
sind es auf direktem Weg nur noch 50 mi. Die hier verfolgte
Route führt aber zunächst nach **Cape Cod**. Auf dem Weg dorthin
sind das Kriegsschiff-Museum *Battleship Cove* in **Fall River**, 15
mi östlich, und die alte Walfängerstadt **New Bedford**, 35 mi südöstlich von Providence und ca. 28 mi entfernt von Newport einen
Besuch wert. Besonders bei einer Fahrt ab Newport, die statt über
die I-195 auch über die Straßen #177 und #6 erfolgen kann, bietet
sich die **Horseneck Beach State Reservation** zum Campen an.

**Fall River/
Battleship
Cove**

Wer sich für Kriegsschiffe und damit verbundenen Ereignissen
im 2. Weltkrieg interessiert, darf den Zwischenstopp in Fall River
bzw. den kleinen Umweg dorthin (von Newport aus) nicht auslassen. Eine riesige Festung der Meere, das **Schlachtschiff USS
Massachusetts** (46.000 t), liegt zusammen mit dem Zerstörer
Joseph P. Kennedy jr., einem Unterseeboot und weiteren Booten
am Kai der **Battleship Cove**. Alle Schiffe können von den Masch-
inenräumen bis zur Brücke besichtigt werden. Zufahrt über die
I-195, *Exit* 5. Im Sommer täglich 9-16.30 Uhr; Eintritt $16.50/
$10; www.battleshipcove.org.

Im **Fall River Heritage State Park** nebenan erfährt man im *Visitor Center* alles zur Geschichte der für die Stadt bedeutsamen
Textilindustrie. Täglich 10-16 Uhr, Eintritt frei.

New Bedford (www.newbedfordchamber.com)

Die immer stark befahrene **Interstate #195** läuft in New Bedford
(95.000 Einwohner) mitten durch die Stadt. Dabei lädt der Blick
von der Autobahntrasse nicht eben ein zu einem Zwischenstopp
in der einstigen **Welthauptstadt des Walfangs**.

Geschichte

Jedem *Moby Dick*-Leser aber wird in New Bedford das Herz höher schlagen. Dort heuerte einst **Herman Melville** an und entwickelte auf See die Ideen für seinen Roman. New Bedford war zu jener Zeit eine der reichsten Städte des Kontinents. In ihrer Blütezeit zwischen 1820 und 1850 lag eine Flotte von 300 Walfangschiffen im Hafen. Reich wurden nicht die meist portugiesischen Matrosen, sondern die Reeder und Kaufleute, die mit dem Federkiel in ihren Kontoren saßen und rechneten. Diese klassische Arbeitsteilung schlug sich auch architektonisch nieder: Während die Portugiesen – ihr Einwohnerantcil ist bis heute hoch – kleine spitzgieblige Holzhäuser bauten, errichteten sich die «Pfeffersäcke» großzügige Bürgerhäuser.

Whaling Nat'l Park

New Bedfords Wohlstandsquelle hielt aber nicht lange vor. Nach erfolgreichen Bohrungen in Pennsylvania verdrängten fossile Öle das Walöl quasi über Nacht von 1857 auf 1858. Die neuen Öllampen brannten bei weitem heller als die alten Tranfunzeln. Die Walfänger wurden dadurch arbeitslos. Bis sich New Bedford von diesem Schlag erholt hatte, vergingen über 100 Jahre.

Heute liegt eine der größten Fischereiflotten Neuenglands im Hafen. Touristen strömen ins Wal Museum des *New Bedford Whaling National Historical Park*, der einige kopfsteingepflasterte Blocks mit historischen Häusern und allerhand sonstigen Sehenswürdigkeiten umfasst. Detailinformationen und den Film »*The City that lit the World*« (stündlich 10-15 Uhr) gibt es im *Visitor Center* (33 William Street, Parkplatz gegenüber dem *Custom House*). Dort starten auch **Walking Tours** durch die Altstadt. Täglich 9-17 Uhr; www.nps.gov/nebe.

Wal Museum

Das *New Bedford Whaling Museum* befindet sich in der Jonny Cake Hill Street gegenüber dem *Visitor Center*. Es lässt keinen Aspekt der Geschichte von Walfang und -verarbeitung aus. Die *Lagoda*, die Nachbildung eines Walfangschiffes im Maßstab 1:5

und das 21 m lange Skelett eines Blauwals sind Stolz des Hauses. Eine Ausstellung ist *Herman Melville* und *Moby Dick* gewidmet. Der **Film** »*The Business of Whaling*« informiert über den Reichtum der Kaufleute und die gefährliche Arbeit derjenigen, die arm blieben.

Forts. **Museum**	Öffnungszeiten des Museums: im Sommer täglich 9-17 Uhr, sonst 16 Uhr; Eintritt $14/$6. *The Seamen's Bethel*, eine kleine, auch von *Melville* beschriebene Seemannskirche aus Holz, steht dem Museum gegenüber.
Personen- **fähre nach** **Martha's** **Vineyard**	*Seastreak* Personenfähren verkehren von New Bedford zur Insel Martha's Vineyard (Vineyard Haven oder Oak Bluff, ca. 60 min). Täglich mehrere Abfahrten ab *49 State Pier Terminal*/Union Street: *Round Trip* $68/$40, ✆ (886) 683-3779; <u>www.seastreak.com</u>.

Wale und Walfang   (<u>www.wdcs.org</u>; <u>www.gsm-ev.de</u>; <u>www.cetacea.de</u>)

80 Zahn- und Barten-Walarten tummel(te)n sich in den Meeren; darunter Stars wie **Orcas**/Killerwale (*Free Willy*), weiße Belugas (➪ Seiten 564ff) und Delfine (*Flipper*) sowie Exoten, wie der als See-Einhorn mystifizierte **Narwal** mit seinem markant nach vorne gerichteten Spieß-Zahn. Ferner **Grönland-, Schwert-, Buckel-, Mink-, Pott-** und **Finnwale**; schließlich **Blauwale**, die Säugetiere der Superlative: lang wie eine Boeing 737 (30 m), schwer wie 25 Elefanten, das Herz so groß wie ein Kleinwagen, die Hauptschlagader dick wie eine Wasserrutsche und das Maul voluminös wie ein 30-Personen-Aufzug. Schläge mit der 5 m breiten Schwanzflosse bringen sie mit 500 PS in Tiefen bis zu 600 m. Bis zu einer Stunde können sie unter Wasser bleiben.

Ohne Geruchssinn und mit nur schwachen Augen verständigen sie sich durch trompetenartige Gesänge mit ihren ausgezeichneten (inneren) Ohren. Wale wandern (bei Gefahr mit 50 km/h) im Frühjahr bis zu 8.000 km in kalte Gewässer, denn die Körpertemperatur (37°C) hält eine 50 cm dicke Speckschicht konstant. Sie wurde ihnen zum Verhängnis, denn gekochter *Blubber* war einst wichtige Fett-Ressource für Ölfunzeln und Lebertran.

Mesonychids, der Urwal, war vor 60 Mio Jahren ein Vierfüßer mit Hufen und Fell, genetisch verwandt mit Rind und Nilpferd. Nahrungsmangel trieb ihn vom Land ins Wasser, wo er sich fortan von Plankton und Krill ernährte. Um seinen Hunger (1,5 Mio Kalorien/Tag) zu stillen, zieht ein Blauwal täglich 4 t dieser streichholzlangen Minikrebse durch seine 600 Barten (*Baleen*), bis zu 4 m lange elastische Lamellen aus 25 cm breitem Horn. Kaum war deren Wert für Droschkenfedern, Angelruten und Korsettstangen erkannt, begann die gnadenlose Jagd erst recht, denn *Baleen* ließ sich problemlos schneiden, schleifen, drechseln und so auch zu Ziergegenständen (Kämme, Knöpfe, Tabakdosen) verarbeiten. Erst Plastik (Bakelit) stoppte den *Baleen*-Boom.

Unter *Scrimshaw* verstand man auf Pottwal- und Walrosszähnen eingeritzte Zeichnungen. Im weiteren Sinn ist *Scrimshaw* jedes bildliche Motiv aus Fischerei und Seefahrt, auch auf Kacheln, Gläsern und Pokalen. Oft finden sich Darstellungen, die den Walfisch sagenumwoben verklären: als Seeungeheuer, Gewitterbringer, Schöpfungswunder, als *Moby Dick* oder – unter biblischem Bezug – als »Jonas im Wal«.

Kabeljau und Wale hatten Fischern aus Europa schon früh den Weg in die Neue Welt gewiesen: allen voran den Basken, die schon 1565 in Südlabrador Stützpunkte errichteten . Von ihnen übernahmen die Amerikaner die Bezeichnungen der Jagdgeräte, Fangtechniken und das Trankochen.

Der **Walfang** war so lukrativ, dass der Mensch die tollkühne Jagd mit Hand-harpunen aus Ruderbooten wagte. Mit der Parole ***Vis vinctur arte*** (Mit List be-siegen wir die tierische Urgewalt), machte man sich Mut. War der Wal gehetzt, harpuniert angeseilt, gab man ihm aus 5-10 m Entfernung den Lanzenstoß ins Herz. Über 300 Jahre lang war das ein fairer Kampf: Tod oder Leben für Mensch *oder* Tier. Erst der Einsatz von Harpunier-Kanonen um 1900 ließ dem Wal kaum Chancen: 1920 bis 1940 erlegten Walfangflotten aus Norwegen, Eng-land, Japan, Panama, Südafrika, den USA, der UdSSR – bis 1939 auch Deutsch-land bis zu 50.000 Tiere pro Saison. Dauerte früher das »Flensen«, das Ab-specken des Wales, einen Tag, brauchte man jetzt nur noch eine Stunde, um ihn an Bord des Mutterschiffs restlos zu verarbeiten.

Erste internationale **Fangrestriktionen** wurden **1937** in London vereinbart. Man legte die Abschussquote auf 16.000 Blauwaleinheiten fest (1 Blauwaleinheit = 2 Finnwale = 2,5 Buckelwale usw.). 1986 traten dann Schutzbestimmungen in Kraft, die den kommerziellen Walfang ganz verboten – und ein Aussterben ver-hinderten. Auch wenn es heute immer noch Länder gibt, die die Verbote um-gehen – allen voran Japan, das wissenschaftliche Motive vorschiebt – erholen sich die Bestände seitdem kontinuierlich. Die internationale Walfangkommi-sion geht davon aus, dass heute »nur« noch etwa 1.000-2.000 Wale jährlich getötet werden; Anfang der 1980er-Jahre waren es jedes Jahr bis zu 13.000. Nachdem die Blauwale dadurch fast ausgerottet wurden, tummeln sich heute wieder über 10.000 Exemplare in unseren Meeren.

An Neuenglands Küsten sind Bar Harbor und Cape Cod (Provincetown) gute Ausgangsorte fürs ***Whale Watching***, in Canada **Nova Scotia** (Digby Neck und Cape Breton); in **Québec** St. Lawrence (Tadoussac) für Belugas und Blauwale (Mai-Oktober) und an **Neufundlands Küsten** (Notre Dame-, Trinity-, und Wit-less-Bay) Buckel-, Finn- und Minkwale (nur Mitte Juni-Anfang August).

Buchtipp: Gérard Soury, Wale: Sanfte Riesen der Meere, ISBN 978-3-7688-2418-7

Cape Cod Peninsula
(www.capecodchamber.com; www.allcapecod.com; www.capecodtravel.com)

**Kenn-
zeichnung**

**Fähren von
Cape Cod
nach Marthas
Vineyard und
Nantucket**
⇨ Seite 247

Wie ein angewinkelter Arm mit einer auf Boston gerichteten
Faust, so wird die **Halbinsel Cape Cod** gern charakterisiert. Das
»Kap Kabeljau (= *Cod*)« lockt mit Dünen, kilometerlangen wei-
ßen Stränden der **National Seashore**, geschützten Buchten an der
Südküste, Salzmarschen und Süßwasserseen, Kiefernwald,
Heidelandschaft und *Cranberry-Bogs* (⇨ Seite 256). Die *Cape Cod
Peninsula* ist flach und ideal für Golfer (40 Plätze!), Ausflüge per
Rad, Kajak, pedes oder Boot zu den herrlichen Inseln **Martha's
Vineyard** und **Nantucket**, zum *Whale Watching* ab Province-
town. All dies macht Cape Cod jeden Sommer zum Paradies für
15 Mio. Urlauber. Bostoner zieht es an die golfstromwarme Süd-
ostküste, wo auch die Superreichen residieren (z.B. der *Kennedy*
Clan in Hyannis Port). Der Oberarm ist zersiedelt, *Provincetown*
bunt/hochtouristisch; der landschaftlich schönste Teil liegt um
Wellfleet/Truro und in der **National Seashore** zwischen Eastham
Provincetown; er erschließt sich dem Besucher aber nur, wenn er
die Straßen #6/6A und #28 (mit einer guten Karte!) verlässt.

Anfahrt

Erst 1913 wurde die 110 km lange Halbinsel durch den *Cape Cod
Canal* vom Festland getrennt – eine Erleichterung für die Küsten-
schifffahrt. **Zwei Brücken** führen seitdem auf den »Oberarm«:
Die Bostoner kommen von Norden (Straße #3, dann #6) über die
Sagamore Bridge. Besucher aus dem Süden oder Westen reisen
auf der I-195 oder I-495 an, die sich dann zur #25 vereinigt. Vorm
Kanal geht es dann auf die #6 (ein sog. *Scenic Highway*) und eben-
falls über die **Sagamore Bridge**.

Zur Route

Bei wenig Zeit sollte man bis zum Ende der Autobahn #6 fahren
und sich dann auf die **National Seashore** (und Provincetown) konzentrieren. Bei mehr Zeit bietet sich für die Hinfahrt die baynahe
#6A an. Bei Rückfahrt entlang der Südküste (zeitaufwendige #28!)
sollte man auch **Craigville Beach** und Chatham nicht auslassen.

Wer Cape Cods Abgelegenheit und den Massentourismus im Juli/
August scheut, findet an der Südostküste von Rhode Island und
am Cape Ann (nördlich von Boston) vergleichbar schöne Küsten.

Fähre

Zwei schnelle Personenfähren verbinden von Juni bis ca. Mitte
Oktober **Provincetown** mit
- **Boston**: *Bay State Cruise* täglich 10.30, 15, 19.30 Uhr (90 min
  retour $83/$62); ℂ 1-877-783-3779; www.boston-ptown.com
- **Plymouth**: ab *State Pier* (77 Water Street) täglich um 10 Uhr;
  zurück 16.30 Uhr, $49/$32 retour; ℂ 1-800-225-4000, www.
  ProvincetownFerry.com

Unterkünfte

Alle Hotel-/Motel-Kategorien sind zahlreich vorhanden, aber in
der Hochsaison viel teurer als in der Nebensaison. Viele *Cabins/
Apartments* werden im Sommer nur wochenweise vermietet.

Lesertipp: **Old Red Farm Inn** (B&B, 4 Zi) als Standort für Tagestrips im Bereich Cape Cod und Plymouth; 20 Stockton Shortcut

Boston

Boston

nur Personen

Race Point
Beach

Provincetown

Pilgrim Heights

Herring
Cove Beach

Head of the
Meadow Beach

Kingston

nur Personen

CAPE COD
NAT.
SEASHORE

Plymouth

Truro

White
Crest
Beach

*Cape Cod
Bay*

Wellfleet

Marconi
Beach

44

3

3A

MYLES
STANDISH
STATE
FOREST

6

Vallersville

*Salt Pond
Visitor Centre*

Eastham

South
Carver

Cedarville

Scusset
Beach

Skaket
Beach

495

25

Sagamore
Bridge

Shawme-Crowell
State Forest

*Nickerson
State Park*

Orleans

Corporation
Beach

Brewster

Sagamore

Sandwich

Wareham

Bourne
Bridge

Bourne

Sandy Neck

Dennis

Nauset
Beach

28

6

Barnstable

Yarmouth Port

6A

130

Hyannis

28

Chatham

Mashpee

Hardings
Beach

Silver Beach

Cragville

South
Yarmouth

Red River
Beach

Old Silver
Beach

Hyannis
Port

West
Dennis
Beach

*Buzzards
Bay*

East
Falmouth

Craigville
Beach

Seagull
Beach

Falmouth

New
Seabury

Woods Hole

Surf Drive
Beach

*Nantucket
Sound*

N

0   8 km

Vineyard
Haven

Oak
Bluffs

nur Personen

Cape Cod

Naushon
Island

Martha's
Vineyard

New Bedford

Nantucket Island

Providence

New Bedford/

(am Golfplatz) in Wareham westlich der Cape-Cod-Brücken; $105 bis $145; © (508) 295-6329; www.oldredfarminn.com/directions.

**King's
Highway
(#6A)**

Cape Cods **abwechslungsreichste Strecke** ist die Straße #6A, der **King's Highway**, die durch hübsche Dörfer führt. Sie wird gesäumt von Villen vieler Kapitäne, die sich hier zur Ruhe setzten. Heute präsentieren sich die Häuser als – oft luxuriöse – **Bed & Breakfasts Inns**, Antik-Läden, *General Stores* und **First Class Restaurants**. Dabei blieb der typische **Cape Cod Style** erhalten: graue Holzhäuser mit weiß abgesetzten Fenstern und Türen.

- **Country Acres Motel** in Sandwich Village, 187 Main Street, Pool, $74-$115, © (508) 888-2878; www.countryacresmotel.com
- **The Earl of Sandwich Motel**, East-Sandwich, 378 #6A, $85-$139, © (508) 888-1415; www.earlofsandwich.com
- **The Village Inn**, Yarmouthport, 92 Main Street (#6A), $95-$120, © (508) 362-3182; www.thevillageinncapecod.com

Camping

Der große **Campground** des **Shawme-Crowell State Forest** (Zufahrt hinter der *Sagamore Bridge* über die #6A auf die #130) ist nicht so stark frequentiert, aber wegen der nahen #6 sind einige Stellplätze laut. Wer hier campt, hat gratis Zugang zur kleineren **Scusset Beach State Reservation** (ebenfalls mit Camping) auf der gegenüberliegenden Kanalseite.

Sandwich

In dem hübschen kleinen Ort wurde im 19. Jahrhundert feines Glas produziert. Das **Sandwich Glass Museum,** 129 Main Street (=Straße #130), stellt besonders schöne Stücke aus. Auch wechselnde Ausstellungen. Im Sommer geöffnet täglich 9.30-17.00 Uhr, sonst kürzer, Eintritt $5; www.sandwichglassmuseum.org.

Park & Museum

Die **Heritage Museums and Gardens** (abseits der #130, hinter dem *Glass Museum* rechts in die Grove Street) ist eine der größeren Touristenattraktionen auf *Cape Cod.* Die *Plantation,* ein europäisch anmutender Park, ist vor allem während der Rhododendronblüte im Mai/Juni beliebt. Außer Pflanzen warten in einer *Shaker*-Scheune (➪ Seite 369) **Oldtimer** (1899-1937), in einem weiteren Gebäude handbemalte Zinnsoldaten, Waffen und Flaggen, ein altes Karussell, Holzschnitzereien und *Scrimshaw* (➪ Seite 234); sehenswert. Täglich Mitte Mai bis Oktober 10-17 Uhr, $15/$7; www.heritagemuseumsandgardens.org.

Sandy Neck

Bei Barnstable befindet sich der beste **Strand** an der kühlen *Cape Cod* Bay: **Sandy Neck**, eine 10 km lange Dünennehrung. Auf die *Sandy Neck Road* achten, denn nur diskrete Schilder an der #6A weisen die Wege zu diesen Stränden.

Dennis

Im **Cape Playhouse,** 820 #6A, im kleinen, aber feinen Dennis (www.dennischamber.com) läuft im Sommer ein beliebtes Theaterprogramm; Auskunft unter ✆ (508) 385-3911.

Das **Cape Cod Museum of Art**, das die Werke regionaler Künstler ausstellt, befindet sich im selben Gebäudekomplex; Mo-Sa 10-17 Uhr, So 12-17 Uhr, Do bis 20 Uhr; $8, ✆ (508) 385-4477; www. capeplayhouse.com und www.ccmoa.org.

Strand bei Dennis

Nickerson State Park

Der **Nickerson State Park** bei East Brewster (#6, *Exit* 12); gehört zu den schönsten im amerikanischen Nordosten. In Kiefern- und Eichenwäldern liegen **5 Seen mit Stränden**. Auch ans Meer (zur *National Seashore*) ist es nicht weit. Besonders mit Kindern kann man gut ein paar Tage im Park verweilen. Die besten Chancen auf einen der **400 Stellplätze** des *Campground* hat man Mo-Do früh morgens. Im Juli/August nur mit Reservierung ➪ Seite 156.

Sehr schön ist die **Nauset Beach** östlich des Parks bei East Orleans. Zufahrt über Main Street (#6A) Richtung Osten; in East Orleans teilt sich die Straße in Beach- und Pochet Road; beide führen an den Strand (Beach Road geeigneter).

Cap Cod National Seashore

1960 wurde ein Großteil der *Cape Cod* Küste zur **National Seashore** erklärt. Auf den Besuch im **Salt Pond Visitor Center** bei Eastham sollte man nicht verzichten. Neben einer Ausstellung zur Meeresflora und -fauna gibt es dort einen Kurzfilm über die Geologie des Kaps und viel Material zu Freizeitaktivitäten; ganzjährig, 9-16.30 Uhr, im Sommer länger; www.nps.gov/caco. Schöne Aussicht vom *Province Lands Visitor Center*.

Strände & Parken

Im Sommer kostet das Tagesticket in der *National Seashore* $15/Auto, für Radfahrer und Fußgänger $3, ein Saisonticket $45 bzw. *America the Beautiful Pass*, ➪ Seite 31. Ab **Salt Pond Visitor Center** erreicht man die **Coast Guard Beach** nur per *Shuttle Bus*.

Sticker/ Permit

Für Strände und Seen, die nicht in der *National Seashore* liegen, erwirbt man einen *Sticker/Permit* im Hotel, Postamt o.ä., wenn die Gebühr nicht am Parkplatz selbst erhoben wird. Einige Parkplätze sind privat, nur für Anwohner (*residents*). Ohne Sondererlaubnis (*permit*) wird man dort abgeschleppt.

Wandern

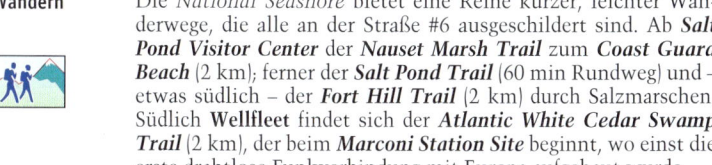

Die *National Seashore* bietet eine Reihe kurzer, leichter Wanderwege, die alle an der Straße #6 ausgeschildert sind. Ab **Salt Pond Visitor Center** der **Nauset Marsh Trail** zum **Coast Guard Beach** (2 km); ferner der **Salt Pond Trail** (60 min Rundweg) und – etwas südlich – der **Fort Hill Trail** (2 km) durch Salzmarschen. Südlich **Wellfleet** findet sich der **Atlantic White Cedar Swamp Trail** (2 km), der beim **Marconi Station Site** beginnt, wo einst die erste drahtlose Funkverbindung mit Europa aufgebaut wurde.

Der schönste Wanderweg ist der *Great Island Trail*, ein 13 km langer Rundweg am Strand und durch Marschlandschaften (ab Wellfleet Commercial Street der Chequessett Neck Road folgen).

Vom Parkplatz **Pilgrim Heights**, 3 mi vor Provincetown, genießt man herrliche Blicke über die Dünen. Ein *Trail* (1 km) führt zur **Pilgrim Spring**, die den *Pilgrim Fathers* bei ihrem ersten Landgang in der Neuen Welt Quellwasser lieferte, bevor sie endgültig in Plymouth landeten. Vom gleichen Parkplatz startet auch ein **3 km-Trail** zum **Head of the Meadow Beach**.

Jogger, Wanderer und Radler trifft man auf dem 28 mi langen **Cape Cod Rail Trail** (Teil des *Boston-Cape-Cod Bikeway*). Auf einer ehemaligen Bahntrasse führt er durch Wald und Marschen vorbei

an Teichen (*ponds*) und hat kurze Abzweige zu Orten und Stränden. Super sind die 8 mi bis ins noble **Chatham**.

Der **Trail** beginnt schattig bei South Dennis südlich der #6 an der
#134, tangiert den *Nickerson State Park* (Parkplatz), den Park-
platz der *National Seashore* bei Eastham und endet bei Wellfleet
(LeCount Hollow Road), wo man sich im **Pleasant Lake General
Store**, einem alten Bahnhof, an Picknicktischen stärken kann.
Weitere Ein-/Ausstiegsstationen ⇨ www.dennischamber.com.

Fahrräder leihen kann man in:

- **Barbaras Bike Shop** am Beginn des *Rail Trail* 430, #134, ✆
  (508) 760-4723. *Bike*-Abgabe in 3488 Main St 6A in Brewster/
  Nickerson SP, ✆ (508) 896-7231; www.barbsbikeshop.com

- **Little Capistrano Bike Shop** gegenüber **Salt Pond Visitor Center** (30 Salt Pond Rd), ✆ (508) 255-6515; auch in South Wellfleet: 1446 #6, ✆ (508) 349-2363; www.capecodbike.com

- **Idle Times Bike Shop;** 4 Stationen: 4550 #6, North Eastham ✆
  (508) 255-8281), 2616 #6, Wellfleet ✆ (508) 349-9161, 188 Bra-
  cket Road, North Eastham ✆ (508) 255-5070 und 29 Main
  Street, Orleans; ✆ (508) 240-1122, www.idletimesbikes.com,
  ferner bei **Arnold's** (⇨ Seite 244)

Preise: ca. $15 für 4 Stunden, $22/Tag, $50/3Tage, $75/Woche.

Wellfleet und Truro (www.wellfleetma.org)

**Kenn-
zeichnung**

Die ruhige Hafenbucht von **Wellfleet** –nach wie vor für seine
Austern berühmt – ist ein gutes Standquartier, wenn man dem
sommerlichen Trubel *Cape Cods* entfliehen will. Das gilt noch
mehr für die **Truro-Region** (ohne erkennbaren Ortskern).

Wellfleet hat im *National Seashore*-Bereich 3 Trümpfe: weniger
frequentierte Strände, tolle Badeseen im waldigen Hinterland und
prima Unterkünfte/Campingplätze, die entlang des **Ocean View
Drive** (Zufahrt von der #6 über die LeCount Hollow, Long Pond
oder Gull Pond Road Richtung Meer) liegen. Nur die *Cahoon
Hollow Beach* hat mit dem **Beachcomber** ein uriges **Fischlokal**,
abends mit Live-Musik; ⇨ auch bei »Unterkünfte«.

Neben ruhigen Bayständen verfügt **Truro** am offenen Atlantik
über besonders **schöne Strände** und drei **prima Campingplätze**.

Im **Wellfleet Bay Wildlife Sanctuary** führen **8 km** **Boardwalk**
durch Salzmarschen und ein gut gemachtes **Nature Center**. Zufahrt: südliches Wellfleet von der #6 (Schild: **MassAudobon** vor
dem *Drive-in-Theater*; Eintritt $5.

Restaurants

Das **leibliche Wohl** kommt in Wellfleet auch nicht zu kurz:

- **Mac's Seafood Restaurant and Market** offeriert prima Ware am
  Wellfleet Town Pier (265 Commercial Street); Selbstbedienung,
  Picknicktische, *BYOB* (alkoholische Getränke mitbringen); 9-21
  Uhr. ✆ (508) 349-9611; www.macsseafood.com.

- In **Mac's Shack** (91 Commercial Street) ist die Karte abwechslungsreicher, auch *Raw Bar*. Di-So 17-21 Uhr. ✆ (508) 349-6333.
- Einen **Mac's Fishmarkets** gibt es in North Eastham an der #6, Fahrtrichtung Norden, und in Truro, 14 Truro Center Road, 10-18 Uhr, Mo geschlossen.
- Gemütlich sitzt man im/am **Bookstore & Restaurant**, direkt am Hafenstrand; täglich 8-21 Uhr; ✆ (508) 349-3154

Unterkünfte   Relativ billige Quartiere gibt's in der Hauptsaison nur in den **Int'l Hostels**, ansonsten muss man etwas tiefer in die Tasche greifen:

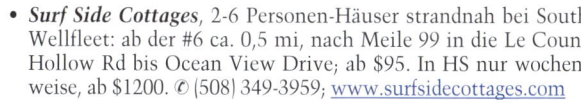

- **Surf Side Cottages**, 2-6 Personen-Häuser strandnah bei South Wellfleet: ab der #6 ca. 0,5 mi, nach Meile 99 in die Le Count Hollow Rd bis Ocean View Drive; ab $95. In HS nur wochenweise, ab $1200. ✆ (508) 349-3959; www.surfsidecottages.com
- **The Beachcomber,** edle *Cottages* in den Dünen, mit Restaurant und *Nightclub*; nur wochenweise Sa-Sa; Juli/Aug. ab $2500, Mai/Juni & Sept/Okt $1400; 1120 Cahoon Hollow Road, Wellfleet (nördlich des *General Store* rechts in die LeCount Hollow Road; ✆ (508) 349-6055; www.thebeachcomber.com
- **Horizonts Beach Resort,** North Truro; *Motel/Cabin*-Komplex mit Kitchenettes, Pool und Privatstrand, 190 Shore Road; $89-$250; ✆ 1-800-782-0742; www.horizonsbeach.com
- **The Mainstay Motor Inn,** Wellfleet, 2068 #6; prima Motel mit großem Pool; 3 km zum Strand, 1 km zur Bay; ab $89, z.T. Kitchenettes; ✆ 1-800-346-2350; www.mainstaymotorinn.com
- **Wellfleet Motel & Lodge,** South Wellfleet, 170 #6; Pool, Wifi; ✆ 1-800-852-2900; www.wellfleetmotel.com
- **Bay-Cottages** in Wellfleet liegen an der Kendrick Ave/Chequessett Neck. **Wochenpreise**: *Barefoot-by-the-Beach*, ✆ (508) 349-2359, $600-$1200/Woche; *Bay & Beach Cottages*, ✆ (407) 482-9956, $700-$1250/Woche; *Friendship Cottages*, tolle Lage; ✆ (508) 349-9757, NS $600-$1600/Woche

Blickfang auf dem Dach von Mac's Shack in Wellfleet (⇨ oben)

LOBSTER ROUGH
STEAMED CLAMS

- *The Even' Tide Resort Motel & Cottages*; South Wellfleet, 650 #6; Pfad 1 km bis *Marconi Beach*, Motel ab $140, *Cottage* ab $1100/Woche, ℂ 1-800-368-0007; www.eventidemotel.com.
- *Int'l Hostel Truro (HI)*; tolle Lage an der *Ballston Beach*; die #6 bis Truro Center, dort N Pamet Rd, ℂ (508) 349-3889; ab $30.
- *International Hostel Midcap (HI)*, Eastham, 75 Goody Hallet Dr, ℂ (508) 255-2785; $25-$36. Beide: http://capecod.hiusa.org

Camping (im Sommer bis über $50!)

- *Paine's Campground*, South Wellfleet, Old Country Road, mit Auto nicht weit zu Strand und Badeseen; ℂ (508) 349-3007
- Die *North of Highland Camping Area* (ℂ 508-487-1191) liegt kurz vor Provincetown, nahe der *Head of the Meadow Beach* an der gleichnamigen Straße.

- Kurz vorher, Highland Road (ab der #6) liegen *Horton's Camping Ground*, ℂ (508) 487-1220, und *Adventure Bound Camping Resorts* (2 Strände); ℂ 1-877-409-2267
- Schattig in den Dünen liegt *Dunes' Edge Campground* bei Provincetown, besonders geeignet für Zelte sind die Plätze 59-80 mit Blick aufs Meer; ℂ (508) 487-9815.

Provincetown
www.provincetowntourismoffice.org, www.ptownchamber.com, www.provincetowncapecod.com)

Kennzeichnung

Die Stadt erlebte – wie andere neuenglische Küstenstädte – eine kurze Blütezeit während der Walfangperiode, in der dort vor allem Portugiesen siedelten. Die abgeschiedene Lage zog Anfang des 20. Jahrhunderts Künstler und Schriftsteller an. Stücke von *Eugene O'Neill* und *Tennessee Williams* wurden dort uraufgeführt. Heute ist Provincetown ein Sommertreff für *Gay/Lesbian People* und freakige Jugend, gleichzeitig ein **Magnet des Massentourismus**. Neben *Seafood*, Kneipen, Galerien und traumhaften Stränden kommen Besucher vor allem auch zum **Hochseefischen** und *Whale Watching*.

Besichtigung

Am besten folgt man der Straße #6 bis zur Ortsmitte und parkt am ausgeschilderten *Tower Hill*, der *Town Hall* oder an der *MacMillan Wharf* (mit der *Chamber of Commerce* als *InfoCenter*), wo auch alle Boot-/Trolley-Touren starten und die Personenfähren aus Boston und Plymouth anlegen (↻ Seite 236 unten). 40-minütige **Trolley-Rundfahrten** starten 10-16 Uhr alle halbe Stunde ab der *Town Hall*. Ein Gratis-Shuttlebus verbindet im Sommer alle 30 min den Hotelstrip (von *Horton's Camping Resort* in North Truro, ↻ oben) entlang der #6A via den Ortskern mit der *Hering Cove Beach*, ein weiterer *McMillan Wharf* mit der *Beach Forest Picknick Area* (im Hochsommer bis zur *Race Point Beach*).

Trubelige Lebensader der Stadt ist die 2,5 mi lange **Commercial Street**, die parallel zum schmalen Baystrand verläuft. Sie bietet für jeden etwas: gute Kunst neben Schnickschnack, *Fast Food* neben *Gourmet*-Restaurants. Viele Lokale haben eine **Terrasse**, z.B. der originelle **Lobster Pot** an der *Wharf*. Der Fußgängerstrom verläuft sich nach Westen (prima Picknickecke mit Meerblick: die **Aquarium Mall** passieren) und noch schneller nach Osten, wo sich gute Restaurants und schöne Pensionen befinden.

Pilgrim Monument

Den legendären **Pilgrim Fathers**, die hier 1620 zwischenlandeten (⟳ Seite 255 und 239 *Pilgrim Spring*), wurde auf dem **Tower Hill** ein weithin sichtbares Denkmal gesetzt. Der toskanische Turm bietet weite Blicke (kein Lift!) und beherbergt unten ein **Museum** zur Geschichte von *Cape Cod*, *Pilgrim Fathers* und Fischfang, im Sommer täglich 9-19 Uhr, sonst bis 17 Uhr; $7/$3,50.

Kunstmuseum

Provincetown Art Association & Museum (460 Commercial St, ✆ (508) 487-1750, www.paam.org, zeigt namhafte und lokale Werke; im Sommer Mo-Do 11-20, Fr bis 22, Sa+So bis 17 Uhr; $7.

Schiffsmuseum

The Whydah Pirate Museum & Sea-Lab Learning Center auf der *MacMillan Wharf* zeigt zahlreiche Objekte aus gesunkenen und gestrandeten Schiffen. Die namensgebende **Whydah** zeichnet sich durch ihre ungewöhnliche Geschichte vom Sklaven- zum Piratenschiff aus. Im Sommer 10-20 Uhr, $10/$8; www.whydah.com.

Fähren

Die **Sommerfähren** zwischen Provincetown und Boston bzw. Plymouth starten ebenfalls ab der *McMillan Wharf*, ⟳ Seite 236.

Walbeobachtung

Provincetown ist die US-Top-Adresse fürs **Whale Watching**; zu empfehlen sind besonders die **Dolphin-Fleet**-Exkursionen mit wissenschaftlicher Begleitung, auf denen das Verhalten der Säuger und die Walfang-Historie erläutert werden. Sie finden zwischen Mitte April und Oktober statt und starten an der **McMillan Wharf**. Die Boote fahren zur 6 mi vor der Küste liegenden *Stellwagen Bank*, wo man im Sommer *Finn-* und *Humpback*-Wale und

Provincetown

Delphine sieht. Auch Schildkröten, Seehunde und jede Menge Seevögel tummeln sich dort. Dauer 4 Stunden; $42/$29. Reservierung unter ℰ 1-800-826-9300, in der Hauptsaison bis 11 Trips/Tag; www.whalewatch.com.

Strände/Trails

Die Strände um Provincetown kann man gut »erradeln«: der *Province Lands Trail* (8 mi) führt z.B. zum *Herring Cove Beach*. Er beginnt an der *Race Point Road, wo auch* der *Beech Forest Trail* startet (2,5 km durch Birkenwald und Dünen).

Fahrradverleih

- *Arnold's*, 529 Commercial St, $5/Stunde, $23/Tag, $75/ Woche; Kinder kaum weniger; ℰ (508) 487-0844

- *Galeforce Beach Market* & *Bike Rentals*, 144 Bradford St, Extension/W Vine (im Ortswesten), ℰ (508) 487-4849; preisgleich

Cafes/Lokale

- *Joe Coffee* & *Café*, 148A Commercial Street

- *Mews*, oben auch Snacks; am Wasser; 429 Commercial Street

- *Fanizzi's*, Bayblick, *Seafood*, auch *Lunch*; 539 Commercial St

Deli/Take out

- *Angel Foods* und *Relish West*, 467 bzw. 93 Commercial Street

Unterkünfte

Es gibt jede Menge Quartiere von einfach bis luxuriös, dennoch ist im Juli/August oft alles ausgebucht und teuer sowieso:

- *Lotus Guest House*, 296 Commercial St, mitten im Gewühl, DZ (mit Etagenbad) HS $140, NS $70, ab $180 mit Bad. Bei Gays beliebt. ℰ (508) 487-4644; www.lotusguesthouse.com

- Tipp: *White Horse Inn*, Studios und Zimmer, 500 Commercial Street (ruhiger Teil); $110-$125 mit *shared bath*; Studios $150-$200; ℰ (508) 487-1790 (deutschsprachig)

- Tipp: *Inn at the Moors*, älteres, gut renoviertes Motel am westlichen Ende von »P-town«, ganz nah an der *Hering Cove Beach* und Stadt, Pool und Wifi. 59 Province Lands Road (Ende der #6); HS $169-$239, NS $109-$179 (Fr-So $129-$199), ℰ 1-800-842-6379; www.innatthemoors.com

- *Provincetown Inn*, Motel am Wasser; $69-$409; ℰ (508) 487-9500 und ℰ 1-800-942-5388; www.provincetowninn.com

Fischerbude mit Frischhummerverkauf auf Cape Cod

Hostel

- **The Outermost Hostel**, 28 Winslow Street, zentral am *Tower Hill* (Turm), ab $28/Bett, hübsche *Cabins*, unbedingt reservieren: ✆ (508) 487-4378; www.outermosthostel.com

Die parallel zur #6 verlaufende #6A (laut) ist ein *Motel Strip*; erst am südlichen Ende in **North Truro** wird es ruhiger:

- **Pilgrim Beach Village**, luxuriöse *Cabins* am Strand, 174 Shore Road (#6A), Wifi, nur wochenweise $800-$1400; ✆ (508) 487-3418; www.pilgrim-beach-village.com
- **Seascape Motor Inn**, an der #6A (Shore Rd) in **North Truro** am Steilhang mit Strand; $40-$180; ✆ (508) 487-1225 und ✆ 1-866-487-1225; www.seascapemotorinn.com

Cape Cods Süden

Im Süden der Halbinsel sind in erster Linie Chatham, die vorgelagerten Inseln und Hyannis populäre Ziele. Nur wenige (hier genannte) Strände sind gegen hohe *fees* öffentlich zugänglich.

Straße #28

Die **Straße #28** ab Orleans nach Chatham, dann küstennah zur Bourne Bridge ist nur in Abschnitten attraktiv und voller Kommerz (Motels, Supermärkte, *Eateries*). Sie fungiert auch als Zubringer für die Inselfähren nach Martha's Vineyard und Nantucket in Falmouth/Woods Hole und Hyannis; (↪ unten).

Chatham

Chatham ist *Cape Cods* elegantester Ort – mit grau-weißen Holzhäusern, teuren *Inns* und Shops in der Main Street. Romantisch sind das *Lighthouse*, der Hafen und die Shore Road mit *Fishing Pier*. In der Nähe gibt es kleine **Strände**, auch an den Binnenseen. Hauptstrand ist die **Hardings Beach** (#28 in Richtung Hyannis, Barn Hill Road, rechts Harding Beach Road).

Unterkunft

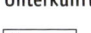

In Chatham kommt man zwar sehr schön, aber nur teuer unter.

- **The Hawthorne Motel**, 5 min zu Fuß ins Zentrum, privater Strand, Meerblick, Kitchenettes, 196 Shore Rd, ✆ (508) 945-0327; HS $330, NS $230-$260; www.thehawthorne.com
- Angenehm ist das **Motel Chatham Seafarer**; 2,8 mi westlich des Zentrums (beim Kreisel), 2079 Main Street, $175-$225, ✆ 1-800-786-2772; www.chathamseafarer.com

Hyannis

Hyannis (www.hyannis.com) ist Hauptsitz des **Kennedy-Clans**. Alles über den Ex-Präsidenten erfährt man im **John F. Kennedy Museum** in der *Town Hall*, 397 Main Street (abseits der #28), Mo-Sa 10-16 Uhr, So 12-17 Uhr, Eintritt $5.

100 m westlich wird die Main von der Ocean Street gekreuzt, an der südlich (im Park) das **Kennedy Memorial** steht. Daran an schließt sich ein Strand, der **Kalmus Beach Park**.

Unterkunft

- **Hyannis Inn Motel**, 473 Main Street, $75-$180, ✆ (508) 775-0255 und ✆ 1-800-922-8993; www.hyannisinn.com
- **Hyannis Travel Inn**, Lage nur ok, aber ruhig; 18 North Street (100 m nördlich *Kennedy Museum*), $90-$160, ✆ 1-800-352-7190 und ✆ (508) 775-8200; www.hyannistravelinn.com

**Strände
Südwest-
küste**

Westlich von Hyannis lohnt ein küstennaher *Bypass* zur #28: ab *JFK Memorial* erreicht man (über die Straßen Gosnold-Ocean-Marston-Smith-Craigville Beach) die Old Stage Road (ab dort die #28 West) und passiert dabei einige *Public Beaches*: **Sea Street/ Keyes Beach** und die schöne *Craigville Beach.*

- **Sea Breeze Inn B&B,** sehr altmodisch, Meernähe, 270 Ocean Ave, $98-$150, ℂ (508) 771-7213; www.seabreezeinn.com
- **Ocean View Motel,** komfortable Zimmer, Craigville Beach Rd, $120-$190, Suiten $950-$1500/Woche, ℂ (508) 775-1962 und ℂ 1-800-981-2313, www.capecodoceanviewmotel.com

Vor Falmouth (Mashpee) reizt ein Abstecher zum abgelegenen **South Cape Beach State Park** (ohne Camping) in geschützter Landschaft mit Badeseen. Zufahrt: ab Kreuzung #28/#151 auf die Great Neck Road, dann auf der Great Oak Road 5 mi nach Süden.

Falmouth

Wie Chatham ist Falmouth ein Edelort mit attraktiver kleiner *Main Street* (#28) und teuren *Inns.* Vom Hafen (gegenüber dem *Falmouth Inn*) geht es mit der Personenfähre *Island Queen* nach **Martha's Vineyard** (⇨ Kasten; Autofähre nur ab **Woods Hole**, 4 mi westlich auf der #28); www.falmouthvisitor.com

Woods Hole

Der Ort ist ein Mekka der Ozeanologen mit mehreren Instituten. Die **Woods Hole Oceanographic Institution** und das **Marine Biological Laboratory** sind öffentlich zugänglich: www.whoi.edu und www.mbl.edu.

Als Hafen für die Autofähren nach Martha's Vineyard und Nantucket verfügt **Falmouth/Woods Hole** über viele Hotels/Motels:

Quartiere

- **Falmouth Heights Motor Lodge,** ruhig, 3 min zur *Island Queen,* 146 Falmouth Heights Rd, $69-$169, Studio $79-$239; ℂ 1-800-468-3623; www.falmouthheightsresort.com
- **Motel 7 Seas,** 24 Scanton Ave, einfach, fast am Hafen, Wifi, $75-$110, ℂ (508) 548-1110, www.motelsevenseas.com
- Im **Seacrest Beach Hotel** wohnt man direkt am Strand, 350 Quaker Road, ab $266; ℂ (508) 540-9400; www.seacrestbeach hotel.com

Die Tragik des Kennedy Clans

Rose und *Joseph P. Kennedy* hatten 9 Kinder: neben dem berühmten **John F.** (✝ 1963, Attentat) noch **Joseph** (✝ 1944, Flugzeugabsturz), **Kathleen** (✝ 1948, Flugzeugabsturz), **Robert** (✝ 1968, Attentat), **Rosemary** (✝ 2005, geistig behindert), **Patricia** (✝ 2006), **Edward** (✝ 2009, Krebs), **Eunice** (✝ 2009) und **Jean.**
Bekannte Enkel sind **Edward jun.** (1973 Bein-Amputation wegen Krebs), **David** (✝ 1984, Drogen), **Michael** (✝ 1997, Skiunfall), **John F. jun.**, Präsidentensohn und »Kronprinz« der Familie (✝ 1999, Flugzeugabsturz bei Martha's Vineyard mit Frau und Schwägerin auf dem Weg nach Nantucket). **Kara**, *Edward's* Tochter, starb **2011** in einem *Health Club* an Herzversagen. **Mary** *Richardson Kennedy*, geschiedene Ehefrau des Sohns von *Robert Kennedy*, erhängte sich im Mai 2012.

_____ **Nantucket und Martha's Vineyard**

Transport Beide Inseln vor der Südküste Cape Cods lohnen einen Besuch eher per Personenfähre. Die Autofähre ist teuer, ohne Reservierung zeitraubend-kompliziert und auf beiden ist man mit Bus, Miet-Moped oder -Fahrrad besser bedient. Für das teure Nantucket reicht ein Tagestrip für das doppelt so große Martha's Vineyard plant man besser eine Insel-Übernachtung ein.

Welche Insel? **Nantucket** ist exklusiv-ruhig und landschaftlich Cape Cod pur; **Martha's Vineyard** ist an der Nordküste sehr touristisch, man sollte sich (bei Tagesausflügen) auf die Osthälfte beschränken.

Fähren **Zwei Personenfähren** starten von Hyannis Port (⇨ dort) zu beiden Inseln; von Falmouth und New Bedford (⇨ Seite 232) nur nach Martha's Vineyard; **Autofähre** zu beiden Inseln nur ab Woods Hole, 4 mi südwestlich von Falmouth. Nimmt man die jeweils erste und letzte Fähre am gleichen Tag, hat man maximal 10 Stunden Inselaufenthalt.

Flugzeug **Cape Air** verbindet beide Inseln mit Hyannis und untereinander 2-3mal täglich für $46 *one way* und fliegt nach Providence, Boston und weiteren Städten; ✆ 1-866-227-3247; www.capeair.com

Fähren Cape Cod – Martha's Vineyard/Nantucket 2012

Sommertarife Hin-u. Rückf.	ab Hyannis Port	ab Falmouth	ab Woods Hole
nach	Oak Bluffs	Oak Bluffs	Vineyard Haven
„"		»Island Queen«	»Martha's V«/«Island H«
Martha's Vineyard	Dauer: 55 min	Dauer 30 min	Dauer: 45 min
	25.05.-05.09:	im Sommer	bis 10x täglich
alle	5x, sonst	9-18/20 Uhr	
Tarife	2x-4x tägl.	bis 9x tägl.	Erw. $16
retour	Erw. $71	Erw. $20	Kind b. 12J $8,50
	Kind b. 12J $48	Kind b. 12J $9	Pkw $85-$135
	www.islandqueen.com www.steamshipauthority.com www.hylinecruises.com www.patriotpartyboats.com	(Anzahl der Abfahrten stark saison-abhängig)	**Oak Bluffs** bis 5 x täglich Erw. $15, K.$8 Pkw $85-$135
Reederei:	*Hy-Line Cruise »Grey Lady«*	*Steamship Authority »Flying Cloud« Autofähre*	
nach **Nantucket** nur ab **Hyannis Port**	Dauer: 60 min. Mitte Mai bis Mitte Okt. bis 6x täglich retour Erw. $77 Kind -12J $51	Dauer: 60 min Mitte Juni bis Mitte Sept. bis 5x täglich retour Erw. $67 Kind b. 12J $34	Dauer: 135 min 6 x täglich Erw. $33 Kinder $17 Pkw $400 (!)

Patriot Party Boats: Falmouth (Marthas V), Mo-Fr 9x täglich, Sa 3x, So 1x; 30 min; $18, Parken $15; ✆ 1-800-734-0088.

Fähren ab Falmouth

Für Martha's Vineyard nimmt man vorzugsweise die Boote ab **Falmouth** nach Oak Bluffs, die nur 30 min bis zur Insel benötigen (zu den Anlegern beim **Falmouth Inn** von der #28 abbiegen, Parken $15/Tag). Auskunft zu den Abfahrtzeiten für die *Island Queen* unter ✆ (508) 548-4800.

Ohne Auto ab **Woods Hole** fahren, macht zumindest für Tagesausflügler wenig Sinn; man kann zwar sein Auto in Falmouth gratis parken und wird von dort per Shuttle zum Schiff gebracht, aber das Ganze dauert natürlich.

Transport

- Für Kurzbesuche sind **Miet-Fahrrad** oder **-Moped** ideal (**Radwege** im *State Forest*, ➪ Karte, sowie zwischen *Oak Bluffs* über *Edgartown* bis *Katama* etwa 10 mi). Die Fahrräder kosten ab $27/Tag, Mopeds $50-$65/Tag. An beiden Häfen verfügbar. Aber selbst per Moped schafft man die Insel nicht an einem Tag.

- Mit **öffentlichen Verkehrsmitteln** ist Martha's Vineyard gut versorgt (www.vineyardtransit.com). Die drei Hauptorte sind im Sommer über die Buslinie #13 alle 60 min verbunden; Fahrpreis $1 pro Stadt = $3 (Tagespass $7; 3 Tage $16). Nach *Gay Head* verkehrt die Linie #5.

- An beiden Häfen stehen Busse für **Inselrundfahrten** bereit.

Martha's Vineyard

Martha's Vineyard, www.mvy.com, ist 30 km lang, 15 km breit und hat drei Zentren: im Norden den Versorgungshafen **Vineyard Haven**, auch Tisbury genannt, und den trubeligen Fährhafen **Oak Bluffs** (je 4000 Einwohner). Im Südosten liegt das elegante **Edgartown** mit der fast unbewohnten Insel *Chappaquiddick* nebenan.

Oak Bluffs

Im hochtouristischen **Oak Bluffs** ist *Martha's Vineyard Camp Meeting* (www.mvcma.org) im Zentrum ein »Muss«. Dicht gedrängt stehen dort 300 viktorianische, bunte Holzhäuschen mit Verzierungen (*Gingerbread*, ➪ auch Seite 41), die auf Methodisten-Camps vor über 120 Jahren zurückgehen. Interessant ist dort auch das »*Tabernacle*«, der runde Versammlungsbau (1879).

Bessere **Strände** als Oak Bluffs Umfeld bietet die Südostküste:

»Ginger-
bread«-
Häuschen
in der
Cottage City
in Oak Bluffs
(die
Häuschen
können auch
gemietet
werden)

www.
marthas-
vineyard-
vacation-
tips.com

Edgartown und Beaches

Im **Südosten** (Bus #13 ab Vineyard Haven über Oak Bluffs bzw. 5 mi auf der Seaview Ave/Beach Road) bietet Edgartown exklusives Inselflair. Nobelste Geschäfte und Restaurants sind an der Main Street in klassischen Holzvillen untergebracht.

Per (Auto-)Fähre (5 min, Auto $12/Fahrrad $5 retour) erreicht man das geschützte Paradies **Chappaquiddick Island**. Der Weg zu den schönen Stränden dort (*Wasque Preservation/East Beach/Cape Poge Refuge*) ist weit und nur per Auto/Moped/Bike zu machen.

Zur ruhigen **Katama Bay/North Point** mit einem beliebten vorgelagerten (Surf-)Strand fährt man ab Edgartown auf der Katama Road (Shuttle-Bus #8) noch 3 mi Richtung Süden.

Inselwesten

An einem einzigen Tag kann man bestenfalls eine Hälfte der Insel erkunden. Wer sich auch den Westteil ansehen möchte, benötigt mindestens einen weiteren Tag. Dort lohnen – vor allem bei Sonnenuntergang – die bunt leuchtenden **Gay Head Cliffs**. Den besten Blick hat man vom *Aquinnah Lighthouse* mit Buden, Picknicktischen und schönen Stränden.

Via **Moshup Trail** (*Bypass* der Hauptstraße) erreicht man die gleichnamige *Beach* und über die Lighthouse Road **Menemsha**, ein Fischerdorf, in dem es einen bekannten Muschel-Imbiss gibt: **The Bite** (29 Basin Road, Mai-Oktober, ℂ (508) 654-9239, täglich 11-20.30 Uhr; www.thebitemenemsha.com). Auf der Insel urlaubende Politiker kehren dort gern mal ein (z.B. *Bill Clinton*).

Unterkunft

Übernachtungen in Oak Bluffs und Vineyard Haven sind nicht billig, aber preiswerter als in Edgartown.

• **Tipp**: *Vineyard Harbor Motel* direkt am Hafenstrand von Vineyard Haven, 60 Beach Road; teilw. mit Küche; HS ab $175, NS $90-$140; ℂ 1-877-693-3334; www.vineyardharbormotel.com

• *Surfside Motel*, direkt am Fähranleger, 7 Oak Bluffs Ave, $95-$360, ℂ 1-800-537-3007, www.mvsurfside.com

- *Wesley Hotel*, groß, altmodisch am Hafen; $145-$245; ℂ (508) 693-6611 oder ℂ 1-800-638-9027; www.wesleyhotel.com
- *Harborside Inn* in Edgartown am Wasser, Pools; $195-$395 im Sommer, sonst $170-$280, ℂ (508) 627-4321, ℂ 1-800-627-4009, www.theharborsideinn.com.
- *Int'l Hostel Martha's Vineyard (HI)*, schönes Haus & Gelände, Edgartown-West Tisbury Road, ℂ 1-888-901-2097 und ℂ (508) 693-2665, ab $28/Bett; reservieren!; www.hiusa.org

Der einzige, dafür aber sehr schöne **Campingplatz** liegt südlich von Vineyard Haven an der Edgartown Road im Eichenwald: *Martha's Vineyard Family Campground*, $50, Cabins $130-$150; ℂ (508) 693-3772; www.campmv.com.

Nantucket

Nantucket Island, www.nantucketchamber.org, ist nur 15 km lang und 5 km breit und wird wegen seiner grauen *Shingle*-Häuser gerne **Gray Lady** genannt. Selbst moderne Villen, die Tankstellen und die neue Schule sind aus grauen Schindeln. Lediglich im Ort Nantucket gibt es einige größere Backsteinbauten, die sich durch den Walfang reich gewordene Reeder bauen ließen, z.B. die *Three Bricks* in der Main Street, drei fast gleiche Häuser – für jeden Sohn eines, um Erbstreitigkeiten zu vermeiden.

Walfang

Einst hatten die Indianer den ersten Siedlern gezeigt, wie man vom Strand aus Wale harpuniert. Später – als sich die Tiere vom Ufer fernhielten – brauchte man Ruderboote, und als im Meer bei Nantucket die Wale weniger wurden, mussten seetüchtige Schiffe her. Schließlich war der Hafen für die immer größer werdenden Segler, die ihr Fanggebiet bis nach Alaska und in den südlichen Pazifik ausdehnten, zu flach. Das Walfangzentrum verlagerte sich nach New Bedford mit einem tieferen Hafen (↪ Seite 232).

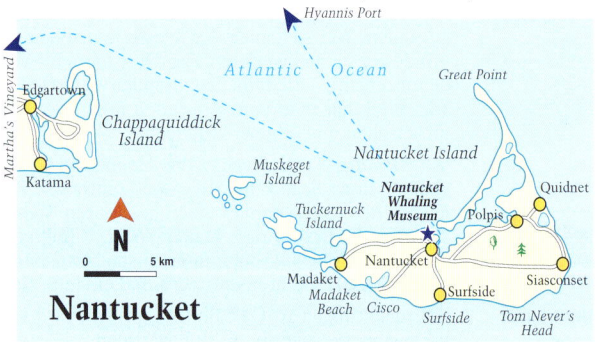

Nantucket

Entwicklung

Das Aufkommen der Eisenbahn bedeutete für die abgelegene Insel einen zusätzlichen Wettbewerbsnachteil gegenüber den Häfen mit Gleisanschluss auf dem Festland. Als ab 1858 dann das Kerosin den Markt eroberte, war dies auch in Nantucket der endgültige Todesstoß für die verbliebenen Walfänger.

Nantucket:
Flache
Marsch-
landschaft
einerseits ...

Dank der betuchten »Sommerfrischler« ist Nantucket von Neuem reich geworden. Häuser und Grundstücke kosten astronomische Summen. Sie liegen meist hinter den Dünen. Wald gibt es kaum, dafür ausgedehnte Salzmarschen, Heide und zahlreiche *Cranberry Bogs*, die besonders im Frühherbst rot leuchten (*Windswept Cranberry Bog* rechts an der Straße nach Siasconset, ⇨ Seite 256).

Strände   Trotz der im Vergleich zu Martha's Vineyard langen und teuren Überfahrt kommen im Sommer **zahlreiche Tagestouristen vor allem wegen der Sandstrände**. Mit dem preisgünstigen Bussystem NRTA (nur im Sommer) erreicht man sie leicht: $1-$2 per *Ride*. Zudem gibt es am Fähranleger Fahrräder und Mopeds zu mieten (ab $30 bzw. $70/Tag). Aber nur kernige Radsportler schaffen trotz gut ausgeschilderter Radwege alle Strände an einem Tag.

Surfer lieben die Südstrände, wie Surfside (3 mi), Cisco (4 mi) und Madaket (5mi). Ruhiger und auch für Kinder ungefährlich sind die stadtnahen Nordstrände *Children's Beach* (zu Fuß 15 min), *Jetties Beach* (10 min per Bus oder zu Fuß), und *Dionis Beach* (ca. 3 mi, ruhig, aber mit Unterströmung).

... Strand
und Meer
andererseits

Die lange **Siasconset Beach** (sprich: »Sconset«) am gleichnamigen Fischerdorf mit rosenberankten Häuschen ist populär wegen ihrer mäßigen bis heftigen Brandung (7 mi, Bus).

Alle Strände sind eintrittsfrei. Busfahrpläne im *Nantucket Visitor Center*, 25 Federal Street, 9-18 Uhr.

Bei **60-90 minütigen Bustouren** (ca. $20) erfährt man viel über die Insel, hat aber meist keine Gelegenheit, die Strände zu genießen.

Zentrum

Einen Bummel durch die Stadt mit ihren Restaurants, Cafes und Geschäften an kopfsteingepflasterten Straßen (u.a. Broad/Main/Federal/India/Chestnut Street) sollte man nicht auslassen. Die Boutiquen und Restaurants in Nantucket wenden sich indessen weniger an Tagesbesucher als an die superreichen Sommerresidenten. Die Preise sind entsprechend.

Museen

Neben vielen historischen Häusern, in denen kleine Museen untergebracht sind, lohnt das hervorragende **Whaling Museum** den Besuch (15 Broad Street, im Sommer täglich 10-17 Uhr, $17). Zu sehen sind u.a. das Skelett eines Spermwales, Walfänger-Modelle, viele *Scrimshaw*-Schnitzereien (⇨ Kasten Seite 234) und Galionsfiguren. In der museumseigenen Kerzenfabrik erfährt man, wie das kostbare Spermwalöl gewonnen, bearbeitet und vermarktet wurde; www.nha.org.

Unterkunft

Wer über Nacht auf der Insel bleiben will, muss in der Hochsaison tief in die Tasche greifen. Hier ein noch moderates Beispiel:

- **The Beachside at Nantucket**, 30 N Beach Street, gute Lage unweit der Stadt, Buslinie, Pool, renovierte Zimmer; NS ab $170, HS ab $320; ✆ (508) 228-2241; www.thebeachside.com

- **International Hostel Nantucket (HI)** an der Surfside Beach; ✆ (508) 228-0433, ab $27/Nacht und Bett; www.hiusa.org

- Alle 39 Unterkünfte der Insel unter: www.nantucketchamber.org

Campingplätze existieren auf Nantucket nicht.

Blick von der Fähre
auf Martha's Vineyard

*Klassische
Nantucket-
Architektur
at it's best*

2

Plymouth www.seeplymouth.com; www.visit-plymouth.com

Anfahrt

Von *Cape Cod* kommend liegt Plymouth ungefähr auf halbem Weg nach Boston. Die Entscheidung für die **Autobahn #3** fällt leicht, denn die küstennahe #3A ist nach *Cape Cod* reizlos. Beim *Exit 5* der #3 gibt es ein **Visitor Center** (9-17 Uhr), ✆ (508) 746-1150.

Cradle of America

Plymouth, *Mayflower* und **Pilgrim Fathers** stehen in den USA als Synonyme für die »Wiege (*cradle*) der Neuen Welt«. Von dort nahm die weiße und protestantische Besiedelung des Kontinents ihren Ausgang.

Plymouth als Standquartier

Wer gern mehrere Tage an einem festen Ort bleiben möchte, kann von Plymouth aus gut Sternfahrten unternehmen: Attraktionen wie *Cape Cod*, Boston und Newport sind in einer Autostunde erreicht, auch Zugfahrten nach Boston sind möglich. Das angenehm ruhige, überschaubare Plymouth bietet außerdem vergleichsweise preiswerte Quartiere und hat nahebei zwei schöne Campingplätze (➪ Seite 257).

Visitor Center/ Shuttle

Bei der *Town Wharf*, 130 Water Street, befindet sich eine *Visitor Information* (mit Wifi), wo man auch bei der Quartiersuche hilft (im Sommer täglich 9-17.30 Uhr, ✆ (508) 747-7525. **America's Hometown Shuttle** *(Hop-on-Hop-off)* hält vor der Tür und läuft alle historischen Stätten an (tägl. 9.30-17.30 Uhr, alle 60 min. Tagespass $15/$7,50; *Family Pack* $25) GATRA, der »normale« Bus verbindet die *Mayflower II* mit der *Plimoth Plantation*.

Lokale

Rund um die **Town Wharf** gibt es Fischrestaurants mit *Lobster* und *Lobster Rolls* (urig das *Wood's Seafood* und *Lobster Hut*) und den **Village Landing Market Place**, restaurierte alte Fischerhäuschen mit Cafés und Shops. Die Haupteinkaufsstraße Main Street und deren Verlängerung Court Street liegen einen Block weiter landeinwärts.

Mayflower II

Die Nachbildung (von 1957) der **Mayflower** liegt zentral (zu Fuß 10 min) südlich davon an der **State Pier**. An Bord berichten u.a. in zeitgenössische Kostüme gekleidete Schauspieler als Seeleute und Passagiere über die Härte der Atlantiküberquerung. Eine gut gemachte Ausstellung informiert über die damalige Seefahrt und den Handel mit der Neuen Welt; April-Nov. täglich 9-17 Uhr. **Einzelticket $10/$7**. Kombi ➪ nächste Seite.

Plymouth Rock

Von der *Mayflower* ist der **Plymouth Rock** (↻ Kasten) und der gegenüberliegende *Cole's Hill* zu Fuß schnell erreicht. Dort begruben die Neuankömmlinge im Winter 1621 nachts heimlich ihre Toten, um vor den Indianern zu verbergen, wie rasch sich ihre ohnehin kleine Schar dezimierte. Auf diesem Hügel steht eine Statue des *Wampanoag*-Häuptlings **Massasoit**, mit dem die Siedler einen Friedensvertrag schlossen, ferner nahebei die der **Pilgrim Mother**, **Pilgrim Maiden** und **Bradfords** (Erster *Governeur*).

Museen

Nach Renovierung und Erweiterung hat man im **Pilgrim Hall Museum** (75 Court Street/#3A) auch inhaltlich neue Akzente gesetzt und Geschichte sowie Bedeutung der Pilgrims (viele Originalstücke) in einen gut arrangierten Kontext gestellt. Auch wechselnde Ausstellungen. Täglich 9.30-16.30 Uhr, $8/$5.

Zwei alte Häuser, das **Sparrow House** (1640) in der Summer und das **Howland House** (1667) in der Sandwich Street sind heute ebenfalls Museen und Zeugen dafür, dass die *Pilgrims* und ihre Nachkommen es sich schon nach relativ kurzer Zeit gemütlicher machten als auf der *Plimoth Plantation*.

Zudem gibt es **Dead of Night Ghost Tours** zum Burial Hill (westlich der Main Street (#3A) zum nächtlichen Gruseln unter Führung eines »echten« *Pilgrim*.

Plimoth Plantation

Der Weg zur *Plimoth Plantation* ist gut ausgeschildert; von *Downtown* Plymouth sind es auf der Main Street (= #3A) ca. 3 mi in südöstliche Richtung. Hinter dem Parkplatz wartet ein **Visitor Center**, in dem ein kurzer Film über die *Pilgrims* (»*Two Peoples, one story*«) auf den Besuch einstimmt. **Öffnungszeiten** wie *Mayflower*. **E**inzelticket **$24/$15**; Kombiticket mit *Mayflower* $29,50/$19 (gilt 2 Tage); www.plimoth.org.

Der *Plantation* Komplex ist ein kleines, perfektes **Living Museum**. In dieser palisadenumstandenen Siedlung wird das Leben der *Pilgrims* sieben Jahre nach Landung der *Mayflower* – also im Jahr 1627 – lebendig nachgespielt. In kleinen strohgedeckten Häusern wohnen die *Shakespeare-English* sprechenden »originalen« Familien, die *Bradfords, Standishs, Oldens, Fullers* etc. und führen den Besuchern ihren Alltag vor. Es wird gehobelt, gemolken, gekocht und gepflanzt oder geerntet; wer mit den Akteuren ins Gespräch kommt, wird bestens informiert.

First Nations (Indianer)

In der **Wampanoag Homesite**, einige Schritte außerhalb der Palisaden erfährt man in den **Wigwams**, wie man im 17. Jahrhundert lebte, wie die Siedler von den *Wampanoags* Wildnis-Survival lernten, und statt Dankbarkeit von den *Pilgrims* nur deren Lehren über die göttliche Vorsehung hörten. 1621 zelebrierte man hier erstmalig *Thanksgiving* (Erntedankfest), einen in den USA bis

Die Pilgrim Fathers

Die **Mayflower** legte im heutigen Plymouth am **21.12.1620** an. Der **Plymouth Rock**, wo die *Pilgrim Fathers* endgültig an Land gingen, ist mit seiner tempel-artigen Umbauung heute eine Art Heiligenschrein. Von den 102 Passagieren der *Mayflower* gehörten nur 41 jener religiös motivierten Gruppierung an, die sich von der *Church of England* abgespalten hatte. Die anderen waren Dienst-boten, See- und Kaufleute, die ihr Glück in der Neuen Welt versuchen wollten, meist Mitglieder der anglikanischen Kirche. Die Separatisten – nur sie gelten als **Pilgrims** – hatten viel gelitten, um den reinen Glauben im Sinne Calvins zu leben und zu lehren: zunächst die Emigration nach Leyden in Holland, dann 66 strapaziöse Tage auf hoher See und schließlich den ersten sehr harten Win-ter. Nur die Hälfte der Neuankömmlinge überlebte. Wer in direkter Linie von ihnen abstammt, wird heute in den USA zum »**Hochadel**« gezählt.

Der *Plymouth Rock* war keineswegs das Ziel der Emigranten. Sie standen bei der *Virginia Company* in Jamestown/Virginia unter Vertrag. Diese erste engli-sche Niederlassung gab es schon seit 1607; sie benötigte dringend Siedler. Und daher hatte man sogar Mitglieder der geächteten *Pilgrim*-Sekte unter Vertrag genommen. Die *Mayflower* verfehlte Virginia aber um etliche hundert Meilen und dümpelte wochenlang vor *Cape Cod*, wo der Vertrag mit der *Company* nicht hinreichte. Also setzten die 41 *Pilgrims* mit den 61 anderen Emigranten des Schiffes den *Mayflower Compact* auf, in dem sich vor Verlassen der *May-flower* jeder verpflichtete, eine zukünftige wie auch immer geartete Regierung auf der Grundlage von Gleichheit und Gerechtigkeit anzuerkennen. Dieser **Mayflower Compact** gilt als die erste quasi vordemokratisch soziale Verein-barung der Neuen Welt.

Ein Nachbau der Mayflower im Hafen von Plymouth

heute ungleich wichtigeren Feiertag als bei uns. Manchmal kann dort auch jemand die Situation der Indianer in Neuengland heute erläutern. Im **Craft Center** wird sowohl indianisches wie »englisches« altes Kunsthandwerk gepflegt. Im **Nye Barn** hält man bis ins 17. Jahrhundert zurückgezüchtete (!) Haustiere.

Schiffstouren *Cape Cod Cruises* bietet einen **Express Ferry Trip** von Plymouth nach Cape Cod. Das spart viele Asphaltkilometer; Dauer 90 min. Mitte Juni-Anfang Sept. täglich vom **State Pier** bei der *Mayflower*, um 10 Uhr, Rückfahrt ab Provincetown 16.30 Uhr, *Round Trip* $42/$32; www.provincetownferry.com.

Captain John offeriert ferner ab der *Town Wharf* **4-Std-Whale Watching Tours** ($43/$29) und **Deep Sea Fishing Trips** ($35-$52). Ende Juni-Anfang September täglich mehrere Abfahrten, sonst April/Sept. meist Sa/So; ✆ 1-800-242-2469, www.captjohn.com.

Cranberry Road Südwestlich Plymouth lohnt (nur!) im Frühherbst eine Fahrt entlang der Cranberry Road (↪ Zufahrt unter *Myles Standish State Forest* rechts). *Cranberries* sind eine Art Preiselbeeren, die in Neuengland auf **Cranberry Bogs**, tiefliegenden Feldern, angebaut werden. Zur Ernte harkt man die Beeren maschinell ab und flutet danach die *Bogs*. Millionen roter Kügelchen schwimmen dann ihrer Verarbeitung zu fruchtigen Desserts, gelierten Torten und kremigen Soßen entgegen. Die Indianer nutzten den gepressten Beerensaft als Textil-Färbemittel und zur Wundheilung. Im *Visitor Center* in Plymouth weiß man, wann das Spektakel stattfindet.

Unterkunft Die Tarife für Plymouth' Quartiere sind nicht niedrig, in der Nebensaison aber moderat; es gibt auch viele *B&B's*.

• **Best Western PLUS Cold Spring**, 180 Court Street; Pool, Wifi, Toplage: 600 m zur Mayflower und Mall; 4 km zur *Plimoth Plantation*; ab $120; ✆ (508) 746-2222; www.bwcoldspring.com Dieses BW eignet sich auch für einen Boston-Besuch: *Park & Ride* (3$) bei der MBTA-Station *Kingston/Plymouth* und P&R-Bus (#3, *Exit* 5) für $14 in 70 min nach Boston City; aktuelle Daten bei der *Plymouth Visitor Info*.

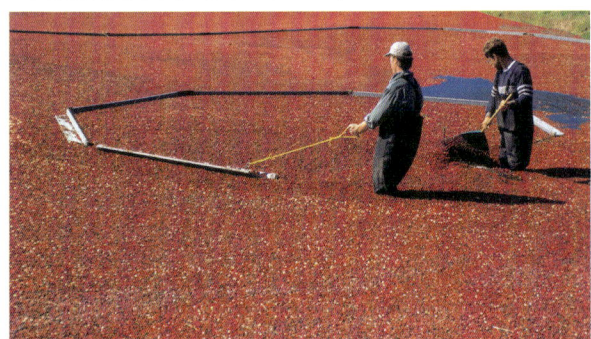

»Ernten« der Cranberries nach dem Aufschwimmen im »Bog«

»Bewohner«
und
Besucher
in der
Plimoth
Plantation

- *Best Western Cold Spring* gleich nebenan, ✆ 1-800-842-7438, (weitere Boston P&R-Unterkünfte ➪ Seiten 266 und 289)

- *By the Sea Bed & Breakfast*, 22 Winslow Street direkt am Wasser unweit der »Mayflower«, Terrasse mit Weitblick, $135-$190; ✆ 1-800-593-6988, www.bytheseabedandbreakfast.com

- *Seabreeze Inn B&B*, 20 Chilton Street, $135-$150, ✆ 1-866-746-0280 und ✆ (508) 746-0282; www.seabreezeinnbandb.com

- *Auberge Gladstone*, koloniales Haus mit modernen Zimmern, B&B, 8 Vernon Street, $125-$145, ✆ (508) 830-1890 und ✆ 1-866-722-1890, www.aubergegladstone.com

- **Tipp:** *Blue Spruce Motel & Town Houses*, an der #3A, 4 mi südlich der *Plimoth Plantation*; ansprechendes Motel, »Hausstrand« und nur drei Autominuten zur schönen *White Horse Beach*, $89-$119, Wohnung für 8 Pers. $189-$229, ✆ (508) 224-3990, ✆ 1-800-370-7080; www.bluespruce-motel.com

Camping

Im nahen weitläufigen *Myles Standish State Forest* (mit Rad- und Wanderwegen), befinden sich mehrere *Campgrounds*, z.T. mit Badeseen. Beste Zufahrt zu den *Headquarters* (dort anmelden!) von Plymouth über die #44 (*Exit* 6 B der #3), dann #58 Richtung South Carver (dabei passiert man zahlreiche *Cranberry Bogs*, ➪ oben), dort in die Cranberry Road. Anfahrt von Westen über I-495, *Exit* 2 zur Route 58 *North*, dann auf die Cranberry Road, $14. Reservierung ist hier angezeigt: www.reserveamerica.com.

Eine Alternative ist der *Pinewood Lodge Campground*, 190 Pinewood Road; 275 Stellplätze, schattig, Badesee, *Cabins*; Zufahrt von Plymouth über die Straße #3, *Exit* 6B, dann 3 mi auf der #44 West; ✆ (508) 746-3548. Etwas südlicher liegt der *Sandy Pond Campground*; Zufahrt von Plymouth: Straße #3, *Exit* 3, dann links in die Long Pond Road, rechts in die Halfway Pond Road und wieder nach links in die Bourne Road; ✆ (508)-759-9336.

2.4   Boston und Umgebung   www.bostonusa.com

Einwohner: 618.000, Großraum 7,5 Mio

**Kenn-
zeichnung**

Blickt man aus der Vogelperspektive, etwa von der Aussichtsplattform des *Prudential Center* auf Boston herab, sieht man ein
Meer aus rotem Backstein, das von zwei- bis vierstöckigen viktorianischen Häusern dominiert wird: Boston wirkt dort nach wie
vor *very british.* Mit der Neugestaltung des **Hafenbereiches** wurden kürzlich architektonisch frische Akzente gesetzt und die Stadt
zum Meer hin geöffnet. Moderne Parks und glitzernde Glaspaläste
präsentieren sich heute als eine lebenswerte Alternative zu den
klassischen Vierteln *Beacon Hill* oder *Back Bay.*

Boston heute

Boston galt lange als die **Stadt der WASPs**, der *White Anglo-Saxon
Protestants*, die stolz darauf sind, einerseits im alten Europa zu
wurzeln und andererseits die Vereinigten Staaten von Amerika
»aus der Wiege« gehoben zu haben. Auch wenn die Bewohner inzwischen ein »Mix« aus aller Welt sind, wird der **Bostonian** noch
immer – je nach Sichtweise – als gebildet und kultiviert oder arro-
gant und elitär angesehen. 100 Universitäten und *Colleges* mit
300.000 Studenten in und um Boston sorgen tatsächlich für einen
überdurchschnittlich hohen Akademikeranteil der Bevölkerung.

Boston ist eine schöne, nordeuropäisch wirkende, lebendige Wirt-
schaftsmetropole, in der man gut bummeln, einkaufen und essen
kann. Außerdem wird man kaum irgendwo sonst so anschaulich
und detailliert über Geschichte und Entwicklung der amerikanischen Unabhängigkeit informiert. Zurückgekehrt in die Gegenwart wartet ein modernes Kultur- und Entertainmentprogramm
auf die Besucher der Stadt. Wer länger bleibt, sollte sich abseits der
Historie Zeit nehmen, um ein wenig vom
Lebensgefühl im *South End, North
End* und dem wachsenden *South
Boston* zu schnuppern.

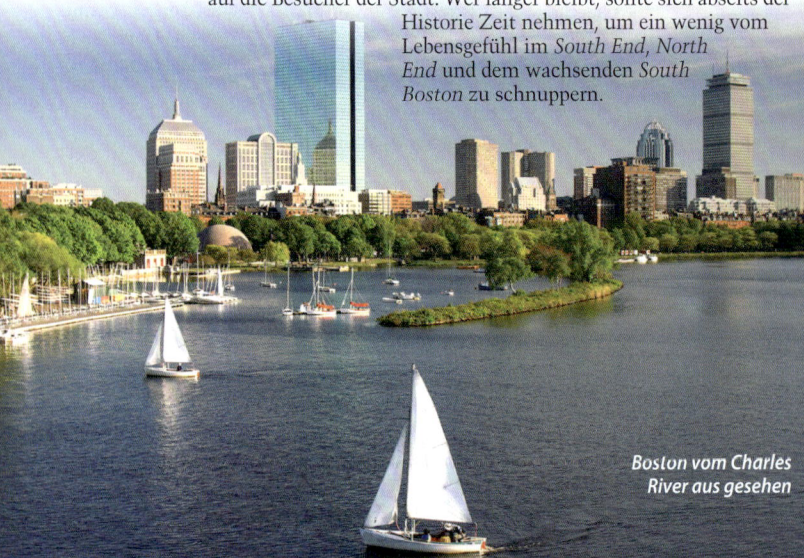

*Boston vom Charles
River aus gesehen*

2.4.1   Geschichte

Gründung

Der als Stadtgründer geltende *John Winthrop* und eine Gruppe von Puritanern, die der religiösen Unfreiheit Englands entflohen war, hatten 1630 beschlossen, eine Modellstadt zu errichten. Frömmigkeit und Tugend sollten als oberste Prinzipien gelten. Wessen Verhalten in dieser Hinsicht zu Tadel Anlass gab, kam – schon bei geringfügigen Verfehlungen – an den Pranger und ziemlich rasch auch an den Galgen. Arbeit galt als höchste der Tugenden. Da auch Verschwendungssucht zu den Sünden zählte, blieb den *Bostonians* nichts anderes übrig, als reich zu werden.

Handel und Wandel

Die Siedlung entwickelte sich rasch zum größten Handelshafen des Nordostens. Trotz ihres hohen moralischen Anspruchs waren die Bostoner Kaufleute in der Wahl der Mittel nicht zimperlich. Vor allem der seinerzeitige sog. **Dreieckshandel** war berüchtigt und alles andere als ehrenhaft: Man importierte Melasse (eingedickten Zuckerrohrsaft) aus der Karibik und stellte daraus Rum her, den man wiederum nach Europa und Afrika exportierte und dafür Sklaven einkaufte.

Die Plantagenbesitzer im Süden Nordamerikas und in der Karibik zahlten für sie hohe Kopfprämien, die wiederum in Melasse investiert werden konnten. Die britische Regierung ließ die Kaufleute im fernen Boston unbehelligt, solange sie Rohstoffe an das Mutterland lieferten und dafür Fertigwaren mit zurücknahmen.

Unabhängig-keits-bewegung

Die Beziehung zwischen Kolonie und Mutterland änderte sich grundlegend, als *George III.* von England Geld benötigte, um ein durch den Krieg mit Frankreich (1754-63) entstandenes Loch im Finanzhaushalt zu stopfen, und versuchte deshalb, **Steuern** in den Kolonien einzutreiben. Doch die forderten als Gegenleistung Mitspracherecht im britischen Parlament: *No Taxation without Representation*! Diese Protestbewegung wurde überwiegend vom gebildeten, liberalen Bürgertum Bostons getragen. Die »**Söhne der Freiheit**«, wie sich die Patrioten um *John Hancock*, *Samuel Adams* und *Sam Otis* nannten, setzten sich nicht nur mit flammenden Reden zur Wehr, sondern führten zur Umgehung der Steuern zudem Waren aus anderen Ländern ein. Dies betrachteten die Engländer als Schmuggel und ließen Bostoner Kaufmannshäuser von Militär durchsuchen. Am 5. März 1770 kam es zu einer Schießerei, dem sog. *Boston Massacre*, bei dem 5 Bostoner Bürger getötet wurden.

Boston Tea Party

1773 wurden fast alle Steuergesetze und Einschränkungen für den Handel der nordamerikanischen Kolonien mit anderen Ländern rückgängig gemacht, bis auf eine – eher symbolische – **Tee-steuer**. Sie war der Grund, dass im Dezember desselben Jahres einige als Indianer verkleidete Bostoner die Fracht des mit Tee beladenen britischen Handelsschiffes *Beaver* über Bord warfen, ein Ereignis, das als **Boston Tea Party** in die Geschichte einging und den Unabhängigkeitskampf einläutete. Die Engländer sperrten nach dieser Aktion den Hafen und brachten die Kolonisten durch

*Alter Stich,
der Boston
Tea Party,
während der
als Indianer
verkleidete
Bostonias die
versteuerten
Teekisten
ins Wasser
des Hafens
warfen*

einen drastischen Strafkatalog von neuem gegen sich auf. Die nachfolgenden Ereignisse führten zum amerikanischen Unabhängigkeitskrieg (1775-1783), dessen erste Schlachten in der Nähe von Boston ausgetragen wurden (➭ Lexington, Seiten 287f).

Bevölkerung   Für Boston endete der Unabhängigkeitskrieg mit einem wirtschaftlichen Einbruch, von dem es sich aber durch die **Industrialisierung** schnell erholte (➭ Seite 202). Ab Mitte des 19. Jahrhunderts erfolgte ein starker Zustrom von **Immigranten**, zuerst **Iren**, dann **Italiener** und osteuropäische **Juden**. Die alteingesessenen *WASPs* hatten erhebliche Probleme vor allem mit den Iren, die arm, katholisch und ungebildet waren. Dennoch gelang es ihnen sich hochzuarbeiten. Das galt besonders in der Politik, wiewohl mitunter mit zweifelhaften Methoden. Was Vetternwirtschaft und Korruption anbelangt, lief das vornehme Boston dem als Gangsterstadt verrufenen Chicago zeitweise sogar den Rang ab.

Politik   Seit Ende des 19. Jahrhunderts kamen fast alle Bürgermeister Bostons aus der *Irish Community*. Einer der populärsten irischen Politiker, zeitweise auch Bürgermeister und zugleich erfolgreicher Geschäftsmann war *John F. Fitzgerald*, Großvater von **John F. Kennedy**. Der Enkel versuchte (im Gegensatz zum Vorfahr), Politik mit Ehrlichkeit und Idealismus zu verbinden und wurde mit diesem Anspruch erster nicht-protestantischer US-Präsident.

Da die aufgeklärte Oberschicht sehr früh gegen die Sklaverei eintrat, war Boston damals Ziel für viele aus den Südstaaten geflohener Schwarzer (➭ Seite 276), denn dort kämpfte *William Lloyd Garrison* als einer der ersten für die 1865 errichtete Sklavenbefreiung. Als aber um 1900 der Zug der Schwarzen von den Baumwollfeldern des Südens zu den Industriestädten des Nordens einsetzte, gab es auch in Boston für sie nicht nur offene Arme. **Noch 1971 kam es nach Einführung des »*Busing*« (weiße Kinder wurden zwecks Integration in schwarze Stadtteile gefahren und umgekehrt)** zu gewaltsamen Auseinandersetzungen, die an die 1950er- und 1960er-Jahre in den Südstaaten erinnerten.

Ethnische Gegensätze

Die alten Gegensätze in Boston zwischen *Wasps*, Iren und Italo-Amerikanern sind heute Historie und Spannungen zwischen Weißen, Schwarzen, Asiaten und Latinos gewichen. Wurden bis vor einigen Jahren Stadtteile mit überwiegend schwarzer oder hispanischer Bevölkerung, wie Roxbury oder Dorchester, kaum erwähnt, gibt man sich heute eher multikulturell.

2.4.2   Transport, Verkehr und Information

Flughafen

Der **Boston Logan International Airport** (www.massport.com) ist keine 3 mi vom Zentrum entfernt. Der *Ted-Williams*-Tunnel verbindet ihn direkt mit der I-90/*Massachusetts Turnpike* und der *Sumner*- bzw. *Callahan* Tunnel mit der I-93; auf dieser Route geht es am schnellsten mit dem Auto (Mietwagen) in die City.

Anfahrt/ Abfahrt per Straße per U-Bahn

Problemloser nimmt man die **U-Bahn** ins Zentrum. Die Busse #22 und #33 fahren (gratis) zur *Airport Station*. Von dort geht es mit der **Silver Line** zur *South Station* und von dort in das gigantische Netz der *Massachusetts Bay Transportation Authority* (**MBTA**, kurz **T**), die ganz *Greater Boston* versorgt; www.mbta.com. Alternativ zur *Silver Line* nimmt man direkt vom *Airport Terminal* die **Blue Line** zur State Street.

Wassertaxi

Ein **MBTA-Boat** verkehrt zwischen **Logan Dock** (kostenloser *Shuttle* #66 dorthin) und der **Long Wharf** an der *Harbor Front* in *Downtown* ($10), eine empfehlenswerte Möglichkeit, wenn's passt, was das Endziel angeht.

Ferner fährt das **Water Taxi** nach *Downtown*. Zentral liegt *Long Wharf* an der *Harbor Front*; Mo-Sa 10-22 Uhr, So 20 Uhr; $10, Kinder unter 12 frei. ✆ (617) 422-0392; www.citywatertaxi.com

Taxi

Eine Taxifahrt zur nahen *Downtown* wird nach Taxameter abgerechnet: $5,40 pro Meile; im Stadtgebiet sind das $17-$35. Bei über 20 Meilen gibt es eine nach Orten festgeschriebene *Flatrate*.

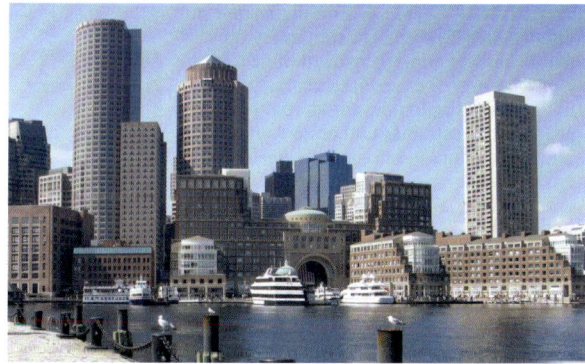

Boston Harborfront und Skyline

Bahn	***South Station*** in der Atlantic Ave/Summer Street: Züge nach Süden und Westen.
	North Station in der Causeway Street: Züge nach Norden; z.B. nach Salem, ⇨ Seite 291.
Fernbusse	***Vermont Transit***, ***Greyhound u.a.*** haben ihr ***Terminal*** in der South Station, 700 Atlantic Ave, ***Peter Pan Bus*** gleich gegenüber.
U-Bahn, Bus und Trolley	Die älteste U-Bahn der USA, die ***Rapid Transit Line***, ist schnell und effizient, ihre Umstellung auf ein computerisiertes Ticketsystem vorbildlich gelungen, ⇨ Kasten.
	Als »Anhängsel« der *Green Line* verkehren **Straßenbahnen** (*Above Ground Trolleys*) ab Copley Square.
	Für **U-Bahn, Busse** und ***Inner-Harbor Ferry*** gibt es **Tages- und 7-Tage-Pässe** ($9 und $15), die sich sogar auf die *Charlie Cards* laden lassen, ⇨ Kasten.
Zufahrt/ Orientierung im Auto	Von wo auch man per Auto anfährt, man stößt immer auf die halbringförmig Boston umschließende **Stadtumgehung**, die **I-95**. Von ihr nimmt man mit Ziel *Downtown* von Süden am besten die **I-93/#3** (***Southeast Expressway)***, von Nordosten **#1 (*Northeast Expressway)*** und von Westen die **I-90** (***Massachusetts Turnpike)***.

Charlie Ticket und Charlie Card
(www.mbta.com/fares_and_passes/charlie/?id=5592)

Die einfache Fahrt mit der Bostoner U-Bahn kostet »eigentlich« den Einheitspreis von $2 unabhängig von der Distanz. Allerdings führt das Ziehen von Einzeltickets an den Automaten (*Cash*- und Kreditkartenzahlung möglich) oder in **On-Board-Fare-Boxes** (so was gibt's in Boston, aber dort nur *Cash*) zu einem Zuschlag von bis zu $1. Umsteigen in einen Bus kostet dann $1,50 extra. Dasselbe gilt auch für sog. ***Charlie Tickets***, die mit mehr als den Kosten nur einer Fahrt aufgeladen werden können. Bei Einstieg in die Bahn, wird der Ticketpreis von der Karte abgebucht. *Charlie Tickets* gibt's an den Automaten, aber auch in vielen Shops der Stadt.

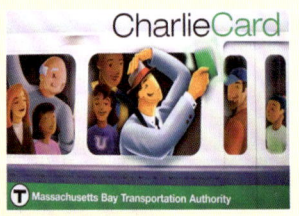

Wer ein paar Tage in Boston bleibt und mit öffentlichen Verkehrsmitteln unterwegs ist, sollte sich ggf. eine strapazierfähige ***Charlie Card*** besorgen, eine Plastikkarte, die man ebenfalls aufladen kann, deren Nutzung aber **zuschlagsfrei** ist und ohne Aufpreis das Umsteigen auf Busse erlaubt. ***Charlie Cards*** (als solche zunächst gratis) besorgt man sich an Ticketschaltern in größeren Stationen oder auch in Shops. Sie können dort oder auch am Automaten aufgeladen werden. Wer sich mit seiner *Charlie Card* online registrieren lässt, kann sie ebenfalls online nachladen und bei Verlust sperren lassen.

Eine **Erweiterung** des Geltungsbreichs der ***Charlie Card*** auf Commuterzüge und *Boat Shuttles* (auch zum Airport, ⇨ oben), soll demnächst erfolgen.

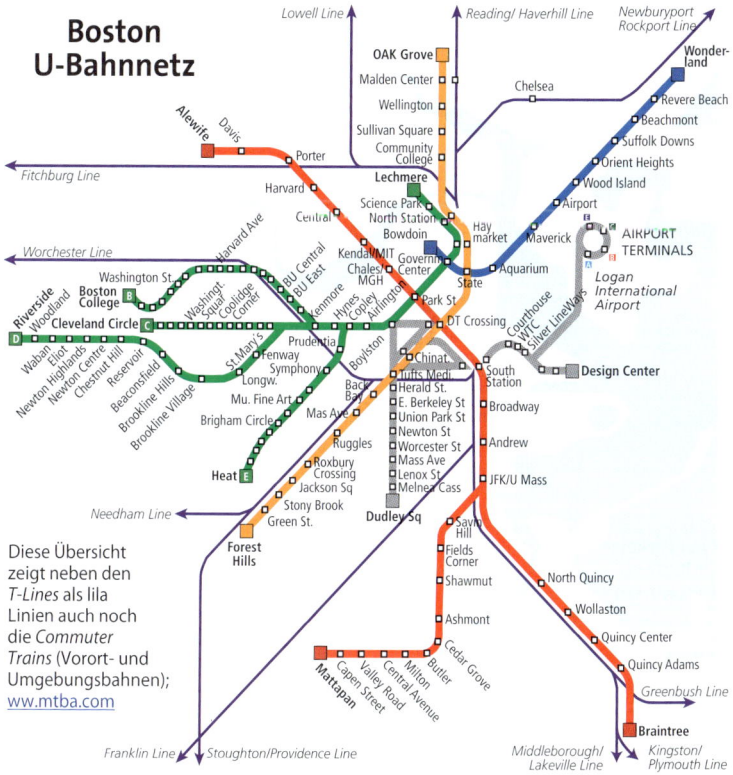

Boston U-Bahnnetz

Diese Übersicht zeigt neben den *T-Lines* als lila Linien auch noch die *Commuter Trains* (Vorort- und Umgebungsbahnen); ww.mtba.com

Die einst die Stadt auf Stelzen durchschneidende Autobahn (*Fitzgerald Expressway*) wurde unter die Erde gelegt, ein »**Big Dig**« genanntes Mammutprojekt. Der Verkehr durch die Stadt läuft nun viel besser. Die gewonnenen Flächen wurden zu Grünanlagen. Trotz dieser Entlastung ist dringend davon abzuraten, mit dem Auto – schon gar nicht mit dem Camper – in die Innenstadt zu fahren. Denn Bostons Stadtanlage ist unregelmäßig wie in europäischen Städten, die Orientierung daher speziell in der Altstadt schwierig. Hinzu kommt ein nahezu **undurchschaubares Einbahnstraßensystem**.

Parken

Parken im zentralen Boston ist schwierig. Die **Tiefgaragen** sind im Citybereich meist voll und teuer. Mit Glück findet man Platz in der **Garage unter dem *Boston Common*** (Einfahrt in der Charles Street), einem idealen Ausgangspunkt für eine Stadterkundung. Ebenfalls zentral liegen die **Garagen im *Prudential Center*/*Copley Square*, *Boston Harbor*** und *Newberry Street Garages*.

Die Parkgebühren betragen ab $8/Stunde und $20-$35/Tag. **Parkuhren** eignen sich nur für Kurzparker (30 min); sie werden streng kontrolliert. Wer sein Quartier außerhalb der *Inner City* gebucht hat, sollte an der nächsten T-Station oder an einem Bahnhof **Commuterrail Park & Ride** nutzen (Parken $3/Tag, ↷ Abbildung) und per Bahn in die City fahren.

Information

Das **Boston Common Information Center** befindet sich am gleichnamigen zentralen Park, 148 Tremont Street; Mo-Sa 8.30-17 Uhr, So 10-18 Uhr; ✆ (617) 536-4100; www.bostonusa.com/visit.

Weitere Besucherinformationen gibt es im **Prudential Center**, Mo-Fr 9-18 Uhr, Sa+So 10-18 Uhr, ✆ 1-888-733-2678 für beide Center.

Die historischen Gebäude am *Freedom Trail* werden vom **National Park Service** verwaltet, dessen **Visitor Center** befinden sich in der *Faneuil Hall* gegenüber dem *Old Court House*, 15 State Street, und im *Charleston Navy Yard*, Building 5, 55 Constitution Road (beide täglich 9-17 Uhr, ✆ (617) 242-5642), www.nps.gov/bost.

Kombitickets für Bostons Attraktionen

Ein **City Pass** für 5 Top-Sehenswürdigkeiten kostet $46/$29. Mit der **Go-Boston-Card** (ab $60/$40 für einen Tag bis $185/$140 für 7 Tage) hat man Zugang zu 70 Attraktionen. Das kann ein vorteilhaftes Angebot sein, lohnt aber nur für Unermüdliche.

Alle diese Tickets sind in den Besucherinformationen erhältlich.

2.4.3   Unterkunft und Camping

Motels/ Hotels

Boston ist eine der teuersten US-Cities. Das gilt speziell fürs Unterkommen in der Nähe von *Downtown*. Die überwiegende Zahl der Hotels im Kernbereich gehört zur höheren bis Luxuskategorie mit ebensolchen Tarifen, aber es gibt günstige *Weekend Rates*.

In der City preislich noch akzeptabel sind:

- **Howard Johnson Fenway**, 1271 Boylston Street (günstige Lage nahe Kunstmuseen und Fenway Park; U-Bahn zu Fuß erreichbar, Parkplatz am Hotel), DZ $150-$230; ✆ (617) 267-8300 und ✆ 1-800-446-4656; www.howardjohnsonboston.com
- **Midtown Hotel**, 220 Huntington Ave, gute Lage unweit Newberry/Boylston Streets (U-Bahn/Parkplatz am Hotel); $150-$270. ✆ 1-800-343-1177; www.midtownhotel.com
- **Best Western Terrace Inn**, 1650 Commonwealth Avenue, liegt schon etwas abseits, hat aber den *T-Line Trolley* (grüne Linie) vor der Haustür, wie auch Restaurants. *Boston College* und *University* sind nicht weit. $170-$300; ✆ (671) 566-6260 und ✆ 1-800-242-8377; www.bestwestern.com/terraceinn

- *Newberry Guest House*, 261 Newberry St; prima Lage mitten im schicken Boston, elegant eingerichtet, aber kleine Zimmer; $165-$300, ℂ 1-800-437-7668; www.newburyguesthouse.com
- **Tipp:** *Beacon Inn* (2 Häuser in Brookline, westlich Fenway) Beacon Street 1087 und 1750 (T-Anschluss), DZ $99-$200, ℂ (617) 566-0088 und ℂ 1-888-575-0088; www.beaconinn.com
- **Tipp:** *John Jeffries House* in Beacon Hill, 14 David G Mugar Way, am Charles River (mit Garten); $124-$194, ℂ (617) 367-1866; Zimmer mit Kitchenette; www.johnjeffrieshouse.com

2

- **Tipp:** Das *Chandler Inn* im citynahen hippen Ausgehviertel *South End* hat kleine, moderne Zimmer mit Komfort. Rundherum gute Infrastruktur; 26 Chandler Street, nahe T-Station *Back Bay*; $190-$250; ℂ (617) 482-3450 und ℂ 1-800-482-3450; www.chandlerinn.com
- *Holiday Inn Boston Somerville,* nördlich von Cambridge, nur zwei Blocks entfernt von der *T-Station*; 30 Washington Street, Zufahrt über I-93/*Exit* 28, $175-$425; ℂ (617) 628-1000; www.holidayinn.com/somervillema

In **Cambridge** gibt es viele kleine Pensionen; sie sind (außer in der Zeit der Harvard-/MIT-Abschlussfeiern) halbwegs erschwinglich:

- *Harding House*, 288 Harvard Street, ℂ 1-877-489-2888 oder ℂ 617-876-2888, $80-$290; www.harding-house.com; kooperiert mit dem nahen:
- *The Irving House*, B&B, 24 Irving Street nahe Harvard Square; ℂ (617) 547-4600 und ℂ 1-877-547-4600, $165-$280 mit Bad/Parking; beide Häuser: www.cambridgeinns.com
- **Tipp**: *A Friendly Inn*, 1673 Cambridge Street, ℂ (617) 547-7851, DZ $115-$220; www.afinow.com/afi

Billig-quartiere

Den hohen Tarifen entgeht man nur in *Hostels* und *YMCA/YWCA*:

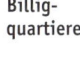

- *International Hostel Boston* (*HI Downtown*), 12 Hemenway Street, Back Bay, Bett $36-$45, DZ $100-$130, ℂ (617) 536-9455; www.bostonhostel.org
- *International Hostel Fenway (HI)*, 610 Beacon Street/Kenmore Square, ab $36/Bett; DZ $90-$120, ℂ (617) 267-8599
- *Greater Boston YMCA*, 316 Huntington Ave; *T-Station Northeastern* (Green Line) und *Mass Ave* (Orange Line); August-Mitte Mai nur für Männer, ab $50, 4-Bett-Zi $25/Person, ℂ (617) 927-8060; www.hostelworld.com
- *Berkeley Residence YWCA*; 40 Berkeley Street, *T-Station Back Bay*, ab $27/Bett, EZ ab $60, DZ $90, ℂ (617) 375-2524; www.hostelworld.com

Hotel-/B&B-Agenturen

Neben Hotelportalen wie www.hotels.com und www.hrs.com sollte man für die USA auch unter www.orbitz.com suchen.

Für **B&B-Quartiere** kommt www.boston-bnbagency.com in Frage, ℂ (617) 720-3540 und ℂ 1-800-248-9262

Segler als B&B	Übernachten kann man auch auf dem Schoner **Liberty Clipper**, sofern er nicht auf Kreuzfahrt ist: EZ $105, DZ ab $140; ℂ (617) 742-0333; www.libertyfleet.com/bed-and-breakfast.
Außerhalb	Auf dem Weg von Süden, Westen oder Norden nach Boston finden sich viele preiswertere Motels an den Autobahn-Ausfahrten, teils mit Anschluss an das Nahverkehrssystem (*Park & Ride*).

- **Tipp:** Günstig liegt das **Motel 6** in Braintree, 13 mi südöstlich von Boston an der *T-Station*, Straße #3 *Exit* 17. Die Zimmer nach hinten sind ruhig, ab $85, ℂ (781) 848-7890
- Weiteres **Motel 6** in **Framingham** 16 mi westlich (*Exit* 12 von der #90 (*Massachusetts Turnpike*), ab $64, ℂ (508) 620-0500
- Ebenfalls in **Framingham** befindet sich ein **Red Roof Inn**, gleiche Ausfahrt wie das *Motel 6*, ab $95, ℂ (508) 872-2579 sowie
- die **Econo Lodge**, ebendort, ab $75, ℂ (508) 879-1510

Von den drei letzten Motels ist es per Auto nicht weit zur MBTA-Station *Framingham*. Zug von dort nach Boston ca. 60 min..

Als Standorte für einen Bostonbesuch kommen auch **Lexington** und **Salem** (➪ Seiten 288ff) in Frage. Einen Plan des *MBTA-Commuter Rail Systems*, inklusive der Parkplätze gibt es an einigen großen Bahnhöfen und an der South und North Station in Boston.

Sightseeing mit Abhol-service ab Hotel	Wer nur einen Tag für Boston hat, sollte sich ein **Hotel weiter außerhalb** suchen, das von **Suburbs & Boston Sightseeing Tours** angelaufen wird, z.B. in **Lexington, Framingham** und **Braintree**. Der Trip zu den Hauptsehenswürdigkeiten dauert ca. 7 Stunden, und es bleibt genug Zeit, sich noch selbst umzusehen ($52, 10-16 Jahre $16, sonst frei), ℂ 1-800-237-8687; www.bostontours.com.
Camping	In Stadtbereich von Boston gibt es keinen und im Großraum nur einen empfehlenswerten Platz, obwohl der in der Einflugschneise des Flughafens liegt, nämlich

- den **Wompatuck State Park**, ca. 20 mi südöstlich: **Autobahn #3, Exit #14**, dann die #228, dann nach ca. 5 mi rechts in die Free Street. Vom nahen **Hingham Shipyard** (nördlich über die Straße #228) fährt wochentags etwa jede Stunde eine Passagierfähre (T) vom *Hewitt's Cove Ferry Terminal* **(Steamboat Wharf)** zur **Rowes Wharf** mitten in Boston; Parken $3/Tag; Ticket $12 retour; Dauer 30 min. Kurz: gute Kombination von Camping, Bootstour und Großstadt. Auch die nächste T-Station ist nicht weit: *Nantasket Junction*; Hingham, 190 Summer Street, mit Parkplatz ($4/Tag).

- **Nur mit Zelt** kann man (im Sommer) im **Boston Harbor Islands NRA** mit Blick auf die *Skyline* übernachten. Zu ihnen gelangt man ab Long Wharf in 30 min (*George Island*) plus Zubringerboot auf die »Campinginseln« 15-30 min, $14 Round Trip.

Ab *George Island* geht es weiter zu 4 Inseln mit einfachen *Campgrounds*. Ein Platz für 1-4 Personen kostet $6, mit Reservierung $9,25; ℂ (617) 223-8666; www.bostonislands.org/ camping; für die Fähre: ℂ (617) 770-0040; www.bostonsbestcruises.com.

Solche und ähnliche Amphicars schippern bei ihren Stadt-rundfahrten auch ein Stück durchs Hafenwasser

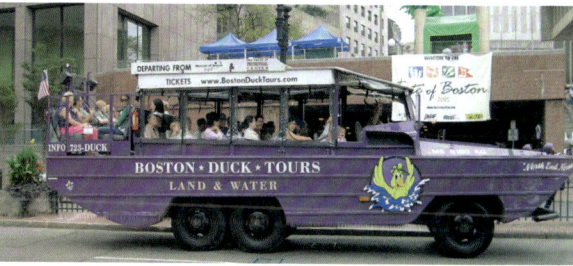

2.4.4 Stadtbesichtigung Boston

Rundfahrten

Boston lässt sich mit **Trolleys** innerhalb eines Tages besichtigen. Sie passieren auf einer Rundstrecke in saisonabhängiger Frequenz die wichtigsten Punkte. Die insgesamt 90-min-Fahrt darf beliebig oft unterbrochen werden (**Hop-on-hop-off Tours** $42, Kinder $16; 2-Tage-Ticket $48, Kind $23). An allen 19 Stationen kann man beginnen. Gegenüber dem *State House* am *Boston Common* (Beacon Street/Park Street) befindet sich der Einstieg in unmittelbarer Nähe des *Visitor Center* (Tremont Street/Park Street).

Beliebt sind auch die **Boston Duck Tours** mit *Amphicars* mit Stadtbesichtigung vom Charles River aus. Start vor dem **Supermarkt Shaw's**/Huntington Ave (nahe *Prudential Center*) und am *Museum of Science*, stündlich, $32/$22.

Außerdem gibt es thematische **Walking-Tours** und **Biketrips**, Angebote in den *Visitor Centers*. **Tipp:** von einem *Ranger* des *Nat'l Historic Park* geführte Spaziergänge entlang des **Freedom Trail** ab *Visitor Center* in der 15 State Street, ➭ Seite 264, gratis; Juli/August täglich 10, 11, 14 Uhr, sonst Mo-Fr 14, Sa+So 10 und 14 Uhr; www.nps.gov/bost/planyourvisit/guidedtours.htm.

Auch geführte Radtouren durch Parks, auf Promenaden und durch Wohnviertel sind beliebt, www.urbanadventours.com; 103 Atlantic Ave (nahe der *Faneuil Hall*). Fahrradverleih: ✆ (617)-233-7595.

Freedom Trail und Downtown Boston

Boston Common

Der **Common** (nördlich begrenzt durchs **State House**), Amerikas ältester öffentlicher Park, ist in Verbindung mit den westlich angrenzenden **Public Gardens** die zentrale Grünfläche der Stadt. Ab 1634 kommunales Weideland, wurde sie später Exerzierplatz, wo auch Hinrichtungen und Prügelstrafen ausgeführt wurden.

Washington Street

Der zur östlichen Parkgrenze des **Common** parallel verlaufende Abschnitt der Washington Street heißt **Downtown Crossing** und ist Hauptgeschäftsstraße mit eher billigen Läden (die feinen Einkaufsstraßen findet man in der *Back Bay*, ➭ Seite 276).

Südlich davon liegt **Chinatown** mit der Beach Street als Hauptader. Einige historische Theater wurden dort in *Dim-Sum* Hallen verwandelt, die sich mittags und abends großer Beliebtheit erfreuen. Der »wiederbelebte« *Theater District* schließt sich an.

Start Freedom Trail

Am Common beginnt auch der **Freedom Trail**. Der Freiheitspfad (5 km) führt entlang einer roten Linie auf dem Pflaster im Zickzack durch **Innenstadt** und **North End** vorbei an 16 historischen Gebäuden und Gedenkstätten der amerikanischen Unabhängigkeit und weiter bis zum **Bunker Hill Monument** und **Charlestown Navy Yard** mit der eindrucksvollen **USS Constitution** auf der anderen Seite des Charles River.

Historische Anlaufpunkte

Am **Freedom Trail** (➪ Karte rote Linie) reiht sich eine Sehenswürdigkeit an die nächste (Kernöffnungszeiten 10-17 Uhr; nur zwei der Gebäude kosten $5 Eintritt; www.thefreedomtrail.org):

- In der klassisch neuenglischen **Park Street Church** (1809) hielt *William Lloyd Garrisson* erste Reden gegen die Sklaverei.
- Die Gräber der bekanntesten Führer der Revolution wie *John Hancock, Samuel Adams* und *Paul Revere* kann man etwas weiter auf dem **Granary Burying Ground** (Tremont St) sehen.
- Die wie ein Tempel wirkende **King's Chapel** (1754) war die erste anglikanische Kirche Bostons (Tremont/School St).
- Daneben das alte **Rathaus** mit *Benjamin Franklins* Statue, einem führenden Kopf im Befreiungskampf (School Street).
- Mitte des 19. Jahrhunderts, als die erste amerikanische Dichter-Generation (*Emerson, Thoreau, Hawthorne*) Boston zum **Athens of America** machte, wurde der **Old Corner Bookstore** (Ecke School/Washington Street) zu einem Zentrum des geistigen Lebens. Heute befindet sich darin ein Juweliergeschäft.
- Im **Old South Meeting House** von 1729 (Washington/Milk St) fanden viele, oft turbulente Versammlungen statt, die schließlich zur **Boston Tea Party** führten (➪ Seite 259). Lebendig präsentierte Ausstellung täglich 9.30-17 Uhr, $6. Gegenüber (Ecke School Street) steht ein etwas theatralisches Denkmal, das an die erste große irische Einwanderungswelle 1850 erinnert.
- Das **Old State House** von 1713 (Court/ State Street) war vor der Revolution Sitz des britischen Gouverneurs, dann Sitz des Gouverneurs von Massachusetts, und ist heute ein brillantes Geschichtsmuseum. Wie auch im *Old South Meeting House* wird die revolutionäre Geschichte dargestellt. Englischkenntnisse erforderlich (täglich 9-17 Uhr, Eintritt $7,50/$3).
- Die **Faneuil Hall** (1742, Neubau 1806), in Sichtweite des *Old State House*, war Marktplatz und Versammlungsort. Ausgerechnet der Bürger *Faneuil*, der durch Sklavenhandel reich geworden war, vermachte die Halle der Stadt. Sie wurde zum Podium der Freiheitskämpfer und später der Anti-Sklavenbewegung. Heute bildet die *Faneuil Hall* zusammen mit den drei Gebäuden des früheren *Quincy Market* als **Faneuil Hall Marketplace** den attraktiven Mittelpunkt der Stadt (Mo-Sa 10-21, So 12-18 Uhr, *Food Court* und Lokale länger). In der Nachbarschaft (20 Clinton St) befindet sich ein **Hard Rock Café**.

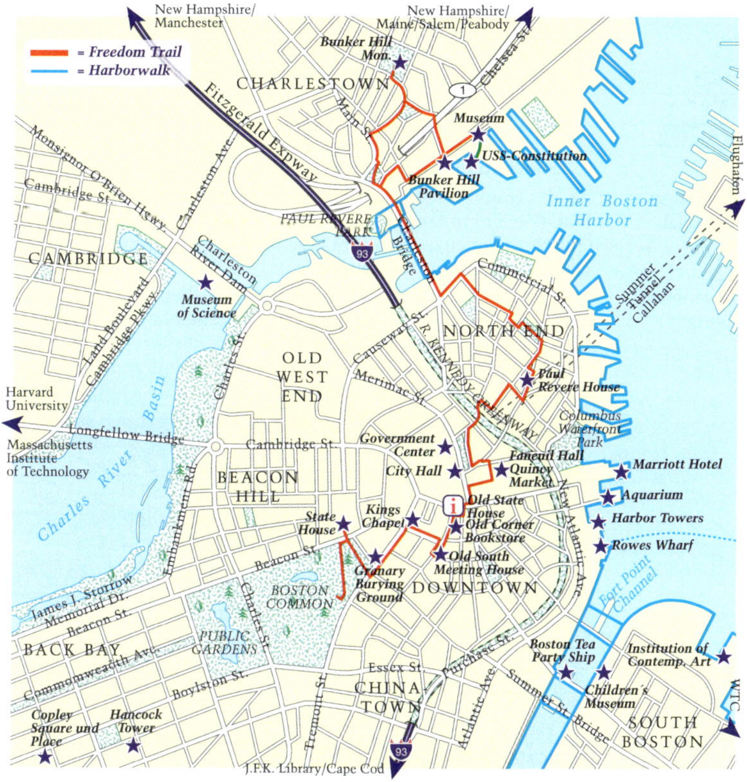

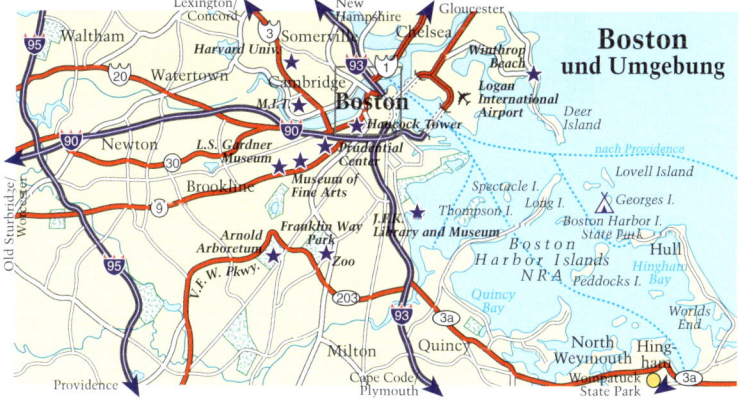

= Freedom Trail
= Harborwalk

New Hampshire/
Manchester

New Hampshire/
Maine/Salem/Peabody

Bunker Hill Mon.

CHARLESTOWN

Museum

USS-Constitution

Bunker Hill Pavilion

PAUL REVERE PARK

Inner Boston Harbor

Monsignor O'Brien Hwy.

Cambridge St.

CAMBRIDGE

Charleston River Dam

Museum of Science

Harvard University

Land Boulevard

Longfellow Bridge

Massachusetts Institute of Technology

Charles River Basin

OLD WEST END

Commercial St.

NORTH END

Paul Revere House

Columbus Waterfront Park

Cambridge St.

Government Center
City Hall

Faneuil Hall
Quincy Market

Marriott Hotel

Aquarium

Harbor Towers

Rowes Wharf

BEACON HILL

State House

Kings Chapel

Old State House
Old Corner Bookstore

Old South Meeting House

Charles River

James J. Storrow Memorial Dr.

Beacon St.

BOSTON COMMON

Granary Burying Ground

DOWNTOWN

BACK BAY

PUBLIC GARDENS

Commonwealth Ave.

Boylston St.

Essex St.

Boston Tea Party Ship

Institution of Contemp. Art

Copley Square and Place

Hancock Tower

CHINA TOWN

Atlantic Ave.

Summer St.

Children's Museum

SOUTH BOSTON

J.F.K. Library/Cape Cod

Boston und Umgebung

Lexington/Concord

New Hampshire

Gloucester

Waltham

Somerville

Chelsea

Winthrop Beach

95

Harvard Univ.

Watertown

Cambridge

M.I.T.

Boston

Logan International Airport

Deer Island

20

Newton

L.S. Gardner Museum

Hancock Tower
Prudential Center

nach Providence

90

Brookline

Museum of Fine Arts

Spectacle I.

Lovell Island

Long I.

Georges I.

30

9

Thompson I.

Boston Harbor I. State Park

Arnold Arboretum

Franklin Way Park

J.F.K. Library and Museum

Boston Harbor Islands NRA

Hull

95

Zoo

V.F.W. Pkwy.

Peddocks I.

Hingham Bay

203

Quincy Bay

Worlds End

93

3a

Milton

Quincy

North Weymouth

Hingham

Providence

Cape Cod/Plymouth

Wompatuck State Park

3a

In den ehemaligen Markthallen sind jede Menge Shops untergebracht. Die mittlere Halle (*Greek Revival* Stil, 1826) ist
hauptsächlich lukullischen Genüssen vorbehalten, und an den
Ständen oder in den **Terrassen-Restaurants** kann man sich
durch alle Küchen dieser Welt essen. Zwischen den Gebäuden
finden Vorführungen von Straßenmusikanten, Jongleuren,
Zauberern und anderen Open-air-Künstlern statt.

**Holocaust-
Denkmal**

An der Union Street steht das beeindruckende **Holocaust-Denk-
mal**. Die Nummern der KZ-Häftlinge sind dort auf engstehenden
Glaspaneelen eingeritzt. Ihm gegenüber liegt das nostalgische *Ye
Olde Oyster House*-Restaurant von 1826, ✆ (617) 227-2750.

**Government
Center**

So erfolgreich die Renovierung der Markthallen war, so fehl am
Platz wirkt in dieser Umgebung das *Government Center* mit der
City Hall, architektonisch eine Mischung aus aztekischer Pyra-
mide und überdimensionalem Taubenschlag mit viel Beton und
windigen, ungemütlichen Plätzen.

*Old
State House,
eingekeilt
von Hoch-
häusern,
⇨ Seite 271*

North End, Charlestown und Harborfront

North End

Der *Faneuil Hall Marketplace* und das älteste Wohngebiet Bos-
tons, das **North End**, waren jahrelang durch den hochgelegten
Fitzgerald Expressway voneinander getrennt. Jetzt verläuft die
Autobahn unterirdisch und Parks verbinden die Bezirke. Der
Freedom Trail ist auch hier nicht zu verfehlen.

Nachdem zu Geld gekommene Bostoner sich nach *Beacon Hill*
und in die *Back Bay* zurückgezogen hatten, siedelten sich dort ab
1850 viele Iren und später Italiener an. Die **Hanover Street** mit
ihren Backsteinfassaden ist Hauptstraße des *North End* und ein

quirliger Mittelpunkt von **Little Italy** mit italienischen Restaurants, Eisdielen und Cafés, die sich mehrheitlich dem modernen Schick entziehen. Bis heute hat die Hanover Street viel authentisches Flair der 1960er Jahre. Empfehlenswert ist das **Mamma Maria** am North Square; Reservierung unter ☎ (617)-532-0077.

Paul Revere House

Aber tagsüber kommen Touristen vornehmlich wegen des *Freedom Trail:* Da ist zum einen das **Paul Revere House** ($3,50/$1)) am North Square, ein Holzhaus von 1680 und somit das älteste erhaltene Wohnhaus der Stadt. Unweit davon liegt die *Paul Revere Mall*, wo ein Denkmal an den Helden erinnert: In der Nacht zum 17. April 1775 wurden in der *Old North Church* (Salem Street) zwei Laternen herausgehängt. Dies war das Zeichen dafür, dass die Engländer von See aus anrückten (*One if by land, two if by sea*). Revere ritt daraufhin nach Lexington, um *Samuel Adams* und *John Hancock* vor dem Angriff der Briten zu warnen.

Charlestown

Von hier gehts, vorbei am *Copp's Hill Burying Ground*, Richtung *Charlestown Bridge,* die parallel zur *Leonard P. Zakim Bunker Hill Bridge* verläuft. Im Stadtteil Charleston befinden sich das *Bunker **Hill Monument*** und die **USS Constitution**.

Wer genug Zeit hat, sollte diesen Teil des *Freedom Trail* getrennt erkunden. Die nächstgelegene U-Bahn-Station ist *North Station.* Von der *Long Wharf* geht eine T-Fähre zur *USS Constitution.*

Bunker Hill und Museum

• Das **Bunker Hill Monument**, ein 67 m hoher Obelisk auf dem *Breeds Hill* (Monument Square) erinnert an eines der ersten großen Gefechte des Bürgerkriegs, das die Engländer dank zahlenmäßiger Überlegenheit für sich entscheiden konnten. Bevor man die Aussicht über Boston genießen darf, sind 224 Stufen zu erklimmen. Aufstieg täglich 9-16.30 Uhr, frei. Ausstellungen im Foyer bis 17 Uhr. Das Museum gleich gegenüber liefert eine umfassende und zugleich spannende Darstellung der Ereignisse (9-17 Uhr, frei).

In Bostons North End, ➪ Karte Seite 269

Charlestown Navy Yard, Museum und Visitor Center;
℡ **(617) 242-5642**

• Die **USS Constitution** liegt an Pier #1 des *Charlestown Navy Yard*, Führungen Di-So 10-16 Uhr, Eintritt frei. Das Schlachtschiff, vom Volksmund **Old Ironsides** genannt, blieb in 40 Seegefechten ungeschlagen. Den Spitznamen verdankt es seinem Eichenrumpf, den nie eine Kanonenkugel durchschlagen konnte. An Land gehört zum Komplex ein **Museum**: Führungen durch Schiff, Ausstellungen und Aufführungen 9-18 Uhr, Frühjahr und Herbst 10-17 Uhr; $5; www.ussconstitution/visitor_info.html

USS Constitution

Greenway

Der **Rose Kennedy Greenway**, ein breiter, 1 mi langer Grüngürtel, verbindet seit 2008 über der nun unterirdischen I-93 (⇨ Seite 261) mehrere unterschiedlich gestaltete Parks vom *North End* über den *Wharf District* und *Dewey Square* bis zur *Chinatown*. Gleichzeitig erreicht man über diese **Parkmeile** viele Sehenswürdigkeiten Bostons. Auf ihr gelangt man z.B. von *Chinatown* und vom *Freedom Trail* im *North End Seaport District* jenseits des *Fort Point Channel* in den Hafenbereich. Die ehemalige Barriere des *Fitzgerald Expressway* wurde damit zum verbindenden Treffpunkt: Überall stehen kleine Verkaufswagen bereit, die zur Mittagszeit Lunch anbieten; es gibt Rasenflächen mit Gartenstühlen zum Sonnenbaden oder Picknicken, und Kinder können sich in flachen Kanälen unter Fontänen tummeln oder von einem Felsbrocken zum anderen springen; www.rosekennedygreenway.org.

Di und Do findet auf dem **Dewey Square** ein besuchenswerter **Farmer's Market** stattf; www.bostonpublicmarket.org.

Harbor Walk

Der **Harborwalk**, ein Spazier- und Fahrradweg, macht die nun aufgeräumte *Harbor Front* zugänglich und attraktiver. Rund 37 der geplanten 47 mi waren Anfang 2012 (mit Unterbrechungen) fertig. Es gibt dort Ruhezonen, Cafés, Restaurants, Grünanlagen und viele beachtliche Skulpturen und Tafeln zur Geschichte, Gegenwart und Zukunft. Am *Harborwalk* findet man auch die Anleger der Wassertaxis und Ausflugsboote.

Touristisch interessant ist vor allem das Stück des *Harborwalk* entlang der *Wharfs*: von *Battery Wharf* (North End) bis zum *Fort*

Point Channel, prima der Blick in den gläsernen Pavillon auf der *Central Wharf*, ⇨ Aquarium. Für kostenlose **Guided Tours** kann man sich im Internet anmelden: www.bostonharborwalk.com. Dort gibt's auch **Audio Tours** zum *Download* auf MP3-Player.

Bootstouren Von den zentralen *Wharfs* fahren die Pendlerschiffe zu den Vororten (z.B. nach Hingham ⇨ Seite 266/Camping und Unterkünfte) und nach Charleston (*USS Constitution*). Das **City Water Taxi** fährt viele Stationen im Hafenbereich an, auch den Flughafen. Tickets kann man an Bord kaufen ($10 eine Strecke).

Liberty Fleet Von der **Long Wharf** starten die klassischen Schooner der **Liberty Fleet of Tall Ships** zu Touren im weiteren Hafenbereich. Solange die Renovierung der *Beaver*, des *Boston Tea Party Ships*, nicht abgeschlossen ist, wird die legendäre Ausschüttung des Tees auf den *Liberty*-Schiffen nachgespielt: 12-14 Uhr, 15-17 Uhr und 18-20 Uhr; $35/$24; www.libertyfleet.com.

Die **The Spirit of Boston** startet vom *Seaport World Trade Center* zu *Lunch* und *Dinner Cruises*, $45-$90, ☎ 1-866-310-2469.

Inselwelt Boston Harbor **Boston Harbor Cruises** offeriert Fahrten durch die Boston vorgelagerte Inselwelt (⇨ Seite 266), ☎ (617) 227-4321; www.bostonharborcruises.com.

Die **Voyager III** des *New England Aquarium* fährt von April bis Oktober zum *Whale Watching* mit einem *High Speed Catamaran* zur **Stellwagen Bank**, **Wale garantiert**! 4 Stunden ab *Central Wharf*, wechselnde Abfahrtszeiten, $40/$32; ☎ (617) 973-5206; Internet: ⇨ unter Aquarium.

Fähren nach Provincetown **Bay State Cruise** betreibt die Power-Personenfähre ab *Seaport World Trade Center Pier* am *Seaport Blvd* nach Provincetown an der Spitze von *Cape Cod*; täglich 8.30, 13, 17.30 Uhr (90 min Fahrtzeit); retour 10.30, 15, 18.30 Uhr; *Round Trip* $83/$62; ☎ 1-877-783-3779; www.baystatecruisecompany.com.

Fähren nach Salem Die **Salem Ferry** (Salem ⇨ Seite 291) verkehrt ab *Long Wharf* tägl. alle 2 Std. 10-22 Uhr; ab Salem 9-21 Uhr, 60 min Fahrtzeit; *Round Trip* $19/$17, ☎ (617) 770-0040; www.bostonbestcruises.com.

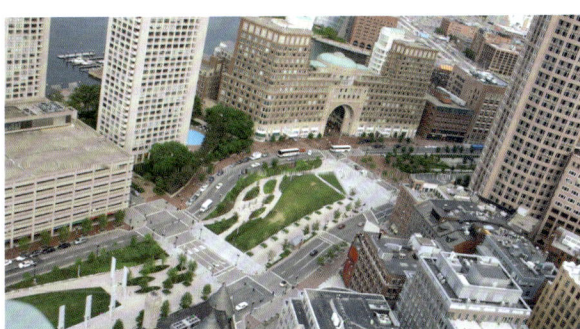

Der Boston Greenway zieht sich über der unter die Erde gelegten Autobahn (I-93) zwischen Hochhäusern als Parkgürtel durch die halbe Stadt

Besucher am Touchpool mit Stachelrochen im Boston Aquarium

Aquarium

Ein Besuch im **New England Aquarium** (www.neaq.org)/*Central Wharf* lohnt vor allem wegen des **Giant Tank**, eines fast 800.000 Liter fassenden Behälters. Die Besucher werden 4 Stockwerke um den Tank herum in die Höhe geführt und können dabei das Leben in verschiedenen Tiefen bewundern. Aber auch alle anderen Ausstellungen (z.B Pazifisches Korallenriff, Pinguine, Golf von Maine, riesige Oktopusse) sind interessant. Ein Glaspavillon, das *Marine Mamal Center*, beherbergt die raren *Northern Fur Seals*. Besonders beliebt bei Jugendlichen ist der **Shark and Ray Touch Tank**: In einem flachen Mangrovenambiente darf man die kleinen Haie und Rochen vorsichtig berühren.

Öffnungszeiten: Mo-Fr 9-17 Uhr, Sa+So 9-18 Uhr, Eintritt $23/$16; Kombi-Ticket Aquarium plus *Whale Watching* $59/$44, Kombi-Ticket Aquarium plus IMAX-Kino $29/$22.

South Boston Waterfront

Südlich des Aquariums entsteht auf einer Insel (zu erreichen über die Northern Ave und die Congress Street (*T-Silver Line, World Trade Center*) die **South Boston Waterfront** um das **Boston Convention Center** herum mit Hotels, Marinas, Apartmenthäusern, Restaurants und Galerien.

Das *Children`s Museum* wurde integriert; auch das *Institute of Contemporary Art* (früher Boylston Street) fand dort eine architektonisch eindrucksvolle neue Bleibe direkt am Wasser.

Ebenfalls »mitgenommen« wurden einige der klassischen Fischlokale und -buden, die abseits im Hafen lagen, z.B. das **No Name** am *Boston Fish Pier* (Pier 6) und das **Anthony's** beim *Institute of Contemporary Art* am Pier 4.

Auch **Legal Sea Foods** (www.legalseafoods.com) ist seit kurzem mit zwei Filialen vor Ort: Das dreistöckige **Legal Harborside** (270 Northern Ave) mit traditionellen Gerichten und Bar und die **Legal Test Kitchen** (225 Northern Ave).

Barking Crab blieb dagegen am *Fort Point Channel* erhalten (Sleeper Street/Northern Ave).

Museum für Kinder	Im hervorragenden ***Children's Museum*** (jenseits Congress Bridge) lernen Kinder ihre Umwelt aktiv kennen und verstehen, seien es naturwissenschaftliche Phänomene, soziales Zusammenleben oder die Bedeutung physischer Aktivität; www.bostonkids.org.

Mit dem neuen Anbau gibt das Museum ein hervorragendes Beispiel von umweltverträglicher Architektur und Technologie. Ein Muss für Eltern und Kinder; täglich 10-17 Uhr, Fr bis 21 Uhr, Eintritt $12. T: *South Station* oder *Silver Line Waterfront* (*Courthouse Station*) |
| **Museum für zeitgenössische Kunst** | ***The Institute of Contemporary Art*** (100 Northern Avenue, bei Anthony's Pier 4) hat in flexiblen Räumen wechselnde Ausstellungen amerikanischer und internationaler Künstler auf hohem Niveau; schönes Café (betrieben vom Starkoch *Wolfgang Puck*) mit Blick übers Wasser auf Boston; gutes Essen. Di, Mi 10-17, Do, Fr 10-21, Sa+So 10-17 Uhr, $15/$10, Jugendliche bis 17 frei, Do 17-21 Uhr für alle frei. © (617) 478-3100; T: *South Station*, dann *Silver Line* bis *World Trade Center*; www.icaboston.org. |

Beacon Hill, Back Bay und Fenway

Beacon Hill	Das **New State House** an der nordöstlichen Ecke des *Common* mit seiner goldenen Kuppel und hohen weißen Säulen wurde 1798 von *Charles Bullfinch* entworfen, dem berühmtesten Bostoner Architekten jener Zeit. Im dahinterliegenden, ruhigen Wohnviertel **Beacon Hill** lebten im 19. Jh. die **Brahmins**, die Geldaristokratie. Elegante Straßen, z.B. Mount Vermont und Chestnut Street oder Louisburg Square zeugen von Wohlstand und erlesenem Geschmack: **Backsteinhäuser** mit klassischen Fassaden (*Georgian Style*), Kopfsteinpflaster, Gaslaternen, schmiedeeiserne Portale und Blumenfenster prägen das Viertel. Am Fuße von *Beacon Hill* läuft die **Charles Street,** deren Antiquitätenläden und Gastronomie den Ansprüchen der reichen Kundschaft entsprechen.

State House mit Goldkuppel, Sitz des Governeurs von Massachusetts

**Schwarze
in Boston**

Beacon Hill besitzt jedoch noch eine andere interessante Seite: im Norden des Viertels siedelten sich ab 1793 **Schwarze** an, die nach dem frühen Verbot der Sklaverei in Massachusetts zahlreich hierher flohen. Der **Black Heritage Trail**, eine Art alternatives Gegenstück zum eher am Massentourismus ausgerichteten *Freedom Trail*, erzählt seine Geschichte. Das **Museum of Afro-American History** ist in der **Abiel Smith School** (46 Joy Street) untergebracht, die erste öffentliche Schule für Schwarze in Amerika (Mo-Sa 10-16 Uhr). Nebenan im **African Meeting House** (gleiche Adresse), dem ältesten Versammlungshaus und Kirche der schwarzen Gemeinde leitete *William Lloyd Garrison* die ersten Debatten, die schließlich zur Abschaffung der Sklaverei führten.

Interessant ist auch die Geschichte einer der ersten Schulen in Boston, in der man Weiße und Schwarze gemeinsam unterrichtete, der **Phillips School** (Anderson/Pinckney Street). Im **Louis & Harriet Hayden House** (46 Phillipps Street) wurden mit Hilfe der »**Underground Railway**« aus dem Süden geflohene Sklaven vor ihren Verfolgern versteckt (↪ Seite 575). Führungen (**Walking Tours**) des *National Park Service*; im Sommer 10, 12, 14 Uhr, frei. Reservierung unter ☎ (617) 742-5415 oder ☎ (617) 720-0753.

Back Bay

Westlich der *Public Gardens* entstand Mitte des 19. Jahrhunderts durch Aufschüttung der **Back Bay,** das neben Beacon Hill immer noch feinste und urbanste Viertel Bostons. Nach europäischem Vorbild wurden breite, gerade Boulevards angelegt. Heute bilden die **Newbury Street** und die dazu parallele **Boylston Street** samt **Copley Square** eine der lebendigsten Einkaufs- und **Restaurantgegenden** Bostons. Ein Spaziergang durch die **Newbury Street** ist vor allem im Sommer ein Vergnügen. In den 3- oder 4-stöckigen viktorianischen Häusern mit ihren typisch abgerundeten Erkern sind elegante Geschäfte und Terrassenrestaurants untergekommen. Alles ist schick und ziemlich teuer, aber auch Studenten aus *Fenway* westlich der Massachusetts Avenue mit vielen *Colleges* und Universitäten gehören zum Straßenbild.

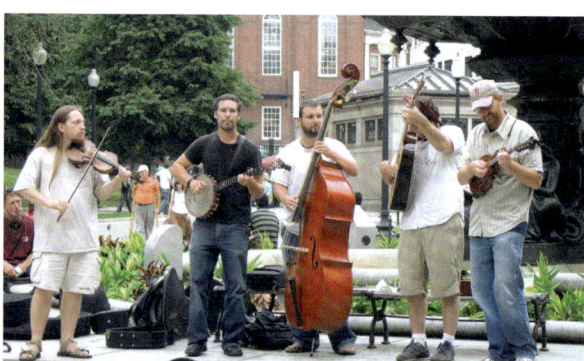

*Musikanten
in der
Boylston
Street am
Boston
Common*

Restaurants	In der Boylston Street findet man auch gute Fischrestaurants, so *Skipjack's*, 199 Clarendon (Nebenstraße der Boylston), und die *Atlantic Fish Company*, 761 Boylston, © (617) 536-3500.

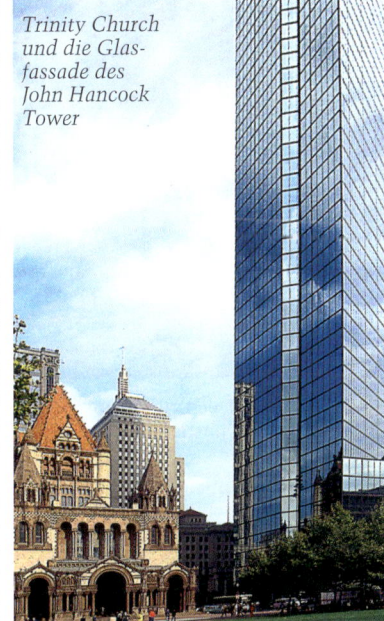

Trinity Church und die Glasfassade des John Hancock Tower

2

Copley Square	Das Zentrum von *Back Bay* ist der **Copley Square** mit vielen alten Gebäuden wie der **Public Library** (von 1885), dem **Copley Plaza Hotel** und der neo-romanischen **Trinity Church** von 1877, deren Kirchenschiff überwältigt.
Hancock Tower (241 m)	In diesem Ensemble wirkt der 1971-76 gebaute gläserne **Hancock Tower** (Architekt *I.M.Pie*) wie ein Fremdkörper; er ist aheute immer noch der imposanteste **Highriser** Neuenglands.
Copley Place	Im Copley Place, einer feinen **Shopping Mall** (100 Huntington Ave) sind Spitzenhotels wie das *Marriott* und *Westin* untergebracht und zahlreiche Restaurants, so eine Filiale von **Legal Sea Foods** (auch im *Prudential Center*, Eingang 800 Boylston Street).
Prudential Center	Architektonisch nicht ganz so interessant wie *Copley Place* ist das **Prudential Center** (www.prudentialcenter.com), ein weiterer *Shopping*-Komplex, nur wenig weiter westlich (auch Boylston Street). Der **Prudential Tower** besitzt eine 360°-**Aussichtsplattform** (**Skywalk**) im 50. Stock; Eintritt $13/$9, 10-22 Uhr.
Shaw's Supermarket	Ganz in der Nähe befindet sich auch der nicht nur durch seine Größe beeindruckende **Shaw's Supermarket** (Eingang Ecke Huntington/Essex).
Christian Science Plaza	Unübersehbar ist die **Christian Science Plaza** an der Huntington Avenue nahe dem *Prudential Center* Hier befinden sich die Verwaltungsgebäude und die Hauptkirche der **Church of Christ Scientist**, gegründet von *Mary Baker Eddy* 1879. In der **Mary Baker Eddy Library for the Betterment of Humanity** ist das – auch bei Kindern beliebte – **Mapparium**, ein begehbarer Globus (die Welt von 1935) mit einer unterhaltsam-lehrreichen **Lightshow**. Di-So 10-16 Uhr, letzte Show 16 Uhr; $6/$4; T-Station *Prudential*.

Britisch anmutende Wohnstraße im Bereich Backbay

South End

In den viktorianischen Erkerhäusern im *South End* leben Yuppies, Künstler, Studenten, Gays und Immigranten wie Griechen, Libanesen und Puertorikaner nebeneinander.

Entlang der Tremont Street und der Columbus Ave (zwischen Massachusetts Ave im Westen und Berkeley Street im Osten) befinden sich viele Kneipen, Restaurants und *Coffee-Shops* vor allem im Bereich der 400er und 500er-Hausnummern. T-Station: *Boston Back Bay* und *Mass Ave*.

Charles River Esplanade

Entlang der Commonwealth Ave, der breitesten Allee der *Back Bay*, stehen überwiegend Wohnhäuser und öffentliche Gebäude. Die **Charles River Esplanade**, ein Grünstreifen am Südufer des Boston von Cambridge trennenden Flusses, lädt zum Spaziergang ein. In der **Hatch Shell** finden im Sommer die äußerst beliebten **Boston Pops** in Verbindung mit den Feiern zum 4. Juli statt.

Seit 2001 hat das *Boston Landmark Orchestra* die **Hatch Shell** mit klassischer Musik erobert. **Konzerte sind immer kostenlos.** Das Orchester spielt auch anderswo an historischen Plätzen in und um Boston: www.landmarksorchestra.org.

Fenway

Fans der **Boston Red Sox** zieht es in **Fenway** (unterhalb der *Massachusetts Turnpike* I-90, östlich begrenzt durch die Massachusetts Ave) ins Baseballstadion *Fenway Park*; www.redsox.mlb.com. **Studenten** kommen nach Fenway wegen der Kneipen, Clubs und Discos im Bereich Kenmore Square/Landsdowne Street. **Touristen** besuchen Fenway wegen der **Kunstmuseen**. Der Besuch lohnt sich. Vor allem empfehlenswert bei knapper Zeit ist das *Isabella Stewart Gardner Museum*:

Isabella Stewart Gardner Museum

Um 1900 ließ sich diese exzentrische Dame aus der Bostoner Gesellschaft ein großes Haus im Stil eines venezianischen Palastes aus dem 15. Jahrhundert bauen und zog mit ihren Kostbarkeiten dort ein; vor allem handelte es sich um europäische Kunstschätze, die sie in vielen Jahren gesammelt hatte. Man erkennt in diesem

Museum keine nach üblichen Kategorien geordnete Ausstellung, sondern eine sehr persönliche, eher ungewöhnliche Auswahl: *Degas, Giotto, Matisse, Tizian, Botticelli* und *Rembrandt*, ferner Wandteppiche, Mosaiken und Statuen. Aber auch große amerikanische Künstler wie *Whistler* und *Sargent*. Traumhaft der große Innenhof voller Pflanzen und Bäume.

Der *Gardner*-Palast steht nicht weit weg vom *Museum of Fine Arts* in 280 The Fenway; geöffnet Di-So 11-17 Uhr; $15/$12, Studenten $5; unter 18 und alle, die Isabella heißen, frei; www.gardnermuseum.org. T. *Green Line E Branch* bis *MfA*.

Kunstmuseum

Im nahegelegenen **Museum of Fine Arts** (465 Huntington Ave, www.mfa.org), dem zweitgrößten und einem der besten Kunstmuseen der USA geht es akademischer zu: Die Hauptsammlung vermittelt einen umfassenden Überblick über die amerikanische

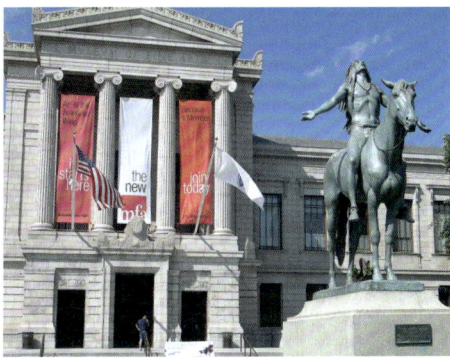

Malerei des 19. und 20. Jahrhunderts: von den Portraits berühmter *Bostonians* von *Gilbert Stewart* und *John Singleton Copley* über Landschaftsmalerei (*Church, Cole, Bierstadt*) zu *Mary Cassatt, Winslow Homer, John Singer Sargent* bis zu *Hopper*. Berühmt die *Monets*, u.a. die »Exekution Maximilians in Mexiko«. Hervorragend sind auch die ägyptische, islamische, japanische und afrikanische Sammlung.

In den letzten Jahren wurden die klassischen *Fenway*- und *Huntington*-Eingänge erweitert. Kernbereiche der programmatischen und architektonischen Erneuerung sind zwei spektakuläre Flügel: Im **The Linde Family Wing for Contemporary Art** (Architekt: *I.M. Pei*) werden alle – auch die technischen Aspekte der zeitgenössischen Kunst – beleuchtet; der Besucher kann hier selbst zum Pinsel greifen *(Comunity Spaces)*.

In *Norman Fosters* fantastischem Anbau hat die erweiterte Panamerikanische-Ausstellung einen angemessenen Platz bekommen. Sa-Di 10-16.45 Uhr, Mi-Fr 10-21.45 Uhr; $22/$10, Jugendliche bis 17 Jahren frei ab 15 Uhr, sowie Sa+So und in Schulferien; sonst $10. T. Station *Museum of Fine Arts*.

Backbay Fens

Die Parkanlage **Backbay Fens** ist Teil der **Emerald Necklace**, eines Grüngürtels, der vom berühmtesten Parkgestalter der USA, **Frederick L. Olmsted**, geschaffen wurde. Sie zieht sich vom westlichen Ende der Commonwealth Ave (Charlesgate) bis zum wunderbaren **Arnold Arboretum** mit mehr als 4000 Baum- und Straucharten im ethnisch bunten Stadtteil **Jamaica Plain**.

_____ **Museum of Science und Kennedy Library**

Museum of Science

Das *Science Museum* befindet sich am nördlichen Ende der Parkanlagen am Charles River auf dem Damm (*T-Station Science Park*). Die vielfältigen anschaulichen wissenschaftlichen und technologischen Experimente bzw. Ausstellungen sind für jung und alt gleichermaßen interessant. Zum Komplex gehört außerdem das **Charles Hayden-Planetarium** (Laser- und Musik-Vorführungen) und das **Mugar Omni-Theater** (wissenschaftlich orientierte 180°-Filme). Sehr sehenswert; Anfang Juli-Anfang Sept. täglich 9-19, Fr 9-21 Uhr; sonst 9-17, Fr 9-21 Uhr; $22/$20/$19, Planetarium und *Omni* jeweils $10/$9/$8, www.mos.org.

John F. Kennedy Bibliothek

Nicht nur für *Kennedy*-Verehrer lohnend ist die **John F. Kennedy Library and Museum** am *Columbia Point* im Stadtteil Dorchester. Die faszinierende Architektur des schneeweißen Gebäudes (*I. M. Pei*) und die exponierte Lage am Wasser mit Weitblick über den *Boston Harbor* und City lohnen die Anfahrt fast allein. Im Museum der JFK-Bücherei wird der politische Lebensweg der beiden *Kennedy*-Brüder nachgezeichnet. Zu sehen sind Videos, Fotos und persönliche Gegenstände. Das *Oval Office* mit Kennedys Schreibtisch wurde ebenso nachgebaut wie das Fernsehstudio, in dem die Rededuelle mit *Nixon* stattfanden. Ein hoher, fast leerer Glaspavillon soll zum Nachdenken anregen – er enthält nur eine Flagge, ein Zitat *Kennedys* und eine Sitzbank. Ein Film sorgt für die stimmungsvolle Einführung.

Zufahrt auf der I-93 nach Süden, *Exit* 15, Morissey Blvd, dann ausgeschildert. Die rote Linie der T geht bis JFK/*UMASS* Station; von dort fährt der Bus #8 oder alle 20 min ein kostenloser *Shuttle*, $12/$9, © (617) 514-1569; täglich 9-17 Uhr; www.jfklibrary.org.

2.4.5   Cambridge   www.cambridge-usa.org

Anfahrt

Cambridge liegt am Nordufer des *Charles River* und beherbergt die 1636 als erste Universität Amerikas gegründete **Harvard University**, bis heute eine der herausragenden akademischen Lehranstalten der USA. Mit der *Red Line* der **T** sind es nur vier Stationen von der zentralen *Park Station* am *Boston Common* zum *Harvard Square* und damit zum zentralen Bereich der Universität. Autofahrer nehmen die **Harvard** oder **Longfellow Brigde** über den Charles River und folgen dann der Massachusetts Ave.

Information

Der **Information Kiosk** an der U-Bahnstation *Harvard Square* hält reichlich Material bereit. Mit einer Karte von Cambridge kann man seine eigene **Walking Tour** planen; täglich geöffnet Mo-Sa 9-18, So 13-17 Uhr.

Harvard University

Das **Harvard University Events and Information Center** (Mo-Sa 9-17 Uhr) im *Holyoke Center* gegenüber *Harvard Yard* neben dem **Café Au Bon Pain** (1350 Mass. Ave) bietet 1-stündige kostenlose **Führungen** über den Campus (Mitte Juni-Mitte August 4x am Tag und Sa nach Bedarf, Mitte September-Mitte Mai nur Mo-Fr 10+14

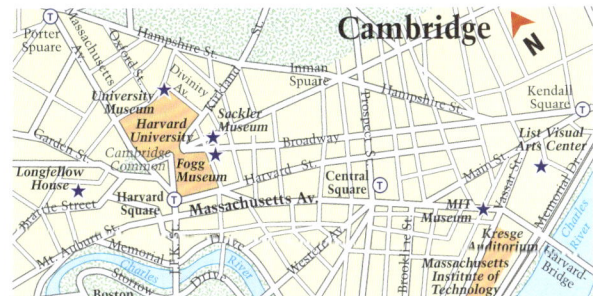

Uhr, Sa 14 Uhr, ✆ (617) 495-1573). Dabei erfährt man viel über Geschichte und Honoratioren, die in Harvard lernten und lehrten, und auch über aktuelle Wissenschaftler; www.harvard.edu.

**Kenn-
zeichnung**

Cambridge, eine selbständige Stadt mit über 100.000 Einwohnern, besitzt zwei der weltbesten Universitäten: die **Harvard University** und das **Massachusetts Institute of Technology** (**MIT**). Ein Viertel der Bevölkerung sind Studenten, und über die Hälfte der erwachsenen Einwohner haben einen *College Degree*. Kein Wunder, dass es hier die höchste Dichte an Buchläden der Welt gibt. Da Studiosi aber nicht nur büffeln, findet man neben akademischen Institutionen jede Menge *Coffee-Shops*, ethnische Restaurants, Jazz-Kneipen, Bioläden und ganz normale Einkaufszentren, alles ziemlich auf studentische Belange zugeschnitten.

**Zentrale
Bereiche**

Das studentische Leben zwischen Cafés, Geschäften und Buchläden spielt sich auch auf dem **Inman** (Cambridge/Hampshire Street) und **Porter Square** ab (Massachusetts/Somerville Ave). Sie sind keine Plätze im europäischen Sinne, sondern eher Straßenkreuzungen. Der Central Square (Massachusetts Ave zwischen Harvard und Kendall Square beim *MIT*) hat feinere Restaurants und *Shopping Center*. Hunger stillt man in **Leo's Place** mit kräftigen *Sandwiches*, *French Toast* und gegrilltem Käse (!), 35 JFK Street (ein Block südlich der Metro-Station *Harvard Square*).

Harvard Campus

Der Uni-Hauptcampus **Harvard Yard** grenzt an Harvard Square. Ein Bummel über diesen weitläufigen Campus mit altem Baumbestand muss sein. Zwischen efeubrankten Backsteinbauten stößt man u.a. auf die **Widener Library** (fast 5 Mio Bände!) mit mächtigen korinthischen Säulen, die

John Harvard Statue. Studenten und Touristen reiben ihm über den Schuh, was – warum auch immer – Glück bringen soll.

Hauptgebäude der Harvard Business School

Holden Chapel (1742), die **Massachusetts Hall** von 1720 und **University Hall** von *Charles Bulfinch*, dem Erbauer des *New State House*. Im weiteren Bereich des Campus gibt es neuere Gebäude, wie das moderne **Science Center**, die klotzige **Memorial Hall** und den einzigen *Corbusier*-Bau in Nordamerika, das **Carpenter Center for the Visual Arts**.

Museen

Zu den beiden Cambridge-Universitäten gehören hervorragende Museen. Speziell Interesse verdienen das **Harvard Art Museum** und das **Harvard Museum of Natural History**. Beide wurden in jüngster Zeit erheblich umgestaltet, nicht zuletzt, um sie für ein breites Publikum attraktiver zu machen.

Harvard Art Museum

Das **Harvard Art Museum** ist noch in der Restrukturierung und soll 2013 in einem modernen Komplex von *Renzo Piano* wieder eröffnet werden, dann mit darin integriertem **Fogg** und **Busch-Reisinger-Museum**. Beide waren über längere Zeit geschlossen.

Sackler Museum

Das nach wie vor geöffnete **Arthur M. Sackler Museum** zeigt ausgewählte Stücke aus den Beständen der noch geschlossenen Abteilungen. Die Ausstellung *Re-View* wird mit Veränderungen wohl bis 2013 bleiben: 485 Broadway, Di-Sa 10-17 Uhr, So 13-17 Uhr; $9/$7, Studenten $6, unter 18 frei; www.harvardartmuseums.org.

Harvard Museum of Natural History

Das Naturkundemuseum befindet sich in einem Gebäudekomplex in der 26 Oxford Street, das drei früher separate Museen umfasste; www.hmnh.harvard.edu.

Unbedingt ansehen sollte man sich die **Glassflowers**. Unter den 3000 Exponaten aus Glas befinden sich mehr als 800 detailgerechte Pflanzen und Pflanzenteile, angefertigt von *Rudolf* und *Leonard Blaschka* von 1877 bis 1936 in der Nähe von Dresden. Täglich 9-17 Uhr, $9/bis 18 Jahre $6; der Eintritt berechtigt auch zum Besuch des **Peabody Museum of Archaeologie & Ethnology** glcich nebenan. Bei thematischen Interesse lohnenswert.

Brattle Street

Interessant ist die Brattle Street, auch ***Tory Row*** genannt. Die meisten Besitzer der alten hochherrschaftlichen Häuser an dieser Straße waren Loyalisten (⇨ Essay Seite 476) und verließen nach der amerikanischen Revolution die Stadt. Dort (Brattle Street/ Tory Row) steht u.a. das ***Longfellow House*** *(National Historic Site)*, das im Unabhängigkeitskrieg *George Washington* zeitweise als Hauptquartier diente. Später lebte in diesem Gebäude der Schriftsteller *Henry Wadsworth Longfellow* (⇨ Seiten 598+635). Dort steht auch das ***Radcliffe College***, die erste universitäre Bildungsanstalt für Frauen, die jetzt in *Harvard* integriert ist.

MIT

Das ***Massachusetts Institute of Technology*** (www.web.mit.edu; T-Station *Kendall/MIT*) gleich jenseits der *Harvard Bridge*, wird von Touristen weit weniger beachtet als die *Harvard University*, obwohl es auf dessen Campus am *Charles River* – neben rein-funktionalen Gebäuden – bemerkenswerte Architektur zu sehen gibt: neoklassizistische Bauwerke neben Entwürfen von *I.M. Pie*. Vom Finnen *Eero Saarinen* stammt das ***Kresge Auditorium*** und die runde ***MIT Chapel***. Ein weiterer Finne, *Alvar Aalto,* konzipierte das ***Baker House*** (alle in den 1950er-1960er Jahren).

Im Jahr 2004 setzte *Frank Gehry* neue Akzente mit dem *Stata Center*, 32 Vassar Street/Main Street, *Building* 32 (Computerwissenschaft und künstliche Intelligenz). Sehenswert!

Auf dem Campus, der sich über eine Meile am *Charles River* entlangzieht, stehen Skulpturen von *Moore, Calder* und *Picasso*.

Ein ***Informationsbüro*** (9-17 Uhr) für das **MIT** befindet sich im Hauptgebäude; 77 Massachusetts Ave, *Building* 7. Dort starten auch Führungen.

MIT-Museen

• Das ***MIT-Museum***, 265 Massachusetts Ave, *Building* North 51, am Campus-Eingang, erklärt technischen Fortschritt mit Hilfe von Erfindungen und Entwicklungen, die (auch) am *MIT* entstanden. Die *Innovation Gallery* stellt in wechselnden Ausstellungen Computer, Elektronik, Nukleartechnologie und Weltraumforschung auf höchstem Niveau dar. Nebenbei erfährt man eine Menge über die Geschichte des *MIT*. Täglich 10-17 Uhr, Eintritt $8,50; www.web.mit.edu/museum.

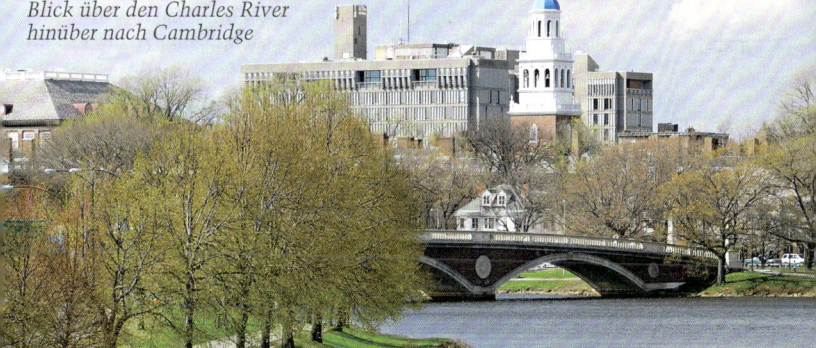

Blick über den Charles River hinüber nach Cambridge

Zum *MIT*-Museum gehören:

- Die **Hart Nautical Gallery**, 55 Mass Ave, *Building* 5, erläutert nautische Technik anhand von zahlreichen Schiffs- und Motoren-Modellen. Bemerkenswert sind detailgenaue Modelle voll ausgerüsteter Kriegsschiffe. Täglich 10-17 Uhr; kein Eintritt.

- Die **Compton Gallery**, 77 Mass Ave, *Building* 10, präsentiert in wechselnden Ausstellungen spezielle Wissenschaftsbereiche; täglich 10-17 Uhr, kein Eintritt.

- Das **List Visual Arts Center** im *Wiesner Building*; 20 Ames Street, *Building* E15, zeigt avantgardistische Medien-Kunst in wechselnden Ausstellungen; Di+Mi 12-18, Do 12-20, Fr-So 12-18 Uhr, Eintritt frei.

Boston und Umgebung

2.4.6   Old Sturbridge Village   www.osv.org

Lage/Anfahrt   Das **Old Sturbridge Village Living Museum** ist eines der besten »lebenden« Museumsdörfer (↪ Seite 47) Nordamerikas. Ein Abstecher lohnt, wenn sonst kein vergleichbares Museen anderswo eingeplant ist (*Upper Canada Village, King's Landing*, ↪ Seiten 497/644). Sturbridge liegt **70 mi westlich Boston** an der #20 im Kreuzungsbereich der **I-90/I-84** unweit Connecticut. Von Boston fährt man rund 90 min (I-90/Exit #9; I-84/Exit #2/ab 19 Uhr #3b).

Besichtigung   Im 80 ha-Waldareal entstand ein **ländliches Städtchen aus der Zeit um 1830** mit 40 aus allen Teilen Neuenglands hierher versetzten Bauten inmitten Wiesen und Feldern. Nur die wasserbetriebene Sägemühle ist eine Replika. Alle Häuser, Werkstätten und Läden liegen um den *Common*, den Versammlungsplatz.

Die Bewohner flechten, schmieden und töpfern in zeitgenössischen Trachten und stehen den Besuchern Rede und Antwort.

Man braucht **gut 3 Stunden**; April-Ende Oktober täglich 9.30-17 Uhr; $20, Kinder (3-17) $7; Ticket gilt auch tags darauf; ✆ (508) 347-3362, ✆ 1-800-733-1830

Unterkunft

Hotels, Motels, Lokale und Shops gibt's reichlich an der #20:

- Prima: *Green Acres Motel*, ruhig, Pool, 2 mi südlich der Kreuzung #20/#131 (Main Street West), $55-$139, ✆ (508) 347-3496.
- *Sturbridge Heritage Motel*, klein und einfach; 499 Main Street, $45-$79, ✆ (508) 347-3943.
- An der #20 liegen Motels, die in der Sommersaison ab $126 kosten, z.B. **Super 8**, 358 Main Street, ✆ (508) 347-9000.

Camping

Ein ruhiger öffentlicher *Campground* befindet sich im **Wells State Park**, rund 3 mi nördlich von Sturbridge an der #49. Weitere Plätze liegen an der #20 westlich Sturbridge, oft an einem See.

Historische Küche im Old Sturbridge Village

2.4.7 Lowell www.nps.gov/lowe

Kennzeichnung

(↪ auch nächste Seite)

Neuengland besucht man wegen seiner Bedeutung im Unabhängigkeitskampf, seiner Bilderbuchdörfer und -landschaften. Aber in Connecticuts Süden, Massachusetts und Rhode Island gab und gibt es auch viel Industrie. Lowell, etwa 45 Autominuten nordwestlich von Boston, war neben der *Slater Mill* bei Providence die erste Industriestadt der USA (um 1820). Die Strukturen der industriellen Revolution wurden im **Lowell National Historical Park** vorbildlich konserviert. Zufahrt: Ab I-495 den *Exit 35C*, *Lowell Connector*, nehmen, dann der Ausschilderung folgen.

National Historic Park

Beeindruckend wird gezeigt, wie sich die US-Industrialisierung und Produktionsabläufe unter damals sozialutopischen Vorstellungen vollzogen und scheiterten (↪ Kasten Seite 286). Das **Visitor Center** des *National Park Service* mit Ausstellung (246 Market

Street, © (978)-970-5000, informiert täglich 9-16.30 Uhr; parken gratis. Zu Fuß geht's durch die restaurierte Altstadt oder entlang des produktionsrelevanten Kanalsystems zur Werkhalle.

Museen
- Im ***Boott Cotton Mills Museum*** (115 John St) wird – auch unter sozialen Aspekten – Lowells Aufstieg und Fall als Textilhochburg bis hin zum Wiederaufstieg als *High-Tech Boomtown* gezeigt (Film: *Wheels of Change*). Täglich 9.30-17 Uhr; $6.

- Die Ausstellung »*Millgirls & Immigrants*« zeichnet im alten ***Boarding House*** Schicksale einiger Arbeiterinnen nach. Das

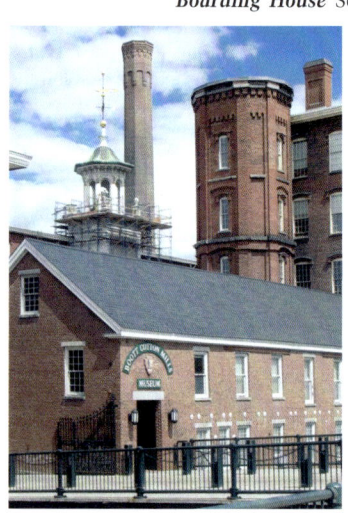

Patrick J. Mogan Cultural Center nebenan beschäftigt sich auch mit aktuellen Immigrationsproblemen in Lowell; Eintritt frei.

- Im ***American Textile History Museum*** (491 Dutton Street) werden Maschinen und Produkte aus den fast 300 Jahren der Textilindustrie gezeigt; auch modische Aspekte kommen nicht zu kurz. Mi-So 10-17 Uhr, $8; © (978) 441-0400; www.athm.org

- ***Trolley-Museum:*** Tram-Fans drängen ins *National Streetcar Museum*, schräg gegenüber dem *Visitor Center*; (25 Shattuck St); Do-So 11-16 Uhr www.trolleymuseum.org/lowell

Jack Kerouac

Nebenbei: *Jack Kerouac*, frankokanadischer Einwanderer und bekannter Vertreter der *Beat Generation* (*On the Road*) wurde in Lowell geboren.

Die Boott Cotton Mills sind Teil des Lowell National Historic Park

Francis Cabot Lowell

Der Bostoner Kaufmann *Francis Cabot Lowell* reiste Anfang des 19. Jahrhunderts nach England, um dort bereits mechanisierte Webereien zu besichtigen. Die britischen Fabrikbesitzer zeigten ihm zwar stolz die neue Technik, untersagten *Lowell* jedoch, sich Notizen zu machen. Sie fürchteten zu Recht Konkurrenz aus dem damals noch hauptsächlich Rohstoffe liefernden Amerika. Mit *Lowells* technischem Verstand und gutem Gedächtnis hatten sie nicht gerechnet. Wieder heimgekehrt, gelang es ihm auch ohne Aufzeichnungen, die wasserkraftgetriebenen britischen Webstühle zu rekonstruieren.

Am Zusammenfluss von *Concord* und *Merrimack River* entstand eine nach *Lowell* benannte »Muster-Industriestadt«, in der das in englischen Arbeitersiedlungen herrschende Elend vermieden werden sollte, eine für damalige Verhältnisse revolutionäre Idee. Aber sie wurde tatsächlich realisiert: Man warb

Millgirls Denkmal

für die Arbeit in den Textilmühlen unverheiratete Mädchen aus der Umgebung an, **sog. *Millgirls***. Sie lebten in beaufsichtigten ***Boarding Houses*** und wurden ungewöhnlich gut bezahlt. Familien konnten ihre Töchter unbesorgt in die Fabriken schicken, und der Welt wurde gezeigt: Amerika macht es besser!

Aber als es nach einigen Boomjahren 1840 mit der Branche bergab ging, wurden die wohlbehüteten und -bezahlten *Millgirls* zu teuer. Zunehmend stellte man irische, franko-kanadische, polnische und griechische Immigranten ein, die schlechten Lohn und miese Arbeitsbedingungen akzeptierten. Und bald schon unterschied sich das einstige Musterstädtchen Lowell nicht mehr von anderen Industriezentren der Alten und Neuen Welt.

2.4.8   Lexington und Concord

www.lexingtonchamber.org, www.concordchamberofcommerce.org

Bedeutung   Jeden Amerikaner zieht es dorthin, wo der Unabhängigkeitskrieg 1775 begann. In Lexington/Concord fiel »***the shot heard around the world***«. Hier wurden die ersten Kämpfe ausgetragen. Zudem lebten in Concord Mitte des 19. Jahrhunderts bekannte Intellektuelle Amerikas, ⇨ unten. Beide Orte sind heute wohlhabende, reizvolle neuenglische Mittelstädte.

Lage   Lexington liegt nordwestlich von Boston noch innerhalb des Autobahnrings I-95 (*Exit* 31; Straße #4/#225 Süd führt direkt zum *Battle Green*), Concord einige Meilen weiter westlich, gut erreichbar über I-95, *Exit* 29, dann #2 West. Alle **historischen** Ziele sind über die #2A, die ***Battle Road***, miteinander verbunden.

Rekonstruierte North Bridge im Minuteman NHS bei Concord, ⇨ umseitig

Visitor Center

Europäer können ihre US-Geschichtskenntnisse gut in einem der Besucherzentren des **Minuteman National Historic Park** auffrischen: An der *Battle Road* (#2A, 1 mi westlich der I-95) mit der Multimedia-Show »*The Road to Revolution*« (April-Oktober 9-17 Uhr) oder in Concord im *North Bridge Visitor Center*; ✆ (978) 369-6993, www.nps.gov/mima.

Gute Englischkenntnisse braucht man zum Verständnis der Erläuterungen auf dem **Liberty Ride**, einer 90 min-Bustour zu historischen Stätten; Juli-Okt. täglich um 10, 11.30, 13, 14.30 Uhr; $25/$10. Abfahrt am **National Heritage Museum** in Lexington (Di-Sa 10-16.30, So ab 12 Uhr, frei).

Lexington

Auf dem gepflegten **Lexington Common** oder **Battle Green**, Schauplatz des ersten Gefechtes, vermitteln das **Denkmal des Minuteman** (↻ Foto unten und Kasten nächste Seite) und der Sammelpunkt **Buckman Tavern** (1709) eine Vorstellung vom Aufstand.

Concord

Vom **North Bridge Visitor Center** Zufahrt: über die Verlängerung der #2A, die Lowell Road, hinter dem Fluss rechts in die Liberty Street; April-Oktober 9-17, sonst 9-16 Uhr) kann man einen schönen Spaziergang zur **North Bridge** machen, einem weiteren wichtigen Schauplatz der ersten Kämpfe zwischen *Minutemen* und britschen Truppen. Dort steht auch das berühmtere der beiden **Minuteman**-Denkmäler von *Daniel Chester French* (bekannt durch die Statue *Lincolns* in Washington DC).

Intellektuelle-Dichter

Ein zweiter Besichtigungsschwerpunkt im »**Weimar der USA**« sind die wechselnden Wohnsitze der Mitte des 19. Jahrhunderts gefeierten Dichter- und Denkerfürsten. Von der *Old North Bridge* sieht man **The Old Manse**, ein einfaches graues Schindelhaus, in dem sowohl **Emerson** als auch **Hawthorne** einst gelebt haben.

Minuteman Statue am Lexington Green

Wie der Unabhängigkeitskrieg begann

Nur einmal in der Geschichte ging es in Lexington und Concord kriegerisch zu. Am 19. April 1775 begann dort der Unabhängigkeitskrieg. Die Führer der Kolonisten, **John Hancock** und **Samuel Adams**, hatten sich nach Lexington zurückgezogen und vorsichtshalber auch Waffen von Boston dorthin gebracht. Das war den Engländern zu Ohren gekommen, und sie planten einen Überraschungsschlag, um die Waffen zu konfiszieren. Dieser Plan wurde aber durchkreuzt: **Paul Revere**, ein junger Anhänger der Unabhängigkeitsbewegung, ritt von Boston nach Lexington, um zu warnen (⇨ Seite 271). Sein Ritt ging in die US-Geschichte ein, *Paul Revere* wurde zum Volkshelden.

Eine Bürgermiliz **The Minutemen** – so genannt, weil die Männer von einer Minute zur anderen bereit sein sollten – sammelte sich. Dennoch dachte noch niemand ernsthaft an Krieg. Aber als erste Schüsse fielen, kam es zunächst in Lexington, danach in Concord zur offenen Schlacht mit den englischen Truppen. Die Briten zogen sich kämpfend in Richtung Boston entlang der heutigen Battle Road zurück. Auf britischer Seite gab es 73, auf amerikanischer 49 Tote. Der Freiheitskampf hatte begonnen. Seither sieht sich Lexington als *Cradle of American Liberty*, die Wiege der Freiheit Amerikas.

Drei der Dichterhäuser liegen an der östlichen Einfahrt zu Concord an der #2A (Lexington Road:). Im *Orchard. House* lebte einst *Louisa May Alcott, die* mit dem Roman »*Little Wome*n« einen der größten Bestseller jener Zeit schrieb.

In »*The Wayside*« wohnten zeitweise *Hawthorne* sowie Luisas Vater **Bronson Alcott**, ein Sozialutopist, und an der Ecke zur *Cambridge Turnpike* liegt das **Emerson House** neben dem sehr guten **Concord Museum**, das sich mit beiden Themen (Revolution und eben dieser Dichtergeneration) beschäftigt; Do-Sa 10-16.30, So 13-16.30 Uhr; $7.

Thoreau

Der in Europa wohl bekannteste Poet aus Concord ist **Henry D. Thoreau**, dessen Philosophie vom einfachen Leben u.a. die Hippies adaptierten; er lebte ab 1845 als Einsiedler am **Walden Pond,** heute ein Ausflugsziel mit Spazierwegen und Badestelle (südlich der #2 an der Straße #126, der Walden Street).

Unterkunft

Besonders Concord ist wegen seiner guten Commuter-Train-Verbindung mit Boston ein bedenkenswerter **Standort für Lexington/Concord- und Boston-Erkundungen**. Wer sich dafür entscheidet, kann in den ersten beiden der folgenden Hotels sogar sein »**Coupon-Glück**« (⇨ Seite 144) versuchen.

- *Best Western at Historic Concord*, 740 Elm Street, 3 km westlich vom Zentrum abseits der #2; Zufahrt: I-95, Exit 29B, dann #2 West, mit *Coupon* $60-$80, dafür gute Qualität, sonst ab $139; ℂ (978) 369-6100 und 1-800-780-7234

- *Bedford Motel,* preiswert, I-95 *Exit* 31B, nach 2,5 mi rechts an der Gabelung, Motel links, 30 North Road, $50-80, mit Coupon schon ab $55; ℂ (781) 275-6300); www.bedfordmotel.net

De Cordova Museum

- Im Zentrum von Concord am *Village Green*, 48 Monument Square, kostet das romantische **Colonial Inn** ab $180; ℂ (978)-369-9200 und ℂ 1-800-370-9200; www.concordscolonialinn.com

Etwas südlich von Lexington/Concord ist **in Lincoln** moderne Kunst zu sehen (von der #2A/Battle Road, etwa auf der Hälfte der Strecke zwischen Lexington und Concord links in die Bedford Road, an der Kreuzung Trapelo und Lincoln Road rechts in die Sandy Pond Road, dort auf der rechten Seite). Dort präsentiert das **DeCordova Museum and Sculpture Park** in einem weitläufigen Gelände Werke zeitgenössischer US-Bildhauer. Im Museumsbau findet man experimentelle Kunst aus Neuengland. Museum Di-So 10-17 Uhr, Gelände täglich bis zur Dunkelheit, Eintritt während der Museumszeiten für beides $12/$8, Gelände außerhalb 10-17 Uhr frei. ℂ 781-259-8355, www.decordova.org.

Gropius-Fans besuchen **nach Anmeldung sein Wohnhaus** in der 68 Baker Bridge Road (ca. 1 mi), Mi-So Touren 11-16 Uhr zur vollen Stunde; ℂ (781) 259-8098, www.galinsky.com.

Fruitlands

Auch das **Fruitlands Museum** und sein Gelände sind einen Abstecher wert. Um 1850 gründete **Bronson Alcotts** (⇨ Seite 285 oben) dort eine sozialutopische Kommune, die sich dem einfachen Leben in und von der Natur verschrieb. Aber schon nach der ersten (Miss-)Ernte war Schluss.

Weitere Themen: **First Nations, Shaker, Inuit** und Landschaftsmalerei. Spazierwege führen durch das herrliche Gelände (Skulpturen, Pflanzen).

Anfahrt: Von Lincoln/Concord die #2 West, *Exit* 38A, dann #110 Süd und erste Straße rechts zur 102 Prospect Hill Road. Eintritt $12/$5, nur aufs Gelände $6; Mitte Mai bis Ende Okt., Mo-Fr 11-16 Uhr, Sa+So 11-17 Uhr; ℂ (978) 456-3924), www.fruitlands.org.

Im De Cordova Skulpturenpark

2.4.9   Salem   www.salem.org

Anfahrt   Nur 16 mi nordöstlich von Boston liegt Salem (41.000 Einwohner). Von *Downtown Boston* erreicht man die Stadt über die #1
(zunächst I-93) zur #128 *East*. Deren *Exit* 25 führt auf die #114
East in Richtung Salem. Man folgt den braun-blau-grünen Schildern »*Salem Visitor Center/Museum* & *Historic Sites*« und
»*Downtown Parking*«. Von der MBTA-Station in Salems Ortskern ist man in einer halben Stunde mit dem Zug an der *Boston
North Station* (bahnhofsnahe Hotels in Salem ⇨ unten).

Die Personenfähre **Salem Ferry** rauscht in 45 min von der *Blaney
Street Wharf* zur *Central Wharf* (Aquarium Dock) in Boston; täglich ab 9 Uhr alle 2 Stunden, retour $19/$17; © (617) 770-0040
und www.bostonsbestcruises.com.

Geschichte   Zwei Dinge machten Salem bekannt:
* Als England nach dem Unabhängigkeitskrieg 1783 seine Häfen
  für amerikanische Schiffe schloss, musste man sich nach
  neuen Märkten umsehen; so wurden Salemer Kaufleute im
  Ostasienhandel wohlhabend. Sie exportierten Stockfisch,
  Holz, Fleisch, Tabak und führten »Luxusgüter« wie Tee, Kaffee, Zucker, Pfeffer und indische Textilien ein. Salem war **zeitweise die reichste Hafenstadt Neuenglands**. Davon zeugen bis
  heute herrschaftliche Bauten am *Common* (beim *Salem Witch
  Museum*), entlang der Chestnut Street und das prächtige *Customs House* (Zollhaus) an der *Derby Wharf*.

Hexenverfolgung in Salem

Hexenwahn gab es nicht nur bei uns, sondern auch in Amerika. Schon 1647
wurden in Connecticut »Hexen« verfolgt.

In Salem nahm die Sache ihren Lauf, als *Reverend Samuel Parris* 1692 zwei
karibische Sklaven mitbrachte, *Tituba* und *John*. *Tituba* »verwirrte« die puri-
tanisch erzogenen jungen Mädchen aus der Nachbarschaft mit wüsten Erzäh-
lungen offenbar so, dass die Tochter des *Reverend* in Trance-Zustände fiel und
ihre Cousine unerklärliche Anfälle bekam: Sie warf mit Bibeln und wollte auf
den Schornstein klettern. Die ärztliche Diagnose lautete: »das Böse« hat das
Mädchen befallen.

Das Ereignis verbreitete sich rasch - mit Folgen. Die zwölfjährige *Anne Putnam*
beschuldigte einige Frauen der Hexerei und fand Gehör. Als einige Mädchen im
Gerichtssaal angesichts der Angeklagten in Zuckungen verfielen, sich auf dem
Boden wälzten, kreischten und stammelten, gab es für die Justiz keine Zweifel:
Bis Januar 1693 wurden fast 200 »verdächtige« Personen verhört und großen-
teils angeklagt, darunter ein 4-jähriges Mädchen und 2 Hunde. Als der Spuk im
April 1693 durch Eingreifen des Gouverneurs ein Ende fand, saßen 53 wegen
Hexerei Verurteilte im Gefängnis. 19 Frauen waren bereits gehängt worden.

Arthur Millers Stück »Hexenjagd« zieht Parallelen zwischen Salem und der
Kommunistenverfolgung in der *McCarthy*-Ära Mitte des vorigen Jahrhunderts.

• »Salem« ist abgeleitet vom hebräischen *Shalom* (Frieden). Durch fanatische **Hexenverfolgungen** 1692/93 machte die puritanische Stadt aber ihrem Namen nicht gerade Ehre. Der Besucher erfährt nur an wenigen Stellen Historisches (↷ unten) über dieses dunkle Stadtkapitel. Es wird eher als Gruseldrama unter Einsatz der gesamten Medienklaviatur vermarktet. Hexen mit und ohne Besen sind im Stadtbild allgegenwärtig.

Information/ Heritage Trail

Das *Visitor Center* im Stadtzentrum (New Liberty/Essex Street, täglich 9-17 Uhr, mit Parkhochhaus) sollte man unbedingt besuchen, www.nps.gov/sama. Der *National Park Service* informiert

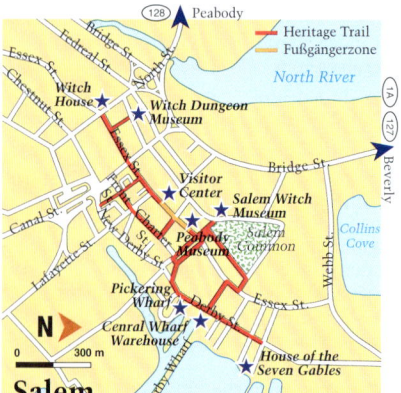

dort über den *Salem Maritime National Historic Site* (↷ unten), die Stadtgeschichte und die Hexen. Nach Kombi-Tickets fragen!

Der rot markierte 2,5 km lange **Heritage Walking Trail** beginnt hier. Er führt entlang der Hexen- und Seefahrervergangenheit von Salem.

Dort startet auch der rote **Salem Hop-on-Hop-off-Trolley** (Mai-Aug. 10-18, Sept.-Okt. bis 17 Uhr, Dauer 60 min, $15/$5). Er bedient auch die Halbinsel **Winter Island** und den **Amusement Park Salem Willows** (mit Pier und Strand).

Seefahrer- stadt Salem

Den Kaufleuten des **East India Trade** ist die Sammlung des **Peabody Essex Museum** (www.pem.org) zu verdanken (Essex Street gegenüber dem *Visitor Center*). Es beherbergt Kostbarkeiten aus Indien, China, Korea, Japan, Ozeanien und Afrika und dürfte eines der weltbesten Museen für asiatische Kunst sein.

In der maritimen Abteilung findet man Gallionsfiguren, Navigationsinstrumente, Seekarten und vor allem Schiffsmodelle, darunter Modelle der schnellen Klipper, die diesen Handel erst ermöglichten; 10-17 Uhr, Mo geschlossen; $15/$11.

Ein Clou des Museums ist das originale (!) **Yin Yu Tang Chinese House**, ein Kaufmannshaus aus dem 18. Jahrhundert, das einen tiefen Einblick in Chinas damalige Kultur gewährt ($5 extra).

Auch historische Gebäude Salems gehören zum Museumscampus. Ein empfehlenswertes **Restaurant** und ein Shop sind ebenfalls vorhanden! Di-So 10-17 Uhr, $15, unter 17 Jahren frei.

Salem Maritime NHS

Der **Salem Maritime National Historic Site** umfasst die **Waterfront** an der Derby Street östlich der *Pickering Wharf* und einige prächtige Gebäude aus Salems Blütezeit, wie z. B. das **Customs House** (1819) und das **Derby House** (1769).

Rundgang an der Waterfront

Am Kai liegt der Nachbau der **Friendship**, eines Handelsseglers von 1797, täglich 9-17 Uhr, Führungen $5 (↻ Foto unten).

Wie es an den Kais seinerzeit aussah, erfährt man im **Central Wharf Orientation Center** (Film »*To the Farthest Ports of the Rich East*« auf Wunsch auch auf Deutsch). Noch lebendiger wird diese Zeit während Rangerführungen, die sich aber nur lohnen, wenn man gut Englisch versteht. Teilnahme kostenlos.

Für die Stärkung der Besucher sorgt die **Pickering Wharf** mit Terrassen Restaurants und Cafés; gut ist das *Finz*, ab 11.30 Uhr.

House of the Seven Gables

Der in Salem geborene Schriftsteller **Nathaniel Hawthorne** verewigte nicht nur das *Customs House* in seinem Roman *Scarlet Letter* (Der scharlachrote Buchstabe), sondern auch eines der ältesten noch erhaltenen Wohnhäuser Neuenglands (1668), das »Haus mit den sieben Giebeln« in seinem gleichnamigen Roman *House of the Seven Gables*. Auf dem Gelände sind heute noch andere Häuser aus verschiedenen Epochen zusammengetragen wie das Geburtshaus von Hawthorne. Ein Leckerbissen nicht nur für Literaturkenner. Schöner Garten und **Open-air-Café**. (Turner Street, östlich der *Derby Wharf*, 10 min zu Fuß), tägl. 10-17 Uhr; Eintritt $13/$7; www.7gables.org.

Hexenshows/-museen

Das Angebot an Hexen-Horror-Monster-Shows in Salem ist zahlreich (15!). Hier wird nur auf die eingegangen, die sich korrekt auf die schauerlichen Vorkommnisse von 1692/93 beziehen:

Das unverwüstlich populäre **Salem Witch Museum** (Washington Square/*Common* nahe dem *Visitor Center*) ist in einer düsteren ehemaligen Kirche untergebracht. Durch völlige Dunkelheit wird der Besucher in einen Raum geführt, wo nur ein Kreis von unten – wie das Fegefeuer – den Raum knallrot beleuchtet. Eine Stimme beschwört die Verführungskraft des Teufels und erzählt das Drama der Hexenverfolgung aus der Sicht der Opfer. Zusätzlich gibt es eine Ausstellung zur Geschichte der Hexenverfolgungen durch die Jahrhunderte. Im Sommer 10-19 Uhr, sonst bis 17 Uhr, $9/$6; www.salemwitchmuseum.com.

Die »Friendship«
(18. Jahrhundert-Nachbau)
im Maritime Museum

2

Dungeon

Im ***Witch Dungeon Museum*** (*Dungeon* = Gefängnis) in der 16 Lynde Street wird der Prozess gegen eine Bettlerin *Sarah Good* von Schauspielern im Originaltext nachgespielt – informativ, aber nicht leicht verständlich. Nach der Show geht's durchs rekonstruierte Verließ in den Folterkeller; 10-17 Uhr, $8.

Ähnlich – unter Beteiligung der Zuschauer als Jury – wird die Verhandlung gegen *Bridget Bishop* in »***Cry Innocent***« in der **Old Town Hall** am Derby Square inszeniert. Täglich Mitte Juni bis Ende August und Oktober, $10; www.cryinnocentsalem.com

Witch House

Wer noch mehr Authentisches über Salems Hexenverfolgung wissen möchte, besucht das **Witch House** (Essex/North St), wo Richter *Jonathan Corwin* lebte und die Verhöre durchführte, $8.

Restaurant

Neben den Lokalen der *Pickering Wharf* ist der ***Red's Sandwich Shop*** in einem historischen Haus in der 15 Central Street prima für ein herzhaftes Frühstück und *Lunch*.

Von Salem aus ist man mit Zug und Fähre schnell in Boston (↪ Seite 287). Von daher sind die Unterkünfte in Salem auch für den Boston-Besuch interessant:

Unterkunft

- ***Hawthorne Hotel***, 18 Washington Square, zentral, Taverne, Wifi; $114-$315; ☎ (978) 744-4080; www.hawthornehotel.com
- ***Amelia Payson House***, B&B, 16 Winter St, nördlich des *Common*, ab $135; ☎ (978)744-8304; www.ameliapaysonhouse.com
- ***Daniels House***, 1 Daniels Street, zentral, überdekoriert-historisch, $115-$135, ☎ (978) 744-5709
- ***Stepping Stone Inn***, 19 Washington Square, historisches Komforthaus, $115-$150, ☎ (978) 741-8900 und ☎ 1-800-338-3022; www.thesteppingstoneinn.com

- ***Clipper Ship Inn***, 40 Bridge Street; gepflegtes, großes Haus; $79-$150, ☎ (978) 745-8022; www.clippershipinn.com
- ***Salem Waterfront Hotel & Marina***, 225 Derby Street; Indoor-Pool, Wifi, Fitness, Restaurant; ab $109; ☎ 1-888-337-2536; www.salemwaterfronthotel.com

Eine gute Übersicht findet man unter:
www.hauntedsalem.com/guidelodging.html.

Weitere Hotels gibt's in Danvers, 7 mi nörd

- **Days Inn**, Zufahrt I-95, *Exit* 45, dann #1 Coupon $50-$80, sonst bis $120, © (978
- **Comfort Inn**, Zufahrt I-95 *North*, *Exit* in nördliche Richtung bis zur Center Stre $80, sonst bis $159, © (978) 777-1700.

Kleine **B&Bs** unter www.visitmarblehead.com; alle über $100.

Camping

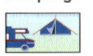

Der **Winter Island Maritime Park** ist der Salem nächstgelegene Campingplatz: ab *Salem Waterfront* die Derby Street/Fort Ave nordöstlich; teuer $25/Zelt, $40/RV; ca. 60 Stellplätze.

nach Marblehead

Über die Lafayette Street (#114) lohnt sich ein Abstecher in das Fischerstädtchen **Marblehead** mit Lokalen, Shops, Galerien und Quartieren in klassischen Holzhäusern; www.marblehead.org.

2.4.10   Cape Ann und Essex/Ipswich www.seecapeann.com

Abstecher

www.capeann vacations.com

Nach soviel Geschichte, Kultur und Urbanem lockt als Ausgleich 30 mi nordöstlich von Boston **Cape Ann**, ein landschaftliches Juwel, das sich mit *Cape Cod* messen kann. Der Besuch lohnt allemal – ob nun als Tagesausflug von Boston (Pendlerzug ab *North Station* nach Gloucester/Rockport/Essex/Ipswich) oder als Abstecher auf dem Weg nach Maine.

Anfahrt

Von Boston auf der #1 Nord (zunächst identisch mit I-93) zur #128 Ost bis Gloucester, oder besser ab *Exit* 15 übers hübsche Manchester-by-the-Sea auf der küstennahen #127.

Gloucester

In Gloucester (30.000 Einwohner) steht unübersehbar an der #127 der Steuermann »**Man at the Wheel**«, eine der bekanntesten Statuen der US-Oststaaten; www.gloucesterma.com.

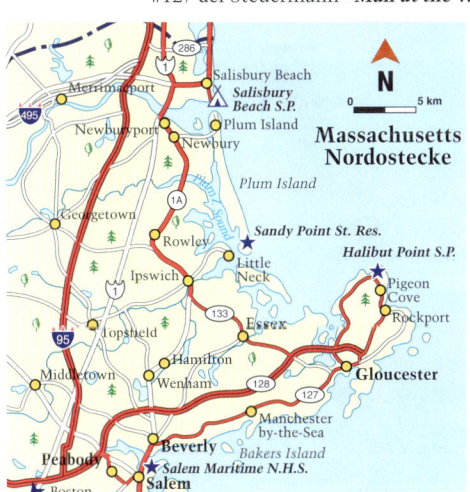

Die Hafenstadt ist u.a. populär wegen ihrer vielen **Whale Watching Trips** (entlang der Straße #127 nicht zu übersehen). Kostenpunkt: ab ca. $40, Kind ab $26, Mai-September.

Die große **Rocky Neck Art Colony** (am östlichen Ortsende; von der #127 oder #128 in die #127A, dann ausgeschildert) bietet jede Menge Kunst und Kunsthandwerk in schmucken alten Fischerhütten und ein vielfältiges gastronomisches Angebot.

Die #127A schlängelt sich felsküstennah in schönem Verlauf bis zum Städtchen **Rockport,** Standort der meisten *Cap Ann* Urlauber, www.rockportusa.com.

Auf einer pierartigen kleinen Landzunge (***Bearskin Neck***) hinter dem Hafen bummelt man dort durch eine schnuckelige Laden- und Restaurantstraße mit viel Frischfischangebot.

Ein prima Frühstück bietet ***Helmut's Strudel***, Meerestiere das urige Fischlokal ***Roy Moore***. Beide haben eine Open-air-Terrasse mit Blick übers Wasser.

Hinweis: Rockport ist (sogar in Lokalen) »**trocken**«– mitgebrachter Alkohol wird dort aber toleriert: BYOB, ⟳ Seite 175.

Halibut Point State Park

Verlässt man Rockport auf der #127 in Richtung Norden, passiert man bald ein fast mystisch wirkendes Fleckchen Erde, den ***Halibut Point State Park*** mit einem tollen Picknickplatz mit Blick aufs Meer und Spazierpfaden; im dazu verlockenden See unterhalb der *Picnic Area* (Steinbruch) ist das Baden leider verboten.

Crane Beach

Mit Abstand schönster Strand in Bostons Norden ist ***Crane Beach***, den man von *Cape Ann* kommend über die #128, dann #133 zwischen Essex und Ipswich auf der North Gate Road erreicht. Die 4 mi schneeweißen Strandes (Parken $7-$22 je nach Saison; Bus-Shuttle an den Strand von Essex und Ipswich) erinnern an Cape Cod oder Sylt: bewachsene Dünen kulminieren im grünen ***Castle Hill***, der zusammen mit dem ***Crane Wildlife Refuge*** inmitten von Sümpfen und mäandernden Wasserläufen die ***Crane Estate*** bildet, eine Stiftung der *Crane-Family*. Deren Nebengebäude dient heute als elegantes B&B: ***The Inn at Castle Hill*** mit 10 Zimmern, herrlichem Blick und schönen Spazierwegen, ab $195, über www.thetrustees.org.

Clam Box Fast Seafood bei Ipswich

Wen die »Crane-Magie« fesselt, findet nahebei an der #133 mit dem einfachen ***Essex River House Motel*** (➪ unten) ein prima Quartier. Es liegt ruhig am Wasser und vis-à-vis des weithin bekannten *Seafood-Restaurant* ***Woodsman's of Essex***, ✆ 1-800-649-1773 und ✆ (978) 768-6451, im Sommer bis 22, sonst bis 20 Uhr geöffnet.

Ipswich

Ipswich hat einen reizvollen kleinen historischen Distrikt, den man leicht übersieht. Hat die #133 die #1A erreicht, überquert sie alsbald den Ipswich River. Hinter der Flussbrücke geht es die erste Straße links in die Market Street. Jenseits der Bahngleise findet sich eine bunte Ladenzeile, an deren Ende (9 Hayward St) der lebendige ***Ipswich Shellfish Fish Market*** *»Gourmet Seafood«* zum *take-out* offeriert (Mo geschlossen); www.ipswichma.com.

Lange Schlangen bilden sich häufig einige Kilometer nördlich an der #1A/#133 (246 High Street) vor der unübersehbaren ***Clam Box***, dem beliebtesten *Seafood take-out* Lokal weit und breit.

Newburyport

Nächste Station an der #1A ist Newburyport, gut für einen Bummel im ***Waterfront Park***, über den Market Square, Pleasant Street und Brown Square; www.newburyportchamber.org.

- Gebäck gibts in ***Greta's Great Grains Bakery*** (24 Pleasant St)
- Gut sitzt und isst man im ***Black Cow Tap and Grill*** an der *Waterfront*, Merrimac Street.

Über die ***Plum Island Turnpike*** (einen *Causeway*) geht es ab Newbury auf die vorgelagerte gleichnamige **Insel** zu Stränden, Natur- und Vogelschutzgebieten mit Spazierwegen (Parken $6).

Unterkünfte Bereich Cape Ann/Essex

- ***Good Harbor Beach Inn*** direkt am Strand, One Salt Island Road (östlich Gloucester; von der #127A bei Good Harbor hinter dem Strandparkplatz rechts in die Witham Street); im Sommer $185, ✆ 1-877-327-4355; www.goodharborbeachinn.com

- *Eagle House Motel*, 8 Cleaves Street, zentral gelegen in Rockport, klassisches weißes Holzhaus mit Sonnendecks, $89-$125, © (978) 546-6292; www.eaglehousemotel.com
- *Bearskin Neck Motor Lodge*, 64 Bearskin Neck/Rockport, gute Meerlage im Fischerviertel, DZ $109-$179, © (978) 546-6677 und © 1-877-507-6272; www.bearskinneckmotorlodge.com
- *Motel Peg Leg*, 10 Beach St (#127A), noch zentral in Rockport am Meer, sehr gepflegtes Haus, $108-$155, © (978) 456-6945; www.cape-ann.com/motel-pegleg
- *Essex River House Motel*, 132 Main Street, Essex; am Wasser, ab $109, © (978) 768-6800; www.essexriverhousemotel.com

Camping

- Die *Salisbury Beach State Reservation* ist weithin der einzige staatliche Campingplatz (riesig, 484 Plätze, Mitte April-Mitte Oktober): 6 mi östlich von Salisbury abseits der #1A und dem Billigferienort Salisbury Beach kurz vor Maine. Schöne Lage, lange Strände, 5 km Dünen am Merrimack River; Zelte ab $20, © (978) 462-4481; Reservierung über www.salisbury-beach.org; ➪ auch Seite 156.

- Ein kleiner feiner Campingplatz ist *Little River Campground* mit einigen Plätzen für Zelte ($30) direkt am Wasser. RV-Stellplätze kosten $40, einfache Zimmer (*rustic rooms*) mit Gemeinschaftstoilette auch kaum mehr. Daneben gibt es private *Cottages* an einer stillen Bucht. Der Platz liegt abseits der Straße #133 bei Gloucester, 4 Stanwood Point, © (978) 283-2616; home.comcast.net/~littlerivercampground.

»Motive #1« nennt man die alte Fischmarkthalle, weil sie das meistfotografierte Motiv von Rockport ist

*Breite
Strände
findet man
noch
in New
Hampshire
(hier) und im
Süden von
Maine,
danach
überwiegt
Felsküste*

2.5 Routen durch Maine   www.mainetourism.com

2.5.1 Die Küstenroute: Anfahrt und Streckenführung

Anfahrt

Im folgenden ist Maines Küste von Kittery bis zum *Acadia National Park* beschrieben. Die knapp 70 mi von Boston (50 mi ab Salem) bis Maine überbrückt man schnell auf der – ab New Hampshire bis Maine gebührenpflichtigen – I-95. Abstecher und Zwischenziele am Wege (Rockport, Cape Ann, Newburyport, Salisbury Beach) wurden auf den vorstehenden Seiten beschrieben.

Die 20 mi lange **Küstenlinie von New Hampshire** (↪ Steckbrief Seite 329) ist – trotz einiger hübscher Abschnitte und weißer Strände – insgesamt nicht besonders sehenswert.

Verlauf I-95/ I-295

Von Kittery bis Augusta wird die I-95 – nun als **Maine Turnpike** bezeichnet – wieder zur *Toll Road.* Sie läuft bis Portland parallel zur #1 und zur Küste. Dort wendet sie sich nördlich landeinwärts und führt ab Augusta wieder als gebührenfreie *Interstate* über Bangor durch das nordöstliche Maine Richtung New Brunswick/ Canada. Wer rasch den **Acadia National Park** erreichen möchte, hat zur **Turnpike** und – im Anschluss daran – zur von Portland bis Brunswick küstennah verlaufenden **I-295** keine Alternative. Denn auf der #1 kommt man nur langsam voran.

Straße #1/ Kennzeichnung

Diese überwiegend breit ausgebaute Straße verläuft zwar immer küstennah, besitzt aber nur zwischen Rockland und Bucksport Teilstrecken am Wasser. Sie ist absolut **keine romantische Küstenroute**, von der aus man das »Bilderbuch-Maine« der Werbung einfach im Vorbeifahren genießen könnte. Über weite Strecken dominiert vielmehr die typisch amerikanische »Hauptstraßen-Infrastruktur«.

Südküste

Im südlichen Bereich bis Portland gibt es bei relativ geradlinigem Küstenverlauf eine Reihe von – in Maine sonst seltenen – langen **Sandstränden** mit flachem, daher wärmerem Meerwasser und Touristen-Rummel. Von Boston aus besteht eine Bahnverbindung (*Amtraks »Downeaster«*) zu den im folgenden beschriebenen Seebädern und nach Portland.

**Zentrale
Küste**

Erst **ab Brunswick** ist Maine so, wie es auf den Postkarten aussieht: weit ins Land reichende Buchten, graue oder rosa (!), von den Wellen glattgeschliffene Felsen, Kiefern, versteckt liegende Kiesel- oder Sandstrände und glasklares, eiskaltes Wasser. Nur 16 Wochen im Jahr ist diese Küste eisfrei.

Halbinseln

Auf weit in den Atlantik hineinragenden Halbinseln findet man kleine Häfen mit bunten für den Hummerfang ausgerüsteten Booten. Nirgendwo auf der Welt schmecken **Lobster** besser als dort, ➭ Essay Seite 310.

Karten

Schon gleich von der Südgrenze an braucht man für das Befahren der #1, deren Nebenstrecken und abzweigende Stichstraßen zu den für Maine so typischen kleinen Halbinseln unbedingt genaueres (regionales) Kartenmaterial. Mit dem *Rand McNally* kommt man dort nicht weit und auch die offizielle, gratis ausgegebene Maine Karte reicht in vielen Ecken bei weitem nicht aus.

**Stadt
und Land**

Die größeren Städte kann man – bis auf Portland – getrost links liegenlassen. Nach Geschichte und Zivilisation satt in Massachusetts sind an Maines Küsten Natur, Strände, idyllische Dörfer und kulinarische Genüsse angesagt.

**Unterkunft/
Camping**

Neben zahlreichen **Motels** an der Straße #1, die den üblichen amerikanischen Kategorien entsprechen, finden sich vor allem in den kleineren Orten individuelle Unterkünfte: **romantische *Country*** und ***B&B Inns*** ebenso wie **nostalgische Hotels**.

Leider sind im Sommer im Küstenbereich die Übernachtungskosten ziemlich happig; dazu ist oft alles früh ausgebucht.

State Parks **mit** ***Campground*** **unmittelbar an der Küste gibt es kaum**. Von den privat betriebenen Campingplätzen – im Sommer oft überfüllt – liegen nur wenige direkt am Meer.

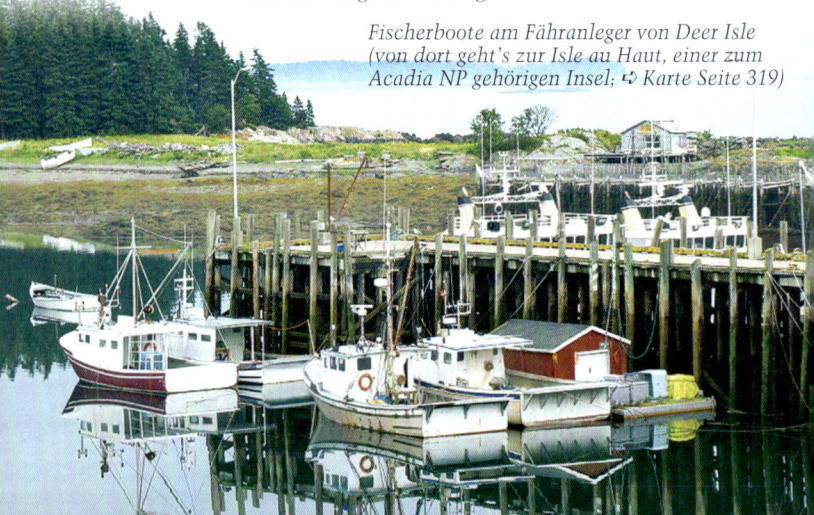

*Fischerboote am Fähranleger von Deer Isle
(von dort geht's zur Isle au Haut, einer zum
Acadia NP gehörigen Insel; ➭ Karte Seite 319)*

Steckbrief Maine/ME www.visitmaine.com, www.mainetourism.com

1,3 Mio Einwohner, 86.000 km², nach Fläche größter Staat Neu-Englands, **Hauptstadt Augusta** (19.000), größte Stadt **Portland** (66.000 Einwohner), von denen fast 95 % weiß sind.

Maine ist geprägt durch eine **Hügellandschaft** mit zahllosen Seen und Flüssen, aus der hier und dort einzelne Erhebungen und Höhenzüge herausragen. 80% der Fläche sind bewaldet. Durch den Nordwesten ziehen sich Ausläufer der **Appalachen** mit dem *Mount Katahdin* als höchstem Berg (1.606 m). Die **Küste** ist zerklüftet und ähnelt mit 1.200 vorgelagerten Inseln und ungezählten felsigen Eilanden den Schären in Schweden und Finnland.

Landwirtschaft (Kartoffeln, Blaubeeren, Milcherzeugnisse, Geflügel) und **Fischerei** (besonders Hummer) sind wie der Tourismus wesentliche Erwerbszweige. **Industriebetriebe** in Maine arbeiten überwiegend im Bereich der Holzverwertung bzw. Papierherstellung, außerdem Textil/Leder.

Wichtigste **touristische Ziele** sind die Atlantikküste mit dem *Acadia National Park*, die Seen und Flüsse im Hinterland sowie der noch von unberührter Wildnis geprägte *Baxter State Park*. Für wetterfeste *Outdoor-Fans* bietet Maine unendlich viele Möglichkeiten: *Rafting*, Kanu, Kajak (↳ Seite 309), Fahrradrouten (www.exploremaine.org/bike) und mehr, ↳ ab Seite 741.

2.5.2   Die Südküste von Kittery bis Bath

Outlet Shopping und Badeorte

Kennzeichnung
Die Infrastruktur an der Südküste ist voll auf den Tourismus eingestellt; entlang der Straße #1 finden sich zahllose **Motels** und *Restaurants*, dazwischen aber immer wieder – etwas abseits – bemerkenswerte Sommersitze aus vergangener Zeit.

Outlet Center
Von Boston sind es auf der I-95 kaum 90 min Fahrzeit bis zur Grenze New Hampshire/Maine. Kurz davor befindet sich im hübschen Städtchen Portsmouth ein riesiges *State Liquor Outlet* (preiswert, keine *Sales Tax*, ↳ Seite 205).

Im »Grenzort« **Kittery** gibt es entlang der #1 jede Menge *Factory Outlets* für Markenartikel; beliebt ist der *Kittery Trading Post* für *Outdoor*-Bedarf; www.thekitteryoutlets.com.

Die ehemals exklusiven Yorks – **York Harbor**, **York Village** und **York Beach** – haben sich ganz auf den Tourismus eingestellt.

Ogunquit Beach
Populäres Ferienziel vieler Frankokanadier ist die über 3 mi lange *Ogunquit Beach* (www.ogunquit.org) auf einer vorgelagerten Landzunge. Restaurants und *Coffee Shops* konzentrieren sich sich auf den Ogunquit Square an der #1 (Main Street) und an der Shore Road. Der Hauptzugang zum Strand läuft über die Beach Street; Parken dort $2-$4/Stunde in der Saison. Ruhiger ist der Strandabschnitt nördlich des Ortskerns (2 mi auf der #1 bzw. Main Street), dann Ocean Street (beim *Footbridge Beach Motel*) rechts ab und über die Fußgängerbrücke (Parken $10-$20/Tag).

Perkins Cove

Das einstige Fischerdorf bzw. die gern erwähnte Künstlerkolonie ist aber kaum noch zu erahnen. Die alten Häuschen sind aufgestylt und heute überwiegend Souvenir- und *T-Shirt Shops*. Auf den Terrassen der **Restaurants** sitzt man, wenn es nicht zu voll ist, – dank Meerblick – angenehm. Ein schöner Pfad, der **Marginal Trail**, führt um die Halbinsel Israel's Head bis fast ins Zentrum (ca. 2 km bis Shore Road/Obed's Lane).

Trolley #4 fährt nach **Wells**; #2 nach **Perkins Cove** (alle 15 min, 8-22 Uhr; $1,50 abgezählt; hält nur bei Handzeichen).

Unterkunft

In den **Yorks**, **Ogunquit** und **Wells** warten an der #1 viele Motels und Hotels auf Gäste; besonders schön **Riverside Motel**, Perkins Cove, $139-$219, ℗ (207) 646-2741, www.riversidemotel.com.

**Kenne-
bunkport/**

Der schönste Ort in diesem Küstenabschnitt ist Kennebunkport an der Straße #9, bekannt als Sommerresidenz der Präsidentenfamilie *Bush*; www.kennebunkport.com. Der **Docks Square** im Zentrum unweit der Brücke über den *Kennebunk River* mit Läden und Restaurants lohnt einen Bummel. Dort biegt die **Ocean Ave** von der #9 ab und schlägt einen Bogen um *Cape Arundel*. Auf ihr gewinnt man einen guten Eindruck vom Wohlstand der hier seit Generationen ansässigen wie urlaubenden *High Society*.

Auf einer Halbinsel (*Walker's Point*) steht das Anwesen der Ex-Präsidentenfamilie **Bush**. Fotografieren ist nicht möglich, denn auf der Ocean Ave gilt Parkverbot. Eine kommentierte **hop-on-hop-off-Trolleytour** (ca. 45 min, www.intowntrolley.com) vermittelt 1.000 Einzelheiten zu den Häusern ($15/$6, Paare $25, stündlich 10-15 Uhr).

**Hochzeits-
kuchenhaus**

Ein viel fotografiertes Motiv ist auch das **Wedding Cake House** (»gothic revival«), ein Holzhaus mit reichen Verzierungen. Um 1800 wurde ein frisch getrauter Seemann plötzlich an Bord seines Schiffes gerufen, so dass sich der Hochzeitskuchen nicht mehr gemeinsam anschneiden ließ. Nach seiner Rückkehr baute der junge Ehemann seiner Auserwählten das Hochzeitskuchenhaus an der Straße Kennebunk–Kennebunkport (#35/#9A).

Strände

Die **Beach Ave** trägt ihren Namen zu Recht: Sie zweigt auf dem Westufer des Kennebunk River von der #9 ab und führt zu den Stränden **Gooch's** und **Kennebunk Beach**. Wer auf der #9 Richtung Norden weiterfährt, stößt auf den Fischerhafen bei **Cape Porpoise** und – etwas weiter – auf die tolle **Goose Rocks Beach**.

Museum

Straßenbahn-Fans werden das **Seashore Trolley Museum** mit über 200 Waggons aus aller Welt nicht auslassen – auch Fahrten werden angeboten: ab Dock Square über die North Street 5 km landeinwärts zur Log Cabin Road. Im Sommer täglich 10-17 Uhr; $8, bis 16 Jahre $5,50; www.trolleymuseum.org.

Unterkunft

In einigen der Villen am **Scenic Drive** der Ocean Ave gibt es sehr gute Restaurants und teure **Inns** wie das **Captain Lord Mansion** (ab $249 Nebensaison, ℗ (207) 967-3141; www.captainlord.com).

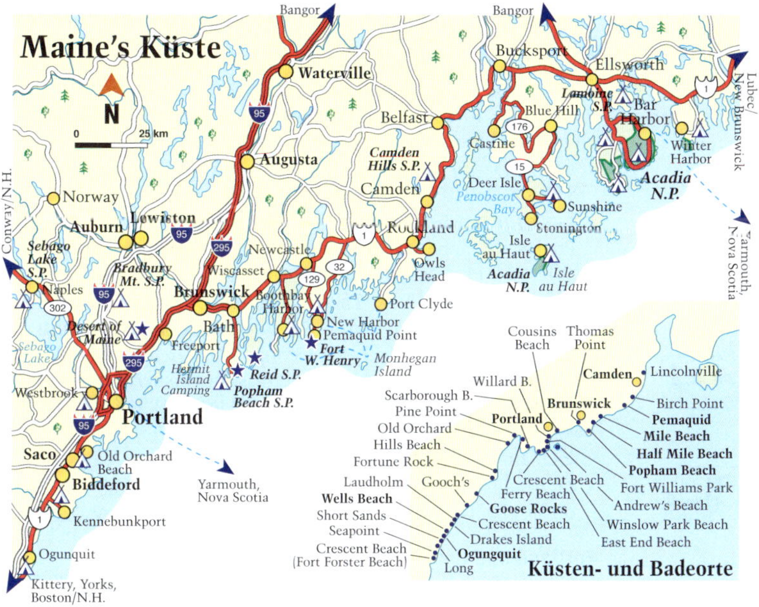
Maine's Küste
N
0
25 km
Bangor
Bangor
Waterville
Augusta
Belfast
Bucksport
Ellsworth
Lamoine S.P.
Blue Hill
Bar Harbor
Winter Harbor
Acadia N.P.
Castine
Deer Isle
Penobscot Bay
Sunshine
Stonington
Isle au Haut
Acadia N.P.
Isle au Haut
Camden Hills S.P.
Camden
Rockland
Owls Head
Port Clyde
New Harbor
Pemaquid Point
Fort W. Henry
Monhegan Island
Newcastle
Wiscasset
Boothbay Harbor
Brunswick
Bath
Freeport
Hermit Island Camping
Reid S.P.
Popham Beach S.P.
Norway
Auburn
Lewiston
Sebago Lake S.P.
Bradbury Mt. S.P.
Naples
Desert of Maine
Sebago Lake
Westbrook
Portland
Saco
Old Orchard Beach
Biddeford
Kennebunkport
Ogunquit
Kittery, Yorks, Boston/N.H.
Conway/N.H.
Yarmouth, Nova Scotia
Lubec/ New Brunswick
Yarmouth, Nova Scotia
95
295
1
302
129
32
176
15
Cousins Beach
Thomas Point
Willard B.
Camden
Lincolnville
Scarborough B.
Pine Point
Old Orchard
Hills Beach
Fortune Rock
Laudholm
Gooch's
Wells Beach
Short Sands
Seapoint
Crescent Beach
(Fort Forster Beach)
Long
Ogungquit
Drakes Island
Crescent Beach
Goose Rocks
Ferry Beach
Crescent Beach
Portland
Brunswick
Birch Point
Pemaquid
Mile Beach
Half Mile Beach
Popham Beach
Fort Williams Park
Andrew's Beach
Winslow Park Beach
East End Beach
Küsten- und Badeorte

Bis Ende Juni und nach *Labor Day* ist das Preisniveau in vielen Fällen im Verhältnis zur Leistung noch einigermaßen moderat, z.B. kostet dann das mitten im Ort am Wasser gelegene ***The Landing*** $95-$105, © 1-866-967-4221, www.landingintheport.com.

Gut unter kommt man auch in Cape Porpoise, keine 3 Meilen von Kennebunkport entfernt:

- ***Cape Porpoise Motel,*** an der #9 NO beim *Fishing Pier* mit Hafenkneipen (z.B. ***Nunan's Lobster Hut***), HS ab $89, © 1-866-967-3370, © (207) 967-3370; www.capeporpoisemotel.com
- ***The Fish House,*** 49 Pier Road direkt am Wasser; sehr individuell, auch Kitchenettes; ab $150; © (207) 967-2606; www.thefishhousecapeporpoise.com
- Ebendort: ***Chowder House*** (Lobster-Terrasse) und ***Pub Pier 77***
- 800 m zur Beach: ***Salty Acres Campground*** am Fluss (beste Stellplätze sind 172-186), © 1 866-967-2483 und © (207) 967-2483, ab $28/$55; www.saltyacrescampground.com

Ein **Hochseilpark** befindet sich bei Saco (I-95 *Exit* 36 und #1; ➪ Seite 33 unten); www.monkeytrunks.com.

Old Orchard Beach

Folgt man der #9 nördlich, gerät man in **Old Orchard Beach** (ca. 10 km weißer Strand!) wieder in touristischen Trubel mit dem *Old Orchard Beach Amusement Pier*, 5 km langem *Boardwalk*,

Karussells, Achterbahnen, Spielhöllen, *Hot Dogs* und Zucker-
watte. Den flach abfallenden Strandstreifen nennt man – wegen
der vielen Besucher aus Franko-Canada – auch die **Canadian
Riviera**; www.oldorchardbeachmaine.com.

Unterkunft

Entlang der 10 km langen Strandzone warten enorme Bettkapa-
zitäten auf Gäste. Die Tarife orientieren sich an der Strandnähe:

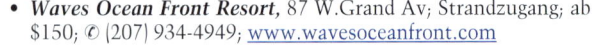

- **Waves Ocean Front Resort**, 87 W.Grand Av; Strandzugang; ab
  $150; ℂ (207) 934-4949; www.wavesoceanfront.com
- **Sea Cliff House Motel**; 2 Sea Cliff Av, neben dem *Waves*; mit
  Pool & Kitchenettes; Wifi; $109-$209; ℂ 1-800-326-4589 und ℂ
  (207) 934-4874; www.seacliffhouse.com
- Direkt am Strand liegt **The Gull Motel**, 89 W Grand Ave, Kit-
  chenettes, ℂ (207) 934-4321, $85-$170; www.gullmotel.com

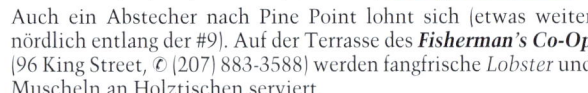

Auch ein Abstecher nach Pine Point lohnt sich (etwas weiter
nördlich entlang der #9). Auf der Terrasse des **Fisherman's Co-Op**
(96 King Street, ℂ (207) 883-3588) werden fangfrische *Lobster* und
Muscheln an Holztischen serviert.

Gleich am Anfang der Pine Point Road liegt das

- **Lighthouse Inn** quasi am Strand; $85-$155; ℂ 1-800-780-3213
  und ℂ (207) 883-3213; www.lighthouseinnatpinepoint.com

Portland und Umgebung

Die **Hafen- und Universitätsstadt Portland** ist mit 66.000 Einwohnern Maines einzige »City«. Die **Waterfront** ist mit seinen Kneipen und Fischtrawlern am Kai immer noch ganz urig, aber – wie
auch im Viertel **Old Port** zwei Blocks weiter oben (rund ums *Hotel
Regency* in der Milk Street) – verdrängen immer mehr Souvenir-
und T-Shirt-Läden die ehemaligen Galerien, *Bookshops* und Restaurants aus den roten Backsteinbauten; Kreuzfahrerkommerz versus Seebärenzunft und Kleingewerbe-Romantik.

Info Center

Eine **Visitor Information** befindet sich in der 94 Commercial
Street, Mo-Fr 8-17 Uhr, Juli/August auch Sa+So. ℂ (207) 772-
5800. Im Sommer, wenn ein Schiff dort liegt, öffnet zusätzlich
das **Ocean Gateway Pier Visitor Center** am Kreuzfahrerhafen;
www.visitportland.com.

**Downtown/
Congress
Street**

Die **Congress Street** hat neben Banken und Versicherungen vor
allem Restaurants und Boutiquen. Eine junge urbane Bevölkerung
hat wieder von der Innenstadt Besitz ergriffen. Dort befindet sich
auch das exzellente **Portland Museum of Art** (Entwurf: *I. M. Pei*)
am Congress Square. Es stellt neben *Picasso, Monet* und *Renoir*
auch Werke von US-Künstlern aus (*Wyeth, Homer*), Di-So 10-17
Uhr, Fr bis 21 Uhr, frei ab 17 Uhr. Eintritt $10, bis 17 Jahre $4;
www.portlandmuseum.org.

Moderne Kunst gibt's im **Institute of Contemporary Art** im *Maine
College of Art (MECA)*, 522 Congress Street, Mo-Fr 8-20 Uhr,
Sa/So 12-17 Uhr, gratis; www.meca.edu.

Über **Henry Wadsworth Longfellow** (↪ Seite 625) erfährt man alles auf einer Führung in der 489 Congress Street; dort verbrachte er seine Jugend. Di-Sa 10-16 Uhr, $8. Ein Denkmal für den berühmten Sohn der Stadt steht am Longfellow Square/Congress Street.

Für die leiblichen Genüsse sorgt der **Public Market** – eine kleine, Markthalle; Congress/Pebble Street (Mo-Sa 9-19, So 10-17 Uhr).

Fischerei-hafen

An den Kais der Commercial Street kann man die typischen Aktivitäten eines Fischereihafens beobachten. Außer Freitag finden täglich ab 12 Uhr **Fischauktionen** auf dem **Portland Fish Pier** statt.

Nahebei gibt's **Fischläden** (z.B. *Harbour Fish Market* auf der *Customs Wharf*) und allerhand Kneipen, wie z.B. das **J's Oyster** auf dem *Portland Pier*.

Schiffs-ausflüge

Vom **Maine State Pier** (Commercial/Franklin Street) fahren die Schiffe der **Casco Lines** zu zahlreichen vorgelagerten bewohnten Inseln. An Bord bekommt man einen guten ersten Eindruck von Maines zerklüfteter Nordküste. Fahrpläne in der *Visitor Information* und am **Casco**-Anleger. Im Sommer finden zusätzlich spezielle Touristenfahrten statt: ab $14,50, Kinder bis 9 Jahre 50%; www.cascobaylines.com.

Leuchttürme/ Picknick

Der älteste Leuchtturm von Portland (1791) liegt reizvoll beim *Fort Williams* – ein herrliches **Plätzchen zum Picknicken**. Zufahrt: Richtung *Cape Elisabeth*. Auf der #77 (Ocean Avenue) über die Brücke nach Süden, dann links über die Cottage Road, weiter auf der Shore Road. Am Südende von Cape Elisabeth (Straße #77, dann Two Lights Road) gibt es im **Two Lights State Park** zwei weitere Leuchttürme und eine prima **Lobster Shack** mit Tischen am Wasser (11-20 Uhr; www.lobstershacktwolights.com).

Ein paar Kilometer weiter lockt die **Crescent Beach** im gleichnamigen *State Park* ebenfalls zu Picknick und Spaziergängen.

*Bootshafen
in Portland*

L.L. Bean: Synonym für Qualität und Kulanz www.llbean.com

Die meisten Europäer dürften diesen Namen, den jedes amerikanische Kind kennt wie *Coke* oder *Pepsi*, noch nie gehört haben. Über 100 Mio.Kataloge, in denen sich alles findet, was das Herz von *Outdoor*-Enthusiasten höherschlagen lässt, verschickt die Firma *Bean* pro Jahr. Und rund 4 Mio. Kunden besuchen alljährlich **L. L. Beans Outdoor-Kaufhaus** in Freeport. Dort geht es täglich rund um die Uhr hoch her. Es gibt hauptsächlich sportliche Kleidung für jedermann und hochwertige Campingausrüstungen mit allem erdenklichen Zubehör; in einer weiteren Halle können sich Jäger und Angler eindecken.

L.L. Bean wurde um die Jahrhundertwende mit einem Spezialschuh für Fischer und Jäger bekannt. Bis zum Knöchel war er aus Gummi – gegen Feuchtigkeit – und bis zur Wade aus Leder – gegen Kälte. Diese simple Idee wurde zum Renner unter den Flinten- und Blinker-Männern. Das Produkt hielt auf den Hochsitzen und Bootsstegen aber nicht, was es versprach. Die Verbindung zwischen Gummi und Leder war nicht dicht, Feuchtigkeit und Kälte krochen durch die Naht. *L.L. Beans* pfiffige Reaktion auf die Reklamationswelle sorgte damals für Aufsehen und machte ihn bekannt: Er nahm alle Schuhe zurück und ersetzte sie durch Paare einer verbesserten Serie.

Seither ist mit dem Namen *L.L. Bean* nicht nur Qualität, sondern auch 100%ige Kulanz verbunden. Einer der »Urschuhe« ist in einem Glaskasten ausgestellt. Dank *Bean* können nun immer mehr Menschen nun besser ausgerüstet und komfortabler der Natur zu Leibe rücken. Zum Ausgleich unterstützt die Firma Umweltschutzorganisationen und druckt gar ihre Katalogwälzer nur auf Umweltpapier; weitere Infos ➪ Website oben.

Unterkünfte

- *Eastland Park Hotel*, ein Klassiker von 1927, renoviert, zentral, 157 High Street, ✆ (207) 775-5411 und ✆ 1-888-671-8008; $129-$189; www.eastlandparkhotel.com

- Das *Portland Regency* im viktorianischen Backsteingebäude in Hafen- und Restaurantnähe ist die beste Wahl; 20 Milk Street, ✆ 1-800-727-3436, $229-$269; www.theregency.com

Gut besetzt mit **Motels** und *Shopping Malls* aller Kategorien ist auch die **Straße #1** (= Main Street) in South Portland, o.k. ist das

- *Knights Inn*, 634 Main Street, ab $100, ✆ (207) 773-5722; www.knightsinn.com

Wer in dieser Region übernachten möchte, könnte ggf. auch noch 15 mi weiter bis Freeport fahren, denn dort gibt es im Umfeld der *Outlet-Shopping* Szene zahlreiche preiswerte Motels direkt an der #1, viele davon akzeptieren *Discount Coupons*.

Camping

- Der kleine *Bradbury Mountain State Park*, 15 mi nördlich von Portland an der #9, eignet sich gut für eine Nacht.

- Südlich von Portland liegt bei Scarborough der **Campground Wassamki Springs;** ein großer, familienfreundlicher Platz mit Badesee, Sportanlagen und Programm für Kids; jedoch im Sommer teuer: $41-$51, sonst $28-$36; I-95, *Exit* 46, dann #22 gute 4 mi nach NW, dann rechts in die Saco Street, ℂ (207) 839-4276.

- Etwa 25 mi nordwestlich von Portland – Straße #302 zwischen Raymond und Bridgton – liegt die Sebago/Long Lake Region mit dem **Sebago Lake State Park** am glasklaren See.

Delorme in Yarmouth

Auf der Fahrt von Portland Richtung Norden auf der I-295 oder der parallel verlaufenden #1 lohnt ein Stopp bei Yarmouth (*Exit* 17 von beiden Straßen), Sitz des Kartographie-Riesen **Delorme**. Sowohl der tolle *Shop* als auch »**Eartha**«, ein enormer Globus, der die Erde detailliert aus dem All zeigt, lohnen den Besuch. *Eartha* ist »**The World's Largest Revolving Globe**«; Mo-Sa 9-18 Uhr, So bis 17 Uhr; www.delorme.com/about/eartha.aspx.

Freeport Factory Outlets

Unbedingt einen Besuch abstatten sollte man auch dem Städtchen Freeport bzw. seinen **Factory Outlets** entlang der #1. Dort beherrscht der Ausrüster **L.L. Bean** die Szene, ⇨ Kasten

Ein paar Meilen südöstlich von Freeport kann man im **Wolfe's Neck Woods State Park** picknicken und eine schöne 2-stündige Wanderung machen.

Desert of Maine

Die **Desert of Maine** liegt nahe Freeport westlich der I-295, *Exit* 20 zur Desert Road. Die kleine »Wüste« mit erstaunlich hohen **Sandverwehungen** ist Überbleibsel eines Gletschers der letzten Eiszeit. Heute wird das ca. 25 ha große Gelände touristisch vermarktet. Am Eingang grüßt schon ein künstliches Kamel; Jeep und *Desert Trolley* dienen als Transportmittel; Führungen, alle 30 min, täglich 9-16.30 Uhr, $10,50; www.desertofmaine.com.

Camper dürfen am Rand der Wüste übernachten; Reservierung: ℂ (207) 865-6962, geöffnet Mitte Mai bis Mitte Oktober, $25-$39.

In der »Wüste« von Maine

Bath und Hermit Island

Bath

Einen Zwischenstopp wert ist das südlich von Bath gelegene **Maritime Museum**. Dazu verlässt man knapp vor der Brücke über den Fluss die #1, passiert die **Bath Ironworks** (Marine-Werft) und fährt noch ca. 1 mi die Washington Street hinunter.

Auf einem herrlich am Wasser gelegenen, alten Werftgelände wird gezeigt, wie einst große Segelschiffe gebaut wurden. Einer der letzten aktiven Fischerei-Schoner liegt zur Besichtigung vor Anker. Eine von *L.L. Bean* gesponserte **Lobstering Exhibition** informiert über Hummer und das Leben der Lobsterfischer. Täglich 9.30-17 Uhr; $12/$9; www.mainemaritimemuseum.org.

Das Städtchen **Bath** hat eine bunte Hauptstraße (Front Street) mit traditionellen Geschäften und modernen Bistro-Cafés.

Stichstraßen an die Kaps

Maines Küste ist oberhalb Portland extrem zerklüftet. Bis über Bucksport hinaus ragen etliche mehr oder minder breite felsige »Finger« nach Süden ins Meer. Auf den folgenden Seiten finden sich u.a. die Beschreibungen von fünf bis an die jeweilen Kaps führende Routen, sie entsprechen den Straßen #209, #127, #27/#238, #130 und #175/#15. Alle verlaufen über die ersten 10-15 mi eintönig, stoßen aber an der Spitze der Landzungen auf landschaftliche »Kleinode«.

Wer nur wenig Zeit für solche Abstecher hat, sollte sich zumindest die Straße #27/#238 mit dem hübschen Boothbay samt Harbor vornehmen, sodann die abwechslungsreiche #130 bis ins entlegene Pemaquid und/oder die #175/#15 mit dem maritim-kernigen Stonington.

An allen Fingern findet man urige **Lobster Shacks** am Atlantik, **schöne Strände** aber nur am Ende der Straßen #209 (*Popham State Park*) und #127 (*Reid State Park*).

Die Straßen #209 und #216 führen (14 mi ab Bath) zu einem der **schönsten Campingplätze an Maines Küste**:

Hermit Island

• Die Stellplätze (Zelte, Vans und kleine *Pick-ups*, keine *Motorhomes*) auf dem **Hermit Island Campground** liegen an sandigen oder felsigen kleinen Buchten am Meer und einem ruhigen Nebenarm des *Kennebec River* unter schattigen Bäumen; $35-$57, © (207) 443-2101; www.hermitisland.com. Frühe Reservierung ist dort sehr zu empfehlen.

Phippsburg

• Ein weiterer *Campground* liegt im Bereich Phippsburg: **Meadowbrook Camping** (mit *Cabins*) an der gleichnamigen Straße. Zufahrt auf der Stoney Brook Road, die keine Meile nördlich von Phippsburg von der #209 nach Südwesten abzeigt. Am Straßenende nach rechts. Tarife $29-$41, *Cabins* $95-$115; © 1-800-370-2267; www.meadowbrookme.com.

Hermit Island Campground: Stellplätze (nur für Zelte und kleine RV's) an einer Sandbucht direkt am Meer

2

Kennebec River Route nach Québec oder Rundfahrt durchs Binnenland von Maine

Ab Brunswick führt eine direkte Strecke durch das Binnenland von Maine nach Québec City: zunächst die **I-295** (die sich bei *Exit* 51 wieder mit der I-95 vereinigt) und dann weiter auf der **I-95** bis *Exit* 133, und von dort die landschaftlich reizvolle **Straße #201** weiter am Kennebec River entlang. Nach dem Überqueren der Grenze geht es auf der Straße #173/#73 nach Québec City (insgesamt ca. 230 mi). Von Solon bis zur kanadischen Grenze ist die #201 ein sog. *National Scenic Byway*, eine besonders schöne Nebenroute.

Herrliche Ausblicke in die Täler des Flusses – vor allem zwischen **Solon** und **West Forks** – und im weiteren Verlauf die unzähligen kleinen Seen und Flüsse am Wege bis **Jackman** sind der Lohn für die Wahl dieser Route. Da Mitte der 70er-Jahre das Flößen verboten wurde und seither keine Holzstämme mehr den Kennebec River hinunterschwimmen, haben die *River Rafter* den Fluss für sich entdeckt. Im Bereich West Forks bieten über 20 *Firmen* **Whitewater-Rafting** und Kanu-Touren an. Mehr als 30.000 Touristen »bezwingen« heute in jeder Saison mit Schlauchbooten die Stromschnellen des *Kennebec Dead River* (Websites von Anbietern ➪ Seiten 326ff im Abschnitt »Baxter State Park«).

Auch wer nicht nach Québec möchte, kann die Straße #201 abfahren; etwa als Teil einer **Rundfahrt** durch das einsame Hinterland von Maine, z.B. über die Straßen #6/#15 und den **Moosehead Lake**, den größten See in Maine mit fast 700 km felsig rauher Küstenlinie. In Rockwood und Greenville kann man Kanus mieten und/oder sich von Wasserflugzeugen in der Einsamkeit absetzen lassen. Die gesamte Strecke ist besonders schön im *Indian Summer*.

Camper finden u.a. im **Old Mill Campground** (südlich von Rockwood) und im wunderschönen **Lily Bay State Park** (10 mi nördlich von Greenville) Stellplätze direkt am See. **Unterkünfte** jeder Art, von rustikalen *Cabins* bis zu teuren *Resort Hotels*, gibt es in großer Zahl sowohl im Bereich des Kennebec River als auch am Moosehead Lake.

Hummer

Hummer haben nicht nur eine merkwürdige Gestalt. Auch im Körper geht fast alles drunter und drüber: Ihr Herz schlägt unter dem Rücken, ihre Zähne kauen im Magen, ein Ausscheidungsorgan liegt hinter dem Mund, ihr Geschmacksnerv in den Antennenspitzen, und als männliches Begattungsorgan dient das umfunktionierte erste Hinterleibs-Beinpaar. Trotz dieses Organ-Kuddelmuddels überlebt er seit 1 Mio. Jahren, gedeiht in Maine zur Zeit wieder prächtig und findet reichlich Abnehmer.

Hummer sind Glieder- bzw. Zehnfüßer (das erste Beinpaar ist zu Scheren umgestaltet) und gehören zur Familie der Schalen- und Krustentiere, von denen es zigtausend Arten gibt. Über deren korrekte Bezeichnungen herrscht weltweit babylonische Verwirrung. Allein 10.000 Großkrebsarten, 5.000 Krabben- und 3.000 Garnelenarten sind zu unterscheiden. Vor der nordamerikanischen Ostküste, wo der Hummerfang um 1800 begann, lebt der **Northern Lobster** (*Homarus americanus*), ein unmittelbarer Verwandter des etwas schlankeren europäischen Hummers (*Homarus gammarus* oder *vulgaris*), wie wir ihn bei Helgoland finden.

Der Hummer liebt Felsspalten und kühles Wasser (5-20 °C). Er ist ein typisches Nachttier und Allesfresser; seine Nahrung bilden Würmer, Muscheln, die er mit der dicken Schere knackt und tote Fische, die er mit der schmalen Schere schneidet. Selbst wehrlose Artgenossen bleiben nicht verschont. Unter anderem werden auch damit die hölzernen Hummerfallen bestückt, die aus zwei Kammern bestehen: Der Eingang führt in den *bedroom*, von dem aus das gefangene Tier zur *kitchen* mit dem Köder gelangt. Mit kunterbunten Korkbojen bis zu 40 m tief vertäut, findet jeder Fischer seine Hummerkörbe wieder. 40.000 t Lobster werden jährlich vor Maine, Neufundland und Labrador gefangen. Um den Bestand zu wahren, ist die Hummersaison in vielen Gegenden auf zwei Monate begrenzt, und Jungtiere, deren Brustpanzer keine 8 cm lang sind (weniger als 500 Gramm), gehen wieder über Bord. 50-jährige Prachtexemplare werden bis zu 80 cm lang und 10 kg schwer.

Bei der Paarung im Spätsommer übernimmt das Weibchen das Samenpaket und bewahrt es über den Winter in einer Samenblase auf. Erst im folgenden Sommer erfolgt die Befruchtung und Eiablage. Die Lobster-Frau legt sich auf den Rücken und klebt den Laich, 5.000-40.000 Eier, für 10-12 Monate unter

Lobster Roll, ➪ rechts

SO WIRD EIN HUMMER GEKNACKT

1

2 ...und mit einem Nuß-knacker aufbrechen.

Scheren abdrehen...

3 Schwanz vom Körper abknicken.

4 Flosse vom Schwanz lösen.

5 Mit einer Gabel das Fleisch hinausdrücken.

6 Den Rücken-panzer vom Körper trennen,

7 den Rest des Rumpfes auseinanderbrechen.

8 Die Beine aussaugen.

Fo.

ihrem Hinterteil fest. Die 8 mm langen Larven schwimmen die ersten zwei Wochen frei im Wasser und werden erst nach drei Häutungen zu Bodentieren. Solche Häutungen finden auch später alle zwei Jahre statt. Das wachsende Körpervolumen spaltet dabei den Rücken auf, das ungeschützte Tier versteckt sich drei Wochen lang in einer Höhle, wo sich die Haut zu einem neuen Panzer aus Chitin und Kalk verhärtet.

Gourmets lassen derartige *Softshell*-Tiere sowie Weibchen liegen. Das Männchen erkennt man an dem hintersten Paar der Gliederfüße, die zu ca. 2 cm langen, nach vorn unter die Brust geklappten Beinchen rudimentierten. Aus ihnen werden die Samenpakete abgegeben. Beim Weibchen ist dieses Beinpaar noch verkümmerter und ähnelt zwei Stacheln.

Wer eine Geschlechtsbestimmung am lebenden Tier vornimmt, muss behutsam vorgehen, denn das Schlagen mit dem Schwanz kann den Fingern genauso gefährlich werden, wie das Kneifen der Scheren. Mit einem einzigen Schlag, mit dem der Lobster normalerweise seine Flucht nach hinten antritt, schnellt er in einer Sekunde bis zu 7m zurück, das entspricht fast 50 km/h.

Hummer kocht man so: das lebende Tier kopfüber in kochendes Wasser stürzen und bei reduzierter Hitze köcheln lassen. Ein *Lobster* von 500 g ist nach 12 min. gar. Das nächste Pfund verlängert die Kochzeit um 10, jedes weitere Pfund das Garen um zusätzliche 5 Minuten. Ein Kilo Hummer braucht also 22 Minuten.

Farb-Chemie: Der lebende *Lobster* ist schwarz-dunkelblau, weil ein Protein und ein darin gebundenes karotines Pigment den roten Anteil des Lichts nicht reflektiert. Im kochenden Wasser lösen sich beide Komponenten; das Karotin absorbiert blaues und grünes, aber reflektiert rotes Licht – die Farbe des gekochten Hummers. **Lobster Roll** steht fürs pure Fleisch im Brötchen.

Restauranttipp: ***Anna's Water Edge Restaurant*** hat köstlichen ***Lobster*** (Blacks Landing Road bei Phippsburg: von der #209 ein wenig südlich von Phippsburg ca. 4 mi auf der Basin Road, wird zur Sebasco Road, dann rechts); Mai-September täglich 11-21 Uhr; www.thewatersedgerestaurant.com.

Popham Beach State Park

Ein Ausflugsziel auf *Hermit Island* ist der ***Popham Beach State Park*** (ohne Camping, Straße #209). An seinem langen Sandstrand mit vorgelagerten Inselchen kann man vor allem bei Ebbe herrlich spazierengehen. Ca. 2 mi vor der Einfahrt zur *Popham Beach* am Ende der #209 stößt man auf die gleichnamige Siedlung und ein nie vollendetes Fort. Ein erster Siedlungsversuch der Engländer war hier im Jahr 1607, 13 Jahre vor der *Mayflower*, gescheitert.

- ***Spinney's Guest House***, 987 Popham Road (Straße #209); prima Lage, tolles Restaurant, tägl. 8-21 Uhr; DZ mit Gemeinschaftsbad; $79; ✆ (207) 389-2052; www.spinneysrestaurant.com

Reid State Park

Der nächste Abstecher führt zum sehr schönen ***Reid State Park***. Gleich nach der Brücke östlich von Bath über den Kennebec River geht es auf die Straße #127. Nach ca, 14 mi weiter auf der Seguinland Road. Der Park hat zwei lange Sandstrände und einen kleineren felsig eingefassten Strand. In einer wasserwarmen, ruhigen Lagune hinter den Stränden können Kinder gefahrlos planschen.

Lobster Shacks

Eine legendäre *Lobster Shack* mit tollem Meerblick (Maine pur) ist ***Five Island Lobster Company*** am Ende der #127, ein Renner: www.fiveislandslobster.com.

Camping

- Der ***Campground Sagadahoc Bay*** befindet sich an der Zufahrt zum *Reid State Park* (2 km); ✆ 207-371-2014.

Zwei schöne Unterkünfte liegen beim ***Reid State Park*** am Wasser:

- Das ***Grey Haven Inn***, schöne Lage, $170-$270, ✆ (207) 371-2616 und ✆ 1-855-473-9428, www.greyhavens.com; sowie das
- ***B&B The Mooring***, $140-$200, ✆ (207) 371-2790 und ✆ 1-866-828-7343; www.themooringb-b.com

2.5.3   Maine's zentrale Küste

Straße #27 nach Boothbay Harbor

Etwa 2 mi östlich Wiscasset zweigt die Straße #27 von der #1 ab. Sie führt nach **Boothbay Harbor**, einem – wenn auch sehr touristischen – Bilderbuchstädtchen. Den Abstecher dorthin kann man gut verbinden mit einem Bootstrip nach **Monhegan Island** (↷ Kasten rechts). Noch in Wiscasset passiert man den Kiosk ***Red's Eats*** (Main/Ecke Water Street), ein »***Must-Stopp***« für *Lobster*-Fans.

Etwa 10 mi sind es bis Boothbay, noch 2 mi weiter bis Boothbay Harbor. In Boothbay gibt es im sog. ***Railway Village*** neben einer nostalgischen Eisenbahn eine Ausstellung von ***50 Oldtimern*** und ***Trucks***. Juni-Oktober, 9.30-17 Uhr; $9, unter 16 Jahre $5, www.railwayvillage.org.

Ausflug nach Monhegan Island www.monheganwelcome.com

Diese nur 3 km lange und 1,5 km breite **autolose** Insel 20 km vor der Küste ist einen Ausflug wert. Sie steht für ein unverfälschtes, vom Tourismus kaum berührtes Maine. Von folgenden Häfen kann man zur Insel übersetzen:

- Die *Balmy Days II* fährt im Hochsommer täglich um 9.30 Uhr ab **Booth-bay Harbor**, Rückfahrt 14.45 Uhr, Fahrzeit 90 Min; ✆ (207) 633-2284 und ✆ 1-800-298-2284, $32/$18; www.balmydayscruises.com
- Die *Hardy III* fährt ab **New Harbor**, Nähe *Pemaquid Point*, täglich 9 Uhr, im Sommer auch um 14 Uhr; 50 min, Rückfahrt 15.15 Uhr, $32/$18, ✆ (207) 677-2026 und ✆ 1-800-278-3346; www.hardyboat.com
- Von **Port Clyde** (südlich Rockland Straße #131) läuft dreimal täglich ein Schiff Mohegan Island an; den Morgentrip um 7.00 Uhr macht das alte Versorgungsschiff *Laura B.* (nur im Juli und August), die beiden anderen um 10.30 Uhr und 15.00 Uhr die modernere und schnellere *Elizabeth Ann* (ca. 50 min). ✆ (207) 372-8848, $32/$18; www.monheganboat.com

Die Infrastruktur für Touristen ist dünn und alt, und die kleinen, grauen Schindelhäuser der Fischer in **Monhegan Harbor** sind noch nicht in Boutiquen umgewandelt. Kneipen, kleine Bistros und die Handvoll viktorianischer Gasthöfe sind nicht mit den Motels an der #1 zu vergleichen. Schöne **Wanderwege** führen durch eine – für eine derart kleine Insel – vielfältige Landschaft und Vegetation: Felsen, Blumenwiesen und Mischwald. Von überall fällt der Blick über die Küste, wenn nicht dichter Nebel herrscht (kommt selbst im Sommer vor). Auch bei Vogelliebhabern ist die Insel populär.

Quartiere sind nostalgisch und teuer: ***Monhegan House***: $115-$149 ohne Bad, mit Bad $185-$215; ✆ (207)-594-7983, www.monheganhouse.com. Die Räume des klassischen ***Island Inn*** sind »moderner«. Zimmer ohne Bad kosten $130-185, mit Bad $175-$295; ✆ (207) 596- 0371, www.islandinnmonhegan.com.

Lobster Shack, typischer Hummer-Imbiss in Maine

**Boothbay
Harbor**

Im malerisch gelegenen Boothbay Harbor bieten **Windjammer** und **Ausflugsboote** *Sightseeing*, *Whale Watching* und Tiefseefischen. An Land laden Restaurants zu *Seafood* und zahlreiche *Shops* zu Bummel und Einkauf ein; www.boothbayharbor.com. An der Atlantic Avenue (Fußgängerbrücke auf das andere Buchtufer) gibt es diverse Hummerimbisse; urig ist die **Lobsterman Cooperative**, etwa 1 mi vom Zentrum entfernt.

Unterkunft

In Boothbay Harbor findet man die besten Quartiere weit und breit, viele davon in schönen alten Häusern mit Meerblick.

- **Harbor House Inn** nahe dem Zentrum, 6 große Zimmer, Wifi, 80 McKown Street, ✆ (207) 633-2941 und ✆ 1-800-856-1164, $120-$150, mit Frühstück; www.harborhouse-me.com

- In der gleichen Straße #60 hat das **Topside Inn**, ein klassisches Holzhaus auf grünem Rasen, viele unterschiedliche Zimmer, weiter Blick über die Bucht; $155-$275, ✆ (207) 633-5404 und ✆ 188-633-5404; www.topsideinn.com

- Der Name verrät es schon: Das **Mid-Town Motel** liegt schön zentral für den Ortsbummel; 96 McKown Street, ab $80, ✆ (207) 633-2751; www.midtownmaine.com

- Traumhafte Lage am Wasser kennzeichnet das **Linekin Bay Resort**; 92 Wall Point Rd, August nur wochenweise ab $145/Tag; sonst ab $130, ✆ 1-866-847-2103; www.linekinbayresort.com

Preiswerte Motels am Wasser sind:

- **Cap'n Fish's Waterfront Inn,** etwas in die Jahre gekommen am Hafen jenseits der Brücke an der Atlantic Ave, ✆ (207) 633-6605, ✆ 1-800-633-0860, $75-$160; www.capnfishmotel.com

Boothbay Harbor

- Tipp: Das **Ship Ahoy Motel** in Southport (Straße #27 südwestlich von Boothbay Harbor, von ihr auf die #238). In den neueren Gebäuden auch in der Hochsaison nur $79, sonst $49-$59; ✆ (207) 633-5222, www.shipahoymotel.com

Camping

- Ebenfalls auf der Insel Southport nahe der #238 liegt der **Gray Homestead Campground** (21 Homestead Road) direkt an der Felsküste. Zelt/Auto $37, RV $40. Auch *Cottages* und Apartments; HS nur wochenweise, NS mind. 3 Tage; $700-$1000/Woche; ✆ (207) 633-4612, www.graysoceancamping.com

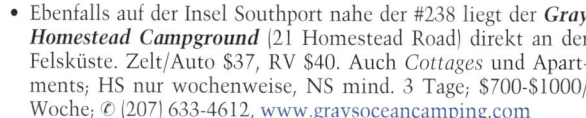

- Nur 3 mi sind es von Boothbay Harbor zum **Shore Hills Campground**, Fjord Cross River/Straße #27, ✆ (207) 633-4782.

- Zum **Frühstück/Brunch** brummt's im **Mama D's,** 50 Union St

Straße #130 zum Pemaquid Point

Lighthouse (Anfahrt)

An Maines Küste sind auch die Leuchttürme immer wieder einen Abstecher wert. Dramatisch ist die Position des **Lighthouse** am **Pemaquid Point;** www.lighthouse.cc/pemaquid. Dorthin geht's ab der #1 in Newcastle auf die Bristol Road (#129, später #130 bis zum Ende; ca. 5 mi südlich des Ortes Pemaquid).

Lobster

Am winzigen **Pemaquid Harbor s**teht das **Co-op's Restaurant** auf grüner Wiese am Wasser, das fangfrischen **Lobster** serviert: 32 Co-Op Road (Zufahrt ab Pemaquid über Harrington und Pemaquid Harbor Rd); tägl. 11-19.30 Uhr; www.pemaquidlobstercoop.com.

Fort William Henry

Von der #130 zweigt gut 2 mi südlich von Pemaquid die Huddle Road ab. Auf ihr gelangt man zum **Fort William Henry** im *Colonial Pemaquid State Historic Site* gegenüber Pemaquid Harbor. Dort wurden Reste einer alten **Fischersiedlung** aus dem 17. Jahrhundert – aus einer Zeit vor (!) der Landung der *Mayflower* – freigelegt. Dabei stieß man auf präkolumbische Gegenstände und ein Wikinger-Skelett mit Rüstung; Museum täglich 9-18 Uhr. Der Eintritt von $2 schließt das *Fort William Henry* mit ein.

Ein **Restaurant** am Anleger sorgt für das leibliche Wohl.

Pemaquid Point Lighthouse Park

Wer wegen Nebels nicht die Hand, geschweige denn den Leuchtturm vor Augen sieht, tröstet sich im **Fisherman's Museum** im alten Haus des Leuchtturmwärters u.a. mit einer Ausstellung zur lokalen Fischereigeschichte. Nur im Sommer 10.30-17 Uhr, $4.

Strand

Der *Pemaquid Trail* führt vom *Colonial Pemaquid Historic Site* zum **Pemaquid Beach Park,** einem herrlichen weißen Halbmondstrand ($2), Picknicktische. Autozufahrt etwa 2 mi südlich.

Camping

- Der **Sherwood Forest Campground** hat prima Stellplätze und zwei *Cabins*, Pool; nur ein paar Minuten zu Fuß zum Strand; ✆ 1-800-274-1593; www.sherwoodforestcampsite.com

- Eine Alternative ist der kleine **Pemaquid Point Campground** an der #130 am Ende der Bristol Road, ✆ (207) 677-2267.

Unterkunft

An der Bristol Road nahe dem Leuchtturm liegen zwei alte (aber gut renovierte) Sommerhotels in Küstennähe:

• Das traditionelle **Hotel Pemaquid**, 3098 Bristol Road, hat Zimmer mit Gemeinschaftsbad ab $70, sonst ab $85. Klassisch ist die umlaufende Veranda mit Schaukelstühlen, ✆ (207) 677-2312.

New Harbor

Zur Weiterfahrt bietet sich die küstennahe Straße #32 an, die kurz vor Waldoboro wieder auf die #1 stößt. Im kleinen **New Harbor** (nur wenige Meilen von *Pemaquid Point* entfernt) bietet *Hardy Cruises* Bootstrips an (↻ Kasten »Ausflug nach Mohegan Island«). Am Kai hat **Shaw's Wharf** in der *Raw Bar* frische Austern und *Fish & Chips* – **Hummer** gibt es draußen auf dem Steg.

Rockland und Camden

Rockland

Wieder zurück auf der #1 erreicht man bald Rockland, ein ansehnliches Städtchen mit Fährhafen. Von dort aus bedient der **Maine State Ferry Service** die vorgelagerten Inseln. Nicht weit ist es vom Hafen auf der Main Street zum **Farnsworth Art Museum** (16 Museum Street); im Sommer täglich 10-17 Uhr, Mi bis 20 Uhr, Eintritt $12; bis 16 Jahre und Mi ab 17 Uhr für alle frei; www.farnsworthmuseum.org

Wer sich für amerikanische Malerei interessiert, wird den Besuch als lohnenswert empfinden. Der in Neuengland berühmten Malerfamilie *Wyeth* ist das angeschlossene **Wyeth Center** gewidmet (in einer ehemaligen Kirche in der Union Street), göffnet wie oben.

Camden

Zwischen Rockland und Bucksport ergeben sich von der #1 immer wieder schöne Ausblicke über die **Penobscot Bay** mit ihren zahlreichen Inseln; www.mainedreamvacation.com.

Das elegante **Camden** ist voll auf Touristen eingestellt. In der Hafenbucht liegt eine ganze **Windjammerflotte**, die im Sommer zu Kurztörns, Tagestrips und **Dinner Cruises** ausläuft (kurzfristig buchbar). Nebenbei gilt Camden als Edelport für Yachteigner.

Wer sich zum **Restaurantbesuch** (hübsche **Terrassen**) animieren lässt, muss etwas tiefer als üblich in die Tasche greifen.

• Einen Steinwurf vom *Visitor Center* (mit Parkplatz) entfernt dampfen die *Lobster Pots* im **Bayview Lobster**
• Nicht weit davon: **Choppy's Chowder House** mit guter *Bakery*

Blick auf Camden und seinen Hafen

• **Camden Deli** für Sandwiches, Salate u.a.
• Leichte, innovative Küche bietet das **Atlantica**, 9 Bay View Landing; www.atlanticarestaurant.com

Unterkunft

Camden verfügt über eine ganze Reihe attraktiver *Country* und *Bed & Breakfast Inns* (im Sommer ab $160):

• Elegant und gepflegt ist das *Hartstone Inn & Hideaway*, 41 Elm Street, prima Frühstück. Gourmet-Restaurant im Haus. Nur die laute Straße stört, nach hinten ist es leise. Ab $170, ℂ (207) 236-4259 und ℂ 1-800-788-4323; www.hartstoneinn.com

• Preiswerter ist das *Towne Motel* an der #1 (hier Elm Street), leider etwas laut, im Sommer $110-$140, NS $85-$135, ℂ (207) 236-3377und ℂ 1-800-656-4999; www.camdenmotel.com

An der #1 Richtung Norden findet man jede Menge weiterer Quartiere, z. T. auch meerseitig etwas unterhalb der Hauptstraße:

• Ganz prima ist das *Beloin's Motel* (1 mi ab Camden), wasserferne Zimmer $56-$80, Zimmer am Wasser: $95-$145, *Cabins* alle am Wasser $95-$210, ℂ (207) 236-3262; www.beloins.com

• *Birchwood Motel* (2,5 mi ab Camden), alle Zimmer mit Meerblick, aber auch relativ einfach, ℂ (207) 236-4204; $95-$125, *Cottages* teurer; www.birchwoodmotel.com

• **Tipp**: *Mount Battie Motel* (4 mi ab Camden), tolles Frühstück, HS $99-$129, ℂ 1-800-224-3870; www.mountbattie.com

State Park

Kurz hinter Camden in Richtung Norden geht es links ab zum *Camden Hills State Park* mit einem guten **Campingplatz** (ruhige Plätze entfernt von der Straße). Auf der Meerseite hat der Park eine *Day Use Area* mit Picknicktischen an der Penobscot Bay. Ohne Campabsicht lohnt die Einfahrt ($4,50/Person) in den Park mit Ziel *Mount Battie* nur bei gutem Wetter. Von der Kuppe des Berges hat man einen fantastischen Blick über die *Penobscot Bay*, die Inselwelt und hinüber nach *Mount Desert Island* (*Acadia National Park*). Vom Picknickplatz des Parks (östlich der Hauptstraße) läuft ein *Trail* hinunter zum felsigen Meeresufer.

Östlich von Belfast passiert man das großzügige *Searsport Shores Camping Resort* (216 Main Street/#1) Es liegt meerseitig und hat viele Plätze mit Meerblick, *Walk-in*-Zeltplätze am Wasser oder unter Bäumen. Kajakfahrer können direkt vom Platz aus starten; ℂ (207) 548-6059; Zelte $39, RVs $48-$58; www.campocean.com.

Blue Hill Peninsula

Castine

Die Straße #175 (bei Orland östlich Bucksport ab #1/#3) führt auf Maines längste und breiteste Halbinsel, die *Blue Hill Peninsula*. Im einzigen größeren Ort, **Castine**, zeigt sich Maines liebliche Seite. Das alte Städtchen (#175, dann #166A) mit einem Yachthafen an grüner Bucht, ein paar Shops und Restaurants an der Main Street und einem von weißen Schindelhäusern umgebenen Zentralplatz verdient einen Abstecher; www.castine.me.us.

Stonington

Folgt man weiter der #175 und ab Sargentville der #15, erreicht man nach weiteren 20 mi (ab Castine) durch kaum besiedeltes, unspektakuläres Gebiet den kleinen Fischerhafen Stonington auf der abgelegenen **Deer Isle** (www.deerislemaine.com).

Der Abstecher lohnt sich speziell fürs *Sea Kayaking* und für alle, die normale Fischerdörfer aufgepeppten Orten vorziehen.

Die vorgelagerten Inselchen und die zum *Acadia National Park* gehörende **Isle au Haut** mit einem kleinem Zeltplatz (ganze fünf Stellplätze) sind einen Ausflug wert.

Unterkunft

- Tipp: Im *Inn on the Harbor* kosten Seeblickzimmer in der HS ab $155, in der NS ab $85; ✆ (207) 367-2420 und ✆ 1-800-942-2420; www.innontheharbor.com

- Direkt gegenüber bietet das *Boyces Motel* für $65-$130 kleine *Units*, manche mit Küche und/oder Sonnenterrasse, ✆ (207) 367-2421 und ✆ 1-800-224-2421; www.boycesmotel.com

Camping

Ein kleiner einfacher Campingplatz gehört zu *Old Quarry Ocean Adventures*, einer Outdoor-Unternehmung, die sportliche Aktivitäten und Touren (Fahrrad, Wandern) organisiert, wobei *Sea Kayaking* den Schwerpunkt bildet; www.oldquarry.com. Zufahrt über die Oceanville Road, ca. 1,5 mi nördlich Stonington. Nur wenige RV-Plätze, für Zeltcamper *Walk-in-Campsites*.

2.5.4   Mount Desert Island und der Acadia National Park

Zufahrt und Information

Der *Acadia National Park* auf der Insel **Mount Desert** im Osten von Maine ist der einzige Nationalpark im Nordosten der USA und äußerst populär; alljährlich kommen über 2,5 Mio. Besucher. Er nimmt nicht die ganze Inselfläche ein. Man trifft immer wieder auf kleine Orte und privaten Grundbesitz (➪ Seite 322).

Ellsworth   Kein Weg in Richtung *Mount Desert Island* führt an **Ellsworth** vorbei. Die kleine Stadt lebt im Juli und August von ihrer Position als unvermeidlicher Verkehrsknoten 10 mi nördlich der – Festland und Insel verbindenden – *Trenton*-Brücke über die *Mount Desert Narrows*. In Ellsworth stehen zahlreiche **Hotels und Motels** aller Kategorien an den Straßen #1/#3. Dort kommt man ggf. noch unter, wenn Bar Harbor ausgebucht ist. Aber Zimmer unter $85 gibt's in der Saison selbst in Ellsworth kaum.

Anfahrt   Das Bild entlang der #3 nach Bar Harbor lässt wenig auf die Nähe eines Naturparks schließen. Die Strecke ist weitgehend kommerziell-touristisch zersiedelt. Doch brodelnde Hummertöpfe (z.B. an der *Trenton Bridge* mit Picknicktischen) erinnern einen daran, dass die #3 sich wirklich in Maine befindet.

Information   Das *Acadia Information Center* befindet sich in Trenton (250 m
                   vor der Brücke nach Desert Island); täglich Mai bis Oktober;
                   ✆ 1-800-345-4617; www.acadiamagic.com.

                   Bar Harbor Chamber of Commerce,
                   1201 Bar Harbor Road; www. barharborinfo.com.

                   ## Bar Harbor

Bar Harbor   Das außerhalb des Parks gelegene **Bar Harbor** ist ein Urlaubsort
                   par excellence mit attraktivem Zentrum und hübschem Hafen-
                   bereich. An den Piers in Sichtweite pittoresker Felsinseln liegen
                   Boote für *Whale Watching Trips* und *Island Cruises* durch die
                   Frenchman Bay und um *Mount Desert Island*, darunter nostal-
                   gische Windjammer.

                   Main und Cottage Street beherbergen das Gros der Geschäfte und
                   viele Lokale; dort findet man auch Fahrradverleiher und *Rental
                   Shops* für Kanus, Kajaks und weitere Ausrüstung (↪ Seite 319).

Island   Beim *Village Green*, dem schönsten Park in **Bar Harbor**, befindet
Explorer   sich die zentrale Busstation der *Island Explorer*, gasbetriebenen
                   Bussen (für Parkpass-Inhaber gratis). Die Busse verbinden *Camp-
                   grounds*, Hotels, Fähr- und Flughafen, Wander-Startpunkte, South-
                   west Harbour und die Schoodic Peninsula. Sie sind vor allem in-
                   teressant für Wanderer (*Pick-up* an anderer Stelle möglich) und
                   Radfahrer (Transport der Räder); www.exploreacadia.com.

Unterkunft

Im Juli/August kosten schon einfachste Motelzimmer $100 und mehr pro Nacht. Dabei sinken die Preise mit der Entfernung zu Bar Harbor. Tatsächlich verfügt allein schon der Ort über eine immense Bettenkapazität, wobei bessere Häuser und **B&B Inns** in nostalgischen Villen einen recht hohen Anteil haben. In Bar Harbor standesgemäß unterzukommen, ist daher kein Problem, aber im Sommer eine Frage der rechtzeitigen Reservierung; am besten im Internet über das Portal www.barharborinfo.com.

Motels

Hier einige Beispiele für bezahlbare Unterkünfte:

- Vom zentral gelegenen **Bar Harbor Villager Motel** (207 Main Street) kann man gut zu Fuß in den Ort bummeln; HS ab $98, sonst ab $69, ✆ 1-888-383-3211, www.barharborvillager.com
- **Bar Harbor Quality Inn**, 40 Kebo Street, Zentrum ebenso gut zu Fuß zu erreichen, Preis/Leistung ist gut, $109-$185, ✆ 1-800-282-5403; www.barharborqualityinn.com
- Empfehlenswert auch das **Moseley Cottage Inn** und **The Town Motel** vis-a-vis zentral in der 12 Atlantic Avenue. Das *Cottage* ist ein herrschaftlich nostalgisches Sommerhaus und hat komfortable Zimmer; das Motel bietet guten Standard. *Cottage Inn* $125-$275, *Town Motel* $79-$149 ✆ (207) 288-5548 und ✆ 1-800-458-8644; www.moseleycottage.net.
- Ungefähr 7 mi nördlich von Bar Harbor liegen an einem *Bypass* der #3 (Sandpoint Road) **Emery's Cottages** direkt am Wasser, HS nur ganze Wochen: $600-$1120, in der Vor- und Nachsaison auch tageweise: $58-$138; ✆ (207) 288-3432; www.emeryscottages.com
- **Acadia Pines Motel**, 389 Straße #3 ca. 5 mi nördlich von Bar Harbor, $64-$150, ✆ 1-877-288-0554; www.acadiapinesmotel.com
- **Robbins Motel**, 396 Straße #3; Wifi; ab $39, ✆ 1-800-858-0769 und (207) 288-4659; www.acadia.net/robbins
- **Edgewater Motel & Cottages**, abseits der #3 am Wasser (Salisbury Cove); 137 Old Bar Harbor Road; ab $71; ✆ 1-888-310-9920; www.edgewaterbarharbor.com
- **Bay Meadow Cottages** neben *Edgewater Motel*, $65-$165; ✆ (207) 288-5451; www.baymeadowcottages.com

Restaurants

In Bar Harbor haben die beiden klassischen Hotels am Wasser elegante Restaurants: das **Harborside Hotel, Spa & Marina** (55 West Street) beherbergt den Italiener **Bella Vita**, das **Edenfield Restaurant** und das **Pier Restaurant at Harborside** mit Terrasse. Der **Bar Harbor Club** (111 West Street) mit dem traditionellen *Dining Room* lässt alte Zeiten aufleben.

Mit folgenden Restaurants kann man wenig verkehrt machen, auch wenn's dort einfacher zugeht:

- **The Opera House Internet Cafe**, 27 Cottage Street
- **Stewman's Lobsterponds** in *Downtown on the Wharf* (35 West Street) unmittelbar am Wasser. Ein zweiter **Stewman's** befindet sich etwas außerhalb im Garten des **Holiday Inn Regency**, 123 Eden Street (Straße #3); ✆ (207)-288-9723 für beide.

Camping

Der Nationalpark verfügt über zwei Campingplätze (beide $20):
- **Blackwoods**, ein Platz im Wald, zu erreichen über die Straße #3 durch den Park, und
- **Seawall** an der #102A im Süden der Insel.

Blackwoods kann reserviert werden: ✆ (207) 288-3274, www. recreation.gov; ➪ Seite 156. **Seawall**-Plätze werden in der Reihenfolge der Ankunft vergeben. Beide *Campgrounds* füllen sich in der Hochsaison schnell.

Durchaus gute Alternativen sind die kommerziell geführten Plätze (**$27-$55**) außerhalb der Parkgrenzen mit Stellplätzen z.T. direkt am Wasser. Mehrere große *Campgrounds* befinden sich gleich hinter der *Trenton Bridge* an der #3. Kleinere, ruhigere Plätze gibt es an der #102 nach Southwest Harbor und Tremont:

- **Hadley's Point Campground**, an einem Küsten-Bypass der #3, großzügige, naturbelassene gute Plätze, Pool, 5 min zum kleinen Strand. Von der Brücke etwa 3 mi Richtung Bar Harbor, dann links in die Hadley Point Road, ✆ (207) 288-4808.

- **Mount Desert Campground**; der landschaftlich schönste Platz liegt auf einer felsigen, bewaldeten Halbinsel bei Somesville an der Straße #198 am nördlichen Ende des *Somes Sound*. Vor allem Zeltcamper finden dort schöne Plätzchen am Wasser. Nur für kleinere RV's geeignet (bis 20 Fuß). Kanu- und Kajakverleih, Badeinseln. In der Hochsaison sind mindestens zwei Nächte zu buchen, $37-$52, ✆ (207) 244-3710.

- Der **Somes Sound View Campground**, etwas abseits der Straße #102 in der Hall Quarry Road, hat schöne, aber kleinere Plätzchen oberhalb des Wassers (mit Kajak und Kanu erreichbar), *Cabins* $60; ✆ (207) 244-3890.

- Eine besondere Empfehlung verdient auch der **Lamoine State Park** auf einer Halbinsel nördlich *Mount Desert Island* mit großen Stellplätzen am Wasser. Von dort fährt man auf den Straßen #184, #204 und #3 bis Bar Harbor ca. 30 min, ✆ (207)-667-4778 (➪ auch Karte Seite 319).

Auf der felsigen Hochebene des
Cadillac Mountain fast 500 m über dem Meer

Entstehung des Acadia National Park

Mount Desert Island erhielt ihren Namen von *Samuel de Champlain* (➡ Seite 519), der sie wegen ihrer kahlen Bergkuppen *L'Isle des Monts Deserts* nannte. Ende des 19. Jahrhunderts erkoren einige reiche Familien, die es rustikaler liebten als die Dollarkönige von Newport (➡ Seite 223) die Insel als Aufenthaltsort für die Sommerferien und bauten sich in Bar Harbor grandiose Residenzen. Leider vernichtete ein Feuer 1947 fast den gesamten ursprünglichen Waldbestand auf *Mount Desert Island* und zerstörte viele der Villen. Schon sehr früh begannen die sog. **Rusticators**, sich um die Zukunft ihrer Insel zu sorgen. Sie befürchteten, dass sie einer Kommerzialisierung zum Opfer fallen könnte.

Um das zu verhindern, wurden einem eigens gegründeten *Trust* per Schenkung Landrechte übertragen, woraus später der Nationalpark entstand. Ein Drittel des heutigen Areals wurde von *John D. Rockefeller Jr.* gestiftet. Er war es auch, der zwischen 1916 und 1933 weitsichtig 120 km *Carriage Roads* anlegen ließ, die Pferdekutschen vorbehalten bleiben sollten. Sie dienen heute überwiegend als Wander-, Rad- und Reitwege.

Große Teile der Insel befinden sich in Privatbesitz. Neben Bar Harbor gibt es eine Reihe weiterer Orte, z.B. Northeast Harbor, wo die **Rockefellers** bis heute ihr Anwesen haben, daneben aber auch Fischerdörfer wie Bass oder Seal Harbor.

Acadia National Park

Information

Einen ersten Eindruck von der Natur im Nationalpark erhält man im **Hulls Cove Visitor Center**, ca. 3 mi vor Erreichen von Bar Harbor. Ein kleiner Film erläutert Geologie und Historie des Parks.

Die kostenlose Parkzeitung **Beaver Log** vermittelt einen Überblick über alle möglichen Aktivitäten im Park. Aktuelle Infos hat **Acadia Weekly**. Ein Faltplan mit Wanderrouten ist ebenfalls verfügbar. Auch Fahrpläne der Boote zu den Nationalpark-Inseln und der Exklave auf der Schoodic Peninsula liegen aus; im Sommer täglich 8-18 Uhr, sonst bis 17 oder 16.30 Uhr; www.nps.gov/acad

Eintritt

Der Fahrzeugpass für den *Nationalpark* kostet **$20/Fahrzeug und ist 7 Tage** gültig. Den Pass gibt's in den Besucherzentren und auch an der Parkeinfahrt (an der *Loop Road*, ➡ unten).

Kenn-zeichnung

Der **Acadia National Park** umfasst rund die Hälfte der Fläche von **Mount Desert Island**, einige umliegende kleinere Inseln, die exponierte **Isle au Haut** und die Spitze der **Schoodic Peninsula** auf dem Festland, ➡ Seite 327; Karte Seite 319. Kennzeichnend für *Acadia* sind die zahlreichen **Buchten, Fjorde** und **Klippen**, landeinwärts dichter Wald in den Tälern und glasklare Gewässer. Die ungewöhnlich gerundeten, kahlen Granitkuppen und ihr Nord-Süd-Verlauf gehen auf Gletscherbewegungen während der letzten Eiszeit vor 11.000 Jahren zurück.

Park Loop Road

Das **Minimalprogramm** für *Acadia* ist ein Abfahren der 20 mi langen **Park Loop Road.** Sie beginnt am **Hulls Cove Visitor Center**, kann aber ebensogut am **Cadillac Mountain Entrance** (Straße

#233, ca. 2 mi westlich Bar Harbor) begonnen werden. Hilfreich ist die im *Visitor Center* (↪ Seite 319) erhältliche Park-Broschüre **Motorist's Guide**, in der Geschichte, Flora und Fauna erläutert werden. Zwei Drittel der *Loop Road* sind Einbahnstraße. Nur die Strecke zum **Tea House** am **Jordan Pond** und die **Cadillac Mountain Road** haben Gegenverkehr.

Cadillac Mountain

Vom Gipfel des Cadillac Mountain – mit 459 m ist er die höchste Erhebung an der amerikanischen Ostküste – hat man eine tolle **Rundumsicht** über **Mount Desert Island** und die Inselwelt der *Frenchman* und *Bluehill Bay*. Zur besseren Orientierung macht es Sinn, den Berg als ersten Besuchspunkt zu wählen und erst danach die *Loop Road* abzufahren.

Rundfahrt

Auf der Rundstraße passiert man zunächst die **Sieur des Montes Springs** mit den **Wild Gardens of Acadia** (Wildblumen und Arboretum) und einem **Nature Center**. Das **Abbe Museum** dort zeigt indianische Gebrauchsgegenstände aus fünf Jahrtausenden und erinnert daran, dass *die Wabanakis* die Ureinwohner der Insel waren (im Sommer täglich 9-16 Uhr; $3, Kombiticket mit dem größeren *Abbe Museum* in Bar Harbor (26 Mount Desert Street, 10-18 Uhr) $6/$2; www.abbemuseum.org).

Sand Beach

Nach diversen Aussichtspunkten erreicht man die **Sand Beach**. Auch wenn die Wassertemperaturen selten 15°C übersteigen, drängen sich an heißen Sommertagen zahlreiche Badelustige an diesem malerisch von Felsen eingerahmten einzigen Sandstrand im Park. Dort beginnt ein **Uferpfad** zur Straße) zum **Otter Point** (3 mi hin und zurück). Am Wege liegt das **Thunder Hole**, wo sich unter steilen Klippen die Wellen brechen und Gischt aufsteigt.

Jordan Pond

Kutsche fahren kann man ab den **Wildwood Stables**, ✆ 1-877-276-3622, 1 mi südlich des **Jordan Pond House**, ✆ (207)-276-3316, einem feinen Gartenrestaurant mit Service. Der Jordan Pond lässt sich **in ca. 2 Stunden zu Fuß umrunden**, besonders schön während des *Indian Summer*. Einige Meilen weiter lohnt ein Stopp am **Bubble Rock**. Zwei leichte je nur gerade 1 mi lange **Rundwege** starten dort.

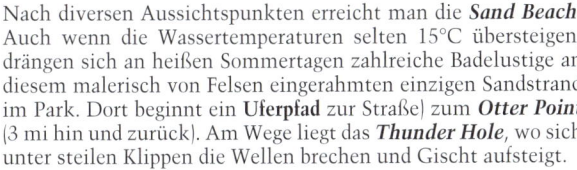

Herbst am Jordan Pond des Acadia Park

Wandern

Wer genügend Zeit mitbringt, genießt Acadias Natur auf zahlreichen, unterschiedlich schwierigen Wanderwegen und gemütlichen *Carriage Roads* (Kasten umseitig). Im *Visitor Center* gibt es Wanderempfehlungen. Man kann sich auch Wanderungen unter *Ranger*-Leitung anschließen.

Baden

Wasserratten kommen auf *Mount Desert Island* kaum auf ihre Kosten. An der bereits erwähnten **Sand Beach** und einigen kleinen, außerhalb des Parks gelegenen Stränden bleibt das Meer selbst im Hochsommer zu kalt für den rechten Badespaß. Nur am Strand des Echo Lake (Straße #102 auf der Westseite der Insel) ist das Wasser wärmer, und so wird es an der **Echo Lake Beach** an Sonnentagen ziemlich voll.

Außerhalb des Nationalparks

The **Quiet Side** (die ruhige Seite) nennen die Einheimischen den Osten von *Mount Desert Island*. Die Orte sind weniger touristisch. **Northeast Harbor** hat eine große Marina, eine unspektakuläre Hauptstraße und viele im Umfeld versteckte, herrschaftliche Villen. Im größeren **Southwest Harbor** geht's an den Kais handfester zu. Aber auch winzige Fischerhäfen (Seal Harbor, Bass Harbor und Bernard) haben ihren alten Charme bewahrt. Es hat durchaus seinen Reiz, dort das Standquartier aufzuschlagen.

Fähren verbinden bis zu 6x täglich **Southwest Harbor** mit **Cranberry Island** (20 min, $27 retour) und bis 5x täglich **Bass Harbor** mit **Swans Island** (40 min, $17,50 retour). **Die** Alternative zum Gedränge auf den Ausflugsbooten ab Bar Harbor.

Unterkünfte

• Sympathisch ist das **Otter Creek Inn** mit einem winzigen Laden an der #3, die parallel zur *Loop Road* durch den Nationalpark führt (auf halber Strecke zwischen Bar Harbor und Northeast Harbor); 6 Zimmer ($85-$105), 2 *Cabins* ($95-$125) und 1 Apartment ($125-$175), ✆ (207) 288-5151 oder ✆ 1-800-845-5852; www.ottercreekme.com.

• Im **Harbor View Motel** in Southwest Harbor (auch mit *Cottages* für 6 Personen, nur wochenweise) haben die teureren Zimmer Terrasse mit Blick auf den Hafen. Das Motel liegt an der #102 am südlichen Hafenende, ✆ (207) 244-5031 oder ✆ 1-800-538-6463, $75-$126; www.harborviewmotelandcottages.com.

• *Lindenwood Inn*, viktorianische Villa in Southwest Harbor (Pool/Jacuzzi), 118 Clark Point Road (am Ende liegt die *Town Wharf*); ✆ (207) 244-5335 und ✆ 1-800-307-5335, z.T. mit Hafenblick, $86-$128; www.lindenwoodinn.com.

• Das **Kimball Terrace Inn** in Northeast Harbor ist eine moderne großzügige Anlage am Yachthafen; mit Pool, vor allem in der Nebensaison günstig; ✆ (207) 276-3383 und ✆ 1-800-454-6225, $120-$190; www.kimballterraceinn.com.

Restaurants

• *Beal's Lobster Pier*, **The Captain's Gallery,** 182 Clark Point Road in Southwest Harbor, auf dem *Town Pier* im Fischerhafen, zwar nicht gerade romantisch aber authentisch; im Sommer 9-20 Uhr, sonst 9-17 Uhr.

• ***Thurston's Lobster Pound*** im kleinen Dorf Bernard (gegenüber von Brass Harbor) liegt wunderbar an der Küste; sehr beliebt, lohnt auch als Ausflugsziel im äußersten Südwesten; im Sommer 11-20.30 Uhr.

Ozeanarium

Auf dem Weg nach Bar Harbor passiert man an der #3 in Eden/Thomas Bay das ***Mount Desert Oceanarium*** mit dem ***Maine Lobster Museum*** und einer *Hatchery*, wo man alles über die Aufzucht von Hummern erfährt; Mo-Sa 9-17 Uhr, $10, Kinder bis 12 Jahre $8; www.theoceanarium.com

Schoodic Peninsula ⇨ **Seite 327.**

Bass Harbor im äußersten Süden von Mount Desert Island außerhalb der Acadia Parkgrenzen

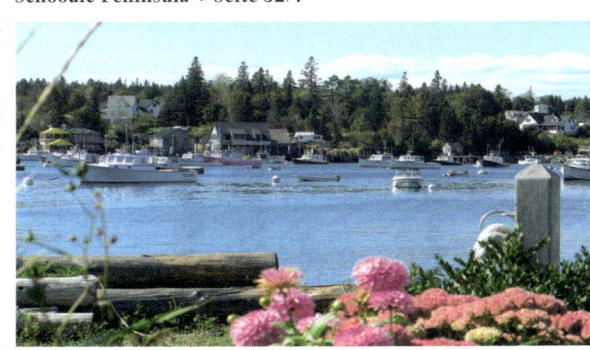

2.5.5   Alternative Strecken durch Maine ab Acadia

Nach Nova Scotia oder New Brunswick

Je nach individueller Planung kommen ab dem ***Acadia Park*** unterschiedliche Fortsetzungen der Reiseroute in Frage. Soll die Reise auch nach Nova Scotia führen, bietet sich die Fähre über die *Bay of Fundy* (von Saint John nach Digby, bis Mitte Oktober täglich um 12, 20, 23 Uhr) an. Wer durchs zentrale »Neu-Braunschweig« im wesentlichen mit Ziel ***Gaspé Peninsula*** fährt, sollte die **I-95** wählen. Die 170 mi von Bar Harbor bis zur kanadischen Grenze und noch ein wenig weiter – etwa **Kings Landing/Fredericton**, ⇨ Seite 631ff – lassen sich ggf. an einem Tag bewältigen. Ein Abstecher zum ***Baxter State Park*** wäre auf dieser Route zu erwägen, wenn die Zeit für zumindest einen Extratag mit Übernachtung reicht.

Straße #1

Wer von New Brunswick mehr sehen möchte, etwa den ***Fundy National Park*** und **Prince Edward Island**, wählt ab Ellsworth wiederum die Straßen #1 bzw. #1A. Der Grenzort **Lubec** ist nach 100 mi erreicht. Eine Brücke führt hinüber nach Campobello Island mit dem ***Roosevelt Campobello Int'l Park*** (⇨ Seite 648; www.nps.gov/roca und www.fdr.net). Von dort geht es weiter per Fähre über **Deer Island** nach Letete (⇨ Seiten 648f) und über die #172 zum *Trans Canada Highway*, dann aber unter Auslassung des weiter westlichen, schmucken St. Andrews (⇨ Seite 649).

Abstecher von der I-95 zum Baxter State Park

Kennzeichnung

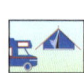

Der Abstecher zum *Baxter State Park* kommt in erster Linie für Abenteuerlustige in Frage. Vom **I-95** *Exit* **244**/**Medway** gelangt man über die Straße #157 nach Millinocket und folgt von dort der Ausschilderung zum *Baxter State Park*. Dieser Park liegt mitten in Maines nördlicher Seenplatte und steht für weitgehend unberührte Wildnis. Innerhalb der Parkgrenzen liegt der bei Wanderern sehr beliebte *Mount Katahdin*, mit 1.606 m höchster Berg Maines. Der Park verfügt über keine kommerzielle Infrastruktur. Proviant für den Wildnistrip muss man also dabei haben!

Versorgung

Millinocket ist die letzte Versorgungsstation. Der **North Woods Trading Post**, 6 mi vor dem Parkeingang, bietet nur noch das Nötigste, wie Tankstelle, Telefon, Eis, *Cold Beer* und Karten.

Outfitter

Speziell der Westarm des **Penobscot River** verfügt über ausgezeichnete Rafting- und Kajakstrecken, aber z.T. mit hohen Schwierigkeitsgraden. Einige Abschnitte sind auch kanufreundlich.

Diverse Firmen bieten dort ihre Dienste an: *Northern Outdoors* (www.northernoutdoors.com), das *New England Outdoor Center* und *North Country Rivers* (www.northcountryrivers.com).

Sie haben Unterkünfte und Ausrüstung zur Miete, wenn auch zu ziemlich hohen Tarifen. Auf den genannten Portalen finden sich außerdem *Rafting Trips* auf Kennebec und Dead River, ➪ Kasten Seite 305.

Zwischen Millinocket und der Parkeinfahrt gibt es eine Reihe kommerzieller **Campgrounds**, **Motels** und **Inns**.

Im Park

Eine 50 mi lange *Dirt Road* führt durch den Park und wieder zurück in die Zivilisation bei **Patten**, rund 30 mi nördlich von Medway. Besucher werden am Tor registriert; geöffnet täglich von 6-21 Uhr, keine Motorräder. (**Gemietete Campmobile** dürfen laut Mietbedingungen derartige Straßen nicht benutzen).

Zig Wanderwege erschließen das Hinterland des Parks, u.a. der erste bzw. letzte Abschnitt des von Georgia kommenden *Appalachian Trail* (➪ Seite 31 und www.appalachiantrail.org).

Am Sandy Stream Pond im Baxter State Park. Im Hintergrund links der Mount Kathadin

Camping

Auf der Parkdurchfahrt passiert man 10 Campingplätze mit *Primitive-Sites* (z.T. mit *Lean-to*-Schutzdächern, 5 x 3 m groß), mit Badestellen im See oder Fluss, sowie entfernte *Walk-in-Sites*. Etwa 2 mi östlich der nördlichen Aus-/Einfahrt der #159 passiert man die – trotz seiner Bezeichnung – wieder zivilisierten

- *Matagamon Wilderness Camps* mit *General Store*, Tankstelle, *Cabins*, Duschen und Bootsverleih, ✆ (207) 446-4635,
- 10 mi weiter östlich das *Shin Pond Village* am gleichnamigen See mit *Campground*, auch großzügige *Cottages* und *Guest Suites* ab $109; ✆ (207) 528-2900; www.shinpond.com.

Beide Plätze sind im Herbst beliebt bei Jägern (Bären, Elche).

Allagash Wilderness Waterway

An den *Baxter Park* schließt sich im Nordwesten der **Allagash Wilderness Waterway** an. So heißt eine rund 100 mi lange Route über Flüsse und 8 miteinander verbundene Seen für ca. 6-tägige Kanutouren. Der Einstieg in *Telos Landing* ist nur über *Dirt Roads* der *Logging Companies* zu erreichen, die in dieser Region zahllose Bäume gefällt haben. Der Wasserweg als solcher aber ist wildromantisch, denn die Baumzone am Ufer blieb erhalten. Teilstrecken sind möglich. Der Trip ist nix für Anfänger, Regenscheue und Mücken-Allergiker. Infos unter www.allagashadventures.com, ✆ 1-866-746-3253 und ✆ (207) 746-7211

Vom Acadia Park nach New Brunswick auf der Straße #1

Schoodic Peninsula

Der untere Zipfel der **Schoodic Peninsula** östlich von *Mount Desert Island* gehört zum *Acadia National Park*, ➪ Karte Seite 319. Anfahrt auf der Straße #186. Zwar sind keine neuen Naturwunder zu bestaunen, aber der kurze Abstecher lohnt dennoch: Dort ist relativ wenig Betrieb, und die kleinen schmucken Ortschaften, wie z.B. **Winter Harbor**, sind kaum kommerzialisiert.

Dorthin existiert auch eine Fährverbindung von Bar Harbor aus. Ebenfalls fährt der *Island Explorer* dorthin, ➪ Seite 319; www.acadiamagic.com/Schoodic

Ruggles House

Ein kleines architektonisches Juwel ist das **Historic Ruggles House** (1818) in Columbia Falls etwas abseits der Hauptstraße.

Grenze

Statt eines Verbleibs auf der Straße #1 (ggf. auch #191 North), um in Calais/St. Stephen nach Canada einzureisen, empfiehlt sich die viel schönere, wenngleich zeitaufwendigere Route über **Campobello Island** (➪ Seiten 325/653). Ab **Whiting** fährt man dazu auf der #189 nach **Lubec** und dort über die *International Bridge*.

State Park

Der wunderbare *Cobscook Bay State Park* an felsiger Küste liegt einige Meilen nördlich der Abzweigung nach Lubec an einem sog. *Bypass* der Straße #1. Viele der **Stellplätze** grenzen direkt ans Wasser, auch die *Day Use Area* mit Picknicktischen, wo sich Maine noch einmal von seiner besten Seite zeigt, bevor man über Lubec oder Calais den US-Staat Maine verlässt (ab Seite 651).

Calais

In Calais (www.calaismaine.org), dem 3000-Einwohner-Grenzort gibt es nicht ganz viel zu sehen. Ganz beschaulich ist der *Waterfront Walkway* am Ufer des Grenzflusses St. Croix River entlang. Der Weg ist ab der Brücke hinüber nach Canada zugleich Beginn/Ende des *East Coast Greenway*, der – wenn fertig – in Key West/Florida enden soll; 2012 waren Teilabschnitte, die ca. 25% der Gesamtlänge ausmachen, fertiggestellt; www.greenway.org.

Fortsetzung der Neuengland-Route

Zur Route

Wer den *Acadia National Park* als nördlichsten Punkt angepeilt hat und die Neuengland-Rundfahrt – wie im folgenden beschrieben – in Richtung New Hampshire fortsetzen will, gelangt am schnellsten über Bangor (Straße #1A), dann die *Interstate* #95 (schön während der **Herbstlaubfärbung**) zurück in Richtung Süden (auch wenn das auf der Karte wie ein Umweg aussieht).

Bangor am *Penobscot River*, die mit ca. 30.000 Einwohnern drittgrößte Stadt Maines, hat aus touristischer Sicht wenig zu bieten.

Nördlich von Waterville zweigt die **Straße #201** in Richtung Québec/Canada ab, ⇨ Seite 309.

Augusta

In **Augusta**, mit 25.000 Einwohnern die zweitkleinste US-Staatskapitale (nach Montpelier/Vermont), lässt sich als Zwischenstopp ein Besuch im *Maine State Museum* einplanen (südlich des Zentrums – I-95, *Exit* 109, rechts auf die #202, im Kreisverkehr den Schildern *State Offices West* folgen).

State Museum

Das Museum ist mit dem weithin sichtbaren Kapitolkomplex verbunden. Die Naturkunde-, Industrie- und Geschichtsabteilungen gehören zu den besten ihrer Art in den USA; geöffnet Di-Fr 9-17 Uhr, Sa 10-16 Uhr, Eintritt $2.

Capitol

Auch ein Besuch des für so eine kleine Hauptstadt großen und prächtigen *State House* ist empfehlenswert. Eine geführte Tour lohnt jedoch eher nicht. Mo-Fr 9-17 Uhr, frei.

nach NH

Sebago Lake und Long Lake

Südlich von Augusta kostet die I-95 als *Main Turnpike* Gebühren. Man verlässt sie bei **Gray** und gelangt über die Straße #4 zur **Straße #302**, die in die Region der *White Mountains* des Nachbarstaates führt. Diese Route läuft durch das reizvolle *Sebago/Long Lake Seengebiet* mit zahlreichen **Campingplätzen** an hellen Stränden nur wenig abseits der Straße, darunter auch der *Sebago Lake State Park* mit Camping- und **Picknickplatz** am Strand (⇨ Seite 307). Der glasklare und angenehm temperierte Lake Sebago ist ideal für eine erholsame Reiseunterbrechung. Auch Nicht-Camper finden dort Quartiere:

- *Windham Way Motel* am Ostufer des Lake Sebago, 1111 Straße #302; ab $105; ☏ (207) 892-4762; www.windhamway.com
- *White Pines Inn* ganz in der Nähe, 1262 #302, $82-$145; ☏ (207) 655-3345; www.whitepinesmaine.com

- Die *Sebago Lake Cottages* am nordwestlichen Ende des Sees haben einen ebenso schönen Strand (an der Sebago Road #114/#11 unweit nördlich von East Sebago), $85-$175, © (207) 787-3211; www. ebagolakecottages.net.
- In Bridgton am Long Lake noch etwas weiter nördlich an der #302/#117 kann man von *Grady's West Shore Motel* (nur 4 Zimmer) vom Bett in den See springen. Alle Zimmer mit Küche; © (207) 803-2046, ab $75; www.gradysmotel.synthasite.com.

Steckbrief New Hampshire/NH   www.visitnh.gov

1,3 Mio Einwohner, 24.000 km², **Hauptstadt Concord** (42.000 Einw.). Größte Städte sind **Manchester** mit 110.000 und **Nashua** mit 87.000 Einwohnern.

Das schmale New Hampshire mit nur 20 mi Küstenlinie ist **hügelig und seen-reich**; größter See ist der *Lake Winnipesaukee* mit fast 200 km² Fläche. Die dicht bewaldeten **White Mountains** im Norden des Staates, eine Formation der **Appalachen**, sind das höchste Gebirge Neu-Englands mit dem *Mount Washington* (1.917m) als herausragendem Gipfel. Die Westgrenze mit Vermont wird auf ganzer Länge vom **Connecticut River** gebildet.

Im **Tal des Merrimack River**, der einst – wie der Connecticut River – mit seiner Wasserkraft zahllose Webstühle antrieb, ist auch heute noch Industrie angesiedelt. In Manchester, Ende des 19. Jahrhunderts in der Textilproduktion bedeutender als die englische Schwesterstadt, dominieren heute – ähnlich wie in Nashua – Hightech und Maschinenbau.

Überall sonst ist New Hampshire eher ländlich strukturiert: Milchprodukte, Geflügel, Obst und Ahorn-Sirup (*Maple*) sind seine typischen **Agrarprodukte**. In den White Mountains hat der **Tourismus** neben der Sommer- und Herbst-auch noch eine Wintersaison und ist ein wesentlicher Wirtschaftsfaktor.

Wichtigste **touristischen Ziele** – vor allem im Herbst – sind die *Lake Region* und die **White Mountains**, weniger die kurze Atlantikküste.

2.6   Durchs zentrale New Hampshire

Die hier empfohlene Route durch New Hampshire konzentriert sich auf das *Cottage Country* rund um den **Lake Winnipesaukee** und die **White Mountains Region**, die attraktivsten Gebiete des sog. *Granite State* New Hampshire.

2.6.1   Lake Winnipesaukee und das Cottage Country

Das Seengebiet in der Hügellandschaft des zentralen New Hampshire wird als *Cottage Country* bezeichnet. Dort kann man stille Tage verbringen, Ruhe und Natur genießen. Nur am **Lake Winnipesaukee** mit 426 km verzweigter Uferlinie und 274 Inseln gibt es stellenweise stärkeren Sommerfrischebetrieb.

North Conway

Wer auf der Straße #302 von Maine nach New Hampshire fährt, erreicht fast automatisch Conway und – 6 mi nördlicher – vor allem North Conway, einen Ort, der hauptsächlich wegen seiner über **200** *Factory Outlets* (entlang der #16/#302) weit über die

Grenzen von New Hampshire hinaus bekannt ist; www.north
conwaynh.com. Zugleich sind die beiden Städtchen Versorgungs-
zentrum und Ausgangspunkt für Ausflüge in die White Mountains und das südliche Seengebiet. Zahlreiche **Motels und Hotels**
warten dort auf Gäste; in der Nebensaison liegen die Moteltarife
dort bei $60-$80, im Sommer oft weit höher.

Information

Ein kleines ***Visitor Center*** befindet sich in der Nähe des alten
Bahnhofs in North Conway (↪ Seite 335).

Bei Anreise von Süden oder Norden auf der I-93 stößt man an der
Ausfahrt Canterbury-Northfield bzw. Sanbornton/Boulder auf
Welcome & Information Center.

Camping

Im ***White Lake State Park*** (an der Straße #16 zwischen Chocorua
und West Ossipee) finden Camper ein gutes Standquartier für
beide Gebiete und zudem einen glasklaren See mit Sandstrand und
Kanuverleih www.nhstateparks.org. In der Umgebung von Conway
gibt es neben zahlreichen privaten Campingplätzen auch drei
einfache *National Forest Campgrounds*:

- Der ***Blackberry Crossing*** und der ***Covered Bridge Campground***
  sind 6 mi westlich von Conway am *Kancamagus Highway*
  (#112) Nähe Swift River, *first come, first served*
- Der ***White Ledge Campground*** befindet sich 5 mi südlich von
  Convey an der #16, ℂ 1-877-444-6777.

Squam Lake

Die Seenplatte lässt sich gut an 1-2 Tagen erkunden. Die Straße
#113/#113A über North und Center Sandwich zum **Squam Lake** ist
besonders zu empfehlen. Ab Holderness fahren gemütliche Ausflugsboote u.a. zu den Drehorten des *Henry Fonda/Katharine Hep-
burn*-Films ***On Golden Pond*** (täglich 11, 13, 15 Uhr; $22/$18.

Auf der Straße #3 geht es weiter zum **Lake Winnipesaukee**.

Meredith

Das hübsche **Meredith** (www.meredithcc.org) mit vielen Restaurants und Shops lädt zum Bummeln ein und hat mit ***The Inns &
Spa at Mill Falls*** vier wunderbar am Wasser gelegene Häuser in
der gehobenen Preisklasse; ab $119; www.millfalls.com.

Weirs Beach

Der bekanntestes Ort am Lake Winnipesaukee ist eine touristische Hochburg. Mehrere **Ausflugsdampfer** tuckern von **Weirs
Beach** aus über den See (www.weirsonline.com). Täglich um 10
und 12.30 Uhr; www.cruisenh.com) legt die beliebte **MS Mount
Washington** zu 2,5-stündigen Fahrten ab ($27, Kinder $13). Abends
sticht sie nochmals in See – mit Kapelle, Tanz und Büffet.

Postboot

Reizvoller ist die kleinere »***Sophie C***«; sie bringt die Post zu den
Inseln, Mo-Sa um 11 und 14 Uhr, jeweils 2 Stunden, nur 15. Juni
bis 8. September, $24/$12, ℂ 1-888-843-6686, ℂ (603)-366-5531.

Zipline

An der Straße #3 nördlich von Weirs Beach befindet sich ein weiterer **Hochseilpark**, ↪ Seite 33; www.monkeytrunks.com.

Einige Meilen weiter südlich kann man im ***Ellacoya State Park***
gut schwimmen. **Camping** nur für *RVs*, www.nhstateparks.org.

Wolfeboro

Am östlichen Ufer des Lake Winnipesaukee liegt **Wolfeboro**,
auch Haltepunkt der *MS Mount Washington*, ein kleiner, gedie-
gener Sommerfrischeort; www.wolfeboronh.us.

- Das ***The Lake Motel***, etwas abseits der #28 nach Süden hin, hat eine eigene *Waterfront* mit Sandstrand; © (603) 569-1100 und © 1-888-569-1110; $75-$105, www.thelakemotel.com.

Von Wolfeboro führt die ruhige Straße #109 am östlichen Ufer des Lake Winnipesaukee entlang. Im Bereich Mirror Lake und Tuftonboro gibt es eine ganze Reihe schön am Wasser gelegener *Cottages* und Motels, z.B.:

- ***Pow-Wow Lodge*** mit Motel, $99-$129, © (603) 569-2198
- ***Piping Rock Resort/Motel*** mit Küche, ab $116; © (603) 569-1915); www.pipingrockresort.com

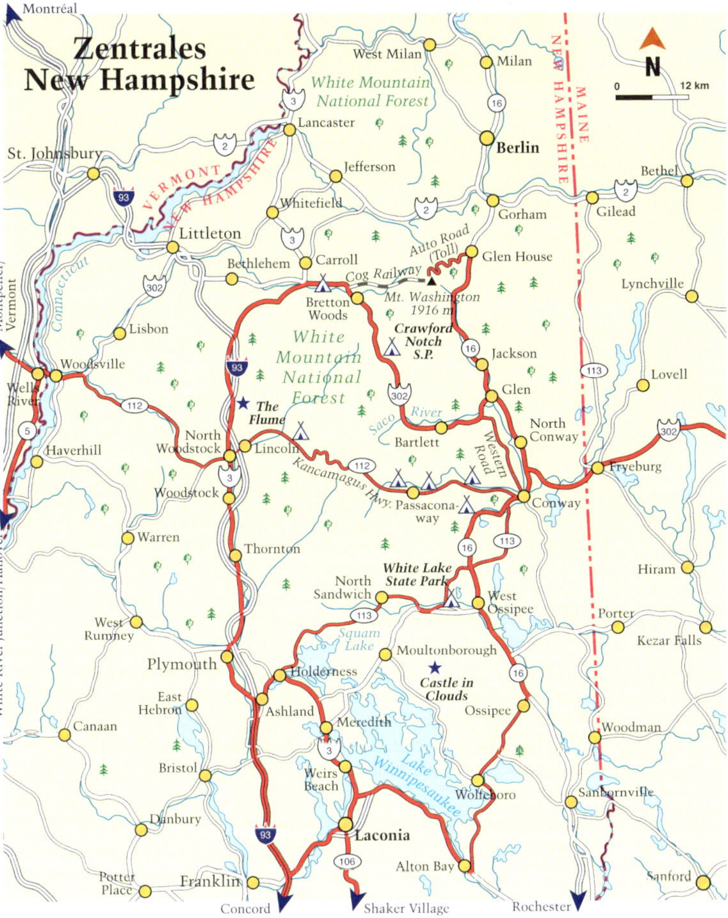
Zentrales New Hampshire
Montréal
N
0 12 km
West Milan
Milan
White Mountain National Forest
Lancaster
Berlin
St. Johnsbury
Jefferson
Bethel
VERMONT
NEW HAMPSHIRE
MAINE
Whitefield
Gorham
Gilead
Littleton
Auto Road (Toll)
Glen House
Bethlehem
Carroll
Cog Railway
Connecticut
Mt. Washington 1916 m
Bretton Woods
Lynchville
Lisbon
White Mountain National Forest
Crawford Notch S.P.
Jackson
Woodsville
Wells River
Glen
Lovell
The Flume
Saco River
North Conway
North Woodstock
Bartlett
Western Road
Haverhill
Lincoln
Fryeburg
Kancamagus Hwy.
Woodstock
Passaconaway
Conway
Warren
Thornton
Hiram
White Lake State Park
North Sandwich
West Ossipee
West Rumney
Squam Lake
Porter
Moultonborough
Kezar Falls
Plymouth
Holderness
Castle in Clouds
East Hebron
Ashland
Ossipee
Canaan
Meredith
Woodman
Bristol
Weirs Beach
Lake Winnipesaukee
Wolfeboro
Sanbornville
Danbury
Laconia
Alton Bay
Potter Place
Franklin
Sanford
Concord
Shaker Village
Rochester
Montpelier/Vermont
White River Junction/Hanover

*Blick auf
das Meeting
House im
Canterbury
Shaker
Village*

**Shaker
Village**

Wer anderswo – z. B. in Hancock/Massachusetts (↻ Seite 361f) – keine Gelegenheit hat, ein Dorf der *Shaker* zu sehen, sollte unbedingt das **Canterbury Shaker Village** bei Canterbury Center (südlich von Laconia an der Straße #106) besuchen. 25 der alten Gebäude sind restauriert, Künstler und Handwerker erstellen die berühmt-schlichten Alltagsgegenstände; www.shakers.org

Einfachste Zufahrt über die I-93, *Exit* 18, dann ausgeschildert. Geführte Touren täglich 10-17 Uhr zur vollen Stunde. Eintritt $17, Kinder $8. Zwar nicht gerade billig, aber bei Interesse am Leben der *Shaker* empfehlenswert. Geöffnet von Mitte Mai bis Ende Oktober.

**Castle in
the Clouds**

Vor allem im *Indian Summer* hat man einen der wunderbarsten Aussichten Neuenglands (nur der Blick vom *Cadillac Mountain* im *Acadia National Park* in Maine hält mit) von der im frühen 20. Jahrhundert erbauten Villa eines Millionärs (nahe Moultonborough, von der #109 auf die #171 nach Süden Richtung Tuftonbury, dann ausgeschildert). Dieses »**Castle in the Clouds**« kann besichtigt werden; Eintritt $15/$5, nur Zutritt zum Gelände samt Weitblick kostet $5, 10-16 Uhr.

2.6.2   Die White Mountains   www.visitwhitemountains.com

**Kenn-
zeichnung**

Die **White Mountains**, mit Gipfeln bis fast 2.000 m das höchste Gebirge im Nordosten, erfreuen sich einer fast ganzjährigen Saison: Im Sommer sind sie hauptsächlich Wander-, im Winter Skigebiet und im Herbst eine der farbigsten Regionen für die **Leaf Peeper**, die zum *Indian Summer* anreisen (↻ Seite 341). Nur während der Schneeschmelze (April/Mai), wenn die Bäume noch kahl sind, herrscht kein Betrieb.

Geschichte

Trotz ihres Namens sind die – nur im Winter weißen – White Mountains ein eher düsteres Gebirge mit grau-schwarzen Granitfelsen, dichten Wäldern, Schluchten und Wasserfällen. Von weitem wirkt der dunkle Granit durch die Glimmeranteile silbrig, was zur Namensgebung führte. Charakteristisch sind die **Notches** (*Franconia, Crawford, Pinkham*), durch Gletscher entstandene U-förmige weite Täler. Leider wurden sie als Autobahntrassen genutzt, so dass viel ihrer einstigen Schönheit verloren ging (reizvoll ist immer noch die *Crawford Notch*, ⇨ Seite 336).

Die geheimnisumwobene Wildnis zog erste Reisende bereits Ende des 19. Jahrhunderts an, obwohl damals keineswegs alles schön und romantisch war: **Logging Companies** hatten für Kahlschlag-Rodung gesorgt. Indessen erstaunlicherweise mit langfristig positiven Folgen. Anstelle der abgeholzten Nadelbäume wuchsen Birken, Ahorn und Pappeln nach, deren bunte Herbstlaubfärbung heute eine Hauptattraktion ist. Und wo einst holzbeladene Dampf-Loks qualmten, wandern nun naturbegeisterte Städter auf den einstigen Bahndämmen. Bereits im Jahre 1913 wurde der **White Mountain National Forest** etabliert, in dem man heute über **1.800 km Wanderwege** und **25 Campingplätze** findet.

Parken in den White Mountains
Alle Autofahrer müssen in den White Mountains auf *National Forest Land* in den geparkten Autos (sog. *Fee Areas* sind gekennzeichnet, z.B. Parkplätze am Ausgangspunkt von Wanderwegen/*Trailheads*) den **NF Recreation Pass** oder den **America the Beautiful Pass Hangtag** (⇨ Seite 31) sichtbar auslegen. Der **Tagespass kostet $5**. Man bekommt ihn in den **Info Centers, Shops** und **Trailhead**-Automaten.

Family Fun

Die touristische Infrastruktur der White Mountains ist hoch entwickelt. Neben Naturerlebnis gibt es jede Menge kommerzielles Vergnügen für die ganze Familie: Mini-Golf, Wasserparks, alte Eisenbahnen, eine Wildweststadt, *Santa's Village*, ein Weihnachtsdorf, *Story Land* (nachgestellte Märchen), *Heritage New Hampshire* (inszenierte Historie), ein Hochseilpark (⇨ Seite 33) u.a.m. Die meisten dieser »Attraktionen« befinden sich an der #16, ein paar auch im Bereich der Straßen #3 und #2 nordwestlich der »Weißen Berge« bei Jefferson.

Unterkunft

Vom **Golfplatz-Resort** über teure **Country Inns** und **Motels** aller Klassen bis zu simplen **Cabins** gibt es jede Menge Quartiere:

Quartiere

Die meisten Hotels, Motels und Inns der Region konzentrieren sich auf bestimmte Abschnitte der Durchgangsstraßen: auf die parallel zur I-93 verlaufende #3 (Woodstock, Lincoln und North Woodstock – nicht die erste Adresse, aber riesige Auswahl), auf die #302 im Kreuzungsbereich mit der #3 bei Twin Mountain und besonders auf die #16/#302 zwischen Conway und Glen. Viele Motels finden sich auch entlang der den *National Forest* nach Norden begrenzenden #2.

Am preiswertesten und zugleich – hinsichtlich der wichtigsten Anlaufpunkte in den White Mountains – zentral ist der Bereich bei Twin Mountain:

- *Four Seasons Motor Inn* an der #3, südlich der Kreuzung #302; modern mit Pool, $80; ✆ 1-800-228-5708 und ✆ (603) 846-5708, www.4seasonsmotorinn.com
- *Carlson's Lodge* an der #302, eine Meile westlich der Kreuzung mit der #3; ruhiger, ✆ 1-800-348-5502 und ✆ (603) 846-5501, $69-$109; www.carlsonslodge.com

Am schönsten und ruhigsten (und teurer) wohnt man in Jackson an der #16B abseits der #16 und in Intervale (tendenziell etwas preiswerter) an der #16A.

- *Perry's Motel* an der 16A in Intervale, ab $95, auch *Cottages* mit Küche; ✆ (603) 356-2214; www.perrysmotel.com
- *Village House* an der #16B in Jackson; 9 prima Zimmer, ab $140, ✆ 1-800-972-8343; www.villagehouse.com
- **Tipp**: Sehr schön ist das *White Mountain Hotel & Resort* an der West Side Rd (parallel zur #302/#16 von Conway nach Norden), ab $129, ✆ 1-800-533-6301; www.whitemountainhotel.com.

Camping

Die Campingplätze des **National Forest** sind über das gesamte Gebiet verteilt mit Schwerpunkt auf dem **Kancamagus Highway**. Die meisten sind sehr rustikal, nur drei (*Jigger Johnson, Russell Pond* und *Campton*) haben Duschen. Große Wohnmobile sind dort nicht zugelassen, sie kommen aber auf den drei **State Parks** (*Dry River Crawford Notch, Cannon Mountain Franconia Notch* und *Moose Brook* bei Gorham) und auf den kommerziell betriebenen *Campgrounds* unter. Die *State Parks* findet man im **Internet** unter www.nhstateparks.com, die Plätze des *National Forest Service* unter www.fs.fed.us/r9/forests/white_mountain.

Information White Mountains

Von wo auch immer man sich den White Mountains nähert, man trifft auf gut ausgestattete **Visitor Center**. Öffnungszeiten im Sommer: Mo-Fr 8-16.30 Uhr; www.visitwhitemountains.com.

Allgemeine Information, Unterkünfte, Attraktionen:

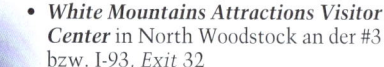

- *White Mountains Attractions Visitor Center* in North Woodstock an der #3 bzw. I-93, *Exit 32*
- *The Flume Gorge Visitor Center* bei Lincoln an der #3, von der I-93 *Exit 34A*
- *Chamber of Commerce* in North Conway an der #302/#16 nahe der Station der *Scenic Railroad*
- Die *Saco Ranger Station* in Conway am östlichen Ende der *Kancamagus Highway* (#112 und #16) hat ein Verzeichnis aller Wanderwege, *Campgrounds* und vieles mehr. Ebenso die
- *Androscoggin Ranger Station* an der #16, ca. 3 mi südlich von Gorham.

Aktivitäten rund um Conway www.mtwashingtonvalley.org

Wassersport

In Conway kann man **Kanutouren** und *River-Rafting* auf dem kristallklaren Saco River buchen (*Saco Bound* an der #3302 östlich Conway Center, Trips & Verleih, © (603) 447-2177 und **Northern Extremes** in N. Conway an der #16/#302 beim *Dunkin Donuts*).

Baden und Klettern

Wer *Factory Outlets*, Motels und Tankstellen in North Conway umgehen möchte, wählt die zur #16 parallel und auf der anderen Seite des Saco River verlaufende schöne **West Side Road** (in Conway an der Kreuzung #113/#153 zunächst in die Washington Street, dann *West Side Road*).

Dabei stößt man auf den **Echo Lake State Park** (kein Camping!) mit einem Badestrand und den **Cathedral Ledge** (über die North River Road direkt zum Parkplatz), einen beliebten Kletterfelsen mit herrlichem Blick, vor allem im Herbst.

Etwas weiter nördlich erreicht man nach 800 m Fußweg die Flussbadestelle **Diana's Bath**.

Alte Eisenbahn

Von der **North Station** (Cafés & *Shops*) startet die nostalgische *Conway Scenic Railroad* im Sommer bis zu 5 mal monatlich zu zwei verschiedenen *Valley-Trips*; ab $14/$10 bzw. $22/$15. Die Fahrt im Speisewagen kostet $31/$23 (mit *Lunch*) bzw. $58/$43 (inkl. *Dinner*). © 1-800-232-5251; www.conwayscenic.com.

Straße #16

Ab **Glen** läuft die Straße #16 weiter nach Norden bis Gorham, die #302 über Bretton Woods nach Nordwesten.

Amusement Parks

Zwischen Glen und Jackson warten diverse **Funparks**, u.a. das **Banana Village North Conway** mit Minigolf und Wasserrutsche für größere Kinder und ihre Eltern ($7,50), **Storyland** für kleine Kinder mit Shows und Fahrten; $29, Kleinkinder frei). Juli/Aug. 10-22, sonst 12-18 Uhr.

Jackson

Das mondäne *Jackson* am Bypass #16B ist vor allem ein Wintersportort (speziell Langlauf) mit luxuriösen Unterkünften; aber auch im Sommer ziehen Wanderwege, ein Golfplatz, die *Covered Bridge* und **Jackson Falls** (Baden!) viele Besucher an.

Aktivitäten

Im **Great Glen Trails Outdoor Center** werden u.a. Mountainbike- und Kanutrips angeboten. Das *Center* befindet sich in der **Glen View Lodge** mit dem *Glen View Café*. Eine 3 Stockwerke hohe **Kletterwand** im Gebäude ist hier der Renner.

Für weniger sportliche Besucher gibt es den **Gondellift** auf den Wildcat Mountain ($15/$7) mit tollen Blicken auf die *Presidential Range*. In der **Glen Ellis Falls Scenic Area** findet man einfach zu bewältigende **Wanderwege** u a zu einem schönen Wasserfall.

Mount Washington

Zentraler Anlaufpunkt in New Hampshire ist der **Mount Washington**. Auf dem Weg dorthin ist bereits in Glen, einige Meilen nördlich von North Conway zu entscheiden, ob man mit der **Mt Washington Cog Railway** (ab Glen die Straße #302 nehmen) oder auf der **Auto Road** den »Berg der Berge« des Nordostens erklimmen will. Letztere erreicht man über die Straße #16.

**Autostraße
auf dem Berg**

In Glen House beginnt diese äußerst kurvige und streckenweise steile Autostraße auf den Mount Washington (8 mi). Der Spaß ist arg teuer: $25 für Auto und Fahrer, $8 für jede weitere Person (inkl. Audio-Cassette), eine Strecke dauert ca. 45 min. Wer die Straße nicht im eigenen Wagen fahren möchte, bucht für $30/$12 den Transport per *Van*; www.mountwashingtonautoroad.com.

**Per Pedes
auf den
Mount
Washington**

Vom **Pinkham Notch Visitor Center** (an der Straße #16) führt der **Tuckerman Ravine Trail** auf den *Mount Washington*. Auf- und Abstieg sind kaum unter acht Stunden zu schaffen. Für den Abstieg kann man aber an der Bergstation auch einen *Shuttlebus* nutzen.

Über Bretton Woods nach North Woodstock

Straße #302

Die Straße #302 führt von Glen quer durch die White Mountains über den *Crawford Notch Pass* nach Bretton Woods. Im **Crawford Notch State Park** (beidseitig der Straße) findet man schöne **Wanderwege** und einen **Campground**. Hier passiert man auch ein weiteres (bereits erwähntes) **Visitor Center** und die Talstation der **Conway Scenic Railway**.

Ein schöner **Trail** hinauf zum **Willard Mountain** beginnt am Bahnhof auf der anderen Seite der Gleise (ca. 2,5 Stunden). Ein – besonders im Herbst – wunderbarer Blick auf die *Crawford Notch* belohnt für die Mühen des Aufstiegs.

**Bretton
Woods**

Bretton Woods (www.brettonwoods.com) besteht aus dem **Mount Washington Resort** zu dem folgende vier Hotels gehören:

- Das riesige weiße Hauptgebäude mit dem rotem Dach – das **Mount Washington Hotel** – war Anfang des 20. Jahrhunderts beim Geldadel als Sommerresidenz beliebt. Bis zu 50 private Bahnwaggons kamen täglich an. 1944 wurde dort Geschichte geschrieben, als man im Hotel die Weltwährungsordnung der Nachkriegszeit festlegte. Das Gelände mit Golfplatz, die Bar, die Aussichtsterrasse und die weitläufige Lobby sind auch für die Gäste der anderen Hotels zugänglich. Ein *Shuttle* verkehrt zwischen ihnen. Auch die **Restaurant-Kneipe Fabyan** in einer alten Bahnstation gehört zum Komplex. Neben dem *Mount Washington Hotel* ab $239 mit Frühstück und *Dinner*) gibt es

- das nostalgische **Bretton Arms Inn** ($100-$230/Person)

Hotel Mt. Washington: 1944 fand dort ein Stück Weltgeschichte statt, siehe Text oben

- die luxuriösen *Town Homes at Bretton Woods*; 2 Zimmer ab $360 bis $699 (dann für 5-Personen) und
- die relativ einfache, jenseits der Straße gelegene *Lodge at Bretton Woods* ($99-$199), ein besseres Motel.

Reservierung: ✆ 1-800-314-1752; www.mtwashington.com

Das Beste an Bretton Woods ist die Lage in einem weiten Tal mit im Herbst flammendroten Ahornbäumen, das Schlechteste das *Dinner* im Hauptbau des Resorts.

Zahnradbahn   Zur Talstation der *Mt Washington Cog Railway* biegt man kurz hinter dem *Best Western-Resort* beim Restaurant *Fabyan* von der #302 ab. Eine originellere Bahn gibt es selbst in Amerika nicht. Das Original dieser mit Kohle befeuerten Zahnradlok, einer Dreckschleuder ohnegleichen, fuhr erstmals 1869. Man kann **Old Peppersass** bis heute bestaunen. Die Nachbildung klettert unermüdlich und schwarz qualmend über Steigungen bis zu 37% im Schneckentempo auf den Gipfel. Damit bei der Schräglage die Kohle nicht vom Ofenrost rutscht, wurde der Kessel im schiefen Winkel aufs Fahrwerk gesetzt.

Die schiefe Lok der Cog Railway unter Dampf

Auf dem Gipfel   Auch wer sich die Fahrt auf den kahlen Gipfel nicht gönnt (**$62/ $39** für 2,5 Stunden plus 30 min Aufenthalt an der Bergstation), sollte sich die Bahn ansehen. Abfahrt im Sommer stündlich; www.thecog.com. **Reservierung**: ✆ 1-800-922-8825 und ✆ (603) 278-5404. Auf dem 1917 m hohen Gipfel des *Mount Washington* stapft man oft durch dicke Nebelschwaden, die nicht daran denken, den gepriesenen Blick freizugeben – sofern einen der Sturm nicht schon vorher umgepustet hat. Mit 372 km/h wurde dort 1934 die höchste je auf der Erde gemessene Windgeschwindigkeit registriert. Das erfährt man im schützenden *Sherman Adams Summit Building* – und auch, warum das so ist.

Einige Meilen westlich von Bretton Woods passiert man die **NF Campgrounds Zealand** und **Sugarloaf** unweit der Straße (Hinweisschild). Beide sind gut angelegt.

Mit 1917 Metern die höchste Erhebung im Nordosten der USA

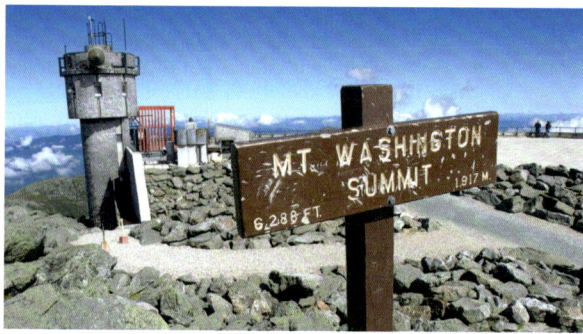

Franconia Notch Parkway

Die Straße #3 – der **Franconia Notch Parkway** – nordwestlich von Bretton Woods führt in teils parallelem, teils identischem Verlauf mit der I-93 durch den *Franconia Notch State Park* bis nach North Woodstock/Lincoln; www.franconianotch.org.

Wer nur durchrauscht, bekommt kaum etwas von der Schönheit der Region mit, da an der #3 die Hotels, Motels und kommerziellen Attraktionen den Blick auf die Landschaft verstellen.

Der **Man of the Mountain**, auch *Old Stone Face* genannt, eine Felsformation, die wie ein markantes Indianer-Profil aussah und als Wahrzeichen von New Hampshire galt, wurde 2003 durch einen Erdrutsch zerstört. Es schmückt jedoch weiterhin jedes Autonummernschild in New Hampshire und unzählige T-Shirts. Der Aussichtspunkt auf den *Man of the Mountain* lag am Profil Lake. Gleich nebenan fährt die **Cannon Aerial Tramway** auf den Gipfel des Cannon Mountain (1274 m). Dort gibt es einen wunderschönen Rundgang (**Rim Trail** 30 min) mit prima Aussicht über fünf US-Staaten ($13, Kinder $10, täglich 9-17 Uhr).

Im **Cannon Mountain RV Park** & **Lafayette Campground** (laut!) des *Franconia Notch SP* kommen auch große Wohnmobile unter.

The Flume

Weiter südlich passiert man **The Flume**. Der Zutritt zu diesem an sich sehenswerten *Canyon* mit einer leichten 90-min-Wanderung kostet heftige $13/$9 inkl. White Mountains-Film im **Visitor Center**. Dort gibt's massig Unterlagen zu den Angeboten der Region, auch zu weiteren Wanderungen. Gute Cafeteria.

Kancamagus Highway

Verlauf

Der **Kancamagus Highway** (Straße #112) durch die südlichen *White Mountains* erfreut sich im Herbst wegen der besonders prächtigen Farben des Mischwaldes großer Beliebtheit. Zu anderen Jahreszeiten ist die Strecke nicht so spektakulär, aber man erreicht auf ihr mehrere **NF-Campgrounds** und **Trailheads** für kürzere Spaziergänge zu Schluchten und Wasserfällen (z.B. **Sabbaday Falls**), im Sommer auch Badestellen am glasklaren Swift River. Einen weiten Blick genießt man von den Picknickplätzen am *Kancamagus Pass*. Wer noch höher hinaus will, nimmt die Gondel auf den ***Loon Mountain*** (östlich Lincoln, $13/$8). Oben wartet ein weiter Blick und kommerzielle *Family Fun*.

Unterkünfte

Rund um Lincoln und North Woodstock/Woodstock stößt man auf eine dichte touristische Infrastruktur (www.lincolnwoodstock.com) mit jeder Menge **Hotels** und **Motels**, wie bereits erläutert.

Engpass »The Flume« im Franconia Notch State Park bei geringer Wasserführung des Pemigewasset River im Hochsommer

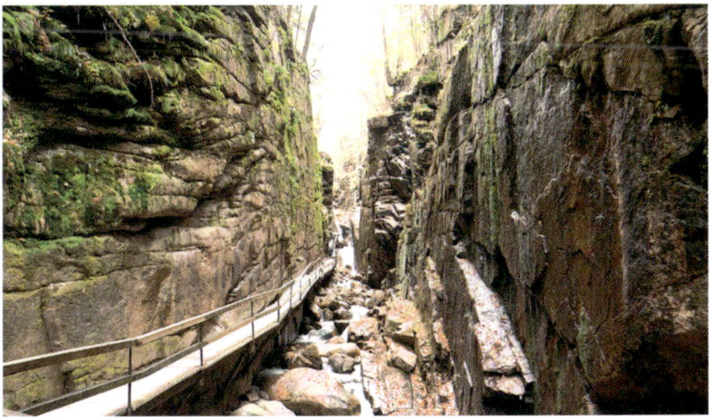

2.6.3 Routen von New Hampshire nach Canada und zurück nach Süden

Nach Canada

Wer von den White Mountains aus nicht – wie im folgenden beschrieben – nach Vermont, sondern nach Montreal oder Québec City fahren möchte, wählt die **I-93** und anschließend die **I-91** Richtung Norden. In Canada geht es dann über die Autobahnen #55 und #10 nach Montreal bzw. die #20 nach Québec City, ggf. via die Landschaft des *Estrie* im Süden Québecs, ⇨ Seite 540.

Für eine Weiterfahrt nur nach Montreal ist die im nächsten Kapitel verfolgte Route über Burlington geeigneter (⇨ Seiten 343ff).

Straße #10 nach Süden

Für eine rasche Fahrt von den White Mountains zurück nach Süden, Richtung Connecticut/New York bietet sich die ***Interstate* #91** an. Eine bessere, wenngleich zeitraubendere **Alternative** dazu ist die **#10** am Ostufer des Connecticut River entlang, eine vor allem im Herbst schöne Strecke. Ein guter Startpunkt für diese Route wäre Woodsville (#302/#10).

Hanover

Über die #10 erreicht man automatisch **Hanover**. Das Zentrum wird beherrscht vom großzügigen Campus der ***Dartmouth University*** (www.dartmouth.edu) mit roten Klinkerbauten um das *Village Green*. Zu dieser bereits 1769 gegründeten ***Ivy League University*** gehören das eindrucksvolle ***Hopkins Centre for the Arts*** und das ***Hood Museum of Art*** voller weltweit gesammelter Kunstschätze; Di-Sa 10-17, Mi 10-21, So 12-17 Uhr, Eintritt frei; www.hoodmuseum.dartmouth.edu.

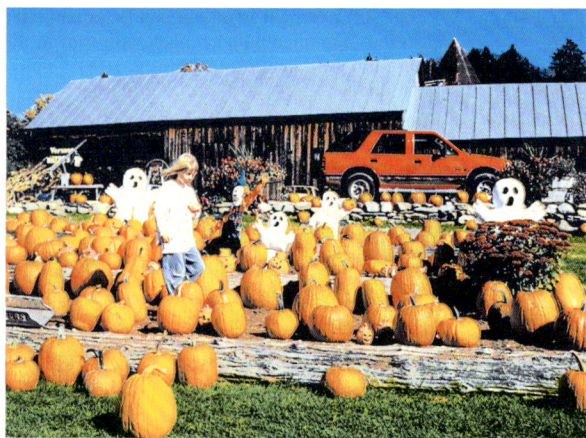

Kürbisverkauf bei Wood-stock/Vermont im Oktober. Traditionell werden daraus zum Gespenstertag »Halloween« Fratzen geschnitzt

Südvermont

Wer noch Zeit hat, könnte sich danach im südöstlichen Vermont umsehen: Lohnenswert ist ggf. ein Abstecher nach **Woodstock** auf der **Straße #4** ab White River Junction. Auf ihr passiert man den *Quechee Gorge*, eine etwas überlaufene Schlucht. Der gleichnamige *State Park* verfügt über einen *Campground.*

Woodstock

Dieses Woodstock – nicht zu verwechseln mit dem weltbekannten Ort gleichen Namens im Staat New York (➪ Seite 385) und anderen Woodstocks in der Umgebung – gehört zu den hübschesten Städtchen Vermonts. Am zentralen *Village Green* stehen herrschaftliche Häuser, u.a. das schöne *Woodstock Inn & Resort*, $200-$560, ✆ 1-888-338-2745; www.woodstockinn.com.

Billings Farm

Lohnend ist ein Besuch des *Marsh-Billings-Rockefeller National Historical Park* (www.nps.gov/mabi) und in Kombination damit das *Billings Farm Museum* (www.billingsfarm.org). Der als Anwalt während des Goldrausches in San Francisco reich gewordene Vermonter *Frederick Billings* legte nach seiner Rückkehr in seine Heimat eine ökologische Farm an, die von seinen Töchtern und einer mit einem *Rockefeller* verheirateten Enkelin weitergeführt wurde und bewirtschaftet wird. Im Museum ist die lange **Geschichte des Vermonter Umweltengagements** dokumentiert. Schon der Spaziergang durch das Gelände ist eine Freude. Geöffnet täglich 10-17 Uhr, $17/$15 (Kombiticket); von Woodstock auf der #12 etwa eine halbe Meile nach Norden. Auch ein schöner Fußweg entlang der #12 (Elm Street) führt dorthin.

Dörfer

Von Woodstock geht es durch die grüne Hügellandschaft weiter auf der #106 und – ab Springfield – auf der #11 nach **Chester** und über die Straßen #35 und #30 nach **Windham-Grafton** und **Newfane**, weiteren **Neu-England Bilderbuch-Ortschaften.**

Camping

Die *State Parks Townshend* und *Jamaica* zwischen Grafton und Newfane besitzen **Flussbadestellen** und *Campgrounds.*

Brattleboro

Über die #17 und #30 erreicht man bei **Brattleborro** wieder die I-91; am *Exit* 3 ballen sich **preiswerte Motels**. Die #30 führt direkt in das kleine Zentrum. Ganz originelle Läden, *Coffee Shops* und Galerien spiegeln die Atmosphäre der ehemals von Hippies geprägten Stadt wieder (Maine und Elliott Street zwischen Bridge und High Street).Von Brattleboro führt der *Molly Stark Trail*, eine beliebte *Indian Summer*-Route nach Bennington (➪ Seiten 365f).

Zwischen-stopps

Stopps entlang der *Interstate* bei Weiterfahrt in Richtung Boston oder New York City könnte man in **Historic Deerfield** (➪ Seite 367) und in **Springfield** mit der *Basketball Hall of Fame* einlegen: (I-91 *Exit* 6 (Union St), dann West Columbus Ave nach erster Ampel, So-Fr 10-16, Sa 10-17 Uhr, $19/$12; www.hoophall.com).

Nach Boston/ New York

Weiterfahrt **nach Boston** über die Massachusetts Turnpike (I-90); **nach New York** am besten in Connecticut südlich von Hartford von der I-91 auf die **#15**, den *Wilbur Cross Parkway*, wechseln und dann die Lkw-freien *Merritt* und *Hutchinson River Parkways* bis in die Bronx hinein der I-95 vorziehen. Rückfahrt durch West Massachusetts und Connecticut ➪ Seiten 358ff.

2

Indian Summer Fall Foliage

Die kunterbunte *Herbstlaubfärbung* – *Fall Foliage* – ist ein Naturphänomen, das in einer derartigen Intensität nur im Nordosten Nordamerikas auftritt, weil dort die Gebirgszüge – anders als etwa bei uns die Alpen – in Nord-Süd-Richtung verlaufen. Dadurch kann im Herbst polare Kaltluft ungehindert nach Süden vordringen. Gleichzeitig sorgt kräftige Sonneneinstrahlung im September und Oktober noch für viel Wärme und damit für extreme Tag-/Nacht-Temperaturunterschiede, die zu gegenläufigen Reaktionen im Baum führen: Während der Stamm den Winterschlaf vorbereitet, haben die Blätter tagsüber im Altweibersommer schon wieder »Frühlingsgefühle«, ein Durcheinander, das im *Indian Summer* (für die weißen Siedler ursprünglich die Wochen der letzten Indianerattacken vor Wintereinbruch) die grüne Lunge bunt färbt.

Im Sommer produzieren Bäume ihre eigenen Lebensmittel im Blatt. Dazu ziehen sie Wasser aus dem Boden, Kohlendioxyd aus der Luft und verarbeiten beides mittels **Chlorophyll** zu Glukose (Zucker). Dieser chemische Prozess, die **Photosynthese**, der uns als »Abfallprodukt« den Sauerstoff beschert, funktioniert aber nur unter Einwirkung von Sonnenstrahlen. Wenn die Tage kürzer und die Nächte kälter werden, stellt der Baum sein Wachstum ein und kappt – um nicht an seinem durstigen Laubkleid zu vertrocknen – die Verbindung zu den Blättern. Als Folge kann die Glukose nicht mehr abgebaut werden, das Chlorophyll zerfällt und die Blätter von Birke, Erle, Buche und vor allem des **Ahorn** (*Maple* – in Nordamerika gibt es davon 10 verschiedene Arten) verfärben sich. Das Rot seiner Blätter ist umso leuchtender, je stärker der Temperatursturz vom Tag zur Nacht ausfällt. Auch Feuchtigkeitsgrad und die bewölkungsabhängige Lichtintensität tragen zum Spektrum des Farbkaleidoskops bei. Erst wenn der Baum wegen stärker werdender Fröste gar keine Nährstoffe mehr produziert, fällt das welke Blatt ab.

Die *Fall Foliage* dauert gute 4 Wochen. Sie beginnt in **New England** höhenabhängig Mitte bis Ende September in Vermont und New Hampshire und endet Mitte Oktober im westlichen Massachusetts und Connecticut. Beliebteste Routen durch farbenprächtigen Herbstwald sind in New Hampshire die *Franconia Notch* (#3) und *Kancamagus Highway* (#112) sowie die weiten Täler um **Bretton Woods**, in Vermont die **#100** durch die **Green Mountains** und der *Molly Stark Trail* (#9) sowie in West-Massachusetts der *Mohawk Trail* (#2).

In **Canada** ist die Färbung deshalb nicht ganz so bunt, weil dort die Vielfalt der Baumarten geringer ist (außer entlang des St. Lawrence River und um die Großen Seen herum).

**Allgemein
für Neuengland**
www.yankeefoliage.com

Vermont
www.vermontvacation.com

New York State
www.nylovesu.de

Maine
www.mainefoliage.com

Die **New York Times** veröffentlicht im Herbst täglich auf ihrer Wetterseite eine Grafik, wo die *Foliage* gerade auf dem *Peak*, dem farblichen Höhepunkt ist:
www.nytimes.com

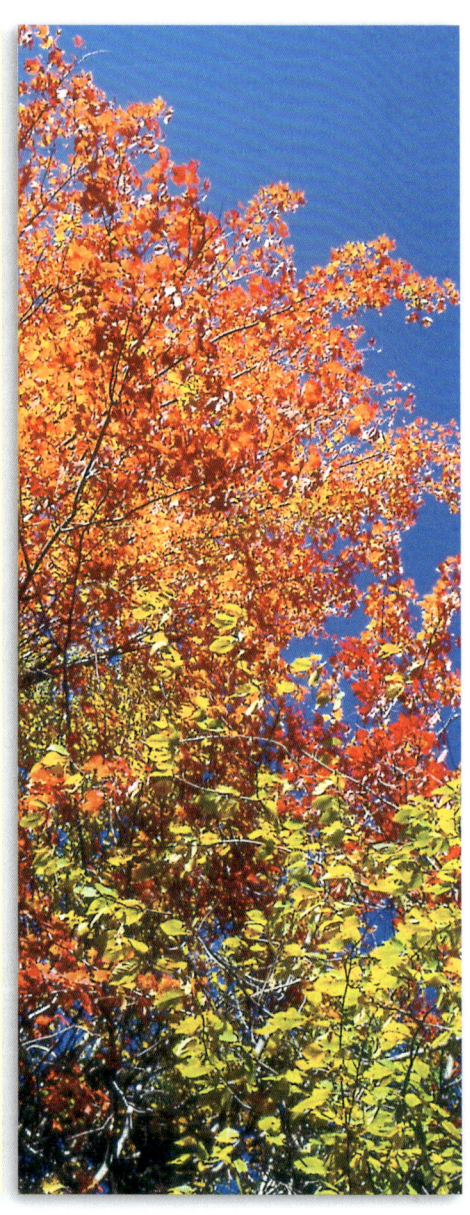

2.7   Durch Vermont   www.vermontvacation.com und www.voga.org

Hinweis   Speziell in Vermont gibt es selbst im kleinsten Ort noch exzellent mit Infomaterial und Karten versorgte *Tourist Informations*

2.7.1   Von den White Mountains nach Burlington

Routen und Jahreszeiten   Wer durch Vermont reist, sollte **Nebenstraßen** wählen und sich Zeit lassen, um den Charme dieses Staates zu entdecken. Allerdings besser nicht im Frühjahr, denn der Schnee taut nur langsam. *Mud Season*, Matsch-Saison, schimpfen die Vermonter, wenn Schnee und Frost endlich gewichen sind. Bis Anfang Juni treiben dann auch noch die unangenehmen *Black Flies* ihr Unwesen.

Straße #325   Für eine Weiterfahrt von den White Mountains nach Vermont bietet sich der Westabschnitt des **Kangamagus Highway** (#112) an, der 3 mi vor der »Grenze« auf die #302 in Richtung Barre/Montpelier trifft. Jenseits des Conneticut River erreicht man den **Vorzeigestaat** des amerikanischen Ostens. Für eine Camping-Übernachtung an dieser Route gibt es nichts besseres als den **Groton State Forest** an der # 232 (Verbindung zwischen # 2 und #302) **mit vier Zeltplätzen;** eine gute Wahl sind der südlichste, der **Ricker Pond State Park**, mit kleinem Badesee und der **Stillwater SP** am größeren Lake Groton. Die **Day Use Area** des nahen **Boulder Beach State Park** hat einen sehr schönen Badestrand.

Granit   Keine 4 mi südlich von Barre befindet sich ein riesiger Steinbruch, der **Rock of Ages** (558 Granitville Road, Zufahrt von East Barre über Websterville). Eine eindrucksvolle 30-min-*Shuttle Tour* führt durch den **Granite Quarry**, wo bis zu 100 t schwere Brocken abgetragen und danach bearbeitet werden (man kann ca. 1 mi unterhalb in der *Manufacturing Division* zuschauen).

Visitor Center Mitte Mai-Mitte Sept., Mo-Sa 9-17 Uhr, danach täglich 9-17 Uhr; **Fabrik** Mai-Okt. 9.15-15.30 Uhr, gratis, ✆ (802) 476-3119; www.rockofages.com.

Granitabbau in Vermont

Steckbrief Vermont/VT (www.1-800-vermont.com)

630.000 Einwohner, 24.900 km².
Hauptstadt ist Montpelier mit knapp unter 8.000 Einwohnern,
größte Stadt **Burlington** mit 42.500 Einwohnern.

Die Hügel- und Mittelgebirgslandschaft des Binnenstaates ist zu 70% bewaldet. Die **Green Mountains** ziehen sich als *Backbone* (Rückgrat) durch die ganze Länge Vermonts bis hin zur kanadischen Grenze. Der **Lake Champlain** bildet im Nordwesten auf 130 mi die Grenze mit New York State und der **Connecticut River** die gesamte Ostgrenze mit New Hampshire.

Für Vermont spielen Holzeinschlag, Granit-/Marmorabbau und Agrarprodukte – Milch/Käse, Äpfel/Cider und Maple Syrup – die größte wirtschaftliche Rolle.

Wichtigste **touristische Ziele** sind die Ski- und Sommerresorts in den *Green Mountains*, die Laubfärbung (*Indian Summer*) und der Lake Champlain. Die vielen ruhigen Landstraßen eignen sich gut für Radtouren, die Langlauf-Loipen sind im Sommer für Mountainbikes freigegeben; einige Flüsse sowie der Lake Champlain sind beliebt bei Kanuwanderern. Populäre Weitwanderwege wie der **Long Trail** (www.longtrailhike.com) und ein Teil des **Apalachian Trail** (www.apalachiantrail.org/Vermont) queren Vermont.

Montpelier

In Montpelier, der kleinsten Hauptstadt (www.montpelier-vt.org) aller US-Staaten, hat lediglich der Bereich um die zentrale **Main Street** Reiz. Auf ihrer Querstraße, der **State Street**, sind es nur ein paar Schritte zum *Capitol Building*, einem weißen Bau aus Granitstein mit weithin sichtbarer goldener Kuppel.

- Die einfache *Economy Lodge* findet man in der 101 Northfield Street (#12 Süd, Zufahrt über I-89: *Exit* 8, 4. Ampel rechts nach 400 m, 800 m ins Zentrum; ✆ (802) 223-5258, $70-$90.
- **Comfort Inn at Maplewood**, ca. 3 mi bis Zentrum (I-89, *Exit* 7, dann *Paine Turnpike North*), $100-$180; ✆ 1-877-424-6423.
- **Twin City Motel** zwischen Montpelier und Barre an der Straße #302 (I-89, *Exit* 7); auch *Cabins*, gepflegt, Wifi; ✆ 1-877-476-3101 und ✆ (802) 476-3104, www.twincitymotel.com.

Das angesehene **New England Culinary Institute** (www.neci.edu) hat seine Restaurants in Montpelier: Im **Main Street Grill** (118 Main) und der **La Brioche Bakery** & **Café** (89 Main) zeigen die Studenten, was sie gelernt haben (↪ auch Seite 346).

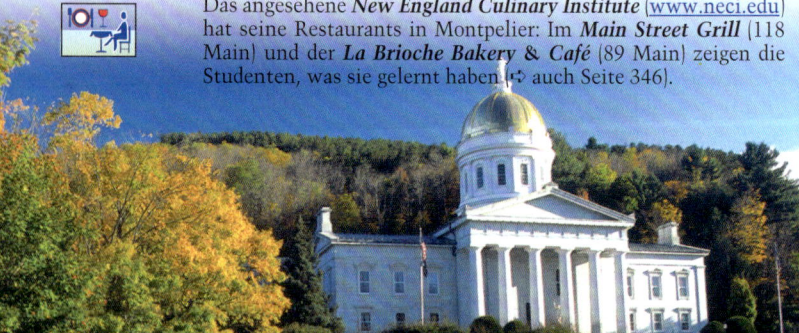

Straße #100 nach Stowe	Wer es nicht allzu eilig hat, sollte in Richtung Burlington auf der Straße #2 bleiben; der Zeitgewinn auf der I-89 ist gering.

Straße #100 nach Stowe — Wer es nicht allzu eilig hat, sollte in Richtung Burlington auf der Straße #2 bleiben; der Zeitgewinn auf der I-89 ist gering.

In Waterbury kreuzt man die Nord-Süd-Straße #100. Dort konzentriert sich ein für Vermont typischer »politisch korrekter« Kommerz, vor allem landwirtschaftliche Öko-Produkte werden angeboten. In der alten *Train Station* im Zentrum von Waterbury zeigen die **Green Mountains Coffee Roasters** in einer kleinen Ausstellung den Weg des Kaffees »Vom Baum zur Tasse« samt Kunsthandwerk aus Kaffee anbauenden Ländern (I-89 *Exit 10*, #100 nach Süden, www.waterburystation.com).

Eisfabrik — Nach Norden führt die #100 nach Stowe zur größten *Outdoor*-Spielwiese Vermonts mit Ganzjahresbetrieb. Zunächst aber passiert man eine Meile nördlich der I-89 die knallbunte Fabrikation des bekanntesten Vermont-Produktes: **Ben & Jerry's Icecream**. Zur Führung gibt's einen Kurzfilm und zwei **Gratis-Kugeln**. Juli/Aug. 9-21, sonst bis 18/19 Uhr; $4, www.benjerry.com.

Ben & Jerry's Icecream

Ihre Speiseeis-Vermarktung verbindet alte Vermonter Geschäftstradition mit modernem Marketing.

Im Fabrik-Foyer verbreiten die bärtigen Alt-Hippies *Ben & Jerry*, die 1978 per Fernkurs zu »Eisköchen« wurden, ihr unternehmerisches Credo: Der propagierte **Caring Capitalism** (»fürsorglicher Kapitalismus«) diene dem Wohl der Konsumenten, der Arbeitnehmer und ganz Vermont. Das im Jahr 2000 an Unilever verkaufte Unternehmen unterstützt bis heute durch Direktimporte Dritte-Welt-Bauern. Die ausgestiegenen Gründer blieben der Marke beratend verbunden.

Naturreine Ingredienzen sind selbstverständlich ebenso wie die Förderung der ländlichen Gemeinden des Staates durch Molkereiprodukte ausschließlich von Familienbetrieben. Der Top-Manager verdient nicht mehr als das Siebenfache des Arbeiters, jeder Mitarbeiter ist gewinnbeteiligt. 7,5% des Profits fließen an gemeinnützige Vereine. Außerdem kümmert sich die Firma auf regionaler Basis um Umweltschutz. Damit die Botschaft vom guten Kapitalismus alle Besucher erreicht, wird auch dokumentiert, wie *Ben & Jerry* Kleinbetriebe 1991 vor dem Ruin bewahrten, als zeitweise die Milchpreise sanken, wie vorbildlich die Firma recycelt, was zur Rettung des Regenwaldes unternommen wird, etc., etc.

Strahlende Angestellte führen humorig durch das Werk, und am Ende verlassen die Besucher die poppige Anlage mit dem Vorsatz, nunmehr täglich Gutes zu tun, sprich: mindestens eine der teuren Eistüten von *Ben & Jerry* zu genießen.

Die kunterbunte Website www.benjerry.de erklärt alle 54 Eissorten, ihre lustigen Namen (z.B. *Choc Chip Cook Dough*, Vanille mit Kakao-Crunch, das angeblich die Deutschen besonders mögen), und lässt Rinder blöken.

Public Campgrounds in Vermont

Von den 50 top Vermonter **State Parks** haben 39 Campingplätze (ohne *Hookups*). Zentrale Reservierung nur bis 15 Tage vor Ankunft: ✆ 1-888-409-7579; www.vtstateparks.com/htm/reservations.htm. Wegen des **Indian Summer** bleiben folgende Campingplätze bis in den Herbst hinein (bis 15.10.) geöffnet:

Ascutney, Branbury, Brighton, Button Bay, Camp Plymouth, Coolidge, Emerald Lake, Gifford Woods, Grand Isle, Half Moon Pond, Jamaica, Kettle Pond, Lake St. Catherine, Little River, Molly Stark, Mt. Philo, Quechee, Ricker Pond, Seyon Ranch, Silver Lake, Smuggler's Notch, Stillwater, Townshend, Underhill, Wilgus, Woodford –

Sog. **Primitive Camping Sites** (viele davon in toller Lage am See oder Flüsschen, einige mit sog. **Lean-to-Schutzhütten**; ➪ Foto unten) dürfen nur maximal 3 Nächte in Folge genutzt werden. Es gibt dort keine Mülleimer, es gilt: **carry-in-carry-out**.

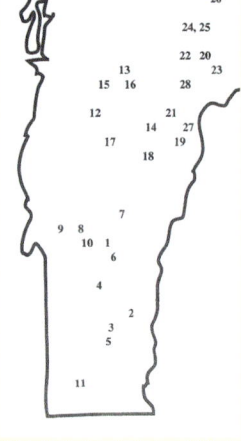

1 Coolidge SF) – 2 Dorand SF
3 Mollie Beattie SF – 4 Okemo SF
5 Arthus Davis WMA*) – 7 Les Newall WMA
8 Aitken SF – 9 Coolidge SF
10 West Rutland SF
11 Stamford Meadows WMA
12 Camel's Hump SP & NF
13 Elmore SP – 14 LR Jones SF
15 Mt. Mansfield SF – 16 Roxbury SF
18 Washington SF – 19 Pine Mountain WMA
20 Darling SP – 21 Groton SF
22 Mathewson SF – 23 Victory SF
24 Willoughby SF – 25 Bad Hill WMA
26 Bill Sladyk WMA – 27 Roy Mountain WMA
28 Stream Hill Brook WMA*

Genaue Lokalisierung ➪ google maps

Info: ✆ (802) 747-6700

Lean-to Schutzhütten für schlechtes Wetter. Man kann darin – wie hier – kleine Zelte aufstellen, aber auch ganz ohne Zelt im Schlafsack – wiewohl besser mit Moskitonetz – übernachten.

*) SF = State Forest; WMA = Wildlife Management Area

**Käse
und mehr**

Eine Meile oberhalb von *Ben & Jerry's* passiert man **A Special Place** mit diversen Shops für Vermont-Produkte. Neben den **Cabot Cheddars** des bekanntesten Käseproduzenten Vermonts *Cabot Creamery* (nordöstlich von Montpelier, Straßen #2 und #215) findet man dort **Lake Champlain Chocolate**, Kunsthandwerkliches, Glasbläserstudio und einen Laden mit Vermont-Wein.

Cider Shop

Noch 1 mi weiter wird in der **Cold Hollow Cider Mill** ([www.cold hollow.com](www.coldhollow.com)) ein weiterer Verkaufsschlager produziert. Im Riesenladen dieser Apfelwein-Abfüllanlage gibt es neben dem Hausgetränk alle möglichen naturreinen Produkte *made in Vermont* (↪ Kasten Seite 350), Juli-Ende Oktober 7-18 Uhr, frei.

Wanderinfo

Wer plant, im Bereich Stowe zu übernachten, sollte kurz nach Passieren der *Cider Mill* beim *GMC-Green Mountain Club* links ca 1 mi in den Wald hinein fahren und erfragen, ob nicht in den gemütlichen **Stowe Cabins in the Woods** (↪ folgende Seite) Platz ist. Im *GMC* (täglich 9-17 Uhr) gibt es Wanderkarten u.a. für den **Long Trail**, der in Nord-Süd-Richtung durch die Green Mountains und die ganze Länge des Staates läuft .

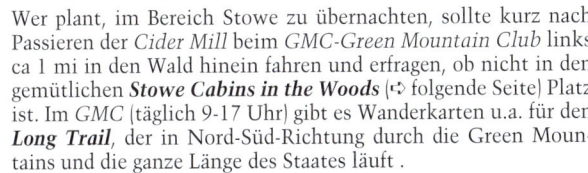

**Ferienziel
Stowe**

Stowes Infrastruktur kann sich mit der bekannter Wintersportorte in den Rocky Mountains messen. Dabei sind die Berge mit maximal 1340 m (*Mount Mansfield*) entschieden niedriger, aber November-März so gut wie schneesicher. **Ski Capital of the East** nennt sich der kleine 500-Seelen-Ort deswegen nicht ohne Stolz.

**Kenn-
zeichnung**

Stowe hat sich im Laufe der Jahre vom reinen Ski-Resort zum **Ferien- und Wochenendziel** mit drei Hauptsaisons entwickelt (Sommer, *Indian Summer* und Winter). Jede Art von **Aktivurlaub**, aber auch Kunst (www.sprucepeakarts.com) und Musik ([www. musicfestivaloftheameri cas.org](www.musicfestivaloftheamericas.org)) sind angesagt.

Die **Mehrheit der Unterkünfte gehört zur gehobenen bis Luxusklasse**. Das gastronomische Angebot ist so dicht und attraktiv wie nirgendwo weit und breit. Hinzu kommt eine **Kneipenszene** mit lokalen Mini-Brauereien. Kein Wunder also, dass Stowe an Wochenenden oft ausgebucht ist. Beim Abstecher nach Stowe sollte man Anreisen am Freitag/Samstag Abend möglichst vermeiden oder Quartier wie Campingplatz langfristig reservieren.

Stowe Info

Die an der einzigen Ampel des Ortes von der #100 abzweigende Straße #108 (= Mountain Road) nach Jeffersonville besitzt auf den folgenden 5 mi zum Pass die Rolle eines »*Strip*« für Hotels und Attraktionen. Östlich des Kreuzungsbereichs der Straßen #100/#108 liegt das Zentrum des alten Stowe mit Kirche, Shops und vielen Restaurants/Cafés (gut das **Blue Moon Café** mit leichter Küche) sowie das **Visitor Welcome Center** mit Unterkunftsvermittlung. Täglich 9-17 Uhr, So geschlossen; ✆ (802) 253-7321 und ✆ 1-800-247-8693; www.gostowe.com.

**Skating/
Biking**

Neben der Straße #108 (auf beiden Seiten mehrere Parkplätze mit Zugang) verbindet der **Stowe Recreation Path** entlang des *Little River* die Ferienkomplexe (fast 9 km). Einst nur Wanderweg oder

Langlauf-Loipe ist dieser heute asphaltierte Weg eine Attraktion für Skater und Biker mit Picknick-und Badestellen. Wer am oberen Ende (Brook Road beim *Innsbruck Inn*) startet, rauscht mühelos bis zur Kreuzung #100/#108 (Ausrüstungsverleih ⇨ Seite 345.

Straße #108 Während die #100 schon am Ortsausgang touristisch versiegt, legt die #108 (= Mountain Road) dort erst richtig los mit *Inns, Hotels, Lodges* sowie teuren Ladenzeilen, *Rental Shops*, Reitställen und Restaurants. Gut an der Mountain Rd sind:

- **Red Basil** (asiatisch); feiner als die einfache Thai Hut (#294).
- **Olives Bistro**; mediterrane Küche, Garten und Blick (#1056)
- **Normas**; ausgefallene, leichte Küche (#4000)

Mount Mansfield In erster Linie aber geht es in Stowe um den **Spruce Peak** und **Mt. Mansfield** (1.340 m), um Skilauf und Sommeraktivitäten in den Bergen des gleichnamigen *State Forest*. Nur 2 mi hinter Stowes letzten Häusern erreicht man die Stationen der Skilifte und einer Gondelbahn, die auch im Sommer in Betrieb ist und ihre Passagiere ($12/$7,50) zum **Cliff House Restaurant** knapp unter dem Gipfel des Berges befördert (gutes Essen, tolle Aussicht).

Autofahrer können auf der **Stowe Toll Road** (Zufahrt ausgeschildert, 5 mi steile Schotterstraße, im Sommer 9-16 Uhr; $26) bis zu einem Parkplatz fahren und von dort auf einem Höhenweg mit nur leichter Steigung die *Gondola Station* (1,5 km) erreichen.

Den schönsten Blick hat man von »**The Chin**« nach ca. 1 km. Man kann natürlich auch zum Gipfel wandern: die 7 km sind steil und anstrengend. Wanderinformationen im **Visitor Center**.

Bobbahn Ein Hauptspaß ist der **Stowe Alpine Slide**, eine 700-m-Rutsche die Hänge des **Spruce Peak** hinunter. Der Lift zum Ausgangspunkt startet am **Inline Skate Park** (*Launch Zone* mit *Skate Park* und Verleih) rechts der #108; $21/$19; Mehrfachtickets billiger.

Quartier-suche Die Auswahl an (teuren) Unterkünften ist enorm. Wochentags (So-Do) sind die Tarife in Grenzen flexibel; für unter $80 findet man jedoch kaum etwas. Hilfreich ist der Reservierungsdienst der **Visitor Information** (⇨ oben). Hier preiswertere Optionen:

Die Gondelbahn auf den Mount Mansfield ist ganzjährig in Betrieb

Die Trapp-Familie   www.trappfamily.com

Die Salzburger Adelsfamilie *von Trapp* verließ nach dem Einmarsch Hitlers ihre österreichischen Besitzungen und erlangte singend Weltruhm. Hollywood nahm sich der rührenden Familiengeschichte im Film und immer noch häufig gespielten Musical *Sound of Music* an: Der verwitwete Baron *von Trapp*, bereits mit reicher Kinderschar gesegnet, heiratet die Novizin Maria, die Gouvernante der Kinder, was weiteren Nachwuchs zur Folge hat. Im trauten Familienkreis wird fleißig gesungen und musiziert. Und zwar so gut, dass bald öffentliche Konzerte folgen, mit denen die Familie international reüssiert. Schließlich lässt sie sich in Stowe nieder – im Film wie im Leben. Das Musical *Sound of Music* ist dort bis heute obligatorischer Programmpunkt im Veranstaltungskalender von Stowe.

Fast alle Kinder sind in Stowe geblieben. Ein Enkel des Barons führt die **Family Lodge**. Auch der musikalischen Tradition blieb man treu; im Sommer finden dort (meist klassische) *Open-air*-Konzerte mit Blick auf die Berge statt: **Music in the Meadow Concerts** (www.trappfamily.com/meadow_concerts).

2

- Die **Stowe Cabins in the Woods** ca. 1 mi abseits der #100 (Cabin Line) unterhalb des *GMC-Green Mountain Club*. Zehn prima »Waldhäuschen«; Standardtyp: $99- $139/2 Personen, Extraperson $10; übers Wochenende nur minimal 2 Nächte buchbar; ℂ (802) 244-8533; www.stowecabins.com
- **Innsbruck Inn at Stowe**; 4361 Mountain Road (= #108), 4 mi oberhalb der Kreuzung #100/#108; geräumige Zimmer; Wifi, Pool, Spa; $85-$120; ℂ 1800-225-8582 und ℂ (802) 253-8582; www.innsbruckinn.com
- **Stowe Motel & Snowdrift**, 243 Mountain Road, 2 mi oberhalb der Kreuzung #100/#108; Pool, Kühlschrank, Wifi, $90-$130, ℂ 1-800-829-7629 und ℂ (802) 253-7629; www.stowemotel.com
- **Commodores Inn**, in der 823 Main Street (= #100), ein Hinterhaus, daher ruhig, Wifi, Kühlschrank; $128-$188, ℂ 1-800-447-8693; www.commodoresinn.com

Zur Not ausweichen könnte man ggf. auf folgende Unterkünfte:

- **Sunset Motor Inn** in Morrisville an der Kreuzung #15 West/#100, DZ $68-$138; ℂ (802) 888-4956 und ℂ 1-800-544-2347
- **Plaza Hotel** an der #100 südlich der Kreuzung mit der #15, DZ $74-$160, ℂ (802) 888-7761 und ℂ 1-800-334-2879.
- Das **Mount Mansfield Hostel** liegt rechts an der #108 kurz vor den Liften, $17/Person, ℂ (802) 253-4010 und die **Stowe Bound Lodge** an der 673 Main St, ℂ (802) 253-4515, $15-$30/Bett.

Outdoor/ Outfitter

Die Stowe-Region ist ideal fürs Wandern, Biken, Schwimmen, Skaten und Reiten. An der Mountain Road (#108) gibt es mehrere Mietstationen und Anbieter von Touren; auch Kanutrips:

- **AJ'S** vermietet alles vom Rad bis zum Kanu; ℂ (802) 253-4593, ℂ 1800-226-6257; www.ajssportinggoods.com.

Das Vermont-Phänomen

Vermont ist ganze 240 km lang, im Süden nur 64 km und im Norden maximal 145 km breit. Der einzige Neuengland-Staat ohne Zugang zum Meer besteht aus einer dicht bewaldeten Hügel- und Gebirgslandschaft. **Les Monts Verts**, grüne Berge, nannte *Samuel de Champlain* (⇨ Seite 519) den Landstrich östlich des später nach ihm benannten Sees.

In der frühen US-Geschichte spielt Vermont praktisch keine Rolle. Erst 1759, nach dem französisch-englischen Krieg, kamen mehr Siedler in diese abgelegene Region. Sie rodeten die Wälder, um Ackerland zu gewinnen, so dass um 1850 schon 70% der grünen Lunge vernichtet war. Manch einer suchte daraufhin bessere Jobs in den neuen Industriegebieten an den Küsten der Großen Seen. Mühsam der Natur abgerungene Farmen verfielen, der Wald eroberte sein Terrain zurück, und der Bestand bedrohter Tierarten – Bären, Elche, Kojoten und wilde Truthähne – erholte sich.

Nach den Hippies zogen seit den 1960er-Jahren zivilisationsmüde Städter und betuchte Aussteiger hierher. Sie renovierten alte Höfe stilvoll, versuchten sich in Bio-Landwirtschaft oder lernten Vermonter Handwerke und ließen alte Traditionen wieder aufleben.

Das Landschaftsbild wurde von diesen Neu-Vermontern neu geprägt: *Holsteins* – wie die schwarz-weißen Kühe hier genannt werden – grasen auf saftigen Weiden im sanften Bergland mit dunkelroten Holzscheunen und makellos weißen Dörfchen. Alles ist etwas altmodisch: der *General Store*, die urige Eckkneipe, hübsche *Country Inns* und B&B-Quartiere; überall gibt es *Farmer's Markets*, und *buy local* ist gängige Selbstverpflichtung. Alteingesessene Familienbetriebe fertigen wieder Holzmöbel, handgestopfte Teddybären, *Cider* (Apfelwein), Milchprodukte (feine Pralinen und Speiseeis), ja sogar Bier und Süßes aus *Maple Syrup*.

Längst verkaufen sich auch andere Lebensmittel aus Vermont prima: Pasta, Olivenöl sowie pikante Salatsaucen, denn Waren mit dem Siegel **Seal of Quality Vermont** kommen selbst in Manhattan gut an. Ebenso das Image von Vermonts **Fresh Network** und **Green Hotels & Inns**, ein ökologisch lupenreiner Verbund von Küchenchefs und Hoteliers.

Konsummeilen mit *Fast Food*-Ketten und (überschaubaren) *Shopping Malls* existieren nur in den wenigen Mittelstädten. Montpelier ist die einzige Hauptstadt der USA, die ohne *Big Mac* auskommt, *Billboards* (große Werbetafeln) sind staatsweit verboten, und die strikt kontrollierte Wirtschaft fördert sogar den Naturschutz und vermeidet Ballung wie Zersiedlung.

Dennoch unkt mancher, das **US-Musterländle** verkomme zum *Central Park* Neuenglands, es gäbe schon »mehr Kühe auf den T-Shirts als auf den Weiden«.

Zerstören die Liebhaber der Idylle also ihre eigene Idylle? Nein! Auch wenn in Vermonts Green Mountains Ski-Schneisen entstanden, Lifts errichtet und Loipen gespurt wurden, Hotels und Apartmentanlagen wuchsen und zum *Indian Summer* Busladungen voller »Bunte-Blätter-Gucker« (*Leaf Peeper*) einfallen! Letztere übernachten zumindest nicht in Bettenburgen. Das kleine Ländchen rudert ohne Aufhebens gegen den *Mainstream*, es sucht und findet seine sympathische Position im Rahmen sanfter Nachhaltigkeit.

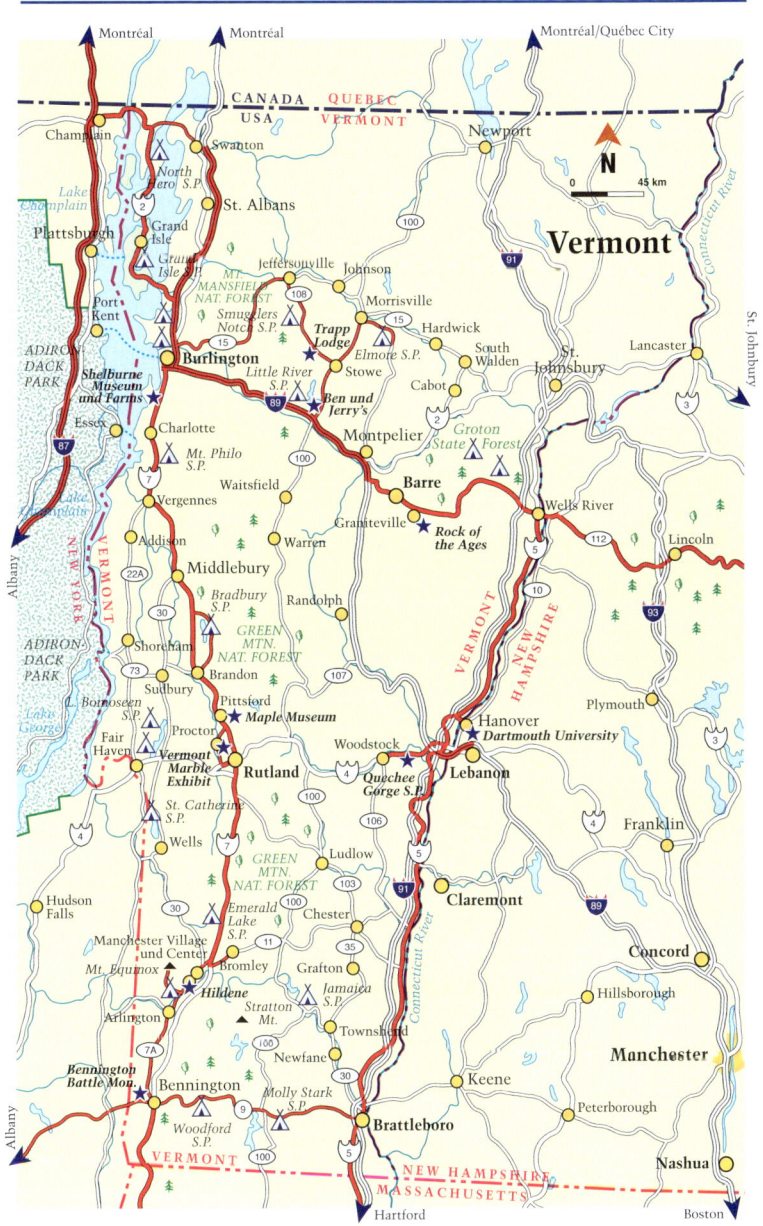

- Auf Kanutouren spezialisiert sind **Umiak Outdoor Outfitters** an der South Main Street, ℃ (802) 253-2317; www.umiak.com.
- **The Swimming Hole** ist ein Fitnesscenter samt Kinderpool mit Rutschen an der #108 (unteres Ende der Mountain Road) in der Weeks Hill Road; Mo-Fr bis 21, Sa/So bis 20 Uhr, $14/Tag;
- Auf dem Weg zum tollen Granitfelsen-Wasserfall (**Bingham Falls** mit *Pools*) muss man auf den letzten 200 m gute 10 min lang ein wenig kraxeln. Zugang 400 m oberhalb des *Inn at the Mountain:* links eine asphaltierte Parkbucht, gegenüber führt der unmarkierte Weg in den Wald.

Trapp Lodge

Felix Austria pur bietet die **Trapp Family Lodge**, ein Luxushotel samt Dependancen im Alpenlook in Alleinlage auf einer Anhöhe mit Weitblick, gut 2 mi abseits der #108 (Luce/Trapp Hill Road); Preise fürs DZ im Sommer so etwa ab $200; Reservierung unter ℃ 1-800-826-7000 und ℃ (802) 253-8511, www ➪ Kasten

Smugglers Notch

Die Straße #108 führt am *Smugglers Notch*-Pass durch ein Gebiet riesiger verstreuter **Granitblöcke**, die bei Kletterern beliebt sind, und passiert *Trailheads* für **Wanderungen** zu Wasserfällen und in die Berge. Dort ist deutlich ruhiger als in Stowe und Umgebung.

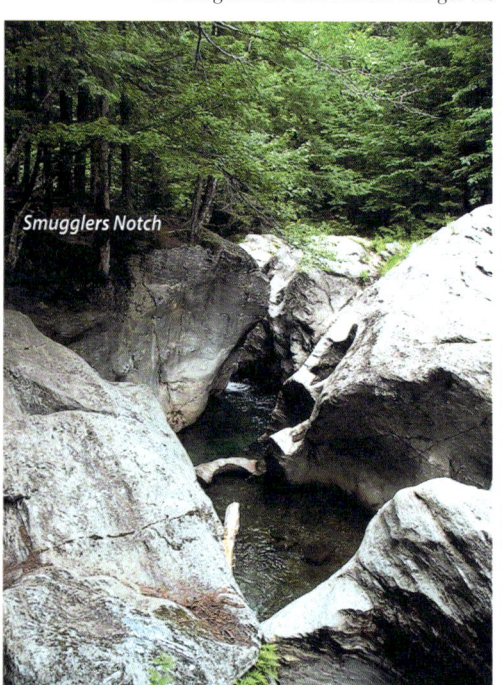

Smugglers Notch

Camping

Die **Smugglers Notch** gab dem **State Forest Campground** seinen Namen. Auch der nahe **Campground Underhill** (keine Duschen!) ist im Sommer früh voll.

Ein Gedicht ist der **Little River SP** bei Waterbury mit *Lean-to's* (➪ Seite 346, ab der #2 ca. 4 mi auf der Little River Road); www.vtstate parks.com/htm/littleri- ver.htm. Top ist auch der **Elmore SP** beim gleich- namigen Ort und See (Straße #12, 14 mi nor- döstlich von Stowe); www.vtstateparks.com/ htm/ elmore.htm.

Der kommerzielle Platz **Gold Brook** an der #100 2 mi südlich von Stowe ist aber auch nicht schlecht; ℃ (802) 253-7683 (ab $26).

2.7.2   Burlington

**Kenn-
zeichnung**

Burlington, Vermonts größte Stadt (⇨ Steckbrief Seit 344), ist ein gutes Tagesziel, wo auch abends in Kneipen und Bars was los ist – nicht zuletzt wegen der vielen Studenten der *University of Vermont* und mehrerer *Colleges*. Von Mai bis September finden zahlreiche Veranstaltungen statt, so z.B. im Juni das **Discover Jazz Festival** und im August **Shakespeare in the Park**. Am 3. Juli-Wochenende gibt's beim **Brewers Festival** alle Vermonter Biersorten. Aktuelles Programm unter www.vermont.org/experienceburlington/events/event1.aspx.

**Anfahrt,
Information
und Parken**

Aus Montpelier Anreisende finden schon an der I-89, *Exit* Willistone, ein gut sortiertes **Welcome Center** (7-23 Uhr) und in Burlington selbst eine **Tourist Info** beim *ECHO* (= Aquarium) am Lake Champlain sowie in der Church Street einen **Info Kiosk**.

Von Süden kommend (auf der #7, die die Main Street kreuzt, dort links), landet man direkt im Zentrum. **City-Parken** (2 Stunden frei) Ecke Winooski/Bank Street (einen Block östlich der Church Street) oder von der I-89, *Exit* 14, folgt man der Main Street (= anfangs die #2 und quert alsbald die Church Street) bis zum See und parkt beim *ECHO* neben der *Tourist Information*.

**Fußgänger
zone Church
Street**

Kleinod und »Lebensader« Burlingtons ist die **Church Street**, eine 500 m lange **Fußgängerpassage** zwischen Main und Pearl Streets. Im Sommer fühlt man sich dort wie auf einer mediterranen Plaza: Bistro-, Café- und Kneipen-Tische, Stühle und Sonnenschirme quellen dort nur so aus den alten *Red Brick*-Häusern. Man schlendert und shoppt oder klönt bei Wein, Bier und Snack oder verabredet sich zum nächsten Kanu-, Segel- oder Rad-Ausflug im Uferpark am Lake Champlain, der zweiten Attraktion Burlingtons.

Für die Stadtbesichtigung sollte man sich Zeit nehmen, denn die Gourmet-Verlockungen sind nicht nur in der Fußgängerpassage groß; hier nur eine kleine Auswahl:

- In der Espresso-Bar **Speeder & Earls** (104 Church Street) locken Spezialitäten rund um Kaffeebohnen und Teeblätter.
- Im Laden/Café *Lake Champlain Chocolate* (65 Church Street) oder deren Fabrik & Café (ein Hit!) in der 750 Pine Street, Mo-Sa 9-14, frei) geht kein Weg an einer Figaro Praline vorbei; www. lakechamplainchocolates.com

- Der *City Market* (82 SouthWinooski Ave, einen Steinwurf von der Fußgängerzone entfernt) bietet 7-23 Uhr Köstliches als Sofort-Imbiss oder zum Picknick am nahen See.

Etwas südwestlich vom Zentrum gibt es im **Fresh Market** an der Pine Street (#400) jede Menge **Käsesorten** und mehr.

**Ferry
Terminal/
Waterfront
Park/Bike
Path**

Anlaufpunkte am Ufer des **Lake Champlain** sind der **Anleger der Fähre** über den See am westlichen Ende der King Street und etwas nördlicher der **Waterfront Park**, den man vom Zentrum am besten über die College Street erreicht. Unmittelbar am Wasser entlang läuft im Park eine Promenade, der **Boardwalk**, parallel dazu durch den Park und nach Norden und Süden weit darüber hinaus der **Burlington Bike Path** – großenteils auf der Schienentrasse einer früheren Bahnlinie, daher auch **Island Line Trail**.

**Island Line
Trail**

Dieser wunderbare Weg wurde nicht nur für *Biker*, sondern auch für *Skater*, *Jogger* und ganze normale Spaziergänger angelegt. Er beginnt auf Grand Isle, ca. 13 mi nördlich von Burlington, und führt auf einem **Damm über den Lake Champlain**, quert auf dem Festland die Mündung des Winooski River in den See, dann den *Delta Park* rund 4 mi nördlich des Zentrums und endet am Strand des *Oakledge Park* 2 mi weiter südlich des *Waterfront Park*. Mehr zu den Uferparks unter www.enjoyburlington.com/parks.cfm.

Per Bike oder per Pedes geht es auf dem 5 km langen Damm des Island Line Trail über den Lake Champlain zur Grand Isle

Infos zu den Bike Routes in und um Burlington hat **Local Motion** in der nahen Steele Street 200 m östlich des Fähranlegers; ℂ (802)-652-2453; www.localmotion.org. Die Firma vermietet auch *Bikes* (ab $28/Tag) und *Skates*; ℂ (802)-652-2453; www.localmotion.org

Boathouse/ Bootstrip

Vor der südlichen Ecke des *Waterfront Park* schwimmt das nostalgische **Boathouse** (mit einem super Café); dort findet man auch Segelboote, Kanus und Kayaks zur Miete. Gleich nebenan liegt das Ausflugsboot **Spirit of Ethan Allen 3** (⇨ Seite 205). In der Sommersaison täglich 10, 12, 14, 16 Uhr 90-min-Trips ($15/$6).

Am Boots-hafen von Burlington, rechts das ECHO Aquarium

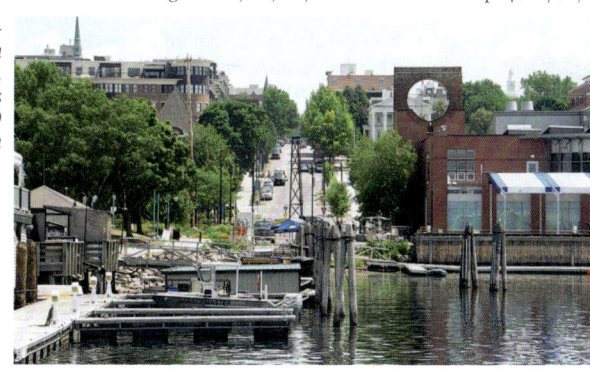

ECHO

An Land steht nahebei das **ECHO Leahy Center** (*Ecology-Culture-History-Opportunities*), ein gutes Aquarium samt *Science Center* mit viel Multimedia und Action für Jung und Alt. Es geht darin auch um Geschichte, Ökologie und Wirtschaft des Lake Champlain; Eintritt $9, Kinder $7; täglich 10-17 Uhr.

Das **Waterfront Diving Center** in der 214 Battery Street bietet Tauchausflüge zu Schiffswracks; www.waterfrontdiving.com.

Unterkunft

Die Mehrheit der Motels der Mittelklasseketten liegt in Burlington entlang der Straße #7 Süd, Richtung Shelburne, sowie am *Strip* entlang der Williston Road (#2 östlich von Burlington). Die Tarife liegen überwiegend bei $80-$130 (günstiger mit *Coupon*, ⇨ Seite 112) außer bei Veranstaltungen und Herbstwochenenden:

- **Bel Aire Motel**, sehr angenehm, in South Burlington, 111 Shelburn Road (#7 Nord), Zufahrt: I-89, *Exit* 13, dann I-189 zur #7, etwas nördlich; nach den hinteren Zimmern im oberen Stock fragen; ab $85, ℂ (802) 863-3116, www.belairevt.com.
- **Liberty Inn & Suites**, 462 Shelburne Road ca. 2 mi südlich vom Zentrum; typisches ebenerdiges Motel mit Pool und z.T. Wifi; $85-$140; ℂ (802) 862-5754/55; http://libertyinnvt.com.
- In Colchester, nördlich von Burlington, liegen ein ordentliches **Motel 6** (74 South Park Drive/I-89, *Exit* 16, ℂ (802) 654-6860) und ein relativ günstiges **Hampton Inn** (42 Lower Mountain View Drive/I-89, *Exit* 16) ab $125, ℂ (802) 655-6177.

- **Sunset B & B House;** alte Holzvilla, Gemeinschaftsbad, Wifi, 78, Main Street/Pine Street (*Downtown* Burlington); $99-$149; ✆ (802) 864-3790; www.sunsethousebb.com
- **Champlain Inn**, 165 Shelburn Street (Straße #7, 1,5 km südlich *Downtown*); Pool, Kühlschrank, Mikro, Wifi, ruhig, aber etwas abgenutzt; $62-$88; ✆ (802) 862-4004; www.champlaininn.net
- **Inn at Essex**, sehr fein, auch **Culinary Resort** genannt ($159-$329, ↪ Seite 340), ✆ 1-800-878-1100, 70 Essex Rd (#15 West)

Camping

Die Lage des kommoden, städtischen **North Beach Campground** hinter einem langen Strand am *Lake Champlain* ist spitze. Der Platz befindet sich gut 2 mi nördlich des Zentrums: Battery Street, links Sherman Street, rechts North Ave nach ca. 1,3 mi links ab Institute Road zum Campplatz; $16-$25. An Wochenenden sehr voll; Reservierung unter ✆ 1-800-571-1198.

Von Burlington nach Montréal

Für eine **schnelle Fahrt** von Burlington nach Montréal (ohne Fährbenutzung) empfiehlt sich die I-89 bis zum Exit #21. Von dort aus nimmt man die Straße #78, dann #2 hinüber zur I-87 von New York nach Montréal. Von der (häufig überlasteten) Grenze sind es (auf der kanadischen Autobahn #15) bis ins Zentrum Montréals nur noch ca. 60 mi bzw. mindestens 90 min Fahrzeit, da sich um Montréal der Verkehr meist stark verdichtet. **Reizvoller** ist – nach 10 mi auf der I-89 – die Straße #2 über Grand Isle im Lake Champlain. Die Ortsdurchfahrten vermeidet, wer auf der Insel die **Fähre zum Westufer** nimmt und gleich die I-87 ansteuert.

Fähren über den Lake Champlain nach New York State

Vier Fähren verbinden Vermont mit dem Staat New York:

- Die nördlichste und kürzeste Fährstrecke über den eigentlichen See ist die Route ab der Insel **Grand Isle** (Straße#2, dann #314) **zum Plattsburgh-Anleger** (12 min); $10 für Auto+Fahrer, $4 für jede weitere Person über 12 Jahre. Im Sommer verkehrt sie alle 10-20 min bis 22 Uhr, nachts alle 40 min.*)
- Die längste Überfahrt von **Burlington nach Port Kent** (ca. 60 min), ist bei schönem Wetter besonders zu empfehlen. Man hat auf dem Trip die Adirondacks und Green Mountains im Blick. Tarif $17,50 für Fahrer und Auto, $4 zusätzliche Person. Im Sommer 9 Abfahrten täglich; letzte Fähre 18.30 Uhr.
- Die Fähre vom **Charlotte-Anleger** (südlich Burlington, Straßen #7/#F5) **nach Essex** benötigt 20 min. Fahrer und Wagen $9,50, weitere Person $4. Abfahrten im Sommer bis 21.30 Uhr alle 30 min. Herbst & Frühjahr 8-19 Uhr.*)

*) Sonntags weniger Abfahrten.
　Information unter ✆ (802) 864-9804; www.ferries.com
- **Fort Ticonderoga Ferry** am schmalen Südzipfel des Sees, Straßen #73/#74 bei Shoreham. Die Überfahrt dauert nur 7 min; die Verkehrsfrequenz ist nachfrageabhängig: Nebensaison 8-17.45 Uhr, Juli bis *Labor Day* bis 18.45 Uhr, Auto plus Passagiere $9; ✆ (802) 897-7999, www.forttiferry.com.

Die **State Parks Grand Isle** und **North Hero** an der #2 besitzen **Badestrand** und **Campground**. *Grand Isle* liegt besonders schön am See mit Badestrand; viele Stellplätze mit Schutzdach am Seeufer mit tollem Blick für $25, *Cabin* $48/Nacht.

Weiter in Upstate New York

Bei **Reiseziel Niagara Falls** fährt man vom Westufer des Lake Champlain (ab Port Kent) am besten quer durch den **Adirondack Park** über Lake Placid, ⇨ Seite 385. Man könnte auch der I-87 durch das Ostareal des Parks folgen und über Saratoga Springs und Albany die I-90 nach Niagara Falls erreichen, ⇨ Seite 393. Der Zeitbedarf für die Route durch die *Adirondacks* ist gegenüber der Fahrt über Albany trotz weniger Meilen deutlich höher!

Nach und durch Vermont per Eisenbahn

Vermonts perfektes rurales Ambiente reizt die Großstädter zum Ausflug: Von New York ist man in drei, von Boston in zwei Stnden und von Montreal in nur einer Stunde per umweltfreundlicher Zugfahrt mitten in der Natur, vor allem während des *Indian Summer* im bunten Herbstwald. Der **Vermonter** verbindet 1x täglich Washington DC mit St. Albans nördlich von Burlington. Er fährt über New York/Penn Station, Brattleboro, Montpelier, Stowe und Burlington. Der **Ethan Allen Express** fährt von NYC nach Rutland durch das Hudson Valley mit Stops in Albany, Saratoga Springs und Glen Falls; www.amtrak.com.

Green Mountain Railroad (mehr unter www.rails-vt.com) hat drei Züge, die kurze Fahrten zwischen 25 und 45 min anbieten. Es lockt hier aber eher der Spaß, mit einer nostalgischen Eisenbahn zu fahren als das Landschaftserlebnis.

2.7.3 _____ Von Burlington nach Bennington

Straße #7

Von Burlington in Richtung Süden gibt es keine sinnvolle Alternative zur überwiegend landschaftlich attraktiv verlaufenden Straße #7, dem **Ethan Allen Highway** (zur Bezeichnung *Ethan Allen* ⇨ Seite 205 unten), der über Vermont hinaus durch ganz Connecticut bis zur Hafenstadt Norwalk führt.

Shelburne Farms

www.shelburne farms.org

Circa. 10 mi südlich von Burlington liegt auf einer Landnase am Lake Champlain eine von *Frederick Olmstead* (Central Park in New York) gestaltete Parklandschaft (250 ha) mit schlossartigen Herrenhäusern, Stallungen und Gutsbetrieben. Die **Shelburne Farms** (im Besitz der *Vanderbilt-Webb Family*) stellen neben landwirtschaftlichen Produkten Holzmöbel u.a.m. her. *Farm* und Park täglich bis Mitte Oktober 9-17.30 Uhr, Eintritt $8, bis 17 Jahre $5; mitsamt der lohnenden **Property-Tour** (4 x täglich) $17/$11; ✆ (802) 985 8442. Im *Inn at Shelburne Farms* mit *Restaurant*, ✆ 802-985-8498, kann man auch übernachten ($155-$465).

Der Parkeingang liegt an einem *Bypass* der #7. Zufahrt **von Norden**: 2,8 mi südlich der #189 (I-89, *Exit* 13) rechts in die Bay Road. **Von Süden:** hinter *Shelburne Museum* links in die Harbor Road.

Shelburne Museum

Auf dem Gelände des Museums (an der Straße #7) stehen **Americana** im Mittelpunkt. Wechselnde Ausstellungen thematisieren

Teddybären

Als *Theodore* (»*Teddy*«) **Roosevelt**, US-Präsident (1901-1909) und leidenschaftlicher Jäger, 1902 nach tagelanger Pirsch keinen Bären vor die Flinte bekam, fesselten seine Helfer kurzerhand ein verwaistes Jungtier zum Abschuss an einen Baum. Roosevelt winkte empört ab und fuhr ohne Trophäe nach Hause.

Ein Karikaturist der *Washington Post* zeichnete diesen Vorfall. Als die Karikatur landesweit bekannt wurde, ließ ein cleverer US-Geschäftsmann seine Frau Bären aus Plüsch nähen und stellte sie als »*Teddy's Bear*« in sein Schaufenster – die Geburtsstunde eines weltweiten Verkaufsschlagers.

Neben Kindern lieben auch Sammler das Kulttier als Wertanlage. Beim Londoner Auktionshaus *Christie's* kam **der erste pechschwarze Teddybär für 153.000 Euro** unter den Hammer. Er war 1912 aus Trauer über den Untergang der *Titanic* genäht worden.

die Moderne. ***Electra Webb***, Tochter eines Zuckermagnaten und Sammlers europäischer Kunst, hortete von Kindesbeinen an bis 1960 alles, was ihr in die Hände fiel, sofern es rein amerikanisch war. Diese Sammlung von Sammlungen, ***Collection of Collections***, zeigt Gegenstände und Gebäude aus allen Bereichen des amerikanischen Lebens. Unter den historischen Bauten des Komplexes befinden sich Eisenbahnstation, *Shaker*-Scheune (➪ Seite 360), eine alte Schule, eine *Covered Bridge* und die *Ticonderoga*, eine Lake Champlain-Fähre von 1906. Die Häuser sind vollgestopft mit Objekten. Kunstwerke aus Europa sind ebenfalls zu sehen (u.a. *Goya, Manet, Monet, Rembrandt*).

Interessant ist auch die Nachbildung des New Yorker Wohnsitzes der Gründerin. Täglich 10-17 Uhr; 2-Tage-Tickets $20; bis 14 Jahre $10; ✆ (802) 985-3346, www.shelburnemuseum.org.

Teddybären
www.vermont
teddybear.com

Wer sich für das Kuscheltier interessiert, sollte an der #7 auf die bunte *Shopping Plaza* der **Vermont Teddy Bear Company** achten. Dort werden die Bären in jeder Bekleidung gefertigt. Führungen finden im Sommer Mo-Sa 9-18, sonst 17 Uhr, alle 30 min statt; $3. Speziell für Kinder (gratis), die abschließend gegen Gebühr ihren eigenen Teddy kreieren, eine Riesengaudi!

Straße #7

Die Straße #7 führt weiter durch eine zunächst abwechslungsarme Hügellandschaft und kleine, meist schmucke Ortschaften. Sie alle besitzen ihre Besonderheiten, so in **Charlotte** die *Vermont Wild Flower Farm* (Gartenführungen nur im Juli/ August) und in Ferrisburgh die traditionelle ***Dakin Farm*** mit Ökoprodukten (Käse, *Maple*, Marmeladen und Räucherschinken).

In **Vergennes** gibt es mit dem ***Black Sheep Bistro*** in der 253 Maine Street eine gute *Eaterie* (17-20 Uhr), ✆ (802) 877-9991.

In **Middlebury**, einer hübschen *College Town* mit dem historischen *Middlebury Inn* am *Village Green* (ab $90, ✆ 1-800-842-4666), befindet sich das ***Vermont Craft Center*** hinter den *Otter Creek Falls* (Frog Hollow Alley, gleich jenseits der Brücke).

- Gut aufgehoben ist man dort im historischen **Middlebury Inn** am Village Green (ab $90, ℰ 1-800-842-4666).
- Südlich liegen das **Greystone** (ℰ (802) 388-4935, www.greystone motel.net) und das **Blue Spruce**, ab ca. $75; ℰ (802) 388-4091.
- Und kurz hinter Brandon, die prima **Brandon Motor Lodge**, 2095 Franklin Street, ℰ (802) 247-9594 und ℰ 1-800-675-7614; ab $79; www.brandonmotorlodge.com.

- Ein guter Platz ist der **Mount Philo State Park** (zwischen Charlotte und North Ferrisburgh) mit Weitblick über den Lake Champlain und die *Adirondacks* (nur 10 Sites), bis Mitte Okt.

Maple Syrup

Im Herbst erfreuen sich *Leaf Peeper* vor allem an der rosa-gelb-orangen Färbung der Blätter des *Sugar Maple*. Andere Ahorn-Arten entwickeln eher leuchtend rote Blätter. Am Ende des Winters, etwa 6 Wochen lang von Ende Februar bis April, wenn die Nächte noch frostig-kalt sind, längerer Sonnenschein aber tagsüber bereits für Wärme sorgt, steigt der Saft in den Bäumen. Dann werden die Zuckerahornbäume zu Vorboten des Frühlings.

Die Süße des Ahornsafts wurde zufällig entdeckt. Man erzählt von einer *Squaw*, die Regenwasser aus einem ausgehöhlten Stamm unter einem Ahornbaum zum Kochen verwendete. Als das Gericht süß schmeckte, suchte man nach der Ursache und wurde fündig. Die Irokesen hackten fortan im Frühjahr ihre Tomahawks in die Rinde der *Maple Trees* und fingen den herausquellenden Saft auf. Mit Hilfe erhitzter Steine, die sie in den Saft legten, erzeugten sie daraus dickflüssigen Sirup. Immer noch lebendig ist das romantische Bild von Bauern, die in Schneeschuhen von Baum zu Baum gehen oder mit Pferdeschlitten durch ihr Gelände fahren, um Zapfhähne in die Baumrinde zu schlagen und Eimerchen darunter zu hängen. Die vollen Behälter wurden zu *Sugar Houses* transportiert und der Saft in einem großen Kessel über offenem Feuer eingekocht. Diese Prozedur wurde – und wird von den Hobby-Sirupkochern bis heute – gerne mit einer **Sugaring-off-Party** gefeiert. Kinder freuen sich dabei über die »Bonbons«, die entstehen, wenn der Sirup – auf Schnee gegossen – rasch abkühlt und sich verhärtet.

Die moderne Sirup-Produktion ist erheblich rationeller: Die Bäume sind heute über Plastik-Pipelines mit Containern verbunden, von denen der Saft automatisch in Tankwagen gepumpt und in zentralen Sammelstellen zu Sirup eingekocht wird. Für einen Liter Sirup benötigt man 30-50 Liter Ahornsaft, etwa die Menge, die ein einzelner Baum hervorbringt. Dabei eignen sich nur mindestens 40 Jahre alte Bäume zum Abzapfen.

Maple Syrup enthält viele **Vitamine** und zahlreiche **Mineralien** und gilt daher als gesund. Europäern, die selten von Kindesbeinen an *Maple Syrup* genossen haben, schmeckt das süße Zeug aber meist nicht besonders. Zudem gibt es enorme Qualitäts- und Geschmacksunterschiede, die in einer fein abgestuften Klassifizierung dem Kenner verraten, was er von einer Sorte zu halten hat.

Maple-Produkte werden in **Sugar Houses** vermarktet, z.B. bei East Montpelier, **Bragg Farm** (an der I-89, *Exit* 8, dann #2E/#14E) und im **Maple Museum**.

- Der **Button Bay State Park** am Lake Champlain (abseits der #7, ab Vergennes ausgeschildert) ist super; viel Licht, genug Schatten, etliche *Lean-tos*, riesiges Picknick-Dach; beste Stellplätze am See sind die Nummern 43, 44, 46, 48, 50, 52, 54.
- Am Rande des *Green Mountain National Forest* südlich von Middlebury bietet der **Branbury State Park** Straße #53) am **Lake Dunmore** Badestrand und **Campground**. Leider nur 17 (für Zelte und leichte Fahrzeuge) der ca. 50 Stellplätze liegen offen in Seeufernähe, am Wochenende viel Trubel!

Maple Museum

www.maple museum.com

Zwar wird im gesamten Nordosten Nordamerikas **Maple Syrup** produziert, aber Vermont gilt in den USA als Hochburg der Kunst seiner Herstellung. Da nur wenige Touristen im Februar/März, wenn der Ahornsaft fließt, das Land bereisen, lernen die meisten nur das fertige Produkt kennen. Aber alles über die Herstellung des Sirups erfährt man im **New England Maple Museum** an der Straße #7, etwa 8 mi nördlich von Rutland bei Pittsford. In diesem liebevoll gestalteten Haus werden in Wandmalereien und anhand traditioneller wie moderner Geräte Technik und Historie der Sirup-Gewinnung erläutert. Man darf kosten und kaufen. Im Sommerhalbjahr 8.30-17.30 Uhr, sonst 10-16 Uhr; $2,50.

![New England Maple Museum sign with flags and flowers]

Proctor

www.vermont-marble.com

Wegen des Wortspiels zwischen *Maple* und *Marble* heißt es, Vermonter seien »innen süß wie *Maple Sirup* und außen hart wie Marmor«. Denn nicht nur in der Herstellung von *Maple*-Produkten ist Vermont führend, sondern auch bei Abbau und Verarbeitung von Marmor. Größte Abbauregion ist Rutlands Umgebung. Im **Vermont Marble Museum** in **Proctor**, einem hübschen Städtchen an der Straße #3 unweit der #7, warten Ausstellung, Film und *Sculpting Studio*. Am Ende weiß man, woher der Marmor kommt und was alles passieren musste, bevor der Aschenbecher ansehnlich genug fürs Wohnzimmer war; mit Shop. Mitte Mai bis Ende Oktober 9-17.30 Uhr geöffnet; Eintritt $7/$4.

Eingangstor aus rohen Marmorblöcken vorm Marble Museum in Proctor

Rutland

Der Verkehrsknoten Rutland ist die größte Stadt im südlichen Vermont mit der üblichen Infrastruktur an den Ausfallstraßen. Die **Moteltarife** sind moderat. Im Sommer gibt es günstige Angebote (*Discountcoupons*, ▷ Seite 144) im Skigebiet Killington.

- Dort offeriert das **Red Roof Inn** an Wochenenden Zimmer ab $60, sonst $150 (*Suites*), Killington Road (zweigt von der Straße #4 ab; ☎ (802)-775-4303.
- Das **Best Western Inn & Suites** 3 mi östlich von Rutland an der #4, ☎ 1-800-780-7234 und ☎ (802)-773-3200, $120-$200, im *Indian Summer* bis $230 für die Suite, ▷ Seite 146.

Gleich gegenüber dem *Best Western Inn* liegt das empfehlenswerte **Countryman's Pleasure Restaurant**, ☎ 802-773-7141.

Straße #7A

Etwa 30 mi südlich von Rutland wird die #7 bis Bennington zur Autobahn. Es empfiehlt sich, dort auf der parallel zur Schnellstraße verlaufenden #7A weiter zu fahren. Diese »alte« #7 folgt dem hier breiter werdenden pittoresken forellenreichen *Batten Kill River* ebenfalls bis Bennington. Am Wege liegt das exklusive »Doppelstädtchen« Manchester.

Manchester
http://visit
manchester
vt.com

Manchester besteht aus den separierten Bereichen **Center** und **Village**. Beide sind neben der #7A über einen 3,5 km langen Marmorweg (*Marble Walkway*) verbunden. An ihm liegt eine ganze Reihe herrschaftlicher Villen, von denen manche zu Luxushotels und Restaurants umfunktioniert wurden.

Manchester Center

Ein kleines Info-Büro der **Manchester Chamber of Commerce** befindet sich an der Main Street (# 5046, etwa an der Einmündung der Straße Center Hill); geöffnet Mo-Sa 9-17 Uhr.

Entlang Main (#7A) und der Depot Streets (#30/#11) liegen an *Million Dollar Marble Walkways* etliche feine Läden (*Gucci & Co*). Nicht ganze so feine bekannte und weniger bekannte Marken findet man als **Factory-Outlet-Stores** in stilvollen *Clapboard*-Bauten.

Dieses Mischkonzept ging offenbar auf, lockt es doch Reiche wie auch den konsumfreudigen gehobenen Mittelstand in die *Fifth Avenue in the Mountains* von Manchester Center.

Sommer-
konzerte

www.riley
rink.com

Im **Riley Rink at Hunter Park** finden im Sommer Konzertveranstaltungen statt von Rock & Pop über Jazz bis Klassik mit dem *Vermont Symphony Orchestre* . Wenn bei gutem Wetter der Platz für 3.000 Personen nicht reicht, öffnen sich die Wände zu den Rasenflächen wie in Tanglewood (↪ Seite 371). Zufahrt: Von der #7A am nördlichen Ortsausgang auf der Hunter Park Road eine halbe Meile nach Westen.

Dana
Thompson
Park

Vom kommerziellen Edelrummel in Manchester Center kann man sich ggf. rasch absetzen: An der Straße #30 Nord liegt eine gute Meile außerhalb des Ortes der ausgedehnte **Dana Thompson Memorial Park** mit Picknicktischen, kostenlosen Tennisplätzen, Kinderspielplatz und einem **Public Pool**.

Nostalgischer
Camping-
anhänger
für den
Outdoor Fan
der 1950er-
Jahre bei
ORVIS

ORVIS

Auf halbem Weg von Center nach Village liegen links das kleine **ORVIS Outlet** und etwas weiter unübersehbar ORVIS (www. orvis.com), quasi der *L.L.Bean* (↪ Seite 306) von Vermont und damit eine uramerikanische Institution. Wer beim Fischen oder Jagen nur High-End-Produkten vertraut, ist offenbar bereit, dort tief in die Tasche zu greifen. Auch sportlich-elegante Kleidung, Literatur und weltweite Outdoor-Reisepakete füllen die Tische und Regale; geöffnet täglich 9-18 Uhr.

Fly Fishing
Museum

Der ORVIS-Besuch macht Appetit auf Wissenswertes über das *Fly Fishing* – und das gibt es dezidiert im Museum nebenan: Wie fertige ich für welchen Monat bei welchem Wetter in welcher Region für welche Forelle die richtige Fliege? Di-Sa 10-16 Uhr, $5/$3; www.amff.com.

Art Center   Gegenüber des *ORVIS Outlet* zweigt die Ways Lane von der Main Street ab und verbindet sie mit der West Road. Von der geht es 200 m weiter nördlich links hinauf zum **Southern Vermont Art Center** (www.svac.org). Vorbei an Skulpturen erreicht man oben auf dem Hügel einen Komplex aus drei weißen Gebäuden:

- **Elisabeth C. Wilson Museum**, eine faszinierende moderne Version der klassischen *Clapboard*-Bauten; auch innen bestechen die klaren Linien. Wechselnde Ausstellungen (meist Vermonter Künstler) und ein *Gift Shop*; Di-Sa 10-17, So 12-17 Uhr; $8, unter 13 Jahren frei

- **Yester House**, ein *Greek Revival* Herrenhaus mit 10 Galerien und Café (nur *Lunch*, Di-Sa 11.30-14 Uhr, So 12-14.30; © (802)-366-8298, besser reservieren! 11.30-14 Uhr)

- **Louise Arkell Pavilion**, Konzerte (meist Jazz), © (802)-362-1405

Manchester   Manchester-Village wird vom Komplex des **Hotel Equinox und**
Village   **Spa** (gegründet 1796) dominiert. Es bildet mit der Kirche vis-a-vis und einer kleinen edlen Ladenzeile das Zentrum von Manchester Village. Da darf auch ein Golfplatz nicht fehlen, ⇨ Foto Seite 108.

Restaurants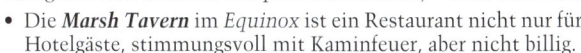

- Die **Marsh Tavern** im *Equinox* ist ein Restaurant nicht nur für Hotelgäste, stimmungsvoll mit Kaminfeuer, aber nicht billig.

- Neben den Restaurants im *Equinox* (⇨ unten) ist auch das **Mulligans** an der Main Street nördlich des Equinox eine gute Adresse und deutlich preiswerter – mit *Live Music* am Wochenende; © (802) 362-3663, www.mulligans manchester.net.

- Viele **Eateries** in den diversen Shopping Arkaden in Manchester Center, darunter das **Spiral Press Café** im *Northshire Bookstore* an der Bonet Road (Straße #30) gleich hinter der Abzweigung von der Main Street, geeignet für jede Tageszeit, Wifi.

Unterkunft   Das Angebot an attraktiven Quartieren wendet sich naturgemäß an Gäste mit gut gefüllter Brieftasche

- Im famosen Nostalgieluxus des **Equinox** beginnen die Tarife bei $220 fürs kleinere Doppelzimmer; © (802) 362-4700 und © 1-800-362-4747; www.equinoxresort.com.

- Das altmodisch elegante **1811 House** (B&B) mit *British Pub* und Zimmern mit Kamin gehört zum **Equinox** (schräg gegenüber, Nutzung aller Einrichtungen); © 1-800-432-1811 und © (802) 362-1811, $230; unter www.equinoxresort.com

- Das **Inn at Manchester** steht an der #7A zwischen Manchester Center und Village, © (802) 362-1793 und © 1-800-273-1793, ab $165; www.innatmanchester.com.

Günstiger als die die nostalgischen Häuser sind moderne Motels:

- Ganz gut ist das **Aspen Motel**, 5669 #7A, © (802) 362-2450, $90-$140, Wochenende teurer.

- Unweit vom **Aspen** steht das **Casablanca Motel**, 5927 #7A, hübsche Bungalows, $98-$125; © (802) 362-2145 und © 1-800-254-2145; www.casablancamotel.com

- Ca. 2,5 mi südlich von Manchester steht an der #7A das sehr ordentliche **Brittany Motel**, $79-$140, ✆ (802)-362-1033 und ✆ 1-800-298-4650; www.brittanymotel.net

Im Sommer kommt man preiswert im Skigebiet Bromley, 8 mi östlich Manchester Center an der Straße #30/#11, unter, so z.B.

- **Bromley Sun Lodge**; ab $100, ✆ (802) 824-6941 und ✆ 1-800-722-2159; www.bromleysunlodge.com

Camping

- Über einen schönen, aber etwas lauten Campingplatz (Nähe der Straße #7) mit Badestrand verfügt der **State Park Emerald Lake** bei East Dorset ca. 5 mi nördlich von Manchester.

- Der kommerziell geführte Platz **Camping on the Battenkill** befindet sich 500 m nördlich von Arlington (# 7A) am Battenkill River, Schwimmen im Fluss, Kanu und *Inner Tubing*, ✆ (802) 375-6663 und ✆ 1-800-830-6663.

Umgebung

Die **Green Mountains** sind nicht weit. Sommerattraktionen wie den *Alpine Slide*, eine Abfahrt auf Rädern über 1000 m, den *Ziprider*, eine rasende Seilabfahrt vom Sun Mountain, einen Kletterwald u.a.m. findet man beim **Ski Center Bromley** an der Straße #11 etwa 5 mi östlich von Manchester.

Hildene

Vier Präsidenten besuchten Manchester, und *Abraham Lincoln* war schon für den Sommerurlaub 1865 im Hotel *Equinox* angemeldet, bevor er ermordet wurde. Seine Nachkommen ließen sich Anfang des 20. Jahrhunderts 2 mi südlich von Manchester Village das **Herrenhaus** *Hildene* errichten. Heute wird es gerne für offizielle Funktionen genutzt. Führungen im Sommer halbstündlich 9.30-16.30 Uhr, $16/$5: ohnedem Eintritt auf das Gelände $5/$3; täglich 9.30-17 Uhr; www.hildene.org.

Equinox Mountain

Auf halber Strecke Manchester-Arlington zweigt die Straße auf den **Big Equinox Mountain** ab. Der **Skyline Drive** ist 5 mi lang und kostet $12/Auto und Fahrer plus $2/Pers. Keine RVs!

Herbst in den Green Mountains

Top Leafpeeper-Route

Für Reisende im *Indian Summer* ist es empfehlenswert (je nach Laubfärbung), die im Tal verlaufende #7/#7A in Manchester zu verlassen und die durch die Berge und idyllische Dörfer führende **Straße #30**, dann **#100 nach Wilmington** zu nehmen.

Arlington

Im hübschen Arlington, der Heimat des in Amerika immer noch bekannten Illustrators *Norman Rockwell* (⇨ Seite 372) kann man fast so gut wie in Manchester übernachten:

- z.B. im **Arlington Inn** an der Ecke #7A/#313; ℂ (802) 375-6532 und ℂ 1-800-443-9442, $129-$250; www.arlingtoninn.com
- im **Candlelight Motel,** 1 mi nördlich von Arlington, abseits der 7A (4893), mit Pool und Battenkill-Flusszugang Wifi. Baden im Fluss, Kanu, *Inner Tubing*, Fischen; $55-$115, ℂ (802) 375-6647, www.candlelightmotel.com

Bennington

Mit 10.000 Einwohnern ist Bennington eine der größten, aber touristisch weniger interessanten Städte Vermonts. Nichtsdestoweniger hat Bennington auch eine *Visitor Information*, und zwar nahe der North Street (#7), eine halbe Meile südlich der Einmündung der #7A in die #7 im Stadtnorden am Veterans Memorial Drive, Mo-Fr 9-17, Sa+So 10-16 Uhr; www.bennington.com.

Nostalgischen Pepp hat das **Sonny's Blue Benn Diner** nur ca. eine Viertel Meile weiter südlich (314 North Street), ein Original aus den 1940er-Jahren mit Wahltasten für die *Musicbox* an jedem Tisch; Mo/Di 6-17, Mi-Fr 6-20, Sa+So 6-16 Uhr.**Center**, Mo-Fr 9-17, Sa und So 10-16 Uhr; www.bennington.com.

Museum

www. bennington museum.com

Bilder von **Grandma Moses** (1861-1962), die mit 80 Jahren begann, naive Szenen zu malen und damit weltberühmt wurde, sind die besten Stücke unter den *Americana* im **Bennington Museum**. Eine andere Abteilung erinnert an die **Bennington Battle**, eine der wichtigen Schlachten im Revolutionskrieg. 75 Main Street (#9) westlich des Zentrums; täglich 10-17 Uhr; Eintritt $10, unter 18 Jahre frei.

Obelisk

Der Schlacht von 1777 ist auch das **Battle Monument** gewidmet, ein 93 m hoher, weithin sichtbarer Obelisk am nördlichen Ende der Monument Ave (kreuzt die Main Street im Westen der Stadt unweit des Museums). Per Fahrstuhl geht's aufs Aussichtsdeck und zum Diorama des Schlachtverlaufs 9-17 Uhr; $2.

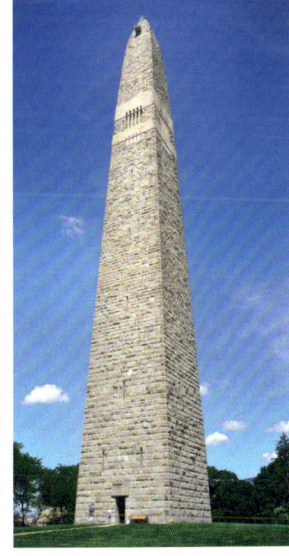

Covered Bridges

Bei Bennington gibt es gleich drei **Covered Bridge**s nahe beieinander entlang der Straße #67A westlich der Stadt. Ihre Standorte sind auf einer **Tour Map** eingezeichnet, die man im *Visitor Center* erhält, ➪ oben.

Unterkunft

In und um Bennington findet man viele unabhängige Motels und *Lodges*. Eine gute Wahl in der Mittelklasse ist sind

- **Knights Inn**, 1,5 mi südlich an der #7; $79 (*Indian Summer* $120); ✆ (802) 442-4074, www.knightsinn.com
- **Paradise Inn**, gepflegt, nach hinten ruhig, mit Balkon zum Garten mit Pool; $85-$125; 141 West Main Street (#9); ✆ (802)-442-8351 und ✆ 1-800-575-5784, www.vermontparadiseinn.com
- Gleich nebenan, 143 West Main Street im alten **Bennington Motor Inn,** ist es billiger (hintere Räume ruhiger); $69-100; ✆ (802)-442-5479 und ✆ 1-800-359-9900; www.coolcruisers.net

Straße #9

Von Bennington führt der **Molly Stark Trail** (#9, eine weitere beliebte **Leafpeeper Route**, nach Brattleboro (➪ Seite 341). Die Bezeichnung der Straße geht auf die Frau *Molly* des in der *Battle of Bennington* siegreichen *US-Generals John Stark* zurück, die als Krankenschwester seine Truppen betreut hatte.

Zwei **State Parks** mit Campplätzen liegen am Weg.; für beide gilt Reservierung bis 15 Tage im voraus unter ✆ 1-888-409-7579 oder *online*, sonst direkt beim Park; $16-$23:

- **Woodford** an einem kleinen Stausee; ✆ (802) 447-7169; www.vtstateparks.com/htm/woodford.htm;
- **Molly Stark** 2 mi östlich vom Städtchen Wilmington; ✆ 802-464-5460, www.vtstateparks.com/htm/mollystark.htm

Ca. 10 mi östlich von Bennington beim **Prospect Ski Mountain** liegt die **Greenwood Lodge** (*Hostel*, $27/Bett, auch 2 DZ) plus einem kleinen *Campground*, ✆ (802) 442-2547, www.hiusa.org.

Östlich des *Molly Stark State Park* zieht der *100 mi Viewpoint* im *Indian Summer* zahllose Besucher und Busladungen an. Anschluss an die Route I-91 nach Süden ➪ Seite 339.

Kein Bauschutt, sondern Kunst: Installation im Mass MoCa in North Adams, siehe Kasten rechts

Auf dem Mohawk Trail nach North Adams & Greenfield

In Williamstown beginnt im 3-Staaten-Eck (New York, Vermont, Massachusetts) der 63 mi lange **Mohawk Trail** (Straße #2), benannt nach einem alten Indianerpfad; www.mohawktrail.com. Auf dieser vor allem im Herbst beliebten Route hat man auf Teilstrecken weite Blicke über das Land, besonders beeindruckend vom Gipfel des **Mount Greylock**, dem mit 1.063 m höchsten Berg von Massachusetts, mit dem massiven **War Memorial Tower** in Erinnerung der Gefallenen des 1. Weltkriegs. Bei guter Sicht überschaut man von dort sechs Bundesstaaten. Er liegt ca. 6 mi südwestlich von North Adams und verfügt über Zufahrten von dort (Reservoir und Notch Road) und von New Ashford (Abzweig Goodell/Greylock Road von der #7, weiter oben Rockwell Road). Die Straßen zum Gipfel sind nur im Sommer bis Ende Oktober offen.

Der ehemaligen Industriestadt North Adams in der Nordwestecke von Massachusetts sieht man ihre Vergangenheit noch an. In den einstigen Fabrikhallen wird heute Supermodernes ausgestellt. Das 1999 eröffnete **Mass MoCA** gilt neben dem **Dia Beacon** im Staat New York (⇨ Seite 382) als der größte Komplex für avantgardistische Kunst im US-Osten und erfreut sich enormer Popularität. Anfahrt: von der #2 auf die Main Street und nach 200 m nach Norden in die State Street (#8), die zur Marshall Street wird; www.massmoca.org.

Gutes Café und Restaurant; im Sommer täglich 10-18, sonst Mi-Mo 11-17 Uhr, $15/$5, geführte Touren ohne Zusatzkosten 11-16 Uhr. Kombiticket mit *The Clark Institute* (⇨ nächste Seite) in Williamstown $25, ✆ (413)-662-2111.

Das **Mass MoCA** hat der grauen Stadt neue Impulse gegeben, sowohl durch kontroverse Diskussionen über die Exponate, als auch durch neu entstandene Galerien und Restaurants in der Umgebung.

Weiter auf der Straße #2 erinnert in Charlemont die Statue **Hail to the Sunrise** an die indianischen Ureinwohner der Region. Einen Stopp verdient die **Bridge of Flowers** über den Deerfield River in **Shelburne Falls** (von der #2 am besten auf die State Street nach Süden abbiegen).

Bei **Greenfield** erreicht man das Hauptziel des Abstechers: **Historic Deerfield** (von Greenfield Straße #5, ca. 3 mi nach Süden), ein für das koloniale Neuengland typisches Dorf. Dieser bereits 1679 besiedelte Außenposten wurde bei Angriffen im indianisch-französischen Krieg zweimal zerstört, aber jeweils wieder aufgebaut. Vierzehn der alten **Clapboard- und Shingle**-Häuser (⇨ Seite 41) sind zu besichtigen. Sie befinden sich alle an der breiten Hauptstraße **The Street**. Die restaurierten und mit originalen Möbeln, Gemälden und Haushaltsgegenständen ausgestatteten musealen Gebäude stehen zwischen Dutzenden noch in Privatbesitz befindlichen und bis heute bewohnten Häusern, in denen auch zwei der teuersten Privatschulen der USA untergebracht sind; www.historic-deerfield.org.

Stilvoll wohnt man im **Deerfield Inn** ($150-$240, ✆ 1-800-926-3865) mit Restaurant und Terrassen-Cafeteria; www.deerfieldinn.com. Das **Visitor Center** (9.30-16.30 Uhr) liegt gegenüber dem *Inn*. Ein Bummel durch das Dorf lohnt.

Gut campt man im **Mohawk Trail State Forest** und im **Savoy State Forest**, beide westlich von Charlemont; www.mass.gov/dcr.

2.8   Scenic Route #7 durch Massachusetts und Connecticut nach New York

Straße #7

Wer auf seiner Neuengland-Rundreise zum Ausgangspunkt New York City zurückkehren muss, erreicht von einer Route durch Vermonts Westen rasch die I-87 und damit in wenigen Stunden New York. Ohne Zeitdruck folgt man besser der **Straße #7**; sie ist auch für das westliche Massachusetts und Connecticut **die Scenic Route**. Der Übergang auf die (südöstlich von Albany) nächstgelegene Schnellstraße nach New York, den sehr schönen **Taconic State Parkway** (keine Campmobile!), ist von dort kein Problem.

The Berkshires
(↪ Foto
Seite 373

www.
berkshires.com

Der **Mount Greylock** (↪ Seite 367) ist mit 1.063 m der höchste Berg der Berkshire Hills gleich südlich der Grenze zu Vermont bei Williamstown. In die sanfte, lichte Hügellandschaft zog es schon im 19. Jahrhundert viele Künstler und Schriftsteller, z.B. *Herman Melville, Nathaniel Hawthorne* und *Edith Wharton*. Ihnen folgten wohlhabende Bürger aus New York und Boston, die sich prächtige Sommerhäuser bauten. Heute sind die »feinen« Ortschaften **Williamstown, Stockbridge, Lennox** (Tanglewood) und **Barrington** im Sommer Schauplatz vieler **Musik-, Ballett- und Theaterfestivals**, quasi Neuenglands Sommer-Kulturzentrum.

Dazu bieten erstklassige Museen alte und innovative, neue Kunst. Das Angebot erschlägt den Besucher. Es empfiehlt sich bei hochrangigen Produktionen (↪ unten), schon vor dem Besuch das Angebot zu sichten oder die Info-Kioske und *Visitor Center* aufzusuchen. Das Umfeld bietet Unterkünfte für jeden Geschmack und Geldbeutel. Genaueres im **Berkshires Visitors Bureau** (www. berkshires.org) in der Hoosac Street in Adams, ✆ (413) 743-4500. Auch das *Visitor Center* in Pittsfield, 111 South Street, hat alle Informationen; ✆ (413) 499-9348; www.discoverpittsfield.com

**Williams-
town**

www.wt
festival.org

Gleich südlich von Vermont liegt die winzige, feine **Universitätsstadt Williamstown** mit dem Campus als Mittelpunkt. Nur während des jährlichen *Theatre Festival* ist dort einiges los. Williamstown besitzt zwei ausgezeichnete Museen:

- **The Clark** – mehrere Gebäude in parkähnlicher Landschaft – beherbergt eine Sammlung hauptsächlich französischer Impressionisten, darunter allein über 30 Bilder von **Renoir**; auch *Toulouse Lautrecs* Portrait **Jane Avril** ist zu bewundern, sowie *Gainsborough, Constable* und *Turner*, aber auch alte Meister; wechselnde Ausstellungen (South Street; 0,5 mi südlich der Kreuzung #7/#2, Juli/August täglich 10-17 Uhr, sonst Mo zu; ✆ (413) 458-2303, $15, bis 18 Jahre frei). Galerien und Gelände werden bis 2014 erweitert. Das Museum bleibt zwar geöffnet, aber viele Exponate werden derweil nur in anderen Museen zu sehen sein: www.clark.edu oder www.clarknow.org.
- Das **Williams College Museum of Art (WCMA)** an der Main Street (=#2) auf dem Uni-Campus zeigt vor allem zeitgenössische amerikanische Kunst; Di-Sa 10-17, So ab 13 Uhr, frei.

Die Shaker

Die *Shaker* waren bis Mitte des 19. Jahrhunderts eine der größten religiösen Gemeinschaften Nordamerikas. Um 1840 lebten etwa 6.000 Mitglieder in 18 Shaker-Kommunen von Maine bis Kentucky und Ohio. Die Gründerin, eine *Mother Anne Lee*, war 1774 aus England gekommen. Visionär hatte sie Adam und Eva beim Geschlechtsverkehr gesehen und damit die Einsicht gewonnen, Lust sei die Ursache aller Sünde. Eines der Prinzipien der *Shaker* war daher die strikte Geschlechtertrennung – wiewohl bei absoluter Gleichstellung. *Shaker* praktizierten die Loslösung von allem Weltlichen (u.a. kein Privateigentum), bekannten sich zum Pazifismus und – öffentlich – zu ihren Sünden. Ihre ungewöhnlichen »Gottesdienste« ohne Prediger, in denen die Gläubigen in eine Art Trance verfielen, zitterten (das *Shaking*), ungewöhnliche Bewegungen ausführten und merkwürdige Laute ausstießen, führten zur Bezeichnung *Shaker*; ➪ auch Seite 332.

Mangels Nachwuchs und Zulauf lösten sich aber bereits 1875 erste *Shaker*-Gemeinden auf. Heute gibt es praktisch keine *Shaker* mehr, aber ihr handwerkliches Erbe wird fortgeführt.

Schon zu ihrer Blütezeit wurden die *Shaker* wegen ihrer effektiven Landwirtschaft, ihrer aus Kräutern gewonnenen Medizin und vor allem wegen ihrer Architektur und zweckmäßigen Erfindungen bewundert. Die Einrichtung ihrer Wohnhäuser besticht durch schlichte Eleganz. Schränke, Stühle und Gerätschaften sind einfach, praktisch und schön. Funktional und arbeitserleichternd ist **The Round Barn**, die runde Scheune. Ein Arbeiter konnte – in der Mitte des Gebäudes stehend – ohne lange Wege eine ganze Herde Kühe füttern.

Das später von der berühmten Chicagoer Architekturschule proklamierte Motto »**form follows function**« hatten die *Shaker* schon lange realisiert.

Typische Shaker Rundscheune.
Diese hier steht auf dem Gelände
der Shelburne Farms bei
Burlington, ➪ *Seite 357*

Tanglewood Konzerte genießt man im offenen Saal oder picknickend auf der Wiese.

Im ruhigen Williamstown gibt es eine Reihe guter **Restaurants** und **Cafés**; vor allem in der Water Street – u.a. das beliebte *Mezze Bistro & Bar* (*American Cuisine*) – und in der Spring Street. Empfehlenswerte Quartiere in Williamstown sind:

- *Willows Motel*, 480 Main Street (#2), Pool, $69-$129, Fr-So $84-$159, ✆ (413) 458-5768; www.willowsmotel.com
- *Maple Terrace Motel*, gleich gegenüber, top, Pool, $99-$135, Fr-So $117-$165, ✆ (413) 458-9677; www.mapleterrace.com
- *Williamstown Motel*, 295 Main Street (#2), einfach, vom Zentrum nach Osten, So-Do $69-$109, Fr-So $99-$169; ✆ (413) 458-5202; www.williamstownmotel.com
- *Cozy Corner Motel*, 284 Sand Springs Road, einfach, $65-$125, ✆ (413) 458-8006

- Im *The Guest House at Field Farm* schläft man in einer Bauhausvilla mit damaligem Mobilar. Sie steht in einem Skulpturenpark am Fuße des *Mount Greylock*. An der Kreuzung #7/#43 in die Sloane Road, dann 1 mi, Mai-Okt $175-$295, ✆ (413)-458-3135; www.guesthouseatfieldfarm.org

Shaker Village

Interessant ist ein Besuch des *Hancock Shaker Village*, etwa 4 mi westlich von Pittsfield an der Straße #20.

Wie andere *Shaker*-Gemeinden auch (↪ auch Canterbury, Seite 332) wurde Hancock 1961 in ein Museumsdorf umgewandelt. Es vermittelt einen umfassenden Einblick in die Geschichte, das Leben und die Arbeit der *Shaker*. April-Juni 10-16, Juli-Oktober 10-17 Uhr, $17/ $8; www.hancockshakervillage.org.

Lenox

Als Kulturzentren der *Berkshires* gelten Lenox und Stockbridge. In Lenox (www.lenox.org) reiht sich ein großes weißes Holzhaus auf grünem Rasen an das andere. Manche von ihnen wurden in superteure *First Class Inns* umgewandelt, die in der Saison allesamt ausgebucht sind. Die passenden Geschäfte und Restaurants sind auch vorhanden (Church & Franklin Street und drumherum).

Tanglewood

Für »Saison« steht in den *Berkshires* als Synonym **Tanglewood**, ein auf den ersten Blick unscheinbarer Ort, etwa 2 mi südwestlich von Lenox an der Straße #183. Seit 1939 nimmt dort alljährlich das **Boston Symphony Orchestra** sein Sommerquartier. Auf den *Tanglewood Grounds* lauschen Musikliebhaber von Ende Juni bis September klassischer Musik im zum Park offenen Auditorium und auf dem Rasen. Dazu wird auf Decken gepicknickt: Wein und Sekt trinkt man stilvoll aus Gläsern. Selbst Kerzenleuchter gehören zur standesgemäßen Ausrüstung. Mittlerweile gehört auch ein Jazzfestival zum Programm. Das **Tanglewood Café** und der **Tanglewood Grill** bieten für Picknickliebhaber auch *Meals-to-go* an; Bestellung bei *Boston Gourmet*, ✆ (413) 637-5152; www.gourmetcaterers.com.

Info/ Reservierung

Tanglewood, 297 West Street in Lenox; **Tickets:** ✆ 1-888-266-1200, ✆ (617) 266-1200 und im Internet: www.bso.org.

Die Kasse (**Box Office**) für Tanglewood-Konzerte öffnet am 15. Juni Mo-Fr 10-18 Uhr. Die Preise variieren je nach Veranstaltung und Platz: ab $11 (*Lawn*/Wiese) bis $110.

Festivals in- Stockbridge

Auch Theaterfreunden wird etwas geboten. Das **Berkshire Theatre Festival**, läuft parallel zu den *Tanglewood*-Konzerten; Hauptspielort ist eine alte Villa in Stockbridge an der #7 (East Street) unweit der Straße #102. Einige Vorstellungen finden auch im klassischen *Colonial Theatre* in Pittsfield statt; vor Mai ✆ (413) 298-5536, danach ✆ (413) 298-5576; www.berkshiretheatre.org.

Die **Shakespeare Company** spielt unweit in Lenox, 70 Kemble Street, ✆ (413) 637-1199; www.shakespeare.org.

Jacob's Pillow Dance

Das grandiose **Jacobs Pillow Dance Festival** bei **West Becket** ist die innovativste Veranstaltung in den *Berkshires*. In 31 historischen Gebäuden finden von Mitte Juni bis Ende August in dichter Folge Aufführungen der besten modernen und klassischen Tanzgruppen der Welt statt. Das weitläufige Gelände mit allen Einrichtungen zur Besucherbewältigung erreicht man von Lenox/Stockbridge über das Städtchen Lee (#20). 8 mi weiter östlich geht es links ab in die George Carter Road; ✆ (413) 243-0745; www.jacobspillow.org.

Stockbridge

Stockbridge ist beschaulicher als Lenox: Altmodische Läden warten vor allem entlang der Main Street. Restaurants und das traditionelle **Red Lion Inn**, ✆ (413) 298-5545, wo man den *Afternoon Tea* gediegen zelebriert, locken mit Gemütlichkeit. Der **Stockbridge General Store** (40 Main Street) ebenso wie das **Elm Street Market** (4 Elm Street) scheinen den Bildern von *Norman Rockwell* entsprungen zu sein (↻ Seite 372). Heute ist kaum noch vorstellbar, dass sich in den 1970er-Jahren **Hippies** hier zu Hause fühlten.

Festgehalten wurde die damalige Zeit im legendären Film **Alice's Restaurant** aus dem Jahr 1969. Das **Theresa's Stockbridge Cafe** (40 Main Street) wirbt bis heute mit dem Slogan »*Formerly Alice's Restaurant*«. Besser essen kann man gegenüber (36 Main Street) im **Once Upon a Table**; www.onceuponatablebistro.com.

Norman Rockwell

Norman Rockwell lebte von 1953 bis zu seinem Tod 1978 in Stockbridge. Wie in seinem früheren Wohnsitz Arlington/Vermont sind auch dort noch ältere Einwohner stolz darauf, für seine Zeichnungen Modell gestanden zu haben.

Manche empfinden die *Rockwells* realistische Szenen aus dem Kleinstadtalltag zwar als kitschig und provinziell, für viele aber hat dieser Künstler das gute und positive Amerika liebevoll festgehalten. Wer die USA von »einst« sucht mit alten *Chevys, Drugstores* und Frisuren und Kleidung wie zu *Elvis Presleys* Zeiten, kurz *»Good old America«*, der wird hier fündig.

Kunst oder nicht: Die Bilder trafen und treffen immer noch den Geschmack der meisten Amerikaner. Von *Rockwell* selbst stammt der Ausspruch: *I just painted life the way I would like it to be*.

Rockwell Museum	Die anspruchsvolle Kunstszene der *Berkshires* ist sich über das Werk von **Norman Rockwell** nicht einig. In den 1940er- und 1950er-Jahren erschienen seine Zeichnungen auf den Titelseiten der *Sunday Evening Post* und waren überaus populär. Die Originale sind in einem **Museum** zu sehen (an der Straße #183, zunächst etwa 2 mi auf der Straße #102 von Stockbridge nach Westen, dann links in die #183; geöffnet Mai-Oktober täglich 10-17 Uhr, sonst 10-16 Uhr, Eintritt $16/$5; www.nrm.org.
Chesterwood	Ebenfalls im Bereich Stockbridge liegt an der Williamsville Road ca.1 mi westlich des *Rockwell Museum* der luxuriöse Sommersitz mit Studio **Chesterwood** von **Daniel Chester French**, dem berühmtesten Bildhauer der USA. U.a. sind von ihm der überdimensionale »Lincoln« in Washington DC und der *Minuteman* in Concord, ⇨ Seite 288; www.chesterwood.org.
Unterkunft	Die *Inns* und *B&Bs* in Lenox und Stockbridge haben ihren Preis; ein in diesem Rahmen gutes Preis-/Leistungs-Verhältnis bietet

- das **Red Lion Inn**, Stockbridge, 30 Main Street, im Sommer $150-$415, ℂ (413) 298-5545; www.redlioninn.com

Entlang der Straße #7 im Bereich **Pittsfield** findet man hauptsächlich Motels der großen Ketten; 5 mi südlich von Stockbridge in Great Barrington gibt es preiswertere Motels (ebenfalls an der #7):

- *The Lantern House Motel*, 256 Stockbridge Road auf großem Grundstück zurückgesetzt von der Straße, Pool, $55-$200, ℂ (413) 528-2350; www.thelanternhousemotel.com

- *Monument Mountain Motel*, 247 Stockbridge Road, $65-$219, ℂ (413) 528-3272; www.monumentmountainmotel.com

Beide liegen in Fußgängerentfernung zu Restaurants im Zentrum.

- Naturnäher liegt das *Mountain View Motel*; 304 #23 East, $60-$185, ℂ (413) 528-0250; www.themountainviewmotel.com

Camping	Abseits des Weges gibt es diverse Campingplätze des **State Forest Service** (*Mount Greylock, Pittsfield, October Mountain* und *Beartown*). Der landschaftlich schönste ist der kleine *Campground* im

- *Beartown State Forest* an einem Bade- und Kanusee östlich von Great Barrington bei Monterey abseits der #23; ℂ (413) 528-0904.
- der *Pittsfield State Forest* ist ein gut gehütetes Geheimnis noch im Stadtgebiet – die Zufahrt Cascade Street ist etwas schwer zu finden, ggf. erfragen unter ℂ (413) 442-8992.
- Das gilt auch für den *October Mountain State Forest,* ℂ (413) 243-1778, zwischen Lee und Lenox. Bei Lenox Dale weist ein Schild die Richtung (Willow Hill und dann Woodland Road).

Reservierung: www.mass.gov/dcr und www.reserveamerica.com.

Straße #7 durch Connecticut

Auch in Connecticut läuft die #7 weiter durch idyllische Hügellandschaften. In West Cornwall befindet sich noch eine der wenigen *Covered Bridges*, über die man mit dem Auto fahren darf. Ab Cornwall Bridge führt sie westlich – im Tal des *Housatonic River* – an den *Litchfield Hills* vorbei.

Litchfield

Man könnte aber auch einen letzten Abstecher einplanen, und zwar über die Straßen #4/#63 nach **Litchfield**, dem Geburtsort von *Harriet Beecher Stowe*. Das *Village Green* dieses Städtchens wird umstanden von prächtigen weißen Holzvillen und roten Backsteinhäusern, den letzten Zeugen der industriellen Vergangenheit dieses jetzt eleganten Städtchens. Der schlanke Turm der *Congregational Church* ist ein beliebtes Postkartenmotiv.

Camping

Der *Lake Waramaug State Park* (abseits der #202 bei New Preston) und der *Housatonic Meadows State Park* (#7 nördlich von Cornwall Bridge) sind gut für eine letzte Übernachtung etwa zwei Stunden vor New York City.

Hitching Post Country Motel, Warren, 45 Kent Road (=#341), $65-$150, ℂ (860) 672-6219, www.cthitchingpostmotel.com

Nach New York

Auf geradem Weg über die #7 oder von Litchfield über die #202 erreicht man östlich von Danbury die I-84, die westlich – bereits im Staat New York – auf die I-684 trifft. Auf ihr erreicht man bei White Plains den *Hutchinson River Parkway*, ➩ Seite 341 unten.

Die Region Berkshires mit dem Mount Greylock im Hintergrund im Herbst

2.9   Durch New York State nach Niagara Falls

2.9.1   Zu den Routen

Von Neu-england nach Niagara Falls

Die folgenden Abschnitte für Fahrten durch New York State sind so aufeinander abgestimmt, dass sie auch an die Routen durch die Neuengland-Staaten »angehängt« werden können. Denn ab Burlington/Vermont oder auch weiter südlich – sei es auf direkter Strecke von Boston/Old Sturbridge oder auf anderen Wegen (➪ vorstehendes Kapitel) – wird mancher Leser seine Reise durch Neuengland mit einer Weiterfahrt in **Richtung** *Niagara Falls* verbinden wollen. Dabei stellt sich die Frage »**Über Albany oder den** *Adirondack Park*?« Die Beschreibung dieser Zielgebiete in den Abschnitten 2.9.3 und 2.9.4, die von der Anfahrt ab New York (2.9.2) getrennt sind, wird beiden Möglichkeiten gerecht.

Alternativen ab New York

Wer **in New York City startet** und zunächst die Niagarafälle/Toronto/Ontario besuchen möchte, fragt sich ebenfalls: »Über Albany und ggf. noch die Adirondacks«?

Denn auf der Karte erkennt man leicht zwei prinzipielle Alternativen: Der meilenmäßig **kürzeste Weg** entspricht im wesentlichen dem Verlauf der zum *Freeway* ausgebauten **Straße #17**, die westlich von Elmira in die I-86/dann I-390 in Richtung Rochester übergeht. Über die Straße #20 erreicht man Buffalo/Niagara Falls schließlich nach 380-400 mi, einer strammen Tagesetappe.

Auf dem gebührenpflichtigen *New York State Thruway* (I-90) über Albany und Syracuse sind es gut 50 mi mehr, aber man benötigt bei zügiger Fahrt weniger Zeit.

Die **#17** ist die insgesamt schönere Strecke, auf ihr umgeht man jedoch interessante Ziele und Regionen wie das *Hudson Valley* und den *Adirondack Park*.

Einige Ziele im *Finger Lakes*-Bereich lassen sich von beiden Routen gleich gut erreichen.

Empfehlung

Wer **nur einen Tag Zeit** für die Fahrt nach Niagara Falls hat, sollte die von *Trucks* stark befahrene I-90 meiden.

Die **#17** zu fahren, macht mehr Freude, auch wenn man vielleicht 2 Stunden länger unterwegs ist. Wer zumindest **eine Übernachtung** einlegen kann und es nicht auf eines der Ziele im Einzugsbereich der I-90 abgesehen hat, ist ebenfalls mit der **#17** gut bedient. Als Zwischenstopp kämen z.B. Cayuga oder Seneca Lake in Frage, ➪ Seite 386.

Erst **ab zwei vollen, eventuell sogar drei oder mehr Tagen** mit Umwegen durchs *Hudson Valley*, nach Albany hinein und/oder nach Saratoga Springs, mit Abstechern in die *Catskills*, zu den *Finger Lakes* oder nach Rochester geht kein Weg an der *Interstate*-Kombination **I-87/I-90** vorbei.

Die folgenden Ausführungen beziehen sich auf Ziele entlang dieser Hauptverkehrsroute.

| Nach New York | Wer von einer Rundreise durch Neuengland **von Norden nach New York City** fährt/zurückkehrt, könnte statt der vorgeschlagenen #7 durch Vermont/Massachusetts ab Saratoga Springs oder Albany auch durch das *Hudson Valley* fahren. |

Der unter 2.9.2 in Süd-Nord-Richtung beschriebenen Fahrt entlang des Hudson River (mit Abstecher in den *Catskill Park*) kann man auch in umgekehrter Richtung leicht folgen.

| Von New York nach Montreal | Eine **weitere Alternative der individuellen Routengestaltung** wäre, ab New York zunächst nach Montréal zu fahren. Bis Saratoga Springs gelten dann die beiden folgenden Abschnitte, danach das Kapitel 2.7 bis Burlington/Vermont in umgekehrter Richtung. |

Wer auf dem Weg nach Canada auch nördlich von Saratoga Springs auf der I-87 bleiben möchte, erhält Anregungen für einen Abstecher in die *Adirondacks* im Abschnitt 2.9.4.

Steckbrief New York State/NY www.iloveny.com

19,5 Mio. Einwohner, 141.300 km², **Hauptstadt Albany** mit 98.000 Einwohnern, größte Städte New York City mit 8,3 Mio. und Buffalo am Lake Erie mit 260.000 Einwohnern. Auch Rochester mit 211.000 am Lake Ontario und Syracuse mit rund 145.000 Einwohnern sind größer als die Hauptstadt.

Die **Geographie** von New York State ist uneinheitlich. Im südöstlichen Zipfel liegen die teils flachen, teils hügeligen **Inseln** Staten Island, Long Island und Manhattan. Nördlich der Mündung des Hudson River erweitert sich das Staatsgebiet trichterförmig nach Nordwesten. Westlich des *Hudson River/Lake Champlain Valley* besetzt das *Adirondack Plateau* mit mehreren Höhenzügen über die Hälfte des Gebietes von **Upstate New York**. Vor allem der riesige *Adirondack* und der *Catskill Park* mit einem Teil der gleichnamigen *Mountains* sind bewaldet. Die Westhälfte des Staates zwischen Lake Ontario und Pennsylvania ist, bis auf breite Tiefebenen bei den beiden Großen Seen (Lake Ontario und Lake Erie) – hügelig, unterbrochen vom Seengebiet der langgestreckten **Finger Lakes**.

In New York State finden sich um die größeren Städte herum **Produktionsbetriebe vieler Branchen**, wobei die früher dominierende, heute im Niedergang befindliche Eisen- und Stahlindustrie in einigen Städten enorme Strukturprobleme verursachte. Die **Landwirtschaft** ist ein relativ bedeutender Wirtschaftsfaktor; namentlich Milchprodukte, Fisch, Obst und Gemüse sowie Wein (Region Finger Lakes) spielen eine Rolle.

Wichtigste **touristische Ziele** sind neben New York City und den *Niagara Falls* das *Hudson River-Valley*, der *Adirondack* und *Catskill Park* sowie die Finger Lakes.

Tipp für Camper: *New York Camping Guide* unter www.nysparks.com und www.dec-campgrounds.com

2.9.2   Von New York City durch das Hudson Valley und die Catskills nach Albany

New York

Bezüglich New York, dem Anfangspunkt dieser Route, sei auf die beigelegte Broschüre **New York City Extra** verwiesen. Wegen der besonderen verkehrs-/hoteltechnischen Problematik im Großraum New York (wenn man nicht gleich ab *JFK Airport* auf der *Interstate* #495 in Richtung Long Island fährt, ➪ Seite 207) werden im folgenden ausführliche Empfehlungen zum Start/Ziel New York City gegeben.

Start ab JFK oder Manhattan

Für die Fahrt von New York nach Nordwesten gibt es mehrere Möglichkeiten. Bei **Start etwa ab JF Kennedy Airport** empfiehlt sich zunächst die I-678 (*Van Wyck Expressway*), die im Stadtteil Bronx auf die I-95 (*Cross Bronx Expressway)* stößt, der man über die **Washington Bridge** folgt. Am Westufer des Hudson River bei Fort Lee erreicht man den Beginn des hier favorisierten **Palisades Interstate Parkway** (keine Campmobile!).

I-687

Eine weitere Möglichkeit wäre, zunächst weiter auf der I-678 (nun *Hutchinson River Parkway*) zu bleiben und sich ab Mount Vernon (**Exit 13**) mit Ziel I-87 westlich zu halten. Auf der **Tappan**

Zee Bridge überquert man den dort sehr breiten Hudson River, passiert am Westufer das historische Städtchen **Nyack** und erreicht den *Palisades Interstate Parkway* bei Spring Valley. Bei Start in **Manhattan** macht es Sinn, den **Harlem River Drive** zur *Washington Bridge* bzw. als Zufahrt zur I-87 (*Major Deegan Expressway*) zu wählen. Die **I-87** ist gleichzeitig die nach **Albany/Montréal** bzw. nach **Niagara Falls** durchgehende *Interstate*. Auch den **Freeway #17** erreicht man über die I-87, ➪ Karte rechts und Mitte Seite 374.

Start ab Newark Airport

Bei Start ab *Newark Airport* geht – um zunächst dem dort verwirrenden Netz der *Freeways* zu entkommen (*Rushhour* und Dunkelheit meiden!) – nichts über die **I-95 North (New Jersey Turnpike)**, auf der man sich am besten stur in

Imposante Washington Bridge über den Hudson, Blick von Fort Lee

New York State

I-95 North	der Mitte hält, um nicht auf irgendeine ungewollte Abfahrt gedrängt zu werden. Nach der letzten *Toll*-Station muss man aufpassen und auf die Spuren für den **Local Traffic** nach rechts, wenn man auf den **Palisades Interstate Parkway** will. Von den mittleren Spuren aus kann es bei starkem Verkehr sonst schwer sein, vor der *Washington Bridge* den *Freeway* zu verlassen.
I-87	Die **I-95 N** nimmt auch, wer **auf direkter Route Niagara Falls** ansteuern möchte, d.h. ohne Abstecher ins *Hudson Valley*. In diesem Fall geht es nach der letzten *Toll*-Station auf die I-80 West und dann (*Exit 62* – dort ein *Factory Outlet Center*) auf den **Garden State Parkway North**, der weiter nördlich auf die I-87 über Albany nach Canada stößt.
Taconic State Parkway	Der **schnellste Weg von Manhattan** (auch ab JFK, dann zunächst I-678 und I-278, ⟳ links oben) **nach Norden/Albany** führt von der I-87 (Hudson Ostufer) ab Tarrytown über die #9A auf den verkehrsärmeren **Taconic State Parkway** (keine Trucks, keine RVs!).

**Ziel
New York**

**Letzte Nacht
im Hotel**

Für den Fall, dass am Ende der Reise der **Mietwagen** oder das **Campmobil** am *JFK-* oder *Newark Airport* bzw. im Umfeld von Newark zurückgegeben werden muss, wird oft noch eine Übernachtung in der näheren Umgebung von New York nötig sein. Die **Hotels** in Flughafennähe sind teuer und in isolierter Lage am *Freeway*. Da fast alle Transatlantik-Flüge nachmittags starten, macht es Sinn, die letzte Nacht noch außerhalb von *Metropolitan* New York zu verbringen. Ebenfalls noch recht hochpreisig sind die Motels/Hotels im Einzugsbereich der I-95/I-87 nördlich der Bronx (Yonkers/White Plains etc.) einschließlich Stamford/ Fairfield in Connecticut. Wer **halbwegs flughafennah** und **bezahlbar** unterkommen möchte, ist mit **Nanuet** und **Nyack** 30 mi nördlich von NYC gut bedient. Bei normaler Verkehrslage sind die *Airports* in einer guten Stunde erreicht.

• Das **Comfort Inn** in Nanuet liegt erhöht am *Palisades Interstate Parkway, Exit* 8E, dann die #59 E nach Westen, ab $149, ✆ 1-877-424-6423; www.comfortinn.com

Wer noch eine gute halbe Stunde auf dem **Palisades Interstate Parkway** weiter fährt, erreicht an dessen Ende (Kreisverkehr, dann rechts 300 m Straße #9W, nicht über die Brücke fahren!)

• das nostalgische **Bear Mountain Inn**, einen Natursteinkomplex zwischen See und Berg am *Bear Mountain State Park*, ab $110, ✆ (845) 786-2731; www.visitbearmountain.com.

• Ruhiger ist die oberhalb gelegene Dependance **Overlook Lodge** mit Blick auf den See; ebenfalls $110 (www. und ✆ wie oben).

Entlang der #59 zwischen I-87 und *Parkway* ballen sich Einkaufszentren mit **Kaufhäusern** und **Factory Stores** (z. B. I-87, *Exit* 16) – gerade richtig für die letzten Einkäufe vor dem Abflug.

Rustikal nostalgisches Bear Mountain Inn vor dem gleichnamigen Berg; von oben schaut man weit über das Hudson River Valley

Camping für New York City

Fürs **Camping** in der ersten/letzten Nacht oder New York-Besuch:

- Zwischen Newburgh und New Paltz nördlich von West Point liegt an der #32 ein großzügiger **KOA Campground**; Tagesausflüge von dort nach NYC. **Zufahrt**: I-87 *Exit* 18, dann #299 West, dann links in die #32 South und nach 7mi in den Freetown Highway; ✆ (845) 564-2836; www.newburghkoa.com.

- Manhattan am nächsten ist man im **Liberty Harbor RV Park** in Jersey City, 11 Luis Munoz Marin Blvd; Asphaltplatz im Neubau-/Gewerbegebiet für RVs und 30 Zelte; *New Jersey Turnpike, Exit* 14C (*Toll*), dann *Exit* Grand Street, 3 x links in die Grand Street und 8 Blocks geradeaus; ✆ (201) 516-7500; ab $52. Für die NYC-Besichtigung parkt man dort das Auto; Fähr- und U-Bahn-Anschluss, im Sommer Fr+Sa laute Disco; www.libertyharborrv.com.

- Eventuell kommt auch der etwas weiter weg liegende **Beaver Pond Campground** im **Harriman State Park** in Frage, ➪ unten.

Palisades Interstate Parkway

Der **Palisades Interstate Parkway** ist eine für kommerzielle Fahrzeuge, speziell *Trucks*, aber auch **für RVs nicht zugelassene autobahnähnliche Straße** im Grünen zwischen Fort Lee (unweit der *Washington Bridge*) und der *Bear Mountain Bridge* bei Peekskill.

Sie läuft die ersten Meilen in New Jersey durch einen schönen **Uferparkgürtel** mit Zufahrten zu Picknickplätzen und Marinas am Hudson River (*Englewood, Undercliff, Alpine*). In New York State entfernt sich die Straße vom Fluss und führt im Nordabschnitt durch den **Bear Mountain State Park** (ohne Campingplatz).

Motorhomes

Campmobilfahrer können die überwiegend parallel laufende Straße #9W benutzen; an ihr befinden sich oberhalb von Nyack ebenfalls **Day-use Parks**.

Für schnelleres Vorankommen empfiehlt sich eher der **Garden State Parkway** weiter westlich, dann die I-87. Die unten beschriebene **Fahrt auf den Bear Mountain ist für RVs nicht möglich**.

Nyack

Unterhalb der *Tappan Zee Bridge* (I-87/287, *Exit* 10) liegt das historische Städtchen Nyack am Hudsonufer; www.nyack-ny.gov. In **Edward Hoppers** Geburtshaus (geb. 1882, 82 North Broadway) hängen ein paar seiner Originale; www.hopperhouse.org.

- Noch New York-nah übernachtet man im **Best Western**, an der Straße #59, ab $109, ✆ (845) 358-8100 und ✆ 1-800-780-7234.

- Billiger ist das **Super 8 Motel** (ebenfalls an der #59, ab $75, ✆ (845) 353-3880, ➪ auch Seite 146.

Harriman & Bear Mountain State Parks

Kurz vor dem Ende des *Palisades Interstate Parkway* passiert man ein kleines **Visitor Center** (auf dem Mittelstreifen des *Parkway*!) der zusammenhängenden **State Parks Harriman** und **Bear Mountain**. Wer campen möchte, muss den *Parkway* beim *Exit* 14 verlassen, dann die #98 nach Westen, dann ausgeschildert. Zum schön am See gelegenen **Beaver Pond Campground** sind es von dort ca. 2 mi, ✆ 1-800-456-2267, keine *Hook-ups*!; ➪ Seite 156.

Bear Mountain

Die kurze Auffahrt zum *Bear Mountain* sollte man bei guter Sicht nicht auslassen: *Exit* 19 vom *Parkway*, Seven Lakes Drive, dann links Perkins Drive. Von oben blickt man über den Hudson River, eine grüne Hügellandschaft und – an guten Tagen – bis nach Manhattan. Man kann bei Fortsetzung der Fahrt dem Seven Lakes Drive weiter nach Norden folgen und gelangt dann auf die #9W in Richtung West Point. Dabei passiert man das *Bear Mountain Inn*, ggf. sogar eine Übernachtungsalternative für New York City-Besucher, ⇨ vorletzte Seite.

Hudson River Valley

Bis hierher hat den Hudson River aus der Nähe nur gesehen, wer entweder den Fluss bereits überquert oder einen Abstecher vom *Parkway* nach Nyack oder zu den Uferparks unternommen hat. Nördlich von **Peekskill** beginnt **der romantisch-historische Teil** des *Hudson River Valley*.

Geschichte

Henry Hudson segelte schon 1609 im Auftrag der Holländer bis Albany und nahm die Flussufer in Besitz. Das fruchtbare Land lockte bald die ersten Siedler – neben Engländern viele Holländer. Die Ortsnamen mit der Endsilbe »kill«, ein altes niederländisches Wort für »Fluss«, weisen darauf hin. Nach dem **Unabhängigkeitskrieg**, dessen Schlachten auch im Hudsontal geschlagen wurden, baute sich die *High Society* schon im 19. Jahrhundert schlossähnliche **Herrenhäuser** in der sanften grünen Parklandschaft vor allem des Ostufers. Eine ganze Reihe davon sind heute Museen. Auch die alten *Battlefields* und anderes mit historischem Bezug sind populäre Ausflugs- und Wochenendziele. Zahlreiche Hudson-Villen sind **Historical Country Inns**; als Kneipen und Restaurants bieten sie einen Hauch *good old America*.

Route

In Infobroschüren für Touristen wird fürs *Hudson Valley* eine extrem große Zahl von Sehenswürdigkeiten beschrieben. In Wahrheit aber ist vieles, was lokal durchaus bedeutsam sein mag, oft weniger

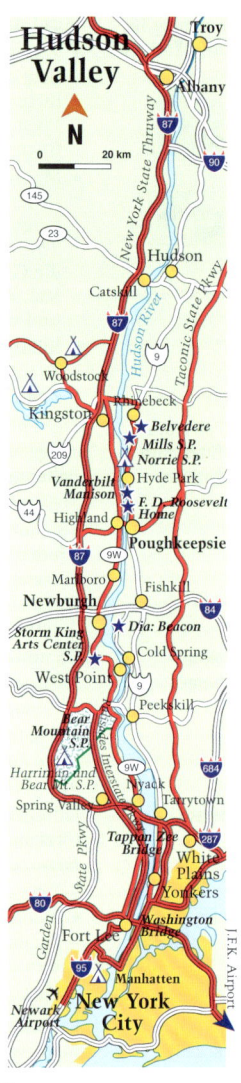

interessant. Kurz: Für einen Touristen aus Europa mit begrenzter Zeit kommt es darauf an, zu wissen, welches die wirklich herausragenden *Highlights* sind. Diese sind im folgenden für die Route von Peekskill über **West Point, Newburgh, Poughkeepsie, Staatsburg, Rhinebeck** und in die *Catskills* beschrieben.

West Point

Die **Elite-Militärakademie** der USA, *West Point*, liegt auf historischem Boden. 1200 Kadetten werden dort jährlich ausgebildet. Besuche des *Visitors Center* und des **West Point Museum** sind lohnenswert. Beide etwas abseits der #9W (Anfahrt durch das vorgelagerte **Highland Falls** an der #218). Das Besucherzentrum (täglich 9-16.45 Uhr) informiert über die Geschichte von *West Point* sowie die Ausbildung zu *Bachelors of Science* (z.B. *MacArthur, Eisenhower* u.a.). Aber nur militärgeschichtlich Interessierte sollten die stündliche *Bus-Tour* (60 min $7) buchen; www.usma.edu.

Kriegsmuseum

Das Museum nebenan brilliert u.a. mit einer Darstellung historischer Kriege durch detailgetreue Schlachtaufstellungen und einer Waffensammlung. **Kein Eintritt**, täglich 10.30-16.15 Uhr.

Thayer Hotel

Seit dem 11.September 2001 kann man das Gelände von West Point nicht mehr mit Privatfahrzeugen durchfahren. Nur die Zufahrt zum *Thayer Hotel* ist (nach *Security Check*) möglich.

• Das *Thayer Hotel* befindet sich gleich hinter dem **Main Gate** hoch über dem Fluss. Dort übernachten gern Eltern und Freundinnen, die Söhne und Partner fürs Kadettendasein abliefern oder besuchen. Der schlossähnliche Bau besitzt Flair, ist aber nich ganz billig; ab $209 (mit Blick auf den Hudson deutlich mehr), ✆ 1-800-247-5047; www.thethayerhotel.com.

• In Highland Falls und an der #218 und #9W zwischen Newburgh und New Windsor gibt es preiswerte Motels, so z.B. das **Windsor Motel**, ab $65, ✆ (845) 562-7777; www.windsormotelon9w.com

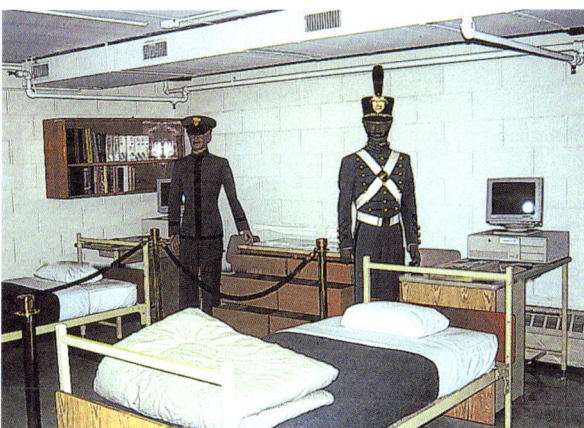

Kadetten-unterbringung in West Point: immer noch an Festtagen genutzte alte Parade-uniformen, aber auch Computer

Zum Storm King Park

Für das im folgenden beschriebene Ziel *Storm King Art Center* folgt man ab Highland Falls zunächst der #9W, dann über die Quaker Avenue auf die #32, dann unverfehlbar **Orrs Mills Road**, dann 0,5 mi zur Old Pleasant Hill Road, dort links in die Museum Road.

Storm King Art Center

Im **Storm King Art Center** begeistert die Kombination von Kunst und Natur. Dieser größte **Skulpturenpark** der USA überbietet sogar den hochgelobten *Laumeier Sculpture Garden* in St. Louis. In einer golfplatzartig gepflegten Hügellandschaft stehen 120 Skulpturen – z.T. enormer Ausmaße – bekannter Künstler, wie *Alexander Calder, Isamu Noguchi, Mark di Suvero, David Smith* und *Richard Serra*. Wer sie alle sehen möchte, kann einen schönen Parkspaziergang machen (leicht 2 Stunden) oder in einen *Trolley* steigen, der alle 30 min das Gelände abfährt. Auf dem zentralen Hügel steht ein altes Herrenhaus mit einer **Indoor Sculpture Gallery** und *Shop*. Der Park ist auch ideal zum Picknicken, ein Café mit Snacks ebenfalls vorhanden (11 Uhr bis eine Stunde vor Schluss); jahreszeitlich wechselnde Öffnungszeiten, Mai-Oktober Mi-So 10-17.30 Uhr; $12/$8; www.stormking.org.

Zhang Huan Three Legged Buddha im Park des Storm King Art Center

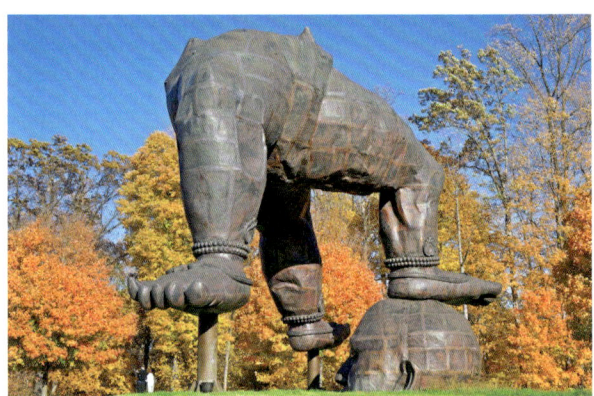

Abstecher zum Dia: Beacon

Am östlichen Hudsonufer, einige Meilen südlich der Newburgh Brücke (I-84, *Exit 11*), dürfen Liebhaber moderner Kunst das **Dia: Beacon** (eine Erweiterung des *Dia: Chelsea*, ⇨ Beileger *New York City Extra*) nicht auslassen (an der Straße #9D in Beacon, Bahnhofsnähe). Auf mehr als 100.000 m² wird hier in einer ehemaligen Fabrik moderne und avangardistische Kunst in wechselnden Ausstellungen gezeigt; zum Bestand gehören unter anderem Werke von *Beuys, Heizer, Hanne Darboven, Andy Warhol, Richard Serra, Bruce Naumann, Gerhard Richter*. April bis Oktober Do-Mo 11-18 Uhr, Januar bis März Fr-Mo 11-16 Uhr, November und Dezember Do-Mo 11-16 Uhr; Café und Buchladen, ℂ (845) 440-0100; $10/$7; www.diabeacon.org.
Anfahrt mit dem Zug von NYC, ⇨ *NYC Extra*, Seite 60.

Straße #9W In Newburgh den Hudson zu überqueren (I-84) macht außer zum Besuch des *Dia: Beacon* wenig Sinn. Die **Straßen #9D/#9** am Ostufer des Flusses bis und durch Poughkeepsie haben keine Höhepunkte. Die #9W am Westufer führt dagegen durch Weinanbaugebiete; um **Marlboro** gibt es Weingüter mit **Weinproben**.

Straße #9 Der schönste Abschnitt der Straße #9 verläuft nördlich von Poughkeepsie (sprich: Pekípsie) auf dem hohen Ostufer des Hudson, wenngleich auch dort der Blick nur selten frei auf den Fluss fällt. Die Ortschaften **Hyde Park**, **Staatsburg** und vor allem das hübsche **Rhinebeck** besitzen zahlreiche *B&B Inns*, Kneipen, Restaurants und Touristen-Shops in den typischen weißen, manchmal uralten *Clapboard Houses*.

Zwei *National Historic Sites* und *State Parks* liegen an der #9:

National Historic Sites In Hyde Park kann man sich durch das Geburtshaus und einstige Heim von **Franklin D. Roosevelt** führen lassen. Die *Presidential Library* and ein **Museum** liefern Hintergrundwissen zur Präsidentschaft *Roosevelts* (1933-45); täglich 9-17 Uhr, $14; der Park ist frei zugänglich. Die Führung durch das Haus seiner *First Lady*, **Eleanor Roosevelt**, (3 mi entfernt über die #9G; Mai bis Oktober 9-17 Uhr, $8) die sich sozialpolitisch stark engagierte, ist eine Ergänzung für Interessierte. Immerhin handelt es sich dabei um den einzigen *National Historic Site*, der Leben & Werk einer *First Lady* würdigt; www.nps.gov/hofr und www.nps.gov/elro.

Am nördlichen Ortsende von Hyde Park befindet sich die Einfahrt zum **Vanderbilt Mansion**, das man vom *Franklin D. Roosevelt Historic Site* auch über den 2,5 km langen **Bard Rock Trail** entlang des Hudson River zu Fuß erreicht. Das Herrenhaus steht weitab der Straße inmitten eines großen Parks, Touren täglich 10-16 Uhr, $8; www.nps.gov/vama.

Das Ehepaar Roosevelt verewigt in Bronze

Auch der **Park** des *Vanderbilt Mansion* ist – bis Sonnenuntergang – frei zugänglich. Selbst wen das Innenleben des Geldadel-
palastes nicht anzieht, sollte auf einen Spaziergang durch den
Park nicht verzichten. Reizvoll ist der **Picknickplatz** am Fluss
(mit dem Auto am Haus vorbei, kurz vor der Ausfahrt nach links);
einige Tische stehen dort am Wasser; schön am späten Nachmittag und in der Abendsonne.

**Culinary
Institute
of America**

Gourmets bietet Hyde Park ein besonderes Highlight: Das *Culinary Institute of America*, ein *College* für angehende Köche (1946
Campus Drive/Straße #9) betreibt dort **fünf Restaurants** (3 mit
Dresscode!). Nach Voranmeldung kann man die Köstlichkeiten
genießen. Mitte Juni bis Mitte Juli geschlossen, ℂ (845) 471-6608,
www.ciachef.edu.

**Mills-Norrie
State Park**

Ein großartiges Gelände sind die zusammenhängenden **State Parks
Ogden Mills & Ruth Livingston** und **Margaret Lewis Norrie**. Er-
sterer hat einige **Wanderwege**, einen Golfplatz und den **Staats-
burgh State Historic Site**, die Residenz der Namensgeber (zu besichtigen). Der *Margaret Lewis Norrie Park* verfügt außerdem über
eine Marina, einen kleinen **Campground**, ℂ (845) 889-4646, sowie
ein schönes **Picknickplätzchen** hinterm Yachthafen (durchs Tor
der Marina nach links und wieder links durch eine Pforte).

Rhinebeck

Der größte Ort an der Straße #9 ist auch der attraktivste: Rhine-
beck (www.rhinebeckchamber.com) erfügt über einen reizvollen
Zentralbereich rund um das **Beekman Arms Hotel** mit einer
Reihe von Kneipen und Restaurants, vor allem aber über gemüt-
liche **B&B Places** der gehobenen Kategorie wie z.B. das
• *Hideaway*, 439 Lake Drive, ab $195, ℂ (845) 266-5673; alle
  Zimmer haben *Jacuzzi*, einige einen Kamin
• Ordentlich kommt man im *Village Inn* unter, etwa 1 mi süd-
  lich des Ortes an der #9, ab $100, ℂ (845) 876-7000

Kingston

Nördlich von Rhinebeck geht es auf der #199 zurück ans Westufer des Hudson und weiter in die *Catskill Mountains*.

»Everready«-Diner im Stil der
1950er-Jahre im Ort Hyde Park,
einer Hochburg amerikanischer
Kochkunst

Wer auf der #9W nach Kingston hineinfährt, gelangt übers Zentrum an die **Waterfront**. Dort gibt es ein paar **Restaurants**, Openair-Terrassen, einen Picknick-Park und eine **Visitor Information**, die Material zur *Catskill* Region hat; www.ci.kingston.ny.us.

**Catskill
Mountains**
www.catskill
guide.com

Bei Kingston reichen die Ostausläufer der *Catskill Mountains* bis an den *Hudson River*. Ein Teil dieses Mittelgebirges gehört zum **Catskill Park**, einem Forstschutzgebiet mit fischreichen Flüssen und Seen. Allerdings gibt es in seinen Grenzen viel Privatbesitz.

Die #28 führt von Kingston in Ost-West-Richtung durch die *Catskills*. Viele Nebenstraßen (*County Route*) verlaufen durchs Hinterland, vorbei an liebevoll angelegten staatlichen Campingplätzen – fast immer mit Badestrand am See –, aber auch zahlreichen privat geführten *Campgrounds*. Hier einige von der I-87 oder der #9W gut zu erreichende Plätze (www.reserveamerica.com):

- **Kenneth L. Wilson** nahe der #28 bei Mount Tremper
- **North-South Lake** bei Haines Falls an der *County Route* 18 weiter nördlich, über die #32 und #23A
- **Beaverkill** im südwestlichen Teil des Parks (auf dem Weg in den Westen des Staates New York). Zufahrt über die #17, dann 7 mi auf der #151 (mit einer *Covered Bridge* und Flussbadestelle bei Roscoe/Livingston Manor).
- **Little Pond** an derselben Straße weitere 7 mi nördlich

Woodstock
www.wood
stockcham
ber.com

Ein Städtchen am Rande des *Catskill Park*, 12 mi von Kingston entfernt (Straße #28, dann #375) weckt bei Lesern über 60 sicher nostalgische Gefühle: Woodstock, **das Woodstock!** Indessen war der **Schauplatz des Woodstock Festival** tatsächlich Bethel, gute 60 mi entfernt von Woodstock, ein paar Meilen westlich von Monticello (m *Freeway* #17; www.woodstock.co

Im Städtchen Woodstock hatten schon immer Künstler und Musiker gelebt, und so kam man in den *Flower Power*-Jahren auf Woodstock als angemessenen Ort für ein Mammut *Open-air*-Konzert. Nach allerhand Hin und Her durfte die Veranstaltung dort letztlich nicht stattfinden. Nur der Name blieb als Sinnbild für das damals »andere Amerika« erhalten.

Sein Flair hat sich Woodstock trotz all der Jahre seither und der schicken, aber immer noch alternativ angehauchten Boutiquen, Restaurants und Kunstgalerien bewahren können. Das *Hippie*-Zeitalter ist im freundlichsten Ort der *Catskills* noch nicht ganz vorüber, wie man an manchen Gästen in den *Capuccino Bars* und *Coffee Shops* unschwer feststellen wird. Dennoch lebt der Ort schon lange auch vom bürgerlichen Tourismus, der ihn vor allem an Wochenenden belebt. Wer nicht in einem der **B&B Inns** absteigt, kann kaum mehr tun, als die bunt belebte 500 m Hauptstraße abzulaufen, sich in den **Bakeries** mit *100%% Natural Bread* zu versorgen, starken, richtigen Kaffee zu genießen und in esoterischen Läden zu stöbern; www.woodstockny.org.

Ein **KOA Campground** mit *Cabins* und *Pool* befindet sich 2 mi östlich von Woodstock an der #212. Der **Rip van Winkle Campground** in Saugerties liegt ebenfalls an der #212 ca. 2 mi westlich der I-87 (*Exit* 20), dort eine halbe Meile auf der Straße #32 North.

»The Egg«, Veranstaltungs Center für Musik, Ballett und Theater auf der einst als futuristisch geltenden Empire State Plaza in Albany

2.9.3   Albany und Saratoga Springs

Albany

Für einen Besuch von Albany, der Hauptstadt von New York State, reichen ein paar Stunden; www.albany.org. Hauptattraktion sind das *Capitol* und die *Rockefeller Plaza*, ein bombastisches, nur wochentags belebtes Regierungs- und Kulturzentrum.

Rockefeller Plaza

Die vollständige Bezeichnung ist **Nelson A. Rockefeller Empire State Plaza**. Der Komplex hat schon Anfang der 1980er-Jahre fast $2 Mrd. gekostet und wurde zum großen Teil vom Finanzmagnaten und ehemaligen Gouverneur des Staates selbst finanziert. Die mit den älteren Teilen des Regierungsviertels verbundene hochgelegene *Plaza* lässt sich nicht verfehlen: Von der I-87, *Exit* 23, zur I-787, von dort führt eine Stadtautobahn unverfehlbar zur Parkebene unter dem Komplex (Parken nicht für Campmobile).

Wer die hohen Parkgebühren dort sparen möchte, fährt einfach weiter und biegt nach der Durchfahrt nach rechts zur State Street ab, wo sich vielleicht ein freies Parkuhrplätzchen findet. Von der Parkebene gelangt man zunächst in die **Government Mall** mit Shops und Restaurants. Die Besichtigung dieser eindrucksvollen Anlage lässt sich sehr gut mit einem Besuch des **New York State Museum** am Südende des Komplexes (täglich 9.30-17 Uhr) und einem Blick von der Aussichtsplattform (*Observation Deck*) des **Corning Tower** abrunden (10-15.45 Uhr, So geschlossen, gratis). Im Sommer finden auf dem Platz vorm Museum und rund um die großen Pools häufig **Open-air**-Veranstaltungen statt.

Capitol

Den **Kontrapunkt** zum Beton der *Empire Plaza* setzen das **State Capitol**, das **State Office Building** und das **Educational Building**. Die Bauten rund um den alten Regierungspalast vereinen Stilelemente europäischer Vorbilder aus verschiedensten Epochen. Durch das prunkvolle Innenleben des sehenswerten **Capitol** finden Mo-Fr mehrmals täglich kostenlose Führungen statt.

Zentrum/ Information

Von dort sind es zum Geschäftszentrum Albanys in der unteren **State Street** nur wenige Schritte. Das Info-Büro des **New York State Tourism Office** befindet sich zwischen *Capitol* und Broadway in der South Pearl Street (Ecke Beaver Street), schräg gegenüber des Glaspalastes der *PEPSI Arena* (mit Park-Hochhaus).

Das **Albany Heritage Visitors Center** liegt im kleinen *History Museum* ein wenig abseits am 25 Quackenbush Square (Ecke Clinton Avenue/Broadway), täglich bis 16 Uhr, ✆ 1-800-258-3582. Dort starten auch **Trolley Tours** zur Stadtbesichtigung.

Unterkunft

Albanys **Motel-Strip** mit den gängigen Ketten (aber auch Billig-Motels) befinden sich an der spitz auf das Capitol zulaufenden Central Avenue (#5) im Kreuzungsbereich mit der I-87/*Exit* 2.

• Ein preiswertes Motel in Zentrumsnähe ist das **Red Carpet Inn**, 500 Northern Blvd, ✆ (518) 462-5562 und ✆ 1-800-251-1962, ab $55, mit Coupon $45, I-90/*Exit* 6, dann #9N bis Northern Blvd; www.redcarpetinnalbany.com

Teurer sind die Häuser der bekannten Mittelklasseketten in der **Wolf Road** (dort auch *Shopping Mall*) quer zur Central Avenue bzw. parallel zur I-87, die *Exit* 2 und *Exit* 4 verbindet).

Ein gutes **B & B**-Quartier ist **Pine Haven X**, 531 Western Ave; ✆ (518) 482-1574, $69-$109, www.pinehavenbedandbreakfast.com

Camping

Der **Thompson's Lake State Park** liegt 20 mi westlich Albany; Zufahrt über #443 West bis East Berne, dann #157A North.

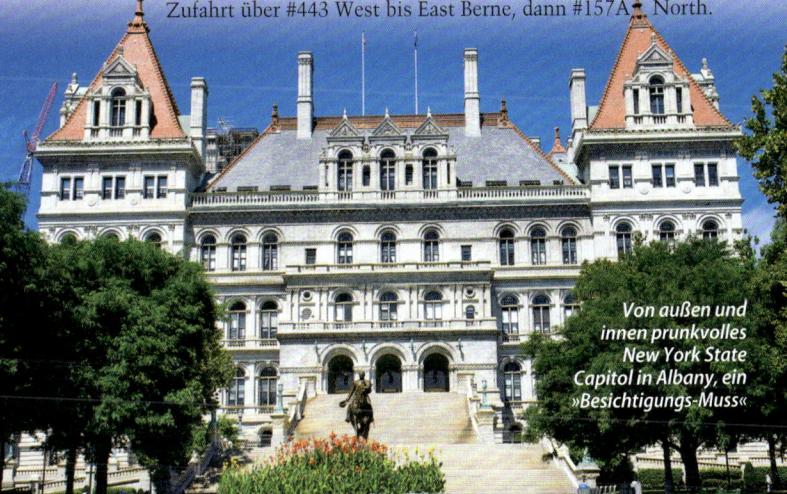

Von außen und innen prunkvolles New York State Capitol in Albany, ein »Besichtigungs-Muss«

Saratoga Springs/ Anfahrt

Ca. 40 mi nördlich Albany liegt Saratoga Springs (von der I-87, *Exit* 13N/S, dann Broadway/#9 ins Zentrum oder *Exit* 14 über die Union Avenue zu den Rennbahnen am Ostrand des Zentrums. Anfahrt statt über I-87 auch sinnvoll über die ausgebaute #9.

Schon die Irokesen schätzten die Heilwasser der Region. Bis vor 60 Jahren war Saratoga so etwas wie das **Baden-Baden der USA**. Neben den nach wie vor genutzten Mineralquellen im *Saratoga Spa State Park* (SPAC) gab es damals noch **Spielkasinos**. Nach dem Glücksspielverbot blieben nur noch Pferderennen samt Wetten erlaubt. In der **Rennsaison im August** kommen Tausende in die 20.000-Einwohner-Stadt; www.saratoga.com.

Kultur

Publikumsmagnet im Juli sind die Vorstellungen des *NYC Ballet* und die *Lake George Opera at Saratoga* im *Saratoga Centre of Performing Art* bzw. im *Spa Little Theatre* (beide im SPAC). Auch Open-Air Vorstellungen finden statt, dann sitzt das Publikum mit Picknickkörben auf dem Rasen. Im August beherrscht das *Philadelphia Orchestra* die Szene.

Saratoga Spa State Park

Der *Spa State Park* (SPAC) mit dem weitläufigen *Saratoga State Park* liegt eine gute Meile südlich der Stadt an der Kreuzung Broadway/Avenue of the Pines (dort der Eingang zu den Theatern). Zwar wird im *Spa State Park* noch etwas »gekurt«, aber viele der 150 Quellen versiegten nach rigoroser Ausbeutung. Das Parkgelände hat **Wanderwege**, Golf-, Tennis- und Picknickplätze. Der *Peerless Pool*, ein großes Schwimmbad, befindet sich mitten im Grünen, der kleinere *Victoria Pool* innerhalb eines zentralen Gebäudekomplexes mit (sehr teuren) Heilbädern und Massagen. Eine beeindruckende Anlage, aber nicht unbedingt das, was Europäer interessiert. Nur Ende Juni bis Anfang September geöffnet.

Museum of Dance

Ein ehemaliges Badehaus nördlich des *Saratoga State Park* am Broadway beherbergt das ungewöhnliche *National Museum of Dance*, das der Welt der rituellen und professionellen Tänze sowie des Gesellschaftstanzes gewidmet ist (Di-So 10-16.30 Uhr, $6,50/$3); www.dancemuseum.org.

Stadtbild

www.saratoga now.com

Der **Broadway** (#9) bildet die Längsachse von Saratoga Springs. Bei der Orientierung hilft das *Visitor Center* Ecke Congress Street/ Broadway gegenüber dem Congress Park. Alte Fotos zeigen den gigantischen Kasinokomplex, der nach dem Glücksspielverbot kurzerhand abgerissen wurde. Am Broadway warten Cafés, Boutiquen und bemerkenswerte Fassaden. Originell ist speziell die des viktorianischen *Adelphi Hotel*, $130-$550, © (518)-587-4688; www.adelphihotel.com. Wer sich für **Verzierungen viktorianischer Häuser** interessiert, sollte auch einen Blick in die Seitenstraßen werfen. **Wunderbare alte Villen** stehen u.a. am North Broadway und in der Woodlawn Avenue.

Museen

Auch die Architektur des *Canfield Casino* im *Congress Park* verdient Aufmerksamkeit. Das Gebäude ist heute ein Museum zur Lokalhistorie mit Betonung der guten alten Zeit, in der noch um Geld gespielt wurde; www.saratogahistory.org.

Im ***National Museum of Racing***, 191 Union Avenue, geht`s um Pferde und Jockeys. In der ***Hall of Fame*** des Museums kann man *Highlights* früherer Rennen und Zielspurts per Video verfolgen; im August täglich 9-17 Uhr, sonst Mo-Sa 10-16 Uhr; $7.

Unterkunft

Erhebliche Hotel- und Motelkapazitäten aller Kategorien konkurrieren in Saratoga Springs. Außerhalb der Rennsaison (Ende Juli bis Ende August) unterzukommen, ist daher kein Problem. Ab der letzten Juliwoche aber wird es rappelvoll und die Tarife verdoppeln sich in den meisten Häusern. Wer nicht schon während der Anfahrt entlang der Straße #9 ein Quartier reserviert hat, findet im ***Visitor Center*** (↷ oben) findet man eine Übersicht über alle Unterkünfte in und um Saratoga Springs, darunter eine Liste der ***B&B-Places***, viele davon in schönen alten Villen.

Saratoga National Historical Park

Über die Lake Avenue (#29) gelangt man vom Zentrum Saratogas auf die #4, dann auf die Straße #32 und erreicht den ***Saratoga Nat'l Historical Park***, wo im Jahr 1777 entscheidende Schlachten zwischen Engländern und amerikanischen Separatisten stattfanden.

Die einstigen ***Battlefields*** am Hudson River erstrecken sich über mehrere Quadratkilometer Hügellandschaft zwischen den Straßen #32 und #4. Vom ***Visitor Center*** und Museum (in dem die Details des glorreichen Sieges über das von Canada nach Süden gesandte britische Expeditionskorps – darunter über 4000 deutsche Söldner – erläutert werden) führt eine Parkstraße an den alten Stellungen vorbei. Besuch nur lohnenswert bei Interesse an US-Geschichte und gutem Wetter: www.nps.gov/sara.

Die I-87 läuft von Glens Falls durch den Ostteil der *Adirondacks* und bietet einige lohnenswerte Stopps nicht weit von der Autobahn (↷ folgendes Kapitel). In Québec wird die I-87 zur #15.

2.9.4 ___ Durch den Adirondack Park www.adirondacks.org

Kennzeichnung

Karte Seite 384

Die ***Adirondacks***, ein dichtbewaldetes **Mittelgebirge** zwischen kanadischer Grenze/St.-Lorenz-Strom und dem Hudson River/Lake Champlain, sind das größte Naturreservat der USA außerhalb Alaskas – gute 5 Autostunden von Manhattan entfernt. Auf ca. 15.000 km^2 liegen über 2.000 Seen. Die höchsten Erhebungen (diverse um 1.500 m, ***Mount Marcy* 1.629 m**) finden sich im – deshalb auch als Skigebiet – relativ gut erschlossenen Nordosten. Außerhalb dieser Region und des von der *Interstate* #87/Straße #9 gebildeten Verkehrskorridors ist das durch den ***Adirondack Park*** führende Straßennetz relativ dünn. In den einsamen Gebieten zwischen den Straßen existiert dafür ein ausgedehntes System von Wander- und insbesondere Wasserwegen.

Nennenswerte Ortschaften gibt es nur wenige. Der größte Ort ist **Saranac Lake** (5.000 Einwohner), der bekannteste **Lake Placid** (Winterspiele 1932 und 1980), hat nur 2.800 Dauerbewohner. Die schönsten Abschnitte des Parks liegen (zu Wasser und zu Land) entlang der Straßen #3 und #30 zwischen Saranac und Raquette

Lake sowie entlang der #28 Richtung Westen (Old Forge). Der westliche Abschnitt der #30 lohnt sich aber ab dem **Cranberry State Park** nicht mehr. Viele der in den Karten markierten »Orte« sind nur kleinste Streusiedlungen.

Der Park ist im Sommer zwar – vor allem an Wochenenden – stark frequentiert, **Einsamkeit und Wildnis** warten aber auch dann auf Nebenstrecken. Informationen im Internet zu den typischen Aktivitäten (Wandern, Kanutouren, Radfahren und Reiten) findet man auf der Parkwebsite www.adirondacks.org und unter www.saranaclake.com und www.tupperlake.net.

Geschichte Das Gebiet der *Adirondacks* gehört geologisch zum **Canadian Shield**, ⇨ Seite 20. Felsige Böden und bitterkalte Winter hielten Siedler davon ab, sich in dieser Gegend niederzulassen. Ende des 19. Jahrhunderts zog es aber Philosophen und Dichter hierher. Zeitweise galt es bei den Reichen als *chic*, sich im Sommer von ihren Villen in Newport oder anderswo zu verabschieden und ein paar Monate in den rauhen Landstrichen als **Rusticators** zu verbringen (⇨ *Acadia Nat'l Park*, Seite 322). Schon Ende des 19. Jahrhunderts wurde ein Sechstel des Gebietes als **forever wild** erklärt, 1892 der Park ins Leben gerufen. Die nicht zu Wildnis deklarierten restlichen fünf Sechstel der Fläche unterstehen dem *New York State Department of Environmental Conservation* oder sind Privateigentum, das – anders als etwa in den Nationalparks des Westens – aus den Parks nicht herausgedrängt werden konnte.

In den *Adirondacks* entstand eine eigenwillige Architektur. Knorrige Stämme waren die Grundpfeiler der **Great Camps**, wie hier die Sommerhäuser genannt wurden. Auch die immer und überall präsenten *Vanderbilts* lebten in ihrem *Great Camp Sagamore* (www.greatcampsagamore.org) nicht in *Louis-XV*-Mobiliar. Der bequeme **Adirondack Chair**, Amerikas Urgartenstuhl, und das typische **Guide Boat**, ein Kanu aus dunklem Holz, mit dem

Die typischen Adirondack Chairs

sich die Herrschaften einst von Landeskundigen zum Jagen und Angeln in die Wildnis paddeln ließen, sind immer noch beliebt.

Outfitter Heutige Besucher haben keine *Guides* mehr; sie buchen die Dienste von **Outfitters**, die Kanutrips, Jagd- und Angelabenteuer, Wildbeobachtung und *Whitewater-Rafting* anbieten. Bären, Otter, Biber, Elche und sogar der *Common Loon* mit seinem unverkennbaren Ruf (➪ Seite 471) sind im *Adirondack* keine Seltenheit. Im Park residieren u.a. folgende *Outfitter*:

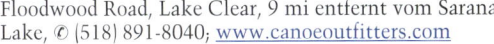

- **St. Regis Canoe Outfitters**: *Saranac River Base*, Saranac Lake, 73 Dorsey Street, ℂ (518) 891-1838, und *Floodwood Base*, Floodwood Road, Lake Clear, 9 mi entfernt vom Saranac Lake, ℂ (518) 891-8040; www.canoeoutfitters.com

- **Adirondack Lakes & Trails Outfitters**, Saranac Lake, 541 Lake Flower Avenue, Paddelsport-Spezialisten; ℂ 1-800-491-0414; www.adirondackoutfitters.com

- **Mountainman Outdoor Supply Company**; 2855 #28 (Inlet & Old Forge), ℂ (315) 369-6672 (*Paddlesports*), ℂ (315) 369-6670 (*Rentals* & *Trips*); www.mountainmanoutdoors.com

- Weitere *Outfitter* www.adirondacklakes.com (> *Recreation*)

Information Unterlagen/Karten gibt es in den *Tourist Infos* der größeren Orte im und um den Park. Weitergehende Details haben die **Visitor Center** der Parkbehörde (ℂ 518-327-3000) mitten in den *Adirondacks*. Eines befindet sich bei Paul Smiths ein wenig nördlich der **Kreuzung #30/#86** (12 mi NW Saranac Lake), das zweite **in Newcomb** an der #28N, ca. 15 mi östlich von Long Lake. Auch das Museum in Blue Mountain Lake fungiert als eine Art *Information Center* (➪ folgende Seite).

Unterkunft Hotels/Motels sind außer im Skigebiet um Lake Placid (#86 Ost) und an den Kreuzungen der Routen (Long Lake, Tupper Lake) und in den weiteren Randzonen rar (einschließlich der kommerziell besetzten Region um Old Forge), dafür aber die Tarife moderat (jedoch nicht in Lake Placid und Umgebung im Juli/August). Ab ca. $80-$90 kommt man wochentags auch im Sommer unter.

- Angenehm das **Motel Long Lake**, alle Zimmer mit Terrasse, Kühlschrank und Mikrowelle; Duck Road, Long Lake, ℂ (518) 624-2613; DZ oder *Cottage* ab $95; www.motellonglake.com

- **Meacham Lake Inn**, nördlich von Paul Smith (*Visitor Center*) ca. 1 mi vor der Kreuzung mit der #458, ℂ (518) 327-2502

Camping

- *Park Hotel and Cabins*, Tupper Lake, nahe Kreuzung #30/#3, ✆ (518) 359-3600; $79-$99; www.parkmotelandcabins.com

Aber eigentlich ist in den *Adirondacks* Camping angesagt. Zahlreiche schöne einfache *Campgrounds* finden sich bereits an den oder in der Nähe größerer Straßen, manche sind über Schotterpisten, rund 50 (!) nur per Boot erreichbar. In vielen Karten ist die Lage straßennaher Plätze eingetragen; **Reservierung**: ✆ 1-800-456-2267; zur Information ➪ auch www.nysparks.com.

Anfahrt von Süden/ Lake George

Auf der Schiene verbindet der »*Adirondack*« täglich New York (*Penn Station*) mit Montréal via Albany, Saratoga Springs und Westport am Lake Champlain (von dort geht ein Bus nach Lake Placid); ✆ 1-800-872-7245; www.amtrak.com.

Von **Saratoga Springs** über die I-87 von Süden kommend, erreicht man erst **Lake George**, am 32 mi langen gleichnamigen See (auf vielen seiner 170 Inseln gibt es über 300 Campsites (www.lakegeorge.com) – ein Königreich für ein Boot!). Dort herrscht entlang der Straße #9N Urlaubstrubel mit *Motels/Cabins* am See.

Bolton Landing (I-87, *Exit* 24) ist da angenehmer; Unterkunft z. B. im *Northward Ho! Motel*, 4648 Lake Shore Drive, ✆ (518) 644-2158, $73-$138; http://northwardho.com.

Luxus in einem alten Bootshaus bietet das *Lake George Boathouse B&B*, 44 Sagamore Road, ✆ (518) 644 2554, ab $125; ww.boathousebb.com.

Als *Adirondacks*-Abstecher eignet sich der *Moreau Lake State Park*, 10 mi nördlich von Saratoga Springs, I-87, *Exit* 17S. Wer westwärts strebt (#28, ➪ unten), campt ideal im *Fish Creek Pond SP*, www.fishcreekpond.com, 11 mi nordöstlich Tupper Lake.

Adirondack Museum; Sagamore Camp

Von Lake George führt die #9, dann #28 (I-87, *Exit* 23) ins Herz der *Adirondacks*, nach **Blue Mountain Lake** mit dem *Adirondack Museum* (lokale Geologie, Holzwirtschaft, Fischen, Jagen, Trapper, Umwelt). Interessant: Ausstellung über rustikale Möbel, Bahn-Luxuswaggons, alte *Guide Boats*. Ende Mai bis Mitte Okt. tägl. 10-17 Uhr, $18/12; ✆ (518) 352-7311; www.adkmuseum.org.

Der Besuch des rustikalen *Great Camp Sagamore* der *Vanderbilts* am Raquette Lake (#28 durch den Ort gleichen Namens, nach 4 mi in die Sagamore Road) ist vor allem für alle interessant, die schon in Newport oder im Hudson Valley andere dieser **Summer Cottages** der Familie gesehen haben; geführte Touren im Sommer 10, 13.30 Uhr, sonst 13.30 Uhr, $14/$7.

Straße #28

Auf dem letzten Teilstück der #28 im Park passiert man schöne Badeseen und unterschiedlich komfortabel ausgestattete Campingplätze und trifft in Old Forge auf eine ausgebaute touristische Infrastruktur mit Unterkünften, Restaurants, vielen Sportangeboten und sogar einem *Water Park* (*Water Safari*). Die #28 trifft in Utica (als #12) auf die I-90 Richtung Buffalo.

Kurz-abstecher

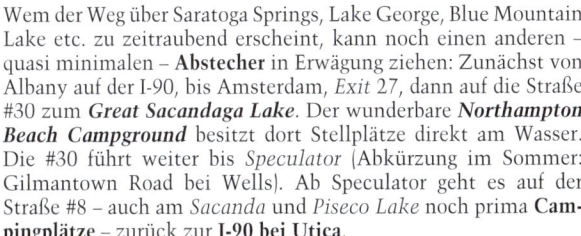

Wem der Weg über Saratoga Springs, Lake George, Blue Mountain Lake etc. zu zeitraubend erscheint, kann noch einen anderen – quasi minimalen – **Abstecher** in Erwägung ziehen: Zunächst von Albany auf der I-90, bis Amsterdam, *Exit* 27, dann auf die Straße #30 zum **Great Sacandaga Lake**. Der wunderbare **Northampton Beach Campground** besitzt dort Stellplätze direkt am Wasser. Die #30 führt weiter bis *Speculator* (Abkürzung im Sommer: Gilmantown Road bei Wells). Ab Speculator geht es auf der Straße #8 – auch am *Sacanda* und *Piseco Lake* noch prima **Campingplätze** – zurück zur **I-90 bei Utica**.

Ab Lake Champlain durch die Adirondacks

Für eine Durchquerung des *Adirondack Park* auf der Strecke von **Port Kent** (Westufer des Lake Champlain, Fähranleger von **Burlington**, ⇨ Seite 356) über Lake Placid sollte man die schön geführte #9N entlang des *Ausable River* und dann die #86 wählen.

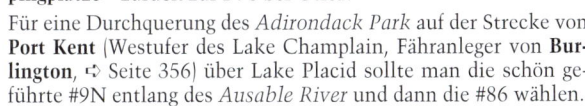

Unweit Port Kent überquert die Straße #9 ein kommerzialisiertes Naturschauspiel, den **Ausable Chasm**: Kurz bevor er in den Lake Champlain mündet, hat der Fluss durch den Sandstein **eine tiefe Schlucht** gegraben. Ohne *Rafting Tour* oder *Tubing* durch den Engpassbereich (+$5) kostet der Spaziergang am Grunde des *Canyon* $16/$9; www.ausablechasm.com. Der kostenlose Blick von der Straßenbrücke tut es zur Not auch.

Mount Whiteface

Die #9N läuft bis Jay weiter am Fluss entlang. Auf der #86 geht es dann vorbei am *Mount Whiteface* (1483 m), einem Skigebiet mit Gondellift (auch im Sommer); daneben führt eine *Toll Road* hinauf. Zwischen Skihängen und Lake Placid lockt der *Ausable River* Touristen abermals an seine Stromschnellen. **High Falls Gorge** heißt die Kette von Wasserfällen durch eine malerische Schlucht; $10,95/$7,95 Eintritt; Mai-Oktober täglich 9-17 Uhr; www.highfallsgorge.com.

Lake Placid

Lake Placid war Austragungsort der **Winterspiele** von 1932 und 1980; www.lakeplacid.com. Das im Sommer wie ein Kurort wirkende Städtchen mit dichter touristischer Infrastruktur liegt am gleichnamigen und am Mirror Lake (schöner Spaziergang um den See, 4 km) zwischen den Wilmington und Sentinel Mountains. An Unterkünften und Restaurants herrscht kein Mangel.

Zur I-81/I-90

Ab **Saranac Lake** führt die #3 durch eine Wald- und Seenlandschaft. Ab Abzweig #3/#30 sollte man die reizvollere #30 wählen.

2.9.5   Von Albany nach Niagara Falls

Finger Lakes   Von Albany führt der **New York Thruway** (I-90, gebührenpflichtig) quer durch den Staat New York nach Buffalo und weiter nach Westen. Zwischen Syracuse und der einstigen sog. »*Kodaktown*« Rochester liegen südlich der Autobahn die **Finger Lakes** (www. fingerlakes.org), passend für einen kleinen **Abstecher**: Von Seneca Falls zunächst an die Südspitze des Cayuga Lake und – ggf. nach einem Abstecher nach Corning, ➪ Seite 397 – auf der Straße #14 am Westufer des Seneca Lake über Geneva zurück zur I-90. Eine schöne Schleife für Camper, Biker und Weinfreunde.

Die Namen der Seen wie **Seneca**, **Cayuga** u.a. gehen auf die Irokesen zurück. Nach der Legende legte der Schöpfer seine Hand auf dieses Stück Erde und hinterließ den Abdruck seiner 11 (!) Finger. Geologisch entstanden die 100 km langen, bis zu 180 m tiefen beiden Hauptseen und die Schluchten (mit zahlreichen Wasserfällen an deren südlichen Enden) in den letzten beiden Eiszeiten. Die fruchtbaren Böden der leicht hügeligen Landschaft eignen sich vor allem für Wein- und Obstbau. Vor allem entlang der #89 und Nebenstraßen befinden sich viele **Weingüter**.

Seneca Falls   Wer sich für die Frauenbewegung interessiert, sollte in **Seneca Falls** den **Women's Rights National Historic Park** besuchen. Hier, in tiefster Provinz, nahm sie ihren Anfang: *Elizabeth Cady Stanton* und *Amelia Bloomer* organisierten 1848 den ersten *Women's Rights Congress*. **Visitor Center** in der 136 Fall Street, 9-17 Uhr, frei; www.nps.gov/wori.

Ergänzend kann man einen Besuch in der **National Women's Hall of Fame** anschließen (76 Fall Street=#5/#20), die Frauen vorstellt, die in Geschichte, Wirtschaft oder Kultur der USA eine besondere Rolle spielten; Mai-September Mo-Sa 10-17, So 12-17, sonst Fr+Sa 11-17 Uhr, $3; www.greatwomen.org.

Am **Cayuga Wine Trail** am Westufer des Sees (#89N/96N) hat man reichlich Gelegenheit, US-Rebensaft zu probieren: www.cayuga winetrail.com. Auf dieser Website findet man auch viele *B&Bs* und andere Quartiere (> »*What's Along the Trail > Accomodations*).

Ithaca   Dieses kleine Städtchen mit der berühmten **Cornell University** ist ein Verkehrsnadelöhr, bietet aber im Zentrum über wenige Blocks alles, was man (als Student) braucht. Neben *Shops* sind das Buchläden, Kinos, Restaurants, Kneipen & Cafés.

Museum   Das **Museum of the Earth** ist ein Top-Wissenschaftsmuseum, im Sommer Mo-Sa 10-17, So 11-17 Uhr; $8/$3; 3 mi nördlich an der Trumansburg Road (=#96); www.museumoftheearth.org.

Information & Aktivitäten   Das **Visitor Center** liegt am 904 East Shore Drive (nördlicher Kreuzungsbereich der #34 mit der #13); www.visitithaca.com.

Die Umgebung von Ithaca eignet sich bestens zum Radeln; es gibt markierte **Bikerouten** und Bikevermieter, z.B. **The Bike Rack**, 409 College Ave, ✆ (607) 272-1010, www.thebikerackonline.com.

Abstecher nach Cooperstown www.cooperstown.net

Cooperstown, eine **Bilderbuch-Kleinstadt** im besten Neuengland-Look ohne den üblichen *Fast Food* und *Business*-Wildwuchs rund um den Ort liegt 80 mi westlich von Albany am Südufer des glasklaren **Otsego Lake** (südlich der I-90 und nördlich der I-88/Straßen #28 und #80).

Cooperstown gehört zu den bestbesuchten Zielen in New York State. Das Städtchen besitzt mit der *Baseball Hall of Fame* und der *Glimmerglass Opera* zwei bekannte Publikumsmagneten.

Oft ist es schwierig, im Ortskern einen Parkplatz zu finden (mit Glück parkt man zentral und gratis bis zu 2 Stunden hinter dem *Visitor Center* in der 80 Chestnut Street. Busse ($2) pendeln von drei ausgeschilderten Parkplätzen (gelb, rot, blau) zu den populären Anlaufpunkten:

- *Doubleday Field*, auf dem ein *Abner Doubleday* 1839 das Baseballspiel erträumt haben soll. Auf diesem *Field of Dreams* – eine uramerikanische Metapher und so auch der Titel eines Films mit *Kevin Costner* – werden bis heute Spiele ausgetragen; freier Zugang über die Ecke Chestnut/Main Street.

- In der 25 Main Street beherbergt ein roter Backsteinbau die *Baseball Hall of Fame*. Computer und interaktive Videos wissen dort auf jede Fanfrage eine Antwort. Wem das Baseballspiel ein Rätsel ist, findet eine gute Kurzerläuterung der Regeln unter www.chris-kraus.de/baseball.htm.

Die *Hall of Fame Gallery* im Erdgeschoß fungiert als Walhalla, wo Hunderter Helden gedacht wird. In *The Great American Home Run Chase* sieht man die sportlichen Reliquien von »Göttern« wie *Roger Maris* und des unsterblichen *Babe Ruth* (seit 1930 der Baseballer schlechthin). Nebenbei werden die Besucher über die Geschichte des B*aseball*, die technische Entwicklung der Ausrüstung und die heutigen Stars und Mannschaften informiert.

Im **Museumshop** gibt es in überbordender Auswahl alles rund um die populärste US-Sportart. Aber nicht nur dort, auch im Zentrum der Stadt werden Fanartikel en masse angeboten. Mai bis Anf. Sept. tägl. 9-21, sonst bis 17 Uhr, $20/$7, **Kombitickets** für 3 Attraktionen $37/$11; www.baseballhall.org

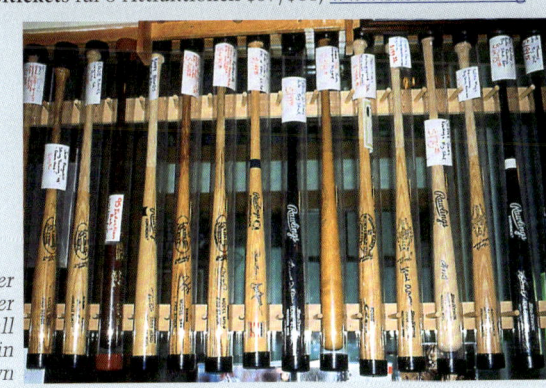

Baseballschläger im Shop der Baseball Hall of Fame in Cooperstown

- Das *Farmer`s Museum* an der Lake Street (#80) ist ein *Living Museum* mit 15 hierher versetzten Gebäuden, mit und in denen das Dorfleben um 1850 und alte handwerkliche Fertigkeiten demonstriert werden. Neben *General Store*, Druckerei, Schmiede, Molkerei, Schule und Irokesen-Blockhaus fehlen auch Taverne und Shop nicht. Mitte Mai-Mitte Oktober 10-17 Uhr, sonst 10-16 Uhr, Ende Oktober-Anfang April geschlossen. Eintritt $12/$6. Kombitickets; www.farmersmuseum.org

- Das *Fenimore Art Museum* liegt vis-a-vis dem *Farmer`s Museum* direkt am Seeufer. Neben regionalem Kunsthandwerk und Gemälden zeigt es im *Indian Wing* eine schöne Sammlung indianischer Textilien, Keramiken und Körbe aus ganz Nordamerika. Passend zur wunderbaren Lage verfügt das Museum über eine Café-Terrasse mit Blick über den See. Mitte Mai-Mitte Oktober täglich 10-17, sonst 10-16 Uhr; Januar-Ende März zu; Eintritt $12/frei. Kombitickets; www.fenimoreartmuseum.org.

Die *Glimmerglass Opera* liegt 10 mi nördlich von Cooperstown (#80) auf dem hohen Ufer am Nordende des Otsego Lake. Von außen ein Komplex im *Clapboard-Look,* innen ein modernes Opernhaus. Dank eines anspruchsvollen und doch populären Sommerprogramms mit Starbesetzung (Juli & August) erfreut es sich internationaler Anerkennung; Telefonische und Vor-Ort-Reservierung/Tickets in der Chestnut Street Mo-Fr 10-17 Uhr, im Sommer Mo-Sa 9-18 Uhr, ✆ (607) 547-2255, http://glimmerglass.org.

Cooperstown-Info: ✆ 1-800-843-3394, www.cooperstownchamber.org

Umfassende Listung aller **Unterkünfte** unter www.cooperstownchamber.org > weiter unter »*Where to stay*«.

Einzelempfehlungen:
- Eindrucksvolles Nostalgiehotel *The Otesaga Resort* am Seeufer, 60 Lake Street, ✆ 1-800-348-6222 und (607) 547-9931, ab $260; www.otesaga.com
- *The Inn at Cooperstown*, 16 Chestnut Street, zentral gelegene 17-Zimmer-Villa; ✆ (607) 547-5756, $106-$475; www.innatcooperstown. com
- *Lake View Motel* & *Marina* an der #80 nördlich Cooperstown am Otsego Lake; ✆ 1-888-452-5384 und ✆ (607) 547-9740; im Sommer ab $150; www.lakeviewmotelny.com
- *Oak Ridge Lodge* an der #165 bei Cherry Valley, ✆ (607) 264-9309, $75, www.cooperstown.net/oakridgelodge

Weitere Seeblick-Motels und ein privater **Campingplatz** liegen entlang der #80 am Otsego Lake auf dem Weg zur *Glimmerglass Opera*. Über den besten **Campground** und einen **Badestrand** verfügt der *Glimmerglass State Park* am Nordostufer des Sees.

Mehrere relativ teure **Restaurants** befindet sich in wunderschönen alten Neuengland-Villen. Das Spitzenrestaurant ist das *Hawkeye* im *Otesaga*. Mitten im Ort sitzt man gut im *Doubleday Café* in der 93 Main Street, ✆ 607-547-5468; amerikanisch-italienische *Items* bei moderaten Preisen.

Belgisches Bier braut die *Ommegang Brewery* 5 mi südlich von Cooperstown (Straße #28, dann 2 mi #11 nach Osten und #33). 30-min-Touren täglich 11-18 Uhr im Sommer, sonst 12-16.30 Uhr, $3,00; ✆ (607) 544-1800.

Unterkunft

- An der #13 südlich von Ithaca (Elmira Road) finden sich zahlreiche Motels aller Kategorien und zwei Campingplätze:
- **Grayhaven Motel**, 657 Elmira Road, $50-$155, ✆ (607) 272-6434, (nach Raum #21 fragen!); www.grayhavenmotel.com
- **Rodeway Inn**, 654 Elmira Road, $60-$150, ✆ (607) 272-5252
- **Economy Inn** 658 Elmira Road,$75-$135, ✆ (607) 277-0370
- **Seneca Lodge** am Südeingang zum *Watkins Glen SP* (⇨ unten), rustikal, ab $80, ✆ (607) 535-2014; www.senecalodge.com

Camping

- Im **Robert H. Treman State Park** bei **Ithaca** campt man gut; Baden unterm Wasserfall (5 mi südwestlich Ithaca: Straße #13, dann #327); ✆ 1-800-456-2267 und ✆ (607) 273 3430.
- Auch der **Buttermilk Falls State Park** (mit *Cabins*) an der #13 nach Süden hat ein *Swimming Hole* und Wasserfälle.
- An der Südspitze des Seneca Lake liegt der weitläufige **Watkins Glen State Park**. Durch eine 2 mi lange Schlucht führt ein Weg ober- und unterhalb von 19 Wasserfällen entlang. Großer Pool. Anfahrt über die #14, ab Watkins Glen ausgeschildert.
- Der **Seneca Lake State Park** am Nordende des Sees bei Geneva ist o.k. für eine Übernachtung, 7 mi ab der I-90; *Exit* 43.

Corning

Vom **Watkins Glen Park** sind es noch ca. 20 mi auf der #414 in südwestliche Richtung nach Corning. Dort wartet das **Glass Center** mit dem **Corning Museum of Glass**. In drei Galerien wird dort – im wahrsten Sinne des Wortes – alles transparent: die 3500-jährige Geschichte, die Produktion und die Verarbeitung des zerbrechlichen Minerals, seien es Gegenstände des Alltags, Riesenteleskope oder optische Instrumente. Ende Mai-Anfang September täglich 9-20, sonst 9-17 Uhr, Eintritt $15; bis 19 Jahre frei; Zufahrt ausgeschildert, ✆ 1-800-732-6845; www.cmog.org.

Im **Historic Market Street District** hat Corning auch einen hübschen Kern mit Restaurants, Galerien und Glasbläser-Studios.

Seneca Indianer

In Victor, südlich der I-90, *Exit* 44, an der #444 (abseits der #96), erinnert die **Ganondagan State Historic Site** an das Schicksal der *Seneca*-Indianer. Dort lebten vor über 300 Jahren noch mehrere tausend Indianer. Ihre auf Hügeln gelegene Stadt wurde 1687 von den Franzosen zerstört. Schautafeln informieren über die Lebensweise der *Seneca* – nicht spektakulär, aber interessant (Mai-Okt., Di-So 9-17 Uhr (im Okt. So zu), $3/$2); www.ganondagan.org.

Rochester

Auf der Weiterfahrt ist Rochester am Lake Ontario für Fotofans einen Abstecher wert; www.visitrochester.com. Im **International Museum of Photography** lässt sich in wechselnden Ausstellungen alles bestaunen, was mit Fotografie, Film und optischer Technik zu tun hat(te). Das Museum gewinnt im Zeitalter der Digitalkameras langsam nostalgische Attraktivität. Es befindet sich im auch sonst sehenswerten **George Eastman House**, der Villa des *Kodak*-Gründers, 900 East Avenue (I-90, *Exit* 45, dann I-490, *Exit* 19/Culver Road, dann links in die East Avenue). Di-Sa 10-17 (Do -20), So 13-17 Uhr, $12/$5; www.eastmanhouse.org.

Lake Ontario

Statt der Autobahn zu folgen, kann man ab Rochester auch die Küstenstraße am Lake Ontario nehmen. Aber weder die Seeufer und Strände noch die nur streckenweise am Wasser verlaufende Straße sind reizvoll. Lediglich diverse **State Parks** mit ihren Campingplätzen sprechen ggf. für den **Lake Ontario Parkway** als sinnvoller Route für die letzten Meilen bis Niagara Falls.

Zu empfehlen ist hier u.a. der **Lakeside Beach SP**. Aber der beste und zugleich der Niagara Falls nächstgelegene (17 mi) **State Park** ist **Four Mile Creek** mit einem ausgedehnten **Campground** unweit der Mündung des Niagara River in den Lake Ontario. Reservierung unter ✆ 1-800-456-2267, ➪ Seite 150.

Old Fort Niagara

www.oldfort niagara.org

Das alte **Fort Niagara**, ein **National Historic Site** im gleichnamigen *State Park*, wurde zwar aufwendig restauriert, wirkt aber nicht so attraktiv wie das kanadische Gegenüber *Fort George* im Palisadenlook. Im Sommer finden Paraden in alten Uniformen statt; täglich 9-17 Uhr, im Sommer bis 19 Uhr; $12, Kinder $8.

Zufahrt Niagara Falls

Zu den Fällen sollte man vom *Lake Ontario* aus den wunderbar grünen **Robert Moses Parkway** wählen, der ufernah dem Lauf des Flusses folgt. Bei Lewiston liegt der **Art Park**. Er gehört zum *Niagara State Park*-System. In den Sommermonaten dibt es dort zahlreiche Aktivitäten; www.artpark.net. Schöne **Trails** laufen am Steilufer des Niagara River entlang.

Anfahrt über Buffalo

Reist man auf der **I-90** an, erreicht man rund 20 mi vor **Niagara Falls** zunächst den äußeren Autobahnring #290 um **Buffalo**, von dem man über die **Toll Bridges** der I-190 nach Niagara Falls geleitet wird. Auf der Straße #62 (*Exit 3, Niagara Falls Blvd*) vermeidet man *Toll* und gelangt auf direktem Weg zu den Fällen.

An der #62 liegen zahlreiche **Motels**, eine preiswerte Alternative zu den Unterkünften in Niagara Falls, ➪ Seite 403.

2.9.6   **Buffalo und Niagara Falls** (www.visitbuffaloniagara.com)

Anfahrt Buffalo

An der Ostspitze des Lake Erie und dessen 56 km langem Abfluss Niagara River in den Lake Ontario liegt Buffalo (260.000 Einwohner/Großraum über 1 Mio), das seinen industriellen Niedergang im späten 20. Jahrhundert nur langsam überwindet.

Wer Buffalo auf der **I-90** von Osten erreicht, folgt ihr für eine Fahrt ins Zentrum zunächst weiter nach Süden (Ringautobahn um Buffalo herum) und nimmt dann den **Kensington Expressway** #33 (*Exit* 51). Für ein Shopping-Erlebnis fährt man noch eine Ausfahrt weiter (*Exit* 52) zur Walden Avenue East mit der **Walden Galleria Shopping Mall**.

Die eingangs dieses Kapitels beschriebene **Alternativstrecke** über Elmira führt über den *Aurora Expressway* #400 nach **West Seneca** und auf der I-90/I-290/I-190 nach Niagara Falls. **Nach Downtown Buffalo** folgt man bis *Exit* 53 auch der I-90, dann aber I-190 nach Westen bis *Exit* 7.

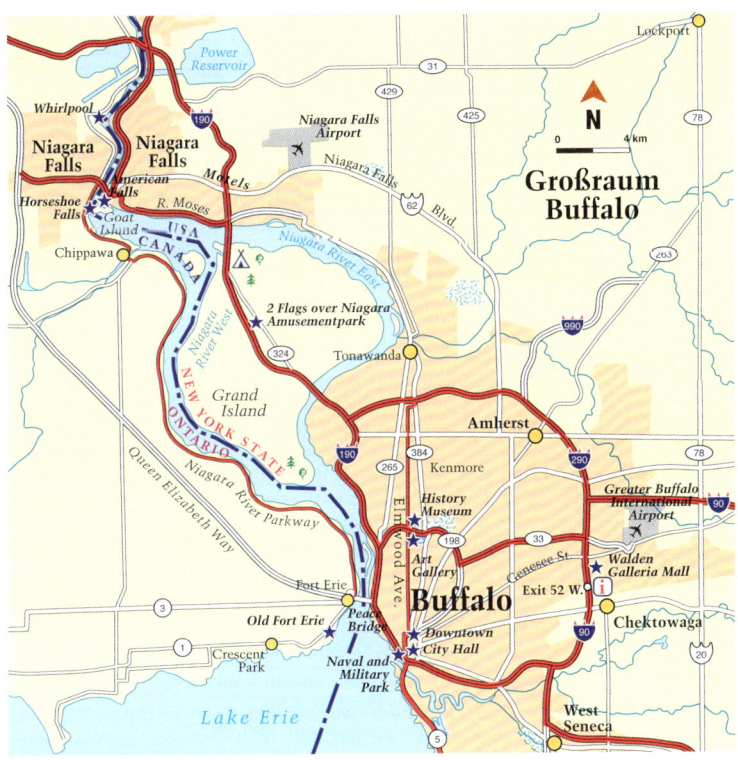

Lakefront	An der *Lakefront*, quasi unter den Betonpfeilern der I-190 und der Brücke über den Buffalo River (*Skyway* #5) befindet sich der *Naval & Military Park* mit dem **Lenkwaffenkreuzer** *Little Rock* und einem **Weltkrieg-II U-Boot** als Hauptattraktionen; Besichtigung April-Oktober 10-17 Uhr, Eintritt $10/$6; www.buffalonavalpark. org. Ein Park rund um die künstliche Bucht *Erie Basin* mit einem ausgedehnten **Yachthafen** schließt sich nach Norden an.
Downtown	Nur wenig östlich davon liegt das **Stadtzentrum** mit seiner auto-losen (aber Straßenbahn) Geschäftszone in der **Main Street**, der *Buffalo Place Pedestrian Mall* zwischen Seneca und dem *Theatre District*/Cippewa Street. Einen Besuch verdient die *City Hall* am Niagara Square, ein *Art Deco*-Bau aus dem Jahre 1901. Vom *Observation Deck* überblickt man Buffalo, Lake Erie und die Niagara Fälle in der Ferne; freier Eintritt.
Art Gallery	Herausragende Sehenswürdigkeit Buffalos ist die *Albright Knox Art Gallery* an der Elmwood Avenue nördlich von *Downtown* (Zufahrt I-190/Freeway #198). Man könnte die Elmwood Avenue,

Einem altgriechischen Tempel nachempfundene Art Gallery in Buffalo

besser noch die parallele Delaware Avenue, wegen vieler architektonischer Juwele auch direkt hochfahren. Dieses Kunstmuseum kann sich durchaus messen mit der »Konkurrenz« in Washington, Cleveland oder Boston, sowohl, was die bombastische *Greek Revival*-Architektur als auch die Qualität der Sammlung betrifft. Kaum ein wichtiger Vertreter des Im- und Expressionismus, der europäischen und amerikanischen Moderne, der nicht vertreten wäre; Di-So 10-17 Uhr, $12/$5; an jedem ersten Freitag im Monat freier Eintritt – dann auch bis 22 Uhr geöffnet; Parken $5; www.albrightknox.org.

Geschichtsmuseum

Das benachbarte, auf der anderen Seite der I-198 liegende, Museum der **Buffalo & Erie County Historical Society** kann sich ebenfalls sehen lassen: Di-Sa 10-17 (Mi -20), So 12-17 Uhr; $7/$2,50; www.bechs.org. Hinter dem Museum erstreckt sich der *Delaware Park* mit prachtvollen Villen rundherum.

Anfahrt Niagara Falls

Drei Wege verbinden Buffalo und Niagara Falls:

- der **Niagara River Parkway** am kanadischen Ufer ist nicht die kürzeste Strecke – aber reizvoll. Man überquert bereits in Buffalo den Fluss auf der **Peace Bridge** nach Fort Erie (⟳ Seite 423) und muss hier die Einreiseformalitäten nach Kanada erledigen.

- auf der I-190 (*toll*) sind die 20 mi schnell geschafft

- auf der **Straße #62** (Niagara Falls Boulevard) spart man den *Toll* und passiert **jede Menge Motels** und **Hotels** aller Kategorien.

Niagara Falls

Details zu den Niagarafällen wie Geschichte etc. finden sich im Abschnitt Niagara Falls/Canada ab Seite 412.

USA-Visitor Center

Anlaufpunkt für die US-Seite der Fälle ist der allseitig ausgeschilderte **Prospect Park** mit **Besucherzentrum** (großer Parkplatz) unterhalb des **Observation Tower**. Ein Modell der Fälle und **Niagara Wonders**, ein 22-min-Film in Großprojektion nebenan im **Festival Theater** ($2, jede Stunde) vermitteln einen guten Überblick, ⟳ auch Karte Seite 421.

Kombi-Pass
www.niagarafalls statepark.com

Der **Niagara Discovery Pass** gilt auf der US-Seite für *Cave of the Wind, Maid of the Mist, Adventure Theater, Aquarium* und *Niagara Gorge Discovery Center* plus freie *Trolley Tour*. Erhältlich im **Visitor Center**; $33/$26.

American Falls – Maid of the Mist

www.maid ofthemist.com

Knapp 100 m sind es von dort zum **Observation Tower** am *Prospect Point* mit einer über die **American Falls** ragenden Aussichtsplattform ($1). Zu seinen Füßen befindet sich die Ablegestelle für die **Maid of the Mist**-Boote, die alle 30 min in den Gischtschleier der Fälle fahren. Inklusive Ölzeug $15,50/$9; ⇨ auch Seite 419.

Goat Island

Auf keinen Fall auslassen darf man den Spaziergang vom Prospect Park hinüber nach **Goat Island**, einer Insel mitten im Niagara River, die **American** und die »eigentlichen« Niagarafälle **Horseshoe Falls** trennt. Vom *Observation Tower* bis zur Fußgängerbrücke hinüber sind es nur knapp 500 m. Von der 400 m langen **Pedestrian Bridge** geht es zunächst zu den *American* mit *Bridalveil Falls* und von dort weiter zum **Observation Deck** am **Terrapin Point** (auch jeweils ca. 400 m), von dem man die tosenden Wassermassen der *Horseshoe Falls* aus nächster Nähe, aber etwas ungünstiger Position überblickt.

Anfahrt und Parken

Goat Island erreicht man auch mit dem Auto über die First Street Bridge. Ein großer Parkplatz liegt zwischen den beiden Fällen. Er ist oft voll; ein Ausweichplatz befindet sich am östlichen Ende der Insel, von dem man ca. 1 km bis zu den Fällen läuft. Ein Parkschein vom *Prospect Park* hat auf beiden Plätzen weiter Gültigkeit und umgekehrt. Eine hübsche Karte für die ganze amerikanische Seite der Fälle findet man unter www.niagarafallsstate park.com/map.aspx.

Scenic Trolley

Ein bequeme Alternative bietet der **Scenic Trolley**, der eine 3-mi-Runde zwischen Prospect Park und den Fällen abfährt (*hop-on-hop-off*, im Sommer täglich 9-22 Uhr, Einzelpreis $2/$1).

American Falls; rechts die Bridalveil Falls mit Treppen und Beobachtungsplattformen unterhalb

Per Hub-schrauber über die Fälle	Wem alle Aussichtsplattformen nicht hoch genug sind, der bucht in der 454 Main Street (über die Niagara Street) bei *Rainbow Air Helicopter Tours* **12 min-Flüge über die Fälle**; ✆ (716) 284-2800; ab $75; www.rainbowairinc.com.
Bridalveil Falls/ Cave of the winds	Neben den *American Falls* stürzt Wasser auch noch über die schmalen *Bridalveil Falls* zwischen Goat und Luna Island. Eine tolle Sache ist der *Cave of the Winds Trip*: Per Fahrstuhl geht es 50 m hinab und dann mitten hinein in Nässe und Gischt am Fuße der »Brautschleierfälle«; Mai-Oktober 9-19.30 Uhr; $11/$8 inklusive Ölzeug.

Fährt man in Richtung Lake Ontario den **Robert Moses Parkway** am Niagara River entlang, passiert man zunächst:

Niagara Gorge Discovery Center	• das *Niagara Gorge Discovery Center* (etwa 800 m nördlich der *Rainbow Bridge)* informiert über die Geologie der Fälle; interaktive Monitore, Multimedia-Show, Kletterwand und geführte 1-, 2- oder 3-stündige Wanderungen ($2 bis $7); Ende Juni-Anfang September täglich 9-17 Uhr (Sa+So bis 19 Uhr); $3/$1,50; www.niagarafallsstatepark.com/discovery-center.aspx.
Aquarium	• Das *Aquarium of Niagara*, 701 Whirlpool Street (Parallelstraße zum *Robert Moses Pkwy* schräg gegenüber dem *Discovery Center*), bietet u.a. Delphin- und Seelöwen-vorführungen; täglich 9-17 Uhr; $10/$6; www.aquariumofniagara.org.
Whirlpool	• Vom *De Vaux Woods* bzw. *Whirlpool State Park* am Robert Moses Parkway gute 2 mi nördlich der Rainbow Bridge überblickt man die *Whirlpool Rapids* und sieht auf kanadischer Seite die *Aero Car*, ➪ Seite 420 und Foto Seite 422.
Kraftwerk www.nypa.gov/ vc/niagara.htm	• An der Straße #104 befindet sich das Wasserkraftwerk *Niagara Power*, das 10%-15% des Strom für New York State produziert. Im Rahmen des Projektes *Power Vista* gibt es Erläuterungen und Modelle zur Frage, wie das alles funktioniert – hochinteressant und gratis. Mitgeliefert wird der Blick über den Niagara River und, für Angler, eine *Fishing Platform*. Täglich 9-17 Uhr (➪ Seite 422 *Sir Adam Beck Power Station*).

Niagara Falls kanadische Seite

Die kanadische Seite der Fälle ist mit folgenden Top-Punkten abwechslungsreicher als die US-Seite, ➪ Seiten 412ff und den Kasten mit den Top-Attraktionen auf Seite 423. Für den **Grenzübertritt** benötigt man den **Reisepass**!

1) Maid of the Mist

2) Table Rock Center inkl. Journey behind the Falls

3) Niagara Jet Boat

4) Minolta Tower

5) Dare Devil Museum mit IMAX-Kino

6) White Water Walk

Kunstmuseum

- Das *Castellani Art Museum* ist ein bombastischer Marmorbau auf dem Universitätsgelände (University Drive) unterhalb des Wasserkraftwerks *Niagara Power*, das moderne **Americana** beherbergt und wechselnde Ausstellungen präsentiert. Di-Sa 11-17, So 13-17 Uhr; frei; www.castellaniartmuseum.org.

- Das *Whirlpool Jet Boat* legt auch in Lewiston an, ↪ Seite 420.

Unterkunft

Unter www.niagara fallslive.com Unterkunfts listung und -buchung für beide Seiten der Fälle

In Niagara Falls unterzukommen ist normalerweise kein Problem. Hotels und Motels gibt es in Hülle und Fülle – und daher auch zu moderaten Preisen. Im Sommer ziehen sie nachfragebedingt etwas an; im Winter gelten Spottpreise ab $50.

In der näheren Umgebung überwiegen die **Hotels der Mittelklasse** (*Comfort Inn*, *Howard Johnson*, *Holiday Inn*, *Ramada*, *Days Inn* etc.). Dort sollte man in der Saison an Wochenenden reservieren.

Preiswerte **Quartiere** (bei wenige Betrieb unter $50, Fr/Sa teurer) ballen sich **entlang des Niagara Falls Blvd** (Straße #62) bzw. dessen Verlängerung Walnut Ave (Einbahn stadteinwärts) und #62A (Pine Ave, Einbahn stadtauswärts Richtung Buffalo) im Bereich des *Exit* 22 der I-190, z. B.:

- *Swiss Cottage Inns* (6831), ✆ (716) 283-8142
- *Super 8 Motel* (7680), ✆ (716) 283-3151
- *Moonlite Motel* (7811), ✆ (716) 283-6519

Alternative Quartiere

- Das *International Hostel (HI) Red Lounge* befindet sich in der 723 3rd Street gute 100 m vom Aquarium und eine halbe Meile von der *Rainbow Bridge* entfernt; nur 45 Betten, Bett ab $23; DZ ab $65; ✆ (716) 286-0707; Wifi frei. Reservierung unter www.hiusa.org oder direkt unter http://redloungeniagara.com ist auch außerhalb der Hochsaison notwendig.

B & B

Darüber hinaus gibt es in und um Niagara Falls zahlreiche *Bed & Breakfast*-Unterkünfte. Adressen sind im überall kostenlos erhältlichen *County Visitor's Guide* enthalten.

Außerhalb

Man kann auch in Orten der näheren Umgebung wie **Lewiston** und **Youngstown** nach einem Motel oder *Bed & Breakfast* Ausschau halten. Eine gute Adresse **in Lewiston** ist das *Portage House Motel*, 280 Portage Road (ca. 500 m westlich des *Robert Moses Parkway* gegenüber vom Eingang zum *Art Park*), ✆ (716) 754-8295, ab. ca. $75; www.portagehousemotel.com.

Auf kanadischer Seite gibt es sogar ein paar bezahlbare Hotels, von deren Zimmern man die Wasserfälle überblicken kann, ↪ Empfehlung auf Seite 417.

Camping

Camping im *Four Mile Creek State Park* am Lake Ontario ist trotz der 17 mi Entfernung die beste Option. Dort findet man über 200 offene Stellplätze, einige direkt am Seeufer, ↪ Seite 398.

Die privaten Plätze bei Niagara Falls (ebenfalls am Niagara Falls Blvd) sind teurer und bei weitem nicht so attraktiv. Ein weitläufiger *KOA-Campground* befindet sich unweit der I-190 nach Buffalo auf Grand Island; 2570 Grand Island Blvd, ✆ (716) 773-7583.

ONTARIO, QUEBEC
und die MARITIMES

3.   ONTARIO
zwischen Toronto, Sault Ste. Marie und Ottawa

3.1   Reiseziel Ontario www.ontariotravel.net

3.1.1   Zur Routenführung

Richtung

Das Ontario-Kapitel schließt nahtlos an das vorige Kapitel durch Neuengland und/oder New York State an. Wer aus dieser Richtung anreist, findet die unmittelbare Weiterführung der Route von Niagara Falls nach Toronto ab ➪ Seite 424 und darüber hinaus ab ➪ Seite 452.

Auch bei Reiseplänen ab Toronto nach Westen oder nach Osten über Ottawa/Montréal passt die gewählte Richtung der Beschreibung, sieht man ab von einem eventuellen Abstecher nach Niagara Falls in Gegenrichtung. Das gilt auch für einen Start in Michigan (Chicago/Detroit) oder nach einer zunächst südlichen Route von Buffalo über Cleveland nach Detroit.

Gegen-richtung

Nur bei anderen Einreisen auf dem Landweg von New York State über den *Saint Lawrence River* oberhalb des *Adirondack Park,* von Québec oder ab Sault Ste. Marie (bei Start in Michigan) muss man gegen die hier verfolgte Richtung lesen.

Abgrenzung

Nicht behandelt im Rahmen dieses Reiseführers sind Routen, die weiter nach Westen als Sault Ste. Marie oder auf dem nördlichen Arm des *Trans Canada Highway* durch den Norden der Provinz führen. Bei Reiseplänen dieser Art sei verwiesen auf den ebenfalls bei *Reise Know-How* erschienenen Führer »**Kanada, der ganze Westen**«, dessen Routen in Toronto beginnen.

3.1.2   Touristische Kennzeichnung

Glasklare Gewässer

Die Bezeichnung *Ontario* für Canadas – nach Québec – zweitgrößte Provinz geht auf die Ureinwohner (Irokesen und Huronen) der Region zurück und steht in ihrer Sprache für **Schöner See**. Die Europäer bezeichneten so zunächst die Region am gleichnamigen See, später die gesamte Provinz: Die 250.000 glasklaren Seen und tausende Kilometer Uferlinie an den *Great Lakes* und am Oberlauf des St.-Lorenz-Stroms sind heute populäre Feriengebiete.

Bootsreviere

Der **Algonquin Provincial Park** gilt neben dem *Quetico Park* (im fernen Westen) als **das Kanurevier** Ontarios. Kanurouten von über 2.100 km Länge führen dort weit ins einsame Hinterland.

Daneben besitzt die Provinz mit den **Muskoka Lakes**, dem **Trent-Severn-Waterway** (einer ehemaligen Pelzhändlerroute durch die **Kawartha Lakes Region**) und dem **Rideau Canal** von Ottawa nach Kingston – um nur die wichtigsten zu nennen – auch in seinem Osteil weitere beliebte Freizeitreviere für Kanusportler, Motor- und Hausboote. An den Küsten der Großen Seen und in den Erweiterungen des *Saint Lawrence* wird auch viel gesegelt.

Ontario ist Hochburg der Kanutrips – individuell oder in geführten Gruppen, ↪ www.paddlingOntario.com. *Hier ein Gruppenstart bei Massey auf dem Spanish River.*

Seeufer   Die meisten Gewässer liegen innerhalb des **Canadian Shield** (↪ Seite 18). Blankgeschliffener Granit in vielen Schattierungen und dazwischen kleine Sandstrände sorgen für den besonderen Reiz von Buchten und vorgelagerten Insel(che)n. Dieses Bild findet man sowohl an zahlreichen Binnenseen und am *Saint Lawrence* als auch an den Ufern der *Great Lakes.* Malerisch wirken vor allem die Küsten der *Georgian Bay* des Lake Huron im Bereich des *Georgian Bay Islands National Park* und entlang der *Bruce Peninsula* im gleichnamigen Nationalpark. Leider sind die Ufer der Großen Seen teilweise und vieler kleinerer Seen sogar überwiegend von Privatgrundstücken derart besetzt, dass der Zugang oft stark eingeschränkt, ja sogar kaum ein Blick auf den See möglich ist.

Wasserspiegel   Zudem lassen forcierte Wasserentnahme und Klimawandel den Wasserspiegel der Great Lakes weiter sinken, so dass an flach auslaufenden Ufern die Wasserlinie mittlerweile weit zurücktritt und trockener Seegrund den Badeeinstieg unerfreulich macht.

City-Life   Abwechslung von soviel Natur bieten in erster Linie Canadas größte *City* **Toronto**, wo man sich ins großstädtische Treiben stürzen, Kultur, Konsum und die Küchen aller Herren Länder genießen kann, sowie die Hauptstadt **Ottawa**. Dort wartet *Good Old England* in kanadischer, modernisierter Form. Zwar nicht als Großstadt, jedoch komplett (über-) kommerzialisiert präsentiert sich **Niagara Falls**, denn die Fälle sorgen nach wie vor für höchste Besucherzahlen.

Historie   Neben Naturerlebnis, Freizeitaktivitäten rund ums Wasser und *City Life* zählen viele historische Stätten zu den touristischen Attraktionen, so das **Fort York** in Toronto, das Palisadenfort **Fort George** in Niagara-on-the-Lake und **Fort Henry** in Kingston. Mit der Besiedelungsgeschichte Ontarios eng verbunden sind die

»lebenden Museen« **Black Creek Pioneer Village** bei Toronto, das **Upper Canada Village** am St.-Lorenz-Strom und die Befestigung **Sainte-Marie among the Hurons** an der Georgian Bay.

Unterwegs in Ontario

Alle im folgenden beschriebenen Routen beziehen sich auf gut ausgebaute **Straßen.** Für die Versorgung und Übernachtung unterwegs ergeben sich auch auf Nebenstrecken keine Probleme. **Motels** sind zahlreich vorhanden und entsprechen in ihrer Ausstattung dem üblichen nordamerikanischen Standard. Aber abweichend von anderen Regionen im Nordosten der USA bzw. Osten Canadas findet man in Ontarios Kleinstädten und Dörfern – mit Ausnahme der Niagara-Region und Kingston/King Edward County – seltener hübsche **Guest Houses, B&B** oder **Country Inns**. Ontario verfügt über sehr viele, schön gelegene und gut ausgestattete **Campgrounds** vor allem in seinen **National** und **Provincial Parks (PP)**. Kein Wunder, dass viele dieser Plätze in den Sommermonaten – besonders an Wochenenden – meist voll belegt sind und Spätankommer dann wenig Chancen haben.

Camping

Wer das bedenkt und während der Reise ein bisschen vorausplant, kann insbesondere mit Wohnmobil oder Zelt unterwegs in Ontario eine wunderbare Zeit verleben. Zumal von Juni bis Mitte September auch das Wetter meistens mitspielt. In Ontario weisen auffällige, blaue **Campingschilder** regional mit Kilometerangaben auf die jeweils nächstgelegenen *Campgrounds* hin.

Steckbrief Ontario/ON

Über 13,4 Mio Einwohner (ca. 39% der Gesamtbevölkerung Canadas), 1,08 Mio km², davon 159.000 km² Binnengewässer. Größte Stadt und **Provinzkapitale ist Toronto** mit 2,7 Mio Einwohnern. Der Großraum, zu dem Mississauga mit fast 700.000 und Brampton mit 524.000 Einwohnern gehören, hat ca. 5,8 Mio. Weitere Großstädte sind **Ottawa**, Canadas Hauptstadt, mit 897.000 (inkl. Gatineau 1,24 Mio), Hamilton mit 520.000, Großraum 720.000, Windsor und Kitchener mit rund je 220.000 Einwohnern.

90 % der Provinzbevölkerung leben im Südosten von Ontario in einem nur 150 km schmalen Streifen entlang der Großen Seen. Riesige Gebiete im Westen sind so gut wie menschenleer.

Die Landschaft Ontarios ist überwiegend **flach, höchstens leicht hügelig**, nur hier und dort gibt es Erhebungen (bis 700 m Höhe). In den Zweidritteln der vom **Canadian Shield** (⇨ Seite 20) geprägten, felsigen, dicht bewaldeten Fläche finden sich **zahllose Gewässer**. Vier der fünf **Great Lakes** (Ontario, Erie, Huron und Superior), *Saint Lawrence* und der Rainy River im Westen bilden die natürliche Grenze zu den USA.

Ontario ist **im Süden** um Toronto, Windsor, Kitchener und Hamilton **stark industrialisiert**: Hightech-, Elektro- und Metallindustrie, speziell Kfz-Bau und Zulieferer. Eine große, wiewohl abnehmende Rolle spielt die **Landwirtschaft**: Obst, Gemüse, Rinder, Kühe, Schweine, Getreide und Wein. In den **Nordregionen** sind Holzverwertung und Bergbau (vor allem Nickel, Uran, Kupfer, Gold, Zink und Platin) bedeutende Wirtschaftsfaktoren.

3

3.1.3   Klima

Sommer

Südliche wie nördliche Luftströmungen in Richtung Ontario werden nicht von Bergen aufgehalten. Im Winter dringt daher arktische Kaltluft ebenso wie **im Sommer feuchte Warmluft** aus dem Süden des Kontinents ungehindert ein. Ab Mitte Juni bis Ende August steigen die Tagestemperaturen oft auf **27°C und auch schon mal über 30°C**. Die Nächte kühlen auch bei Hitze tagsüber – unter dem Einfluss der enormen Wassermassen der Großen Seen – oft erstaunlich stark ab. Mehrere **Regentage** hintereinander sind in den Sommermonaten eher selten.

Wasser

Im südlichen Ontario wird das Wasser der meisten kleineren und größeren Seen zumindest im Uferbereich im Juli/August auch für ausgiebiges **Schwimmen** warm genug. Für die *Great Lakes* gilt das nur bedingt: Der extrem tiefe *Lake Superior* bleibt auch sommers eisig. Aber die geschützten Buchten der **Georgian Bay** mit ihren 30.000 Insel(che)n erreichen Badetemperaturen; und wo am Lake Ontario oder am Lake Huron weite Sandstrände flach ins Wasser reichen, können Kinder den ganzen Tag lang planschen. Das Badevergnügen wird jedoch bisweilen gestört, wenn der von West nach Ost ziehende *Jetstream* über Nordamerika seine Lage ändert, und kühle Luft aus Nordwesten ins Land strömt.

Andere Jahreszeiten

Mai und September können sommerlich warm sein, kühle bedeckte und regnerische Tage sind aber keine Seltenheit. Das gilt naturgemäß erst recht für den ungemütlichen April und manchen Tag im Spätherbst. Im Mai kämpft man vielerorts zusätzlich mit dem **Black Fly**-Problem: Millionen von kleinen Stechfliegen machen die *Outdoor*s dann oft unerträglich. Die Winter in Südontario sind unter dem Einfluss der Großen Seen zwar meist nicht sehr kalt, aber oft schneereich – im Gegensatz etwa zum Norden der Provinz.

Indianische Teepees an der Strecke zum Algonquin Park

3.1.4 _____ Geschichte

Indianer
Zur irokesischen Sprachgruppe gehörende Indianerstämme siedelten im Gebiet zwischen den Großen Seen bereits mehrere tausend Jahre vor Ankunft der Europäer. Mildes Klima und fruchtbare Böden im Dreieck zwischen den Seen Huron, Erie und Ontario sowie entlang des St.-Lorenz-Stroms boten – im Gegensatz zur dünnen Erdschicht auf den Felsen des _Canadian Shield_ weiter nördlich – gute Bedingungen für eine ertragreiche Landwirtschaft.

Kolonisierung
Der Franzose **Samuel de Champlain** gelangte 1615 als erster Europäer an den Lake Huron. Bis 1639 gründeten die Jesuiten im Siedlungsgebiet der Huronen mehrere Missionsstationen. Trotz der Zerstörung (↪ Seite 454) einiger Missionen erklärte Frankreich 1663 das kaum besiedelte Gebiet zwischen Ottawa River, Huron und Lake Superior zur französischen Kolonie. Die Franzosen folgten zwar – auf der Jagd nach Bibern – den Indianerpfaden durch Ontario, ließen sich aber kaum nieder. Wenig später erhielt die **Hudson's Bay Company** von der englischen Krone das »Recht« zur Ausbeutung des kanadischen Nordens und gründete in Ontario Handelsposten. Im Frieden von Paris (1763, Ende des Siebenjährigen Krieges in Europa, ↪ Seite 518) fiel das von Frankreich beanspruchte Territorium an England.

Lower and Upper Canada
Die eigentliche Siedlungsgeschichte Ontarios beginnt erst mit der amerikanischen Unabhängigkeit 1776. Englands Krone stellte königstreuen Siedlern aus den südlicheren Kolonien (den Loyalisten, die den Aufstand gegen die Krone ablehnten, ↪ Seite 486) Land zur Verfügung. Dies führte 1791 zu einer **Zweiteilung** der kanadischen **Kolonie** in das französischsprachige _Lower Canada_ (Québec) und das britisch orientierte _Upper Canada_ (Ontario). **Niagara-on-the-Lake** wurde **Hauptstadt**, verlor diese Funktion aber später an York, das heutige Toronto (↪ Seite 501).

Krieg 1812/14
Im englisch-amerikanischen Krieg (1812-14) festigten die Engländer dauerhaft ihre Position im Norden Amerikas mit Forts entlang der Grenze zu den USA und schickten massenhaft Siedler – Iren, Schotten und Waliser – in die immer noch dünn besiedelte Region. Damit wurde auch ein Gegengewicht zum katholischen, französisch-sprechenden Québec geschaffen, das **1841** wieder mit Ontario zu einem britisch dominierten **Territorium Canada** vereinigt wurde (↪ Seite 517f).

Dominion
Nach dem **British North America Act**, der 1867 zum bereits von der Kolonialmacht England relativ unabhängigen **Dominion of Canada** führte, entwickelte sich Ontario zur bevölkerungsreichsten und wohlhabendsten Provinz des _Dominion_ und danach des Staates Canada. Zunächst eine florierende Landwirtschaft und später die im _Canadian Shield_ verborgenen, erst nach und nach entdeckten Bodenschätze (Uran, Nickel, Kupfer, Gold, Zink und Eisen) waren die Säulen, auf die sich das stetig prosperierende Ontario im Laufe der Jahre stützen konnte.

3

3.2 Niagara Falls Canada www.niagarafalls.ca
www.niagarafallstourism.com www.niagarapark.com

3.2.1 Geologie und Geschichte

Entstehung
Nach der letzten Eiszeit entstanden vor über 12.500 Jahren die *Great Lakes*, deren Überlaufwasser sich u.a. durch den Niagara River Richtung Meer ergießt; ➪ Graphik Seite 428. Er ist ganze 58 km lang und fließt vom Lake Erie nach Norden in den Lake Ontario, der das Wasser an den Saint Lawrence River weitergibt. Auf seinem kurzem Weg mit insgesamt 99 m Gefälle durchschneidet der Fluss das *Niagara Escarpment* (➪ Seite 22). Die Kraft seiner Strömung wusch den weichen Sandstein unter harten, aber porösen, wasserdurchlässigen Kalksteinschichten solange aus, bis der Stein einbrach. Die stetige **Erosion** bewirkte eine Verlagerung der ursprünglichen Abbruchkante um etwa 1 m pro Jahr, im Laufe der Jahrtausende um insgesamt 11 km.

Gemälde »Pater Louis Hennepin an den Niagarafällen«

Daten und Fakten
Für die Indianer waren die Niagarafälle ein mystischer Ort und auch Pater **Louis Hennepin,** der als erster Weißer 1678 die Fälle sah, sank überwältigt auf die Knie. Damals lieferten die Fälle und ihre Umgebung allerdings noch ein unverfälschtes Naturschauspiel. Mit dem Bau mehrerer **Kraftwerke** wurde die **Wassermenge** der *Niagara Falls* seit den 50er-Jahren um bis zu 75% reduziert. Unterirdische Kanäle entnehmen dem Fluss einige Meilen oberhalb der Fälle bis zu 4.500 m³ Wasser pro Sekunde (!). Aus großen Auffangbecken beidseitig des *Niagara* schießt das Wasser flussabwärts durch die Turbinen der Kraftwerke (insgesamt 2,5 Megawatt) zurück in das 107 m tiefer liegende Flussbett. Tagsüber verbleibt von April bis Oktober ein Minimum von rund 2.800 m³/sec für die Fälle, nachts und im Winterhalbjahr nur 1.400 m³/sec, davon über 90% für die *Horseshoe Falls* der kanadischen Seite. Ein positiver Nebeneffekt ist die Verringerung der Erosion – der Abrieb des Felsens an der Abbruchkante beträgt gegenwärtig nur noch 1 cm pro Jahr.

Zahlen	Die kanadischen *Horseshoe Falls* sind heute 57 m hoch und etwa 670 m breit, die *American Falls* 260 m breit und ebenfalls 57 m hoch. Das Wasser fällt dort aber nur 21-34 m tief, da sich unten erodierte Felsbrocken aufgetürmt haben. Diese Zahlen für sich sind keine Superlative; ihre Attraktion verdanken die Fälle den – trotz der Entnahmen immer noch – enormen Wassermassen.
Tourismus	Schon zu Beginn des 19. Jahrhunderts wurden Touristen vom großen Naturspektakel angezogen. Speziell **Hochzeitsreisende** entwickelten ein Faible für die *Niagara Falls*, nachdem Napoleons Bruder Jerome 1804 dort seine Flitterwochen verbracht hatte. *Oscar Wilde* meinte bissig, die Niagarafälle seien – nach einer Hochzeitsnacht – die zweite große Enttäuschung, »... ein Wunder wären sie nur, wenn sie aufwärts stürzten«.
Niagara Falls heute	»Niagara« gilt heute weltweit als Top-Reiseziel. Die jährlich 14(!) Mio. Touristen erwartet dort nicht nur das Naturschauspiel, sondern auch ein auf beiden Ufern überbordendes Kommerz-Angebot. Dabei hat man auf kanadischer Seite bei den *Horseshoe Falls* das eindrucksvollere Niagaraerlebnis. Auch wer aus den USA anreist, sollte daher unbedingt über die Grenze gehen (➪ Seite 400, *Niagara River Parkway* ab Buffalo und Kasten).
Niagara Falls - Städte beidseitig der Grenze	Beide Niagara Falls sind größere Städte (Kanada 83.000, USA 50.000 Einwohner) voller *Motel Strips*, *Family Restaurants* und jeder Menge *Amusement*. Daneben gibt es (vor allem in Kanada) die verschiedensten Möglichkeiten, die Fälle aus allen Perspektiven zu sehen, aber auch Spazierwege, botanische Gärten, Spielkasinos, Badelandschaften, Marine Parks etc.

Über die Fälle: Tot oder lebendig! www.niagarafrontier.com/devil_frame.html

Maid of the Mist heißen die Boote, die bis dicht unter die Sturzfluten der Fälle fahren. Echte *Maids of the Mist*, Jungfrauen der Gischt, setzte man der Legende nach in ein mit Früchten und Blüten gefülltes Kanu und übergab sie der Gewalt des *Niagara River*, um den Donnergott Hinum gütig zu stimmen. Einst soll sich der Irokesenhäuptling *Eagle Eye* mit über die Klippen gestürzt haben, als seine Tochter Lelawala auf diese Todesfahrt gehen musste.

Nachdem der Weiße Mann von den *Niagara Falls* Besitz ergriffen hatte, stand erst **1827** wieder ein Opfer an. Hotelbesitzer ließen einen ausrangierten **Schoner mit wilden Tieren** die Fälle hinuntertreiben – als Touristenattraktion! Über 10.000 Schaulustige sollen das Spektakel mitangesehen haben. Soviel Publikum ließ einen **Sam Patch** nicht ruhen. Er bastelte sich oberhalb der *Bridal Veil Falls* ein Sprungbrett, sprang in die Tiefe, überlebte und wiederholte **1829** den Sprung erfolgreich.

Der unübertroffene Zirkusakrobat *Blondin* trat **1859/60** insgesamt 17-mal an und überwand die Schlucht unterhalb der Fälle auf einem Drahtseil, zog auf halbem Weg von einem Boot noch eine Flasche herauf und leerte sie unterwegs.

Tollkühn steigerte er mehrfach die Übung: Mal ging's per Fahrrad über den Abgrund, mal in Ketten, mal mit Schubkarre oder Fass, das er vor sich her rollte.

Höhepunkt seiner Künste jedoch war der Akt mit befeuertem Eisenofen, auf dem er sich Spiegeleier briet und sie in aller Ruhe hoch über dem Niagara aufaß. Auch sein Manager musste herhalten; vor über 100.000 Zuschauern trug er ihn auf den Schultern heil auf die andere Seite. Niagara-Seiltanzen wurde danach zu einem nationalen Sport. Alle, die es wagten, kamen heil auf der anderen Seite an. Erst ein *Steve Peer* stürzte 1887 – allerdings betrunken – zu Tode und sorgte für ein Verbot. Ersatz boten vorübergehend die Katarakte im Fluss, speziell der *Whirlpool*, ein Riesenstrudel. Zunächst versuchten Schwimmer mit und ohne Erfolg, die Stromschnellen lebend zu überwinden.

1886 begann mit dem erfolgreichen Versuch von Carlisle Graham die »Tonnen-Ära«. Nachdem diverse Fässer samt Insassen den *Whirlpool* unbeschadet überstanden hatten, rückten die *Horseshoe Falls* wieder ins Blickfeld.

1901 stieg *Annie Taylor*, eine Lehrerin, mit ihrer Katze in eine Holztonne, überlebte und wurde damit zur ersten Bezwingerin der *Niagara Falls*. Die Nachahmer waren darauf nicht mehr zu halten, die Sache drohte auszuufern. **1912** kam es daher zu einem Verbot dieser »Provokation«. Das Auge des Gesetzes wachte streng, dass sich niemand mit verdächtigem Gerät dem Fluss näherte. Also musste man bei Nacht und Nebel ran. Dem Kanadier *Dave Munday* gelang das sogar wiederholt. Beim letzten Sturz nahm er die Kamera mit und filmte. Im Foyer des IMAX-Kinos wird das Video gerne gezeigt: nur schäumendes Wasser. Andere waren weniger erfolgreich. **1990** paddelte *Jessie Sharp* im Kayak über die Kante und wurden nie wieder gesehen. **1995** raste *Robert Overacker* aus Kalifornien per Jet Ski über die Fälle und hatte das Pech, dass sich sein Fallschirm nicht öffnete. Im selben Jahr überstand das *Honeymoon*-Paar *Steven Trotter* und *Lori Martin* den Sturz in einer Doppelkapsel nur leicht verletzt. *Kirk John* stieg **2003** komplett ungeschützt in den Fluss, und die *Maid of the Mist* zog ihn fast unverletzt unterhalb der Fälle aus dem Wasser; Strafe $4.500. Ein Selbstmörder überlebte **2009** mit nur ein paar Kratzern; ein weiterer Selbstmörder wurde im **Mai 2012** schwer verletzt geborgen.

Offiziell angemeldet überquerte *Nik Wallenda* die *Horseshoe Falls* auf einem 5 cm dicken Seil am **15. Juni 2012**: www.youtube.com/ watch?v=jtbzvn0umEo.

Die Fälle sorgten auch für unbeabsichtigte Sensationen:

An einem Wintermorgen des Jahres **1848** trauten die Anwohner erst ihren Ohren, dann ihren Augen nicht: Der Donner der Fälle war verhallt, der Fluss versiegt. Erst 30 Stunden später kam das Wasser zurück. Eine Eisbarriere hatte sich im Lake Erie wie eine Mauer vor den Abfluss des Niagara River geschoben.

1918 riss das Halteseil eines stählernen Arbeitsfloßes. Die an Bord befindlichen Arbeiter fluteten geistesgegenwärtig die Luftkammern und liefen kurz vor den Fällen auf Grund. Alle Insassen wurden gerettet. Das Wrack hält sich bis heute vor der Abruchkante und ist beliebtes Fotomotiv.

Im Jahr **1960** stürzte der 7-jährige *Roger Woodward* in die Tiefe, nachdem der Motor seines Bootes ausgesetzt hatte. Er blieb unversehrt und konnte von einer *Maid of the Mist* gerettet werden; sein Freund tauchte nicht wieder auf.

Im Gebäude des IMAX-Kinos beim *Skylon Tower* befindet sich die **Daredevil Gallery**, in der sämtliche Kamikaze-Aktionen und andere Geschichten rund um die Niagarafälle ausführlich in Wort, Bild und Ton dokumentiert werden und Originalgeräte ausgestellt sind; http://imaxniagara.com/daredevil-gallery.

3.2.2   Parken, Transport und Information

Parken

⇨ Karte
Seite 421

$ im Canada-
Teil meint
immer: CAD =
CAnada Dollar

Transport

www.
niagaraparks.
com

Bleibt man nicht nur einen Tag, sollte man sich ein Motel/Hotel mit Gratisparkplatz in der Nähe der Attraktionen suchen, am besten im Bereich der *Fallsview Tourist Area* oberhalb der *Horseshoe Falls*, ⇨ Abschnitt 3.2.3.

Tagesbesucher finden beim *Skylon Tower* einen Parkplatz zu akzeptablen Kosten ($8-$12/Tag). Eine Treppe führt von dort hinunter zum Uferpark. Im *Welcome Center* (Murray Street/Queen Victoria Place, © 1-877-642-7275; www.niagaraparks.com) gibt's Ortspläne und jede Menge Infomaterial.

Eine gute Alternative (speziell für Wohnmobile) ist der *Rapids View Parking Lot* ($10/Tag); 1,5 km südlich der Fälle am Niagara Parkway. Ein Gratis-Shuttle fährt von dort zum *Welcome Center* im *Table Rock*. Weitere Plätze befinden sich am Niagara Parkway nördlich der *Rainbow Bridge*, an den beiden Spielkasinos, bei den *Botanical Gardens* sowie bei den Touristenattraktionen *Niagara Glen* und *Whirlpool Aero Car*. An allen Plätzen kann man in den *People Mover* umsteigen.

Der *People Mover* pendelt von Mitte April bis Mitte Oktober täglich alle 20 min entlang des Niagara Parkway vom *Table Rock Center* an den *Horseshoe Falls* zum *Queenston Heights Park* mit vielen Stopps entlang seiner 30-km-Route. Juli/August 9-23 Uhr, sonst bis Dämmerung; Tageskarte $9, Kinder bis 12 $6, unter 6 frei. Das Ticket gilt auch für die *Incline Railway*, einen Schienenlift, der die untere Ebene (*Table Rock*) der kanadischen Seite mit der oberen (*Skylon Tower*) verbindet ($3 je Trip).

Blick von der Plattform an den Horseshoe Falls auf die American Falls und die Rainbow Bridge, die hier USA und Canada verbindet. Bei Sonnenschein hält sich der Regenbogen ständig im Sprühnebel der Fälle.

Shuttle Busse	*Niagara Falls Transit* hat **zwei Shuttle Linien**; Einzelfahrt $3,50; ganzer Tag $10. *Green Route* (Uferstraße zwischen *Marineland* und *Whirlpool*); *Red Route* (ab Lundy's Lane).
	Die regulären **Citybusse** kosten $2,50 pro Fahrt.
Tourist Info	Die *Official Tourist Info* residiert in der 5400 Robinson St beim *Skylon Tower*, ✆ 1-800-563-2557; www.niagarafallstourism.com.
	Das *Ontario Travel Information Center* befindet sich in der 5355 Stanley Ave; ✆ (905) 358-3221; www.ontariotravel.net.
Kombiticket	Dort und im oben erwähnten *Welcome Center* gibt es den **Niagara Falls Adventure Pass**: Er beinhaltet **vier Attraktionen** (*Maid of the Mist, Journey Behind the Falls, Niagara's Fury* und *White Water Walk*) samt Transport mit dem *People Mover + Incline Railway*; er kostet $45, bis 12 Jahre $33, ein fairer *Deal*!
Discounts	Nützlich ist das *Coupon Book* »*Attractions Niagara*« mit jeder Menge Discounts für kommerzielle Angebote jeder Art.

Discount-Coupons für ermäßigten Eintritt zu den Kommerz-Attraktionen von Niagara Falls

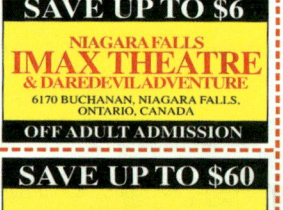

3.2.3   Unterkunft und Camping

Situation	Übernachten ist insbesondere in der Nebensaison (bis Juni, ab *Labour Day*) wegen der enormen Konkurrenz oft **preiswert**. Für die Nächte So-Do sind die Tarife niedriger als Fr+Sa. Die Hotels und Motels ballen sich vor allem in folgenden drei Bereichen:
Fallsview Bereich	In der **Fallsview Tourist Area** (oberhalb der *Horseshoe Falls*) stehen überwiegend neuere Luxushotels. Fast alle bieten Zimmer mit Blick auf die Fälle. Ein weiterer Anreiz zur Buchung dieser Häuser sind *Spas, Indoor-Waterparks*, Shops und Restaurantauswahl im Hause und die Nähe zum Spielkasino.
Hotels mit Blick auf die Fälle 	• *Marriott Gateway on the Falls*, 6755 Fallsview Blvd, mit *Indoor* und *Outdoor Waterpark*, $149-$399; ✆ (905) 374-1077 und ✆ 1-800-618-9059; www.marriottgatewayonthefalls.com
	• *The Oakes Hotel*, 6546 Fallsview Blvd, $59-$729 (!); ✆ (905) 356-4514 und ✆ 1-877-843-6253; www.oakeshotel.com

- **Tipp**: *The Tower Hotel*, 6732 Fallsview Blvd in den oberen vier Stockwerken; nur 42 Zimmer, $139; ✆ (905) 356-1501 und ✆ 1-866-325-5784; www.niagaratower.com

Mittelklasse Im **mittleren Preisbereich**, zentral gelegen im Kreuzungsbereich Clifton Hill/Victoria Avenue am Ende des Vergnügungsdistrikts ist man gut untergebracht

- in der *Travelodge At the Falls*, 4943 Clifton Hill, ab $109, ✆ (905) 357-2200 und ✆ 1-866-656-0310; www.falls.com
- im *Comfort Inn*, 4960 Clifton Hill, ab $81; ✆ 1-800-263-2557 und ✆ (905) 358-3293, mit großer *Outdoor*- und *Indoor Pool*-Anlage; www.niagarafallscomfort.com

Preiswert **Die preisgünstigeren Angebote** findet man in der von Motels und Hotels zugepflasterten **Lundy's Lane** (Straße #20, westlich des *Queen Elizabeth Way*/QEW = Autobahn nach Toronto), darunter auch altmodisch nostalgische aus den 1960er-Jahren:

- *Travelodge Bonaventure*, 7737 Lundy's Lane, *Honeymoon Suite*s mit herzförmigem Whirlpool, $69-$209; ✆ (905) 374-7171 und ✆ 1-800-667-3407; www.niagaratravelodge.com
- *Cadillac Motel*, 5342 Ferry Street (Verlängerung der Lundy's Lane Richtung Niagara River), einfaches altes Motel, mittendrin, in Fußgängerdistanz zu den Fällen; $70-$200; ✆ (905)-356-0830 und ✆ 1-800-650-0049; www.cadillacmotelniagara.com
- *Blue Moon Motel*, 8445 Lundy's Lane, familiäres kleineres Motel, Pool, Picknickplatz; ab $80; ✆ (905) 356-0652 und ✆ 1-877-789-8700; www.bluemoonniagara.com
- *Candlelight Inn*, 7600 Lundy's Lane; $70-$200; ✆ (905) 354-2211 und ✆ 1-800-572-0308; www.candlelightniagara.com

Am Parkway Am Niagara River Parkway zwischen Rainbow Bridge und Whirlpool (in diesem Abschnitt als River Road) ist es deutlich ruhiger. Man findet gute Häuser der gängigen **Motelketten** wie *Best Western* etc. und viele *Bed & Breakfast-Inns*, z.B.

- *Best Days,* 4029 River Road, ab $60; ✆ (905) 356-6666 und ✆ 1-800-263-2543; www.niagaradaysinn.com

An der River Road lässt es sich auch in *Bed & Breakfast Places* (meist in alten Landhäusern) gut übernachten. Die *Visitor Centers* haben einen *B&B Guide*; www.niagarabb.com mit online-Buchungsmöglichkeit.

- *The Eastwood Lodge*, 5359 River Road, erweitertes altes Haus, geräumige Zimmer, z.T. mit Blick auf den Niagara, gutes Frühstück, $85-$169, ✆ (905)-354-8686 und ✆ 1-877-354-8688; www.theeastwood.com
- *Chestnut Inn*, 4983 River Road, nur vier Zimmer, stilvoll eingerichtet, $95-$110; ✆ (905) 374-7623; www.chestnutinnbb.com

Hostel - Nur einen Block entfernt von der River Road steht das *Niagara Falls International Hostel (HI)*, 4549 Cataract Avenue, ab $29, EZ/DZ ab $89; ✆ 1-888-749-0058; www.hostellingniagara.com

- Auch nicht teuer sind das ***Vineyard B&B***, 4255 Mountainview Road in Beamsville, ✆ (905) 563-1052, $30/Bett, und ***Backpackers Int'l Hostel***, 4219 Huron Street bei der Whirlpool Bridge, $25/Bett; ✆ 1-800-891-7022; www.backpackers.ca

- ***ACBB Hostel***, 5741 McGrail Avenue, zu Fuß zu den Falls, ab $30/Bett; ✆ (905) 359-4815; www.hostelniagara.ca

Hotel-discounts

Für Niagara Falls/Ontario gibt es wegen der großen Zahl der Unterkünfte fast immer besonders günstige Angebote über *Discount Coupons* von Hotels und Motels in *Exit Guides* (↪ Seite 144) oder zum Ausdrucken im Internet unter www.hotelcoupons.com/hotels/ontario/niagara-falls/radius/30/sort/distance/.

Camping

- Der ***Yogi Bear Jellystone Park***, 8676 Oakwood Drive (Oakwood Ausfahrt #27, neben Autobahn), Zelt $42; ✆ (905) 354-1432 und ✆ 1-800-558-2954, www.jellystoneniagara.ca

- ***Campgrounds*** liegen außerdem an der Verlängerung der Lundy's Lane und im ***Shalamar Lake Park*** in Queenston. (1. Wahl fürs Camping auf der kanadischen Seite); ruhig, unweit der Schlucht, $32; ✆ 1-888-968-6067; www.shalamarlake.com

- ***Niagara Falls KOA Kampground***, 8625 Lundy's Lane; ✆ 1-800-562-6478 und ✆ (905) 356-2267; www.niagarakoa.com

USA

Zu Unterkunft und Camping auf der USA-Seite ↪ Seite 403.

3.2.4   Rund um die Horseshoe Falls

Table Rock Center

Direkt an die Abbruchkante der *Horseshoe Falls* stößt die Aussichtsterrasse *Table Rock* – ein »***must see***«. Vor dort sieht man im Sprühnebel den berühmten Regenbogen (↪ Seite 415); kunterbunt geht es in der **Grand Hall** des *Table Rock*-Gebäudes zu, einem achteckigen Turm mit *Welcome Center, Fun* und Kommerz total. Atemberaubend ist »***The Fury***«: eine 6-minütige 4D-Animation auf einer 360°-Leinwand, die kaum einen unserer Sinne verschont; vorweg erfährt man, wie die Eiszeit die Fälle formte. Alle 30 min, 10.30-16 Uhr (an den Wochenenden und im Sommer auch länger); $15, 6-12 Jahre $10 (↪ Seite 416: *Niagara Falls Adventure Pass*); www.niagarasfury.com

Bridge of Flowers

Vom *Table Rock* Bau führt die ***Flower Bridge*** (mit Uhrenturm) über den *Niagara Parkway* zu den Parkplätzen und per ***Incline Railway*** zum Aussichtsturm *Skylon*.

Im Tunnel hinter die Fälle

Im ***Table Rock Center*** befindet sich auch der Eingang zu den Tunneln hinter dem donnernden Wasservorhang. In Plastik-Capes verpackt geht's 46 m unter der Abbruchkante durch Felstunnels zu drei Aussichtsöffnungen. Abgesehen von der *Maid of the Mist* erlebt man die Fälle sonst nirgendwo so hautnah wie bei dieser *Journey Behind the Falls*; täglich ab 9 Uhr, im Sommer bis 22 Uhr; $15/$9 (↪ Seite 416: *Niagara Falls Adventure Pass*). Ähnlich eindrucksvoll ist auf der USA-Seite der Besuch der *Cave of the Winds*, ↪ Seite 402.

Maid of the Mist

Das **absolute Niagara-Erlebnis** ist die Fahrt (hier wie auch von der US-Seite aus) mit einem der Boote, die seit 1846 (!) alle die Bezeichnung *Maid of the Mist* tragen (➪ Essay Seite 413). Die von weitem beängstigend klein wirkenden, in Wirklichkeit sehr stabilen, starken Barkassen fahren bis dicht an die Fälle und mitten in die Gischt hinein. Die Anlegestelle auf kanadischer Seite befindet sich ca. 400 m südlich der *Rainbow Bridge* an der Einmündung der Falls Ave in den Niagara Parkway April-Oktober täglich 9-19.45 Uhr, sonst kürzer, Mitte Juni bis Anfang August täglich alle 15 min (Dauer ca. 30 min), die Schlusszeiten unter: ✆ (905) 358-5781. Es bilden sich oft lange Schlangen (auf der amerikanischen Seite sind sie kürzer). Ein **Platz im Vorschiff** bringt den größten (nassen) Spaß. Inkl. Regenzeug $20/$13 (➪ Seite 416: *Niagara Falls Adventure Pass*); www.maidofthemist.com.

Illuminierung

Schon seit 1925 werden die Wasserfälle mit Einbruch der Dunkelheit farbenfroh illuminiert. Von Mai bis Januar erstrahlen die Scheinwerfer bis Mitternacht, sonst bis 22 Uhr.

Horseshoe Falls mit Maid of the Mist

Die **Aussichtstürme** *Skylon-* und *Minolta Tower* bieten den Blick auf die Fälle aus der Vogelperspektive:

Konica Minolta Tower

• Der **Konica Minolta Tower** (99 m bzw. 203 m über dem Fluss unterhalb der Fälle) hat die beste Lage, um die *Niagara Falls* von oben zu sehen. Als er 1962 gebaut wurde, stand er allein auf der Anhöhe; heute umgeben ihn Hotels und das Spielkasino. Das ändert nichts am tollen Panoramablick, den man dank eines reflexionsfreien Spezialglases auch gut fotografisch festhalten kann; www.niagaratower.com. Das Restaurant *The Pinnacle* (✆ 1-866-325-5784) bietet gepflegtes Ambiente .

Skylon Tower
- Der **Skylon Tower**, 5200 Robinson Street (Zufahrt über Buchanan Avenue oder Murray Street) liegt weiter entfernt von den Fällen. Er ist mit 158 m das zweithöchste Gebäude in Niagara Falls. Der Clou sind die außen am Turm liegenden Lifte und das Drehrestaurant (236 m über dem Niagara River, was speziell am Abend bezahlt werden will. Erschwinglicher sind die *Lunch*- und *Early-Dinner*-Preise, 11.30-15 und ab 16.30 Uhr) sowie der **Summit Suite Dining Room** mit Lunch- und Dinner-Buffet. Reservierung ✆ (905) 356-2651 und ✆ 1-877-475-9566. Auffahrt zum **Observation Deck** $14, Kinder bis 12 Jahre $9, für Restaurantbesucher frei. Im Sommer täglich 8-24, im Winter 11-21 Uhr; www.skylon.com.
  Für Kurzweil sorgt ein **Family Fun Center** samt 3D/4D-Film »**Legends of Niagara Falls**«, $12/$7, online preiswerter.

IMAX-Kino
Ein Besuch des **IMAX-Kino**, 6170 Fallsview Blvd, und der damit verbundenen Ausstellung **Daredevil Gallery** (gleich neben dem *Skylon Tower*) ist – verglichen mit manch anderem Kommerz rund um die Niagara-Fälle – uneingeschränkt empfehlenswert. Der Großbildfilm **Legends & Daredevils** ist eindrucksvoll; $15/$11. Mai bis Oktober gibt es den Film zur vollen Stunde 9-21 Uhr (September und Oktober bis 20 Uhr).

Daredevils
In der **Daredevils-Ausstellung** (➪ Essay Seite 413) sieht man neben Fotos und Dokumenten viele Gerätschaften, mit denen die Fälle »bezwungen« wurden. Online sind Kombitickets – *Skylon Tower*, IMAX und *Daredevil Gallery* – günstiger als bei Kauf vor Ort: www.imaxniagara.com.

Riesenrad
Auch vom **Skywheel** (53 m) fällt der Blick aus abends illuminierten Glasgondeln auf die herabstürzenden Wassermassen. Die Betriebszeiten sind saison- und wetterbedingt; 4960 Clifton Hill unterhalb der Victoria Avenue, $10/$6.

Great Gorge
4 km nördlich der Fälle warten am Niagara Parkway zwei weitere Attraktionen. Ein Fahrstuhl bringt die Besucher 70 m tiefer an die **Great Gorge**, eine Verengung des Flussbetts voller Stromschnellen. Der 300 m lange **White Water Walk**, eine Holzpromenade mit Infotafeln über (Todes-) Kajakfahrten durch die einst (vor Zähmung des Flusses und der Fälle; ➪ Seite 413) ungleich gefährlicheren Katarakte führt an ihnen entlang; $10/$7, April bis Oktober.

Whirlpool
Am Ende der Schlucht (ca. 500 m nördlich) sorgt die starke Strömung in einer Flussverbreiterung für strudelartige Bewegungen im Wasser. Die Seilbahn **Aero Car** überquert diesen »**Whirlpool**« mit Blick auf den schäumendes Hexenkessel. Kein Muss! Mai-Ende Oktober bis Dämmerung; 3850 Niagara Parkway; $12/$8.

Whirlpool Jet
Von Niagara-on-the-Lake (61 Melville Street) und *Niagara Glen* jagt ein **Jetboat** in 60 min 22 km bis über die *Whirlpool Rapids* hinaus und zurück. Auf amerikanischer Seite fahren die Schiffe ab Lewiston; von dort dauert der Trip 45 min. Unerschrockene nehmen die offenen **Wet Jets**, denn die geschlossenen **Jet Domes** sind nur halber Spaß; $61/$51; www.whirlpooljet.com.

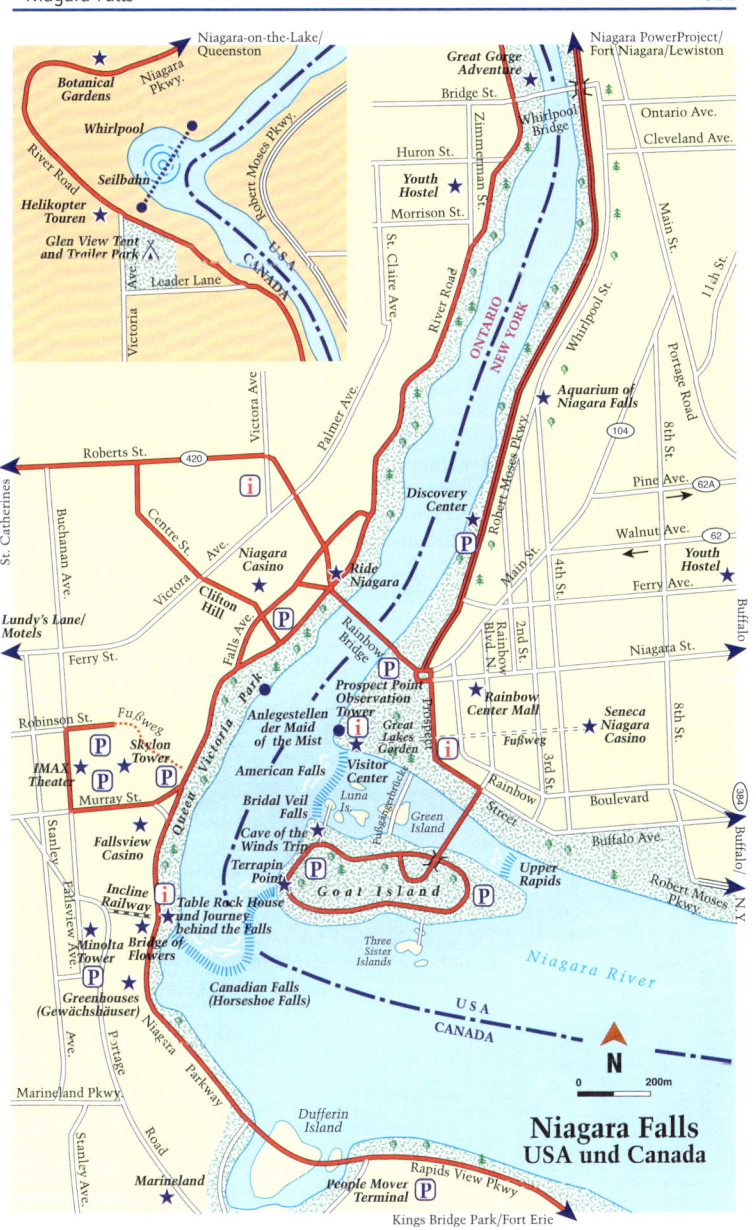

Niagara-on-the-Lake/Queenston
Niagara Pkwy.
Botanical Gardens
Whirlpool
River Road
Seilbahn
Helikopter Touren
Glen View Tent and Trailer Park
Leader Lane
Victoria Ave.
Robert Moses Pkwy.
CANADA
U.S.A

Niagara PowerProject/Fort Niagara/Lewiston
Great Gorge Adventure
Bridge St.
Whirlpool Bridge
Ontario Ave.
Cleveland Ave.
Huron St.
Zimmerman St.
Youth Hostel
Morrison St.
St. Claire Ave.
River Road
ONTARIO
NEW YORK
Whirlpool St.
Main St.
11th St.
Aquarium of Niagara Falls
Robert Moses Pkwy.
Portage Road
8th St.
104
Pine Ave.   62A
Walnut Ave.   62
Youth Hostel
Ferry Ave.
4th St.
Discovery Center
P
Main St.
Rainbow Blvd. N.
2nd St.
Niagara St.
Buffalo
Roberts St.   420
St. Catherines
Buchanan Ave.
Centre St.
Victoria Ave.
i
Niagara Casino
Ride Niagara
Clifton Hill
Victoria Ave.
Falls Ave.
Lundy's Lane/Motels
Ferry St.
P
Rainbow Bridge
Prospect Point Observation Tower
Great Lakes Garden
i
Rainbow Center Mall
Seneca Niagara Casino
3rd St.
Fußweg
8th St.
384
Robinson St.
Fußweg
P   Skylon Tower
IMAX Theater
P   P
Murray St.
Queen Victoria Park
Anlegestellen der Maid of the Mist
American Falls
i
Visitor Center
Rainbow Street
Boulevard
Buffalo/N.Y.
Fallsview Casino
Bridal Veil Falls
Luna Is.
Green Island
Buffalo Ave.
Robert Moses Pkwy.
Cave of the Winds Trip
Fußgängersteg
Upper Rapids
Incline Railway
i
Table Rock House und Journey behind the Falls
Terrapin Point
P
Goat Island
P
Minolta Tower
Bridge of Flowers
Three Sister Islands
Stanley Ave.
Fallsview Ave.
P
Greenhouses (Gewächshäuser)
Canadian Falls (Horseshoe Falls)
Niagara River
USA
CANADA
N
0   200m
Portage Ave.
Niagara Parkway
Marineland Pkwy.
Dufferin Island
Niagara Falls
USA und Canada
Stanley Ave.
Marineland
Road
People Mover Terminal
P
Rapids View Pkwy.
Kings Bridge Park/Fort Erie

3

Hubschrauber	Unweit der *Aero Car* starten Helikopter zu Rundflügen, 3731 Victoria Ave/Niagara Parkway; © (905) 357-5672, $118/$73 für 12 min, tägl. 9 Uhr bis Dämmerung; www.niagarahelicopters.com.
Kraftwerk	Wer sich für die Niagara Kraftwerke interessiert, erfährt alles über deren Geschichte und Technologie in der **Sir Adam Beck Generating Station Nr. 2**; 14000 Niagara Parkway bei der Queenstown/Lewiston Bridge. Hochsaison 10-17, sonst 11-16 Uhr, $9/$5. Die *Guided Tours* dauern 40 min; www.niagaraparks.com.
Kasino	Das ältere **Casino Niagara** zwischen Clifton Hill und *Rainbow Bridge* hat mit dem **Fallsview Casino Resort** die luxuriöse Konkurrenz (⇨ Seite 416).
Kommerz-bereich Clifton Hill	In den Straßen **Clifton Hill** und **Victoria Avenue** ballen sich »Touristenfallen« en masse: **Louis Tussaud`s Waxworks**, eine Wachsfigurengalerie von Filmstars und Kriminellen, die Kuriositätensammlung **Ripley's Believe it or Not!**, die **Guinness World of Records** und jede Menge *Shops*, *Fast Food*-Restaurants, Discos u.a.m.
Marineland	**Marineland** (südlich der Fälle an der 7657 Portage Road) lockt mit Aquarium, Delfinen-, Beluga- und Killerwal-Show und einem Vergnügungspark. Im Sommer täglich 9-18, sonst 10-17 Uhr; $43/$36; www.marinelandcanada.com.
Botanischer Garten	Neben all dem Trubel findet man auch Ruhe, besonders entlang des vorbildlich angelegten Uferparks. Südlich der *Horseshoe Falls* befinden sich Gärten und Gewächshäuser der Parkverwaltung. Der Eintritt ist – wie auch bei den **Botanical Gardens** nördlich des *Whirlpool* am 2565 Niagara Parkway – frei.

Die Aero Car, eine Seilbahn über die Niagara River Erweiterung »Whirlpool«, wird als »Attraktion« beworben, ist aber in Wahrheit eher nebensächlich

Die Niagara Top-Attraktionen liegen auf der kanadischen Seite:

1. *Maid of the Mist*, anschließend zu Fuß durch den Park am Niagara River entlang zum *Table Rock Center* an den *Horseshoe Falls*, dort

2. die **Journey Behind the Falls** buchen

3. Vom **Skylon Tower** den **Blick auf die Fälle von oben** genießen

4. **IMAX-Film** und **Daredevil Gallery** besuchen

5. Abendspaziergang zu den illuminierten Fällen

6. Den **Niagara Parkway** bis Niagara on-the-Lake fahren; dort das Jet Boat gegen den Strom und die Schnellen buchen

US-Seite (⇨ Seite 400f): Vom *Prospect Park* hinüber zur *Goat Island* gehen/fahren und die amerikanischen Fälle besichtigen, auch die *Horseshoe Falls* vom *Terrapin Point* aus. Ggf. auch noch den *Cave of the Winds Trip* buchen.

Anmerkung: Über die *Rainbow Bridge* geht es zur anderen Seite der Fälle. Zu Fuß ist die Grenzkontrolle problemloser. Mit Auto gibt es oft Wartezeiten. **Selbst für Kurzaufenthalte muss man den Pass dabei haben,** ⇨ **Seite 72!**

Die blauen Regencoats sind im Ticketpreis für die »Maid of the Mist« inbegriffen.

Butterfly Conservatory — In der riesigen Glashalle des **Butterfly Conservatory** (1000 m²) flattern einem Hunderte von Schmetterlingen um die Ohren – bei gutem Wetter im Sommer auch schon in den Gärten davor; 2405 Niagara River Parkway; täglich 9-17/19 Uhr je nach Saison; Eintritt $11,50, Kinder $7; www.niagaraparks.com.

Radtour — Wer sich ein Fahrrad leiht (**Mac's Bikes**, 5956 Clark Avenue, © (289) 969-6227; $30/Tag), kann eine prima **Radtour** machen; www.macsbikesniagara.com. Parallel zum *Niagara Parkway* nach Niagara-on-the-Lake existiert ein Radweg (**Niagara River Recreation Trail**). Entlang der Strecke gibt es zahlreiche **Picknickplätze** mit Tischen unmittelbar am/über dem Flussufer.

Fort Erie — Der **Niagara Falls Parkway** beginnt/endet in **Fort Erie**. Die Buffalo gegenüberliegende Stadt erhielt ihren Namen von der gleichnamigen **Befestigungsanlage**, die im Jahr 1814 von den Amerikanern erobert und bis zum Ende des letzten britisch-amerikanischen Krieges gehalten wurde.

Heute beherbergen die grauen Mauern des **Historic Fort Erie** ein Museum (350 Lakeshore Road, südlich der *Peace Bridge*, Straße #1 ausgeschildert). Im Sommer finden Exerziervorführungen in alten Uniformen statt, die von Kanonenschüssen begleitet werden. Am jeweils ersten Wochenende im August wird die Schlacht um das Fort nachgespielt.

Bis Mitte Oktober, 11 bis 16 Uhr; $13/$8; www.niagaraparks.com.

3.2.5   Von Niagara Falls nach Toronto

**Über
Niagara-
on-the-Lake**

Der schnelle Weg nach Toronto (ca. 130 km) führt über die Autobahn **Queen Elizabeth Way** (= QEW). Wenn die Zeit nicht allzu knapp ist, sollte man aber unbedingt den kleinen Umweg über Niagara-on-the-Lake einplanen und dazu dem **Niagara Parkway** am Fluss entlang nach Norden folgen.

Nach dem Whirlpool passiert man etwas südlich der *Queenston-Lewiston Bridge* das bewaldete Naturschutzgebiet **Niagara Glen** mit schönen Spazierwegen durch ein felsiges Hügelgelände, danach die **Botanical Gardens** mit dem **Butterfly Conservatory** (➪ oben). Unmittelbar nördlich des *Adam-Beck*-Kraftwerkes ist die **Floral Clock** – eine Uhr von 12 m Durchmesser aus 16.000 Blumen – ein beliebtes Fotomotiv.

**Queenston
Heights**

Nur wenig weiter befindet sich der Umkehrpunkt des *People Mover* – der **Queenston Heights Park** (mit *Snackbar*, Tennis und überdachten Picknickplätzen, Eintritt frei). Auf den Höhen von Queenston schlug 1812 eine kleine Truppe britischer Soldaten samt verbündeter Indianer die zahlenmäßig weit überlegenen amerikanischen Angreifer. Eine monumentale Säule – das 65 m hohe **Brock's Monument**, gleichzeitig schöner **Aussichtspunkt** für einen weiten Blick über Fluss und Landschaft – erinnert an den Sieger der Schlacht, *General Isaac Brock*.

Eine gute Aussicht bieten auch die Fenstertische des feinen **Queenston Heights Restaurant** am 14184 Niagara Parkway; www.niaga raparks.com/garden-trail/queenston-heights.html.

Bruce Trail

Im Park beginnt der **Bruce Trail**, ein Wanderweg über fast 900 km, der den Klippen und Höhenzügen des **Niagara Escarpment** folgt und zur Spitze der *Bruce Peninsula* führt (➪ Seiten 33 und 459). Anschauungsunterricht zum Thema erhält man auf der Weiterfahrt: Die Straße verlässt hinter dem Park die Höhe, und man erkennt von unten deutlich den Verlauf der urplötzlich aus der Tiefebene ansteigenden Erhebung in Richtung Westen.

Queenston

Etwas abseits des *Parkway* liegt das Dorf Queenston über dem Ufer des Niagara River. Das **South Landing Inn** (21 Front Street) bietet ruhige Übernachtung mit Mittelklasse-Komfort im Preisbereich $95-$125, ✆ (905) 262-4634; www.southlandinginn.com.

Ein privates Plätzchen für ein **Picknick am Fluss** findet, wer dem Schild *Boat Ramp* folgt. Nördlich von Queenston passiert man große Obstplantagen; unverfehlbare **Farmers Markets** entlang der Straße offerieren landwirtschaftliche Produkte.

Fort George
www.
pc.gc.ca/fortge-
orge

Noch vor Niagara-on-the-Lake erreicht man das restaurierte **Fort George**, einen *National Historic Site.* Die Palisaden des Forts war im Krieg 1812-1814 heiß umkämpft. Zeitgenössisch kostümierte Soldaten und Dienstpersonal beleben heute den als *Living Museum* hergerichteten Komplex und sorgen im Sommer für Kanonen- und Musketenböller mit Exerziereinlagen. Mai-Oktober täglich 10-17 Uhr, ✆ (905) 468-6614; Eintritt $12, Kinder $6.

Mündung des Niagara River in den Lake Huron bei Niagara-on-the-Lake, wobei sich der Ort überwiegend außerhalb des Fotos weiter links erstreckt. Unten im Bild ist das Palisadenfort George NHS gut erkennbar, gegenüber das alte US-Fort Niagara.

Niagara-on-the-Lake

Niagara-on-the-Lake liegt – der Name sagt es – an der Mündung des Niagara River in den Lake Ontario. In den Jahren nach der amerikanischen Unabhängigkeit besaß der Ort dank dieser strategisch wichtigen Lage ein gewisse Bedeutung und war von 1792 bis 1796 sogar **Hauptstadt von** *Upper Canada* (➪ Seite 411). Das ist manchen Prachtbauten noch heute anzusehen. Nach dem Frieden mit den USA – und mehr noch mit der Fertigstellung des *Welland Canal* (➪ unten) – geriet Niagara-on-the-Lake jedoch ins Abseits. Wohl nicht zuletzt deshalb blieb das aufgelockerte, parkartige Ortsbild weitgehend erhalten und entwickelte sich zu einer – unabhängig von den Niagarafällen – eigenen Touristenattraktion, die vor einigen Jahren zu Recht den Titel der *Prettiest* *Town of Canada* errang.

Queen Street

Die das *Fort George* passierende Straße Queens Parade führt geradewegs ins kleine Zentrum zwischen Wellington und Mississauga Street entlang der alleeartigen Picton Street, die an der Ecke King Street in den **Shopping-/Restaurantbereich** der Queen Street übergeht. Dort ist ein Spaziergang ein Muss, auch wenn gelegentlich mehr Touristen die Queen Street bevölkern, als manchem gefallen wird. Einige Schritte weiter in den Nebenstraßen ist es ruhiger, der ganze Ort samt Uferparks leicht zu Fuß abzulaufen. Architektonisch-nostalgische Kleinode entdeckt man überall.

Information

Ortsplan, Unterkunftsverzeichnis und das **Programm des** *Shaw* *Festival* erhält man im *Info Center* der *Chamber of Commerce*, 26 Queen Street, im *Old Courthouse*; ℂ (905) 468-1950, 10-19.30

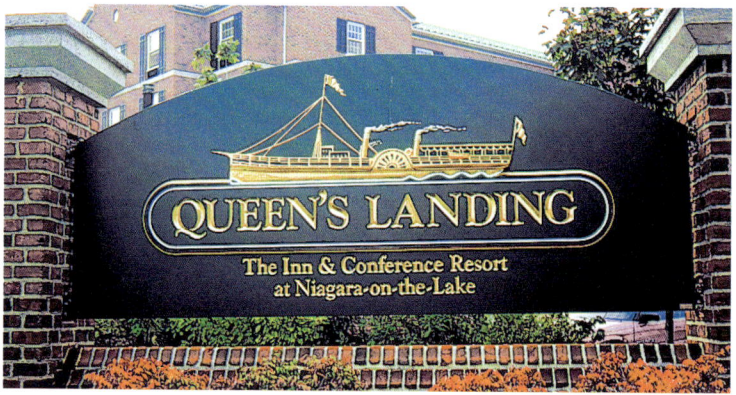

Elaborierte Schriftzüge in Gold sind in Niagara-on-the-Lake für alle besseren Hotels, Restaurants und Shops weitgehend und mit Erfolg eingehaltene Pflicht.

Uhr (Mai-Oktober); www.niagaraonthelake.com. Ein **Infokiosk** steht auch an der **Fort George**-Einfahrt. **Parkplätze** gibt's in der Wellington und in der King Street (rechts und links von der Picton Street). Falschparken wird aber rasch und happig geahndet.

Shaw Festival

Der Spielplan der drei Theater ist von **April bis Oktober** voll gespickt. Dabei werden nicht nur Stücke von *George Bernard Shaw* aufgeführt, sondern klassisches ebenso wie Boulevard-Theater in einer Besetzung, die zum Teil bei großen Bühnen »ausgeliehen« wird. Die Ticket-Preise liegen mit $35/$40-$110 durchaus im Rahmen, wobei das Gros der Plätze (Sonntagabend bis Freitagnachmittag) $60-$82 kostet. Aber es gibt verbilligte Matinees, Senioren- und Studententickets und Sonderaktionen.

Info: ✆ 1-800-511-7429 oder ✆ (905) 468-2172; www.shawfest.com

Unterkunft

Niagara-on-the-Lake verfügt über eine Reihe guter und bester Hotels in stilvoll-nostalgischen Gebäuden, nicht zu teuer für ihren Charme, wenn man die Wochenenden meidet.

- Das **Prince of Wales** im Zentrum (6 Picton Street) ist der Platzhirsch mit Spa, Kneipe, Restaurant und *High Tea*; ab $190; ✆ (905) 468-3246 und ✆ 1-888-669-5566; www.vintage-hotels.com
- Nebenan das **Moffat Inn**, 60 Picton Street, hat etwas weniger Komfort, ist aber preiswerter, ab $144; ✆ (905) 468-4116; www.vintage-hotels.com.

- Eine gute Wahl etwas abseits des Trubels ist **The Anchorage Motel** bei der Marina, 186 Ricardo Street, $95-$110; ✆ (905) 468-2141; www.theanchoragemotel.ca

Zudem gibt es weit über 200 **Bed&Breakfast Places** mit Preisen ab ca. $95 fürs DZ im Sommer, darunter viele in alten Villen; www.niagaraonthelake.com, weiter unter »*Accommodations*«.

Restaurants

In Niagara-on-the-Lake kann man wie sonst nur in Europa durch die Straßen bummeln und das Restaurant/die geeignete Kneipe für den Abend ausgucken; zu empfehlen sind u.a.

- *The Olde Angel Inn* (Restaurant & *English Pub*) in der 224 Regent Street; © (905) 468-3411; www.angel-inn.com
- Die **Queen Victoria Lounge** (mit Bar) des *Prince of Wales Hotel*

Nach Toronto

Auf schnellstem Weg von Niagara-on-the-Lake nach Toronto geht es auf der Straße #55, die östlich von St. Catharines auf den **Queen Elizabeth Way (QEW)** trifft. Mit einer Extrastunde Zeit bleibt man auf der Lakeshore Road #87 und fährt über Port Dalhousie (dort früher End-/Anfangspunkt des später verlegten *Welland Canal*) in Ufernähe des Lake Ontario, bis man westlich von St. Catharines auf den *QEW* stößt. Wer die Schleusen des Kanals besichtigen möchte, gelangt auch von der #87 (über den Welland Canals Parkway am westlichen Kanalufer) dorthin.

Welland Canal

Der **Welland Canal** verbindet *Erie* und *Ontario Lake* bereits seit 1833 als Umgehung des nicht schiffbaren Niagara River. Er ist ein wichtiges Teilstück des 1959 fertiggestellten **Great Lakes St. Lawrence Seaway**, einer 3.700 km langen, für Hochseeschiffe befahrbaren Wasserstraße vom Atlantik bis Thunder Bay am Westende des Lake Superior; www.greatlakes-seaway.com

Anfangs 40, heute nur noch **8 Schleusen** sorgen für die Überwindung des Höhenunterschiedes von ca. 100 m zwischen den beiden Seen. Unweit des *QEW, Exit #38* Glendale Avenue, befindet sich an **Lock #3** im *Welland Canals Center* eine **Besucherplattform**, von der man das Ein- und Ausschleusen der bis zu 226 m langen Schiffe beobachten kann (⇨ Abbildung nächste Seite).

Museum

Picknickplatz und **Visitor Center** fehlen auch nicht, und das **St. Catharines Museum** (1932 Welland Canals Parkway) informiert über Geschichte, Bedeutung und Funktion des Kanals. Geöffnet täglich Mai-November 9-17 Uhr, $4 (empfohlene Spende); © 1-800-305-5134; www.stcatharineslock3museum.ca.

Hotel Prince of Wales

Saint Lawrence Seaway

Lake Superior 183 m ü.M. · Lake Huron 176 m · Lake Erie 173 m · 64 m · 74 m · L. Ontario · 6 m

Meeres-spiegel · 229 m · 243 m · 406 m tief

Thunderbay · CANADA USA · Lake Superior · Sault Ste Marie · Georgian Bay · CANADA · Lake Huron · Lake Michigan · Lake Erie · Niagara River · Welland Kanal · Niagara Falls · Toronto · Ontario Lake · Montreal · Detroit · USA

(Darstellungen verzerrt)

Weingüter www.wine country ontario.ca	Die sonnenreiche Niagara-Region ist (neben dem *Okanagan Valley* in British Columbia) Kanadas wichtigstes Weingebiet. Wer sich für *Wines grown in Canada* interessiert, findet nicht nur in der Umgebung von Niagara-on-the-Lake Weingüter. In den Besucherzentren ist die Werbung der **Vineyards** mit **Tasting Rooms** nicht zu übersehen.
Hamilton	Die Industriestadt Hamilton bietet dem Besucher wenig. Man passiert sie auf dem Weg zwischen Niagara und Toronto; www.tourismhamilton.com. Wer den im folgenden beschriebenen Abstecher nach Kitchener/Waterloo bzw. St. Jacobs unternimmt, verlässt nördlich von Hamilton den *Queen Elizabeth Way*, fährt zunächst auf der #403 nach Süden und gelangt dann über die Autobahn #6 in Richtung Guelph, später #7 nach Kitchener.
Safari Park	Wer Kitchener nicht auf der #6, sondern (von der #403 eine Ausfahrt südlicher) über die #8 ansteuert, passiert zwischen Hamilton und Cambridge den riesigen **Drive-Through Park African Lion Safari** (10 km, *Safari Tour Bus* oder eigener PKW); 1386 Cooper Road in Hamilton; www.lionsafari.com. Neben Löwen, Zebras und Elefanten gibt's auch einheimische Tiere (z.B. Bisons), Greifvogelschau, Dschungel-Spielplatz, *Shows* und *Boatride* mit der **African Queen**. Juni-La*bour Day* täglich 9-17.30 Uhr. Anfang Mai-Juni und September-Anfang Oktober bis 16 Uhr, *All-inclusive*-Ticket $30/$25 (Hauptsaison); Bus $5 extra.
Kitchener	Gut 80 km westlich von Toronto liegt die – ebenso wie Hamilton – von Industrie geprägte Doppelstadt Kitchener/Waterloo (sprich: Kay-Dubbelju). Sie ist gleichzeitig Ontarios Kapitale der **Factory Outlets** (⇨ Seite 50f): www.explorewaterlooregion.com.

Ein **Kitchener Welcome Center** befindet sich in der 200 King Street West, ℂ (519) 745-3536 und ℂ 1-800-265-6959.

Von der lokalen Touristenwerbung wird **Kitchener** mit seinem 25% Anteil Deutschstämmiger zu Recht als *Germany*-Hochburg, insbesondere der **Mennoniten** herausgestellt (⇨ Kasten nächste Seite und www.oktoberfest.ca).

St. Jacobs

Das einst *Jacobstettl* genannte Städtchen **St. Jacobs**, ein hübsch herausgeputzer Ort im Mennonitenland voller Kunsthandwerksläden, *Antique Shops* und Cafés liegt gut 15 km nördlich von Kitchener; www.stjacobs.com. Bei Anfahrt über die Autobahn #85 passiert man zunächst das Gelände des **Farmer's Market** (878 Webber Street; Do und Sa 7-15.30 Uhr, im Sommer auch Di 8-15 Uhr). Der Gemüse- und Flohmarkt findet ganzjährig draußen und drinnen mit bis zu 150 Ständen (viele von Mennoniten) statt.

The Outlets St. Jacob im Scheunen-*Look* gleich daneben ist immer gut für Schnäppchen; tägl. Mo-Fr 9-21, Sa bis 18 Uhr, So 12-17 Uhr.

Unterkunft

- Ganz nah dran liegt das **Best Western St. Jacobs Country Inn**, 50 Benjamin Road East, ab $180, ℂ (519) 884-9295 und ℂ 1-800-972-5371; www.stjacobscountryinn.com

- Neun komfortable Zimmer bietet **Benjamin's Restaurant & Inn**, 1430 King Street North, ℂ (519) 664-3731, ab $100.

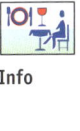

- Das **Olde Heidelberg Restaurant Tavern & Motel** liegt 8 km westliches Marktes an der Straße #15, einfach (ab $70), mit urdeutschem Restaurant, ℂ (519) 699-4413; www.oldhh.com.

Info

Das **Visitor Center** (1406 King Street, im Ort) vermittelt *Bed & Breakfast* und informiert über die Mennoniten (⇨ nächste Seite).

3

Im Marktgebäude in St. Jacobs

Deutsche, Mennoniten und Amish in Ontario

Kitchener/Waterloo ist bekannt als Canadas *German Capital*; es hieß früher sogar **Berlin**, wurde aber im 1. Weltkrieg von seinen deutschstämmigen Bewohnern aus Solidarität mit der kanadischen Regierung nach einem britischen General umbenannt. Die Nachkommen der deutschen Siedler halten nichtsdestoweniger die heimischen Traditionen hoch. Auf dem größten **Oktoberfest** Nordamerikas (immer ab Freitag vor *Thanksgiving*) etwa gibt's waschechte Dirndl- und Lederhosen-Atmosphäre. Auf das Kommando: »**O'zapft ist's!**« nehmen die Canada-Deutschen neun Tage lang Maßkrüge in die Hand.

Von Bierseligkeit weit entfernt waren immer schon andere deutsche Immigranten, die **Mennoniten** und die Mitglieder der verwandten Glaubensgemeinde der *Amish*. Ihre religiösen Prinzipien, zu denen u.a. strikter Pazifismus zählt, trieben sie im 18. Jahrhundert von Europa nach Amerika. Ursprünglich hatten sie sich bei Lancaster im US-Staat Pennsylvania niedergelassen, wo auch heute noch die größte Gemeinde existiert. Dort nennt man die *Amish* auch **Pennsylvania Dutch**, was nichts mit Holländern zu tun hat, sondern – auf amerikanisch – »Deutsch« heißt. Während des Unabhängigkeitskrieges der USA fürchteten viele, den Dienst an der Waffe nicht verweigern zu können, und flohen deshalb nach Ontario.

In den Regionen um St. Jacobs sind die 40.000 Mennoniten (genauso wie in den USA im Bereich Lancaster/Pennsylvania die *Amish*) wegen ihrer traditionellen Lebensweise und ihrer hochwertigen landwirtschaftlichen Produkte eine Art Touristenattraktion. Ihre schwarzen Pferdekutschen wirken heute auf den Straßen wie aus einer anderen Welt. Immer noch leben viele von ihnen wie vor der industriellen Revolution. Zivilisatorische Errungenschaften wie etwa Elektrizität lehnen die *Hardliner*, sog. Alt-Mennoniten, immer noch ab. Sie betreiben Landwirtschaft wie vor über hundert Jahren. Moderne Maschinen finden nur langsam Eingang. Wehr- und Schulpflicht erkennen sie nicht an, das Wahlrecht nehmen sie nicht wahr. Die Männer der konservativen Gruppierungen tragen Kinnbärte und schwarze Hosen mit Hosenträgern, einfarbige Hemden und einen breitkrempigen schwarzen oder Stroh-Hut, die Frauen knöchellange Bauerntracht und ein weißes Häubchen. Die Kinder werden fein herausgeputzt und sehen ganz aus wie die Eltern *en miniature*.

Im *Visitor Centre »The Mennonite Story«* in St. Jacobs, 1406 King Street, erfährt man alles über die Geschichte der Mennoniten, ihren Glauben und ihre Lebensweise (mit dem 13-minütigen Dokumentarfilm **Mennonites of Ontario**, Gebrauchsgegenständen und Fotoausstellung). Geöffnet April-Dezember Mo-Sa 11-17 Uhr, So ab 13.30 Uhr; im Winter Sa 11-16.30 Uhr, So 14-16.30 Uhr. $4 als Spende erbeten; © (519) 664-3518.

3.3   **Toronto und Umgebung**

www.seetorontonow.com   www.toronto.ca

Einwohner: 2,7 Mio, Metrobereich: 5,8 Mio

3.3.1   **Kennzeichnung**

**Schmelz-
tiegel
Toronto**

Ontarios Hauptstadt Toronto ist die mit Abstand größte kanadische City und baut den Vorsprung gegenüber der Nummer
Zwei (Montréal) in Riesenschritten aus. Passend dazu ragen aus
der Skyline die sieben höchsten *Skyscraper* Canadas empor. Die
Stadt besitzt den größten Flughafen und ist das Finanzzentrum
des Landes. Die heimische Wirtschaft boomt nicht zuletzt dank
eines kontinuierlichen Einwandererstroms. Über 50% der Bewohner Torontos stammen nicht aus Canada, sondern sind Immigranten aus über 200 Kulturkreisen.

Torontos zahlreiche ethnische Viertel liegen wie Mosaiksteine
nebeneinander und geben der Stadt Farbe und Flair. Die **Idee der
mulitikulturellen Gesellschaft** scheint dort **weitgehend verwirk-
licht worden** zu sein.

Englisch ist nicht mehr die meistgesprochene Sprache daheim in
den Familien. Und alle – so scheint es – leben recht einträchtig
nebeneinander. Notrufe können gar in 150 Sprachen beantwortet
werden. Abends kann man angstfrei ausgehen und nachts ohne
Sorge vor Überfällen mit der U-Bahn nach Hause fahren.

Toronto Skyline

3

Kultur
und Sport
Diese vitale, bunte Metropole verfügt auch über architektonisch attraktive **Prestigebauten** und ein reiches **Kulturleben**. Mit mehr als hundert Galerien und Museen rangiert Toronto gleich hinter New York. Zahlreiche kulinarische, Musik- und Theaterfestivals haben ihren festen Platz im Jahresprogramm. So kann das ***International Film Festival*** (10 Tage im September) sich durchaus neben Cannes, Berlin und Venedig sehen lassen. Hochklassig ist auch das ***Beaches International Jazz Festival*** Ende Juli. Erwähnenswert sind u.a. auch der karibische Karneval ***Caribiana*** im August (www.caribanatoronto.com) und das ***Chinese Lantern Festival*** Ende Juli/Anfang August (www.chineselanternfestival.ca).

Auch **Sport** spielt eine wesentliche Rolle. Die ***Toronto Blue Jays*** (*Baseball*; www.bluejays.mlb.com), die ***Maple Leafs*** (*Eishockey*; mapleleafs.nhl.com), die ***Raptors*** (*Basketball*; www.nba.com/raptors) und der ***Toronto FC*** (*Soccer*; www.torontofc.ca) spielen jeweils in der höchsten Profiliga Nordamerikas.

3.3.2   Geschichte

Entstehung
Bei Ankunft der Weißen lebten **Huronen** und ***Missisauga***-Indianer am nördlichen Ufer des Lake Ontario. Schon früh nutzten französische *Voyageurs* eine Kanuroute von dort hinüber zur Georgian Bay des Lake Huron, aber erst als man das Gebiet um das heutige Toronto (»*wo Baumstämme im Wasser liegen*« als Vorrichtung zum Fischen) den Missisauga für 1.700 britische Pfund abgeluchst hatte, ließ der Gouverneur von *Upper Canada*, **Lord Simcoe**, 1793 an der *Humber Bay* das **Fort York** errichten. Um das Fort entstand die Siedlung York.

York
Loyalisten (↪ Seite 486), die aus den gerade entstandenen USA hierher geflohen waren, kultivierten das Land und bauten erste Straßen wie etwa die heutige ***Yonge*** oder die ***Dundas Street***, auf denen sie ihre Produkte in die Stadt karrten. »***Muddy***« **York**, wie die Stadt wegen ihrer verschlammten Straßen oft genannt wurde, entwickelte sich trotz dieses Spitznamens gut und zählte **1834**, dem Jahr **Umbenennung in Toronto**, rund 9.000 Einwohner.

Toronto
Toronto wurde rasch zur Großstadt, stand jedoch lange Zeit im Schatten von Montréal. Die Fertigstellung des *St. Lawrence Seaway* (↪ Seite 428) brachte 1959 einen wichtigen wirtschaftlichen Impuls; weitere Schübe erhielt Toronto in den 1970er- und 1990er-Jahren dank vieler Angelsachsen, die Québec wegen seiner wachsenden separatistischen Bestrebungen mitsamt ihrem Kapital den Rücken kehrten, ↪ Seite 521f.

Toronto
heute
Während lange Jahre in erster Linie Europäer nach Toronto kamen, zogen – nach einer Lockerung der Immigrations-Bestimmungen für Nicht-Europäer – vor allem Asiaten und Karibik-Bewohner nach. Die Region Toronto ist heute der am dichtesten besiedelte Ballungsraum des Landes, Toronto City die bei weitem größte Stadt und das Finanzzentrum Canadas.

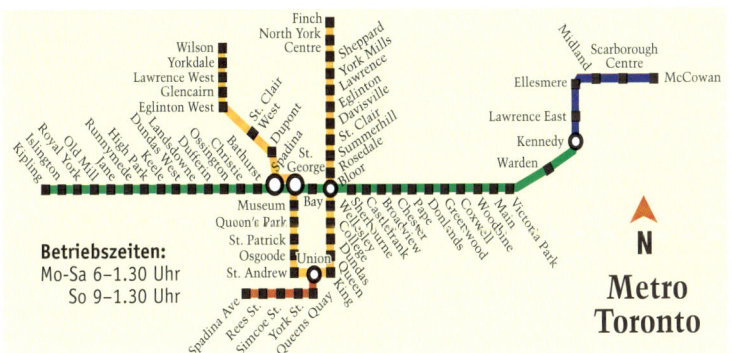

Betriebszeiten:
Mo-Sa 6–1.30 Uhr
So 9–1.30 Uhr

Metro Toronto

3.3.3   Transport, Verkehr und Information

Flughafen

Der ***Toronto Pearson International Airport*** ([www.torontopear](www.torontopearson.com)
[son.com](www.torontopearson.com)) liegt 30 km nordwestlich von *Downtown.* Man erreicht
ihn je nach Verkehrslage in 40-90 min über drei ***Freeways***:
#401 (*Macdonald-Cartier Freeway*)
#409 (*Airport Expressway*) oder **#427** nach Süden zum
Gardiner Expressway, der Richtung Osten ins Zentrum führt.

In die City
www.torontoair-
portexpress.com

Alle 30 min. verbindet der ***Airport Express*** Flughafen und Busbahnhof, sowie große *Downtow*n-Hotels. Fahrtzeit 30-60 min,
einfache Fahrt \$24; *Round Trip* \$40 (Online-Buchung 10% *Discount*). Preiswerter (\$2,75) ist es per **Linienbus #58** zur U-Bahn
Lawrence West, dann die **gelbe U-Bahn-Linie** ins Zentrum.

Bus #300A (Nachtservice alle 30 min 2-5 Uhr) entlang Bloor/Dan-
forth Street mit Zugängen zur ***Subway*** (grüne Linie); am günstigsten fürs Zentrum sind die Stopps *Museum, Bay* und *Bloor.*

Bus #307 (Nachtservice alle 30 min 2-5 Uhr) entlang der Eglinton
Avenue, *Subway*-Station *Eglinton*, dann die gelbe Linie.

Bus #192, der ***Airport Rocket*** (alle 10-20 min 5-2 Uhr) fährt zur
westlichen Endstation (*Kipling*) der grünen Linie; weiter ➪ oben.

Für alle diese Verbindungen (Bus und U-Bahn) gelten die normalen
Tarife der **TTC** inklusive der anschließenden *Subway*; man muss
aber beim Busfahrer nach einem ***Transfer Ticket*** fragen (frei).

Das **Taxi** vom Airport in die City kostet ca. \$55.

Bahnhöfe
Bahn+Bus

Union Station südlich der City, 65 Front Street West (alle Züge)

Toronto Coach Terminal, nördlich der *City Hall* in der 610 Bay
Street; www.torontocoachterminal.com

U-Bahn/Bus

Das öffentliche Verkehrssystem Torontos gehört zu den besten
Nordamerikas. Alle touristisch wichtigen Anlaufpunkte, die
nicht in kurzer Fußgängerdistanz in und um *Downtown* liegen,
lassen sich per **U-Bahn**, **Straßenbahn** oder **Bus** gut erreichen.

3

Tickets   Eine Einzelfahrt im Stadtnetz der *Toronto Transit Commission* (© 416-393-4636; www.ttc.ca) kostet $3 (3 *Token* $7,80), Kinder $0,75 (Verkauf an den Stationen). Umsteigen ist mit einem *Transferticket* frei (⇨ oben). Bei **Einzelfahrten** in Bus/Straßenbahn (*Street Car*) das **Fahrgeld abgezählt** bereit halten bzw. den *Token* in einen Behälter werfen.

Day Pass   Speziell für Touristen attraktiv ist der *Day Pass* für $10,50, die Tagesnetzkarte für alle Verkehrsmittel. Sa+So und feiertags ist der *Day Pass* gültig für 2 Erwachsene plus bis zu 5 Kindern.

Verkehrs-situation   Wie in anderen Metropolen auch ist die Verkehrssituation oft unerfreulich. Trotz breit ausgebauter Stadt-Autobahnen mit separaten Express- und Durchgangs-Fahrspuren herrscht zur *Rush Hour* vielfach *Stop-and-Go*-Verkehr. Auch das gut ausgebaute Nahverkehrsnetz (www.gotransit.com) scheint dem nicht abzuhelfen.

Sightseeing   *Gray Line's Greater Toronto Double Decker Circle Tour* bietet *Hop-On-Hop-Off* in offenen Doppeldeckerbussen ab *Nicholby's Shop* an der 123 Front Street West oder ab *Yonge/Dundas Square*; (© 1-800-472-9546; $39/$20; täglich 9-15 Uhr, drei Tage gültig).

Ggf. lohnend ist der *City Pass* **für $59/$35** für den Besuch von fünf – in summa einzeln weit teureren – Zielen: *CN-Tower*, *Science Center*, *Zoo*, *Royal Ontario Museum* und *Casa Loma*. Erhältlich an eben diesen Punkten; www.citypass.com/toronto.

Carlton Streetcar   Wer sich eine **Übersicht über Torontos** *Neighbourhoods* verschaffen möchte, steigt am besten in die **Linie #506**, **die** *Carlton Streetcar*. Sie pendelt in Höhe der Straßen College/Carlton/Gerrard zwischen *High Park* im Westen und der U-Bahn-Station *Bloor* im Osten und passiert dabei fast alle ethnischen Viertel: *Chinatown*, *Little Italy*, *Indian Basar* und *Cabbage Town*; bester Einstieg nahe der U-Bahn-Station *College* (gelbe Linie), Ecke Yonge/Carlton.

Zufahrt/ Orientierung per Auto   **Von Süden** (Buffalo, Niagara) kommend ist der *Queen Elizabeth Way* (*QEW*), anschließend der *Gardiner Expressway* schnellster Zubringer für *Downtown Toronto*.

Von Westen (Windsor/Detroit) führt der *Macdonald-Cartier Freeway #401* am Flughafen vorbei durch Torontos Norden. Nach *Downtown* wechselt man beim Flughafen auf die #427, dann weiter ebenfalls *Gardiner Expressway*.

Von **Nordwesten** (*Muskokas*, *Algonquin*, *Georgian Bay*) nimmt man die Autobahn #400 bis zum Black Creek Drive, dann *Gardiner Expressway*. **Von Osten** (Kingston, #404) ist der *Don Valley Parkway* die beste Route Richtung Zentrum.

Downtown   *Downtown* **Toronto** erstreckt sich südlich der Bloor Street bis zur *Waterfront* am Ontario Lake zwischen **Spadina Avenue** und **Jarvis Street**, ⇨ Karte Seite 445. Den **Kernbereich der City** zwischen *Gardiner Expressway* und Bloor Street im Norden begrenzen **Yonge Street** im Osten und die **University Ave** im Westen.

Die *Harbourfront* besetzt das Ufer des Lake Ontario »unterhalb« der City. Vorgelagert sind die Toronto Islands. Die *Skyline* wird vom *CN Tower* beherrscht, aber auch andere Wolkenkratzer sind beeindruckend, so das *First Canadian Place* (298 m, 72 Stockwerke) südlich der *City Hall*, ⇨ Karte Seite 435.

Im City-Bereich westlich des *CN Tower* entsteht auf stillgelegten Bahngelände- und Hafengrundstücken nach dem Vorbild Vancouvers eine großzügige Hochhaus-Wohnstadt aus Glas und Stahl mit Freizeitanbindung an die *Harbourfront*. Sie gibt der dort bisher eher reizlosen Skyline neuen Schwung.

Parken

Parken auf Torontos Straßen ist Mo-Sa bis 18 Uhr nur für **maximal 180 min** erlaubt, es sei denn andere Vorgaben sind explizit ausgeschildert. Auch die meisten Parkuhren haben dieses Limit. Die Parkplatzsuche in der Innenstadt kann daher an Wochentagen ein schwieriges Unterfangen sein. **Parkstress** vermeidet, wer seinen Wagen an einer Vorortstation stehen lässt und mit der U-Bahn in die City fährt.

Grüne Schilder weisen in *Downtown* den Weg zu den **Municipal Parkings**, öffentlichen Parkgaragen mit moderaten Tarifen von $1-$3,50 für 60 min bis maximal $20/Tag ($6/Nacht); www.greenp.com. **Private Parkplätze** und Parkhäuser sind teurer.

Günstig liegen die relativ preiswerten Garagen am **St. Lawrence Market** (Einfahrt in der 2 Church Street) und die **Nathan Phillips Square Garage** bei der *City Hall*, 110 Queen Street West.

Information

Das *Ontario Travel Center* im **Atrium on Bay** (www.atriumonbay.com, 20 Dundas Street), verteilt neben Unterlagen für die ganze Provinz auch Material für Toronto (im Sommer Mo-Sa 8-20, So 9-18 Uhr). Ganz in der Nähe am *Yonge-Dundas Square* gibt es im »*TO Tix*« **Theaterkarten** zu 50%, 5 Dundas Street; www.totix.ca.

Tourism Toronto im *Queen's Quay Terminal* (207 Queens Quay West an der *Harbourfront*) Mo-Fr 8-17 Uhr, ☏ (416) 203-2500. Deren multilinguales *Call Center* ist Mo-Fr 8.30-18 Uhr, Sa/So ab 10 Uhr zu erreichen, im Sommer bis 20 Uhr: ☏ 1-800-499-2514.

3

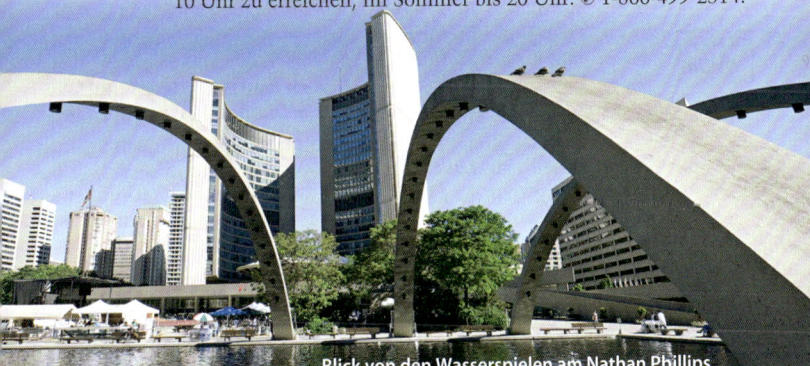

Blick von den Wasserspielen am Nathan Phillips Square auf die Hochhäuser der City Hall

3.3.4   Unterkunft und Camping

Situation

Toronto hat sich in den letzten Jahren zu einem Touristenmagneten entwickelt. Die vielen Festivals, Events und Sportveranstaltungen sorgen vor allem an Wochenenden im Sommer für Engpässe bei den Hotels vor allem in der unteren Mittelklasse. Unter der Woche gibt's dagegen auch schon mal »Schnäppchen«.

Motels/Hotels

Viele gute Hotels mit gutem Preis-/Leistungsverhältnis findet man um den *Int'l Airport* herum im Einzugsbereich der *Freeways* #401, #409 und #427; jedoch in nüchterner Umgebung.

Airport

- *Days Hotel,* 1677 Wilson Avenue (*Freeway* #401; *Exit* 359, *Airport Shuttle, Public Transport* in die Stadt, ab $89, ✆ (416) 249-8171 und 1-800-267-0997; www.daysto.com

- *Comfort Inn Toronto Airport,* nur 1 km vom Flughafen, 6355 Airport Road. Parken, wie auch beim *Days Hotel,* kostenlos. *Public Transport* nach *Downtown, Airport Shuttle,* ab $90, ✆ (905) 677-7331 und ✆ 1-800-395-7046.

- *Radisson Suites Hotel Airport,* 640 Dixon Road A*irport Shuttle,* Wochenendangebote, Standard ab $150; ✆ (416) 242-7400 und ✆ 1-800-395-7046; www.radisson.com

City

An der *Waterfront* haben ihren Preis das **Westin Harbour Castle**, $159-$260 für normale Zimmer, Suites teurer, ✆ (416) 869-1600; und das **Radisson Plaza Hotel Admiral**, ab $230, ✆ (416) 203-3333 und ✆ 1-800-395-7046. Etwas Besonderes ist das **Renaissance Hotel Downtown** im *Rogers Centre* (1 Blue Jays Way), wo man von einigen Zimmern Musik- und Sportereignisse (*Blue Jays, Baseball*) erleben kann; $180-$300; ✆ (416) 341-7100 und ✆ 1-800-237-1512; www.renaissancehotels.com

Auch zentral gelegen, aber erschwinglicher sind:

- *Best Western Primrose Hotel,* 111 Carlton Street, im Sommer ab $159, ✆ (416) 977-8000 und ✆ 1-800-268-8082
- *Bond Place,* 65 Dundas St East, $120-$150, Parken extra $15; ✆ (416) 362-6061 und ✆ 1-800-268-9390; www.bondplace.ca

- Tipp: *Hotel Victoria,* restauriertes Boutiquehotel, 56 Yonge St nahe *Union Station,* $140-$160, Parken extra $14, ✆ (416) 363-1666 und ✆ 1-800-363-8228, www.hotelvictoria-toronto.com
- Ein Tipp in Seenähe ist das *Days Inn Beaches,* ➪ Seite 438

Preiswerte ältere, z.T. filmreife Motels lagen lange Zeit aneinandergereiht am *Lake Shore Blvd West* auf Höhe des *Humber Bay Park* westlich des **Ontario Place.** Das Areal wird heute dominiert von gläsernen Apartmenthäusern, die nach und nach die meisten dieser *Motels* verdrängt haben. Ins heutige Bild passt eher das

- *Four Points Toronto Lakeshore by Sheraton, Downtown* gegenüber der Seepromenade. Viele Zimmer mit Seeblick, Parks und ein Strand leicht zu erreichen, auch Bus und Bahn; 1926 Lake Shore Blvd West, ab $145, ✆ (416) 766-4392.

B & B

Toronto hat viele **B&B Quartiere**; Vermittlung durch **B&B Homes of Toronto**, ✆ (416) 363-6362, www.bbcanada.com

Hostels

- **Toronto International Hostel (HI)** 76 Church Street; ab $31/Bett, DZ $109; ✆ 1-877-848-8737; www.hostellingtoronto.com
- **Global Village Backpackers**, zentral in 460 King Street West, ✆ 1-888-844-7875; ab $27, DZ $78; www.globalbackpackers.com
- **Canadiana Backpackers Inn**, 42 Widmer Street, in einem alten viktorianischen Haus, Superlage, ruhig; ab $27, DZ $75; ✆ (416) 598-9090 und ✆ 1-877-215-1225; www.canadianalodging.com
- **College Hostel**, 280 Augusta Avenue beim *Kensington Market*; ab $28, DZ $76; ✆ 1-866-663-2093; www.collegehostel.com

Colleges

Preiswert sind auch College/Uni-Unterkünfte (nur ca. Mitte Mai bis Ende August); Preise jeweils mit Frühstück:

- **Neill-Wycik College Hotel**, 96 Gerrard Street East, $35-$85, ✆ (416) 977-2320 und ✆ 1-800-268-4358; www.neill-wycik.com
- **University of Toronto – New College Residence**, 40 Willcocks Street; EZ $42, DZ $63; ✆ (416) 946-0529; www.torontores.com
- **Victoria University**, 140 Charles Street; EZ $60, DZ $81; ✆ (416) 585-4524; www.vicu.utoronto.ca

Letztere zwei in Toplage auf dem **University of Toronto-Campus**.

Camping

Toronto and Region Conservation verwaltet die Campgrounds *Glen Rouge, Indian Line* und *Albion Hills*; ✆ 1-855-811-0111; www.reservations.trca.on.ca.

- Am besten ist in Lage und Anlage der **Glen Rouge Campground** (7450 Kingston Road, $22-$38) im Vorort Scarborough (↪ Zoo, Seite 450). Von Toronto über die #401 (*Express-Lane!*), *Exit* 390 (Port Union Road); von Osten kommend *Exit* 392; von der nahen »Rouge Hill« **Go-Transit-Bahnstation** (5 Autominuten) geht's ebenso schnell in die City; www.gotransit.com

- Ebenfalls noch relativ citynah und in Autobahnnähe (ziemlich laut) liegt der komfortable **Indian Line Campground** (7625 Finch Avenue, Brampton, $29-$44) nur wenige Kilometer nördlich des **International Airport**: Autobahn #427, *Exit* Finch Ave, dann 1 km nach Westen, ausgeschildert; Anbindung an öffentliche Verkehrsmittel vorhanden.

- Weiter außerhalb, ca. 20 km nordwestlich **Kleinburg** (↪ Seite 451), bietet der **Albion Hills Campground** (16500 Hwy 50, Palgrave, $27-$33) Natur mit Badestrand; die Straße #427 North endet an der #7, dann West auf die #50 Richtung Norden. 8 km nördlich von **Bolton** liegt der Platz auf der linken Seite im Bereich **Caledon**. In Bolton und Kleinburg (dort *Park&Ride*) fahren **GO Transit**-Busse zu den **GO-Transit**-Zügen in die Stadt.

Weitere Campingplätze liegen westlich nahe der Autobahn #401: Ein **KOA-Platz** (*Exit* #312) und der **Milton Heights Campground** (*Exit* #320) beim *Ontario Agricultural Museum* in Milton, 8690 Tremaine Rd; ✆ (905) 878-6781; www.miltonhgtscampgrd.com.

3

3.3.5   Stadtbesichtigung und Sehenswürdigkeiten

Downtown und die Waterfront

Orientierung

Ein Blick auf den Stadtplan zeigt die typische Gitterstruktur, wie man sie sonst eher von US-Cities kennt. Alle 10-20 Häuserblocks kreuzen sich größere Durchgangs- oder Geschäftsstraßen in Nord/Süd- bzw. Ost/West-Richtung. Dies erleichtert die Orientierung, obwohl die Straßen keine Nummern, sondern Namen tragen. Ferner sind die **Neighbourhoods** gekennzeichnet: viele Straßenschilder haben einen Zusatz wie **Little Italy** oder **Chinatown**. Im Innenbereich der großen Quadrate liegen grüne Wohnviertel. Wer in solch einem Karree wohnt, hat pulsierendes Großstadtleben in der Nähe, zugleich aber eine für Großstädte ungewohnte Verkehrsruhe in den baumbestandenen Straßen. Dort genießt man urbanes Wohnen zwischen Kleinstadt und Metropole. Entlang der Hauptstraße dieser Viertel finden sich viele **kleine ethnische Restaurants** (koreanisch, italienisch, indisch, griechisch) und jede Menge Geschäfte.

Da die *Downtown* (⇨ Karte Seite 445) zusammen mit den *Neighbourhoods* recht ausgedehnt ist, braucht man für eine intensive Stadtentdeckung Auto, Taxi oder öffentliche Verkehrsmittel.

City Hall

Fokus des Zentrums ist die ***City Hall*** (100 Queen Street West) mit dem **Nathan Phillips Square**. Dieser Bau des finnischen Architekten *Viljo Revell* galt Anfang der 1960er-Jahre mit seinem eigenwilligen Grundriss – zwei Halbmonde, die über einen unteren, muschelförmigen Trakt miteinander verbunden sind – als avantgardistisch. Gegenüber steht auf der Ostseite des Rathausplatzes die ***Old City Hall*** (1899 - 60 Queen Street W), ein bombastischer

Natursteinbau, der jetzt als Gerichtsgebäude dient. Der Nathan Phillips Square verwandelt sich bei gutem Wetter gegen Mittag in einen Picknickplatz für Angestellte aus den umliegenden Büros. Oft finden dort Theater- und Musikveranstaltungen statt, aber ein urbanes Zentrum ist er nie geworden.

Yonge Street

Hauptachse der City ist die quirlige Yonge Street. Im Kreuzungsbereich mit der Bloor Street liegen elegante Warenhäuser, Geschäfte und Restaurants. Richtung Süden folgen Billigläden, *Fast Food*, aber auch restaurierte Theater, bevor sie kurz vor der *Waterfront* im *Financial District* endet. Mittelpunkt ist der lebhafte **Yonge-Dundas Square** mit seinen vielen Veranstaltungen. Gute *Fast Food* gibt es in den *Market Restaurants* des **College Park Shopping Center** und im **Delta Chelsea Inn** (Yonge/Elm), sowie im **Atrium on Bay**, 595 Bay Street; www.atriumonbay.com.

In der 20 Edward Street an der Stirnseite des *Eaton Centers* residiert der angeblich weltgrößte **Buchdiscounter** (*World's Biggest Bookstore*) mit einer tatsächlich enormen Auswahl an Büchern und Zeitschriften aller Art, darunter auch deutsche Magazine.

Eaton Centre

Das vom deutschstämmigen Architekten *Eberhard Zeidler* entworfene **Eaton Centre** an der 220 Yonge Street (zwischen Queen und Dundas Street; www.torontoeatoncentre.com) ist seit seiner Eröffnung 1977 eine Touristenattraktion. Seine Ausmaße und Großzügigkeit setzen trotz neuer, noch größerer *Shopping Malls* anderswo nach wie vor Maßstäbe: Eine **450 m lange Glaskuppel** sorgt tagsüber für relativ natürliche Lichtverhältnisse. Auf 4 Etagen war-

ten **230 Shops und Restaurants** und ein **Food Court**. *Michael Snows* »Schwarm fliegender Gänse«, die durchs Atrium schweben, sind ein beliebtes Fotomotiv.

Angenehm sitzt man auf der Terrasse des **City Grill** bei der *Trinity Church*; Zugang durch das *Eaton Centre*, Eingang Dundas Street. Das Center bietet auch einen günstigen Einstieg zu **The Path**, eine insgesamt 28 km lange unterirdische Shoppingzone, die Bürogebäude, U-Bahn-Stationen, Theater, Warenhäuser und Sehenswürdigkeiten verbindet.

Financial District

Der Finanzdistrikt am südöstlichen Rand von *Downtown* (Yonge/Bay/King Street) hat durch den sehenswerten **Brookfield Place** (161 Bay Street; dort auch die *Hockey Hall of Fame*, ↺ Kasten und Seite 445) mit einem lichten Atrium unter einer Glaskuppel und die goldenen Türme der **Royal Bank Plaza** (200 Bay Street) gewonnen. Die Sachlichkeit im *Financial District* wird aufgelockert durch kleine Oasen der Ruhe, z.B. die *Cloud Gardens* mit Wegen, einem Wasserfall und einem Gewächshaus. Originell ist in der Wellington Street die **Skulpturengruppe *The***

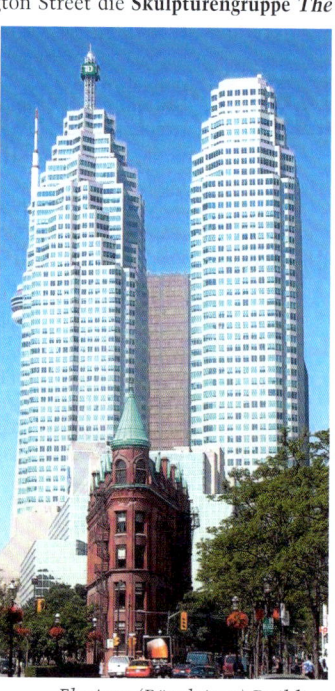

Pasture – wiederkäuende Kühe auf Rasen, eingerahmt von schwarzen Hochhausfassaden (*Mies van der Rohe*). Ganz gewiss aber bleibt der Blick auch an der prächtigen **Union Station** (1907; 65 Front Street) und am klassischen **Fairmont Royal York Hotel** (100 Front Street) haften.

Östlich der Yonge Street liegt der **St. Lawrence Market** (Lebensmittel; 92-95 Front Street East; Di-Fr 8-18 Uhr, Sa 5-15 Uhr. Sa ferner ein **Farmer's Market** und So ein **Antique Market** (beide 5-17 Uhr). Das bügeleisenförmige Backsteinhaus im Vordergrund ist das *Gooderham Building* – (allgemein auch als **Flatiron Building** bezeichnet; 49 Wellington Street East) vor hoch aufragenden Wolkenkratzern.

Flatiron (Bügeleisen) Building

Südlich des *Financial District* bildet die **Harbourfront** – zwischen Bathurst und Yonge Street – einen Anziehungspunkt für Touristen wie *Torontonians*. Man erreicht sie ab der *Union Station* mit der Straßenbahn #510. Autofahrer finden dort Parkplätze.

Harbourfront

1980 wurden alte Kaianlagen zu einem Freizeitpark mit Marinas, Läden, Restaurants und Kulturzentren ausgebaut. Daneben entstanden Büros und schicke Blocks für wassernahes, urbanes Wohnen. Im Sommer finden dort zahlreiche *Open-Air*-Veranstaltungen statt. Das **Info-Center** im *Queen's Quay Terminal* hat das aktuelle Monats-Programm in Heftform; www.torontoharbour.com.

Eishockey in Toronto   www.theaircanadacentre.com

In Kanada bedeutet Sport vor allem *Hockey*, sprich Eishockey.
In Toronto drückt man im **Air Canada Centre**, 50 Bay Street,
den **Maple Leafs** die Daumen. Früher eins der dominierenden
Teams der NHL (*National Hockey League*), erfreuen sie ihre An-
hänger nun schon seit Dekaden nur mit sporadischen Erfolgen.
Seit 1967 warten die Fans vergebens auf den nächsten Meistertitel der *Leafs*.

Wer die *Maple Leafs* nicht in Aktion erleben kann, tröstet sich in der **Hockey
Hall of Fame** im *Brookfield Place*, Ecke Yonge Street). Die Ruhmeshalle zeigt
die Entwicklung des Puck-Spiels mit Filmen und Trophäen und würdigt be-
rühmte Stars. Mit viel Multimedia nebst einer Art Reporter-Karaoke. Seit
Canada bei den Olympischen Winterspielen in Salt Lake City 2002 und in
Vancouver 2010 die Goldmedaille gewann, ist die *Hockey Hall of Fame* für
Eishockeybegeisterte erst recht eine der Hauptattraktionen Torontos.

Mitte Juli bis *Labour Day*, Mo-Sa 9.30-18 Uhr, sonst 10-17, So 10-18 Uhr; Eintritt $18, Kinder 4-13 Jahre $11; www.hhof.com.

Das **Harbourfront Centre** (www.harbourfrontcentre.com) und das
Queen's Quay Terminal (www.qqterminal.com), eine *Art-Deco-
Bau* aus dem Jahre 1926 (umgestaltet von 1979-83 durch *Eberhard
Zeidler*), sind der Mittelpunkt des Komplexes.

Im **Terminal** luncht man köstlich *Dim-Sum* im **Pearl Harbourfront** (www.pearlharbourfront.ca), italienisch im **Fornello** (www.
ilfornello.com) und einfach im kleinen **Food Court** – alle mit Seeblick. Schön sitzt man auch in **Anthony's Pier 4** (www.pier4.com)
außerhalb des *Queen's Quay Terminal*. Alle Bereiche der *Harbourfront* wurden durch Parks miteinander verbunden, darunter
der HTO-Park mit **Sandstrand** auf Beton für einen Beach Club.
Ein **Canoe & Kayak Centre** mit Verleihstation ist auch vorhanden: www.paddletoronto.com. Im *HTO-Park* gibt's einen Strand
auf dem Beton für *Sunseeker*, die **Urban Beach**.

Music Garden   Etwas westlich zwischen Spadina und Bathurst hat **Yo-Yo Ma**,
ein berühmter Cellist, zusammen mit Landschaftsarchitekten
eine der Bach-Suiten für Cello im **Toronto Music Garden** quasi
gärtnerisch nachempfunden. Im **Marina Quay Office** kann man
eine Audio-Tour buchen ($5)auf der man alles zu diesem originel-
len Park erfährt; www.toronto.ca/parks/featured-parks.

Galerien   Am *Queens Quay* sind zwei Galerien erwähnenswert:

- Das **Museum of Inuit Art & Gallery**, 207 Queens Quay West,
zeigt und verkauft alte und neue *Inuit*-Kunst; täglich 10-18
Uhr; Eintritt $6; © (416) 640-1571; www.miamuseum.ca

- Die **Power Plant Contemporary Art Gallery**, 231 Queens Quay
West, hat wechselnde Ausstellungen zu innovativer Kunst und
Vorführungen auf hohem Niveau; Di-So 12-18 Uhr, Mi bis 20
Uhr; © (416) 973-4949; www.thepowerplant.org

3

Bootstouren   Von der *Harbourfront* (145 Queens Quay West; www.harbourtour-storonto.ca) starten zwar etliche **Boattrips**, aber schöner und preiswerter erlebt man Torontos *Skyline* beim Ausflug zu den *Toronto Islands:* www.toronto.ca/parks/island/ferry-schedule.htm.

Toronto Islands   Die *Toronto Islands* sind ein beliebtes Naherholungsziel. Früher waren die Inseln eine mit dem Festland verbundene Landzunge und bildeten so eine schützende Barriere für den Hafen. Die Landzunge wurde in zwei Sturmfluten 1852 und 1858 zerschnitten. Später entwickelten sich die Inseln zu einem Ausflugsziel.

Fähre   Hinter dem **Westin Harbour Castle Hotel** (www.westinharbour castletoronto.com) befindet sich das **Bay Street Ferry Dock** (9 Queens Quay West) für die **Inselfähren**. Im Sommer verkehren die Boote alle 30-45 min; Fahrpreis $7/$3; Dauer 15 min. Einige der Boote steuern neben *Centre Island* auch noch die westlichste (*Hanlan*) und östlichste (*Ward*) der miteinander verbundenen Inseln an. Die Entfernung zwischen beiden Anlegestellen (ca. 3,8 km) entspricht rund einer Stunde Spaziergang.

Auf den Inseln   Unweit der Bootsanleger werden Fahrräder (www.torontoisland bicyclerental.com) zur Insel-Erkundung verliehen. *Centre Island* hat Stadtpark-und Jahrmarktcharakter zugleich: Beliebt sind Schwanenboot-Rudern und bei Kindern der altmodische **Centre-ville Amusementpark** mit 30 *Rides*; Tagespass $30, Kinder bis 12 Jahre $21; *All Day Family Pass* $90; 10.30 Uhr bis Dämmerung. Von Juni bis August täglich geöffnet, im Mai und im September nur an Wochenenden; www.centreisland.ca.

Auf einem **Boardwalk** geht es auf der Seeseite Richtung Osten an Marinas, Badesträndern und Picknickplätzen vorbei zum Anleger auf *Ward*. Am Ende liegt eine kleine Wohnsiedlung aus Holzhäuschen; von dort hat man einen guten Blick auf Torontos Skyline.

CN Tower   Der **CN Tower** steht gleich hinter der *Harbourfront* zwischen Lake Shore Blvd und Front Street. Er ist mit 553 m heute noch der fünfthöchste freistehende Turm der Welt. Binnen 58 Sekunden geht es in gläsernen Liften außen an der schlanken Nadel zum ersten **Observation Deck** in 346 m Höhe.

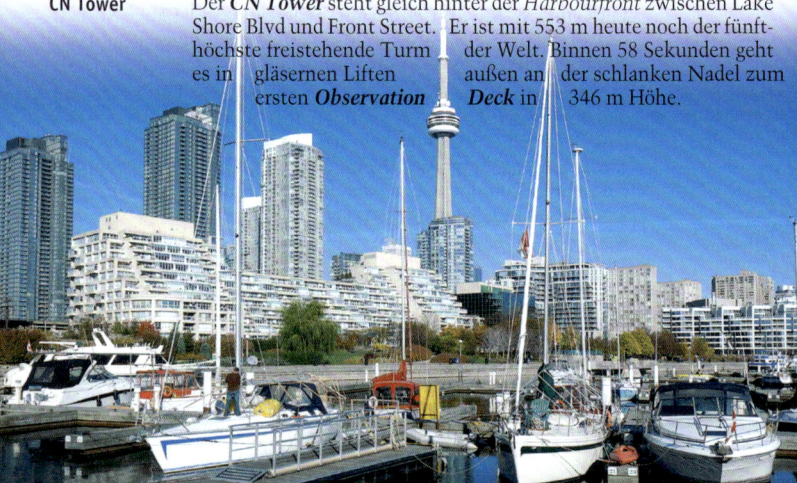

Ein weiter Blick über Torontos Wolkenkratzer, grüne Wohnviertel und den Lake Ontario sind der Lohn. Schwindelfreie können ein Stockwerk tiefer im *Glass Floor* durch einen transparenten Fußboden 342 m hinuntersehen, bei geöffnetem Dach des **Roger Centre Baseball** aus der Vogelperspektive erleben; www.cntower.ca.

Dreh-restaurant

Für Gäste des Drehrestaurants »360« ein Stockwerk oberhalb des Aussichtsdecks ist der Aufzug gratis; Reservierung © (416) 362-5411. Das Bistro **»Horizons«** serviert im Aussichtsdeck leichte Menüs. Wer zusätzliche Dollars anlegt, darf nochmals 100 m höher zum **Skypod** auf 447 m Höhe düsen. Bei gutem Wetter sind von dort oben sogar die Sprühnebel der Niagarafälle zu sehen.

Tower Basement

Im Erdgeschoss des Turms sorgen Bewegungsmelder und 3-D-Kino für Abwechslung. **Edge Walk**, eine open-air Umkreisung des Turms in 356 m Höhe per pedes jenseits bruchsicherer Scheiben, bietet Grenzerfahrung ($175); www.edgewalkcntower.ca

Der Tower ist täglich von 9-23 Uhr geöffnet.

Tickets

Es gibt etliche **Kombitickets**. Das preiswerteste ist das für die **Observation Platform** plus Glasboden: $24/$16, mit *Skypod* $30/$22. Das teuerste ($36, auch für Kinder bis 12 Jahre) umfasst das volle beschriebene Angebot. Info unter © (416) 868-6937. Ein **Online-Ticket** spart Wartezeiten an den Kassen, aber auch vor den Aufzügen stauen sich oft die Besucher.

Rogers Centre

Gleich neben dem CN-Turm befindet sich das **Rogers Centre**, Heimstadion der berühmten **Blue Jays** (*Baseball*) und der **Argonauts** (*Football*). Mit 55.000 Plätzen ist der Bau gleichzeitig eine der weltgrößten Veranstaltungshallen.

Einmalig ist das zu öffnende abgestufte Kuppeldach. Es verwandelt das *Centre* in 20 Minuten in eine offene Arena; **60-min-Führungen** $16/$12 (bis 17 Jahre); www.rogerscentre.com.

Zum Komplex gehört das **Downtown Renaissance Hotel**. Manche Gäste genießen bei Sport-*Events* »Logenplätze«(⇨ Seite 436).

Fort York

Historic Fort York, www.fortyork.ca (250 Fort York Blvd, westlich des *Rogers Centre*, Zufahrt über Fleet Street) besteht aus acht rekonstruierten Gebäuden des von den Engländern 1793 errichteten, im amerikanisch-englischen Krieg 1812 zerstörten und später wieder aufgebauten Forts. Täglich 10-17 Uhr, $9/$5.

Ontario Place

Anziehungspunkt für die ganze Familie ist der **Ontario Place-Komplex** auf vorgelagerten künstlichen Inseln (ca. 3 km westlich des *CN Tower* am 955 Lake Shore Blvd, Ende Dufferin Street). Dort gibt es Wasserrutschen und Tretboote, Mini-Golf, *Parasailing*, *Bungy Jumping*, den *Wilderness Adventure Ride*, einen Pool mit Wellen und Sandstrand, eine Kirmes mit Fahrattraktionen, *Cinesphere-Theatre* mit IMAX-Filmen auf überdimensionaler Leinwand. **Fun total** Mitte Mai-September täglich 10-20 Uhr; 6-64 Jahre $33,50, 4-5 Jahre $12. 2013 ist wegen Baumaßnahmen mit Einschränkungen des Zugangs zu rechnen; nähere Informationen unter: www.ontarioplace.com.

3

Ontario Place erreicht man von *Union Station* per Streetcar #509 bis *Exhibition Place*. Kostenlose Busse verkehren zwischen *Union Station* und *Ontario Place*; www.waterfrontbia.com.

Neighbourhoods rund um Downtown

Downtown ist von *Neighbourhoods* umringt. Nur dort erlebt man die Vielfältigkeit dieser Stadt, wobei die einst rein europäisch besiedelten Stadtteile mittlerweile auch bei anderen Bevölkerungsgruppen an Popularität gewonnen haben.

Die an *Downtown* angrenzenden *Neighbourhoods* (Yorkville, Annex, Kensington Market, Queen Street West, *Entertainment District*) sind per pedes erreichbar, ebenso wie das Gay-Viertel ***Church Wellesley Village*** (www.churchwellesleyvillage.ca) entlang der Church Street im Kreuzungsbereich mit der Wellesley Street (südöstlich der Kreuzung Bloor/Yonge); für die anderen braucht man Auto, Bahn oder Bus (#506, ↝ Seite 433).

Yorkville

Die **Bloor Street** (www.bloor-yorkville.com) zwischen Spadina und Yonge Street ist die eleganteste Einkaufsmeile der City. Hier befinden sich einige der besten Hotels (***Four Seasons, Mariott***) und Shops vieler Edelmarken. In den viktorianischen Häusern nördlich dieses Abschnittes der Bloor Street werden Edelprodukte und feine Speisen angeboten. Etwas versteckt liegt ***Hazelton Lanes*** (Hazelton/Yorkville Ave; www.hazeltonlanes.com), ein *Shopping Center* mit dem ausgezeichneten Bio-Supermarkt ***Whole Foods*** (Eingang auch über Avenue Road); www.wholefoodsmarket.com.

Annex

Ein vor langer Zeit von Toronto »annektierter« Vorort nennt sich bis heute ***Annex*** (entlang Bloor Street westlich Spadina Ave; www.bloorannexbia.com). Er ist ein gutes Beispiel für urbanes Wohnen. *Annex* ist ethnisch durchmischt, die Nähe der großen Uni mit über 52.000 Studenten (lohnende Campus-Rundfahrt) sorgt hier aber für eine Dominanz der Angelsachsen. Die vielen Straßen-Cafés, Restaurants und Geschäfte laden zum Bummel ein. Unübersehbar ist ***Honest Ed***, das **Billigwarenhaus** von *Ed Mirvish*, 581 Bloor Street West; www.honesteds.ca. Die blinkenden Lichterketten stellen manche Rummelplatzbude in den Schatten, und auch das Interieur erinnert an Irrgarten und Jahrmarkt. Derselbe *Ed* hat sich in der Markham Street gleich nebenan durch die stilvolle Restaurierung viktorianischer Wohnhäuser mit Lokalen und Läden selbst ein Denkmal gesetzt: ***Mirvish Village***, ein Bereich mit Gaslaternen; www.mirvishvillagebia.com.

Kensington Market

Der ***Kensington Market*** (täglich 11-19 Uhr; www.kensingtonmarket.org) ist multikulturell. Die überbordenden Läden dieser noch in den 1920er-Jahren rein jüdischen Marktgassen nordwestlich der Ecke Dundas/Spadina führen Waren vor allem aus Asien und der Karibik, darunter viel Nepp und vielfach schmuddelig. Zugang über St. Andrews oder Baldwin Street. Vis-a-vis stößt man auf der anderen Seite der Spadina Avenue in der Baldwin Street auf einen kurzen **Kneipen- und Café-Strip**.

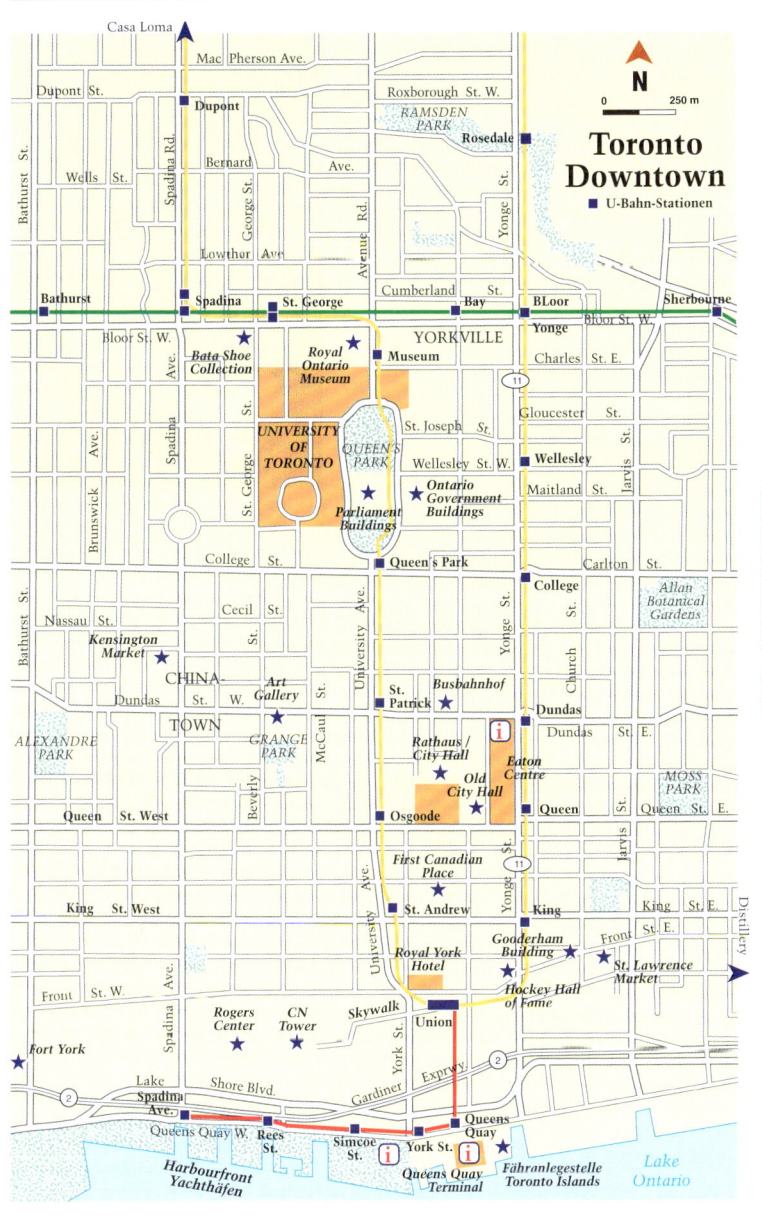

Casa Loma

Mac Pherson Ave.

Dupont St.

Dupont

Roxborough St. W.

RAMSDEN
PARK

Rosedale

N

0 250 m

**Toronto
Downtown**

■ U-Bahn-Stationen

Bernard Ave.

Bathurst St.

Wells St.

Spadina Rd.

George St.

Lowther Ave.

Avenue Rd.

Yonge St.

Bathurst

Spadina

St. George

Cumberland St.

Bay

BLoor

Sherbourne

Bloor St. W.

Yonge

Bloor St. W.

★ Bata Shoe
Collection

★ Royal
Ontario
Museum

★ Museum

YORKVILLE

Charles St. E.

11

Bloor St. W.

Spadina Ave.

St. George St.

Brunswick Ave.

UNIVERSITY
OF
TORONTO

QUEEN'S
PARK

St. Joseph St.

Gloucester St.

Jarvis St.

Wellesley St. W.

■ Wellesley

★ Parliament
Buildings

★ Ontario
Government
Buildings

Maitland St.

College St.

■ Queen's Park

College St.

Carlton St.

Bathurst St.

Nassau St.

Cecil St.

St. George St.

University Ave.

Yonge St.

Church St.

Allan
Botanical
Gardens

★ Kensington
Market

CHINA-

Dundas St. W.

TOWN

★ Art
Gallery

McCaul St.

St.
Patrick

■ Busbahnhof ★

■ Dundas

Dundas St. E.

MOSS
PARK

ALEXANDRE
PARK

GRANGE
PARK

Beverly St.

★ Rathaus /
City Hall

★ Old
City Hall

Eaton
Centre
ℹ

Queen St. West

Queen St. W.

★ Osgoode

■ Queen

Queen St. E.

Jarvis St.

King St. West

King St. West

Spadina Ave.

University Ave.

★ First Canadian
Place

★ St. Andrew

Yonge St.

■ King

King St. E.

11

Distillery

Front St. W.

Front St. W.

★ Royal York
Hotel

★ Gooderham
Building

Front St. E.

Hockey Hall
of Fame

★ St. Lawrence
Market

★ Fort York

Rogers
Center ★

CN
Tower ★

Skywalk

York St.

Union

2

Lake
Shore Blvd.

Gardiner Expwy.

2

Spadina
Ave.
2

Queens Quay W.

Rees
St.

Simcoe
St.
ℹ

York St.

Queens
Quay

Harbourfront
Yachthäfen

Queens Quay
Terminal

Fähranlegestelle
Toronto Islands

Lake
Ontario

3

China Town

Torontos *Chinatown* ist selbst für San Francisco- und Manhattan-Kenner ein *Highlight*. Sie liegt entlang der Spadina Avenue, nördlich der Dundas Street sowie entlang der Dundas Street in östliche Richtung und beeindruckt vor allem durch ihre pulsierende Lebendigkeit ohne Folklore-China für Touristen. Angefangen beim typischen Höker an der Ecke über moderne Einkaufspassagen und Banken findet sich alles, was eine Großstadt ausmacht – nur eben auf chinesisch. In manchen Restaurants gibt es nicht einmal eine Speisekarte in lateinischer Schrift; www.chinatownbia.com.

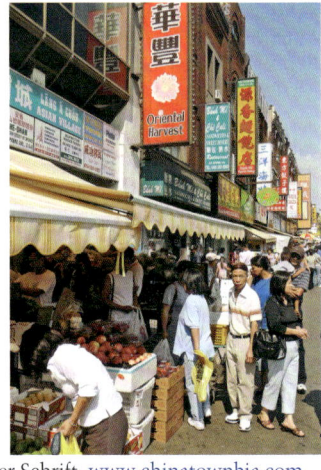

Die **Queen St West** (www.queenstwestbia.ca) zwischen University Avenue und Spadina südlich *Chinatown* ist eine Mischung aus Mainstream-Geschäften und Restaurants, hat aber auch noch etwas vom früheren *Avantgarde-Feeling*, das sich mit Artshops, Galerien und Musikkneipen sowie vor allem innovativer Mode und Design unter dem Namen **West Queen Street West** über die Spadina hinweg bis Euklid Avenue verlagert hat.

Im *Entertainment District* der **Kings Street** (parallel zur Queen Street West) und in den Nebenstraßen findet man Theater, Kinos, Restaurants, Cafes und Pubs, auch hier hat sich die Szene weiter nach Westen ausgedehnt.

Portugal/
Little Italy

Eine **portugiesische Gemeinde** (www.littleportugal.ca) hat sich an der Dundas Street, westlich der Ossington Avenue angesiedelt. Nur wenig weiter nördlich befindet sich *Little Italy* an der College Street zwischen Euclide Avenue und Shaw Street, ein Viertel, das auch von Chinesen, Spaniern, Portugiesen und Vietnamesen bewohnt wird und heute eine der beliebtesten **Restaurantgegenden** der Stadt ist. Ein ganzes Stück weiter nördlich erreicht man den *Corso Italia* (www.torontocorsoitalia.com) an der breiten Saint Clair Street zwischen Westmount Avenue und Landsdowne. Die Geschäfte und Restaurants in diesem Viertel haben jedoch deutlich weniger Flair als die College Street.

Osteuropa

Viel weiter westlich in der Roncesvalles Avenue, zwei Blocks östlich des *High Park*, kann man sich mit osteuropäischen Produkten versorgen – bis hin zur polnischen Mastgans. Westlich des *High Park* (Bloor Street/Runnymede) überwiegen **kyrillische Schriftzeichen** in den Auslagen von Geschäften und an den Fassaden.

Rosedale;
nördliche
Neigh-
bourhoods

Betuchtere Angelsachsen wohnen in großen Villen in **Rosedale**, nordöstlich von Yonge und Bloor Street – mit dem *Rosedale Park* als geografischer Mitte. Dazu passen die edlen Läden, Cafés und Restaurants an der **Mount Pleasant Road** zwischen Eglinton und Millwood. Moderner und hipper, aber auf gleichem Niveau, geht es auf der Yonge Street zwischen **Eglinton** und **Lawrence** zu.

Östliche
Neigh-
bourhoods

Iren, die arm immigrierten und vor ihren Häuschen im Vorgarten **Kohl** anbauten, gaben dem Viertel um das Zentrum Parliament Street/Carlton Street den Namen: *Cabbagetown*. Der Stadtteil verbindet irisches Ambiente mit modernem Restaurantdesign; www.oldcabbagetown.com.

Östlich der »Kohlstadt« schließt sich auf der Ostseite des Flusstals an der Danforth Avenue das alte *Greektown* an. Zwischen Hampton Avenue und Dewhurst Blvd hat sie sich zu einem nicht minder lebendigen multikulturellen Restaurantstrip entwickelt; www.greektowntoronto.com.

Wer an echten Saris interessiert ist: Südlich Richtung Lake Ontario trifft man unterwegs, nahe *Greenwood Park*, auf den **Gerrard India Bazaar**, 1426 Gerrard Street; www.gerrardindiabazaar.com.

The
Distillery

The Distillery Historic District ist die gelungene Transformation einer Fabrikanlage (47 Gebäude in der 55 Mill Street) in einen Fußgängerbereich mit schicken Bars, Restaurants, Cafés, Galerien, Boutiquen, Biergärten und Kunsthandwerk. Musik, Theater und Tanzveranstaltungen locken Tausende an. Die Anlage ist auch eine beliebte **Film-Kulisse** (»Chicago«, »The Hurricane«, »Cinderella Man«); www.thedistillerydistrict.com.

The Distillery liegt östlich des *St. Lawrence Market*. Zu Fuß etwa 15 min durch eine unschöne Gegend. Öffentliche Verkehrsmittel: **Tram #504** entlang King Street (*Station King/Parliament*) und Bus #172 ab *Union Station* (Ecke Front/Bay Street). Shops geöffnet Mo, Di, Mi 11-19, Do, Fr 11-21, Sa 10-21, So 11-18 Uhr, Restaurants andere Zeiten; ℭ (416) 364-1177.

An Torontos South Beach,
↪ *nächste Seite*

The Beaches   Für die junge weiße **Upper Middle Class** sind die **Beaches** am *Lake Ontario* zwischen Coxwell Avenue und Victoria Park Avenue das Wohnviertel schlechthin. Zufahrt: einfach der Queen Street folgen oder *Gardiner Expressway* bis zu dessen Ostende (Lakeshore Blvd East bis Woodbine) bzw. aus dem Zentrum die *Tram* auf der Queen Street Richtung Osten fahren (Tram #501, 20 min).

Queen St East   Die Queen Street East ist die bunte, quirlige Versorgungsader des Bereichs, während links und rechts davon schöne, ruhige Wohnstraßen liegen. Dort lässt es sich zwischen Hauptstraße und Seeufer gut leben. Bis an den Strand des Lake Ontario sind es von der Queen Street East nur ein paar hundert Meter. Ein meilenlanger **Boardwalk** zwischen Strand und Uferpark dient als Promenade für Spaziergang und *Jogging*. Im Sommer kann man dort auch gut schwimmen.

Wer in diesem Stadtteil wohnen will, wird sich im **Days Inn**, 1684 Queen Street East, © (416) 694-1177, $130-$150, wohlfühlen.

The Soul Bed & **Breakfast**, 3 Zimmer im Haus mit Garten, 114 Waverly Road; in Fußgängerdistanz zu Queen Street East und Beach Park; $130-$149, © (416) 686-0619 und © 1-866-686-0619; www.bbcanada.com/atsoul

Priorität   Neben einem Besuch des **Chinatown/Kensington Market** und **Yorkville** wäre bei knapper Zeit zunächst ein Besuch im Bereich der **Beaches** zu empfehlen.

Museen und andere Attraktionen

Kunstmuseum   Die von dem aus Toronto stammenden *Frank Gehry* fantasievoll gestaltete neue **Art Gallery of Ontario (AGO)** (317 Dundas Street West) mit Wendeltreppen, blauer Titanglasfront und einer *Galleria Italia* setzt auch inhaltlich neue Akzente. Z.B. das **Centre for Contemporary Art**, der **Henry Moore Sculpture Court** oder die *Canadian Art* haben durch den Umbau enorm gewonnen. Nicht unerwähnt bleiben darf das schlicht-schicke »**Restaurant Frank**«.

Di-So 10-17.30; $20/$11, Mi 18-20.30 Uhr, frei; www.ago.net.

Ontario Museum   Das **Royal Ontario Museum** (**ROM**; 100 Queens Park/Eingang an der Bloor Street) erhielt 2007 einen neuen Flügel (das **Michael Lee-Chin Crystal** von *Daniel Liebeskind*) für wechselnde Ausstellungen. Dank der Erweiterung können kostbare Kunstschätze aus Ägypten, Asien (Ming-Grab) und von den *First Nations* großzügiger präsentiert werden. Die naturkundliche Abteilung präsentiert Dinosaurier, Mineralien und Edelsteine. Täglich 10-17.30, Fr 10-20.30 Uhr; © (416) 586-8000; www.rom.on.ca.

Ceramic Art   Das **Gardiner Museum of Ceramic Art**, 111 Queens Park gegenüber dem Royal Ontario Museum, wurde ebenfalls vor einigen Jahren erweitert. Keramische Kunst und keramisches Handwerk aus aller Zeiten ist dort das Thema. Attraktiv sind auch der Museumsshop sowie das **Jamie Kennedy Café** (www.jamieken nedy.ca): dort gibt's leichte gesunde Kost zum Lunch (11-15 Uhr).

Toronto

Museumszeiten: Mo-Do 10-18 Uhr, Fr 10-21 Uhr (16-21 Uhr halber Preis), Sa/So 10-17 Uhr; $12/$6; ✆ (416) 586-8080; www.gardinermuseum.on.ca.

Schuh-museum

Bata Shoe Museum, ein Supermuseum in der 327 Bloor Street West, zeigt bis zu 4.500 Jahre altes Schuhwerk vom Fußlappen bis zur Latexflosse und gibt einen amüsanten Überblick über das sich wandelnde Tretwerk in allen Kontinenten und Jahrhunderten: der Schuh als Ausdruck des soziokulturellen Lebens. Da fehlen natürlich auch Raritäten nicht, wie z.B. ***Elton John's Plattform-Boots*** von 1973. Sehr unterhaltsam. Geöffnet Mo-Sa 10-17 Uhr, Do bis 20 Uhr, So 12-17 Uhr; $14/$5, Do 17-20 Uhr, Eintritt $5; ✆ (416) 979-7799; www.batashoemuseum.ca.

Casa Loma

Die ***Casa Loma***, nordwestlich von *Downtown* (1 Austin Terrace), wird jeden hell erfreuen, der Skurriles mag. Das Privatschloss des Industriellen *Sir Henry Pellatt* entstand 1911 bis 1914 nach den ganz speziellen Vorstellungen des Bauherrn: Normannische, romanische und gotische Stilelemente wurden vermischt zu einem nostalgischen Gemäuer mit zahlreichen Erkern, Türmchen und Zinnen. In den 98 Zimmern findet man luxuriöse Möbelstücke aus aller Welt, ebenso wie eine für damalige Verhältnisse hochmoderne Haustechnik. Im *Billiard Room* wird halbstündlich der **Film** »*Pellatt Newsreel: The Story of a Lifetime*« gezeigt. Eine digitale ***selfguided Tour*** (auch auf Deutsch) informiert zusätzlich über viele Einzelheiten des Gebäudes. Täglich 9.30 bis 17 Uhr; $21/$12, ✆ (416) 923-1171 und ✆ (647) 725-1822; www.casaloma.org.

Ontario Science Centre

Das **Ontario Science Centre** liegt nordöstlich von *Downtown* (770 Don Mills Road, Ecke Eglinton Avenue, Anfahrt über den *Don Valley Parkway*, *Exits* Don Mills Road oder Eglinton Avenue; mit der U-Bahn bis zur Station **Eglinton**, weiter mit dem Bus #34 *Mills Road*). Es wurde 1969 Vorbild für ähnliche Museen in ganz Nordamerika – für Jung und Alt besuchenswert. An **Hands-on** oder **Minds-on Exhibits** werden mit Hilfe einleuchtender Experimente naturwissenschaftliche Gesetze, biologische Zusammenhänge und psychosoziale Mechanismen dargestellt. Ein äußerst vielseitiges Angebot an Experimenten. Kinder bis 9 Jahre können im **KidSpark** lernen; mit **Omnimax Kino**. Geöffnet täglich 10-17 Uhr, $20/$13, *Omnimax* $13/$9; Kombi für beide $28/ $19; ℂ (416) 696-1000; www.ontariosciencecentre.ca.

Sehenswürdigkeiten außerhalb des Zentrums

Tierpark

Der **Toronto Zoo** liegt gut ausgeschildert im östlichen Vorort **Scarborough** an der Straße #401, *Exit* #389. Über 5.000 Tiere werden in großen Freigehegen im leicht hügeligen Tal des *Rouge River* gehalten. In sieben geografisch aufgegliederten Gehegen und Pavillons (Eurasien, Amerika, Afrika, Indo-Malaysia, Canada, Australien und Polarregionen) leben die Tiere wie in ihrem gewohnten Umfeld. Toll die **African Savanna**, das **Great Barrier Reef**, der **Gorilla Regenwald** und die **Eisbärenwelt**. Natürlich gibt es auch einheimische Tiere in kanadischer Landschaft zu bewundern: u.a. Grizzlybären, Bisons, den arktischen Wolf und viele mehr; www.torontozoo.com.

Für die wunderbaren **Picknickplätze** dort sollte man unbedingt vorgesorgt haben. Ende Mai bis Anfang September 9-19.30 Uhr, sonst kürzer; Eintritt $23; bis 12 Jahre $13. Parken zusätzlich $10.

Mit öffentlichen Verkehrsmitteln: **Go Transit** *Station Rouge Hill*, dann Bus #85 (fährt direkt zum Zoo) oder *Subway Station Kennedy/Green Line* und Bus #86A oder *Subway Don Mills Station*.

Living Museum

Das **Black Creek Pioneer Village** ist ein Museumsdorf mit über 30 originalen hierher versetzten oder rekonstruierten Häusern, das die Lebensbedingungen in Canada um 1860 zeigt. Das *Pioneer Village* liegt 25 km nördlich der City, Autobahn #400, *Exit* Steeles Avenue; Juli-Anfang September Mo-Fr 10-17 Uhr, Sa/So ab 11 Uhr; sonst bis 16 Uhr; Eintritt $15/$11; www.blackcreek.ca.

Nur wer im Verlauf der Reise keine Gelegenheit hat, ein anderes *Living Museum* dieser Art zu besuchen, sollte für *Black Creek* Zeit einplanen.

3.3.6   **Torontos Umgebung**

Wie für nordamerikanische Großstädte typisch, gibt es auch an der Peripherie Torontos diverse kommerzielle Besucherattraktionen: Am citynächsten liegt im Vorort Vaughan *Canada's Wonderland*; 9580 Jane Street; www.canadaswonderland.com.

Canada's Wonderland

Die kanadische Variante des Vergnügungsparks unterscheidet sich nicht von den US-Vorbildern: Neben Fahrten auf Achterbahnen u.ä. gibt's Showbühnenglamour, etwas *Disneyland* und *Fantasy*, künstliche Berge, Auto-Scooter, Loopings, Kletterwände und Wasserfälle, Planschspaß, lebende Comic-Figuren und Seelöwen. Gut ist *Kidzville* für die Kleinen. Den Großen stehen in den Achterbahnen die Haare zu Berge: *Canada's Wonderland* ist bekannt für seine wilden *Rides*, darunter **Leviathan:** Er gilt als der schnellste und aufregendste **Roller Coaster** Canadas.

Anfahrt über die Straße #400, *Exit* #35 auf den Major Mackenzie Drive (#25). Mitte Mai bis Anfang September täglich 10 Uhr bis ca. 22 Uhr; September und Oktober nur Sa/So bis 20 bzw. 17 Uhr; Eintritt $57, online $40; Kinder 3 bis 6 Jahre $30. Parken $10. Anfahrt auch mit *Go-Bussen* von den *Subway* Stationen *York Dale* oder *York Mills.*

McMichael Canadian Art Gallery

In **Kleinburg** (30 km nördlich von *Downtown Toronto*, Autobahn #400, *Exit* #35/Straße #25, dann Islington Avenue (8 km von *Canada's Wonderland*) befindet sich – eingebettet in einen Landschaftspark ein besonderes Kunstmuseum: die *McMichael Canadian Art Gallery* (10365 Islington Ave) mit der größten Sammlung von Werken der kanadischen **Group of the Seven**. Die Mitglieder der Gruppe (u.a. *Tom Thomson, Franklin H. Carmichael, Lawren Harris* und *Frank Johnston*) bereisten Anfang des letzten Jahrhunderts den *Algonquin Park*, die Georgian Bay und die Rocky Mountains und fingen in persönlichen Stimmungsbildern Canadas Natur in ausdrucksvollen Farben ein. Ihre Bilder, welche mit der traditionellen britischen Landschaftsmalerei brachen und seinerzeit als revolutionär galten, sind immer noch etwas Besonderes. Die *McMichaels* hatten Bilder dieser *Group of the Seven* in ihrer Kleinburger Villa gesammelt. So entstand das Museum. Heute beherbergt es auch *First Nation*- und *Inuit*-Kunstwerke und thematisiert in wechselnden Ausstellungen typisch kanadische Themen wie das Kanu oder die Feste der Inuit. Täglich 10-16 Uhr; Eintritt: $15/$12; www.mcmichael.com.

Zur *McMichael Gallery* gehört das kleine **Café Seven** mit einer sehr schönen Außenterrasse.

Unabhängig vom Museum ist das hübsche **Dorf Kleinburg**, eine blumengeschmückte Idylle mit Minizentrum und Läden im Bilderbuch-*Look* schon allein einen Abstecher wert, ⇨ Foto links.

- An der Straße #27 südlich der Stadt liegt das **Kleinburg Inn**, $55-$110; ✆ (905) 893-1403; www.kleinburginn.com

Weitere Ziele westlich von Toronto ⇨ Seiten 427ff.

3.4   Routen durch Ontario

3.4.1   Überlegungen zur Streckenplanung

Im zentralen Osten Ontarios warten viel Natur und Einsamkeit, aber auch ganz normale Ferien-Sommerfrische und historische Sehenswürdigkeiten. Die Routen und Kombinationsmöglichkeiten von reizvollen Gebieten und Einzelzielen sind in diesem Teil Ontarios zahlreich. **Eine** ideale Strecke gibt es nicht. Zur Bestimmung der optimalen Reise durch Ontario kommt es stark auf persönliche Präferenzen, die zur Verfügung stehende Zeit und die weiteren Pläne an. **Folgende Überlegungen** haben zur hier gewählten Routenaufteilung in drei »Stränge« (ab Toronto) geführt:

1. Für viele Urlauber dürften die Großstädte **Toronto** (mit Niagara Falls) und **Ottawa** wichtige **Eckpunkte ihrer Routenplanung** sein, gleichgültig, ob die Reise sich auf Ontario beschränkt oder darüber hinausgeht.

2. Ein **Sonderfall** ist der populäre *Algonquin Park*. Dank seiner zentralen Nordlage im Ostteil der Provinz kann er sowohl gut in einen **Ontario-Rundkurs** als auch – mit Umwegen – in eine **Ost-West** oder **West-Ost-Route** einbezogen werden, wiewohl meist unter Verzicht auf andere Ziele. Wer auf den Besuch von Kingston, des *1.000 Islands Parkway* und des *Upper Canada Village* verzichten mag, kann Ottawa über den *Algonquin* auch gut direkt ansteuern bzw. über den Park von Ottawa aus nach Süden und Westen fahren. Mit ein wenig Extrazeit wären dabei die genannten Ziele am St. Lawrence River über eine Rundfahrt oder »Schleife« durchaus noch einzubauen.

3. Eine Beschränkung auf die direkte Route zwischen Toronto und Ottawa über Kingston lässt auch mit Abstechern und Umwegen die besten Naturziele Ontarios aus. Mehrere davon liegen an einer **Rundstrecke um die Georgian Bay** herum, die geografisch leicht mit einer Ost-West-Route verbunden werden kann (z.B. über Peterborough/Kawartha Lakes, die *TCH* **#17** oder die **#60** über die Muskoka Lakes und den *Algonquin Park*). Wer von Toronto aus nach Westen fährt bzw. von dort kommt, findet auf diesem Rundkurs zwei Alternativen für die Routenwahl.

Höchste Wassertransparenz kennzeichnet die Georgian Bay des Lake Huron

Sowohl mit den Zwischenzielen *Bruce Peninsula* als auch Sudbury (➪ 3.) und *Algonquin Park* (➪ 2.) macht es Sinn, ab Toronto zunächst der **Autobahn #400** nach **Barrie** am **Simcoe Lake** zu folgen. Dieser große See wird von seinen Anwohnern zwar intensiv als Wassersportrevier genutzt, stellt aber kein besonderes Ziel für Canada-Touristen dar. Nördlich von Barrie zweigt die Schnellstraße #11 nach North Bay bzw. zum *Algonquin Park* ab.

3.4.2 — Rund um die Georgian Bay   www.visitgeorgianbay.com

Zu dieser Route

Landschaftlich einmalig schön ist das Ostufer der Georgian Bay bei Parry Sound (**30.000 Islands/Killbear PP**), zwei Autostunden nördlich Toronto. Auch wer keine *Georgian Bay*-Rundtour plant, sondern nach Osten (*Algonquin Park* etc.) oder nach Westen (Sault Sainte Marie) strebt, sollte diese Region (➪ Seiten 470ff) auf keinen Fall auslassen.

Daher wird hier der Weg nach Westen bzw. des Rundkurses nicht in gerader Linie bzw. im strengen Uhrzeigersinn verfolgt, sondern zuerst ein kleiner »Haken« nach Norden geschlagen. Wer aus dem Gebiet Wasaga Beach/Port Severn (ggf. bis *Killbear Park*) weiter zum *Algonquin* möchte, setzt die Reise mit **Abschnitt 3.4.3** fort. Die Weiterfahrt auf dem *Trans Canada Highway* über Parry Sound nach Westen ist – in Gegenrichtung – beschrieben, ➪ Seiten 470ff.

Georgian Bay und 30.000 Islands

Kennzeichnung

Als *Georgian Bay* wird ein durch die *Bruce Peninsula* und Manitoulin Island weitgehend abgetrennter Teil des Lake Huron bezeichnet. Zusammen mit dem North Channel im Westen ist diese »Bucht« fast so groß wie der ganze Lake Ontario und damit eigentlich ein **sechster Großer See**. Bei Seglern und Surfern ist er wegen seiner günstigen Winde beliebt. In Ufernähe erreicht das Wasser im Juli/August **Badetemperatur**. In der Südostecke der *Georgian Bay* liegt die Region der – wahrscheinlich sogar noch zahlreicheren – **30.000 Islands**. Die Inseln und Inselchen sind mal glatt wie Walbuckel, mal mit nur drei Kiefern bedeckt und wirken im tiefblauen, klaren Wasser immer malerisch, mitunter mediterran. Nur die Schräglage der Bäume verrät, wie rauh der Nordwestwind sein kann. Weiter südwestlich überwiegen eher skandinavische Impressionen. Die Felsfarbe wechselt auf der Bruce Peninsula vom Rosa des *Canadian Shield* zum *Limestone*-Weiß des *Niagara Escarpment* (➪ Seiten 20 und 22).

Geschichte

Wie bereits eingangs des Ontario-Kapitels erwähnt, gründeten **1639** französische **Jesuiten** an einer Kanuroute der Pelzhändler mitten in der Wildnis eine Missionsstation (in der Nähe des heutigen Midland). Die in der Umgebung lebenden Huronen ließen sich zwar zum Christentum bekehren, wurden aber gleichzeitig Opfer von damals dort unbekannten Infektionskrankheiten. Eine

Scharlach- und Masernepidemie hatte bereits die Hälfte der Huronen dahingerafft. Viele Huronen starben auch im Kampf gegen die Irokesen, ihre Erzfeinde. Als sich die Irokesenangriffe über die Jahre hinweg häuften, dabei auch acht Missionare ihr Leben ließen, flüchteten die letzten Bewohner 1649 aus dem belagerten Sainte Marie nach Québec City. Die Nachkommen der *Georgian Bay Hurons* leben noch heute im Vorort Wendake (⟳ Seiten 19 und 554).

Sainte-Marie among the Hurons

Von **Barrie** sind es noch 65 km zur 1964 rekonstruierten Mission ***Sainte-Marie among the Hurons*** östlich von **Midland** (Autobahn *#400*, *Exit* #147, dann Straße #12). Hohe Holzpalisaden teilen die Anlage in zwei Befestigungsringe. Im äußeren Ring lebten die noch nicht getauften, im inneren die bereits christianisierten Huronen. Das einstige Leben in der Station ist detailgenau nachgestellt; typisch sind die **Longhouses**, langgestreckte Häuser aus Baumrinde ohne Fenster und innere Unterteilungen für mehrere Familien. Zeitgenössisch gekleidete »Bewohner« erteilen Auskunft. Im Museum werden indianische Traditionen und französische Lebensweise gegenübergestellt. Mai-September täglich 10-17 Uhr, sonst nur Mo-Fr; $12/$10; www.saintemarieamongthehurons.on.ca.

Matyr's Shrine

Nur einen Steinwurf entfernt vom *Sainte-Marie* Komplex stehen auf einem Hügel die hellen Zwillingstürme des ***Martyrs' Shrine*** (Straße # 12). Der Schrein gilt den später heilig gesprochenen Märtyrern, die dort starben (⟳ oben). Er ist Ziel zahlreicher Pilger wie Touristen. Im Sommer täglich 8.30-21 Uhr; Eintritt $4, Parken $3; www.martyrsshrine.com.

Große Bedeutung wird einer Visite von Papst Johannes Paul II. 1984 zugemessen; sie ist ausführlich dokumentiert. Unterhalb der Kirche befindet sich ein **Aussichtspunk**t, von dem der Blick über den *Severn Sound* der Georgian Bay und die Umgebung fällt.

Rekonstruiertes Dorf der ersten Siedler in der Region: Sainte-Marie among the Hurons

Indianer Museum

Im ***Huronia Museum*** und dem ***Huron Quendat Village*** mit bohnenstangenartigen Palisaden (Midland, 549 Little Lake Park Road) wird das Leben der Indianer vor der Ankunft der Europäer dargestellt. Die Sammlung archäologischer Funde wirkt etwas chaotisch. Mai-Oktober täglich 9-17 Uhr, sonst Mo-Fr 9-17 Uhr.

Bau eines Huronen-Longhouse

Kombiticket $8, bis 17 Jahre $5; www.huroniamuseum.com.

Unterkunft

Wegen des starken Tourismus in diesem Bereich ist **Midland** mit **Motels** gut bestückt. Sie sind entlang der Hauptstraße King Street (z.B. ***Best Western***, 924 King Street, ✆ (705) 526-9307; www.bestwesternmidland.com) und in der Yonge Street exakt parallel zur #12 in ca. 2 km Abstand. Dort findet man mehrere preiswerte Motels (z.B. das ***Silver Star Motel***; 748 Yonge Street, $55-$85; ✆ (705) 526-6571) und das hübsche ***Little Lake Inn B&B*** (669 Yonge Street, ab $124, ✆ 1-888-297-6130; www.littlelakeinn.com).

Penetanguishene

Wenige Kilometer westlich von Midland liegt **Penetanguishene.** Das Städtchen war seit dem frühen 19. Jahrhundert ein englischer **Marine-Stützpunkt** und **Werfthafen.** Im englisch-amerikanischen Krieg (1812-14) wurden dort Kriegsschiffe versorgt. Auf diese Zeit bezieht sich das kleine ***Living Museum Discovery Harbour*** mit einigen – für Europäer nicht sonderlich interessante – rekonstruierten Gebäuden an der Hafenbucht. Davor liegt ein schöner Picknickplatz. Juli bis *Labour Day* täglich 10-17 Uhr; Eintritt $7, Kinder $6; www.discoveryharbour.on.ca.

Die *MS Georgian Queen* macht von Juli bis September um 14 Uhr die Leinen für $3\frac{1}{2}$-Stunden-Kurztrips durch die tief ins Land eingeschnittene *Penetanguishene Bay* los; $27/$11; ✆ 1-800-363-7447 und ✆ (705) 549-7795; www.georgianbaycruises.com.

Awenda Provincial Park

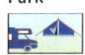

Der ***Awenda Provincial Park***, zu dem auch **Giants Tomb Island** gehört, liegt inmitten eines großen Waldgebietes voller Wanderwege. Er umfasst mehrere Sandstrände an der Nordspitze der Halbinsel und eignet sich gut für einen Ruhetag. Von den **Campgrounds** ist es aber relativ weit zu den Stränden.

Beaches

Ein Hinüberfahren zu den nahen Stränden am Ostufer der **Nottawasaga Bay** lohnt sich eigentlich nur, wenn man die Reise in Richtung Westen fortsetzt, ⇨ folgende Seite. Es gibt nördlich kaum öffentliche Strandzugänge zwischen den zahllosen Ferienhäusern (Jackson Park gleich südlich von Balm Beach), erst nahe **Wasaga Beach** kommt man wieder leichter ans Wasser (*Woodland Beach Park, Allenwood Beach Park*). Der einzig nennenswerte Ort des Bereichs, Balm Beach, hat wenig Anziehendes.

**Georgian
Bay Islands
National Park**

www.pc.gc.ca/
georgianbay

Der **Georgian Bay Islands National Park** wurde 1929 gegründet, um die Region nicht völlig privaten Häuslebauern zu überlassen. Aber nicht per Auto, sondern **nur per Boot** gelangt man in die Nationalpark-Inselwelt. Anfahrt über die Autobahn #400, *Exit* 156. Das **Parks Canada Welcome Center** befindet sich in Dorf Port Severn am **Lock 45** des *Trent-Severn Waterway*.

Vom kleinen Hafen **Honey Harbour**, ca. 10 km nordwestlich von Port Severn (Straße #5) verkehrt der **Daytripper** in 15 min für vier Stunden zur größten der 59 Parkinseln, **Beausoleil Island**. Juli bis Anfang September, Do-Mo 11, 12, 13 Uhr, $16/$12. **Wassertaxis** kosten ein paar Dollar mehr, ✆ (705) 726-8907; .

Ein **Visitor Center**, der **Cedar Spring Campground** (einer von acht Campingplätzen der Insel) und eine Reihe schöner **Hiking Trails** warten auf Besucher. Da es auf *Beausoleil Island* keine Einkaufsmöglichkeit gibt, muss man einen Besuch gut vorbereiten oder sich mit einer Stippvisite begnügen. Nur für eine Nacht lohnen sich Überfahrt und der damit verbundene Umstand kaum.

Quartiere

Motels/Hotels sind in dieser Region rar, die Unterkünfte in und bei *Honey Harbour* begrenzt:

- **Delawana Inn**, 42 Delawana Road, hochpreisig Juli/August ab $325 für 2 Nächte, ✆ 1-888-335-2926; www.delawana.com
- in **Port Severn**: **Christie's Mill Inn & Spa**, 263 Port Severn Road North, $179-$229; ✆ 1-800-465-9966; www.christiesmill.com

**Six Mile
Lake Park**

Über einen sehr schönen **Campground** verfügt der nahe **Six Mile Lake Provincial Park** 10 km nördlich Port Severn. Sein Landschaftscharakter wird noch vom abgeschliffenen Granit des *Canadian Shield* bestimmt, dessen südliche Grenze hier verläuft. Während der Hauptreisezeit ist der Campingplatz am See allerdings rasch besetzt; **Reservierung** ↪ Seite 156.

Nach Tobermory auf der Bruce Peninsula

**Straße #26
ab Barrie**

Wie erläutert, wurde der vorstehende Abschnitt als möglicher Abstecher oder »Schlenker« formuliert. Die hier verfolgte Hauptroute läuft nördlich von Barrie zunächst auf der Straße #26 über Wasaga Beach/Collingwood nach Westen bis Owen Sound und dann weiter nach Tobermory an der Nordspitze der *Bruce Peninsula*, von wo es per Fähre nach Manitoulin Island geht.

**Wasaga
Beach**

10 km östlich von Collingwood zweigt die **Straße #92** nach **Wasaga Beach** ab. So nennt sich gleichzeitig der rund 14 km lange **Strandstreifen** bis über den Ort hinaus nach Norden. Er ist auf ganzer Länge über mehrere Blocks landeinwärts dicht mit Sommerhäusern und einer voll auf Badeferien und -wochenenden ausgerichteten Infrastruktur besetzt. Die #92 ist die kommerzielle Hauptachse des Bereichs mit Wasaga Beach als Ferienhochburg (www.wasagabeach.com). Der populäre Ort wächst unaufhörlich und frisst sich immer tiefer ins Hinterland. Grund: die Torontoer finden am Lake Ontario keine vergleichbaren Strände.

Provinzpark

Der größte Teil dieses weltlängsten Süßwasserstrandes und eines schmalen Dünenstreifens steht unter Provinzpark-Verwaltung. Er ist in acht **Beach Areas** unterteilt (mit Parkplätzen, wobei Parkgebühren = Strandeintrittsgeld). Dazu gehören auch Grünanlagen, in denen man unter Bäumen picknicken kann. Nirgendwo sonst zeigt sich der Rückgang des Wasserspiegels der *Georgian Bay* so deutlich wie dort (✪ Seite 21).

Zur Orientierung in diesem etwas unübersichtlichen Geflecht von Kommerz und *Provincial Park* benötigt man eine gute Karte, erhältlich im **Visitor Center** von Wasaga Beach, 550 River Road West, und im **Provincial Park Visitor Center** für Nancy Island auch an der River Road im zentralen Bereich (*Beach* 2); www.on tarioparks.com/english/wasa.html.

Nancy Island

Eine interessante Attraktion ist der **Nancy Island Historic Site**. Im Krieg von 1812-14 wurde in der Mündung des *Nottawasaga River* (bei Wasaga Beach) die britische *HMS Nancy* von amerikanischen Kriegsschiffen versenkt. Sand und Gestein, die sich um das Wrack sammelten, sollen die Bildung von Nancy Island verursacht haben; www.wasagabeachpark.com.

Collingwood

Um **Collingwood** (www.town.col lingwood.on.ca) und **Craigleith** entwickelte sich – dank der nahen *Blue Mountains* (mit über 300 m eine der höchsten Erhebungen des *Niagara Escarpment* (✪ Seite 22) – das größte Wintersportgebiet Ontarios: das **Blue Mountain Ski Resort** (www.bluemountain.ca); eine Retortenregion voller teurer Hotels, Apartments und Chalets. In den **Sommermonaten** (außer Sa/So) gibt es im **Blue Mountain Inn**, der **Weider Lodge** und **The Grand Georgian** Sonderangebote um die $100-$150 (alle ✆ 1-877-445-0231). Zum **Blue Mountain Resort** & **Village** fährt man ab **Wasaga Beach** auf der #26 nach Westen durch Collingwood bis fast nach Craigleith. Dort geht die #26 über in die Blue Mountain Road (#19) und wird dann zur Grey Road. Im *Village* führt der *Entrance* #2 zu den Hotels.

Big Tub Lighthouse am Ende der Bruce Peninsula bei Tobermory

3

Map labels:
Cochrane · Sudbury · TCH-NORDROUTE · North Bay · Chutes P.P. · TCH-SÜDROUTE · Lake Nipissing · 17 · Espanola · Massey · Killarney Provincial Park · 637 · Grundy Lake P.P. · 69 · 11 · Little Current · Gore Bay · 6 · Killarney · Wikwemikong · 522 · M'Chigeeng · North Channel · Sault Ste. Marie · Manitoulin Island · Manitowaning · Algonquin Provincial Park · Providence Bay · South Baymouth · Sturgeon Bay P.P. · Thirty Thousand Islands · 60 · Fathom Five National Marine Park · Killbear P.P. · Oastler Lake P.P. · Huntsville · ONTARIO · MICHIGAN · Tobermory · Georgian Bay · Parry Sound · Dwight · Bruce Peninsula National Park · 11 · Six Mile Lake P.P. · Bracebridge · Georgian Bay Islands N.P. · Gravenhurst · 6 · Lake Huron · Sauble Falls P.P. · Nottawasaga Bay · Awenda P.P. · Victoria Harbour · 35 · Penetanguishene · Midland · Ste.-Marie among the Hurons · Orillia · Sauble Beach · Owen Sound · Wasaga Beach · 92 · 26 · 12 · Lindsay · Southampton · Craigleith P.P. · Collingwood · Barrie · Lake Simcoe · 7 · N · 0   30 km · Zentrales Ontario · Port Elgin · 10 · 89 · Newmarket · Hanover · Kincardine · Mount Forest · Orangeville · 9 · Markham · 21 · 6 · 400 · Goderich · Listowel · Kleinburg · 401 · Lake Ontario · Toronto · Detroit, Niagara · Montréal

Scenic Caves

Spannend ist ein Ausflug zu den **Scenic Caves Nature Adventures**, 260 Scenic Caves Road (Anfahrt wie *Blue Mountain Resort*). Es geht durch einen Urwald von *Maples* (Ahorn), Eichen und Farnen über eine spektakuläre Hängebrücke zu Höhlen und Spalten im **Niagara Escarpment**. Mai bis Ende Okt. Mo-Fr 9-17 Uhr, Sa/So bis 18 Uhr, Juli/August bis 20 Uhr; $21/$17; www.sceniccaves.com.

Für Schwindelfreie ein großartiges Erlebnis ist die **Eco Adventure Tour** – ein »Spaziergang« durch Baumkronen. Die *Tour* dauert drei Stunden; nur mit Voranmeldung, $107, ℂ (705) 446-0256.

Craigleith

Der **Craigleith Provincial Park** direkt an der Straße besitzt einen komfortablen **Campingplatz**. Leider kann man an der felsigen Küste nicht gut baden; www.ontarioparks.com/english/crai.html.

Bruce Peninsula

www.bruce peninsula.org

Die Bruce Peninsula ist eines der beliebtesten Ziele in Ontario, hauptsächlich wegen der beiden Nationalparks in ihrer Spitze. Von Owen Sound, einem unattraktiven Ort mit vielen Motels sollte man die Straße #6 nehmen, um auf dem Weg zu den attraktivsten Zielen der Halbinsel keine Zeit zu verlieren.

Geologisch ist die **Bruce Peninsula** (wie auch die Flowerpot Islands und Manitoulin Island) Teil des **Niagara Escarpment** (↪ Seite 22), welches das südliche Ontario bis zu den Niagarafällen diagonal durchquert. Ein 885 km langer alter **Indianerpfad** von Queenston am Niagara River bis Tobermory folgt dem Verlauf des Höhenzuges. Der schönste Abschnitt dieses heute **Bruce Trail** genannten Wanderweges (↪ Seite 424) sind die letzten Kilometer

auf den weißen Kalkfelsen über der Ostküste der Bruce Peninsula. Die **Westufer** der Halbinsel am Lake Huron sind flach und streckenweise sumpfig. Aber auch **Badestrände** findet man, so im leicht erreichbaren Bereich **Sauble Beach**. Dort warten Dünen, flaches, relativ warmes Wasser, viele **Ferienquartiere** und der **Sauble Falls Provincial Park** mit **Campingplatz** am Fluss (Straße #21).

Sauble Beach   Die *Sauble Beach* ist zudem der einzige erlaubterweise **mit Auto befahrbare Strand Canadas** ($15/Tag). Der gleichnamige Ort hat Cafès und Restaurants, Geschäfte und viele Ferienquartiere, z.B.

- **Sauble Beach Lodge,** 213 2nd Ave North (ruhige Strasse), Pool, 1 min zum Strand; ab $110; Suites mit Küche $260, *Cottages* $580/Woche, ✆ (519) 422-1040; www.saublebeachlodge.com

Der schöne **Sauble Falls Provincial Park** (**Camping** ↪ oben) liegt einige Kilometer nördlich am *Sauble Falls Parkway* (Straße #13); www.ontarioparks.com/english/saub.html.

Ostküste/   Die #9 (später die #29) führt zu schönen Punkten der Ostküste.
Straße #9   **Hope Bay** ist ein ruhiger winziger Sommerort mit geschütztem Strand. Ein gutes **B&B** direkt am Strand ist

- **Cedarholme Bed & Breakfast and Cottages**, DZ $95, einfache Cottages für bis zu 6 Personen ab $100); ✆ (519) 534-3705 und ✆ 1-877-225-2242; www.cedarholmebb.com

- Günstig liegt der benachbarte **Hopebay Campground** in Wiarton, $35; ✆ (519) 534-1208; www.hopebaycampground.com

Bei Barrow Bay und Lion's Head finden sich Kalksandstein-Klippen, Grotten und kleine Buchten. Der Meeresboden aus weißem Kiesel gibt dem Wasser die türkis-blaue Färbung. Ein Teilstück des *Bruce Trail* (↪ oben) führt durch durch Lion's Head .

In **Lion's Head** hat die geschützte Bucht einen Strand mit Picknicktischen. Das **Lion's Head Beach Motel & Cottages** an der McNeil Street hat Zimmer mit Küche und Blick auf Strand und Hafen, $109; ✆ (519) 793-3155; www.lionsheadbeachmotel.com.

Bruce   Südlich Tobermory erstreckt sich quer über die Halbinsel der
Peninsula   **Bruce Peninsula National Park** (156 km²). In seinem **Nordost-**
National Park   **teil** liegen **Badeseen** unweit der Küste. Die Ufer der Georgian Bay sind mit überhängenden Felsen, Höhlen, stillen Buchten und ihrer Wassertransparenz spektakulär, aber im Park nur zu Fuß zugänglich. Mit Ausnahme des *Bruce Trail* (18 km vom Cyprus Lake bis Tobermory) sind die weiteren *Wanderwege* kurz oder sind Verbindungen vom zentralen Cyprus Lake zum *Bruce Trail*. Nicht auslassen sollte man eine der schönsten Kurzwanderungen:

zuerst *Horse Lake Trail*, dann *Bruce Trail* entlang der Georgian Bay und den *Murr Lake Trail* zurück zum See (insgesamt 3 km); www.pc.gc.ca/bruce.

Am **Cyprus Lake** befinden sich **drei Campingplätze (Reservierung:** ✆ 1-877-737-3783; www.pccamping.ca) dicht beieinander.

Im **Südwestteil**, jenseits der Straße #6, erstrecken sich am Lake Huron Sümpfe, sandige Buchten und Dünen. Gut zugänglich ist der **Badestrand** *Singing Sands* an der Dorcas Bay.

Tobermory

Das hübsche Tobermory an der Nordspitze der Halbinsel beherbergt den Fährhafen nach Manitoulin Island und ist Ausgangspunkt für Ausflüge zu den Inseln des *Fathom Five National Marine Park*. Ein *Visitor Center* **für beide Nationalparks** liegt südlich des Ortes (von der #6 kommend auf die Chi sin tib dek Road). Neben Film und Ausstellung über Natur und Geschichte der Gegend informiert es über mögliche Aktivitäten. Vom Aussichtsturm blickt man weit über die Landschaft. Ein 10-min-Pfad verbindet das **Visitor Center** mit der **Tobermory Tourist Information**; www.tobermory.org.

Wartezeit

Wartezeiten auf die Fähre (↪ Kasten) lassen sich durch einen Ausflug zum Fotomotiv *Big Tub Lighthouse* (↪ Foto Seite 457) am Ende der Landzunge 3 km nordwestlich von Tobermory überbrücken (Straßenende Big Tub Road).

Unterkunft

Auf Manitoulin Island gibt es nur wenige Motels; ohne Reservierung sollte man – statt die Abendfähre zu nehmen – besser in Tobermory bleiben, wenn man da noch Platz ist, z.B. im

- *Peacock Villa Motel* & *Cabins*, 5 min zu Fuß vom *Little Tub Harbour*; 30 Legion Street; im Sommer $85-$105, sonst ab $55; ✆ (519) 596-2242; www.peacockvilla.com

- *Blue Bay Motel*, 32 Bay Street, moderner lichter Bau, Blick auf den Hafen, ruhig; im Sommer $120, sonst $80; ✆ (519) 596-2392; www.bluebay-motel.com

- *Harbourside Motel* mit Hafenblick; 24 Carlton Street, $55-$120, ✆ 1-855-596-2999; über: www.blueheronco.com

- *Grandview*, 11 Earl Street, etwas außerhalb; mit Restaurant und prima Aussichtsterrasse; $80-$130, ✆ (519) 596-2220, www.grandview-tobermory.com

- *Cedar Grove Family Resort*, Tipp für längeren Aufenthalt; ruhig an einem Badesee, Kanuverleih, individuelle *Cottages*; für zwei Personen $90-$120. Südlich von Tobermory ab der #6 in die Cameron Lake Road; ✆ (519) 596-2267; www.cedargrovecottages.com

Camping

Neben den oft ausgebuchten Plätzen im Nationalpark gibt es weitere gute, kaum teurere Campingmöglichkeiten:

- *Lands End Park*, Hay Bay Road, 2 km von der #6, großzügig angelegt, Privatstrand (über die Straße), ab $34, *Cabins* $75, Kanu-/Fahrradvermietung; ✆ (519) 596-2523; www.landsendpark.com

- ***Happy Hearts Park***, 93 Cape Hurd Road, sehr großer Platz im Wald, $32, ℂ (519) 596-2455; www.happyheartspark.com
- ***Harmony Acres***, nahe der Einfahrt zum *Cyprus Lake* (kleines Schild), naturbelassenes Gelände, einfache *Cabins*, große Stellplätze; $30-$40; ℂ (519) 596-2889

Fathom Five National Marine Park

Der ***Fathom Five National Marine Park*** ist ein **Unterwasserpark,** der neben einem Areal auf dem Meeresgrund 19 Inseln vor der Spitze der Bruce Peninsula umfasst; www.pc.gc.ca/fathomfive.

Seit 1850 verfehlten viele Schiffe die Passage vor der Halbinsel und gerieten in Untiefen. Wegen des glasklaren Wassers und **über 20 Wracks** auf dem Grund des Sees ein Taucherparadies (*G+S Watersports*, 8 Bay Street, ℂ (519) 596-2200; www.gswatersports.net).

Besucher ohne Tauchambitionen buchen am **Little Tub Harbour** eine der **Bootstouren** der *Blue Heron Company*, sehen dabei die Schiffswracks vom Glasbodenschiff aus und lassen sich ggf. auf **Flowerpot Island** zum **Spaziergang** und Picknick absetzen. Die Insel – so benannt nach zwei 7 m und 12 m hohen »Blumenvasen« ähnelnden Felssäulen – ist Heimat zahlreicher **Orchideenarten**. Mehrere Touren täglich, je nach Programm; Mai-Mitte Oktober; Insel $25 (ohne Stopp), $34 (mit Stopp).

Flowerpot Island

Auf Flowerpot Island befindet sich ein ***Campground*** für 6 Zelte (hölzerne Plattformen) – Vergabe nach *first-come-first-served* im *Parks Canada Visitor Center* (Transport per Glasbodenboot).

Von South Baymouth nach Sault Ste. Marie

Manitoulin Island

Die 140 km lange und bis 40 km breite Manitoulin Island ist mit 2.765 km² die weltgrößte Insel in einem Süßwassersee. Sie hat mehr als 100 Seen, ist grün und leicht hügelig. Sie bietet bei einer ausgewogenen touristischen Infrastruktur wenig Luxus aber viel Ruhe. Es gibt genügend *Cottages*, kleine Motels und einfache Zeltplätze; www.manitoulintourism.com.

3

Im Hafen von Tobermory

Tobermory–Manitoulin Island Ferry   www.ontarioferries.com

Die Fähre verkehrt **Anfang Mai bis Mitte Oktober** – Fahrtzeit **105-120 min**

Im Sommer (Ende Juni bis Anfang September)

ab Tobermory: 7, 11.20*), 15.40*), 20.00 Uhr;
ab South Baymouth: 9.10, 13.30*), 17.50*), 22 Uhr.

Frühjahr/Herbst (Anfang Mai bis Ende Juni/Anfang Sept. bis Mitte Okt.)

ab Tobermory: 8.50, 13.30 (**nur Fr** auch 18.10 Uhr);
ab Manitoulin: 11.10, 15.50 (**nur Fr** 20.15 Uhr).

Tarife: Einfach $17, Kinder bis 11 Jahren $9; Fahrzeuge bis 2,60 m Höhe $36, höhere Fahrzeuge $76 (RVs). Ab 6,10 m (20 Fuß) Länge pro zusätzlichem Fuß (= 30 cm) Länge $2,70 extra, bei höheren Fahrzeugen plus $5,25/Fuß.

*) mit begrenzter Reservierungs-Möglichkeit (Überfahrt in der Reihenfolge der Ankunft; Check-in: 60 min vor Abfahrt)

Reservierung bei der *Owen Sound Transportation Company*:
✆ **1-800-265-3163**, online ⇨ oben
Terminal Tobermory: ✆ (519) 596-2510
Terminal South Baymouth: ✆ (705) 859-3161

Route

Hier geht es um die Strecke vom Fährhafen **South Baymouth** nach Norden **bis Espanola** am TCH (#17) im Rahmen einer Fortsetzung der Reise in den Westen oder einer Rundtour zurück in den Osten Ontarios. Ein Abstecher auf die Insel (ab Espanola) ohne Nutzung der Fährroute lohnt sich eher nicht.

Unterkunft

- *Huron Motor Lodge*, das beste Motel am Hafen von South Baymouth, $79-$87; ✆ (705) 859-3131; www.manitoulin.com/hml
- 1500 m weiter *Buckhorn Motel*, 21076 Straße #6, ✆ (705) 859-3635, ab $69; www.buckhornmotel.com
- Der *Campground South Bay Resort*, 477 Straße #542, 1 km außerhalb von South Baymouth hat Stellplätze für RVs und Zelte und **8 Cabins** an der Bucht; ✆ (705) 859-3106, $27-$33; www.manitoulin-island.com/southbayresort

Manito-waning

Die Straße #6 von South Baymouth nach Espanola zum *Trans Canada Highway* bietet anfangs wenig fürs Auge. Etwa auf halber Strecke liegt **Manitowaning** und in seinem Hafen *SS Norisle*, eines der letzten Dampfschiffe auf dem Lake Huron. Nicht weit davon befindet sich das *Assiginack Museum* (125 Arthur Street; www.assiginack.ca) mit Gegenständen aus der Pionierzeit. Schiff und Museum sind Juni-September zu besichtigen: 10-17 Uhr, Eintritt $4.

Indianer und Kirche

Die *Wikwemikong Indian Reserve* rund um den Ort gleichen Namens nordöstlich von Manitowaning ist eines von sieben Reservaten auf Manitoulin Island. Schon im 17. Jahrhundert hatten sich die *Wikwemikong*-Indianer zum katholischen Glauben bekehren lassen. Die Ruine der ersten **Holy Cross Mission** der Jesuiten ist ein bis heute sichtbarer Zeuge der Missionsgeschichte, ➪ Seite 454 und Kasten unten. Interessant ist auch das gegenwärtige soziale Gefüge, das sich in einer großen *High School* und der Krankenversorgung manifestiert.

M'Chigeeng
Im zweitgrößten Insel-Reservat M'Chigeeng (an der #551) erfährt man mehr über die **Anishinaabe**-Indianer: In der **Ojibwe Cultural Foundation** in Mindemoya (www.ojibweculture.ca) werden Kunsthandwerk und moderne indianische Maler gezeigt und die **Great Spirit Circle Trail** Touren organisiert, die Zugang zu Geschichte und Lebensweise der Indianer vermitteln sollen; ✆ (705) 377-4404 und ✆ 1-877-710-3211; www.circletrail.com.

• Das **Manitoulin Inn**, 2070 Straße #551, ein Motel auf großem Gelände abseits des Sees, ca. 13 km südlich von Mindemoya; ab $89, ✆ 1-877-270-0551; www.manitoulininn.ca

Indianer auf Manitoulin-Island

Seit Jahrhunderten ist die Insel Indianergebiet und noch heute gehören über 38% der Inselbewohner Indianerstämmen an; die Unterzeile *First Nation* auf den Ortsschildern weist darauf hin.

1836 wurde ganz Manitoulin-Island zu einem Indianerreservat erklärt. Als aber Mitte des 19. Jahrhunderts immer mehr Siedler nach Ontario strömten, begannen langwierige Auseinandersetzungen zwischen den Indianern und der kanadischen Regierung, die den Indianern schließlich im Friedensvertrag von 1862 ein Landabtretungs-Abkommen anbot: Im Gegenzug für den Verzicht sollte jede Familie Geld und ein fest zugeteiltes Grundstück erhalten. Während die Indianer im westlichen Inselteil einwilligten, lehnten die Bewohner der Region um Wikwemikong (Ostküste) das Angebot ab. Das Gebiet gilt seitdem als *unceded*, als »nicht abgetreten«.

Alljährlich am ersten Augustwochenende findet in Wikwemikong das größte und bunteste **Pow Wow** Ontarios statt, zu dem Indianer aus dem ganzen Land anreisen: Bei Musik, Tanz und *Hot Dogs* sind auch Touristen willkommen. Alles zum 3-tägigen *Cultural Festival* unter www.wikwemikongheritage.org.

Südküste

Wer Zeit mitbringt, findet an der Südküste in **Providence Bay** einen Sandstrand mit *Beach Boardwalk*, an dem auch der

- *Providence Bay Tent & Trailer Park* liegt, 5466 Straße #551, mit *Cabins*; ℭ (705)-377-4650 und ℭ 1-877-269-2018; www.manitoulin-island.com/providencebaypark
- Das ältere *Huron Sands Motel* liegt im Ortszentrum; $100 in der Saison; ℭ 1-866-427-5426; www.huronsandsmotel.com

Straße #6

Nördlich von Manitowaning passiert die Straße #6 bei Sheguiandah (mit kleinem Museum) den *Ten Mile Point*. Am *Trading Post* genießt man einen weiten Blick über die Inselwelt.

Little Current

www.manitoulin-island.com/little_current

Little Current ist größte Siedlung und wichtigster Touristenort der Insel. Eine Meerenge, der *North Channel*, trennt Manitoulin Island von der Nachbarinsel Great La Cloche Island.

Ein größeres *Information Center* befindet sich in **Little Current** an der 6, 70 Meredith Street (rechts das erste Gebäude südlich der Drehbrücke).

- Das *Paradise Motel*, 10844 Straße #6, liegt etwas abseits an der Ortsausfahrt von **Sheguiandah** (Richtung gleichnamiger Bay); $65-$85; ℭ (705) 368-2008; www.paradisemotelcanada.com

Unterkunft

- *The Shaftesbury Inn* liegt zentral, aber dennoch ruhig, mit Restaurant; 19 Robinson Street, $105-$215; ℭ (705) 368-1945, www.shaftesburyinn.com
- Nicht schlecht ist die *Widgawa Lodge* in Whitefish Falls (Widgawa Road), *Cottages* ab $95; ℭ (705) 285-4966 oder ℭ 1-800-562-9992; auch **Zeltplätze**; www.widgawalodge.ca

Die Strecke bis **Espanola** verläuft abwechslungsreich durch eine attraktive Seen- und Insellandschaft und erreicht bei Whitefish Falls wieder das Festland. Nördlich Espanola mit seiner Zellulose-Fabrik, die man häufig früher riecht als sieht, trifft man auf die Straße #17, den *Trans-Canada-Highway (TCH)*.

Umkehrpunkt Espanola

Wer keine Weiterfahrt über Sault Ste. Marie hinaus plant, sollte Espanola (oder äußerstenfalls Massey und/oder den *Chutes Park*) als Umkehrpunkt einer Rundfahrt um die Georgian Bay wählen. Weder die Strecke bis Sault Ste. Marie noch die Stadt sind so aufregend, dass ein Abstecher von fast 250 km und zurück lohnend wäre. Bei Umkehr ⇨ Seite 467.

An einem Knotenpunkt wie Espanola gibt's wieder eine bessere Unterkunftsauswahl, u.a.:

- *Pinewood Motor Inn*, 378 Centre St, ℭ 1-800-361-3460, ab $75
- *Lake Apsey Resort*, 400 Lake Apsey Road, $95-$125, ℭ 1-800-559-6583; www.lakeapsey.com

Chutes Park

Bei **Massey** am TCH, 24 km westlich Espanola, lädt der sehr schöne *Chutes Provincial Park* zum Picknicken und Baden, ggf. zum Camping ein; www.ontarioparks.com/english/chut.html.

Der Park wird auf ganzer Länge vom verzweigten **Aux Sables River** durchflossen. Am Nordende noch voller Stromschnellen und Wirbel, beruhigt er sich im weiteren Verlauf. Im Süden bietet der Sandstrand in einer Flussschleife schöne Badeplätze. Von einer Plattform überblickt man den Strand und den Standort eines früheren *Log Chute*. Auf solchen Rutschen wurden Baumstämme um die Katarakte herumgeflößt. Der **Campground** des Parks liegt am Westufer des Flusses.

Nach Sault Ste. Marie

Der TCH von Sudbury nach Sault Ste. Marie wird Tag und Nacht von zahlreichen Lastwagen befahren. Wer ein ruhiges Plätzchen zum Schlafen sucht, hat es dort schwer. Es gibt zwar immer wieder (eher einfache) Motels, aber sie liegen meist direkt an der verkehrsreichen Straße. Das **Old Mill Motel** (Straße #17/Woodward Avenue) in Blind River hat auch seeseitig Zimmer (mit schönem Blick) ab $60; ☎ 1-800-871-0842; www.oldmillmotel.ca

Sault Ste. Marie

Eine enorme Brückenkonstruktion verbindet die gleichnamigen Zwillingsstädte beidseitig der – durch den St. Mary's River zwischen Lake Superior und Lake Huron gebildeten – Grenze zwischen Kanada und den USA. Die **International Bridge** überspannt eine der einst strategisch wichtigsten Wasserstraßen des nordamerikanischen Kontinents; www.saulttourism.com.

Schleusen

Von der **Brücke** (*Toll* $3) blickt man hinunter auf das Schleusensystem, das die Stromschnellen des Flusses umgeht. Bereits 1855 wurde – auf US-Seite – die erste Schleuse gebaut und damit der Seeweg von Europa bis Fort William frei, das heute Thunder Bay heißt. Heute können Schiffe bis zu 365 m Länge und 33 m Breite durch die **Soo Locks** geschleust werden.

Lock Tours (2 Stunden) kann man nur auf der US-Seite buchen. Alles weitere zu **Sault Ste. Marie (USA)** im Michigan-Kapital, ⇨ Seite 679; www.saultstemarie.com.

3

Das Bushplane Museum in Sault Ste. Marie zeigt jede Menge Kleinflugzeuge und Helikopter,⇨ nächste Seite

Museum	Interessant ist das ***Canadian Bushplane Heritage Center*** im Osten der Stadt, 50 Pim Street. Eine Halle voll alter Flugmaschinen: ihre Entwicklung und Rolle für Besiedlung und Brandschutz. Eintritt $12/$7, Mai-Oktober täglich 9-18 Uhr; www.bushplane.com
Paper/ Pulp Mills	Unübersehbar wie die *International Bridge* sind die Schlote der holzverarbeitenden Industrie. Mitunter legt sich der beißende Geruch der *Pulp Mills* tagelang über die Stadt. Nicht ohne Grund also wurde Sault Ste. Marie vor einigen Jahren mit dem schönen Titel ***Forestry Capital of Canada*** geehrt.
Agawa Canyon via Algoma Railway	Der *Algoma Central Railway Terminal* in der 129 Bay Street ist Ausgangspunkt für einen Tagestrip mit der Bahn (Ende Juni bis Mitte Oktober täglich 8-18.30 Uhr), der sich »***Agawa Canyon Tour Train***« nennt. Ziel ist die 163 km entfernte *Agawa Canyon* am Ostrand des ***Lake Superior Provincial Park***. Im lieblich-grünen Tal des *Agawa River* (keine rauhe Felsschlucht, aber per Auto unerreichbar) wird 90 min pausiert für Mittagssnack und Wanderung durch den Park zum 76 m höheren Aussichtspunkt über das Tal. Für Leute mit Extrazeit empfehlenswert. Der Trip kostet $85/$40; September und Oktober teurer wegen des *Indian Summer*; ✆ 1-800-242-9287; www.agawacanyontourtrain.com.
In die USA	Zur Weiterfahrt über Sault Ste. Marie/USA nach Michigan (Chicago und Detroit) ➪ ab Seite 679. Für eine Weiterreise in Richtung Prärieprovinzen und weiter ist der Reise Know-How Titel »***Kanada, der ganze Westen***« ein unverzichtbarer Ratgeber.
Unterkunft	Beide Sault Ste. Maries verfügen über eine große Zahl von Motels und Hotels sowohl entlang der Hauptrouten (#17 in Canada) wie auch im engeren Ortsbereich.

- ***Sleep Inn***, 727 Bay Street, angenehmes Motel am Wasser; $90-$140; ✆ 1-877-953-7533; www.sleepinnssmarie.ca
- ***Algoma Cabins and Motel*** am St Mary's River, 1713 Queen Street East, alle Zimmer mit Küche, ab $75, *Cabins* ab $90; ✆ 1-800-253-4351; www.algomacabins.com

Je nach aktuellem Kurs US$ zu CAD (Ende 2012 ungefähr 1:1), rechnet es sich ggf., das Quartier auf US-Seite zu suchen.

Camping	Die privaten Campingplätze im Umfeld befinden sich nördlich am TCH, darunter auch der gute ***Sault Ste. Marie KOA***, 501 5th Line East; ✆ 1-800-562-0847.
USA	Wer sich auf den Campingplätzen von *State Parks* wohler fühlt, findet bei Weiterfahrt nach Michigan im ***Brimley State Park*** an der *Whitefish Bay* des Lake Superior südwestlich von Sault Ste. Marie (USA) eine gute Alternative. Der ***Campground*** dort ist groß und verfügt über allen Komfort.

Hinweis für Reisen **Ende September** und im **Oktober**: Der *Indian Summer* ist oberhalb der Großen Seen ebenso gut wie weiter östlich: Z. B. ab Iron Bridge auf der #546, dann #129 zurück.

Über Sudbury und Parry Sound zurück nach Toronto

TCH Wer den Rundkurs um die Georgian Bay verfolgt, fährt ab Espanola oder Massey auf dem *Trans Canada Highway* zurück in Richtung Osten. Bis Sudbury tut sich nicht viel.

Sudbury Nickel- und Kupfervorkommen machten **Sudbury** zu einer von Industrieanlagen geprägten Stadt. Riesige bei der Nickelproduktion entstandene Schlackehalden umgeben die 160.000-Einwohner-Stadt. Der Grund für den Erzreichtum dieser Region, aus der 85% der Weltnickelproduktion stammen, ist nicht genau geklärt. Die Stadt liegt in einer kraterartigen Senke von 24 km Durchmesser, dem **Sudbury Basin**, über dessen Entstehung die Wissenschaft streitet: Die Erzkonzentration ist entweder vulkanischen Ursprungs oder geht auf Meteoriteneinschlag zurück.

Ein **Visitor Center** liegt an der #69 am Richard Lake, ca. 8 km südöstlich der Stadt; www.mysudbury.ca/tourism.

Science North/ Dynamic Earth Die Attraktionen Sudburys sind **Science North** und **Dynamic Earth**. Ersteres ist ein Wissenschaftsmuseum in zwei schneeflockenförmigen Gebäuden mit **IMAX-Kino** und einem **Planetarium**. Auch **Dynamic Earth** bietet eine Abteilung über Geologie und dazu ein hochmodernes Filmerlebnis über Naturphänomene (wechselnd). Beliebt ist eine **Tour** unter Tage – eine Fahrt surch die Entwicklung des Nickelabbaus. Populärstes Fotomotiv vor dem Gebäude von *Dynamic Earth* ist **The Nickel**, eine riesige Nachbildung der (bis 1963) zwölfeckigen 5-Cent-Münze; www.sciencenorth.ca

Zufahrt zu *Science North* **von Westen**: von der #17 auf die #80 (Paris Street), hinter dem *Travelway Inn* rechts in die Ramsey Lake Street. **Zufahrt von Osten**: von der #69 auf die #80 (Regent Street), dann rechts in die Paris Street, ↷ oben. Wie man **vom** *Science Center* **zur** *Dynamic Earth* (und umgekehrt) kommt, erfährt man dort.

Tickets: jeweils $20/$18; ebenso Kombitickets (auch mit IMAX und Planetarium); Juli/August 9-18, sonst 9-16 Uhr.

Unterkunft Sudbury am Hauptstrang des *TCH* #17 von Ottawa und dem Ende der Alternativroute #69 verfügt über zahlreiche Motelbetten. Das Gros der Häuser liegt entlang dieser beiden Straßen.

Camping 	Zwei Campingplätze (***Mine Mill***, 2550 Richard Lake Drive; ✆ (705) 522-5076; www.minemill598.com/campground) und ***Carol's Campsite*** (2388 Richard Lake Drive; ✆ (705) 522-5570) liegen am Richard Lake, 10 km südlich von *Science North* am TCH #69.

Als weiterer Platz kommt in Frage der ***Holiday Beach Campground***, 3655 Straße #55 in Whitefish Falls (✆ (705) 866-0303) am McCharles Lake, 28 km südwestlich von *Science North*.

TCH #17/#69   Von North Bay führt eine direkte Strecke sehr schön und wenig befahren am Ottawa River entlang direkt nach Ottawa. Ein Abstecher in den *Algonquin* ist zwar auf der #630 nach Kiosk (➪ Karte Seite 473) möglich, aber es gibt dort keine Service-Einrichtungen.

Georgian Bay Region   Die Georgian Bay zwischen ***Killarney Provincial Park*** und **Parry Sound** ist eine der schönsten Gegenden Ontarios und von der **UNESCO** auf der hier genannten Strecke zur ***Biosphere Reserve*** erklärt worden. Die Faszination der Region erschließt sich dem Besucher am besten vom Wasser aus. Ideal wäre ein eigenes (oder gemietetes) Schiff. Aber auch das Zelten in einem der wunderbar gelegenen und angelegten ***Provincial Parks*** hat hohen Reiz. Kanus sind meist vor Ort zu mieten.

Killarney Park   Der ***Killarney Provincial Park*** an der Georgian Bay südwestlich von Sudbury ist ein echter **Wildnispark**. Zufahrt von Sudbury zunächst 18 km auf dem TCH, dann 60 km auf der Straße #637. Dieses Gebiet bietet Kanuten und Wanderern viel Natur bei wenig Komfort; www.ontarioparks.com/english/kill.html.

Killarney Outfitters organisiert Touren und vermietet Kanus und Kajaks vor Ort. Eine Filiale befindet sich 2 km vorm Parkeingang: $80-$95/Tag kosten geführte Touren inkl. Ausrüstung; Kanus/Kajaks $22-$32/Person und Tag. Auch Kajak-Training kann gebucht werden. ✆ 1-800-461-1117; www.killarneyoutfitters.com.

Es gibt nur einen mit Auto erreichbaren Campingplatz im Park,

- den ***George Lake Campground*** bei den *Headquarters*. Das *Visitor Center* ebendort hat Karten für Wanderer und Kanuten. Die besten Stellplätze (#87/#88, aber auch die 90er- Nummern und #101/#102) befinden sich im abgelegeneren Bereich bei der *Second Beach*.

Seeuferlinie im Bereich des Killarney PP

- Der **Roche Rouge Campground** (70 Ontario Street) am Orts-eingang des 8 km vom Park entfernten Killarney hat ebenfalls traumhafte Plätze (#39/#40) an den glattgeschliffenen Felsen.
- Im Ort **Killarney** bietet **Roque's Marina** (65 Channel Street) am südwestlichen Ortszipfel Stellplätze auf einer großen Wiese, ✆ (705) 287-9900; www.roquesmarina.com

Wer die wilde Landschaft des *Canadian Shield* vom Hotelbett aus erleben möchte, ist gut aufgehoben in der

- **Killarney Mountain Lodge** (3 Commissioner Street) mit kom-fortablen *Cottages*. *B&B* in der Saison $75/Person; *Cottages* mit *Dinner* pro Person ab $109; www.killarney.com
- **Avalon Eco Lodge** (476 Straße #637) mit *Cabins* und B&B-Zim-mern am Tyson Lake, ab $150. Motorisierter Ponton für Aus-flüge auf den See; ✆ (705) 688-3453, www.avalonecoresort.com

French River Ein weiteres *Highlight* auf dieser Route ist der **French River**. Er fließt vom Lake Nipissing 105 km bis zur Georgian Bay durch den *Canadian Shield* (hier eine Ansammlung felsiger Inseln im see-artig erweiterten Fluss voller – wegen des Gefälles – Strom-schnellen), und endet in einem weiten Delta. Ein Paradies für Kajak-, Kanufahrer und Angler. Das Gebiet ist über die Straßen #64/#528 zu erreichen. Es gibt keine Auto-Campingplätze, aber einige **Lodges** mit *Cottages*. Kleine Motorboote können zum Trip in die Wildnis gemietet werden.

Im **Visitor Center** des **French River Waterway Provincial Park** an der Straße #69 (bei der Flussbrücke) erfährt man alle Details zu Geschichte, Geologie und Natur der French-River-Region – plus praktische Tipps, ✆ (705) 857-1630, Juli & August 9-19 Uhr.

Folgende French-River-Unterkünfte bzw. Campingplätze sind per Auto erreichbar:

- **Great Escape**, an der Straße #607 in Alban, nicht weit vom *Vi-sitor Center* entfernt, *Cabins* und Camping, $95-$120; Cam-ping ab $20; ✆ (705) 857-0620
- **Flat Rapids Camp**, 1063 Hartley Bay Road in Alban, *Cottages*, Marina und Zeltplätze, Motorboot-Verleih; ✆ 1-866-577-3528; www.flatrapidscamp.com
- **Yesterday's Resort** an der #607A in Alban ca. 3 km vom TCH entfernt unweit des *Visitor Center*; *Chalets* ab $125, Zimmer nur mit Halbpension; Bootsverleih, Restaurant, Whirlpool, ✆ 1-800-663-3383; www.yesterdaysresort.com

Weitere Parks und Quartiere im Bereich TCH #69 Mit **Grundy Lake**, **Sturgeon Bay**, **Killbear** und **Ostler Lake** säu-men weitere herrliche Provinzparks die Strecke am TCH in einer typischen *Canadian Shield*-Landschaft. Sie liegen mit Ausnahme des *Killbear PP* entweder an kleineren Seen oder tiefeingeschnit-tenen Inlets mit Badestellen inmitten herrlicher Kanureviere. Reservierungen wie für alle Ontario-Provinzparks unter: ✆ 1-888-668-7275; www.ontarioparks.com/english/reservations.html

3

- *Grundy Lake Provincial Park*, 9 *Campgrounds* an 4 Seen, davon 3 mit Badestrand, Kanu-, Kajak- und Paddelbootverleih; www.ontarioparks.com/english/grun.html
- Nordöstlich der Abfahrt (#529A) zum *Sturgeon Bay PP* liegt an der #69 (nördlich von Pointe au Baril) die *Moose Lake Lodge* mit Café und *Cottages* am See. Strand und Gratis-Ruderboote. $95-$115; ✆ (705) 366-2367; www.mooselakecottages.com

- *Sturgeon Bay Provincial Park*, *Campground* an einer Bucht mit Sandstrand; www.ontarioparks.com/english/stur.html

- Am Ende einer Landzunge ca. 4 km westlich des TCH #69 auf Straße #644 liegt sehr schön das *Rock Pine Resort* in Pointe au Baril; *Cottages* ab $115 in Vor-und Nachsaison, Hochsaison nur wochenweise. ✆ 1-866-877-9677; www.rockpineresort.com
- Nördlich von **Nobel** zweigt die Straße #559 zum *Killbear PP* ab (in Nobel steht das *Visitor Center* des Parks), ein Zweig dieser Straße führt nach **Dillon** mit dem *Winnetou Resort*: 12 geräumige *Cottages* (2-6 Personen), Blick über Strände und Bucht, Kajaks/Kanus; $110-$180; Woche ab $755; ✆ 1-800-567-4550.

Killbear Park

Unbedingt einen Abstecher mit Zwischenstopp, am besten ein bis zwei Tage Aufenthalt, sollte man für den *Killbear Provincial Park* einplanen. Er liegt westlich des TCH #69 (20 km Zufahrt über die Straße #559) auf einer Landzunge, die wie ein Finger in den geschützten *Parry Sound* hineinragt; ✆ (705) 342-5492.

Camping

Gleich 6 der 7 Campingplätze dieses wunderbaren Parks haben ihren eigenen Strand; www.ontarioparks.com/english/killb.html

- Ganz prima ist *Harold Point* mit Strand und glatten Felsen
- *Beaver Dams* hat den besten Strand mit Plätzen am Wasser
- Auch der kleine Strand des ruhigen *Granite Saddle Campground* wird von glatten runden Felsen eingerahmt

Parry Sound

Der Hafen (9 Bay Street) im Ort Parry Sound ist Ausgangspunkt für Bootsausflüge in das Gebiet der 30.000 Inseln. Von Anfang Juni bis Mitte Oktober startet die dreistündige *Island Queen Cruise* täglich um 13 Uhr ($36/$18). Im Juli und August zudem um 10 Uhr eine zweistündige Tour ($26/$13); ✆ 1-800-506-2628; www.islandqueencruise.com.

Toll ist auch ein *Ausflug per Wasserflugzeug* über die Inselwelt mit *Georgian Bay Airways*, $123, ✆ (705) 774-9884 und ✆ 1-800-786-1704; www.georgianbayairways.com.

Einen weiten Blick über die Inseln hat man vom *Scenic Lookout Tower* (mit Museum) in Hafennähe; ein Spazierweg führt in wenigen Minuten dorthin.

Unterkunft

- *40 Bay Street B&B*, 40 Bay Street, gute Lage Nähe Bootssteg $125-$145, ✆ 1-866-371-2638; www.40baystreet.com

Am Ostler Park Drive (parallel zur #69 ab *Exit* 217) gibt es gleich mehrere kleine Motels und *Cottage Resorts*:

- ***The Whitfield Oastler Lake Resort***, 312 Oastler Park Drive, einfach mit beliebtem Restaurant, ruhige seeseitige Zimmer, $80-$90; ℂ (705) 378-2277; www.thewhitfield.net
- Preiswert ist das ***Ell Mar Motor Inn***, 242 Oastler Park Drive, ℂ (705) 378-2441.

**Oastler
Lake Park**

Campingplätze sind in der Umgebung von Parry Sound ebenfalls nicht knapp; einige davon liegen an kleinen Seen. Die besten Stellplätze bietet der ***Oastler Lake Provincial Park*** etwa 7 km südlich am Oastler Park Drive. Zelter nutzen die 10 ruhigen ***Walk-in Campsites*** an der Spitze der Halbinsel; www.ontario parks.com/english/oast.html.

Im Südwesten, direkt am Parkeingang, befindet sich der beste **Sandstrand** des Parks.

**Ende des
Rundkurses**

Über die Straße #141 oder – noch besser – ab Foots Bay über die #169, dann #118 durch die ***Muskoka Lakes*** Region kann leicht der ***Algonquin Park*** erreicht werden. Damit wäre der **Anschluss zum folgenden Abschnitt** unmittelbar hergestellt.

Bleibt man auf dem TCH, passiert man einige Kilometer weiter südlich den ***Six Mile Lake Park*** – der bereits am Ende des letzten Abschnitts 3.4.2 beschrieben wurde, ⇨ Seite 456 – und **schließt damit den Kreis dieser Rundfahrt**.

Der Loon

Der Loon, ein Wildenten ähnlicher Riesentaucher (70-100 cm), lebt in Canada, vereinzelt auch im Norden der USA. Zwei Arten dieser *Gaviae*-Vögel, *Red Throated Loon* und *Common Loon*, nisten im Sommer an den *Great Lakes* und in einsamen Seengebieten wie dem *Algonquin Park*. Der *Common Loon* ist die prächtigere und durch ihre typischen, klagenden Schreie (www.you tube.com > loon sounds), die zu einem Sommer-Lagerfeuerabend in Canada einfach dazugehören, die bekanntere Art. Sie besitzt einen kräftigen geraden, schwarzen Schnabel. Der Erpel hat einen dunkel, grün-schillernden Kopf, der in den schwarzen Hals übergeht, unterbrochen von einem gestreiften Kragen. Die Oberseite ist schwarz mit kleinen, weißen Punkten, die sich zu den Flügeln hin zu einem schwarz-weißen Maschennetz-Muster vergrößern.

Common Loon

Loons sind sehr gute (migrierende) Flieger und ausgezeichnete Schwimmer. Nur das Watscheln macht ihnen Schwierigkeiten, denn – einmalig in der Vogelwelt – ihre Beine bewegen sich im Rumpf: Nur die Knöchel und Füße sind sichtbar.

3.4.3   Über den Algonquin Park nach Ottawa

Die folgende Streckenbeschreibung schließt mit den Muskoka-Seen an die Rundtour um die Georgian Bay an. Wer sich jedoch bei knapper Zeit **von Toronto aus** für den Weg über den *Algonquin Park* nach Ottawa entscheidet, nimmt am besten die Autobahn #400, dann die breit ausgebaute Straße #11. Die viel attraktivere Straße #35 zum *Algonquin Park* (ab Toronto über die #401 nach Osten, dann hinter Oshawa auf die #115/#35) dauert länger, tangiert aber eine andere empfohlene Region, die Kawartha-Seenplatte (⇨ Seite 480f).

Die Muskoka Lakes

Kenn-
zeichnung

Als Muskoka-Seenplatte bezeichnet man die Seen westlich der #11 zwischen Gravenhurst und Huntsville. Seit Ende des 19. Jahrhunderts sind sie **das** Sommerfrische-Gebiet wohlhabender Bürger aus Toronto. Zwischen Granitfelsen des *Canadian Shield* und waldigen Abhängen stehen tolle Villen an den Seeufern, und nostalgisch-schnittige Mahagoni-Motoryachten aus den 1940er-Jahren schippern über die verbundenen Hauptseen **Muskoka**, **Rosseau** und **Joseph**. Auch für ihre **Herbstlaubfärbung** und Golfplätze sind die Muskokas bekannt; www.discovermuskoka.ca.

Schiffs-
Oldies

Die Muskoka-Ufer sind kaum zugänglich; aber ein Bootsausflug ist möglich und unverzichtbar. Im attraktiv-lebendigen **Gravenhurst** (www.gravenhurst.com) kann man an Bord der nostalgischen **RMS Segwun** (www.segwun.com), des ältesten Post-Dampfschiffes Nordamerikas, und zweier weiterer alter Schiffe über die Muskoka Lakes tuckern (Zufahrt zum Anleger **Muskokawharf** ausgeschildert: Straße #169). Beliebt ist der **Millionaire's Row Lunch** genannte Trip entlang der eindrucksvollsten Ufervillen für $81/$36 inkl. Imbiss; ein 4 Stunden-Trip ohne Verpflegung kostet $49/$35; auch kürzere und billigere Touren sind zu haben; ✆ 1-866-687-6667. Gleich neben dem Anleger gibt es im **Muskoka Boat & Heritage Center** (275 Steamship Bay Road) eine **Ausstellung wunderbarer alter Boote**. Im Sommer Di-Fr 10-18, Sa-Mo 10-16, sonst Di-Sa 10-16 Uhr; der Eintritt von $8/$4 ist gut angelegt.

*Nostalgie-Dampfer
RMS Segwun von 1887
legt ab zur Evening Cruise*

Map of Östliches Ontario

Bootsmiete	Sowohl in Gravenhurst als auch in **Port Carling** (⇨ unten) gibt es ähnlich elegante Motorboote für den eigenen Trip über Muskoka und Rosseau Lake (miteinander verbunden) zu mieten. Nicht billig, aber ggf. statt *Millionaire's Cruise* empfehlenswert.
Rundfahrt	Eine kleine Rundfahrt per Auto um den Muskoka Lake (Straße #169/#118) ist trotz des weitgehend mit Villen bebauten Ufers landschaftlich reizvoll. In **Port Carling**, – hübscher Ort an der #118 etwas abseits der Hauptstraße – laden Marinas, Bistros und Boutiquen zum Bummel ein. Einen Extra-Abstecher ist das kleine **Windermere** am Lake Rosseau wert (Straßen #25/#24):

- Das viktorianische Sommerhotel **Windermere House** (Tennis- und Golfplatz, eigener Strand) bietet eine exquisite Atmosphäre für betuchte Genießer; ab $245; ℂ (705) 769-3611 oder ℂ 1-888-946-3376; www.windermerehouse.com

- *Crestwood Inn* am Ortsrand von Port Carling, Motel und *Cabins*. $139-$159; ℂ 1-888-573-0239; www.crestwoodinn.ca

- Wer einen guten Campingplatz sucht, findet ihn 6 km nördlich von Huntsville im großen **Arrowhead Provincial Park** mit Strand (*Exit* 226 von der #11 North)

Huntsville	Von Port Carling/Windermere geht es über die Straßen #4 und #11 zum hübschen **Huntsville** und von dort auf der #60 über **Dwight** zum Algonquin Park. En route finden sich viele Quartiere, z.B.

Unterkünfte außerhalb des Parks

- *Best Value Inn*, 69 Main Street nahe Downtown Huntsville, *Exit* 219 von der #11; Blick auf *Hunters Bay*, Hochsaison ab $90; ℰ 1-888-315-2378; www.canadasbestvalueinn. com

- Das *Colonial Bay Cottage Resort*, liegt etwas abseits der #60 auf einem weitem Gelände am Peninsula Lake noch westlich von **Dwight**; Motel $89-$125 (mit *Kitchenette*); *Cottages* Juli/August nur wochenweise ab $920, ℰ (705) 635-9340 und ℰ 1-800 -916-2008; www.colonialbay.com

- Am Weg zum *Algonquin Provincial Park* liegt auch die *luxuriöse Port Cunnington Lodge* abgeschieden am Lake of Bays, eigener Strand; *Cottages/Chalets* für 2-11 Personen (ab Dwight an der #60 in die #35 Richtung Dorset, dann Muskoka Road #21, weiter #22). $185-$230; ℰ 1-800-894-1105; www.pc-lodge.com

Östlich von **Dwight** gibt es am bzw. in der Nähe vom **Oxtongue Lake** besonders viele Übernachtungsmöglichkeiten, z.B.

- *Cloverleaf Cottages*, 1050 Oxtongue Lake Road, einfache Häuser, ab $115; ℰ (705) 635-2049; www.cloverleafcottages.ca

- *Blue Spruce Resort*, 7 km westlich des Parkeingangs (West), abseits der #60; sauber, voll ausgestattete *Cabins*, prima Lage am See mit Strand, Tennisplätze, ℰ 705-635-2330, Hochsaison ab $132, sonst ab $112; www.bluespruce.ca

Geschichte des Algonquin Park

Der Algonquin Park wurde nicht geschaffen, um eine intakte Landschaft zu erhalten, sondern um zerstörte Wälder wieder aufzuforsten. *Logging Companies* hatten im 19. Jahrhundert die Wälder fast ganz abgeholzt; Brände erledigten den Rest. Seit 1893 ist er geschützt – allerdings nicht aus ökologischen, sondern ökonomischen Gründen: Die Holzindustrie erkannte den Wert der Region für ihren Profit. An Freizeitreviere dachte damals noch keiner. Allerdings sprachen sich die Parkqualitäten – damals primär Wild- und Fischreichtum – langsam herum. 1936 wurde die Straße #60 durch den Südteil des Parks fertiggestellt, was zu einem erheblichen Besucheranstieg führte. Ab den 1950er-Jahren kam es zu Konflikten zwischen Wirtschaftsinteressen und Freizeitbedürfnis der Städter. Die Holzverwerter wurden schrittweise zurückgedrängt und eine Diskussion zwischen Naturschützern, Jägern, Holzindustrie und Politik über die Verwendung des Parks begann. 1974 einigte man sich auf einen Kompromiss, den sogenannten *Master Plan*, der u.a. folgende Punkte beinhaltet:

- Nur entlang und südlich der #60 wurde ein Gebiet touristisch erschlossen. Dort liegen Campingplätze, *Lodges*, *Visitor Centers* sowie die meisten Seen des Parks, die mit Motorbooten befahren werden dürfen.

- Im Norden bleibt der Park außer einigen kurzen Stichstraßen unberührt.

- In 75 % der Fläche darf kontrolliert gerodet werden, nicht aber an Uferzonen.

- Das Parkinnere bleibt nur per Kanu und – auf drei Übernacht-Wanderrouten – zu Fuß erreichbar. Dafür gilt ein restriktives Quotensystem.

- Das einfache **Parkway Cottage Resort**, liegt 200 m östlich der Brücke über die Engstelle des Sees an der Straße #60 hinter dem gleichnamigen *Trading Post*; kein unmittelbarer Seezugang, $93-$138; ℓ (705) 635-2763; www.parkwayresort.ca

- Eine Art **Hostel** ist **Wolf Den Bunkhouse n'Cabins** an der Straße #60 noch einmal 600 m weiter; Zimmer für zwei $66, *Cabins* $122/5 Pers., ℓ 1-866-271-9336; www.wolfdenbunkhouse.com

Der Algonquin Provincial Park

Kennzeich-
nung

Der **Algonquin Provincial Park** ist der älteste Park Ontarios und mit 7.653 km2 größer als die kleinste kanadische Provinz, Prince Edward Island. Er umfasst riesige Wälder, Hunderte von Seen sowie unzählige Flüsse und Bäche in einer meist hügeligen, felsigen Landschaft. Vor allem wegen seiner **Kanurouten** (über 2.000 km), die sich großenteils auch für Ungeübte eignen, ist der Park sehr populär. Gleichzeitig bietet er in jeweils nur rund 5 Autostunden Entfernung von Ottawa und Toronto bereits **echte Wildnis**; www. ontarioparks.com/english/algo.html.

Information
und Day-Use

An beiden Parkeinfahrten an der #60 gibt es **Visitor Centers** mit Karten und Material, allen Hinweisen und Regeln fürs Camping und Kanuwandern, mit Werbung kommerzieller Anbieter innerhalb und außerhalb der Parkgrenzen und die unverzichtbare Zeitung »**Algonquin**«. Daten spezieller Events werden dort täglich oder auch wöchentlich herausgegeben. Das **West Visitor Center** ist im Sommer von 8-20 Uhr geöffnet, sonst bis 18 Uhr. Das größere **East Visitor Center** (bei km 43, im Sommer bis 21 Uhr) hat Ausstellungen zu Flora und Fauna, Film/Diaschau zur Parkhistorie, Buchladen, Restaurant und Aussichtsplattform.

Day-Use Pass $16 je Auto inkl. Insassen; Campern wird der Betrag mit der Campinggebühr verrechnet.

Praktisches

Auf den 56 km des sog. **Korridors** (Straße #60) durch den Park gibt es nur am **Portage Store** (bei km 14) eine Tankstelle. Außer in den *Lodges* (⇨ unten) existieren nur drei einfache Restaurants im *Portage Store*, *Two Rivers Store* (bei km 31,5) und im *East Gate Visitor Center* (bei km 43); Lebensmittel nur im **Two Rivers Store**. Die Kanu-*Outfitter* führen vorwiegend *Outdoor*-Proviant.

Typische
Seeuferszenerie
im Algonquin Park

Kanumiete	**Alles dreht sich im *Algonquin* um das Kanu**: Jeder dritte Besucher des *Algonquin* hat sein eigenes Boot auf dem Autodach. »Oben-ohne-Touristen« finden im Park zwei ***Outfitter***, die komplette Ausrüstungen vom Kanu über Kocher und Zelt bis zum Regenponcho vermieten. Die Vollausrüstung (inkl. Verpflegungsration) kostet bei Übernachtungstrips ab \$65/Person, ohne Verpflegung ab \$55; ein Kanu allein ab \$25/Tag einschließlich Schwimmwesten.

Auch für Kurztrips darf die Broschüre ***Canoe Routes*** nicht fehlen. Der Tagespreis verringert sich mit der Mietdauer. Luxus ist das **Wassertaxi**, das Paddler samt Boot zu einem entlegeneren Ausgangspunkt bringt und wieder abholt. **Alle noch nicht Wildniser-probten** sollten aber erst einmal eine Tour mit Führer machen. Der europäische Städter unterschätzt leicht Entfernungen, Wetterumschwünge und den »Alltag« in der Wildnis.

Vor beiden Parkeinfahrten bieten **weitere Verleiher** Boote und Ausrüstung oft günstiger an und bringen alles meist gratis zum gewünschten Startpunkt (⇨ auch folgende Seite).

Kanuregeln	Wer zum Paddel greift, muss Folgendes beachten:

- Für Übernachttouren sind ***Backcountry Camping Permits*** vorgeschrieben. Sie kosten \$12 Person/Nacht, für Kinder \$5. An den See- und Flussufern entlang der Kanurouten sind zahlreiche fürs Zelten geeignete Plätze (je maximal 9 Personen) markiert, an die sich Übernachter halten müssen. Bei starker Nachfrage im Sommer sind populäre *Campgrounds* bereits früh am Morgen belegt. Die Plätze lassen sich aber bis zu 5 Monate im Voraus reservieren.

- Für die Benutzung der ***Wilderness Campgrounds*** gelten eine Reihe strenger Regeln; besonderer Wert wird auf Abfallvermeidung bzw. -beseitigung und Brandverhütung gelegt.

- Das Wasser der Seen und Bäche im *Algonquin* hat Trinkwasser-Qualität, sollte aber trotzdem 5 min gekocht werden, um ***beaver fever***, einer Viruskrankheit, vorzubeugen (⇨ Seite 181).

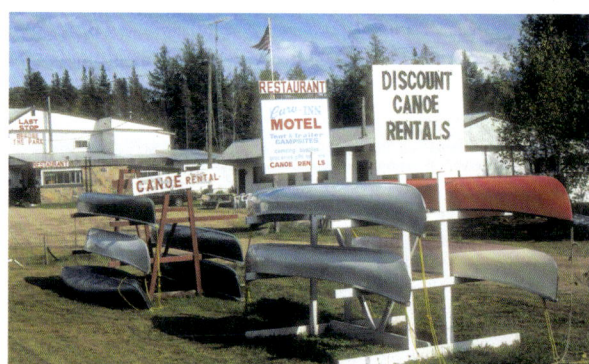

Kanuverleih, Camping, Motel und Restaurant – alles zusammen kurz vor der Westeinfahrt des Parks

Wölfe im Algonquin Park

Im *Algonquin Park* gibt es nicht nur 2000 (!) Elche, Bären, Biber und den *Common Loon* (eine Wildenten-Art mit klagenden, weithin tragenden Lauten, ➪ Seite 471), sondern auch Wölfe. Deren Lebensweise wurde in den 1950er-Jahren untersucht; dabei fand man heraus, wie man sie zum Heulen bringt. Als ein *Park Ranger* dieses 1963 Touristen vorführen wollte, kamen statt der erwarteten zwei Dutzend 700 Personen. Heute warten jeden Donnerstag im August bis zu 1.600 Menschen geduldig und mucksmäuschenstill darauf, dass die Wölfe dem speziell geschulten »Vorheuler« antworten.

Verleiher; weitere Adresssen unter

www.paddling ontario.com

Bootsmiete und -reservierung ist u.a. möglich bei

- *Portage Store*, ca. 14 km vom *Westgate* am straßennahen Lake Canoe, © (705) 633 5622; www.portagestore.com. Geführte Trips mit Einweisung täglich 9.30-16.30 Uhr. Kanu $29/Tag, inkl. Lunchpaket für zwei ab $58, Kinder $29.
- *Algonquin Outfitters*, etwa 8 km westlich des Parks an der Straße #60; © 1-800-469-4948; www.algonquinoutfitters.com. Die Firma vom Oxtongue Lake betreibt auch die Station im Park am **Opeongo Lake**, © 1-888-280-8886; Zufahrt Straße #60 bei km 45, dann 6 km die Opeongo Road. Kanu $20/Tag.
- *Opeongo Outfitters* in Whitney an der #60 östlich des Parks, Kanu $22/Tag, © (613) 637-5470; www.opeongooutfitters.com

Wandern

Entlang der Durchgangsstraße passiert man die meisten Startpunkte für Kurzwanderungen. Am besten sind folgende: **Whiskey Rapids** (zu den Stromschnellen des Oxtongue River), **Lookout Trail** (Aussichtspunkt hoch über den Wäldern) und **Beaver Pond Trail** (zu zwei Biberseen), je etwa 2 km. Von den längeren *Trails* ist **Booth's Rock** attraktiv (5 km). Der Rundweg führt zu einem *Viewpoint* und über eine stillgelegte *Railroad*. Der Start liegt jedoch 9 km abseits der #60 am Rock Lake (Zufahrt ab KM 40).

Für **Übernacht-Wanderungen** gibt es drei Wege: den **Western Upland Backpacking Trail** (je nach Routenwahl 32 km/88 km Länge), den **Highland Backpacking Trail** (19 km/35 km) und den **Eastern Pines Trail** (6 km/19 km) im entlegenen Ostareal des Parks. Kartenmaterial und das nötige **Permit** erhält man im **Visitor Center**. Ein 10 km langer **Radweg** auf einer ehemaligen Eisenbahntrasse verbindet die beiden *Campgrounds* **Mew Lake** und **Rock Lake**.

Camping

Im Park von der Straße #60 mit Auto zugänglich sind **insgesamt acht** unterschiedlich große und komfortable **Campingplätze** ($36-$46). Die meisten verfügen über WC und Duschen *Full Hook-ups* für Campmobile gibt es nicht, wohl aber auf zwei von ihnen Elektrizität (*Mew Lake* und *Rock Lake*). Alle Plätze liegen bis auf den **Rock Lake Campground** (Schotterzufahrt 8 km) straßennah (relaiv laut wegen des Verkehrs) und sind gut ausgeschildert.

- *Canisbay Lake* hat großzügige Stellplätze (die 200er-Nummern liegen nahe am See!)

- *Mew Lake* ist gut, aber hat Plätze nahe der Straße (70er-Nummern!), #83-#111 liegen nah am See, #51-#63 beim Strand. Hier kann man auch Yurten mit Holzfußboden, Öfchen und Herd mieten (bis zu 6 Personen $92), bei schlechtem Wetter prima.
- *Lake of the two Rivers* hat einen großen Strand; meist zu voll
- Am kleinen *Pog Lake* sind die hohen Nummern auf der Halbinsel die besten (#418-#451)
- *Rock Lake* ist riesig und liegt abseits der Straße, intim dagegen der kleine *Coon Lake* mit individuellen kleinen Stränden

Reservierung nur zentral: ✆ 1-888-668-7275, www.ontarioparks.com, ↻ Seite 156; ansonsten *first-come-first-served*.

Unterkünfte im Park

Wer statt Kanu per Auto fernab der #60 Ruhe sucht, findet sie in drei edlen Lodges, allen voran

- *Arowhon Pines* am *Little Joe Lake* auf herrlichem Gelände (Kanu, Tennis, Sauna, *Cabins*); bei km 15,5 der #60 nach Norden; gutes Restaurant mit Lunchbuffet auf dem Rasen, ✆ 1-866-633-5661; Halbpension $249-$274; www.arowhonpines.ca
- *Bartlett Lodge*, rustikaler, bei km 23,5 im *Cache Lake* auf einer Insel; mit Wassertaxi übersetzen; auch *Cabins*; nur Frühstück und Dinner, ab $157; Tipp: voll eingerichtete Zelte $90-$115/Person als B&B; ✆ 1-866-614-5355, www.bartlettlodge.com
- *Killarney Lodge* bei km 33 nahe der Straße #60 auf einer Landzunge am *Lake of Two Rivers*. Kanu, *Trails*; 28 Blockhäuser am See mit je einem DZ, *Cottages* mit ein oder zwei DZ, Vollpension ab $219/Person im DZ in der Hochsaison, ✆ 1-866-473-5551; www.killarneylodge.com

Ausstellungen

Die professionelle 30-minütige audiovisuelle Show im *Algonquin Logging Museum* unweit des Osteingangs (KM 54,5) vermittelt einen sehenswerten Überblick über die Geschichte der Holzwirtschaft. Nach der Show wird die Leinwand hochgezogen und gibt dem Besucher einen Spazierweg frei.
An diversen Haltepunkten erfährt man dort alles über das Leben der Holzfäller, die Holzfällerei (*Logging*), das Flößen, und über spezielle Transportmittel wie den

Elchkuh am Ufer des Rock Lake im Algonquin Park

»*Alligator*«, ein Schiff, das sich mit einer eigenen Winsch über Land zum nächsten See ziehen konnte, u.a.m. Mitte Mai bis Mitte Oktober täglich 10-18 Uhr, gratis.

Das **Algonquin Art Center** (km 20 der #60) macht den Besucher in wechselnden Ausstellungen mit Künstlern bekannt, die die Faszination des Parks in Bildern, Fotos und Skulpturen zum Ausdruck bringen. Die meisten Werke sind käuflich. Ende Juni bis Mitte Oktober 10-17.30 Uhr.

Osteingang/ Whitney

- Gleich östlich des *Algonquin Park,* im Dorf **Whitney** (dort Restaurants, Supermarkt (*Freshmart*) und Tankstelle, liegt **Algonquin East Gate Motel & Outfitters**, einfach, $65-$90, *Cabins* $95; ✆ (613) 637-2652; www.algonquineastgatemotel.com
- **Algonquin Parkway Inn**, einfach, nett an der #60; $75, für die Zimmer 11-15 am Fluss ab $85, Picknicktische und Badestelle, *BBQ* (Grill); ✆ (613) 637-2760.
- Sehr gut sind **Riverview Cottages & Chalet Motel** (Galeairy Lake Road) am Fluss in Ortsnähe, gute Ausstattung. Das gilt auch für das kleine Motel; deutsche Besitzer. Zimmer im Motel $98-$115, *Cottages* $130-$155; ✆ 1-888-387-9440, www.riverviewcottages.com

Nach Ottawa

Vom *Algonquin Park* nach Ottawa führt die #60 durch seenreiche Landschaft. In den Orten **Madawaska** (mit dem gleichnamigen, bei Kanuten beliebten Fluss) und Barry's Bay (gutes **Visitor Center**) gibt es *Outfitters* und Unterkünfte.

- **Spectacle Lake Lodge** mit *Cabins* am See und einem etwas kitschigen Ausflugslokal mit rustikaler Küche; ab von der #60, 35 km östlich des *Algonquin* zwischen Madawaska und Barry's Bay. *Lodge* ab $100, *Cabins* $160-$260; ✆ (613) 756-2324 und ✆ 1-800-567-4044; www.spectaclelakelodge.com
- Weiter östlich liegt **Sands on Golden Lake** (13163 Hwy 60) bei **Golden Lake**, ein wenig altmodisch, Motelzimmer und *Cottages* direkt am Strand; ab $85, *Cabins* ab $285; ✆ (613) 625-2525 und ✆ 1-800-565-2520, www.sandsongoldenlake.com

Bei Renfrew erreicht man den **Trans Canada Highway #17**.

3.4.4   Von Toronto über Kingston nach Ottawa

Zur Route

Die schnellste Route von Toronto nach Ottawa entspricht weitgehend der Autobahn #401 (*MacDonald Cartier Freeway*), die am Lake Ontario und am Nordufer des St. Lawrence River entlang läuft. Die letzten 90 km geht es auf der Straße #416 zum Ziel. Insgesamt beträgt die Entfernung rund 450 km. An der Strecke liegt eine Reihe von interessanten Besuchspunkten, die nicht einmal nennenswerte Umwege, sondern lediglich ein zeitweises Verlassen des *Freeway* erfordern. Aber auch weitergehende **Abstecher** oder **Abweichungen** sind möglich, so Fahrten durch die **Kawartha Seenplatte** in Anlehnung an den *Trent-Severn-Waterway* oder von Kingston über Smiths Falls am *Rideau Canal* entlang, ✪ Karte Seite 473.

Trans Canada Highway (TCH)

Ein Blick auf die Karte zeigt, dass eine Fahrt auf dem *Trans Canada Highway*/Straße #7 ab **Peterborough** (bis dahin #401/ #115) auf dem Weg nach Ottawa etwa 45 km kürzer wäre. Der TCH ist jedoch unter touristischem Blickwinkel die am wenigsten empfehlenswerte Alternative.

Umweg

Der folgende Abschnitt bezieht sich auf einen **Abstecher zum Trent-Severn-Waterway und die Kawartha Lakes**, der gut in eine West-Ost/Ost-West-Reise eingebaut werden könnte. Einer (mit Zwischenstopps) Tagesrundfahrt entspräche z.B. die Straßenkombination #35 bis Fenelon Falls, dann #8/#36 und auf der #507 und/oder #28 über Peterborough zurück auf den *Freeway* #401. Ohne einen solchen Umweg beginnt die Routenbeschreibung des Kapitels erst mit dem Abschnitt »Von Cobourg nach Kingston«.

Trent-Severn-Waterway und Kawartha Lakes

Kennzeichnung

Der *Trent-Severn-Waterway* verbindet Trenton am Lake Ontario (etwa auf halber Strecke zwischen Kingston und Toronto) und Port Severn an der Georgian Bay. Er kam zustande durch den Bau von Kanälen zwischen zahlreichen nahe beieinander liegenden Flüssen und Seen. Die erste von insgesamt 45 Schleusen ging bereits 1833 in Betrieb –Schiffe konnten die Route aber erst 1920 passieren. Auf insgesamt 386 km Länge umgeht der Wasserweg heute sämtliche Stromschnellen und Wasserfälle; zwischen Lake Huron und Ontario besteht immerhin ein Höhenunterschied von 102 m. Um die ganze Strecke per Boot zu durchfahren, braucht man etwa eine Woche – und ein Faible für Schleusen; sie sind aber auch für Autofahrer gute Anlaufpunkte, denn mit Blick aufs Wasser und den Bootsverkehr kann man fast überall picknicken; für kleine Uferparks mit Tischbänken hat *Parks Canada* gesorgt.

Kawartha Lakes

Die **Kawartha Lakes** – www.thekawarthas.ca – bilden das touristische Zentrum des *Trent-Severn-Waterway*. Wie die gespreizten Finger einer Hand, die nach Toronto »greift«, liegen sie etwa in der Mitte der Linie Trenton–Port Severn. Während – um beim Bild zu bleiben – die »Handfläche« dieser Seenplatte geologisch noch zur Felslandschaft des *Canadian Shield* (⇨ Seite 20) gehört, ragen die fingerförmigen Seen schon in die vom St.-Lorenz-Strom geschaffene Ebene. Der nördliche Bereich der *Kawarthas* ist daher reizvoller als der südliche.

Die ganze Schönheit der *Kawartha Lakes Region* erfährt man so richtig nur auf dem Wasser, zumal die Straßen hinter den privaten Ufergrundstücken verlaufen. Das gilt auch für den attraktivsten See, den Stony Lake.

Badestellen

Außer an den *Day Use Areas* der *Provincial Parks* finden sich auch zwischen ansonsten privaten bebauten Ufern immer wieder schöne öffentliche Badestellen:

- Ideal zum Baden ist der **Sandy Lake** (von Buckhorn aus #16) mit türkisblauem Wasser, das so intensiv leuchtet, dass der See auf Satellitenfotos ins Auge fällt.
- Ein weiterer Tipp ist *Quarry Bay* im nordöstlichen **Stony Lake** direkt an der Straße #56.
- **Bobcaygeon**: *Beach Park* (an der #24) und der *Little Bob Park*
- **Burnt River**: *Four Mile Lake*
- **Fenelon Falls**: *Garnet Graham Park* und östlich von Fenelon Falls der *Verulam Park* (Straße #30)
- **Lindsay**: *Ken Reid Conservation Area*
- **Norland**: *Norland Beach* (Shadow Lake Road 3)
- **Valentia**: *Sand Bar Beach* und
- **Coboconk**: *Sandy Beach* (Straße #48)

Bobcaygeon   Das Inselstädtchen **Bobcaygeon** (im Nordwesten der Kawarthas an der Kreuzung #8/#17/#36; www.bobcaygeon.org) ist der zentrale Versorgungsort für alle Wassersportler am *Waterway*: Mietstationen, Marinas, Motels am Wasser, Läden und Lokale. Andere Schleusen-Stationen am Wasserweg wie Buckhorn, Fenelon Falls und Burleigh Falls bestehen nur aus einer Handvoll Häuser mit dem Allernötigsten zum Wohnen und Einkaufen.

Stromschnellen vor den Burleigh Falls in der Kawartha Lakes Region

Bootstrips	Während die Kanadier diese Region auch zum Golf, Tennis und Fischen nutzen, kommen für Durchreisende eher folgende Aktivitäten auf dem Wasser in Frage:

- Reizvoll: **2-Stunden-Trips** auf dem **Stony Lake** mit 1128 (!) Inseln: Sommer Di/Mi/Do/Sa/So, 13 Uhr, sonst nur Sa/So, $15/ $8; Start 7 km nördlich von Burleigh Falls abseits der #56 (Mount Julian Viamede Road; ℂ (705) 654-5253).

- *Kawartha Lakes Boat Cruises* bietet ebenfalls einen 2-Stunden-Ausflug auf der *Kawartha Spirit* ab *Lock* 34 in Fenelon Falls Juli/August 14 Uhr, $23/$12; 11 Uhr nur mit *Lunch*), ℂ (705) 887-9313; www.fenelonboatcruises.com

Boote/ Hausboote	Wer selbst als Hausboot-Kapitän in See stechen will, braucht in Canada für Haus- und kleinere Motorboote keinen Führerschein; es reicht ein kostenloser Crash-Kurs des Vermieters. Preise: Juli/ August für 4 Pers. ca. $1.700, Nebensaison $600-$900/Woche.

- *Happy Days Houseboats*, Bobcaygeon, ℂ (705) 738-2201; www.happydayshouseboats.com

- *Egan Houseboat Rentals*, Omemee (ausgeschildert beim *Emily PP*). Omemee ist ein guter Startpunkt für 3-7tägige Trips mitten im Kawartha-Distrikt; ℂ (705) 799-5745 oder ℂ 1-800-720-3426; www.houseboat.on.ca

- Für Motorboote wendet man sich am besten vor Ort an größere Resorts oder Marinas, z.B. *Buckeye Marine*, Straße #36 South, Bobcaygeon, ℂ 1-888-712-2628; www.buckeyemarine.com

- Jede Art Boote (auch Angel-, Motor- und Ponton- Badeboote) verleiht *Fenelon Falls Marina* an der #8 bei Fenelon Falls; ℂ 1-877-876-3134; www.fenelonmarina.com

Curve Lake	Das Dorf **Curve Lake** (südlich Buckhorn) ist Reservat der *Mississauga*-**Indianer**, die zum *Ojibwa*-Stamm gehören. Sie vermieten auch *Cottages* und laden Besucher zu ihrem **Pow-Wow** und zu *Workshops* ein; www.curvelakefirstnation.ca. In der **Whetung Ojibwa Crafts and Art Gallery** werden Objekte alter und neuer

Indianische Petroglyphen

Abstrakte wie realistische Tierfiguren im *Petroglyphs Provincial Park* lassen sich zum großen Teil aus der indianischen Mythologie erklären. Die symmetrischen, gelegentlich witzigen Zeichen bestechen durch einfache und klare Linienführung. Sie stehen für Fruchtbarkeit, Geduld oder Ewigkeit und sind oft Bestandteil von Legenden.

Häufig wiederkehrende Elemente sind z.B. die Schildkröte – nach indianischer Vorstellung bot sie ihren Panzer für die Erschaffung der Welt an – oder magische Boote, die gen Himmel aufzusteigen scheinen. Eine Zentralfigur ist *Nanabush*, der jede beliebige Gestalt annehmen konnte. Meist wird er als freches und zu Streichen aufgelegtes Kaninchen dargestellt. Er lehrte die Indianer, die Heilkraft der Pflanzen zu nutzen, und brachte ihnen das Feuer.

indianischer Handwerkskunst verkauft – ihre Qualität unterscheidet sich wohltuend von vielem anderswo; täglich 9-17 Uhr, frei; www.whetung.com.

Petroglyphs Park

Wer sich für präkolumbische Indianer interessiert, findet im – recht abseits gelegenen – *Petroglyphs Provincial Park* ein ungewöhnliches Ziel. Der Park (nur Picknick, kein Camping) liegt am östlichen Ende des **Stony Lake** östlich von Burleigh Falls; Zufahrt zunächst über die #28, ab **Woodview**, dann die #56/Northey's Bay Road (dort auch das *Viamede Resort*, ➪ rechts, sowie **Stony Lake Boat Trip**). Der Park liegt 11 km entfernt von der #6. Unter einer Stahl-Glas-Konstruktion befinden sich auf einem 100 m² großen Kalksteinbuckel geritzte Symbole, die man auf 500-1.000 Jahre schätzt. Der 20-min-Weg dorthin stimmt auf die heilige Stätte ein, lohnend nur bei großem Interesse, täglich 10-17 Uhr, $8; www.ontarioparks.com/english/petr.html

Unterkunft

- *The Irwin Inn*, sehr feines, teures Resort (mit *Cottages*, Golf und Tennis, Boote, Reiten) am Südostufer des Stony Lake, abseits der #6 (Petersborough Road); ab $250/Person Halbpension; ℡ 1-800-461-6490; www.irwininn.com
- *Viamede Resort*, 595 Mount Julian Viamede Road in Woodview, exklusive Lage am Wasser (➪ Seite 481, Boottrips), ℡ 1-800-461-1946; www.viamede.com
- *Fee's Landing* nahe dem *Emily PP* auf dem Gelände der *Egan Houseboat Rentals* (➪ links), 55 Russell Drive in Omemee, rustikale *Cottages* mit Badestrand; Woche $950-$1425 für 2-6 Personen, ℡ (705) 799-6497; www.feeslanding.com
- *Southwinds Resort* & *Marina* liegt direkt am *Pigeon Lake* zentral in Bobcaygeon (94 Front Street East) mit Bootsvermietung; auch *Cottages*, ℡ 1-800-472-5441; www.southwindsresort.ca
- *Scotsman Point Cottage Resort*, absolut super! Südwestlich von Buckhorn abseits der #37 am Buckhorn Lake, 263 Six Foot Bay Road, ab $135, ℡ 1-800-267-1310; www.scotsmanpoint.com
- *Water's Edge Resort*, 386 Front Street West in Bobcaygeon, *Cottages* ab $135; ℡ 1-877-692-2128; www.watersedgecottages.ca

Camping

Neben etlichen privaten *Campgrounds* gibt es an den Kawartha Lakes zwei große Familien-Provinzparks: im Norden, abseits der #48 (Zufahrt über #35) den **Balsam Lake PP** und am südlichen Ende des Pigeon Lake den empfehlenswerten **Emily PP** (an der Straße #10, nahe *Egan Houseboat Rentals*). Beide Provinzparks verfügen über große Stellplätze und Kanu-Verleih.

Als Ausweichplatz kommt **Warsaw Caves Conservation Area and Campground** (Flussbaden!) an der #4 beim Ort **Warsaw** infrage: 289 Caves Road, ℡ (705) 652-3161; www.warsawcaves.com

Peterborough Lift Lock

Einzige größere Stadt des Bereichs ist Peterborough mit zwei Attraktionen, dem **Lift Lock** (20 m hoch) und dem **Canadian Canoe Museum**. Beide sind gut ausgeschildert. Die Wirkungsweise dieses welthöchsten Schiffshebewerkes wird im **Visitor Center** am Modell verdeutlicht. Während einer Bootsfahrt wird man selbst »geliftet« ($20/$10; Juli und August täglich 10.30, 13 und 15 Uhr, sonst nur 2x/Tag; www.liftlockcruises.com.

Kanu Museum

Das *Canadian Canoe Museum* ist ein »Muss«, denn ohne Biberfelle, Kabeljau und diese schlanken Boote aus Birkenrinde wäre für die *First Nation People* sowie die ersten Europäer ein (Über-)Leben in der Neuen Welt undenkbar gewesen. Gezeigt wird die Entwicklung des Kanus von der präkolumbischen Zeit über die Pelzhandels-Ära bis hin zum heutigen Tag; 910 Monaghan Road, Peterborough; Mo-Sa 10-17, So 12-17 Uhr; $10/$8, ✆ (705) 748-9153; www.canoemuseum.net.

Unterkunft

Mit dem *Best Western Otonabee Inn* an der Autobahnausfahrt *Otonabee*, 84 Lansdowne Street East, findet man unweit des *Lift Lock* ein Motel/Hotel mit ruhigen, zum *Meade Creek* hin gelegenen Zimmern und großem *Indoor Pool;* ab $130 im Sommer, ✆ (705) 742-3454 oder ➪ Seite 146; www.bwotonabee.com.

Camping

Mit dem gleichnamigen Stadtpark verbunden ist der *Beavermead Campground*, eine gute Wahl im Stadtbereich Peterborough, 2011 Ashburnham Drive (unweit des *Lift Lock*). Reservierung: ✆ (705) 742-9712; über www.peterborough.ca/visiting.

Serpent Mounds

Südöstlich von Peterborough liegt der Rice Lake, der seinen Namen dem wilden Reis verdankt, der früher in seinem seichten Wasser wuchs. Über die Straße #7 (TCH) und dann #34 erreicht man die Zufahrt zum *Serpent Mounds Park* und die gleichnamige indianische Grabstätte (bis Ende 2013 wegen Renovierungsarbeiten geschlossen!); www.serpentmoundspark.com.

Die neun flachen **Grabhügel** der *Hiawatha First Nation* (➪ Seite 17) in Schlangenform sind über 2.000 Jahre alt und zählen zu den besterhaltenen ihrer Art in Canada. In den Gräbern wurden u.a. Muscheln, Tierknochen, Kupferspeere und Skelett-Teile entdeckt, aus denen man schließt, dass der Stamm ein weitverzweigtes Netz von Handelsverbindungen unterhielt.

Peterborough Liftlock, ein heute von Parks Canada nur noch für Freizeitboote betriebenes Hebewerk

Die Bestattungsrituale und das Alltagsleben der Indianer werden auf Schautafeln erläutert. Der **Campingplatz** ($22) verfügt über besonders großzügige Stellplätze. **Kinderspielplatz** und eine **Badebeach** sind ebenfalls vorhanden. *Cabins* kosten $60; ✆ (705) 295-6879 und ✆ 1-866-223-3332.

Von Cobourg nach Kingston

Start

Bei knapper Zeit könnte man ab Toronto die #401 bis Kingston durchfahren (260 km). Besser wäre aber eine erste Pause in **Cobourg** und Weiterfahrt von dort über das *Prince Edward County*, eine Halbinsel im Lake Ontario. Sie ist durch eine breite Landbrücke bei Trenton mit dem Festland verbunden.

Cobourg

Das hübsche Städtchen Cobourg mit viktorianischem Zentrum ist einen Stopp wert. Quasi an der Hauptstraße liegt am Lake Ontario hinter einem schönen Strand der **Victoria Park** mit Picknickbänken, daneben ein Yachthafen. Der städtische **Victoria Park Campground** grenzt direkt an den **Beach Boardwalk** in Nachbarschaft zur Marina; schön schattig; ✆ (905) 373-7321.

Ausgezeichnet ist **The Breakers on the Lake** (94 Green Street) im Villenviertel direkt am See, nur ein paar 100 m östlich des *Victoria Park*. Im Sommer $130, 2 Zimmer mit Küche $175, *Cottage* (6 Pers.) $180; ✆ (905) 372-9231; www.breakersonthelake.ca.

Straße #2 nach Trenton

Für die Weiterfahrt von Cobourg nach **Trenton** verpasst der eilige Reisende auf der #401 gegenüber der Straße #2 nicht viel. Wer sich jedoch für Architektur und Einrichtung der Herrenhäuser des 19. Jahrhunderts interessiert, findet so etwas in Grafton (**Barnum House** an der #2) und Brighton (**Proctor House**, 96 Young Street; www.proc torhousemuseum.ca). Gut aufgehoben ist man in der **Grafton Village Inn**, 10830 #2, ab $105, ✆ (905) 349-3024; www.graftonvillageinn.ca.

Camping

An der Streckegibt es erfreuliche Campingplätze am Lake Ontario. Der private **Campground Jubalee Beach** liegt ca. 4 km östlich Wicklow, dann ca. 1 km südlich zum Seeufer; ✆ (905) 349-2670; www.jubaleebeachpark.com.

Der **Presqu'ile Provincial Park** besitzt eine weit in den Lake Ontario reichende Landzunge, die seeseitig aus Dünen und Strand besteht und sich auf der anderen Seite breit als Sumpfgebiet in die Presqu'ile Bay ausdehnt. Auf der Stichstraße erreicht man zunächst den *Day-use*-Bereich mit langen **Stränden** und passiert dann den **Trail Head** *für* einen Lehrpfad durch Schilf und Sumpf. Ganz am Ende befindet sich der **Campingplatz** mit mehreren getrennten Arealen. Die besten Plätze findet man unter den Nummern 1-100; ✆ 1-888-688-7275; www.ontarioparks.com/english/pres.html.

Loyalist Parkway/ Straße #33

Die Straße #33 durch das *Prince Edward County* von Trenton nach Kingston durchquert auf ca. 120 km ein Gebiet, das nach der amerikanischen Unabhängigkeit zunächst von den Gegnern der Lossagung der Kolonien von Großbritannien besiedelt wurde, den sog. Loyalisten, ⇨ folgende Seite. Daher die Bezeichnung **Loyalist Parkway**; www.loyalistparkway.org.

Die Straße läuft auf der Insel meist uferfern durch Flach- und Hügelland zur Fähre in Glenora. Alte Loyalisten-Orte (**Wellington, Picton**) liegen zum Übernachten am Wege:

The Picton Harbour Inn, 33 Bridge Street, ✆ (613) 476 2186, ✆ 1-800- 678-7906, $110-$150; www.pictonharbourinn.com.

3

Loyalisten

Die kanadischen Provinzen Ontario und New Brunswick verdanken ihre Gründung letztlich dem amerikanischen Unabhängigkeitskrieg: In die bis dahin nur von Pelzhändlern und Voyageuren (➪ Seite 520) durchstreiften Landstriche der kanadischen Kolonien Großbritanniens flohen Zehntausende dem englischen Königshaus und dem Gedanken der Monarchie treu ergebene »Loyalisten«vor den Amerikanern.

Sie stammten aus sämtlichen Bevölkerungsschichten: kleine Händler, reiche Kaufleute, Kleriker der *Church of England*, Bauern, Soldaten und entlaufene Sklaven. Grund zur Flucht war nicht immer nur die Treue zu den britischen Kolonialherren: Denn jedem, der mit der Waffe der Krone beistand, war Land versprochen worden. Schwarzen Sklaven winkte darüber hinaus die Freiheit (➪ Seite 575).

Einige der *Loyalists* flohen bereits während der Kriegswirren. Doch nach dem Friedensvertrag von Paris (1783) und der Unabhängigkeit der einstigen britischen Kolonien als Vereinigte Staaten von Amerika starb für sie die Hoffnung, in ihre Heimat zurückkehren zu können. Die Sieger verhielten sich gegenüber den im Land verbliebenen Königstreuen feindselig und beanspruchten deren Besitz. So gingen nach dem Krieg an die 80.000 Loyalisten ins Exil. Nur wer genug Geld hatte, konnte sich die Schiffsreise zurück ins Mutterland leisten; alle anderen suchten ihr Heil im Norden in den noch verbliebenen britischen Kolonien, heute Nova Scotia, New Brunswick und Ontario.

Das Staatsmotto Ontarios *Loyal it began and loyal it remains* (»Wir waren und bleiben loyal«) stammt noch aus jener Zeit.

Auch das Land der mit England verbündeten **Mohikaner** fiel im Friedensvertrag an die USA. Der Mohikaner-Häuptling *Joseph Brant* zog sich mit 2.000 roten Loyalisten ins südliche Ontario zurück. Es gab sogar **schwarze Loyalisten**, die nach der Niederlage aus dem feindlichen Territorium herausgebracht und belohnt werden mussten. Damit taten sich die Briten allerdings ziemlich schwer. Die meisten wurden nach Nova Scotia gebracht (➪ Seite 583), wo sie – getrennt von den weißen Loyalisten – als »freie Schwarze«am Rand neu entstehender Siedlungen die kärglichsten Essensrationen und die schlechtesten Böden zugewiesen bekamen.

Auch für viele der aus einfachen Bevölkerungsschichten stammenden Flüchtlinge war der Neubeginn in der Wildnis nicht leicht. Sie bekamen ein Stück Land, Schaufel und Axt und wurden dann ihrem Schicksal überlassen. Soldaten, die für England gekämpft hatten, erhielten Grundbesitz gemäß Rang und Ehre. Damit wurden manche schnell reich, handelte es sich doch oft um Waldgebiete mit zum Schiffbau geeignetem Holz – und Schiffe brauchten die Engländer für ihre Kriege.

Mit puritanischer Arbeitsmoral gingen die Loyalisten daran, ihr Leben in der Wildnis neu zu organisieren. Das Ergebnis konnte sich sehen lassen. So stellt sich das loyalistische Erbe dem Touristen jetzt auch hauptsächlich in stattlichen Gebäuden dar. Fredericton und St. John in New Brunswick z.B. sind großzügig angelegte Städte, die den Ehrgeiz bezeugen, mit dem sich besonders der Geldadel der verlorenen Kolonien ein Ambiente nach altem Muster aufbaute. *By God, we will be the envy of the American States* (»ich schwöre, die USA werden uns beneiden«), konstatierte **Edward Winslow**, einer der Führer der Loyalisten in New Brunswick. So vermitteln entlang des **Loyalist Parkway** (⇨ vorstehende Routenbeschreibung) und anderswo die gregorianischen und viktorianischen Häuser mit elegantem Mobiliar auch durchaus nicht den Eindruck einer armen, vertriebenen Minderheit.

Sandbanks Provincial Park 	In der Südwestecke der Halbinsel befindet sich der populäre **Sandbanks Provincial Park** mit den besten und größten Stränden der Region. Der Park besteht aus zwei Teilen: • Der **East Lake Sector** besitzt den riesigen **Outlet River Campingplatz** mit allem Komfort und mehrere *Day-use Area*s. An schönen Sommertagen und Wochenenden wird es rappelvoll. • Ruhiger ist der **West Lake Sector**: Hinter dem Schild *Overflow Area* (kurz vor der Einfahrt zur *East Area*) geht es rechts zu hohen Dünen mit langem Strand –die 12-25 m hohen Dünen zählen zu den größten Frischwassersanddünen der Welt. Der **Campground** dort ist kleiner und hat nur einfache Stellplätze; ℂ 1-888-668-7275; www.ontarioparks.com/english/sand.html.
Lake on the Mountain	Ca. 2 km südlich von Glenora an der Straße #7 liegt der **Lake on the Mountain** (Zufahrt westlich Glenora); ein tiefer, dunkler See auf einer Anhöhe ohne erkennbare Zuflüsse. Seine Ufer befinden sich weitgehend in Privatbesitz, nur ein kleines Areal ist Provinzpark mit **Picknickplatz**. Von einem Aussichtspunkt jenseits der Straße schaut man weit über den Meeresarm *Adolphus Reach* und die Anleger der Fähre zwischen Glenora und Adolphustown; www.ontarioparks.com/english/lakem.html.
Nach Kingston 	Die **Glenora-Fähre** verkehrt kostenlos Tag und Nacht, je nach Tages- und Jahreszeit, alle 30-60 min. Gleich hinter der Anlegestelle auf der anderen Seite liegen **Beach** und **Campground Adolphustown**. Die winzige Ortschaft mitten in einem ausgedehnten Obstanbaugebiet passiert man erst 3 km weiter. Bis kurz vor Kingston führt der **Loyalist Parkway auf seinem besten Abschnitt** nun oft dicht am Wasser entlang.

Kingston   www.kingstoncanada.com

Gründung	Kingston, eine der attraktivsten Mittelstädte Ontarios, wurde 1673 von *Comte de Frontenac* gegründet, dem Gouverneur der Kolonie *Nouveau France* (später *Québec* ⇨ Seite 518). Bekanntere Bürger der Neuzeit sind der in Kingston geborene und aufgewachsene Popstar **Bryan Adams** und **Paul Anka**, der in Kingston studierte und dort seinen ersten Hit »*Diana*« komponierte.
Anfahrt/ Parken	Der alte Stadtkern liegt an der Mündung des *Cataraqui River* in den Lake Ontario bzw. den hier beginnenden *St. Lawrence*. Dorthin gelangt man aus jeder Richtung automatisch. Von Westen (Toronto/Cobourg) kommend konzentriert sich aller Verkehr in

die Stadt auf die Straße#2, die Kingston zur Princess Street wird. An deren Ende geht es nach links auf die Brücke über den Cataraqui River (zum *Fort Henry*) und nach rechts zum **Confederation Square** und **Waterfront Park**.

Information

Auf dem Grün des kleinen Parks befindet sich der Pavillon der **Kingston Tourist Information**, wo eine Fülle an Material auf die Besucher wartet. Von dort starten jeweils zur vollen Stunde von 10 Uhr bis 17 Uhr Rundfahrten (**Confederation Tour Trolley**, 50 min), $15, Kinder $13.

Parken

Citynah und gratis parkt man auf dem Parkplatz des Marinemuseums (↪ unten, Seite 490). Im Zentrum sind Parkplätze rar und teuer; ↪ auch rechts unter »Camping im *Lake Ontario Park*«.

Unterkunft

www.visit kingston.ca

Am Wasser die gehobene Klasse **Holiday Inn**, **Radisson Inn** und das neuere **Four Points by Sheraton**, eingepasst in eine alte Häuserfront (285 King Street East); alle ab $150, ↪ Seite 146.

Die Mehrheit der Motels liegt weit verstreut an der #2 East:

- **Best Western PLUS Fireside Inn**, 1217 Princess Street/#2, 5 km von *Downtown*; viele Zimmer mit Kamin, **Fantasy Suites** mit thematischer Einrichtung; gutes Restaurant, Saison ab $170, ☎ 1-800 -567-8800; www.bestwestern.kingston.on.ca

- **Welcome Traveller Motel**, 3100 Princess Street, $80-$100, ☎ 1-800-663-9077

- **Travelodge Hotel**, 2360 Princess Street, gute Zimmer, noch akzeptable Tarife, Pool, Cafeteria, $130-$189, ☎ (613) 546-4233 und ☎ 1-800 -567-0751; www.travelodgekingston.ca.

- Das kleine **Fort Henry Motel**, 842 Hwy 2 East, hat Zimmer für $60-$85, ☎ (613) 542-7651, www.forthenrymotel.com

B & B

B & B-Angebote sind zahlreich; DZ ab ca. $80 bis über $200:

- *Secret Garden Inn*, 73 Sydenham Street S, ab $162, ✆ (613) 531-9884 und ✆ 1-877-723-1888; www.thesecretgardeninn.com
- *Hochelaga Inn & Spa*, 24 Sydenham Street South, altes elegantes Haus, ab $160, ✆ 1-877-933-9433; www.hochelagainn.com
- *Jean's Guest House*, 367 College Street, nicht weit vom Zentrum entfernt, einfacher Standard mit Etagenbad $85, ✆ (613) 546-5247; www.pnworks.com/guesthouse

Hostel

- *Queen's University Residences*, 75 Bader Lane, Victoria Hall, $50/Bett, DZ $60, ✆ (613) 533-2223; www.queensu.ca.

Camping

Campingplätze befinden sich landeinwärts oberhalb von Kingston, z.B. der große Platz *Rideau Acres* 2 km nördlich der Autobahn #401 (Abfahrt #623) an der Straße #15; 1014 Cunningham Road; ✆ (613) 546-2711, $32-$47; www.rideauacres.com.

Stadt-besichtigung

Gegenüber dem *Visitor Center* am *Confederation Park* beeindruckt das mächtige Rathaus. Die für diese Kleinstadt bemerkenswerte *City Hall* erinnert daran, dass Kingston 1841 drei Jahre lang kanadische Hauptstadt war, aber bei der endgültigen Standort-Entscheidung für die Kapitale des neuen *Dominion of Canada* Ottawa den Vortritt lassen musste, ➪ Seite 501. Der Bau war damals im Vorgriff der als sicher geltenden Wahl Kingstons als Regierungskapitol konzipiert worden; Mo-Fr 8.30-16.30 Uhr, frei.

Bootstouren ab dem Waterfront Park

Die Boote der *1000 Islands Cruises-Kingston* legen am *Crawford Dock* neben dem *Holiday Inn* ab; www.1000islandscruises.on.ca. Erheblich näher an der Inselwelt liegen die Häfen von Gananoque, Ivy Lea und Rockport, ➪ Seite 493f.

Die *Island Queen*, ein mächtiger Raddampfer für 300 Passagiere (3 Stunden: $34/$17) wie einst auf dem Mississippi, startet aber nur von Kingston aus. Außer für die *1000 Islands Trips* kann man das nostalgische Schiff auch für *Lunch Cruises* buchen. Eine Tour per Schiff halb über den St. Lawrence lässt sich (inkl. Auto) auf der *Wolfe Island Ferry* auch gratis machen, ➪ weiter unten.

Blick auf Kingston vom jenseitigen Ufer des hier in den St. Lawrence mündenden Kataraqui River

*Enorme,
einst als
Regierungssitz
für ganz
Canada
konzipierte
Kingston
City Hall*

Altstadt

Haupteinkaufstraßen sind **Princess** und **Brock Street**, die von der **Waterfront** in Ost-West-Richtung verlaufen. In beiden und einigen Querstraßen (King bis Barrie Street) konzentrieren sich Geschäfte, Restaurants, Kneipen und Discos. Dank getäfelter viktorianischer Läden wie *Cooke's Fine Foods* in der 61 Brock Street mit vielen Kaffee- und Teesorten, *Ginger-* und *Shortbread*-Keksen findet man in Kingston noch einen Hauch koloniales England; www.cookesfinefoods.com.

Nahezu authentische »Alte-Welt«-Atmosphäre verbreiten auch eine Reihe von **British** & **Irish Pubs** (wie **The Toucan**, 76 Princess Street, ✆ (613) 544-1966; www.thetoucan.ca). Einige haben **Live Entertainment** wie *Country* oder *Jazz Music* und/oder besitzen **Mini-Brauereien**, z.B. **Kingston Brewing Company** (34 Clarence Street) oder **Chez Piggy** (68 Princess Street) in einem renovierten Komplex aus dem 19. Jahrhundert mit fantasievoller Dekoration .

Marine-museum

Wer sich für Schiffe interessiert, sollte das **Marine Museum of the Great Lakes** besuchen (www.marmuseum.ca), das in einem alten Trockendock 5 Blocks westlich der *City Hall* (55 Ontario Street) untergebracht wurde (viel Parkraum). Viele Schiffsmodelle, Maschinen und Wrackteile. Am Museumskai liegt der 1.600-t-Eisbrecher **Alexander Henry**. Geöffnet Mitte Mai-Anfang September täglich 10-16 Uhr; Eintritt $8.50/$6.

Dampf-maschinen

Das **Pump House Steam Museum** nebenan mit Dampfmaschinen aus viktorianischer Zeit eignet sich gut für Kinder, 23 Ontario Street, täglich 10-17 Uhr; Eintritt $5/$2; www.steammuseum.ca.

King Street Vor und in den kurzen Hauptstadt-Jahren Kingstons entstanden eindrucksvolle Gebäude nicht nur im Zentralbereich, sondern speziell entlang der King Street East, die einige Blocks östlich des Zentrums zur Uferstraße wird, sowie in den Nebenstraßen besonders in der Umgebung der Universität. Viele der Fassaden – auch die der späteren Bauten – sind aus hellgrauem Kalkstein: sie brachten Kingston den Beinamen **Limestone City** ein.

Bellevue Eine für Kanadier wichtige Sehenswürdigkeit ist das **Bellevue House**, eine **National Historic Site** (35 Centre Street). Diese *Italian Villa* war einst Wohnhaus des ersten kanadischen Premierministers *Sir John MacDonald*, der sich wegen seiner Trinkfestigkeit besonderer Wertschätzung erfreute. Für Touristen aus Europa sicher kein »Muss«, April-Oktober 10-17 Uhr, $4.

Penitentiary Museum Interessanter ist da schon das **Museum** zu Methoden des Strafvollzugs, Ausbruchversuchen und Kalfakter-Systemen, 555 King Street West; nur 1. Mai bis 31. Okt., Mo-Fr 9-16, Sa/So ab 10 Uhr; gratis; www.penitentiarymuseum.ca. Die Delinquenten von heute sitzen gegenüber im *Kingston Penitentiary*, einer bombastischen fortartigen Festungsanlage am Wasser. Gleich nebenan befindet sich – wohl als Kontrastprogramm zum geballten Freiheitsentzug – der **Portsmouth Harbour** mit zahlreichen schönen Yachten und einer schnuckeligen Shopping- und Restaurantzone.

Fort Henry Jenseits des *Cataraqui River* steht auf einer Landzunge das **Fort Henry National Historic Site** (www.forthenry.com) verschanzt in einem Grashügel. Der Blick auf die Karte zeigt bei Kingston eine Engpassstelle zwischen Lake Ontario und *St. Lawrence*, die einst große strategische Bedeutung besaß. Die Pelz- und Holztransporte von den *Great Lakes* zum Atlantik und nach Europa mussten dort vor Irokesen, zu französicher Zeit auch vor den Briten und später vor Übergriffen der USA geschützt werden. So entstand 1812 anstelle früherer Palisadenbefestigungen *Fort Henry* in seiner heutigen Form und blieb bis Mitte des 19. Jahrhunderts ein wichtiger Militärposten am *St. Lawrence Seaway*.

3

Fort Henry heute

1870 wurde das Fort deaktiviert und verkam. Erst 1938 als »lebendes« Museum wiedereröffnet, zählt es heute zu den Top-Attraktionen von Ontario. Zur *Sunset Ceremony* spielt jeden Mittwoch im Juli und August die Militärkapelle von 19.30 Uhr bis Sonnenuntergang mit abschließendem Feuerwerk. Vor dem Event kann man in der Festung auch im Restaurant essen (bedient von Studentenrekruten) oder das **BBQ** buchen. **Täglich nur jeweils einmal**: 10.10 Uhr Flaggenhissen, 15 Uhr Militärparade, 15.45 Uhr Flaggeneinziehen. **Täglich mehrmals**: Kanonensalutböller, Schießvorführungen.

In den Räumlichkeiten des als **Museum** hergerichteten **Fort i**st der Alltag der Besatzung nachgestellt: Schlafsäle der Rekruten, Wohnzimmer für Offiziere, luxuriöser Salon des Befehlshabers, dazu Backstube, Kantine, Asservatenkammer usw.

Mitte Mai bis Mitte Sept. täglich 10-17 Uhr; $15; 13-18 Jahre $10.

Fähre Wolfe Island

Zwischen *Holiday Inn* und *Lasalle Causeway* über den Cataraqui River befindet sich der Anleger der Fähre nach Marysville auf **Wolfe Island** (kanadisch). Von dort sind es 11 km zum Anleger der **Cape Vincent-Fähre in die USA** (Gebühr). Sie verkehrt nur Anfang Mai bis Ende Oktober 8-19 Uhr etwa stündlich; www.hornesferry.com.

Die **Wolfe Island Ferry** (frei) pendelt ganzjährig ungefähr im Stundentakt von 6 bis 2 Uhr; Fahrzeit ca. 20 min. Sie hält sich im Winter selbst die Fahrrinne eisfrei, indem sie während der Fahrt laufend wärmeres Tiefenwasser nach oben pumpt (↪ Seite 740).

Wolfe Island

Das **General Wolfe Hotel** von 1860 auf der Insel direkt am Wasser ist nicht zuletzt wegen des damit verbundenen **Gourmet-Restaurants** eine bedenkenswerte Unterkunftsalternative und nicht sonderlich teuer; ✆ 1-800 -353-1098, Hotel $65-$135; *Gourmet-Dinner Special* $38; www.generalwolfehotel.com.

Singer Castle, das zweite »alte« Schloss neben dem Boldt Castle (↪ Seite 495) auf einer Insel im St. Lawrence River zwischen Brockton und Brockville. Ausflugsboote dorthin ab Brockton und Schermerhorn Harbor/USA

Thousand Islands

Garden of the Great Spirit nannten die Indianer die Region der 1.000 Inseln und überlieferten uns zu ihrer Entstehung eine Sage, die an den biblischen Sündenfall erinnert: Als die Menschen – trotz göttlichen Verbots – Streit und Krieg auch in diese Region trugen, wickelte Gott den Landstrich in eine große Decke. Sie zerriss jedoch auf dem Weg zum Himmel und ihr Inhalt fiel – in 1.000 Stücke zerbrochen – in den Strom. Zu Flora und Fauna, die nur in dieser Inselwelt vorkommt, gehört merkwürdigerweise auch die *Black Red Snake*, eine ungiftige bis zu 2,40 m lange Schlange ... da fehlt nur noch der Apfelbaum.

Von Kingston nach Ottawa

1000 Islands Parkway
Von Kingston sind es auf der Straße #2 nur noch gut 30 km bis ins Gebiet der *1000 Islands* (im St. Lawrence River). Der sog. **1000 Islands Parkway** führt ab Gananoque über rund 40 km weitgehend in Ufernähe am Fluss entlang. Er endet 10 km westlich von Brockville an der Butternut Bay. Diese Uferstraße gehört zu den besonders schönen Strecken Ontarios.

St. Lawrence Parks
Um zahlreiche kleine Parks, Marinas, Golfplätze und eine ganz Reihe von schön gelegenen Picknick- und Campingplätzen am Fluss sowie um *Biketrails* und Wanderwege entlang des *Parkway* und auf einigen Inseln kümmert sich die **St. Lawrence Park Commission**, www.stlawrenceparks.com, außerdem ums *Fort Henry*, das *Upper Canada Village* (⇨ Seite 497) und den *Long Sault Parkway* (⇨ Seite 498 unten).

St. Lawrence Islands NP
Der **St. Lawrence Islands National Park** ist Canadas kleinster Nationalpark. Er umfasst 21 der *1000 Islands*. Sie liegen weit verstreut im Strom, einige kleinere bei Gananoque, die größeren in der Nähe des Hauptquartiers in *Mallorytown Landing*, ⇨ unten.

St. Lawrence River und 1.000 Islands
Der St. Lawrence River wechselt in seinem Oberlauf im Bereich der Inseln seine Farbe von tiefgrün zu marineblau mit enormer Wassertransparenz. An seinen Ufern gibt es viele Buchten mit kleinen Sandstränden. Die berühmten 1.000 sind in Wahrheit fast 2.000 Inseln – Sandbänke und aus dem Wasser ragende Felsbuckel mitgezählt – verteilt im breiten Bett des Stroms. Von den bewaldeten Inseln bieten viele gerade genug, manche aber auch reichlich Platz für romantische wie luxuriöse *Cottages* und Villen beneidenswerter Inseleigner. Im übrigen bilden die *1000 Islands* ein kaum kontrolliertes und wohl auch nicht kontrollierbares Niemandsland. Zur unübersichtlichen Grenzsituation erzählt man an Bord der Ausflugsdampfer allerhand Anekdoten.

Fehlt die Zeit für einen der Bootstrips, bietet die per Auto erreichbare **Hill Island** *1000 Island*-Eindrücke von oben.

Gananoque
Die touristische Zentrale der *1000 Islands*-Region, **Gananoque**, ist gleichzeitig der einzige Ort am *Parkway* mit einer größeren Auswahl an Quartieren und einer nennenswerten Gastronomie:

Die Mehrzahl der **Motels** und **B&B Inns** liegt an der langen Orts-einfahrt der #401 (King Street East). Die Häuser der großen Hotel-ketten kosten im Sommer alle deutlich über $100 (✆ ➪ Seite 146). Schöner und ruhiger ist die King Street West (Straße #2 Richtung Kingston) mit viktorianischen *Inns* und günstigeren Motels:

- *Victoria Rose Inn* von 1872, 279 Kings Street West, $159-$255, ✆ 1-888-246-2893; www.victoriaroseinn.com
- *Sleepy Hollow B&B*, 95 King Street West; $100-$170; ✆ (613) 382-4377 und ✆ 1-866-426-7422; www.sleepyhollowbb.com
- *Gateway Motel*, 819 Kings Street West, $70-$100, ✆ 1-800-427-0296; www.gatewaymotel1000islands.com

Bootstrips   Die wichtigste Attraktion ist **Heart Island** mit *Boldt Castle*, einem Märchenschloss à la *Germany*, das auch vom *Parkway* aus zu sehen ist (➪ Kasten). Diese herzförmige Insel liegt bereits in US-Gewässern (für's Aussteigen Pass mitnehmen!)

Empfehlenswerte *1000 Islands Cruises*:

- 60-min-Trip *Boldt Castle*; täglich ab Ivy Lea um 10, 11.50, 14 und 15.15 Uhr; Hochsommer auch 17 Uhr; $20/$11. Ein 5-Stunden-Trip **mit Stopp** auf Heart Island/*Boldt Castle*; täglich ab Gananoque um 10 und 15 Uhr, $36/$15 (nur Ende Juni bis Anfang September), ✆ 1-888-717-4837; www.ganboatline.com
- Ab *Rockport*, 3 km östlich der *International Bridge*, **Rockport Boat Line**: am beliebtesten sind die Touren, auf denen man *Boldt Castle* zumindest sieht: Mitte Juni bis Anfang September täglich 10-17 Uhr; Ende Juni bis Anfang September täglich 10.30, 12.30 und 14.30 Uhr – 3,5 Stunden mit Stopp am *Boldt Castle*; ✆ 1-800-563-8687; www.rockportcruises.com

Hausboote   Sehr beliebt sind auch **Hausboot-Trips**, zu buchen z.B. bei **House-boat Holidays**, ✆ (613) 382-2842; www.gananoque.com/hhl.

Hill Island   Als einzige Insel ist *Hill Island* per Brücke mit dem Festland ver-bunden. Auch wer nicht in die USA möchte, sollte die Brücke (*$2,50 Toll*) bis zum **1000 Island Skydeck** fahren, um aus 120 m Höhe von einem der drei *Observation* Decks auf die Inselwelt zu blicken, am schönsten bei Sonnenuntergang und im **Indian Summer**; 9 Uhr bis Sonnenuntergang; leider hoher Eintritt $10/$6.

International Bridge über den St. Lorenz Strom mit Hill Island und dar-auf – kaum er-kennbar – dem Aussichtsturm 1000 Islands Skydeck

Boldt Castle – ein Märchenschloss   www.boldtcastle.com

Die Geschichte des *Boldt Castle* klingt wie aus 1001 Nacht: Es war einmal ein armer Bursche namens *Georg C. Boldt* aus Deutschland, der Mitte des 19. Jahrhunderts in die USA emigrierte, als Tellerwäscher begann und alsbald so reich wurde, dass er am Ende Besitzer des berühmten *Waldorf-Astoria* Hotels in Manhattan war. Er verliebte sich in eine wunderschöne Frau, heiratete sie und schenkte ihr eine der 1.000 Inseln, die er in Herzform umgestalten und darauf für sie ein zauberhaftes Schloss mit 120 Zimmern errichten ließ. Selbst ein Haus für die Schwiegermutter fehlte nicht (vorsichtshalber auf der Nachbarinsel). Aber noch vor Vollendung des Schlosses starb die geliebte Gattin. Voller Gram stoppte er 1904 den Bau und betrat Heart Island nie wieder.

Die Insel wurde 1977 von der *Thousand Islands Bridge Authority*, Betreibergesellschaft der Brücke in den USA, gekauft, restauriert und als Touristenattraktion (mit Restaurant und Picknickplatz) hergerichtet, ➪ Foto Seite 492.

Juli bis *Labour Day* täglich 10-19.30 Uhr, sonst bis 18.30 Uhr; $8, Kinder $5; ✆ (315) 482-9724 und ✆ 1-800-847-5263. **Pass nicht vergessen!**

An der Brücke zur Nachbarinsel Wellesley Island liegt die Grenzstation beider Länder. Auf der US-Seite geht es direkt auf die I-81.

Übernachten kann man auf der Insel im **Hill Island Resort**, 37 Skydeck Road Lansdowne, $79-$119, ✆ (613) 659-2286 und ✆ 1-866-659-4459; www.houseboatholidays.ca.

Camping

Ein schöner **Campground** ist **Ivy Lea** der *Parks of St. Lawrence* gleich westlich der *International Bridge*. Der weitläufige Platz verfügt über unterschiedliche Areale. In der hintersten Ecke des Geländes zwischen Felsen am Wasser gibt es 2 tolle Stellplätze mit einem eigenen Mini-Strand (unterhalb der allerdings recht lauten Brücke); über www.stlawrenceparks.com.

Der **St. Lawrence Islands NP** hat keinen *Campground* auf dem Festland, aber Zeltplätze auf insgesamt 12 der 21 Inseln (*first-come-first-served*); www.pc.gc.ca/eng/pn-np/on/lawren/index.aspx.

National Park

In **Mallorytown Landing** befindet sich das **Visitor Center** des Parks, ein **Naturlehrpfad** und das Wrack eines 1817 gesunkenen britischen Kanonenboots. Die Nationalpark-Inseln sind nur per Boot (*Boat Rental* in der Marina) oder per Wassertaxi zu erreichen. Die einzige Ausnahme ist **Grenadier Island**: Zwischen *Mallorytown Landing* und dieser größten Insel im Nationalpark verkehrt in kurzen Abständen eine **Fähre**.

Unterkunft

Über ein gutes Mini-Motel mit nur 5 Zimmern plus Terrasse verfügt die **Pecks Marina** in Ivy Lea, mit Restaurant und Bootsverleih, $80-$100, ✆ 1-800-951-7325; www.pecksmarina.com.

Wer in diesem Bereich nicht unterkommt, findet weitere Motels entlang des *Parkway*, insbesondere in Brockville. Zur Not muss man nach **Alexandria Bay** (USA-Ufer) ausweichen. Dort wartet eine enorme Motelkapazität auf Gäste.

Camping

Gegen volle Campingplätze am *Parkway* hilft nur ein Ausweichen ins Hinterland, z.B. zum großen **Charleston Lake PP** (Straße #401, *Exit* 659; dann 22 km nördlich auf der #3; *Campground* mit Badestrand; www.ontarioparks.com/english/char.html).

Ein guter privater Platz ist 7 km nördlich von *Mallorytown Landing* (Straße #5, dann Graham Lake Road) das **Pleasure Park RV Resort** am See mit Badestrand und Kinderspielplatz; $30-$40; ✆ (613) 923-5490; www.tourpleasurepark.com.

Zur Route

Ab Mallorytown könnte man unter Verzicht auf den Besuch von Brockville und des *Upper Canada Village* die St. Lawrence River-Route verlassen und auf der #5 über **Athens** (dort macht man mit originellen riesigen Wandbildern/*Murals* auf sich aufmerksam; www.athensontario.com) zur Straße #15 (Otter Lake, schöner Badesee) und weiter nach Smith Falls fahren (➪ Kasten Seite 499).

Der alte Railway Tunnel in Brockville

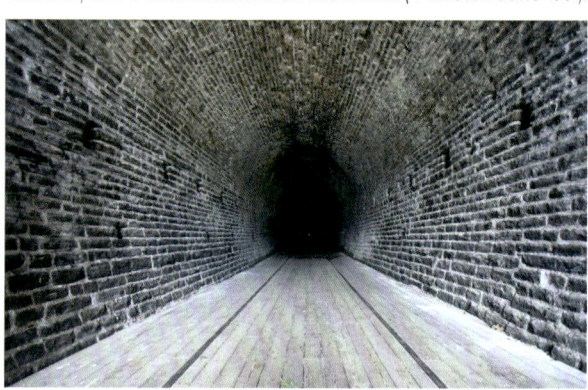

Brockville

Etwa 10 km westlich Brockville endet der *1000 Islands Parkway* an der Autobahn #401, Auffahrt 685 (Butternut Bay). Nach nur 2 km kann man sie wieder verlassen und auf der #2 durch Brockville fahren, eine alte, ansehnliche 20.000-Seelen-Stadt über dem St. Lawrence River, die nach dem Sieger der Schlacht von *Queenston Heights* benannt wurde (➪ Seite 424).

Information/ Block House Island

Das örtliche **Information Center** (10 Market Street, ✆ 1-888-251-7676; www.brockvilletourism.com) befindet sich unweit der *Waterfront*. Die Market Street läuft hinüber zur mit dem Land verbundenen, parkartig angelegten (*Boardwalk*, Picknicktische) **Block House Island**. Dort liegen auch Ausflugsboote für Trips in die – von Brockville ziemlich ferne – *1000 Islands*-Region.

Villenviertel

Im europäisch wirkenden Brockville fallen die vielen alten Villen ins Auge. Ein grandioses Gebäude ist das **Fulford Place Museum**, die Villa eines Industriellen mit Parkgrundstück (287 King Street East). Führungen von Juni-August täglich 11-16 Uhr , sonst Di-So 11-16 Uhr; Eintritt $5.

Railway Tunnel

Eine ungewöhnliche Sehenswürdigkeit ist der 500 m lange **Eisenbahntunnel** unter der Stadt, der von 1860 bis in die 1970er-Jahre in Betrieb war. Zugang (nur im Sommer) im *A.S. Price Park*.

Unterkunft

Motels und Hotels der Ketten, z.B. *Days Inn, Travelodge, Quality Inn* konzentrieren sich im Bereich der Autobahnabfahrt #696 (➪ Seite 146). Ein *Best Western* befindet im Stadtosten an der #2. Weiter östlich an der Straße #2 liegen u.a. die

• *Chalet Cabins* am Ufer des St. Lorenz River (1131 Straße #2), $60-$85, ℰ (613) 342-6010, www.chaletcabins.ca.

Straße #2/ Heritage Highway

Brockville markiert fürs erste das Ende der attraktiveren Uferzonen des St. Lawrence River. Der Strom fließt bald durch ein überwiegend marschig-flaches, teils sumpfiges Gebiet. Die #2 hat deshalb nicht viel zu bieten. Wer es eilig hat, verpasst auf der schnelleren Autobahn wenig.

Fort Wellington

Wichtigste Ausnahme wäre das *Fort Wellington* mit pittoresker Palisadenumzäunung, ein *National Historic Site* bei **Prescott**. Wie im *Fort Henry* in Kingston wird auch dort in zeitgenössischen Uniformen gedrillt, marschiert und alles erläutert. Das Fort wurde zu Beginn des Krieges von 1812-1814 errichtet, in den Jahren 1838/39 erweitert und bereits 1869 deaktiviert.

Ein Besuch lohnt speziell während der *Loyalist Days* im August. Dann findet ein militärhistorisches Spektakel statt; Juli bis Ende Sept. täglich 10-17 Uhr; Eintritt $4; www.pc.gc.ca/wellington.

Ein großer, komfortabler *Campground* am St. Lawrence River ist *Grenville Park* etwas östlich der Brücke hinüber in die USA bei Johnstown; $26-$31, Straße #401 *Exit* 721. Neben den üblichen Einrichtungen existiert dort auch ein Bootsverleih; ℰ (613) 925-2000; www.grenvillepark.com.

Straße #416

Von Prescott sind es auf der Straße #416 noch 95 km bis Ottawa bzw. gut 60 min Fahrzeit. Wer bis hierher gekommen ist, sollte den **Abstecher** zum *Upper Canada Village* (ab Prescott 47 km) nicht auslassen. Bei Fahrtziel Montréal liegt es am Wege.

Upper Canada Village

Das *Upper Canada Village*, etwa 10 km östlich Morrisburg, ist neben *Fort Louisbourg* in Nova Scotia **das in vieler Beziehung eindrucksvollste *Living Museum* in Canadas Osten**. Für den Besuch sollte man 2-3 Stunden einplanen. Wer sich intensiver auf die Details des Dorfes einlässt, braucht mehr Zeit.

Die Idee für dieses Projekt entstand 1959 beim Ausbau des St. Lawrence River zum *St. Lawrence Seaway* (➪ Seite 428), der den Fluss auch für große Frachter schiffbar machte. Auf einer Länge von 35 mi mussten Uferzonen und mehrere Dörfer geflutet werden. Erhaltenswerte und anderweitig bedeutsame Häuser wurden demontiert und am heutigen Standort wieder aufgebaut. Weitere restaurierte/nachgebaute Gebäude kamen hinzu und bilden – in idyllischer Lage am Strom – das nostalgisch künstliche Dorf.

*Spinnrad-
vorführung
in zeit-
genössischer
Tracht
im Upper
Canada
Village*

Charakter

Dieses Dorf entspricht in Struktur und Einrichtungen einer typischen ländlichen Kleinstadt Ontarios um 1860. Neben der Dorf-
kirche findet man u.a. Bäcker, Schuhmacher, *Hardware Store,
Harvest Barn Restaurant* und *Willard's Hotel*, wo Speisen nach
alten Rezepten zubereitet und serviert werden. Außerdem gibt es
ein wasserbetriebenes Sägewerk, eine Getreidemühle und vielerlei alte Gerätschaften, etwa für die Textil- und Wollverarbeitung
etc., alles aus dem Leben vor 150 Jahren. Dazu informieren kostümierte Dorfbewohner sachkundig über die Verhältnisse zu
»ihrer« Zeit im kolonialen Canada und ziehen die Besucher auch
gern ins Gespräch. So fühlt man sich im *Upper Canada Village*
wie in einer Filmkulisse. Täglich 9.30-17 Uhr von Ende Mai-Anfang Oktober; nach *Labour Day* Mo und Di geschlossen; Eintritt
$21/$12; www.uppercanadavillage.com.

Direkt an das Gelände des *Upper Canada Village* schließt sich
westlich der ausgedehnte **Crysler Beach Park** mit Picknick- und
Kinderspielplatz, Badestrand und einer riesigen Marina an. Wer
campen möchte, findet nur wenig weiter westlich den großen
Riverside Cedar Campground am *St. Lawrence*.

Wunderschön verläuft der **Long Sault Parkway**, ein 10-km-*Bypass*
der #401 zwischen *Exit* 770 und 778 östlich von Ingleside; er führt
über Inseln im Strom mit den drei **Campgrounds McLaren, Wood-
lands** und **Mille Roches**, die sich ggf. als Ausgangspunkt für Tages-
besuche in Montreal und/oder Ottawa eignen.

Unterkunft

Ab Prescott bis übers *Upper Canada Village* hinaus gibt es nur
noch relativ wenige Motels, wobei einfacher bis knapp mittlerer
Standard überwiegt. Eine bessere Auswahl an Unterkünften findet man erst wieder in Cornwall bzw. in Ottawa.

Straße #31

Vom *Upper Canada Village* bzw. Morrisburg führt die Straße #31 direkt **nach Ottawa**. Wer noch eine Unterkunft sucht, findet in Williamsburg, 10 km nördlich von Morrisburg, ein ländliches *Bed* & *Breakfast Inn*:

- *The Village Antiques*, 4326 County Road #31, $115 inkl. Frühstück; © 1-877-264-3281; www.bbtearoom.com

Kanal und Seenplatte

Auf dieser Strecke lässt man die durch den *Rideau Canal* verbundenen Seen links liegen, während man bei Wahl der Straße #416 zumindest noch dessen nördlichsten Abschnitt und einige der handbetriebenen Schleusen kurz vor Ottawa »mitnehmen« kann. Wer sich für die Route am *Rideau Canal* entlang interessiert, wird den Um- bzw. Rückweg vom *Upper Canada Village* über (mindestens) Smith Falls nicht bereuen.

Rideau Canal National Historic Site   www.pc.gc.ca/rideau

Die als *Rideau Canal* bezeichnete Wasserstraße zwischen Ottawa und Kingston erinnert mit ihrem nostalgischen Charme an alte europäische Kanäle. Sie besteht aus einer Vielzahl von Teilstücken, die eine lange Kette großer und kleiner Seen miteinander verbinden. Sechs Jahre (1826-32) dauerte die Fertigstellung der 202 km langen Route zwischen Ottawa und dem St. Lawrence River. Für damalige Verhältnisse war der Bau ein gewaltiges Vorhaben. Hunderte von Arbeitern – hauptsächlich irische Immigranten – kamen dabei ums Leben.

Aus heutiger Sicht ist der Sinn des Kanals kaum mehr einleuchtend. Die Engländer waren seit dem britisch-amerikanischen Krieg 1812-14 jedoch lange in großer Sorge um die Sicherheit ihrer Transporte auf dem Oberlauf des St. Lawrence River. Daher kamen sie auf diesen »Wasserschleichweg«, um ggf. via Ottawa River das kritische Stück der Route nach Toronto (zwischen Montreal und Kingston) außerhalb der Reichweite amerikanischer Kanonen jenseits des St. Lawrence River umgehen zu können.

Schon seit Jahrzehnten ist der *Rideau Canal* nur noch ein – überaus beliebtes – Freizeitgewässer. Rund 90.000 Boote passieren jährlich die 47 überwiegend noch handbetriebenen **Schleusen**, die sukzessive die 84 m Höhenunterschied zwischen Ottawa River und dem Lake Ontario ausgleichen.

Wer statt der gängigen Route entlang des *St. Lawrence* ab Kingston auf kleinen, hügeligen Straßen durch die östliche **Kawartha-Seenplatte** nach Ottawa fährt, erlebt das ländliche Südontario noch sehr ursprünglich und mit dem *Frontenac Provincial Park* eine Art *Semi-Wilderness*. Für die Orientierung auf der hier empfohlenen Strecke benötigt man eine genaue Karte. Man verlässt die Straße #401 westlich von Kingston am *Exit* 613 Richtung Sydenham und folgt dann den Schildern zum *Frontenac PP* über die Straßen #5, #38 und #19; www.ontarioparks.com/english/fron.html.

- Der *Frontenac PP* ist autofrei (nur *walk-in* und *paddle-in Campsites*). Wer mit Pkw (höchstens Van) und Zelt unterwegs ist, findet auf dem Gelände der *Frontenac-Outfitter* acht prima Plätze.

Weiter geht es auf den Straßen #19, #38, #8 und #12 zum »Schnuckelort« **Westport**. Sehr gut ist dort das *Cove Country Inn* am See, 2 Bedford-on-the-Water, ab $100, © 613-273-3636 und © 1-888-268-3466, www.coveinn.com, mit Fischladen und Schweizer Bäcker um die Ecke (*Westport Swiss Bakery*, 33 Main Street, © (613) 273-7245; *Salmon House,* 31 Main Street, © (613) 273-3474; www.thesalmonhouse.ca).

Ab Westport nimmt man die #42 Ost und #14 (Narrows Lock Road mit lebhaften Schleusenaktivitäten), danach die #21 zum *Murphy's Point PP* (sehr schöner Campingplatz mit Bootsverleih südlich von Perth). Weiter geht es über **Smith Falls** (dort **Museum** mit dem Thema »Kanalbau«; täglich 10-16.30 Uhr, Eintritt $4) zum schmucken Künstler- und Schleusenstädtchen **Merrickville** (Straße #43, immer Richtung Osten).

Beste **Campingplätze** der Region sind:

• *Rideau River PP* mit Bootsverleih unweit der Straße #416 bei Kemptville. Dieser Platz ist auch eine gute Option für alle, die auf der Straße #416 unterwegs sind und vor Ottawa noch einmal übernachten wollen bzw. den Park gleich als Standquartier wählen (bis Ottawa sind es ca. 50 km).
• Weiter westlich der weithin schönste Platz im *Bon Echo PP* an der #41 (nördlich TCH #7); © (613) 336-2228; www.ontarioparks.com/english/bone.html.

Boots- und Hausbootverleih:

• *Frontenac Outfitters*; 2 km vorm gleichnamigen PP an der #19 (↻ oben), Kanus und Kajaks ab $37/Tag, Kurse; © (613) 376-6220 und © 1-800-250-3174; www.frontenac-outfitters.com
• *Waterway Get-A-Way* in Smith Falls, 62 Lombard Street; große Hausboote $1.400-$1.900/Woche; © 1-800-280-9390; www.waterwaygetaway.com

Gleich acht Schleusen hintereinander sind zwischen Ottawa River und Kanalbeginn im Zentrum von Ottawa zu überwinden. Die Prozedur des Auf- bzw. Abschleusens dauert mindestens zwei Stunden (links unten im Bild das Bytown Museum)

3.5   **Ottawa**/Gatineau
                 www.ottawa.ca, ottawatourism.ca und canadascapital.gc.ca
                 Einwohner Ottawa 897.000, Metro mit Gatineau 1,24 Mio

3.5.1   **Geschichte**

Gründung   Schon 1613 errichteten *Samuel de Champlain* (➪ Seite 509) und *Éti-enne Brûlé* ihr Lager am Zusammenfluss von Ottawa und Rideau River, aber es vergingen noch fast 200 Jahre, bis die ersten Siedler sich dort niederließen. Ab 1826 – mit Beginn der Bauarbeiten zum *Rideau Canal* – wurde aus dem Dorf vorübergehend das rasch wachsende **Bytown**, benannt nach *Colonel John By*, der für den Kanalbau verantwortlich war. Die offizielle Bezeichnung **Ottawa** verdankt die Stadt den früher dort lebenden *Outaouac*-Indianern.

Hauptstadt   Der Spitzname **Westminster of the Wilderness** bringt Historisches auf den Punkt. Als *Queen Victoria* 1857 auf der Suche nach einem geeigneten Regierungssitz für Canada war, ließ sie ihren königlichen Finger über der Landkarte kreisen. Er traf – zum Entsetzen der anderen Hauptstadt-Aspiranten Montréal, Kingston und Toronto – das damals unbekannte Holzfällerstädtchen Ottawa, wo ein Haufen ungehobelter Rauhbeine lebte. Aber die Entscheidung für den Außenseiter-Bewerber war kein Zufall. Die Königin ging damit auf sichere geografische Distanz zu den seinerzeit noch feindlich gesinnten Amerikanern und legte mit politischer Weisheit die kanadische Kapitale genau auf die Nahtstelle zwischen Ontario und das frankophone Québec.

Da es in Ottawa keine für eine Hauptstadt geeignete Infrastruktur gab, musste alles neu geschaffen werden. Und so setzte man ein neues *Westminster* samt einer Imitation von *Big Ben*, hier *Peace Tower* genannt, mitten »in die Wildnis«. Selbst die typisch britischen Wachen mit den knallroten Uniformen und Bärenfellmützen übernahm man. Dabei blieb es auch, nachdem sich Canada 1867 von der Bevormundung durch die Kolonialmacht befreit hatte. Passenderweise wurden im selben Jahr die noch von den Briten begonnenen Regierungsgebäude fertig und gleich übernommen.

Noch Ende des 20. Jahrhunderts klagten Diplomaten über die provinzielle Schläfrigkeit der Stadt. Doch dann siedelten sich binnen 15 Jahren zahlreiche (ca. 2000!) High-Tech-Firmen im Großraum Ottawa an und sorgten mit für internationales Flair in der einzigen bilingualen Großstadt Canadas.

Colonel John By, Erbauer des Rideau Canal

3.5.2   Transport, Verkehr und Information

Flughafen

Ottawas Flughafen liegt im Süden der Stadt. Über den *Airport Parkway* und seine Verlängerung Bronson Avenue ist man in 25 min in *Downtown*. Das **Taxi** kostet ca. $30; günstiger ist der **Stadtbus**: Linie **#97** *(OC Transpo)* fährt ab/bis *Bayshore*; www. ottawa-airport.ca.

Bahn & Bus

Die **VIA**-*Railway Station* liegt östlich des Zentrums in der 200 Tremblay Road (#417, *Exit* 117); Bus #94 verbindet den Bahnhof mit *Downtown* (etwa 10 min). Das **Bus-Terminal** befindet sich in der 265 Catherine Street südlich *Downtown* (#417, *Exit* 121).

Lokaler Transport

Das lokale **Bussystem** (6-2 Uhr nachts) ist vorbildlich. Routenplan, *Time Table* und City-Einzeltickets gibt's beim *Capital Infocenter* (↪ unten) und beim Büro von **OC-Transpo** im *Rideau Shopping Center* (www.octranspo1.com). Direkt im Bus zahlt man $3,25 (nur abgezählt bar); *Day Pass* $7,50.

Sightseeing - Gray Line

Stadtrundfahrten im offenen **Doppeldeckerbus** oder im **Nostalgie-Trolley**, im Sommer alle 20 min. Die 120-min-***Full City Tour*** (hop-on-hop-off) kostet $35/$24, 3-Tage-Ticket $40/$29 (www.grayline.ca). Zentrale Abfahrt, Info und Tickets im *Info Ottawa Kiosk* (Sparks/Elgin Street). Die Tour, kombiniert mit einem Bootstrip auf dem **Rideau Canal** oder **Ottawa River,** dauert 3½ Stunden. Günstige Kombitickets.

- *Lady Dive Tours*: Ein gläserner *Amphibus* taucht 1 Stunde ab ins Nass; Tickets $31/$22 beim Kiosk Sparks/Elgin Street; Juli/August 10.30-19.45, sonst bis 15 Uhr; www.ladydive.com
- *Paul's Boat Lines* bietet eine ruhige Fahrt auf dem *Rideau Kanal* (75 min, $19/$12; www.paulsboatcruises.com) und dem Ottawa River ab *Conference Center*. **Ottawa River Cruise** (90 min, $21/$13) auch ab **Gatineau** beim *Museum of Civilization*

per Rad

Rent a Bike, 2 Rideau Street hinter dem Hotel *Chateau Laurier*; April-Okt. $9/Stunde, $38/Tag; www. rentabike.ca.

Lage des Zentrums

Das touristisch interessante **Kerngebiet** der Stadt liegt südlich des hohen Ottawa River Ufers – beidseitig des *Rideau Canal* – im Westen begrenzt durch die Preston Street, im Osten durch den Rideau River. Die französischsprachige Schwesterstadt **Gatineau** am Nordufer liegt bereits in der Provinz Québec.

Zufahrt

Von Westen und Osten erreicht man Ottawa auf der *Downtown* tangierenden **Autobahn #417** (*Queensway*, gleichzeitig *TCH*). Über die Abfahrten *Metcalfe/Elgin Street*, *Kent Street* und *Bronson Ave* gelangt man rasch in die Innenstadt.

Der Hauptverkehr von Norden und Osten nördlich des Ottawa River (#5, #50 und #148) vereinigt sich vor der **McDonald Cartier Bridge** und fließt über den Sussex Drive nach *Downtown*. Fast ebenso rasch kommt ins Zentrum, wer auf dem *Maisonneuve Blvd* (Straße #148) zunächst Gatineau durchquert, und dann auf der **Pont Alexandra** über den Fluss fährt.

Parken

Die Orientierung im zentralen Bereich der Hauptstadt fällt im Prinzip leicht. Autofahrer sehen sich jedoch einer Vielzahl von Einbahnstraßen und Linksabbiegeverboten gegenüber, die es mitunter schwermachen, ein angepeiltes Ziel zügig zu erreichen. Die Parkplätze sind knapp und teuer. Da sich *Downtown* Ottawa am besten zu Fuß oder mit dem Rad erkunden lässt, ist es sinnvoll, zunächst einen zentralen Parkplatz anzusteuern. Relativ gute Chancen unterzukommen, bieten die Plätze rund um den *Byward Market:* Sussex Drive, dann York oder Clarence Street. Günstig liegen die **Parkhäuser** im *Rideau Centre* (Rideau Street, dann Dalhousie nach Süden und Besserer rechts ab) und des *National Arts Centre* (nur über Elgin Street von Süden anzusteuern). *Motorhomes* sind auf City-Parkplätzen nicht erlaubt, ⇨ dazu »Motels mit Parkmöglichkeit« unten Seiten 504/505 (Piktos Pkw/Bus).

Orientierung

Unterhalb des unübersehbaren *Parliament Hill* und der zentralen Hauptstraße **Wellington Street** befindet sich das Finanz- und Geschäftsviertel zwischen Kent, Elgin und Somerset Street. Die Straßen zwischen Somerset und dem *Queensway* markieren urbane **Wohnviertel** mit der Bank Street als Hauptachse. Östlich davon begrenzt der **Rideau Canal** die Innenstadt, zu der man aber auch noch das Gebiet um den **Byward Market** östlich des Kanals bzw. des Sussex Drive zählen muss. Beidseitig des Ottawa River, des *Rideau Canal* auf ganzer Länge durch die Stadt und ebenso entlang des Rideau River liegen weitläufige **Grünanlagen** – der *Greenbelt* – und begrenzen die Stadt nach Süden. Er wurde in den 1950er-Jahren angelegt, um die Zersiedlung aufzuhalten.

Information

- Die Besucherinfo **Ottawa Tourism** befindet sich in der 130 Albert Street (Parken schwer). Neben Stadtplan etc. gibt es dort u.a. den **Ottawa Visitors Guide** mit aktuellen Daten und Infos; Ende Mai bis Anfang September täglich 8.30-21, sonst 9-17 Uhr; ✆ 1-800-363-4465; www.ottawatourism.ca.

- **Capital Information Kiosk**, 111 Albert St, World Exchange Plaza

3

Blick über den hier breiten Ottawa River hinüber nach Gatineau mit dem Komplex des Museum of Civilization

- Für Museumsliebhaber gibt es einen *Passport* **für 9 Museen** ($35) und einen Familienpass für bis zu 5 Personen (max. 2 Erwachsene, 7 Tage gültig) für $85. Enthalten sind alle Top-Museen. Erhältlich bei den Tourist-Infos; www.museumspassport.ca.

- Bei allen Spaziergängen durch die Stadt sollte man auf die vielfältigen Statuen und Monumente achten. Einen speziellen Führer (*Street SmART*) dazu gibt es in den Besucherzentren.

3.5.3 Unterkunft und Camping

Situation

Die kanadische Hauptstadt ist mit Hotelkapazität reich gesegnet. Die Tarifgestaltung unterliegt starker Konkurrenz. Da im Sommer Parlamentsferien sind, fallen die Preise der sonst teuren von Geschäftsleuten und Politikern frequentierten Häuser auf ein durchweg günstigeres Niveau als unten angegeben. Man kann dann im Zentrum relativ billig in sehr guten Hotels unterkommen. Es lohnt sich, auf **Sonderofferten** (*Packages* – auch im Internet) zu achten. Der in solchen Fällen oft nur geringe Unterschied zur Vorstadt-Mittelklasse steht in keinem Verhältnis zum möglichen Qualitätssprung.

Downtown Hotels/Motels

- Nichts geht in Ottawa über das altehrwürdige Luxushotel *Chateau Laurier*, Rideau Street, das so aussieht, als gehöre es zu den Parlamentsgebäuden. Ab $260, ℂ (613) 241-1414 und ℂ 1-866-540-4410; www.fairmont.com/laurier

- Ebenfalls sehr zentral gelegen und stilistisch nicht unähnlich ist das **Lord Elgin Hotel** unweit des *Chateau Laurier*, 100 Elgin Street, DZ ab $200, ℂ 1-800 -267-4298 und ℂ (613) 235-3333; www.lordelginhotel.ca

- *Courtyard by Marriott*, sehr gut am Byward Market, 350 Dalhousie Street, ab $180, ℂ 1-800 -341-2210 und ℂ (613) 241-1000; www.marriottcourtyardottawa.com

- *Capital Hill Hotel and Suites*, 88 Albert Street; zentral beim *Art Center*, Parken extra; Angebote ab $99, sonst ab $100 im Sommer; ℂ 1-800-463-7705; www.capitalhill.com

- *Days Inn Downtown*, 319 Rideau Street, Parken: Pkw frei, Camper gegen Gebühr, ab $100, ℂ 1-800 -329-7466

- *Econolodge Downtown*, 475 Rideau Street, Parken frei, ab $93, ℂ 1-800-263 0649; www.econolodgeottawa.com

- *Inn on Sumerset*, 282 Somerset Street West; B&B in Wohngegend, unweit der Attraktionen, Restaurants, 12 Zi, 6 Parkplätze, ab $115, ℂ (613) 236-9309; www.innonsomerset.com

Motels

Günstige Motels (unter $100, frei Parken und Busanbindung) finden sich im Osten an der **Montreal Road** (über die Aviation Rd) und im Westen an der **Carling Ave** (parallel *Queensway* #417):

- *Pari's Motel*, 665 Montreal Road, ab $95, ℂ (613) 745-6891 und ℂ 1-877-247-2747; www.paris-motel.com

Airport-Nähe

Gatineau

B & B

Hostel

Camping

- **Tipp:** *Webb's Motel*, 1705 Carling (Bus #84), ab \$85, ✆ (613) 728-1881 und ✆ 1-800 -263-4264; www.webbsmotel.com

An der Nord-Süd-Strecke, noch vor der City, liegt **The Southway Hotel** (mit Pool), 2431 Bank Street, ab \$160, Angebote ab \$100); ✆ (613) 737 0811 und ✆ 1-877-688-4929; www.southway.com

In unmittelbarer Nähe des *Canadian Museum of Civilization* in Gatineau steht das **Four Points by Sheraton**, 35 Laurier Street, ab \$140, ✆ 1-800-567-9607; www.fourpointsgatineau.com

In Ottawa gibt es etliche *Bed & Breakfast*-Angebote. Eine aktuelle Liste hat die **Tourist Information** – www.ottawatourism.ca.

- *Ottawa International Hostel*, 75 Nicholas Street hinter dem *Rideau Centre*, erstklassige Herberge im ehemaligen Gefängnis, ✆ (613) 235-2595; \$35-\$38/Bett; EZ/DZ \$60/\$87

- Der nächstgelegene private Platz ist **Rideau Heights**, 12 km außerhalb an der Straße #16, ✆ (613) 226-4141; gute Busverbindung in die City

- *Camp Hither Hills*, ✆ (613) 822-0509, und das **Poplar Grove Tourist Camp**, ✆ (613) 821-2973, liegen beide an der Straße #31 etwa 10 km bzw. 14 km außerhalb der Stadt. *Poplar* hat einen großen *Pool* mit Wasserrutsche.

Weitere Hinweise unter **Gatineau Park** auf Seite 513.

auf Seite 513.

3.5.4   Stadtbesichtigung

Downtown Ottawa

Eindruck

Ottawa, insbesondere die kleine *Downtown*, ist überschaubar. Der Ottawa River mit den Uferparks und der *Rideau Canal* (⇨ Seite 499f) mit dem Schleusenpark zwischen *Parliament Hill* und *Chateau Laurier* und die vielen Grünanlagen sorgen für ein aufgelockertes Stadtbild. Im Mai erfreut am *Rideau Canal* Tulpenpracht das Auge. Die holländische Königsfamilie dankt damit Ottawa, dass Canada ihr und anderen holländischen Bürgern im 2. Weltkrieg Zuflucht gewährte.

Pensionierte »Mounties« als Touristenattraktion

3

Ottawa Locks

Die Ecke Elgin/Wellington (Brücke über den *Rideau Canal/ Rideau Centre*) eignet sich gut als **Ausgangspunkt** für eine Stadtbesichtigung. Man könnte von dort zunächst zum Kanal hinuntergehen; ein Zugang für Fußgänger befindet sich unübersehbar

an der Brücke. Über acht handbetätigte **Schleusen** werden dort Sport- und Hausboote auf kürzester Distanz über 24 m Höhenunterschied hinauf- oder hinuntergehievt.

Wer die richtigen Zeiten abpasst, kann bei dieser recht aufwendigen 2-Stunden-Prozedur zusehen (nur im Sommer). Die Betriebszeiten für Auf- und Abwärtsschleusung werden von der – heute die *Locks* verwaltenden – Nationalparkbehörde auf einer Tafel angekündigt. Am Ufer des Ottawa River angekommen, lässt sich der Spaziergang wunderbar durch den *Major's Hill Park* fortsetzen bis hinüber zur *National Gallery* am Sussex Drive und zum Aussichtspunkt **Nepean Point** mit der Statue von *Samuel de Champlain* (➪ Seite 520).

ByTown Museum

An der dritten Schleuse von oben steht das älteste Steingebäude der Stadt, das vom Kanalerbauer *John By* seinerzeit als Hauptquartier errichtet wurde und heute als **Museum** dient. Dort erfährt man alles über den Bau des *Rideau Canal*; geöffnet Ende Mai bis Mitte Oktober täglich 10-17 Uhr; Eintritt $6/$4; www.bytown museum.com.

Chateau Laurier

Neben dem Kanal befindet sich das bereits oben empfohlene *First Class Hotel Chateau Laurier*; es wurde nach dem kanadischen Ministerpräsidenten *Wilfried Laurier* (1896-1911) benannt.

**Parliament
Hill**

Wie ein mittelalterlicher Burgenkomplex thronen die neugotischen Regierungsgebäude Canadas auf dem ***Parliament Hill*** hoch über dem Ottawa River; www.parliamenthill.gc.ca. Vom Aussichtspunkt **Nepean Point** oberhalb der Auffahrt zur *Alexandra Bridge* (hinter der *National Gallery*) und vom *Canadian Museum of Civilisation* auf der gegenüberliegenden Seite des Flusses präsentiert sich der Komplex besonders gut für die Kamera.

Regierungsgebäude

Führungen durch die Regierungsgebäude (1859-76) finden das ganze Jahr über statt. Im Sommer ist der Andrang groß. Zwischen Mitte Mai und *Labour Day* steht ein spezielles **Info-Zelt** zwischen Centre- und Westblock, in dem Anmeldung und Zeitzuteilung geregelt werden (Eintritt frei). Ab *Labour Day* wendet man sich an das *Visitor Welcome Center* unter dem *Peace Tower* (rechts vom Haupteingang im *Centre Block*). Die Führungen durch den **Centre Block**, das **Parliament Building** mit dem **House of Commons**, den **Senate** (der 2. Kammer) und die **Library of Parliament** beginnen alle 15 min und dauern 45 min; täglich 9-19.50 Uhr, Sa/So bis 16.50 Uhr. Nach *Labour Day* bis Ende Mai (sitzungsabhängig) täglich 9-15.20 Uhr (letzter Tourstart).

Beeindruckend ist die von einem Brand 1916 weitgehend verschont gebliebene Bibliothek. Vom **Peace Tower** hat man einen schönen Rundblick. Er ist den 65.000 kanadischen Gefallenen des 1. Weltkriegs gewidmet.

Von Juli bis Anfang September wird die Fassade des Parlamentsgebäudes nach Sonnenuntergang zur großen Leinwand, auf der Canadas Geschichte in der gewaltigen *Sound- und Light-Show* **Mosaika** präsentiert wird, kein Eintritt; www.mosaika-sl.ca.

Wachablösung

Ein populäres Spektakel bildet das **Changing the Guard** –um 9.45 Uhr formiert sich die Parade der bärenfellbemützten Rotröcke bei der *Cartier Square Drill Hall* (Queen Elizabeth Drive am *Rideau*

3

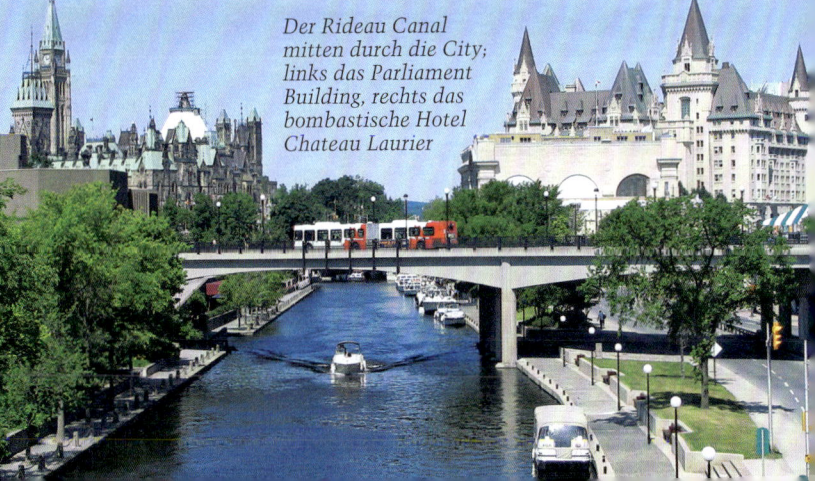

Der Rideau Canal mitten durch die City; links das Parliament Building, rechts das bombastische Hotel Chateau Laurier

Peace Tower

Canal), marschiert dann die Elgin Street entlang und exerziert schließlich um 10 Uhr auf dem *Parliament Hill*. Wer dann noch mittags (Juli und August 11-12 Uhr, ansonsten 12-12.15 Uhr) das **Glockenspiel** vom *Peace Tower* ganz wie vom *Big Ben* gehört hat, kann sich endgültig eine Reise nach London sparen.

Downtown

Die Blocks südlich der Wellington Street zwischen Elgin und Kent Street bilden das Herz der – insgesamt so sehr aufregenden – **Downtown** von Ottawa. Neben der **Royal Bank of Canada** besticht die **Bank of Canada** durch den raffiniert integrierten Altbau, der das **Museum of Currency** beherbergt.

Einkauf

Die **Sparks Street Mall** (parallel zur Wellington) ist eine Fußgängerzone mit vielen Shops und Straßencafés. Kleinere **Indoor Shopping Malls** sind die **World Exchange Plaza** (Ecke Metcalfe/Albert Street), das **Sparks Shopping Centre** an der Ecke Bank Street mit einem **Food Court** im Untergeschoss und die **L'Esplanade Laurier**, Bank Street/Laurier Ave. Zahlreiche Restaurants finden sich in der – sonst ab 18 Uhr wie ausgestorbenen – City an der Elgin Street südlich des **Hotels Lord Elgin**.

Rideau Centre

Wem weiter nach Bummel und *Shopping* zumute ist, überquert die Brücke über den Kanal und stößt gleich gegenüber der Einmündung des Sussex Drive auf das **Rideau Centre**, einen Komplex mit 180 Shops und Restaurants (größte *Shopping Mall* der Innenstadt), einem Kongresszentrum, dem *Westin Hotel* und dem Kaufhaus *Sears*, 50 Rideau Street; www.rideaucentre.net.

Byward Market
www.byward-market.com

Der **Sussex Drive** führt von der Rideau Street zunächst nach Norden an den Ottawa River. Gleich zu Beginn (hinter dem etwas furchterregenden neogotischen Finanzministerium) liegt der massive Neubau der amerikanischen Botschaft wie eine Festung

Knoblauch-spezialist auf dem Byward Market

in der Stadt. Gegenüber gelangt man über die George oder York Street zum **Byward Market**, heute weit mehr als Obst- und Gemüsemarkt in der zentralen Markthalle an der George Street.

Das Karree zwischen Sussex Drive, Dalhousie, Rideau und St. Patrick Street hat sich zu einer quirligen Gegend mit Verkaufsständen, Boutiquen, Kneipen und **Restaurants** gewandelt. Dort findet auch Ottawas Nachtleben statt. Der *Byward Market* ist bekannt für kulinarische Köstlichkeiten aus aller Welt und nicht zuletzt eine Ottawa-Spezialität, die **Beaver Tails**. Aber diese Biberschwänze sehen nur so aus, wie sie heißen; es handelt sich um warmes mit Marmelade oder Käse und Schinken gefülltes Gebäck – eine Kreuzung zwischen *Crêpes* und *Donuts*.

Szene

30 min zu Fuß ist es zu zwei kleinen Szene-Vierteln: **The Glebe** liegt südlich des Queensway entlang Bank Street (zwischen 1st und 5th Ave) und westlich *Downtown* eine Art **Little Italy** (entlang Preston, südlich Somerset Street). Beide sind überbewertet.

Rund um das Zentrum

Sussex Drive

Zu einer Ottawa-Besichtigung gehört eine Fahrt stadtauswärts Richtung Nordosten entlang des Ottawa River-Südufers, denn dort liegen diverse Attraktionen: Am Sussex Drive passiert man das **National Peacekeeping Monument** zu Ehren der kanadischen Blauhelme, die **Notre Dame Basilika**, die **National Gallery of Canada** und **Canadian Mint**, ➪ Seite 512.

Rideau Hall

Auf Green Island – in der Mündung des Rideau River – befindet sich die einstige *Ottawa City Hall* (heute in der Laurier Ave) im *Diefenbaker Building* mit einem modernen Anbau von *Moshe Safdie*.

Gegenüber der Residenz des kanadischen Premiers (24 Sussex Drive) liegt die **Rideau Hall** in einem öffentlichen Park (1 Sussex Drive; Führungen täglich 10-16 Uhr, frei; www.gg.ca). Der Bau ist Sitz des *General Governeur*, Vertreter der Königin von England, von rot uniformierten *Guards* bewacht.

Rockcliffe

Der Sussex Drive wird ab der *Rideau Hall* zum **Rockcliffe Parkway**, der am Rand des Nobelviertels, wo sich auch Botschaften und Ministerien befinden, am Ufer des Flusses entlangläuft. Vom Aussichtspunkt **Rockcliffe Lookout** sieht man eine Marina am Fluss mit dem **Rockcliffe Boathouse Restaurant** auf einem Ponton (1/2 Meile östlich der Residenz des Premiers am Sussex Drive, ✆ 613-744-5253). Ein ruhiger Platz fürs *Lunch* ist dessen Terrasse über dem Wasser.

Der *Parkway* führt weiter zum **Rockcliffe Airport** mit dem **Canada Aviation and Space Museum**, ➪ Seite 511.

Museen

Die Hauptstadt besitzt zahlreiche Museen; herausragend sind die **National Gallery of Canada**, das **Canadian Museum of Civilization** (in Gatineau) und das **neue War Museum**. Alle drei Komplexe bestechen durch ihre **Architektur** und Ausstellungen von internationalem Rang.

**National-
galerie**

www.gallery.ca

Mit der **National Gallery of Canada**, einem Glastempel der Kunst, 380 Sussex Drive, setzte der Architekt *Moshe Safdie* 1988 einen Kontrast zur massiven Phalanx der Regierungsbauten am Ufer. In der 1. Ebene (**Level 1**) hängen Werke kanadischer Künst-

ler aus allen Epochen, auch die der **Group of Seven** (↪ Seite 451). Zur *National Gallery* gehört auch das interessante **Canadian Museum of Contemporary Photography**.

Die zweite Ebene ist amerikanischen und europäischen Malern vorbehalten. Von großen Vertretern wichtiger Epochen und Stilrichtungen, darunter *Lucas Cranach, Frans Hals, Rubens, Rembrandt, van Gogh, Degas, Monet, Chagall, Klimt, Picasso u.a.m.* findet man jeweils mehrere Werke; außerdem zeitgenössische Kunst.

Ein Schmuckstück ist die rekonstruierte historische **Rideau Street Convent Chapel** mit einer Ausstellung sakraler Kunst. Die Präsentation kanadischer **Inuit Art** rundet die Sammlung ab.

Zwei Innenhöfe mit Springbrunnen laden ein zum Verweilen.

*Teilansicht der National Gallery:
Architektur aus Licht und Glas*

Mai bis September täglich 10-18, Do bis 20 Uhr; sonst Di-So 10-17 Uhr, **Eintritt $9/$4**, Do ab 17 Uhr frei.

**Historisches
Museum**

www.
civilization.ca

Das **Canadian Museum of Civilization**, 100 Rue Laurier, am Ottawa River in **Gatineau**, lässt sich von *Downtown* Ottawa am einfachsten über die **Alexandra Bridge** erreichen. Die Gestaltung dieses phänomenalen Gebäudekomplexes symbolisiert den aus Gletscher-Formationen entstandenen *Canadian Shield* (↪ Seite 20).

Der Eingangsbereich ist wechselnden Ausstellungen über Minderheiten in Canada vorbehalten. Dort befindet sich auch die **First People Hall** zur Kultur der Ureinwohner Canadas. Auf dem **Level 2** sind ein **Children`s Museum** und das **Postal Museum** sowie das **Cine Plus** mit *IMAX* untergebracht.

Einige Stufen tiefer liegt die **Grand Hall** mit einer eindrucksvollen permanenten Ausstellung über die Indianer der kanadischen Westküste. In der **History Hall** geht es um die weiße Besiedelung Canadas, die Anfänge der Fischerei, das Dorf- und Farmleben, die Geschichte des Pelz- und Holzhandels und die indianisch-französischen Mischlinge (*Metis*). Interessant ist auch die Halle »**Face to Face**« zu Personen, die Kanada gestaltet haben.

Im *Grand Hall*-Bereich gibt es zudem einen guten Buchladen mit Panoramablick auf den *Parliament Hill*; Eintritt Museum $12/$8, IMAX $11. Das *Canadian War Museum* hat identische Eintrittspreise. **Kombiticket** für beide $18/$12, Familien bis zu 5 Personen (2 Erwachsene) zahlen fürs Kombi $45. **Öffnungszeiten** ⟿ *War Museum*, das man von hier zu Fuß in 30 min erreicht (auf der anderen Seite des Ottawa River durch Grünanlagen, ⟿ Skizze, die in beiden Museen ausliegt). Von *Downtown* Ottawa fährt der **Bus #8** zum *Museum of Civilization.*

Kriegs-museum
Das **Canadian War Museum**, 1 Vimy Place, beherbergt eine riesige militärhistorische Ausstellung und dokumentiert die Beteiligung Canadas an Weltkriegen und Friedensmissionen der UNO. Hervorragend gemachte emotionale Ausstellung gegen jede Art Krieg. Geöffnet täglich 9-18, Do bis 20, Fr im Juli/August auch bis 20 Uhr, Eintritt $12/$8, Bus #95 von *Downtown*; www.warmuseum.ca.

Weitere Spezialmuseen
- *Diefenbunker – Canada's Cold War Museum*, 3911 Carp Road (#417, *Exit* 144, im Vorort Carp, 30 Autominuten westlich von Ottawa). Politiker und Generäle sollten hier in Zeiten des Kalten Krieges bei Gefahr vier Stockwerke tief abtauchen können: Der atombombensichere Bunker besaß *Premier-Suite*, Wohn- und Schlafzimmer, Restauration und Radiostudio. »**Diefenbunker**« ist eine hier passende Persiflierung des Namens des damaligen Premiers *John Diefenbaker*. Täglich 10-15 Uhr (Führungen Juli/August 11, 12, 13, 14, 15 Uhr; sonst Mo-Fr 14 Uhr, Sa/So 11, 13, 14 Uhr), $14/$8; www.diefenbunker.ca.

- Das **Canada Aviation and Space Museum**, 11 Aviation Pkwy, am Rockcliffe Airport, zeigt über 130 Flugzeuge. Auf dem **Walkway of Time** geht es durch die Ausstellung zur Luftfahrtgeschichte. Mai-*Labour Day* täglich 9-17 Uhr, sonst Mi-So 10-17 Uhr; Eintritt $9/$5, Mitflug im Doppeldecker $60; Bus #129; www.centralaviation.ca.

- Das **Canada Science and Technology Museum** im Südosten der City zeigt die Funktionsweise von Maschinen und Instrumenten. *Hands-on Exhibits* erklären wissenschaftliche Phänomene. Mai-*Labour-Day* täglich 9-17 Uhr, sonst Mo zu, $11/$6; OC-Busse #85 und #86; www.sciencetech.technomuses.ca.

- Das **Canada Agricultural Museum** mit der *Central Experimental Farm*, Prince of Wales Drive/Straße #16 (von *Downtown* zunächst Prescott Street), ist ein 500 ha großer Bauernhof südwestlich des Dow's Lake. Im Museum und auf Lehrpfaden erfährt man viel Wissenswertes über Hightech-Ackerbau und -Viehzucht, März bis November täglich 9-17 Uhr, $9/$6, Bus #3; www.agriculture.technomuses.ca.

- Das **Canadian Museum of Nature** mit Dinoabteilung und Betonung der Umwelt wurde erst 2010 neu eröffnet. Ecke Metcalfe/McLeod Street, Anfahrt Elgin Street; Mai-September täglich 9-18, Do/Fr bis 20 Uhr, $10; www.nature.ca.

3

So viele Museen bei dem schönen Wetter! Wir warten lieber draußen!

- Das **Currency Museum**, 245 Sparks Street (in der *Bank of Canada*), ist der Geschichte des Geldes in Canada wie weltweit gewidmet. Mai bis Anf. Oktober Mo-Sa 10.30-17 Uhr, So 13-17 Uhr; sonst Mo geschlossen; frei; www.currencymuseum.ca.
- **Royal Canadian Mint**, 320 Sussex Drive, Münz-/Edelmetall-prägung; Mo-Fr $5, Sa/So $4; Führungen täglich 9-18 Uhr. Die Rundgänge sind interessanter, wenn man beim Prägeprozess (Mo-Fr) zuschauen kann; www.mint.ca.

Abkühlung im Sommer

In Ottawa sind **Badestellen** stets nur ein paar Kilometer entfernt:
- Am **Dow's Lake** gibt es schattige **Picnic Areas** und **Kanuver-leih**. Anfahrt am *Rideau Canal* entlang zum 1001 Queen Eliza-beth Drive, ✆ (613) 232-1001; www.dowslake.com.
- Besonders bei Hitze reizvoll sind die **Hog's Back Falls**. Vom *Dow's Lake* folgt man dem *Colonel By Drive*, der am Ostufer des Kanals entlang führt, und gelangt automatisch auf die *Hog Backs Bridge*. Das dort über Felsflächen und im Fluss ver-streute Brocken laufende Wasser ist als Badestelle beliebt.
- Gute Badestellen gibt's auch im **Gatineau Park**, ↪ rechts.

Rideau Canal

Die Uferwege beidseitig des Kanals sind ein ideales Terrain für **Jogger** und **Biker**. Im Winter tummelt sich die »halbe« Bevölke-rung Ottawas auf dem monatelang zugefrorenen Kanal. Viele lau-fen per Schlittschuh ins Büro.

Seit Jahren eine Tradition sind die **Alcatel-Lucent Sunday Bike-days**. An Sonntagen bleiben River Pkwy, Colonel By Drive und Rockcliffe Pkwy 9-13 Uhr für Autos gesperrt.

Kasino

Wer Lust aufs Zocken verspürt, braucht nur über den Fluss zu fahren. Das **Casino de Lac Leamy**, ein bemerkenswerter Palast, steht am Lac Leamy unweit der Autobahnkreuzung #5/#50 (Aus-fahrt *Blvd du Casino*). **Hinweis**: Shorts, Sandalen oder Jeans sind nicht erlaubt; www.casinosduquebec.com/lacleamy.

Gatineau Park   www.canadascapital.gc.ca/gatineau

Nordöstlich von Gatineau liegt der 36.000 ha große *Gatineau Park*, **das** Naherholungsgebiet Ottawas, eine hügelige Waldlandschaft unter Verwaltung der *National Capital Commission*, Entfernung ab Ottawa-Zentrum ca. 35 km. Im Park-Norden sind schöne **Campingplätze** mit Badestellen am See (℗ 819-456-3016 und ℗ 1-888-456-3016). Der **Lac Philippe** ist der größte, aber oft voll; der **Lac Taylor** hat Plätze direkt am See; campen am **Lac Peche** nur per Kanu.

Nach **Wakefield** fährt der *HCW Steam Train* (Mai-Okt), eine Dampfeisenbahn am Gatineau River entlang. Empfehlenswert eher bei Laubfärbung. Der Bahnhof in Gatineau liegt in der Rue Deveault, Zufahrt über die #5, *Exit* St. Raymond, dann Carrière Blvd. Fahrplan und Tarife auch am Transport-Kiosk in Ottawa, Ecke Sparks/Elgin Street. **Wakefield** ist ein hübscher Ort am Gatineau River mit Restaurants und Cafés. Elegant wohnt man im *Inn & Spa Le Moulin* (60 Chemin Mill, ℗ 819-459-1838 und ℗ 1-888-567-1838, ab $220) mit gutem Restaurant; www.wakefieldmill.com.

Einfach und nostalgisch übernachtet man im Alpenstil im *Hotel Wunderbar*, (911 Chemin Riverside, ℗ 819-459-2471, $65) und im *Hotel Alpengruss* mit urdeutschem Restaurant (831 Chemin Riverside, ℗ 819-459-2885, $80).

Wer noch Zeit für einen Abstecher hat, könnte ab Old Chelsea (von der #5 Exit #12) den Hinweisen *MacKenzie King Estate* folgen. Der ehemalige kanadische Premier *MacKenzie* hat auf diesem Gelände sein schrulliges Hobby gepflegt: Er sammelte echte und rekonstruierte Ruinen wie griechische Säulen und Teile des von den Deutschen im 2. Weltkrieg zerstörten englischen *House of Common.* Im Sommer täglich 9-17 Uhr, nur Parkgebühren.

3

3.5.5   Weiterfahrt nach Montreal

Alternative Routen

Die Fahrt von Ottawa nach Montreal hat wenig Reize. Es empfiehlt sich, die Autobahn #417 zu nehmen, in Québec die #40. An der Grenze nach Quebec gibt es für Ontario und Quebec *Info Centres* mit jeweils viel Material. Die Straße #17 am Südufer des Ottawa-River verläuft kaum abwechslungsreicher, erfordert aber deutlich mehr Fahrzeit. Die kleineren Straßen am Nordufer (#148 und später #344) lohnen den Zeitaufwand ebenfalls kaum; wer sich dennoch für das Nordufer entscheidet, findet unmittelbar hinter **Plaisance** die Einfahrt zum *Parc National de Plaisance* mit *Campground* auf einer flachen Landzunge im Ottawa River; große Stellplätze am Wasser, perfekt für 1 Nacht.

Eine Sehenswürdigkeit für sich auf dieser Strecke – in Montebello, etwa 65 km westlich von Gatineau – ist indessen das *Chateau Montebello*, ein riesiges **Blockhaus-Hotel** der absoluten Luxusklasse mit Golf, Tennis, Reiten usw., in dem 1981 sogar ein Weltwirtschaftsgipfel der (damals noch) G7 stattfand.

Die Übernachtung in einem derart edlen Ambiente kostet natürlich »ein paar Dollar mehr«: Ab $229 im Sommer; ℗ (819) 423-6341 und ℗ 1-866-540-4462; www.fairmont.com/montebello.

4.   QUEBEC www.bonjourquebec.com oder www.bonjourquebec.de

4.1   Reiseziel Québec, die andere Provinz

4.1.1   Zur Routenführung

Anfahrt

Die meisten Besucher Québecs – sofern sie ihre Reise nicht ohnehin in Montréal beginnen – erreichen die Provinz entweder von New York State (➪ Seite 374) oder Vermont (➪ Karte Seite 351) oder von Ontario aus. Für alle drei Fälle sind die entsprechenden Anfahrten in den vorstehenden Kapiteln beschrieben. Ebenso für einen Grenzübertritt von New Hampshire (➪ Seite 339) und Maine aus (➪ Seite 309).

Montréal und Québec City

Montréal ist für den überwiegenden Teil der Touristen das erste Ziel in Québec und liefert damit den sinnvollen Einstieg in dieses Kapitel, gleichzeitig auch den logischen Anschluss an die bislang verfolgten Routen. Am St. Lawrence River entlang geht es auf der Autobahn #40 oder der Straße #138 nach Québec City, dem 2. Provinzschwerpunkt.

Unterlauf St. Lawrence

Wer mehr von dieser riesigen Provinz (über 4x größer als Deutschland) sehen möchte, sollte von Quebéc City stromabwärts auf dem Nordufer des St. Lawrence bis Tadoussac fahren. Der Strom zeigt sich dort – neben dem Gebiet der *1000 Islands* (➪ Seite 493) – von seiner schönsten Seite. Dabei sind Abstecher in die Parks am Rand der ***Reserves Faunique*** (Wildnisschutzgebiete) möglich.

Die Gaspé

Das Québec-Kapitel endet zunächst nördlich von Tadoussac bei Escoumins. Dort oder bereits in St. Simeon kann man mit der Fähre auf das Südufer des Stroms übersetzen. Es gehört zwar weiter bis zur Mündung zu Québec, ist aber als Teil der *Gaspé*-Halbinsel geographisch und touristisch eng verbunden mit den maritimen Provinzen. Aus diesem Grund wird die ***Gaspé*** erst im Rahmen des folgenden Kapitels »Maritime Provinzen« behandelt, ➪ Seite 651ff.

Typisch Québec: Das blaue Lilienbanner und silbergraue Kirchendächer und -türme

4.1.2   Touristische Kennzeichnung

**Sprach-
situation**

Wer aus anderen kanadischen Provinzen oder den USA nach Québec kommt, merkt schnell: Québec ist anders. 1974 wurde **Französisch Amtssprache** und ist Muttersprache von 80% der Bevölkerung. Im Gegensatz zum »Rest« Canadas sind Verkehrs- und
Firmenschilder, sowie Texte in Museen und bei Sehenswürdigkeiten oft nur einsprachig Französisch. Die für ganz Canada geltende Vereinbarung zur Zweisprachigkeit wird hier ebenso igno-
riert wie umgekehrt das Französische im englischsprachigen
Canada. Nur selten findet man darüber hinaus außerhalb der
Cities englischsprachige Zeitungen. Je weiter man sich von Montréal entfernt, desto weniger wird Englisch auch nur verstanden.
Auf der abgelegenen Gaspé-Halbinsel hält sich ein Alt-Franzö-
sisch, das selbst für Franzosen aus Europa kaum verständlich ist.

**Auffällige
Unterschiede**

Speziell abseits der Städte und auf Nebenstraßen fallen die feinen
Unterschiede zum Rest des Kontinents ins Auge: Auffällig viele
Kirchen mit weithin sichtbaren silbrig-glänzenden Spitztürmen
signalisieren: Die Provinz ist katholisch. Die Wohnhäuser sind
aus grauem Naturstein wie in der Normandie, nur vereinzelt *Mc-
Donalds* und *Burger Kings*, dafür aber typisch französische
Casse-croûtes (Imbissbuden). Es werden weniger *Pick-ups* gefahren und kaum Baseball-Mützen getragen. Es wird (immer noch)
viel mehr geraucht und weniger amerikanisch-freundlich gelä-
chelt, dafür mehr europäisch gedrängelt.

Auch das Warenangebot reflektiert **französische Lebensart**: *Bagu-
ettes*, zahlreiche Käsesorten und – sogar im Supermarkt – eine reiche Auswahl an Wein und Bier wie nirgendwo sonst in Canada.
Auffällig ist, dass fast nur französische Weine angeboten werden,
während im Rest des Landes Weine aus eigener Herstellung neben dem Angebot aus aller Welt (Australien, Chile) in den Regalen stehen. Die Restaurants offerieren die klassische französische
Menüfolge. Essengehen ist in Québec keine Minutensache.

Die Cities

Hauptanziehungspunkte sind die beiden großen Städte. Das zwei-
sprachige, kosmopolitische **Montréal** ist eine moderne Industrie-
und Finanzmetropole mit französischem Flair. **Québec City** bietet auf jeder Ebene – historisch, architektonisch, kulturell und
gastronomisch – alles, was auch eine rein französische Stadt aus-
zeichnet. Amerikaner sind entzückt über dieses Stück Alt-Frank-
reich vor ihrer Haustür. Und selbst mit nostalgischen Stadtbil-
dern vertrauten Europäern scheint Québec City zu gefallen.

Parks

Von beiden Städten aus sind **Nationalparks** und riesige *Reserves
Faunique* sowie touristisch (oft zu) stark entwickelte Naherholungsgebiete leicht zu erreichen. Beim Wandern, Kanufahren und
Schwimmen kann man sich dort vom Sightseeing- und Kultur-
programm der Städte erholen. Hervorhebenswert ist in dieser Beziehung in erster Linie der *Parc National de Mauricie* zwischen
Montréal und Québec am Rivière Saint Maurice.

4

Fleuve Saint Laurent	Die Fahrt am St.-Lorenz-Strom ist besonders schön zwischen Québec City und Tadoussac. Die Höhen der *Laurentides* reichen dort bis ans Ufer des kurz hinter Québec City bereits 20 km breiten *Fleuve Saint Laurent*. Bei Tadoussac gilt der Strom als eines der weltbesten Gebiete für **Walbeobachtung**.
Wildnis	Für Angler, Jäger und Wildnis-Enthusiasten bietet Québec unzählige Möglichkeiten. Viele Gebiete allerdings sind nur auf endlosen Fahrten auf *Gravel Roads* oder per Flugzeug zu erreichen. Vogelliebhaber haben es leichter. An den Ufern des St. Lawrence und der Gaspé-Halbinsel gibt es eine ganze Reihe von Vogelschutzgebieten, in denen sich von Holzstegen (*Boardwalks*) oder Ausflugsschiffen aus Wasservögel beobachten lassen.

Die Naturparks in Québec

Parcs National du Canada (PNC)   www.pc.gc.ca

Parks in Kanada, die von den Provinzen verwaltet werden, heißen *Provincial Parks* (PP), in Québec jedoch *Parc Nacional* (*PNQ*). Um diese (22) von den drei Nationalparks zu unterscheiden, die von Ottawa betrieben werden, nennen sich die nationalen – nur in Québec – **Parc National du Canada** (*PNC*). Es sind:

- **Parc National de la Mauricie** (bei Montréal)
- **Reserve de Parc National de l'Archipel-de-Mingan** (St.-Lorenz-Mündung)
- **Parc National Forillon** (an der Spitze der Gaspé-Halbinsel)

Die 22 *Parcs National du Québec* (Québec Parks, PNQ) sind kleiner und haben nur die auch in den *Provincial Parks* übliche Camping-Ausstattung.

Reserves Fauniques (RF)   www.sepaq.com/rf

Neben den *Parcs National du Quebec* gibt es **16 Reserves Fauniques**, riesige Naturschutzgebiete (*semi-wilderness*) mit ökotouristischer Infrastruktur, in denen (im Gegensatz zu *PNs*) Holzwirtschaft betrieben wird, und in denen gejagt (Bären, Elche, Fische) und gecampt werden darf. Die Straßen sind nicht asphaltiert, und nur an zentralen Punkten gibt es kleine Versorgungsläden und eventuell einen Bootsverleih.

Die **Campingplätze** sind einfach, verfügen aber über Duschen, Licht (auf Gas-Basis) und Trinkwasser. In deren Umfeld liegen oft einfachste **Hütten** (*refuges*) oder neuere, sehr rustikale **Blockhäuser** – fast immer an einem See.

Für *RFs* und *PNQs* benötigt man **Permit**s, die man am Eingang kauft ($6/Person, Campsite $26, *Refuges* $20/Person, *Cottages* $25-$60/Person).

Sepaq-Management   www.sepaq.com

Die **22 Parcs Nacional du Québec** sowie die **Réserves Fauniques** gehören seit Mitte der 1990er-Jahre der staatlichen **Sepaq** (*Société des établissements de plein air du Québec*), die obendrein neun rustikal-komfortable ökotouristische Resorts in Québec betreibt (teilweise mit Camping). So z.B. nordwestlich von Québec City die *Station touristique Duchesnay* am Lac-Saint-Joseph (mit Villen, Kanuverleih etc). Himalaya-Erprobte schlafen dort im Eishotel bei -5°C für $269/Person Vollpension (nur Januar-März); www.hoteldeglace-canada.com.

Ferner den *Parc Aquarium du Quebec* und *Ile Anticosti*. Auf der Insel in der St.-Lawrence-Mündung kann man Wandertouren, aber vor allem Jagd-und Angelausflüge buchen.

Alle *Sepaq*-Unterkünfte und -Campplätze bucht man unter ✆ (418) 890-6527 (8.30-20 Uhr) oder online auch unter www.sepaq.com. In Québec City (2640 Blvd Laurier, Suite 250) und in Montreal (1255 rue Peel, Suite 100); Öffnungszeiten differieren; Kernzeit: Ende Juni bis Ende Sept. Mo-Fr 10-18 Uhr, Sa/So 10-17 Uhr. Auf vielen der Campingplätze gibt es *Tent Trailer* (*tente roulette*) und zeltähnliche Hütten oder *Hékipia* (Blockhäuser) inkl. Ausstattung zu mieten.

- kurzfristig: 1-Nacht-Buchungen nur wochentags (So-Do), nicht aber in der Hochsaison/Ferienzeit, es sei denn binnen 24 Stunden im voraus.
- langfristig: ab 1. Mai, ✆ 1-800-665-6527 oder online max. 4 Monate voraus.

ZEC-Gebiete (*Zones d'Exploitation Controlees*) www.zecquebec.com
Noch tiefer in die Wildnis steigt (oder fliegt) man ein beim Besuch sog. ZEC-Gebiete. Dabei handelt es sich um private Jagdgebiete, deren Club-Mitglieder gegen ca. $200 im Jahr die nichtkommerzielle Nutzung und Pflege pachten; Nichtmitglieder wenden sich vor Ort an ein *Visitor Center* bzw. an *Outfitter*.

4.1.3 Klima

Klirrende Winterkälte beherrscht die Provinz bis zu sieben Monate im Jahr; Temperaturen um –35° Celsius sind keine Seltenheit. Noch bis in den April hinein schwimmen große Eisschollen auf dem St. Lawrence. Im Sommer muss man dennoch nicht auf leichte Kleidung und das Bad im See verzichten. Den Klimabedingungen des Nordostens entsprechend (➪ Seite 63f), wird es in der weiteren Umgebung der *St. Lawrence River*-Region von Juni bis September oft sehr warm, dabei nicht selten auch schwül. Es muss jedoch immer mit plötzlichen Wetterumstürzen und starken Temperaturschwankungen gerechnet werden, so dass Pullover und Regenbekleidung kein überflüssiger Ballast sind.

Die maritime Gaspé-Peninsula ist generell frischer. Nur abgehärtete Naturen stürzen sich in die Fluten des *Gulf of St. Lawrence*, auch wenn Strand und Wasser einladend wirken.

4.1.4 Geschichte

Besiedelung
Es waren die **Franzosen**, die ab 1608 – wenn auch sehr zögerlich – an den Ufern des St.-Lorenz Siedlungen anlegten (➪ Seite 519). Noch 60 Jahre nachdem *Samuel de Champlain* seinen **Handelsposten** beim heutigen Québec City errichtet hatte, gab es in Canada, damals noch *Nouvelle France*, lediglich 6.300 Weiße. Die harten Winter und Indianerkämpfe (➪ Essay Seite 17f) wirkten nicht gerade verlockend für auswanderungswillige Franzosen. 1663 machte Ludwig XIV. **Nouvelle France** offiziell zur **französischen Provinz**, was u.a. bedeutete, dass Soldaten – unter ihnen viele Kriminelle – zur Bekämpfung der feindlichen Irokesen nach Canada geschickt werden konnten. Man ermunterte sie, im Land

zu bleiben und sich im streng autokratischen Lehnsystem Québecs als Landarbeiter für Großgrundbesitzer, die *Seigneurs*, zu verdingen, ⇨ Kasten Seite 558.

Frieden zu Utrecht

Nachdem Frankreich schon im Frieden von Utrecht (1713) viele seiner amerikanischen Besitzungen an die Engländer abgeben musste, wurde 1763 (Frieden zu Paris) auch *Nouvelle France* zu einer **britischen Kolonie**. Die Franzosen hatten nun zwar jede Macht in Nordamerika verloren, im amerikanischen Unabhängigkeitskrieg waren sie den Engländern dennoch willkommene Bundesgenossen; als Gegenleistung wurde es der Bevölkerung Québecs – inzwischen 70.000 – erlaubt, ihre Sprache und Religion beizubehalten. Es kam den neuen Herren dabei zugute, dass die katholische Kirche – die weite Teile des öffentlichen Lebens fest im Griff hatte – strikt gegen die protestantische und dazu demokratische Revolution der Amerikaner war.

Je me souviens

Das hieß nicht, dass Friede herrschte. Die Ressentiments gegen die englische Vorherrschaft liest man bis heute auf jedem Québecer Auto-Nummernschild: *Je me souviens* (ich erinnere mich).

Teilung

Administrative Maßnahmen, wie die Teilung von *Nouvelle France* im **Constitution Act** von 1791 in zwei Kolonien – das englischsprachige **Upper Canada** (heute Ontario) und das französische **Lower Canada** (heute Québec) – brachten nicht unbedingt Entspannung. Um weiteren Schwierigkeiten vorzubeugen, wurden *Upper* und *Lower Canada* **1841** wieder zu einem **Kolonialgebiet** mit dem Namen **Canada** zusammengefasst, in dem die Franzosen aus Québec zunächst die Mehrheit hatten. Politisch dominierten britische Würdenträger aus London und Toronto.

Québec

Mit der Gründung des **Dominion of Canada** (1867) erhielt Québec abermals den Status einer eigenen Provinz und das Recht, die französische Sprache und Kultur zu bewahren. Obwohl sich die französische Landbevölkerung kräftig vermehrte (die sog. »Rache der Wiege« – *revanche des berceaux*), gab es Zeiten, in denen die große Zahl der englischsprachigen Einwanderer die Franzosen um ihre sprachliche und kulturelle Identität fürchten ließ.

Am industriellen Aufschwung im 19. Jahrhundert hatte die französische Bevölkerung wenig Anteil. Die katholische Kirche und die Großgrundbesitzer fürchteten Autoritätsverlust und warnten vor den Gefahren der schnell wachsenden Städte. So blieb die Industrie und der damit verbundene politische Einfluss meist Engländern vorbehalten.

In der Folge isolierte sich Québec immer stärker vom Rest Canadas, insbesondere während der 20-jährigen Regierungszeit des – von der Kirche getragenen – korrupten Premiers **Maurice Duplessis** (1936-39 und 1944-59).

Entdecker und Erforscher

Cabot, Cartier und Champlain

Cabot, Champlain und Cartier –– nach diesen Entdeckern und Erforschern des kanadischen Nordostens wurden Berge, Seen und Meeresengen, Straßen, Motels und Campingplätze benannt. Ihre Namen sind in Europa weitgehend verblasst. Bei uns kennt jedes Kind nur *Kolumbus*, der nie einen Fuß auf den nordamerikanischen Kontinent gesetzt hat, während *Cabot, Champlain* und *Cartier* auf der Suche nach der Nordwestpassage nach China die Neue Welt bis tief ins Innere erforschten.

Sie waren es, die den Europäern – mit Hilfe der Indianer – ungeheure Reichtümer erschlossen. Von ihren Auftraggebern, den französischen und englischen Herrschern, wurde dies zunächst verkannt. Sie blickten neidisch auf die Spanier, die in den goldenen Städten der Mayas sagenhafte Schätze erbeuteten, während ihre eigenen Segelschiffe nur mit Kabeljau, Holz und Biberfellen aus Amerika zurückkehrten.

Tatsächlich war **John Cabot** (*Giovanni Caboto*), ein Italiener in englischen Diensten, nach den Wikingern (↻ Seite 672) der erste Europäer, der den Boden der Neuen Welt betrat (1497). Er berichtete, der ungeheure Fischbestand vor der neufundländischen Küste habe die Navigation für seine Schiffe erschwert. Für den englischen König, Henry VII. war dies zwar kein Anlass, weitere teure Expeditionen zu finanzieren, die Botschaft blieb jedoch nicht ungehört. Jahr für Jahr machten sich daraufhin englische, schottische, baskische und portugiesische Fischer zum Kabeljaufang auf den weiten Weg über den Atlantik.

Mit dem Hissen der Flagge des englischen Königshauses (*Tudors* - Lilien und Löwen) hatte *John Cabot* diesen Teil Nordamerikas für die Krone in Besitz genommen. Einige Jahrzehnte später (1535) fand der Franzose **Jaques Cartier** mit dem St. Lawrence River den Schlüssel zum Inneren des Kontinents und legte damit den Grundstein für **New France**. Von seinen drei Reisen (1534-42) brachte aber auch er im wesentlichen nur Enttäuschendes mit: Biberfelle, falsches Gold und Indianer, die den französischen König mit Geschichten über ein sagenhaft reiches Land zu weiteren Investitionen ermuntern sollten. Obwohl er nur mit Hilfe der Indianer einen Winter überlebt hatte, zeigte er im weiteren Umgang mit ihnen wenig Skrupel. Er brach Abmachungen und erzählte später – ohne die in England verstorbenen indianischen Begleiter zurück in Amerika – Lügen über deren Verbleib.

> Wie wir wissen, wurde damals weder der Seeweg nach China gefunden noch ein Land voller Gold und Edelsteine. Die Segler der Europäer kamen beim heutigen Montréal, der Irokesensiedlung *Hochalaga*, an den Stromschnellen des St Lawrence zum Stehen.

> Die von *Cartier* mit »*Lachine*« bezeichneten Schnellen – denn dahinter musste wohl endgültig China liegen – werden heute gefahrlos und vollbeladen mit Touristen auf schnellen *Jet-Boats* überwunden (↻ Seite 535).

Die Indianer wussten bereits vor Ankunft ihrer »Entdecker«, wie man die Stromschnellen meistert. Sie überwanden sie mit ihren leichten Kanus aus Birkenrinde keinesfalls zum Vergnügen – für sie war es eine Frage des Überlebens.

Samuel de Champlain (1570-1635), der 1603 seine erste Reise zum neuen Kontinent unternommen und 1608 die Stadt Québec gegründet hatte, gilt als bedeutendster Erforscher des östlichen Canada.

Er und seine Begleiter wären indessen kaum sehr weit ins Innere des Landes vorgedrungen, hätten sie nicht von den »Indianern« gelernt, aus welchen Pflanzen sie Medizin gewinnen konnten, wie man sich mit Schneeschuhen fortbewegt, Nahrungsmittel konserviert und Tierfelle für den Bau von Hütten oder die Anfertigung von Kleidung nutzt. Die wichtigste Entdeckung waren jedoch – nicht nur zur Überwindung von Stromschnellen – die **Kanus**! Die Europäer lernten zu paddeln, und so gelangte *Champlain* bis an die Georgian Bay, an das »große Wasser«, von dem die Indianer ihm erzählt hatten und von dem er glaubte, es sei der Pazifik.

Bereits 1605-1607 hatte Champlain in Port Royal/Nova Scotia (➪ Seite 596) freundschaftlichen Handel mit den dort lebenden *MicMac*-Indianern betrieben. Später machte er die weiter westlichen *Hurons* und *Montagnais* zu seinen Verbündeten und Handelspartnern. Damit sie ungestört die Flüsse und Seen befahren, d. h., für Nachschub in der Europa begehrten, schnellen Reichtum versprechenden Pelze sorgen konnten, musste er Partei ergreifen und sich auf der Seite der Huronen an deren Feindseligkeiten gegen die Irokesen beteiligen.

1626 wurde *Champlain* zum ersten Gouverneur von *Nouvelle France* ernannt, und er ging daran, seinen Traum von einer großen, reichen französischen Kolonie zu verwirklichen.

Coureurs de Bois und Voyageure

Champlains Vorstellung von der prosperierenden Kolonie erfüllte sich aber nur langsam. Viele der mit Landbesitz angelockten Franzosen zeigten wenig Neigung, sich in der Landwirtschaft abzurackern. Denn mit dem Pelzhandel war weit mehr Geld zu verdienen, weil sich betuchte Europäer Pelzmäntel und -jacken wie auch breitkrempige Biberfellmützen einiges kosten ließen. So gingen viele abenteuerlustige, junge Männer in die Wälder, um auf eigene Faust mit den Indianern zu handeln oder selbst zu jagen. Als *Coureurs de Bois* (Waldläufer) machten sie den inzwischen etablierten Handelsfirmen Konkurrenz.

Auch auf den Wasserstraßen wurden die Indianer von jungen, kräftigen Europäern abgelöst. Von den Handelsgesellschaften bezahlt, paddelten die sogenannten *Voyageurs* erstaunliche Strecken, bevor sie in Montréal ihre kostbare Fracht den Schiffen nach Europa anvertrauen konnten.

Jesuiten

Eine andere Gruppe von Paddlern hatte hehrere Gedanken, als reich zu werden und Abenteuer zu erleben: die Jesuiten. Sie gingen eifrig daran, die Huronen von Moral und Glauben ihrer Verbündeten zu überzeugen, was durchaus schon mal am Marterpfahl enden konnte. Denn vor den feindlichen Irokesen waren sie nie sicher. Den Huronen bekam der Kontakt zu ihren Bekehrern ebensowenig, wurden doch viele von ihnen durch neue, bis dato in Amerika unbekannte Krankheiten dahingerafft.

Nicht nur die Glaubensverbreitung ließ die Jesuiten paddeln. Der eine oder andere wurde auch von Forscherdrang gepackt. So gebührt der Verdienst, den Mississippi vom Norden her bis fast zur Mündung erforscht zu haben, einem *Father Marquette* (1637-1675) und *Louis Jolliet* (1645-1700).

Wie bekannt ging die Entdeckung und Erforschung des Kontinents für die Indianer übel aus, während sich für die zunächst zögerlichen Machthaber in Europa Kabeljau und Biberfelle, später auch Holz, als durchaus dauerhafte und lukrative Grundlage für die Ausbeutung der neuen Kolonien erwiesen.

Jüngere Entwicklung

Erst unter *Jean Lesage* (1960-66) gab es mit der Übernahme der Regierung durch die Liberale Partei eine Wende, die sogenannte *Révolution tranquille* (ruhige Revolution). Die Partei besaß keine vornehmlich separatistische Ausrichtung, wenn auch ihr Motto *Maîtres chez nous* (Herr im eigenen Haus) darauf hindeuten könnte. Im wesentlichen ging es ihr um soziale Veränderungen: So verlor damals die Kirche die Kontrolle über Erziehung und soziale Einrichtungen. **Französisch** wurde als **offizielle Sprache** etabliert; französische Firmengründungen und Frankokanadier bei der Arbeitsplatzvergabe wurden bevorzugt. Der Separatismus fand aber seinen radikalsten Ausdruck in der *Front de Libération du Québec*, die in der Oktoberkrise 1970 vor Kidnapping und Morden – u.a. an Arbeitsminister *Pierre Laporte* – nicht zurückschreckte. Zum Höhepunkt der Sprachenkrise 1971-86 verließen jährlich rund 20.000 englischsprachige Bewohner die Provinz Québec. Heute sprechen insgesamt nur noch 8% der Bevölkerung Québecs Englisch. Lediglich im Großraum Montréal ist noch ein große Minderheit der Einwohner englischsprachig (ca.20%).

Separatismus

Bei einem ersten, 1980 von der separatistischen *Parti Québecois* abgehaltenen **Referendum** stimmte die Mehrheit der Bevölkerung (60:40) gegen eine Loslösung von Canada. Da Québec die kanadische Verfassung nicht unterschrieben hatte, war die Regierung in Ottawa unter Handlungsdruck. Bei einem bundesweiten Referendum 1992, dem *Charlottetown Accord*, zu einer Verfassungsänderung, in dem unter anderem der Sonderstatus Québecs neu geregelt werden sollte, stimmte die Provinz mit NEIN: Den Québecern gingen die Regelungen nicht weit genug. Im September 1994 kam die Partei wieder an die Macht und verlor 1995 ein zweites provinzweites Referendum über die Québec-Abspaltung von Canada denkbar knapp mit 49,4% zu 50,6%. Damit war aber der Separatismus in Québec noch nicht vom Tisch.

Die Jahre bis 2002 waren von Auseinandersetzungen geprägt, u.a. was die Vormachtstellung der französichen Sprache anbelangt.

4

Alle englischen Begriffe (z.B. beim Golfspiel) sollten ersetzt werden, und es wurde Anzeige gegen Geschäftsinhaber erstattet, die bei zweisprachiger Beschilderung das Englische größer als das Französiche gehalten hatten.

Situation heute

Bis 2003 die Liberale Partei wieder an die Regierung kam, blieb die Drohung eines neuen Referendums. Die Jahre seither waren in dieser Hinsicht bis heute sehr friedlich. In der letzten Parlamentswahl in Québec im Dezember 2008 sicherte sich wiederum der Liberale **Premier Jean Charest** die Mehrheit. Die nächste Wahl muss bis Dezember 2013 stattfinden.

Steckbrief Québec/QB   deutschsprachige Seite: www.bonjourquebec.de

Etwa 8 Mio Einwohner (24% der kanadischen Gesamtbevölkerung); Fläche 1,54 Mio km², davon 177.000 km² Binnengewässer.

Provinzhauptstadt ist **Québec City** mit 517.000, Großraum 766.000, größte Stadt **Montréal** mit 1,65 Mio, im Großraum 3,8 Mio. Einwohnern. Auch alle weiteren nennenswerten Städte liegen entweder direkt am St. Lawrence River oder in maximal 100 km Entfernung zum Strom. In Québec sprechen ca. 80% der Bevölkerung Französisch, ca. 8% Englisch. Unendliche Gebiete im Norden sind praktisch menschenleer.

95% der Fläche Québecs gehören zum **Kanadischen Schild**, ➪ Seite 20, nördlich des St.-Lorenz-Stroms mit Höhen bis zu 1.166 m (Mont Raoul-Blanchard in den Laurentides) und zahllosen Gewässern. Auf einem schmalen Streifen beiderseits des Stroms liegt die St.-Lorenz-Tiefebene (*Saint Lawrence Lowlands*). Zweithöchster Punkt in Québec ist mit 1.268 m der Mt. Jacques Cartier in den Monts Chic Chocs. Dieser Gebirgszug der Appalachen bestimmt das Aussehen der Landschaft im Südosten (*Estrie*) und auf der Halbinsel Gaspé. »Nur« 50% der Provinzfläche sind bewaldet, ein jedoch wegen der ausgedehnten baumlosen Tundra und Taiga im hohen Norden verzerrter Wert.

Québecs Industrien konzentrieren sich auf das Tal des St.-Lorenz-Stroms (Aluminium, Chemie, Textil, Maschinenbau). Die wirtschaftliche Basis der Provinz bilden indessen **Bodenschätze** (Eisen, Kupfer, Zink, Titan, Gold) aus dem Norden, die **Holzvorkommen** und -verarbeitung sowie **Wasserkraft** (Stromverkauf in die USA). Die Landwirtschaft spielt nur eine untergeordnete Rolle; ganze 2,4% der Gesamtfläche werden agrarisch genutzt.

Die wichtigsten **touristischen Ziele** sind Montreal, Québec City, Abschnitte des St.-Lorenz-Stroms und die Gaspé-Halbinsel mit dem **Forillon National Park**.

Economuseum/Économusée

Über 30 Öko(no)museen liegen in Québec insbesondere entlang des St. Lorenz-Stroms und verstreut in den maritimen Provinzen. Das Netzwerk verkauft in den dazugehörigen Läden nach traditioneller Art hergestellte Produkte. Der Museumsaspekt tritt dabei in den Hintergrund. Nichtsdestoweniger finden Führungen und *Workshops* statt. Das Warenangebot reicht von Lebensmitteln über Kunsthandwerk bis zu Sandskulpturen. Wer sich dafür näher interessiert, erfährt alles unter der Website www.economusees.com.

4.2   **Montréal**   www.tourisme-montreal.org   www.bonjourquebec.com

1,6 Mio Einwohner; Metrobereich 3,9 Mio

4.2.1   Kennzeichnung

Bevölkerung   Montréal ist die nach Paris **zweitgrößte französischsprachige Stadt** der Welt. Nur jeder 10. Bewohner ist englischer, irischer oder schottischer Abstammung. Angelsachsen und andere Immigrantengruppen stellen eine große Minderheit (30%).

Wohnviertel   Die Franzosen wohnen vornehmlich im Osten der Metropole nordöstlich des Blvd Saint Laurent, einer auch *Rue Principale* (*The Main*) genannten Hauptstraße. In der Rue Saint-Denis, einer Nord-Südachse (Straße #335) samt Nebenstraßen herrscht eine Atmosphäre fast wie in Paris. In den Bistros, Cafés und Restaurants lässt man sich Zeit und genießt das Leben bei gutem Essen und Rotwein, ➪ Seite 532.

Kulturelles   Im Juli findet das Festival international de Jazz de Montréal statt (www.montrealjazzfest.com). Dann gibt es an acht Abenden ein großes **Feuerwerk**: *L'International des Feux Loto Québec* (www.internationaldesfeuxlotoquebec.com). Das **Festival Juste Pour Rire** (www.haha.com) mit Gauklern und Komödianten, findet 23 Tage lang im Juli statt. Und die letzten beiden Wochen im August gehören dem **Festival des Films du Monde** (www.ffm-montreal.org).

Die Stadt bietet so viel Attraktionen und Sehenswürdigkeiten, dass man – auch bei Beschränkung auf die **Highlights** – für Montréal drei Tage leicht füllen kann.

Historischer Umzug in der Old Town von Montréal

4.2.2   Geschichte

Gründung   Die *Île Montréal* liegt am Zusammenfluss von Ottawa und St. Lawrence River. Gewaltige Stromschnellen beendeten **1535** an dieser Stelle *Jaques Cartiers* Expedition. Erst *Champlain* errichtete dort **1611** einen **Handelsposten** (➪ Seite 519f) und erforschte dann über den Ottawa River das Innere des Kontinents.

1642 gilt als **Gründungsjahr**. *Sieur de Maisonneuve* und Mönche vom Orden *Saint-Sulpice* gründeten eine Mission. Die günstige Lage an zwei Wasserstraßen machte *Ville Marie*, wie sich Montréal zunächst nannte, zu einem Zentrum für Pelz- und später auch Holzhandel. Vor allem schottische Immigranten, die nach dem **Sieg Englands** über Frankreich (1763) zuwanderten, verwandelten Montréal endgültig in eine florierende **Handelsstadt**.

Wirtschaft
Einen erneuten wirtschaftlichen Schub brachte 1825 der Bau des *Lachine Canal*, der die Stromschnellen umging. Die Fertigstellung des *St. Lawrence Seaway* (1959), der es ozeangängigen Frachtern seither ermöglicht, vom Atlantik bis zum Lake Superior zu fahren, machte Montréal – 1.600 km vom Meer entfernt – zu einem der größten Binnenhäfen der Welt.

Prohibition
Die Stadt wurde in den 1920er-Jahren *Sin City*, Stadt der Sünde genannt, da in Québec als einziger Region des Kontinents kein Alkoholverbot galt. Mit Schmuggel wurden viele Familien reich.

Neuere Entwicklung
In den 1960er-Jahren avancierte Montréal zur Metropole, was maßgeblich das Verdienst von *Jean Drapeau* war, ab 1954 – mit einer dreijährigen Unterbrechung – für über drei Jahrzehnte Montréals Bürgermeister. Er holte 1967 die Weltausstellung *Expo*, 1976 die **Olympischen Spiele** in die Stadt, schuf *Underground Montréal*, den *Place Ville Marie* und die (damals) hypermoderne U-Bahn. Das rivalisierende Toronto tat er ab: »*Laissons Toronto devenir Milan, Montréal sera toujours Rome!*« (Toronto soll ruhig Mailand werden, Montréal bleibt immer Rom).

1970er-Jahre
Vor allem die britische Minderheit in wirtschaftlichen Schlüsselpositionen profitierte vom Boom Montréals. Mit der sog. *Révolution tranquille* ab ca. 1960 mussten englische Geschäftsleute jedoch unliebsame Gesetze hinnehmen. Unter Québecs Premier *René Lévesque* (1976-85) gabe es neue Sprachregelungen und Arbeitsbeschaffungsprogramme zugunsten der Frankokanadier.

1990er-Jahre bis heute
Die darauffolgende Wirtschaftskrise war an auffällig vielen Ladenschließungen zu erkennen. Erst neuerdings (seit dem Millenium) kommt wieder frischer Glanz ins Zentrum der Stadt. Montreal präsentiert sich heute als chic, intellektuell kosmopolitisch und tolerant. Separatismus ist in der Stadt kein Thema (mehr).

Park zwischen Vieux Montreal und der Waterfront am St. Lorenz Strom

4.2.3   Transport, Verkehr und Information

Flughafen
Der ***Montréal-Trudeau Int'l Airport*** (www.admtl.com) liegt ca. 22 km westlich des Zentrums zwischen den Autobahnen #13, #20/#520 und dem *Trans Canada Highway* #40.

In die City
Bus #747 Aéroport Trudeau-Centreville verbindet den *Trudeau International Airport* mit dem zentralen Busbahnhof nahe der Metrostation *Berri-UQAM*. Einfach $8.

Taxi
Taxitarif ab Trudeau Airport nach *Downtown* kostet pauschal $38, Limousine $54 plus *tip*; ✆ (514) 394-7377.

Bahn
VIA Rail Gare Centrale, 895 Rue de la Gauchetière/West, auch die Züge aus den USA (Amtrak), Metro *Bonaventure/Mc Gill*.

Bus
Der zentraler Busbahnhof heißt **Station Centrale** und befindet sich am 505 Boulevard de Maisonneuve Est an der Ecke Rue Berri, Metro *Berri UQAM*; www.stationcentrale.com.

**Zufahrt/
Orientierung**

Montréal liegt auf einer knapp 50 km langen und bis zu 15 km breiten Insel im St. Lawrence River und ist durch zahlreiche Brücken mit den Ufern verbunden. Die touristisch interessanten Punkte – **Downtown, Quartier Latin, Vieux Montréal, Parc Olympique** – befinden sich alle in der Nähe des östlichen Inselufers. Wer aus den USA (über die Autobahn #15) kommt, erreicht *Downtown* und *Vieux Montréal* am besten über die **Pont Champlain**. Für das *Quartier Latin* und den *Parc Olympique* empfiehlt sich eher die **Pont Jaques Cartier**. Aus Südwesten (von Ontario führen die parallel verlaufenden Autobahnen #20 (aus Toronto) und #40 (aus Ottawa) in Richtung Zentrum. **Downtown Montréal** erreicht man auf dieser Anfahrt am besten über die #20, die im Innenbereich zur **Autoroute Ville Marie #720** wird.

Transport

Montréal verfügt über ein **sehr gutes Bus- und U-Bahnsystem**, die **Métro**. U-Bahnen und Busse verkehren 5.30-0.15 Uhr (Sa bis 1.00 Uhr); **Einheitstarif $3**; www.stm.info; *Société de Transport de Montréal*: © (514) 786-4636. Info zu Erweiterung und neue Stationen unter www.stm.info/metro/mapmetro.htm.

Umsteiger vom Bus auf die U-Bahn und vice versa lösen bei Fahrtbeginn ein **Transfer Ticket** (auch $3) am Schalter oder Automaten. Günstig ist der **Tourist Pass: 1 Tag $8, abends $4, 3 Tage $16** (erhältlich in Tourist-Infos und U-Bahnhöfen).

Parken

Parken ist ein Problem. Parkuhren lassen für eine Stadtbesichtigung nicht genug Zeit (30 min bis 2 Stunden) und sind schwer frei zu finden. **Öffentliche Parkplätze** kosten $12/24 Stunden, z.B. im Zentrum **McCay Street** zwischen Sainte-Catherine/Maisonneuve oder **Berri Street** zwischen Maisonneuve/Ontario. Für RVs empfehlen sich die Parkplätze am **Vieux Port** (Old Montréal) und **Botanischen Garten**; von beiden besteht eine gute Métro-Verbindung zur Innenstadt.

Rent-a-Bike

Keine Probleme haben Radfahrer, denn es gibt in Montreal über 400 km Radweg und – wie auch in Toronto und New York – das einfache, preiswerte Leihsystem **Bixi**. Für Kurzleihen stehen ca. 300 Ausleihstationen zur Verfügung. Jeder Kreditkarteninhaber kann sich dort jederzeit ohne weitere Anmeldung oder Registrierung ein Fahrrad holen. Die ersten 30 min sind sogar frei. Wer das Fahrrad nicht zurückbringt, findet aber $250 Belastung auf seinem Konto. Alle weiteren Details unter https://montreal.bixi.com. Für eine Ganztags- oder längere Fahrradmiete kommt eher *Ca Roule Montréal* in der 27 Rue de la Commune Est (*Vieux Montréal*) in Frage: ℅ (514) 866-8908, www.caroulemontreal.com.

Information

www.tourisme-
montreal.org

Centre Infotouriste in **Downtown** (Dorchester Square) tägl. 9-19 Uhr Juli+August, sonst 9-18 Uhr; dort gibt es jede Menge Material über ganz Quebec und Beratung. Vom *Centre* starten auch **Stadtrundfahrten**. Ein weiteres Büro befindet sich in **Vieux Montréal** am oberen Ende des Place Jacques Cartier, 174 Rue Notre Dame East, täglich im Sommer 9-19, sonst bis 17 Uhr, ℅ (514) 873-2015 und ℅ 1-877-266-5687 (Telefon gilt für beide Büros).

4.2.4   Unterkunft und Camping

Tipp

Sandman und *Dauphin Hotel* liegen beide nahe der Metrostation Longueuil; dort parkt man frei und ist in 10 min. im *Quartier Latin* (*Berri-UQAM*).

**Hotels
außerhalb
Downtown**

- *Hotel Dauphin* in Longueuil, 1055 rue St Laurent Ouest (südliches Flussufer); modernes Haus mit allem Komfort, Wifi, *Continental Breakfast*, freies Parken, 5 min zu Fuß zur Metro. Zufahrt von Westen über die *Pont Jacques-Cartier*, dann #132, *Exit* 8; ℅ 1-888-646-0110; $100-$120; www.hoteldauphin.ca
- Quasi über der Metrostation liegt das **Sandman Hotel**, Zufahrt über die #132, auch *Exit* 8. Richtung Metro Longueuil, 999 rue de Serigny. Komfortabel, freies Parken; $125-$250 (AAA-Rabatt); ℅ 1-800-726-3626. www.sandmanhotels.com
- *Hotel Saint-Denis*; 1254 Rue St Denis; einfaches Haus, gute Lage im *Quartier Latin*, Jacuzzi im Zimmer, nach hinten ruhig; ℅ 1-800-291-5927; $110; www.hotel-st-denis.com

**Hotels
Downtown**

Ordentliche Mittelklasse-Hotels in Downtown sind:
- *Hotel Travelodge Montréal Centre*, 50 René Lévesque Blvd an der Metro, Parken $15/Tag; ℅ (514) 874-9090 und ℅ 1-800-363-6535, $121-$199; www.travelodgemontrealcentre.ca

4

Preiswerte Motels

Bed & Breakfast

Hostels

Kleiner Luxus

Camping

• ***Days Inn Centre Ville***, 215 René Levesque Blvd/Metro *Champ de Mars*, Parken $12-$16/Tag; ✆ (514) 393-3388 und ✆ 1-800-668-3872; $99-$175; www.daysinnmontreal.com

Preiswerte Motels gibt es an der **#138** nördlich des Olympiastadions und auf dem Südufer des St. Lorenz in **Longueuil** (↪ auch die teureren Empfehlungen oben) am Blvd Taschereau (#134):

• ***Motel Siesta***, #3179 Taschereau, Autobahn #20 *Exit* 3, Frühstück, ✆ 1-800-463-4118; $80-$100; www.motelsiesta.ca.

• ***Hotel Plateau Royale***, 4555 Ave du Parc in angesagtem Wohnviertel mit Restaurants, Bars; ✆ (514) 844-0944 und ✆ 1-866-787-1495, $70-$100, Parken $; www.hotelplateauroyale.com

Billige Quartiere liegen in der Nähe des **Terminus d'Autobus**, z.B.

• ***Hotel Elégant***, 1683 Rue St-Hubert, ✆ (514) 521-9797 und ✆ 1-866-552-9797; $ 80-$110; www.hotelelegant.ca

• ***Hotel Européenne***, 1620 Rue St. Hubert; ✆ 1-888-560-8748; ab $50, meist aber $68-$75; www.hotel-europeenne.com

Montréal ist eine **Bed & Breakfast-Stadt**, speziell im *Quartier Latin*. Von dort lässt sich alles gut zu Fuß/per U-Bahn erreichen:

• ***B&B Downtown***, 3458 Ave Laval im *Quartier Latin*, ✆ 1-800-267-5180, DZ ab $85; www.bbmontreal.qc.ca

• ***Relais Montréal Hospitalité***, 3977 Ave Laval, vermietet und vermittelt Zimmer im *Quartier Latin*, ✆ 1-800-363 9635 und ✆ (514) 287-9635; $65-$150; www.martha-pearson.com

Das in den *Info Centres* kostenlos erhältliche Montrealheft listet viele weitere *B&Bs* in den Wohnvierteln der Stadt.

Eine ganze Reihe von Hostels hat preiswerte Betten:

• ***Auberge de Jeunesse*** **(HI),** 1030 Rue Mackay; ✆ 1-866-843-3317; $32, DZ ab $86; www.hostellingmontreal.com

• ***Auberge de Paris***, 901 Sherbrooke East, Altbau mit Türmchen, zeitweise Leserkritik, ✆ (514) 522-6861 und ✆ 1-877-266-5514; Betten $23; DZ $84: www.aubergemontreal.com

• ***Alternative Hostel of Old Montréal***, 358 Rue Saint Pierre; ✆ (514) 282-8069; $25, DZ $75; www.auberge-alternative.qc.ca

• ***Le Gite du Plateau Mont Royale***, 185 Sherbrooke Est; ✆ 1-877-350-4483; Bett EZ $65, DZ $80. Dependence in der 1250 Sherbrooke Ave; www.hostelmontreal.com

Elegant-modern und teuer sind Boutique-Hotels in der Altstadt:

• ***Auberge Bonsecours***, *B&B*, 353 Rue Saint-Paul, **super**! Aber in der Hochsaison $195-$285, Nebensaison $150-$230; ✆ (514) 396-2662, www.aubergebonsecours.com

• ***Hotel Gault***, 449 Rue Ste-Hélène, ✆ (514)-904-1616 und ✆ 1-866-904-1616, $152-$235, www.hotelgault.com

• ***Camping Daoust*** in Vaudreuil. Westlich von Montréal; über die Autobahn #40 (TCH) anfahren. Bei Abfahrt 26 dann auf Straße #342; ✆ (450) 458-7301; www.campingdaoust.com

- **Tipp:** *KOA-Camping* in St. Philippe. Der Platz liegt unweit der #15 in Richtung Süden, Ausfahrt #38, ab $32, zu empfehlen; ✆ 1-800-562-8636 und ✆ (450) 659-8626; www.koamontreal.com.
- *Camping Alouette* in St-Mathieu-de-Beloeil neben der TCH #20 (laut!), 3449 Rue de l'Industrie, *Exit* 105, 20 min zur City. Großplatz auch für Zelte. ✆ 1-888-464-7829 und ✆ (450) 464-1661; www.campingalouette.com

- *Parc d'Oka* (Provinzpark) unweit der Mündung des Ottawa River in den St. Lawrence (Strand/Kanus) beim Ort Oka westlich von Montreal. Anfahrt über Autobahn #640, dann #344, 45 min. Bester Platz im Großraum Montreal; Karte ➪ Seite 525; ✆ (450) 479-8365; www.sepaq.com/pq/oka.

4.2.5 Stadtbesichtigung

Downtown Montréal

Lage

Begrenzt wird die auch abends lebendige *Downtown* im Osten vom Blvd St. Laurent, im Westen von der Rue Guy, im Norden vom *Mont Royal* – dem Stadtpark Montréals – und im Süden vom Blvd René Lévesque. Der Fokus der Innenstadt erstreckt sich beidseitig der **Haupteinkaufsstraße** Rue Ste. Catherine um die Rue Université und die Ave McGill College, an deren südlichem Ende die Place Ville Marie liegt.

McGill College/ Université

Montréal

1 Quai Alexandra
2 Quai King Edward
3 Quai Jacques Cartier
4 Quai l'Horloge

Ave McGill College	An dieser breiten Avenue stehen viele der in den 1980er-Jahren entstandenen Glaspaläste wie z.B. das **Bank Laurentian Building** mit der Plastik *La Foule Illuminée* davor. Am nördlichen Ende der Ave McGill College liegt die **McGill Universitè**. Die verwinkelt-nostalgischen Gebäude dieser Universität wirken typisch britisch und in der modernen City fast wie ein Fremdkörper aus einer anderen Zeit.
Rue Sherbrooke	Die **Rue Sherbrooke**, eine der Hauptverkehrsadern Montréals, wird zwischen Universität und Rue Guy wegen ihrer Luxusläden die **5th Avenue** von Montréal genannt. Dort steht auch das **Hotel Ritz Carlton** (Ecke Rue Drummond), bekannt als Prominentenabsteige, zwei Blocks weiter das **Musée des Beaux Arts**; ➪ unten.
Einkauf/ Bummel	Die Parallelstraßen westlich der Avenue McGill College (Stanley, Drummond, de la Montagne, Crescent, Bishop) eignen sich besonders zwischen Rue Ste. Catherine und Sherbrooke gut für einen Bummel: Vor allem in der Rue Crescent findet man viele Galerien, Antiquitätenläden, Restaurants und Cafés.

Ville Souterraine/Underground City – eine Stadt taucht ab

Ein Hochhausbau am Place Ville Marie war 1960 Startschuss für Montreals Facelifting und die Grundsteinlegung für die **Underground City**. Links und rechts Kioske in einer kurzen unterirdischen Passage, das kennen wir aus jeder größeren Stadt, aber Montreal hat davon 33 km. Nicht enge Röhren, sondern ein ganzes Geflecht mit Plätzen und Kreuzungen, 2000 Läden und Boutiquen, 200 Restaurants, Rolltreppen zu Bürotürmen, Kinos, Theatern, Hotels, Universität und *Shopping Malls* (mit **Eaton Center**, www.centreeatondemontreal. com, **Place Montreal Trust** und **The Bay**, www.thebay.com.

Über mehr als 150 Eingänge taucht man ein in diesen konsum-paradiesischen Hades, eine vollklimatisierte Glitzerwelt nicht nur in Montreals langen Win-

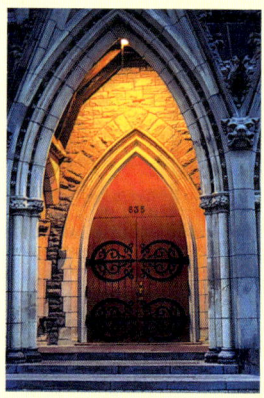

Eingang der Christ Church

termonaten mit minus 25°C, sondern alltäglich auf dem Weg zur/von der Arbeit. Der Clou ist die Verbindung der **Ville Souterraine** mit etlichen Metrostationen (z.B. *Bonaventura*, *McGill*, *Peel*). Ein Drittel der 750.000 Pendler wuselt im Untertagenetz, braucht selbst im Winter nur T-Shirt oder Pulli. Pfiffige Touristen tauchen dort bei Regenschauern unter.

Um den Klingelbeutel aufzufüllen, verkaufte die *Cathédrale Christ Church* ihren Kirchgarten, auf dem rückwärtig ein rosa Büro-Glaspalast entstand; in dessen postmodern-gotischen Fenstern spiegeln sich die Spitzbögen der Kathedrale von 1859. Diesen sehenswerten Gag erreicht man nur über die beiden *Underground*-Eingänge neben der Kirche (Rue Sainte-Catherine, Ecke Rue University bzw. Ave Union einen Block südlich der Station *McGill*.

Dorchester Square & Place du Canada	Am zentralen **Dorchester Square** befindet sich an der Rue Ste. Catherine das *Centre Infotouriste* (↻ Seite 527). Um den südlich angrenzenden *Place du Canada* herum wurde in den letzten Jahren die Innenstadt erweitert mit postmodernen Hochhäusern. Die höchsten Bauwerke Montréals entstanden beide 1992: • 1250 Bouvelard René-Lévesque, 206 m • 1000 Rue de la Gauchetière, 206 m (mit Eislaufbahn im Atrium: *Le 1000 Atrium*; www.le1000.com und dem • *Center Bell* (Heimat des Eishockeyteams *Canadiens de Montréal* (www.canadiens.com) und Kongresszentrum).
Gare Central	An den Place Ville Marie schließt südlich der *Gare Centrale* an, der Hauptbahnhof, mit den *Halles de la Gare*, einem ungewohnt stimmungsvollen *Food Court* mit Leckereien aus aller Welt.
»Petersdom«	Unweit des *Gare Centrale* steht an der Ecke René Lévesque/ Mansfield die vertraut erscheinende *Cathédrale Marie-Reine du Monde* – eine Petersdom-Kopie, nur um zwei Drittel kleiner; www.cathedralecatholiquedemontreal.org.
Mont Royal	Auf und um den namensgebenden *Mont Royal* (233 m), der das Zentrum nach Norden begrenzt, liegt **Montréals größter Park**, der (wie Manhattans *Central Park*) vom Landschaftsdesigner *Olmsted* angelegt wurde. Auf der Höhe befinden sich Spazierwege (Parkplätze vorhanden), die man von der Innenstadt aus am besten über den nach Nordwesten ausholenden *Chemin de la Cote des Neiges* (an ausgedehnten, sehenswerten Friedhöfen vorbei) oder die nordöstliche Avenue du Parc ansteuert.
	Als Fußweg sehr populär ist der **Treppenzug** hinauf. Er beginnt an der Ave de Pins auf Höhe der Rue Peel. Von der *Belvédère Kondiaronk* (mit **Snackbar** und einer Ausstellung über die Stadtgeschichte), genießt man die beste Aussicht über Montréals *Downtown*, den St.-Lorenz-Strom und hinüber bis zu den *Adirondack Mountains*/USA. Von diesem Aussichtspunkt führt ein Fußweg zum nachts illuminierten Gipfelkreuz.
L'Oratoire Saint-Joseph	Mit einer südwestlichen Anfahrt (Chemin de la Cote des Neiges) auf den *Mont Royal* lässt sich der Besuch des riesigen *L'Oratoire Saint-Joseph* am Chemin de la Reine Marie (#3800) verbinden (Metro *Cote-de-Neiges*). Diese Wallfahrtskirche (1967) wurde auf Anregung eines Mönchs errichtet, dem Wunderheilkräfte zugesprochen wurden. Populär ist wegen seiner Skulpturen der hinter dem Oratorium gelegene Kreuzweg; www.saint-joseph.org.
Boulevard St. Laurent	Der Boulevard St. Laurent gilt als Trennlinie zwischen der Innenstadt und dem *Quartier Latin* bzw. zwischen dem englischen Westen und dem französischen Osten der Stadt. Früher spiegelte der Boulevard die wechselnden Einwandererwellen. Nur wenig ist davon geblieben. Im südlichen Abschnitt gibt es ein kleines *Chinesenviertel* mit der **Fußgängerzone Rue de la Gauchetière** als Lebensader zwischen der Rue St. Urbain und der Rue Clark.

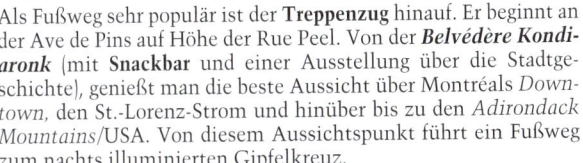

Quartier Latin

Ab der Metrostation Saint-Laurent nach Norden geben moderne Bars und feine Bistros den Ton an.

Die zum Boulevard St. Laurent parallel verlaufende **Rue St. Denis** ist **die** Geschäfts- und Restaurantstraße des *Quartier Latin*. Die **Université du Québec à Montréal** bestimmt weitgehend das Leben in dieser Gegend. Entlang der Rue Ste. Catherine bis zur Avenue Papineau hat sich ein Schwulenviertel (*village*) entwickelt.

Plateau Mont Royal

Das Areal nördlich der Sherbrooke bis zum Blvd Saint-Joseph heißt **Arrondissement Plateau Mont-Royal**. Ein Teil des früheren *Quartier Latin* ist darin aufgegangen: ruhige baumbestandene Wohnstraßen mit bunt bemalten Häusern und dort typischen geschwungenen gusseisernen Außentreppen. Grünflächen, schicke Geschäfte, Bistros und internationale Restaurants prägen dieses Stadtviertel. Besserverdienende, eine große Künstlergemeinde und zunehmend auch Touristen fühlen sich hier wohl. Ein Highlight ist der ruhige **Square Saint Louis** (Metro Sherbrooke) mit beachtlichen Wohnhäusern aus dem 19. Jahrhundert.

Wein selbst mitbringen

Westlich des Platzes mit vielen Terrassenrestaurants stößt man auf die **Rue Prince Arthur**, eine Fußgängerstraße. Dort findet man traditionell Griechenrestaurants, Straßenmusikanten und tolle Wandgemälde. Weiter nördlich in der Avenue Duluth gibt es Vietnamesen, Thai, Italiener und andere. Schon immer gilt in Montreal oft **BYOB** (*Bring your own bottle*)/*Apportez votre vin*). Seit der Wirtschaftskrise 2008 animieren immer mehr Lokale auf diese Weise ihre Gäste dazu, häufiger essen zu gehen (⇨ Seite 175).

Jüdische Tradition

Weiter nördlich, am **Blvd St. Laurent** reihen sich Geschäfte und Restaurants unterschiedlichster Provenienz aneinander. Von den ersten jüdischen Immigranten, die sich Anfang des 20. Jahrhunderts dort ansiedelten, ist wenig geblieben. Gehalten haben sich ein paar **jüdische Restaurants**, wie z.B. das **Moishe's** (3961 Saint-Laurent, ✆ (514) 845-3509; www.moishes.ca) und einige koschere Delis und Schlachter, u.a. *Schwartz' Delikatessen* (3895 Saint-Laurent, www.schwartzdeli.com), dessen Rauchfleisch-*Sandwiche*s (*»Viande Fumée«*) sich großer Beliebtheit erfreuen.

Outremont

An der **Avenue Laurier** (ein gutes Stück weiter nördlich, von der Saint-Laurent Richtung Westen), gibt es Bistros, Cafés, Boutiquen und Delis wie in Paris – alles auf die lockeren, aber feineren Bewohner des frankophonen *Arrondissement* **Outremont** zugeschnitten. Die **Avenue du Parc**, eine geschäftige Straße, verbindet die Ave Laurier nördlich mit der **Rue Bernard**, einer grünen Straße mit besseren Restaurants und Wohnhäusern aus der Zeit um 1900.

Märkte

Noch einige Kilometer weiter nördlich wird der **Blvd St. Laurent** erst auf Höhe der **Rue Jean Talon** wieder lebendiger. Dort lebten früher vor allem Italiener, aber der (unbedingt besuchenswerte) **Markt** verrät, dass sich dort inzwischen auch Algerier, Griechen und Portugiesen niederließen, *Metro Jean Talon*; www.marchespublics-mtl.com. Als die besten gelten:

- Marché Atwater (183 Ave Atwater Nähe Canal Lachine) und
- Marché Jean-Talon (7070 Ave Henri-Julien)

Beide täglich 7-18 Uhr. Die in der Gegend zahlreich vertretenen Minoritäten sorgen dort für internationales Flair.

Typischer Straßenzug im Quartier Latin; auch typisch ist dort wie anderswo das Schild »Apportéz votre vin« vor vielen Lokalen, oder B.Y.O.B. (»bring your own bottle«, ➻ Seite 175)

Vieux Montréal und Vieux Port

Die Quays des alten Hafens sind gut über die Metro-Stationen *Place-d'Armes, Square Victoria, Champ-de-Mars* sowie *Berry-UQAM* zu erreichen. **Parkplätze** gibt es auf dem *Quai Alexandra, Quai de l'Horloge, Quai King-Edward.*

Geschichte

Durch die schmalen Gassen von **Vieux Montréal** und **Vieux Port** südöstlich von *Downtown* am St-Lorenz-Strom schieben sich jährlich zahllose Touristen. Dieser 350 Jahre alte **Gründungsdistrikt** war früher von einer Stadtmauer umgeben. Die repräsentativen alten Gebäude um die Plätze Jacques Cartier, d'Armes und Royale reflektieren die Prosperität Montréals im 19. und zu Beginn des 20. Jahrhunderts.

Nach dem 2. Weltkrieg verlagerte sich das Stadtzentrum und neue Hafenanlagen entstanden. Als dann noch die Autobahn #720, die *Autoroute Ville Marie*, durch die Stadt geschlagen wurde und als hässliche Betonbarriere den alten vom neuen Stadtkern trennte, verfiel *Vieux Montréal* zunächst. Erst mit der Deklaration der Altstadt zum historischen Distrikt 1964 begannen Restaurierungsarbeiten, und nach und nach entstand **das »neue« Vieux Montréal**. Museen, Designer- und Souvenirshops, Architekturbüros, Anwaltskanzleien und **Nouvelle-Cuisine-Restaurants** sowie **Boutique-Hotels** prägen heute das Bild des Viertels. Die alten Piers wurden zu Freizeitanlagen umgestaltet; da dürfen auch T-Shirt- und Klunker-Läden nicht fehlen (vor allem Rue Saint-Paul). Mittlerweile zählen Altstadt und Vergnügungsparks über 7 Mio. Besucher jährlich.

Information	Vor einem Bummel durch *Vieux Montréal* besucht man am besten erst einmal das **Centre Infotouriste** am westlichen Ende des Place Jacques Cartier; www.vieuxportdemontreal.com.
Place Jacques Cartier	Auf dem langen Platz drängeln sich Portraitmaler, Jongleure und Pantomime vor zahlreichen Straßenrestaurants. Mitten im munteren Treiben überlebte – eine Schmach für frankophone Montréaler – die Statue des britischen Admirals **Lord Nelson**, Bezwinger der spanisch-französischen Flotte bei Trafalgar 1805.
Bonsecours	Auf der Rue Saint Paul nach Osten passiert man den 1847 als Markthalle erbauten **Marché Bonsecours**, 350 Rue St-Paul Est, täglich 10-18 Uhr; www.marchebonsecours.qc.ca. Der Bau hat schon als Rathaus und Parlament gedient; heute sind dort Kunstgalerien und Verkaufsstände von Kunsthandwerkern untergebracht (⇨ Seite 19). Bei gutem Wetter sitzt und luncht man gut in den **Terrassenrestaurants**. Neben dem Marché steht die **Chapelle de Notre-Dame-de-Bonsecours** (ca. 1800), eine Seefahrer-Kirche mit vielen von Schiffbrüchigen gestifteten Schiffsmodellen.
Rue Notre Dame	An der Rue Notre Dame steht das heutige Rathaus, das Hôtel de Ville (1878) im *Beaux-Arts*-Stil. Von ihrem Balkon aus hatte einst 1967 Charles de Gaulle den Separatismus der Quebecer mit seinem Kampfruf: **Vive le Québec libre!** neu entzündet.
Museum	Dem Rathaus gegenüber liegt das **Château Ramezay**, 280 Rue Notre-Dame. Der kleine **Stadtpalast** in klassischer Form wurde 1705 errichtet und diente den Gouverneuren von Montréal als Regierungssitz, zuerst dem Namensgeber *Claude de Ramezay*. Im heute darin untergebrachten **Museum** sind Ausstellungsstücke aus den Tagen von *Nouvelle France* bis zum 19. Jahrhundert zu sehen. Juni bis Mitte Oktober täglich 10-18 Uhr, sonst Di-So 10-16.30 Uhr; $10/$5.

Skyline der modernen City und Old Montreal.

Basilika Folgt man der Rue Notre Dame in westliche Richtung, stößt man auf die neugotische *Basilique Notre Dame,* 110 Rue Notre-Dame am Place d'Armes. 1829 war sie der größte Kirchenbau Nordamerikas. Vor allem ihre pompöse Innengestaltung zieht Besucher an. Täglich 8-16.30 Uhr; Eintritt $5; www.basiliquenddm.org.

Place d'Armes Daneben in der 130 Rue Notre-Dame befindet sich Montréals ältestes Haus, das *Vieux Séminaire de Saint Sulpice* (www.vieux.montreal.qc.ca) ein Priesterseminar von 1687, und gegenüber der Kirche auf dem Place d'Armes das neoklassizistische Gebäude der *Banque de Montréal.* Sie war die Gründung schottischer Emigranten, den *Cesars of the Wilderness,* wie man sie damals nannte. In der Platzmitte steht die **Statue** des Stadtgründers *Sieur de Maisonneuve.* Die Rue Saint-Jacques mit der *Royal Bank* und *der Molson Bank* (bei der *Banque de Montréal* Richtung Westen) galt bis zum 2. Weltkrieg als **Wall Street** Canadas.

Place d'Youville Über die Rue St. Francois Xavier oder St. Pierre (Richtung Hafen) gelangt man auf den Place d'Youville. Dort stößt man auf das schöne *Centre d'Histoire de Montréal,* Di-So 10-17 Uhr, $6/$4.

Noch mehr über Montréals Geschichte erfährt man multimedial im exzellenten *Pointe-à-Callierère* (*Musée d'Archéologie et d'Histoire;* www.pacmusee.qc.ca), einem beachtlichen Komplex an der Ecke Place Royale; Juli+August Mo-Fr 10-18 Uhr, Sa/So 11-18 Uhr, sonst Di-Fr 10-17, Sa/So 11-17 Uhr; Eintritt $15, Kinder $6.

Rue St. Paul Über die lebhafte Rue Saint Paul erreicht man wieder den Startpunkt des Rundgangs, den Place Jacques Cartier.

Vieux Port Die alten **Kaianlagen** wurden zu einem parkartigen Freizeitbereich für Ausstellungen und Festivals umgestaltet. Man kann Räder und *Roller Skates* mieten, den *Tour de l'Horloge* (Uhrenturm) besteigen oder eine der **Dinner Cruises** und Hafenrundfahrten buchen (*Jetboat* zu den Stromschnellen, ➭ unten).

Wissenschafts-museum Am *Quai King Edward* liegt das interaktiv-multimediale *Centre des Sciences de Montréal* mit viel High Tech, Robotern und Kommunikation; Mitte Mai bis Ende August, Mo-Fr 9-16, Sa/So 10-17 Uhr; $12/$9, ebenso IMAX-Kino. Kombitickets $20/$15; www.centredessciencesdemontreal.com.

Lachine Canal Die Rue de la Commune mit vielen Restaurants führt entlang des *Vieux Port* zum *Lieu Historic National du Canal de Lachine* (www.pc.qc.ca/canallachine), auf dem früher die Schiffe die Lachine-Stromschnellen umgingen. Heute ist der Bereich am Kanal auf 14 km Länge ein *Lieu Historic National,* wo Spaziergänger, Radfahrer, *Skateboarder* und *Roller Blader* die Grünanlagen genießen. Bike- und Skateverleih ➭ Seite 527.

4

Jet Boats Die Stromschnellen flussauf und -abwärts, die einst *Jacques Cartier* den Weg nach Westen versperrten (➭ Seite 519), werden heutzutage ab *Quai de l'Horloge* von schnellen *JetBoats* in 60 min »bezwungen«: täglich 10-18 Uhr $65, Kinder bis 12 $45, ab 13 Jahre $55. ☎ (514)-284-9607; www.jetboatmontreal.com.

Île Sainte-Hélène und Île Notre-Dame

Zufahrt

Die beiden Inseln **Île Sainte Hélène** und **Île Notre Dame** liegen mitten im St.-Lorenz-Strom. Sainte Hélène ist am besten über die *Pont Jacques Cartier* (Straße #134) und mit der Metro (Jean Drapeau) zu erreichen, die Île Notre Dame über die Pont de la Concorde oder über die *Pont Victoria*. Die *Pont de la Concorde* führt über die Südspitze von Sainte Hélène und verbindet beide Inseln. Im Sommer gibt es einen Bootsservice ab *Vieux Port*.

Île Sainte Hélène

Auf der Île Sainte Hélène befinden sich neben Parkanlagen mit Picknickplätzen **La Biosphère** (einst USA-Pavillon der Weltausstellung 1967), das **Musée Stewart** in einer festungsartigen früheren Kaserne und Québecs größter **Amusementpark**, *La Ronde*.

La Biosphere

In *La Biosphère*, einer runden Stahlkonstruktion, wird das Ökosystem des St. Lorenz und der Großen Seen sowie die Bedeutung des Wassers für unser Leben demonstriert. Interessant sind die wechselnden Ausstellungen (immer zur Ökologie), die teilweise auch auf dem Außengelände der *Biosphere* stattfinden. Geöffnet Juni bis Oktober täglich 10-18 Uhr, sonst Di-So 10-17 Uhr; Eintritt $12, bis 17 Jahre frei; www.biosphere.ec.gc.ca.

Stewart Museum

Das **Stewart Museum** beleuchtet vor allem die Geschichte der Kolonisierung Canadas bis ins 20. Jahrhundert hinein mit unzähligen Austellungssstücken und Kunstwerken vergangenere Zeiten. Ungewöhnlich und sehenswert. Geöffnet Mi-So 11-17 Uhr, Eintritt $13/$10, www. stewart-museum.org

La Ronde

Der Vergnügungspark auf der Ostseite der Insel erinnert mehr an einen großen Jahrmarkt europäischer Prägung als an *Amusement* a la USA. Mitte Juni bis Anfang September täglich 10-22.30 Uhr. Parken $15, Eintritt mit *Rides* über 5,4 Fuß Größe $39, im Internet $34, unter 5,4 Fuß $26, Internet $21; www.laronda.com.

Île Notre Dame

Während der international bedeutendsten Sportveranstaltung in Montréal, dem Formel-1-Rennen, spielt die ganze Stadt verrückt; www.circuitgillesvillesneuve.ca. Anfang Juni verwandelt sich die Rennstrecke auf der sonst beschaulichen Insel Notre Dame in das Mekka des Rennsports; www.grandprixmontreal.com

Casino de Montréal

Im französischen Pavillon der *Expo 1967* befindet sich heute ein **Spielkasino**; www.casinoduquebec.com. Die Glaskonstruktion erlaubt Blicke hinein und hinaus auf die *Skyline* der Stadt. Der *Dress Code* schreibt vor: keine Badekleidung. Täglich durchgehend geöffnet, kein Eintritt; *Shuttleservice* vom Parkplatz.

Jardin Botanique und Parc Olympique

»Vierfachziel«

Im Osten der Stadt liegen an der Rue Sherbrooke der **Botanische Garten** mit **Insektarium** (Metro Pie IX) und der **Park Olympique** mit dem erst nach den Spielen fertiggestellten *Observation Tower* sowie das **Biodôme** (zwischen Rue Sherbrooke und Rue Hochelaga, **Metro Viau** und *Pie IX*). Kombiticket: $28/$15.

Botanischer Garten

Die Attraktionen des riesigen *Jardin Botanique* sind seine zahlreichen verschiedenen Gärten, besonders populär der chinesische und japanische Garten. Sehr kanadisch sind *The First Nations Garden* (indianischer Umgang mit der Natur) und das *Tree House*, in dem es um die Wälder des Landes geht. Im *Arboretum* sieht man u.a. die Vielfalt der Ahornarten – nicht nur in Kanada. Das *Maison de l'Arbre* demonstriert die Bedeutung der Bäume für Ökosystem und Wirtschaft Canadas. Auch das *Insectarium* mit einer perfekten Präsentation zur Welt der Insekten lohnt den Besuch. Täglich 9-18 Uhr, Sept. und Okt. bis 21 Uhr wegen abendlicher Laternenillumination; Eintritt $17/$9; www2.ville.montreal.qc.ca/jardin.

Biodome

Unter dem Begriff *Biodôme* verbirgt sich ein Museum für Natur und Ökologie im Gebäudekomplex der ehemaligen olympischen Radrennbahn, dem *Velodrôme*. Dort wurden fünf Ökosysteme angelegt: tropischer Regenwald, Arktis, Antarktis, *St. Lawrence River Region* und *Laurentian Forest*. Im letzteren sind die Jahreszeiten simuliert, der Winter etwas verkürzt. www.biodome. qcca. **Sehenswert!** Im Sommer tägl. 9-18 Uhr, sonst 9-17 Uhr; $16/$8.

Olympia-stadion

Weil der Turm nicht fertig geworden war, ließ sich das Stadiondach nicht wie geplant (zu den Spielen 1976) über Seilzüge wie an einem Kran öffnen. Erst 11 Jahre später wurde der Komplex fertig und der schiefe Turm eine lukrative Attraktion. Das *Funiculaire* fährt außen am 165 m hohen *Observatorium* hinauf. Von dort genießt man einen weiten Blick über Montreal und den St.-Lorenz-Strom. Im Stadion finden neben Sportveranstaltungen auch Konzerte statt. Geöffnet im Sommer 9-19, sonst 9-17 Uhr; $16/$8; www.rio.gouv.qc.ca.

Olympiastadion 1976 mit Montreal Tower und »Treppchen« für Touristen

Weitere Museen

Carte Musées Montréal

Die Website www.museesmontreal.org liefert Informationen zu allen Museen der Stadt. Bleibt man länger in Montréal, lohnt der 3-Tage-Museums-Pass (*Carte Musées Montréal*) inkl. 3-Tageskarte für den Nahverkehr ($67, ohne Transport $62). In diesem Pass ist u.a. auch der Besuch des **Biodôme**, des **Jardin Botanique** mit Insektarium, der **Biosphere** und des **Science Center** enthalten. Man erhält den Pass in den Museen und *Info Centres*.

Kunst-museum

Das bereits 1860 eröffnete **Musée des Beaux Arts** liegt in *Downtown* an der Sherbrooke, Ecke Rue Crescent. Es wurde 1991 mit einem von *Moshe Safdie* entworfenen Anbau erweitert. Es zeigt in erster Linie kanadische Kunst, Werke bekannter Europäer wie *Rembrandt, Picasso* u.a. Geöffnet Mo-Fr 11-17, Sa+So 10-17 Uhr; Eintritt variiert je nach Sonderausstellung. Die permanenten Austellungen sind immer frei; www.mmfa.qc.ca.

Musée McCord

Das **Musée McCord** in einer Villa in der 690 Rue Sherbrooke West gegenüber der *McGill Université* präsentiert Geschichte aus vielen Blickwinkeln. Gut ist u.a. die Sammlung indianischer Gegenstände. Di-Fr 10-18 Uhr (im Sommer auch Mo), Sa+So 10-17 Uhr, Eintritt $13/$7; www.mccord-museum.qc.ca.

Place des Arts

Das **Musée d'Art Contemporain de Montréal**, 185 Rue Ste. Catherine West, ist integriert in den **Place des Arts**; www.laplacedesarts.com. Es beherbergt moderne Werke kanadischer (hauptsächlich aus Québec stammender) und internationaler Künstler. Di-So 11-18 Uhr, Mi bis 21 Uhr; Eintritt $12/$8, frei Mi 17-21 Uhr; www.macm.org.

Architektur-museum

Für das **Centre Canadien d'Architecture**, 1920 Rue Baile dienten klassizistische Fassaden von *Vieux Montréal* als Vorbild. Seine Bibliothek und der Buchladen sind eine Fundgrube für Architekturfans. Wechselnde Ausstellungen. Mi-So 11-18 , Do bis 21 Uhr; Eintritt $10 frei Do ab 17.30 Uhr; www.cca.qc.ca.

La Biosphere auf der Île Sainte-Hélène, ⇨ Seite 536

4.2.6   Montréals Umgebung

Unweit von Montréal liegen zwei ganzjährige Naherholungs-
gebiete – im Nordwesten die mondänen *Laurentides* mit dem
*Parc National d**u** Mont Tremblant* und im Südosten die populäre
Region *Estrie*.

Die Laurentides

**Kenn-
zeichnung**

Der Begriff »*Laurentides*« steht eigentlich für den gesamten
Gebirgszug, der sich über Hunderte von Kilometern nördlich des
St. Lawrence River erstreckt. Die Montrealer aber bezeichnen
damit in erster Linie ihre ganzjährige **Freizeitregion zwischen St.
Sauveur und Mont Tremblant**, die man in einer guten Stunde auf
der Autobahn #15 oder auf der parallel verlaufenden Straße #117
(TCH) erreicht; Karte ➪ Seite 543; www.laurentides.com.

Im Sommer kommt man zum Reiten, Golfen und Baden sowie in
den *Parc National du Mont Tremblant* zum **Wandern, Campen
und Kanufahren**; www.sepaq.com/pq/mot/en. Im Winter zählt
das Skigebiet am Mont Tremblant zu den besten Canadas; die
Berge sind zwar nur bis 975 m hoch, aber steil und schneesicher.

Ortschaften

www.
tremblant.ca

Kleine Ortschaften bieten in jeder Saison das passende Ambiente
für jeden *Lifestyle:* schick-urbanes (**St.-Sauveur des Mont**s), alternatives (**Val David**) oder modern-«hippes» (**Station Tremblant**).
Das **Village de Mont Tremblant** hat reizvoll traditionelles Flair.

**Parc National
du Mont
Tremblant**

Man erreicht den Park über die Straße #117 (St. Faustin-Lac-
Carré, *Secteur de la Diable*) oder über die # 329 (Saint-Donat, *Secteur de la Pimbina*). Beide verbindet eine 50 km lange Parkstraße
(nur zur Hälfte asphaltiert); von ihr findet man Zugang zu Wanderwegen, Kanurouten (jeweils mit *Wilderness Campsites*); aber
auch für Autos und Campmobile gibt es *Campgrounds* am **Lac
Monroe** (westlicher Eingang), **Lac Escalier** (sehr schön!) und **Lac
de Sables**. Nur am Lac Monroe gibt es einen kleinen Laden.

**Bike-Route
auf alter
Bahntrasse**

»*P'Tit train du Nord*«, die Trasse einer stillgelegten Bahnlinie
(zwischen St-Jerome und Mont-Laurier, 200 km mit insgesamt
ca. 450 m Höhenunterschied) eignet sich für beschauliche Radtouren (und im Winter *Cross Country Ski*) in bis zu 21 Etappen.
An den alten Bahnhöfen gibt es Quartiere und Verpflegung; auch
Gepäckservice. *Infocenter* La Porte du Nord, Exit 51 der #15, ✆ 1-
800-561-6673 und ✆ (450) 224-7007; www.laurentians.com.

Unterkunft

Motels/Hotels aller Preisklassen sind in den Laurentides reichlich vorhanden, nicht selten im alpinen Stil und meist nur mit
Halbpension; abseits des Hochbetriebs liegen

- das rustikale **Hostel Le Chalet Beaumont** in **Val David**, sehr
  populär, daher reservieren; ✆ (819) 322-1972; $24/Bett, DZ$82,
  www.hostels.net
- das *Village Suisse* in **Val David**: 9 Chalets für je $165; ✆ (514)
  655-7669 und ✆ 1-877-978-4773; www.villagesuisse.ca

Seilbahn in Mont Tremblant, vor allem konstruiert für den winterlichen Skibetrieb, aber auch im Sommer populär

- ein großes *Int'l Hostel* (HI) in **Mont Tremblant**; Bettpreis ab $29, DZ $74; ✆ 1-866-425-6008; www.hostellingtremblant.com
- *Auberge Le Lupin B&B*, ein Blockhaus nahe dem Lac Tremblant **zwischen Village und Station Tremblant** (123 Rue Pinoteau); ab ca. $130; ✆ 819-425-5474; www.lelupin.com
- *Motel l'Escapade* in Val-Morin, 6933 St. #117 (von der Autobahn #15 *Exit* 76), einfaches Haus am See mit ruhigeren Zimmern nach hinten; Zimmer ab $67, Chalet ab $112; ✆ (819) 322-2502 und ✆ 1-888-422-2324; www.escapadelaurentide.com

Camping

- *Camping Saint-Adolphe-de-Howard*; nur 25 Plätze, *Sites* 1-12 sind zu laut, da an der Straße #329 (1672 Chemin du Village); www.stadolphedehoward.com.

Das Estrie

Geschichte

Über die Autobahn #10 ist das *Estrie*, 100-150 km südöstlich von Montréal, schnell erreicht. Hauptort des Gebietes ist Sherbrooke. Dort siedelten um 1780 Loyalisten (➩ Seite 486) und nannten die Region *Eastern Township*. Für die Frankokanadier blieb dieser Grenzbereich das **Canton**. Erst 1981 einigte man sich auf den Namen **Estrie**, was soviel heißt wie »Königreich des Ostens«. dem

Charakter

Das *Estrie* hat Ähnlichkeit mit Neuengland der USA: eine weite, offene Hügel- und Seenlandschaft und hübsche Orte mit weißen Holzhäusern, besonderen Rundscheunen und *Covered Bridges*. Touristen kommen zum Radeln Golfen, Wasser- und Wintersport an die Seen. Ein Netz wenig befahrener Nebenstraßen verbindet Dörfer mit Kleintouristik-Infrastruktur (B&B, Motels/Hotels).

Ziele

Hier ein paar Hinweise für **Routenstopps** zwischen Québec City, Montréal und Vermont abseits der #10/#55:

Touristisches Zentrum mit einer lebhaften Hauptstraße ist der Ort **Magog** beim nahen *Parc Mont Orford* (Straßen #108/#112).

Unterkunft

- *Motel de la Pente Douce* an der #141 am nördlichen Stadtrand von Magog; $95-$110; © (819) 843-1234 & © 1-800-567-3530
- *Grand Central*, 290 Rue Principal; einfach; nach den hinteren Zimmern zum Fluss fragen; $65-$80; © (819) 843-2711

Parc Mont Orford

Den gepflegten *Parc Mont Orford* (viele Seen und Radwege; www. sepaq.com/pq/mor) erreicht man über die #10 (*Sortie* 118, dann #141 Nord) zwei Eingänge. Gut zum **Campen** eignet sich der vor allem der Platz am *Lac Stukely* (ab Autobahn ca. 10 km, seenahe Stellplätze sind #264-334). Als Ausweichmöglichkeit kommt ggf. der Platz am beschaulichen Lac Fraser in Frage.

Am Südeingang des Parks befindet sich das *Orford Art Centre* (im Sommer klassische Konzerte). Dazu gehört das *Hostel Auberge du Centre d'Arts*, das allerdings im Sommer für junge Künstler reserviert ist; © (819) 843-3981, www.arts-Orford.org.

Abstecher

Empfehlenswert sind **Abstecher**:

- ans westliche Seeufer des Lac Memphrémagog zum Benediktinerkloster *Abbaye St. Benoit du Lac* (gregorianische Messe 11 Uhr) mit – nach Geschlechtern getrennten – Quartieren für besinnliche Tage $60/Person. Deli Shop vorhanden, Mo-Sa 9-11 und 12-18 Uhr; © (819) 843-4080; www.st-benoit-du-lac.com

- ans östliche Seeufer nach **North Hatley** (#108) am Lac Massawippi mit etlichen edlen Hotels (nicht so kostspielige drei Sterne hat *La Rose des Vents* mitten im Dorf am See; ab $120, © 819-842-4530, www.rosedesvents.qc.ca.

Park Frontenac

Nicht mehr zur klassischen *Estrie*-Region gehört der *Parc National Fronténac*, Straße #108 nordöstlich von Sherbrooke; dennoch lohnt ein kleiner Umweg/Abstecher zum Nordteil dieses herrlichen Parks (*Secteur St. Daniel* am Lac Ste. Francoise mit einem **Super Campingplatz**, Strand und Kanuverleih. Im *Secteur Sud* kann man *Chalets* am Seeufer mieten; www.sepaq.com/pq/fro.

Kajaks zur Vermietung an einem See im Parc Mont Orford

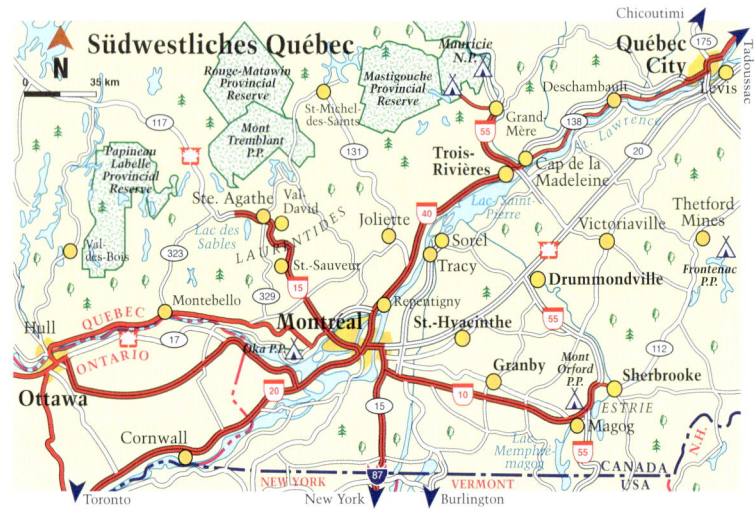

4.3   Von Montréal nach Québec City

Routenwahl   Für die Strecke von Montréal nach Québec City (260 km) kann man entweder den Uferstraßen oder den Autobahnen folgen. Insgesamt bietet die Norduferroute mehr.

Trois-Rivières   Nach ca. 140 km erreicht man die nach Québec City zweite französische Siedlung Trois-Rivières. Sie entwickelte sich nach ihrer Gründung 1634 rasch zum Pelzhandelszentrum und später zur ersten Industriestadt Québecs; www.tourismetroisrivieres.com

Von der Ausfahrt 199 der Autobahn #40 geht's Richtung Fluss bergab und auf die #138 (Rue de Notre Dame mit dem *Visitor Centre* in Haus #1457) und weiter zum *Parc Portuaire* (dort Parkplätze). Ein *Boardwalk* am Strom mit Blick auf die *Pont Laviolette* (einzige Strombrücke zwischen Montréal und Québec City) führt zum kleinen Borealis mit dem **Centre d'Histoire de l'Industrie Papetière**; www.borealis3r.ca. Dort wird die Papierherstellung in Québec erläutert (Juni-Ende September täglich 10-18 Uhr, Eintritt $9/$6).

Von dort sieht man schon die silbrige Kuppel des **Ursulinenklosters** mit Museum (734 Rue Ursulines; geöffnet Di-So 10-17 Uhr, $4; www.musee-ursulines.qc.ca.

Jenseits der Mündung des Saint Maurice liegt die Schwesterstadt von Trois-Rivières, der **Wallfahrtsort Cap de la Madeleine** mit dem *Sanctuaire Notre-Dame-du-Cap*. Seit 1883 ist ein Marienschrein in einer kleinen Steinkapelle an der Uferstraße ein Pilgerziel (626 Rue Notre Dame).

Unterkunft

Trois Rivières hat viele Quartiere zu moderaten Tarifen, so z.B. ein *Comfort Inn* (℗ 819-371-3566, am Dreieck der Autobahnen #55/#40; www.choicehotels.ca/cn348) und ein *Delta Inn* (℗ 819-376-1991, zentral an der #138; www.deltahotels.com).

Abstecher

Ein Abstecher von Trois-Rivieres könnte dem *Parc National du Canada de la Mauricie* gelten (⇨ rechts). Auf dem Weg dorthin (*Freeway* #55, *Exit* 191) liegt der sehenswerte *Parc Historique National des Forges du St.-Maurice*, wo die lokale Industriehistorie(1738-1883) nachgezeichnet wurde, tägl. 9.30-17.30 Uhr, $4.

La Cité de l'Energie in Shawinigan, 1000 Ave Melville, unübersehbar durch Québecs zweithöchsten Aussichtsturm (130 m, $8) ist ein Erlebnispark mit *River Cruise*, synergetischem Inselgarten sowie unterhaltsamer Belehrung zum Thema »Holz und Wasserkraft« als wesentliche Elemente der Produktion von Aluminium, Papier und Chemikalien.

Eclyps ist eine pyrotechnische Abendshow (franz.) über Mythen des Mondes, vermittelt durch Musik, Tanz und Akrobatik. Die Bühne rotiert unter einem zu schweben scheinenden Dach; 10. Juli-25. August, Di-Sa, Beginn 30 min vor Dämmerung ℗ 1-866-900-2483); $49,50/$20; www.citedelenergie.com.

Parc National de la Mauricie

Der *Parc National Mauricie* ist wegen der vielen Badestrände an seinen Seen, der *Walk-in*-Zeltplätze und Kanurouten auf langgestreckten, flussartigen Wasserflächen beliebt. An den beiden schönsten Seen des Parks, **Lac Wapizagonke** und **Lac Édouard**, gibt es **Kanuvermieter**; www.pc.gc.ca/mauricie.

Zum westlichen Parkeingang und und dem besten per Auto erreichbaren **Campingplatz** am *Lac Wapizagonke* gelangt man ab Shawinigan über *Sortie* 217 der #55. Die beiden anderen Plätze haben keinen Seezugang. **Campingreservierung**: ℗ 1-877-737-3783.

An der kurvenreiche Parkstraße (60 km) zur östlichen Einfahrt (*Sortie* 226) liegen Aussichtspunkte, Picknick- und Badeplätze.

Reserve Faunique de la Mauricie

Bei ausreichend Zeit könnte man die Weiterfahrt auf der Straße #155 nach Norden entlang des faszinierend schönen Tals des Saint-Maurice River erwägen. Dort stößt man auf die *Reserve Faunique du Saint Maurice*; www.sepaq.com/rf/stm (⇨ Kasten »Naturparks in Quebec«, Seite 516). Sie hat mit dem *Lac Normand* (37 km nicht-asphaltierte Zufahrt) einen besonders schönen, großen See mit Badestrand, *Cottages* und Camping.

Die beiden langgestreckten Seen Lac Tousignant und Lac Soucis bieten 22 Kanukilometer vom Allerfeinsten und zahlreiche *Campgrounds* am Seeufer.

Straße #138

Die heutige Straße #138 verband als *Le Chemin du Roy* bereits 1737 die Stadt Québec mit Trois-Rivières. Diese älteste Straße Canadas führt durch viele kleine Orte und verläuft häufig in Ufernähe. Am Wege passiert man zahlreiche Picknickplätze.

4.4.   Québec City   500.000 Einwohner; Metrobereich 755.000

www.ville.quebec.qc.ca   www.quebecregion.com   www.bonjourquebec.com

4.4.1   Kennzeichnung

Québec City, Hauptstadt der Provinz Québec, ist die älteste Stadt Canadas, hat eine **vollständig erhaltene Altstadt aus dem 17. und 18. Jahrhundert** und die einzige unzerstörte Stadtmauer nördlich von Mexiko. 1985 wurde Alt-Québec zum UNO-Weltkulturerbe ernannt. Damit würdigte man die Wiege französischer Kultur in Nordamerika. Im Sommer 2008 feierte Québec City seine 400-jähriges Bestehen.

Original Frankreich

So lupenrein französisch wie dort geht es nicht einmal in *Vieux Montréal* und schon gar nicht im *French Quarter* in New Orleans zu. In Québec wird nicht »auf französisch gemacht«, dort **ist** Frankreich: in den Kneipen und Restaurants, in den Kinos und Konzertsälen und in der *Boulangerie* um die Ecke.

95% der Bevölkerung sprechen französisch. Der typische *Québecois* gibt sich, intellektuell, kulturinteressiert und – heute gemäßigt – separatistisch. Nur im Juli/August und zum Karneval, wenn größere Mengen US-amerikanische Touristen kommen, wird das französische Original ein wenig verfälscht.

Ober- und Unterstadt

Aber Québec ist kein vom Tourismus abhängiges Museumsdorf, sondern in erster Linie Hafenstadt und Verwaltungszentrale. Nur 170.000 der insgesamt 750.000 Einwohner leben im alten Stadtkern zwischen Fleuve Saint Laurent und Rivière Saint Charles, der Rest in den ausgedehnten Vororten. Oben im *Hauteville* auf der Anhöhe über dem Strom stehen die Villen, Kirchen und Regierungsgebäude, während *Basseville* am Fluss von Arbeit, Handel und Transport geprägt ist.

4.4.2   Geschichte

Québec Stadt liegt am Nordufer des *Fleuve Saint Laurent*; das indianische *Kebec* bedeutet »wo der Fluss sich verengt«, denn die Stadt liegt an einer nur 100 m breiten Flussverjüngung südlich der Insel **Île d'Orleans**.

1608-1690

Der französische Entdecker **Jacques Cartier** (➪ Seite 519) stieß dort 1535 auf die Indianersiedlung *Stadacona.* Schwierigkeiten mit den Indianern, der bitterkalte Winter und die Enttäuschung, den Seeweg nach China nicht gefunden zu haben, veranlassten ihn, der Region bald wieder den Rücken zu kehren. 73 Jahre später errichtete **Samuel de Champlain** – die *Stadaconas* waren aus unbekannten Gründen verschwunden – eine **Habitation**, eine kleine Ansiedlung, wo heute der Place Royale liegt. Daraus entwickelte sich dank der strategisch günstigen Lage und des Pelzhandels die Stadt Québec. Sie wurde 1690 – nun bereits Hauptstadt von *Nouvelle France* – erstmals von den Briten angegriffen.

Historisches Spektakel in der Zitadelle von Québec City

Ab 1759 britisch

Dank ihrer Lage auf den Klippen des *Cap Diamant* und der 1720 errichteten Schutzmauer widerstand die Stadt diesem und späteren Angriffen erfolgreich. Erst 1759 fiel sie nach der Schlacht auf den *Plaines d'Abraham* (heute *Parc des Champs de Bataille*) an Großbritannien. Die Engländer unter *General Wolfe* hatten damals nach langer Belagerung überraschend angegriffen und in einer Nacht-und-Nebel-Aktion die Höhe erklommen. Dieser entscheidende Kampf, in dem auf beiden Seiten die Befehlshaber fielen, dauerte nur 20 min. Québec City blieb bzw. wurde Hauptstadt der von da an britischen Provinz.

1774-1776

Der **Québec Act** von 1774 garantierte Franzosen Religionsfreiheit, eine erstaunliche Großzügigkeit zu einer Zeit, als der Katholizismus im englischen Mutterland nicht eben gern gesehen war. Als Gegenleistung sicherten sich die neuen Herren die Unterstützung Québecs gegen die schon aufbegehrenden amerikanischen Kolonien. Zum Jahreswechsel **1775/76** war Québec letztmalig Kriegsschauplatz – die Attacke der Amerikaner wurde abgewiesen.

1776 bis heute

Trotz der britischen Herrschaft blieb Québec-City durch und durch französisch. Nur während einer kurzen Massenimmigration aus Irland und England im 19. Jahrhundert gab es vorübergehend eine englischsprachige Mehrheit. Nach der Kolonialzeit blieb Québec City auch im *Dominion of Canada* Hauptstadt (nun der Provinz Québec) und blieb es bis heute, obwohl Montréal längst die mit Abstand bedeutendere Stadt ist.

4

4.4.3   Transport, Verkehr und Information

Flughafen

Québecs **Aéroport** liegt 15 km westlich der Stadt bei L'Ancienne-Lorette und nördlich des Vorortes Sainte Foy. Das **Taxi** nach *Downtown* kostet ca. $33, nach Sainte-Foy $15 (dort zahlreiche Hotels); www.aeroportdequebec.com.

Bahn/Bus

Der **Gare du Palais** (Hauptbahnhof) befindet sich in der gleichnamigen Straße in der Unterstadt, das **Fernbusterminal** in der 320 Rue Abraham-Martin, der **Stadtbusbahnhof** am Blvd Charest Est in Saint Roche (Tickets $2,75; www.rtcquebec.ca).

Zufahrt/ Orientierung	Wie einleitend beschrieben, liegt das von der Stadtmauer umgebene Québec auf der Landzunge *Cap Diamant* zwischen St. Lorenz und der Mündung des *Rivière Saint Charles.* Dort unterscheidet man zwischen der hochgelegenen Oberstadt, **Hauteville**, und Unterstadt am alten Hafen, **Basseville**. Aus Südwesten (Nordufer des St. Lorenz) kommend, ist die Straße #40/#540 (*Autoroute Duplessis*), dann #175 (Blvd Laurier, der in die Grande Allée Est übergeht) die schönere Zufahrt nach *Hauteville*. Schneller geht es über die #40/#440. Dies ist auch bei Anfahrt aus Nordosten (aus Richtung Tadoussac) bester Zentrumszubringer.

Wer **von Süden** bzw. **vom Südufer** des St. Lorenz anfährt, gelangt unweigerlich auf die **Pont Pierre Laporte** über den Strom. Nördlich der Brücke kann man den Blvd Champlain nehmen, der am Fluss entlang nach *Basseville* und zum *Vieux Port* führt. Bei Anreise am Vormittag könnte man wegen der dann besseren Lichtverhältnisse für Panoramafotos auch die Fähre Lévis-Québec (↪ Seite 553) in die Anfahrtroute einbauen.

Parken
In der Oberstadt ist es fast unmöglich, einen Parkplatz zu finden. Mit Glück kommt man in einer der **Tiefgaragen** unter, z.B. am *Hôtel de Ville*, dem *Rathaus* (keine Camper).

Mehr Parkraum bietet **Basseville** am *Vieux Port*, z.B. gegenüber dem *Musée de la Civilisation* in der Rue Dalhousie und beiderseits des Marché du Vieux-Port (↪ Seite 553, Quai Saint-André).

Information
Wer über die Autobahn #40/#540 oder #73/#573 in die Stadt fährt, passiert nahe der Brücken (*Sortie* 133) in der 3300 Ave des Hotels ein **Informationsbüro** mit viel Material; Ende Juni-Anf. September täglich 8.30-19.30 Uhr, sonst Mo-Sa 9-17 Uhr; ✆ 1-877-783-1608. Wer von Westen über den Stadtteil Ste. Foy und die Grande Allée (Oberstadt) anfährt, findet ein **weiteres Infocenter** (geöffnet und ✆ wie oben) kurz vor der Stadtmauer in der 835 Ave Laurier (parallel zur Grande Allée).

Das **Maison du Tourism** der Provence de Québec im Zentrum von *Hauteville* in der 12 Rue Sainte Anne (am Place d'Armes/ *Chateau Frontenac)* hat neben Stadt-Infos auch Unterlagen und Karten für die ganze Provinz; gleiche Öffnungszeiten.

4.4.4   Unterkunft und Camping

Hotels
In Québec City gibt es besonders im **Hauteville** zahlreiche Unterkünfte aller Kategorien, von der kleinen, europäisch anmutenden Pension bis hin zur Luxusherberge wie dem *Chateau Frontenac.* In **Basseville** findet man weniger, dafür aber einige sehr edle Quartiere.

Motels

Motels aller Preisklassen liegen insbesondere an der Straße #138/Blvd Wilfried Hamel westlich des Zentrums sowie am Chemin Saint-Louis und dem Boulevard Laurier, der Haupteinfallsroute #175 nach Québec City

Hotel Chateau Frontenac
www.fairmont.com/frontenac

Zum hundertjährigen Jubiläum (1993) stand das Schicksal des *Hotel Frontenac* auf der Kippe, da die notwendige Renovierung zu kostspielig erschien. Der Eigentümer, die Hotelkette *Fairmont*, investierte dann doch in das altehrwürdige Gebäude und rettete damit ein Haus, dessen Liste illustrer Gäste historische Dimension besitzt: *Queen Elizabeth*, *General de Gaulle*, sogar *Helmut Kohl* und Weltstars wie *Grace Kelly* und *Frank Sinatra* stiegen dort schon ab.

Berühmt und geschichtsträchtig wurde *Frontenac* durch zwei Konferenzen, die den 2. Weltkrieg maßgeblich beeinflussten: Im Mai 1943 trafen sich *Winston Churchill* und *Franklin D. Roosevelt* dort, um die Invasion in der Normandie vorzubereiten. 800 Hotelgäste wurden kurzerhand ausquartiert, und die beiden Politiker zogen ein – samt einem Heer von Mitarbeitern. Im September 1945 wiederholte sich die Prozedur anlässlich der Kapitulation Japans.

Oberstadt

- Das Spitzenhotel ist **Fairmont Chateau Frontenac**, 1 Rue des Carrières, ✆ (418) 692-3861 und ✆ 1-866-540-4460; $250-$550
- **Au Petit Hôtel**, 3 Rue des Ursulines, preiswert, freies Parken, ✆ (418) 694-0965; $70-$135; www.aupetithotel.com
- **La Maison Ste. Ursule**, 40 Rue Ste. Ursule, ✆ (418) 694-9794; klein, gemütlich, hübscher Innenhof; mit Privatbad $89-$109, sonst $59-79; www.quebecweb.com/maisonste-ursule
  - **Tipp: Hotel Terrasse Dufferin**, 6 Place de Terrasse-Dufferin, 30 Zimmer, viele mit Blick auf den St Lawrence Strom, $99-$149; auch kleine Apt mit Kitchenettes; $115-$180, ✆ (418) 694-9472; www.terrassedufferin.com
- **Hotel Champlain**, 115 Rue Ste-Anne, Altstadt, mit modernem Look, $160-$280 (für Suite mit Küche), ✆ 1-800-567-2106 + (418) 694-0106; www.champlainhotel.com
- **Relais Charles Alexandre**, 91 Grande Allée Est außerhalb der Stadtmauer, $89-$134, ✆ (418) 523-1220; www.relaischarles alexandre.com

Unterstadt

Die Hotels in **Basseville** sind deutlich teurer als in der Altstadt:
- **Le Priori**, 15 Rue Sault-au-Matelot, ✆ 1-800-351-3992; ruhig in der Unterstadt, alte Fassade; modernstes Intérieur, HS $199-$269, sonst $129-$189 inkl. Frühstück, Suites ab $329; ✆ (418) 692-3992; www.hotellepriori.com

**Oberstadt
außerhalb
der Altstadt**

- Modern gestaltet ist auch *Hotel 71* in einer früheren Bank, 71 Rue Saint-Pierre im alten Hafen; $215-$370 (Suite); ✆ (418) 692-1171 und ✆ 1-888-692-1171; www.hotel71.ca

- *Chateau Bonne Entente*, 3400 Chemin Ste-Foy (#40, *Sortie* 305, dann auf die #540, dann *Sortie* 5), ✆ 1-800-463-4390, ruhig mit schönem Park und Pool, gute Küche, individuelle Zimmer, $170-$500; www.chateaubonneentente.com

- *Hotel Sepia*, an der Stadteinfahrt, Autobahn #73, Sortie 133, modern, gepflegt, kostenloser Shuttle (im Sommer) in die Stadt; mit Frühstück; 3135 Chemin Saint-Louis; $159-$239; ✆ 1-888-301-6837 und ✆ (418) 653-4941; www.hotelsepia.ca.

- *Comfort Inn Airport Ste-Foy*, 7320 Blvd Wilfrid-Hamel am Flughafen, ✆ 1-800-465-6116, ab $120; www.choicehotels.ca

- *Hotel-Motel Le Gite*, 5160 Blvd. Hamel (Straße #138, dort noch weitere günstige Motels), Flughafennähe; ✆ 1-800-363-4906; ab $70, auch Zimmer mit Küche, www.hotellegite.com

B & B

Québec hat wie Montreal viele *Bed & Breakfast*-Angebote, meist im Bereich $85-$135, zu finden im offiziellen *Accommodation Guide Québec City* (bei jedem *Centre d'Information*).

Hostel

- Das *Int`l Hostel Centre de Sejour (HI)* liegt in Hauteville in der 19 Rue Sainte-Ursule; sehr großes beliebtes Haus, ✆ (418) 694-0755, ✆ 1-866-694-0950, Bett ab $30

- Die einfache *Auberge de la Paix* befindet sich ebenfalls in der Altstadt in der 31 Rue Couillard, ✆ (418) 694-0735, ab $25; www.aubergedelapaix.com

Camping

Folgende Campingplätze liegen bis 30 min Fahrt von *Hauteville*:

- *Camping Municipal de Beauport* westlich von Québec City oberhalb der *Montmorency-Wasserfälle*, 95 Rue Sérénité. Kanuverleih, Pool, große Stellplätze; Zufahrt Autobahn #40, *Sortie* 321; ✆ (418) 641-6112; www.campingbeauport.qc.ca

- *Camping de la Joie* liegt 16 km nördlich von Québec City auf dem Weg zum *PN de la Jaques-Cartier*; 1 km westlich der Ausfahrt 135, dann Straße #73 Nord, 640 Rue Georges Muir. Mit Pool; unten nur Dauerbewohner; im oberen Bereich am ruhigen Waldrand schöne Stellplätze; gut auch für Camper mit Auto und Zelt; ✆ (418) 849-2264; www.campingdelajoie.com.

- Falls *la Joie* belegt ist, gibt es viele Campingplätze um Stoneham und Tewkesbury im und beim *Parque National de la Jacques Cartier* (weitere 18 km auf der #73 Nord)

- Westlich von Québec City liegt *Camping Juneau et Chalets* in Saint-Augustin-de-Desmaures (#40, *Ausfahrt* 300, dann 1 km südlich auf dem #153 Chemin du Lac), Kanuverleih; öffentlicher Bus nach Québec; $27-$33, ✆ (418) 871-9090; www.campingjuneau.com

- Ein paar Kilometer weiter westlich der #40, Sortie 281, in Neuville am Strom liegt *Camping l'Egare* (Straße #138). Pool, viele Dauercamper, ✆ (418) 876-3359; www.camplegare.com

4.4.5   ## Stadtbesichtigung

Ober- und Unterstadt (*Hauteville/Basseville*) lassen sich am besten **zu Fuß** oder Kutsche erkunden; die *Calèches* kann man wie ein Taxi stoppen oder an den Sammelstellen am Parc de l'Esplanade und am Place d'Armes/Rue Ste. Anne einsteigen.

Information   Da die Sehenswürdigkeiten in der Altstadt – mit Ausnahme der Zitadelle und des *Parc des Camps-de-Bataille* – durchweg sehr nahe beieinander liegen, sind unterschiedlichste Rundgänge und Reihenfolgen der Besichtigung möglich. Ein guter Ausgangspunkt ist der **Place d'Armes**, zumal man sich dort im *Maison du Tourisme* noch Unterlagen und Karten besorgen kann, um die hier gegebenen Informationen zu ergänzen. In allen Besucherzentren bzw. Museen werden historische Begebenheiten dargestellt, indessen häufig beschränkt auf militärische Aspekte; www.funi culaire-quebec.com.

Hauteville

Zur Situation   *Vieux Québecs Hauteville* ist von einer Stadtmauer umgeben. Haupteingänge sind die **Stadttore** *Porte Saint Louis* und *Porte Saint Jean*. Von *Basseville* gelangt man über steile Kopfsteinpflasterstraßen und Treppenzüge auf die Höhe, oder nimmt für $2 das **Funiculaire** (Juli/August bis 24 Uhr, sonst bis 23.30 Uhr), eine Art Fahrstuhl, der die Rue du Petit Champlain mit der 60 m höheren (Aussichts-) **Terrasse Dufferin** beim Place d'Armes verbindet. **Hauptachsen** der Altstadt sind die Rue Saint Louis und die Rue Saint Jean, Straßen voller Geschäfte, Lokale und Cafés.

Château Frontenac   Das markanteste Gebäude der Stadt ist das **Hotel Château Frontenac**. 1893 errichtet, erinnert es an mittelalterliche englische Schlösser und passt mit seinen Zinnen und Türmchen bestens zur trutzigen Stadtsilhouette (➪ Foto und Kasten Seite 547).

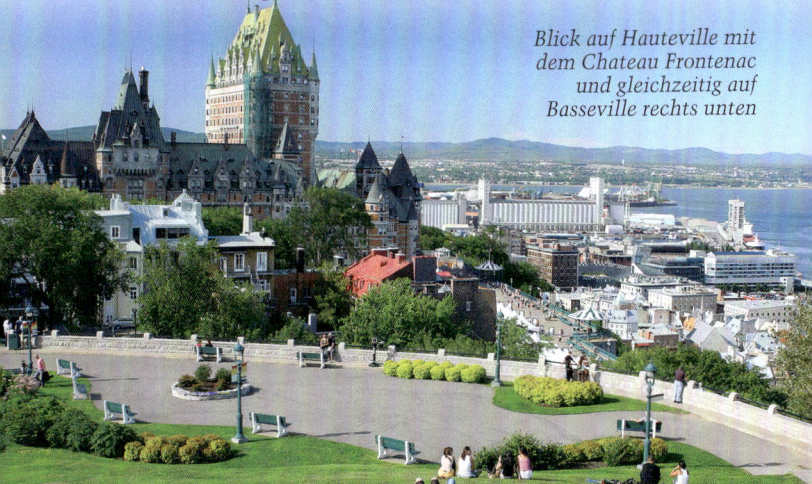

Blick auf Hauteville mit dem Chateau Frontenac und gleichzeitig auf Basseville rechts unten

Militär-museum	Im ***Musée du Fort***, 10 Rue Ste-Anne am Place d'Armes, sind sechs Belagerungen Québecs inkl. der Schlacht von 1759 (⇨ Seite 545) in Miniaturen nachgestellt und musikalisch untermalt. Dauer 30 min, täglich 10-17 Uhr, $8/$6; www.museedufort.com.
Geschichts-show	***Québec Expérience***, 8 Rue de Trésor, zeigt die Geschichte Québecs auf unkonventionellere Weise mit einer 30-minütigen *Multimedia Sound and Light Show* in 3D. Mitte Mai-Mitte Oktober täglich 10-22 Uhr, sonst bis 17 Uhr abwechselnd in Englisch und Französisch, $10; www.quebecexperience.com.
Kathedrale	Die ***Basilique-Cathèdrale Notre Dame***, 16 Rue Buade gegenüber dem Rathaus (*Hotel de Ville*), war die älteste katholische Kathedrale Canadas. Sie ist überaus prächtig in Gold- und Blautönen ausgestattet. 1922 brannte die Kathedrale vollständig nieder und wurde nach den Originalplänen von 1647 rekonstruiert; täglich 8-16 Uhr; www.patrimoine-religieux.com.

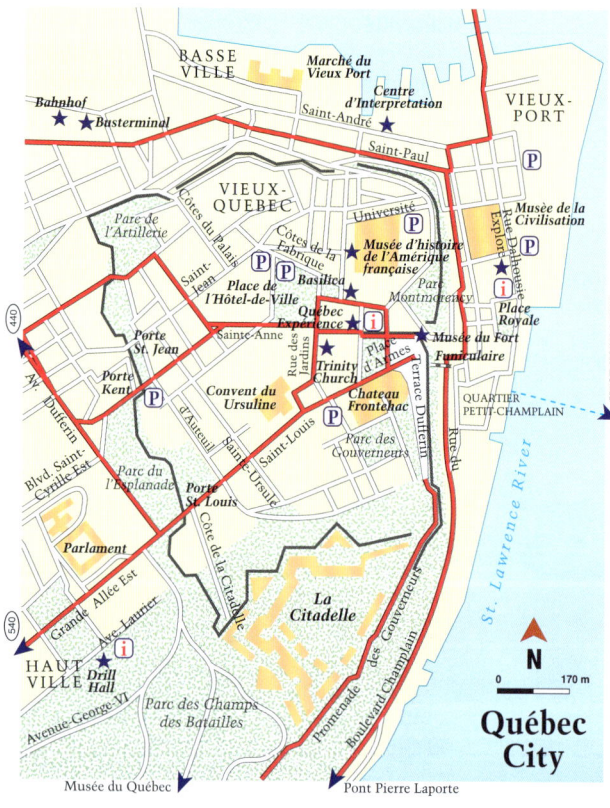

Musée de l'Amerique Francaise	Das *Musée de l'Amérique Française* (2 Cote de la Fabrique) beschäftigt sich mit der Etablierung französischer Kultur in der Neuen Welt. Neben weltlichen gibt es dort auch viele religiöse Objekte zu sehen. Wechselnde Ausstellungen. Juli bis Anfang September täglich 9.30-17 Uhr, andere Monate Mo geschlossen; $8/$6; www.mcq.org. Für dieses Museum, das *Musée de la Civilisation* und das *Centre d'Interpretacion de Place Royal* (↻ Seite 553) gibt es ein **Kombiticket** für $21/$15.
Ursulinen- museum	1639 kamen Ursuliner-Nonnen nach Québec. Nicht ohne Pikanterie ist, dass sog. *Filles du Roi*, verwaiste Mädchen oder Bauerntöchter aus Frankreich, zwecks späterer Heirat ebenfalls zunächst bei den Nonnen unterkamen – Québec litt unter Frauenmangel. Interessierte Männer durften daher nicht zögern. Die Brautschau bei den Nonnen dauerte im Schnitt keine zwei Wochen.
	Das **Museum** zeigt hauptsächlich Gegenstände, welche die Ursulinerinnen in den harten Wintermonaten hergestellt haben, wie Stickereien, Spitzen, Musikinstrumente und Gemälde. Ihr Mut, sich auf eine unbekannte Wildnis einzulassen, und ihr Engagement bei der Erziehung und Betreuung junger Mädchen werden dort gewürdigt; 12 Rue Donnacona. Mai-Sept. Di-So 10-17 Uhr, sonst Mi-So 13-17 Uhr; $8/$4; www.musee deursulines.com.
Anglican Church	Auch die erste anglikanische Kathedrale außerhalb Britanniens, die kleine ***Cathedral of the Holy Trinity***, wurde in Québec errichtet, 31 Rue des Jardins; 10-17 Uhr.
Inuit-Galerie	Lohnend ist auch ein Besuch der ***Galerie Art Inuit Brousseau*** (35 Rue Saint-Louis nahe dem *Chateau Frontenac*). Sie zeigt traditionelle und moderne Inuitkunst, Werkzeuge und Materialien. Guter, wiewohl teurer Shop. Tägl. 9.30-17 Uhr; www.inuitart.ca.
Parc de l'Artillerie	Die 4,6 km lange **Stadtmauer** ist voll begehbar ($4, 10-17 Uhr), Aufgänge befinden sich u.a. bei den Toren. Schautafeln informieren über geschichtlich bedeutende, i.e. militärische Ereignisse. Im ***Parc de l'Artillerie*** (einer weiteren historischen Sehenswürdigkeit mit Schießvorführungen im Hochsommer in der nördlichen Ecke der Befestigung), wird an einem beachtlichen Modell das Verteidigungssystem von Quebec City von 1830 demonstriert. Dort errichteten die Franzosen schon im frühen 18. Jahrhundert Befestigungen, um zu Recht befürchtete britische Angriffe abzuwehren. Später wurde das Gelände für die Kasernen und danach bis zum Ende des 2. Weltkriegs für eine Munitionsfabrik genutzt. Mai bis Oktober täglich 10-17, Juli+Aug. bis 18 Uhr; $4/$2; bei Veranstaltungen teurer; www.pc.gc.ca/fortifications.
La Citadelle	Der Eingang zur sternförmigen Zitadelle ist nahe der *Porte Saint Louis* (Côte de la Citadelle; www.lacitadelle.qc.ca). Sie wurde ab 1820 von den Engländern errichtet, die den USA misstrauten. Wie wir wissen, blieben weitere militärische Zusammenstöße jedoch aus und die Zitadelle damit ohne Feindberührung. Heute ist dort das 22. Regiment der Armee stationiert.

4

Wie in vielen alten Forts finden in den Sommermonaten Vorführungen wie das *Relève de la Garde* (Wachwechsel, 10 Uhr) und die *Cérémonie de la Retraite* (Zeremonieller Rückzug, 17 Uhr) statt. Mai-September 9-17 Uhr, sonst 10-15 Uhr; Eintritt $10/$6.

Einer der schönsten **Stadtspaziergänge** führt treppab von der Zitadelle über die Promenade des Gouverneurs, die Verlängerung der Terrasse Dufferin zum Place d'Armes.

Parc des Champs des Batailles

Die Zitadelle begrenzt den langgestreckten *Parc des Champs de Bataille*, der auf den *Plaines d'Abraham*, dem Schlachtfeld von 1759, angelegt wurde. Dort kann man nicht nur bummeln, joggen oder picknicken, sondern neben einer Reihe militärischer Gebäude und Monumente auch das *Musée du Québec* besuchen.

Die **Stadtinfo** in der Exerzierhalle kurz vor der Stadtmauer (835 Ave Wilfrid Laurier) zeigt die **Multimedia-Show *Odyssée*** (»ein Weg durch 400 Jahre Geschichte«; www.ccbn-nbc.gc.ca)

Hier ist auch der Startpunkt vom **Bus d'Abraham**, der eine unterhaltsame Entdeckungsreise (6x täglich) durch den Park macht; **$14/$10** inkl. Besuch der *Odyssée* und des Martelloturms.

Kunst-museum

Das *Musée National des Beaux-Arts du Québec* im westlichen Teil des *Parc des Champs-de-Bataille*, Ave Wolf-Montcalm, beherbergt eine bemerkenswerte Sammlung Québecer Kunst aus allen Jahrhunderten, inklusive **Inuitkunst**; auch wechselnde internationale Ausstellungen. Schöne Restaurant-Terrasse mit Blick über den Park. Juni bis 1.Sept. täglich 10-18 Uhr, Mi bis 21 Uhr, sonst Di-So 10-17 Uhr; $15/$4; www.mnba.qc.ca.

Basseville

Zugang

Die Unterstadt ist von *Hauteville* (ab Place d'Armes) zu Fuß am besten über Côte de la Montagne (Verlängerung der Rue Buade) und über die (gar nicht so halsbrecherischen) *Escaliers de Casse-Cou* (Treppen) zu erreichen. Wer es bequemer mag, entscheidet sich für die kurze Fahrt mit dem *Funiculaire* (täglich ab 7.30 Uhr, im Hochsommer bis 24 Uhr, $2; www.funiculaire-quebec.com) von der *Terrasse Dufferin* hinunter zur Rue du Petit Champlain. Die Talstation der Bahn befindet sich im *Maison Louis Jolliet*. Der Priester *Jolliet* gilt als einer der Entdecker des Mississippi.

Kenn-zeichnung

In der vorbildlich restaurierten Unterstadt schmiegen sich zahlreiche kleine Spitzgiebel-Häuser an den Hang. In den Sommermonaten herrscht dort ebenso wie in *Hauteville* allerhand touristisches Gedränge, besonders in der *Rue du Petit Champlain* mit ihren **Cafés**, **Boutiquen** und Souvenirshops. Am Ende der Straße stellt das Wandbild *La Fresque du Petit Champlain* Leben und Begebenheiten in diesem Teil der Stadt dar.

Ruhiger ist es in der **Rue Saint Paul**, wo Antiquitätenläden, Kneipen und teurere **Restaurants** warten.

Place Royal

Die beeindruckende *Place Royale*, wo 1608 *Champlain* und seine Mannen ihre ersten Palisaden errichteten, bildet die *Église Notre*

Dame des Victoires das Zentrum von *Basseville.* Der Bau der Kirche dauerte von 1688 bis 1723.

Ebenfalls auf dem *Place Royale* hat das **Centre d'Interpretacion de Place Royal** wechselnde Ausstellungen und zeigt einen 3-D-Film zu Leben und Visionen des Entdeckers *Samuel Champlain.* Juli+Aug täglich 9.30-17 Uhr, sonst Mo zu, $7/$2 (**Kombiticket** ⇨ Seite 551 oben, und mit dem *Musée de la Civilisation,* ⇨ unten). Von dort geht's auch über Treppen nach *Hauteville.*

Fähre

Etwas südlich des Place Royale (Rue de Traversier) befindet sich der Fähranleger zum Städtchen Lévis vis-á-vis (www.traversiers. gouv.qc.ca). Die Fähre nach Lévis (und zurück) lässt sich gut ins Québec-Erlebnis einbauen: 6-2 Uhr, tagsüber im 20-min-Takt, nachts stündlich; Passagier $3/$2, Auto $7. Dauer der Überfahrt 10 min. Nirgendwo besser als vom Schiff aus erkennt man die strategisch günstige Lage der Festung **Hauteville**.

Musée de la Civilisation

Herausragendes Museum der Stadt ist das **Musée de la Civilisation** in der 85 Rue Dalhousie. Als fast einziges Museum geht es über den Lokalbezug von Québec City hinaus und greift national und international relevante Themen auf. Geöffnet Juli+Aug. täglich 9.30-18.30, sonst Di-So 10-17 Uhr, $13/$4, www.mcq.org.

Tipp: Zum Museum gehört ein **Café**; von dessen Terrasse genießt man den Blick auf und über den St.-Lorenz-Strom.

Markthallen

In den Markthallen des **Marché du Vieux Port** am Quai St. André nördlich des Alten Hafens (www.marchevieuxport.com) werden vor allem Produkte aus Québecs Obst- und Gemüsegarten, der Île d'Orléans, angeboten.

_____ Sillery

Parlament

Der neuere Teil der Oberstadt, *Sillery*, beginnt gleich am Stadttor Port Saint Louis. In Sichtweite der Mauer steht das dem *Louvre* in Paris nachempfundene neoklassizistische Parlamentsgebäude, das überdimensioniert wirkende *Hôtel du Parlement* (1886), 1045 Rue des Parlementaires. 30-min geführte Tour Ende Juni-Anf. Sept. täglich 8-17 Uhr, sonst Mo-Fr 8-17.30 Uhr, frei.

Besuchenswert ist das *Beaux-Arts Restaurant Le Parlementaire*. Öffentlich zugänglich von 8-14.30 Uhr, ✆ (418) 643-6640.

Grande Allée

Vom Parlament läuft die Grande Allée gradlinig nach Westen und geht dann in einem Bogen in den Chemin de Saint Louis über. Der von der Altstadt abweichende Baustil fällt sofort ins Auge; zwei- bis dreistöckige viktorianische Häuser dominieren das Bild. Das Angebot an **Restaurants** ist an der Grande Allée enorm.

Lokalpatrioten vergleichen die Straße daher auch gern mit den Pariser Champs Elysées. Das ist indessen etwas übertrieben.

Die Québecer genießen dort aber nach langen Wintermonaten in den Straßencafés und auf Restaurantterrassen die nur 12 Wochen Sommer. Schon beim Bummel am Nachmittag kann man dort Speisekarten und Preise studieren, um etwas Passendes für den Abend auszugucken. Französische Küche überwiegt.

Huron-Wendake

Das Reservat **Huron-Wendake** (⇨ Seite 453), ca. 15 Autominuten nordwestlich von Quebec City (Blvd Charest/Autobahn #40, *Sortie* 310, dann #740/Blvd Robert-Bourassa bis Blvd Bastien nach links) bietet Einblicke in die Kultur der **First Nations** damals und heute. **Tourism Wendake** (100 Blvd Bastien) informiert umfassend. Geöffnet tägl. ab 8 Uhr; Schlusszeiten variieren

Zentrum ist das **Hotel-Musée Premières Nations** mit Museum (schöne Lage am 5 Place de la Rencontre) mit seltenen Ausstellungsstücken. Untergebracht ist es in *Longhouses* und einem übergroßen Räucherhaus. Traditionelle *Bison/ Caribou-* und Fischküche auf der **Terrasse des Hotelrestaurants** *La Traite*. Hotel ab $150, ✆ (418) 847-2222 und ✆ 1-866-551-9222

Im **Traditional Huron Site** (*Onhoüa Cheteke*) in der 575 Rue Stanislas Kosca wird die Huron-Kultur eher folkloristish aufbereitet mit Tänzen, Workshops, etc. indianischen Handwerksarbeiten, Moccasins, Lederkleidung etc. Auch geführte Touren, und Shops mit indianischen Handarbeiten sowieso überall; , täglich 9-17 Uhr, $12/$9.

Alles zusammen eine Mischung von modernem Business und Folklore. Weitergehende Infos unter

www.tourismewendake.com,

www.huron-wendat.qc.ca,

www.museehuronwendat.com,

www.hotelpremieresnations.ca

Ausflug in den Parc National de la Jacques Cartier

Der *Parc National de la Jacques Cartier* nördlich von Québec City ist auf der Autobahn #73 und weiter auf der Schnellstraße #175 in 40-50 min erreicht. Von der östlich am Park entlang weiter nach Norden führenden #175 geht es auf Stichstraßen ins Parkinnere. Besonders attraktiv ist die Straße #4 (südliche Einfahrt in den *Secteur de la Vallée*), die ca. 30 km am **Rivière Jacques Cartier** entlang läuft.

Der streckenweise fjordartige bei Donnacona östlich von Québec in den St. Lorenz-Strom mündende **Rivière Jacques Cartier** ist wegen seiner geringen Strömung und wunderschönen Ufer bei Wassersportlern sehr populär und eignet sich auch für Ungeübte. Wer Kanu, Kajak und Ausrüstung leiht (ab $37/ Tag), kann sich ab dem *Centre de Services* (bei Kilometer 10) zu Ausgangspunkten weiter oben transportieren lassen und flussabwärts zurück paddeln (möglich bis hinunter zu KM 0) und wird dort wieder abgeholt. An der Strecke gibt es kleine Campplätze, die bequeme Tagesetappen erlauben.

Tipp für Anfänger zum Ausprobieren: ab KM 29 bis KM 18 paddeln.

An warmen Sommertagen lässt man sich im Schwimmreifen (*inner tubing*) vom *Centre* bis *La Raquetteur* (5 km) gemütlich treiben. Dies Vergnügen ist besonders bei Kindern beliebt.

Auch ein Abfahren der Flussuferstraße per Bike oder Auto lohnt sich. Kurze Abzweigungen führen zu hochgelegenen Aussichtspunkten. Wer es noch etwas ruhiger möchte, fährt vom Parkeingang die Straße am Riviere L'Epaule entlang hinauf bis zum gleichnamigen See (17 km).

Unweit KM 10 befinden sich zwei kleine **Campingplätze** ($29), unweit der Einfahrt sind rustikale *Cabins* zu mieten ($54). Buchungen über www.sepaq.com/pq/jac, ⇨ Kasten Seite 516).

Rivière Jacques Cartier

4.5   Von Québec City nach Tadoussac

Zur Route

Die **Uferstraße** (#138 in Kombination mit der #362) von Québec City bis Tadoussac (215 km, viele gute *Auberges*, Motels und Restaurants) zählt zu den schönsten Strecken am St.-Lorenz-Strom .

Die *Laurentides* rücken nördlich von Québec City dichter an den Strom, das Landschaftsbild wird nordischer. Gleichzeitig verleiht die Flora diesem Bereich einen lieblichen, voralpinen Charakter. Dabei verläuft die Straße meist über Hochebenen zwischen dem Fluss und den Gebirgshängen, durchquert aber auch breite, agrarisch genutzte Mündungstäler der Nebenflüsse. Dort finden sich hübsche Ortschaften mit *Auberges und* Restaurants.

Montmorency Falls nördlich von Québec City

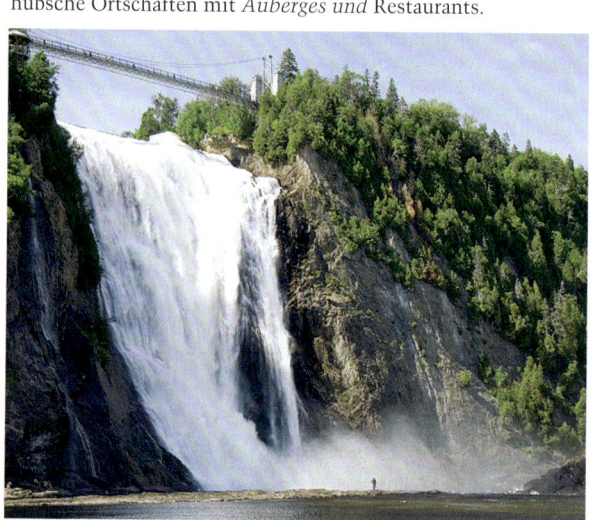

Montmorency Fälle

Unweit der Brücke zur Île d'Orléans donnert das Wasser des Rivière Montmorency 83 m tief ins Tal des St. Lorenz. Dieser **Chute Montmorency** liegt direkt an der Straße #138. Im Vorbeifahren sieht ihn nur, wer den Hals reckt. Von den Parkplätzen unten ($9) führen eine Seilbahn ($8/$4) und eine steile Holztreppe zum *Manoir Montmorency* (mit Café, Restaurant und Spazierwegen). Dort überquert eine Hängebrücke die Sturzflut. Alternative Parkplätze (am **Manoir Montmorency**, $9) sind über die Straße #360/ Ave Royal zu erreichen. **Übernachtung mit *Motorhomes*** auf den unteren Parkplätzen erlaubt ($22); www.sepaq.com/ct/pcm.

Ste. Anne de Beaupré

Der Wallfahrtsort des katholischen Canada und eines der ältesten Pilgerzentren Nordamerikas ist **Ste. Anne de Beaupré**. Die neoromanische Kathedrale (Neubau nach Brand 1922) wurde der heiligen Anna (Mutter Marias) gewidmet. Eine erste Kapelle gab es bereits 1658; täglich Messen; www.ssadb.qc.ca.

Île d'Orléans (www.iledorleans.com)

Die Île d'Orléans markiert den Bereich, wo das Flusswasser noch gegen den Druck der Flut kämpft bzw. mit dem Sog der Ebbe beschleunigt wird. Ab hier entwickelte sich im Brackwasser ein spezieller Lebensraum.

Die 34 km lange bis zu 8 km breite Insel im Strom ist von Québec City aus schnell erreicht: Ihr Entdecker *Jaques Cartier* nannte sie 1535 *Île de Bacchus*, weil er dort wilden Wein fand. Heute ist die Insel ein beschaulicher Obst- und Gemüsegarten

Von der Brücke nördlich von Montmorency setzt sich die Zufahrt #368 als Rundstraße **Chemin Royal** um die Insel fort. Sie läuft durch kleine Orte, vorbei an vielen Souvenir-, Gemüse- und Obstständen, an *Auberges* und Restaurants. Eine volle Inselrundfahrt (67 km) lohnt sich nur bei viel Zeit. Aber den nur 6 km langen Abstecher nach **Ste. Pétronille** an der Südspitze sollte man wegen des schönen Blicks auf die Silhouette von Québec Stadt ins Auge fassen.

Einladend ist die **Chocolaterie de l'Isle d'Orléans** (150 Cchemin du Bout de l'Îsle; www.chocolaterieorleans.com) mit schattigem Garten und die nostalgische **Auberge La Goéliche** (22 Chemin du Quai) mit Restaurant, Unterkunft ab $188 inkl. Frühstück, © 1-888-511-2248; www.goeliche.ca.

Tipp: **Auberge Le Vieux Presbytere** mit gutem Restaurant in Sainte Pierre, Rue Monseigneur D'Esgly. Zimmer inkl. Frühstück ab $95, mit eigenem Bad ab $105, © 1-888-828-9723 und © (418) 828-9723; www.presbytere.com.

Auberge Le Vieux Presbytere auf der Île d'Orleans

360°-Gemälde   Das **Cyclorama** neben der Kathedrale ähnelt einer Moschee. Der kreisrunde Innenraum ist umgeben von einem dramatischen 360°-Panorama-Gemälde, das Jerusalem am Tag der Kreuzigung darstellt. Der Künstler benötigte mit fünf Assistenten vier Jahre für das 14 m hohe, 110 m lange Werk. Geöffnet Mitte Mai-Mitte Oktober täglich 10-17, Juli-Aug 9-18 Uhr; $9/$6, unter 6 Jahren frei; www.cyclorama.com.

Camping	Das **Skigebiet Mont-Sainte-Anne** liegt nordöstlich von Ste. Anne an der Straße #360. Seinen schönen, aber etwas teuren **Campground** erreicht man über Saint Ferréol-les-Neiges, ℂ 1-800-463-1568; ab $31-44; www.mont-sainte-anne.com.
Grand Canyon	6 km östlich von Ste.-Anne-de-Beaupré passiert man (an der #138) den **Canyon Ste. Anne**, eine malerische Schlucht mit Wasserfällen. Vom Parkplatz abseits der Straße (ausgeschildert) geht es auf Pfaden und Brücken durch und über den Canyon; Mai-Anf. Okt. tägl. 9-17 Uhr, teurer Spaß: $12/$6; www.canyonsa.qc.ca.
Bird Watching	Das Vogelschutzgebiet **Reserve Nationale de Faune du Cap Tormente** liegt 10 km östlich von Ste.-Anne-de-Beaupré am St. Lorenz-Strom. Im Frühjahr und im Herbst rasten dort bis zu 100.000 Schneegänse über Wochen auf ihrer Route zwischen Virginia, North Carolina und Baffin Island. 200 Vogelarten, 20 km *Trails*, Führungen; wechselnde Öffnungszeiten, ℂ (418) 827-3776, $6.
Meteorit	Das weite Tal zwischen Baie-St.-Paul und La Malbaie entstand durch einen der weltgrößten Meteoriten-Einschläge (56 km Durchmesser); Infos im **Centre d'Historie Naturelle de Charlevoix** im **Maison du Tourisme** de Baie-St.-Paul an der #138, westlicher Ortsrand (täglich 9-17 Uhr).
Baie St. Paul	Die malerische Lage des 7.000-Seelen-Städtchens im weiten Flusstal mit Blick auf die *Laurentides* zieht seit langem Kunstschaffende an. In vielen privaten **Galerien** und dem **Centre d'Exposition des Baie-St.-Paul** findet man die Werke regionaler Maler wie auch kanadaweit bekannter Künstler. Der neuenglisch wirkende Stadtkern reizt zum Bummel entlang der Hauptstraße, der Rue Saint-Jean-Baptiste (#138); www.tourisme-charlevoix.com.
	Wer auf der Rue Sainte Anne bis zur Pier am Strom fährt, passiert viele Quartiere, z.B. • **La Domaine BellePlage** und **Cormoran** an der Pier, größere Villen an der Mündung des *Rivière du Gouffre* in ruhiger Lage;

Seigneuries

Vom Nordufer der Île d'Orléans hat man einen sehr schönen Blick auf die *Laurentides*. Dabei kann man die bis ins Flusstal reichenden langen Felderstreifen kaum übersehen, die sich wie schmale Handtücher über die Hänge ziehen. Adlige, Offiziere und Kaufleute, die *Seigneurs*, erhielten im 17. Jahrhundert von der französichen Krone Landparzellen von etwa 75 km², sog. *Seigneuries*, die sie ihrerseits, in Streifen aufgeteilt, an Neusiedler vergaben, die *Habitants*.

Damit wurden Auswanderungswillige aus Europa nach *Nouveau France* gelockt. Durch eine klare, im voraus vereinbarte Aufteilung von Pflichten und Rechten zwischen *Habitants* und *Seigneurs* sollte keiner den anderen übervorteilen können. Ziel dieser bis 1854 beibehaltenen Regelung war die rasche Besiedelung und Steigerung der landwirtschaftlichen Produktion, was auch gelang. Die Landaufteilung (175 m x 1755 m) garantierte dabei jedem Farmer den Zugang zum Transportweg, dem Fleuve Saint Laurent/St. Lorenz-Strom.

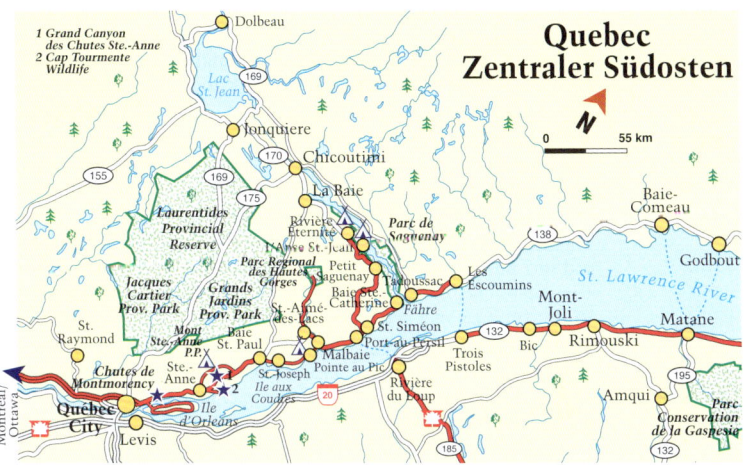

1 Grand Canyon
des Chutes Ste.-Anne
2 Cap Tourmente
Wildlife

**Quebec
Zentraler Südosten**

0   55 km

B&B mit Gemeinschaftsbad $79-$120, Motelzimmer bis zu sechs Personen $89-$144; ✆ 1-888-463-6030; www.belleplage.ca

- *Motel Chez Georges* am westlichen Ortsrand; Zimmer #11-20 sind ruhig mit Traumblick; $85-$135; ✆ (418) 435-3230; http://charlevoix.qc.ca/chezgeorges
- Im übrigen gibt es in Baie-St.-Paul viele *Bed&Breakfast*-**Häuser** mit Tarifen ab $89 für Zimmer inkl. Frühstück.

Camping

- *Camping du Gouffre*, 4 km abseits der Straße #362 am nördlichen Ortsrand von Baie-St.-Paul; Pool, Tennis, lichte und schattige Stellplätze, $22-$24, auch *Chalets*; ✆ (418) 435-2143, www.campingdugouffre.com;
- Der beliebte Zeltplatz *Le Balcon de Vert* liegt 1 km östlich der Kirche an der #362 oben am Steilhang; keine RVs, Pkw müssen auf dem Parkplatz abgestellt werden; Zelte $24.

  Auch ein *Hostel* gehört dazu mit *Chalets* für $54; ✆ (418) 435-5587, www.bal convert.com

Restaurants

- *Mouton Noir* mit Gartenterrasse über einem Bach Rue Sainte-Anne, wenige Meter von der zentralen Dorfkreuzung entfernt (Nähe *Visitor Center*); ✆ (418) 240-3030; Mi-So geöffnet; www.moutonnoirresto.com
- *Al Dente* an der Straße #362 (Rue Leclerc), frische Pasta; ✆ (418) 435-6695, So-Mi 10-17 Uhr, Do-Sa bis 18 Uhr; www.aldente charlevoix.com
- Neben der *Chocolaterie Cynthia* (in der Hauptstraße Rue Saint-Jean-Baptiste) findet man super Lebensmittel im **Käsemuseum Laiterie Charlevoix** an der #138 am östlichen Ortsrand; www.chocolateriacynthia.com.

4

Straße #362/
St. Joseph
de la Rive

Zur Weiterfahrt empfiehlt sich die #362 (Umgehung der #138) mit Abzweig über die steile Abfahrt (18%) nach **Saint Joseph de la Rive** (zwei kleine Hotels) mit der **Autofähre** zur **Île aux Coudres** (Juli+August 7-23 Uhr, alle 30 min, Dauer 15 min, gratis)

Île aux
Coudres

Die sympathische Insel (11 km lang und bis 3 km breit) liegt abseits der Routen des modernen Tourismus und konnte dadurch ihren ländlichen Charme bewahren. Dort gibt es nur eine Ampel, zwei Museen sowie eine alte Windmühle – als Erinnerung an *Nouvelle France*; www. tourismeisleauxcoudres.com.

Coudres ist mit Pkw locker in weniger als einer Stunde, per Fahrrad in 2 Stunden umrundet. Von der Rundstraße hat man prächtige Ausblicke. Zahlreiche preiswerte, aber auch edlere **Quartiere** in ruhiger Lage machen einen Inselabstecher erwägenswert:

- **Motel La Baleine** (an der Südküste, 274 Chemin de la Baleine), toller Blick; Kitchenette, Tischbänke, auch *Chalets*, ab $70; ✆ (418) 438-2453, www.motellabaleine.com
- Das **Motel l'Islet** liegt auf der felsig-grünen Landnase im äußersten Westen; $52-$120, ✆ (418) 438-2423; www.motelislet.com
- Auf einem Hügel im Nordosten stehen mehrere bessere Häuser, z.B. die **Auberge La Coudriere** mit Pool und Tennis, HP ab $80/Person; ✆ (418) 438-2838; www.aubergelacoudriere.com

- Von den 3 Campingplätzen hat **Sylvie** (mit **Chalets**) die Nase vorn. An der Ampel rechts nach ca. 4 km, ✆ (418) 438-2420

Fahrradvermietung bei Velo Coudres (an der Ampel links, dann ca. 5 km); *Scooter*, Tandem $14/Stunde, $48/Tag; ✆ 418-438-2118.

NP Grands
Jardins

Einsamkeit findet man im **NP Grands-Jardins**. Dort im Bergland warten Seen und Flüsse zum Paddeln, **Wanderwege**, dazu **Campgrounds** und **Cabins**. Ein **2,6-km-Weg** führt zum Gipfel des **Mont du Lac des Cygnes** mit herrlichem Blick über vier Vegetationszonen (neben Taiga & Tundra auch Laub- und Nadelwald) und den Charlevoix-Meteoriten-Krater bei St. Paul (↷ oben). Anfahrt: Ab Baie St.-Paul auf der Straße #138 erst 11 km nördlich, dann ca. 20 km auf der #381 (über St. Urbain); ✆ 1-866-702-9202 und ✆ (418) 439-1227; www.sepaq.com/pq/grj/en.

Zurück **auf der #362** passiert man das auf einem Plateau gelegene, auf Ökotourismus spezialisierte Straßendorf **Les Eboulements** mit vielen **B&Bs**. Etwas weiter, wieder unten am Strom, in **Sainte Irénée**, finden auf der **Domaine Forget** im Saalbau Konzerete statt (Klassik, Jazz, Tanz; im Juli/August *Le Festival International*); sonntags im Sommer **Musik-Brunch** auf der Picknick-Terrasse. ✆ 1-888-336-7438; www.domaineforget.com.

Pointe au Pic

Um 1900 ließen sich die Reichen in Pointe au Pic Sommerresidenzen bauen (heute meist Hotels). Dort steht auch das Haus des ehemaligen US-Präsidenten **William Taft**, der das Klima dieser Region so beschrieb: »Die Luft ist wie Champagner, aber ohne dessen Folgen am nächsten Tag«.

Malbaie

Der Ort **La Malbaie** hat drei Gesichter: Ein Nobelziel ist **Pointe-au-Pic** mit dem Hotel *Manoir Richelieu* im Südwesten, unattraktiv das **Zentrum** am Wasser und neuenglisch-verspielt das Villenviertel *Cap-a-l'Aigle* östlich von Malbaie. In der Rue Saint Raphael finden sich dort viele *Auberges* und Restaurants, ⇨ nächste Seite.

Manoir Richelieu

Das **Manoir Richelieu**, ein bombastisches Hotel im Stil französischer Schlösser liegt unübersehbar am Hang (unbedingt mal auf der Website ansehen, ⇨ Kasten Seite 41); DZ ab ca. $160 und dafür nicht zu teuer; ✆ (418) 665-3703; www.fairmont.com/richelieu. Ein **Spielkasino** liegt in der Nachbarschaft 100 m weiter nördlich.

Hotel Manoir Richelieu im Ortsteil Pointe-au-Pic von La Malbaie

Museum

Oberhalb davon (Straße #362/Chemin de Havre) vermittelt das **Musée de Charlevoix** Einblick in die regionale Historie und Kultur; geöffnet täglich 9-17 Uhr, $7; www.museedecharlevoix.qc.ca.

Unterkünfte

- Schön, aber ebenfalls nicht billig wohnt man in Pointe-au-Pic außer im Richelieu z. B. in der **Auberge des 3 Canards** an der #362, Weitblick, gutes Restaurant; DZ $135-$255; ✆ (418) 665-3761 und ✆ 1-800-461-3761; www.auberge3canards.com
- Am Strom liegen in Pointe-au-Pic wie die Perlen an einer Kette zwei Dutzend Postkarten-Häuschen: Das große Los zieht man mit dem ruhigen **B&B Le Relais du Havre**, 150 Rue du Quai, $67-$79; ✆ (418) 665-8085.

Individuell übernachtet man auch in **Cap-a-l'Aigle** (am #138 Bypass):
- *Fleurs de Lune*; Panoramablick, DZ ab $134 mit Frühstück; ✆ (418) 665-1090 und ✆ 1-888-665-1020; www.fleursdelune.com
- *Auberge des Eaux Vives* mit Aussichtsterrasse ruhig am Bootshafen/Route du Quai; $125 mit Frühstück; ✆ (418) 665-4808; www.aubergeeauxvives.com

Camping

Unweit des an das *Hotel Richelieu* anschließenden Golfplatzes liegt der private **Campingplatz Des Erables** direkt an der #362; erst ab der #20 sind die Stellplätze ruhig und »aussichtsreich«; $24/$20, ✆ (418) 665-4212; www.campingdeserables.qc.ca

Rafting

Zum *Rafting* etc. lädt der Riviere Malbaie ein. Die Firma *Descente Malbaie* in Saint-Aime-des-Lacs (316 Rue Principal Richtung Nationalpark am Lac Sainte-Marie) bietet *River Trips* ab $49/Person; ℂ (418) 439-2265; www.descentemalbaie.com.

Nationalpark-Abstecher

Den *Parc National des Hautes Gorges de la Rivière de la Malbaie* erreicht man in 60 min von La Malbaie über den Abzweig von der #138 nach St. Aime-des-Lacs. Die Straße führt am oberen Bereich am *Rivière de la Malbaie* entlang; www.sepaq.pq/hgo.

Vom Parkeingang ($6/Tag und Person; mit *Centre Interprétive*) bringt ein *Shuttle* die Besucher bis zum Staudamm (dort **Fahrrad- und Kanu-Verleih**; *Trailheads* und 90-min-**Bootstour, $28/21**).

Zeltcamper finden 25 rustikale Stellplätze 8 km oberhalb der Parkeinfahrt ($20, mit Service $25/Tag) und weitere 25 *primitive sites*; ferner einen großen RV-Campground (Le Cran); $20-$26.

Autofähren

In **Saint Siméon** besteht die erste Möglichkeit, per Fähre über den hier bereits 20 km breiten St. Lorenz überzusetzen (nach Rivière du Loup; ➪ Übersicht Fährverbindungen, Seite 658).

Die nächste Autofährverbindung gibt es in **Escoumins** (80 km weiter nördlich, ➪ Seite 567). Auf dem Weg dorthin überquert man die **Rivière Saguenay-Mündung mit einer kostenlosen Fähre**, die rund um die Uhr zwischen Baie-Sainte-Cathérine und Tadoussac pendelt (Dauer 10 min).

Unterkünfte

• Preiswert übernachtet man am Fähranleger im Motel *Vue Belvedere* mit Stromblick; ab $69, ℂ 418-638-2227 und ℂ 1-800-463-2263, www.motelbelvedere.com oder im

• Motel *Bo-Fleuve*, toller Blick aus den flussseitigen Zimmern! (Zimmer 11-24 liegen zur Straße hin), $95, gute *Chalets* ab $130; ℂ 418-638-2421, ℂ 1-800-463-4489; www.bofleuve.com.

• *Camping Levesque* liegt zwar direkt an der #138, aber auch gleichzeitig schön am St. Lorenz; 40, rte 138; ℂ (418) 638-5220; www.quebecweb.com/campinglevesque.

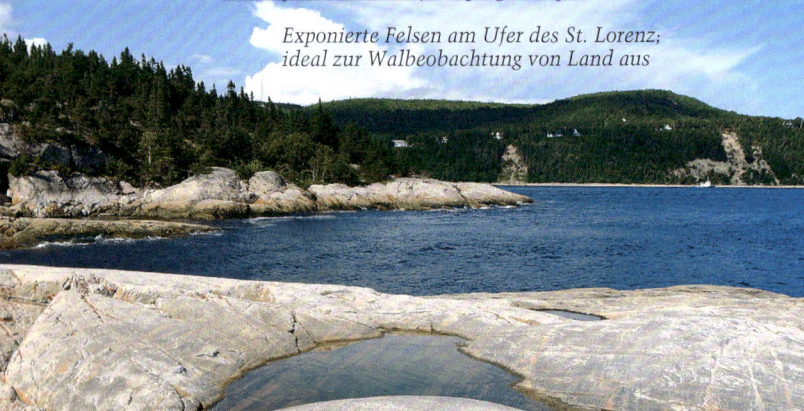

Exponierte Felsen am Ufer des St. Lorenz;
ideal zur Walbeobachtung von Land aus

4.6 Die Saguenay-Tadoussac-Region

Pointe Noir

Kurz vor dem westlichen Anleger der Fähre über die Mündung des Saguenay River in den St.-Lorenz-Strom nach Tadoussac kann man vom hohen **Aussichtspunkt** *Pointe Noire* (ein Leuchtturmgelände mit Picknicktischen an der #138 bei Baie-Sainte-Catherine) erstmals **Wale** ohne Fernglas ausmachen. Meistens sieht man von dort weiße Belugas. Im *Centre d'Interprétation et d'Observation de Pointe-Noire* (10-17 Uhr; $6/$3) erfährt man u. a., warum so viele Wale so weit den St.-Lorenz- Strom hinaufziehen (↪ Kasten Seite 566).

4.6.1 Tadoussac

Kennzeichnung

Der kleine Ort **Tadoussac** ist im Sommer eine touristische Hochburg für Wanderer und (See-)Kajakfahrer sowie weltberühmt für die **Walbeobachtung** in einem ca. 30 km langen Abschnitts des St.-Lorenz-Stroms und seines Nebenflusses, des fjordartigen **Saguenay River**. Zum Schutz der speziellen Biologie und Geologie wurde diese Region 1998 zum **Parc Marin de Saguenay-St-Laurent** erklärt; www.pc.gc.ca/saguenay.

Ankunft

Vom Anleger auf der Nordseite des Saguenay River sind es noch 500 m bis zur Einfahrt nach Tadoussac auf der Rue de Pionniers. Wer Lust hat, kann sein Auto gleich oberhalb des Fähranlegers abstellen und von dort auf dem **Sentier de la Coupe** in 10 min zum Hafen von Tadoussac hinunter laufen.

Information

Neben dem *Hotel Beluga* an der oberen Hauptstraße (Rue de Pionniers) befindet sich ein **Centre d'Information** für die Region; ✆ 1-866-235-4744 oder ✆ 418-235-4744; www.tadoussac.com.

Geschichte

Das heutige Tadoussac entstand aus einer der ersten Siedlungen baskischer Walfänger in Canada. Und schon bevor *Champlain* dort 1603 erstmals vor Anker ging, existierte am Nordufer der Mündung des Saguenay in den St. Lorenz ein **Pelzhandelsposten** (*Maison Chauvin*, das vor einigen Jahren originalgetreu neu errichtet wurde). Eine **Jesuitenmission** begann dort bereits 1615 mit der Bekehrung der Ureinwohner; die *Ancienne Chapelle* unterhalb des Hotels stammt zwar aus dem Jahr 1747, geht aber auf eine ältere 1665 abgebrannte Kirche zurück.

Ab Mitte des 19. Jahrhunderts wurde Tadoussac zum **Ausflugs-** und **Urlaubsziel** wohlhabender Bürger Québecs. Lange schipperten die Dampfer sogar von Montréal bis an den Unterlauf des Stroms. Das *Hotel Tadoussac* entstand bereits 1864. Der weithin sichtbare weiße Bau mit dem markanten roten Dach und großzügigen Veranden und Rasenflächen ist nach wie vor Mittelpunkt des Städtchens, ↪ Foto Seite 565.

Bootstrips zur Walbeobachtung

Seit Jahrzehnten sind **Whale Watching Trips** die Attraktion. Das **Angebot** an Bootstypen und Exkursionsvarianten ist groß. Am besten beobachtet man das Treiben erst einmal selbst am Kai,

Im Hafen von Tadoussac warten zahlreiche Boote auf Gäste für die Whale Watching Trips

bevor man sich für **Barkasse oder Schlauchboot** (=*Zodiac*) entscheidet. Die wendigen *Power-Zodiacs* haben Vorteile gegenüber langsameren Booten. Vor allem können sie wegen ihrer hohen Geschwindigkeit selbst weit entfernte Walherden ansteuern und ihnen ggf. folgen. Alle Tourbetreiber erfüllen die strikten Tierschutzauflagen (Motor abstellen bei »Wal in Sicht« etc.).

Die meisten Anbieter haben eigene Website, z.B. www.dufour.ca, www.croisieresaml.com und www. otisexcursions.com.

Croisieres 2001 läuft mit einem kleinen Power-Katamaran und Biologin aus: Mai-Okt täglich 9.15 Uhr und 12.30 Uhr, Juli+Aug. auch 16 Uhr; $67/$32, Familie $166; www.croisieres2001.com.

Etwas preiswertere Trips findet man in **Grand Bergeronnes**, 15 km weiter nördlich (Straße #138), ⇨ Seite 569.

Beluga-Wale (⇨ auch Seite 234)

Vor allem vier Walarten tummeln sich vor Tadoussac: der Blau-, Finn- und Mink-Wal sowie der weiße Beluga. Letzterer, eindeutig der Publikumsliebling, ist in vielerlei Hinsicht eine Besonderheit. Als kleinster der Wale wird er nur bis zu 6 m lang. Wegen der vogelähnlichen Laute, die er ausstößt, trägt er den Spitznamen *Sea Canary* (See-Kanarienvogel). Kontaminierte Gewässer machen ihm extrem zu schaffen, weshalb sich die Zahl der Belugas im St. Lorenz, seinem südlichsten Lebensraum, von 5.000 auf 500 reduziert hat. Die meisten Belugas leben in arktischen Gewässern vor Baffin Island.

Im Gegensatz zu anderen Walarten, die im Winter (Oktober bis Mai) nach Süden ziehen, wandert der Beluga nicht. Weiß ist er nicht von Geburt an; als Baby ist er braun, später grau. Seine ersten beiden Jahre verbringt der Beluga-Wal am liebsten auf dem Rücken seiner Mutter.

Museum

Vor einem *Whale Watching Trip* ist der Besuch des **CIMM**, des **Centre d'Interprétation des Mammifères Marins**, am Hafen zu empfehlen. Filme und Präsentationen (deutsche Texte an der Kasse) beziehen sich vor allem auf Themen rund um den Wal. Mitte Juni-Sept. 9-20, sonst 12-17 Uhr, Eintritt $8/$4; www.gremm.org.

Spazierwege

In und um Tadoussac gibt es eine Reihe schöner Spazier- und Wanderwege. Vom **Sentier Pointe de l'Islet** (0,8 km) auf der vorgelagerten felsigen Landzunge genießt man einen besonders schönen Blick über Saguenay-Fjord, St. Lorenz und die Stadt.

Sanddünen

Der **Sentier de la Plage** führt am Strand der Baie de Tadoussac entlang zu über 100 m hohen Sanddünen östlich des Ortes (5 km, aber Achtung, bei Hochwasser werden einige Strandabschnitte voll überspült). Im Dünengebiet etwas landeinwärts steht das Besucherzentrum **Maison des Dunes** (9-17 Uhr, frei, Zufahrt über die Rue des Pionniers und weiter auf dem Chemin du Moulin à Baude). Dort wird die Entstehung dieser aus der Eiszeit verbliebenen Sandterrasse erläutert, die direkt am Wasser eine Höhe von 70 m, landeinwärts bis zu 130 m erreicht.

Quartiere

Tadoussac verfügt über zahlreiche Quartiere, z.B.:

• **Hotel Tadoussac**, 165 Rue Bord-de-l'Eau, ➪ Vorseite, ✆ 1-800-561-0718, ✆ (418) 235-4421, ab $154;www.hoteltadoussac.com

• **Maison Clauphi**, *B&B* und Motel, 188 Rue des Pionniers, ✆ (418) 235-4303, $90-$149; www.bbcanada.com/clauphi

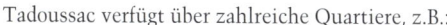

Nostalgiehotel Tadoussac

4

Tadoussac, das lukullische Mekka der Wale   www.whalesonline.net

Der 1990 gegründete maritime Park vor Tadoussac (*Parc Marine de Saguenay-Saint-Laurent*) ist für Wale ein Gourmet-Tempel, denn hier finden kleinste Krillkrebse, die die großen Meeressäuger mit ihren Barten tonnenweise aus dem Nass filtern, ideale Lebensbedingungen vor.

Der Grund für den Reichtum von Krill-Plankton ist geologischer Natur, denn glazial bedingte Tiefen bis zu 280 m bewirken im Mündungsbereich des fjordartigen Saguenay River in den St. Lorenz-Strom (weithin sichtbare) heftige Strudel und Verwirbelungen. Das bei Ebbe ablaufende Wasser wird in diesem Abschnitt beschleunigt und das auflaufende Wasser wie an einer Mauer rückgestaut. Im steten Gezeitenwechsel mischt sich dabei das kalte Salzwasser des Atlantik mit dem wärmeren, sauerstoffreichen Süsswasser des St. Lorenz wie in einem »Mixer«. Solche Wechselbäder lieben viele der hier heimischen 300 Spezies, die sonst nur in sehr viel nördlicheren Gefilden vorkommen.

Doch richtig gehaltvoll wird der Wal-Cocktail erst durch die mineralreichen Zutaten des Saguenay-Fjordwassers. Da die sich dank der kontinuierlichen Verwirbelungen nicht als Sedimente absetzen können, recken Wasserpflanzen ihre Milliarden Halme nach ihnen, was wiederum die Krillkrebse als Vegetarier millionenfach freut – aber nicht lange, denn die buckligen Endverbraucher schlucken vor Tadoussac wa(h)llos drauflos.

- *Hotel* & *Motel Le Béluga*, 191 Rue des Pionniers, ℂ (418) 235-4784 und ℂ 1-866-235-4744, ab $109; www.le-beluga.qc.ca
- *Hotel Pionnier*, ruhiger, etwas oberhalb der Rue Pionniers, $97-$152, ℂ (418) 235-4666; www.hotellepionnier.ca
- *International Hostel La Maison Majorique* (HI), Rue de Bateau-Passeur, ℂ (418) 235-4372, $18/Bett; keine Internetbuchung.
- **Gite** *Gagnon*, 1395 Straße #172, sauber, aber WC/Dusche auf dem Flur; ℂ (418) 235-4220, ab $62 inkl. Frühstück; www.bbcanada.com/11165.htm.

Camping

- Zu empfehlent ist *Camping Domaine des Dunes* (kurz vor der Fähre an der Verlängerung der Hauptstraße Rue des Pionnier, ca. 2,5 km außerhalb), mit 6-Personen-Chalets ($168/ 2 Personen) und 40 *Hook-up*-Plätzen ($29); sonst nur *Walk-in-Sites* für Zeltcamper; ℂ (418) 235-4843; www.domainedesdunes.com

- Ein guter Ausweichplatz ca. 25 km nördlich von Tadoussac an der #138 und schönster *Campground* der Region (Teiche, Licht und Schatten, herrliche Aussicht) ist *Camping Bon Désir* bei Bergeronnes; $23-$30; ℂ (418) 232-6297 und ℂ 1-877-632-6297; www.campingbondesir.com
- *Le Bleuvet Campground*; 11 km westlich von Sacré Coeur von Straße #172 westl. 3 km Richtung Fjord, ℂ (418) 236-1162

Quartier-Gesamtübersicht unter:
www.tadoussac.com/FR/tourisme.herbergement.htm

4.6.2   Routen ab Tadoussac

Weiter auf der Straße #138 nach Osten und per Fähre über den St.-Lorenz-Strom

Eine Weiterfahrt von Tadoussac nach Osten liegt für alle auf der Hand, die der Gaspé Halbinsel und den maritimen Provinzen noch einen Besuch abstatten und daher eine der Fähren über den großen Strom nehmen müssen. Immerhin gibt es östlich von Tadoussac (und der Fähre St.-Simeon–Riviere-du-Loup) noch weitere drei Verbindungen.

Bergeronne

Etwa auf halbem Weg liegt **Bergeronnes**. Auch von dort starten *Whale Watching Trips* ($50/$38; www.croisiersneptune.net.

Cap de Bon-Désir

Etwa 20 km sind es von Tadoussac bis zum *Cap de Bon-Désir*. einem grandiosen und beliebten *Whale Watching Point*, von dem aus man oft Blauwale mit bloßem Auge beobachten kann. Täglich passieren auch Minkwale das Cap – manchmal zum Greifen nah. Ein *Centre Interpretation de la Nature* informiert auch dort wieder über die Wale (Ende Juni-Mitte Oktober täglich 9-17 Uhr, Juli-Aug bis 18 Uhr); $8/$4; www.pc.gc.ca/saguenay.

Fähre Escoumins-Trois Pistoles

Mit **Les Escoumins** erreicht man die erste Fährverbindung östlich von Tadoussac hier nach **Trois Pistoles** (↪ Übersicht, Seite 658, www.traversiercnb.ca). Im Kapitel 5.7, das sich auf die Gaspé-Halbinsel bezieht, findet sich ab Seite 651 die Streckenbeschreibung für die Weiterfahrt auf der anderen Uferseite).

Fähre Forestville-Rimouski

In **Forestville** (+60 km) besteht die nächste Möglichkeit, per Fähre ans andere Ufer des St. Lorenz zu gelangen (↪ Seite 658; keine Wohnmobile; www.traversier.com). Wer die Fahrt auf der *Gaspé Peninsula* fortsetzen möchte, kann ebensogut diese Fähre nach **Rimouski** nehmen wie ab Les Escoumins nach Trois Pistoles. Zwischen Trois Pistoles und Rimouski verpasst man lediglich den Bereich *Bic*, ca. 20 km südlich von Rimouski, ↪ Seite 658.

Fähre Baie-Comeau-Matane

Weitere 100 km sind es bis Baie-Comeau mit – je nach Wochentag – 1-2 Abfahrten täglich nach Matane an der Gaspé-Küste. Hier ist der Fluss schon so breit, dass das Schiff fast zweieinhalb Stunden benötigt, ↪ Tabelle Seite 658; www.traversiers.gouv.qc.ca.

Weiter nach Labrador

Eine Weiterfahrt am St.-Lorenz-Strom auf der #138 über Baie-Comeau hinaus bis zum Straßenende in Natashquam (+ ca. 300 km) lohnt nur für Einsamkeitsfans (ggf. Rundfahrt über Labrador/Neufundland, ↪ Seite 660ff).

Ab Baie-Comeau zweigt die **Straße nach Labrador City** ab (600 km).

Ab Sept-Îles (+175 km auf Straße #138) geht eine **Autofähre** nach Blanc Sablon an der »Grenze« zu Labrador (www.relaisnordik.com), von wo man auf dem *Trans Labrador Highway* bis Goose Bay/Labrador City fahren kann (Schotterstraße). Ausführlich beschreibt der RKH-Titel »Kanada Maritimes« eine Fahrt am Nordufer des St.-Lorenz-Stroms und nach bzw. durch Labrador, ↪ Seite 763.

Parc National du Saguenay   www.sepaq.com/pq/sag

Wie als Fortsetzung des *Parc Marine due Saguenay* umsäumt der *Parc Natio-nal du Saguenay* Teilbereiche der bis zu 300 m hohen Ufer des Saguenay Fjord.

Von der südlich abseits des Saguenay River laufenden Straße #170 erreicht man (von Osten kommend) den Fjord erstmalig über eine Stichstraße (Rue du Quai) ab **Petit-Saguenay** (dort Kanuverleih, Camping, *Cabins*, Sandstrand). Ein **Wanderweg** von Quai durch ein kleines separates Areal des Parks läuft bis **L'Anse Saint Jean** (ca. 10 km). Dieses hübsche Dorf liegt am Ende einer weiteren Stichstraße (mit *Covered Bridge*) von der #170 weiter westlich. Von dort führen Wanderwege zu Aussichtspunkten im Hauptgebiet des Park.

Per Auto in den Nationalpark geht es ab **Rivière Éternité** auf einer 9-km-Zufahrt. Ein *Centre Interprétation* wartet an der Baie Éternité. Von dort starten Bootsausflüge (täglich Juli+August 9.30 und 13.30 Uhr, 90 min, $45. Ein sehr schöner **Wanderweg** führt zur Statue *Notre-Dame-du-Saguenay* hoch über dem Kap Trinité (retour 7 km).

Auf der **Nordseite** läuft ein **Wanderweg ab Tadoussac** bzw. von der Straße #138 in der Nähe der Fähre durch den Park nach Westen und nach einigen Kilometern unmittelbar am Fluss entlang bis zu einem Parkplatz an der Straße von Sacré Coeur nach Anse de Roche am Saguenay River. Die neben Wanderpfaden einzige Einrichtung in diesem Teil des Parks ist der *Campground Le Bleuvet* an der Baie Sainte Marguerite, ⇨ im Text oben unter Tadoussac. Während am Südufer die genannten Dörfer bzw. Parkeinrichtungen immerhin eine gewisse touristische Infrastruktur bieten, ist das Nordufer daher eher geeignet für Einsamkeitssucher.

Rund um den Saguenay River

In Richtung Québec City	Wer von Tadoussac (wieder) Richtung Québec City will, könnte statt der Straße entlang des St.-Lorenz Stroms auch über die Straßen #170 oder #172 zunächst westlich fahren und sich im Anschluss (ab La Baie/Chicoutimi) auf den Straßen #381, #169/#175 oder #155 südlich halten. Alle passieren bzw. durchqueren weitere – teilweise bereits oben beschriebene – Naturparks.
Lac Saint Jean	Auch eine erweiterte Rundfahrt um den weiter nordöstlich liegenden **Lac Saint Jean** (200 km) lohnt sich, ist aber zeitaufwändig.
Rundfahrt	Unabhängig von einer Rück-/Weiterfahrt in Richtung Québec City ist bei genügend Zeit auch eine ca. 250 km lange **volle Runde um den Saguenay-Fjord** herum erwägenswert. Die Straßen #170 und #172 verlaufen aber nur an wenigen Punkten in Ufernähe. Heran an diesen großartigen Fjord kommt man so recht nur über Stichstraßen (⇨ Kasten).
Museales Dorf	Zur *Site de la Nouvelle-France* führt eine Umgehung der Straße #170 kurz vor Saint-Félix-D'Otis. Dort steht ein rekonstruiertes altes Québec-Dorf am Fjordufer (1990 für Szenen eines historischen Films errichtet), geöffnet im Sommer; Führungen täglich 9.30 und 15.30 Uhr; $15/$7; www.sitenouvellefrance.com.

Zellulose-
fabrik

Ab **La Baie** verbindet die Straße #372 bis **Chicoutimi** die #170 mit der #172 über dem Nordufer des Saguenay River. Beide Städte kann man getrost ohne Stopp durchfahren, es sei denn, man interessiert sich für die Zellulose- und Papierherstellung (stillgelegte *La Pulperie de Chicoutimi* als Museum, 1 km südwestlich der *Pont Dubuc*, Touren tägl. 9-18 Uhr, $10); www.pulperie.com.

Straße #172

Die Straße #172 bietet – wie gesagt – weniger Aussichtspunkte und fast keine Infrastruktur. Wer campen möchte, findet immerhin mit **Descente des Femmes** in **Sainte-Rose-du-Nord** (Rue de la Montagne, ✆ (418) 675-2581) einen fantastisch gelegenen Platz mit Fjordblick ($17-$22). Der *Campground Le Bleuvet* bei Sacre Coeur wurde bereits unter Tadoussac erwähnt, ➪ Seite 565.

Quartiere

Unterkünfte für die Rundfahrt:

- **Auberge du Jardin**, Petit Saguenay, Blvd Dumas, ✆ 1-888-272-3444, ab $94 inkl. Frühstück; www.aubergedujardin.com
- **Auberge les 2 Pignons**, Petit Saguenay, Blvd Dumas, ✆ (418) 272-3091 und ✆ 1-877-272-3091, ab $96; www.pignons.ca
- **Motel Auberge du Mont-Édouard** in L'Anse-Saint-Jean, Rue St. Jean Baptiste Est; ✆ (418) 272-3359, ab $60 inkl. Frühstück, www.aubergedumont-edouard.ca

- **Camping 4 Chemins**, L'Anse St. Jean; ✆ (418) 272-2525 und ✆ 1-866-305-2525; www.camping4chemins.qc.ca

Fähre über den Saguenay
River am Tadoussac Anleger

5. Die MARITIMEN PROVINZEN NOVA SCOTIA, PRINCE EDWARD ISLAND, NEW BRUNSWICK und QUEBECS GASPE-HALBINSEL

5.1 Zu den Routen

Regionale Zuordnung

Nova Scotia (NS), **Prince Edward Island** (PEI) und **New Brunswick** (NB) sind die kleinsten Provinzen Canadas. Man nennt sie auch *The Maritimes*, da sie ganz oder überwiegend vom Meer begrenzt werden: vom **Atlantik**, vom *Gulf of St. Lawrence* und der *Bay of Fundy*.

Die **Gaspé Peninsula**, kurz *Gaspésie*, gehört zwar politisch zu Québec, wird hier aber aus geographischen und streckentechnischen Gründen mit den *Maritimes* beschrieben.

Reiseziel Maritimes

Die *Maritimes* können ein Reiseziel für sich sein oder im Rahmen einer Rundreise besucht werden, die Québec und/oder die Neuengland-Staaten mit einschließt .

Routen

Der Verlauf der hier vorgestellten Routen versucht, beiden Möglichkeiten gerecht zu werden und schließt deshalb – ab den Seiten 637, 645 und 646 – nahtlos an die Neuengland-Route an, sofern der **Grenzübertritt** zwischen Maine und New Brunswick erfolgen soll. Die **Autofähre** von Portland und Bar Harbor (Maine) nach Yarmouth (Nova Scotia) wurde schon 2010 **eingestellt**.

Rundfahrt ab Halifax

Für eine Rundfahrt mit **Start in den *Maritimes*** kommt wegen des einzig wirklich internationalen Flughafens der Region (Direktflüge ab London) eigentlich nur Halifax in Frage. Halifax ist auch die einzige Stadt der *Maritimes*, für die man über europäische Veranstalter bereits von der Heimat aus **Campmobile** buchen kann. Deshalb beginnen die Routenbeschreibungen für die *Maritimes* in **Halifax/Nova Scotia**.

Die **Strecken durch New Brunswick** sind ab Nova Scotia bzw. auf den Grenzübertritt von NB nach Maine zugeschnitten. Die Erläuterung erfolgt daher in Nord- bzw. Westrichtung. Da auf den genannten Routen die touristischen *Highlights* eher punktuellen Charakter haben, ergibt sich daraus für Fahrten in Gegenrichtung überwiegend keine Leseschwierigkeit.

Gaspesie

Das gilt ebenso für einen Trip entlang der Küste der **Gaspé Peninsula**. Er wird hier als Fortsetzung der Route von Prince Edward Island via Moncton nach Campbellton (Straße #11, beschrieben und läuft gegen den Uhrzeigersinn »von unten« um die Halbinsel herum.

Anreise aus Québec

Auch der »**Einstieg**« in die maritimen Provinzen **von Norden** (Québec) fällt mit den gewählten Routen leicht. Bei Fahrt über den *Trans Canada Highway (TCH)* und die *Gaspésie* erreicht man spätestens auf Prince Edward Island eine Route in der eigenen Fahrtrichtung. Zuvor überwiegen die Punktziele, sodass die Richtung der Routenführung nicht sonderlich bedeutend ist.

5.2   Reiseziel Maritimes und Gaspésie

5.2.1   Touristische Attraktion

Die maritimen Provinzen Canadas werden bei uns als Reiseziele gerade stärker entdeckt, aber von Kanadiern und Amerikanern schon immer gern besucht. Wirtschaftlich spielt der Tourismus dort eine wachsende Rolle.

Attraktion

Den Urlauber erwartet eine kaum zerstörte Idylle: unverbaute Küsten, kleine intakte Orte und glasklare Seen und Flüsse. Überall präsent sind Spuren der jahrhundertealten Siedlungsgeschichte und Seefahrertradition. Ein Besuch in den maritimen Provinzen ist ein **Step back in time**, eine »Reise in die Vergangenheit«.

Infrastruktur

Die touristische Infrastruktur wirkt – in angenehmer Weise – altmodischer und weniger perfektioniert als anderswo. Die großen Motelketten haben sich noch nicht durchgesetzt, und man findet überall **Bed & Breakfast**-Pensionen in – oft wunderbar verzierten – viktorianischen Holzhäusern. Dem Camper bietet besonders Nova Scotia weitläufige **Provincial Parks** mit Stellplätzen in meist herrlicher Lage (aber nur Mitte Juni bis Anfang September geöffnet!). Feine **Restaurants** sind eher selten, aber mancher **Imbiss** kann zum Erlebnis werden: Frische Hummer, Austern und Muscheln, gleich auf der Holzbank vor der Fisch-Verkaufsbude verzehrt, bringen jeden *Gourmet* ins Schwärmen.

Maritimes/ Aktivurlaub

Mehr und mehr Bedeutung gewinnen die verschiedenen Möglichkeiten zum Aktivurlaub auch in den *Maritimes*. Im Vordergrund stehen dabei Kajak & Kanu, Biken, Wandern und Tauchen. Die folgenden Adressen haben dafür gute Angebote:

- **North River Kayak Tours**, North River, ✆ 1-888-865-2925, www.northriverkayak.com; **Kajakvermietung** und **Kajakunterricht** für Anfänger; ein- und mehrtägige **Touren** in der St. Ann's Bay im Norden von Nova Scotia.

- *Sea Spray Outdoor Adventures*, Dingwall; ℰ (902) 383-2732, **Radvermietung** für Touren auf dem *Cabot Trail* und geführte **Wildnistrips** für Fortgeschrittene; www.cabot-trail-outdoors.com.
- *Splash Water Sports*, 6189 Young Street, Halifax, ℰ (902) 455-3483; ein und mehrtägige **Tauchtouren zu Wracks**.

5.2.2   Die maritimen Provinzen im Überblick

Nova Scotia

Der Name Nova Scotia steht für eine zerklüftete, mal felsige, mal lieblich grüne Atlantik-Küste (7400 km!) mit unzähligen romantischen **Fischerhäfchen**. Sie bestehen oft nur aus einer Handvoll Hütten, einem Anleger mit ein paar bunten Booten und Hummerverkauf direkt vom Kutter. Diverse **Bilderbuchstädte** laden zum Bummeln und Verweilen ein, und kleine lokale Museen und *Historic Sites* erzählen die Begebenheiten einer langen maritimen Vergangenheit.

Nationalparks

Für den kalten Atlantik entschädigen viele – nie weit vom Meer entfernte – Seen. Im Sommer wird ihr Wasser warm genug für Badepausen. Auf den Gewässern des *Kejimkujik National Park* im Landesinneren kann man Kanutouren machen und in hügeliger Landschaft schöne Wanderungen unternehmen. Gelegenheit zu anspruchsvolleren Fußmärschen hat man im wilden Bergland des *Cape Breton Highlands National Park*. Von dort ist es nicht weit zur *Fortress Louisbourg*, einem *Living Museum* der Extraklasse.

Prince Edward Island

www.tourism pei.com

Der *Prince Edward Island National Park* mit rosafarbenen Stränden und Dünen bietet beste Voraussetzungen für Ferientage am Meer: unterwegs geht es vorbei an cremefarbenen Holzhäusern, leuchtend roter Erde und sattgrünen Wiesen.

Touristisch entwickelt sind auf PEI vor allem die Hauptstadt **Charlottetown** mit Umgebung und der zentrale Norden um den Nationalpark. Dort finden *Lobster Suppers* statt, eine Tradition der *Maritimes*, die nur noch in der Inselprovinz gepflegt wird: Sie waren einst dörfliche Gemeinschaftsessen im Kirchenkeller. Heute werden sie in Ausflugsrestaurants mit viel Hummer und überquellenden Salatbüffets für große Besuchergruppen veranstaltet.

New Brunswick

www.tourism newbruns wick.ca

Der bereits erwähnte *Step back in time* ist in New Brunswick besonders intensiv zu spüren; dort speziell im **Tal des St. John River**, an dem auch die Hauptstadt Fredericton liegt. Dieser längste Wasserlauf der *Maritimes* erweitert sich südlich von Fredericton zu einer verzweigten Flusslandschaft. Dort befindet sich *Kings Landing*, ein *Living Museum*, das das Leben in New Brunswick im 19. Jahrhunderts zeigt. Das *Acadian Village* an der Ostküste bezieht sich auf die Acadier zur selben Zeit, ➪ Seite 635.

Kouchibouguac NP

Neben dem *Acadian Village* und attraktiven Uferabschnitten, die teilweise als Provinzparks einer privaten Nutzung entzogen wurden, ist der *Kouchibouguac National Park* mit seiner Marschlandschaft, Stränden und Lagunen als Kanurevier Hauptanziehungspunkt am Golf von St. Lawrence.

LABRADOR

Mary's Harbour

Blanc-Sablon

St. Anthony

NEWFOUNDLAND

QUÉBEC

Natashquan

Sept-Îles

Gulf of
St. Lawrence

Grand
Falls-
Windsor   Gander

Corner
Brook   Deer
Lake

Baie-
Comeau

St. Lawrence River

Île
d'Anticosti

Stephenville

St. John's

Gaspé   Gaspé

Argentia

Matane

Rimouski

Îles de la
Madeleine

Channel-Port-
aux-Basques

Rivière-
du-
Loup

Campbellton

Miramichi

PRINCE
EDWARD
ISLAND

NEW
BRUNSWICK

Sydney

Cape Breton
Island

Atlantic
Ocean

Québec
City

Moncton   Charlottetown

Fredericton   Truro   New
Glasgow

Saint
John

Bangor

Bay of Fundy

Dartmouth

Halifax

Digby   Bridgewater

Bar
Harbour

Augusta

Yarmouth   NOVA
SCOTIA

Portland

**Kanadas
maritime
Provinzen**

Fundy NP

Der gewaltige **Tidenhub** (bis 16 m, ⇨ Seite 628f) in der *Bay of Fundy* verleiht der Küstenlinie ein unverwechselbares Aussehen. In kürzester Zeit tauchen bei Ebbe bizarre Felsformationen und roter Meeresboden auf, um bei einsetzender Flut ebenso rasch wieder zu verschwinden.

Mt. Carleton

Das Waldland zwischen Ostküste und US-Grenze ist fast menschenleer. Eine Stichstraße führt zum *Mount Carleton*, dem höchsten Berg der Provinz (820 m).

Gaspésie

www.
gaspesie.com

Die *Gaspésie* gilt als touristische Attraktion der Provinz Québec und ist etwas für Liebhaber nordisch-rauer Landschaften. Im Mittelpunkt des Interesses stehen dort vor allem der *Forillon National Park*, der rote *Percé Rock* in der äußersten Halbinselspitze und die enormen **Seevögelkolonien**.

Die meisten Touristen bevorzugen neben diesen Anziehungspunkten die reizvoll felsgebirgige **Nordküste** am St. Lorenz. Denn die flache und weitgehend monotone **Südküste** der *Baie des Chaleurs* bietet nur einige historische Sehenswürdigkeiten.

5

Die Einwohner der zahlreichen Dörfer an der Küstenroute – meist Nachfahren baskischer, normannischer oder irischer Fischer im Norden bzw. britischer Siedler und *Acadians* im Süden – leben bis heute überwiegend vom Fischfang.

Routen über die Gaspé

Drei Straßen überqueren in großen Abständen das praktisch unbesiedelte Bergland im Inneren der Halbinsel, die *Monts Chic-Chocs*, ein Ausläufer der Appalachen. Im **Gaspésie Provincial Parc** erhebt sich mit dem **Mont Jacques Cartier**, der mit 1268 m höchste Berg des östlichen Canada.

5.2.3   Klima

Halifax – man glaubt es kaum – liegt auf der Höhe von Mailand. Die beständigen Westwinde bescheren den *Maritimes* trotz ihrer Randlage **Kontinentalklima-Einflüsse** mit warmen Sommern und kalten Wintern. Dabei werden die Temperaturen durch die Allgegenwart des Meeres gemildert. Die Sommer sind kühler und kürzer als weiter westlich, die Winter wärmer.

Außer im Binnenland von New Brunswick, das bedeutend mehr Landmasse als die anderen maritimen Provinzen und die *Gaspésie* besitzt, steigt das Thermometer im Sommer nur selten über 24°C und fällt im Winter meist nur wenig unter den Gefrierpunkt. Viele hitzegeplagte Touristen aus den USA kommen deswegen u.a. nach Prince Edward Island und machen Urlaub in der nordischen Sommerfrische.

Gleichzeitig kann das Wetter ähnlich wechselhaft wie in Norddeutschland sein; kühle, regnerische Sommertage und Küstennebel sind keine Seltenheit. Besonders der Frühsommer (Ende Mai bis Ende Juni) ist klimatisch recht launisch. Wie hierzulande braucht man als Urlauber ein bisschen Glück; aber Reisen im **Juli und August** bis spätestens Mitte September sind insgesamt risikoloser als davor oder danach.

5.2.4   Geschichte

Indianer

Die *Maritimes* waren ursprünglich Siedlungsgebiet der **Mi'kmaq-Indianer**, die heute in Nova Scotia und New Brunswick gerade 1% der Bevölkerung ausmachen. Auf Prince Edward Island leben nur noch ein paar hundert *Mi'kmaqs*.

Nova Scotia

Die Entdecker nannten das Gebiet der heutigen *Maritimes* **Acadia**. Von Franzosen und Engländern im 17. Jahrhundert in Besitz genommen, spielte die Halbinsel **Nova Scotia** in den Kämpfen der beiden Mächte um die Vormachtstellung auf dem neuen Kontinent eine bedeutende Rolle. **1713** erkannte Frankreich die Dominanz Englands in Nova Scotia an, behielt aber Cape Breton Island. Die französischstämmige Bevölkerung (**Acadians**, ✷ Essay Seite 635) wurde im Zuge erneuter Streitigkeiten mit Frankreich **1755** brutal vertrieben. Mit ganz *New France* ging **1763** auch Cape Breton Island endgültig an Großbritannien.

PEI/New Brunswick

Prince Edward Island wurde bereits **1769** ein eigenes, von Nova Scotia getrenntes Verwaltungsgebiet, **New Brunswick 1784** – nach dem Zustrom königstreuer Engländer (Loyalisten, ⇨ Essay Seite 486) aus den jungen USA – von Nova Scotia separiert.

Heute nimmt die Provinz eine Sonderstellung ein: Sie ist als einzige offiziell und faktisch zweisprachig. Denn gut 30% ihrer Bevölkerung – sie stammen von Rückkehrern der einst vertriebenen Acadier ab – sprechen Französisch. Vor dem Regierungsgebäude in Fredericton wehen einträchtig acadische (Trikolore mit Stern), britische und kanadische Flagge neben dem Provinzbanner.

Neuzeit

Die meisten Bewohner der *Maritimes* sind indessen Nachkommen britischer Einwanderer. Sie betrachten ihre Heimat gern als Geburtsstätte des heutigen Canada:

1864 fand auf Initiative ihrer Vorfahren eine erste Konferenz in Charlottetown/Prince Edward Island statt, die zum Zusammenschluss der damals verbliebenen britischen Kolonien auf dem nordamerikanischen Territorium und damit im Jahre **1867** zur Gründung des **Dominion of Canada** führte.

Inzwischen ist aus der einst reichen Wiege des Kontinents eine benachteiligte Randregion geworden.

Schwarze im Osten Canadas

Wer durch das östliche Canada reist, sieht insbesondere in ländlichen Gebieten ausschließlich Weiße. Schwarzen und anderen ethnischen Gruppen begegnet man nur in großen Städten und Industriegebieten. Allein in Toronto lebt mehr als die Hälfte aller Kanadier karibischen Ursprungs. Meist sind sie noch nicht lange in Canada, da erst in den 1960er-Jahren die engen Restriktionen gegen die Einwanderung Farbiger gelockert wurden.

Aber es gibt in Canada auch Schwarze, deren Ursprünge bis auf die Anfänge der Besiedelung zurückgehen. Schon *Samuel de Champlain* brachte 1605 den ersten Schwarzen mit nach Port Royal; und die feineren Kaufleute und höheren militärischen Ränge in *New France* hielten sich später ebenfalls gern farbige Dienstboten.

Entlaufene Sklaven, die während des amerikanischen Revolutionskrieges auf englischer Seite gekämpft hatten, waren mit dem Versprechen von Freiheit und Landbesitz nach Nova Scotia gelockt worden, ⇨ Seite 486. Abgespeist mit den schlechtesten Böden, nützte es ihnen oft wenig, formal frei zu sein. Da sie sich von ihrem Besitz nicht ernähren konnten, waren sie gezwungen, die niedrigsten und schlechtbezahltesten Arbeiten anzunehmen.

Ihre Siedlungen an der Peripherie der weißen Städte hießen auch in diesem Teil Amerikas *Niggertown*; und die britische Verwaltung tat alles, um die Verbriefung der Landrechte der Schwarzen zu verzögern. Bis heute gibt es Regionen, in denen die schwarzen Familien immer noch nicht als rechtmäßige Eigentümer für Land eingetragen sind, das ihren Vorfahren schon vor über 200 Jahren überlassen worden war. weiter auf der nächsten Seite

1792 entschloss sich eine Gruppe von 2.000 enttäuschten schwarzen Loyalisten, dem ungastlichen, kalten Land den Rücken zu kehren und nach Sierra Leone auszuwandern. Die Zurückgebliebenen konnten ihrer Ghetto-Situation nicht entkommen. Vor allen Dingen in Halifax, einer auf den ersten Blick vornehmlich weißen Stadt, machte sich der Unmut über 200 Jahre Diskriminierung immer wieder in gewalttätigen Auseinandersetzungen Luft.

In den 1960er-Jahren erlangte das schwarze *North End* traurige Berühmtheit, als Teile der Bevölkerung einen Polizeistreik nutzten, um Schaufenster einzuschlagen und Läden zu plündern. Anfang der 1990er-Jahre kam es in derselben Gegend wieder zu wütenden Ausschreitungen, nachdem einem Farbigen damals im weißen *Downtown* der Zugang zu einer Bar verwehrt worden war; ⇨ Seite 583 (»*Black Cultural Center*«).

Ein positives Kapitel in der Geschichte der Schwarzen in Canada hat sich zwischen 1840 und 1860 vor allem in Ontario abgespielt. Schon 1793 erließ man dort ein Gesetz gegen die Sklaverei; als sie 1834 im gesamten britischen Empire abgeschafft wurde – während sie in den USA noch bis zum Ende des Sezessionskrieges bestehen blieb – flohen 30.000 Sklaven in die englisch gebliebenen Kolonien. Weiße und schwarze Helfer schleusten Flüchtlinge über die geheime Organisation **Underground Railway** in abenteuerlichen, nächtlichen Fluchten durch ganz Amerika.

Es gibt viele Geschichten von mutigen Schwarzen, welche die neu gewonnene Freiheit immer wieder aufs Spiel setzten, um ihren noch in Sklaverei lebenden Leidensgenossen zu helfen.

Lunenburg, pittoreskes Städtchen an der Atlantikküste mit deutsch-schweizerischen Wurzeln ist heute ein UNESCO Weltkulturerbe, ⇨ *Seite 586*

Routenwahl

5.3 Nova Scotia/Neuschottland

5.3.1 Zu den Routen www.novascotiatourism.com

Karte
Seite 590

Ausgangspunkt der Routen durch die maritimen Provinzen ist Neuschottlands Hauptstadt **Halifax** (zur Begründung dieser Wahl ➪ Seite 570, Stichwort »Rundfahrt«). Von Halifax geht es in Richtung Süden (*Lighthouse Route*) nach Yarmouth, einer nach Einstellung des Fährbetriebs aus den USA wirtschaftlich arg gebeutelten Hafenstadt am Südende der Halbinsel, dann an der *Bay of Fundy* entlang (*Evangeline Trail*). Wieder in Halifax folgt die Route der Küstenlinie nach Nordosten. Diesem **Marine Drive** sollte man nicht bis in die äußerste Ostspitze folgen, sondern vorher nach Antigonish abbiegen, um zur **Strait of Canso**/**Cape Breton** zu gelangen. In Antigonish knüpft die Streckenbeschreibung an die Routen durch PEI bzw. New Brunswick an.

Cape
Breton
Island

Die Rundfahrt auf Cape Breton verläuft im Wesentlichen an den Küsten entlang in die Nordwestecke zum *Cape Breton Highlands NP* und zur *Fortress Louisbourg* im äußersten Osten.

Steckbrief Nova Scotia/NS www.novascotia.com

922.000 Einwohner, 55.300 km²; größte und Hauptstadt ist **Halifax**. Dort leben 290.000, im Großraum mit der Schwesterstadt **Dartmouth** 390.000 Einwohner. Die Besiedelung konzentriert sich entlang der Küsten. Das Gros der Fläche liegt auf der inselartigen über eine schmale Landbrücke (Isthmus) mit New Brunswick verbundenen **Halbinsel Nova Scotia**. Zur Provinz gehört außerdem die im Nordosten an das Festland anschließende **Insel Cape Breton**. Damm und Brücke über die **Strait of Canso** stellen die Verbindung mit Nova Scotia her.

Die zu 80% gemischt-bewaldete Fläche ist geprägt von niedrigen Ausläufern der Appalachen, die auf Nova Scotia und Cape Breton Island für eine hügelige **Felslandschaft** (maximale Höhen um die 400 m) mit über 3.000 großen und kleinen Binnenseen sorgen. Die Küsten sind überwiegend rauh und auf der Atlantikseite voller Klippen und tief ins Land reichender Buchten. Das **Phänomen des Tidenhubs** der *Bay of Fundy* ist auch auf der Neuschottland-Seite zu beobachten.

Holz- und Papierindustrie, Fischerei – Hummer, Austern und Venusmuscheln – sowie Landwirtschaft und Viehzucht bilden **ökonomische Standbeine** der Provinz. Hinzu kommt immer stärker der Tourismus als wichtige Einnahmequelle.

Touristische Ziele sind neben den bereits erwähnten (➪ Seite 572): die *Lighthouse Route* und der *Evangeline Trail*, zwei aneinander anschließende Küstenstraßen im Süden, **Port Royal** und **Grand Pré National Historic Site**, sowie **Peggy's Cove**, ein Fischerdorf *par excellence* südlich von Halifax.

Die Halifax Explosion www.cbc.ca/halifaxexplosion

Das Ereignis der *Halifax Explosion* im Jahre 1917 ist bei uns fast unbekannt. Diese größte je von Menschen verursachte einzelne Explosion vor Zündung der Atombomben kostete über 2.000 Menschen das Leben; 9.000 weitere wurden großenteils schwer verletzt. 1.200 Gebäude – fast das gesamte *North End* – wurden zerstört; noch bis zu 50 Meilen entfernt zerbrachen Fensterscheiben.

Halifax war während des 1. Weltkrieges ein Kriegshafen, von dem Truppentransporte, Versorgungs- und Munitionsschiffe nach Europa ausliefen. So auch der belgische Versorger *Imo* und die französische *Montblanc* mit tonnenweise Munition an Bord. Leichtsinn und menschliches Versagen – die *Montblanc* hatte nicht einmal die obligatorische rote Flagge zur Kennzeichnung ihrer gefährlichen Fracht gehisst, die *Imo* manövrierte unseemännisch – führten am 6. Dezember 1917 zu einer überaus folgenschweren Kollision. Die Besatzung der *Montblanc*, eingeweiht in die gefährliche Fracht, konnte das Schiff gerade noch verlassen, bevor es 20 Minuten nach dem Zusammenstoß explodierte.

Diese kurze Zeit hatte aber auch ausgereicht, um scharenweise Schaulustige – vor allem Kinder – an die Hafenkais ringsum zu locken, die sich das interessante Schauspiel der brennenden Schiffe nicht entgehen lassen wollten und dann Opfer der Detonation wurden.

Lange Zeit hielten sich Gerüchte über einen feindlichen Angriff und die Beteiligung deutscher Spione. Aber nach jahrelangen Prozessen wurde offiziell festgestellt, dass wohl keine Sabotage im Spiel war.

Im *Maritime Museum of the Atlantic* erläutern Film und eine Fotoausstellung die Details zu diesem tragischen Ereignis.

5.3.2   Halifax www.halifaxinfo.com; www.halifax.ca
City 290.000 Einwohner, Region 390.000

Lage und Geschichte

Halifax liegt auf einer schiffsförmigen Halbinsel in einer tief ins Land (26 km) reichenden Bucht der Atlantikküste, dem **Halifax Harbor**, einem ganzjährig eisfreien Gewässer. Aus militärstrategischer Sicht waren das ideale Bedingungen für eine wehrhafte Siedlung und eine geschützte Hafenanlage.

Kein Wunder also, dass die Engländer als Gegengewicht zum französischen *Fort Louisbourg* auf Cape Breton 1749 ebenda ein erstes Fort errichteten, wo heute die Zitadelle die Stadt überragt. Bald darauf verlegten sie auch die Verwaltung ihrer Besitzungen im nordöstlichen Amerika von Annapolis Royal (⇨ Seite 595.) nach Halifax. Nach der Entmachtung der Franzosen in Canada 1763 wurde die Stadt Hauptquartier der britischen Atlantikflotte und behielt diese Rolle, bis der Militärhafen 1906 vom kanadischen Staat übernommen wurde. Während der beiden Weltkriege diente Halifax den Alliierten als wichtige Marinebasis. Die Präsenz der *Navy* sowie Handel, Schiffbau und Fischereiwirtschaft sorgten rasch für Wohlstand.

Mitte des 19. Jahrhunderts – dem **Golden Age of Sail** – verfügte das maritime Canada über die viertgrößte Handelsflotte der Welt, ein Großteil davon mit Heimathafen Halifax und Lunenburg.

Heute ist Halifax eine überschaubare, moderne Stadt mit einer attraktiven *Waterfront* und vielen Grünflächen. Die Stadt verfügt über mehrere Hochschulen, neue Industrien und ein reges Kulturleben mit Museen, Galerien und Theatern.

Anreise, Information und Unterkunft

Flughafen

Der **Halifax International Airport** (www.hiaa.ca) liegt 40 km nordöstlich von *Downtown* Halifax an der Autobahn #102. Der **Airporter** verkehrt von 5 Uhr morgens bis Mitternacht stündlich (Fahrzeit ca. 45 min) zwischen *Airport* und Stadt; er steuert die meisten großen Hotels und zentrale Punkte an ($20; Taxi ca. $55); www.airporter-rlm.com. Eine **Visitor Information** im *Terminal* hat viel Material und hilft ggf. bei Hotelbuchungen.

Information

Visitor Centers (www.halifaxinfo.com) befinden sich im *Red Store* an der **Waterfront** (in den *Historic Properties*) und Ecke Sackville/Barrington Street; ✧ Karte Seite 582.

Orientierung

Die Orientierung in Halifax fällt leicht. Das Stadtzentrum befindet sich im Süden der Halbinsel. Die Straße #102 führt von Nordosten kommend (Flughafen) im großen Bogen von Westen in die City (vereinigt mit den Straßen #103 und #3/*Lighthouse Route* aus Südwesten). Auf den Straßen #111 und #7 (Marine Drive) erreicht man aus östlicher Richtung *Downtown* Halifax per Brücke über die nördliche Buchterweiterung, das *Bedford Basin*.

Parken

Parkplätze im Shopping Centre **Scotia Square (Delta Hotel)** und an der **Waterfront** bei den *Historic Properties*:

Motels/ Hotels

- **Garden Inn**, 1263 South Park Street, ✆ (902) 492-8577 und ✆ 1-877-414-8577; $99-$169; www.gardeninn.ns.ca
- **Four Points/Sheraton**, 1496 Hollis Street; ✆ (902) 423-4444, ab $130; www.starwoodhotels.com/fourpoints
- **Delta Barrington** und Schwesterhaus **Delta Halifax** nebenan, 1875 Barrington Street; ✆ (902) 429-7410 bzw. ✆ 1-888-890-3222; DZ ab $155; www.deltahotels.com

In Fußgängerdistanz zum Stadtzentrum befinden sich ebenfalls in der Barrington Street (südlich der Spring Garden Road) das **Int`l Hostel** und **einige kleinere Hotels:**

- **Heritage House Int`l Hostel**, 1253 Barrington Street, älterer Bau, ✆ (902) 422-3863; Bett $26, DZ $64; www.hihostels.com
- **The Waverley**, 1266 Barrington Street, schönes viktorianisches, stilvoll möbliertes Haus, ✆ (902) 423-9346 oder ✆ 1-800 565-9346, DZ $109-$229; www.waverleyinn.com
- **The Halliburton**, 5184 Morris Street (Nebenstraße der Barrington), nostalgisches Nobelhotel mit gutem Restaurant, ✆ 1-888-512-3344, im Sommer ab $179; www.thehalliburton.com

Mittelklasse

Motels ($60-$130) findet man am Bedford Hwy (#2) – ***Comfort Inn*** (ab $119), ***Stardust Motel***, ✆ (902) 835-3316 (ab $70), ***Travelers Motel***, ✆ (902) 835-3394 (ab $59); ***Maritime Motel***, ✆ (902) 835-8307 ($65-$85); gegenüber in Dartmouth an der Windmill Road, z.B. das ***Burnside***, ✆ 1-800-830-4656 (ab $69).

Preiswert

- ***Queen Street Inn***, 1266 Queen Street; einfach, preiswert, teilweise Gemeinschaftsbad, ✆ (902) 422-9828, DZ $65-$80
- ***Dalhousie University*** (Mai-August), ✆ 1-888-271-9222, DZ $74; www.dal.ca/dept/summer-accommodations.html
- ***University of King's College*** (Mai-August), zentrale Lage, ✆ (902) 422-1271, DZ $65; www.ukings.ns.ca/accommodations

Camping

www.woodhaven rvpark.com

- 12 km vom Zentrum liegt der ***Woodhaven Park***: Autobahn #102, *Exit* 5, dann 9 km die #213 nach Osten, ✆ (902) 835-2271.
- Attraktiver, wenn auch sanitär nicht so gut, ist der ***Porter's Lake Provincial Park***, 25 km östlich der Stadt, Autobahn #107, *Exit* 19, dann 5 km zur West Porter's Lake Road und 5 km nach Süden. Der Park läuft über 2 Halbinseln am See (↷ Seite 599).
- 40 km sind es zum ***Laurie Provincial Park*** (geöffnet Mitte Juni bis Anfang September); 71 Stellplätze am Grand Lake in Flughafennähe, Straße #102, zwischen *Exit* 5 und 7 an der #2.

Stadtbesichtigung

Halifax ist die größte und lebendigste der maritimen Städte Canadas; zwei Besuchstage lassen sich dort leicht ausfüllen.

Das Stadtzentrum wird begrenzt durch das Sheraton Hotel und Kasino im Norden, die **Einkaufsstraße Spring Garden Road** im Süden, den ***Citadel Historic Park*** und die ***Waterfront*** (1,5 km).

Waterfront

Sie verbindet die ***Historic Properties*** (mit ***Tourist Information***) und ***Pier 21*** mit einem populären ***Boardwalk***; Anfang August ist hier auf Canadas größtem **Straßenkünstler-Fest** 11 Tage lang stets der Teufel los (www.buskers.ca).

Die *Historic Properties* wurden schon 1963 – vom Abriss bedroht – zum *National Historic Site* erklärt. Die bunten Lagerhäuser auf der ***Privateers Wharf*** beherbergen heute den ***Harbourside Market*** mit *Food Court*, Buch- und Souvenirläden, Kneipen, **Seafood-Restaurants** (schön am Wasser liegen ***Murphy's on the Water*** und ***Salty's***) und das ***Gray Line***-Buchungsbüro für Busausflüge.

Boottrips

Bootsausflüge (www.mtcw.ca) bucht man hinter dem *Ferry Terminal* auf der ***Cable Wharf***: Hafenrundfahrten $26, *Nature & Whale Watching* $37, den Amphibien-Bus ***Harbour Hopper*** $28 oder die Barkasse nach **Peggy's Cove** ($70); mtcw.ca/peggyscove.

Bluenose II

Auf dem Weg zum ***Maritime Museum of the Atlantic*** (1675 Lower Water Street) passiert man den Liegeplatz der ***Bluenose II***. Dieses berühmte Segelschiff wird zurzeit in Lunenburg restauriert und soll 2013 in neuem Glanz auch wieder in Halifax »andocken«; auch ***Sailings*** gibt's dann wieder; www.bluenose.novascotia.ca.

Am Nachbarkai liegt das Museumsschiff **HMCS Sackville**, ein Zerstörer, der im 2. Weltkrieg Konvois nach Russland Begleitschutz gewährte; www.hmcssackville-cnmt.ns.ca.

Seefahrts-museum
www.museum.gov.ns.ca/mma

Das **Maritime Museum of the Atlantic** zeigt die Entwicklung der Segel- und Dampfschifffahrt (*Age of Sail, Age of Steam*), vor allem der *Cunard*-Linie, deren Gründer ein Halifax-Bürger – ein *Haligonian* – war. Besonderes Augenmerk gilt der **Halifax-Explosion** von 1917 (↻ Seite 578). Sehenswert ist auch die *Ships Chandlery*, ein alter Schiffsausrüster-Shop und eine Sammlung von Galionsfiguren. Eine besondere Attraktion ist die **Titanic**-Abteilung. Viele der Ertrunkenen wurden damals auf Friedhöfen in Halifax beigesetzt. Ein 3D-Film informiert über die Tauchexpeditionen hinunter zum Wrack (20 min); täglich von 9.30-17 Uhr (Di bis 20 Uhr), von Nov-April Mo geschlossen, von Nov-Mai So ab 13 Uhr; $9/$5.

Pier 21

Auf dem Weg von dort zur *Pier 21* liegen die **Summit Plaza** (heute großenteils zum Parkplatz »umgestaltet«), wo eine Tafel an das Treffen der G7-Staaten 1995 in Halifax erinnert, und gegenüber jenseits der Lower Water Street in einem Bau von 1820 **Keith's Brewery**. Dort findet samstags ein **Farmer's Market** statt.

www.pier21.ca

An der **Pier 21** begann für Millionen Immigranten, Flüchtlinge und Kriegsbräute ein neues Leben in Canada. Und im 2. Weltkrieg gingen hier an die 500.000 Soldaten an Bord von Truppentransportern. Ihrer wird mit Filmen und Fotos gedacht. Wem der *Boardwalk* zum *Pier 21* zu weit ist, nimmt die Marginal Road.

Downtown

Zu den *Historic Properties* gehören auch die viktorianischen Geschäftshäuser (um 1860) der **Granville Mall**, einer Fußgängerpassage mit Restaurants 2 Blocks oberhalb des Kasinos; daran anschließend die beiden *Shopping Center* **Barrington Plaza** und der große, aber unschöne **Scotia Square**.

Alte und neue Gebäude liegen an der **Grande Parade**, einer Grünanlage auf dem ehemaligen Exerzierplatz zwischen Barrington und Argyle Street, in der u.a. das beliebte Restaurant **Five Fishermen** zu finden ist. Die **St. Pauls Anglican Church** (1750) am südlichen Ende der *Grande Parade* ist das älteste Gebäude der Stadt.

Waterfront mit Restaurant Murphy's

Halifax

Am entgegengesetzten Ende befindet sich die – wiederum viktorianische – **City Hall** (1890), verbunden mit dem **World Trade and Convention Centre**. In den umliegenden Straßen (Grafton, Argyle und Market) findet man gute **Restaurants**.

Town Clock

Von der *Grande Parade* aus kann man die **Old Town Clock** vor dem grünen Hügel der Zitadelle (George Street) nicht übersehen. Der Pünktlichkeitsfanatiker *Prince Edward* – Vater von *Queen Victoria*, der über Jahre das gesellschaftliche Leben von Halifax mit seiner französischen Geliebten dominierte – schenkte diesen Turm 1803 der Stadt; hier beginnt auch der Aufstieg zur Zitadelle.

Province House

Vom **Province House** (1819), dem Regierungssitz von Nova Scotia in der Hollis Street, meinte *Charles Dickens*, es sei ein Juwel der georgianischen Architektur.

Kunst-museum

Mit Ausnahme weniger Werke (*Krieghoff*) und der *Group of Seven* (➯ Seite 451) ist die **Art Gallery of Nova Scotia** (Hollis, Ecke George Street) eher von lokaler Bedeutung; im Sommer tgl. sonst Mi-Sa 10-21 Uhr, So stets 12-17 Uhr, $12; www.agns.gov.ns.ca.

Spring Garden Road

Von der Barrington Street (zwischen der *St. Mary's Basilica* und dem *Old Burying Ground*) zweigt die Spring Garden Road ab, eine lebendige **Einkaufsstraße mit Restaurants** und Kneipen (Musik). Ein Blick lohnt in ihre Nebenstraßen (Queen, Birmingham, Dresden Row). Nett und einfach: **Joe's Fish Smack**, in der 1520 Queen Street. Die Spring Garden Road endet an den **Public Gardens**, kunstvoll angelegten viktorianischen Parkanlagen.

Zitadelle

Mitten in der Stadt unter einem weithin sichtbaren grünen Hügel verstecken sich die Wallanlagen der **Halifax Citadel Nat'l Historic Site**. Die Kanonen dieser strategisch überflüssigen Festung von 1856 taugten schon immer lediglich für Salutschüsse. An der gleichen Stelle war 1749 das erste Palisadenfort errichtet worden.

Die Anlage ist heute ein Museum: Die Quartiere der Besatzung, Waffenarsenale und Pulvermagazine sind zu besichtigen. Kontinuierlich läuft **The Tides of History**, ein netter Film (50 min) über Halifax und die *Maritimes*. Im Sommer zeigen Studenten in Uniformen der *Royal Artillerie* und der *78th Highlanders* um 12 Uhr militärischen Drill. Autozufahrt über Sackville Street (kein Linksabbieger!). Im Sommer täglich 9-18 Uhr; Eintritt $11,70.

Museum

www.museum.
gov.ns.ca/mnh

Halifax lohnendstes Museum, das **Museum of Natural History** (1747 Summer Street, westlich der Zitadelle) beleuchtet neben Geologie, Flora und Fauna Aspekte der regionalen Geschichte, speziell der *Acadians* und *Mi'kmaq* (↪ Seite 17); tägl. 9-17 Uhr, Mi bis 20 Uhr (Nov-Mai Mo geschlossen); $6, *Family Pass* $16,50.

Park

Einen schönen Spaziergang mit Atlantikblick und Picknickplätzen zwischen alten Festungsanlagen (als Rundweg etwa 50 min) bietet der **Point Pleasant Park** auf der bewaldeten Südspitze der Halbinsel. Von der City dorthin (zu Fuß ca. 30 min) South Park und Young Street wählen; dort stehen Holzvillen, die den bereits im 19. Jahrhundert erreichten Wohlstand demonstrieren (Bus #9).

»Schwarzes« Kulturzentrum

Spezielles Interesse setzt das **Black Cultural Centre for Nova Scotia** (www.bccns.com) im Osten der Schwesterstadt **Dartmouth** voraus (10 Cherry Brook Road; Anfahrt über die Straße #7). Es widmet sich dem Schicksal der Farbigen in Nova Scotia, ↪ Seite 575, die um 1780 mit den Loyalisten aus den USA kamen. Ihre Nachfahren lebten später im **Vorort Africville**, der heute als **Seaview Memorial Park** ein *National Historic Site* ist; www.africville.ca

Fisherman's Cove

www.fisher-
mans
cove.ns.ca

Einen Vorgeschmack auf Fischerdorf-Romantik bietet südlich von Dartmouth in Eastern Passage (über die Straße #322) die **Fisherman's Cove** (Government Wharf Road) mit einem *Boardwalk*. Dort gibt's Fischer- und Ausflugsboote, viele Lokale und Shops für Kunsthandwerk. **Wassertaxi** ab der *Waterfront* in Halifax.

Im Sommer täglich um 12 Uhr Vorführung der Royal Artillerie auf den Wällen der Zitadelle

Leuchtturm von Peggy's Cove, das bekannteste Nova Scotia-Fotomotiv, aber nicht selten in Seenebel verborgen

5.3.3   Von Halifax nach Yarmouth

Lighthouse Route

Der maritimen Vergangenheit Nova Scotias und den Geschichten um Schmuggler, Wracks und Schätze begegnet man auf der ***Lighthouse Route***, der Küstenstraße zwischen Halifax und Yarmouth: fast verschlafen auf dem südlichen – und touristisch entwickelter auf dem nördlichen Abschnitt (zwischen Halifax und Liverpool); www.explorenovascotia.com und www.novascotia.com.

Dort gibt es viele hübsche Motels, *Bed & Breakfast Inns*, Restaurants und Kneipen und in Abständen wunderbar gelegene Provinzparks mit erfreulichen Campingplätzen.

Verlauf und Kennzeichnung

Die Entfernung zwischen Halifax und Yarmouth beträgt auf der Straße #103 ca. 300 km. Auf der kurvigen ***Lighthouse Route*** sind es **525 km**. Sie entspricht zunächst der **Straße #333**, die von der #3 westlich Halifax abzweigt, und später kleinen Straßen wechselnder Nummerierung. Die **ausgeschilderte Route** führt an zahlreichen tief eingeschnittenen, bewaldeten oder felsigen, manchmal sandigen Buchten entlang. In ihrem Verlauf passiert sie unzählige Inselchen und Seen, kleine Fischkutter-Anleger mit hoch aufgetürmten Hummerfallen, einige Städtchen aus Nova Scotias Blütezeit und viele kleine Spezialmuseen.

**Peggy's
Cove**

www.peggys
cove.ca

Etwa 45 km südwestlich von Halifax liegt Peggy's Cove (50 Einwohner), *das* **Vorzeige-Fischerdorf der Maritimes**. Zwar sind andere Orte an der *Lighthouse Route*, wie East und West Dover, ähnlich idyllisch-rauh, aber nur Peggy's Cove besitzt wohl den speziellen Charme inmitten einer massiven, glatten Felslandschaft, der es zum meistbesuchten Fischerhafen Canadas macht. Die Kutter landen dort seit 200 Jahren täglich – je nach Saison – Hummer, Kabeljau, Makrelen und Heilbutt an. Neben dem Hafen ist ein malerischer **Leuchtturm** Hauptanziehungspunkt.

Ein Denkmal erinnert an die nahe **Absturzstelle einer MD-11** der *Swiss Air* im Jahr 1998.

Unterkunft

Trotz der mittlerweile beachtlichen touristischen Infrastruktur hat sich Peggy's Cove seinen Charakter als Fischerdorf bewahrt. **Gut** übernachten kann man in

- *Peggy's Cove B&B*, nur 3 Zimmer mit Balkon/Terrasse, toller Blick, ✆ 1-877-725-8732, DZ ab $125, www.peggyscovebb.com
- *Oceanstone Seaside Resort*, Indian Harbour, 8650 Peggy's Cove Road; großes Gelände am Wasser, ✆ 1-866-823-2160; ab $115; www.oceanstone.ns.ca
- *Clifty Cove Motel* in India Harbour, 2,5 km nordwestlich von Peggy's Cove, einfaches Motel, Meerblick, ✆ 1-888-254-3892, $85-$115; www.cliftycovemotel.com

**Chester/
Mahone**

Die alten Städtchen Chester und Mahone mit hübschen Holzhäusern in blühenden Gärten und zahlreichen Antik- und Kunstgewerbeläden sind einen Besuch wert. **Chester**, der schönste Ort an der Mahone Bay, ist eher ein Sommerfrische- als ein Fischerdorf. In **Mahone** fallen schon von weitem die hohen Türme der Holzkirchen auf. Das »Willkommen« am kleinen *Settlers Museum* erinnert daran, dass hier Deutsche seit 1754 siedelten (statt »*Hello*« oder »*Hi*« hört man oft auch: »*How goes it you?*«), Mo-Sa 10-16, So 13-16 Uhr, frei; www.settlersmuseum.ns.ca.

Aktivitäten

Chester/Mahone ist mit den vielen Inseln und Buchten ideal für Wassersport, ✆ (902) 624-6151; www.mahonebay.com.

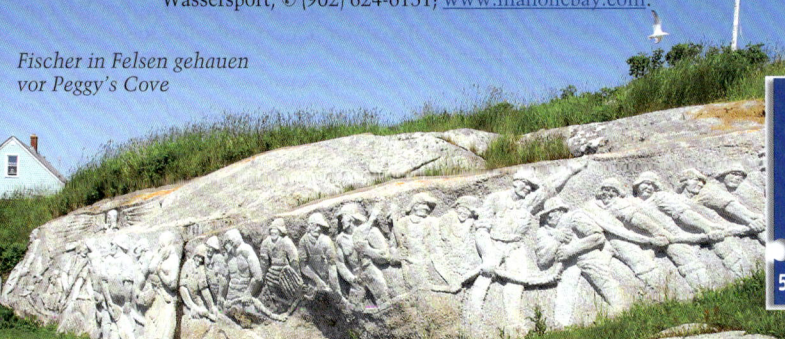

*Fischer in Felsen gehauen
vor Peggy's Cove*

Piraterie und Privateers   www.privateerdays.ca

Die Mahone Bay war wegen ihrer endlosen Winkel als Beuteversteck beliebt; nicht nur bei Piraten, sondern auch bei Freibeutern *(Privateers)*, also »Piraten mit staatlichem Kaperauftrag« *(Letter of Marque)*, denen Engländer, Franzosen und später auch Amerikaner erlaubten, im Kriegsfall feindliche Schiffe aufzubringen. Mancher **Privateer** blieb auch in Friedenszeiten bei diesem lukrativen, aber nicht ungefährlichen Gewerbe. Als legendär gilt die Geschichte der »*Young Teazer*«, die 1813 von mehreren englischen Schiffen verfolgt wurde. Als das Schiff schließlich in der Mahone Bay eingekesselt war, sprengte die Besatzung das Schiff und sich selbst in die Luft. Noch heute erscheint die lichterloh brennende »*Young Teazer*« von Zeit zu Zeit als Geisterschiff am Horizont ... so erzählen es die hiesigen Fischer zumindest.

Camping

Der **Graves Island Provincial Park** liegt 3 km östlich von Chester an der *Lighthouse Route* mitten in einer Parklandschaft mit weitem Blick auf Inselchen und Buchten. Die Stellplätze auf dem *Campground* sind besonders großzügig; $25.

Ross Farm

Für Familien ist ein Abstecher zur *Ross Farm* lohnend (ab Chester von der #103, *Exit* 9, 20 km auf der #12 nach New Ross), ein landwirtschaftliches **Living Museum**. Dort wird alte Handwerkskunst, Ackerbau und Viehzucht wie einst betrieben. Die Farmprodukte sind käuflich. Von Mai bis Oktober täglich 9.30-17.30 Uhr; $6, Kinder $2; www.museum.gov.ns.ca/rfm.

Lunenburg
www.explore
lunenburg.ca

1753 gründeten *Foreign Protestants* aus Deutschland und der Schweiz diesen Ort und lösten damit die von der englischen Kolonialregierung als unzuverlässig angesehenen Iren ab. Im *Age of Sail* Mitte des 19. Jahrhunderts war die reiche und damals viel größere Stadt Zentrum der Kabeljaufischerei und des Schiffbaus.

Old Town Lunenburg gehört wegen seiner 250-jährigen Holzarchitektur »als besterhaltenes Beispiel für britische Siedlungen in Nordamerika« zum UNESCO-Weltkulturerbe. Eindrucksvoll – und im überschaubaren Zentrum unverfehlbar – sind u.a. die **St. John's Anglican Church**, die **Lunenburg Academy**, das **McLachlan House** und das **Boscawen Inn**, ein stilvolles **Restaurant** und Hotel. Im **Visitor Center** (9-20 Uhr) in einem Blockhaus auf dem sogenannten *Blockhouse Hill* (etwas außerhalb mit »Wiesen-Camping«, #103, *Exit* 11) bekommt man Faltblätter zu den historischen Häusern der Stadt, Karten und weiteres Material.

Fischerei-museum
www.museum.
gov.ns.ca/fma

In einer früheren Fischfabrik an der *Waterfront* ist das **Fisheries Museum of the Atlantic** untergebracht. Dort geht es um Wale und Walfang, Fischerei, Schiffstypen, Bootsbau, das Berühren lebender Fische im **Fish Tank** und das **Rum Running** – den Alkoholschmuggel während der Prohibitionszeit. Am Kai liegen u.a. der historische Schooner **Theresa E. Connor** und der 1962 vom Stapel gelaufene Trawler **Cape Sable**; täglich 9.30-17.30 Uhr, Juli-August Di-Sa bis 19 Uhr; $10/$3.

Picknick

Zum Spazierengehen und Picknicken ist der strandnahe **Summerville Beach Provincial Park** ideal (»um die Ecke«).

**Strand
& Tauchen**

Drei ineinander übergehende Strände (**Carters Beach!**) bei **Port Mouton** wecken karibische Assoziationen – nur Palmen fehlen. Vorgelagert ist das Tauchrevier **Spectacle Marine Park Area** mit Wracks und künstlichen Riffen, ✆ (902) 683-2188.

**Kejimkujik NP
Seaside
Adjunct**

Zu diesem geschützten Küstenstreifen, einer Exklave des **Kejimkujik Nationalpark** (siehe links), führt ein herrlicher **6-km-Spazierweg**, den man zwischen Port Joli und Port Mouton abseits der #3 nach 5,5 km über die St. Catherine's Road erreicht; durch Wald- und Sumpflandschaft gelangt man zur 4 km langen **St. Catherine's River Beach**, wo im Sommer auf den Felsen *Harbor Seals* leben. **Kein Camping**.

Ein **Juwel** ist der große **Thomas Raddall PP**; nur zu Fuß oder per Rad erreicht man von **Campground** (48 Plätze, $24) oder *Picnic Area* die sandigen Buchten. Zufahrt (4 km) über Port Joli (# 103).

Lockeport

Bei Sable River zweigt die **Lighthouse Route** abermals als küstennaher *Bypass* von der #103 ab und führt auf eine Halbinsel mit dem reizvollen Fischerdorf Lockeport: Hafenbuchten und schöner, weitläufiger Strand: **Crescent Beach**.

Shelburne
www.shelburne
novascotia.com

Ein **Schmuckstück** unter den Orten im Süden ist Shelburne. Das erkannte auch Hollywood und wählte das vollständig aus **Shingle-** und **Clapboard-Houses** bestehende Städtchen als Drehort für den eigentlich in Neuengland spielenden Film *The Scarlet Letter* (Der scharlachrote Buchstabe). Das **Visitor Centre** Ecke Dock/King Street hält informatives Material über die Dorfumgestaltung während der Dreharbeiten bereit.

**Geschichte
Shelburne**

www.historic
shelburne.com

Nach der amerikanischen Revolution (1783) hatten Tausende von Loyalisten aus den nördlichen US-Staaten Shelburne wegen seines großen Hafens als neue Heimat gewählt (➪ Seite 486). Die Bevölkerung wuchs rasch auf 16.000 Einwohner und damit zu einer der damals größten Städte Nordamerikas. Nachdem die Engländer ihre Unterstützung für die Loyalisten eingestellt hatten, zogen viele der neuen Bürger wieder fort.

*Die Carters Beach – Strand und
Wasser fast wie in der Karibik*

Nova Scotia

Museum

Shelburne County Museum und ***Ross-Thompson House*** zeigen, wie die Menschen dort um 1785 gelebt haben. Im **Dory Shop**, einer früheren Bootswerft (dem **Museum** gegenüber), ist die Entstehung, Entwicklung und handwerkliche Fertigung der *Dories* erläutert. Diese Boote wurden beim Hochseefischen von größeren Schiffen aus eingesetzt. Alle drei Häuser sind im Sommer täglich 9.30-17.30 Uhr zu besichtigen; je $4, Kombiticket $10.

Unterkunft/ Restaurants

• Eines der besten Restaurants der Region befindet sich im **Cooper's Inn**, 36 Dock Street, ✆ (902) 875-4656 und ✆ 1-800-688-2011; Übernachtung $100-$185; www.thecoopersinn.com

• Das **Loyalist Inn** in der 160 Water Street (✆ 902-875-3333, ab $70), hat ein preiswertes Restaurant; www.theloyalistinn.com

• Ein Tipp ist ebenfalls das kleine **Charlotte Lane Cafe** in der gleichnamigen Straße mit guten Salaten, *Seafood* und tollen Desserts; Di-Sa 11.30-14.30 Uhr *Lunch*; 17-20 Uhr *Dinner*, ✆ (902) 875-3314; www.charlottelane.ca

An der Ortszufahrt Water Street, *Exit 26* der #103, gibt es einige preisgünstige Motels, u.a.

• das **Cape Cod Colony Motel**, 234 Water Street, ✆ 1-877-322-8122, ab $75; www.capecodmotel.ns.ca

• das **Wildwood Motel**, Minto Street (Ecke Hammond Street), ✆ 1-800-565-5001, im Sommer ab $90; www.wildwoodmotel.ca

Prächtig campt man im **Islands Provincial Park**, ca. 5 km westlich vis-à-vis Shelburne auf einer Waldhalbinsel auf der anderen Bayseite, $24; www.novascotiaparks.ca/parks/theislands.asp

Südspitze
Die wunderschöne Südspitze von Nova Scotia sollte man nicht auslassen: **Barrington** besitzt einen weißen Strand, ansonsten überwiegen kleine Fischerdörfer, wie **Shag Harbour** und **Clark's Harbour** auf Cape Sable. Hier werden nicht nur Fische aus dem Wasser geholt, sondern auch *Irish Moss*, eine Wasserpflanze, welche die Nahrungsmittelindustrie als Bindemittel verwendet, sowie Seegräser, die zu Düngemittel verarbeitet werden.

Pubnicos
Die *Pubnicos* – je nach Lage East-, West-, Lower-, Middle-Pubnico an der #3/#35 – sind die an der *Lighthouse Route* einzigen **akadischen Siedlungsgebiete** (⇨ Essay Seite 635; www.pubnico.ca).

Außer der hier und dort auf schlichten weißen Holzhäusern wehenden **acadischen Flagge** (Trikolore mit goldenem Stern) und der *Râpure* (⇨ Seite 171 unten) sieht man als Durchreisender kaum etwas von der alten Kultur Acadias. Es sei denn, man erwischt gerade eines der sommerlichen Festivals oder besucht *Le Village Historique Acadien* in Lower West Pubnico, in dem alte acadische Häuser aus verschiedenen Regionen wiederaufgebaut wurden; Juni-Anfang Oktober täglich 9-17 Uhr; $6/$2; www.acadianvillage.museum.gov.ns.ca.

Yarmouth
Mitten in acadischem Siedlungsgebiet hielt das anglophone **Yarmouth** seit dem 18. Jahrhundert enge Handelsbeziehungen zu Neuengland und blickt damit auf eine Shelburne und Lunenburg ähnliche Geschichte zurück. Mit knapp 7.000 Einwohnern ist es für Nova Scotia eine größere Stadt; www.yarmouthonline.ca.

Dafür sorgen auch der für die *Maritimes* bedeutende Fischereihafen entlang der Water Street (beliebter Treff **Rudder's Seafood Restaurant & Brew Pub**) und die Geschäftsstraße Main Street

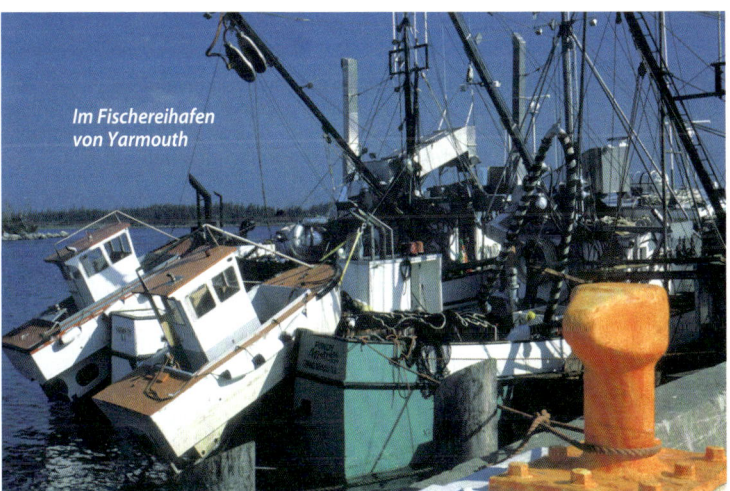

Im Fischereihafen von Yarmouth

mit dudelsackpfeifenden »Schotten« und einem ***Visitor Center*** direkt am Hafen. Ein Muss in Yarmouth sind ***Fish and Chips*** auf der ***Public Wharf***. Feiner wird *Seafood* im ***Prince Arthur's Steak & Seafood House*** zubereitet (Starrs/Pleasant Road).

Feuerwehr-museum

www.museum.gov.ns.ca/fm

Zum Verbund von 25 Nova Scotia Museen gehört das ***Firefigh-ters Museum of Nova Scotia***, dessen großer Bestand Pyromanen verschrecken dürfte. Juli/August Mo-Sa 9-21, So 10-17 Uhr; Juni+Sept. Mo-Sa 9-17 Uhr, Okt-Mai Fr 9-16, Sa 13-16 Uhr; $3.

Yarmouth County Museum, 22 Collins Street; Kanadas größte Sammlung von Schiffsportraits und regionale Antiquitäten; Juni-September Mo-Sa 9-17, So geschlossen; sonst Di-Sa 14-17 Uhr, $3; http://yarmouthcountymuseum.ednet.ns.ca.

Cape Forchu

Ein schönes Ziel ist der **Leuchtturm** von Cape Forchu mit Minimuseum, **Picknick-platz** und **Spazierpfad** rund ums Kap (Straße #304 vorbei an idyllischen Fischerhäfen).

Diverse Motels ($60-$100) stehen an der #1 in Richtung Norden:

* ***Lakelawn Motel***, 641 Main Street (#1); ℂ 1-877-664-0664; $60-$100; www.lakelawnmotel.com.

* Direkt am Fährhafen liegt das ***Rodd Colony Harbour Inn***, mit Restaurant, ℂ (902) 742-9194; $79-$149.

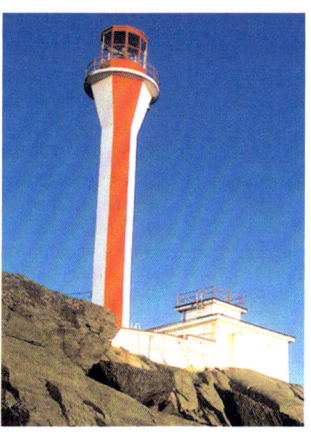

Camping

Der ***Ellenwood Lake Provincial Park***, 20 km nordöstlich von Yarmouth, besitzt einen schönen Badesee und Campingplatz; Zufahrt auf der Straße #101, *Exit* 34; dann #340 und östlich Ohio über Saunders/Mood Road 9 km den Schildern folgen, $24.

5.3.4   Von Yarmouth zum Grand Pré Nat`l Historic Site

Evangeline Trail

In Yarmouth beginnt die Straße #1, die parallel zur #101 als ***Evan-geline Trail*** bis Halifax läuft. Namensgeberin ist die Heldenfigur der Vertreibung französischer Siedler durch die Briten (⇨ Essay Seite 635 und unter *Grand Pré NHS*, Seite 598). Die Westküste bis Digby an der *Bay of Fundy* heißt auch ***French Shore*** oder ***La Côte d'Acadienne***; überall weht dort die acadische Fahne.

Der südliche Abschnitt des *Evangeline Trail* zwischen Yarmouth und Digby ist nicht vergleichbar reizvoll wie die *Lighthouse Route*; der geradlinige Küstenverlauf und die Aneinanderreihung von Straßendörfern sind sogar enttäuschend. Die werbeträchtige Cha-rakterisierung als »längste französische Hauptstraße der Welt«

hat mit der Realität wenig gemein. Die Häuser sind schlicht und weniger verspielt als an der Ostküste, die Fischerhäfen nicht sonderlich attraktiv – mit Ausnahme von **Port Maitland** (mit *Maitland Beach PP*), **Mavillette** (mit schönem Strand im gleichnamigen *Provincial Park*) und **Cape St. Mary**.

Church Point

Wie überall im französisch-katholisch besiedelten Canada sind die Kirchen auffällig groß. Eine der größten Holzkirchen des Kontinents, die **St. Mary's Church** (1905), steht in Church Point (*Point de l'Église*), wo sich auch die einzige französischsprachige Universität Nova Scotias befindet.

> ## Fähre Digby – Saint John/New Brunswick
> Die Fähre verkehrt von Anfang Juni bis Ende Oktober 2x täglich (8 Uhr und 16 Uhr); sonst seltener.
>
> **Tarife Neben-/Hochsaison**: Erwachsene $32/$42, Kinder 6-13 Jahre $20/$27, Autos bis 6 m $79/$84, Wohnmobile bis 9 m $158. Gegenrichtung ⇨ Seite 640. Überfahrt ca. 3 Stunden. Reservierung bei *Bay Ferries*: ✆ 1-877-762-7245; www.nfl-bay.com.

Digby
www.digby.ca

Ab Digby dominiert wieder der anglophone Baustil, und es finden sich einige historische und landschaftliche Attraktionen entlang des *Trail*. Das Städtchen liegt an der geschützten Mündungsbucht des *Annapolis River*, wo eine der größten **Venusmuschel (Scallop)-Fangflotten** der Welt beheimatet ist. Die Schiffe können dort unabhängig vom enormen Tidenhub der *Bay of Fundy* (⇨ Seite 628) aus- bzw. ein. einlaufen. Von diesem Umstand profitiert auch die **Fähre** über die Bay nach Saint John in New Brunswick (⇨ Kasten Fähre). Der Ort lädt zum Bummel ein; in den Restaurants an der Water Street (empfehlenswert sind die Hafenterrassen des *Fundy Restaurant*) kann man *Scallop Snacks* oder *Digby Chicks* probieren, auf spezielle Art geräucherte Heringe.

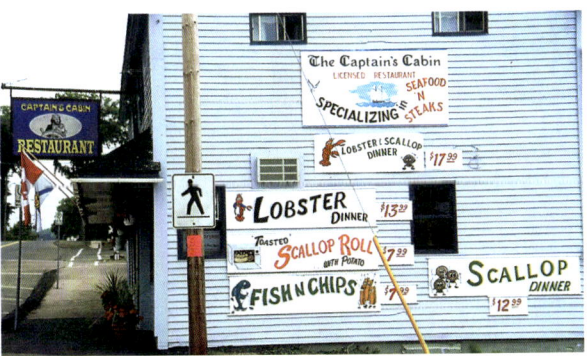

Seafood allerorten auch in Digby

Unterkunft

Neben dem eleganten ***Digby Golf Resort***, © (902) 245-2511 oder © 1-800-667-4637; Sommer ab $185; www.digbypines.ca, findet man preiswertere Alternativen am Wasser in der Montague Row, der südlichen Verlängerung der Water Street, z.B.:

- ***Seawinds Motel***, 90 Montague Row, © (902) 245-2573, ab $99; www.seawindsmotel.ca
- ***Thistle Down Country Inn***, 98 Montague Row, 6 *waterside*-Zimmer, Garten, © 1-800-565-8081, $115-$150.

Camping

Der ***Digby Campground*** an der #303, ca. 4 km vor der Fähre, ist für eine Nacht okay, $18-$25.

Digby Neck

Südwestlich von Digby schiebt sich die ***Landzunge Digby Neck*** in die *Bay of Fundy*, verlängert um Long und Brier Island. Zu beiden geht's Tag und Nacht per Fähre ab East Ferry:

- Fähre nach **Tiverton** stündlich zur halben Stunde, Autos $5
- Fähre nach **Brier Island** stündlich zur vollen Stunde, Autos $5

Digby Neck ist die Verlängerung der Bergkette, die das *Annapolis Valley* vor den kühlen Nebeln der *Fundy Bay* schützt. Dieser Landfinger ist ein **abgelegenes Kleinod**: Fischerdörfer (Sandy Cove mit Strand); bizarre Basaltsäulen und *Whale-/Bird Watching*-Möglichkeiten sowie wilde Orchideen an Sümpfen und Seen lohnen die 70 km (**#217: *Digby Neck Scenic Drive***) zur Brier Island.

Auf Digby Neck ist die Zeit stehengeblieben: kaum Restaurants (aber köstliche ***Chowder*** und ***Scallop Roll*** am ersten Fähranleger), nur drei private Campingplätze (prima: ***Whale Cove***, 45 km westlich von Digby, 15 km vor der ersten Fähre), ein paar winzige Tankstellen und freundliche Menschen.

Aktivitäten

Erstaunlich: Balancing Rock

- Kleine **Wanderungen**, z.B. zum ***Balancing Rock***: Ein schöner *Boardwalk* führt – am Ende über Treppen – zur freistehenden Basaltsäule (↻ Foto) an der St. Marys Bay (Straße #217 hinter Tiverton).
- Brier Island hat viele Spazierwege (*Trails*), z.B. zum **Green Head** am südlichen Ende des Digby Neck Drive.
- **Radeln** auf der sanft-hügeligen Straße #217 (Bikeverleih bei *Backstreet Bicycles* in Digby, © (902) 245-1989).
- ***Bird Watchers*** fahren ab Westport Western Light Road und gehen ab Picknickplatz Richtung Leuchtturm, wo große Seevögel-Kolonien leben.

- **Whale/Bird Watching** bieten *Petit Passage* (in East Ferry), *Mariner Cruises* (in Westport) und *Ocean Explorations* (in Tiverton); Juni-Oktober täglich 3-5 Std-Touren, ab $50.

Unterkunft Digby Neck

- *Old Village Inn*, schöne Landvilla in **Sandy Cove**, ℂ (902) 834-2202, $95-$145; www.theoldevillageinn.com
- In **Westport** sind die schlichte *Brier Island Lodge*, (Blick!) ℂ 1-800-662-8355 $89-$139; www.brierislandlodge.com, und das *Dock & Doze Motel*, 353 Water Street am Fähranleger, ℂ (902) 839-2601, ab $60, zu empfehlen.

Bear River

Etwa 15 km südöstlich Digby liegt das **Künstlerdorf Bear River** (#101, *Exit 24*) am breiten Fluss. Die *Bear River Solar Aquatics Wastewater Facility* ist Canadas erste (in einem Gewächshaus) solarbetriebene, biologische Abwasseraufbereitungsanlage. Keine Führungen; Infos in der Windmühle nebenan, ℂ (902) 532-5454.

Upper Clements ThemePark

www.upper clementspark. com

Zwischen Digby und Annapolis Royal an der Straße #1 passiert man den *Upper Clements Theme Park.* Dieser sympathische *Amusement Park* besitzt noch hölzerne Achterbahnen ohne *High Tech*, Wasserrutschen, Bump-Boats, Shops, Werkstätten und Lokale im Nostalgie-Look. Gut für Kinder. Im Sommer täglich 11-19 Uhr, Eintritt ohne *Rides* $10,50; jeder *Ride* $5, Pass für unbegrenzte Fahrten $26,50 inkl. Eintritt.

Annapolis Royal

Knapp 30 km östlich von Digby liegt Annapolis Royal am Ostende der Mündung des gleichnamigen Flusses. Schon 1605 hatten sich Franzosen dort niedergelassen (⟿ Seite 517f).

In den folgenden Jahrzehnten war diese Gegend immer wieder Schauplatz von Auseinandersetzungen zwischen Engländern und Franzosen. Davon zeugen heute zwei der bedeutendsten historischen Stätten Nova Scotias, das **Fort Anne** in Annapolis und die *Habitation* in Port Royal; www.annapolisroyal.com.

Zum Canada Day am 1. Juli festlich dekoriertes Haus in Bridgetown im Annapolis Valley

5

Annapolis Royal als Gemälde: Im Vordergrund Fort Anne

Fort Anne

1643-49 erbauten die Franzosen *Fort Anne*, heute ein *National Historic Site*. Es fiel 1710 nach harten Kämpfen endgültig an die Engländer. Die bis dahin *Port Royal* genannte Siedlung wurde zu *Annapolis Royal* und bis zur Gründung von Halifax Sitz der britischen Verwaltung der maritimen Provinzen.

Obwohl von der einstigen Anlage nur noch die Offiziersquartiere, die Wälle und das Munitionslager zu besichtigen sind, ist das Fort beeindruckend – nicht zuletzt wegen seiner Lage am Fluss (Kreuzung der Straßen #1 und #8). Der Park ist immer geöffnet, das dazugehörige **Museum** von Mitte Mai bis Anfang September täglich 9-17.30 Uhr, Eintritt $4; www.pc.gc.ca/fortanne.

Port Royal

www.pc.gc.ca/portroyal

Historisch interessanter und attraktiver ist der *Port Royal National Historic Site* auf dem anderen Flussufer, etwas abseits der Straße #1A. Es handelt sich um einen Nachbau der Siedlung, die *Samuel de Champlain* und *Sieur de Montes* 1605 gegründet hatten. Port Royal war keine militärische Anlage, sondern ein auf engstem Raum befestigter Handelsposten.

Trotz aller Widrigkeiten versuchten die Siedler, in der kalten kanadischen Wildnis stilvoll zu überleben. Einige Pelzhändler gründeten den *Order of the Good Cheer*, der große, mehrgängige Menüs zelebrierte. Heute vermitteln zeitgenössisch kostümierte »Franzosen« in der *Habitation*, einer Art *Living Museum*, einen Eindruck vom Leben in dieser ersten permanenten europäischen Siedlung Nordamerikas nördlich von Florida. Mitte Mai bis Anfang September täglich von 9-17.30 Uhr geöffnet; $4.

Ortsbild

www.historicgardens.com

Der Ort **Annapolis Royal** wirkt wie eine Filmkulisse. Entlang der St. George Street und in den Seitenstraßen stehen gut erhaltene Wohnhäuser aus dem 18. und 19. Jahrhundert inmitten blühender Gärten. Schön ist ein Spaziergang auf dem *Boardwalk* am Fluss entlang wie auch in den *Royal Historic Gardens* (an der #8), Mai-Oktober 9 Uhr bis Dämmerung; $10/$5.

Kraftwerk   Neben der Flussbrücke an der #1 liegt das **Tidal Power Project**, das einzige Meerwasser-Gezeitenkraftwerk Nordamerikas, das den enormen Tidenhub der *Bay of Fundy* (✪ Seite 628) zur Energiegewinnung nutzt. Im *Interpretive Centre* (Juni bis September geöffnet) erfährt man Details über diese Form der Stromerzeugung; Eintritt frei, 236 Prince Albert Road; ✆ (902) 532-0502.

Annapolis Valley   Östlich von Annapolis Royal läuft der *Evangeline Trail* am Nordufer des Annapolis River entlang. Das **Annapolis Valley** wurde wegen seines relativ milden Klimas zum Obst- und Gemüsegarten Nova Scotias und brachte Kleinstädten wie Bridgetown, Middleton (mit **Uhrenmuseum**, Mo-Sa 9-16.30, So 13-16.30 Uhr; www.macdonaldmuseum.ca), Kingston und insbesondere **Wolfville** sichtbaren Wohlstand. Vor allem letztere ist einen Stopp wert. Die baumbestandene Main Street wird beherrscht vom Universitätscampus und herrschaftlichen viktorianischen Häusern.

Unterkunft   Westlich vor Annapolis an der #1 (#3289) liegt das **Champlain Motel** (toller Blick), ✆ 1-877-526-1211, $89-$215.

In **Annapolis Royal** und **Wolfville** gibt es wunderbare zu *B&B Inns* **umgebaute alte Villen**, die auch alle ihren Preis haben:

• **Queen Anne Inn**, große Zimmer, ✆ 1-877-536-0403, im Sommer ab $169; www.queenanneinn.ns.ca, und **Hillsdale House**, ✆ (902) 532-2345, im Sommer ab $125, sonst ab $95; www.hillsdalehouseinn.ca; beide in Annapolis Royal, George Street

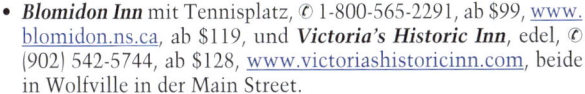

• **Blomidon Inn** mit Tennisplatz, ✆ 1-800-565-2291, ab $99, www.blomidon.ns.ca, ab $119, und **Victoria's Historic Inn**, edel, ✆ (902) 542-5744, ab $128, www.victoriashistoricinn.com, beide in Wolfville in der Main Street.

Preiswertere Motels findet man entlang der Straße #1 bzw. an der Autobahn #101.

Minas Basin
www.bayof
fundytourism.
com
Das *Minas Basin* ist eine tief nach Süden reichende Erweiterung des Ostarms **Minas Channel** der *Bay of Fundy*. Bedingt durch den enormen Sog des Ebbstroms im Engpassbereich *Cape Split* kommt es dort zu maximalen Werten des Tidenhubs von 16 m. Die Uferzonen bestehen aus roter Erde und roten Felsklippen und bilden bei gutem Wetter einen großartigen Kontrast zu blauem Himmel, weißen Wolken und lieblich-grüner Landschaft.

Um das Minas-Becken ranken sich viele **indianische Legenden**, in deren Mittelpunkt der *Mi'kmaq*-Gott *Glooscap*, das Wunder der Gezeiten oder die Edelstein-Vorkommen an der Bay stehen.

Cape Split   Herrliche Ausblicke auf das *Minas Basin* hat man von den bis zu 231 m hohen Steilufern des **Cape Blomidon** und **Cape Split**, zu erreichen über die Straße #358.

Am Straßenende – ca. 16 km westlich des *Blomidon Park* – beginnt ein **Wanderweg** (7 km) über rote Felsen zu einem kleinen Strand an der äußersten Spitze des *Cape Split*.

5

Camping

Der sehr schöne **Blomidon Provincial Park** am *Minas Basin* besitzt einen parkartigen *Campground* mit großzügigen Stellplätzen, $24; Zufahrt über die #358 (14 km nördlich Canning); www.novascotiaparks.ca/parks/blomidon.asp.

Grand Pré
www.pc.gc.ca/
grandpre

Im **Grand Pré National Historic Site** nordöstlich von Wolfville an der Straße #1 erfährt man alles über die *Acadier* und ihre Heldin *Evangeline.* Dichtung und Wahrheit liegen dort eng beisammen. Im Sommer täglich 9-18 Uhr, $7,80.

Acadia
www.
grand-pre.com

Bereits seit 1680 hatten französische Bauern an der *Bay of Fundy* Deichbau und Landgewinnung betrieben, als sie am 5. September 1755 von den Briten in der Kirche von Grand Pré zusammengerufen wurden – um dort zu erfahren, dass sie samt Familien die Region unverzüglich zu verlassen hätten. Die Geschichte ihrer in der Folge gnadenlos durchgesetzten Vertreibung wird auf Glasmalereien in den Fenstern der nachgebauten Kirche erzählt.

Evangeline

Die Dichtung dazu ist das Versepos des Amerikaners **Henry Wadsworth Longfellow**, das 1847 erschien und *Evangelines* lebenslange Suche quer durch den Kontinent nach ihrem vertriebenen Geliebten *Gabriel* in epischer Breite darstellt. Alt, gebrochen und krank findet sie ihn kurz vor seinem – und ihrem – Tod in Louisiana wieder. Eine **Bronzestatue** der *Evangeline* steht im *Grand Pré Park,* ➪ Essay auf Seite 635.

Route ab Wolfville

Unabhängig von der weiteren Reiseroute sollte man ab Wolfville/Grand Pré zunächst der **Autobahn #101** in Richtung Halifax folgen. Für alle nun anliegenden Reiseziele ist die Kombination #101/#102 die einfachste und schnellste Verbindung. Sich auf kleinen Straßen von Wolfville nach Truro durchzuschlagen, bringt außer ein paar ersparten Kilometern nur Zeitverlust. Man versäumt nichts, was man gesehen haben muss.

Erst in Truro trennen sich die **Wege nach Prince Edward Island, New Brunswick oder nach Cape Breton Island** für Reisende, welche die Insel möglichst rasch auf dem TCH #104 erreichen wollen. Die Streckenbeschreibung dazu findet sich auf Seite 611 als Rückweg eines Abstechers nach Cape Breton Island.

Lobster Man, ungewöhnliches Souvenir von der Westküste Nova Scotias

5.3.5   Von Halifax nach Cape Breton Island

Routen

www.canso
causeway.ca

Zwei Routen führen von Halifax zum **Canso Causeway**, dem Straßendamm zwischen der Halbinsel Nova Scotia und Cape Breton Island: die Autobahn (#2/#104) über Truro sowie der küstennahe *Marine Drive* (#7/#16). Gut beraten ist, wer den halben *Drive* bis Sherbrooke (195 km) fährt und dann über die #7 bei Antigonish auf die #104 nach Cape Breton stößt.

Sherbrooke

So schlägt man zwei Fliegen mit einer Klappe: Das sehenswerte **Museumsdorf Sherbrooke** liegt an der Strecke, und man meidet den – bis auf die **Tor Bay**-Strände und den super **Boylston PP** (an der #16, 7 km nördlich von Guysborough) – eher eintönigen östlichen Teil des *Marine Drive*.

**Marine
Drive**

Nichts verpasst, wer ab Halifax/Dartmouth über die #107 East erst bei Musquodoboit auf den *Marine Drive* (#7) stößt; zum Picknicken, Schwimmen oder Campen sollte man *Exit* 19 nehmen, um über die West Porters Lake Road (#207, ca. 5 km) den **Porter's Lake Provincial Park** am Wasser zu erreichen (⇨ unter Halifax, Seite 580, landschaftlich toll, sanitär schwach, dennoch mit $32 teuer) oder wenige Kilometer weiter die **Lawrencetown Beach** (nur Schwimmen); www.novascotiaparks.ca/parks/porters.asp.

Zwischen Musquodoboit (winziges **Railway Museum** mit *Info Center*) und Sherbrooke konzentriert sich die touristische Infrastruktur um **Oyster Pond/Ship Harbour** mit (einfachen) Lokalen, Motels und *B&B Places*.

Zu Stopps entlang des Marine Drive laden ein:

Beaches

• drei weiße **Sandstrände**: **Martinique Beach**, **Clam Harbour Beach** und vor allem **Taylor Head PP Beach** (kein Camping)

Museum

• Mini-Museum **Fisherman's Life** in Jeddore Oyster Ponds: das Fischerleben an Land; 13 Töchter teilten sich hier einst den knappen Raum (Juni-Mitte Oktober täglich 10-17 Uhr; $3,60).

Tangier

• Die Firma **J. Willy Krauch & Sons** in Tangier (35 Old Mooseland Road) ist berühmt für köstlichen **Räucherfisch**. Selbst die *Queen of England* ließ sich von dort schon *Smoked Salmon* in den *Buckingham Palace* schicken; Mo-Fr 8-17 Uhr, Sa und So ab 9 Uhr; ✆ 1-800-758-4412; www.willykrauch.com.

5

Unterkunft

- *Elephant`s Nest B&B*, 127 Pleasant Drive in Gaetz Brook, unweit der #7/#107 am Petpeswick Lake, ℂ 1-866-633-6378, DZ $120-$150; www.elephantsnestbnb.ca
- Vom *Camelot Inn* bei *Musquodoboit Harbour* blickt man auf den gleichnamigen Fluss; ℂ (902) 889-2198, $55-$85
- In **Salmon River Bridge** bietet das *Salmon River House Country Inn* (mit Restaurant) viel fürs Geld; 9931 Straße #7, ℂ 1-800-565-3353, $80-$150.
- *First Class* ist die **Liscombe Lodge** in Liscomb Mills an der #7; ℂ 1-800-665-6343, $150-$170; www.liscombelodge.ca
- In *Sheet Harbour* im *Fairwinds Motel & Restaurant* (an der #7) gibts in den Zimmern 3, 4, 7 und 8 Meerblick für nur $4 mehr, ℂ (902) 885-2502, ab $71; www.fairwindsmotelsheetharbour.ca

Camping

- Der schönste private Campingplatz mit allem Drum und Dran liegt in **Murphy Cove**; 1,5 km südlich der #7; Stellplätze 31+32 mit super Aussicht, $20; www.murphyscamping.ca
- Zwei kleine (private) Campingplätze finden sich auch an der Ortsein-/ausfahrt von **Sherbrooke** direkt am Fluss; $22.

Sherbrooke

www.museum.
gov.ns.ca/sv

Das Mitte des 19. Jahrhunderts durch Holz, Schiffbau und Goldfunde wohlhabend gewordene Sherbrooke liegt etwas landeinwärts malerisch am breiten St. Mary`s River. Ein Teil des Ortszentrums wurde als *Sherbrooke Village* zum *Living Museum* umfunktioniert. Um 30 restaurierte Häuser herum spielt sich kleinstädtisches Leben der Zeit um 1870 ab. Geöffnet Anfang Juni bis Mitte Oktober täglich 9.30-17 Uhr; Eintritt $11/$5.

Wer vorm *Canso Causeway* einen ruhigen *Campground* sucht, sollte den *Boylston Provincial Park* etwas abseits der #16, gute 7 km nördlich Guysborough, ansteuern, $18; www.novascotia parks.ca/parks/boylston.asp

Abendstimmung am Boylston Lake im gleichnamigen Provinzpark

5.3.6   Cape Breton Island   (www.capebretonisland.com)

Landschaft   Cape Breton ist landschaftlich abwechslungsreicher als das Festland von Nova Scotia: Im *Cape Breton National Park* an der
nördlichen Spitze findet man wildromantisches Bergland und felsige Küsten, im Inland liebliche Flusstäler und einen langgestreckten, weitverzweigten Salzwassersee, den **Bras d'Or Lake**,
der die Insel in zwei Hälften teilt. Folkloristisch bilden die Schotten – neben Briten und Acadiern – das prägende Element. Mit
Ciad Mile Failte (100.000 mal willkommen!) wird man immer
wieder auf Cape Breton begrüßt.

Aktivitäten   Zu Recht wirbt Cape Breton Island mit den dort zahlreich möglichen Urlaubsaktivitäten: *Whale-Watching*, Lachsfischen und
Hochseeangeln, Wandern, Segeln, Schwimmen, Golf.

Geschichte   Nachdem *John Cabot* 1497 die Insel für die Briten eingenommen
hatte, folgten englische und französische Fischer – und bald die
Kämpfe beider Nationen um ihren Besitz, ⇨ Seite 574. Die Erobe-
rung der französischen **Fortress Louisbourg** – heute das bedeutendste *Living Museum* Ostkanadas – brachte Cape Breton 1745
endgültig unter britische Herrschaft.

Auch in jüngerer Zeit schrieb man Geschichte: **National Historic
Sites** würdigen zwei Pioniere der Telekommunikation: *Marconi*
und **Bell** – letzterer lebte in Baddeck.

Auf dem Cabot Trail zum Cape Breton Highlands National Park

Zur Route   Die Küstenstraßen rund um den Westteil der Insel sind in den Karten als zusammenhängende **Scenic Route** und – nach dem Entdecker von Cape Breton Island – als *Cabot Trail* gekennzeichnet.

Da der südwestliche Abschnitt der *Scenic Route* (Ceilidh Trail,
Straße #19) wenig »bringt«, folgt die Beschreibung zunächst dem
TCH #105 und dann im Uhrzeigersinn dem *Cabot Trail* um den
Cape Breton National Park; www.cabottrail.com.

Information   Gleich östlich des 1800 m langen *Causeway* über die *Strait of
Canso*, in Port Hastings, befindet sich ein bestens ausgestattetes
Nova Scotia Tourist Information Center.

Unterkunft   Dort und an der Strecke nach/in Port Hawkesbury findt man
eine ganze Reihe von Motels und Hotels, z.B. das:

• *Cape Breton Causeway Inn*, mittelgroßes Haus direkt an der
#104/#105; preiswert & gut; ✆ 1-877-525-4777; DZ $84-$114;
www.capebretoncausewayinn.com.

• das *Cove Motel* mit Restaurant, zurückgesetzt von der #104 am
Wasser (Strand), ✆ (902) 747-2700, ab $99; www.covemotel.com

Camping   Gute 30 km vor Baddeck, beim **Mi'kmaq-Reservat Whycocomagh**
(Korbwaren!) findet sich der weitläufige **Whycocomagh Provincial Park** am *St. Patrick's Channel* des Bras d'Or Lake; $24.

Cape Breton Island

Gulf of St. Lawrence

Channel-Port-aux-Basque (Nfld.)

Argentia (Nfld.)

Bay St. Lawrence
Meat Cove
Cabots Landing PP
Cape North
White Point
Pleasant Bay
Neil's Harbour
White Hill
Cape Breton Highlands NP
528 m
Ingonish
Chéticamp
Indian Brook
Cabot Trail
N. E. Margaree
Margaree Harbour
Margaree Valley
Cape Dauphin
Englishtown
Dunvegan
North East Margaree
St.Ann's
Finlayson
North Sydney
Glace Bay
Inverness
A. Graham Bell NHS
Sydney
Glenville
Lake Ainslie
125
Mira River PP
Scaterie Island
Mabou
Baddeck
Wagmatcook
W. Mabou Harbour
19
MacCormack PP
4
Port Hood
Whycocomagh PP
Iona
Louisbourg
22
Orangedale
Big Pond
Fortress of Louisbourg NHS
Judique
105
Marble Mountain
Bras d'Or Lake
Victoria Bridge
Gabarouse
Troy
West Bay
Fourchu
Port Hastings
Dundee
Battery Park PP
104
St. Peter's
104
Port Hawkesbury
Isle Madame
Arichat
Strait of Canso

N

0   20 km

Nova Scotia Highland Village

www.museum.gov.ns.ca/hv

Kaum bekannt ist das *Nova Scotia Highland Village* auf einer Halbinsel im Bras d'Or Lake, zu der man – von der #105, *Exit 5* – per Kabelfähre über den *St. Patrick's Channel* gelangt. Rekonstruktionen erster schottischer Behausungen erinnern an die Besiedelung durch Einwanderer aus Schottland. Vom Fährhafen Little Narrows sind es noch ein paar Kilometer auf der #223 bis zum Dorf. Juni bis Mitte Oktober täglich 9.30-17.30 Uhr, Eintritt $9/$4; ein Abstecher für schönes Wetter.

Baddeck

In **Baddeck** (knapp 800 Einwohner) geben sich viele Segler und Sommerfrischler ein Stelldichein. Dementsprechend lebendig ist die Hauptstraße mit Restaurants, Cafés und etlichen Hotels. Von der *Government Wharf* setzt eine **Gratisfähre** zur **Badeinsel Kidstone Island** über; www.visitbaddeck.com; www.baddeck.com

Alexander Graham Bell NHS

Der dem Lebenswerk von *Alexander Graham Bell* (1847-1922) gewidmete *National Historic Site* (Ortsausgang Straße #205) ist einen Besuch wert. Das Hauptinteresse des Telefonerfinders, der 37 Jahre in Baddeck verbrachte, galt eigentlich der Arbeit für Gehörlose. Darüberhinaus schrieb *Bell* auch im Flugzeug- und Bootsbau Geschichte. Im **Museum** stehen ein Nachbau des *Silver Dart* (1909), der ersten in Canada konstruierten Flugmaschine, und des sogenannten **HD-4-Hydrofoil**, eines Wasserfahrzeugs, das den Geschwindigkeitsweltrekord seinerzeit auf 112 km/h brachte. Der rastlose Genius hatte auch kuriose Ideen: So züchtete er Schafe, die durch regelmäßige Doppelwürfe den Bestand der Lämmer erhöhen sollten, und er versuchte Atemluft zur Frischwasser-Gewinnung zu nutzen; Juli bis Mitte Oktober täglich 8.30-18 Uhr; $8; www.pc.gc.ca/lhn-nhs/ns/grahambell.aspx.

Unterkunft

Wer in Baddeck übernachten möchte, ist gut aufgehoben im

- **Inverary Resort**, Pool, Sauna, Räder, ✆ (902) 295-3500, im Sommer ab $109; www.invineraryresort.com
- **Silver Dart Lodge**, Ufergelände, Pool, Räder; ✆ 1-800-565-8439 & ✆ 1-888-662-7484; DZ $89-$161. Teurer die *Dependance*-Zimmer im *MacNeil House*, ab $161; www.silverdart.com
- Preiswerter ist das **Telegraph House** in der 479 Chebucto Street; unterschiedliche Preise für Motel, *Cottages* und die Zimmer in einem viktorianischen Haus, ✆ 1-888-263-9840, $80-$130, www.baddeck.com/telegraph

Südwestlich von Baddeck befinden sich am TCH #105 einige Campingplätze: **Bras d'Or Lakes Campground** (www.brasdorlakescampground.com), **Cabot Trail KOA Campground** und **Silver Spruce Vacation Park**. Bis zum **Whycocomagh PP** sind es 33 km.

Cabot Trail

Der **Cabot Trail** beginnt 10 km südlich von Baddeck. Er führt zunächst durch Wiesen und Felder im Tal des weitläufigen Margaree River, eines der lachsreichsten Flüsse Ostkanadas. Im **Salmon Museum** von North East Margaree erfährt man alles über das Leben der Lachse und die Kunst des Lachsfangs. Von Mitte Juni bis Mitte Oktober täglich geöffnet 9-17 Uhr; $2.

Alexander Graham Bell Museum bei Baddeck

Cheticamp www.musee acadien.ca	Zwischen Margeree Harbour und Cheticamp erinnert der gerad- linige Küstenabschnitt mit seiner Hügellandschaft und bis ans Meer reichenden Wiesen an Irland. Das langgestreckte Fischer- dorf **Cheticamp** ist die bedeutendste akadische Siedlung auf Cape Breton: Überall sieht man den gelben Stern Akadiens auf der Tri- kolore, und man spricht Französisch; www.cheticampns.com.
Museum	Gegenüber der Steinkirche liegt das kleine *Acadian Museum* (nur Mitte Mai bis Ende Oktober Mo-Sa 9-17 Uhr, So 12.30-16.30 Uhr, Eintritt $3, Kinder bis 12 Jahre gratis). Dort kann man das histo- rische Erbe besichtigen und akadisch essen. Anschließend lohnt ein Bummel auf dem *Boardwalk* am Wasser (dort die *Tourist- Info* und der Anleger der *Whale Watching Tours*). Auch seinen Picknick-Korb sollte man in Cheticamp auffüllen, dem letzten größeren Versorgungsort vor dem Nationalpark.
	An der nördlichen Ortsausfahrt fällt das blau-weiß-rote kulturelle Zentrum *Les Trois Pignons* ins Auge. In der dortigen *Elisabeth LeFort Gallery* dürften für Touristen nur die Gobelins und gehäkelten Teppiche (*Hooked Rugs*) interessant sein (Juli/August täglich 9-19, sonst bis 17 Uhr, kleiner Eintritt).
Wal- beobachtung	In Cheticamp starten ca. dreistündige *Whale-Watching-Trips*. Mit hoher Wahrscheinlichkeit sieht man Mink- und Finnwale sowie zahlreiche Wasservogelarten, u.a. Weißkopfseeadler. Mai 9+ 17 Uhr, Juli-Mitte Sept. 9, 13, 17 Uhr, danach 10+16 Uhr; $30, Kinder $15; ✆ 1-800-813-3376, www.whalecruisers.com.

Unterkunft
 	
	• *Acadian Motel* am Hafen, ✆ 1-800-615-1977, $80-$95
	• *Laurie's Inn*, ✆ 1-800-959-4253, ab $119; www.lauries.com
	• *Auberge Doucet Inn* mit Restaurant; etwas abseits der #19; ✆
	  1-800-646-8668, $65-$150; www.aubergedoucetinn.com
	• *Ocean View Motel* am Meer, ✆ 1-877-743-4404, $100-$220;
	  www.oceanviewchalets.com

Camping 	Zwischen Grand Étang und Cheticamp befindet sich auf einer Landzunge der schattige *Plage St. Pierre Campground* (vom süd- lichen Ortsende per Damm erreichbar). Dort steht man direkt am St.-Lorenz-Golf; Strand, Schwimmen, Laundromat; ✆ 1-800-565- 0000, $25-$30; www.plagestpierrebeachandcampground.com.

*Wanderweg Skyline Trail im National-
park; im Hintergrund gut erkennbar
ist die im Auf und Ab den Park
umrundende Straße*

Cape Breton Highlands National Park

Der ***Cape Breton Highlands National Park*** (www.pc.gc.ca/pn-np/ns/cbreton.aspx) ist mit seiner Fläche von fast 1000 km² der größte und im Inneren unberührteste Nationalpark der *Maritimes.* Dort stehen auch die höchsten Berge Nova Scotias (bis zu 500 m). Mit ihren Wäldern, Wasserfällen und Feuchtgebieten erinnert die Landschaft an die schottischen *Highlands.* Das Hochplateau im Parkzentrum ist nur über Wanderungen zugänglich.

Den ***Cabot Trail*** fährt man am besten im Uhrzeigersinn; er folgt über 106 km der Parkgrenze, verläuft also nur im Westen und Osten als Küstenstraße, von deren Höhen sich immer wieder grandiose Ausblicke über felsige Steilküsten auf den *Gulf of Saint Lawrence* und den Atlantik bieten.

Information

Visitor Centers am westlichen und östlichen Eingang des Parks haben Unterlagen/Karten zu Geologie, Flora, Fauna und **26 Wanderwegen** (500 m bis 28 km). Der Eintritt beträgt $7,80 pro Tag und Person, Kinder & Jugendliche $3,90; Familienpass $19,60.

Drei große **Campingplätze** ab $20, mit *Hookup* $25-$35, liegen an den Ein-/Ausfahrten, drei kleinere an der Strecke.

Die nördlichste Kapspitze gehört nicht zum Nationalpark; dort befinden sich mehrere Fischerdörfer mit Läden und Lokalen, Motels, Tankstellen und kommerziellen Campingplätzen.

Westküste

Bei oder nahe den drei Aussichtspunkten mit Schautafeln zu Geologie, Siedlungsgeschichte und Meeresfauna (*Cap Rouge*, *Fishing Cove* und *MacKenzie*) beginnen küstennahe Wanderwege, z.B. der ***Skyline Trail*** (7 km Rundwanderung), **The Bog** (ca. 600 m *Boardwalk* durch ein Feuchtgebiet, wie es sich viel im Parkinneren findet) und der 2-km-*Loop* **Le Buttereau** (mit *Bird Watching*). Anstrengender ist der **Rundwanderweg** (16 km) zur *Fishing Cove* am Meer mit einem *Primitive Campground*.

Nordspitze

Nach einem wunderbaren Blick auf die weite, jetzt flache Bucht erreicht man den Ort **Pleasant Bay** (außerhalb des Parks) mit einem kleinen Fischerhafen (auch dort *Whale Watching Trips*), ***Internet-Café*** und zwei sehr ordentlichen Motels:

- ***Salty Mariner's Motel & Inn*** (mit Restaurant, Badeufer und Blick), ✆ (902) 224-1400; ab $79

- ***Mountain View Motel, Cottages & Restaurant***, ✆ 1-888-835-7577, $80-$135; www.themountainview.com

Der ***Cabot Trail*** knickt hinter Pleasant Bay nach Osten ab und verläuft landeinwärts bis zum geologisch interessanten **Aspen Valley** durch Wälder. Auf dem Weg dorthin passiert man zwei kleine **Campingplätze** (mit Regenhütte), zugleich Ausgangspunkt für weitere Rundwanderwege zu einem Wasserfall bzw. durch ein 300 Jahre altes Ahorn-Wäldchen.

Abstecher

Bei **Cape North** (mit Tankstelle) zweigen zwei Stichstraßen vom *Cabot Trail* nach Norden zum Kap ab. Beide Abstecher sind nicht nur wegen der schönen Strände empfehlenswert:

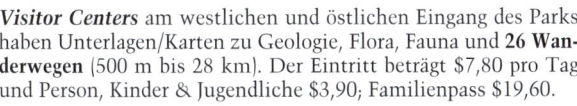

Fischreusen bei Neil's Harbour

- 16 km sind es bis Bay St. Lawrence (*Whale-Watching*, im Sommer 3 x täglich 10.30, 13.30, 16.30 Uhr, $45/$25; ✆ 1-888-346-5556; www.whalewatching-novascotia.com); über einen Feldweg geht es weiter bis Meat Cove (mit **Campingplatz**).

- Nach 2 km erreicht man Dingwall (ebenfalls mit *Whale-Watching Trips*); kurz vor Dingwall passiert man rechterhand den Picknickplatz *Cabots Landing*, wo der Entdecker 1497 am langen Sandstrand an Land ging (↪ Seite 519).

Auch bei **South Harbour** sollte man den *Cabot Trail* Richtung Küste verlassen (man gelangt später automatisch auf ihn zurück). Dieser *Bypass* führt über White Point nach **Neil's Harbour**, einem Fischernest mit geschütztem Sandstrand und dem schlichten *Chowder House* auf den Klippen; dort gibt es köstliche **Fischsuppen** und kurz vor der *Cabot Trail*-Kreuzung am Ortsausgang den tollen **Picknickplatz *Neil Brook*** direkt am Wasser.

Unterkunft

- *Markland Coastal Resort*, Bungalows am Sandstrand, ✆ 1-855-872-6048, $115-$230; www.marklandbeachcottages.com

- *Four Mile Beach Inn*, Aspen Bay im alten *General Store*, ✆ 1-877-779-8275, $79-$139; www.fourmilebeachinn.com

Camping

- der *Jumping Mouse Campground* (mit *Cabins* $35) liegt in Bay St. Lawrence hoch über dem Meer auf einer Wiese; Zelt $20

- der *Hide Away Campground* & *Oyster Market* in Dingwall ist besonders schön (toll Stellplatz #14); mit Kanu/Kajak-Verleih und Austernverkauf; www.campingcapebreton.com

Ostküste

Südlich von **Neil's Harbour** läuft der *Cabot Trail* wieder als Küstenstraße durch den Nationalpark. Dessen östlicher Bereich ist – geschützt vor den Westwinden – weniger rauh, und es finden sich kleine, von rosa Granitfelsen eingerahmte Sandbuchten. Als Naherholungsgebiete von Sidney/Glace Bay sind sie nicht so einsam wie die Parkstrände im Westen.

Auch hier nehmen **Wanderwege** ans Wasser ihren Ausgang direkt am *Cabot Trail*. Insbesondere die an der Straße als #15-#18 ausgeschilderten *Trails* führen durch abwechslungsreiches Terrain mit Bade- und Picknickplätzen.

Camping

Ingonish

www.
ingonish.com

Der **Broad Cove Campground** gewinnt durch den romantischen **Warren Lake** auf der landseitigen Straßenseite mit Grill, Badestrand und Rundweg. 20 km südlich und noch schöner liegt der **Ingonish Campground** (*Freshwater Lagoon*).

Die Siedlungsenklaven **Ingonish** bzw. **Ingonish Beach** gehören nicht zum Park, dessen Ende man erst mit der *Middle Head Peninsula* erreicht. Auf ihr liegt die **Keltic Lodge**, ein Luxus-Sommerhotel (Golf/Tennis/Pool) über der Steilküste; auch 10 *Cottages*; ✆ 1-800-565-0444, im Sommer ab $169; www.kelticlodge.ca

Gleich hinter der *Lodge* führt der **Middle Head Trail** über Wiesen zum 4 km entfernten kliffreichen Kap.

Das kleine **Visitor Center** am östlichen Ein-/Ausgang des Nationalparks hält nur das wichtigste Park-Material bereit

Die Übernachtungsalternativen sind trotz des relativ starken Tourismus hier nicht sehr zahlreich; in Frage kommen außer der erwähnten (teuren) *Keltic Lodge* z.B.:

- **Sea Breeze Cottages & Motel**, 8 km nördlich der Parkeinfahrt, ✆ 1-888-743-4443, ab $89; www.ingonish.com/sea
- **Glenghorm Beach Resort**, 5 km nördlich der Parkeinfahrt, ✆ (902) 285-2049, $99-$299, prima *Cottages* $115-$169
- **Cape Breton Highlands Bungalows** am Parkeingang, super gelegen am See, 25 Cottages, ✆ (902) 285-2000, $62-$85

Cape Smokey

Der **Cabot Trail** schneidet danach das hochgelegene **Cape Smokey** ab (Picknickplatz mit tollem Küstenblick) und folgt dann nach einem Inlandsschlenker bis St. Ann`s dem Küstenverlauf, um schließlich auf den TCH #105 zu stoßen.

St. Ann`s

In St. Ann`s (#101, *Exit* 11) befindet sich das **Gaelic College of Arts and Culture**, ein Institut, das als einziges in Nova Scotia noch die einst von den schottischen Einwanderern mitgebrachte gälische Kultur pflegt. Im Sommer werden Kurse für gälische Sprache, Dudelsackpfeifen und Tartanweben abgehalten. Das dazugehörige **Great Hall of the Clans Museum** zeigt u.a. die Geschichte der schottischen Immigration; Juli und August täglich 9-17 Uhr, Juni und September nur Mo-Fr, Eintritt $7/$5,50; www.gaeliccollege.edu.

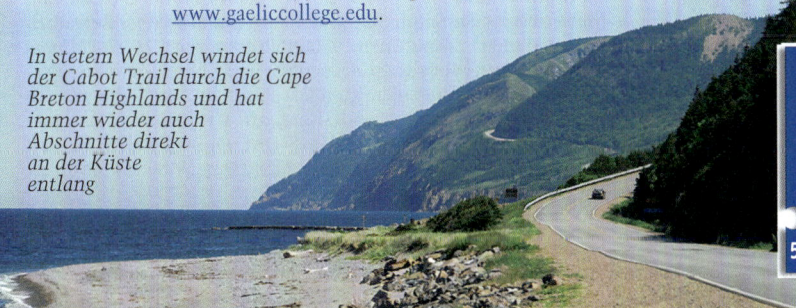

In stetem Wechsel windet sich der Cabot Trail durch die Cape Breton Highlands und hat immer wieder auch Abschnitte direkt an der Küste entlang

5

Über Sydney nach Louisbourg

Industrie-revier Sydney

www.sydney.capebretonisland.com

Wer vom *Cape Breton Park* den zweiten Nationalpark der Insel, *Fortress Louisbourg*, ansteuert, verlässt südlich von Indian Brook den *Cabot Trail* und folgt der Straße #312 zur Fähre nach Englishtown (über St. Ann`s zusätzliche 30 km). Von dort geht es auf den Straßen #105 bzw. #125 über North Sydney nach **Sydney** und **Glace Bay**, den einzigen Städten auf Cape Breton Island (32.000 bzw. 20.000 Einwohner). Beide verdanken ihre Existenz großen Kohle-Vorkommen, die bis weit unter den Atlantik reichen und schon von den Franzosen entdeckt wurden. Die Kohle wird nach wie vor gefördert und überwiegend exportiert, aber die auf der Kohle gegründete Eisen- und Stahlerzeugung ging in den letzten Jahrzehnten deutlich zurück, was – unvermeidlich und unübersehbar – erhebliche strukturelle und sozio-ökonomische Probleme mit sich brachte.

North Sydney

North Sydney ist ausschließlich als Hafen für die **Fähren nach Neufundland** von Interesse – nach Channel-Port-aux-Basques bzw. Argentia, ↪ Fährplan, Seite 662. Beim *Ferry Terminal* befindet sich das **North Sydney Tourist Bureau** in einem Häuschen mit groß aufgemalten Fragezeichen.

Sydney

Sydney verdient keine besondere touristische Aufmerksamkeit; man findet dort aber viele Hotels und Motels. Die meisten, darunter Häuser der Ketten *Best Western*, *Holiday* und *Comfort Inn*, stehen an der Straße #4, die von der Autobahn #125 durch Sydney nach Glace Bay führt. Reservierung über die jeweilige 800-Nummer, ↪ Seite 146.

Glace Bay

Ein Abstecher könnte dem *Marconi National Historic Site* und dem *Miners' Museum* in Glace Bay gelten. Beides lohnt sich aber nur bei starkem Interesse an der Thematik.

Marconi NHS (Timmerman Street, im Stadtteil Table Head am Meer) zeigt u.a. die Rekonstruktion der Funkstation, von der 1902 die ersten drahtlosen Nachrichten über den Atlantik tickerten. Juni bis Mitte Sept. täglich 10-18 Uhr; www.pc.gc.ca/marconi.

Bergbau-Museum

Im *Miners' Museum* (Birkley Street, Quarry Point, ebenfalls am Meer, abseits der South Street) wird u.a. ein Film über Bergarbeiter-Aufstände in den frühen 1920er-Jahren gezeigt; in *The Miners Village* stehen Modelle zu Zechenbau und Kohleförderung sowie von Wohnquartieren der Kumpel. Führung durch die Stollen einer alten Kohlenmine und simulierte Grubenfahrt. Geöffnet Juni bis Ende August täglich 10-18 Uhr, Di bis 19 Uhr; Eintritt inklusive Minentour $12, Kinder $10. Ohne Mine $6 bzw. $5; www.minersmuseum.com.

Camping

Auf dem Weg von Glace Bay bzw. Sydney nach Louisbourg auf der Straße #22 passiert man nur ein paar Kilometer nördlich der Straße #22 die Zufahrt zum schön am Fluss gelegenen *Mira River Provincial Park* mit Badestrand & Duschen; $24.

Louisbourg   Das im Hafenbereich ganz ansehnliche **Louisbourg** (heute ca.
                    1.200 Einwohner, www.louisbourg.com) liegt nur wenige Auto-
                    minuten östlich des ***National Historic Park*** und besitzt eine voll
                    auf die Gäste ausgerichtete touristische Infrastruktur. Den **drei
                    Museen** des Ortes (*Railway Museum mit Info Center, Atlantic
                    Statiquarium Marine Museum, House of Dolls*) bringen die meis-
                    ten Besucher kein besonderes Interesse entgegen, die Mehrheit
                    zieht es nur – und zu Recht – direkt zur ***Fortress of Louisbourg***.

Fortress de   Die **Rekonstruktion** der einstigen französischen Festungs- und
Louisbourg   Handelsstadt Louisbourg (www.pc.gc.ca/louisbourg) gilt als eines
                    der aufwendigsten Projekte dieser Art. Rund 50 Gebäude wurden
                    seit 1961 wiederaufgebaut. Beeindruckend ist nicht nur die Größe
                    der Anlage, sondern auch deren städtische Struktur. Im Gegen-
                    satz zu fast allen anderen *Living Museums*, die überwiegend länd-
                    liche Siedlungen »wiederbelebten«, ist hier alles äußerst massiv,
                    einschließlich der 10 m hohen Befestigungen; .

Geschichte   Damals wie heute war die Festung ein Prestigeobjekt. Das durch
                    den Frieden von Utrecht 1713 geschwächte Frankreich wollte auf
                    dem neuen Kontinent Stärke demonstrieren. Also wurde nicht
                    gespart, obwohl der militärische Nutzen der Anlage von Anfang
                    an fraglich erschien. Und tatsächlich konnten die Engländer das
                    Fort gleich zweimal relativ mühelos erobern (zunächst 1745 und
                    noch einmal 1759), brauchten hingegen 1768 über 5 Monate, um
                    es dem Erdboden gleich zu machen.

Rekon-   Heute ist die ***Fortress de Louisbourg*** **ein Vorzeigeobjekt** des ma-
struktion   ritimen Canada. Der Wiederaufbau sollte der Region nach dem
                    Niedergang der Kohle- und Stahlindustrie neue Impulse geben.
                    Das gelang: Trotz der abseitigen Lage zieht der Nationalpark Jahr
                    für Jahr Hunderttausende von Touristen an, die sich unter die
                    «Bevölkerung« dieser Stadt aus der Zeit um 1740 mischen. So
                    konsequent wie dort gehen die kostümierten Soldaten, Kaufleute,
                    Hausfrauen, Kneipenwirte, Priester und das Gesindel in keinem
                    anderen *Living Museum* ihren zeitgenössischen Aufgaben nach.

In der   Vom ***Reception Center***, das über Geschichte und Wiederaufbau
Anlage   von Louisbourg informiert, geht es per Bus »zurück in die Ver-
                    gangenheit«: An der Zugbrücke stellt sich ein Soldat in den Weg,

fordert auf Französisch: »die Parole!« und macht so den – meist nur englisch sprechenden – Touristen klar, dass sie »feindliches Gebiet« betreten. Innerhalb der Stadtmauern kann es passieren, dass Besucher in Streitereien verwickelt oder in einer Kneipe Zeugen inszenierter Schlägereien werden.

Küche samt
Personal, alles
wie im 18.
Jahrhundert

Abrunden lässt sich der historische Spaziergang durch eine Mahlzeit nach alten Rezepten in einem der beiden stilgerecht eingerichteten **Restaurants**. Wem das zu kostspielig ist, kauft sich fürs Picknick einen Laib deftiges ***Soldier's Bread*** oder andere Backwaren in der *Military Bakery.*

Zeiten und
Information

Geöffnet mit allen Attraktionen von Mitte Juni bis Mitte Oktober täglich 9.30-17 Uhr; Eintritt $18; Kinder bis 16 Jahre $9; Anf. Mai bis Mitte Juni und die letzten Wochen im Oktober stark ermäßigte Preise, da dann vieles geschlossen und das Programm eingeschränkt ist; www.fortressoflouisbourg.ca

Unterkunft

Quartiere findet man in und vor Louisbourg ebenso wie an der Zufahrtstraße zur *Fortress*, z.B.:

- ***Fortress Inn Louisbourg***, 7464 Main Street, ✆ (902) 733-2844, $59-$89; www.louisbourg.ca
- ***Cranberry Cove Inn***, 12 Wolfe Street, zwischen *Fortress* und der Stadt in einer alten Villa, ✆ 1-800-929-0222, $105-$160; www.cranberrycoveinn.com
- ***Stacey House B&B***, 7438 Main Street, *Fortress-* und Hafenblick, ✆ (902) 733-2317 und ✆ 1-866-924-2242; $55-$85

Camping

- ***Lakeview Treasures Campground & RV*** am See, 10 km nördlich von Louisbourg an der #22, ✆ (902) 733-2058, $22-$33

Straße #4

Für den Weg zurück zum *Canso Causeway* wählt man am besten die Straße #4 am Ostufer des Bras d'Or Lake entlang. Ein Abfahren der kleinen Uferstraßen am Atlantik bringt wenig und führt teilweise über *Gravel Roads.*

St. Peters

www.pc.gc.ca/
stpeterscanal

Nur eine schmale Landbrücke trennt bei St. Peters den Bras d'Or Lake vom offenen Meer. Schon 1650 baute der französische Abenteurer *Nikolas Deny* einen Bohlenweg über den Isthmus, auf dem Boote vom Atlantik in den See und umgekehrt gezogen wurden. Der heutige ***St. Peters Canal*** und die Schleusen stammen aus der Mitte des 19. Jahrhunderts und sind ein ***National Historic Site***.

Der ***Battery Provincial Park*** auf der Ostseite des Kanals verfügt über große *Campsites* in einem hügeligen Waldgebiet; $24.

5.3.7　Von Cape Breton nach Prince Edward Island (PEI)

**Routen-
planung**

Hinter dem ***Canso Causeway*** wieder auf dem TCH #104 Richtung Westen, sollte man spätestens hier den **Besuch von Prince Edward Island** erwägen. Zwei alternative Routen bieten sich an:

»Bogen«

- Man könnte in **Caribou** (bei Pictou) **mit der Fähre** übersetzen, um nach einem **Bogen** durch die südöstliche und mittlere PEI die Insel über die *Confederation Bridge* zu verlassen oder

»Schleife«

- die ***Confederation Bridge*** für die Hin- und Rückfahrt zu nutzen und nach einer **Schleife** durch Zentral-PEI (ohne den Osten) wieder über die Brücke aufs Festland zu gelangen. In diesem Fall stellt sich die Frage der Anfahrt zur *Confederation Bridge*: Entweder fährt man ganz auf dem TCH (#104) über Truro und Amherst oder über Pictou entlang der Nordküste Nova Scotias auf dem reizvollen 150 km langen Westteil des ***Sunrise Trail***.

Empfehlung

Wenn die Zeit es zulässt, empfiehlt sich die letztgenannte Variante: ***Sunrise Trail*-Brücke-PEI-Besuch-Brücke**.

Auf PEI schließen beide Strecken einen Besuch der Hauptstadt Charlottetown und des Nationalparks ein. Dabei wird die Schleife im Uhrzeigersinn, der Bogen entgegengesetzt beschrieben, sodass die »Bogen-Route« ab Charlottetown über die Nordküste zur Brücke gegen die »Fahrtrichtung« dieses Buches läuft.

**Antigonish/
New Glasgow**

Die Städte **Antigonish** (Universität, 4.500 Einwohner) und **New Glasgow** (10.000 Einwohner) lohnen einen Stopp nur, wenn gerade in New Glasgow das ***Scottish Festival of the Tartans*** oder in Antigonish die **Highland Games** (beide im Juli) stattfinden; www.festivalofthetartans.ca; www.antigonishhighlandgames.ca.

Stellartown

www.
museum.gov.
ns.ca/moi

Direkt am TCH #104 (*Exit* 24) liegt in **Stellartown** – weithin sichtbar – das bemerkenswerte ***Nova Scotia Museum of Industry*** mit kostümierten Interpreten in den z.T. interaktiven Abteilungen zur Industriegeschichte der Provinz – von den Dampfloks bis zum Computer. Auch für Kinder prima. Mai bis Oktober Mo-Sa 9-17, So 10-17 Uhr (Mai und Juni So ab 13 Uhr); Eintritt $8/$3,60.

Pictou

Für Schotten ist Pictou die **Geburtsstätte** von **Nova Scotia**, weil hier 1773 ihr Segelschiff ***Hector*** mit 33 Familien und 25 alleinstehenden Männern an Bord landete. Damit hat die *Hector* eine ähnliche Bedeutung für Schotten, wie die *Mayflower* in Neuengland (⇨ Seite 255) für die Engländer.

5

Hotelzimmer in alten Eisenbahn-waggons in Tata-magouche, ⇨ rechts

Hector Heritage Quay

Augenfällig sind die typisch-schottischen Steinbauten in Pictous Zentrum; unterhalb davon wurde – trotz der monströsen *Paper Mill* gegenüber – die begrünte *Waterfront* als **Hector Heritage Quay** historisch gestaltet. Dort gibt's im *Interpretation Centre* einen Ausflug in Nova Scotias Geschichte, und vor allem liegt am Kai der Nachbau **der »Hector«**, eines Dreimas-ters, der 1773 die ersten schottischen Siedler in diese nach ihnen benannte Region brachte. Juli bis Okto-ber täglich 9-20 Uhr; Eintritt $6/$5, unter 10 Jahren frei; www.shiphector.com.

Empfehlenswert ist das *Sea-food*-Restaurant **Fougere`s**.

Unterkunft

• **Consulate Inn**, 157 Water Street; mit Hafenblick und Restaurant, ℂ 1-800-424-8283, $95-$160; www.consulateinn.com

• **Brenda's Place to Stay** (B&B), 160 Haliburton Road, ℂ (902) 485-8653, $85 mit Frühstück ($75 ohne eigenes Bad)

• **The Braeside Country Inn**, 126 Front Street, etwas gehobener, ℂ 1-800-613-7701, $65-$175; www.braesideinn.com

Nach PEI

Von Pictou aus sind es nur noch wenige Kilometer nach **Caribou**, dem Anleger für die Prince Edward Island-Fähre; **Fahrplan und Tarife** ⇨ Seite 616.

Camping
Der *Caribou Provincial Park* liegt beim Fähranleger (kurz vorher rechts ab) in einem Wäldchen am Wasser; $24.

Sunrise Trail
Hier wird nur der westliche Teil dieser insgesamt 450 km langen Route beschrieben, um – als **Alternative zum TCH** – von Caribou bzw. Pictou zur Brücke nach PEI zu gelangen. Der *Sunrise Trail* ist kaum touristisch, die Küste hier flach und feucht-grün mit einigen tief eingeschnittenen Landfingern; www.sunrisetrail.com.

An die rosafarbenen Sandstrände schwappt das relativ warme Wasser des Northumberland Strait. Viele **Beach Parks** zum Baden und Picknicken liegen an der Strecke.

Tatama-gouche

Einzig wesentlicher Versorgungsort ist Tatamagouche mit einem Hotel zum Verlieben, dem **Train Station Inn**: Der alte Bahnhof am Fluss (Radeln/Wandern) wurde zum Foyer und Restaurant, die Waggons davor liebevoll zu Zimmern und Suiten im Grünen umgebaut; ✆ 1-888-724-5233, $120-$180; www.trainstation.ca.

Einfach und klassisch dagegen ist das **Balmoral Motel and Mill Dining Room**, Main Sreet (bei der Mall), Wasserblick, ✆ 1-888-383-9357, Sommer ab $102; www.balmoralmotel.ca.

Abstecher

Bei etwas Zeit lohnen die folgenden beiden Abstecher vom *Sunrise Trail* (#6) nach Malagash und Wallace am Wasser:

• In **Malagash** gibts eine (deutschstämmige) Winzerei zu besichtigen: Die **Jost Vineyards** sind ausgeschildert. Große Verkaufsausstellung mit Deli-Patio; Spielplatz; Führung um 12 und 15 Uhr; im Sommer täglich 9-18 Uhr; www.jostwine.com

• Vom Fischerdorf **Wallace Bay** geht es über Fox Harbour zur umwerfend schönen **Gulf Shore Beach** sowie zum privaten **Gulf Shore Camping Park** am Meer; Baden, Duschen, Spielplatz; nur Ende Juni bis Anfang September, Zelt $22, RV ab $27.

Vor der Brücke kann man auch noch auf dem **Amherst Shore Provincial Park**, 6 km östlich Lorneville an der #366 campen; ein Pfad führt ans Wasser. Baden, Duschen, Spielplatz; $24.

Confedera-tion Bridge
In **Tidnish Bridge** verlässt man den *Sunrise Trail*, um Richtung Westen auf den TCH (#16) zu stoßen. Er führt einen entweder auf die #2 Richtung Moncton/NB oder zum Cape Jourimain zur **Confederation Bridge** nach PEI; www.confederationbridge.com.

5.4   **Prince Edward Island** www.tourismpei.com

5.4.1   **Charakteristik der Insel**

Geographie   Ein Blick auf die fast fledermausförmige, kleinste Provinz Canadas lässt erkennen: Die **Malpeque Bay** im Westen und der fjordartige, die Insel fast durchtrennende **Hillsborough River** im Osten
teilen Prince Edward Island (PEI) in drei Regionen: Im mittleren,
dem zentralen *Queens County*, liegen die Hauptstadt Charlottetown, etliche schöne Städtchen und der beliebte *Prince Edward
Island National Park*.

Eindruck   Die beiden äußeren »Flügel« – im Osten *Kings County*, im Westen *Prince County* – muss man nicht vollständig bereisen. Denn
die **Inselidylle** ist überall ähnlich: ebenes oder nur leicht welliges
Acker- und Weideland und immer wieder Wasser im Blickfeld.
Kein Punkt der Insel ist weiter als 16 km vom Meer entfernt. Röt-
liche Erde, grüne Wiesen und Felder und *Clapboard*-Häuser, dazwischen Holzkirchen, bestimmen das Bild.

Straßen   Das dichte Straßennetz verbindet zahlreiche Dörfer und Farmen;
viele auf der Karte verzeichnete Orte sind winzig und bestehen
oft nur aus Tankstelle, Laden und einer Handvoll verstreuter Anwesen. Das Dünen- und Strandgebiet des Nationalparks erinnert
an die dänische Nordseeküste.

Quartiere   Auf Prince Edward Island gibt es **keine Häuser der Hotelketten**,
aber *Cottages* und *Bed & Breakfast*: www.peislandcottages.com
und www.peisland.com. Die Ausschilderung am Straßenrand –
Straßenwerbung ist verboten – erleichtert die Suche.

5.4.2   **Die beiden Routen über die Insel**

Start   Gemäß den beiden unter Kapitel 5.3.7 auf Seite 611 erläuterten
Strecken beginnen die folgenden Hinweise mit der Ankunft auf
PEI. Entweder per Fähre in *Wood Island* oder jenseits der Brücke in
Gateway/Borden. In beiden Fällen läuft die Routenbeschreibung
gegen den Uhrzeigersinn (zurück) zur *Confederation Bridge*.

*Auf keinen
Fall dürfen
Sie Ihre
Honigbienen
nach Prince
Edward
Island
mitnehmen*

Steckbrief Prince Edward Island/PEI

140.000 Einwohner; 5.680 km²: 224 km lang, zwischen 6 km und 64 km breit; **Hauptstadt** ist **Charlottetown** mit 35.000 Einwohnern; größere Orte sind **Summerside** mit 15.000 und **Stratford** mit 8.000 Einwohnern.

Prince Edward Island ist gekennzeichnet durch eine überwiegend sanfte grüne, kaum (noch) bewaldete Hügellandschaft – die höchste Erhebung ist 142 m hoch – und zahllose Buchten, Lagunen und Strände. Die kürzeste Distanz zum Festland beträgt an der *Northumberland Strait*, die erst seit 1997 von der *Confederation Bridge* überspannt wird, 14 km.

Prince Edward Island hat praktisch keine Industrie und lebt überwiegend von der **Landwirtschaft**, speziell von Viehzucht und dem Anbau von Kartoffeln. Wichtige Wirtschaftsfaktoren danach sind **Fischfang** (vor allem Hummer, Austern, Muscheln, Thunfisch) und im Sommer der wachsende **Tourismus**.

Touristische Ziele sind in erster Linie die langen Strände des ***Prince Edward Island National Park***, die Hauptstadt Charlottetown und die Provinzparks an den Küsten. Viele Besucher kommen eigens zum **Hummerschmaus** auf die Insel.

TCH #1	Wer über die Brücke kommt, steuert **auf dem TCH (#1) zunächst Charlottetown** an; das gilt auch für Fährenbenutzer, die zügig von *Wood Island* über Charlottetown (61 km) zum Nationalpark fahren möchten (weitere 18 km).
Alternativroute ab Wood Island	Für Fährenbenutzer aus Nova Scotia ist – bei ca. doppelter Kilometerzahl – der Umweg auf einem Teilstück des ***Points East Coastal Drive*** über Murray Harbour und Georgetown durch den lieblichen Südosten der Insel interessanter als die direkte Route.
Über Charlottetown zum Nationalpark	Die Hauptstadt ist zugleich natürlicher **Kreuzungspunkt aller PEI-Routen**. Von dort geht es dann auf der Straße #15 zur zentralen Nationalpark-Einfahrt bei Brackley Beach und über Malpeque bzw. entlang der Malpeque Bay zurück zur *Confederation Bridge* für die Weiterfahrt nach New Brunswick.
Scenic Drives	Ein Abfahren der drei auf den offiziellen Provinzkarten markierten ***Scenic Drives*** (***Points East Coastal Drive*** im Osten, ***Blue Heron Drive*** im Zentrum und ***North Cape Coastal Drive*** im Westen) macht für Besucher mit begrenzter Zeit nur wenig Sinn. Diese Strecken sind nur abschnittsweise attraktiv.

Brücke und Fährverbindung

Die *Confederation Bridge* verbindet Prince Edward Island (bei Borden) mit dem Festland (Cape Tormentine). Sie gehört zu den längsten der Welt (13 km). Der **Brückenzoll** wird erst bei der Rückfahrt kassiert: $44,25 für 2 Achsen, jede weitere Achse $7,25; Motorräder $17,75; jeweils inklusive aller Insassen. ✆ 1-888-437-6565; www.confederationbridge.com

Fährtarife: Hin-und Rückfahrt: Pkw/Vans inklusive aller Insassen $66, Campmobile bis 40 Fuß $89, Passagiere ohne Fahrzeug $17, Kinder unter 12 frei. Im Sommer 9-mal täglich, 75 min, ✆ 1-877-762-7245; www.nfl-bay.com.

Kassiert wird für Brücke/Fähre jeweils nur auf der Route PEI-Festland.

5.4.3   Über die Confederation Bridge nach Charlottetown

Nach 13 km Fahrt auf der Brücke erreicht man PEI in dem **Retortenort Gateway**, der den alten Fährort Borden so gut wie verdrängt hat. Im *Visitor Center* führt eine kleine Ausstellung in die Insel ein. Viele Shops, Outlets und Restaurants, aber kein Motel. Auf dem TCH #1 sind es noch 56 km bis Charlottetown.

Victoria

Auf dem Weg dorthin lohnt ein Stopp im beschaulichen Fischer- und **Künstlerdorf Victoria** – mit Mini-Wharf und zwei netten *Seafood Restaurants* – an einem verschlafenen Küstenstreifen.

- *Orient Hotel*, modernisiertes Landhotel, ✆ 1-800-565-6743, DZ $95-$125, Suite $160; www.theorienthotel.com
- *North River Motel*, Cornwall TCH #1, ✆ (902) 566-2645, ab $79

Fort Amherst

Einen Abstecher wert ist der **Fort Amherst Nat'l Historic Site** auf einer Halbinsel am Hillsborough River. Die Reste einer alten britischen Festungsanlage sind dort gut erhalten; Besichtigung frei. Am jenseitigen Ufer des Flusses sieht man Charlottetown.

Charlottetown

www.city.
charlottetown.
pe.ca

www.tourism
charlottetown.ca

Die kleinste **Provinzhauptstadt** Canadas liegt auf einer Landzunge in der Hillsborough Bay. Der TCH durchquert Charlottetown in West-Ost-Richtung in der Form eines langgezogenen »Z«, in dessen oberem Winkel ein großer *Shopping District* und in dessen unterem Winkel das Stadtzentrum liegt; dort, wo die University Avenue auf die Grafton Street trifft. Wer die Grafton über eine ihrer Querstraßen (Weymouth, Hillsborough oder Prince Street) nach Süden verlässt, findet leicht einen **Parkplatz** im Bereich des *Peakes Quay* mit einer *Tourist Information* (6 Prince Street; im *Founders' Hall Building*); www.foundershall.ca.

Rundgang

Wer von dort westlich die Great George Street hochgeht, erreicht **Province House** und das **Arts Centre**. Dahinter liegt das Geschäftszentrum mit der *Confederation Mall* im Häuserblock der University Avenue/Grafton und Kent Street. Doch zunächst fällt der

Blick links vor dem *Province House* in die **Victoria Row**, eine Fußgängerstraße mit vielen Bistros und – an der hinteren Ecke – einem **Anne of Green Gables Store** (www.annestore.ca, ⇨ Seite 623). Wer nun im Uhrzeigersinn um das Straßenkarree des *Province House* geht bzw. noch den darüberliegenden Block dazunimmt, ist einmal um den Stadtkern herumgelaufen und gelangt über die Prince Street bergab zurück zur **Waterfront**.

Arts Centre

Anlässlich des hundertjährigen Jubiläums der ersten Konferenz (⇨ nächsten Absatz) wurde 1964 neben dem *Province House* das **Confederation Centre of the Arts** errichtet, ein nicht so recht ins Stadtbild passender Betonbau. Jeden Sommer wird dort das nationale Kultstück **Anne of Green Gables** aufgeführt (⇨ Seite 623; www. confederationcentre.com). Die **Gemäldegalerie** des *Art Centre* (im Sommer täglich 9-17 Uhr, sonst Mi-Sa 11-17 Uhr, So 13-17 Uhr; kein Eintritt, aber Spende) zeigt hauptsächlich kanadische Maler.

Historische Gebäude

Unübersehbar sind in Charlottetown die vielen Verwaltungsgebäude. Erwähnung verdienen die **City Hall** (Kent/Queen Street), die auch das **Tourist Center** beherbergt, und vor allem das schon genannte **Province House** von 1847, ein **National Historic Site** (165 Richmond Street). Im zweiten Stock dieses massiven Steinhaus befindet sich der **Confederation Room**, der als **Geburtsstätte der Nation** gilt. 1864 fand dort die erste der Konferenzen statt, die zur Staatsgründung Canadas führten.

Obwohl zunächst nur ein Zusammenschluss der maritimen Provinzen betrieben worden war, schlossen sich Québec und Ontario und damit alle britischen Besitzungen im Osten Nordamerikas an (⇨ Seite 517). 1867 erfolgte die Bildung des **Dominion of Canada**. Die Furcht vor Ausweitung des Bürgerkriegs von den

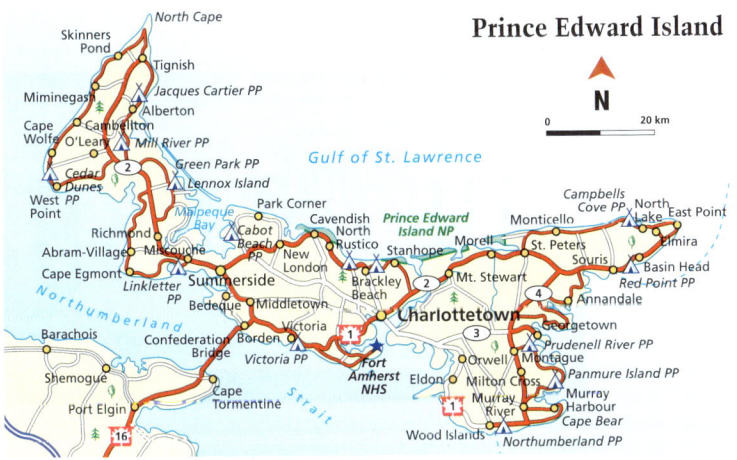

USA nach Norden beschleunigte die Fusion. Besichtigung der historischen Räume Juli bis Anfang September täglich 9-17 Uhr, in den anderen Monaten gleiche Zeit, aber nur Mo-Fr.

Lokale

Charlottetown besitzt einige, sehr britisch wirkende Kneipen und Lokale:

- Erst vor kurzem eröffnete an historischer Stätte das **Daniel Brenan's Brickhouse** (125 Sydney Street); gute Küche, www. danielbrenanbrickhouse.com
- Beliebt ist auch das benachbarte **The Gahan House Pub** (126 Sydney Street) mit eigener Brauerei und *Fish* & *Chips*

Peakes Wharf

Zurück an der **Peake's Wharf** findet man viele **Restaurants** und Souvenirläden. Gleich östlich davon liegt der **Confederation Landing Park** (Sommerkonzerte).

Unterkunft

Die meisten **Motels** auch der preiswerteren Kategorie befinden sich westlich der Stadt am TCH hinter dem erwähnten *Shopping Centre*. Zentrale Häuser **gehobenen Niveaus** sind

- **Rodd Charlottetown**, ein Backsteingebäude mit weißen Säulen, 75 Kent Street, ✆ 1-800-565-7633; im Sommer ab $239, sonst ab $139, www.roddhotelsandresorts.com
- **The Inns on Great George**, bildschönes, nostalgisch gehaltenes Haus in der 58 Great George Street; ✆ (902) 892-0606 oder ✆ 1-800-361-1118, ab $175; www.thegreatgeorge.com
- **Islander Motor Lodge**, in der 146 Pownal Street, ✆ (902) 892-1217 und ✆ 1-800 268-6261; $129-$199, Kinder unter 16 frei.

Preiswerter sind

- die Wohnheime der **University of PEI**, 550 University Avenue. **Marian Hall**, im Sommer: EZ/DZ/4-Bett-App. ab $60; ✆ (902) 566-0568; www.upei.ca/conference/summer-visitors
- **HI Backpackers Inn**, 60 Hillsborough Street, ✆ (902) 367-5749, $30/Bett, auch DZ $70; www.charlottetownbackpackers.com

Selbst noch auf dem Nummernschild der Autos auf Prince Edward Island steht »Geburtsstätte der kanadischen Nation«

Campmobile kommen südöstlich Charlottetown im **Southport** (Motel &) **RV Park** unter. Das Gelände liegt direkt am Ufer des Hillsborough River nur gut 200 m vom TCH entfernt, 20 Stratford Road, ✆ 1-800-565-5586, ab $30; www.southportmotel.ca

5.4.4   Durch den Südosten der Insel nach Charlottetown

Unterkunft

Wer spät mit der Fähre in Wood Islands ankommt, findet etwa 2 km westlich des Anlegers am TCH das **Meadow Lodge Motel**, ✆ 1-800-461-2022, $57-$89; www.peisland.com/meadowlodge.

Camping

Im **Northumberland Provincial Park** kann man ca. 4 km östlich des Anlegers, wie auch im **Lord Selkirk PP**, 15 km westlich der Fähre bei Eldon campen (2 km abseits der #1). Beide Parks besitzen einen Strand, $23-$30.

Ostküste

Die hier favorisierte Route entlang der Ostküste (Straße #18A) führt über die Trichtermündungen der Flüsse Murray, Montague und Brudenell River und an den jeweils beiden Ufern entlang. Reizvoll ist die Umgebung der Fischerdörfer **Murray Harbour** und **Murray River**, knappe 20 km östlich des Fähranleger. Dort leben Kormorane und Fischreiher zu Tausenden, auch **Weißkopfseeadler**.

**Freilicht-
Museum**

Kurz vor **Murray Harbour** passiert man an der Straße #18A ein kleines **Freiluftmuseum**: ein Blockhaus mit historischer Einrichtung und Nebengebäuden. Im Ort selbst stehen einige gut erhaltene Holzschindelhäuser.

Das **Ocean Acres Resort** mit **Cottages** u. **Campground** liegt 5 km östlich Murray River an der Straße #18 an einem Flusslauf, ✆ (902) 962-3913, Zelt $25, RV $35 *Cottages* ab $120; www.oceanacres.ca.

**Marconi-
Museum**

Am **Cape Bear** befindet sich ein weiteres Museum in einem alten Leuchtturm (1881). Dort wurde 1905-1922 eine drahtlose Marconi-Funkstation betrieben, deren Rekonstruktion zu besichtigen ist.

20 km nördlich vor Panmure Island befindet sich an der #347auf einer Nehrung der **Panmure Island Provincial Park** mit *Cabins*, Laundry, *Kitchen-Shelter* und herrlichem Sandstrand, $23-$30.

Montague

Nächste Station ist Montague, Versorgungsort der Südostregion mit kompletter Infrastruktur; www.townofmontaguepei.com.

Brudenell PP

Der **Brudenell River Provincial Park** beim Hafenstädchen Georgetown an der #4 ist einer der »**Superparks**« der Insel mit Golfgelände, Tennisplätzen, Wanderwegen und Badestrand.

Pferde, Boote (Kanu/Kajak) und Angelausrüstung können dort gemietet werden; ✆ (902) 652-8966 und ✆ 1-877-445-4938, $26-$35; www.tourismpei.com/provincial-park/brudenell-river

Auf dem Parkgelände befindet sich das **Rodd Brudenell River Resort**, das bei Golfern beliebt ist; ✆ 1-800 565-7633, ab $99 DZ, *Cottages* ab $150; www.roddhotelsandresorts.com.

Nach Charlottetown sind es von Brudenell noch 52 km – zunächst auf der Straße #3, die letzten Kilometer auf der Straße #1.

5.4.5   Prince Edward Island National Park und die Nordküste

Kennzeichnung des PEI Park

www.pc.gc.ca/pei

Der *Prince Edward Island National Park* im zentralen Bereich der Nordküste ist 40 km lang und stellenweise nur wenige hundert Meter breit. Die Gesamtfläche beträgt daher ganze 26 km². Die Attraktion dieses Küstenabschnitts ist die Farbkomposition bei Sonnenschein: kilometerlange rosarote Sandstrände und Dünen, Steilküsten aus rotem Sandstein, blaues Meer, hellgrüne Wiesen und dunkelgrüne Tannenwälder. Obwohl auch Salzwassermarschen mit reichen Bestand an Seevögeln (*Field Check List of Birds* sowie *Boardwalk*-Übersichten gratis in den Besucherzentren) und dazu passende edukative Programme existieren, gilt das Hauptinteresse der Besucher neben Golf, Radeln, Kajak und *Deep Sea Fishing* in erster Linie **Strand- und Wasseraktivitäten**, denn der Atlantik ist hier an der Nordküste relativ warm.

Information

Vorm Park gibt es drei *Visitor Information Centers:* eins an der mittleren Zufahrt **Brackley Beach**, das größte im Westteil bei **Cavendish** und ein weiteres im Osten bei **Stanhope**. Der Park kostet Eintritt: $7,80; Kinder 6-16 $3,90.

Straßen

Der *Gulf Shore Parkway* durch den Park läuft überwiegend gleich hinter dem Strand und lässt nur die beiden äußersten Bereiche im Osten und Westen aus (*Tracadie Bay* und *New London Bay*). Allerdings besteht keine Verbindung zwischen North Rustico Harbour und Rustico Island. Um von der zentralen Insel in die westliche Parkregion zu gelangen und umgekehrt, muss man die Rustico Bay außerhalb des Parks umrunden. Die teilweise als *Blue Heron Trail* ausgezeichnete **Straße #6** folgt in ihrem Verlauf in etwa den Parkgrenzen. An ihr befindet sich das Gros der auf den Parktourismus eingestellten Infrastruktur.

Camping

Der Park verfügt über zwei strandnahe Campingplätze:

• den *Stanhope Campground* (Stellplätze #102, #104, #106 mit Meerblick) im Osten, $25-$36; www.pccamping.ca

Auf dem Gulf Shore Parkway durch die Dünen des PEI NP

Prince Edward Island National Park

• ganz im Westen den **Cavendish Campground** am schönsten Strand und mit den höchsten Klippen; oft überfüllt und bei Hochbetrieb laut, $25-$36; www.pccamping.ca.

Strand

Top Strand ist die **Cavendish Beach East**.

Unterkunft

Etliche Privatgrundstücke reichen im Westen des Parks von der #6 bis an die Strandstraße. Dadurch scheinen viele Quartiere im Park zu liegen. Ob nun im oder am Park, die Preise sind moderat, das Meer zwar nicht von allen sichtbar, aber gut zu Fuß zu erreichen.

Park-Westen

✆-Vorwahl jeweils 902-963:

• **Shining Waters**, ✆ 2251 oder ✆ 1-877-963-2251, DZ $75-$185, Cottage $169-$299; www.shiningwatersresort.com
• **Cavendish by the Sea**, ✆ 2361, $70-$149/Cottage (1-6 Pers.)
• **Cavendish Beach Cottages**, ✆ 2025, $95-$215/Cottage
• **Andy's Surfside Inn**, ✆ 2405, B&B-DZ $45-$75, super!
• **St Lawrence Motel**, ✆ 2053, ✆ 1-800-387-2053, DZ $49-$164
• **North Rustico Motel**, **Cottages & Inn**, nahe Läden, Pool, Bikes, ✆ 2253 und ✆ 1-800-285-8966; $90-$150, Cottages $90-$200

Park-Osten

✆-Vorwahl jeweils 902-672:

• **Seabreeze Cottages & Suites**, ✆ 2437, Motel $85-$110, Cottages ab $425/Woche
• **Del-Mar Cottages**, ✆ 2582 oder ✆ 1-800-699-2582, ab $585/ Woche
• **Pines Motel & Cottages**, $80-$150, ✆ (902) 963-2029
• **Surf Cottages**, ✆ (902) 651-3300, Cottages ab $415/Woche
• **Windermere Cottages**, ✆ 2234, ✆ 1-800-688-2234, $80-$160

Etwas Besonderes sind die nostalgischen **Sommerhotels**:

• **Dalvay by the Sea**, Haus in viktorianischem Stil, liegt am Parkway an einem der Seen, Tennis, Boot, Bike; ✆ 1-888-366-2955; DZ ab $199 (mit Frühstück); www.dalvaybythesea.com
• **Stanhope Beach Resort**, etwas weiter westlich mit unterschiedlichen Quartieren (Motel, Inn, Cottages); Tennis, Pool, Spielplatz, Golf; ✆ (902) 672 2701 und ✆ 1-866-672-2701; DZ ab $129, www.stanhopebeachresort.com

5

Lobster

Folgt man der #6 nach Westen, erreicht man **North Rustico**, ein Hafenstädtchen an der Bay. In der Saison kommt dort *Lobster* frisch von Bord in den Kochtopf. *Seafood* aller Art sowie traditionelle große **Hummeressen** gibt's im *Fisherman's Wharf Restaurant* (⟳ Kasten). Über einen schönen *Boardwalk* gelangt man zum Leuchtturm, einem Terrassen-Café und – beim braunen Biber-Schild – zur langen *Rustico Beach* des Nationalparks. Ein lohnenswerter Spaziergang!

Lobster-Supper   (⟳ dazu auch Essay Seite 310 »Hummer«)

Die *Lobster Supper* waren ursprünglich dörfliche Gemeinschaftsverköstigungen im Kirchenkeller; heute werden sie in eigens dafür hergerichteten Ausflugs-Restaurants für Hunderte von Besuchern veranstaltet. Dabei gibt es reichlich Hummer und ein überquellendes Salatbuffet. Aber Vorsicht: **as much as you can eat** gilt meist nur für das Gemüse. **Lobster-Supper**- und **Seafood-Restaurants** befinden sich auch in **New Glasgow** und in **St. Ann** (jeweils an der Straße #224) sowie in **New London** an der #20 bei der *Wharf*, North Rustico, Cove Head Bay im Park und am *Heron Drive Dunes Café* nahe Parkeinfahrt **Brackley Beach**.

Cavendish

www.cavendish
beachpei.com

Gut 10 km westlich von North Rustico liegt Cavendish, touristischer **Zentralort** der Nationalpark-Region mit dem wichtigsten *Visitor Centre* (täglich 9-19 Uhr), den meisten Quartieren, *Shopping Malls* und viel **kommerzieller Unterhaltung**.

Ausgesprochen beliebt ist das *Fiddles & Vittles*, ein riesiges, aber dennoch gemütliches *Seafood*-Restaurant. An der Bude **Fisherman's Catch** auf der gegenüberliegenden Flussseite sind Meeresfrüchte indessen zünftiger und preiswerter zu haben.

Anne of Green Gables

Nicht wegzudenken aus dieser Region ist **Anne**, Heldin der *Anne*-Buchserie, erschaffen 1908 und ständig 15 Jahre alt mit Sommersprossen und Strohhut, aus dem knallrote Zöpfe baumeln – eine frühe, aber etwas ältere Pippi Langstrumpf. Bei uns ist *Anne*, obwohl in 20 Sprachen übersetzt und vor allem in Japan erfolgreich, nur indirekt durch »Anne Franks Tagebuch« bekannt (*Anne Frank* liest in ihrem Versteck *Anne of Green Gables*), in Canada jedoch eine nationale Berühmtheit, ebenso wie die Verfasserin der *Anne*-Serie, **Lucy Maud Montgomery**. Bei Cavendish wird *Anne* gnadenlos vermarktet.

- Im **Green Gables House** an der #6 am *Visitor Centre* ließ die Autorin ihre Heldin aufwachsen. Auf einer Tour kann man *Annes* Abenteuer in der *Lover's Lane* und den *Haunted Woods* nachvollziehen. Juli-Anfang September täglich 9-17 Uhr, sonst Di-Sa 9-17 Uhr; Eintritt $7,80; Kinder 6-16 $3,90.

www.anne
museum.com

- In Park Corner befindet sich das **Anne of Green Gables Museum**, eingerichtet wie Ende des 19. Jahrhunderts. Geöffnet Juli und August 9-17, sonst ab 10 bzw. 11 und bis 16 Uhr; Eintritt $7. Schräg gegenüber liegt das Haus der Großeltern am *Lake of Shining Waters*, in dem die Autorin einen Teil ihrer Jugend verbrachte, ihr Geburtshaus an der Kreuzung #6/#20.

www.avonlea.ca

- In **Avonlea** (mitten in Cavendish) wird Annes heile Welt kräftig in Szene gesetzt: Pferdekutschen, Kühemelken, Puppenshow, Ponyreiten, Spiele, Theater, Musik und überall Strohhüte mit bunten Bändern. Mitte Juni bis August täglich 10-17, bis Mitte September dann noch 10-16 Uhr; $19/$15.

Austern in Malpeque

Westlich führt der **Blue Heron Drive** an die ruhige Malpeque Bay, ein ideales Gewässer für Austern; wer sie schlürfen möchte (Portion $13) geht gut 20 km vorher zu **Carr's Oyster Bar** (#238, *Bypass* der #6) mit Hafenblick auf die *Stanley Bridge*; www.carrspei.ca.

Das vielbesuchte, erstaunlich schlichte »Haus der grünen Giebel«

5

Camping

An Malpeques Hafen liegt auch der weitläufige *Cabot Beach Provincial Park* mit Dünen, rotem Strand und einem sehr schönen *Campground*; nicht nur eine gute Alternative, wenn die Plätze im Nationalpark ausgebucht sind.

Nach Borden

Von Malpeque führt der *Heron Drive* zur PEI-Brücke. Wer dabei hinter Kensington/Clermont links in die #110 einbiegt, stößt schneller auf den TCH #1A, den Zubringer zur *Confederation Bridge*. Dabei ist ein **Abstecher** nach Summerside erwägenswert:

Summerside
www.visit
summerside.
com

www.spinnakers
landing.com

Die zweitgrößte Inselstadt liegt ein paar Kilometer westlich der touristischen »Rennstrecke« zum PEI Nat'l Park und hat sich einen kilometerlangen *Boardwalk* um die halbe **Bedeque Bay** zugelegt, außerdem an der *Waterfront* **Spinnakers' Landing**, eine Shopping- und Restaurantarkade (dort auch **Visitor Information**). Der Bereich ist u.a. Schauplatz des jährlich im Juli stattfindenden **Summerside Festival** mit Konzerten und Theateraufführungen unter freiem Himmel. Am **Hafen** kann man bei der Anlandung der Hummerfänge zuschauen.

Downtown

Parallel zur *Waterfront*, in den Straßen zwischen *Central* und *Granville Street*, gibt es eine ganze Reihe hübscher Häuser, einige davon aus dem 18. Jahrhundert. An manchen der Backsteinbauten wie dem ehemaligen Bahnhofsgebäude fallen insgesamt zehn riesige **Wandgemälde** (*Murals*) zur Geschichte der Stadt ins Auge.

Restaurant

• *Brothers Two Restaurant*, Water Street East, gute *Seafood*

Unterkunft

• *Garden of the Gulf Quality Inn*, 618 Water Street, ℂ 902-436-2295, 99-199, www.qualityinnpei.com

• *Summerside Motel* & *Restaurant*, 500 Read Drive, 75-95, http://summersidemotel.homestead.com

• *Clark's Sunny Isle Motel*, 720 Water Street, ℂ 902-436-5665, 55-79, www.sunnyislemotel.com

Camping

• *Linkletter Provincial Park*, einige Kilometer westlich der Stadt südlich der Straße #11 am Wasser, ℂ 902-888-8366, Duschen, Waschautomat, Juni-Mitte September, 23-30

Nach New Brunswick

Zur Fortsetzung der Fahrt ab Cape Tormentine auf der Südseite der Strait of Northumberland ⇨ Seite 616 und 626.

Strand im Cabot Beach PP

Steckbrief New Brunswick/NB   www.gnb.ca

750.000 Einwohner, davon 61% britischer, 27% französischer Abstammung. Fläche 72.900 km², überwiegend kaum besiedeltes Kernland. Die Bevölkerung konzentriert sich auf das Flusstal des St. John River und die Küsten. **Provinzhauptstadt ist Fredericton** mit 56.000 Einwohnern, größte Städte sind **Saint John** mit 70.000 und **Moncton** mit 69.000 Einwohnern. Amtssprachen sind Englisch und Französisch.

Fast 90% **des Hügellands** zwischen *Gulf of St. Lawrence* und *Bay of Fundy* sind **bewaldet.** Höchste Erhebung ist der Mount Carleton im zentralen Norden mit 817 m. Weitgehend **ebene Gebiete** erstrecken sich entlang der Ostküste und im Gebiet zwischen Fredericton und der *Bay of Fundy*.

Wichtigste **Wirtschaftszweige** sind Holzeinschlag und -verarbeitung (Papier, Zellstoff), Fischfang und Landwirtschaft (Kartoffeln, Viehzucht, Milchprodukte). Eine zunehmende Rolle spielen Einnahmen aus dem Tourismus. Industrie hat in New Brunswick eine eher untergeordnete Bedeutung, sieht man von Saint John ab.

Wichtigste **touristische Ziele** sind die *Reversing Falls* in Saint John, der *Tidal Bore Park* und der *Magnetic Hill* in Moncton, der *Fundy National Park*, *Kings Landing* bei Fredericton; ferner das *Acadian Village* und der *Kouchibouguac National Park* an der Ostküste.

5.5   Durch New Brunswick/Neu-Braunschweig
www.tourismnewbrunswick.ca

5.5.1   Geographisch-touristische Charakteristik

Lage

Das Gebiet der Provinz Neu-Braunschweig, wie sie auf deutsch heißt, entspricht ungefähr einem Rechteck. Ost- und Südseite werden durch die Küsten des *Gulf of St. Lawrence* und der *Bay of Fundy* gebildet. Im Norden grenzt New Brunswick an Québec, im Westen an Maine/USA und hat damit den riesigen nordamerikanischen Kontinent quasi im Rücken. Wirtschaftlich und klimatisch ist Neu-Braunschweig weniger vom Meer geprägt als die anderen maritimen Provinzen.

NB als Reiseziel

Für viele Touristen ist New Brunswick für einige Tage Durchreisegebiet. Man ist auf dem Weg von Nova Scotia nach Maine oder Québec bzw. umgekehrt; selten ist diese kanadische Provinz ein bevorzugtes Ferienziel.

New Brunswicks Handicap ist die landschaftliche Ähnlichkeit mit seinen amerikanischen und kanadischen Nachbarregionen, so dass sich hier kaum Neues entdecken lässt. Das ist kein Votum gegen seine Küsten, Land und Leute; aber es fehlt ein unverwechselbares Profil. In der schönen *Passamaquoddy Bay* etwa sieht es aus wie im benachbarten Maine, die Küsten an der *Bay of Fundy* weisen große Ähnlichkeit mit dem Gegenüber in Nova Scotia auf, und die Strände der Ostküste unterscheiden sich kaum von

5

denen auf Prince Edward Island, sind aber insgesamt nicht so reizvoll. Kurzum, New Brunswick besitzt alle maritimen Landschafts-
bilder, aber großflächig verstreut und weniger ausgeprägt.

**Anziehungs-
punkte**

Als Sehenswürdigkeiten sind in erster Linie die Bay of Fundy mit
dem *Fundy National Park*, den **Hopewell Rocks** bzw. *Flowerpots*, die den enormen Tidenhub der Bucht (⟡ Seite 629) deutlich
machen sowie die **Küstenbereiche am Golf von St. Lawrence** »gegenüber« Prince Edward Island mit **Stränden** und Dünenlandschaften, Salzmarschen und Nehrungen, alles zusammen zu erleben im *Kouchibouguac National Park*.

Besuchenswert sind auch die kleine Hauptstadt **Fredericton** und
– nicht weit davon – *Kings Landing*, ein *Living Museum* der Extraklasse. Eine hübsche Zugabe bei Fahrten auf den Landstraßen
der Provinz sind viele **Covered Bridges**. Die weitverzweigte Flusslandschaft des Saint John River zwischen Saint John und Fredericton ist ein reizvolles **Kanu- und Kajakrevier**.

**Indian
Summer**

Das dicht bewaldete Bergland im Zentrum der Provinz ist im
Sommer und Herbst Ziel von Wanderern und Wildnisenthusia-
sten. Dort wie auch in Nova Scotia und anderswo in New Brunswick beginnt Ende September der **Indian Summer** mit ebenso far-
benprächtiger Laubfärbung wie in Neuengland/USA.

**Zu den
Routen**

Weitere Einzelheiten zur Provinz New Brunswick finden sich im
Einleitungskapitel zu den *Maritimes*, ⟡ Seite 571. Auch die Ein-
bindung der weiter unten beschriebenen Routen in das Netz der
Rundstrecken durch Neuengland und die östlichen Provinzen
Canadas ist dort erläutert, ⟡ Karte Seite 573.

Von PEI

Das folgende Kapitel ist so konzipiert, dass es an das Vorkapitel
»Prince Edward Island« anschließt, d.h., nach Ankunft von dort
in *Cape Tormentine*, dem Brückenkopf nach PEI, beginnt.

**Von
Nova Scotia**

Wer von Nova Scotia über Amherst nach New Brunswick reist,
folgt einfach dem Verlauf des TCH auf dem Festland und erreicht
damit automatisch Moncton.

Von PEI und Nova Scotia
5.5.2 _____ nach Moncton und zum Fundy National Park

Auch wer von Prince Edward Island oder Nova Scotia aus nach
New Brunswick kommt und beabsichtigt, auf schnellstem Wege
an der Ostküste entlang zur *Gaspé Peninsula* zu fahren, sollte
den Abstecher nach Moncton und ggf. noch weiter zum **Fundy
National Park** erwägen. Für alle anderen Fahrtrichtungen liegt
Moncton an der Strecke und dieser Nationalpark so nah, dass
man ihn auf keinen Fall auslassen sollte.

**Nördlicher
Bogen**

Von *Cape Tormentine* gibt es zwei sinnvolle Routen in Richtung
Moncton. In einem nördlichen Bogen könnte man erst der #955,
später der zur Autobahn ausgebauten #15 über Shediac folgen.

Shediac

www.
shediac.org

Das bis vor einem guten Jahrzehnt noch ruhige und charmante Shediac expandierte zu einer Art Hummer-Metropole: *Lobster Capital of the World* (www.shediaclobsterfestival.ca) lautet der selbst verliehene Titel, der durch ein überdimensionales **Lobster-Denkmal** im Zentrum mit Fischermännchen unterstrichen wird. Zahlreiche **Restaurants** warten auf Kundschaft.

In Shediac und Umgebung findet man wunderbar helle Strände, darunter die populäre *Parlee Beach* am östlichen Ortsende. Das Meerwasser gilt dort (wie so oft auch auf PEI) als das angeblich »wärmste nördlich der *Carolinas* (USA)«, was sogar stimmen könnte, wurden doch schon Wassertemperaturen bis zu 24°C gemessen. Hausmiete am Strand: www.parleebeach.com

In Shediac gibt es einige preiswerte kleine Hotels, z.B.:

- *Auberge Inn Thyme*, 310 Main Street (#133), sehr zentral, Meernähe, ☎ (506) 532-6098, DZ $99-$165; www.innthyme.com
- *Alouette Motel* & *Cabins*, 5 km östlich in Grand-Barachois (abseits der #15, *Exit* 43, 1584 #133) am Meer, ☎ (506) 532-5378, DZ im Sommer ab $99, sonst ab $59

Der zentrale *Parlee Beach* **Campingplatz** kann am Wochenende voll werden. Ruhiger campt man dann im *Murray Beach PP*, etwas abseits der #955 (nördlich von Murray Corner), ca. 15 km westlich von *Cape Tormentine* ebenfalls am Meer, $25.

Südlicher Bogen/TCH

Die alternative Route von *Cape Tormentine* nach Moncton entspricht dem Verlauf des TCH (zunächst Straße #16) über Sackville und (etwas südlich davon) das alte *Fort Beauséjour*.

Fort Beauséjour
www.pc.gc.ca/beausejour

Vom einst französischen *Fort* bei Aulac (heute ein *National Historic Site*), das 1755 nach heftiger Gegenwehr an die Engländer fiel, ist außer einigen Mauerresten und grasbewachsenen Erdhügeln nicht mehr viel zu sehen. Die sternförmig angelegte Festung ist wegen ihrer schönen Lage mit Blick über das *Cumberland Basin* der *Bay of Fundy* und des Picknickplatzes dennoch einen Zwischenstopp wert. Außerdem existiert ein Museum im *Visitor Center*; Anf. Juni bis Anf. September tägl. 9-17 Uhr; $4/$2.

Riesengroße Hummerskulptur in der selbsternannten Welthauptstadt des Hummerfangs, Shediac, ⇨ auch das Coverfoto dieses Buches

Sackville

Um das Universitätsstädtchen Sackville breiten sich die ***Tantramar Marshes*** aus, ausgedehnte Salzwassermarschen. Die gesamte Region, ursprünglich von den Acadiern eingedeicht und zu Farmland gemacht, wurde 1988 geflutet und als Marschland renaturalisiert. Der ***Sackville Waterfowl Park*** ist ein Teil dieser Landschaft und in erster Linie für Vogelfreunde interessant. Am ***Boardwalk*** durchs Sumpfgelände informieren Tafeln über die dortige Vogelwelt. Der Park liegt südlich des Ortes an der #106 (April bis November). Ein Besucherzentrum, das ***Tantramar Wetlands Centre*** in der 223 Main Street hinter der *Highschool*, ist im Juli & August Mo-Fr 8.30-16 Uhr geöffnet; www.weted.com.

Moncton

Moncton beherbergt die einzige französischsprachige Universität der *Maritimes* und ist zugleich Zentrum der akadischen Minderheit von New Brunswick. Die zweitgrößte Stadt der Provinz wirbt daher gern mit ihrem französischen Flair, das sich aber bestenfalls in einigen fußgängerfreundlich gestalteten Karrees links und rechts der **Main Street** entdecken lässt. In derselben Straße befindet sich auch das ***Tourist Information Centre*** (*© 506-853-3590), wo man einen Stadtplan bereithält und weiß, um welche Uhrzeit das nächste Hochwasser kommt; www.moncton.org.

Tidal Bore
www.
gomoncton.com

Monctons bedeutendste Sehenswürdigkeit war seit eh und je die ***Tidal Bore***, eine Flutwelle, die zweimal täglich den *Petitcodiac River* stromaufwärts rollte und den Wasserstand innerhalb von einer Stunde um 4-7 m anhob. Durch den Bau eines Dammes samt Schleuse wurde die Flutwelle zeitweise extrem reduziert. Seit 2010 sind die Schleusentore aber wieder geöffnet. Eine **Gezeitentafel** (Tidentabelle im Internet: www.waterlevels.gc.ca) zeigt dort an, wann das Wasser wieder anrauscht. So sensationell, dass man dafür längere Wartezeit in Kauf nehmen müsste, ist die Angelegenheit jedoch nicht.

Trockengefallene Boote im Hafen von Alma/Fundy National Park

Fundy Tides – Tidenhub in der Bay of Fundy

Ein mächtiger Gezeitenstrom pulsiert in der trichterförmigen *Bay of Fundy* und sorgt an ihren Küsten für mehrere Attraktionen: So dreht die Flut den Wasserfall an der Mündung des *Saint John River* um (***Reversing Falls*** ⇨ Seite 639) und schiebt im *Peticodiac River* oft eine 6 m hohe Riesenwelle vor sich her (***Tidal Bore***). Auf deren flacherem Rücken kann man im **Shubenacadie River** (westlich von Truro/NS) sogar **in Schlauchbooten surfen** (*Tidal Bore Rafting*; www.tidalborerafting.webs.com). An den Ufern der *Bay of Fundy* haben Ebbstrom und Flutwasser Felsformationen derart erodiert, dass die berühmten ***Flowerpots*** entstanden, ⇨ Foto und Text Seite 630.

Hundert Billionen Liter Wasser drücken zweimal täglich vom offenen Atlantik in die *Bay of Fundy*. An bestimmten Punkten der Bucht erreicht der Tidenhub unter extremen Bedingungen Werte bis zu 16 m, die Höhe eines vierstöckigen Hauses. Verursacht wird das Phänomen durch ein Zusammenwirken mehrerer Faktoren, vor allem durch die Trichterform und den ansteigenden Boden der Bucht. Je mehr sich die Bucht verengt, desto größer ist die Wucht, mit der die bei Flut einlaufende Wassermasse gegen die Ufer gepresst wird. Da die *Bay of Fundy* gleichzeitig immer flacher wird, weiß das Wasser buchstäblich nicht mehr wohin, klettert die Ufer hoch und dringt mit enormer Kraft in die Flussbetten. Ein weiterer Faktor ist die Länge der Bucht. Während das Ebbwasser noch abläuft, setzt die nächste Flut bereits ein. Dadurch entsteht zwischen Atlantik und Ende der Bucht ein aus der Badewanne bekannter Pendeleffekt, der sich bei entsprechenden Wind- und Strömungsverhältnissen (Wasserdruck und Wind genau in die Richtung des östlichen oder nördlichen Arms des *Minas Channel* bzw. der *Chignecto Bay*) zu Rekordwerten aufbauen kann. Aber auch ohne diese Sonderfaktoren beträgt der Gezeitenunterschied etwa an der Küste des *Fundy National Park* mindestens 7-8 m, oft mehr.

Das Leben der Küstenbewohner wird bestimmt durch den Rhythmus des Meeres. Stundenlang liegen die Boote bei Ebbe auf dem rötlichen Boden der Bucht, und die Fischer müssen warten, bis das Wasser wieder die Stege erreicht. Dafür werden sie mit guten Fängen belohnt, denn viele Fischarten gedeihen bei hohem Wasseraustausch und 2x täglich aufgewirbeltem Meeresboden bestens.

Optische Gezeiten-Höhepunkte

Deer Island/Old Sow:
3 Stunden vor der Flut
(⇨ Seite 639)

Moncton:
100 min vor der Flut

Flowerpots:
3 Stunden vor und nach der Ebbe

Reversing Falls:
145 min vor der Flut

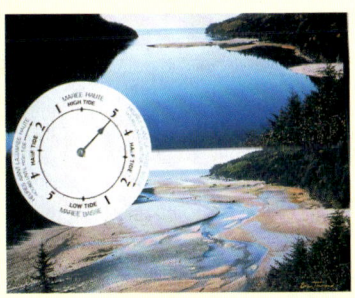

*Gezeitenuhr mit Wasserständen:
Flutansicht oben, Ebbe unten*

**Magnetic
Hill**

www.
magnetic
hill.com

Verblüffung wird am *Magnetic Hill* garantiert – etwas abseits der TCH (#2, *Exit* 450, unverfehlbar ausgeschildert). Vom »magnetischen« Hügel rollen zuvor abwärts gefahrene Autos – im Leerlauf und mit gelöster Handbremse – wieder rückwärts scheinbar bergauf. Wer das erleben möchte, zahlt $6/Auto. (Mitte Mai bis *Labour Day* täglich 8-20, sonst 10-18 Uhr). Newton hin, Schwerkraft her – ein Blick aus dem linken Seitenfenster beweist: Das Wasser des Bachs neben dem Fahrweg fließt einem entgegen.

Kommerz

Dem »Naturwunder« hat man im Lauf der Jahrzehnte ordentlich Kommerz beigemischt. Im *Magnetic Hill Park* gibt's einen Zoo, eine *Fisherman's Wharf*, Karrusells, Souvenirshops und Restaurants. Und im *Magic Mountain Waterpark* fließt das Wasser auf den Rutschen auch wieder ganz normal nach unten. Im Sommer 10-19 Uhr, sonst bis 18 Uhr; Eintritt $26,50; Kinder $20,25/ $15; Familien $89, nach 15 Uhr billiger.

Unterkunft

Viele Hotels/Motels Monctons stehen unübersehbar im Umfeld des *Magnetic Hill* an der Mountain Road (#126), oder entlang der Main Street (#106); darunter auch *Best Western, Comfort Inn, Keddy's, Rodd* und das *Delta Hotel Beausejour*, das beste am Platz; Reservierung über die 800-Nummern, ↪ Seite 146.

Camping

Der private Campingplatz *Camper's City* liegt am TCH bei Moncton (*Exit* 492, ab $31); eine bessere Alternative sind die *Campgrounds* im – allerdings rund 70 km entfernten – *Fundy National Park*, ↪ nebenstehend.

**Flowerpot
Rocks**

Zum *Fundy Park* geht es auf schöner Strecke (Straße #114) am Petitcodiac River entlang. Bei Hopewell Cape im *Rocks Provincial Park* an der Mündung des Flusses in die *Bay of Fundy* ragen die *Flowerpots* bzw. *Hopewell Rocks*, dunkelrote, pilzartig geformte Felssäulen aus dem Watt. Sie schmücken New Brunswick-Fotobände und -Postkarten. Bei Hochwasser wirken die »Blumentöpfe« wie Inseln; bei Ebbe kann man übereine steile Treppe zu ihnen hinuntersteigen.

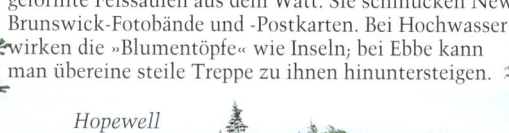

*Hopewell
Rocks mit
Kajaks*

Die ungewöhnliche, namensgebende Form der »Pötte« entstand durch die Gezeitenströmung, die unten am Felsen länger bzw. intensiver als oben wirkt und so die tieferen Bereiche stärker erodiert. Beim Watt-Spaziergang zur Besichtigung der *Flowerpots* aus nächster Nähe darf man nicht vergessen, dass die Flut schnell und mit großer Gewalt kommt; www.thehopewellrocks.ca

Fundy National Park

5.5.3   Fundy National Park

Fundy National Park

Der 260 km² große *Fundy National Park* lässt sich von Moncton auf der #114 in gut einer Stunde erreichen. Am südöstlichen Parkeingang liegt das Dorf **Alma** mit kleinem Hafen, einigen Restaurants, Shops, Hotels/Motels und Tankstelle.

Information

Im östlichen Eingangsbereich des Parks befindet sich das *Visitors Reception Center*. Ein weiteres *Information Center* ist während der Sommermonate an der **Nordwesteinfahrt** am Wolfe Lake geöffnet. In den *Centers* gibt es die Parkzeitung **Salt and Fir**, die alle aktuellen Details zu *Campgrounds, Trails*, Tidezeiten und Parkaktivitäten enthält.

Der Park ist ganzjährig geöffnet; **Eintritt** von Mitte Juni bis September (*Labour Day*) $7,80; Kinder 6 bis 16 Jahre $3,90; Familien $19,60; www.pc.gc.ca/fundy.

5

Kenn-
zeichnung

Die Küste im Park hat bizarre Steilufer, Buchten und kleine Sandstrände. Das riesige Hinterland besteht aus hügeliger Waldlandschaft mit kleinen (Bade-)Seen, Flüsschen und Wasserfällen. Das
Parkinnere erschließt sich dem autofahrenden Nicht-Wanderer/
Biker über die Straße #114. Hier kann es sommerlich heiß sein,
selbst wenn sich die Küste kühl und nebelverhangen zeigt. Bei
gutem Wetter und Ebbe ist das Wandern auf dem roten Meeresboden sehr populär; www.nbtrail.com.

Aktivitäten

Den Kontrapunkt zur reinen Natur setzt der komfortable **Besu-**
cherkomplex am südöstlichen Parkeingang. Dort gibt es Hotel
und *Chalets*, Golfplatz, Tennis, Kanu (Bennett Lake), See-Kajaks,
Lawn Bowling und einen beheizten *Swimming Pool*.

Der *Fundy NP* ist als reiner Landschaftspark ideal für Wanderungen und Biking. Gut erreichbare *Trails* sind zwar nur maximal
8 km lang, kommen aber in Kombination auf eine Gesamtlänge
von 120 km. So ist der *Fundy Circuit* ein 50 km langer **Park-**
Rundwanderweg von sieben verbundenen *Trails*. An ihnen liegen
diverse **Back Country Campgrounds** (3-5 Tage).

Gute Kurzwanderungen auch unter www.nbtrail.com, sind:

- vom Ende der Autoroute *Laverty* zu den gleichnamigen Wasserfällen am **Moosehorn Trail**
- der 7-km-Küstenwanderweg vom **Point Wolfe** nach **Herring**
Cove oder umgekehrt mit herrlichen Ausblicken

- die *Trails* zu den **Wilderness Campgrounds Goose River** und
Lake Marven (jeweils 8 km) ab Wolfe Lake

Unterkunft

- **Vista Ridge Cottages**, ☎ (506) 887-2808 und ☎ 1-877-887-2808,
ab $125; www.fundyparkchalets.com

In **Alma** an der Küste stehen

- **Alpine Motor Inn**, ☎ (506) 887-2052, ☎ 1-866-877-2052; DZ
$84-$115; www.alpinemotorinn.ca
- **Fundy Highlands Inn** & **Chalets**, *Bay*-Blick, ☎ 1-888-883-8639,
DZ $75-$125; www.fundyhighlandchalets.com
- **Captains Inn**, ☎ 1-888-886-2017, ab $80; www.captainsinn.ca

Camping

- Von den 3 komfortablen **Campgrounds** im Park (teilweise mit
Hook-up) liegen der **Headquarters** und der sehr schöne **Point**
Wolfe an der Küste (keine Wohnmobile über 7,50 m). Auf beiden ist es spürbar kühler als auf dem weiter landeinwärts gelegenen **Chignecto**. Kosten: $15,70 (primitiv), $25-$32 (*Hook-up*).

- Der Campingplatz am **Wolfe Lake** ist nur eine Campingwiese
(ohne *Hook-ups*) und generell weniger empfehlenswert; $15,70.

Weiterfahrt

Die Straße #114 trifft 17 km östlich von Sussex auf den TCH #2.
Von dort sind es noch ca. 110 km nach **Fredericton und** – ab Sussex auf der Straße #1 – noch 73 km bis **Saint John**. Beschreibungen zu diesen Zielen ➩ Seiten 641 bzw. 637.

Wer **Richtung Norden** über Campbellton weiter zur Gaspé-Halbinsel/Québec will, kann entweder auf dem TCH über Fredericton, Kings Landing und ab Saint-Léonard auf der #17 fahren oder auf der 100 km kürzeren Küstenroute #11. Beide Routen haben landschaftliche und touristische *Highlights*: der westliche Bogen das **Saint John River Valley** und das *Living Museum* **Kings Landing**, der östliche Bogen den **Kouchibouguac National Park** und das **Acadian Village**. Eine Empfehlung fällt schwer. Die folgenden Ausführungen helfen, die »richtige« Entscheidung zu treffen.

5.5.4   An New Brunswicks Ostküste zur Gaspé Peninsula

Zur Route   Die 330 km von Moncton nach Campbellton/Gaspé-Halbinsel fährt man am besten auf der Straße #11 (nicht #126), kürzt dabei die Strecke Mirimachi-Bathurst auf der #8 ab und pickt sich vorzugsweise folgende Rosinen am Wegesrand heraus:

- bei Bouctouche den der Akadierin *Antonine Maillet* gewidmeten Park **Pays de la Sagouine**, deren Romanfiguren hier von Schauspielern zu Leben erweckt werden; Ende Juni bis Anf. Sept. 10-16.30 Uhr, $17; Kinder 5-16 Jahre $11; www.sagouine.com.

- das **Irving Eco-Centre** (10 km nördlich an der #475), eine 12 km lange Dünennehrung, deren Flora und Fauna man auf einem 2 km *Boardwalk* erlebt (mit Picknickplätzen); Anfang Juni-Ende September 10-17 Uhr, gratis

- sowie den **Kouchibouguac National Park** und das **Acadian Village** (50 km östlich Bathurst bei Caraquet)

Kouchi-bouguac NP

River of the long Tides – **Kouchibouguac** (koo-shi-boo-gwack) – nannten die *Miꞌkmaq*-Indianer die Region des heutigen Nationalparks – eine Marschlandschaft von beeindruckender Schönheit, voller Ruhe und Frieden. Zwischen kilometerlangen vorgelagerten **Sandstränden** und der eigentlichen unregelmäßigen Küstenlinie erstrecken sich **Lagunen**, dahinter Tümpel, Feuchtgebiete und Sümpfe – ein Paradies für Wasservögel.

Das **Visitor Center** liegt an der Straße #117, die den Nordteil des Parks durchquert. Dort gibt es eine Diashow über Flora und Fauna im *Kouchibouguac* und alles zu *Campgrounds*, Wanderwegen, Kanurouten und das Programmangebot der *Ranger*.

Baden, Kajak- und Kanufahren, Wandern, Radfahren und *Bird Watching* sind die Hauptaktivitäten. **Eintritt/Campingtarife** wie *Fundy Park* (➪ Seite 631); www.pc.gc.ca/kouchibouguac.

Der Hauptstrand ist **Kelly's Beach**. Dort beginnt die schönste **Wanderung** 14 km am *Kouchibouguac River* entlang. In **Ryans Rental Centre** (zwischen South Kouchibouguac und *Kelly's Beach*) kann man **Kanus** und **Fahrräder** mieten.

Die beiden **Campingplätze** liegen am Fluss, der kleine, **Côte-à-Fabien**, am Nordufer, der größere und komfortablere, **South Kouchibouguac**, auf der gegenüberliegenden Seite.

Unterkunft

Beim Parkeingang an der #134 liegt das **Kouchibouguac Resort**, *Chalets, Cottages,* Motel, Restaurant, Golf; ✆ 1-888-524-3200, $60-$145; www.kouch.com

Acadian Peninsula

Zwischen Mirimachi und Bathurst schneidet die Straße #8 (z.T. Autobahn) die **Acadian Peninsula** ab, während die #11 weiter der Küste folgt. Viele Acadier, die 1755 aus Nova Scotia vertrieben worden waren (➪ Seite 598), flohen in diese Region. Die Randlage trug dazu bei, dass sie dort ihre Tradition und Kultur besser als anderswo bewahren konnten – die vielen akadischen Flaggen zeigen es noch heute. Für Touristen lohnt sich aber der lange Weg um die ganze Halbinsel herum kaum. Die Strecke ist mit Ausnahme der Fischerhäfen in Tracadie und Shippagan eher eintönig.

Acadian Village

Erwägenswert wäre aber ein Abstecher zum **Acadian Historical Village** zwischen Grande Anse und Caraquet, ca. 50 km östlich von Bathurst. Nirgendwo wird das Leben der Acadier unter den

Die Acadier

Der italienische Entdecker *Verrazano* bezeichnete 1650 die ganze Nordostküste Amerikas als *Acadia*. Die grün bewaldeten Hügel, lieblichen Flüsse und stillen Seen erinnerten ihn an *Arkadien*, das fiktive pastorale und friedliche Land des römischen Poeten *Vergil*. Später wurde nur noch das heutige Nova Scotia *so* genannt. Gelegentlich erklärt man die Bezeichnung auch mit dem Wort *cadie* aus der Sprache der *Mi`kmaq*-Indianer. Es bedeutet »Ort« oder auch »sicherer Hafen«. Bis heute ist die Silbe in Ortsnamen wiederzufinden, z.B. in *Shenacadie*, dem Ort der Preiselbeeren, oder *Bernacadie*. Da es keine Verbindungen zwischen europäischen und indianischen Sprachen gibt, dürfte diese Ähnlichkeit aber reiner Zufall sein. Die Unsicherheit, die Entstehung des Namens zu erklären, wird auch in der Schreibweise deutlich, denn *Acadia* schreibt man ohne »r« – im Gegensatz zum Traumland *Arkadien*.

Franzosen waren die ersten weißen Siedler in *Acadia*, ➪ Seite 598. Sie ließen sich zunächst auf Nova Scotia in den Salzwassermarschen an der *Bay of Fundy* nieder. Dort gewannen sie durch Eindeichung fruchtbares Ackerland und führten ein arbeitsames Landleben.

So weit, so friedlich. Wie es dazu kam, dass die *Acadians* später in alle Winde zerstreut wurden und ein Teil von ihnen dabei – unter der amerikanisch verballhornten Bezeichnung *Cajuns* – bis Louisiana geriet, macht den tragischen Teil der Geschichte aus:

Während der Auseinandersetzungen zwischen Franzosen und Engländern hatten die Acadier sich daran gewöhnt, mal unter der Hoheit des einen, mal des anderen zu stehen. Bis in die Mitte des 18. Jahrhunderts ließen die Engländer, seit 1713 offizielle Herren der Region, ihre Acadier weitgehend in Ruhe. Als 1755 wieder Krieg zwischen England und Frankreich ausbrach, genügte den Briten deren erklärte Neutralität aber nicht mehr. Sie sollten – wie die britischen Staatsbürger – ebenfalls den Fahneneid (*Oath of Allegiance)* schwören, was heißen konnte, die Waffen gegen die Franzosen erheben zu müssen. Mutig verweigerten die Acadier geschlossen den Treueschwur – mit bösen Folgen:

Die Engländer brannten ihre Häuser nieder, steckten sie mit brutaler Gewalt in Schiffe und verfrachteten sie ohne Rücksicht auf Familienzusammengehörigkeit in alle Richtungen. Die meisten der 13.000 Acadier landeten in südlicheren britischen Kolonien, andere in Louisiana und in Frankreich. Nur wenige entkamen der Deportation.

Willkommen waren die mittellosen Flüchtlinge nirgendwo. Für die meisten begann eine Zeit der Suche nach Angehörigen und einer neuen Heimat. Eine von ihnen war *Evangeline*, ➪ Seite 598, eine hierzulande weitgehend unbekannte, vom amerikanischen Schriftsteller *Henry W. Longfellow* geschaffene acadische Heldin. Sie begegnet einem vor allem in Nova Scotia auf Schritt und Tritt, als Namensgeberin für Hotels, Restaurants und – natürlich – den *Evangeline Trail*.

5

armseligen Bedingungen Anfang des 19. Jahrhunderts, Kultur und Geschichte besser geschildert als in diesem *Living Museum*, einem Dorf aus 42 Schindelbauten. Das ***Visitor Center*** informiert über die Situation der Acadier heute; Juni-September 10-18 Uhr; $16, Kinder bis 16 $11; www.villagehistoriqueacadien.com.

Caraquet   Das kleine ***Acadian Museum*** (*Musée Acadien*) in Caraquet am Blvd St-Pierre bietet für Besucher des *Acadian Village* nicht viel Neues.

Preiswerte und ordentliche Unterkunft in der Nähe des *Acadian Village*: ***Motel Bel Air*** in Caraquet: 655 Blvd St-Pierre West, ℰ (506) 727-3488; DZ ab $62; www.motelbel-air.com.

Camping   Über einen schönen Campingplatz zwischen Tracadie River und Meeresstrand verfügt der ***Val Comeau Provincial Park*** 4 km südlich von Tracadie-Sheila; ℰ (506) 393-7150, $18-$28.

Bird Watching   Östlich von Grande Anse liegt der ***Pokeshaw Rock***, eine 16 m hohe, massive Felsinsel, ganze 60 m vor der Küste. Tausende von Seevögeln nisten auf seinem Plateau von gerade 1000 m^2.

Weiter in Richtung Gaspésie/ Straße #134   Parallel zur Autobahn #11 läuft zwischen Bathurst und Campbellton die Straße #134 an der sich verengenden *Chaleur Bay* entlang. Nur für das letzte Teilstück ab Dalhousie lohnt es sich, auf die küstennahe #134 zu wechseln; sie trifft sich später wieder mit der #11; nach Überqueren der Flussbrücke befindet man sich auf kanadischem Boden und folgt der #132 Richtung Westen/Percé (➪ Kapitel 5.6, Seite 651).

Strand und Camping   Auf dem Abschnitt bis Dalhousie bietet lediglich der ***Jacquet River Park*** (bei Belldune mit Strand unter der Steilküste, ℰ 506-237-3249) ein gutes Motiv zur Fahrtunterbrechung.

In Dalhousie lohnt der ***Inch Arran Park*** (125 Inch Arran Avenue, ebenfalls mit ***Campground***: ℰ 1-800-576-4455) vor dem Felsbogen ***Arch Rock*** vor der Küste in der *Chaleur Bay* einen Besuch.

In Campbelltown fällt der ***Sugarloaf Mountain*** ins Auge, dessen Form entfernt dem Zuckerhut von Rio de Janeiro ähnelt. Der große gleichnamige Provinzpark am Fuße des Berges ist besonders beliebt als Wintersportrevier, verfügt aber auch über einen **Campingplatz**: ℰ 1-800-561-0123.

Sex and Crime in New France

Im Jahre 1640 gründete ein gewisser *Charles de la Tour* an der Mündung des Saint John River einen befestigten Handelsposten. Fünf Jahre später nahm sein Gegner, *Charles d`Aulnay*, in *la Tours* Abwesenheit und trotz heftiger Gegenwehr von dessen Gattin und ihrer Gefolgschaft das Fort ein. *D'Aulnay* brach sein Versprechen, *Madame de la Tours* Truppe vom Tod zu verschonen. Mit einem Strick um den Hals musste sie zusehen, wie ihre Getreuen exekutiert wurden. Das brach ihr das Herz und nur drei Wochen später starb sie. Als fünf Jahre später auch der wortbrüchige *D'Aulnay* starb, nahm der Witwer *Charles de la Tour* posthum Rache und heiratete die Witwe des toten Rivalen.

5.5.5 Über Saint John nach Fredericton und Québec

Saint John

Die Industrie- und Hafenstadt Saint John ist mit 70.000 und im Großraum 128.000 Einwohnern New Brunswicks einziges Ballungszentrum; www.saintjohn.ca.

Geschichte

www.tourism
saintjohn.com

Samuel de Champlain stand bereits 1604 an der Mündung des St. John River; die gleichnamige Stadt wurde erst 1783 gegründet (eine bereits 1640 angelegte Siedlung war längst wieder aufgegeben worden): Über 10.000 Loyalisten (↬ Essay Seite 486) wählten auf der Flucht vor den Amerikanern die kleine Halbinsel zwischen Flussmündung und *Courtenay Bay* als neue Heimat. Um 1840 kamen 30.000 Iren, die sich in Saint John und an den Ufern des Saint John River niederließen. Holz, das den Fluss hinabgeflößt wurde, ließ die Stadt florieren.

Bis zur Mitte des 19. Jahrhunderts waren Saint Johns Werften die drittgrößten der Welt. Nach einem Großbrand, der 1877 über 1.600 Holzhäuser zerstörte, entstanden imposante viktorianische Backsteingebäude, die man heute noch im Zentrum bewundern kann. Damals hatte die Ära der Dampfschifffahrt bereits begonnen; und der Bau von Segelschiffen ging in der Folge stark zurück. Die Blütezeit der Stadt war damit beendet.

Downtown

Von der Autobahn #1 gelangt man über die Ausfahrten #111 oder #113 geradewegs in die kleine alte Innenstadt. Wer den Schildern *Market Place* folgt, findet ausreichend Parkraum am *Market Square*, der auch das **Visitor Center** beherbergt. Neben den üblichen Karten und Unterlagen gibt es dort (und auch im **Tourist Center** an den *Reversing Falls*) Beschreibungen für **Walking Trails** durch Saint John; alle drei (**Prince William Walk**, **Loyalist Trail**

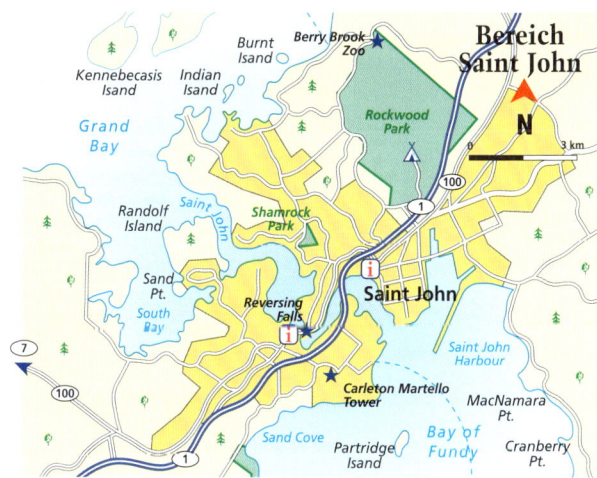

5

und *Victorian Stroll* je 90-120 min) nehmen intensiv auf die historisch-architektonischen Details Bezug. Für einen Stadtbummel auf eigene Faust genügen folgende Hinweise:

Market Square

Der *Market Square* ist eine *Mall*, in die alte viktorianische Backsteinhäuser integriert wurden; davor finden sich eine Handvoll Restaurants (gut ist *Grannan`s Seafood*) und eine Beachvolleyball-Anlage. Etwas weiter unten steht an der Loyalist Plaza neben dem *Little Red Schoolhouse* der sehenswerte museale *Barbour's General Store* (tägl. im Sommer 10-18 Uhr, frei; wer mag, probiert dort *Dulse*, getrocknetes, violettes Seegras; ✿ Seite 647).

Loyalist Days

Am *Market Slip*, wo jetzt das *Hilton* steht, landeten 1783 die ersten Loyalisten. Deswegen werden hier jeden Juli die *Loyalist Days* gefeiert. Dann ist die ganze Stadt kostümiert auf den Beinen, um mit großem Spektakel die Ankunft der ersten 3.000 Loyalisten nachzuspielen.

Museum

Im *Market Square* befindet sich auch der Eingang zum *New Brunswick Museum* (www.nbm-mnb.ca) mit einer ausgezeichneten Ausstellung über die (Industrie-) Geschichte und Geologie dieser Provinz; mit TV-Studio und Galerie lokaler Maler. Mo-Fr 9-17, Do bis 21 Uhr, Sa 10-17, So 12-17 Uhr, $8; Familien $17. Vom 1. Stock des Market Square bis in den *Old City Market* führt eine **gläserne Fußgängerbrücke** (*Sky Walk*) durch die *City Hall*, das *Delta Brunswick Hotel* und den *Brunswick Square*.

Loyalist House

Ein paar Schritte abseits vom *Sky Walk* (Ecke Union/Germain Street) sind im *Loyalist House* (1810), das die Feuersbrunst von 1877 heil überstand, Einrichtungsgegenstände aus dem 19. Jahrhundert ausgestellt; Juli-Mitte Sept täglich 10-17; Eintritt $5/$2.

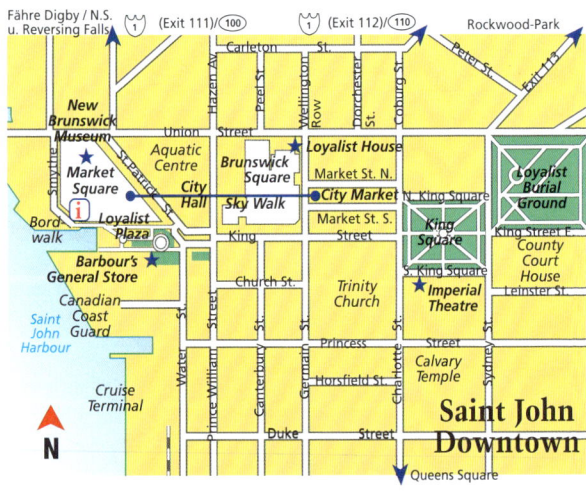

City Market
www.sjcity
market.ca

Ein Gebäude, das ebenfalls 1877 vom Brand verschont blieb, ist der überaus bunte und lebendige *Old City Market*. Ein Teil der Verkaufsstände stammt noch aus dem 19. Jahrhundert. Dort gibt es als Spezialität der Provinz die *Fiddleheads*, eine Art Spargel.

King Street/ Square

Die **King Street** gilt als Canadas steilste innerstädtische Hauptstraße. Sie verbindet Loyalist Plaza und *King Square* mit riesigen Bäumen. An dessen Südseite steht das im Innenraum aufwendig restaurierte *Imperial Theater* (www.imperialtheatre.nb.ca), ein Bau aus dem Jahr 1913, neben dem Sitz von *Rotary International*.

Friedhof

Nur durch die Sydney Street vom kleinen Park **King's Square** getrennt, liegt der *Loyalist Burial Ground*, ein alter städtischer Friedhof für die Jahre 1784-1848 mit vielen aufschlussreichen loyalistischen Grabinschriften.

Wer von dort über die Princess Street zur Waterfront zurückkehrt, passiert im Bereich Prince William Street zwischen King und Duke Street viele *Pubs* (das *D'Arcy Farrows* in der 43 Princess Street hat Live-Musik), Restaurants und Geschäfte zum Stöbern.

Reversing Falls

Als Saint Johns größte Attraktion gelten die *Reversing Falls*, die ein kleines Schauspiel aus der Trickkiste der Natur liefern (↻ Seite 629). Zwischen der Brücke und der Papierfabrik besteht das Flussbett (12 m tief bei Flut) aus abschüssigen Felsen, über die der Strom bei Ebbe – wie über eine Rutsche beschleunigt – zwei Stunden lang in ein 60 m tiefes Becken hinter der Brücke rast und aufwirbelt. Bei auflaufender Flut drängt das Bay- gegen das Flusswasser, gebietet ihm für wenige Minuten Stillstand (*Slack Tide* – nur dann können normale Boote passieren), um

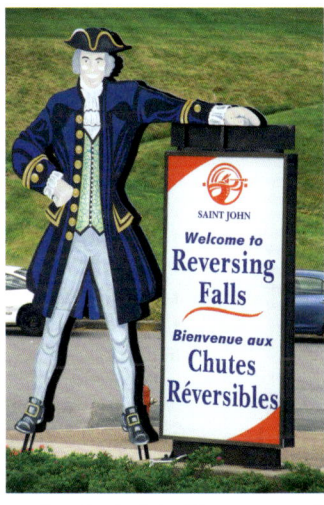

es anschließend zu überfluten, sodass der St. John River stromaufwärts zu fließen scheint. In den nächsten Stunden dreht sich der Spieß wieder um: Das Baywasser fließt bei Ebbe ab, sodass der Fluss wieder über die felsigen Stromschnellen stürzt.

Besichtigung der Fälle

www.water
levels.gc.ca

Bei den *Reversing Falls*, ca. 3 km westlich der Stadt an der #100 befindet sich ein *Tourist Centre* (Mitte Mai-Ende Oktober 8-19 Uhr, sonst bis 18 Uhr). Dort wird das Phänomen detailliert erläutert, u.a. durch einen Film, der den Gezeitenfluss im Zeitraffer auf 20 min reduziert ($3). Wer das lieber in natura erleben will,

5

Fallsview Park
(⇨ Karte Seite 637)

sollte am besten 2-mal, nämlich zu den **Slack Tides** kommen. Eine Gezeitentafel (*Tide Table*) liegt bei allen Touristeninformationen der Region aus. Lohnt stundenlanges Warten? Nein, denn Adrenalin-Schocks bleiben aus und die Umgebung ist alles andere als attraktiv. Die **Aussichtsplattform** des *Tourist Center* bietet nicht den allerbesten Blick; den hat man eher direkt gegenüber der Papierfabrik – vom **Fallsview Park** am Nordufer ein wenig landeinwärts; auf der #100 vom Stadtzentrum kommend biegt man noch vor dem *Tourist Center* unmittelbar vor der Flussbrücke nach rechts in die Douglas Avenue ab. Von dort starten auch **Jet Boats**, die bei Ebbe über die Stromschnellen fahren; $39; www.jetboatrides.com. **Vorsicht: Es kann nass werden!**

Rockwood Park

Der **Rockwood Park** mit Badesee und Golfplatz ist nur 5 min vom Zentrum entfernt. Von der Höhe (*Mount Pleasant*) überschaut man die Bucht und Industrieanlagen der Stadt. In der Südecke des Parks befindet sich auch der in Teilbereichen – wegen Auto- und Eisenbahnnähe – laute **Campground Crystal Beach**. Die Plätze für Zelte liegen etwas abseits und ruhiger. Für eine Übernachtung zwischendurch ist der Platz o.k. Zufahrt von Osten über die Autobahn #1, *Exit* 113 Richtung Mount Pleasant Avenue. Als Alternative dazu siehe unter Oak Point, rechts.

Unterkunft

Angenehme und preiswerte Unterkünfte findet man einige Kilometer südwestlich der *Reversing Falls* in der Manawagonish Road, einem gut ausgeschilderten *Bypass* der #100. (Zufahrt über die #1: von Osten *Exit* #99, dann Richtung Manawagonish Road, von Westen *Exit* 104, dann links und nach etwa 1 km rechts in die Manawagonish Road):

- **Hillcrest Motel**, ✆ (506) 672-5310, DZ $60-$80
- **King's Motel**, ✆ (506) 672-1375, DZ ab $70
- **Hillside Motel**, ✆ (506) 672-1273, ✆ 1-888-625-7070, DZ ab $60
- **Island View Motel**, ✆ 1-888-674-6717, DZ ab $80

In der Stadt günstig gelegen im *Sky Walk* sind:

- **Delta Brunswick Hotel**, 39 King Street, ✆ (506) 648-1981 und ✆ 1-800-268-1133, DZ $109-$239, im Sommer ab $124

- **The Parkerhouse Inn & Restaurant**, historische Villa, zentral, mit Restaurant;71 Sydney St, ✆ (506) 652-5054, DZ $119-$139

Fähre Saint John–Digby/NS   www.nfl-bay.com

Anfang Juni-Mitte Oktober täglich 12 Uhr und ein weiteres Mal abends zu unterschiedlichen Zeiten, sonst seltener; Dauer der Überfahrt ca. 3 Stunden.

Tarife Neben-/Hochsaison: Erwachsene $32/$42, Jugendliche bis 13 Jahre $20/$27, Kinder bis 5 Jahre $5, Autos bis zu einer Länge von 6 m $79/$84, Wohnmobile bis 9 m $158. Gegenrichtung ⇨ Seite 593.

Reservierung der Fähren unter ✆ 1-877-762-7245 bzw. im Internet, ⇨ oben.

Fähre	Der Anleger der **Nova Scotia-Fähre** befindet sich 5 km westlich von *Downtown* in West Saint John (Straße #1, *Exit* 109).
Saint John River	Der Saint John River, in regionalen Werbebroschüren gerne als der »Rhein« Canadas bezeichnet, entspringt im Hochland von Maine und ist mit 673 km der längste Fluss in den *Maritimes*. Besonders sein Unterlauf im »**Urstromtal**« zwischen Saint John und Fredericton ist reizvoll. Die mal felsigen, mal verschilften Ufer bieten immer wieder weite Ausblicke über die Flusslandschaft. Viele kleine Inseln und Buchten, malerische Landzungen mit Leucht-türmen, dazu vereinzelt oder in kleinen Ansiedelungen graue Schindelhäuser, liefern ein perfektes Bild ländlicher Idylle wie vor über hundert Jahren. Besonders in diesem Bereich wird New Brunswick seinem selbstgepflegten Image als **Picture Book Province** gerecht. Für die Weiterfahrt nach Fredericton ist daher die **Straße #102** der direkten Route #7 unbedingt vorzuziehen.

Camping 	Bei *Oak Point* passiert man den hübsch gelegenen gleichnamigen *Provincial Park* mit Badestrand. Obwohl sein *Campground* nicht zu den besten gehört, ist er ruhig und eine gute Alternative zum Camping im *Rockwood Park* in Saint John.
Gagetown www.village ofgagetown.ca	Der einzige Ort mit touristischer Infrastruktur ist auf dieser Route Gagetown. Dort findet man Restaurants und Unterkünfte, z.B. das **Steamers Stop Inn** in der 74 Front Street direkt am Fluss, ☎ (506) 488-2903, DZ $75-$105, und preiswertere *B&Bs*.
Grand Lake 	Oberhalb Gagetown ist der Saint John River mit dem **Grand Lake** verbunden. Das jenseitige Flussufer ist per Fähre schnell erreicht, aber der größte See in New Brunswick lohnt eher keinen Abste-cher. Seine Ufer sind mit bescheidenen *Cottages* und fest statio-nierten *Mobilhomes* gespickt. Die beiden Provinzparks am See (*Lakeside* und *Grand Lake*) besitzen zwar eine *Swimming Beach* und **Campground**, rechtfertigen aber keine größeren Umwege.
Fredericton www.tourism fredericton.ca	Mit gut 56.000 Einwohnern ist Fredericton – die **City of Stately Elms**, der stattlichen Ulmen – eine angenehme Mittelstadt. Sie liegt an einer Biegung des Saint John River gegenüber der Mün-dung des Nashwaak River.
Geschichte	Ursprünglich lebten in der Region *Mi`kmaq*- und *Maliseet*-India-ner, die sich gegen die weiße Besiedelung heftig zur Wehr setzten. Ein bereits 1692 von den Franzosen errichtetes Fort konnte nicht gehalten werden. 1732 kamen aus Nova Scotia geflohene *Aca-dier*, die 1759 abermals von Briten vertrieben wurden. Wegen der Feindseligkeit der Indianer blieben aber nur wenige der Familien in der Region. Die eigentliche Geschichte von Fredericton begann deshalb – wie in Saint John – erst 1783 mit der Ankunft von 2.000 Loyalisten (⇨ Seite 486).
	Auf deren Betreiben wurde New Brunswick, das damals noch zu Nova Scotia gehörte, 1784 zu einer selbständigen Provinz und *Frederik's Town* 1785 zur Hauptstadt. Sie war für die neugegrün-deten USA schwerer anzugreifen als das ungeschützt am Meer

liegende Saint John. Danach ging es mit der bald Fredericton genannten Stadt schnell bergauf.

Orientierung/
Information

Wer nicht gerade von Norden die Stadt erreicht (Straße #8), fährt
entweder auf dem TCH #2 oder auf der Straße #7 bis zur Regent
Street (*Exit* 292 vom TCH) und auf dieser geradewegs bis ins
Stadtzentrum am Saint John River. Von Moncton auf der #2
nimmt man den *Exit* #295/Waterloo Row. Die Hauptstraßen
(Queen, King und Brunswick Street parallel zum Fluss und Regent und York Street) sind charakterisiert durch viele pastellfar-
bene Holzhäuser. Die repräsentativste Straße ist die Queen
Street. In der **City Hall** an der Ecke Queen/York befindet sich das
Visitor Information Centre (im Sommer 8-20 Uhr). Der dort gra-
tis erhältliche **Visitor's Guide** (mit Unterkunftsverzeichnis) empfiehlt eine **Walking Tour** durch die Stadt. In 45 min lässt sich
Frederictons kleines Zentrum gut ablaufen.

Besichtigung

www.nbccd.ca

Gegenüber der City Hall steht das **Justice Building** und – etwas
zurückgesetzt – das **New Brunswick College of Craft and Design**.
Die beiden Blocks zwischen der York und Regent Street (begrenzt
von Queen Street und Saint John River) nennt man den **Military
Compound**. Dort befinden sich alle militärischen Gebäude, die
einst gebaut wurden, um die Hauptstadt vor den Amerikanern zu
schützen. Heute dienen sie unterschiedlichen Zwecken.

www.york
sunbury
museum.com

In den ehemaligen *Officers' Quarters*, einem durch Arkaden auf-
fälligen Haus (von 1825), ist das **York Sunbury Historical Society
Museum** mit einem Sammelsurium von Gegenständen aus der
Geschichte New Brunswicks untergebracht . Zu besichtigen sind

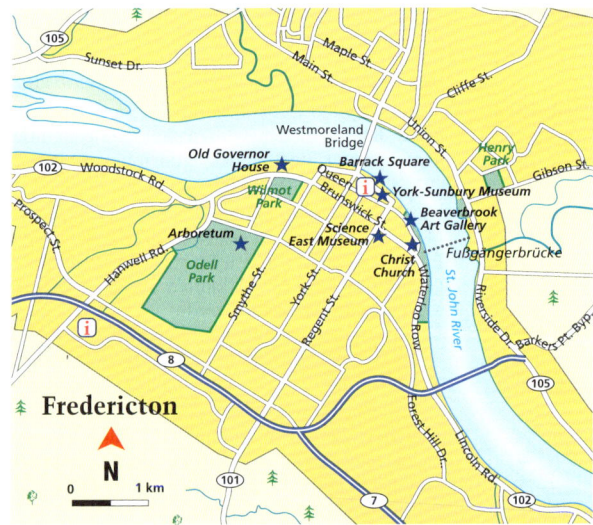

auch die alten **Soldiers' Barracks** und das **Guard House**, Ecke Carleton/Queen. Das **National Exhibition Centre** nebenan in einem neoklassizistischen Bau zeigt wechselnde Ausstellungen.

Parlament
www.gnb.
ca/legis

Vor dem **Provincial Legislative Assembly Building**, dem Parlamentsgebäude (Queen/St. John) wehen in schöner Eintracht fünf Fahnen. Wie selbstverständlich gebührt der britischen Flagge die mittlere Position. Links bzw. rechts wird sie flankiert von den Farben Acadias und New Brunswicks, beidseitig eingerahmt von Canadas Ahornblatt. Die tiefe emotionale Bindung zur britischen Krone symbolisiert auch eine Birke, die am 29.7.1981, dem Hochzeitstag von *Lady Di* und *Prinz Charles* gepflanzt wurde.

Lord Beaverbrook

Dem Namen *Beaverbrook* begegnet man in Fredericton auf Schritt und Tritt. Es gibt eine *Beaverbrook Street*, das *Beaverbrook Playhouse*, das *Beaverbrook Hotel* und *The Lady Beaverbrook Residence*. Unter dem bürgerlichen Namen *William Maxwell Aitken* wurde der spätere *Lord Beaverbrook* 1879 in Ontario geboren. Er wuchs in Newcastle/NB auf, war mit 28 Jahren Millionär, ging 1910 mit 31 nach England und brachte es fertig, ein paar Jahre später – 1916 – geadelt zu werden.

Als konservativer »Medienbaron« (*Daily Express*) avancierte er zum Vertrauten von *Winston Churchill*. Ab 1940 war er als *Airforce*-Minister Görings erfolgreicher Gegenspieler. Churchill hielt ihn für ein Genie, *who is at his very best when things are at their very worst* (»der zu Hochform aufläuft, wenn der Karren richtig im Dreck steckt«).

Zeitlebens unterstützte *Beaverbrook* sein Heimatland und steckte einen Großteil seines Vermögens in alle möglichen Stiftungen in New Brunswick.

**Kunst-
museum**

www.beaver
brookart
gallery.org

In der **Beaverbrook Art Gallery** gegenüber dem Parlament sind hauptsächlich die Werke englischer Maler ausgestellt (*Gainsborough, Turner, Constable*), außerdem Bilder von *Cornelius Krieghoff* (1815-72). Dieser gebürtige Holländer verbrachte die meiste Zeit seines Lebens in Québec und wurde Canadas erster auch im Ausland bekannter Maler. Seine volkstümlichen Bilder zeigen oft Pelzhändler oder Holzfäller und – stark romantisiert – Indianer.

Als Stolz der Galerie hängt im Foyer das Gemälde **Santiago el Grande** von **Salvador Dalí**. Di-Sa 10-17 Uhr, Do bis 21 Uhr, So 12-17 Uhr, Mo geschlossen; Eintritt $10/$5.

Architektur

Ein **Spaziergang** durch die Uferanlagen am Saint John River vermittelt einen guten Einblick in die amerikanische Architekturgeschichte. In der Waterloo Row (Verlängerung der Queen Street) stehen (bis Hausnummer 252) repräsentative Wohnhäuser aller möglichen Baustile und Epochen, **Georgian Style, Queen Anne, Gothic** und **Victorian Style**.

5

Unterkunft

In Fredericton unterzukommen, ist selten ein besonderes Problem und relativ preiswert:

- Stilvoll ist **Crowne Plaza Hotel Fredericton** mit Flussblick, 659 Queen Street, ✆ 1-866-444-1946; im Sommer DZ ab $129; www.cpfredericton.com
- Gemütlich wirkt das alte **Carriage House Inn**, 230 University Avenue, ✆ 1-800-267-6068; www.carriagehouse-inn.net
- **Fort Nashwaak Motel**, 15 Riverside Drive, ✆ 1-800-684-8999, DZ $86-$102; www.fortnashwaak.com

Weitere, auch **preiswerte Motels** und Hotels findet man südlich des Zentrums an der Prospect Street, die parallel zum TCH #2 läuft, von dort *Exits* #289-#292.

- **Fredericton International Hostel**, Rosary Hall, 621 Churchill Row, ✆ (506) 450-4417, $20-$30; www.hihostels.ca

Camping

Auf dem Gelände des *Bucket Club Amusement Park* liegt der **Hartt Island Campground** ca. 6 km westlich der Stadt (TCH), $20-$39; www.harttisland.com.

Der **Mactaquac Park**, größter *Provincial Park* New Brunswicks, liegt an einem gestauten Arm des Saint John River ca. 25 km westlich von Fredericton; Zufahrt auf der Straße #105 am nördlichen Flussufer entlang, *Exit* 232. Mit Marina, Stränden, Golfplatz und **Lodge** handelt es sich mehr um einen Freizeit- als Naturpark. Der **Campground** ist dort fast Nebensache.

Kings Landing

Neben der *Fortress Louisbourg* auf Cape Breton Island vielleicht das beste **Living Museum** im Osten Canadas ist **Kings Landing Historical Settlement**, ca. 40 km westlich von Fredericton unweit des TCH, *Exit* 259; www.kingslanding.nb.ca.

Kenn-zeichnung

Die Entstehungsgeschichte von *Kings Landing* ähnelt der des *Upper Canada Village* in Ontario (↪ Seite 497). Hier wie dort wurden die im Tal liegenden Häuser vor der Überflutung durch eine Flussaufstauung demontiert und als **Museumsdorf** weiter oberhalb originalgetreu wiederaufgebaut. Auf dem großen 120-ha-Gelände steht heute eine Ortschaft, wie sie – von Loyalisten errichtet – in der Mitte des 19. Jahrhunderts ausgesehen haben könnte. Zeitgenössisch gekleidete Bewohner demonstrieren alte Arbeitstechniken und Traditionen.

Bei einem **Spaziergang durch das Dorf** gewinnt man den Eindruck, die Zeit sei stehengeblieben. Dabei ist der – dank des Holzreichtums der Region bemerkenswerte – Wohlstand in *Kings Landing* nicht zu übersehen. Die Häuser sind größer, die vorindustriellen Betriebe, wie etwa das Sägewerk, entwickelter als im ländlich-einfachen *Acadian Village,* ↪ Seite 634.

Zeitbedarf

Man sollte mindestens einen guten halben Tag einplanen, um dieses Juwel unter den lebenden Museen auf sich wirken zu lassen. Geöffnet Mitte Juni-Anfang Oktober täglich 11-18 Uhr; Eintritt $18, Kinder 6 bis 15 $12, Familienticket $42.

Von Fredericton nach Québec –
ggf. mit Umweg über die Gaspésie

Von Fredericton aus sind es noch 380 km bis zur Grenze der Provinz Québec und weitere gut 100 km bis Rivière-du-Loup am St. Lawrence River. Auf der Autobahn TCH #20 erreicht man von dort Québec City – wenn es sein muss – in gut 2 Stunden. Besser wäre, in **Rivière-du-Loup** oder **Trois-Pistoles** mit der Fähre über den Strom zu setzen und sich zwei Tage oder mehr Zeit für eine Fahrt auf dem reizvolleren Nordufer zu nehmen, ⇨ Seiten 562+657. Auskunft Fähren: ✆ (418) 862-9545 bzw. ✆ (418) 851-4676. **Internet**: www.traverse rdl.com oder www.traversiercnb.ca.

Eine andere Variante, die bereits angesprochen wurde, ist die Einbeziehung der Gaspé-Halbinsel als Abstecher von der Reiseroute auf dem TCH. Für diesen Fall verlässt man die #2 nördlich von Grand Falls und nimmt die Straße #17 nach Campbellton. Eine einsame Alternative dieser Route ist die Straße #385 zum **Mount Carleton Provincial Park**; www.tourismnewbrunswick.ca/See/ Parks.aspx) und von dort nach St. Quentin an der #17. Dabei führen im Bereich des höchsten Berges der Provinz etwa 25 km über Schotterstraße.

Wer sich ab Fredericton für die Fahrt auf dem TCH nach Norden entscheidet, könnte statt der #2 die **Straße #105** wählen. Bis **Hartland** mit einer fast 400 m langen **Covered Bridge** ist ihr Verlauf am Nord- bzw. Ostufer des Saint John River abwechslungsreicher; www.bridges.nblighthouses.com.

Nördlich von Hartland bleibt es sich ziemlich gleich, auf welcher Flussseite man sich bewegt. Beide Straßen führen durch eine eher monotone Landschaft. In **Grand Falls** ist ein Zwischenstopp angebracht. Dort hat der Fluss (im Sommer wenig Wasser) einen 1,5 km langen und 70 m tiefen Canyon in den Fels geschnitten. Im **Grand Falls & Gorge Park** führt ein *Trail* über Treppen hinunter; *Guided Tour* $8/$2; www.grandfalls.com/english/fallsgorge.html

*Schul-
unterricht
ganz wie
anno 1850
im Kings
Landing
Village*

5

Camping	Südwestlich von *Kings Landing* liegt der **Lake George Campground** (früher ein Provincial Park) am gleichnamigen Badesee mit Strand. Man erreicht ihn in 10 Autominuten über die #635, dann 2 km auf der #636 in südlicher Richtung.
Nach Maine	*Kings Landing*/Fredericton sind mögliche Anschlusspunkte für eine Weiterfahrt nach Maine über Woodstock/Houlton und dann – auf USA-Seite – auf der *Interstate* #95 nach Bangor und zum **Acadia National Park**, ↪ Seite 318ff/327f. **Schönere Alternative**: über die kanadische **#3 nach St. Andrews** und dann **USA-Küstenstraße #1** zum *Acadia NP*; ↪ Seite 649/327f.

5.5.6   Von Saint John nach Maine/USA

Zur Route	Zwischen Saint John und St. Stephen an der Grenze (mit dem Grenzort Calais auf der US-Seite des St. Croix River) liegen noch gute 100 km. In dieser Ecke berühren sich die Routen durch die Neuengland-Staaten (↪ Seite 325f) und die *Maritimes*. Wer beide miteinander verbinden möchte, kommt entweder von Maine oder aus Fredericton/Saint John. Da auch die anderen Teilstrecken durch New Brunswick – ausgehend vom Verlauf des TCH – in Nord- bzw. Westrichtung beschrieben wurden, wird hier an dieser Richtung festgehalten. Bei Fahrt in Gegenrichtung entstehen daraus kaum Probleme, da die im Verlauf wichtigen Ziele punktueller Natur sind.
Verlauf	Die Straße #1 von Saint John nach St. Stephen verläuft abseits der Küste und bietet mit Ausnahme kurzer Teilstücke (z.B. **New River Beach Provincial Park**) keine besonderen Reize. Auch Abstecher an die Küste bringen zunächst nur wenig. Das unattraktive **Blacks Harbour** etwa braucht nur anzusteuern, wer nach *Grand Manan Island* übersetzen möchte.
St. George	Für einen **Zwischenstopp** gut ist die **Salmon Fish Ladder** in St. George. Man findet sie etwas versteckt unweit der Hauptstraße bei den *Magaguadavic Falls*. Im August und September kann man dort mit ein wenig Glück Lachse springen sehen.
	Etwa 10 km westlich St. George passiert man fast an der #1 das Restaurant **Dominion Hill Country Dining** gleich hinter der *Digdeguash Bridge* (exakte Adresse: 17 Reardon Road): laut **Lesertipp** gut und preisgünstig; ✆ (506) 755-3722.
Lake Utopia	Mit einem weißen Sandstrand und klarem, tiefem Wasser verspricht der Lake Utopia **Badefreuden**. Aber Vorsicht, es soll darin ein Loch-Ness-Ungeheuer gesichtet worden sein. An die Ufer des Sees gelangt man auf den Straßen #785 und #781; www.folkstory.com/postcards/novascotia00.html
In die USA über Deer Island	Noch östlich von Sant George führt die Straße #172 an die *Passamaquoddy Bay* nach Back Bay/Letete, wo man die Fähre nach **Deer Island** und weiter nach **Campobello Island** nehmen kann.

Grand Manan Island (www.gnb.ca/cnb/grand; www.grandmanannb.com)

Die Insel **Grand Manan** ist ein bevorzugtes Ziel für **Bird Watcher**, denn sie liegt an der Migrationsroute zahlreicher Vogelarten und steht – wie auch die vorgelagerten kleinen Inseln – überwiegend unter Naturschutz. Der Ornithologe **James Audubon** betrieb dort schon vor über 150 Jahren seine Studien. Viele seiner berühmten Skizzen entstanden auf Grand Manan. Wanderfreunden bietet die Insel ein Netz markierter Routen. An der Küste tummeln sich viele Seehunde, Wale in kurzer Distanz zum Ufer sind keine Seltenheit. Leider aber liegt oft Nebel über Grand Manan.

Die Fähre legt in **North Head** im Nordosten der Insel an. Von dort starten täglich **Bird- & Whalewatching Tours**; ca. $50. Eine Straße führt an der flachen Ostküste entlang duch die Fischerdörfer Grand Harbour und Seal Cove bis zur Südspitze (ca. 25 km). Die Steilküste auf der Westseite mit bis zu 90 m hohen Kliffs erreicht man mit dem Auto nur über eine Stichstraße nach Dark Harbour. Dort hat man sich auf die Produktion von **Dulse** spezialisiert, eine dunkelrot-violette Alge, die am Strand gesammelt, getrocknet und in Plastiktüten abgepackt wird. Ähnlich wie Popcorn ist *Dulse* als Snack zwischendurch beliebt, der Geschmack allerdings ziemlich gewöhnungsbedürftig (⇨ Seite 638).

Fähre ab **Blacks Harbour** (90-120 min), Ende Juni-Anfang September täglich 7.30, 9.30 (nicht So), 11.30, 13.30, 15.30, 17.30, 19 Uhr; Pkw retour $32, Person $11; www.coastaltransport.ca.

Visitor Information Centre an der 1141 Straße #776 auf dem Festland.

Campingplätze findet man im schönen *Anchorage Provincial Park* bei Seal Cove und im *Castalia Park* am Rande von Vogel-Schutzzonen.

Unterkünfte gibt es reichlich:

• Beliebt ist in North Head **The Compass Rose**, ein *Provincial Heritage Inn*, ✆ (506) 662-8570, $99-$139; www.compassroseinn.com

• *Surfside Motel*, 123 Route #776 in North Head, ✆ 1-877-662-8156, $75-$100; www.gmsurfsidemotel.com

Route in die USA	Von Campobello Island geht es auf der **International Bridge** nach Lubec in Maine, ⇨ Seite 327. Wenn die Zeit es zulässt, ist diese **Route optimal**. Der zeitliche Mehraufwand (bei weniger Kilometern) sollte inklusive Pausen bei schönem Wetter und ggf. Übernachtung auf einer der Inseln vorsichtshalber mit einem vollen Tag kalkuliert werden. Wer auf Übernachtung und längere Stopps verzichtet, kommt auch mit einigen zusätzlichen Stunden aus.
Deer Island	Die **Fähre** ab Letete nach Deer Island, einer vom Tourismus völlig unberührten Insel, verkehrt alle 30 min. und ist gratis.
	Im Hauptort **Fairhaven** gibt es das **45th Parallel Motel** (✆ 1-855-747-2231, $50-$69, www.45thparallel.ca), einen Laden und die inselweit einzige Tankstelle. Vor Deer Islands Küste befinden sich die größten **Lobster Ponds** (Hummerbecken) der Welt und zahlreiche der für New Brunswick so typischen **Weirs**, im Kreis gesteckte Stangen und Netze zum Heringsfang.

5

Südwestliches New Brunswick

Camping 	• Im *Deer Island Point Park* (an der Südspitze der Insel) befindet sich ein einfacher Campingplatz, der eine wunderbare Sicht in Richtung Maine und Campobello Island bietet. Dort sprudelt der *Old Sow*, der angeblich zweitgrößte tidenabhängige Wasserstrudel der Welt; www.deerislandpointpark.com.
	• Ferner: *Cobscook Bay State Park*, ➪ Seite 327 (Maine/USA).
Nach Campo-bello Island	Von Deer Island nach Eastport/Maine überzusetzen (Fähre stündlich 9-18 Uhr, $13 für Pkw plus Fahrer, jede weitere Person $3), macht nur für lokalen Verkehr Sinn. Vom selben Anleger neben dem *Campground* geht es auch nach Campobello Island (stündlich 8.30-18.30 Uhr; $16/$3. Die **Fähren** verkehren **nur Ende Juni bis Anfang September**; www.eastcoastferries.nb.ca.
Fährhafen Welshpool	Man kommt per Fähre von Norden in **Welshpool** an – im zentralen Bereich der Insel. **Wilsons Beach** im Norden ist Campobellos größte Ortschaft. Von dort führt eine Schotterstraße (Abzweigung beim *Post Office*, nicht ausgeschildert) an der Ostküste entlang. Wegen ihrer tief eingeschnittenen, seichten Buchten sind die Wassertemperaturen dort besonders badefreundlich.
International Park	Der südliche Teil der 16 km langen Insel besteht überwiegend aus dem *Herring Cove Provincial Park* und dem *Roosevelt Campobello International Park* (www.nps.gov/roca), in dem sich die Ferienvilla des ehemaligen US-Präsidenten *Franklin D. Roosevelt* (1882-1945) befindet. Hier verbrachte *Roosevelt* viele Sommer, bevor er Präsident wurde. Es kann täglich 10-18 Uhr besichtigt werden, kein Eintritt; www.fdr.net.

Der Park verfügt des Weiteren über schöne **Wanderwege** entlang der Küste und *Scenic Drives* für Autofahrer, die aber nur von Ende Mai bis Mitte Oktober zugänglich sind.

Unterkunft

- In Wilson's Beach kommt man relativ preiswert und komfortabel in den *Pollock Cove Cottages* unter, ✆ (506) 752-2300, $75-$175; www.campobello.com/pollock/pollock.html

- In Welshpool in der Nähe der Fähre befindet sich die *Friar's Bay Motor Lodge*: einfach & o.k., ✆ (506) 752-2056, $50-$113.

- Etwas anspruchsvoller ist die *The Owen House*, 11 Welshpool Street, Welshpool, ✆ 506-752-2977, 110-$210 mit Frühstück, www.owenhouse.ca

Camping

- Sehr schön ist der *Herring Cove Provincial Park* mit Sandstrand und Lagune, ✆ (506) 752-7010, $22-$29

Einreise USA

Man verlässt Canada über die *International Bridge*. Die Grenzformalitäten verlaufen an der kleinen Station relativ entspannt.

Zur Weiterfahrt in Maine ➪ Seite 327.

In die USA via Calais

Wer auf das Inselhüpfen verzichtet, fährt weiter auf der #1 zur Grenzstation St. Stephen/Calais. Dabei ist der folgende **Abstecher** von der Hauptstraße **unverzichtbar**:

St. Andrews

Das Städtchen **St. Andrews** auf einer schmalen Landzunge in der Passamaquoddy Bay gilt als Schatzkästchen amerikanischer **Holzhausarchitektur**; www.standrewsnb.ca. Einige der pastellfarbenen Häuser in der Hauptstraße Water Street waren die ersten *Prefabricated Houses* (Fertighäuser) der Geschichte: Als nach dem Unabhängigkeitskrieg die Grenze in dieser Region ein wenig nach Norden korrigiert wurde, setzten sich die dadurch unfreiwillig wieder zu Amerikanern gewordenen Loyalisten von den USA ab, indem sie ihre Häuser zerlegten, auf Flöße packten und einige Meilen weiter in St. Andrews wieder aufbauten.

Von der Furcht vor den Nachbarn zeugt noch das *Blockhouse* am östlichen Ende der Water Street, ein *National Historic Site*. Im schönen *Centennial Park* (auf dem Bummel dorthin) lässt es sich – mit Meerblick – herrlich picknicken.

East Quoddy Lighthouse auf Campobello Island

Welcome to
Hartland

Fast 400 m lange
Covered Bridge über
den Saint John River,
⇨ Seite 645

Seebad

Schon Ende des 19. Jahrhunderts war St. Andrews Sommer-Treff-punkt für New Yorker und *Bostonians,* deren luxuriöse nostalgi-sche Villen sich nicht übersehen lassen. In der Hochsaison ist in St. Andrews nach wie vor einiges los:

- Das **Kennedy House** (✆ 506-529-8844, $50-$140), 218 Water Street gehört zu Canadas ältesten Ferienhotels, ab $60.
- Keine 1000 Schritte bergauf, im **Algonquin Resort** (184 Adol-phus Street, ✆ 506-529-8823; $135-$460), einem *Canadian Pa-cific*-Hotel, geht es besonders edel zu. Montags bis samstags wird ein **Lunch Buffet**, sonntags ein *Brunch Buffet* für jeder-mann aufgebaut: $30 sind fürs Ambiente dieses Hauses o.k. Im zweiten Stock auf der Dachterrasse genießt man beim **After-noon Tea** einen weiten Blick; www.algonquinresort.ca.
- In den *Cottages* (mit Küche) des zentral am Wasser gelegenen **Seaside Beach Resort** wohnt man gut und günstig; 339 Water Street, ✆ 1-800-506-8677; $90-$150; www.seaside.nb.ca.
- Preiswerter ist das **ThriftLodge Motel**, 310 Mowat Drive (Ende der #127), ✆ (506) 529-3245, DZ $45-$55.

Bootstrips

An der *Market Wharf* starten **Whale Watching Tours** (ab ca. $50, Kinder $35) und geführte **Kajak-Touren** (halber Tag $50).

In Chamcook (5 km auf der #127) erfährt man im **Atlantic Sal-mon Centre** (www.asf.ca) alles über das wundersame Leben der Lachse. Im Sommer täglich geöffnet 10-17 Uhr, Eintritt $6.

Camping

Auf dem Cap (*Indian Point*) liegt **Kiwanis Oceanfront Camping** direkt am Meer, nur 10 min zu Fuß ins Dorf, ab $31; www.kok.ca.

Kathy's Cove

Der Atlantik ist bei St. Andrews zum Baden zu kalt, aber *Kathy's Cove*, eine 5 Autominuten entfernte flache Bucht an der Ostseite der Landzunge, hat wärmeres Wasser. Zufahrt über **Acadia Drive**, der beim **Algonquin Resort** (⇨ Seite oben) beginnt.

5.6   Québecs*) Gaspé Peninsula

www.infogaspesie.com www.gogaspe.com www.gaspesie.com

5.6.1   Touristische Kennzeichnung

Zur Route

Die Gaspé-Halbinsel ragt wie ein großer Daumen von 230 km Länge und bis zu 180 km Breite in den Golf von St. Lawrence. Rundherum folgt die **Straße #132** eng der Küstenlinie. Von Campbellton bis Mont-Joli am St.-Lorenz-Strom sind es auf dieser Route fast 700 reine Streckenkilometer (quer über die Halbinsel, ebenfalls #132, nur 170 km auf der direkten Straße). Mit kleinen Abstechern (etwa in den *Forillon National Park* und den *Parc de la Gaspésie*) kommen schnell 200 km und mehr hinzu, ➪ Karte folgende Seite.

Zwar ist die #132 gut ausgebaut, führt aber durch viele kleine Ortschaften bei – im Sommer – hohem Verkehrsaufkommen. Man kommt daher bisweilen nur langsam voran. Einschließlich einiger – nicht einmal längerer – Aufenthalte in Percé, im Nationalpark etc. sollte man mindestens 3 Reisetage für die Gaspésie ansetzen (bis Mont-Jolie), weniger lässt sich nur unter Inkaufnahme erheblicher Fahrzeiten/Tag realisieren.

Lohnt sich die Gaspésie?

Die naheliegende Frage, ob es sich lohnt, den großen und zeitraubenden Umweg über die – auch *Gaspésie* genannte – Halbinsel zu machen, läßt sich nicht leicht beantworten. Wer nur die Rosinen der Gaspé an der Nordküste (Percé, *Parc Forillon*) besuchen möchte, kann in einer 18 stündigen Fahrt mit dem Schlafwagen von Montréal aus sein Ziel über Nacht erreichen (Info: www.viarail.ca, ➪ Seite 106). Was den Reisenden auf der Strecke erwartet, geht aus der folgenden Routenbeschreibung hervor (➪ auch Seite 573). Darüberhinaus zeigt sich die **Schönheit der *Gaspé Peninsula* nur auf einigen Teilstrecken** – vor allem im Bereich *Land's End* (Percé, Gaspé) sowie der Nordküste bis **Ste-Anne-des-Monts** mit dem *Parc de la Gaspésie*. Natur und Landschaft der Gaspésie verlieren enorm bei schlechtem Wetter.

Dieses Kapitel schließt an die in den Abschnitten 5.6.3 und 5.6.4 beschriebenen Routen an, die in Campbellton enden.

*) Informationen zur Provinz Québec, ➪ Seite 514ff.

5

5.6.2   Von Campbellton/NB zum Forrillon-National Park

Wer auf der #11 von New Brunswick kommt und die Gaspé-Halbinsel umrunden will, fährt ab Dalhousie weiter auf der #11 (bzw. der schöneren Parallelstraße #134) bis Campbellton, um nördlich der Brücke zwei historische Sehenswürdigkeiten zu besichtigen (⤷ unten). In Québec muss man die Uhren eine Stunde zurückstellen (*Eastern Time*).

Point à-la-Croix

www.pc.gc.ca/ ristigouche

Etwas westlich von Point-à-la-Croix an der #132 gedenkt die *Lieu Historique National de la Bataille de la Ristigouche* (*Battle of the Ristigouche NHS*) einer Seeschlacht, in der England Frankreich besiegte (1760 während des 7-jährigen Krieges 1756-63). Man sieht Originalteile einer damaligen Fregatte und einen Film über das Gefecht. Juni-Anf. Oktober täglich 9-17 Uhr, Eintritt $4.

Listuguj

Das palisadenbefestigte **Fort Listuguj** (vormals Ristigouche) im Zentrum des gleichnamigen **Mi`kmaq-Reservats** erinnert an den eben genannten Krieg, in dem *Mi`kmaqs*, Acadier und Franzosen gegen die Engländer kämpften. *Guided Tours* zeigen, wie *Mi`kmaqs* und Acadier damals miteinander lebten. **Wigwam-Übernachtung** möglich ($23). Im Sommer täglich 10-19 Uhr, $5.

Parc National de Miguasha

www. miguasha.ca

Der *Parc National de Miguasha*, ein UNESCO-Weltkulturerbe ca. 6 km südlich der #132 ist für paläontologisch Interessierte einen Besuch wert. Hier fand man bis zu 380 Mio. Jahre alte Fossilien, hauptsächlich versteinerte Fische aus dem **Devon**, die den Übergang von Lebewesen vom Wasser aufs Land dokumentieren.

Die Funde zeigen auch, dass weite Teile Nordamerikas von tropischem Meerwasser überspült waren. Führungen durch das *Musée d'Histoire Naturelle*, verbunden mit einem Spaziergang auf den

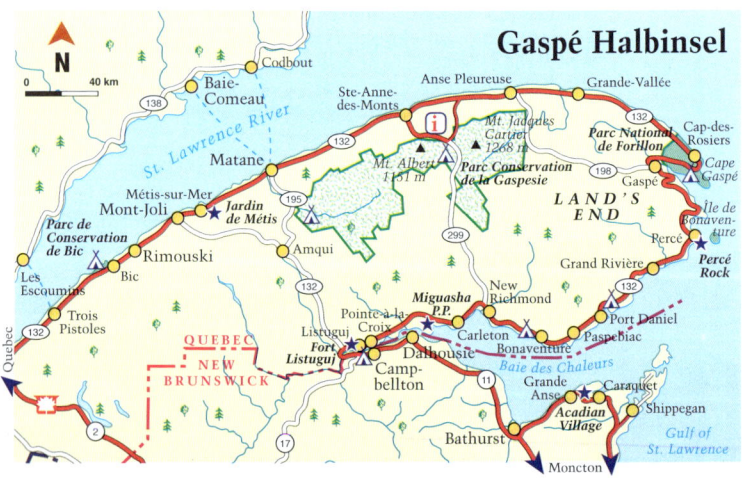

Kliffs, bringen Besuchern diese erdgeschichtliche Epoche näher. Mit einem schönen 1,5 km langen Spaziergang lässt sich der Abstecher abrunden. Juni-Mitte Oktober täglich 9-17, $15.

Carleton

Zwei Landzungen ragen vom Ferienort Carleton in die Chaleur Bay. Die westliche ist überwiegend Naturschutzgebiet und **Seevogelkolonie** (mit Beobachtungsturm), auf der anderen findet man einen **prima Campingplatz** (*Camping Municipal de Carlton*; ✆ (418) 364 3992) und Sandstrände. Die meisten **Motels** in und um Carleton liegen unverfehlbar an der #132. Die Tarife sind wie auch anderswo in der Gaspésie moderat; $60-$90. An der flachen Küste der ***Baie de Cascapédia*** östlich von Carleton passiert man weitere Strände und Orte mit bescheidenem Seebadbetrieb.

Gesgapegiag

Ein weiteres *Mi'kmaq*-Reservat, **Gesgapegiag** in Maria (zwischen Carleton und New Richmond), hat eine Kirche in Form eines *Teepee*, die ***Mission Kateri Takakwitha*** in der Rue Main.

New Richmond

www.villenew richmond.com

New Richmond ist eine der wenigen britischen Enklaven der Gaspésie. Die Region wurde Ende des 18. Jahrhunderts von Loyalisten, Schotten und Iren besiedelt, was sich auch in der Architektur des recht hübschen Zentrums manifestiert. Das Gelände des ***Village Gaspésien de l'Héritage Britannique*** mit einem rekonstruierten Loyalisten-Dorf und weiteren Gebäuden lädt zur Besichtigung ein. Es liegt am seewärtigen *Bypass* der #132. Nur im Hochsommer täglich 9-17 Uhr; Eintritt $8, Kinder $5.

Bonaventure

www. bioparc.ca

Einer der Haupt-Tourismusorte der *Chaleur Bay* ist Bonaventure. Im ***Bioparc de la Gaspésie*** in der Rue des Vieux-Ports macht man die Besucher mit den **Ökosystemen** der Halbinsel vertraut, den *Barachois* (Salzmarschen), Lagunen und Flüssen, der Tundra und ihren »Bewohnern«. Besonders bei Vogelliebhabern ist der Park beliebt. Täglich 9-18 Uhr, Eintritt $15, Kinder $10.

www.musee acadien.com

In Bonaventure fand ein Teil der 1755 von den Engländern aus Nova Scotia vertriebenen acadischen Bevölkerung eine neue Heimat (⇨ Seite 625). Das beachtliche ***Musée Acadien du Québec*** (95, Ave de Port Royal/#132) dokumentiert die Geschichte der Acadier und die Situation der acadischen Bevölkerung heute. Anfang Mai-Anf. Sept.täglich 10-18 Uhr, sonst bis 17 Uhr; $8, bis 18 Jahre $5.

Camping

An der Gaspé-Südküste gibt es außer in der ***Réserve Faunique de Port Daniel*** (9 km landeinwärts) keine weiteren ***Provincial Parks*** mit Campingplatz; www.sepaq.com/rf/pod

- Der einfache ***Plage Beaubassin Campground*** befindet sich auf der **Bonaventure** südlich vorgelagerten Landzunge (Strand), Ave Beaubassin; ✆ (418) 534-3246; ab $26.

- Das schönste Hotel ist das ***Riotel Chareau Blanc***, Ave. de Port Royal/#132, $90-$190, im Sommer ab $119, ✆ (418) 534-3336 oder ✆ 1-888-427-7374, www.riotel.com

- preiswerter sind einige B&Bs, z. B. ***L'Auberge du Cafe Acadien***, Rue de Beaubassin, ✆ (418) 534 4276; ab $70.

5

Fischfang in der Gaspésie	Im *Site Historique du Banc-de-Pêche-de Paspébiac* (3e Rue; www.shbo.ca) geht es um den Kabeljaufang nach Art der Fischer aus *Jersey*, der für fast zwei Jahrhunderte das ökonomische Standbein der *Gaspésie* war. Bereits 1766 segelte der Fischer *Charles Robin* aus *Jersey* hierher und erkannte optimalen Bedingungen für den Kabeljaufang. Getrocknet wurde der *Cod* unter der Bezeichnung **Bacalao** in alle Welt exportiert. In 11 Gebäuden Führungen, Demonstrationen, Probierstube, Restaurant, Kinderspielplatz, Shop; Mitte Juni-September täglich 9-17 Uhr; $9.
Fischerorte	Von der einst bedeutenden Fischfang-Region blieb nur wenig, z.B. in **Ste. Thérèse de Gaspé** Holzgestell-Reihen, auf denen der filetierte Kabeljau zum Trocknen ausgebreitet wird. **Chandler** und **Grande-Rivière** sind eher reizlose fisch- und holzverarbeitende Städtchen. Hübsch ist der schon zu Percé gehörende kleine Hafen **L'Anse-à-Beaufils** mit Sommertheater, Galerie, Töpferwerkstatt, Terrassencafé mit Meerblick und der Möglichkeit, Hummer frisch vom Boot zu kaufen; ℰ (418) 782-2277; www.lavieilleusine.qc.ca.
Küstenlinie	Bis kurz vor Percé ist die Küste flach; an der Südostspitze ändert sich das Bild: Rötlicher Fels und Sandstein formen eine von Stränden unterbrochene Steilküste.
Percé www.rocher perce.ca www.rocher perce.com	Auf einem kleinen Landvorsprung liegt das reizvolle Percé. Einst nur Heimathafen vieler Fischtrawler ist der Ort heute Wohnsitz von Künstlern und ein Touristenzentrum. Dafür sorgte – neben Lage und Strand – vor allem der riesige *Rocher Percé*, ein 88 m hoher, 90 m breiter und 475 m langer Felsmonolith mit Torbogen, der wie ein gigantisches Tortenstück vor der Küste liegt. Bei Flut wasserumspült, bei Ebbe zu Fuß erreichbar, leuchtet er je nach Wetter und Tageslicht gelb oder rot; www.sepaq.com/pq/bon.
Parc National du Québec	Der *Rocher Percé* bildet zusammen mit der 5 km vor Percé liegenden Ile Bonaventure den *Parc National de l Ile-Bonaventure-et-du-Rocher-Percé* (↪ www.sepaq.com, Seite 516).

Monolithischer »Lochfelsen« Rocher Percé

Ile de Bonaventure
www.sepaq. com/pq/ bon/en

Der Park ist in mehrere Sektionen aufgeteilt. Der **Secteur Charles Robin** mit den klassischen Percé-Gebäuden **La Neigère** und **La Chafaud** an der Rue du Quai. Im ersteren ist das **Besucherzentrum** des Parks untergebracht. Parkpass $5,50, Kinder $2,50.

Im **Musée Le Chafaud** gibt es ein **Centre d'Interprétation**, in dem Flora, Fauna und Geologie der Gaspésie vorgestellt werden. Der Hauptattraktion von Percé, den 120.000 **Gannets**, ist ein informativer Film gewidmet. Oben im Gebäude zeigt das Museum u.a. Gemälde und Fotografien (täglich 10-20 Uhr).

Gannets

Etwa 200.000 Seevögel, davon allein 120.000 **Gannets** (↪ Fauna, Seite 23), nisten in langen, fast horizontalen Felsspalten und sorgen bis Oktober, wenn sie sich ins warme Golfgebiet von Mexico zurückziehen, für ein ohrenbetäubendes Konzert.

Bootstouren

Von der **Wharf** im Zentrum von Percé fahren Boote zur Insel. Dort kann man sich absetzen lassen und die Vögel aus nächster Nähe bestaunen (Rundwege 3-5 km). Die Bootstouren kosten bei den drei Anbietern ab $25, Kinder 6-12 ab $7 (*Les Bateliers de Percé:* ✆ 1-877-782-2974; *Julien Cloutier:* ✆ 1-877-782-2161, www.croisieresjulien-cloutier.com oder *Les Traversiers de l'Isle:* ✆ 1-866-782-5526, www.croisieresgaspesie.com).

Juli-September täglich 9-17 Uhr halbstündlich auch Rundfahrten um die Insel. Vom Schiff hat man einen tollen Blick auf die Nistplätze; vor Juli und nach September Frequenz geringer; $25/$7.

Ein **Boardwalk** führt am Wasser entlang, ein **Rundwanderweg** (Start hinter der Kirche) auf den **Mont Ste. Anne** (1,5 km). Grandiose Ausblicke auf Meer, Stadt und die vorgelagerten Inseln sind von dort oben garantiert, aber ebenso von der Passhöhe der Hauptstraße nordwestlich von Percé.

Unterkunft

Percé ist touristisch voll erschlossen und speziell an Sommer-Wochenenden oft ziemlich überlaufen. Für die Nacht ist man z.B. gut aufgehoben im

- **Hotel La Normandie,** am Meer, 221 Straße #132; ✆ 1-800-463-0820 und ✆ (418) 782-2112, $99-$199; www.normandieperce.com
- **Le Mirage**, 288 Straße #132, Pool, Meerblick, ✆ (418) 782-5151 und ✆ 1-800-463-9011, $99-$209; www.hotelmirageperce.com.
- **Motel Le Repos et Chalets**, günstig, ebenfalls an der #132 (46B), ✆ (418) 782-2811 und ✆ 1-866-782-2811; DZ ab $65
- Motel **Fleur de Lys**, 248 Straße #132, ✆ 1-800-399-5380 und ✆ (418) 782-5380; ab $164; www.fleurdelysperce.com

Camping

Mehrere privat betriebene **Campingplatze** liegen in/bei Percé und Gaspé unverfehlbar an der Straße #132. Am besten campt man aber auf einem der **Campgrounds im Forillon National Park**. Im Sommer füllen sie sich rasch; frühe Ankunft ist angeraten.

Gaspé, Bucht und Stadt

Ab Percé in Richtung Norden zeigt sich die Straße #132 von ihrer besten Seite. Sie läuft dicht an der **Baie de Gaspé** entlang und bietet immer wieder schöne Blicke über die Bucht. Hier und dort

5

www.tourisme
gaspe.org

verstecken sich Zufahrten zu ruhigen Plätzen am Wasser. Die einzige größere, aber touristisch wenig ergiebige Stadt ist **Gaspé** (17.000 Einwohner) fast am Ende der tief eingeschnittenen Bay.

(Musik-) **Kneipenempfehlung**: *Brise-bise*; 135 Rue de la Reine; © (418) 368-1456; www.brisebise.ca

Museum

Jaques Cartier ging dort 1534 an Land und nahm das Gebiet für Frankreich in Besitz. Ein bronzenes Monument aus unauffälligen kleinen Säulen steht ihm zu Ehren am nördlichen Ortsende an der #132. Im benachbarten **Musée de la Gaspésie** erfährt man in Ausstellungen alles über die Geschichte und Bevölkerung der Region. Juni-Okt. täglich 9-17 Uhr; Eintritt $9, bis 18 Jahre $7.

Mi'kmaq

Landschaftlich sehr schön liegt der **Site d'Interpretation de la Culture Micmac de Gespeg** (783, Blvd Point Navarre). Dort stehen die handwerklichen Techniken dieser *First Nation* und deren Leben im 17. Jahrhundert, also nach der ersten Begegnung mit Europäern, im Mittelpunkt. Führungen Juni-Sept. 9-17 Uhr, $8/$6.

**Parc
National
de Forillon**

www.pc.gc.
ca/forillon

Der **Parc National de Forillon** ragt wie ein Delphinkopf in den Golf von St. Lorenz. Die #132 umrundet die Halbinsel und läuft streckenweise durch den Park, während die Straße #197 am Westrand des Parks direkt auf die Gaspé-Nordküste stößt.

Für diesen Park sollte man etwas Zeit einplanen. Bei gutem Wetter ist er in seiner herben Schönheit kaum zu überbieten. Es mischen sich Kiesel- und Sandstrand, rauhe Felsküsten, Blumenwiesen und bewaldetes Hügelland. Trotz Morgenfrische ist das Klima mild mit angenehm warmen Sommertagen.

Der größere westliche, von den Straßen eingegrenzte Teil des Parks wird von **Wander-/Radwegen** durchzogen. Am *Cap Gaspé* beginnt das kanadische Teilstück des berühmten über 3000 km langen *International Appalachian Trail*. Schwarzbären (!) und Elche sind keine Seltenheit, ➪ Seite 24. Bei einer Tour im Kajak die Küste entlang sind die unterschiedlichsten Wasservögel zu sehen, ebenso mit etwas Glück Wale und Robben.

An der **Südseite** der äußersten Spitze des Parkes, der **Penouille-Halbinsel**, befinden sich nahe den Resten des *Fort Penouille* ein geschützter **Sandstrand** und Picknickplatz. Östlich davon liegt die **Grand Grave Historic Site**, die Rekonstruktion einer Fischersiedlung. Wo es mit dem Auto auf der grünen Steilküste nicht mehr weitergeht, beginnt ein **Pfad** zum *Cap de Gaspé* (4 km).

Information

Erste Einfahrt und **Reception Center** befinden sich bei Penouille, ein weiteres in L'Anse-au-Griffon. Das **Interpretation Centre** an der Straße #132 nahe dem *Cap-des-Rosiers* informiert über Flora, Fauna und Geologie. Tägl. Ende Mai-Mitte Okt 9-17 Uhr; $8/$4.

Camping

Auf den beiden strandnahen Campingplätzen **Des-Rosiers** und **Cap-Bon-Ami** im *Secteur Nord* des Parkes ebenso wie auf **Petit Gaspé** im *Secteur Sud* (bewaldet, kein Küstenzugang) kommt man in den Sommermonaten nur mit langfristiger Reservierung unter, ab $26; © 1-877 737-3783, ➪ auch Seite 156.

Motels

Im Bereich des Nationalparks überwiegen die einfacheren Unterkünfte in der **Preiskategorie $50-$90**:

- *Motel du Haut Phare*, 1334 Straße #132, Cap-des-Rosiers, ✆ 1-866-492-5533; im Sommer ab $80; www.motelduhautphare.com
- *Le Pharillon*, 1293 Straße #132 in Cap-des-Rosiers, ✆ 1-877-909-5200 und ✆ (418) 892-5200, auch mit Küche, $55-$90, im Sommer ab $80, www.hotel-motel-lepharillon.com
- *Motel Le Noroît* in L'Anse-au-Griffon, 589 Blvd du Griffon, ✆ 1-866-992-5531, ab $60; www.motellenoroit.com

- *Auberge International Forillon*, 2095 Blvd Grande-Grève; $25/Bett, DZ $50; www.aubergeforillon.com

5.6.3   Die Nordküste der Gaspésie bis Trois Pistoles

Charakter/ Orte

Landschaftlich besonders reizvoll ist die Nordküste der *Gaspésie* zwischen dem Nationalpark und Ste-Anne-des-Monts/Cap-Chat. Die Straße verläuft hier mit spektakulären Ausblicken auf den St.-Lorenz-Strom, mal direkt am Wasser unterhalb steil aufragender Felswände, mal in Serpentinen durch die Höhenzüge der *Monts Chic-Chocs*, die hier bis ans Ufer reichen. Am Weg liegen Fischerdörfer, wie **Petite-Vallée**, das sich durch ein **Chansonfestival** (www.festivalchanson.com) einen Namen gemacht hat, aber auch größere Häfen wie **Rivière-au-Renard** und **Grande Vallée**. Die meisten Fischerorte leben heute nicht mehr vom Kabeljaufang (⤳ Seite 665). Einige haben auf Shrimps umgestellt oder im Bereich der Flussmündungen auf Lachse bzw. auf Sportfischerei. In Rivière-au-Renard gibt es an einfachen Ständen Fisch.

Parc National de la Gaspésie

Ein Abstecher (Straße #299) führt von Ste-Anne-des-Monts (Zufahrt ebenfalls von Marsoui aus möglich auf einer wunderbaren Nebenstrecke) zum *Parc National de la Gaspésie* (⤳ Seite 516, www.sepaq.com/pq/gas), einem Gebirgspark ca. 40 km entfernt vom St. Lorenz. Die *Monts Chic-Choc* sind Teilgebirge der Appalachen mit dem höchsten Berg der Gaspésie, dem *Mont Jacques Cartier* (1268 m). Einige **Wanderwege** des Parks führen durch totale Wildnis, teilweise durch mehrere Vegetationszonen. In der höchsten, subarktisch-alpinen Zone leben die in diesen Breiten sonst nicht anzutreffenden *Caribous*. Mehrere prima angelegte **Campingplätze** befinden sich in den unteren Höhenlagen unweit der Straßen.

Unterkunft in diesem Bereich:

- In der Nähe der Parkeinfahrt liegt an der #299 die das tolle Vier-Sterne-Hotel *Gîte du Mont-Albert*, www.sepaq.com/ct. Auch gutes Restaurant; ✆ (418) 763-2288 und ✆ 1-866-727-2427; DZ $117-$220, Chalet $180-$340.

- Lesertipp: *Auberge Chez Nicole*, 3371 Straße #132 Ouest in **Saint-Ulric** (westlich von Matane). Liebevoll dekorierte Zimmer, Stromblick, Garten, super Frühstück; ✆ (418) 737-4896 und ✆ 1-866-268-4896, DZ ab $80.

Jardin de Métis (Reford Gardens)

Weiter westlich an der nun flachen Küste wird die Strecke eintöniger. Die Orte am Wege laden nicht zum Verweilen ein. Aber in den ***Jardins de Métis*** am Fluss (Grand Métis, 200 Straße #132; www.jardinsdemetis.com) könnte man einen Stopp einlegen. Dank des milden Mikroklimas wachsen dort viele südliche Pflanzen. Juni-Sept. täglich 8.30-18 Uhr, Eintritt $17, 14-18 Jahre $15.

Parc du Bic

Ein letzter hübscher Abschnitt mit Buchten und vorgelagerten Inseln im Strom liegt zwischen Rimouski und Trois Pistoles. Da die Hauptstraße in diesem Bereich oft landeinwärts verläuft, erkennt man das kaum. Bei der Ortschaft Bic im ***Parc National du Bic*** (unmittelbar an der #132, die großenteils an der südlichen Parkgrenze entlang läuft), gibt es eine bemerkenswerte Mischung von nördlicher und südlicher Flora.

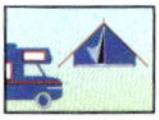

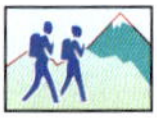

Der Park ist jedoch vor allem bekannt als **Vogelschutzgebiet** und für seine Seehunde, die sich vor dem felsigen Ufer des St. Lorenz tummeln. Am östlichen Parkeingang (an der #132) liegt ein guter **Campingplatz**, am westlichen die **Besucherinformation**. Herrliche **Spaziergänge** kann man zum ***Cap-à-l'Orignal*** machen.

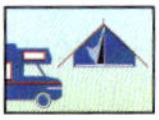

Sehr schön am Ufer des großen Stroms einige Kilometer östlich von Trois-Pistoles campt es sich auf dem Platz ***Camping Plage de Trois-Pistoles*** an der #132, © (418) 851-2403, $24-$32.

Zum Nordufer

Spätestens in Trois-Pistoles sollte man zum Nordufer des Stroms übersetzen. Eine Weiterfahrt auf dem Südufer nach Québec City hat keine vergleichbaren Reize und ist nur bei knapper Zeit zu empfehlen. Zur Fortsetzung der Fahrt ab Tadoussac ➪ Seite 567.

Fähren über den St. Lawrence River ab Gaspésie-Nordufer

Matane – Godbout oder **Baie Comeau** (ganzjährig)

Frequenz: 1-2x täglich, **Dauer:** 130-140 min,
Tarife: Pkw $36, Person $16, Kinder bis 11 Jahre $10; © (418) 562-2500,
Reservierung unter © 1-877-562-6560 und www.traversiers.gouv.qc.ca

Trois Pistoles – Les Escoumins (Ende Mai bis Anf. Oktober)

Frequenz: 2-3x täglich, Zeiten jeden Tag anders; **Dauer:** 90 min
Tarife: Pkw $41, Passagier $19, bis 11 Jahre $13;
Reservierung unter © 1-877-851-4677 und www.traversiercnb.ca

Rivière-du-Loup – St. Siméon (Mitte Juni bis Dezember)

Frequenz: 1-4x täglich, **Dauer:** 65 min,
Tarife: Pkw $40, Passagier $16, bis 11 Jahre $11;
Reservierung unter © (418) 862-5094; www.traverserdl.com

Rimouski – Forestville (Katamaran Schnellfähre • Mai bis September)
keine Mitnahme von Campermobilen möglich

Frequenz: 2-3x täglich; **Dauer:** 60 min;
Tarife: Pkw $40, Passagier $20, bis 11 Jahre $15;
Reservierung unter © 1-800-973-2725; www.traversier.com

NEWFOUNDLAND

6.   NEWFOUNDLAND

Touristische Kennzeichnung

Neufundland fällt aus dem Rahmen. Die abseitige Insellage, das rauhe Klima, die Konkurrenz bekannterer Reiseziele in Neuengland und des kontinentalen Ostkanada ließen Neufundland bisher kaum in Reisekatalogen erscheinen. Tatsächlich ist die Insel kein geeignetes Ziel für Massentourismus. Angesichts der Größe – Neufundlands Küstenlinie beträgt 8000 km – sind nur Regionen beschrieben, die eine weite Anreise lohnen. Kenner von *Annie Proulx'* Roman »Schiffsmeldungen« wissen aber, dass selbst Verzweifelte in dieser Einsamkeit ihre Mitte finden können.

Neufundlands Saison ist kurz: **Juli-August-September**.

> ## Steckbrief Newfoundland mit Labrador (NL)
> www.newfoundlandlabrador.com (Karte Seite 661)
>
> Rund 515.000 Einwohner, 406.000 km². Größte und zugleich **Hauptstadt** ist **St. John's** mit 106.000 Einwohnern.
>
> Die gesamte **Provinz** besteht aus der Felsinsel **Neufundland**, 111.000 km² (485.000 Einw.) und 295.000 km² Festland an Canadas Nordostküste, der Wildnis **Labrador** (30.000 Einw.).
>
> Wichtigste **Wirtschaftszweige** sind Fischfang und Holzverarbeitung, Energiegewinnung (Wasserkraft in Churchill Falls/ Labrador), neuerdings auch Erdöl und Software-Entwicklung.
>
> **Touristische Ziele** auf Neufundland sind in erster Linie der *Gros Morne National Park* und *Anse aux Meadows.*

6.1   Reisen in Neufundland

6.1.1   Routen und Fähren

Hauptziele

Neufundland-Urlauber mit begrenzter Zeit sollten sich aus den Möglichkeiten der Insel gezielt die »Rosinen« herauspicken. Dabei können sie sich getrost auf den Westen der Insel beschränken, denn dort liegt der *Gros Morne National Park*, die Hauptattraktion Neufundlands. Eine Weiterfahrt zum *L'Anse aux Meadows National Historic Park*, eine rekonstruierte Wikinger-Siedlung an der Nordwestspitze und/oder ein Abstecher in die **Inselwelt** bei *Twillingate* nördlich von Gander sind erwägenswert.

Weiter nach Labrador

Von Newfoundland gelangt man per **Fähre ab St. Barbe** nach Blanc Sablon/Labrador, dann auf dem *Labrador Coastal Drive* (Straße #510; bis auf die ersten 80 km Schotter) nach Happy Valley/Goose Bay (620 km) und weiter nach Labrador City (Straße #500). Nach 330 km zweigt die Straße #530 nach Cartwright ab (90 km).

Ohne Umweg über Newfoundland geht es in Québec am Nordufer des Gulf of St. Lawrence vom Städtchen Sept-Îles per Fähre bis Blanc Sablon (drei Tage!; www.relaisnordik.com). Die **Straße** #389 führt ab Baie-Comeau nach Labrador City, ein **Schienenstrang** mit Personenzugverkehr ab Sept-Îles dorthin.

Rundfahrt per Schiff und Bus	Die Fährkosten fürs Auto spart, wer folgende **Rundtour per Schiff und Bus** macht: Fähre bis Channel-Port aux Basques, dann per Bus nach Rose Blanche (Straße #470), dort Umsteigen auf ein Küstenboot (keine Autos), das die *Outports* an der Südküste über Burgeo (Straße #480) bis Hermitage (Straße #364) verbindet; von dort mit dem Bus auf dem TCH zurück nach Channel-Port aux Basques; www.tw.gov.nl.ca/ferryservices/schedules/index.html.
Fährrouten	Da zwischen Nova Scotia und Neufundland zwei Autofähren verkehren – von North Sydney nach Channel-Port aux Basques (3-5x täglich) und nach Argentia im Südosten (3x wöchentlich) – ist bei Nutzung beider Routen auch eine Rundfahrt möglich.
Schwerpunkte in diesem Buch	Dieses Buch skizziert lediglich die Möglichkeit eines Abstechers nach Neufundland und beschränkt sich auf **eine Kurzbeschreibung der Insel** mit den wichtigsten Sehenswürdigkeiten der Westseite und des Nordens um Twillingate. Der Inselosten bietet zwar ein paar durchaus reizvolle Ziele (z.B. *Trinity* und *Conception Bay* im Norden der Halbinsel Avalon, aber man sieht dort nichts Neues und spart viele Kilometer Fahrt und Zeit für den attraktiven Westen. Auch Neufundlands **Hauptstadt St. John's** wird in diesem Kapitel nicht behandelt. Die Fahrt dorthin lohnt sich nur im Rahmen einer längeren Reise. **Wer sich für Neufundland (und Labrador) intensiver interessiert, sollte zum bei Reise Know-How erschienenen Titel »Kanada – Maritimes« greifen (2. Auflage Mai 2011).**
Fähren	Die folgende Tabelle zeigt die **Abfahrtszeiten und Tarife 2012**, (evtl. kleine Preiserhöhungen einkalkulieren). Die Angaben beziehen sich auf die **Hauptsaison** Ende Juni bis Anfang September.
Reservierung	Die Fährüberfahrt dauert knapp 6 bzw. 14 Stunden; man kann – abhängig vom Schiff – Schlafsessel oder Kabinen reservieren: www.marineatlantic.ca oder ☎ 1-800-341-7981. Die Tarife in der Tabelle enthalten *Fuel Surcharge* und *Security Fee* (2012).

North Sydney: Fährhafen der Neufundlandfähre auf Cape Breton Island

Strecke	Dauer	Taktzeiten	$-Tarife one-way (Hochsaison)
North Sydney nach Port-aux-Basques	6 Std.	2-3 mal täglich	RV ab 160 PKW 106 Passagier 41
North Sydney nach Argentia	14 Std.	3 mal wöchentlich	RV ab 328 PKW 217 Passagier 108

Fähren nach Labrador

Labrador ist über die Fähre St. Barbe/Newfoundland nach **Blanc Sablon**/Québec zu erreichen, ⇨ oben (3 km bis zu Labrador). Sie verkehrt je nach Eisgang etwa Mitte April bis Ende Januar. Reservierung unter www.tw.gov.nl.ca/ferryservices/schedules/j_pollo.html oder ✆ 1-866-535-2567 und ✆ (709) 535-0810.

Strecke	Dauer	Taktzeiten	$-Tarife one-way (Hochsaison)
St. Barbe- nach Blanc Sablon	80 min	2-3 mal täglich	RV ab 28 PKW 23 Passagier 7,50

Nach Labrador

Reservierungen für die Strecke **St. Barbe–Blanc Sablon** sind nur für Wohnmobile unbedingt angezeigt, da 50% der Plätze an PKW ohne Reservierung (*first-come-first-served*) vergeben werden.

Es gilt generell: Gegenrichtung gleiche Taktzeiten und Tarife.

Ein Minibus verkehr Di und Do von Blanc Sablon über Red Bay nach Port Hope in Labrador (ca. 240 km, 4 Stunden mit diversen Stopps unterwegs), Auskunft unter ✆ (709) 960-0499 oder 0437 oder ✆ (709) 921-6283, www.battleharbour.com/home/25.

6.1.2   Flüge, Eisenbahn, Busse und Straßen

Flüge nach Newfoundland

Von Europa aus wird **St. John's** nur mit *Air Canada* direkt angeflogen (ab London Heathrow). Umsteigeverbindungen laufen über Montréal oder Toronto mit der *Air Canada*-Tochter *Jazz* oder mit *West Jet* nach St. John's, ebenso auf weiteren Inlandsflügen.

Flüge innerhalb von Newfoundland und Labrador

Innerhalb der Provinz fliegen **Air Canada Jazz**, **Provincial Airlines** und **Air Labrador**: Auf Newfoundland sind per Linienflug neben St. John's Stephenville, Deer Lake, St. Anthony und Gander zu erreichen, in Labrador Wabush, Churchill Falls und Happy Valley-Goose Bay.

Eisenbahn

Auf Neufundland wurde der Bahnverkehr eingestellt. **Labrador** kann man aber mit der Eisenbahn erreichen: Von **Sept-Îles** (Québec) fährt 2 x wöchtlich die **Tshiuetin Railway** nach **Emeril Junction** bei Labrador City (etwa 7 Std) und weiter bis **Schefferville**; ✆ 1-866-962-0988; www.tshiuetin.net/an_informations.html

Busverkehr Newfoundland

Ein Linienbus verkehrt täglich zwischen **St. John's** und **Channel-Port aux Basques** via **Corner Brook**: www.drl-lr.com, ℗ (709) 263-2171, ℗ 1-888-263-1854, Fahrtzeit: ca. 14 Stunden; 118$.

Zwischen Channel-Port aux Basques und Corner Brook verkehrte außerdem bislang täglich der *Gateway Bus Service*, (℗ 709-695-9700 oder 5669). Für 2013 ist das fraglich. In den Norden der Halbinsel gibt es schon seit einigen Jahren keine Busverbindung mehr.

Fahrrad

Wer Lust auf lange Trips hat, kann auf der ehemaligen **Eisenbahntrasse** (*T'Railway*) von Channel-Port aux Basques bis St. John's Neufundland per Bike durchqueren: www.trailway.ca.

Straßen Newfoundland

Der **Trans-Canada Highway** (TCH #1) beginnt bzw. endet in St. John's. Bis **Channel-Port aux Basques** sind es 905 km. Zu allen interessanten Zielen und Regionen führen **gut ausgebaute Straßen**, zu vielen abgelegenen Dörfern und Fischerhäfen aber nur *Gravel Roads*; ➪ Karte auf Seite 672.

Straßen Labrador

Wie schon oben gesagt sind in Labrador nur die ersten 80 km des *Labrador Coastal Drive* von Blanc Sablon nach Goose Bay (#510) asphaltiert; ab Red Bay besteht die Straße aus Schotter. Auch der Abzweig nach Cartwright (#530) ist eine *Gravel Road*.

Der erst 2010 freigegebene Abschnitt des *Labrador Coastal Drive* bis Goose Bay/Happy Valley (285 km) soll sich in gutem Zustand befinden. Die neue Straße hat bewirkt, dass die früher stark frequentierte Schiffahrtslinie von Cartwright nach Goose Bay 2011 eingestellt wurde. Auf dem **Trans Labrador Highway** (#500) geht es weiter von Happy Valley-Goose Bay über Churchill Falls nach Labrador City/Wabush (525 km).

Straßenzustand

Die aktuellen Straßenzustände für Newfoundland und Labrador findet man im Internet unter www.roads.gov.nl.ca.

Westküste Neufundlands im Gros Morne National Park:

6.2   Geschichte

Frühzeit

Die ältesten Bewohner im Nordosten des Kontinents waren *Paleo-Eskimos*, die vor 9.000 Jahren bis ca. 1.000 v.Chr. in der kanadischen Arktis lebten. Deren Nachfahren, die **Groswater** und später **Dorset** dehnten seit 1.000 v.Chr. ihren Lebensraum nach Neufundland aus, wie Ausgrabungen bei Port aux Choix an der *Strait of Belle Isle* bewiesen. Als sich einige hundert Jahre nach Christi wieder zurückzogen, blieben nur noch *Beothuk*-Indianer, später von den Weißen restlos ausgerottete Ureinwohner.

Entdecker

Schon vor der offiziellen Entdeckung Neufundlands durch **John Cabot** 1497 (↷ Seite 519) hatten die Wikinger um die Jahrtausendwende den Weg in die Neue Welt gefunden. Sie brauchten Holz für ihre Siedlungen in Grönland. Auf ihrer Suche nach einem Seeweg nach Indien kamen die Engländer und Franzosen erst 500 Jahre später als Siedler und Eroberer nach Neufundland.

Weiße Besiedelung

Während sich die Franzosen mit den *Beothuk* mancherorts friedlich einigten – bis hin zur Heirat, wie bis dato die **Jakitar** genannten Mischlings-Nachfahren belegen – setzten die Engländer ihren Herrschaftsanspruch rigoros und konsequent durch. Die 1662 gegründete und schnell florierende französische Siedlung Placentia auf der Halbinsel Avalon war ihnen schon längst ein Dorn im Auge, und nach dem Frieden von Utrecht (1713) reklamierten die Briten die gesamte Insel für sich allein.

Die unterlegenen Franzosen durften nur noch die Westküste, die **French Shore** zum Fischtrocknen nutzen. Von dort wurden sie 50 Jahre später, während des 7-jährigen Krieges (in Europa), auch noch vertrieben, eroberten dafür aber die nach *Cabot* benannte Hauptstadt St. John's. Doch das Kriegsglück währte nur wenige Wochen. Im Pariser Frieden von 1763 musste Frankreich alle kanadischen Besitzungen an Großbritannien abtreten. Als Trostpflaster behielt es die beiden Inselchen **St. Pierre** und **Miquelon** – bis heute ein Stück Frankreich vor der Küste Neufundlands – sowie erneut die Nutzungsrechte der *French Shore*, die Paris aber 1904 aufgab.

Fischerei

Die ständig wachsenden englischen Fischereiflotten rekrutierten ihre Matrosen entweder aus der Halbwelt oder durch Kidnapping: Wenn die Segel schon gehisst waren, schnappten sich brutale Greiftrupps angetrunkene Männer und verschleppten sie an Bord. Da die derart »Shanghaiten« dort nichts zu lachen hatten, verschwanden viele beim ersten Landgang und versteckten sich.

Auf Neufundland verunsicherten Gruppen solcher Deserteure die Küsten als Seeräuber. England versuchte bereits ab 1634, »Fahnenflucht« und Piraterie durch die Einsetzung von **Fishing Admirals** zu unterbinden: Der jeweils erste Kapitän, der im neuen Jahr in einem neufundländischen Hafen ankerte, musste dort die nächsten 12 Monate für **Law and Order** sorgen. In erster Linie war er dafür verantwortlich, dass kein Schiff ohne vollständige

Besatzung nach Europa zurücksegelte. Der Erfolg der Maßnahme hielt sich in Grenzen. Auch nach 1813, als die *Fishing Admirals* durch eine eigene lokale Verwaltung ersetzt wurden, verkroch sich in den *Outports* noch manches Rauhbein (➪ Hintergrund dazu im Kasten Seite 586).

Vom Kabeljau zu Erdöl und Software

Vor über 500 Jahren entdeckten Basken die Fischgründe vor Neufundlands Nordostküste, die **Grand Banks**, und **Cabot** verkündete 1497, man brauche zum *Cod*-Fischen nur einen Korb über die Reling zu halten – der Startschuss für den »Kabeljau-Rausch« (»*in* **Cod** *we trust*«). Lange vor dem Gold wurde der *Cod* zur kapitalistischen Beute in der Neuen Welt. Mitte des 16. Jahrhunderts avancierte luftgetrockneter Kabeljau (*Bakkalar*) zum meistverzehrten Fisch Europas und blieb es vier Jahrhunderte, bis immer aggressivere Fangmethoden und Flotten aus aller Herren Länder die *Grand Banks* leergefischt hatten.

Nach dem Kabeljau-Kollaps in den 1970er-Jahren vor Island und den 1980ern vor Norwegen zog auch Ottawa die Notbremse und verhängte 1992 Fangverbote. Aber fast zu spät, es dauerte trotz der Fruchtbarkeit des *Cod* – ein Weibchen laicht 3 Mio. Eier – 20 Jahre bis zur langsamen Erholung der Bestände. Denn es kam zusätzlich zu einer Verlagerung der Fischwanderungsströme und einer Robbenschwemme nach einem von *Greenpeace* durchgesetzten zeitweisen Robbenschutz. Probleme hatte es auch mit EU-Fischern gegeben, die das Fangverbot nicht beachteten. 1996 wurden daher die Restriktionen gelockert; die **NAFO** (Nordwest-Altantische Fischerei-Organisation) setzte neue Fangquoten fest (davon EU und Canada jeweils 41%). Die verbliebenen 18% teilt sich der Rest der Welt. Wahrscheinlich alles in allem immer noch zu viel.

Erst 2012 gab es Anzeichen für ein Come-back des *Cod*, wenngleich noch lange keine Entwarnung und Rückkehr zu alten Fangmengen.

Nach wie vor hat Neufundland als Folge des weitgehenden Zusammenbruchs der Fischindusrie Kanadas höchste Arbeitslosenquote, das geringste Pro-Kopf-Einkommen und die höchste Pro-Kopf-Verschuldung.

In der Kabeljau-Politik fühlt sich die Provinz von Ottawas Bürokraten schlecht vertreten, in Labradors Wasserkraftnutzung von Quebec übervorteilt und bei

der lukrativen *offshore*-Ausbeutung der Hibernia-Erdöl/Gasfelder (300 km östlich von St. John's) vom fernen Ottawa benachteiligt. Hoffnungsträger sind heute Softwareentwicklung und Tourismus.

Die Grand Banks erstrecken sich von Neufundland (Bildmitte) bis zur kontinentalen Abbruchkante (rechts unten und oben)

6.3   Land und Leute

Newfies

»*Drink a Screech, kiss a fish on the Rock and you'll be a New-fie*«, wie sich die Neufundländer gern selbst bekosenamen. Heute stimmt der flotte Spruch weder vorn noch hinten. **Screech,** einen ursprünglich aus dem Sud von Rumfässern zusammengekratzten Edelfusel, bekommt man nicht nur auf dem **Rock**, wie die *New-fies* kurz und treffend ihre Insel nennen, sondern längst in jedem kanadischen *Liquor Store*. Ganz im Gegensatz zu *Fish*, dem *New-fie*-Synonym für den **Cod** (Kabeljau), siehe Kasten links.

Die Assoziationen, welche der Spruch auslöst, gelten aber immer noch: Neufundland ist von unten bis oben nass und kalt wie ein Fischmaul, beinhart im Geben und Nehmen. Dass in solch einem Landstrich ein Menschenschlag besonderer Art aufblüht, weiß man von anderen Randvölkern wie den Iren.

Die **Newfies** sind kontaktfreudig, haben viel Witz (ihr gefürchteter Dialekt ist nichts für Oxford-Ohren) und gelten als belächelte Trottel der Nation.

Autobahnschilder »*Clean Toilets ahead!*«, so spottete man in den Metropolen gern, verstünden sie nicht als freundlichen Hinweis für Allzu-Menschliches, sondern als bitterernst genommene Aufforderung zum Putzen.

Neufundlands Flagge

Die Flagge Neufundlands soll viel erzählen: Der weiße Grund steht für Schnee und Eis, blau ist das Meer, rot-gold ein nach vorn gerichteter Pfeil; er symbolisiert neufundländisches Selbstvertrauen. Das Muster des Blaus erinnert an den *Union Jack*. Die Zukunft aber gehört dem größeren rechten, dem rot-goldenen Bereich. Die beiden mit rotem Strich gezogenen weißen Dreiecke stehen für Labrador und die Insel Neufundland.

Christopher Pratt, Schöpfer der Fahne, sieht auch noch das christliche Kreuz, indianische Ornamente und insbesondere die Adern des *Maple Leaf* in ihrem Zentrum.

St. John's

www.
stjohns.ca

Die Hauptstadt St. John's liegt Irland fast näher als Toronto. Ein *Newfie* hat es zur Geburtstagsfeier seiner in Vancouver, also im eigenen Land lebenden Tochter doppelt so weit wie zur goldenen Hochzeit seiner britischen Eltern in Liverpool.

Die Nabelschnüre nach Europa sind unverkennbar: In Neufundland endete 1866 das erste Transatlantik-Kabel, empfing *Marconi*

1901 die ersten Funksignale aus Europa, hier starteten 1919 *Alcock* und *Brown* den ersten Transatlantikflug. Und nicht zu vergessen: Bei Argentia legten *Roosevelt* und *Churchill* 1941 den Grundstein für die **Atlantic-Charta**, aus der sich dann später die **NATO** entwickelte.

Bewohner

Die zehnte kanadische Provinz (seit 1949) besteht politisch aus zwei Teilen und heißt korrekt **Newfoundland and Labrador**. Labrador, nach dem Entdecker *Jacques Cartier* »das Land, das Gott Kain gab«, liegt auf dem Festland und ist geologisch Teil des *Canadian Shield* (↪ Seite 18). Dort wohnen 30.000 Menschen – mehrheitlich *Inuit* – auf einer Fläche von 295.000 km². Das ist ein gutes Stück größer als die alte Bundesrepublik. Jeder Labradorianer hat damit im Schnitt also fast 10 km² Platz.

Die Insel Neufundland, geologisch Teil der sich von hier bis Alabama erstreckenden Appalachen, ist mit 111.000 km² fast so groß wie die ehemalige DDR mit ihren damals 17 Mio. Einwohnern. Aber auf ihr leben nur rund 485.000 Menschen, und zwar überwiegend im Osten auf der Nordhälfte der Halbinsel Avalon, wo sich auch die Hauptstadt St. John's befindet.

Vegetation

In der Provinz *Newfoundland* sind vier **Vegetationszonen** erkennbar: **Arktische Tundra** im nördlichen und **Taiga** im südlichen Labrador. Das zentrale Neufundland besitzt zahlreiche Sumpfgebiete und morastige **Bogs,** aber auch dicht bewaldete Täler und Höhen. Dort wachsen überwiegend weiße und schwarze **Spruce Trees**, schlanke Kiefern, sowie Birken, Lerchen und Pinien. Im Küstenbereich kennt die **maritime Vegetation** über 350 Seegras-Arten, die – vom Sturm losgerissen – den *Newfies* als Gartendünger dienen.

Fauna

Das Verhältnis von Einwohnern zu Elchen, die erst Anfang des vorigen Jahrhunderts in Neufundland ausgesetzt wurden, steht derzeit noch 5:1; die Elchpopulation wächst jedoch. Außerdem

Puffin

gibt es Schwarzbären und Rotfüchse, Biber und arktische Hasen, Falken, Eulen und Spechte, in Labrador bereits Polarbären. Hinzu kommen die nur nach Hundertschaften gezählten Rentier-Herden (*Cariboos*), Millionen von Seevögeln – unter ihnen die beliebten **Puffins,** die aussehen, als gehörten sie eigentlich zu den Aras oder Papageien in den tropischen Regenwald. Vor der gesamten Ostküste leben Robben, große und kleine Wale, ganz zu schweigen von den Kabeljau-Schwärmen in den einst reichsten Fischgründen der Welt, den **Grand Banks**. Selbst wenn man die unzähligen Mückenviecher außer acht lässt, lebt eine milliardenfache Tier-Armada auf, in, über und um Neufundland, gegen die sich die 570.000 *Newfies* ausnehmen wie eine kleine Minderheit.

6.4 Neufundland als Reiseziel

Kennzeichnung

Wie ein Korken, hat Churchill einmal gesagt, liegt Neufundland auf dem Flaschenhals des St. Lorenz-Stroms. Diese zehntgrößte Insel der sieben Weltmeere ist über 500 km breit und genauso lang. Sie ist überaus zerklüftet mit vielen Zacken und langgestreckten Kaps. Die sorgen für **10.000 km Küstenlinie** und erfordern ein noch längeres Straßennetz. Allein der **Trans-Canada Highway (TCH)**, der im Osten in St. John's beginnt/endet und in einem großen konvexen Bogen zum Fährhafen Channel-Port aux Basques läuft, misst **auf der Insel 905 km**. Von vielen Punkten muss man eine über 100 km lange »Sackgasse« fahren, um vom *TCH* einen Hafen zu erreichen.

New York City verzeichnet an einem Wochenende mehr Besucher als Neufundland übers ganze Jahr. Eine unzureichende touristische Infrastruktur ist dafür sicher nicht der Grund: **Gut ausgebaute Straßen**, überall Tankstellen und Einkaufsmöglichkeiten, viele (einfache) Lokale, genügend **Unterkünfte für $60-$90** und höchstens mal **halbvolle Campingplätze** für $10-$30 machen das Reisen auf der Insel problemlos. »**Wildes**« **Zelten** ist ebenfalls erlaubt und üblich. Wer sich nicht tief in die Wildnis begibt, findet die wichtigsten zivilisatorischen Einrichtungen meist in maximal einer halben Autostunde Entfernung. Wenn der zuständige Minister dennoch den zu geringen Tourismus beklagt, muss daran das Wetter schuld sein – aber nur böse Zungen behaupten, es regne auf Neufundland 14 Monate im Jahr.

Klima

Die Hauptstadt St. John's liegt mit dem ungarischen Plattensee auf einem Breitengrad, doch die Klimata sind grundverschieden. Badefreuden schrumpfen in den zahlreichen Binnengewässern und erst recht im Atlantik zur Sekundärsache.

Labrador- und Golfstrom

Vor Neufundland mischt sich zwar der Labrador- mit dem Golfstrom aus der Karibik, doch der »Kühle aus dem hohen Norden« dominiert. Auch in der Luft stößt kalt und warm aus Nord und Süd zusammen. Das beschert der Insel eine ganz spezielle Wetterküche – das Wetter ändert sich stündlich.

Regen

Im Winter fallen die Temperaturen locker auf –20°C, und der Hochsommer ist mit 15°C Durchschnitts-Temperatur selten besonders warm. Die Küstenvegetation zeigt sich sturmverblasen, die Luft ständig neblig-feucht, und nur im Juli fällt weniger Regen als nötig. Aber wenn dann mal der Himmel für Stunden oder gar Tage aufreißt, bietet sich vor stahlblauem Himmel ein grandioses und faszinierendes Wolkenspiel.

Fazit

Neufundland ist nichts für zaghafte Zweifler, die zögern, ob oder ob lieber doch nicht. Neufundland muss man wollen und sich erobern. Neufundland heißt Wind und Wetter, Fische und Vögel, Wale und Wracks, Eisberge und Wikinger, Elche und Cariboos, Alte und Neue Welt zugleich.

Neufundlands Küche

Rezepte der Ureinwohner und Einwanderer verlängern die Speisekarten um die sogenannte *Scoff-*Küche*:*

Jigg's Dinner beispielsweise ist ein Gemüse-Eintopf mit Pökelfleisch und Erbsenbrei (*peas pudding*) zu *Toutons* (Erdbeer-Marmelade auf Butter-Toast) mit *Figgy Duff* (gedämpften Rosinenknödeln und Schlagsahne) sowie heißem Tee mit Zironencreme-Keksen. Danach geht's ab wie nach einem Joint.

Colcannon nennt sich ein würzig-cremig schmeckender Kartoffelbrei irischen Ursprungs. Als *Cod Tongues* und *Brewies* kommen Kabeljau-Zungen auf den Teller, meist mit Orangen- und Zitronen-Juice und frischem Oregano.

Cod Cakes dagegen sind die Antwort des kühlen Nordens auf die italienische Frittata, aber auf Fischbasis. Spezialitäten, wie *Salmon Ravioli*, *Caribou Bourguignon* und *Braised Rabbit Pie*, verraten sich namentlich oder sind eine Überraschung wert, wie *Pea Soup* and *Doughboys*.

Traditionelle Küche wird u.a. im *Seaside Restaurant* in Trout River serviert; ℂ (709) 451-3461; $25 ohne Alkohol.

6.5   Die Westküste

Ankunft

Der erste Weg nach Ankunft in **Channel-Port-aux-Basques** sollte in das große *Visitor Center führen (*3 km nördlich am THC). Es hat Mai-Oktober 6-23 Uhr geöffnet und bietet alle Informationen für den ersten Einstieg (ℂ 709-695-2262, www.newfoundlandlabrador.com). Touristen **mit Zelt/Wohnmobil** sollten eine Liste der *Provincial Parks* einstecken; 13 von ihnen besitzen einen Campingplatz. Die jeweiligen Zufahrten zu den Parks sind durch braune Holzschilder mit der *Pitcher Plant* gut gekennzeichnet. Die *Pitcher Plant* ist eine Insektenfalle wie unser Sonnentau und das Emblem der Insel.

Channel-Port aux Basques liegt an einem felsigen, zerklüfteten Küsteneinschnitt, um den sich an die 2.000 Holzhäuser schmiegen. Das kleine *Gulf Museum* in der 118 Main Street zeigt u.a. eins der ältesten Navigationsinstrumente Kanadas (1628) und erinnert an den Untergang der *SS Caribou*, die nach deutschem Torpedo-Beschuss 1942 sank. Von Juli bis September täglich 9-21 Uhr, $5.

Pitcher Plant, die Nationalblume Neufundlands

Unterkunft

Wer im Hotel/Motel übernachten will, findet bei jeder *Visitor Information* reichlich Auswahl; Tarife ab $60.

- *St. Christopher's Hotel*, 146 Caribou Road, © (709) 695-3500 und © 1-800-563-4779, $86-$149; www.stchrishotel.com
- *Hotel Port aux Basques*, 2 Grand Bay Road, zentral; ab $85; © (709) 695-2171 und © 1-877-695-2171; www.hotelpab.com
- Preiswertere Motels gibt es am *Trans Canada Highway*, rund 20 Autominuten nördlich der Stadt.

Camping

- Camper sind im *J.T. Cheeseman Provincial Park*, 12 km nördlich von Channel-Port aux Basques, gut aufgehoben; #408 in Cape Ray, 101 Plätze, Strand, Mai-September, © (709) 695-7222, $14; www.env.gov.nl.ca/env/parks/parks/p_jtc/index.html

TCH

Während der ersten **200 km bis Corner Brook** zeigt sich das Inland gleich von seiner typischen Seite: endlose, leicht hügelige Waldlandschaft mit halbhohen Birken und Nadelbäumen.

Corner Brook

Corner Brook, mit 20.000 Einwohnern zweitgrößte Stadt Neufundlands, liegt an der Trichtermündung des **Humber River**, den schon *James Cook* 1762 und 1767 bis Deer Lake hochsegelte. Wie Sitzreihen und Ränge in einem Amphitheater ziehen sich Straßen und Häuser in Corner Brook die Flussufer empor. Unten, quasi auf der Bühne, liegen der Hafen und eine der weltgrößten Papierfabriken, deren Schlotfahne den schönen Ausblick oft genug auch noch nasal vermiest; www.cornerbrook.com.

Oben am Ortseingang, unmittelbar am TCH, befindet sich ein *Shopping Center*. Ein vergleichbares Warenangebot gibt es so bald nicht wieder.

Abstecher

Von Corner Brook zur Einfahrt des *Gros Morne National Park* sind es noch 121 km. Nach 48 km zweigt dorthin der *Viking Trail* (Straße #430) in Deer Lake ab, in dessen *Visitor Information* man erfährt, ob in den *Big Falls* im Upper Humber River hinter dem *Sir Richard Squires Memorial Park* (mit gutem **Campingplatz**) gerade die **Lachse** springen. Wer dieses sehenswerte Schauspiel erleben möchte, muss nach kurzer Weiterfahrt auf der #430 einen 50-km-Abstecher auf schlechter Straße in Kauf nehmen.

Gros Morne Nat'l Park

Der *Gros Morne National Park* wurde 1987 zur UNESCO-*World Heritage Site* erklärt, denn Neufundland ist kein Felsbrocken aus einem Guss, sondern ein erdgeschichtliches Puzzle. »Was Galapagos für die Biologie«, erklärte Prinz *Edward* bei der Parkeröffnung, »ist *Gros Morne* für die Geologie«. Als vor Millionen von Jahren die amerikanische mit der eurasischen Kontinentalplatte kollidierte, wurde ein Stück des Erdmantels aus 20 km Tiefe emporgepresst, das sich nun als 650 m hohe, glazial glattgehobelte Felsberge (*tablelands*) im Süden des Parks über 12 km hinzieht.

Gros Morne (franz.: »finstere Hügel«) hat viele Vegetationszonen und Gesteine: neben Sandstränden, Dünen und Watt finden sich Tundra, Küstenwälder und Seen, Torfland, Salzmarschen, Kliffs, schwarze Kissenlavafelder, Kalkstein und fossilhaltiger Tonschiefer aus dem Übergang vom Kambrium zum Ordovizium – Geburtsstunde der Evolution; www.pc.gc.ca/grosmorne.

Bonne Bay

Die tief ins Land reichende *Bonne Bay* teilt den Park in zwei Teile: den kleineren Süd- und den touristischeren Nordteil mit flacheren Küsten. Unmittelbar vor der Einfahrt in Wilondale erwägt man an der Tankstelle, ob die nächste *Bonne Bay (Car-)Ferry* von *Woody Point* (an der #431) nach *Norris Point*, zwischen Süd- und Nordseite des Parks, in Frage kommt.

Falls nicht, sollte die *Visitor Information* (32 km nördlich der Parkeinfahrt an der #430, im Sommer 9-21 Uhr, Parkeintritt $10) erster Anlaufpunkt sein. Dort werden Video-Filme zu Geologie und Küsten von *Gros Morne* gezeigt.

Auch bei Woody Point an der #431 informiert das *Discovery Centre* über *Gros Morne*: Geologie, Biologie und Ökologie; Juli/Aug 9-18 Uhr, So+Mi bis 21 Uhr, das übrige Jahr 9-16/17 Uhr.

Rocky Harbor

Das Parkzentrum ist Rocky Harbor mit kleinen Läden, Motels und vielen *Cabins* – alle mit Meerblick. Nicht-Camper können von hier Ausflüge in den Nationalpark planen: Küstenwanderungen, Bergtouren u.a.m.

Beliebt sind *Bootstouren* in den kristallklaren **Fjord Western Brook Pond** (im Sommer täglich 10, 13 und 16 Uhr; Dauer rund 2 Stunden; $60, bis 16 Jahre $26), www.bontours.ca. Buchung auch im *Ocean View Hotel* (↪ unten). Bei Regen kommt ein Besuch des *Fun Park* (in Broom Point) mit viel Wasserspaß in Frage .

Trails

In allen Parkregionen gibt es sehr schöne Wanderwege

Unterkunft

In **Rocky Harbour** gibt es komfortable *Cabins* (2-4 Betten, Küche, Dusche; $60-$120; mehr unter: www.grosmorne.com/accommodations.html. Erstes Haus am Platze ist das *Ocean View Motel*, Main Street, ✆ 1-800-563-9887, ab $89; www.theoceanview.com.

Camping

Im Südteil des Parks gibt es zwei *Campgrounds*, **Lomond** und **Etang Trout River Pond**; im Nordteil 3 weitere: **Shallow Bay** mit Sandstrand, **Berry Hill**, schön & gepflegt mit Duschen und *Cabins*, sowie den wunderbaren **Green Point** mit weitem Meerblick vom Steilufer; Reservierung unter ✆ 1-877-737-3783.

Camping am Green Point

6.6   L'Anse aux Meadows

Viking Trail

Fast 400 km sind es von Rocky Harbour bis Neufundlands Nordspitze, nach *L'Anse aux Meadows*, der ersten Wikinger-Siedlung
in Nordamerika – und ebensoweit zurück.

Der lange *Viking Trail* (Straße #430) nach Norden ist nichts für
Familien mit Kindern und Erholungsreisende; er lohnt sich nur für
archäologisch Interessierte und alle, die sich gern an die Abenteu-
ergeschichten von *Erich dem Roten*, Eisbergen und Walfängern erinnern lassen. Entlang der Strecke bietet sich Gelegenheit zu Zwischenstopps. Kurz hinter Parsons Pond stehen *The Arches*, 4 Mio.

Jahre alte Kalkstein-Felsbögen direkt am Meer. Ca. 50 km nördlich, am Eingang des **River of Ponds Provincial Park**, beweisen Walknochenfunde, dass einst weite Gebiete der Insel unter dem Meeresspiegel lagen. Wer sich die Beine vertreten möchte, kann das gut 10 km weiter auf dem **John Hogan Trail**, einem *Boardwalk* zu einer **Lachstreppe** (vor Hawke's Bay hinter der *Visitor Information*).

Port au Choix Historic Site

Noch ein paar Kilometer weiter geht es vom *Viking Trail* nach **Port au Choix**. Dort wurden 3.000-4.000 Jahre alte Grabstätten der Ureinwohner Neufundlands gefunden. Waffen und andere Relikte sind in der kleinen **Visitor Information** ausgestellt; im Sommer täglich 9-19 Uhr; www.pc.gc.ca/portauchoix.

Ab St. Barbe könnte man, wie bereits ausgeführt (⇨ Seite 660 unten), einen Abstecher zur Südküste Labradors einlegen.

L'Anse aux Meadows

www.pc.gc.ca/meadows

Der **National Historic Site L'Anse aux Meadows** liegt in der flachen, tundraähnlichen Nordspitze Neufundlands. Auf den Spuren der Edda-Saga entdeckten 1960 der Norweger *Helge Ingstad* und seine Frau *Anne-Stine* hier Reste einer Wikinger-Siedlung, die etwa auf das Jahr 1.000 datiert wurde und damit zeigt, dass die Wikinger tatsächlich lange vor Columbus Amerika erreichten. Drei von sechs »Langhäusern« wurden rekonstruiert und von der UNESCO zum Weltkulturerbe erklärt.

Die Siedlung der Wikinger liegt auf einer großen Wiese am Meer. Die Straße #436 führt unmittelbar vors **Visitor Centre** der historischen Stätte; geöffnet Juni-September 9-18 Uhr; Eintritt $12. Dort zeigt man Filme, Nachbauten von Wikingerbooten und archäologische Funde, darunter eine eiserne Gewandnadel, wie sie nur von den Wikingern in Süd-Norwegen getragen wurde.

Wikinger auf Neufundland

Nordöstliche Winde hatten schon vor der ersten Jahrtausendwende auf Grönland lebende Wikinger an die bewaldeten Küsten im Westen getrieben, denn Holz für Hütten- und Schiffsbau war daheim begehrt. Unter ihnen war **Leif Eriksson**, Sohn des legendären »Erik des Roten«, der wegen Mordverdachts aus Norwegen verbannt worden war. In *Leifbudir*, dem heutigen *L'Anse aux Meadows*, überwinterte *Leif* mit seinen Gefährten in Erdhütten, hatte Kontakte mit den *Beothuk*-Indianern und verkündete zu Hause, er sei in *Vinland* gewesen. Beerenbeduselt war nämlich einer seiner Kumpanen aus dem Wald getorkelt. Und das konnten nur jene Beeren gewesen sein, von denen man als »Weinbeeren« schon aus »Germanien« gehört hatte.

Auf *Leif Erikssons* Spuren gelangte auch *Thorfinn Karlsefni* mit 150 Mann und 15 Frauen an Neufundlands Küsten, wo seine Frau *Snorri Thorfinnsson* zur Welt brachte, den ersten auf dem nordamerikanischen Kontinent geborenen Europäer. *Snorris* Geburtsjahr datiert zwischen 1005 und 1013, also gute 500 Jahre vor Ankunft der »offiziellen« Entdecker dieser Region, *Cabot, Cartier und Champlain*.

Motel/Hotel

- *Viking Motel* (mit *Trailer Park*) an der Pistolet Bay ca. 40 km vor St. Anthony an einem *Bypass* des *Viking Trail* (Abzweigung nach Cook`s Harbour), ℰ (709) 454-3541; ab ca. $60.
- Komfortabel ist das **Vinland Motel** – auch mit *Housekeeping Units*, Restaurant und *Trailer Sites* – im Zentrum von St. Anthony, ℰ (709) 454-8843 und ℰ 1-800-563-7578; ab $90.

Camping

- *Pistolet Bay Provincial Park*, 35 km vor *L'Anse aux Meadows*, 12 km abseits des *Viking Trail* an der Straße #437; ca. $15.

Zentraler Norden um Twillingate

6.7   Der Zentrale Norden

Windsor/ Grand Falls

www. therooms. ca/mmpm

www.grandfalls windsor.com

Von Deer Lake, wo die Straße #430 vom TCH abzweigt, bis nach Lewisporte/Twillingate sind es rund 300 km. Am Wege liegt die Doppelstadt Grand Falls/Windsor mit dem **Mary March Museum** unweit des TCH (gut ausgeschildert). Es bietet auf knappem Raum viele Informationen über Geschichte, Wirtschaft und Kultur Neufundlands. Vergleichbares gibt es nur noch im Neufundland-Museum in St. John's. Videofilme berichten über Pelzhandel, Dinosaurierfunde, das alte Flugkreuz Gander, wo die PanAm-Clipper früher zum Auftanken zwischenlandeten, und natürlich auch über die **Beothuk**-Indianer. Das Wissen über die ausgestorbenen Ureinwohner geht auf die beiden letzten Stammesangehörigen, die 1819 und 1823 gefundenen *Shanawdithit* und **Demasduit** (**Mary March**) zurück; Ende April-Mitte Oktober 9-16.45 Uhr, So ab 12 Uhr; $3.

Inselwelt   Die Insel- und Buchtenwelt der **Notre Dame Bay** gehört zu den touristischen Höhepunkten Neufundlands. Die Straße #340 führt vom TCH hinauf bis zu den Twillingate Islands; man nennt sie auch *Road to the Isles*, da sie mehrere Inseln über Dämme und Brücken mit dem Festland verbindet.

Lewisporte   **Lewisporte** am Wege ist mit 3.300 Einwohnern vor allem Fischhandels- und Transportzentrum und bietet Eisenbahnfans einen *Train Park* mit ein paar alten Waggons.

Boyd's Cove   Noch vor dem ersten Inselsprung der #340 hinüber nach Chapel Island liegt der Ort **Boyd's Cove** mit dem *Beothuk Interpretation Centre*. Es thematisiert die Kultur und Geschichte der *Beothuk*-Indianer, die über Jahrhunderte in dieser Region siedelten; Mitte Mai-September 10-17.30 Uhr, Eintritt 3$.

Twillingate Islands   Je weiter man in die Inselgruppe bei **Twillingate** hineinfährt (#340), umso »finnischer« wird es: kleine Buchten und Schären mit rot-violetten Felsen in sanft-hügeliger Landschaft bilden eine reizvoll-verwinkelte Küstenregion; www.twillingate.com.

Eisberge   Twillingate, die *Iceberg Capital of the World*, ist in Zeiten des Klimawandels zwar nicht mehr das, was sie mal war, nämlich eine *Iceberg Alley* mit Mengen von Eisbergen in Sichtweite der Küste. Aber auch jetzt gelangen immer noch einzelne Eisberge bis hierher, wenn auch in kleinerer Größe. Im Spätsommer ist die Eisberg-Saison aber defintiv vorüber. Am *Long Point* im Norden der Stadt bietet sich beim *Twillingate Lighthouse* mit und ohne Eisberge ein grandioses Panorama.

Wal-beobachtung   Die Ausflugsbooteigner haben sich denn auch aufs *Whale Watching* verlegt. Die Schilder für die *Twillingate Island Boat Tours* sind nicht zu übersehen; ✆ 1-800-611-2374.

Camping

Ganz in der Nähe des oft in Nebelschwaden gehüllten Leuchtturm liegt ein traumhafter *Campground,* der *Sea Breeze Municipal Park*. Für ganze $12 campt man dort (ohne Sanitäranlagen) wie auf einer Hochalm in der Senke einer Wiese mit weitem Blick von schroffer Steilküste – mit Glück fehlt auch der Eisberg nicht. Knickkiefern und Gemeinschaftshütte trotzen steifen Seebrisen.

Hotel/Motel

Zimmer gibts in einem Dutzend Motels/*B&Bs*:
- *Cabins by the Sea* mit *Kitchenette* direkt in Twillingate an einer kleinen Hafenbucht; ab $99, ✆ (709) 884-2158 und
- das *Hillside B&B*; ab $90, ✆ (709) 884-1666.

Durrell   Ein Ausflug könnte Durrell gelten. Der Weg führt an einer Kirche vorbei, deren Glockenabguss an den *Great Haul of Swiles* erinnert: 1862 trieben Eisberge mit 30.000 Seehunden an Land; die *Swiles* wurden von den Twillingatern alle erschlagen. Durrell setzt Fischerdorf-Romantik-Maßstäbe.

Wer dort war, weiß ein für allemal, wie (neufundländische) Fischerdörfer aussehen, vor 100 Jahren ausgesehen haben und wohl auch noch in 100 Jahren aussehen werden.

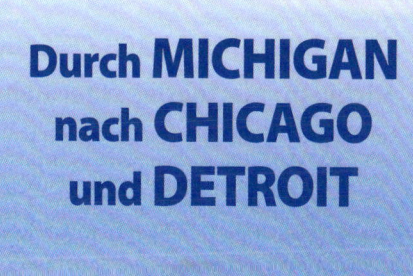

Durch **MICHIGAN**
nach **CHICAGO**
und **DETROIT**

7.   DURCH MICHIGAN NACH CHICAGO UND DETROIT

7.1   Michigan, ein touristischer Geheimtipp

Zur Route

Im Rahmen der hier beschriebenen Routen macht eine Fahrt bis Sault Ste. Marie/Canada nur Sinn, wenn man dort die Grenze überqueren will, um die Rundfahrt über Michigan (oder Wisconsin, ⇨ Kasten Seite 689) nach Chicago und/oder Detroit fortzusetzen bzw. dort eine **One-way**-Route abzuschließen.

Geographie

Karte auf Seite 677

Der Reiz einer Reise durch diesen fast ganz von den Großen Seen eingeschlossenen Staat liegt u.a. im starken landschaftlichen Kontrast zu den kanadischen Provinzen, hier speziell Ontario. Wie unten noch genauer erläutert wird, gliedert sich das Staatsgebiet Michigans in die obere und untere Halbinsel. Auf der *Upper Peninsula* warten die *Pictured Rock National Lakeshore* und fast unberührte Natur; rund um die Meerenge zwischen Lake Michigan und Huron zudem Historisches aus der Zeit der Kämpfe zwischen Engländern, Franzosen und Indianern – später zwischen den britischen Kolonialherren Kanadas und den Amerikanern.

Klima am Lake Michigan

Sowohl die Nordküste am Lake Superior auf der **Upper Peninsula** als auch und vor allem das **Ostufer des Lake Michigan** sind (insbesondere für Europäer) ein **touristischer Geheimtipp**: Unendliche, herrliche Sandstrände und Dünen, dazu angenehme Wassertemperaturen (August bis 25°C) und nicht zuletzt beständiges warmes Wetter machen das nordwestliche Michigan zu einem top Sommer-Ferienziel.

Unterkommen

Dabei wird es zwar stellenweise auch schon mal ein bisschen arg voll, aber es ist kein Problem, sich abseits zu halten und die Vorzüge dieses Landstrichs in Ruhe zu genießen. Unterkünfte gibt es genug, auf der *Upper Peninsula* eher einfacher Art und preiswerter, auf der *Lower Peninsula* auch für höhere Ansprüche, daher im Schnitt auch entsprechend teurer.

Camping

Besonders verwöhnt Michigan Camping-Urlauber mit wunderbaren Plätzen am *Lake* und an zahlreichen Seen im Inland.

Der Indian Summer ist keine exklusive Angelegenheit Neuenglands; hier ein Bild von Michigans Upper Peninsula, im Hintergrund der Lake Superior

7.2   Von Sault Ste. Marie nach Chicago

7.2.1   Die Upper Michigan Peninsula

Sault Ste. Marie   www.saultstemarie.org

Int'l Bridge   Jenseits der rund 4 km langen *International Bridge* (*Toll*) über den mit Schleusen- und Kraftwerkskanälen ausgebauten Engpass St. Mary's River zwischen Superior und Huron Lake liegt das amerikanische Sault Ste. Marie (14.100 Einwohner).

Brücke   Von der Brücke aus sieht man gut das ***Soo Locks* Schleusensystem** (von 1855, insgesamt 5 parallele Kammern, davon nur eine kleinere auf kanadischer Seite), mit dessen Hilfe die ***Falls of St. Mary*** umgangen und 7 m Höhenunterschied zwischen dem Lake Michigan und Lake Huron überbrückt werden, ➪ Seite 465 und Grafik Seite 428. 11.000 Schiffe mit 90 Mio Tonnen Fracht werden hier jährlich »durchgeschleust«.

Die von Parkanlagen eingerahmten Schleusen sind unbedingt einen Zwischenstopp wert: Nach Passieren der US-Grenzkontrolle verlässt man die in die I-75 übergehende Brückentrasse beim ***Exit #394*** und orientiert sich nördlich (West Portage Avenue) in Richtung *Locks*. Von ***Observation Platforms*** aus kann man die Schleusenmanöver der – für so weit im Binnenland – erstaunlich großen »Pötte« (bis 300 m) sehr gut beobachten (gratis).

Das ***Soo Lock Visitor Center*** im Park (West Portage Ave/Water Street) informiert über Geschichte und technische Daten sowie Ankunftszeiten von Schiffen; Mai bis November 8-20 Uhr. Park und Plattformen bleiben bis 24 Uhr geöffnet.

Die Barkassen der ***Soo Lock Boat Tours*** (515 und 1157 East Portage Avenue) befördern ihre Gäste nach ein bisschen *Sightseeing* vom Wasser aus in 2 Stunden durch eine der Schleusen ($23, Kinder bis 12 Jahren $11; Abfahrten: im Sommer bis zu 12 x täglich, im Frühjahr und Herbst seltener. Außerdem gibt es *Sunset Dinner Cruises*; www.soolocks.com.

Museums-schiff   Interessant ist ein Besuch des 90 Jahre alten typischen *Great Lake* Frachters **Valley Camp**, der östlich der *Locks* an der Ecke Water/Johnston Street in einem eigenen Bett liegt. Das über 150 m lange Schiff beherbergt ein **Aquarium** zur Unterwasserwelt der Großen Seen und ein **maritimes Museum**. Juli/August 9-18 Uhr, sonst 10-17 Uhr; $12; Kinder $6; www.thevalleycamp.com.

Aussichtsturm   Gleich gegenüber steht der ***Tower of History***, von dem man einen weiten Blick über die Schleusen, die *Whitefish Bay* und das gesamte Gebiet zwischen Lake Superior und Huron werfen kann. Im Juli/August täglich 9.30-17.30 Uhr; sonst 10-17 Uhr; Eintritt $7, Kinder $3,50. Kombiticket mit *Valley Camp* $17/$8,50.

Ganz in der Nähe berichtet das ***River of History Museum*** (209 East Portage Ave) über die Geschichte des St. Mary River; $7/$3,50; Kombiticket mit *Valley Camp* und *Tower* $23,25/$11,50.

Kasinos
www.kewadin
sault.com

Das indianische Kasino-Fieber hat auch auf Michigan übergegriffen (↪ Seite 221f). Gleich fünf *Kewadin Casinos* warten auf der *Upper Michigan Peninsula* auf Spieler. Eins steht in Sault St. Marie und hat dafür gesorgt, dass sich die Hotel- und Motellandschaft erheblich erweiterte und zugleich die Tarife stiegen.

Unterkunft

Die Mehrheit der Unterkünfte in Sault Ste. Marie findet man an der Portage Avenue (ältere Motels und das nostalgische *Ramada Plaza Ojibway Hotel*, 240 West Portage Avenue, $90-$135 ☎ (906) 632-4100). An der Parallelstraße (*Business Route*) der I-75 dominieren die gängigen Ketten (ab $100 im Sommer). **Preiswertere Motels** gibt es in der **Ashmun Street**, der citynäheren Verlängerung der *Business Route*:

- Direkt an den Locks/West Portage Road liegen zwei Motels: *Askwith Lockview Motel* (#327, ☎ 906-632-2491; www.lockview.com) und das *Longships Motel* (#427; ☎ 906-632-2422 und ☎ 1-888-690-2422; www.longshipsmotel.net); beide ca. $80

- *La France Terrace Motel* (1608 Ashmun Street, ☎ 906-632-7823) und *Seaway Motel* (1800 Ashmun Street, ☎ 906-632-8201); beide ab $75; www.seawayseewhy.com

Übernachtungen auf der kanadischen Seite, ↪ Seite 464.

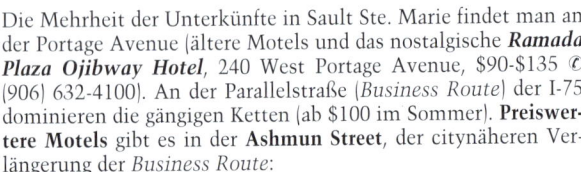

Steckbrief Michigan/MI   www.michigan.gov und www.michigan.org

Knapp 10 Mio Einwohner, davon 79% Weiße, 250.000 km²/ **Hauptstadt Lansing** 114.000, größte Stadt **Detroit**, 714.000 (Großraum 4,3 Mio.) Einwohner.

Michigan besteht aus zwei Gebieten: Die **Upper Peninsula**, gehört geologisch teilweise (*Pictured Rocks NLS*) zum kanadischen Schild (↪ Seite 20), ist flach bis hügelig und überwiegend bewaldet. Im äußersten Nordwesten erreichen einige Kuppen Höhen um 500 m. Eine ausgedehnte **Seenplatte** zieht sich dort über die Grenze nach Wisconsin. Das Gros der **11.000 Seen** Michigans findet man jedoch auf der **Lower Peninsula**, die durch die rund **7 km breite Straits of Mackinac** vom oberen Teil getrennt ist. Die untere Halbinsel gehört noch zum zentralen nordamerikanischen Tiefland und zeigt sich als sanfte Hügellandschaft mit ebenfalls viel Wald (50% der Gesamtfläche). An den Ufern der Seen Michigan und Huron gibt es endlose **Strände**, bis zu 180 m hohe **Dünen** im Westen und **Steilküsten** im Nordosten. Die flachen Ufer des Lake Erie sind weniger einladend, zum Teil versumpft.

Die **bekannteste Industrieregion** der USA ist der Großraum **Detroit** mit seinen Autofabriken und deren Zulieferern. Auch **Landwirtschaft**, speziell Obstanbau und Käseproduktion, spielt eine bedeutende wirtschaftliche Rolle. Auf der *Upper Peninsula* gibt es erhebliche Eisenerz- und Kupfervorkommen, auf der *Lower Peninsula* Erdöl- und Erdgasfelder.

Wichtige touristische Ziele sind die *Pictured Rocks National Lakeshore*, Mackinac Island und die Dünenstrände der Ostküste, speziell die *Sleeping Bear Dunes National Lakeshore*. Die Ufer des Lake Huron haben Steilküsten und weniger Strände, dafür ist es dort ruhiger, teilweise fast einsam.

Camping

Direkt am St. Mary's River liegen zwei eher unattraktive Campingplätze: Stadtnäher ist der ***Soo Locks Campground***, Portage Ave, weiter entfernt der ***Aune-Osborn RV Park***, Riverside Drive.

Wer sich auf ***State Park Campgrounds*** wohler fühlt, ist mit dem ***Brimley Park*** an der *Whitefish Bay* des Lake Superior südwestlich der Stadt, einem großen Platz mit allem Komfort, besser bedient. Geschützte große Plätze direkt am Wasser hat der ***Bayview National Forest Park*** nur wenige Kilometer weiter westlich.

Zur Pictured Rocks National Lakeshore

Die Upper Peninsula

www.fs.fed.us/ r9/forests/ hiawatha

Umspült von den Wellen dreier Seen wird die *Upper Michigan Peninsula*: Lake Superior im Norden, Lake Michigan im Süden und Lake Huron bzw. der – Lake Superior und Huron verbindende – Engpass ***St. Mary's River*** mit seeartigen Erweiterungen im Osten und Südosten. Die attraktivsten Gebiete dieser flachen und sehr grünen, von Touristen nicht übermäßig frequentierten Halbinsel sind die beiden Areale des ***Hiawatha National Forest***. Sie erstrecken sich im Osten zwischen **St. Ignace** und dem Lake Superior und im äußersten Westen jeweils über die volle Breite der Halbinsel. Herausragende Sehenswürdigkeit in diesem Gebiet ist die ***Pictured Rocks National Lakeshore*** an der Nordküste. Mancher Leser kennt vielleicht die Kurzgeschichte ***Big Two-Hearted River*** von **Ernest Hemingway**, die etwas weiter östlich im Bereich zwischen den beiden Waldgebieten am Ufer des Lake Superior spielt.

Die Halbinsel ist durchzogen von klaren Flüssen und übersät mit Seen. An ihnen und an den *Lake*-Küsten befinden sich zahlreiche **Campingplätze** in *State Parks* und *National Forests*. Während man die *State Parks* in allen Karten findet, sind die Hinweise auf die **National Forests** unvollständig, viele **State Forests** gar nicht verzeichnet. Für die *Upper Peninsula* in dieser Hinsicht hilfreich ist die Website www.michigan.gov/dnr. Vor Ort in den **National Forests** sind *Campgrounds* aber überwiegend gut ausgeschildert und nur selten voll belegt.

Wer bis hierher gekommen ist, sollte sich nicht mit einer raschen Fahrt über die Halbinsel auf der I-75 nach Süden begnügen, sondern zumindest auch die **Pictured Rocks Lakeshore** besuchen.

Route zur National Lakeshore

Die schnelle Route von Sault Ste. Marie an die Nationalparkküste entspricht dem Verlauf der Straße #28 bis Shingleton und dann weiter auf den Zufahrten H15/H58/H13: Bei einer Entfernung von rund 140 mi ist das Ziel in 3 Stunden erreicht. Empfehlenswerter wäre – bei einem Tag Zeit bis zum Nationalpark – ein Umweg über den ***Tahquamenon Falls State Park*** samt einem eventuellen **Abstecher nach Whitefish Point**. Dafür verlässt man die #28 bei **Eckerman** *(Eckerman Corner)* und folgt der Straße #123 in nördliche Richtung. Im Dorf Paradise biegt die #123 nach Westen ab und trifft bei Newberry wieder auf die #28. Whitefish Point erreicht man auf einer Stichstraße entlang Whitefish Bay (ca. 10 mi).

Whitefish Point www.exploring thenorth.com/ whitefish/white fish.html	Dieses spitze Kap ist vielen Seeleuten zum Verhängnis geworden. Unmittelbar hinter dem breiten Strand steht ein **Leuchtturm**, der bereits seit 1849 in Betrieb und stummer Zeuge von 550 Schiffsuntergängen ist. Gleich nebenan hat man mit viel Liebe zum Detail das **Great Lakes Shipwreck Museum** eingerichtet, das die grausam-spannenden Geschichten des *Graveyard of the Great Lakes*, des Schiffsfriedhofs vor seiner Küste, erzählt.
Museum	Meist waren nicht Nebel oder Stürme, sondern menschliches Versagen Ursache von Kollisionen und Untergängen. Mai bis Okt. tägl. 10-18 Uhr; $13, Kinder $9; www.shipwreckmuseum.com.
Historie	Nicht nur auf dem Wasser ging es oft tragisch zu. An dieser Stelle – einst Kanu-Rastplatz der Voyageure – wurde 1610 einer der ersten in die Wildnis vorgestoßenen Weißen, der Franzose **Étienne Brûlé**, von Indianern getötet und – so heißt es – verspeist.
Tahquamenon Falls State Park www.exploring thenorth.com/ tahqua/tahqua. html	Wieder auf der Straße #123 geht es über den **Tahquamenon Falls State Park** zurück auf die #28. Die **Lower** und **Upper Falls** sind hübsche, aber keineswegs sensationelle Stromschnellen bzw. Wasserfälle. Sie liegen einige Kilometer auseinander; beide sind mit dem Auto zu erreichen aber auch durch Wanderwege verbunden. Der *State Park* verfügt über vier Campingplätze, die *River Unit* des Parks ist auch Ausgangspunkt für Kanutouren.

- Am Whitefish Point übernachtet man sehr komfortabel in der restaurierten einstigen **Coast Guard Lifeboat Station**; ℂ 1-800-635-1742, $150; www.shipwreckmuseum.com/crewsquarters.

- Das **Harmon's Birchwood Resort**, 8442 North Whitefish Point Road; hat gemütliche *Cabins* am See, $65-$140, im Sommer mindestens 3 Nächte; ℂ (906) 492-3320; www.exploringthe north.com/birchwood/lodges.html

Blick auf
»Miners
Castle«
im Pictured
Rocks Park

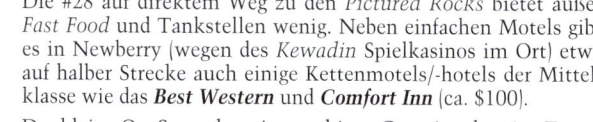

Die #28 auf direktem Weg zu den *Pictured Rocks* bietet außer *Fast Food* und Tankstellen wenig. Neben einfachen Motels gibt es in Newberry (wegen des *Kewadin* Spielkasinos im Ort) etwa auf halber Strecke auch einige Kettenmotels/-hotels der Mittelklasse wie das **Best Western** und **Comfort Inn** (ca. $100).

Der kleine Ort **Seney** hat einen ruhigen Campingplatz im **Township Park** etwas abseits der Straße; ausgeschildert.

**Pictured
Rocks
National
Lakeshore**

**Kein Eintritt
für Day-use**

Die **Pictured Rocks National Lakeshore** bezieht sich auf einen 60 km langen Uferstreifen am Lake Superior. Hauptattraktion der bis zu 10 km landeinwärts reichenden *Lakeshore* sind die namensgebenden **Pictured Rocks** der stellenweise bis 50 m hohen Steilküste im westlichen Abschnitt des Parks. Der Fels leuchtet dort gelb, rot, grün und braun. Unterschiedliche Mineralien im – durch Erosion und Verwerfungen freigelegten – Sandstein verursachen diese Farbvielfalt; www.nps.gov/piro.

Mit dem Auto sind die bunten Felswände nur bei **Miner's Castle** zu erreichen (Straße #H58 bis zur Miner's Castle Road).

**Miners
Castle**

Von den Plattformen hoch über dem See erhält man dort aber nicht mehr als einen Eindruck von den farbenprächtigen Klippen und dem glasklar-grünen Wasser. Bei schönem Wetter sollte man deshalb in Munising einen der **Bootstrips** buchen, am besten am farbintensiven Nachmittag: **Pictured Rocks Cruises** ab *Municipal Pier*, Dauer 3 Stunden. Juli-September bis zu 9x täglich, 10 Uhr bis Dämmerung (die letzte Fahrt nennt sich dann **Sunset Cruise**); früher/später im Jahr nur 1-6x täglich; $35/$10; www.picturedrocks.com. Außerdem gibt es **Shipwreck Tours** in Glasboden-Booten, $30/$12; www.shipwrecktours.com.

Information

Das **Visitor Center** des Nationalparks befindet sich im Ortsbereich an der #28. Es hat neben Material über Flora, Fauna und Geologie der Region auch Wanderkarten.

Strand

Der Clou bei *Miner's Castle* ist neben dem Ausblick auf die Felsen der wunderbare Strand **Miner's Beach** an der Mündung des gleichnamigen Flusses. Ein 20 min-**Trail** und eine Stichstraße führen hinunter in eine herrliche Urlandschaft am Lake Superior mit schöner (kalter!) Badestelle.

**Parkgebiet/
Camping**

Die #H58 läuft 40 mi an der Südgrenze des Parks entlang bis zum östlichen Parkeingang bei Grand Marais. Auf kleinen Zufahrten gelangt man nah an die beiden anderen den Park bestimmenden Landschaften heran: die **Twelvemile Beach**, einen endlosen Sandstrand, und ganz im Osten des Parks die bis 100 m hohen **Grand Sable Dunes**. Die mit Auto zugänglichen **Campingplätze Little Beaver Lake**, **Twelvemile Beach** und **Hurricane River** liegen im zentralen Parkgebiet. Alle drei sind im Sommer oft voll. Aber es gibt auf halbem Weg dorthin schöne *State Forest Campgrounds* an folgenden Seen: *Kingston, Ross, Cusino* und *Canoe Lake*.

Ein guter **NF-Campground** (*Bay Furnace*) liegt eine gute Meile westlich von Christmas am Lake Superior.

Wandern

Eine Vielzahl von *Trails* durchzieht den Park. Besonders beliebt ist der **Lakeshore Trail** (von Munising bis zu den *Great Dunes*) als Teil des **North Country Trail** (www.northcountrytrail.org). Alle paar Meilen befinden sich an ihm *Wilderness Campsites*.

Unterkunft

In **Munising** (www.munising.org) konzentrieren sich die Motels an der Straße #28 östlich des Ortes; günstig und o.k. sind:

- **Sunset Motel on the Bay**, 1315 Bay Street, am Ufer des Lake Superior, alle Zimmer Seeblick, Picknicktische am Wasser, ab $90, © (906) 387-4574; www.sunsetmotelonthebay.com
- **Terrace Motel**, 420 Prospect Street, abseits der #28 auf einem Hügel, ab $50, © (906) 387-2735; www.terracemotel.net
- **StarLite Motel**, © (906) 387-2291, ab $70
- **Scotty's Motel**, © (906) 387-2449, ab $65

Einige Kilometer westlich der Stadt stehen mehrere Kettenmotels der Mittelklasse entlang der Straße #28.

Am Ostende der *Nat'l Lakeshore* liegt **Grand Marais**. Dort bietet die **North Shore Lodge** (auf einer Landzunge) einfaches und preiswertes Unterkommen; *Indoor Pool* und *Whirlpool*, ab $89, © (906)-494-2361; www.northshorelodgemi.net.

Fayette State Park
www.exploring thenorth.com/ fayette/town. html

Industriehistorisch interessant ist die *Fayette Historic Townsite*, eine ehemalige Stahlkocherstadt, im **Fayette State Park** auf der *Garden Peninsula* des Lake Michigan (Zufahrt: Von Munising auf der H13 bis *Nahma Junction*, von Garden Corners auf der **Stichstraße #183** noch weitere 16 mi bis zum *Fayette State Park*).

Ein 30 Jahre währender Stahlboom in der zweiten Hälfte des 19. Jahrhunderts hinterließ eine **Geisterstadt** mit Resten von Hochöfen, alten Arbeiterunterkünften und Verwaltungsgebäuden, Hotel und sogar einer Oper. Das **Visitor Center** informiert über die Hintergründe und bietet eine geführte **Walking Tour** über das Gelände. Ein kleiner Yachthafen, Badestrand und ein einfacher **Campingplatz** laden zum Bleiben ein. Der Park ist von Mai bis Oktober täglich von 9-17 Uhr geöffnet, von Juni bis Anfang September auch darüber hinaus bis zur Dämmerung.

Der schöne **Portage Bay Campground** liegt in bewaldeten Dünen unmittelbar hinter dem Strand der Portage Bay auf der Ostseite der Halbinsel: nach Garden ca. 3 mi vor dem *Fayette State Park* in die Portage Bay Road, dann 6 mi auf einer Schotterstraße.

Die Weiterfahrt von hier durch Wisconsin statt durch Michigan wird im Kasten auf Seite 689 beschrieben. Zurück nach Osten führt die Straße #2 über Manistique nach St. Ignace.

Manistique
www.visit manistique.com

Manistique ist im Winter ein *Snowmobile*-Zentrum. Deshalb gibt es dort für die Ortsgröße (knapp 4.000 Einwohner) erstaunlich viele **Hotels** und **Motels**, die im Sommer So-Do selten ausgebucht sind, die meisten an der Durchgangsstraße #2 – darunter auch preisgünstige Quartiere ab $60 – und am Lake Shore Drive.

Fürs **Campen** geht nichts über den ausgezeichneten Platz des *Indian Lake State Park* am herrlichen Südoststrand des Sees. Der *Campground* in der *West Unit* des Parks an der Zufahrt zum *Palms Book Park* ist dagegen nicht so attraktiv.

Palms Book State Park

Einmal dort, darf man den Abstecher zum **Palms Book State Park** (kein Camping) nicht auslassen. Etwa 6 mi vor Manistique zweigt bei Thompson die #149 nach Norden ab, nach 11 mi die **County Road #455** an der *West Unit* des *Indian Lake SP* vorbei.

Der **Palms Book State Park** wurde um einen ovalen, glasklaren **Quellsee** (*The Big Spring*: 90 m lang, 60 m breit) angelegt, aus dessen Grund in jeder Minute über 40.000 l Wasser sprudeln. Der Clou dieses über 100 ha großen Parks am Nordwestufer des Indian Lake ist die Überquerung des **Kitch-iti-kipi** – (von den Weißen erfundene!) indianische Bezeichnung des Teichs – auf einem per Seilzug mit Muskelkraft bewegten **Floß**. In dessen Mitte befindet sich eine Öffnung mit einem nach unten und oben offenen Kasten. Wie durch ein Kaleidoskop blickt man in eine transparente, türkis gefärbte Unterwasserwelt bis hinunter auf den sandigen, vom Quelldruck etwas aufgewühlten Boden in 12 m Tiefe. Die immer vorhandenen riesigen **Forellen** lassen sich durch die minimale Bewegung des Floßes nicht stören. Der Park ist bis zur Dämmerung geöffnet, 8$; die Floßfahrt ist frei.

Nach St. Ignace

Von Manistique bis nach St. Ignace zur Brücke über die **Straits of Mackinac** sind es ca. 90 mi. Der Abschnitt bis **Naubinway** verläuft zunächst ohne Besonderheiten landeinwärts. Aber von da ab bleibt die Straße in Ufernähe und passiert weiter östlich **Dünengebiete und Strände**.

NF-Camping

Direkt an der #2 oder am Ende kurzer Stichstraßen liegen diverse **Roadside Parks** und **Campgrounds**. Sehr schön sind **Hog Island Point State Forest**, 7 mi östlich von Naubinway, und **Big Knob**, ca. 8 mi westlich des Ortes, dann staubige 6 mi auf der *Big Knob Road* ans Seeufer. Desweiteren gibts noch den **National Forest Campground Lake Michigan** (nicht so schön an der Straße; 3 mi östlich Brevort) und einen Platz am Nordufer des **Brevoort Lake**.

Big Spring: Ein »Guckkasten« in der Mitte des Floßes erlaubt den Blick in die glasklare Tiefe voller Riesenforellen.

7.2.2   St. Ignace, Mackinaw City und Mackinac Island

Straits of Mackinac/ Lower Peninsula

Die mächtige, gut 5 mi lange *Mackinac Bridge* (*Big Mack*; www. mackinacbridge.org) überspannt seit 1957 die **Straits of Mackinac**, die Wasserstraße zwischen den Seen Huron und Michigan, und stellt die Verbindung zwischen der *Upper* und *Lower Peninsula* des Staates Michigan her. Die untere Halbinsel besitzt außer den Ufern am Lake Michigan und Huron im äußersten Südosten unterhalb Detroit auch noch einen Abschnitt am Lake Erie. Im Süden stößt Michigan mit fast gradlinigem Grenzverlauf zwischen Michigan City und Toledo an Ohio und Indiana.

St. Ignace

Die Städtchen St. Ignace und Mackinaw City an den Brückenköpfen der *Mackinac Bridge* erfreuen sich zwar auch wegen ihrer historischen Sehenswürdigkeiten, der Fähren nach *Mackinac Island* und der Strände am Lake Huron seit langem großer Beliebtheit, ein zusätzlicher Anziehungspunkt ist aber das *Kewadin Casino* in St. Ignace, in dessen Nähe man zahlreiche Quartiere findet.

In St. Ignace (www.stignace.com) liegen zahlreiche H/Motels an der North State Street (später *Business Loop*, parallel zur I-75). Je näher man dem Casino kommt, um so größer und teurer werden sie. Im Bereich des Fährhafens nach *Mackinac Island* stehen noch ältere, preiswertere Motels.

• *San Bar Motel*, 625 N State Street, ab $60, ✆ 1-800-294-8880
• *Colonial House Inn*, 90 N State Street, *B&B* ab $90, Motel ab $60, ✆ (906) 643-6900, www.colonial-house-inn.com
• *Best Western PLUS Harbour Pointe*, 797 North State Street, am See in Hafennähe. September schon ab $80, Hochsaison ab $125; ✆ 1-800-642-3318; www.harbourpointe.com

Camping: *Tiki RV Park* & *Campground*, 200 S Airport Road, noch stadtnah; auch Plätze für Zelte, beim kleinen Flughafen.

Museum

Ein Besuch im *Museum of Ojibwa Culture* beim Fährhafen ist nicht zwingend, wenn man schon einmal in anderen *First Nation*-Museen war oder noch **Colonial Michilimackinac** (↻ unten) besucht hat oder besuchen wird. Die Ausstellung über die Unterschiede zwischen indianischer und französischer Kultur ist liebevoll gemacht. Juli/August täglich 9.30-20 Uhr, sonst 10-17 Uhr.

Father Marquette Memorial

Der Name *Father Marquette* begegnet dem Besucher Michigans überall. Er brach als einer der Ersten – von Québec aus – in die damals unwirtlichen Gebiete weiter westlich auf, um *Ottawa*- und *Ojibwa*-Indianer zu missionieren. Er wurde jedoch in erster Linie als Entdecker bekannt: Zusammen mit *Louis Jolliet* erforschte er 1673 per Kanu den Mississippi. Das *Father Marquette Memorial* im westlichen Teil des **Straits State Park** (Straße #2 in den Boulevard Drive) würdigt dessen Verdienste. Es lohnt aber nicht, extra dorthin zu fahren, denn in *Colonial Michilimackinac* erfährt man mehr. Im östlichen Teil des *State Park* befindet sich ein **Campingplatz** am See und Picknickplätze mit tollem Blick auf die Brücke (Zugang westlich der I-75 in der Church Street).

Mackinac Island

Ein 20 min-Katzensprung ist es nach Mackinac Island im Lake Huron, 3 mi östlich von St. Ignace. Die Insel ist ein Top-Touristen-Magnet: www.mackinacisland.org.

Fähren

Zwei **Fährlinien** bieten sich an: **Star Line** und **Shepler's**, die in Mackinaw City und in St. Ignace ablegen. Beide Linien bieten viel Service (Parkplätze, *Hotel-/Campground-Shuttle*) und verkehren im Sommer halbstündlich 7.30-19.30 Uhr, $24/$12 (online $22/$11); www.mackinacferry.com; www.sheplersferry.com.

Information

Auf der Insel liegt rechts der Docks das **State Park Visitor Center** mit Informationen über alle Sehenswürdigkeiten, Flora, Fauna, Unterkunft. Juli/August 9-18 Uhr, sonst bis 16 Uhr. Unübersehbar sind in der Nachbarschaft die **Fahrradverleiher**.

Mackinac Island

www.mackinac parks.com

www. mackinac.com

Mackinac Island – 5 km lang und maximal 3 km breit – ist mit 80% der Fläche ein **State Park**. Ein Großteil seiner Ufer besteht aus *Limestone*-Steilküste. Ungewöhnliche Gesteinsformationen und Höhlen gehören zu den Inselattraktionen. Die Engländer legten 1780 zum Schutz der *Straits of Mackinac* auf der Insel ein Fort an, das heute eine populäre Sehenswürdigkeit darstellt. Es gibt (seit 1898!) keine Autos, jeglicher Transport läuft per Fahrrad oder Pferdewagen. Die Besucher sind überwiegend auf Leihrädern unterwegs; auch Tandems und Fahrräder mit Kinderanhänger lassen sich gleich am Hafen mieten. Man kann auch eine **Kutschfahrt** (*Carriage Tour*; ca. 100 min) über die Insel buchen, während der man alles über Mackinac Island erfährt. Mitte Juni-Anfang September; $24,50/$10. Man darf auch selbst kutschieren (www.mict.com). Trotz des fehlenden Autoverkehrs herrscht im Zentrum viel Betrieb. In der Nebensaison lohnt ein 2-Tage-Inselaufenthalt. Es gibt sogar Wanderwege, aber keine Strände.

Grand Hotel

Prachtvolle viktorianische Villen bestimmen das Inselbild. Übermächtig wirkt das weiß-grüne **Grand Hotel** (1887) mit der angeblich längsten Terrasse (*Porch*) der Welt und klassischen weißen Schaukelstühlen und Säulen. Das Haus hält auf Tradition: Die Angestellten sind wie in alten Zeiten überwiegend Schwarze und für Gäste gilt ein *Dress Code*. Auch ohne ein Zimmer zu beziehen, gelangt man für $10 Eintritt aufs Gelände – und kann in den verschiedenen Restaurants frühstücken ($30) und dinieren ($75), die grandiose Aussicht von der **Cupola Bar** (5. Stock) genießen oder in den Pool springen. Wer übernachten möchte, muss tief in die Tasche greifen: ab $254 pro Person im DZ, Abendgarderobe obligatorisch; ✆ 1-800-334-7263; www.grandhotel.com.

Old Fort Mackinac

www.mackinac parks.com/ fort-mackinac

Das **Fort Mackinac** passt sich bestens in die weißen Hotel- und Villenfassaden ein. Vom Originalfort des 18. Jahrhunderts ist aber kaum etwas übrig. Der heutige Komplex geht auf Befestigungen aus dem Jahr 1880 zurück. Sehr schön ist die **Tea Room**-Terrasse auf der alten Schutzmauer mit Blick über den Yachthafen hinüber zu den Brücken. Mitte Juni-Mitte August täglich 9.30-19 Uhr, sonst bis 17 Uhr; Eintritt $11, bis 17 Jahre $6,50; auch Kombitickets mit weiteren **State Historic Parks** (⇨ links) verfügbar.

Quartiere

Unterkünfte sind zahlreich und nicht alle extrem teuer:

- Das historische **Murray Hotel** liegt in der Main Street beim Fähranleger; wenig weiter hat das **Inn on Mackinac** identische Preise, ab $139; www.4mackinac.com

Preiswerter sind die B&Bs in den ruhigen Nebenstraßen:

- **Hart's**, Market Street, ein Block hinter den Fähranlegern; 8 Zi, ruhig; $80-$180; ℂ (906) 847-3854; www.hartsmackinac.com
- **Bogan Lane Inn**, nahe dem *Visitor Center*; schöne helle Zimmer; $85-$125; ℂ (906) 847-3439; www.boganlaneinn.com

Colonial Michilimackinac

www.mackinac parks.com

Südwestlich der *Big Mack*-Brücke befindet sich ein Nachbau der 1715 von Franzosen gegründeten ersten befestigten Siedlung. Das originale **Colonial Michilimackinac** war 1760 von den Engländern erobert und aus Furcht vor einem amerikanischen Angriff 20 Jahre später nach Mackinac Island verlegt worden. Die sehenswerte *Michilimackinac*-Rekonstruktion besteht aus einer Palisadenumzäunung und 20 Gebäuden. Mitte Juni bis Mitte August täglich 9-19, sonst bis 17 Uhr; $11, Kinder $6,50.

Mill Creek State Historic Park

Die über 200 Jahre alte Wasser-Sägemühle **Mill Creek** (3 mi südöstlich von Mackinaw City an der #23) gehörte zu einem der ersten industriellen Komplexe in Michigan und ist heute ein *Living Museum*; Anfang Juni bis Mitte August 9-17.30 Uhr , sonst bis 16.30 Uhr. Trotz der hübschen Parkanlage können »mühlengewöhnte« Europäer auf den Besuch durchaus verzichten; $8/$4,75.

Mackinaw City: Unterkunft

Mackinaw City-Quartiere liegen an der Straße #23, meist direkt am Lake Huron. Neben vielen Häusern der Ketten, gibt es noch einige ältere unabhängige Motels:

- **Riviera Motel**, 520 North Huron Avenue am Wasser; $75-$100; ℂ (231) 436-5577; www.shadowofthebridge.com
- **The Beach House**, 11490 S Huron Ave, schöner Strand, $75-$165, ℂ 1-800-262-5353; www.mackinawcitybeachhouse.com

Camping

Ein **KOA-Campground** liegt südwestlich der Brücke, Trails End Road, an der ausgeschilderten Route zum *Wilderness State Park* an der *Sturgeon Bay* des Lake Michigan.

Eine gute Alternative ist der **Mackinaw Mill Creek Campground** mit *Cabins* auf großem Gelände, auch Wifi; Straße #23 auf dem Weg zum *Mill Creek State Park*; ℂ (231) 436-5584.

Grand Hotel auf Mackinac Island

Durch Wisconsin nach Chicago

Zur Route

Als Alternative zu der im Kapitel 7.2.3 (⇨ Seite 690) beschriebenen Route nach Chicago am Ostufer des Lake Michigan entlang, besteht auch die Möglichkeit, um das Westufer des Sees herum durch Wisconsin zu fahren. Man setzt dazu ab der *Pictured Rocks National Seashore* bzw. ab *Fayette State Park* (⇨ Seite 684) die Fahrt in Richtung Süden fort (Straße #41, dann #35). Das Westufer ist im Sommer nicht so überlaufen wie die Dünen und Strände der *Michigan Lower Peninsula*; allerdings ist es mit wenigen Ausnahmen auch nicht so attraktiv.

Door Peninsula

Zu den Ausnahmen zählt vor allem die **Door Peninsula**. Dieses »*Cape Cod* des Binnenlands« hat – insbesondere oberhalb von **Sturgeon Bay** – herrliche Strände, verschlafene kleine Orte und gute *State Parks*. Passende Hotels/Motels findet man eher auf der Westseite der Halbinsel, z.B.

- das traditionelle **White Gull Inn** in Fish Creek, Main Street, mit Restaurant, ✆ 1-888-364-9542; www.whitegullinn.com
- das **Cherrywood Inn** in Sister Bay, 321 Country Walk Lane, ✆ (920) 854-9590, und
- das **Snug Harbour Inn** in Sturgeon Bay, 1627 Memorial Drive, Jun/Jul/Aug: Motel ab $85, *Cottages* $60-110, ✆ (920) 743-2337 und ✆ 1-800-231-5767; www.snugharborinn.com

Richtige **Campingparadiese** sind der **Peninsula State Park** (bayseitig) und – fast in der Spitze – der **Newport State Park**. Vormittags locken lange Strände zum Baden und Wandern, nachmittags/abends wartet, z.B. im *White Gull Inn*, ein zünftiger **fish boil** (Gemüse/*Whitefish* über offenem Feuer gegart).

State Parks

Auch im weiteren Verlauf der Küstenstraßen (#42, dann ggf. auch I-43, südlich Milwaukee wieder Straße #41) in Richtung Chicago sind die **State Parks** einen Abstecher wert. Interessant ist der **Kohler-Andrae State Park** auf einem Gelände, das der österreichische Sanitärfabrikant Kohler zu Beginn des 20. Jahrhunderts für (damals) vorbildliche Industrieanlagen und Arbeitersiedlungen genutzt hat.

Milwaukee

Die Stadt wurde stark durch deutsche Einwanderer geprägt (*German Restaurants*, Usinger Würste, Brauereien) und ist speziell für Motorradfans ein »Muss« (**Harley Davidson**).

Madison

Architekturinteressierte werden den Umweg (I-94) über die reizvolle Universitätsstadt **Madison** nicht scheuen, um bei **Spring Green** die Architekturschule **Taliesin** (*East*) von Frank Lloyd Wright zu besuchen.

Bahai Tempel

Südlich der Illinois-Grenze wechselt man in **Highland Park** oder **Evanston** zur Uferstraße, die durch die wohlhabenden Vororte Chicagos führt. Dabei passiert man in **Wilmette** das **Bahá'í House of Worship**, einen bombastischen Tempel der *Bahai*-Religion.

7.2.3   Die Seeuferroute bis Chicago

Nord-westliche Peninsula

Die nordwestliche Ecke der *Lower Peninsula* ist ein beliebtes Sommerurlaubsgebiet. An den Ufern des Lake Michigan warten hohe Dünen und Strände mit gelbem Pulversand; im hügeligen Hinterland Mischwälder mit einer Baumartenvielfalt, wie wir sie in Mitteleuropa schon lange nicht mehr kennen; Obstplantagen, grüne Weiden, tiefblaue Seen und viele hübsche Ortschaften. Der Individualtourismus überwiegt.

Straße #31

www. petoskey.com

www. charlevoix.org

Die beste Route nach Süden ist die **#31**, die man für kleine Abstecher hier und dort verlassen kann, z. B. für **Harbor Spring**s und den *Petoskey State Park* bei **Bay View**. Der Nordwesten ist – neben dem Tourismus – geprägt durch Obstkulturen. An der Straße passiert man immer wieder Verkaufsstände, besonders für Kirschen und Pfirsiche. **Petoskey** und **Charlevoix** locken mit guten Restaurants, Golfplätzen, Häfen und Marinas.

Torch Lake

Der glasklare, türkisfarbene **Torch Lake** (Straße #31) zeigt ein fast karibisches Flair. Man sollte der Verführung widerstehen, die kleine Straße am Ostufer entlangzufahren, da es fast nirgendwo einen Zugang zum See gibt und der Wald den Blick auf den See nicht freigibt. Seine wunderbare Farbe haben hier fast alle Seen.

Camping

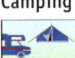

Am Elk Lake nahe der #72 bei Williamsburg liegt der sehr schöne *Whitewater Township Park*, 9500 Park Road; 40 Plätze, einige mit Blick aufs blaue Wasser; ausgeschildert; ℂ (231)-267-5091.

Traverse City

Traverse City am *West Arm* der *Grand Traverse Bay* ist eine vom Tourismus geprägte Stadt mit entsprechendem Trubel. Viele Motels liegen dort zwischen dem Strand und der vierspurigen #31; Baden, Segeln und Windsurfen sind die vorherrschenden Aktivitäten der Urlauber. Motels und Hotels konzentrieren sich östlich der Stadt. Die Häuser in Strandlage kosten im Sommer um die $150 und mehr; www.mytraversecity.com. Gut ist das

• *Best Western Four Seasons Motel*, 305 Munson Avenue, ca. 3 km östlich ohne Strand, ab $135, ℂ (231) 946-8424.

Camping

Der *Traverse City State Park* in Strandlage ist meist voll und ohnehin nicht sonderlich attraktiv. Alternativen (außer des oben genannten Platzes am Elk Lake) sind einige ruhige *State Forests* in 10-18 mi Entfernung von Traverse City, z.B. *Arbutus No. 4*, *ca.* 10 mi südöstlich Richtung Arbutus Lake über Garfield, Potter, 4 Miles- und North Arbutus Lake Road.

Eine weitere nahe, wenn auch ebenfalls sehr populäre Alternative fürs Campen ist der *Interlochen State Park* in Seelage beim gleichnamigen Ort zwischen Green und Duck Lake.

Interlochen

www.presents. interlochen.org

Kulturelle Erbauung bietet jedes Jahr in den Sommermonaten das international bekannte *Interlochen Arts Festival* mit zahlreichen Konzerten, Theater, Kunstausstellungen und viel Programm drumherum. In den *Tourist Information*-Büros in Michigan gibt es die aktuellen Interlochen-Programmhefte.

Michigan
N
0 42 km
Lake Superior
CANADA
USA
Whitefish Point
Grand Marais
Tahquamenon Falls S.P.
Paradise
Marquette
Pictured Rocks Nat. Lakeshore
Brimley S.P.
Sault Ste Marie
Munising
Seney
Newberry
Sault Ste. Marie
Eckerman
Hiawatha National Forest
Palm Books S.P.
Indian Lake S.P.
Manistique
Escanaba
Garden Corners
St. Ignace
Mackinac Island
Mackinac Bridge
Mackinaw City
Fayette S.P.
Fairport
Beaver Island
Wilderness S.P.
Lake Michigan
Petoskey
Charlevoix
Onaway
ONTARIO
MICHIGAN
Leelanau S.P.
Manitou Islands
Eastport
Hillman
Alpena
Leland
Sleeping Bear Sand Dunes Nat. Lakeshore
Glen Arbor
Elk Rapids
Torch Lake
Lake Huron
Empire
Traverse City
Fairview
Frankfort
Grayling
Interlochen S.P.
WISCONSIN
MICHIGAN
Orchard Beach S.P.
Manistee
Cadillac
West Branch
Tawas City
Ludington S.P.
Manistee National Forest
Hamlin Lake
Ludington
Reed City
Charle Mears S.P.
Baldwin
Big Rapids
Silver Lake S.P.
Midland
Bay City
Mount Pleasant
Saginaw
Duck Lake S.P.
Muskegon
Muskegon S.P.
Grand Rapids
Hoffmaster S.P.
Flint
Port Huron
Lake Michigan
Holland S.P.
Holland
Lansing
Pontiac
Saugatuck S.P.
Saugatuck
Van Buren S.P.
Battle Creek
Ann Arbor
Detroit
St. Joseph
Portage
Jackson
Warren Dunes S.P.
Coldwater
Adrian
Indiana Dunes N.L.S.
Michigan City
South Bend
INDIANA
MICHIGAN
OHIO
Toledo
Hammond
Chicago

7

Leelanau

Entspannend ist es, auf dem Weg zur *Sleeping Bear Dunes National Lakeshore* von Traverse City aus die Straße #22 nach Norden über die ruhige **Leelanau Peninsula** zu nehmen. Früher wurden hier Kirschen geerntet; jetzt – mit zunehmendem Tourismus – setzt man erfolgreich auf Weinanbau. Die Orte **Sutton Bay**, **Lake Leelanau** und vor allem **Leland** sind recht hübsch, haben nette Restaurants und gemütliche Quartiere. Der *Leelanau SP Campground* gehört nicht zu attraktivsten seiner Art; www.leelanauchamber.com.

Leland

Leland besitzt einen großen Yachthafen und einen – im Sommer täglichen (bis zu 3x) – **Fährdienst** zu den einsamen **Manitou Islands**, auf denen auch **Camping** möglich ist (*Round Trip* $35/ $20). Einige alte Fischerhütten an der Schleuse zum Lake Leelanau wurden zur *Fishtown* mit Restaurants und Shops umgestaltet. Dort kann man auch frischen Fisch kaufen oder auf einer *Fishing Charter Tour* selbst die Angel auswerfen; www.lelandmi.com.

Routen

Der **Umweg** über Lake Leelanau lohnt sich auch im Hinblick auf den Besuch der *Sleeping Bear Dunes National Lakeshore* – von Norden kommend (Straße #22) wirkt diese fantastische Dünenlandschaft besonders eindrucksvoll. Die Anfahrt über die #72 kann da nicht mithalten.

Glen Arbor

Das winzige, aber feine **Glen Arbor** liegt am Rande des nördlichen Drittels des Nationalparks am blauen Glen Lake und am Lake Michgan; es gibt einen Supermarkt und einige Unterkünfte. Der Ort ist ideal als Ausgangspunkt für kleine **Kanutouren**. Am kristallklaren Verbindungsflüsschen **Crystal River** zwischen Glen Lake und Lake Michigan kann man Boote mieten und lospaddeln; River Road, ℰ (231) 334-4420; www.crystalriveroutfitters.com.

Unterkünfte

In **Sutton Bay** kommt man hier gut unter:

* *The Guest House*, an der #22 im Ort; $125-$140, ggf. *Special Rates*, ℰ (231) 271-3776; www.leelanau.com/guesthouse
* *Korner Kottage*; an der #22, Privatstrand, großes Frühstück, Wifi; $120-$190; ℰ (231) 271-2711; www.kornerkottage.com

Leland hat das beste Angebot an Quartieren:

* *Leland Lodge Resort*, 565 E Pearl Street; populärstes Haus am Platze, Restaurant, *Cottages*, Zimmer $90-$210, ℰ (231) 256-9848; www.lelandlodgeresort.com
* *The Riverside Inn*, 302 River Street, $100-$175, ℰ 1-888-257-0102; www.theriverside-inn.com

Glen Arbor überzeugt durch die zentrale Lage am Park:

* *The Lakeshore Inn*, 5793 South Ray Street, prima gelegen für alle Aktivitäten; älteres, gemütliches Haus, $89-$209, ℰ (231) 334-3773; www.lakeshoreinnmotel.com
* *Glen Arbor B & B*, 6548 Western Avenue, $99-$195; auch *Cottages* ab $165; ℰ (231) 334-6789; www.glenarborbnb.com

Sleeping Bear Dunes National Lakeshore	Die *Sleeping Bear Dunes National Lakeshore* schützt einen Uferstreifen von 50 km Länge und ist einer der landschaftlichen Höhepunkte am Lake Michigan. Enorme, überwiegend dicht bewaldete Dünen bilden dort mit sagenhaften Höhen von über 100 m eine Art Steilküste aus Sand; www.sleepingbeardunes.com.
Entstehung	Die Dünen enstanden am Ende der letzten Eiszeit vor 12.000 Jahren. Damals wurden die Sandberge durch ständige über breite Strände wehende Westwinde aufgetürmt. Wanderdünen hinterließen *Ghost Forests,* von den Sandmassen erstickte abgestorbene Bäume. Hohe Dünen – wie die *Sleeping Bear Dune* – bildeten sich auf dem Fundament zugewehter Felsen.

> ## Sleeping Bear Dune
>
> Die Bezeichnung dieser Dünenlandschaft geht auf eine indianische Legende zurück. Sie erzählt, dass eine Bärenmutter auf der Flucht vor einem Waldbrand am Westufer des Lake Michigan mit ihren beiden Jungen ins Wasser sprang und über den See schwamm. Ihre Kinder erreichten das rettende Ufer aber nicht und ertranken. Die einsame Düne, wo einst die Bärin auf ihre Kinder wartete, ist die *Sleeping Bear Dune*. Die Körper der Jungen ragen als **Manitou Islands** *(North* und *South)* aus dem See.

Information	Der Mini-Ort **Empire** mit der **Visitor Information** der *National Lakeshore* liegt genau zwischen **Nord- und Südareal** des Nationalparks, im Sommer 8-18 Uhr; (℡ 231-326-5134). Dort gibt es auch einen **Badestrand mit Picknickplatz** – zwischen Michigan und South Bar Lake gleich hinter der Küstendüne. Während der südliche, noch waldreichere Teil der Dünenlandschaft nur über **Hiking Trails** erkundet werden kann, läuft im Norden von Glen Arbor bis Empire die **Straße #109** unmittelbar hinter den Dünen und teilweise durch sie hindurch. **Diese Strecke ist ein »Muss«!**
Straße #109 	Auch nicht auslassen sollte man die **Stichstraße** zum *Sleeping Bear Point*, wo sich ein kleines maritimes **Museum** mit Infos zum Wirken der *Coast Guard* in der Vor-Radarzeit befindet. Ein **5 km-Rundwanderweg** führt zum *Ghost Forest* (↻ unten).
In den Dünen	An der Straße #109 und – weiter südlich – auch an der #22 gelangt man über weitere Stichstraßen zu Parkplätzen bzw. **Trailheads** mitten in den Dünen. Wer sich beim **Dünenerklimmen und -abrollen** austoben möchte, findet auf Höhe des Glen Lake mit dem **Dune Climb** eine eigens dafür zugelassene und entsprechend frequentierte Hochdüne. Zum Seeufer ist es von dort aus aber weit. Eine **4 mi-Rundwanderung** zum Lake Michgan startet dort.
	Der **Pierce Stocking Scenic Drive**, eine 7-mi-Straße mit einigen Haltepunkten und *Trailheads*, schlängelt sich mitten durch das Gebiet der höchsten Dünen mit schönen Picknickplätzen. Vom **Dune Overlook** überschaut man große Teile der Dünenlandschaft. Eine empfehlenswerte Kurzwanderung ist der **Cottonwood Trai**

7

der in der Nähe beginnt. Den Höhepunkt des Rundkurses bildet der *Lake Michigan Overlook* 150 m über dem See.

Camping

Die *National Lakeshore* bietet zwei per Auto zugängliche Campingplätze. Empfehlenswert, aber oft voll, ist der *D.H. Day Campground* unweit Glen Arbor mit Zugang zum Sandstrand. Der größere *Platte River Campground* am gleichnamigen Fluss im südlichen Bereich an der #22 hat nicht so schöne Stellplätze, und der Strand ist 2 mi entfernt. Längere Wanderwege (bis zu 15 mi) führen durch diesen südlichen Teil. **Camp-Alternativen** gibt es in den *State Forests* und auch außerhalb des Parks (private Plätze). Im *Visitor Center* in **Empire** erhält man eine gute Gesamtübersicht.

Kanutrips

Wie am Crystal River ab Glen Arbor lassen sich schöne Kanutouren auch auf dem **Platte River** zwischen dem gleichnamigen See, dem Loon Lake, Lake Michigan und auf dem **Otter Creek** unternehmen. Vom *Campground*-Eingang an der *Platte River Bridge* (Straße #22) geht es auf dem Platte River durch Dünenlandschaften bis zu seinem weiten Delta am Lake Michgan; auch längere Touren möglich. Man kann sich auf Schwimmringen und Schlauchbooten auch nur treiben lassen (*Inner Tubing, ab $9*); Verleih vor Ort: ✆ (231)-325-5622; www.canoemichigan.com.

Straße #22

Auf dem Weg von der *Sleeping Bear Dunes National Lakeshore* nach Süden bleibt man am besten auf der Straße #22. Weitere kleine Hafenorte liegen am See, Strände und Dünen setzen sich fort, wenn auch nicht immer im Sichtbereich der Straße.

Frankfort

Ein attraktiver Ort ist **Frankfort** mit schönem Strand, Parkanlagen und Hafen sowie Zugang zum **Crystal Lake**; www.frankfort mich.com. Dieser See ist von ungewöhnlicher Farbintensität. Man kann ihn auf South und North Shore Road (ab Straße #22) umrunden. Leider ist das Ufer überwiegend in Privatbesitz. Von Frankfort nach Manistee sollte man die ruhige #22 nehmen.

Auf einer Landzunge (Onekama) am Strand liegt das nostalgische

- *Portage Point Inn* (Hotel, Apartments, *Cottages*). Außer im Juli/ August (dann nur wochenweise) ist es nicht zu teuer, Mai und Sept. ab $69, ✆ (231) 889-4222; www.portagepointinn.com
- Das einfache *Travelers Motel*, ebenfalls Onekama, 5606 Eight Mile Road, ist ein weiteres ordentliches Quartier; ab $55, Sommer ab $85; ✆ (231) 889-7076; www.travelers-motel.com

Crystal Lake

*Leuchtturm
vor Ludington*

Manistee

www.manistee-
cvb.com

Ludington

www.visit
ludington.com/
statepark.html

www.luding
tonarea.com

**Ludington
State Park**

In Manistee an der Mündung des gleichnamigen Flusses, kann man sich länger aufhalten. Der *Riverwalk* ist eine schöne Promenade am Fluss vom Ort zum Strand des Lake Michigan.

- *Riverside Motel & Marina* am Fluss zwischen Zentrum und Lake Michigan, 520 Water Street, Zimmer #21-#27 ideal in Richtung Sonnenuntergang, ab $45; ℂ (231) 723-3554
- An der Flussmündung mit Strand und Picknickplatz liegt das ältere *Lake Shore Motel*, 101 South Lakeshore Drive, $60-$115, ℂ (231) 723-2667; www.lakeshoremotelmanistee.com

Der *Orchard Beach SP*, 2 mi nördlich Manistee, hat den besten *Campground* der Umgebung auf der Steilküste über dem Strand.

Eine blumengesäumte Allee (Ludington Ave) führt in Ludington zu Yachthafen und breitem Strand. Die Stadt wirkt im Zentrum und in Ufernähe wie ein Kurort, ist aber touristisch nicht besonders stark frequentiert. Die meisten Hotels/Motels befinden sich unverfehlbar an der Straße #10 stadteinwärts. Die *Chamber of Commerce and Visitor Center* an der Ludington Avenue (#10 vorm Ortseingang) hat ein Faltblatt mit allen Unterkünften und Restaurants. Auch gleich hinterm Strand gibt es Quartiere:

- *Snyder's Shoreline Inn*, 903 W Ludington Avenue, bestes Haus im Ort, ab $69, ℂ (231) 845-1261; www.snydersshoreinn.com
- *Ventura Motel*, 604 W Ludington Avenue, 3 Blocks vom Strand entfernt, $50-$100, ℂ (231) 845-5124; www.ventura-motel.com

Weitere gute Quartiere liegen nördlich der Stadt am Ostufer des Hamlin Lake. Die Straße #116 dorthin führt zwischen Hamlin und Michigan Lake weiter zum *Ludington State Park*. Er verfügt in dieser Region über die mit Abstand schönsten **Campingplätze** (3), zudem über imposante Dünen und schöne **Wanderwege**.

- Auch nicht schlecht und komfortabler ist der ortsnahe *Cartier Park Campground* am kleinen Lincoln Lake; Anfahrt wie zum *Ludington SP* Straße #116; www.cpcampground.com

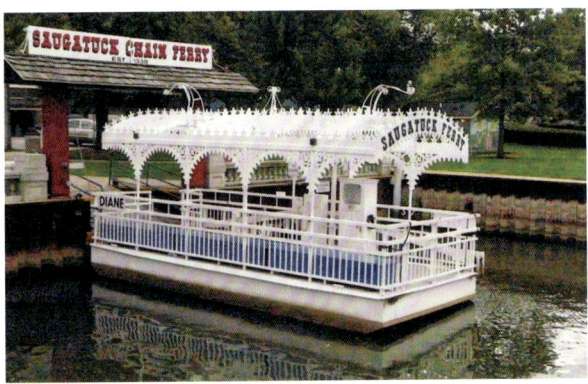

*Personenfähre
mit
Muskelkraft
betriebenem
Kettenantrieb
in Saugatuck*

**Fähre
über den
Lake Michigan**

• Auf der Landzunge südlich der Stadt zwischen Lake Michigan und dem Pere Marquette Lake liegt in einem Wäldchen mit Strandzugang der einfache *Campground Buttersville Park* am Lakeshore Drive South (ruhig und top!).

Täglich 2x (morgens und abends) legt im Sommer die **nostalgische Autofähre SS Badger nach Manitowoc in Wisconsin** ab; Fahrtzeit 4 Stunden (Achtung: Zeitzonenwechsel!). Mitte Mai-Mitte Juni und September-Mitte Oktober nur eine Abfahrt täglich um 9 Uhr. Die Überfahrt mit dem originell bulligen Schiff kostet $74/Person (einfache Fahrt, *Round Trip* $128), Kinder 5-15 Jahre $24/$39, Pkw/Minivans $74, *RVs* $6/Fuß. **Wifi** an Bord. Man kann für die paar Stunden der Überfahrt sogar eine Kabine (*Stateroom*) buchen.

Zufahrt zum Anleger in Ludington ausgeschildert. Info & Reservierung unter ✆ 1-800-841-4243; www.ssbadger.com.

**Küste südlich
von Ludington**

Südlich von Ludington ist der Küstenstreifen mit wenigen Unterbrechungen durch **State Parks** bis hinunter nach Illinois in Privathand. **Kleine Küstenstraßen** laufen mehr oder weniger dicht hinter der Uferlinie entlang. Man kommt auf ihnen nur langsam voran und sieht wenig vom See: Sommervillen, Baumbestand und Dünen liegen zwischen Straße und Küste. Die *State Parks* werden in einem Kasten (⟳ Seite 698f) bewertet.

Unterkünfte

Die hier zur Autobahn ausgebaute #31 führt über entsprechende **Ausschilderung/Werbung** zu den Motels und Hotels entlang der Strecke. An den Einfahrten in die größeren Orte sind die – im Vergleich zu den Touristenzentren weiter nördlich wieder preiswerteren – Angebote nicht zu verfehlen.

Muskegon

www.miad
venture.com

Mit Muskegon, einer 40.000 Einwohner-Stadt, erreicht man endgültig wieder dichter besiedelte Regionen und Attraktionen, wie den landschaftlich toll eingebetteten *Amusement* & *Water Park Michigan's Adventure* mit einer nostalgischen Achterbahn, Wasserrutschen u.v.a.m. (8 mi nördlich Muskegon unweit der Autobahn #31, *Exit* White Lake Drive), Ticket $28 bei online-Ausdruck.

U-Boot

www.silversides museum.org

Im sonst wenig attraktiven Muskegon ist das U-Boot *USS Silversides* im *Great Lakes Naval Memorial* ein lohnendes Ziel. Es liegt an der Südseite des Kanals in See- und Strandnähe (Bluff Street, Zufahrt über Lakeshore Drive; $15/$10,50; täglich 10-17.30 Uhr).

Schnellfähre

Der *Lake Express* schafft es in 2,5 Stunden über den Lake Michigan **von Muskegon nach Milwaukee** und spart 286 mi Autofahrt um das dicht besiedelte Südufer mit Chicago. Mitte Juni-Labour Day 3x, sonst 2x täglich, Kapazität nur ca. 50 Fahrzeuge; ☎ 1-866-914-1010; *One-way* $82,50; Auto $87; www.lake-express.com.

Holland

Etwa 30 mi weiter südlich liegt die Stadt **Holland**. Sie bietet – der Name lässt es vermuten – niederländische Folklore in Tulpengärten, eine Holzschuhfertigung, eine Kachelfabrik und das *Dutch Village* (Ostseite der Straße #31), ein Mini-Grachtenstädtchen aus der Kitschschublade; Eintritt $10/$7; www.dutchvillage.com

www.
hollandtown
center.com

In der Nachbarschaft befindet sich eine stilistisch daran angelehnte *Factory Outlet Mall*. Nett ist der **Windmill Island Park** (#31, *Exit* Chicago Drive); $7,50/$4,50; www.windmillisland.org

Saugatuck

www.
saugatuck.com

Ganz reizvoll ist **Saugatuck**, ein Künstlerdorf ca. 10 mi südlich von Holland. Der 1000-Einwohner-Ort liegt am Nordost-Ufer des malerischen Kalamazoo Lake und River, die man per Raddampfer (*Sternwheeler*) befahren oder mit einer handbetriebenen **Holzfähre** (*Chain Ferry*) überqueren kann. Ein *Boardwalk* verbindet die Marina mit *Shops* und Bistros.

Oval Beach heißt der öffentliche Strand (unter einer Steilküste) von Saugatuck, erreichbar über Park Street und Perryman Beach Road. Saugatuck hat gute Restaurants und (wie das benachbarte *Douglas)* viele, meist teurere Unterkünfte:

- *Timberline Motel*, am Ortseingang, 3353 Blue Star Highway; ☎ 1-800-257-2147; $125-$245; www.timberlinemotel.com
- *Ship-N-Shore Motel/Boatel*, zentral am Fluss; ☎ (269) 857-2194, ab $175 (mindestens 3 Nächte); www.shipnshoremotel.com
- Nebenan das *BaySide Inn B&B* hat Zimmer mit Flussblick ab $145, ohne für ab $95; ☎ (269) 857-4321, www.baysideinn.net
- Auf der anderen Seite am Fluss liegt das *Beachway Resort & Hotel*; 600 m zur *Oval Beach*; ☎ (269) 857-3331, *Suites* $60-$320; www.beachwayresort.com

Indiana Dunes National Lakeshore

Die Dünenlandschaft der *Indiana Dunes National Lakeshore* am kurzen Indiana-Ufer des Lake Michigan (eine Autostunde von Chicago entfernt) ist durch privates Grundeigentum etwas zerstückelt und reizloser als die Küste im Norden Michigans. Zur Entstehung der Dünen und zur Flora der Region informiert ein **Visitor Center** nahe der Kreuzung #49/#20; www.nps.gov/indu.

In dessen Nähe liegt auch der *Campground* des Parks (aber seefern, ➭ Seite 708). Zum Baden ist der *Indiana Dunes State Park* am Südwestende geeigneter. Er verfügt über einen schattigen *Campground* hinter Küstendünen; $16-$38; www.in.gov/dnr/parklake.

Michigan State Parks, Dünen und Strände
am Ostufer des Lake Michigan   www.michigan.gov/dnr

**Kenn-
zeichnung**

Das Ostufer des Lake Michigan ist durch hellsandige Strände unter Steilküsten oder vor mehr oder weniger ausgedehnten Dünengebieten gekennzeichnet. Wenn auch die Dünen weiter südlich nicht mehr die Höhen der *Sleeping Bear Dunes* erreichen, tut das ihrer Attraktivität kaum Abbruch. Sie sind überwiegend durch **State Parks** geschützt, die sich wie **Perlen an einer Schnur** von Manistee (in Fahrtrichtung entsprechend dem Reiseteil) bis an die Südgrenze des Staates ziehen. Fast alle verfügen neben Dünen und Strand über Wanderwege und Campingplätze, auch für Wohnmobile mit *Hook-Up*, Wasser und *Dumping Station*.

Sowohl die Einrichtungen für den **Day-use** als auch die **Campgrounds** sind im Sommer sehr populär. Alle Plätze sind unter ℂ **1-800-447-2757** oder www.midnrreservations.com zu reservieren; Tarife/Nacht $15-$45.

Kurzbeschreibungen sollen bei der Auswahl helfen, denn alle Parks wird man nicht besuchen können/wollen. Sie sind leicht zu finden, die Zufahrten von der Hauptküstenroute #31 bzw. von den Autobahnen #196 und #94 gut ausgeschildert.

**Orchard
Beach/
Ludington**

Diese beiden *State Parks* unmittelbar nördlich von Manistee bzw. **Ludington** wurden bereits bei den Campingempfehlungen genannt. *Ludington* zeichnet sich durch ein ausgedehntes Gebiet mit vielen *Hiking Trails* zwischen einem Binnensee und Lake Michigan (rund 10 km Strandlänge) aus. Kanuverleih am Hamlin Lake. Dort befindet sich auch das **Visitor Center** mit Programm. Gleich drei *Campgrounds*.

**Charles
Mears**

Toller, **reiner Strandpark** unmittelbar hinter der hübschen, ein wenig landeinwärts liegenden Ortschaft **Pentwater**. Der **Campground** befindet sich dort direkt am Strand; offene, enge Plätze.

Silver Lake

www.silver
lakesand
dunes.net

Der *Silver Lake Park* bietet zwischen dem Silver Lake und dem Lake Michigan ein Riesengebiet kaum bewachsener Sanddünen, in dessen **Vehicle Scramble Area** man sich mit **4WD-Fahrzeuge** (ATVs/ORVs) gegen Gebühr nach Herzenslust austoben darf. **Verleihstationen** für Buggies gibts im Ort **Maers**, ebenso Angebote für Dünen und Strandtouren in offenen Vehikeln (*Mac Wood's Dune Rides*). Auch ohne *Off-Road-Action* sind diese Dünen zwischen den Gewässern herrlich. Sie stehen überwiegend unter Naturschutz und dürfen in weiten Bereichen nur zu Fuß betreten werden. Am Ostufer des Silver Lake befindet sich der weniger einladende Park-**Campingplatz** mit Dünenblick. Die Waldplätze jenseits der Straße sind intimer. Private Konkurrenz bietet gute Alternativen, vor allem der prima **Yogi Bear's Jellystone Park** mit geschützten *Stellplätzen* und Komfort (bei Maers), ℂ (231) 873-4502.

www.silver
lakejelly
stone.com

Ein schöner **Strand** liegt beim *Little Sable Point Lighthouse*.

Duck Lake — Sehr gut angelegter **Bade- und Kanupark** am kleinen Binnensee mit Zugang zum Lake Michigan; kein Camping.

Muskegon — Das Hauptareal befindet sich zwischen Muskegon Lake und Lake Michigan am Verbindungskanal mit meilenlangen Stränden, sowohl flach auslaufend mit niedrigen Dünen als auch unter der Steilküste. Zwei gute *Campgrounds*: einer am Muskegon Lake, der andere einige Meilen nördlich davon auf hohem Steilufer mit Holztreppen hinunter zum Strand.

Hoffmaster — Südlich der Stadt an einem *Bypass* der **Straße #31** mit hohen Küstendünen und langem Strand. Ab *Visitor Center* (Museum zum Thema »Dünen«) noch 500 m; nur zu Fuß. Der Campingplatz auf der Landseite der Dünen im Wald ist eher mäßig; von dort sind es 400 m zum Strand.

Grand Haven — An der Mündung des *Grand River* nahe der gleichnamigen Stadt, schöner Strand, Wanderwege, Picknick.

Holland — Zwei große *Campgrounds*: am Lake Michigan und am Abfluss des Lake Macatawa; ausgedehnte *Beach*. Davor steht der dunkelrote Leuchtturm mit *Beachhouse*, ein beliebtes Motiv vieler Tourismus-Prospekte und Postkarten.

Saugatuck Dunes — Nur **Landschaftspark** mit einer dicht bewaldeten Dünenzone zwischen Parkplätzen und *Beach*. Dorthin sind es max. 2,5 mi zu Fuß; vom Picknickplatz nur 0,6 mi; weitere Trails sind länger und streckenweise anstrengend (tiefer Sand!); **kein Camping**.

Van Buren — Großer Park in einer Senke zwischen bewachsenen Dünen. Enorm viel Parkraum für Hochsommer- und Wochenend-Besucher. Der **Campingplatz** liegt etwas abseits relativ weit entfernt vom Strand.

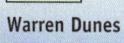

Warren Dunes — Tolles **Strand- und Hochdünengelände**, Parkplatz unmittelbar hinter dem Strand. Ein **Campingplatz** ist vorhanden, aber er liegt ebenfalls abseits.

Hohe Sanddüne im Warren Dunes Park

7.3   Chicago   Einwohner 2,7 Mio; Großraum 9,5 Mio

www.choosechicago.com   www.chicagotraveler.com   www.cityofchicago.org

7.3.1   Impressionen

Bei Chicago denken wir unwillkürlich an *Al Capone* und an seine Mafia-Killer, die mit Maschinenpistolen aus fahrenden schwarzen Limousinen ballern. Sportfans verbinden mit dieser Stadt die zahlreichen Mannschaften der US-Profiligen: die *Chicago Bulls* (*Basketball*), die *White Socks* und *Cubs (Baseball), die Bears* (*American Football*) und *Blackhawks (Eishockey)*.

Auch sonst wird in der drittgrößten US-Metropole mehr geklotzt als gekleckert: drei der höchsten Gebäude der Welt stehen hier, der zweitgrößte Flughafen (nach Flugbewegungen); dazu endlose in *Spaghetti-Junctions* verflochtene Stadtautobahnen. Chicago ist auch berühmt für seine Musik-Szene (*Chicago Blues* und *Jazz*) und ein absolutes Muss für jeden Architektur-Liebhaber: Neben den Bauwerken von Altmeister *Frank Lloyd Wright* prägen die neue Stadtparkvision des *Millenium Park* und modernste Wolkenkratzer aus Stahl, Marmor und Glas das Bild dieser City. Chicagos *Skyline* ist fast so eindrucksvoll wie die von Manhattan (➪ Seite 39).

Windy City heißt die Hauptstadt von Illinois im Volksmund dank der häufigen steifen Brisen. Die Lage an der Südspitze des Lake Michigan beschert Bewohnern und Besuchern aber auch ein Juwel: goldene Badestrände mit türkisfarbenem sauberen Wasser in der City, nur einen Katzensprung vom *Business District* entfernt.

Wer nur zwei, drei Tage bleibt, sollte sich auf Chicagos *Downtown* und den Norden der Stadt beschränken, zu Fuß gehen und statt Auto mit der Metro fahren. Parkplätze sind rar. Es sei denn, man wohnt in einem der Motels an der North La Salle Street, Near North (➪ Seiten 39 und 706).

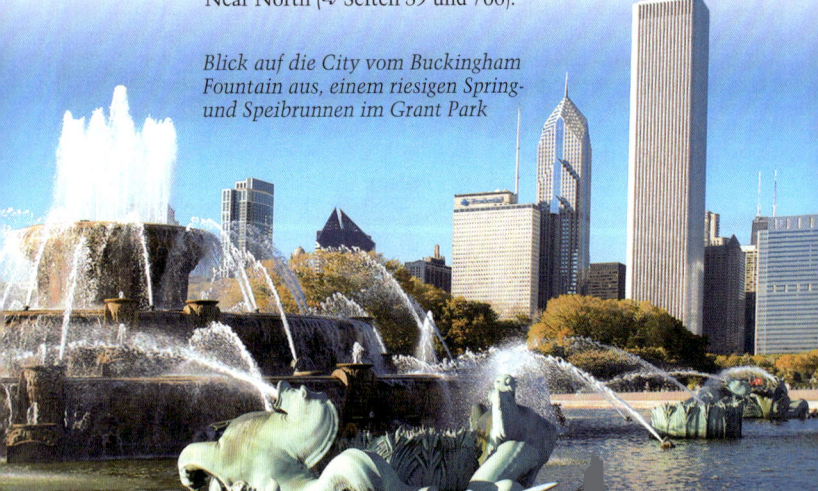

Blick auf die City vom Buckingham Fountain aus, einem riesigen Spring- und Speibrunnen im Grant Park

Geschichte und Klima

Gründung

Seine Gründung und das enorme Wachstum während der Industrialisierung verdankt Chicago seiner günstigen Lage als kontinentaler Binnenhafen. Schon früh siedelten hier, wo der Illinois- und Charles River in den Lake Michigan münden, die *Illinois* **Indianer**. Sie nannten diesen Ort **Chechagou**, was soviel heißt wie »Kohl« oder »weiße Zwiebeln«.

Priester **Jacques Marquette** und der Abenteurer **Louis Jolliet** waren 1674 die ersten Weißen vor Ort. Sie blieben aber nur Durchreisende, als sie hörten, dass über den Illinois River eine Verbindung zum Mississippi und damit zum Golf von Mexiko bestünde. 1681 folgte ihnen der französische Abenteurer **La Salle** auf der gleichen Route.

Hundert Jahre später gründete **Jean Baptiste Point du Sable**, ein französisch sprechender Schwarzer aus Santo Domingo, die erste kleine Handelsniederlassung.

19. Jahrhundert

Ende des 18. Jahrhunderts kaufte die US-Regierung Land an der Mündung des Chicago River in den Lake Michigan und ließ dort 1804 ein Fort errichten, das jedoch nur wenige Jahre Bestand hatte. Mit dem Bau eines neuen Forts entstand ab 1816 eine permanente Siedlung, die 1830 gerade 100 Einwohner zählte. Innerhalb von nur 40 Jahren wurde daraus eine Großstadt mit 300.000 Menschen. Eisenbahn- und Kanalbau (Anbindung des Lake Michigan an den Illinois/Mississippi River) und der Bürgerkrieg 1861-65 mit Chicago als Nachschubplatz waren die wichtigsten Faktoren für diesen Boom. Danach war es die Erschließung des Westens und Chicagos Funktion als Schlachthof für die Ballungszentren des Ostens. Trotz eines Feuers, das im Jahr 1871 die halbe Stadt vernichtete und 90.000 Menschen obdachlos machte, zählte Chicago nur 20 Jahre später bereits 1 Mio Einwohner.

Immigranten

Die Industrialisierung hatte Scharen von Immigranten angezogen. Die erste Generation der Einwanderer waren hauptsächlich Deutsche, Schweden, Polen, Ukrainer, Griechen, russische Juden und vor allem Italiener, die den Ruf der Stadt als Mafiosi-Hochburg begründeten. Die Schwarzen (heute mit einem Bevölkerungsanteil von 33%, davon wiederum 29% *Hispanics*), kamen nach dem Bürgerkrieg Ende des 19. Jahrhunderts nach Chicago, um dem Rassismus, der Arbeitslosigkeit, und dem harten Leben auf den Baumwollplantagen der Südstaaten zu entfliehen. Sie brachten ihren *Blues* mit, der – angereichert mit neuen Elementen bald zum *Chicago Blues* wurde. In den letzten Jahrzehnten kamen vor allem Asiaten, Araber und Inder nach Chicago.

Prohibition

Das Verbot von Produktion und Konsum alkoholischer Getränke (*Prohibition*) in den Jahren 1920-33, als Verbrechersyndikate um die Kontrolle illegaler Destillen und Vertriebswege kämpften, bescherte Chicago weltweite Aufmerksamkeit als **Gangster-City**.

Bombastisches Field Museum of Natural History,
↪ *Seite 710*

Dabei behielt der kriminelle Superstar *Al Capone* die Oberhand, wie man aus zahlreichen Filmen weiß. Trotz ungezählter Morde und Verbrechen auf seinem Konto konnte man *Al Capone* nichts nachweisen. Er wurde dennoch 1932 eingekerkert – wegen Steuerhinterziehung. Mit der Aufhebung der Prohibitionsgesetze endete auch das damit verbundene Bandenunwesen.

Schwarze in Chicago

Die Schwarzen in Chicago eroberten sich ihren Platz in der Musikszene, partizipieren aber nur in kleiner Zahl am Wohlstand des US-Mittelstandes, wiewohl sie mit **Harold Washington** schon einmal einen farbigen **Bürgermeister** stellten. Die meisten zählen zu den Armen, die in den Slums im Süden der Stadt leben, wo es immer noch die *Housing Projects* (Sozialwohnungen) gibt, in denen die Straßenkriminalität gedeiht. Bemerkenswert ist jedoch der Aufschwung des schwarzen Mittelstandes. Das Beispiel **US-Präsident** *Barack Obama* ist nur die herausragende Spitze.

Skyscraper

In der letzten Dekade des 20. Jahrhunderts erlebte Chicago eine **Renaissance der Wolkenkratzer** (*Skyscraper*), die Ende des 19. Jahrhunderts in Chicago erfunden worden waren. Zahlreiche Hochhäuser aus jenen Tagen künden immer noch davon. In den ersten Jahren des 21. Jahrhunderts setzten sich indessen andere Städte an die Spitze der Moderne wie Shanghai, Dubai und Tokio.

Neue Entwicklung zur grünen Stadt

Im Jahre 2009 feierte Chicago den 100. Geburtstag des von *Daniel Burnham* entworfenen Entwicklungsplans für die Stadt. Chicago konnte sich stolz als Vorreiter der ökologischen Erneuerung (*Urbs in Horto*/Stadt im Garten) feiern. Die beiden temporären Jubiläumspavillons waren recyclebar, das **Green Roof Programm** wird angenommen. Beispielhaft war die Begrünung des riesigen Daches der *City Hall*. Andere öffentliche Gebäude folgten. Inzwischen werben Hotels, Restaurants und private Bauprojekte damit, wieviel Sauerstoff sie erzeugen. Im phänomenalen *Millenium Park* gibt es das weltgrößte begrünte Dach, unter dem sich ein Bahnhof, Schienenstränge und eine Tiefgarage befinden. Auf dem Rasen picknicken die Konzertbesucher des *Pritzker Pavilion,* ➪ Seite 709. 552 Parks und Gärten sind über die ganze Stadt verteilt; eine 18 mi lange Jogging- und Bikeroute (*Lakefront Trail*) folgt dem Ufer des Lake Michigan.

Skyscraper   In Chicago herrschen kontinentale Klimabedingungen. Aus der ungeschützten Lage am Lake Michigan resultieren aber extreme Wetterwechsel. Die Sommer sind sehr heiß mit Tagesdurchschnittstemperaturen um 30°C – bei häufig hoher Luftfeuchtigkeit. Brisen von der Seeseite mildern die Hitze nur wenig. Im von Canada beeinflussten, schneereichen Winter fegt oft eisiger Wind durch die Häuserschluchten. Kalter Wind kann Chicago aber auch zu anderen Jahreszeiten recht ungemütlich werden lassen. Für einen Besuch eignen sich am besten die Monate Mai und Juni sowie September und Oktober mit bereits bzw. noch sommerlichen Tagestemperaturen.

7.3.3   Transport, Orientierung und Information

Flughafen   Der **Flughafen *O'Hare*,** www.ohare.com, dessen internationales Terminal (#5) mit den nationalen (#1-#3) per Airportbahn (ATS) verbunden ist, liegt 18 mi nordwestlich der Innenstadt zwischen der I-90 und I-294 an der Zubringerautobahn I-190. Der kleinere ***Midway Airport*** befindet sich 10 mi südwestlich der Innenstadt.

Verbindung
Airport-City   Von beiden Flughäfen gelangt man per ***Metro*** (*CTA*) schnell und günstig ($2,25) nach *Downtown* (➪ Seite 709, *The Loop*). Ab *O'Hare*
www.transit
chicago.com   fährt der **Blue Line Rapid Train** in 45 min und ab *Midway* die ***Orange Line*** in 30 min ins Zentrum. Die Züge verkehren rund um die Uhr ab Terminal 3. Wer einen Anschlussflug am jeweils anderen Flughafen hat, kann gut beide Linien nutzen (Umsteigen in der **Loop Station** Clark/Lake). Diese CTA-Verbindung über den *Loop* (*Blue/Orange Line*) ist günstiger als die direkte, staugefährdete Busverbindung ($21, stündlich, Dauer 60 min plus).

Der ***GO Airport Express*-**Kleinbus (*Van*) bedient in kurzen Abständen nach Verkehrsaufkommen Vororte und große *Downtown-Hotels* von/nach beiden Flughäfen; *O'Hare* und (***Midway***): ab $28 ($18), *Downtown* bis $32, Dauer ca. 40-90 (20-50) min. Man kann »seinen« *Van* mit Abholung bzw. Hotelanfahrt im Internet reservieren: www.airportexpress.com.

Taxis: ab $45 (ab $30), Dauer ca. 45 (30) min plus, je nach Verkehr.

Öffentliche
Verkehrs-
mittel   Die **CTA** betreibt ein weites Schnellbahnnetz, deren Gleise und Brücken zur Zeit und noch bis 2015 grundsaniert werden. Verspätungen sind daher an der Tagesordnung. Über eine Schleife (den bereits erwähnten *Loop*) umrundet die Metro als Hochbahn (**EL** für *Elevated Train*) das Herz der Südcity.

CTA-Buslinien ergänzen das Bahnnetz. **CTA-**Einheitstarif **$2,25** (Zuschlag in Stoßzeiten und für Expressbusse). Per *Transfer Ticket*

(Zuschlag $0,25) kann man binnen 2 Stunden bis zu 2x umsteigen. In *Visitor Centers*, Flughäfen, Museen, am *Navy Pier* und in der *Union Station* gibt es **Tages- ($5,75) sowie 3- & 7-Tage-Tickets ($14/$28)**, ✆ 1-888-978-7282; www.transitchicago.com. Für online-Ticketkauf: http://faremedia.chicago-card.com.

**Orientierung/
Kfz-Anfahrt**

Auf der #90 (*Indiana East-West*, später **Chicago Skyway**; nicht auf der immer vollen I-94 bleiben!) von Osten kommend wechselt man auf den **Lake Shore Drive** (#41, *Exit 0*). Er führt an vielen Uferparks des Lake Michigan entlang, die sich gut für erste Stopps und Blicke auf die Chicago-*Skyline* eignen.

Parken

www.chicago
parkingmap.
com

Das City-Südende ist mit dem kolossalen Stadion **Soldier Field**, dem sich anschließenden *Field Museum of Natural History* und **Shedd Aquarium** erreicht. In diesem Bereich könnte man schon parken (➪ Seite 710) und mit dem Bus #146 in die City fahren. Seine Route läuft entlang der State Street, dann Michigan Ave. Viele Sehenswürdigkeiten liegen in der Nähe der Haltestellen.

Wer in die City fährt, hofft auf freie Plätze in – exorbitant teuren – **Parkgaragen** oder an **Parkuhren** (jeweils bis 120 min, auch nicht billig, aber erträglich), die man von Zeit zu Zeit wechselt. Am **Columbus Drive** östlich des **Art Institute** und des **Millenium Park** stehen **Parkautomaten**, die auch mit Kreditkarten gefüttert werden können, wenn das Kleingeld ausgeht.

**Grant Park/
Michigan Ave/
The Loop**

Nördlich des *Field Museum* erstreckt sich über rund 2 km Länge der 500 m breite **Grant Park** mit dem **Millenium Park** oben an der Randolph Street und dem **Hutchinson Field** zwischen See und **Michigan Avenue**. Diese Straße bildet zugleich die östliche Grenze des **Loop**. Die Bezeichnung bezieht sich eigentlich auf den inneren, von den Schienen der *CTA*-Hochbahn umrundeten Bereich, wird aber heute für die gesamte Südcity zwischen Chicago River und *Grant Park* benutzt.

**Magnificent
Mile**

Die Michigan Avenue führt vom *Loop*-Bereich weiter über den Chicago River, wo sie zwischen Ontario und Oak Street – dank zahlloser Shops der Luxusklasse – zur sog. **Magnificent Mile** wird. Die Gegend oberhalb des Flusses und östlich der State Street wird als **Near North** bezeichnet. Westlich State Street liegt **River North**.

Wohnviertel

Nördlich davon, entlang State/Clark Street schließt sich das Viertel **Gold Coast** an (bis zum *Lincoln Park*, wobei der **Stadtteil** westlich davon auch noch so heißt). Beide Bereiche sind urbane Szene-Wohnlagen in City-Nähe. Reizvoll ist die restaurierte kleine **Old Town**, das Viertel über der North Avenue westlich des *Lincoln Park* und östlich der Halsted Street.

Information

www.choose
chicago.com

cityofchicago.
org/tourism

Info-Stände von **Illinois Tourism** findet man in den **Terminals der beiden Flughäfen** und im *Illinois Market Place*, 700 E Grant Street am *Navy Pier*; geöffnet So-Do 10-21, Fr/Sa 10-24 Uhr.

Zwei **Visitor Center** befinden sich an der Michigan Avenue:

• Das **Chicago Office of Tourism** (10-16 Uhr) im *Chicago Cultural Center* (Ausstellungen, Touren, Mo-Do 8-19, Fr/Sa 8-18 Uhr,

So 10-18 Uhr), Eingänge: 78 E Washington, 7 E Randolph Street, Michigan Avenue gegenüber *Millenium Park*.

- Das **Water Works Visitor Center** gegenüber dem *Chicago Water Tower* an der Ecke Michigan Avenue/Pearson, Mo-Do 8-19, Fr bis 18, Sa 9-18, So 10-18 Uhr

Kombitickets   In allen Infozentren und großen Hotels gibt es den 9 Tage gültigen **City Pass** ($84/$69); für 5 der besten Attraktionen spart man fast $100 und ggf. Warten an Ticketschaltern; www.citypass.com.

Ähnlich funktioniert die **Go Chicago Card**, ein **All-inclusive Ticket** zu fast allem, was für Touristen anzuschauen und zu unternehmen ist inkl. *free ride* mit einem **Tourist Trolley**. Die *Go Chicago Card* ist aber nur für die Anzahl der gekauften Tage gültig: 1 Tag $72 bis 7 Tage für $180; www.GoChicagoCard.com.

Einige **Museen** sind Sa/So gratis, ferner der **Navy Pier-Komplex**, der **Lincoln Park Zoo** (aber $11 Parken!) sowie das **Jazz-Festival** im **Grant Park** (Ende August/Anfang September) und das **World Music Festival** (Mitte/Ende September).

Theatertickets   **Theater-/Konzertkarten** zum halben Preis (nur am selben Abend)
www.hottix.org   gibt es bei **Hot Tix Chicago** im *Visitor Center Water Works* und 72
www.ticket   E Randolph zwischen Michigan und Wabash, gegenüber dem *Chi-*
master.com   *cago Cultural Center*, Di-Sa 10-18 Uhr, So 11-16 Uhr. Tickets für die **Chicago Cubs** und **Chicago White Sox** nur über **Ticketmaster**: Online oder ℰ (312) 831-CUBS und ℰ (312) 831-1SOX.

Sightseeing   Gute kommerzielle Tourangebote sind

- **Double Decker**; *hop-on-hop-off*, 90 min auf einer festen Route, alle 15-20 min ab *Water Tower*, $26; 3 Tage $40. Zusätzliche Touren durch ausgewiesene *Neighborhoods* gibt es nur von Mai bis September.

Spezial-   In Chicago gibt es Spezialtouren für verschiedenste Interessen.
touren   Zu den besten zählen die *Walking-, Bus-* und *Boat Tours* der **Chicago Architecture Foundation**, 224 S Michigan Avenue/Jackson (*Santa Fe Building*). Das *ArchiCenter* (*Shop*/Touren) bietet auch Präsentationen zu den Themen Stadtplanung und Architektur; ℰ (312) 922-3432; Di-So 9.30-16 Uhr; www.architecture.org (⇨ auch folgende Seite *Wendella Boats*).

Offener Doubledecker Tour Bus auf der Landzunge zwischen Adler Planetarium und Shedd Aquarium am Lake Michigan

Bike/Inline   Die Uferparks am Lake Shore Drive machen Chicago ideal für *Biker, Inline Skater, Segways und Hybrid-Roller*. **Bike Chicago Tours & Rentals** hat viele zentrale Leihstationen, z.B. am *River-walk* (Wacker Drive/Columbus, treppab zum Fluss, ✆ (312) 595-9600, tägl. 9-17 Uhr), **Millenium Park** (239 E Randolph Street), am **Navy Pier** und an den nördlichen Stränden (North Ave Beach), Stunde ab $10, Tag $30. **Segway Tours** 2 Std $36; 3 Std $49; ✆ 1-888-245-3929; www.bikechicago.com. Für *Segway Tours* auch 400 E Randolph Street, 3 Std $70 (Eintritt für Attraktionen inkl.); www.citysegwaytours.com; ✆ 1-877-734-8687, ✆ (312) 819-0186.

Bootstouren   Stadtbesichtigungs-Bootstouren auf dem *Chicago River* und Lake Michigan starten unterhalb der Flussbrücke beim *Wrigley Building*; z.B. **Wendella Sightseeing Boats** (bis zu 10 Abfahrten täglich 10-20 Uhr; ab $26; www.wendellaboats.com. Unterschiedliche Bootstouren starten auch vom *Navy Pier*.

7.3.4   Unterkunft und Camping

Hotels/Motels bei den Flughäfen   Übernachten in oder im Umfeld von **Downtown Chicago** ist mit wenigen Ausnahmen ein teures Vergnügen. Vorsicht bei Preisangaben: meist sind sie ohne Hotelsteuer (*Tax*), die in Chicago heftige 15,4% beträgt. Dagegen sind die Kosten bei den *Airports* **Midway** und **O'Hare** erträglich. In vielen Häusern der City gelten aber attraktive **Weekend Rates**. Östlich von **O'Hare** ballen sich Hotels und Motels rund um den Kreuzungsbereich der I-90/I-194 und den Flughafenzubringer #190 (Mannheim/Irving Park/Higgins/River Road). Online-Buchung ist oft günstiger.

Tipp: **Country Inn & Suites**, ein ordentliches 3-Sterne-Haus, 8 mi nordwestlich des Airport; ✆ 1-800-596-2375, DZ ab €82 im deutschen Portal www.usareisen.de/hotels/search.php.

Im Bereich **Midway** liegen zahlreiche Motels an der **Cicero Avenue** zwischen Airport und I-294 (ca. 8 mi südlich). Die Preise sinken mit der Entfernung zum Flughafen.

Vororte   In den Vororten entlang der *Interstate*-Autobahnen und an der Stadtumgehung I-294 (**Tri State Tollway**) sind die meisten der nationalen **Motelketten** unübersehbar vertreten.

Downtown   Bei der **Visitor Information** ist ein **Hotel Guide Metro Chicago** erhältlich, der die *Downtown*-Hotels beschreibt und Wochenend- und andere Sondertarife nennt. Reizvoll sind nostalgische Luxushotels wie auch kleinere Häuser, die für den tieferen Griff ins Portemonnaie auch einen schönen Gegenwert bieten:

- **Palmer House Hilton**, 17 East Monroe Street, irre Prachtarchitektur innen; top Preis-Leistungs-Verhältnis, DZ ab $179, ✆ (312) 726-7500; www.palmerhousehiltonhotel.com

- **Hotel Indigo**; 1244 Dearborn Pkwy; (I-90/94, *Exit* 49A, W Division Street; nach 1,6 mi links); DZ ab $219, ✆ (312) 787-4980 und ✆ 1-866-521-6950; www.goldcoastchicagohotel.com

- **Tipp**: *Hotel Cass* (*Holiday Inn Express*); 1 Block westlich der *Magnificent Mile*; 640 N Wabash Avenue, DZ ab $127; ✆ (312) 787-4030; www.casshotel.com
- *ACME Hotel* (ehemals *Comfort Inn*), 15 East Ohio Street, kürzlich renoviert und jetzt in modernem Design, zentral, DZ ab $174; ✆ (312) 894-0800; www.acmehotelcompany.com

Gut gelegen in *Downtown/Lincoln Park*, aber preiswerter sind:

- **Tipp**: *Ohio House Motel*, 600 N LaSalle Street, sehr gut gelegen im Szeneviertel, Parken frei; DZ ab $119, ✆ (312) 943-6000; www.ohiohousemotel.com
- *Travelodge Hotel Downtown*, super Lage beim *Grant Park*: nur 1 Block zur CTA-Station *Harrison*; 65 East Harrison/Ecke Wabash Street; DZ ab $109 (Parken $27/Tag, Wifi), ✆ (312) 427-8000; www.travelodgehoteldowntown.com
- **Tipp**: *Days Inn Lincoln Park North*, 644 W Diversey Pkwy, alternativer Distrikt, viele *Shops*, Restaurants, gute Busanbindung (#22, #36), DZ ab $120; ✆ (773) 525-7010; www.lpndaysinn.com

Hyde Park

- *The Amber Inn*; Motel mit 2 Restaurants in reizlosem Umfeld, Parken frei; 5 min zur *Metro Station Garfield* (*Green Line*, 7 Stationen zum *Loop*); südlich *Downtown*, 3901 South Michigan Ave (zwischen South Lake Shore Drive und I-90/94, *Exit 55th Street*), DZ ab $74, ✆ (773) 285-1000; www.amberinn2u.com

- *Ramada Lake Shore Drive*, Wifi, Pool, *Free Parking*; Bus #6 zum *Loop*; *Metro* bis zu den Stationen *Millenium Park* (Michigan/Randolph) und *Van Buren* (Michigan Ave) in die City; 4900 South Lake Shore Drive; Zufahrt über I-94 (*Local Lane*), *Exit 51* (Hyde Park Blvd) East bis zum Ende, DZ $119-$149, ✆ (773) 288-5800; www.ramada-chicago.com

Billigquartiere

- *Chicago HI Hostel* in renovierter Fabrik (8-10 Betten-Zimmer) mitten im *Loop*, sauber, Privatsafe, Wifi, ab $31/Bett; 24 E Congress Pkwy/Ecke S State Street; 3 Blocks von der *Metro Station Jackson*; ✆ (312) 360-0300; www.hichicago.org

»Dampfer« an der North Avenue Beach als Strandcafé

- *Chicago Getaway Hostel*, 616 W Arlington Place, kürzlich renoviert (ehemals *Arlington International House*), gute Gegend, *Dorms* $25-$70 (Bett), *Private Rooms* $60-$295, ℂ (773) 929-5380; www.getawayhostel.com
- *International House* der *University of Chicago*, 1414 E 59th Street in *Hyde Park* (Stadtsüden: sicher, lebendig); Bahn von der 59th Street ➪ siehe Ramada. Bus #6 zum *Loop*, $80-$135, ℂ (773) 753-2270; ihouse.uchicago.edu

Bed & Breakfast

Chicago ist keine typische *Bed & Breakfast*-Stadt, auch wenn es eine *B&B-Zentrale* gibt: *Chicago Bed & Breakfast Association*, ab $95 aufwärts; www.chicago-bed-breakfast.com

Camping

In Chicago liegen die nächsten Campingplätze sehr weit außerhalb, etwa ein KOA im Bereich der I-90 nordwestlich kurz vor Rockford. Eine gute und für Chicago-Verhältnisse auch noch stadtnahe Wahl sind die bereits erwähnten *Campingplätze* in den *Indiana Dunes*, ➪ Seite 697. Von dort fährt man eine gute Stunde mit Auto oder Bahn. Eine Bahnstation befindet sich in Fußgängerdistanz zum Campingplatz; www.nps.gov/indu.

7.3.5   Stadtbesichtigung

Rundfahrt und Trolleynutzung

Start

Ein guter Startpunkt ist das *Office of Tourism* im *Chicago Cultural Center*, Ecke East Randolph Street/Michigan Avenue. Dort kann man sich auch gleich aktuelles Infomaterial und Karten besorgen. Folgende Reihenfolge der Stadtbesichtigung erscheint bei diesem Ausgangspunkt sinnvoll:

- Zunächst der *Millenium Park*
- danach *Loop*-Bummel mit *Willis Tower*, ➪ Seite 712ff
- **Michigan Avenue** mit *Navy Pier* und *River North*
- *Museum Campus*: **Adler Planetarium**, **Shedd Aquarium**, **Field Museum**, abseits davon **Museum of Science und Industry**.

Jay Pritzker Pavilion im Millenium Park

_____ **Bereich Downtown**

Millennium Park

Mit dem **Millennium Park** liegt gleich am Start an der Michigan Avenue oberhalb des _Art Institute_-Komplexes eine neuere Stadtattraktion. Findet nicht gerade ein _Open-Air_-Konzert auf _Frank Gehrys_ Titan-verschwungener Bühne (**Jay Pritzker Pavilion)** statt, drängelt sich alles vor dem **Crown Fountain** (Foto) von _Jaume Plensa_ oder lässt sich von _Anish Kapoors_ blankgeputztem **Cloud Gate** faszinieren, einer verbogenen Riesenbohne, in der sich alles verzerrt spiegelt. Blicke wie Schritte gebühren auch der fast 300 m langen **BP Bridge** (_Frank Gehry_), die sich elegant über den Lake Shore Drive schlängelt. Im **Grillrestaurant** unterhalb des _Cloud Gate_ sitzt man draußen im Grünen vor der Hochhauskulisse des _Loop_, auch der **Imbiss** nebenan hat eine paar Tische und Stühle auf dem Vorplatz; www.milleniumpark.org.

Crown Fountain in Aktion

Loop

Wie erläutert, zählen zu _Downtown Near North_, _River North_ und der _Loop_, eine Quadratmeile, die von der Hochbahn, der **EL** (_Elevated Train_, zur Weltausstellung 1893 gebaut), umrundet wird. Eine 3/4-Runde (und gleich wieder zurück!) mit der ratternden Bahn ist ein relativ preiswerter Spaß ($2,25).

Im **Loop** stehen Bürohäuser aller Stile und Epochen aus Vor-Wolkenkratzer-Zeiten (1890) neben _Skyscrapern_ von Star-Architekten wie _Sullivan, van der Rohe, Philip Johnson_ und _Helmut Jahn_, (⇨ Rundgang Seite 712ff).

Willis Tower (früher Sears)

Von der Michigan Avenue führt die Adams Street direkt (1 km) zum absoluten »Chicago-Muss«, dem **Willis Tower** (1974), mit 443 m Höhe lange Zeit **höchstes Bauwerk der Erde**. Der Lift zum **Skydeck Observatory** im 103. Stock in 412 m Höhe kostet inkl. einem Multimedia-Vorprogramm im Museum $17,50, Kinder unter 12 Jahre $11. Der Blick über und auf die Wolkenkratzer der _Downtown_ und den Lake Michigan ist sagenhaft. »The Ledge (Vorsprung) at Skydeck«, ein außen angebauter Glasbalkon, sorgt für Nervenkitzel. Ideal um 9 Uhr oder kurz vor Dämmerung, sonst lange Wartezeiten. Auch abends lohnt die **Auffahrt**: April-September 9-22 Uhr, Oktober-März 10-20 Uhr; die Sicherheitskontrollen entsprechen denen in Flughäfen. Wartezeiten vermeidet, wer sich mit dem teuren **FastPass** ($35) als VIP an allem vorbeiführen lässt; www.theskydeck.com.

Hochhäuser/ Architektur

Vom _Willis Tower_ kann man die wichtigsten Hochhäuser leicht im **Chicago Stadtplan** ausmachen, ⇨ ab Seite 712.

Museen (mit Planetarium und Aquarium)

Chicago Art Institue

Die Sammlung von Kunstwerken, Gemälden und Skulpturen des *Art Institute of Chicago* (gleich unterhalb des *Millenium Park*) kann sich mit New Yorks *Metropolitan Museum* messen. Kaum ein großer Name fehlt. Allein die Abteilung europäischer Impressionisten (*Renoir, Monet*) füllt Räume. Eindrucksvoll sind auch die Amerikaner mit Hoppers *Nighthawks* und *American Gothic* von *Grant Wood*. Chicagos Architekturgeschichte findet sich hier ebenfalls wieder; die bunten Lobbyfenster stammen von *Frank Lloyd Wright*, die Fassadenteile von *Sullivan*-Bauten, dessen 1972 vom Abriss bedrohter *Trading Room* in der *Chicago Stock Exchange* hierher gerettet wurde. Der elegante Neubau (*Renzo Piano*) beherbergt jetzt Galerien mit Kunst des 20./21. Jahrhunderts. Eine Brücke verbindet Museum und *Millenium Park*. Täglich 10.30-17, Do bis 20 Uhr. $18/$12; www.artic.edu/aic.

Moderne Kunst

Museum of Contemporary Art ➪ Seite 712.

Museum Campus

Zum **Museum Campus** gehören das *Field Museum of Natural History, Shedd Aquarium, Adler Planetarium* und das *Museum of Science & Industry* südlich des *Grant Park*. Große Parkplätze: $16 für 4 Std, danach $19, Parkplätze *Soldier Field* (Stadion *Chicago Bears*) bis 12 Stunden. City-Zufahrt von dort Bus #146.

Field Museum

Das *Field Museum of Natural History* am Lake Shore Drive ca. 2 km südlich des Kunstmuseums markiert die südöstliche Ecke des *Grant Park*. Es ist in erster Linie der **Flora und Fauna** und den **Indianerkulturen Nordamerikas** gewidmet. Ferner gibts *SUE*, ein riesigen **Tyrannus Rex**, und **Underground Adventure** – den 100-fachen Zoom in ein Erdbodenstück voller Leben. Sonderabteilungen beziehen sich auf Afrika und pazifische Räume; täglich 9-17 Uhr; $15/$10 (mit Sonderausstellungen und 3-D-Film teurer); www.fieldmuseum.org.

Aquarium

Die Attraktion des **Shedd Aquarium** ist das **Oceanarium**. Dort finden Vorführungen mit Walen, Delfinen und Robben statt. Die Zuschauer blicken nicht nur auf das Tauchbecken, sondern durch ein großes Panoramafenster auch auf den Lake Michigan. Das Aquarium beherbergt 6.000 Wassertiere aus aller Welt und ein lebendes Korallenriff. Auch die artenreiche Unterwasserwelt des Amazonas wird vorgestellt. Juni-Anfang September täglich 9-18 Uhr, sonst 9-17 Uhr; $29/$20; www.sheddaquarium.org.

Planetarium

Das *Adler Planetarium & Astronomy Museum* beherbergt eine Sammlung zahlreicher historischer Exponate der Weltraumforschung; kleine Experimente laden zum Ausprobieren ein. Drei Theater bieten Vorführungen und Shows wie »*Welcome to the Universe*« oder »*Deep Space Adventure*«. Mitte Juni-*Labor Day*, täglich 9.30-18 Uhr, sonst kürzer; $10/$8 (mit Führungen und Theater teurer); www.adlerplanetarium.org.

Museum of Science & Industry

Rund 7 mi südlich des Zentrums liegt in *Hyde Park* nahe der *University of Chicago* das **Museum of Science & Industry** (Anfahrt über den Lake Shore Drive bis Jackson Park/57th Street,

Chicago

0   450 m

1 H. Wash Library
2 Fisher Building
3 Detention Center
4 Monadnock Building
5 Federal Center and Plaza
6 Sears Tower
7 One South Wacker
8 Marquett Building
9 First National Bank Plaza
10 Carson Pirie Scott
11 Reliance Building
12 Marshall Field
13 Chicago Temple
14 Daley Center
15 State of Illinois Center
16 W. Wacker Drive 333

Museum of Science & Industry

Parken in der Tiefgarage $16). Von *Downtown* im Sommer mit Bus #10, sonst mit *Jackson Park Express* #6.

Die Geschichte der Industrialisierung (Bergwerk, Bahn, Flugzeug, *Skyscraper*) und neue Techniken werden ausführlich behandelt, ebenso die Frage: »Wie kann die Zukunft des Verkehrs, des Haushaltes, des Häuserbaus usw. aussehen?« Im Sommer täglich 9.30-17.30 Uhr (sonst kürzer); $15/$10 (mit Omnimax, Sonderausstellungen und Führungen teurer); www.msichicago.org.

Architekturspaziergang im Loop/Near North

Wer sich für Architektur interessiert, kann – wie vorstehend vermerkt – Führungen buchen, aber die architektonischen Meisterwerke Chicagos auch leicht individuell ablaufen. Ein sinnvoller **Spaziergang** dieser Art könnte im Südosten des *Loop* an der Ecke Michigan Avenue/Van Buren Street (1 Block unterhalb des *Art Institute*) beginnen, Laufrichtung Van Buren.

Man passiert zunächst die 1905 fertiggestellte und mehrmals modernen Erfordernissen angepasste **Orchestra Hall** (220 S Michigan Avenue), in der die **Chicagoer Symphoniker** zu Hause sind, bis 2006 unter *Barenboim*, seit 2010 unter *Riccardo Muti*. In der 224 S Michigan Avenue steht das **Santa Fe Building** (1904, Sitz der *Architectural Foundation*) mit schöner zweistöckiger Halle; an der Kreuzung Van Buren/State Street die **Harold Washington Library** (**1991**), ein etwas klotziges im architekturbewussten Chicago sehr umstrittenes Gebäude.

Das **Metropolitan Correctional Center** von 1975 (Van Buren/Dearborn), ein Untersuchungsgefängnis in eigenartiger Dreiecksform, hat statt vergitterter Fenster nur hohe schmale »Schießscharten«.

Das **Monadnock Building** von 1891 (Jackson Blvd/Dearborn), das höchste ganz aus Stein gemauerte Gebäude der Welt, ist ein recht klobiger Klotz. Die Backsteinbauweise stieß hier an ihre Grenzen, denn um die 16 Stockwerke tragen zu können, wurden 1,80 m dicke Grundmauern benötigt. Um noch höher hinaus zu gelangen, musste nach anderen Materialien und statischen Konstruktionen gesucht werden. Bahnbrechend dafür war 1883 die Erfindung des Chicagoer Ingenieurs **William Le Baron Jenney**: Er entwickelte die im Prinzip bis heute verwandte Bauweise, bei der nicht mehr die äußeren Mauern die tragenden Teile waren, sondern Stahlgerüste, die nur noch mit Fassaden und Verkleidungen geschlossen werden mussten. Erst auf diese Weise wurden moderne Wolkenkratzer bautechnisch möglich.

Etwas weiter nördlich an der Dearborn Street liegt das **Kluczynski Federal Building** (1964-74). Das einstöckige Postgebäude wird flankiert von Zwillingstürmen aus schwarzem Glas, die zu den Hauptbauwerken *Mies van der Rohes* in Chicago zählen. **Van der Rohe** war 1937 vor den Nazis geflohen und gehörte dem Dresdner Bauhaus an, wo im Prinzip die gleiche funktionale Bauweise vertreten wurde wie in Chicago: *Form follows Function*, wie es *Louis Sullivan*, einer der führenden Architekten, formuliert hatte.

Van der Rohes Bauten sind streng in der äußeren Form, kennen keinen Hauch von Auflockerung oder Dekoration und wirken sehr nüchtern. Vor dem Gebäude steht der *Flamingo* von **Calder**. Sein leuchtendes Rot steht in starkem Kontrast zu den schwarzen Türmen.

Etwas östlich des *Federal Center & Plaza* an der 17 W Adams Street liegt das traditionelle **Berghoff Restaurant**, das von einer *Cast Iron*-Konstruktion umfasst wird. Solche gusseisernen, reich verzierten Fassaden wurden Ende des 19. Jahrhunderts oft vor das Mauerwerk gesetzt.

Am 141 W Jackson Blvd steht etwas weiter westlich das **Chicago Board of Trade Building** von 1930 (Ecke LaSalle), eine der wenigen *Art Deco*-Bauten Chicagos, mit einem gläsernen Anbau von *Helmut Jahn*. Das alte Gebäude wird gekrönt von *Ceres*, der Göttin der Fruchtbarkeit; ein Blick in die reich dekorierte Lobby lohnt. In dieser größten und ältesten Warenterminbörse Amerikas werden die Preise für Weizen, Sojabohnen, Getreide, Metalle usw. gehandelt.

Folgt man dem Jackson Blvd weiter westlich, vorbei an den klassischen Bauten der **Bank of America** und **Federal Reserve** (beide Fassaden zur LaSalle Street), gelangt man am S Wacker Drive zum **Willis Tower** (früher *Sears*), dem mit 110 Stockwerken und 527 m Höhe (inkl. Antenne) siebthöchsten Gebäude der Welt. In Amerika ist der Turm bis zur Fertigstellung (geplant für 2013) des *One World Trade Center* (541 m) in New York immer noch der höchste.

Der Turm besteht aus neun versetzt aufeinandergestellten Rechtecken, die ihm die nötige Stabilität verleihen. Auch bei Sturm schwankt er nie mehr als 15 cm. Im Eingang befindet sich eine weitere **Statue** von *Calder: The Universe*.

Der Jackson Blvd führt über den Chicago River zur **Union Station** (1925), dem größten Bahnhof der Stadt. Die im europäischen Stil ab 1913 gebaute Halle mit großer Kuppel, vergoldeten Statuen und pompösen Ornamenten wirkt leider etwas heruntergekommen.

Wer von der *Union Station* die Adams Street entlang wieder nach Osten geht, passiert das Hochhaus *190 South LaSalle* mit weiß-roter Marmorlobby (1987 durch den New Yorker Architekten *Philip Jones*). Gleich links um die Ecke in der 209 LaSalle steht **The Rookery** (1888), ein elegantes Gebäude von *Burnham & Root*. Sehenswert ist der Lichthof, der 1906 von **Frank Lloyd Wright** noch einmal umgestaltet wurde, **Führungen** Mo, Di, Do+Fr 12 Uhr; $5 (30 min).

Das **Marquette Building** (1895) an der Dearborn/Adams Street von *Holabird & Roche* ist ein Beispiel für den damals noch nicht ganz vollzogenen Übergang zur neuen Stahlgerüstbauweise. Typisch sind die *Chicago Windows*, die das Haus kühlen und lüften sollten – noch gab es keine *Air Condition*. Eine breite, feststehende horizontale Scheibe ist an beiden Seiten von Drehfenstern flankiert, sodass ein permanentes Lüftchen den Stockwerken die Wärme entzieht.

Das Gebäude **55 Monroe Street** nebenan – erbaut 1980 von den Architekten *Murphy* und *Jahn* – wirkt wie ein zierlicher Zauberspiegel. Gleich gegenüber steht vor dem **First National Bank Building** (*Dearborn & Monroe*) die berühmte **Mosaik-Skulptur** *The Four Seasons* von **Marc Chagall** (1974).

Geht man einen Block weiter auf der Madison Street in Richtung Osten, gelangt man (Ecke State Street) zum *Carson Pirie Scott Company Building* (1899, als Kaufhaus seit 2006 geschlossen), heute **Sullivan Center**. Es wurde von *Louis Sullivan* entworfen und gehört zu den wichtigsten Gebäuden in der Architekturgeschichte Chicagos (*US National Historic Landmark*). Hier arbeitete er nicht nach der Devise *Form follows Function*: Der Architekt bewies an diesem Objekt, dass er auch einer der größten Ornamentkünstler seiner Zeit war. Die Motive stammen nicht mehr aus Europa, dem alten Rom oder Griechenland, sondern sind an der Pflanzen- und Tierwelt Nordamerikas orientiert. Etwas nördlich, an der State Street/Washington Street, liegt das *Reliance Building* von 1895. Erstmalig wurden hier alle Möglichkeiten der Stahlskelett-Bauweise angewandt, sodass die – nicht tragende – Fassade fast ganz verglast werden konnte.

Etwas weiter nördlich, noch an der State Street, steht das größte Warenhaus Chicagos, einst **Marshall Field**, jetzt **Macy's**. Der alte, im neoklassischen Stil gehaltene Gebäudeteil besitzt einen schönen *Tiffany*-Lichtdom.

Wer nicht schon beim Aufsuchen der *Tourist Information* hineingeschaut hat, sollte die Washington Street bis zur Michigan Avenue hinunterlaufen und sich das *Chicago Cultural Center*, einen neoklassischen Palast von 1893, unbedingt von innen ansehen (Eingang Washington Street). Eine beeindruckende Marmortreppe führt zur **Preston Bradley Hall** mit einem weiteren *Tiffany Dome*.

Wieder zurück auf der Washington Street erreicht man (an der Ecke Dearborn) das **Civic** bzw. **Daley Center** (1965), eine Stahl-Konstruktion, die nach *Richard J. Daley* benannt wurde, der über viele Jahre Chicagos Bürgermeister war. Eine namenlose Skulptur *Picassos*, die schlicht **The Picasso** genannt wird, ist – aus dem gleichen Material wie das Gebäude – zu einem rostigen Ton verwittert.

Nordwestlich, an der Randolph Street, befindet sich das **James R. Thompson Center**. Es wurde 1985 von *Helmut Jahn* realisiert, der sich in den vergangenen Jahrzehnten viel Ruhm als Architekt des modernen Chicago erwarb. Das *Thompson Center* ist ein multifunktionales, um einen gewaltigen Lichtdom errichteter Bau. Alles ist mit Glas und Spiegeln in Rosa und Hellblau gehalten.

Auf den Blick von oben in die Halle sollte man nicht verzichten. Auf dem Vorplatz steht *Jean Dubuffets* Skulptur **Monument with Standing Beast**.

Das **Chicago Title and Trust Center** gegenüber dem *Thompson Center* ist ein Beispiel für die leichte und luftige Bauweise vieler Hochhäuser der 1990er-Jahre. Ähnliche Bauwerke stehen am Wacker Drive, wobei das Hochhaus **333 West Wacker** besondere Aufmerksamkeit verdient. Die graugrüne geschwungene Marmor- und Glasfassade reflektiert den grünen *Chicago River*.

Am anderen Ufer des Flusses sieht man das riesige **Merchandise Building** (1928) mit einem *Shopping Center* im unteren *Level*.

Die Apartmentgebäude **Marina Towers** (auch auf der anderen Flussseite, unweit der *New Michigan Avenue Bridge*), zwei runde Türme mit schmalen Fenstern, waren in den 1960er-Jahren eine Sensation.

Den *Chicago River* überquert man auf der **New Michigan Avenue Bridge** und befindet sich damit in *Near North*. Auf der linken Seite der Avenue befindet sich der Hauptsitz einer Firma, die in »aller Munde« ist: *Wrigley's Chewing Gum*. Das **Wrigley Building** aus den 1920er-Jahren mit einem der Kathedrale von Sevilla nachgebauten Turm, klassischer Fassade und einem nachts hell erleuchteten Uhrenturm ist eines der Wahrzeichen der Stadt.

Weiter nördlich auf der rechten Seite steht der **Chicago Tribune Tower** aus den 1920er-Jahren mit Türmchen und Verzierungen (*Gothic Style*). Eine Besonderheit sind die vielen in die Fassade eingelassenen Originalteile, z.B. vom Petersdom und die *Westminster Abbey*, sogar von der Berliner Mauer etc. Noch weiter oben steht das **Hotel Intercontinental Chicago** (1929) mit einer aus den Kulturen der Welt zusammengetragenen Ornamentik.

Blick auf die City und Lake Michigan vom Willis Tower aus

Bereich River North/Near North – Restaurants

River North

www.the
magnificent
mile.com

Nördlich des Chicago River wird die Michigan Avenue zur *Magnificent Mile*. Dort stehen neben den klassischen Hochhäusern (*Wrigley* und *Chicago Tribune*) vor allem multifunktionale Komplexe, wie die *Shopping Malls Chicago Place* und – extravagant – *Water Tower Place* (700 bzw. 845 Michigan Avenue). Ferner säumen moderne *Entertainment Shops* (*Nike, Viacom, Sony, Levis*) und Filialen bekannter Warenhäuser diese Konsummeile.

Navy Pier

Eines der Highlights nördlich des *Chicago River* ist der **Navy Pier**, eine Mischung aus Jahrmarkt, *Shops, Open-Air-Restaurants*, Imax-Kino, Start für Bootstouren, Veranstaltungen, *Children's Museum* u.v.a. mehr. Glanzpunkt ist eine kleinere Nachbildung des Wiener Riesenrades, das 1893 zur *World's Columbian Exihibition* in Chicago gebaut wurde. Einen schönen Blick auf die *Skyline* hat man vom **Panorama-Restaurant Riva**.

**Water Works/
Pumphouse**

An der Michigan Avenue gehören **Water Tower** und das **Pumphouse** an der Ecke Pearson Street zu den wenigen Gebäuden, die das Feuer von 1871 überstanden. Sie gelten als Sehenswürdigkeit, verdienen aber nur wegen ihres Kontrastes zum Hochhausumfeld Aufmerksamkeit. »Eine verbürgte Monstrosität mit Pfefferstreuern bepappt«, beschimpfte 1882 *Oscar Wilde* den Wasserturm.

**Moderne
Kunst**

Das **Museum of Contemporary Art** (220 E Chicago Avenue; vom Berliner Architekten *Josef Paul Kleihues*) zeigt in seiner permanenten Ausstellung u.a. Werke von *Miró, Magritte* und *Max Ernst*. Der Schwerpunkt des Museums liegt auf Wechselausstellungen avantgardistischer Kunst. Di 10-20 Uhr; Mi-So 10-17 Uhr; $12/$7; www.mcachicago.org.

**Hancock
Tower**

http://
jhochicago.
com/region/de/

Ein paar Schritte weiter steht der **John Hancock Tower**, zu erkennen an seinen Kreuzverstrebungen. Er ist 338 m hoch und besitzt 98 Etagen. Der Blick vom *Observation Deck* oder vom offenen *Skywalk* ist kaum minder atemberaubend als die Aussicht vom *Willis Tower* und wegen der anderen Perspektive auch zusätzlich zum Besuch des *Willis Tower* lohnenswert. Schöne Bilder gelingen dort bei einbrechender Dämmerung. Täglich 9-23 Uhr; $17,50/$11,50, mit Multimedia und *Skydeck* $27/$21,50; **Fast Pass** je $35 (ohne Wartezeiten) und etwas Besonderes: **Sun & Stars**: 48 Stunden gültig, $24,50/$18,50. Die Wartezeiten sind dort im allgemeinen kürzer als beim *Willis Tower*; ebenfalls *Security*.

Strand

Die Michigan Avenue endet drei Blocks nördlich. Links locken dort *Armani* & Co in der **Oak Street**, rechts der gleichnamige Park mit dem **Beach Café**, einem gestrandeten Dampfer auf Sand.

Restaurants

Chicago steht traditionell für deftige Steaks, ganz unitalienische (dicke) Pizzas und auch für **Erlebnis-** und **Fun-Food:**

• Westlich der Michigan Avenue zwischen Illinois Street und Chicago Avenue gibt es mehrere sehr gute Steakhäuser, z.B. das volkstümliche **Carson's** (612 North Wells Street) oder das **Chicago Chop Hous**e (60 West Ontario Street).

Chicago Jazz & Blues

Schwarze, die durch die Mechanisierung der Baumwollernte arbeitslos wurden, brachten den *Jazz* um 1900 aus den Südstaaten ins florierende Chicago. Ihr Heimweh stillten sie mit wehmütigen Klängen auf *Rent Parties*, die sie zur Finanzierung ihrer Mieten veranstalteten. Daraus entwickelte sich eine eigenständige Form des *Jazz*, der *Chicago Blues* (z.B. *Sweet Home Chicago*). Neben traditionellen *Blues*-Lokalen wurden andere wiederbelebt oder neu eröffnet. Anfang/Mitte Juni findet im *Grant Park* ein *Blues Festival* statt; gefolgt vom *Gospel Festival* und im April ein renommiertes *Jazz Festival*.

- Zentral liegen **Blue Chicago** und **Blue Chicago On Clark**, beide in *River North* in der N Clark Street (#736: ✆ (312) 642-6261; #536: ✆ (312) 661-0100)
- Bekannt ist das **B.L.U.E.S.**, 2519 N Halsted, nahe der *DePaul University*, ✆ 773-528-1012; www.chicagobluesbar.com
- Im eleganten **Cotton Club**, 1710 S Michigan Avenue, kommen auch Jazz-Freunde auf ihre Kosten, ✆ (312) 341-9787
- Südlich Congress Plaza ist **Buddy Guy's Legends** angesagt, 700 S Wabash Avenue, ✆ (312) 427-1190; www.buddyguy.com

Beliebte *Blues Bars* sind:

- **Kingston Mines**, 2548 N Halsted, ✆ (773) 477-4647; www.kingstonmines.com
- **House of Blues**, 329 N Dearborn; ✆ (312) 923-2000; www.hob.com/chicago

So richtig los gehts in den meisten Clubs nicht vor 22 Uhr.

- Berühmt ist die **Pizzeria Uno** (29 E Ohio Strett), Geburtsort der *Chicago Style-* oder *Deep Dish*-Pfannenpizza. Der Ableger, ***Pizzeria Due***, befindet sich um die Ecke, 619 N Wabash Ave.
- Auch die **Stuffed Pizza** in den zahlreichen **Giordano's** Filialen ist sehr beliebt (z.B. 730 N Rush Street/Superior Street).

Ketten

Das **Rainforest Cafe** (605 N Clark Street) bietet Fun-Essen für die ganze Familie in tropischem Ambiente mit Gorilla, Wasserfall und Aquarium. Gleich um die Ecke liegt ein **Hard Rock Café** (63 W Ontario) im bekannten *Outfit*. Gegenüber (600 N Clark Street) steht blockfüllend das **Rock-N-Roll McDonald's** – mit Museum!

Fast Food & Picknick

Chicago ist reich an guten *Fast-Food*-Alternativen: **Food Courts** in der **Chicago Place Shopping Mall** (im 8. Stock), 700 N Michigan Avenue, und im bombastischen **Water Tower Place**. Für ein Picknick am See kauft man am besten im **Kinzie Market** (230 W Kinzie Street) oder bei **Fox & Obel** ein (401 E Illinois Street).

Navy Pier mit Riesenrad,
⇨ *links oben*

Weitere Neighborhoods

Chicagos ethnische Viertel liegen weit auseinander. Nur die an den *Lincoln Park* grenzenden *Neighborhoods* und traditionelle Viertel im Süden der Stadt werden deswegen kurz beschrieben.

Gold Coast

Nördlich der Division Street beginnt die sogenannte *Gold Coast* mit modernen Apartmentblocks, Villen an grünen Alleen (z.B. Astor Street), vielen Clubs, Bars und Restaurants (**Rush Street**).

Old Town

Gleich westlich davon liegt historisch **Old Town**, ein restaurierter Stadtteil mit Villen und Holzhäusern. Zentren sind die Wells Street und Lincoln Avenue auf Höhe der Fullerton Avenue.

Lincoln Park

Gold Coast endet am **Lincoln Park** am Lake Michigan mit Teichen, einer Uferpromenade und kleinem Zoo (➪ unten), dem *Café Brauer* am *South Pond* und der schönen **North Avenue Beach**.

Green City Market

An der südwestlichen Ecke des Parks (N Clark Street, Nähe Kreuzung mit der N Lincoln Avenue, *Metro Red Line* Clark/Division) findet Mai-Okt Mi und Sa 7-13 Uhr ein *Bauernmarkt* statt.

Geschichtsmuseum

Ebenfalls an der Südwestecke des Parks präsentiert die **Chicago Historical Society** »Gründerjahre der USA und Chicagos« (1765-1820). U.a. geht es um den großen Brand von 1871, Bügerkrieg, *Al Capone*, die erste CTA-Bahn und -Lokomotive. Sehenswert sind die thematischen Dioramen. Mo-Sa 9.30-16.30 Uhr, So 12-17 Uhr; $14, unter 12 Jahre frei; www.chicagohistory.org.

Lincoln Zoo

Mitten im Park gibt es einen Zoo für die ganze Familie mit großen und kleinen Tieren; für Kleinkinder Bimmelbahn und Karussel. Tägl. 10-17 Uhr, Sa/So bis 18.30 Uhr, frei. Anfahrt: Lake Shore Drive, *Exit* Fullerton Pkwy, Parken: bis 30 min frei, 180 min $17; Bus #151 und #156.

Oak Park/ Frank Lloyd Wright

Ein weiterer Besuch sollte dem *Frank Lloyd Wright Home & Studio* im Stadtteil **Oak Park** gelten, 951 Chicago Avenue; nur geführte Touren, besser im voraus buchen; Zeiten siehe unten; für alle Führungen ✆ (312) 994-4000; http://gowright.org. Reservierungen auch im **Rookery Bldg**, 209 LaSalle Street, ➪ Seite 713.

Per Auto erreicht man Oak Park über den *Eisenhower Expressway* (I-290), *Exit* Harlem Avenue North, dann rechts Lake Street zur **Oak Park Visitor Information** (158 Forest Avenue, ✆ 1-888-625-7275) oder mit der **Blue Line** bis Oak Park, dann 5 min zu Fuß.

Touren

Folgende Besichtigungen werden dort angeboten:

- *Home and Studio* (nur englisch) täglich 11-16 Uhr, alle 20 min, Dauer 45-60 min; $15/$12.

- *Historic Neighbors*, ein *Self-guided Walk* zu 25 FLW-Bauten (auch mit deutscher Hörkassette) täglich 10-15.30 Uhr, $15/$12.
- **Tipp:** *Robie House* (1908-10) in *Hyde Park*/Kenwood, das perfekte Präriehaus. Führungen; Do-Mo 11-16 Uhr, Dauer 45-60 min; $15/$12. 5757 S Woodlawn Avenue, *Uni-Campus*. *Red Line* bis Garfield, dann Bus #55 zur Woodland Avenue; lohnenswerter Stadtteil.

Wer sich weitere Schöpfungen des Architekten auch von innen ansehen möchte, muss seine Reise wenigen Terminen anpassen. Der nächste sog. *House Walk* (8-10 Objekte) findet am 18.05.2013 statt und kostet $100/Person. Weitere Details und Termine im Internet.

Chicagos Süden

Brecht-Fans und an Sozialgeschichte Interessierte zieht es vielleicht in Bereiche südwestlich der City zu den historischen **Schlachthöfen**, auch wenn diese nach über hundertjährigem Betrieb bereits 1971 nach außerhalb verlegt wurden.

Schlachthöfe

Bis vor kurzem wirkte dieser *Meatpacking District* westlich des *Loop* trostlos, erdrückend und beängstigend: durchsetzt von klotzigen Lagerhallen, durchschnitten von Schienensträngen, Kaianlagen und Kanälen. Die Bausubstanz hat sich nicht geändert, aber Galerien, Bars und Restaurants haben sich angesiedelt. Für Insider der Szene interessant, für Touristen eher ein schwieriges Pflaster. Zentrum ist Fulton Market im Bereich West Fulton Street.

Pilsen

Pilsen liegt zwischen dem Südarm des Chicago River und der I-90/94 auf Höhe der 18th Street beidseitig der Halsted Street. Die Bezeichnung verrät, dass der Stadtteil früher in böhmischer Hand war. Heute wohnen dort Lateinamerikaner. Bunte *Murals* und etliche Restaurants sorgen für mexikanisches Flair. Dort befindet sich auch das interessante **National Museum of Mexican Art**, 1852 W 19th Street, Di-So 10-17 Uhr. Von *Downtown Pink Line Station* zur 18th Street; www.nationalmuseumofmexicanart.org.

Hyde Park

Etwa 11 km südlich von *Downtown* zeigt sich **Hyde Park**, Standort der *University of Chicago*, ethnisch bunt und lebendig und bietet in stillen Straßen gute Lebensqualität. Es gibt ein großes Angebot an Shops, Restaurants usw. Hauptgeschäftsstraße ist die 53rd Street von der Woodlawn Avenue bis zum Hyde Park Boulevard, ➪ auch Unterkünfte Seite 707. *Hyde Park* erweckt neuerdings touristisches Interesse, da es **das Chicago *Barack* Obamas** ist.

Oak Park und Frank Lloyd Wright

Der bekannteste Chicagoer Architekt ist ohne Frage *Frank Lloyd Wright*. Er arbeitete zunächst zusammen mit *Louis Sullivan*, machte sich dann aber selbständig und revolutionierte vor den Toren der Stadt mit seinen »Präriehäusern« die urbane Wohnkultur. Diese langgestreckten Villen mit weit überstehenden, sehr flachen Walmdächern betonen die Horizontale und reflektieren auch innen die Weite der Steppe: Große lichtdurchflutete Räume liegen auf verschiedenen Ebenen und gehen oft ineinander über. Auch seine bunten Glasfenster wurden berühmt. Gern gab *Wright* auch die Innenarchitektur vor – meist zum Ärger seiner Auftraggeber. Zwischen 1898 und 1909 zeichnete er allein in Oak Park für 25 Gebäude verantwortlich. Das *Visitor Center* hat zu allen Sehenswürdigkeiten des Viertels Unterlagen (auch zum *Hemingway Museum* und *Hemingways* Geburtshaus). Mehr Material zu *Frank Lloyd Wright* führt der Buchladen hinter dem *Wright Home & Studio*, ➪ Text links.

Nach Buffalo über Detroit

Um den Kreis der hier verfolgten Rundfahrt zu schließen, fährt man entweder von Chicago über **Detroit** (I-94 ca. 280 mi) nach Toronto/Niagara Falls oder wählt die südlichere Route am Lake Erie entlang über **Toledo** und **Cleveland** nach **Buffalo** (also ohne Umweg über Detroit auf der I-90 ca. 550 mi) ↪ Seite 726.

7.4   Detroit   www.visitdetroit.com

Einwohner 714.000, Großraum 4,3 Mio.

7.4.1   Geschichte

Detroit war Anfang des 19. Jahrhunderts ein aus einem Militärstützpunkt hervorgegangenes Städtchen mit 2.000 Einwohnern. Als der Bau des *Welland Canal* zur Umgehung der Niagara Fälle und die Fertigstellung des *Erie Canal* 1830 die Anbindung der Großen Seen an den St.-Lorenz-Strom und damit an New York und die Ostküstenstaaten brachte, verzehnfachte sich die Einwohnerzahl in nur 20 Jahren. Mit Beginn des 20. Jahrhunderts entwickelte sich Detroit zum Symbol der amerikanischen Autoindustrie schlechthin. Ab 1902 wurde der »Volkswagen« Amerikas, das legendäre **»Modell T«** von *Ford* in Massenproduktion hergestellt. 1908 wurde *General Motors* gegründet. Nach dem französischen Gründer der Stadt, *Antoine Laumet de La Mothe, Sieur de Cadillac,* wurde die Luxuslimousine der 1950er-Jahre genannt und der »Pontiac« nach dem Häuptling des Ottawa-Stammes, der im *French & Indian War* (1763-1766) das Fort Detroit einnahm.

Niedergang bis 2012

Die **Erdölkrise** der 1970er-Jahre führte zu einem dramatischen Abstieg. Zigtausende von Arbeitsplätzen gingen damals verloren. Ehemals mittelständische Wohnviertel verkamen zu *Slums*, ganze Bereiche verfielen. Eine danach eingetretene Konsolidierung der Autoproduzenten wurde später durch japanische Konkurrenz wieder zunichte gemacht. Riesige Flächen im Süden der Stadt mit

Glasfassaden rundum, das sog. RenCen (Renaissance Center), heute General Motors Hauptquartier, am Ufer des Detroit River am Rand der Innenstadt

seit Jahrzehnten aufgegebenen Fabrikanlagen liegen seither brach, neue Industrieruinen kamen hinzu. Von 2000 bis 2010 verlor Detroit fast 250.000 Einwohner. Nach der faktischen Insolvenz der *General Motors Corporation* im Juni 2009 und Neustart geht es zwar mittlerweile für das Unternehmen wieder bergauf, aber der bis nach *Downtown* vorgerückte Verfall konnte trotz mancher Bemühungen – etwa an der *Riverfront* – nicht wirklich aufgehalten werden. Dass engagierte Bürger 2012 damit begonnen haben, Straßenzüge mit verlassenen Häusern und Brandruinen quasi zu roden und auf den Flächen Parks und Gemüsegärten anzulegen, zeigt, wie desolat die Situation in Detroit gegenwärtig ist.

Highlights Den relativ guten 1990er-Jahren verdankt die Stadt den Prachtbau *Renaissance Center*, das Hotel/Spielkasino *MGM Grand* und spektakuläre *Downtown*-Stadien für die *Detroit Lions* (*American Football, Ford Field*) und die *Detroit Tigers* (*Baseball, Comerica Park*). Wer sich für Industrie- und Verkehrsgeschichte und alte Automodelle interessiert, sollte einen Besuch im **Henry Ford Museumskomplex** erwägen. Und auch das Kunstmuseum **Detroit Institute of Arts** kann sich sehen lassen.

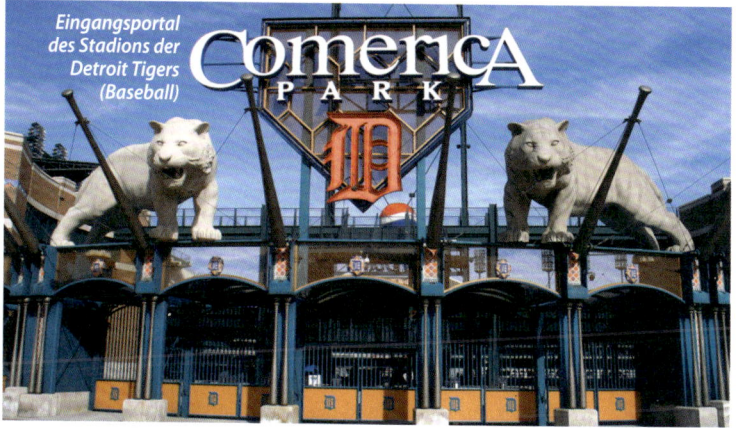

Eingangsportal des Stadions der Detroit Tigers (Baseball)

7.4.2 Orientierung, Transport und Information

Orientierung Detroit ist mit einem dichten, auf das Zentrum ausgerichteten Autobahnnetz überzogen. Aus welcher Richtung auch immer man sich *Downtown* Detroit nähert, man gelangt fast unverfehlbar dorthin. Einmal im Kernbereich, der von Detroit River und der Trasse der Hochbahn umgrenzt wird, fällt auch die weitere Orientierung nicht schwer. Für Anlaufpunkte außerhalb *Downtown* folgt man einfach einer der Hauptstraßen, die vom Zentrum aus sternförmig in alle Richtungen laufen. Stimmt die Richtung, kann man in Detroit nicht mehr ganz falsch fahren.

Öffentliche Verkehrs- mittel	Das ***Detroit Department of Transportation (DOT)*** versorgt vor allem den Bereich der engeren City, Ticket $1,50. Die ***Suburban Mobility Authority for Regional Transit (SMART)*** kümmert sich um den Transport zu den Vorstädten; www.ci.detroit.mi.us.
People Mover	Der ***People Mover***, eine **Magnetbahn**, umrundet den *Central Business District* und fährt durch mehrere Gebäudekomplexe hindurch. Eine komplette Runde über 13 mit »**Kunst am Bahnhof**« gestaltete Stationen dauert ca. 15 min und eignet sich gut für einen ersten Überblick; www.thepeoplemover.com.
Information	Ein ***Visitor Information Center*** befindet sich im 10. Stock des Gebäudes 211 West Fort Street; ✆ 1-800-338-7648. Ein Stand der Tourist-Info befindet sich im Airport.

7.4.3   Unterkunft und Camping

Hotels/ Motels	Häuser der bekannten Motelketten finden sich konzentriert in **Airportnähe** an der I-94 (Stadtteil Romulus), in **Dearborn** (*Ford Museum*) und entlang der äußeren **Ringautobahn I-275** im gemeinsamen Streckenabschnitt mit der I-96 im Stadtwesten.

Unweit *Downtown* logiert man relativ preiswert im

* ***Shorecrest Motor Inn***, 1316 E Jefferson Avenue, DZ ab $90, ✆ (313) 568-3000 und ✆ 1-800-992-9616; www.shorecrestmi.com

Die teure, aber außerordentlich reizvolle Alternative bietet das

* ***Marriott*** im *Renaissance Center, Weekend* ab $179, ✆ (313) 568-8000; www.detroitmarriott.com

Bei **Dearborn** ist eine gute Wahl:

* ***Courtyard by Marriott***, 5200 Mercury Drive, ab $130, ✆ (313) 271-1400. Zufahrt ebenfalls über den Freeway #39, *Exit* Ford.
* ***Holiday Inn Express***, 3600 Enterprise Drive in Allen Park, ab $100, ✆ (313) 323-3500; www.ichotelsgroup.com

Eine preiswertere Alternative in diesem Bereich ist das

* ***Red Roof Inn Dearborn***, 24130 Michigan Ave, ✆ (313) 278-9732 und ✆ 1-800-THE ROOF, ab $80, Wifi; www.redroof.com

Hostels sind in und um Detroit nicht zu finden.

Camping	Citynah kann man in und bei Detroit nicht campen. Eine gute Stunde Fahrt ab *Downtown* ist das Minimum, gleich, wo man unterkommt. Der ***Algonac State Park*** liegt nordöstlich der Stadt am Detroit River, der ***Sterling State Park*** südlich am Lake Erie.

Beste Alternative in hügeliger Waldlandschaft ist der *Campground* (mit *Hook-up*) in der **Pontiac Lake State Recreation Area**. Zufahrt ab Pontiac über die #59, dann Williams Lake Road westlich des *Oakland Pontiac Airport*, an der *Beach* vorbei und weiter auf der Gale Road, nach 4 mi dann rechts und noch einmal rechts. Oder weiter westlich von der #59 auf der Teggerdine Road ca. 3 mi, dann rechts; $18, ✆ 1-800-447-2757; www.michigan dnr.com/parksandtrails/details.aspx?id=485&typc=SPRK.

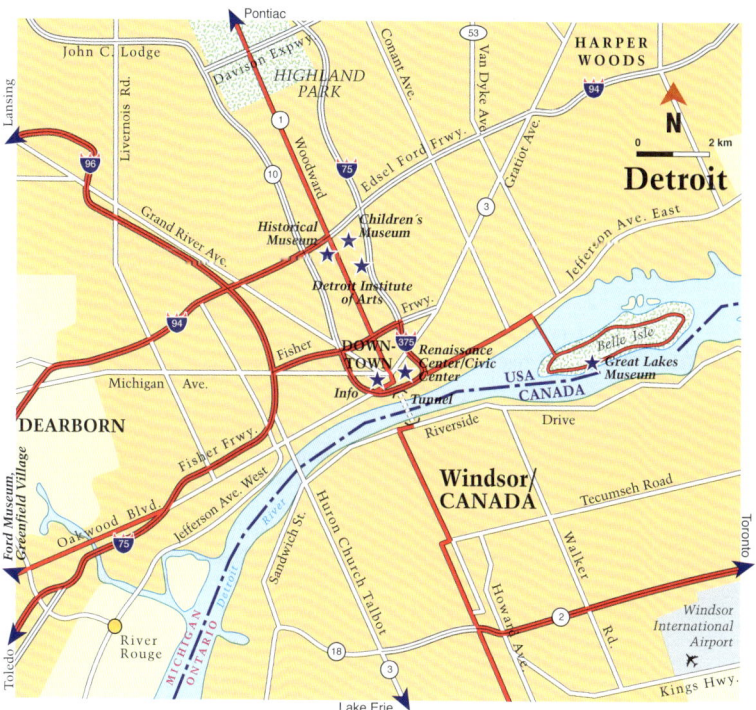

7.4.4   Stadtbesichtigung

Zustand Downtown

Auch in der überschaubaren Downtown ist unübersehbar, dass es mit Detroit seit vielen viele Jahren bergab geht; zahlreiche Gebäude stehen leer, und insbesondere die Randzonen entlang der Hochbahn-Trasse sind teilweise in einem bemitleidenswerten Zustand.

Riverfront

Detroits bestes Stück ist die *Riverfront* mit Kongresszentrum (*Cobo Center*), *Civic Center Plaza* und *Renaissance Center*. Rund um diesen Bereich stößt man auf – noch erschwingliche – Parkhäuser und -plätze. Er ist idealer Startpunkt für einen Besuch der Innenstadt.

RenCen

Auf jeden Fall ein wenig intensiver umsehen sollte man sich in dem **Aushängeschild Detroits**, dem *Renaissance Center*. Es besteht aus fünf Glastürmen unterschiedlicher Höhe. In ihnen befindet sich das Hauptquartier von *General Motors*. Ein mehrstöckiges, alle Türme offen verbindendes Foyer dient als Ausstellungsbereich für GM-Modelle, Shopping- und Restaurantzone. Ein riesiger Wintergarten mit *Food Court* bildet den Haupteingangsbereich am Detroit River.

Downtown	Ansehenswert und zu Fuß/per *People Mover* gut erreichbar sind: • der *Civic Center* Bereich über dem *Detroit River* mit Platz für *Open-Air*-Konzerte und allerlei *Festivals.* • der mit viel Grün und Ruhezonen verschönte **Fußgängerbereich** *Grand Circus* zwischen Kennedy Square und Washington Blvd. Von der *Hart Plaza* verkehrt ein Touristen-*Trolley* auf historischer Schienentrasse dorthin. • ggf. noch ein *Greektown* genannter kurzer Abschnitt der Monroe Street (ab Randolph Street) mit griechisch geprägten **Restaurants** und Boutiquen, dazwischen die *Trappers Alley*, eine *Shopping Mall* mit Kasino im Gebäude einer alten Lederfabrik. • An der 1777 3rd Street steht das riesige **Spielkasino-Hotel** *MGM Grand*; www.mgmgranddetroit.com.
Belle Isle	Nur wenige Kilometer sind es von der Innenstadt zur *Belle Isle*, einer als *City Park* ausgewiesenen Insel im Detroit River. Der früher ungepflegte, aber kürzlich renovierte Park bietet alle Möglichkeiten zu sportlicher Betätigung und verfügt über Badestrände (gute Wasserqualität), das *Detroit Aquarium*, das schifffahrtsorientierte *Dossin Great Lakes Museum*, einen Zoo, Picknick- und Kinderspielplätze; www.belleisleconservancy.org.
Henry Ford Komplex	Die mit Abstand meistbesuchte Sehenswürdigkeit Detroits ist der Komplex *Ford Museum*/*Greenfield Village* im westlichen Vorort **Dearborn** zwischen Oakwood Blvd und Michigan Avenue (Straße #12) unmittelbar westlich der Stadtautobahn #39. Zufahrt auch über I-94, Abfahrt Oakwood Blvd. Oder Anfahrt mit Buslinie #200/#250. **Geöffnet** täglich 9.30-17 Uhr. Eintritt fürs *Ford Museum* $17/$12,50; fürs *Village* $24/$17,50. Kombiticket $35/$25,50; © (313) 982-6001; www.thehenryford.org.
Ford Museum	Die übergeordnete Thematik des *Ford Museum* ist die Technisierung des (amerikanischen) Lebens seit der Pionierzeit bis heute. Eine enorme Sammlung aller erdenklichen Geräte, die in 200 Jahren den *American Way of Life* ermöglicht oder erleichtert haben, erwartet den Besucher. Im Mittelpunkt steht die Mobilisierung Amerikas durch das Auto – und auch durch Eisenbahn und Flugzeug. Man findet viele Fahrzeuge, die Geschichte schrieben; darunter Flugmaschinen aus den Anfängen der Luftfahrt. Prunkstück ist die *Allegheny Locomotive*, eine der größten jemals gebauten Dampfloks. Da sich über Jahre wenig verändert hat, wirkt das Museum in der Art der Präsentation heute etwas antiquiert.
Ford Rouge Factory Tour	Interessant ist die Besichtigung der alten **Autofabrik** *Ford Rouge*, deren Truckproduktion (Pick-up F-150) heute zwar aufrecht gehalten wird, aber nicht immer aktiv ist. Bus dorthin ab Parkplatz beim Haupteingang alle 20 min 9.20-15 Uhr. Kosten $15/$11.
Greenfield Village	Beim *Greenfield Village* handelt es sich um ein *Living Museum* mit ca. 80 Gebäuden aus verschiedenen Zeitabschnitten (überwiegend 2. Hälfte 19. Jahrhundert), die entweder hierher versetzt oder originalgetreu nachgebaut wurden. Es fehlt zwar an Idylle,

aber dafür gibt es in Form einiger alter Produktionsanlagen zusätzlich die industrielle Komponente und einige historisch bedeutsame Anwesen wie *Edisons* Labor, den Fahrrad-Shop der Gebrüder *Wright* und das Geburtshaus *Henry Fords*, außerdem eine alte Dampfeisenbahn von 1843.

Cultural Center/ Museen

Neben *Downtown* und dem Ford-Komplex bildet das **University Cultural Center** mit einer Reihe von Museen den dritten wichtigen Anlaufbereich in Detroit. Von der *Riverfront* sind es dorthin (auf der Woodward Avenue) ca. 2,5 mi:

Detroit Institute of Arts

• Das **Detroit Institute of Arts** (*DIA*) ist das sehenswerteste der Museen. Ähnlich wie in Boston, Buffalo, Chicago und Cleveland beeindruckt der pompöse Museumsbau. Beachtlich ist dort die Sammlung europäischer Im- und Expressionisten, darunter viele Künstler aus dem deutschsprachigen Raum (*Kirchner, Klee, Pechstein, Marc, Kokoschka, Kandinsky*). *Americana* des 20. Jahrhunderts sind eine weitere Stärke des *DIA*. Mi-Do 10-16 Uhr, Fr bis 22 Uhr, Sa/So bis 17 Uhr, Eintritt $8, Kinder $4; © (313) 833-7900; www.dia.org.

Geschichtsmuseum

• Nur mäßig interessant ist das schräg gegenüber dem *DIA* angesiedelte **Historical Museum** mit Hauptgewicht auf »Geschichte des Autos«. Nachgebaute Straßenzüge *Old Detroits* bildeten den zweiten Schwerpunkt. Nach Renovierung war das Museum 2012 geschlossen. Neueröffnung 2013; www.detroithistorical.org.

African-American

• Das **Charles H. Wright Museum of African American History** (315 E Warren Avenue) steht schräg hinter dem Kunstmuseum. Das Museum dokumentiert die Geschichte der afrikanischen Sklaven und die Lebensumstände der Schwarzen (»*African Americans*«) in den USA seit ihrer Verschleppung bis heute in wechselnden Ausstellungen; exotischer *Museum Store*. Di-Sa 10-17 Uhr, So ab 13 Uhr. Eintritt $8/$5; www.thewright.org.

Wandgemälde der Arbeit in einer Autofabrik im Detroit Art Institute

Lake Erie

Von Chicago/Detroit nach Toronto/Niagara Falls

Nach Toronto und Niagara Falls durch Ontario

Von Detroit kann der Kreis einer Rundfahrt durch Ontario und Michigan rasch geschlossen werden: Von **Windsor** (auf der anderen Flussseite) oder über **Port Huron/Sarnia** (am Abfluss des Lake Huron) sind es nach **Toronto** noch 250 Autobahnmeilen durch landwirtschaftlich genutztes, touristisch aber reizloses Gebiet. Bei **Kitchener** erreicht man die Rundstrecken durch Ontario, ⇨ ab Seite 418 unten. Die Route bis Kitchener ist auch für das Ziel **Niagara Falls** geeignet: Ab London geht es über Hamilton und die Autobahn *Queen Elizabeth Way* dorthin und ggf. weiter in die USA. Bei mehr Zeit lohnt ein Abstecher zum *Point Pelee National Park*, einem Sumpf- und Vogelschutzgebiet an der Nordküste des Lake Erie, auch wenn die Seeuferstrecke weitgehend unattraktiv ist.

Die Südroute über Cleveland nach Buffalo

Eine weitere Alternative bietet die **I-90** durch Ohio und Pennsylvania nach **Buffalo**. Sie kommt vor allem in Frage, wenn man ab Chicago auf Detroit verzichtet. Man passiert dann **Cleveland** – mit einem **Top-Kunstmuseum**, dem weltberühmten *Cleveland Orchestra* und der enormen *Rock'n & Roll Hall of Fame and Museum* am Ufer des Lake Erie.

Rock'n Roll Hall of Fame

www.rockhall.com

Nicht nur Altrocker kommen dort auf Touren. In fünf Etagen sieht und hört man alles, was Oldie-Fans neidisch macht: Autogramme, Fotos, Clips, Charts, T-Shirts und Hosenknöpfe von allen Rockhelden vergangener Dekaden. Anfahrt über die I-90 East zur Straße #2 West/*Exit* 174B, dann rechts zur 9th Street East (751 Erieside Avenue). Täglich 10-17.30 Uhr, Mi und im Sommer auch Sa bis 21 Uhr, Eintritt $22/$13.

8. ANHANG

8.1. Routenvorschläge

Die folgenden 7 Routenvorschläge wurden mit unterschiedlichen Schwerpunkten für abweichende Jahres- und Reisezeiten konzipiert und lassen sich leicht modifizieren. Legt man der eigenen Planung eine der Routen zugrunde, ist auf dieser Basis eine optimale individuelle Reiseroute rasch gefunden. Die Streckenübersicht in der Umschlagklappe vorne erleichtert den Zugriff auf die als Entscheidungshilfe geeigneten Seiten.

Route 1: **Herbstroute zum Indian Summer in Neuengland**
Reisezeit etwa Mitte September bis Mitte Oktober
Dauer: In 10 Tagen knapp machbar, 14 Tage besser und ruhiger
Distanz einschließlich Extrameilen für Abstecher, Umwege und Stadt: rund 1.500 mi bzw. 2.400 km.
Start: Boston, aber ebensogut New York mit Hudson Valley
Bemerkungen: Die Route führt durch Regionen mit der schönsten Herbstlaubfärbung und berührt viele touristische *Highlights*.

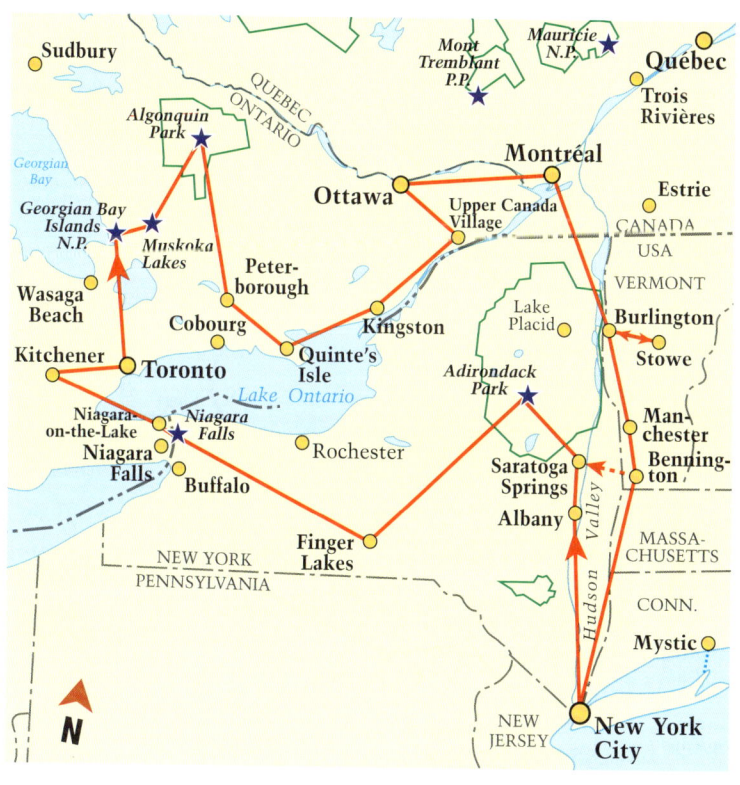

Route 2:   Sommer- und Herbstroute USA/Canada I

Reisezeit/-beginn Anfang Juni bis Ende September

Dauer: In der vollen hier dargestellten Form, d.h., ohne in diesem Fall leicht mögliche Kürzungen in 14 Tagen machbar, konzipiert jedoch für 3 Wochen Reisezeit plus ggf. Extratage für New York City. Für Toronto, Ottawa und Montréal wären bei 20 Tagen unterwegs insgesamt 4-5 Tage »drin«.

Distanz inkl. Extrameilen für Abstecher, Umwege und Stadt: kaum unter 2.500 mi bzw. 4.000 km.

Start: Toronto, aber ebensogut New York möglich, wobei die Fahrt auch in Gegenrichtung gemacht werden kann. Ebenfalls als Startpunkt kommt Montréal in Frage.

Bemerkungen: Diese Reiseroute verbindet die touristischen Höhepunkte von New York State, Ontario und Vermont und bietet viel Abwechslung: Cities, Kultur, Natur und Landschaft.

Route 3: Sommer- und Herbstroute USA/Canada II

Reisezeit/-beginn Mitte Juni bis Anfang September

Dauer: In der vollen hier dargestellten Form, d.h. ohne auch hier leicht mögliche Kürzungen (z.B. Gaspésie) in ca. 18 Tagen machbar, konzipiert jedoch für rund 3-4 Wochen. Bei 4 Wochen wären auch noch weitere Abstecher, etwa nach Boston/Cape Cod oder zum Fundy Park, reizvoll.

Distanz inkl. Extrameilen für Abstecher, Umwege und Stadt: kaum unter 3.500 mi bzw. 5.600 km

Start: Montréal, ggf. auch New York oder Boston bei 4 Wochen

Bemerkungen: Diese Route legt einen ersten Schwerpunkt auf Québec, den zweiten auf Natur plus eine Menge Historie. Mit Montréal liegt nur eine »Big City« an Anfang und Ende der Reise. Für Abwechslung ist bestens gesorgt: Neuengland und Québec, St. Lorenz-Strom, Gaspésie, Atlantik und Inlandgebirge.

Route 4:   **Sommerroute USA/Canada durch Ontario und Michigan = Große Seen-Rundfahrt** (mit Kindern ideal)
Reisezeit/-beginn Mitte Juni bis Ende August

Dauer: Mit Besuch aller drei auf der Strecke liegenden Cities ist die Tour unter 20 Tagen nicht gut zu machen, zumal Kürzungen bis auf den Abstecher zur Pictured Rock NLS am Lake Superior schwer möglich sind. Mit Badetagen und Abstechern lassen sich locker 4 Wochen abwechslungsreich füllen.

Distanz: auch ohne viele Extrameilen für Abstecher, Umwege und Stadt kaum unter 2.500 mi bzw. 4.000 km.

Start: Toronto, aber ebensogut Chicago, »zur Not« auch Detroit

Bemerkungen: Diese Strecke verbindet Canada pur (Georgian Bay/Lake Huron mit den Sommerurlaubsgebieten Michigans. Gleichzeitig kommen weder Big City-Erlebnis noch die Historie der Great Lakes zu kurz, und Niagara Falls passt auch noch `rein.

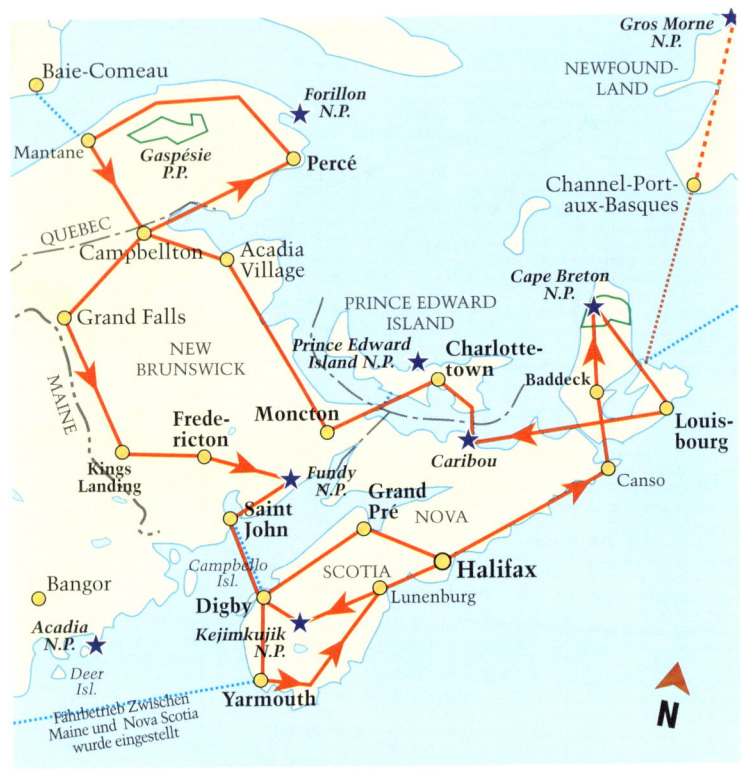

Baie-Comeau
Mantane
Gaspésie P.P.
Forillon N.P.
Percé
QUEBEC
Campbellton
Acadia Village
Grand Falls
NEW BRUNSWICK
MAINE
Prince Edward Island N.P.
PRINCE EDWARD ISLAND
Charlottetown
Baddeck
Cape Breton N.P.
Louisbourg
Fredericton
Moncton
Kings Landing
Fundy N.P.
Caribou
Canso
Saint John
Grand Pré
NOVA
Campbello Isl.
SCOTIA
Halifax
Bangor
Acadia N.P.
Kejimkujik N.P.
Digby
Lunenburg
Deer Isl.
Yarmouth
Gros Morne N.P.
NEWFOUND-LAND
Channel-Port-aux-Basques

Fährbetrieb zwischen Maine und Nova Scotia wurde eingestellt

N

Route 5: Sommerroute Canada durch die maritimen Provinzen

Reisezeit/-beginn Anfang Juli bis Mitte August

Dauer: konzipiert für 3 Wochen, mit Neufundland-Abstecher aber sicher nicht unter 4 Wochen. Bei Verzicht auf Neufundland, die erste kleine Runde Halifax-Kejimkujik-Park und/oder die Erweiterung um Gaspesie herum auch in 14 Tagen machbar.

Distanz: einschließlich einiger Extrameilen für kleinere Abstecher und Umwege mit Gaspesie bis 2.500 mi bzw. 4.000 km

Start: Hier kommt nur Halifax in Frage.

Bemerkungen: Die rauhe Schönheit der maritimen Küsten steht hier im Vordergrund, Fischerdörfer, Felsküsten, lange Strände, die Geschichte der Acadier und der englisch-französischen Kämpfe mit dem Highlight Fortress Louisburg. Dazu wunderbare Landschaften und diverse Nationalparks, kulinarische Genüsse (Hummer!) und zwei Fährfahrten. Bei gutem Wetter ein toller Trip!

Route 6: Sommer- und Herbstroute USA (gut mit Kindern)
Reisezeit/-beginn Juni bis Ende September

Dauer: 3 Wochen sind auf diesem Zickzackkurs durch alle *Highlights* im westlichen Neuengland bis Niagara Falls rasch verbraucht, sowohl Kürzungen als auch Erweiterungen auf vier Wochen und mehr Reisezeit aber kein Problem.

Distanz inkl. Extrameilen für Abstecher, Umwege und Stadt: kaum unter 2.500 mi bzw. 4.000 km

Start: New York City oder Boston, ggf. auch Toronto

Bemerkungen: Die Sommerziele an der Atlantikküste sind wichtiger Bestandteil dieser Tour. Dort ist viel los und viel zu sehen, u.a. Wale. Das Binnenland bietet attraktive historische Ziele und Landschaften, bevor es nach Niagara Falls geht. Auf dem Rückweg liegen noch einmal schöne Vermont Ziele, davor vielleicht noch Cooperstown (Seite 387) und das Hudson Valley an.

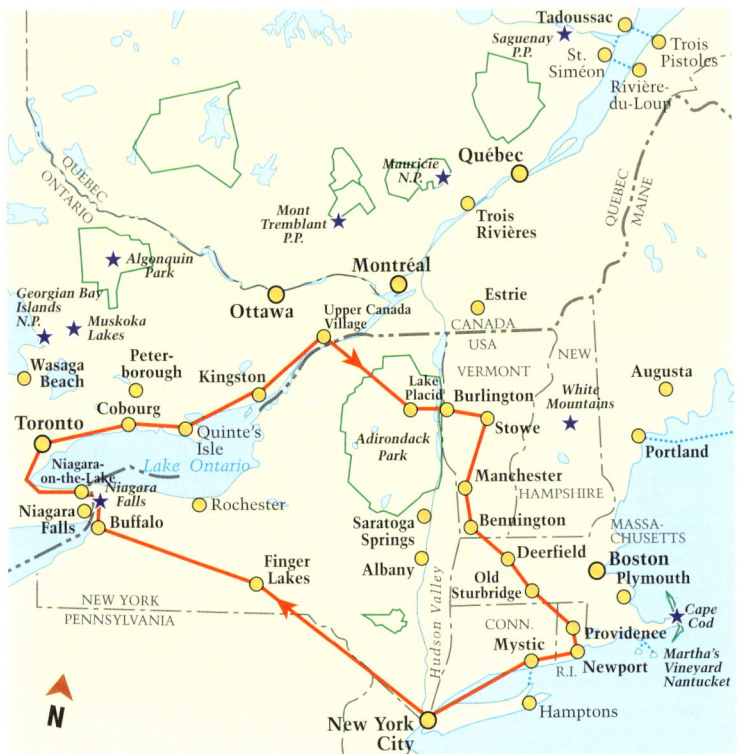

Route 7:   Frühsommer- (bis Herbst-) Route USA/Canada
Reisezeit/-beginn Mai bis Mitte September

Dauer: Die eingezeichnete Route läßt sich recht gut in 14 Tagen »machen«. Man könnte sich aber auch (besser!) um drei Wochen Zeit nehmen. Erscheint dieser Zeitrahmen reichlich, ist die Einbeziehung weiterer Ziele unterwegs kein Problem.

Distanz inkl. Extrameilen für Abstecher, Umwege und Stadt: nicht unter 2.200 mi bzw. ca. 3.500 km.

Start: New York oder ggf. auch Toronto

Bemerkungen: Hier handelt es sich um eine Modifizierung der Route 2 – im Nordabschnitt ohne den *Algonquin Park*, Ottawa und Montréal. Dafür werden das Old Sturbridge Village, Newport, etwas Küste inklusive Mystic und u.U. die Kasinos *Foxwoods* und *Mohegan* (Conn./USA) einbezogen. Auch das Hudson Valley oder Cape Cod könnten hier noch eingeplant werden.

8.2 Touristische Informationsstellen & Websites

Die *Tourism Offices* der US-Staaten schicken ebenso wie die Canadas Unterlagen (Karten, Hotelverzeichnisse, *State/Provincial Park*-Broschüren, Veranstaltungskalender etc. pp.) auch an Interessenten im Ausland. Vorwahl für Anrufe: 001. *Toll-free* 800-Nummern sind ebenfalls vom Ausland aus anwählbar, aber dann nicht gebührenfrei. Die zusätzliche »1« vor der *toll-free number* darf vom Ausland aus nicht mitgewählt werden. In allen Fällen lassen sich Unterlagen auch über die Internetadressen online bestellen.

Nordöstliche US-Staaten

Es existiert zwar auch ein Fremdenverkehrsamt für die USA insgesamt, es erteilt jedoch keine Auskünfte an Privatpersonen und versendet keine Prospekte. Die Staaten im Nordosten der USA und kanadische Provinzen versenden ihr Material mehrheitlich über deutsche Kooperationspartner, deren jeweilige Telefonnummern in früheren Auflagen genannt waren. Die Entwicklung zeigte aber so rasche Veränderungen, dass die Angaben oft schon kurz nach Veröffentlichung als Fehlauskunft interpretiert werden mussten. Mittlerweile ist das **Internet** ohnehin die bessere Informationsquelle. Nach anfänglichen Wechseln haben sich diese Adressen im Zeitablauf »stabilisiert«. Sie waren zum Zeitpunkt unten korrekt.

Connecticut Culture & Tourism
One Constitution Plaza
Hartford, CT 06103
✆ (860) 256-2800, ✆ 1-888-288-4748
www.ctvisit.com

Maine Publicity Bureau
327 Water Street
Hallowell, ME 04347
✆ (207) 623-0363, ✆ 1-888-624-6345
www.mainetourism.com

Massachusetts Office of Travel
10 Park Plaza, Suite 4510
Boston, MA 02116
✆ (617) 973-8500, ✆ 1-800-227-6277
www.mass-vacation.com

Travel Michigan
PO Box 30226
333 South Capitol Suite F
Lansing, MI 48909
✆ 1-888-748-7328
4225 Miller Road, Suite 4
Flint, Mi 48507
www.enjoymichigan.com

New Hampshire Division of Travel
PO Box 1856
Concord, NH 03302
✆ (603) 271-2665, ✆ 1-800-386-4664
www.visitnh.gov

New York State Div. of Tourism
1 Commerce Plaza
Albany, NY 12245
✆ (518) 474-4116, ✆ 1-800-225-5697
www.iloveny.com
www.nxtbook.com/nxtbooks/
nysparks/ny_campingguide2012

Rhode Island Tourism Division
315 Iron Horse Way
Providence, RI 02908
✆ (401) 222-2601, ✆ 1-800-250-7384
www.visitrhodeisland.com

Vermont Department of Tourism
National Life Bldg, 6th Floor
Montpelier, VT 05620-0501
✆ 1-800-837-6668, ✆ (802)828-3237
www.travel-vermont.com

Stand Dezember 2012

Canadas östliche Provinzen

Canada Tourism Commission (CTC)
Postfach 200247
63469 Maintal
℡ 01805/526232, Fax 06181/497558

In der Schweiz:
Solothurnstr. 81
4702 Oensingen
℡ 062 3964151, Fax 3880819
www.dfait-maeci.gc.ca

Tourism New Brunswick
PO Box 12345
Campbellton NB
Canada E3N 3T6
℡ 1-800-561-0123
www.tourismnbcanada.com
www.new-brunswick.net

Check-in Nova Scotia
PO Box 456
Halifax B3J 2R5
℡ (902) 425-5781, ℡ 1-800-565-0000
www.novascotia.com

Ontario Travel/Tourism
Dundas Street East, Suite 900
Toronto M7A 2A1
℡ 1-800-668-2746
www.ontariotravel.net

Prince Edward Island
Visitor Services
PO Box 940
Charlottetown PEI C1A 7M5
℡ 1-800-463-4734, ℡ (902) 368-4444
www.tourismpei.com

Tourisme Québec
CP 979
Montréal/Québec H3C 2W3
℡ (514) 873-2015, ℡ 1-877-266-5687
www.bonjourquebec.de

Tourism Newfoundland
& Labrador
PO Box 8700
St. John's A1B 4J6
℡ 1-800-563-6353
www.newfoundlandlabrador.com

Einige besondere Adressen für Canada

www.canada.travel
Interaktiver Reiseratgeber für Reiseinfos mit Diashow, Newsletter und
Eventkalender. Außerdem mit Reisenotizbuch.

www.bonjourquebec.com
Die Provinz Quebec mit übersichtlicher Benutzerführung. Auch Unter-
kunftssuche mit Buchung im Umkreis aller Sehenswürdigkeiten. Routen,
jahreszeitbezogene Urlaubsanregungen mit Karten und Bildergalerien.

www.canadaselect.com
3500 kanadische Hotels nach Anzahl der Sterne (1–5) sortiert

www.ontariotravel.net
Reich bebilderte Routen- und Reisetipps; Links zu Spezialveranstaltern

www.atlas.nrcan.gc.ca
Kanada-Atlas zu Geologie, Klimakarten, Geschichte, Sprachgrenzen etc.

www.festivalseeker.com
Kalender für Events: Kunst, Kultur, Sport, Musik und Filme

www.ticketmaster.ca
Damit bucht man gleich die obigen Events; mit »com« für die USA.

Die Websites der Touristeninformation für Städte und Regionen

finden sich im Reiseteil unter den jeweiligen Ortsnamen

State und Provincial Parks

In beiden Ländern spielen die von den einzelnen Staaten bzw. Provinzen betriebenen Parks, die teilweise von enormer Ausdehnung sind, eine wichtige Rolle für Freizeit, Sport und Tourismus. Alle attraktiven Parks werden in diesem Buch an der regional entsprechenden Stelle beschrieben. Für sie gibt es Internetseiten mit umfassenden Informationen. Da die Webadressen zahlreich und teilweise sehr lang bei sich wiederholendem »Vorspann« sind, wurde an vielen Stellen auf die komlette Wiedergabe im Text aus Platzgründen verzichtet. **Über die folgenden Portale gelangt man leicht zu allen** *State* **und** *Provincial Parks*:

USA

US-*State Parks* **generell:** www.stateparks.com (grandios gutes Portal) hier geht's von einer Adresse zu allen Staaten und ihren Parks, indem man einfach ein Zweibuchstabenkürzel an die Adresse hängt, also für den Nordosten der USA:

www.stateparks.com/ct.html für Connecticut; .../me.html für Maine. .../ma.html für Massachusetts; ..../nh.html für New Hampshire; .../ny.html für New York State; .../ri.html für Rhode Island und .../vt.html für Vermont

Connecticut	www.friendsctstateparks.org
Maine	www.state.me.us/doc/parks
Massachussetts	www.masshome.com/parks.html
Michigan	www.michigandnr.com/parksandtrails
New Hampshire	www.nhstateparks.com
New York State	www.nysparks.com www.nxtbook.com/nxtbooks/nysparks/ ny_campingguide2012 (ab ca. März 2013)
Rhode Island	www.riparks.com
Vermont	www.vtstateparks.com

Canada

Ontario	www.ontarioparks.com; www.parks.on.ca
Quebec	www.sepaq.com
New Brunswick	www.tourismnewbrunswick.ca
Newfoundland	www.env.gov.nl.ca/env/parks
Nova Scotia	www.parks.gov.ns.ca
Prince Edward Isl.	www.gov.pe.ca/visitorsguide/explore/parks

8

8.3 Allgemein nützliche Websites

Neben den zahlreichen im Text an geeigneter Stelle bereits eingefügten Internetadressen und den vorstehenden Portalen der Touristenbüros der Einzelstaaten gibt es gerade in den USA und in Canada zahllose weitere Websites mit Informationen im touristischen Bereich.

Hier sind – in thematisch zusammengestellter Form noch einmal – *Websites* gelistet, die im Rahmen der in diesem Buch behandelten Themen besonders interessant sind.

Transport nach Amerika

Airlines	Übersicht auf Seite 85
Flugbuchung Last Minute	Nennungen auf Seite 84
Fahrzeugverschiffung	www.sea-bridge.de

Transport in Amerika

Automiete Neufahrzeuge	Übersichten Seiten 88 und 124
Automiete ältere Pkw	www.rentawreck.com
Autotransport (fast kostenlos)	www.driveaway.com
Campermiete Neufahrzeuge	www.usareisen.com
	www.moturis.com
	www.elmonterv.com
	www.cruiseamerica.com
Auto-/Campermiete ältere . Fahrzeuge	www.wheels9.com
	www.transatlantic-rv.com
	www.world-wide-wheels.com
Busreisen Greyhound (USA und Canada)	www.greyhound.com
Busreisen, alternative Linien	www.greentortoise.com
	www.gotobus.com/bus
Eisenbahn Amtrak USA	www.amtrak.com
ViaRail Canada	www.viarail.com

Unterkunft

Hotel-/Motelketten weitere Ketten fast ausnahmslos:	Liste auf Seite 146; www.*Name der Kette*.com
Hotels/Motels (alle überall!)	www.hotels.com
Hotelreservierung	www.hrs.com
Preiswerte Hotels/Motels	www.budgethotels.com
Bed & Breakfast	www.bedandbreakfast.com, www.airbnb.com, www.bbcanada. com, www.fobba.com (nur Ontario)

Cabins/Cottages (super!)	www.canadascottageguide.com
Hostels	www.hiusa.org www.hihostels.ca
	www.hostels.com (alle Hostels)
	www.hostelhandbook.com
YMCA/YWCA	www.ymca.net www.ywca.org

Outdoors/Camping

National Park Information USA	www.nps.gov
Canada National und andere Parks	www.pc.gc.ca
Reservierung von Camping-plätzen in US-Nationalparks	www.recreation.gov
Nationalparks USA Service-Seiten	www.ohranger.com
Reservierung Camping in kanadischen Nationalparks	www.pccamping.ca
National Forest Camping USA	www.recreation.gov
State Parks USA Nordosten	www.reserveamerica.com

(Connecticut, Massachusetts, New York State ⇨ Seite 156)

Camping New York State (PDF-Campingführer Öffentl. Parks)	www.nxtbook.com/nxtbooks/ nysparks/ny_campingguide2012
Camping in Ontario Provinzparks	www.camis.com/op
Camping in Québec Staatl. Parks	www.sepaq.com
Andere State/Provincial Parks	alle Details & *Websites* Seite 156f
Alle Naturparks (Beschreibungen)	www.llbean.com/parksearch
Kampgrounds of America - KOA	www.koa.com
Campingplätze generell	www.campgrounds.com
	www.rvparks.com

Sonstiges

AAA/CAA (Automobilclubs)	www.aaa.com, www.caa.ca
Karten, Routenplanung (toll!)	www.mapquest.com;
	www.googlemaps.com
Telefonkarten (⇨ auch Seite 192)	www.planetphonecards.com
Museen in den USA	www.artcom.com
Wetter, Kanada	www.weatheroffice.ec.gc.ca

8

8.4 Fährverbindungen im Internet

(⟿ auch Seite 764 und Umschlagklappe hinten)

Fähren an der Atlantikküste (von Süd nach Nord):
• New York State/Long Island: Orient Point-New London, (⟿ Seite 214):
  www.longislandferry.com
• Port Jefferson-Bridgeport: www.88844ferry.com (⟿ Seite 214)
• New York State/Fire Island (⟿ Seite 211): www.sayvilleferry.com
• Rhode Island/New Bedford-Vineyard (⟿ Seite 234): www.nefastferry.com
• Massachusetts/Cape Cod-Nantucket & Martha's Vineyard (⟿ Seite 247):
  www.steamshipauthority.com; www.hy-linecruises.com
  www.islandqueen.com; www.patriotpartyboats.com
• Massachusetts-Provincetown-Plymouth & Boston (⟿ Seite 236):
  www.provincetownferry.com, www.boston-ptown.com
• Maine-Nova Scotia/Bar Harbor-Yarmouth/NS (zur Zeit eingestellt)
• Maine-Nova Scotia/Portland-Yarmouth/NS (zur Zeit eingestellt)):
• Maine/New Harbor-Monhegan Island (⟿ Seite 313): www.monheganboat.com
• Maine-New Brunswick/Deer Island-Campobello Island (⟿ Seiten 648):
  www.eastcoastferries.nb.ca
• New Brunswick/Saint John-Digby (⟿ Seiten 593, 640): www.nfl-bay.com
• South New Brunswick: http://new-brunswick.net/new-brunswick/ferry.html
• Nova Scotia/Neufundland (⟿ Seite 662): www.marine-atlantic.ca

»Zwischen« St. Lorenz und Atlantik:
• Nova Scotia-Prince Edward Island/Caribou-Wood Island (⟿ Seite 616):
  www.nfl-bay.com

Über den St. Lorenz-Strom flussabwärts
• Ontario-NY State/Kingston-Wolfe Island-Cape Vincent/USA (⟿ Seite 492):
  www.wolfeisland.com/ferry.php
• Ouébec/St. Simeon-Riviere du Loup (⟿ Seite 658): www.traverserdl.com
• Ouébec/Les Escoumins-Trois-Pistoles (⟿ Seite 658): www.traversiercnb.ca
• Québec/Forestville-Rimouski (⟿ Seite 658): www.traversier.com
• Ouébec/Baie Comeau-Matane (⟿ Seite 658): www.traversiers.gouv.qc.ca

Über den Lake Champlain
• Vermont-New York State (⟿ Seite 356): www.ferries.com;
  www.forttiferry.com

Über den Lake Huron
• Ontario/Manitoulin-Tobermory (⟿ Seite 462): www.ontarioferries.com

Über den Lake Michigan
• Michigan/Ludington-Manitowoc/Wisconsin (⟿ Seite 696): www.ssbadger.com
• Michigan/Muskegon-Milwaukee/Wisconsin (⟿ Seite 697): www.lake-express.com

Ausgewählte Adressen/Websites für ein- bis mehrtägige sportliche Unternehmungen unterwegs

Die Liste berücksichtigt die in diesem Buch beschriebenen Routen und Empfehlungen sowie die landschaftlichen und infrastrukturellen Bedingungen der jeweiligen Region, ⇨ auch Seite 32ff und die offiziellen touristischen Websites der einzelnen Staaten und Provinzen.

Allgemeine Outdoor-Fundgruben Canada/USA im Internet:

- www.kanada-tipps.de, www.llbean.com
- Speziell **Newfoundland:** www.explorenewfoundland.com
- Speziell **Ontario**: www.ontarioparks.com; www.ontariotravel.net und weiter unter »Outdoors«
- Speziell **Nova Scotia**: www.novascotia.com

Radfahren

www.abtrails.com:
Kartenmaterial für Radwege und Fahrradrouten in den USA

Maine
- www.visitmaine.com
- www.bikemaine.org

Massachusetts
Cape Cod Rail Trail (im zentralen Cape Cod von Dennis nach Wellfleet);
38 km auf asphaltiertem alten Bahndamm; ✆ (508) 896-8556/-3491

New York State
- www.canals.ny.gov: 350 km Radwege entlang eines alten Kanalsystems in 4 Segmenten (105 km *Erie Canal Heritage Trail* im Westen; 55 km *Old Erie Canal SP Trail*; 40 km *Mohawk Hudson Bikeway* im Osten und 12 km *Glen Falls Feeder Canal Trail* beim Lake Champlain. Info und Karten bei der *New York State Canal Corporation*, ✆ 1-800-422-6254
- www.bicyclinginfo.org: *Bicyle* & *Pedestrian*, Routen und Karten für Wanderer und Biker (Nebenstraßen und reine Radwege) im Hudson Valley mit Verweisen auf kooperierende Bike-Clubs und Transportmöglichkeiten für die An- und Abreise

Nova Scotia
- www.canadatrails.ca: Per Rad auf Küstenpfaden und kreuz und quer durch Nova Scotia - gemütlich oder mit Mountain Bike.
- www.cabot-trail-outdoors.com: *Cycling*, aber auch *Birdwatching* im Kajak und und geführte Wildnistrips bietet das S*ea Spray Cycle and Outdoor Adventure Center* in Dingwall beim *Cape Breton National Park*

New Hampshire
- www.bikethewhites.com: White Mountain-Bike-Kurztouren (So-Mi, 30 km/Tag) mit 3 Hotel-Übernachtungen, Gepäcktransport; Juni-September

8

Ontario
www.niagaraworldwinetours.com: Tages-Radtouren zu 5 Weinkellereien mit Proben und Mittagessen; auch Halbtagestrips; ✆ 1-800-680-7006

Prince Edward Island
www.tourismpei.com/pei-confederation-trail: Die Insel hat ihren Teil zum *Trans Canada Trail*, den gut 300 km langen *Confederation Trail* fertiggestellt. Er ist leicht zu beradeln, da überwiegend auf einer alten Eisenbahnstrecke.

Quebec
www.canadatrails.ca/biking: Per Rad an den Ufern des St. Lawrence River entlang und durchs gebirgige Hinterland, gemütlich oder per Mountainbike.

Vermont
• www.bikevt.com: 3-7 tägige geführte Radtouren mit Gepäcktransport in Gruppen von 12-20 Personen, ✆ 1-800-257-2226.

Alternative Kreuzfahrten
Quebec
Jede Woche läuft der Frachter »*Nordik Express*« 12 kleine Häfen in der Mündung des St.Lorenz-Strom an und nimmt auch Passagiere mit. Retour 6 Tage/ Nächte und Bordverpflegung; www.relaisnordik.com

Segeln
Maine
• www.linekinbayresort.com:
  Segeln, Kanufahren, Schwimmen, Angeln (Boothbay Harbor)
• www.amorninginmaine.com: Charter, Übernacht-Segeltrip

Wandern
Appalachian Trail: www.appalachiantrail.com

New Brunswick: www.nbtrail.com

Nova Scotia: www.trails.gov.ns.ca

New Hampshire
www.nehikingholidays.com:
2-8tägige geführte Wanderungen mit Hotelübernachtungen (North Conway)

Newfoundland
• www.grosmorneadventures.com: Norris Point; ein- und mehrtägige geführte Wanderungen im *Nat'l Park*; ✆ & Fax (709) 458-2722 und ✆ 1-800-685-4624
• www.mynewfoundland.ca: Wanderungen und mehr

New York State
www.nysparks.state.ny.us/parks >receations: Zwischen den Adirondacks und Long Island existiert ein 1200 km langes Wanderwege-Netz.

Vermont
www.alohafoundation.org: Wandern, Klettern, Kanu, Kajak; *Hulbert Outdoor Center*, ✆ (802) 333-3405, Fax -3404

Ontario

- www.brucetrail.org: Mit 782 km ist der *Bruce Trail* Canadas längster Pfad; von Queenston (Niagara) nach Tobermory entlang des Niagara Escarpment, besonders reizvoll um Owen Sound (▷ Seite 449); Info: Owen Sound Tourism, 1155 1st Avenue West, Owen Sound, ✆ 1 888 675-5555 und ✆ (519) 371-9833, Fax -8628
- www.ontarioparks.com und Seite 464f für *Algonquin Provincial Park*

Kajak, Kanu und Rafting

Maine

- www.raftmaine.com: gute Übersicht, ✆ 1-800 723 8633
- www.northernoutdoors.com: Maines großer *Outdoor-Outfitter*
- www.wild-rivers.com: familiengerechte Kanu-Touren, Übernachttrips

New Hampshire

www.sacobound.com: Kajak-Kurse, Kanu, *River Rafting* (Center Conway)

New York State

www.gobacktothebasics.com: Die **Adirondack Canoe Route** ist beliebt und begehrt. Sie beginnt in Old Forge und verläuft über eine 210 km lange Kette von Seen, Flüssen und Portagen bis Tupper/Saranac Lakes; Info und Camping-Permits bei DEC Public Lands, ✆ (518) 457-7433

Newfoundland

- www.easternoutdoors.com: ein- und mehrtägige Kajak-Touren an der Süd-küste, Vermietung, Einführungskurse, Unterkünfte, *Eastern Outdoors*; ✆ (709)625-2708 und ✆ 1-800-565-2925, Fax (506) 634-8253
- www.tuckamorelodge.com: mit dem See-Kajak zu Eisbergen, *Whale Watching* und Wildbeobachtung, etwas Erlesenes für Abenteurer, *Tuckamore Wilderness Lodge* bei Main Brook im hohen Norden südlich von St. Antony; ✆ (709) 865-6361, Fax -2112 und ✆ 1-888-865-6361

Nova Scotia: www.explorenovascotia.com

- www.coastaladventures.com: Mit *Coastal Adventures* paddelt man im Ka-jak zur Walbeobachtung; ein- und mehrtägige Touren auch in Neufundland und PEI; Tangier, ✆ 1877-404-2774
- www.novascotia.com: feuchtfröhliche 2- oder 4-stündige Fluss-Fahrten in 6-8 Mann-Schlauchbooten auf der Flutwelle im *Shubenacadie Tidal Bore Rafting Park*, Shubenacadie (westlich von Truro), ✆ 1-800-565-0000

New Brunswick: http://new-brunswick.net

Prince Edward Island

- www.getoutside.com: *Outside Expeditions* in North Rustico organisiert/vermietet alles für eine Kanu-/Seekajak-Tour (auch Biking und Wandern), ✆ 1-800-207-3899

Ontario:

- www.paddlingontario.com
- www.ontarioparks.com und Seite 464 für den *Algonquin Provincial Park*

- www.killarneyoutfitters.com: Kanu- und Kajak-Vermietung, Paddelkurse und geführte Trips; bei Killarney an der Straße #637, ℐ 1-800-461-1117

Quebec
www.sepaq.com: das Parkmanagement bietet in den Naturparks ein Programm für Kanu+Camping und See-Kajak für Anfänger und Fortgeschrittene

Vermont
www.alohafoundation.org: Kanu, Kajak, Wandern, Klettern; *Hulbert Outdoor Center*, ℐ (802) 333-3400, Fax -3404

Tauchen

Nova Scotia
www.explorenovascotia.com;
Tauchtouren zu Wracks: *Diversion Dive Tours*, ℐ 902-455.3482,

Golf

Maine
www.golfme.com: gute Übersicht über alle Golfplätze in Maine

Massachusetts
www.aceofgolf.com: Insgesamt 300 Plätze gelistet

New Hampshire
www.nhgreatgolf.com:
Von über 80 *Golf Courses* sind besonders empfehlenswert die Plätze in Dixville Notch mit *Balsams Grand Resort Hotel*, www.thebalsams.com, und in Bretton Woods beim gleichnamigen Resort, www.mtwashington.com

Nova Scotia
- www.golfnovascotia.com: 70 Golfplätze hat die Provinz

Zu den populärsten – überwiegend auf Cape Breton Island – zählen:
- *Dundee Resort* am Ostufer des Bras d'Or Lake, ℐ (902) 345-0420,
- *The Pines Resort Golf Course* bei Digby, www.signatureresorts.com;

Ontario
www.ontgolf.ca: Mit 600 Plätzen stellt Ontario selbst NY-State (400) in den Schatten. Die Highlights sind
- *Glen Abbey Golf Club*, Oakville südlich von Toronto am Ontario Lake, Canadas Nr.1, www.glenabbey.clublink.ca, ℐ (905) 844-1811, Fax -637-4120
- *Niagara Parks Whirlpool Golf Course*; Niagara Pkwy, Niagara Falls, www.niagaraparks.com, ℐ 1-877-642-7275 & ℐ (905) 356-1140, Fax 7273

Prince Edward Island
www.golfpei.ca:
Gut 2 Dutzend Plätze liegen auf der kleinen Insel; hier die 3 bekanntesten:
- *Brudenell River Golf Course*, ℐ (902) 652-8965 & ℐ 1-800-377-8336
- *Green Gables Golf Course* im Nationalpark; ℐ (902) 963-2488
- *The Links at Crowbush Cove*, ein 5-Sterne-Platz in den Dünen der Nordküste, 20 Autominuten von Charlottetown; ℐ 1-800-377-8337

Fotonachweis

Burghard Bock, Bremen: Seiten 415, 419, 422, 498, 537, 651, 654
Denise Copeland, New York: Seite 354
Christel Durst, Waldbreitbach: Seite 457

©fotolia.com   Seite

Graça Victoria	650
hattiney	63
Jeff Schultes	285
Karsten Thiele	492
lightningboldt	649

Andrea & Dirk Franke, Halstenbek: Seiten 571, 581, 584, 585, 592, 599, 604, 606, 607, 609, 610, 623, 624, 627, 628, 630, 639

©iStockphoto.com Seite

aladin66	562	Ju-Lee	569
benedek	435, 447, 452, 454, 503	KenWiedemann	238
		khyim	576
buzbuzzer	121, 534, 549	kickstand	270, 296, 338
cezars	715	kinnardstock	695
cgouin	298	Knogami	534
coleong	275	KW400	323
cotesebastien	555	leekris	192+3
CraigSwatton	425	LesPalenik	489
CWLawrence	386	lilly3	99
DenisTangneyJr	258, 344, 364, 373	Lisay	490
		MikeCherim	365
dmackieboy	316	nantela	556
dszc	12+13	Orchidpoet	476, 481
duncan1890	260	PaulTessier	326
Elenathewise	271, 404, 468	peterspiro	442
ErikaMitchell	355	Pgiam	282, 427
gprentice	336	Photawa	496
grafxcom	541	raclro	254
hockeymom4	300	RandyRomano	484
HuntImages	478	RASimon	348
lcoombes	478	Ron_Thomas	196+7
imagixian	22	SDbT	214
iStenope	613	SkyF	426, 583
JamesTung	431	Snehitdesign	678
jenysarwar	273	SOMATUSCANI	272
jessicaphoto	117	stephenmeese	612
jhayes44	339	Studio-Annika	4/
jmoor17	287	tankist	491
jmorse2000	288	ValeStock	438
JonTarrant	51	Vladone	29, 494, 507, 540
jorgeantonio	278, 281, 283	wwing	553
JuanVte	243	Xprtshot	387

Elizabeth Jewell, Franklin/New Hampshire: Seite 332
Edith Kölzer, Bielefeld: Seiten 44, 218, 267, 321, 334, 369, 508, 547
Heiko Lanio, Krefeld: Seiten 55, 96, 97, 200, 206, 524
Ludwig E. Müller, Weilrod: Seiten 164, 227, 276, 303
Mechtild & Wolfgang Opel, Kubschütz: Seiten 659, 661 und 663
Isabel & Steffen Synnatschke, Dresden: Seiten 86 und 88
Jörg Vaas, Steinheim: Seite 629
Alfred Vollmer, München: Seiten 36, 64, 235, 256, 342, 370, 479
Bernd Wagner, Mülheim:
Seiten 38, 340, 395, 393, 467, 510, 523, 538, 545, 618, 620
Alle weiteren Fotos von Ursula Schulz-Favero/Rom und den Autoren

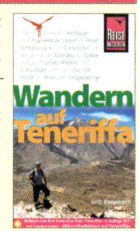

8.5 Alphabetisches Register- Index

Im Register finden sich alle Ortsnamen, Sehenswürdigkeiten und geographischen Bezeichnungen ebenso wie alle wichtigen Sachbegriffe. Egal, wonach man hier sucht, alles ist un-
terschiedslos alphabetisch eingeordnet.

Abkürzungen

NP=National Park; **NHS**=National Historical Park; **NLS**=National Lake Shore (NHS und NLS
nur in den USA) **SP**=State Park (USA); **PP**=Provincial Park (Canada)

8

8

8

Amerikanisch sprechen

Sprachführer der Reihe KAUDERWELSCH

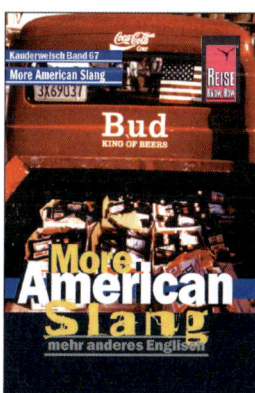

American Slang
das andere Englisch
Band 29
112 Seiten,
€ 7,90

More American Slang
mehr anderes Englisch
Band 67
96 Seiten,
€ 7,90

Amerikanisch
Englisch für die USA
Band 143
176 Seiten,
€ 7,90

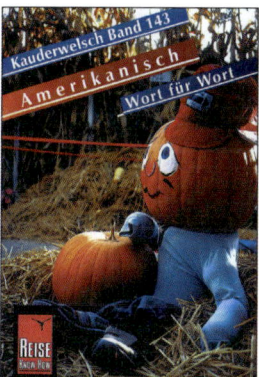

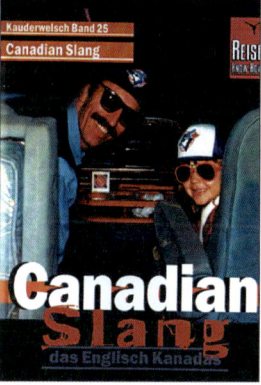

Franko-Kanadisch (Québequois)
das Französisch Kanadas
Band 99
128 Seiten,
€ 7,90

Canadian Slang
das Englisch Kanadas
Band 25
128 Seiten,
€ 7,90

Schulenglisch ist eine Sache, was man in Amerika spricht, eine andere!

Die Slang-Bände der KAUDERWELSCH-Reihe vermitteln die heute gesprochene Alltagssprache, ohne ein Blatt vor den Mund zu nehmen. Wörter, Sätze und Ausdrücke, die man in Kneipen, Discos, auf der Straße oder im Bett hört und sagt. Die Sprache der Szene und des "einfachen Mannes". Umgangssprache, die man kaum im Wörterbuch findet und garantiert nicht in der Schule gelernt hat. Alle Stichworte sind erklärt, ehrlich übersetzt und praxisorientiert geordnet. REISE KNOW-HOW Verlag Peter Rump GmbH, Bielefeld

Die Reiseführer von Reise

Reisehandbücher
Urlaubshandbücher
Reisesachbücher
Europa

Know-How auf einen Blick

Reisehandbücher
Urlaubshandbücher
Reisesachbücher
Fernziele

PANORAMA

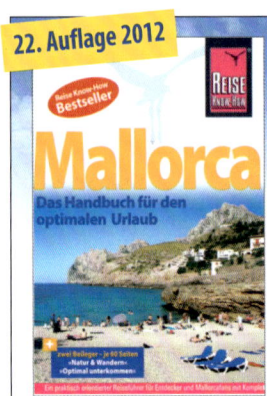

22. Auflage 2012

Hans-R. Grundmann

Mallorca

Das Handbuch für den optimalen Urlaub

22. Auflage 8/2012

ISBN 978-3-89662-278-5 · €19,90

488 + 48 + 60 Seiten mit 63 eigens für dieses Buch angefertigten Farbkarten und rund 300 Fotos. Unterkunftsempfehlungen für 48 Ferienorte mit aktuellen Kostenbeispielen.

Separate Straßenkarte mit Stadtplan Palma und kulinarischem Lexikon. Mit 2 Beilegern - 60+60 Seiten:
• **Wandern und Natur**
• **Optimal unterkommen auf Mallorca**

Marc Schichor, Kirsten Elsner

Wandern auf Mallorca

Tramuntana Gebirge - Gipfel, Schluchten und Täler

4. Auflage 4/2012

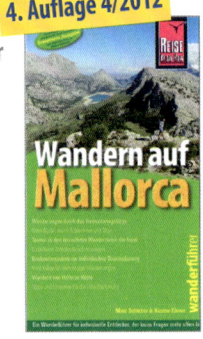

• 56 Tourenvorschläge in der Tramuntana
• die meisten Wege auch in Gegenrichtung
• alle Routen in Kurzfassung und en Detail
• **Neu**: Mehrtageswanderung »Ruta de Pedra en Sec«
• Genaue Karten von allen Orten in der Wanderregion
• Kleines Pflanzenlexikon mit zahlreichen Fotos
• Unterkunftsverzeichnis von der Berghütte bis ****Hotel
Der Clou des Buches ist die **speziell für diese Routen
angefertigte separate Karte** mit Höhenlinien und -schichten
im **Maßstab 1:35.000**. **Mit Kapitel Fernwanderweg GR221**.
396 Seiten vierfarbig, 35 Detailkarten, Pläne und Skizzen,
über 400 Fotos · **ISBN 978-3-89662-273-0** · €22,50

3. Auflage 2012

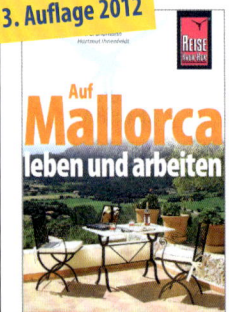

Hartmut Ihnenfeldt, Hans-R. Grundmann

Auf Mallorca leben und arbeiten

Ein Ratgeber für alle, die es für länger nach Mallorca zieht

Wer spielte nicht gelegentlich mit dem Gedanken, auszusteigen,
Routine und allzu Bekanntes hinter sich zu lassen? Um zum
Beispiel auf Mallorca ein neues, anderes Leben zu beginnen?
Viele erfüllen sich diesen Traum, stellen aber fest, dass auch
auf einer Ferieninsel der ganz normale Alltag gemeistert sein
will. Dieses Buch liefert das Know-How zur Bewältigung von
Fragen und Problemen, mit denen Mallorca-Einsteiger unweigerlich konfrontiert werden.

264 Seiten, 4-farbig · ISBN 3-89662-253-2 · €17,50

Daniel Krasa, Hans-R. Grundmann

Ibiza

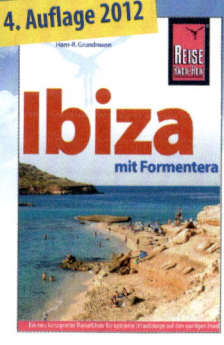

4. Auflage 2012

Der richtige Begleiter für alle, die ihre Reise individuell gestalten und Ibiza auf eigene Faust erleben wollen:

- High Life und Altstadtnostalgie in Ibiza-Stadt
- Lange Sandstrände und verschwiegene Buchten
- Wanderwege durch romantische Berglandschaft
- Geschichte und Kultur, Mandelblüte und Rotwein
- Alles zu Aktivurlaub und Sport, zu Nightlife und Ibiza Sound
- Die besten Quartiere, Restaurants, Kneipen und Discos

4. Auflage 2012; ca. 336 Seiten 4-farbig, ca. 230 Fotos, 27 Regionen- und Ortskarten, davon 6 Wanderkarten.
ISBN 978-3-89662-264-8 · €17,50

Peter Neumann, Frank Ostermair & Sandra Roters

Menorca,
die unentdeckte Baleareninsel

2. Auflage 4/2013

Mallorcas kleine Schwester Menorca führt als Reiseziel deutschsprachiger Urlauber ein erstaunliches Schattendasein. Dabei verfügt Menorca über viele wunderbare und selten volle Strände unterschiedlichster Charakteristik, über zwei veritable Hafenstädte, Fischerdörfer und Orte im Inselinneren mit eigenem Gepräge, landschaftliche und kulturelle Kleinode. Menorcas touristische Infrastruktur ist ausgezeichnet, ebenso die kulinarische Qualität wie Ambiente vieler Restaurants.

288 Seiten 4-farbig, ca. 180 Fotos, 31 Karten und Ortspläne,
ISBN 3-89662-248-8 · €17,50 · in Vorbereitung

Formentera
Der etwas andere Reiseführer

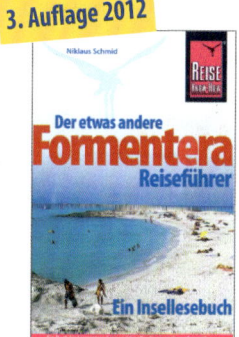

3. Auflage 2012

- Alle Infos zu Ibizas kleiner Schwesterinsel
- Landschaft, Flora und Fauna, Geschichte und Kultur in unterhaltsamen, kurzweilig geschriebenen Essays
- Anekdoten und wundersame Geschichten über die Insel und ihre Bewohner; Klatsch und Tratsch; Promis auf Formentera
- Folklore und Formentera Sound
- Endlose Strände, urige Strandbars und karibische Wasserqualität
- Auf nicht einmal 100 km² mobil ohne Auto: Wanderwege und Routen für Radfahrer

3. Auflage 2012, 336 Seiten vierfarbig mit Formentera-Karte und Ortsplänen in der Umschlagklappe.
ISBN 978-3-89662-270-9 · €14,90

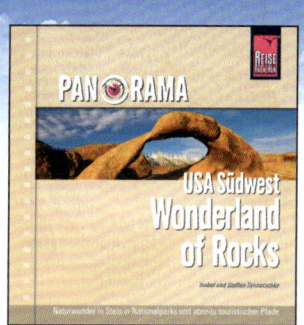

Isabel und Steffen Synnatschke

Wonderland of Rocks
USA Südwesten

Naturwunder in Stein in Nationalparks und abseits touristischer Pfade

144 Farbseiten, 18 x 18 cm, Hardcover mit Fadenheftung, mehr als 150 erstklassige Fotografien auf Kunstdruckpapier.

ISBN 978-3-89662-242-6 €14,90 (D)

»Wonderland of Rocks« entführt den Leser auf einer fotografischen Reise in einige der spektakulärsten Nationalparks, vor allem aber in wilde, einsame Gegenden weit abseits ausgetretener Pfade des Tourismus.

Es geht mitten hinein in faszinierende Felslandschaften im Bereich des Colorado Plateau, einem der schönsten Naturräume unserer Erde.

Wind, Wasser und Eis schufen dort eine skurrile, farbenprächtige Welt

aus Sandstein, die ihresgleichen sucht: pittoreske Slot Canyons und tiefe dunkle Schluchten, zu Stein erstarrte Meereswellen, bunt gestreifte Badlands, steinerne Pilze, lustige Gnomen, schlanke Felsnadeln und immer wieder imposante Steinbögen. Diese Meisterwerke der Natur – großenteils kaum bekannt – wurden von den Autoren nicht weniger meisterhaft fotografisch festgehalten, außerdem indianische Felsmalereien und Relikte aus der Zeit der Dinosaurier. Kleine Exkurse erläutern den geologischen Hintergrund der Felsformationen, -skulpturen und -bögen.

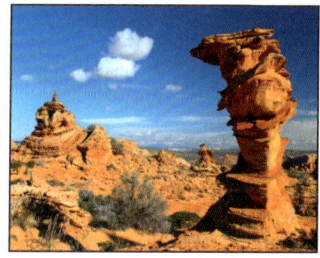

Im Anhang befindet sich eine kompakte Beschreibung der hier gewählten Route durchs »Wunderland der Felsen« mit Karte und Tipps für die eigene Reiseplanung.

Dieser Bildband ist sowohl ein »Appetitanreger« für den nächsten USA-Urlaub als auch ein Erinnerungsstück oder Geschenk für alle, die bereits den US-Südwesten bereist haben und das eine oder andere Motiv aus eigenem Erleben kennen.

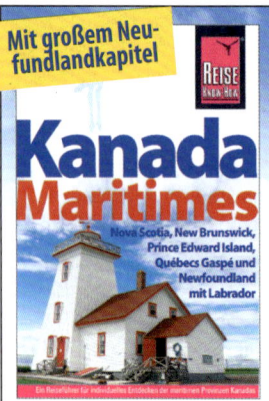

Mit großem Neu-fundlandkapitel

Mechthild Opel

Kanada Maritimes

Ein Reiseführer für die Provinzen Nova Scotia, New Brunswick, Prince Edward Island, Québecs Gaspésie und Newfoundland mit Labrador. Mit Nordufer des St. Lorenz-Stroms und neuem Trans Labrador Hwy

Die maritimen Provinzen im Osten Kanadas, die »Mariti-mes«, sind seit einigen Jahren stärker in den Blickpunkt des touristischen Interesses gerückt. Während sie in den gängigen Ostkanada-Führern meist nur als Anhängsel der großen Provinzen Ontario und Québec behandelt werden, kommen ihre Geschichte, ihre Eigenheiten, Landschaften und Sehenswürdigkeiten in diesem Buch ausführlich zur Geltung. Komplette Abdeckung von Neufundland.

432 Seiten, 38 Karten, über 200 Farbfotos; ISBN 978-3-89662-266-2 €19,90

Hans-R. Grundmann, Markus Hundt

Süd- und Zentral kalifornien mit Las Vegas

Man muss für eine abwechslungsreiche Amerikareise nicht unbedingt endlose Meilen durch alle Südweststaaten dü-sen. Allein das in diesem Buch intensiv behandelte Süd- und Zentralkalifornien zwischen San Francisco/Lake Ta-hoe/Reno und der mexikanischen Grenze bis nach Las Ve-gas und zu den Nationalparks Grand Canyon, Bryce Canyon und Zion liefert attraktive Routen und Ziele für mehrwöchi-ge und längere Touren**.**

608 Seiten, 49 Karten, vierfarbig. Mit separater Straßenkarte für die hier behandelte Gesamtregio .

1. Auflage 2013 ISBN 978-3-89662-276-1 €22,50

1. Auflage 2013

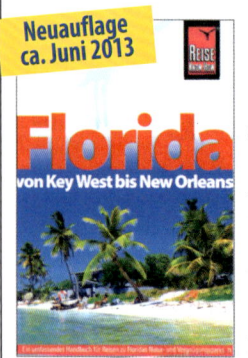

Neuauflage ca. Juni 2013

Hans-R. Grundmann

Florida Von Key West bis New Orleans

Nicht nur Strände, High-Life, Disney- und Amusementparks, sondern auch Natur satt mit exotischer Flora und Fauna in Mangrovensümpfen, an glasklaren Quellflüssen und am sagen-umwobenen Suwanee River. Dazu alte Historie, Multikulti, Architektur- und Musentempel. Als Kontrapunkt Weltraum- und Militärtechnik hautnah.

Landeskunde und ausführlicher Serviceteil mit jeder Menge Unterkunfts-, Camping- und Restauranttipps; dazu Hunderte von Webadressen für weiterführende Informationen.

440 Seiten, 38 Karten, über 240 Farbfotos; mit separater Florida-Karte; 5. Auflage 2011, ISBN 978-3-89662-262-4 €19,90

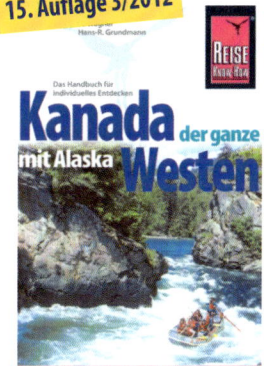

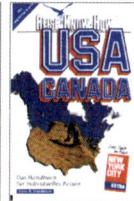

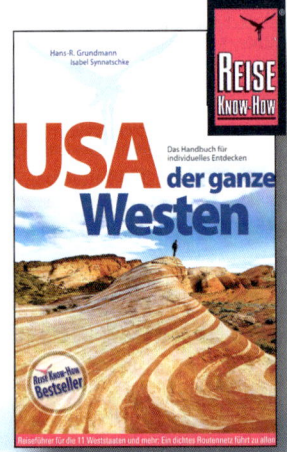

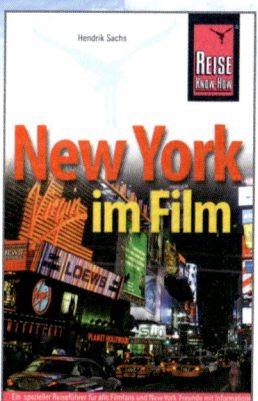

Hendrik Sachs

New York im Film

Kaum etwas weckt die Neugier auf New York mehr als die unzähligen Filme, die ganz oder teilweise dort gedreht wurden. Die meisten Drehorte, neben bekannten Sehenswürdigkeiten zahlreiche Hotels, Bars, Cafés und Restaurants, Shops, Parks, Kirchen, Theater und mancher überraschende Kulisse, können von jedermann besucht, besichtigt und fotografiert werden. Nur, welches und wo sind diese Plätze? Dieses Buch zeigt sie Ihnen.

> Entdecken Sie fast 400 Drehorte aus rund 250 Spielfilmen der letzten 60 Jahre Filmgeschichte in den Häuserschluchten Manhattans. Die Fülle von Informationen und Abbildungen wird allen Filmfans das Herz höher schlagen lassen.

> Mit Hilfe dieses Buches kann man über Filmtitel Drehorte systematisch ausfindig machen und ansteuern oder an vielen Orten herausfinden, welche Filme dort oder in der Nähe gedreht wurden.

> Thematische Querschnitte führen Sie gezielt zu Hotels, Discos, Restaurants und Shops, in Theater und Museen, die Sie aus Filmen kennen.

> Außerdem geht es auf drei Routen auf den Spuren von Stars und Sternchen durch den Central Park, den Broadway entlang und zum Shopping.

Rund 400 Movie Locations aus 250 ausgewählten Filmen mit allen wichtigen Details und Angaben zu Lage, Kontakt und ggf. Öffnungszeiten.

- 15 Stadtpläne mit exakten Einträgen aller genannten Drehorte
- Über 650 Fotos und Abbildungen
- Griffmarken, Seiten- und Kartenverweise zur einfachen Handhabung
- Umfangreiches Register mit Originaltitel und Hauptdarsteller
- Jede Menge Anschriften und www-Adressen

2. aktualisierte Auflage
2013 in Vorbereitung
ISBN 978-3-89662-267-9
ca. 360 Seiten € 19,90

Fährverbindungen